AS SAUDADES DA TERRA

JOÃO GONÇALVES ZARGO
Descobridor do Archipelago
DA MADEIRA
Copia do retrato que está no palacio de S. Lou-
renço no Funchal
Lxª. Lith. Palhares T. da Palha 15

AS SAUDADES DA TERRA

PELO

DOUTOR GASPAR FRUCTUOSO

HISTORIA DAS ILHAS

DO

PORTO-SANCTO, MADEIRA, DESERTAS E SELVAGENS

MANUSCRIPTO DO SECULO XVI

ANNOTADO POR

ALVARO RODRIGUES DE AZEVEDO

Bacharel Formado em Direito pela Universidade de Coimbra,
Professor de Oratoria, Poetica e Litteratura no Lyceu Nacional do Funchal,
e Advogado na ilha da Madeira

FUNCHAL
TYP. FUNCHALENSE
1873.

PREFACIO.

Succintas palavras de indispensavel explicação e esclarecimentos aqui damos, e nada mais.

O acaso nos deparou uma copia das *Saudades da Terra*, do *Doutor Gaspar Fructuoso*. São obra memorada de quantos escrevem dos archipelagos da Madeira, Açores, Canarias e Cabo-Verde. O auctor é famigerado, e conhecido pela antonomasia de *historiador das ilhas*. E o leitor verá que as *Saudades* teem merecimento, ainda que não tanto quanto dellas pregoam. Imprimil-as, seria, pois, bom serviço.—Mas publicar a obra toda, fôra-nos empreza impossivel; faltavam-nos o tempo e os meios precisos para a edição dos dois tomos do manuscripto, de quasi duas mil paginas de folio cada um. Robustos hombros, até de rei, teem tentado o carrego, e ainda ninguem ousou tomal-o.

Resolvemos, portanto, dar ao prelo sómente a parte das *Saudades da Terra* concernente a este archipelago da Madeira, isto é, o *livro* II dellas. E no presente volume o realisámos. Diz o aphorismo: mais vale pouco, que nada.

A copia que possuimos das *Saudades da Terra*, houvemol-a do Sr. João Diogo Pereira de Agrella da Camara, da villa de Sancta-Cruz, desta ilha da Madeira. Foi, no primeiro quartel deste seculo, pelo Sr. morgado João Agostinho Pereira de Agrella da Camara, mandada tirar do authographo que, para esse fim e por especialissimo obsequio, o sr. André de Ponte do Quental, da ilha de S. Miguel, trouxera a esta da Madeira, por occasião de aqui vir casar com a Sr.ª D. Carlota de Bettencourt e Freitas.—Isto nos foi asseverado pelo Sr. Pedro Agostinho Pereira de Agrella da Camara, e por aquelle Sr. João Diogo, filhos do referido Sr. morgado João Agostinho, o qual não chegámos á conhecer, mas sabemos que era um dos mais eruditos madeirenses do seu tempo, e amador de bons livros, de cuja bibliotheca alguns adquirimos.

E conferindo a alludida copia das *Saudades da Terra* com a *Historia Insulana*, do *Padre Antonio Cordeiro*, convencemo-nos de que, com effeito, o manuscripto fôra extrahido do authographo do *Dr. Fructuoso*.—*Cordeiro* alli declara (liv. I, cap. I, n.º 2) que o original estava no collegio da Companhia de Jesus, da cidade de Ponta-Delgada, ilha de S. Miguel; que o viu com attenção e todo fielmente copiou; e accrescenta (liv. II, cap. III, n.º 23) que, seguro da verdade com que as *Saudades* foram escriptas, as *seguiria sempre no que d'ellas tirasse* (sic): e, com effeito, sempre as seguiu, como das continuas citações se vê. Ora, a alludida copia madeirense não só condiz exactamente com as referencias da *Historia Insulana*, capitulo por capitulo, mas tem com esta completa identidade narrativa, e muitas vezes em palavras até, até em erros: a obra de *Cordeiro* só tem de seu melhor deducção, e o systema compendioso.—Está claro que falla-

mos da parte respectiva á historia do archipelago da Madeira, unica que comparámos.—Deste modo. nos confirmámos na fidelidade da copia que temos das *Saudades da Terra.*
Por ella foi impresso este livro.
Daqui se mostra qual o grau de authenticidade com que póde ser acreditada a presente publicação.

Não se infira do exposto que o livro de *Cordeiro* suppra o de *Fructuoso*, e menos que se lhe avantaje, como peculio historico. Aquelle é mero resumo methodico deste. As *Saudades* minuciam factos, noticias de pessoas e cousas, e descripções, o que se não acha na *Historia Insulana*, nem em outro livro, e é interessante, porque caracterisa e avivenla os personagens, as acções e os logares. *Cordeiro* dedica ás ilhas do Porto-Sancto e Madeira trinta e seis paginas apenas (61·96, edição de 1717), e *Fructuoso*, como vemos no presente tomo, quasi dez vezes tantas.—E não se cuide que a *Historia Insulana*, tendo sido compilada no primeiro quartel do seculo xviii. adianta, quanto ao archipelago da Madeira, alguma cousa ás *Saudades da Terra*. que, como o auctor mesmo diz (vid. adiante, pag. 159), foram compostas em 1590. Tambem nós fomos induzido em tal erro, por effeito do dizer, muitas vezes vago, de *Cordeiro*. Mas o facto é que este e *Fructuoso* rematam no mesmo poucto (vid. *Hist. Insul.*, liv. iii, cap. xvii, n.º 105).

Tomando, pois, por base a referida copia, e por auxiliar a *Historia Insulana*, encetámos esta publicação. Mas, logo de principio, reconhecemos que naquella havia erros, especialmente de nomes proprios e datas, para corrigir os quaes a obra de *Cordeiro* pouco soccorria; porque, em regra, ou nelles incorre, ou é omissa nos ponctos em que topámos com essas syrtes. E tanto a coincidencia se foi repetindo, que viemos em conjectura de que os erros fossem, não da copia madeirense das *Saudades,* mas do original mesmo, e em suspeita de que o bom do jesuita *Cordeiro*, querendo forrar-se a investigações e quinaus, isto é, indolente e vaidoso como qualquer outro mortal, bolinou no silencio em muitos casos, e passou ávante.—Elle, que navegava de proprio rumo, ainda que na esteira de nau alheia, poderia assim orçar, evitando escolhos em que o de diante batéra. Mas nós, cuja primeira obrigação era o fiel transumpto do texto, que fazermos, abicados com estes nevoeiros?
Recorremos a diversas obras, manuscriptas umas, outras impressas, que nas notas vão indicadas, e ás Chronicas de D. João i até D. Sebastião, e por ellas fomos rectificando aquelles erros que, por manifestos, não podiamos deixar de ter á conta de lapsos: se do auctor, se do copista, pouco importa.
Este trabalho, porém, feito á proporção que o texto ia para a imprensa, e sobre as provas typographicas muitas vezes, ha de resentir-se disto.

Na orthographia seguimos supersticiosamente o manuscripto, salvo onde havia manifesta incorrecção do copista.

Na ponctuação, porém, tomámos tal qual liberdade; porque em partes não a tinha o texto, e em partes era tão anomala e inconsequente, que deturpava o sentido.

Em falta do original mesmo, cremos ser este o mais seguro processo.—Em todo o caso, francamente o dizemos, para conhecimento do leitor.

As *Saudades da Terra* não são livro que escusem outro do assumpto, com quanto sejam valioso peculio para quem haja de escrevel-o. São afamadas, mas não são perfeitas, ainda apreciadas pela craveira da critica e gosto do periodo transitorio do fim do seculô xvi. Já summariámos os predicados dellas: apontemos os senões. No estylo são desiguaes, a poncto de que, na parte respectiva ao archipelago da Madeira, presumimol-as obra de outra penna, que não a de *Fructuoso.* A dicção, por vezes expressiva e ingenua, é, em regra, irregular e diffusa. Na fórma, são desordenadas, quer olhemos á chronologia dos factos, quer á ligação e deducção delles. No objecto, são ricas de anecdotas, mas deficientes como historia. E no juizo, mórmente dos factos e pessoas contemporaneas ao auctor, descambam, por mêdo, em declamações superficiaes e lisongeiras. Fallamos no que respeita a estas ilhas.—E o leitor, como vae ter o processo á vista, decidirá se somos justo nesta insuspeita opinião.

O *Dr. Gaspar Fructuoso* nunca veiu a estas ilhas, como se vê da sua biographia na *Historia Insulana,* e só por informação se occupou dellas, como declara nas *Saudades* (vid. adiante, pag: 20, 23 e 303).

«Por mêdo,» dissemos, e não para deprimir o *Dr. Gaspar Fructuoso,* cuja memoria muito respeitamos. Pelo contrario. Se o auctor não estivera sob essa pressão, não teria desculpa.—Escreveu as *Saudades da Terra* em 1590; escreveu-as na ilha de S. Miguel, no archipelago dos Açores, no qual a resistencia á dominação dos Filippes foi resoluta e pertinaz, e onde o jugo castelhano se implantou á força de armas e supplicios, como em nenhuma outra parte da monarchia portugueza; escreveu-as nessa conjunctura de terror. Espavorido do presente, refugiou-se no passado, pagando áquelle, em forçados encomios, a precisa carta de seguro. No entretanto, desde o titulo mesmo, *Saudades da Terra,* e em alguns logares do texto transluzem a intenção e a dor patrioticas da sua penna. Os oito primeiros capitulos do livro I são a allegoria desta crise do espirito de *Fructuoso;* não só explicam esse titulo, mas tambem o pensamento e o sentimento do auctor: e, se lhe não justificam a timidez, ennobrecem-lh'a. Os primores de ideias, de affectos, de imagens e de phrase condensam-se nesses oito capitulos tão harmoniçamente, que os elevam á categoria de obra rival da *Menina e Moça*, de *Bernardim Ribeiro*, e sobejam a firmar o renome de *Gaspar Fructuoso* como escriptor, não só vernaculo, mas pensador e poeta.

Por estas rasões transcrevemos, a titulo de preambulo, uns trechos de alguns dos referidos capitulos.

Mas a geração actual, felizmente, não está subjugada pelos Filippes, como nossos avós estavam em 1590, e quer na historia alguma coisa mais que *saudades* e themas encomiasticos; quer noções e deducção, critica e philosophia, lucidas e imparciaes. E estes predicados faltam nas *Saudades da Terra;* porque a vitalidade que as anima vem-lhes do patriotismo timorato e da religiosidade crendeira do auctor.

A' proporção que iamos meditando o texto, primeiro na leitura, e depois na impressão delle, fomos reconhecendo a absoluta necessidade de esclarecer o assumpto com mais seguras noticias e juizo mais despreocupado.

Com o martellar sobre o texto da obra do *Dr. Fructuoso*, com o consultar agora um livro, um diploma, um manuscripto, logo outros, para nos elucidarmos na interpretação e correcção da copia que daquella temos, fomos tomando amor ao estudo da tão desprezada e quasi desconhecida historia deste archipelago da Madeira; fomos colhendo noticias e documentos, que formam alguns tomos, todos escriptos de nossa mão; e, por fim, deliberámos utilisar este peculio, appondo-o ás *Saudades da Terra.*

De tudo isto provieram as notas que decorrem de pag. 313 em diante.

Desde então, nessa tarefa lidámos sem folga.—As notas foram fructo de mui aturado trabalho em onfadonhas e pacientes explorações diurnas, em constantes estudos e escripta nocturnos, furtados á profissão de cujos proventos vivemos e ao repouso indispensavel; trabalho em que fomos só, sem precedente de outrem. O terreno que ahi percorremos estava virgem; a licção dos muitos diplomas e registos que manuseámos, intacta. Isto seria de vantagem para quem estivesse habilitado á empreza; para nós, não. E demais, iamos escrevendo por empreitada, de par com a impressão do texto e com o proseguimento daquellas explorações e estudos.

São uteis as notas, mas hão de forçosamente resentir-se do effeito deleterio dessas circumstancias. Nas *rectificações e additamentos* de pag. 830 em diante já alguma emenda lhes damos. Isso, porém, não bastará.

Sejam, pois, recebidas as notas na conta de meros subsidios, cumulados ás *Saudades da Terra;* não como obra de erudição, mas diligentes ensaios.

Com franqueza o dizemos, por aviso.

Por esses estudos do assumpto e conhecimentos locaes, convencemo-nos, em contrario ao que o *Dr. Fructuoso* conta, de que o caso de Machim não pas-sa de mera lenda, e de que o descobrimento do archipelago da Madeira foi feito por João Gonçalves Zargo e Tristão Vaz.

Vai nisto nada menos que uma gloria nacional.

Dar as rasões da nossa convicção era, pois, aprazivel dever, que lealmente cumprimos.

Mas acompanha-nos um dissabor.

É bem conhecida a obra publicada no anno de 1868, em Londres: *The Life of Prince* (*) *Henry of Portugal*, by *Richard Henry Major*.

Este livro é de per si um padrão á gloria maritima de Portugal, represen-tada no mais que todos benemerito della, o grande e preclaro Infante D. Hen-rique. O insigne escriptor britannico, o *Sr. Ricardo Henrique Major*, respeitavel por tantos titulos, sem preterir a biographia do heroe, consubstancía neste o ge-nio dos descobrimentos modernos no Atlantico; investiga-lhe não só a obra, mas tambem a concepção; não só as emprezas ultramarinas immediatamente desta emanadas, mas tambem as dellas resultantes e as consequencias moraes, sociaes e politicas dessa concepção e dessas emprezas; e demonstra, pela historia á luz da critica, que o Infante D. Henrique e a nação portugueza, a poder de intrepidez e esforços, tornaram *metade do mundo conhecida á outra metade;* patentearam á civilisada as riquezas naturaes da não civilisada; e a esta, os thesouros da civili-sação mesma.—O *Sr. Major* delineou, com a penna de historiador, a suprema epopeia portugueza, na qual os descobrimentos do Gama, de Colombo, de Ca-bral e de Magalhães são meros episodios; epopeia cujo nucleo está no pensa-mento do Infante D. Henrique, e que se desenvolve, ramifica, e fecunda de povo em povo, de epocha em epocha, por esse futuro além.

Curvámo-nos, gratos e admirados, perante a obra do *Sr. Major*.

Imagine-se, pois, a ancia com que, logo que obtivemos esse monumento le-vantado ao genio portuguez, nelle procurámos as paginas relativas ao descobri-mento do archipelago da Madeira.

E com dor vimos que a lenda de Machim é pelo *Sr. Major* reputada e de-fendida como verdade historica.

Que fazer, rosto a rosto com auctoridade de tal monta?

Pagámos á obra do sabio o devido tributo do mais circumspecto e desassom-brado exame que nos foi possivel; rogámos, com a prece de intenso estudo e de respeitosa analyse, o oraculo da rasão; e, inspirados desta, como a Sibylla, obe-decemos ao deus superior.

***

(*) Por mais de uma vez nas notas, citando esta obra, escrevemos "INFANT D. HENRY", em lo-gar de "PRINCE HENRY".

II

Aquella convicção robusteceu-se-nos; e o dever de defendel-a tornou-se mais augusto, por mais necessario e difficil.

Ter de dissentir do *Sr. Major* foi-nos dissabor, e grande.

Porém, expomos, com especialidade nas notas III, IV, V, VIII, e a pag. 905, as nossas rasões, e as submettemos ao juizo do *Sr. Major* mesmo.—Quem melhor?

Um dos ponctos do texto das *Saudades da Terra* precisados de elucidação é a chronologia. Tentámol-o. Mas os elementos de que até agora dispomos, com quanto valiosos, são insufficientes.

Tocámos, porisso, tão sómente uma ou outra especie, e a médo,

Assim como no texto, tambem nos diplomas e trechos de obras transcriptos nas notas mantivemos não só as palavras e phrases obsoletas e antiquadas, mas até a orthographia com que os achámos. Boas rasões philologicas e historicas a isso obrigam. Se o estylo é o homem, a linguagem, com todos os seus accessorios, é a epocha. É certo, porém, que o leitor menos dado a estudos desta especie, mórmente sendo extrangeiro, ha de ter difficuldade e enfado na leitura e interpretação desse texto e trechos, e especialmente dos diplomas.—Para occorrer ao inconveniente, damos o *glossario* que começa a pag. 857.

A correcção e execução typographicas, em geral, ficaram longe do que deveram ser, e ainda assim muita despeza e fadiga nos custou esta publicação. Nunca na ilha da Madeira foi impressa obra de metade deste volume. Os typographos só estão affeitos a descurado labor na imprensa jornalistica.—Valeu-nos, na revisão e correcção, o nosso intelligentissimo amigo o Sr. João Joaquim de Freitas, bibliothecario da Camara do Funchal, a quem aqui tributamos sinceros agradecimentos.

Recommendamos a taboa da errata que vae no fim; nella se aponctam os erros mais notaveis.

Damos tres indices. O primeiro é o dos *diplomas e documentos* copiados ou extractados nas notas. O segundo é o das *pessoas e cousas notaveis* mencionadas no texto e notas. Completam-se um pelo outro. O terceiro é o *indice geral*. Aquelles são alphabeticos. Este segue a ordem da paginação do livro.

Além dos indices, coordenámos alphabeticamente, no *Summario historico dos povoadores e familias madeirenses*, de pag. 513 e 845 (XXI) em diante, os *appellidos* dessas familias, e aponctámos as pag. do texto e notas onde a elles ha referencia.

Obra volumosa e cumulada de tanta variedade de noticias, como esta é, utiliza com esses auxiliares.

Duas palavras ultimas.

Reconhecemos e confessamos que nos faltam os conhecimentos adequados ao · commettimento de editor e annotador das *Saudades da Terra.* São outros os estudos a que desde a mocidade nos votámos. Não fugimos, é certo, ás fadigas do voluntario encargo; mas, porisso que arcámos com as difficuldades, temos a consciencia de as não haver superado. Affrontando com a publicidade, curvamos, resignadamente, a cabeça: e, sem pedir venia nem agradecimento, porque só viemos cumprir, tanto quanto em nós era, o dever de gratidão a esta patria adoptiva, contentes nos refugiamos na obscuridade.

A impressão deste livro foi começada por meado do anno de 1870, e conclue hoje.

Funchal, 16 de abril de 1873.

Alvaro Rodrigues de Azevedo.

AS SAUDADES DA TERRA

PREAMBULO.

I.

De huns queixumes que faz a Verdade, estando solitaria em huma serra dà Ilha de S. Miguel.

Engeitada nasci no Mundo, triste e sem ventura: e logo de pequena comecei a ser desestimada.... Meu Pay era ignocente, rico, e ledo; mas, como por engano de hum Invejoso me deitou minha Ama fóra do berço em que me embalava, ficou elle pobre, e triste; fiquei eu tambem com esta herança delle.... Ouvi que morava meu Pay em altos e sumptuosos Paços, senhor de muitas riquezas.... sem temor nem sobresalto de perder alguma dellas: perdeo-me a mim soo; e perdendo-me, perdeo todas. De altos montes, e de alto lugar, cahi em baixos valles. De alegrias grandes, vim a dar em dores tristes. E da segura vida, comecei a ver morte incerta. Vivendo pois pera ver tristezas tais e magoas tantas, não he muito que soo com minhas *saudades* de tanto bem perdido acabe.... Mas não ha mal, emfim, que pera algum bem não venha. Esta consolação de meus trabalhos, e perdas, soo me fica; mas nem com isso tem repouso os meus cuidados, que como desci de huma terra mui alta a esta baixa, logo fiquei estranhada, e estrangeira em terra alheia. Não entendo a linguagem das gentes, nem me entendem; ouço tantos vasconços disfarçados, e vejo tantos disfarces novos vasconçados, que, sendo eu tão clara, fico obscura e triste. Nos desertos, trajos brancos, e a bocca aberta trago; mas, se a povoado vou, de outra cor me visto, e cadeado mourisco, que por dentro fecha os beiços, nella levo, com silencio desimulando fallas e obras mentirosas; que, se as reprendesse, muito mais do que agora sou, preseguida fóra.....
....Me lembra ouvir, sendo menina, que a roda da fortuna costumava nunqua estar em hum ser, lugar, e ponto; sempre andava: cria eu isto, porque era ainda moça de pouca experiencia, e de pouca idade.....Mas as magoas e *saudades*,

que em mim vejo, não tem outro mais limitado fim que não ter termo. Se eu alguma consolação tenho, he não a ter; e, se alguma vida vivo, he não viver entre as gentes.

Jaa em outro tempo vivi entre os homens mais honrada. Mas agora, sem homens e sem vida, sou pera elles quasi morta; mais porque elles assim o quizeram, que porque eu lho mereça, nem me lembra que nunqua lho merecesse: antes o desejo que eu tenho de viver em sua companhia, e o que elles houveram de ter da minha, nunqua lho desmereci, nem elles nunqua mo merecêram. Agora mais quero morar entre estas sombrias e fermosas arvores, e repousar sobre estas verdes e frescas hervas, e encostar-me a estes lisos e duros penedos, das continuas correntes tão lavados, que viver onde a vida me era morte de cada dia e cada hora; que quem tem rasão mortes suas póde chamar ás sem rasões alheias.....

Mas coitada de mim, que estou fallando, e não vejo que até neste lugar não estou segura; pois que não ha cousa que por tempo se não descubra. Como se souber que eu aqui estou e moro, me ham de fazer os homens guerra a ferro e fogo nos breves dias que aqui estiver, sem que de mim se saiba parte.

Quero escrever o que nesta passei, e vi, antes que pera outra mude o meu desterro. Saberão ao menos os homens a quem perseguem, querendo ou acertando depois algum triste ler o que eu aqui deixarei escripto; que eu não ei de escrever senão tristezas, pois no Mundo jaa não ha contentamentos; e os que ha, ou houve, são, e forão breves, e mui pequenos, por grandes que elles pareçam, e parecessem, depois que se vem a descubrir a mistura e liga do mal encuberto que comsigo trazem, e com que augados foram....

Se em algum tempo algum triste acertar isto que escrevo, bem creio,......
bem sei que laa comsigo me escusará de minhas faltas; que a sua triste magoa o terá jaa ensinado que nunqua a tristeza soube, nem saberá, contar nada por arte: e, se alegres o lerem, pera mim só será chorado isto, e pera elles historiado seja.
....

Se não foram as muitas cousas tristes que eu com estes meus chorosos olhos vi no Mundo, muito tempo ha que desejára menos vida: mas vi entre meus pèzares tantos outros de outras muitas Donnas e Donzellas tristes, e tão desastrados casos de muitos e esforçados Cavalleiros e Aventureiros sem ventura, que não estranho tanto os meus, em vendo tantos; e não me peza de viver,....e vou vivendo esses dias,...que não podem jaa ser muitos.

Quero gastal-os em escrever *minhas saudades* e magoas neste pequeno Livro.

II.

DE HUM SONHO QUE SONHOU A VERDADE.

E despois de haver dado a meus pensamentos bem de comer de muitas cousas passadas, que erão tudo lembranças cheias de alegria para maior pena, passeando de huma sombra a outra sombra, fui ter a huma, onde (não sei se acordada, se dormindo) me vi entre humas arvores ou allimos, que arteficiosamente pareciam plantados, pela boa ordem com que estavam postos, e, a seus pees, ao longo de huma grande fonte e ribeira, estavão muitos limoeiros, que com seus sobejos espinhos quasi tolhiam o passeio por entre elles. Alli havia tambem humas hervas de aromaticos e confortiveis cheiros....e pareceo-me lugar conveniente soe a meu pesar e cuidado. Acentei-me então sobre aquellas cheirosas hervas, e debaixo daquella desejada sombra: e meus olhos começaram a dar fee da grande ordem que os allimos tinham; e das ruas que mostravam; pareceu-me que nos troncos tinham abertas humas móças á maneira de janellas......; lancei os olhos ao pee de hum allimo, de que eu mais perto estava,...e acabei de ver que aquellas cortaduras do casco....erão letras....

Vendo eu, como vi, que eram letras, procurei e desejei saber o que diziam; e quiz minha ventura, ou minha tristeza....que as não deixasse de poder ler.... Li primeiro muitas regras,...até que por fim vim a cahir na conta de tudo. Despois que tudo tive lido, e a passos que hia entendendo, biam meus olhos chorando a pintura que representava meus pezares; porque tudo aquillo eram magoas do que aqui nesta Ilha e em outras terras se passáram em outro tempo passado, escriptas em prosa e versos naquelles altos allimos....: e tresladei na memoria alguns versos e cousas que aqui nesta Historia e neste papel escrevo, ficando-me por notar muitas que no mais alto dos allimos estavam escriptas e apartadas em outra ordem, que a minha curta vista não comprehendia, as quaes eu bem não alcançava: e antes quiz que me ficasse este pouco, que ficar sem nada. Tudo eram alegrias e choros de Cavalleiros, que nesta terra em outro tempo andárão, muitos dos quaes alcancei vivos com estes olhos tristes. Adiante contarei quem eram todos: hum delles he o principal desta minha Historia dos allimos......

Por isto que nesta serra achei, ou sonhei que achára....vive a minha tristeza aqui tão contente nesta minha soledade, que jaa me contento mais do mal que tenho, que do bem que tive, sendo o bem passado cousa que muitas horas me apresenta grande contentamento no pezar que ainda hoje me dá sua lembrança....Pera tristes guardou a natureza (parece) os lugares soos, como este.

III

A Verdade e a Fama.

.....Alçando os olhos pera o Ceo, vi vir pello ar não sei que como voando:...era uma fermosa Donzella,...que, de quando em quando, tangia huma trombeta.....Chegando ella, e descendo logo,....e assim em pee,...deu a andar pera mim,...até que, mais adiante, disse:

—Eu sou *Mafa* (·).....Vós sois *Dederva* (·).....Cheguei agora a estas Ilhas, por saber a fama que dellas corre...E, pois aqui vos achei, determino não passar adiante, porque de vós posso saber melhor a certeza das cousas e das gentes destas terras...Não vos enfadeis de mo dizer....

—Mandar-me podeis vós, Senhora (lhe disse eu), em qualquer cousa que quizerdes, porque tudo farei de boa vontade, em quanto me não mandardes ser alegre...Algumas cousas contarei destas Ilhas, como testimunha de vista, e outras que não sei dizer como as pude saber de outrem, que me não faltou diligencia pera inquirir e examinar a verdade dellas com assás trabalho e custo, ainda que em algumas não pude bem descobrir a verdade e certeza, que eu quizera. Recebereis, Senhora, esta vontade e Historia, sabida pelo melhor modo que alcançar pude, mas não como a vosso saber se deve...

E...comecei a contar alguma parte da vida do Infante D. Henrique, Primaz, e o primeiro author e inventor do novo descobrimento da Costa de Africa, e destas Ilhas, e a Historia das Ilhas da Madeira, e Porto-Sancto, que primeiro foram achadas, da maneira seguinte.

(·) Anagrammas de Fama e Verdade.

HISTORIA DAS ILHAS

DO

PORTO-SANCTO, MADEIRA, DESERTAS E SELVAGENS

CAPITULO I

Do nacimento, progenie, authoridade e costumes do Infante D. Henrique, que mandou descobrir as Ilhas do Porto-Sancto, Madeira e Açôres.

Não será sem rasão dizer alguma cousa da vida e costumes do Infante D. Henrique, digno de immortal e gloriosa memoria; pois hei de tractar das Ilhas da Madeira e dos Açôres, que elle mandou descobrir neste grande mar Oceano Occidental: para o que se ha de notar que D. João de boa memoria, x Rey de Portugal, e i do nome, casou com a infante D. Phelippa, de nação ingleza, neta d'El-Rey d'Inglaterra D. Duarte iii do nome, e filha de João de Gand, Duque de Alencastre, quarto filho d'El-Rey Duarte, e irmão de Ricardo, Rey d'Inglaterra, que neste tempo reinava. Havia casado o Duque João de Gand com Madama Branca, herdeira do Duquado de Alencastre, de quem houve hum filho, chamado Henrique, que foi Duque de Alencastre, e depois Rey d'Inglaterra; e duas filhas, huma chamada Izabel, que foi Condeça de Olanda, casada com João, Condo de Olanda; e a outra he esta Rainha D. Phelippa, de quem El-Rey D. João, seu marido, houve grande e nobre geração. Primeiramente houverão a Infante D. Branca, que de outo mezes falleceo, e jaz sepultada na See de Lisboa aos pés da sepultura d'El-Rey D. Affonso iv, seu bisavô; e o Infante D. Affonso, que falleceo moço, e jaz sepultado na See de Braga; e o Infante D. Duarte, que reynou depois de seu pay; e o Infante D. Pedro, que foi Duque de Coimbra e Senhor de

Monte Mor o Velho e de Aveiro, e das terras do Infantado; e o Infante D.
Henrique, que foi Duque de Vizeu, e Senhor da Covilhaa, e Mestre da Ordem de Christo, cuja era a Villa de Lagos, e a de Sagres; e D. Izabel,
que foi casada com o Duque Phelippe de Borgonha e Conde de Flandres,
poderoso princepe, de alcunha o Bom Pay, e Senhora de outros grandes
Estados, e mãy do Duque Charles, que matárão os suissos e allemães na
batalha de Nancy, em terra de la Reyna. Houve mais El-Rey D. João da
Raynha D. Phelippa, sua mulher, o Infante D. João, que foi Mestre da Ordem de Santiago e Condestable do Reyno, pay da Raynha D. Izabel, mulher
d'El-Rey D. João de Castella, II do nome. Houve mais della o Infante
D. Fernando, Mestre da Ordem de Aviz, e Senhor de Salvaterra, e de outros Povos, de grande caridade com os proximos, por cuja ajuda e liberdade ficou em terra de mouros, e lá morreo captivo em Fez. Esta he a real
e alta progenie do Infante D. Henrique, que mandou descobrir estas Ilhas da
Madeira e dos Açôres, como contarei. Teve tambem El-Rey D. João, sendo
moço, antes que reynasse, dous filhos bastardos de huma mulher chamada
D. Ignez, que depois foi Commendadora de Sanctos, s. c. D. Affonso, que
casou com huma filha, herdeira de D. Nuno Alvares Pereira, chamada D.
Beatriz, que foi Condeça de Orê e de Barcellos; e huma filha chamada D. Beatriz, que casou com D. Thomé, ou Tomás, Conde de Arendel, em Inglaterra.
O Infante D. Henrique, quinto filho d'El-Rey D. João de boa memoria, e da
Raynha D. Phelippa, naceo na Cidade do Porto em quarta-feira de cinza,
4 dias do mez de Março do anno de 1394; e foi (como dice) Duque de
Vizeu, e Mestre da Ordem de Christo, cuja militar Religião reformou elle de
suas subejas estreitezas, com authoridade do papa Eugenio IV.

Ha-se mais de notar, que o Infante D. João, sexto filho d'El Rey D. João
de boa memoria, e da Raynha D. Phelippa, sua mulher, naceo em Santarem no mez de Fevereiro, ou, segundo outros dizem, no mez de Julho; o
qual Infante foi Mestre de Santiago, e Condestable do Reyno de Portugal,
e casou com huma sua sobrinha D. Izabel, filha de D. Affonso, I Duque de
Bragança, seu meyo irmão, filho fóra do matrimonio d'El-Rey D. João, seu
pay; da qual D. Izabel, sua mulher, houve primeiramente um filho chamado
D. Diogo, a que outros chamão D. Luiz, que, depois do Infante seu pay,
falleceo de pouca idade; e huma filha, chamada D. Izabel, que veyo a ser
Raynha de Castella, mulher de D. João II deste nome, que, sendo elle em idade de
quarenta annos, a houve por sua segunda mulher. Teve mais o Infante D. João

da Infante D. Izabel, sua mulher, a segunda filha, que se chamou D. Beatriz, a qual, andando os tempos, fez as pazes perpetuas de Portugal e Castella entre D. Affonso o v deste nome, xii Rey de Portugal, e D. Fernando v e D. Izabel, Reys Catholicos de Castella, no fim do anno de 1479. Esta casou o Infante D. Pedro, Governador então do Reyno, com seu primo carnal della o Infante D. Fernando, irmão d'El-Rey D. Affonso, e filho segundo d'El-Rey D. Duarte; os quaes D. Fernando e D. Beatriz houverão, alem de outros, estes filhos: D. Domingos, ou Diogo, que parece teve dous nomes, ou por lhe mudarem o primeiro na crisma, ou por qualquer outra rasão, Duque de Vizeu; e D. Manoel, que depois foi Rey de Portugal. Houve mais o Infante D. João de sua mulher a Infante D. Izabel a terceira filha, que se chamou D. Phelippa, como a Raynha, sua avó paterna; a qual D. Phelippa, sendo Senhora d'Almeyda, havendo sustentado grande casa, muita honra, e castidade sem casar, casando, e fazendo muito bem a seus criados e criadas, acabou virtuosamente sua vida. E no fim do mez de Outubro do anno de 1442 falleceo este Infante D. João, irmão do Infante D. Henrique, que descobrio estas Ilhas, em Alcacer do Sal, de febre, donde levárão seu corpo ao Mosteiro da Batalha, onde tem sua sepultura dentro da capella d'El-Rey D. João, seu pay; e a seu filho D. Diogo o fez logo Condestable o Regente do Reyno D. Pedro, seu tio, dando-lhe o Mestrado de Santiago, com todas as rendas e cousas que o Infante D. João, seu pay, tinha; o que tudo logrou pouco; pois, falleceo muito moço, como está dito, de febre continua, logo no anno seguinte de 1443; cuja herança e casa passou a D. Izabel, sua irmaa mayor, e depois, porque esta casou com El-Rey de Castella, passou por contracto á filha segunda D. Beatriz, casada com o Infante D. Fernando. E, porque do Infante D. João não ficava outro herdeiro barão, o Infante D. Pedro, Governador então do Reyno, fez com El-Rey que proveo logo do Officio de Condestable a D. Pedro, seu filho mayor do mesmo D. Pedro; e parece que depois El-Rey D. Affonso v do nome, morto o D. Pedro, fez Condestable a D. Diogo, ou D. Domingos, filho do Infante D. Fernando, seu irmão, e da Infanta D. Beatriz, pois elle nas cartas das doações destas Ilhas põe este titulo de Condestable. Era o Infante D. Henrique, que mandou descobrir a Ilha da Madeira, e suas Adjacentes, e estas Ilhas dos Açores, tão poderoso no Reyno, e de tanta authoridade por suas muitas virtudes e saber, que fazendo-lhe queixume o Infante D. Fernando, seu sobrinho, Mestre de Aviz, como El-Rey D. Duarte, seu pay do mesmo D. Fernando, irmão do mesmo D. Henrique, não lhe queria dar licença para passar a Africa (que era cousa que elle muito desejava), rogou a El-Rey, que lha désse, e logo a alcançou, ainda que era contra isso o Infante D. João, e o Infante D. Pedro. E quando huma vez El-Rey D. Affonso v do nome partio de Santarem para Lisboa, onde o mesmo Infante D. Henrique (que estava no Algarve) lhe foi fallar, sentindo que a honra e a vida do Infante D. Pedro, seu irmão, com modos falsos de seus inimigos era maltractada e se expunha á destruição e perigo, atalhou a isso, fallando com El-Rey: bem bastára sua authoridade a pôr tudo em paz, e acabar com El-Rey, que não cresse o que lhe dizião do Infante D. Pedro, se não fora D. Affonso, Conde de Barcellos, e seus filhos D. Affonso, Conde de Orë e Marquez de Valença,· e D. Fernando, Conde de Arrayolos e Marquez de Villaviçosa, e D. Pedro de Noronha, Arcebispo de Lisboa, cunhado do Conde D. Affonso, irmão de D. Constança, sua segunda mulher; e D. Frey Nuno de Goes, Prior de S. João, que he a Cabeça do Priorado do Crato; e D. Affonso, Senhor de Cascaes, e outros servidores da Raynha viuva D. Leonor, mulher que fora d'El-Rey D. Duarte, e mãy do mesmo Rey D. Affonso v do nome, que eram da mesma parcialidade contra o Infante D. Pedro; os quaes, receiosos se o Infante D. Henrique, segundo era poderoso no Reyno e de grande authoridade, pendesse á banda do Infante D. Pedro, que suas imaginações ficarião com damno delles muito á quem de seu proposito, trabalhárão de fazer a El-Rey suspeitosas suas muitas virtudes e segura lealdade, affirmando-lhe que nas desculpas do Infante D. Pedro o não devia crer, porque na culpa do engano e desterro da Raynha sua mãy e em outros desmandos, que por morte d'El-Rey D. Duarte no Reyno se fizerão, ambos forão causadores e participantes. Mas, como isto era falso, não damnava na limpeza do Infante D. Henrique, ainda que foi causa para que El-Rey D. Affonso lhe não cresse as desculpas e rasões, que elle lhe deu por parte do Infante seu irmão.

Além do que João de Barros delle diz no Cap. xvii do Livro i na Decada i de sua Asia, era este excellente Infante D. Henrique valoroso cavalleiro, e mui grande cosmographo e mathematico, e tão affeiçoado ás lettras, que deo suas proprias casas para os estudos de Lisboa; e tão dado á contemplação e virtude, que jamais se quiz casar. E para poder melhor gosar da vista e curso das estrellas e orbes celestes, escolheo para sua habitação huma montanha no Cabo de S. Vicente, porque alli chove poucas vezes, e por maravilha se turba a serenidade do ceo; fazendo discursos, como bom philosopho e cosmographo, de huma rasão em outra, e por outras rasões e conjecturas que direi adiante, e por certo roteiro que dizem achou do tempo dos Romanos, e conselho dos cosmographos e homens peritos e experimentados na navegação, desejando estender e alargar os reynos paternos com novas conquistas e descobrimentos, veyo a concluir que se podia navegar de Portugal á India Oriental pela parte do meyo dia; e desejando saber por experiencia o que alcançava por arte, armou á sua custa certos navios, e mandou com elles gente a descobrir aquella navegação. E em diversas vezes veyo a ter noticia de gram parte daquella costa de terra firme, e de algumas ilhas no Mar Atlantico, e em todas as em que havia gente fez prégar a Fée de Nosso Senhor Jesus Christo, e por sua boa deligencia se converteram á nossa Sancta Religião os infieis barbaros de algumas daquellas partes, e outras se descobrio a Ilha da Madeira, e a do Porto-Sancto, e estas dos Açores, como depois particularmente direi. E, porque tinha vontade de bem fazer, como elle poz por moto de sua divisa nestas palavras francezas: «*Talent de bien faire*,» ainda que fosse á sua custa, continuou este excellente D. Henrique este descobrimento e conquista por mais de vinte e outo annos: e, passadas estas cousas e outras que adiante contarei, veyo a morrer no anno de 1460, aos 13 dias de Novembro, deixando descoberto do Cabo de Não até a Serra Leoa, que está desta nossa banda em sette gráos e dous terços, ou, como outros dizem, outo gráos de altura. Falleceo em Sagres, Villa sua do Algarve, sendo de idade de sessenta e seis annos, e foi enterrado na igreja de Lagos, donde depois foi trasladado ao Mosteiro Real da Batalha, que El-Rey D. João, seu pay, havia edificado, e posto na capella do mesmo convento, que está na entrada á banda direita, onde está enterrado El-Rey D. João, seu pay, e ao redor deste seus filhos os Infantes D. Pedro, D. João, e D. Fernando. Tem por divisa este Infante D. Henrique huma sepultura dourada, e humas bolças e lettras douradas, todo já gastado; e dizem ter isto assi, por ser elle o por cuja industria se descobrio a mina da qual veyo e vem a Portugal muito ouro. Este Infante tem todos por certo que morreo virgem; cuja morte sentio muito todo Portugal, e muito mais El-Rey D. Affonso, seu sobrinho, que dos Serenissimos Infantes, seus tios legitimos, só este lhe havia ficado; porque o Infante D. João, Mestre de Santiago e Condestable do Reyno, e o Infante sancto D.

2

Fernando, Mestre de Aviz, ja entam eram fallecidos, e tambem o Infante. D. Pedro, Duque de Coimbra; e o tio fóra de matrimonio, que era D. Affonso, Duque de Bragança, de mais idade que todos seus irmãos, falleceo no anno de 1462, e succedeo-lhe no Duquado seu filho D. Fernando, Conde de Arrayolos e Marquez de Villaviçosa, segundo Duque de Bragança, neto do primeiro Condestable D. Nuno Alvares Pereira por linha de sua mãy, a Condeça de Barcellos D. Beatriz, filha unica herdeira do Condestable, e por linha masculina neto tambem d'El-Rey D. João de boa memoria, 1. do nome. Este Infante D. Henrique, tio natural e pay adoptivo do Infante D. Fernando (ao qual devem estes Reynos, como tenho dito, o descobrimento de muitas ilhas e terras firmes, e principios dos Reynos e Provincias, que se descobriram e conquistaram ao depois no Oriente), por reconhecimento das mercês, que de Deos recebêra na ampliação dos senhorios destes Reynos, mandou fazer em sua vida em Restello, logar de anchoraje antiga, ali onde ora he o Mosteiro de Bethlem, mais de meya legoa de Lisboa, e segundo outros huma legoa, huma ermida da invocação de Nossa Senhora de Bethlem, em que se podessem recolher alguns Freires da Ordem de Nosso Senhor Jesus Christo do Convento de Thomar, de que elle era Mestre, os quaes servissem ali a Deos, e com os mareantes estrangeiros exercitassem as obras de caridade assi espirituaes, confessando-os, e consolando-os, como agasalhando os pobres, e ajudando os enfermos, e enterrando os mortos, que ou ali fallecessem, ou o mar ali lançasse, tendo o Infante desta casa, que tinha neste surgidouro de Restello, feito doação á mesma Ordem de Christo, com algumas heranças de pomares, fontes, e terras, que comprára para se manterem os Freires, com o encargo de todos os sabbados dizerem huma missa por sua alma. Depois que Vasco da Gama tornou da India, vendo El-Rey D. Manoel quam obrigado estava (accrecentando Deos em seu tempo á Coroa destes Reynos outros tantos e tam grandes) accrecentar-lhe tambem o templo e magnificencia da obra, para limpeza do culto divino e perfeição de mayor religião, determinou de edificar ali o Mosteiro de Bethlem da Ordem de S. Hyeronimo, prosegui do a memoria e sancta tenção do Infante D. Henrique, seu tio e avó adoptivo, e irmão d'El-Rey D Duarte, seu avó natural, como dice. E logo em satisfação e recompensação, deo á Ordem de Nosso Senhor Jesus Christo a igreja de Nossa Senhora da Concepção de Lisboa, que antes da conversão dos Judeos fóra sinagoga, e elle a convertéra, e mudára em ser viço de Deos e templo da Virgém Nossa Senhora. Mas, como o edificio de Nossa Senhora de Bethlem era sumptuoso, e por sua muita grandeza, e calidade de obra requeria largo espaço de tempo para se acabar na ordem em que o elle principiára, e sua morte foi tantos annos antes do que o seguido e communm curso dos homens podéra ser, pois falleceo aos 13 dias de Dezembro do anno do Senhor de 1521, dia de Sancta Luzia, nos Paços da Bibéira, não de velhice; senão de huma febre especie de modorra, doença de que, naquelle tempo morría muita gente em Lisboa, da qual ao cabo dos nove dias, que lhe tocou, deo a alma a Deos em idade de cincoenta e dois annos, seis mezes, e treze dias, dos quaes reynou os vinte e seis, hum mez, e desenove dias; deixou entommendado a El-Rey D João III do nome, seu filho; e successor, tam bem de suas obrigações, como o era dos Reynos e Senhorios, que lhe deixava, o proseguimento e fim della. E para mais o obrigar a proseguila, encabala, e dotala da maneira que elle, se vivéra, o determinava fazer, ordenou e mandou em seu testamento que enterrassem seu corpo na igreja de Bethlem antiga, que o Infante D. Henrique mandára edificar, e, como a igreja do Mosteiro fosse acabada, lhe trasladassem a ella seus ossos, pela escolher, para sua sepultura; e agora o he tambem dos mais Reys successores delle. Dizem e escrevem alguns que, por o Infante D. Henrique não ter filhos, e no tempo de seu fallecimento reynar em Portugal El-Rey D. Affonso V do nome, como se vê claramente, pois este Rey morreo em Cintra no anne de 1481, deixou em seu testamento a conquista do descobrimento das terras á Coroa Real, como ao tronco donde elle descendia; e parece que tambem deixou, com aprasimento d'El-Rey D. Affonso, o Mestrado de Christo e quanto tinha ao Infante D. Fernando, que elle perfilhou, casado com sua sobrinha a Infante D. Beatriz, filha de seu irmão o Infante D. João, ja neste tempo fallecido; ou, como conta o grave e docto chronista Damião de Goes, no anno de 1460, depois do fallecimento do Infante D. Henrique. Fez El-Rey D. Affonso V doação das Ilhas de Cabo Verde, e das dos Açores, que elle chama Terceiras, ao Infante D. Fernando seu irmão; e por morte do Infante D. Fernando, ficou o dito Mestrado e o mais a seu filho D. Diogo: como quer que seja, sua mãy deste D. Diogo, a Infante D. Beatriz, por ella naquelle tempo ser de pouca idade, sendo sua tutora e curadora, fez e confirmou as doações, destas Ilhas da Madeira e dos Açores aos Capitães dellas; e o mesmo Duque D. Diogo, depois de ter idade para isso, as confirmou, como dalgumas dellas parece.

2.

E por morte deste D. Diogo, que El-Rey D. João II do nome matou ás punhaladas, por lhe tractar treição, succedeo D. Manoel no Mestrado e Duquado de Vizeu a seu irmão, por mercê d'El-Rey, e no Reyno ao mesmo Rey seu cunhado, pelo seu testamento, e por ahi não haver outra pessoa a quem mais pertencesse o Reyno, que ao dito D. Manoel, Regedor e Governador da Ordem e Cavallaria do Mestrado de Nosso Senhor Jesus Christo, Duque de Vizeu e de Beja, Senhor da Covilhaa e de Moura, e das Ilhas da Madeira e Cabo Verde, e destas dos Açores, que são do mesmo Mestrado. E depois que D. Manoel succedeo no Reyno, ficou o dito Mestrado de Christo encorporado na Coroa, como parece que prophetisou El-Rey D. João II, quando, fallando com o Duque D. Manoel, e fazendo-lhe mercê do Duquado, e terras, e Senhorios que tinha seu irmão D. Diogo defunto (como conta o curioso Garcia de Rezende), lhe dice que elle matára o Duque seu irmão, porque elle Duque com outros o quizeram matar: e porque todas as cousas, que elle em sua vida tinha, por sua morte ficavam livremente á Coroa, elle de todas dali em diante lhe fazia mercê e pura doação para sempre, porque Deos sabia que elle o amava como a proprio filho; e lhe dizia que, se o seu proprio filho fallecesse sem outro filho legitimo que o succedesse, que daquella hora para então o havia por seu filho, herdeiro de todos seus Reynos e Senhorios. E sendo isto dito e ouvido de huma parte e da outra com muita tristeza e lagrimas (porque El-Rey tudo atribuhia a seus peccados), o Senhor D. Manoel, com muito acatamento pondo os joelhos em terra, lhe beijou por tudo a mão, e o mesmo fez Diogo da Silva, seu Ayo. Entam lhe mudou El-Rey o titulo de Duque de Vizeu, por se não intitular como seu irmão, e houve por melhor, que se intitulasse Duque de Beja e Senhor de Vizeu, como dahi em diante se chamou. E logo nesta mesma falla El-Rey tocou ao Duque em querer para si as villas de Serpa e Moura, e que por ellas lhe daria dentro do Reyno mui inteira satisfação, e assi apontou nas Saboarias do Reyno, que tinha, e em que por ventura haveria mudança, porque as havia por opressão dos povos e por cargo de sua conciencia. E tambem lhe dice que a Ilha da Madeira no que pertencia á sua Coroa, elle Duque a teria em sua vida inteiramente; mas que por seu fallecimento, quando Deos o ordenasse, era razão que, por ser causa tamanha, se tornasse á Coroa, e aos Reys destes Reynos, que os succedessem. As quaes palavras, que El-Rey entam deo ao Duque, foram todas (como dice) prophecias do que ao diante se vio, pois tudo foi como ella então o dice: e ficou o Mestrado á Coroa no tempo qúe o Duque D..Manoél ficou Rey; e esta parece ser a rasão por que são as doações em aquelles tempos aos Capitães destas Ilhas concedidas pela dita Infante D. Beatriz, como curadora e tutora de seu filho o Duque D. Diogo, em quanto era de pouca idade, e foram depois confirmadas pelo dito D. Diogo, quando ja tinha idade para isso, e pelos Reys destes Reynos; e succedendo por Duque no Duquado de Beja D. Manoel por morte de seu irmão D. Diogo, e vindo depois a ser Rey o mesmo D. Manoel, ficou o Mestrado da Ordem de Christo encorporado na Coroa Real, como agora está, e os Reys de Portugal são os que agora fazem as doações destas Capitanias destas Ilhas, e as confirmam, ainda que dantes eram concedidas (como tenho dito) pela Infante D. Beatriz, como curadora e tutora de seu filho o Infante D. Diogo, em quanto era menino, e depois confirmadas por elle, quando ja teve idade para isso; e qualquer Rey, que agora succede no Reyno, he o Mestre da Ordem de Christo, de cujo Mestrado são a Ilha da Madeira, e suas Adjacentes, e estas Ilhas dos Açores.

CAPITULO II

Segundo escreve o mui docto e curioso João de Barros quase no principio de sua Asia, El-Rey D. João de gloriosa memoria, o 1 deste nome em Portugal, passando a Africa no mez de Julho do anno de 1415, por força de armas, tomou a Cidade de Cepta, na tomada da qual o Infante D. Henrique, seu filho quinto genito, foi parte mui principal: e, como conta o grave chronista Damião de Goes, quatro annos depois que El-Rey D. João tomou a Cidade de Cepta aos Mouros, estes, a requerimento d'El-Rey de Granada, a vieram cercar no mez de Agosto com gram poder; ao qual cerco El-Rey D. João mandou muita e mui nobre gente de seus Reynos, por cujo capitam foi o Infante D. Henrique: e porque, alem delle ser mui arriscado Cavalleiro, era mui dado ao estudo das lettras, principalmente da astrologia, e cosmographia, trazendo como Julio Cezar a lança em huma mão, e o livro na outra; tornando do dito cerco o mesmo Infante, e sabendo a obrigação do cargo e administração que tinha de Governador da Ordem da Cavallaria de Nosso Senhor Jesus Christo, que El-Rey D. Diniz, seu tresavô, para a guerra dos infieis ordenou e novamente constituhio; desejoso de acrecentar o Reyno de Portugal e descobrir outro mundo novo, ja que não lhe cabia o descobrimento e conquista de Africa; e vendo como os Mouros do Reyno de Fez, e Marrocos ficavam por conquista metidos na Coroa destes Reynos por o novo titulo, que seu pay tomou de Senhor de Cepta, e que elle ja não podia intervir como conquistador, senão como capitam enviado, e hindo desta maneira, havia de seguir a vontade d'El-Rey e a disposição do Reyno, e não a sua; assentou em mudar esta conquista, o que muito desejava, para outras partes mais remotas de Espanha, com fundamento da qual empreza (que té o seu tempo nenhum Principe tentou), para que este seu proposito houvesse effeito, era mui deligente na inquisição das terras e seus moradores, e de todas as cousas que pertenciam á geographia, dando-se muito a ella, com que veyo a ter noticia de muitas terras, estando recolhido em huma Villa que novamente fundára no Reyno do Algarve na Angra chamada Sagres, por estar junto do Cabo de S. Vicente, chamado pelos antigos historicos *Sacrum Promontorium,* que quer dizer Grande Cabo, como se podem chamar todos os outros Calpos grandes, que ao mar saem. Assi chama Virgilio á grande fome e sede de ouro, *auri sacra fames,* a que os latinos chamam *execrabilis ex fugienda,* de que se deve fugir e arredar, como dos grandes cabos, ou promontorios, nos quaes quase sempre ha tormentas e perigos, donde se derivou o corrupto nome de Sagres, que, para mais verdadeira imitação da lingua latina, donde a nossa traz sua origem (como diz o chronista Damião de Goes), se deve chamar, mudando o -g- em -c-, Sacres; á qual Villa o dito Infante poz nome de Terça Nabal, e ora se chama a Villa da Villa do Infante. Como cousa que lhe fóra revelada, segundo alguns dizem, ainda que o mais certo he pela certeza que alcançou do trabalho de seu estudo e grande curiosidade, que a navegação para a India Oriental ja fôra em outros tempos achada; logo no mesmo anno que tornou do cerco de Cepta, que foi o de 1419, hum dia em se levantando, com muita deligencia mandou armar dous navios, que foram os primeiros com que começou mandar descobrir a Costa de Africa; e, porque naquelle tempo nenhum Portuguez passava do Cabo de Não, que está em vinte e nove gráos de altura, deo aos capitães por regimento que seu descobrimento fosse deste Cabo por deante. Mas estes e outros, que de outras vezes foram e vieram, não descobriram mais que até o Cabo Bojador, que será avante do Cabo de Não obra de sessenta legoas.

Tornados estes navios, fallaram-lhe dous nobres esforçados cavalleiros de sua casa, a hum dos quaes chamaram João Gonçalves, Zargo de alcunha, e a outro, Tristam Vaz, de menos idade, vendo os desejos que elle tinha de descobrir terras, e elles de o servirem na tal empreza, como naquellas hidas d'alem o tinham em Africa mui bem servido: pedindo-lhe muito, que, pois armava navios para descobrir a Costa de Berberia e Guiné, lhe aprouvesse hirem elles em algum navio a este descobrimento, que elles sentiam em si que nelle o poderiam bem servir. O Infante, vendo suas boas vontades e conhecendo delles serem homens para qualquer honrado feito, pela experiencia que tinha de seus serviços, mandou-lhes armar hum navio, a que chamavam barca naquelle tempo, e deo-lhes regimento, e que corressem a Costa de Berberia té passarem áquelle temeroso Cabo Bojador, e dahi fossem descobrindo o que mais achassem.

Como este Infante D. Henrique era hum barão tão puro, tão limpo, e de coração tão virginal, como foi, segundo nota João de Barros, a elle continha descobrir estas terras idolatras, e abrir os alicerces da Igreja Oriental, que nellas depois se edificou; e assi permetio Deos que este novo descobrimento (pela magestade delle) passasse pela lei que tem as grandes cousas, as quaes tem huns principios trabalhosos, e casos não cuidados e de tanto perige, como passaram estes dous nobres cavalleiros, que o Infante mandou a descobrir, depois de partidos em sua barca: porque, antes que chegassem á costa de Africa, saltou com elles tamanho temporal com força de ventos contrarios á sua viagem, que perderam a esperança das vidas, por o navio ser tão pequeno, e o mar tão grosso, que os comia, correndo a arvore seca á vontade delle. E como os marinheiros naquelle tempo não eram costumados a se engolfar tanto no pego do mar, e toda sua navegação era por singraduras sempre á vista da terra, e segundo lhes parecia eram mui afastados da costa deste Reyno, andavam todos tão turbados e fóra de seu juyzo, por o temor lhes ter tomado a maior parte delle, que não sabiam julgar em que paragem eram. Mas permetio a piedade de Deos que o tempo cessou, e, posto que os ventos, lhes fizeram perder a viagem que levavam segundo o regimento do Infante, não os desviaram de sua boa fortuna, descobrindo a Ilha, que agora chamamos do Porto-Sancto, o qual nome elles entam lhe pozeram, porque os segurou do perigo que nos dias da fortuna passaram; e bem lhes pareceo que terra em parte não esperada não sómente lha deparava Deos para sua salvação, mas ainda para bem e proveito destes Reynos, vendo a disposição e sitio della, e mais não ser povoada de tão fera gente, como naquelle tempo eram as Ilhas Canarias, de que ja tinham noticia. Com a qual nova, sem hir mais avante, se tornaram ao Reyno, de que o Infante recebeo o mayor prazer que té aquelle tempo desta sua empreza tinha visto, parecendo-lhe que era Deos servido della, pois ja começava ver o fructo de seus trabalhos. E pela informação que estes dous cavalleiros davam dos ares, sitio, e fresquidão da terra, e por comprazerem ao Infante, se moveram muitos, e offereceram a elle com proposito de a povoar, entre os quaes foi huma pessoa notavel, chamada Bertholameu Perestrello, que era fidalgo da casa do Infante D. João, seu irmão: e para esta hida mandou armar tres navios, hum dos quaes deo a Bertholameu Perestrello, e os outros a João Gonçalves, e a Tristam Vaz, primeiros descobridores. E entre as sementes, e plantas, e outras cousas que

3

levavam, era huma coelha que Bertholameu Perestrello levava prenhe metida em uma gayola, e que pelo mar acertou de parir; e, depois de chegados á Ilha, solta a coelha com seu fructo, em breves tempos multiplicou tanto, que não semeavam, ou plantavam cousa que logo não fosse royda, por espaço de dous annos que ali estiveram: o que foi causa que, importunado Bertholameu Perestrello, se tornou para o Reyno. João Gonçalves, e Tristam Vaz, como tiveram melhor estrella que o Perestrello, partido elle, determinaram de hir ver se era terra huma grande sombra, que lhes fazia a Ilha a que agora chamamos da Madeira; e vendo o mar para isso disposto, passaram-se a ella em dous barcos que fizeram, á qual chamaram da Madeira, por causa do grande e espesso arvoredo de que era coberta. O Infante, depois que estes dous capitães vieram ao Reyno com a nova do novo descobrimento desta Ilha, por consentimento d'El-Rey D. João, seu pay, a repartio em duas capitanias: a João Gonçalves deo a que chamamos do Funchal, onde está a Cidade nomeada deste logar; e a Tristam Vaz deo a outra, onde está a Villa de Machico; e começaram ambos de povoar a Ilha na era de 1420. E a Ilha do Porto-Sancto deo o Infante a Bertholameu Perestrello. E o mesmo João de Barros diz que Gomes Eannes de Azurara, chronista destes Reynos, em soma conta que João Gonçalves, e Tristam Vaz ambos descobriram a Ilha da Madeira. E, como conta o capitam Antonio Galvão, outros dizem que, vendo huns Castelhanos os desejos que o Infante tinha de descobrir novo Mundo, lhe deram conta como elles acharam a Ilha do Porto-Sancto, o que parece ser quando foram descobrir as Canarias, ou fazendo outra viagem; e por ser cousa pequena, não faziam della conta, o que foi causa de mandar lá o Infante a Bertholameu Perestrello (ao qual a *Historia da Ilha da Madeira* chama Palestro), e Zargo, e Tristam Vaz Teixeira: e pelos signaes e derrotas, que os Castelhanos deram da Ilha do Porto-Sancto, foram ter a ella; e, depois de ahi estarem dous annos, no de 1420 se passaram á Ilha da Madeira, onde acharam como Machim (depois dos Phenicianos) ali estivera no logar, que delle depois (como ja dice) chamaram Machico.

Outros dizem que no anno de 1420 João Gonçalves Zarco e Tristam Vaz, de casa do Infante D. Henrique, foram de Lagos, onde o Infante estava, em hum navio saltear as Canarias e a Ilha dos Lobos; e da tornada, dando tormenta nelles, foram ter á Ilha do Porto-Sancto; o qual nome elles lhe puzeram pela tormenta em que se viram, e de que nella escaparam, onde estiveram alguns dias; e, tomando mostras da terra, se tornaram a Lagos, onde o Infante estava, e lhe deram relação da Ilha, da qual deo o Infante a capitania a Bertholameu Perestrello, fidalgo da casa do Infante D. João, seu irmão; e que, logo no seguinte anno de 1421, por mandado do dito Infante D. Henrique, foram os mesmos João Gonçalves Zarco, e Tristam Vaz, e Bertholameu Perestrello á dita Ilha do Porto-Sancto, onde estiveram dous annos; e cada anno hia a ella navio de Lagos com mantimentos para elles. E, por se enfadar Bertholameu Perestrello dali, pela muita criação dos coelhos, que multiplicaram sem conto de huma coelha, que trouxera, e pario no mar, e por damnarem quanto na terra se semeava, se tornou no navio, que cada anno vinha de Lagos ter com elles, ficando João Gonçalves e Tristam Vaz na dita Ilha, que entam era toda coberta de dragoeiros, e zimbros, e outras arvores até o mar. E, por verem dali sobre a Ilha da Madeira sempre muita nevoa e bulcão sem nunca se desfazer nem mudar, no anno de 1424 fizeram duas barcas grandes, e, metendo-se nellas com os homens que comsigo tinham, foram ter detraz da Ilha da Madeira da banda do Norte á Ponta de Tristam, o qual nome lhe puzeram por amor de Tristam Vaz, que ficou ali: e hindo João Gonçalves em huma barca por derredor da Ilha pela Ponta do Pargo, foi ter a Camara de Lobos, donde tomou seu apelido; e dali se tornou á outra Ponta onde ficára Tristam Vaz, da qual se foram ambas nas barcas até a Ponta de S. Lourenço, e de lá até a bahia e porto de Machico, e desembarçaram onde agora se chama o Desembarcadouro, ou, segundo outros, o Embarcadouro, onde acharam huma choupana derribada; e dali foram onde agora está a igreja de Christo na Villa de Machico, e ahi acharam huma cruz em huma arvore com letras, que diziam: «Aqui chegou Machim, inglez, com tormenta; e aqui jaz enterrada huma mulher, que com elle vinha.» E, tanto que elles isto viram, se tornaram para a Ilha do Porto-Sancto, e levaram as mostras da Madeira no navio que veyo de Lagos o dito anno, hindo-se nelle para Lagos, onde o Infante estava, a quem mostraram o que levavam da dita Ilha, pedindo-lhe a capitania. O Infante, vendo as mostras, e ouvindo a relação que da Ilha elles lhe deram, lhe poz o nome, que agora tem, de Ilha da Madeira, e partio a capitania della entre elles, como ao presente está, dando (segundo alguns dizem) a Tristam Vaz, por ser mais velho, a capitania de Machico, e a João Gonçalves a capitania do Funchal; e (segundo outros), fazendo capitam do Funchal a João

3.

Gonçalves Zarco, por ser mais velho; pela qual razão o havia tambem d'antes mandado por capitam, em cuja companhia hia Tristam Vaz, quando acharam as ditas duas Ilhas. E dizem mais alguns antigos que, no anno de 1425, no mez de Mayo, foi Tristam Vaz com sua mulher ter á Ilha da Madeira. A escriptura que tem os herdeiros de João Gonçalves diz que elle foi o principal neste feito, e, nomeando Tristam Vaz por Tristam da Ilha, como El-Rey e o Infante em suas provisões e doações o nomearam, como pessoa menos principal, e não de tanta idade, nem calidade, como João Gonçalves, só diz que era chegado a elle por amizade e companhia, e como homem mancebo: e desta conta, sempre era nomeado por Tristam, como se relata mais copiosamente na *Historia e informação dos illustres Capitães da Ilha da Madeira*, que de penna anda escripta, e eu alcancei ver por meyo do muito curioso e Reverendo *Hyeronimo Dias Leite*, Conigo na See da Cidade do Funchal, que a coligio e compoz. E para confirmação disto, conforme o que nella li, e por outra parte ouvi a homens antigos, honrados, e dignos de fee desta Ilha de S. Miguel e de fóra della, contarei logo mais particularmente, ainda que com brevidade, o descobrimento destas Ilhas ambas do Porto-Sancto e da Madeira, e de outras suas visinhas, e a vida e alguns honrosos feitos dos illustres Capitães de todas ellas, deixando as mais particularidades (pois mais não pude alcançar saber) para quem dellas quizesse escrever particularmente; porque são tam grandes, altivas, honrosas e ricas as cousas desta Ilha da Madeira e das outras que tenho dito estão á sua sombra, e de seus Capitães, e moradores, que, alem de requererem outro melhor e mais alto estylo que o meu, baixo e esteril, e de pequenos e fracos hombros para se atrever a levar tão grande carga, póde quem as inquirir e alcançar saber todas fazer e compor hum mui grande, curioso e custoso volume.

CAPITULO III

Do principio e fundamento, genealogia e fidalguia do primeiro Capitam do
Funchal da Ilha da Madeira, João Gonçalves o Zargo,
i do nome, e de seus descendentes.

Como todos os homens procederam de hum pay e mãy, Adam e Eva,
que são um só principio, e não de dous pays e mãys, claro está que nenhum naceo fidalgo, nem com este privilegio de fidalguia, senão depois que
suas obras, ou de seos antepassados lho deram, como as obras de Abel o
fizeram sancto e aceito a Deos, e as de Caim, filho do mesmo pay e mãy,
o tornaram rustico e condemnado, pois (havendo morto a seu irmão Abel),
como rustico viveo dali por diante entre os matos e feros animaes, abatido, e fugindo sobre a face da terra, onde depois o matou com uma frecha
ou seta, ou (como cá dizemos) a bésta, o Patriarcha Lamech, cuidando ser
bésta, tendo-o por bruto animal do campo, que entre os brutos andava. Digo isto para mostrar que a fidalguia teve principio ou nas obras de algum
que com ellas lho deo, ou na aceitação dos Reys que com ella lho deram;
e he pois isto assi, que toda a fidalguia e nobreza teve principio em algum
chefe, que fez o alicerce e poz no fundamento a primeira pedra dellas. A illustre progenie dos illustres Capitães do Funchal da Ilha da Madeira, e desta Ilha de S. Miguel, que delles descendem, teve hum dos mais altos e
honrosos principios, que se podem contar, se he verdade (como por verdade
se tem) o que delle se conta, como logo direi. Segundo alguns nossos chronistas deixaram escripto, depois da Encarnação de nosso Deos e Senhor 1415
ou 1416 annos, no mez de Julho, partio El-Rey de Portugal, D. João de
boa memoria, i do nome, da Cidade de Lisboa, com o Principe D. Duarte e
os Infantes D. Pedro e D. Henrique, seus filhos, e outros senhores e nobres
do Reyno para Africa; e, huma Quarta-feira ao meyo dia, vespera de Nossa
Senhora de Agosto da mesma era, por força de armas tomou aos Mouros
a gram Cidade de Cepta, que está da parte do Norte em 35 até 36 gráos
de altura; a qual Cidade depois foi cercada dos Mouros, e o Infante D. Hen_
rique a foi descercar: e (como a homens antigos e nobres desta Ilha e a
outros de fóra della ouvi), ou nesse cerco, ou melhor, no cerco de Tangere,

se acháram João Gonçalves o Zargo e Tristão Vaz, e o fizeram tão honradamente, que o Infante os armou cavalleiros. Ou seja ahi, ou em outra parte,
em algum dos logares de Africa, estando lá um Capitam d'El-Rey, aconteceo que, correndo Mouros ás tranqueiras, dentre elles sahio hum que a cavallo desafiou os Portuguezes, dizendo que a hum per hum queria mostrar
a valia de seu esforço; e, se entre elles havia esforçados, que não encubris-
sem a sua. Ao qual (entre muitos que dos nossos para aceitar o desafio se
offereceram) sahio, com licença do Capitam, hum esforçado e de nome entre os christãos, a quem na briga a fortuna tão mal favoreceo, que o Mouro
com a morte delle ficou senhor do campo. Logo sahio outro de não menos
valia, a quem a sorte dice de maneira que fez companhia ao primeiro. Ao
depois deste, outro, e não sei se mais, que tiveram o mesmo fim. Vendo o
Capitam quam mal lhe succederam as cousas naquelle dia, estava tão occupado do pezar pela perda de seus cavalleiros que no campo vio jazer sem
vida vencidos, que com palavras e meneios se deixava bem entender, respondendo aos que se offereciam para vingar a morte dos mortos, que nem lhe
falassem, nem lhe pedissem licença, pois bem bastava a desaventura que todos presentes viam, e não provar outra mayor, nem ver o fim á fortuna.
Estando as cousas neste estado, se veyo ao Capitam hum Soldado infante,
até entam sem nenhum nome d'antes, nem depois lho pude saber, ainda que
elle o ganhou muito grande; e lhe pedio que o deixasse sahir ao Mouro,
que elle, com o favor de Deos, esperava vencelo e entregalo captivo. E, respon-
dendo-lhe o Capitam que se deixasse de tal proposito, pois o que tantos e
tão animosos cavalleiros não poderam fazer, como elle, sem experiencia de a
cavallo, esperava ser vencedor? dice o Soldado, que ja que na demanda
eram perdidos tantos e tão abalizados, e de tanto nome ante elle Capitam
e o Rey, pouco se aventurava em elle tambem se perder: pelo que lhe pedia não lhe negasse a licença. O Capitam entendendo esta rasão e replica,
e vendo o grande animo do Soldado que isto lhe requeria, e nelle mostras
para acabar qualquer feito honroso, de parecer com outros cavalleiros, lhe
concedeo o que pedia. E logo o Soldado pedio o cavallo de hum cavalleiro, que para o effeito escolheo; e, cavalgando nelle com adarga embraçada,
e na outra mão hum pedaço de páo, caminhou para o Mouro, que, em o
vendo escaramuçando, se veyo mui soberbo a elle. E todas as vezes que
queria ferir ao christão, este não fazia mais que desviar de si a lança do

Mouro, o que fez até que, tanto que vio tempo e conjunção, remetendo depressa com o cavallo ao Mouro, lhe deo em descoberto tão grande pancada, que, atordoado, o tomou pelos cabellos, e prezo o entregou ao Capitam: pelo qual feito foi dali em diante conhecido do Rey. Deste valeroso Soldado dizem que procedeo João Gonçalves o Zargo, seu filho, ou neto; e outros dizem que este feito em armas fez o mesmo João Gonçalves; e, por o Mouro que elle, ou seu pay, ou avô matou se chamar Zargo, lhes ficou a elles, ou a elle o mesmo apelido e nome.

A informação que tenho da Ilha da Madeira conta este principio de outra maneira, dizendo que este primeiro Capitam do Funchal foi chamado Zargo, alcunha imposta por honra de sua cavallaria, porque no tempo que os Infantes D. Henrique e D. Fernando, filhos d'El-Rey D. João, 1 do nome, se foram cercar Tangere, com tenção de a tomar e sugeitar á Coroa destes Reynos de Portugal, foi este Capitam João Gonçalves com elles, por ser cavalleiro da casa do dito Infante D. Henrique. Estando, pois, os Infantes neste cerco, vieram sobre elles El-Rey de Fez, e El-Rey de Belez, Lazeraque, e cinco Enxouvios, e El-Rey de Marrocos, com todo seu poder, em que traziam sessenta mil homens de cavallo e cem mil de pee: os quaes chegados, cercaram logo os Infantes, pelo que lhes foi necessario fazer hum palanque, onde se defenderam, com padecerem muitas afrontas e fortes combates, nos quaes se mostrou tão cavalleiro o Zargo, que deo mostras de seu grande esforço, pelejando valerosamente diante dos Infantes, que por essa causa o estimavam muito. E neste logar e combate recebeo huma ferida em hum dos olhos de hum virotão que dos inimigos lhe tiraram, com que lhe quebraram hum olho. E, como naquelle tempo chamavam *zargo* a quem não tinha mais que hum olho, ficou-lhe o nome por insignia e honra de sua cavallaria; porque nella deo taes mostras e se assinalou por tão cavalleiro, que não foi pouca a ajuda de seu esforço e industria na guerra, para o Infante D. Henrique se salvar e recolher ao mar, a tempo que ja o Infante D. Fernando ficava captivo por treição e manha, como na Chronica d'El-Rey D. Duarte copiosamente se relata. Assi que, com a industria e esforço deste cavalleiro João Gonçalves o Zargo se recolheo e embarcou o Infante D. Henrique nos navios que no mar estavam para esse effeito, ficando sempre o Zargo em terra recolhendo a gente que póde, e sustentando esforçadamente o impeto e pezo dos Mouros, que sobre elle vinham por entrar o In-

fante. E, depois de recolhidos com perda de muitos Portugnezes, João Gonçalves se recolheo bem ferido, com trabalho e perigo, sendo os Mouros in-
fenitos. Por este grande serviço, que este magnanimo João Gonçalves o Zargo
fez ao Infante, e por outros que tinha feito a El-Rey, o estimavam muito, e
lhe dava El-Rey cargos de substancia, em que sempre se mostrava mui cavalleiro: por essa razão o encarregou, havendo guerras com Castella, de capitam da costa do Algarve, como logo declararei, onde servio a El-Rey muito
bem, tendo segura a costa de toda a molestia dos Castelhanos. Este principio he mui certo, e os outros que d'antes deste tenho dito bem o podem tambem ser, e todos serem verdadeiros, por acontecerem uns ante os
outros, e em diversos tempos e pessoas, como são pay, e filho, ou neto; e,
ou seja de hum modo destes, ou de qualquer delles, ou de todos, cada hum
delles per si foi hum dos mais honrosos e afamados que entre muitas e
grandes linhagens se apregoão; pois, qualquer destes feitos he tão grande, que
em poucas gerações e prosapias se póde chamar outro principio mayor, e
de mais nome e fama.

CAPITULO IV

Ainda que ja atraz tenho contado brevemente o que se conta do inglez Machim, que, desgarrado com tormenta, foi ter á Ilha da Madeira (a qual ainda nunca fóra descoberta), e tudo foi relatado conforme ao que escreve o notavel Capitam *Antonio Galvão* em hum *Tractado*, que fez, *de novos descobrimentos;* agora quero contar mais particularidades do descobrimento da mesma ilha, como então prometi. Direi, tambem mais verdadeira e particularmente, segundo outres que melhor a inqueriram e examinaram, da maneira que aconteceo esta saudosa historia cheia de muitas saudades.

No tempo d'El-Rey Duarte de Inglaterra houve hum nobre inglez, afamado cavalleiro, a que chamavam de alcunha o Machim, o qual, por ter altos pensamentos e ser tambem de honrosos feitos, andava de amores com huma dama de alta linhage, a que chamavam Anna de Harfet. Proseguindo elle com extremo sens amores, veyo ella tambem a amar muito a quem a amava; porque em fim o amor, se não for com amor, não tem igual paga; e, como este (como as cousas odoriferas) se não póde encobrir aonde está encerrado, com mostras e suspeitas que de si deram, foram descobertos os amantes, por se quererem ambos muito (que ainda ás vezes a prohibição de huma cousa he causa de mayor desejo della, e he isca de mayor incendio o querer alguem apagar o fogo amoroso, pois nossa natureza mais incita, e aspira ao que mais lhe he vedado). Como os senhores de alguns campos regadios no tempo das grandes enchentes fazem ás agoas grandes valos no principio donde vem para as lançar para outra differente parte, e os medicos para curar a pontada de hum lado, mandam sangrar do contrario; assi os parentes, cuidando deitar agoa no fogo, e não alcatrão, que arde nelle, como senhores do agro e medicos de sua amorosa infermidade, para devertir a corrente do amor, que a alagava, e apartar o sangue da contraria pontada, como fazendo contrarios valados e sangrias, com aprazimento d'El-Rey a casaram em Bristol com hum homem de alto estado. Machim foi disto mui lastimado e ella muito descontente, e, não tendo nenhum meyo á paixão e dor des-

4

tes extremos com que ambos se viram, mostrando com lagrimas ardentes a lastima deste casamento, acordaram com grande segredo fugirem para França, com quem Inglaterra então tinha grandes guerras. E falando-se Machim com alguns agravados e parentes, a quem descobrio seu peito e todo seu talento e thesouro (que tinha encerrado onde estava seu coração e amor), deram-se as fées, e juraram de hirem todos com elle para França. E para melhor porem em effeito esta partida, foram secretamente poucos a poucos ter a Bristol, onde estavam certas náos de mercadores carregadas para Espanha, determinados a meterem-se em huma dellas, e, por força, fazendo-se á vela, passarem-se a França, fazendo saber com todo secreto este seu acordo a Anna de Harfet, para vir ter com elles, e fugirem. E, ordenado o dia que as náos estivessem despejadas da gente principal, hum dia de festa, sendo o mestre e mercadores em terra, e estando Anna de Harfet avisada, cavalgou o mais secretamente que houve em hum palafrem, e, levando um crucifixo e todas suas joyas de preço, deo comsigo no logar ordenado, onde a estavam ja esperando com hum batel. Meteo-se nelle com o seu Machim, que com seus criados e amigos a recolheram, e levaram a huma das náos que tinham prestes, a qual fizeram logo á vela; e, cortadas as amarras, recolheram o batel. Acertou, porém, de ventar huma tormenta grande, revolvendo as ondas, como invejosas daquelle desenvolto amor, com que logo se afastaram da terra; e, como anouteceo, havendo conselho que poderiam sahir as outras náos atraz ella, porque haviam de entender que passavam a França, desviaram-se desse caminho, esperando de hir tomar as derradeiras partes de França em Gasconha, ou Espanha. E, como o piloto e mestre ficaram em terra, e os que hiam na náo não sabiam tomar a terra nem a altura della, achando vento prospero, correram para onde os levava a ventura com todas as velas, por não os alcançarem; e em poucos dias se acharam em huma ponta de huma terra brava, toda coberta de arvoredo até o mar, de que ficaram espantados e confuzos. Logo detraz da ponta viram huma enseada grande, e metendo-se nella, deitaram ancora, lançaram batel fóra, foram ver que terra era; e não podendo sahir com a quebrança do mar, foram-se a huma rocha, que entrava no mar da banda do Nacente, onde sahiram bem á sua vontade, e dahi se foram á praya entre o arvoredo e o mar, até darem em huma fermosa ribeira de boa agoa, que por entre o arvoredo sahia ao mar, não achando animal nem bicho nenhum; porém acharam muitas aves, e viram o arvoredo tão grosso e espesso, que os poz em espanto. Entre outras arvores, acharam junto ao mar huma mui grande e grossa, que da antiguidade tinha hum óco no pee, onde entravam como huma casa. Tornando com esta nova á náo, o Machim e os companheiros, entendendo que era terra nova, poseram em vontade de a pedirem aos Reys de Espanha, Anna de Harfet, como hia enjoada e mareada do mar, rogou ao Machim que a levasse a terra a ver aquella ribeira, e desmareasse alguns dias do enjoo. Felo elle assi: mandou levar roupa e mantimento a terra, para estar ali alguns dias de vagar, em quanto o tempo lho desse, levando comsigo alguns companheiros para estarem em sua companhia na terra, e outros hiam e vinham á náo; mas, como a fortuna corre em alguem, não lhe dá vagar de reposo. A terceira noute depois que chegaram, levantou-se huma vento tão forte sobre a terra, que a náo se desamarrou, os que dentro estavam deram á vela, sem poderem parar; seguiram por onde o vento os levava, e em poucos dias, dizem, que foram dar á costa de Berberia, onde foram logo captivos dos Mouros, e levados a Marrocos.

Quando amanheceo, e os que ficaram em terra não viram a náo, quedaram-se mui tristes, dando-se logo por perdidos e desesperados de mais poderem dali sahir. A dama de Machim de se ver ficar ali, pasmou, e nunca mais falou, e dahi a tres dias morreo. Machim, pelo muito que lhe queria, arrebentava; e, vendo-se desterrado de sua patria, e seu amor morto, que era todo o conforto de seu desterro, não lhe lembravam ja saudades da terra; só as tinha insofriveis da sua Anna de Harfet, que diante de si tão prestes via feita em terra. Com estas com que ficava, e com ardentes suspiros e lagrimas, a acompanhava ali; onde estavam agasalhados, a mandou enterrar, e poz-lhe huma cruz de páo á cabeceira, e huma mesa ou campa de pedra com o seu crucifixo sobre ella, e aos pees do crucifixo poz hum letreiro em latim, em que contava todo o seu tristissimo successo, e o que naquella viagem tão sem ventura lhe tinha acontecido, pedindo que, se em algum tempo ali viessem christãos, fizessem naquelle logar huma igreja da invocação de Christo. Acabado o que, pedio aos companheiros que, com a roupa que tinham e aves que tomassem, se fossem aonde a ventura os guiasse, pois elle a não tivera de lhe viver sua amiga; e que queria ali ficar e morrer onde matára Anna de Harfet, e só com sua saudade acompanhando o corpo morto, pois ella o acompanhára vivendo. Os companheiros movidos de

4.

piedade, lhe diceram todos que o não haviam de deixar, e que ali haviam de morrer e ficar com elle. O Machim, que muito lhes agradeceo aquelle amor, e mais lhes agradecêra sua crueldade, se só o deixaram, de dor e paixão de sua amiga não durou mais de cinco dias. Os companheiros, que não com pouca saudade de sua companhia o enterraram junto da sua Anna de Harfet, pozeram-lhe outra cruz á cabeceira, e, deixando o mesmo crucifixo como Machim o pozera, e estas duas sepulturas naquella terra herma por tristissimo espectaculo saudoso e amoroso, meteram-se no batel em que vieram da náo (posto que outros querem que o fizessem do tronco da arvore, que grossa era e capaz de muitas pessoas), e hindo ter á costa de Berberia, foram lá captivos dos Mouros e levados a Marrocos, onde ja estavam tambem captivos os outros companheiros da náo, tão sem prazer e sem ventura. Estes breves, momentaneos, e custosos gostos tem as grandes e compridas esperanças do mundo, cujo costume, condição, e natureza sempre foi e será descarregar com mui pouco ou nada a quem pede muito.

CAPITULO V

Como João Gonçalves Zargo, andando por capitam da costa do Algarve no tempo das guerras entre Portugal e Castella, tomou hum navio de Castelhanos, que vinham resgatados de Marrocos, e entre elles hum piloto, que lá ouvira aos companheiros da náo de Machim como haviam achado a Ilha da Madeira: e, levando-o diante d'El-Rey e do Infante D. Henrique, alfores elles com estas novas, os mandaram descobrir a mesma Ilha, cuja sombra viram, e temeram do Porto-Sancto, onde chegaram.

Ao tempo que a náo, que trouxe Machim á Ilha da Madeira, desgarrou da dita Ilha e foi ter a Berberia, onde foram captivos com os outros que depois vieram da mesma companhia, como ja tenho dito, havia em Marrocos muitos captivos, entre os quaes estava hum Castelhano, por nome João Damores, homem do mar, e bom piloto, mui entendido na arte de navegar, o qual, como lá vio estes inglezes que da ilha vieram desgarrados, quiz saber delles que ventura os trouxera a Berberia, e os chegára áquelle estado de captiveiro, havendo grande dó delles (porque ninguem o póde ter tão verdadeiro como aquelle que do mesmo mal he ferido): e, porque os tristes sentem algum alivio em contar sua tristeza, elles lhe contaram a João Damores os amores de Machim miudamente, e como a fortuna os aportára a huma ilha nova, e o que passaram nella na morte de Machim e sua amiga, e como, desesperados de poderem viver, cometeram o mar e a ventura, que ali os aportou tanto sem ventura. O João Damores era homem esperto nas cousas do mar, e sobre tudo curioso; a qual curiosidade das cousas não se acha senão nos que mais dellas entendem, porque quem não entende nada, assi como não duvida nada, não procura saber o que não duvida, e desta maneira fica ignorante, por não se saber maravilhar, nem duvidar das cousas que vé; da qual admiração e duvida nace a inquirição dellas, e da inquirição a experiencia, e da experiencia a memoria, e das muitas memorias a sciencia ou arte que aprendêra: perguntou a estes companheiros de Machim de que porto de Inglaterra partiram, e que tempo trouxeram, e que derrota levaram, e em quantos dias vieram ter áquella terra nova, e quando a náo desamar-

rou, que caminho trouxeram, e em quantos dias vieram ter á costa de Berberia. E sabido tudo miudamente, segundo era habil e de bom engenho, tomou tudo na memoria, e, pouco mais ou menos, entendeo onde esta terra
podia estar, pelo que aconteceo aos inglezes, que de tudo o instruhiram. Neste
tempo faleceo em Castella o Mestre de Santiago, pessoa de grande estudo, e
deixou em seu testamento que por sua alma tirassem certo numero de captivos de Africa: e entre elles, tiraram o piloto João Damores. E, como no mesmo tempo havia guerras entre Portugal e Castella, andava por capitam de
huma armada João Gonçalves Zargo, guardando a costa do Algarve, porque
faziam nella muito damno os Biscainhos. E, andando assi na costa de Andaluzia, houve vista do navio em que vinha de Africa João Damores com outros resgatados, o qual alcançou e tomou. O piloto João Damores, como se
vio em poder dos christãos, foi-se logo ao capitam, e contou-lhe tudo o que
havia passado e sabido dos inglezes, e da terra nova que acharam, que podia pertencer á El-Rey de Portugal. O capitam ficou mui alegre com o que
lhe ouvio, lançou logo mão deste piloto, e trazendo-o comsigo, largando o navio dos captivos que se fosse embora, e fazendo volta para o Algarve, trouxe
o piloto ao Infante D. Henrique, que estava neste tempo em Sagres, no Cabo
de S. Vicente, com determinação de mandar descobrir a Costa de Africa do
Cabo Bojador por diante: e com a vinda do piloto ficou muito alegre, e muito
mais pelas novas que lhe deo da terra nova, mandando logo a João Gonçalves que fosse com o piloto a Lisboa offerecelo a El-Rey seu pay, e dar a este
conta do que passava; e proveo a armada de outro capitam. João Gonçalves
fez logo seu caminho a Lisboa, e poz por obra o que o Infante lhe mandava, levando em sua companhia, para o effeito que pertendia, certos homens
da armada, que com elle andavam, e de quem elle muito fiava para semelhantes emprezas, entre os quaes foi João Lourenço, e Francisco de Carvalhal, e
Ruy Paes, e João Affonso, homens para qualquer feito de guerra assi no mar,
como na terra, e levou mais alguns homens de Lagos, como foram Antonio
Gago, Lourenço Gomes, e alguns mancebos marinheiros, que andavam na armada. El-Rey, tanto que vio e ouvio a João Gonçalves Zargo, houve muito
prazer com a nova, que elle lhe deo da terra nova, e fez-lhe muita honra.
E, vindo neste tempo a Lisboa o Infante D. Henrique ver-se com El-Rey para
este descobrimento da ilha nova, ordenaram que o mesmo João Gonçalves a
fosse descobrir com o piloto que tomara, pois estava informado com os in-

glezes onde demorava: e, mandando-lhe aparelhar hum navio de armada e hum barinel, partiram de Restello na entrada de Junho da era do nacimento de Christo Nosso Senhor de 1419, em que logo foram demandar a Ilha do Porto-Sancto, que está em 32 gráos, a qual havia dous annos que era descoberta por huns navios de Castelhanos, que hiam para as Ilhas de Canaria, as quaes havia pouco tempo que (como ja dice) huns francezes tinham achadas; e por isso o piloto tomou esta derrota.

Havia fama entre os navegantes e homens do mar que desta Ilha do Porto-Sancto aparecia hum negrume mui grande e espantoso aos que o viam de longe, quanto mais a quem o via de perto, que nunca se desfazia; e como nunca vista cousa no mundo (que os homens não sabiam nada do mar largo, porque navegavam ao longo da costa), era tão temido por a sua negra e medonha sombra, que se afastavam delle, e fabulavam grandes cousas da sua obscuridão, dizendo huns que era do abysmo que estava no mar; outros, que era boca do inferno, e que aquelle negrume era o fumo que de lá sahia, porque parecia fumo negro de fornalha; e por esta fama contavam tantos medos nesta paragem, que os mareantes se afastavam della, e os que isto viam muito mais.

Partido de Lisboa João Gonçalves Zargo com sua companhia e com prospero vento, com a fama do negrume que aparecia nesta paragem, não correndo de noute senão aquillo que de dia podia alcançar com os olhos (porque assi o mandava o piloto, a quem o capitam em semelhantes cousas ouvia, seguindo seu parecer), no mesmo mez de Junho em que partiram, chegando em poucos dias ao Porto-Sancto (nome ja posto a esta ilha pelos Castelhanos, por causa de huma tormenta que passaram, e neste Porto se salvaram), onde, lançando ancora antes de sahir em terra, viram logo do mar aquelle negrume de que tantos espantos se contavam, pela fama dos medos que delle diziam. Tomando conselho sobre o que fariam, pareceo bem ao capitam e ao piloto sahirem em terra no Porto-Sancto, e esperarem ali aquelle quarteyrão da lua, a ver se se mudava ou desfazia a sombra que viam. E assi se detiveram alguns dias em conselhos, sem nunca se desfazer aquella balsa obscura: pelo que, cada vez mais a temiam, e davam credito ao que della fabulavam os mareantes, porque era muito medonha de longe.

COMO O VALEROSO CAPITAM JOÃO GONÇALVES ZARGO, CONTRA O PARECER DE TODOS OS QUE COMSIGO LEVAVA, SOMENTE COM O DO PILOTO, COMETEO O HORRENDO NEGRUME QUE HAVIA ACHADO SER ILHA, SAHIO COM OS SEUS EM TERRA, E MANDOU DIZER MISSA SOBRE A SEPULTURA DE MACHIM: E DO QUE MAIS FEZ ATÉ SE TORNAR AOS NAVIOS.

Praticando o capitam João Gonçalves Zargo muitas vezes com os do navio que conselho teriam sobre o cometimento daquelle negrume que a-parecia, não porque elle duvidasse de o cometer, senão pedindo o parecer de todos, por não parecer voluntario, e de temerario atrevimento, e izento de querer tomar conselho, dizia o piloto que, pela informação que lhe deram os inglezes, a terra nova, que vinham buscar, não devia de estar mui longe, e que (como os inglezes lhe affirmaram), pelo muito alto e basto arvoredo de que lhe diceram que era cheia, sem nunca se enxugar de humidade, estava toda coberta de hum nevoeiro muito negro; e lhe parecia que deviam de hir demandar aquelle negrume, e ver o que aquillo podia ser. Mas todos eram contra este parecer, pelo medo que tinham concebido da fama desta obscu-ridão, e juntamente requeriam que não fossem cometer huma desaventura tão certa como viam, senão o capitam, que, como era de valeroso coração, de-terminou de hir provar aquella ventura. Dizendo-o assi a todos e pondo-o por obra, hum domingo ante manhaa, tres horas antes do sahir o sol, mandou fazer os navios á vela, para lhe ficar dia em que podesse ver o que aquillo era. Isto determinado, encomendando-se a Deos, correram com bom tempo a cometer o negrume, que de cada vez parecia mayor, e mais espantoso, e alto, e de cor medonha e negra. E sendo ja tempo de meyo dia, foram ter quase aferrados com elle, onde deo um pavor a todos em geral, gritando, porque ouviam diante de si arrebentar o mar com huns roncos espantosos, sem ver com os olhos nem atinar bem com o juizo onde arrebentava, por o nevoeiro, que cobria a terra, chegar até o mar: o que lhes poz muito es-panto e mór temor do que dantes tinham, ouvindo assi arrebentar o mar es-pantosamente, sem verem em que parte. Bradaram então todos juntamente que voltassem, e não se fossem sorver assi parvoamente naquelle abysmo (que por tal o julgavam): e foram arribando ao longo da nevoa, não ficando nenhum que

5

não fossé de parecer que virassem, senão o capitan e o piloto, que diziam
de que haviam de voltar, pois não viam causa disso. Comtudo mandou o
capitam lançar os bateis fora para rebocar os navios e chegarem mais perto, se o vento acalmasse, fazendo entrar em hum barco Antonio Gago, homem nobre dos Gagos do Algarve, e em outro, seu amigo e companheiro
Gonçallo Ayres, por confiar muito delles, que o não deixariam: e mandou correr os outros ao longo do nevoeiro, porque ja então sentiam que arrebentava
muito o mar da banda do Nacente, sem verem mais que nevoa.

Hindo assi escorrendo aquella nevoa para a banda do Nacente, não corria o nevoeiro tão longe, nem tão obscuro; porém sempre o mar roncava es-
pantosamente. E tendo pouco espaço andado, viram por entre a nevoa huns
picos negros, sem saberem determinar o que poderia ser; mas passando mais
avante, quase escorrendo ella, viram o mar mais claro, e por entre elle huma ponta de terra, que, pelo medo com que hiam, não divisavam ser terra, antes do espanto do que viam (e porque o navio em que hia o capitam
se chamava S. Lourenço), bradou o capitam em voz alta: «Oh Sam Lourenço, chega». Pelo que ficou o nome á ponta, que se chama agora Ponta de Sam
Lourenço. E com este animo dobrando aquella ponta para a banda do Sul, viram huma terra coberta de nevoeiro, porque daquella parte do Sul não de-
cia a nevoa do cume da serra para baixo. Conhecendo elles que era terra,
houveram todos muito prazer, e deram huns aos outros grandes gritos com
alegria, zombando do medo passado e do espanto que tinham, sendo aquillo
ilha e terra tão fermosa. Viram logo huma praya grande e espaçósa, e o
piloto pelos signaes conheceo que era a terra dos inglezes. Foram então com
muitas folias e cantares lançar ancora na praya; e, por ser ja muito tarde,
não sahiram aquelle dia em terra, passando no mar a noute com muito contentamento, que da sua parte lha fazia parecer pequena; mas o desejo de sahir
ao outro dia em terra (ainda que era no verão) lha fez muito grande. Tanto
que amanheceo ao outro dia, mandou o capitam hum batel a terra, de que
deo cargo a Ruy Paes, que fosse ver a disposição e sitio della, e lhe trouxesse recado do que achasse. O qual hindo, não pôde desembarcar na praya,
por causa do arvoredo que chegava ao mar, e páos que elle e a ribeira ali
tinham juntos. Daqui foi para a banda do Nacente desembarcar na rocha,
onde estão pedras e baixos, que se pôde facilmente desembarcar nelles, por
aparcelado que ande o mar; porque está resguardado com a rocha: e este

logar se chama hoje o *Desembarcadouro*, onde tambem desembarcaram os de Machim. Postos em terra, acharam-na muito graciosa e saudosa de grandes arvoredos, e a logares prados, o que tudo se via tambem dos navios. Foi Ruy Paes com os da companhia per antre o arvoredo e o mar, e, achando lenha cortada e rasto de gente, foram por elle dar no tronco do páo grande onde Machim estivera, e acharam a meza e o crucifixo, que os inglezes deixaram, e as sepulturas com as cruzes á cabeceira; do que ficaram espantados, posto que tudo tinham ouvido ao seu piloto.

Tornados aos navios com este recado, deram relação do que viram e acharam na ilha ao capitam, que os recebeo com alegria: o qual, querendo ver com seus olhos o que viram os alheyos, determinou sahir em terra, o que logo fez acompanhado da gente principal dos navios, levando comsigo dous padres, que foram com elle; e, chegado a ella, e desembarcado no logar e sepultura de Machim, depois de ver a terra quam fresca e viçosa era, deo muitas graças a Deos pela mercê que lhe fizera; e pelos padres mandou benzer agoa, que andaram espargindo pelo ar e pela terra, como quem desfazia encantamento ou tomava posse em Nome de Deos daquella terra nunca lavrada nem conhecida (senão pouco antes de Machim), desde o princípio do mundo até aquella era. E isto feito, mandou dentro na arvore e casa, que do tronco estava feita, armar hum altar sobre a meza de Machim, onde se dice missa com muita devação e solemnidade, e diceram responso de finados sobre as sepulturas. E esta foi a primeira missa que se dice, dia da visitação de Sancta Izabel, dous dias de Julho do anno assima dito de 1419, naquella ilha, e logar onde depois se fundou a igreja de Christo. Acabada a missa, o capitão mandou entrar gente per antre o arvoredo e pela ribeira acima, a ver se a terra criava alguns animaes ferozes, ou bichos peçonhentos: o que elles fizeram, e andaram bom espaço pela terra dentro, e correram a ribeira, que fresca e espaçosa era, sem acharem cousa viva, senão aves de diversas maneiras, que tomavam ás mãos, porque não eram costumadas a ver gente, nem conversação no mundo. O que tudo feito, o capitam se recolheo ao batel com a gente, e mandou meter dentro lenha, agoa, e terra (que era o que o Infante lhe encomendára lhe levasse de diversas partes da ilha ou terra nova, se a achasse), com o que se foram para os navios.

CAPITULO VII

Como o capitam João Gonçalves Zargo, deixando os navios no Desembarcadouro, foi descobrir a costa da ilha até Camara de Lobos, donde tomou suas armas; e vendo á sahida o Cabo de Gyrão, se tornou a dormir aos navios.

Recolhidos aos navios, teve conselho o capitam para descobrir a terra dali para baixo; e assentou-se, por parecer do piloto, que deviam de deixar ali os navios, e com os barcos descobrir a ilha, por lhe verem muita penedia, dizendo que assi podia ser ao longo da costa. O que parecendo bem ao capitam, logo ao outro dia se meteo nos bateis com os principaes da frota, levando mantimentos e todo o necessario. O capitam hia no batel do navio com o piloto, do outro deo cargo a Alvaro Affonso, e foram assi correndo com brando mar, bom tempo, e manso vento em calma a costa toda á beira da terra. E passada huma ponta que fazia a terra para baixo ao Ponente, viram ao pee de huma rocha, que entrava no mar, sahir della quatro canos d'agoa, que a natureza ali fizera tão fermosos, como se foram chafariz feito á mão; onde, tendo o capitam desejo de saber que tal era aquella agoa, que tão clara parecia, mandou buscar della, e achou que era estremada boa, e fria, e leve, e daqui levou huma vasilba para o Infante, entre outras cousas, que lhe encomendou. Correndo mais abaixo, sempre apegados com a terra, acharam em hum fresco valle e ameno prado hum ribeiro d'agoa, que vinha sahir ao mar com muita frescura. Ali fez hir alguns a terra, onde os que foram acharam outra fonte, que sahia debaixo de. hum grande, antigo, e lizo seixo, e era tão preciosa e fria, que mandou della encher outra vasilha para levar ao Infante; e poz a este porto nome (por causa do que nelle achou) o *Portô do Seixo*, como hoje se chama.

Hindo assi costeando a ilha ao longo do arvoredo, que em partes chegava ao mar, passando huma volta que faz a terra, entraram em huma fermosa angra na praya, na qual viram hum fermoso e deleitoso valle coberto de arvoredo por sua ordem composto, onde acharam em terra huns cepos velhos derribados do tempo, dos quaes mandou o capitam fazer huma cruz, que logo fez alvorar em hum alto de huma arvore, dando nome ao logar *Sancta Cruz*, onde ao depois se fundou huma nobre villa, a mayor, e mais rica, e melhor povoação de toda a parte de machico; e he tão nobre em seus moradores, que, a não ser Machico cabeça daquella jurisdição, por ser primeiro achada, ella fôra cabeceira e a principal de toda aquella Capitania, que tão bem assentada está, e onde havia alfandega, e officiaes della.

Passados mais abaixo, em huma parte da terra sahiram, e, por estar tudo cercado de altas rochas e arvoredo, não viam mais que correntes, ribeiras, fontes e regatos, que por entre elle vinham com grande frescura de ferir ao mar.

Chegados a huma alta e grande ponta, que a terra fazia grossa e alcantilada no mar, acharam nella tantos garajáos (aves do mar), os quaes sem nenhum medo se punham sobre suas cabeças, e sobre os remos, que os tomavam com a mão, com o que tiveram muito gosto e fizeram grande festa. E por esta causa ficou o nome a *Ponta do Garajáo*, que está quatro legoas de Machico para o Occidente, ou tres, como outros dizem. Desta ponta descobriram outra abaixo, que seria dali a duas legoas, e fazia-se entre estas duas pontas huma fermosa e grande enseada de terra mais branda e ares frescos, toda coberta de arvoredo tão igual por cima, que parecia feito á mão, sem haver arvore mais alta que outra; e além de ser muito alegre, que a vista vinha beber toda na agoa, parecia que a natureza meteo todo seu cabedal em aperfeiçoar obra tão acabada. Entre este arvoredo igual e espaçoso, hiam entremetidos alguns cedros tão altos, que se divisavam por sima das outras arvores, os quaes elles mui bem conheciam, pela experiencia que dellas atraz tinham, onde acharam muitas.

Antes que chegassem a este deleitoso valle, foram correndo a costa, que de altas rochas era, sem acharem logar onde sahir, senão em huma ribeira que bota huma pedra ao mar, em que podem desembarcar como em caes: ali mandou o capitam o seu amigo Gonçallo Ayres, que sahisse em terra nesta ribeira com certos companheiros, e andassem pela terra algum espaço, ver se havia nella alguns animaes ou bichos, serpentes ou cobras venenosas, e não se afastassem da corrente d'agoa, para se saberem tornar aos bateis, que no mar deixavam. Foi Gonçallo Ayres com os companheiros correndo a terra por espaço de tres horas, no fim das quaes se agastava ja o capitam com a tardança delles, senão quando, exque assomavam pela ribeira abaixo com capellas na cabeça, e enramados vinham falando com muito prazer, que não achavam cousa viva, senão aves; e daqui ficou nome a *Ribeira de Gonçalayres*.

Chegados ao fermoso valle, viram que de lizos e alegres seixos era coberto, sem haver outro genero de arvoredo senão muito funcho, que o cobria até o mar por bom espaço: e sahiam deste deleitoso valle ao mar tres grandes e frescas ribeiras, ainda que não tão soberbas na aparencia como a de Machico; eram porém muito fermosas, por todas virem acabar no mar sahidas deste valle. E pelo muito funcho que nelle o capitam achou, lhe poz nome o *Funchal* (onde depois fundou huma villa deste nome, que ja neste tempo he huma nobre e sumptuosa cidade), no cabo do qual estão dous ilheos, onde se foram abrigar por ser ja tarde: e tomaram em terra agoa e lenha com que em hum delles fizeram de cear de muitas aves que tomaram. Depois disto, foram dormir aos barcos, e, como foi manhaa, passaram mais abaixo: e, chegados a huma ponta, que d'antes tinham visto, mandou o capitam pôr nella huma cruz, donde lhe ficou o nome *Ponta da Cruz*. Dobrando esta ponta, foram dar em huma fermosa praya, que, pela fermosura e assento della, o capitam lhe poz nome a *Praya fermosa*.

Proseguindo João Gonçalves seu descobrimento, pelo modo assima declarado, hindo em seus bateis com sua companhia, entre duas pontas viram entrar no mar huma poderosa e grande ribeira, na qual pediram huns mancebos de Lagos licença para sahirem em terra, e ver a ribeira, que espaçosa e alegre parecia. E, ficando o capitam com os outros no batel, os mandou lançar pelo barco de Alvaro Affonso; os quaes em terra, cometeram passar a ribeira a nado; e, como ella era soberba em suas agoas, hia com tanto impeto e furia ao mar, que na vêa d'agoa cahiram e a ribeira os levava, onde correram bastante perigo, se do mar o capitam não bradára ao batel de Alvaro Affonso, onde elles foram, que em terra estava com a gente, para que corressem depressa áquelles mancebos, e ás vozes do qual foram os mancebos soccorridos e livres do perigo da agoa, com que o capitam ficou contente, porque os trazia nos olhos. E daqui ficou o nome, que hoje em dia se chama *Ribeira dos Socorridos*, que peior pareceo áquelles mancebos de perto, do que lhes pareceo primeiro de longe.

Daqui passaram mais adiante até dar em huma rocha delgada á maneira de ponta baixa, que entra muito no mar; e entre esta rocha e outra fica hum braço de mar em remanso, onde a natureza fez huma grande lapa; ao modo de camara de pedra e rocha viva. Aqui se meteram com os bateis e acharam tantos lobos marinhos, que era espanto; e não foi pequeno refres-

co, e passa-tempo para a gente; porque mataram muitos delles, e tiveram na
matança muito prazer e festa. Pelo que o capitam João Gonçalves deo nome
a este remanso *Camara de Lobos*, donde tomou o apelido, por ser a derradeira parte, que descobria deste gyro e caminho, que fez: e deste logar tomou suas armas, que El-Rey lhe deo, tornando ao Reyno, como adiante
contarei.

Deste sitio de Camara de Lobos não passaram mais abaixo, assi porque
lhes ficavam os navios longe, como porque daqui não poderam ver bem para
baixo a costa, com o muito arvoredo. Com tudo, quando se sahiam desta
camara e remanso da ponta do mar, viram huma rocha muito alta logo ahi
pegado, e arrebentar o mar em huma ponta, que ella abaixo fazia, a qual
lhes ficou por meta e 'fim do seu descobrimento, e lhes deram o nome *Cabo
de Gyrão*, por ser daquella vez a derradeira parte, e cabo do gyro de seu
caminho. Daqui tornaram outra vez dormir aquelle dia ao ilheo da noute
passada, onde dormiram nos bateis a elle abrigados; ao outro dia seguinte
foram dormir aos navios, e chegando com muito prazer, acharam com muito
mayor os que nelle ficaram, pelos verem tão contentes e satisfeitos da fertilidade, frescura e bondade, que lhes contavam do sitio da ilha e portos, que
deixavam descobertos, fazendo todos juntamente festa, e dando muitas graças
ao Senhor, pela grande mercê que lhes tinha feito.

CAPITULO VIII

Como o capitam João Gonçalves Zargo, depois de tornar aos navios, partio
para o Reyno com a nova do descobrimento da ilha nova que achou,
com que El-Rey, recebendo-o com muita honra, mandou fazer muitas
festas; e, dando-lhe armas de sua fidalguia, o tornou a mandar
a povoala, concedendo-lhe com a Capitania do Funchal ametade
da ilha; e com elle dous capitães, hum de Machico com a
outra parte, e outro da ilha do Porto-Sancto, onde
foram ter á tornada.

Logo ao outro dia com muita deligencia mandou o capitam tomar certas vasilhas d'agoa, e terra, e páos não conhecidos no Reyno, que levou ao Infante, por lho ter encomendado; e com vento honesto partiram para o Reyno sua rota batida; e com a nova certa do descobrimento da nova ilha em poucos dias chegaram a Lisboa, onde, sabida por El-Rey a certeza deste caso, e visto as agoas, terra, e páos da ilha tão fresca e graciosa, como lhe davam por nova, houve muito prazer no que o capitam João Gonçalves tinha descoberto, e o recebeo com muita honra, mandando por tal nova fazer procissões em Lisboa, com festas, e danças, e com determinação de no anno seguinte mandar o mesmo João Gonçalves povoar aquella illa, a que o dito capitam poz nome da *Madeira*, por causa do muito, espesso e grande arvoredo de quo era coberta; nome ja agora tão celebrado e sabido em toda nossa Europa e muitas partes de Africa e Asia, pelos fructos da terra de que todos participam. E he ella tão nobre, e fertil, e generosa em seus moradores, que, tirando Inglaterra, antiquissima em povoação e mui illustre com a Magestade de seus Reys em todo o mar Oceano Occidental, esta ilha da Madeira se pôde com verdade chamar princeza de todas. E por João Gonçalves Zargo descobrir tão grande e rica ilha, e tão proveitosa ao Reyno, como então parecia por sua grandeza e clima, e pelas mostras que della se traziam, querendo El-Rey D. João de boa memoria, o i do nome, que neste tempo em Portugal reinava, galardoar serviço tão grande, como o capitam neste descobrimento lhe fizera, alem dos muitos que delle tinha recebido, o fez fidalgo de sua casa, dando-lhe por seu brazão d'armas em hum escudo de

6

campo verde huma torre de omenagem, com huma cruz de ouro, mais rica que a da sepultura de Machim, no cimo, e com dois lobos marinhos encostados a ella, que parece que querem trepar ao cume da torre, com seu paquife e folhagens vermelhas e verdes; e por timbre das armas hum lobo tambem marinho assentado em cima do paquife. Bem pudéra este valeroso capitam, conforme ao que delle e de seus progenitores contado tenho, pôr por armas hum valentissimo Mouro morto pela mão de hum delles, ou hum virotão pregado em hum olho, como lhe aconteceo no cerco dos Infantes em Tangere, quando valerosamente os defendia, com que parecêra ter parte nos celos Reaes, ou hum medonho negrume em espaçosas agoas e espantosas ondas do mar Oceano Occidental, mais difficultoso e receoso de cometer (sendo verdadeiro) que as fantasticas terras e castellos encantados e fingidos, que se põem a contar (sendo mentirosos); pois foi tão aventureiro, que acometeo e acabou com invencivel animo huma aventura verdadeira de todos tão temida; mas, como alguns valentissimos cavalleiros, não fazendo tanto caso das grandes façanhas que em Africa tinham feitas contra os Mouros, antes quizeram, depois de passados muitos mares e tormentas, nelles receber a ordem e coroa da cavallaria em as conquistas e batalhas de negros e cafres, não tão armados, e menos fortes, assi este venturoso capitam, deixando todas as outras insignias de seus tão honrosos e heroicos feitos, não quiz tomar a empreza de suas armas, mais ganhadas na terra, que no mar, onde, por seus precedentes merecimentos e virtudes, achou e ganhou tanta ventura, para sobre estas armas (como os lobos marinhos d'antes faziam) se assentar a dormir e descançar de tantos trabalhos, passados por seu Deos, por sua Lei, e por seu Rey, tomando dos lobos a camara e descanso, que a elles com tanta rasão e justiça mais era devido; as quaes armas agora trazem seus descendentes, e os chefes assi as tem sem outra mestura; e depois deste felice capitam, todos tomaram o apelido da Camara, casa tão illustre e de solar tão conhecido, cujo chefe foi este ditoso capitam, a quem alem disto El-Rey fez mercê da Capitania da jurisdição do Funchal de juro e herdade para elle e seus successores. As mesmas armas trazem e tem os illustres capitães desta ilha de S. Miguel, que delles descendem, com alguma differença no timbre, que he o mesmo lobo marinho assentado em cima do paquife, mas com azas estendidas (ainda que de seu natural as não tenha), com que parece que voaram mais alem até esta ilha de S. Miguel, da qual são Capitães e Governadores.

E no verão seguinte, na entrada de Mayo do anno de 1420, movido El-Rey com desejos de povoar a nova ilha da Madeira e as que havia ao redor della, mandou fazer prestes navios, e dizem que deo a Capitania do Porto-Sancto a.hum Bertholameu Palestrello, por petiçam do Infante D. Henrique, de cuja casa era fidalgo, e por o dito Infante ser o author deste descobrimento, e de todos os que esperava fazer pela costa, e que mandou dous capitães com João Gonçalves, que eram o dito Bertholameu Palestrello, que havia de ficar no Porto-Sancto, e Tristam, cavalleiro da casa do Infante, que ambos vinham debaixo da bandeira do dito João Gonçalves Zargo (ainda que não faltão muitos, que outra cousa digão): e, por causa que veyo esta segunda vez Tristam com João Gonçalves, contão o descobrimento por outra via, como relata o doctissimo João de Barros no principio da sua primeira Decada (como já contei). e o refere tambem o *Capitam Antonio Galvão* no *Tractado*, que fez, *de diversos descobrimentos*.

Partidos pois estes capitães de Lisboa, trouxe João Gonçalves sua muher Constança Rodrigues d'Almeida (pessoa tão catholica, como virtuosa) e os filhos e filhas que della tinha, meninos de pouca edade; e deo licença El-Rey a toda pessoa que quizesse vir com elle para povoação das ditas ilhas, assi a do Porto-Sancto, como a da Madeira. Mandou dar os homecidas e condenados que houvesse pelas cadeas e Reyno, dos quaes João Gonçalves não quiz levar nenhum dos culpados por causa da fee, ou treição, ou por ladrão; das outras culpas e homisios levou todos os que houve, e foram delle bem tractados; e da outra gente, os que por sua vontade queriam buscar vida e ventura, foram muitos, os mais delles do Algarve.

Levaram estes capitães gado, e aves, e animaes domesticos, e coelhos para lançar na terra. Chegados ao Porto-Sancto, foram em hum porto da banda de Leste, onde acharam huns frades da Ordem de S. Francisco, que escaparam de hum naufragio, de que todos pereceram senão elles, os quaes acharam quase mortos, por não terem que comer. Donde deram nome a este porto, que hora se chama o *Porto dos Frades*.

Sahidos todos em terra, pareceo bem a Bertholameu Palestrello a disposição della, por ser fresca de bons ares. Começou a povoala, tirando em terra a gente que quiz ficar, e animaes, gallinhas, e coelhos, os quaes multiplicaram depois nesta ilha do Porto-Sancto de tal maneira e em tanta quanti. dade, que foi a mayor praga que houve na terra, porque não deixavam criar

6.

erva verde na ilha que a não comessem; e com páos e ás mãos os mataram, sem os poderem desinçar, e ainda hoje em dia ha tantos, principalmente em hum grande ilheo que pegado com a ilha está, que dos muitos que nelle se crião, tem nome *dos Coelhos*, e he o melhor refresco da terra, onde vai muita gente folgar, e ha dia que se matão duzentos, sem acabar de os destruhir.

CAPITULO IX

A ilha do Porto-Sancto he pequena, mas fresca de bons ares, e sadia, ainda que não tem boas agoas, por ser seca e de pouco arvoredo, e o principal (tirando os dragoeiros) he zimbro e urze. Está no caminho quando vão de Lisboa para a ilha da Madeira, da qual dista vinte legoas do porto da Villa ao porto do Funchal; e de terra a terra são doze legoas. Fica em 33 gráos de altura da parte do Norte. He pequena, e quase redonda, de tres legoas de comprido, e huma e meya de largo, ou pouco mais. Está Nordeste Sueste. Sua compridão começa do *Porto das Cagarras*, que está da parte do Oriente ao Nordeste, até o *Ilheo do Boqueirão*, que está da parte do Occidente ao Sudueste, e a largura pelo meyo he da Villa, que está da banda do Sul, até a Fonte da Arèa, que cahe da banda do Norte, e quase toda he da mesma largura: e demora esta Ilha Nordeste Sudueste com os *Cachopos*, e dista de Lisboa 140 legoas.

No *Porto das Cagarras*, assi chamado por haver ali na rocha muita criação dellas, que está da banda do Oriente ao Nordeste da ilha, vem ter ao mar de longe huma ribeira salgada delle. Vindo pela banda do Sul para o Occidente tempo de huma legoa, ha huma enseada pequena, onde á boca está huma ribeira de agoa salgada, ainda que vem de longe de entre humas serras; e aqui chamão o *Porto dos Frades*, pela rasão ja dita, e he bom porto.

Do Porto dos Frades pouco mais de meya legoa afastado da terra do Norte e Sul, está hum ilheo grande, e redondo, e alto das rochas, que tem em cima todo á roda grande campo como de dous moyos de terra, onde ha muitos páos de dragoeiros, e porisso lhe chamão o *Ilheo dos Dragoeiros*. Tem tambem zambujos, e criam-se nelle muitas cabras, cagarras, e coelhos de diversas cores.

Deste Ilheo dos Dragoeiros meya legoa a Leste pela mesma banda do Sul, está hum penedo grande e redondo, como ilheo pequeno, que parece ali alguem se deitou a dormir, e se chamou antigamente o *Penedo do somno*, o qual está quase pegado na terra, porque de maré vazia fica em seco; e do

Porto das Cagarras até este penedo são tudo rochas altas e penedia ao longo do mar.

Do Penedo do somno até o Illico do Boqueirão, que será espaço mais de legoa e meya, que he a ponta derradeira do Ponente da ilha, he tudo aréa branca, sem ter nenhuma pedra, e he baya não muito curva nem com grandes pontas ao mar, pelo que com qualquer tempo podem sahir os navios do porto da Villa, que está no meyo desta baya e praya, e pela rasão ja dita, se chama a *Villa do Porto-Sancto;* a qual tem a freguezia do Salvador, sem haver outra em toda a ilha, e a ella vem ouvir missa todos os moradores, ainda que tenham sua habitação em diversas partes della. E antes de chegar á Villa, todas aquellas terras até a mesma Villa eram povoadas de dragoeiros. Quando se achou a ilha, chamava-se ali o *Valle do Touro,* por se criar nella touros e muito gado desde o principio quando o deitaram na terra.

Nesta villa do Porto-Sancto, que está da parte do Sul no meyo da praya ja dita, não estão as casas perto do mar, por causa da aréa, que as atupira logo; mas haverá do mar ás primeiras hum tiro de bésta. Terá a Villa, pouco mais ou menos, quatrocentos fogos, fóra outras pessoas, que morão pelos montes. E alem da igreja, que he freguezia da invocação do Salvador, e he boa, tem huma ermida de S. Sebastião e outra de Sancta Catharina. Está situada em terra chaa, e pelo meyo da Villa corre do Norte ao Sul huma ribeira todo o anno de agoa salgada quase como a do mar, ainda que tal réga com ella muitas hortas de couves e de mais hortaliça, que he estremada no gosto, posto que seja regada com agoa que o não tem. E ao longo desta costa, ainda que seja de aréa, ha muitas vinhas, que dão boas uvas, e criãose nellas muitos caracoes brancos em maneira, que em partes cobrem tanto o cacho das uvas, que lhe não aparece bago. Tem estas vinhas da banda do mar por tapumes muito bastos e altos espinheiros alvares que se crião na aréa; e, ainda que com o vento se atupam della, crecem muito, por onde he bom tapume; e nelles se embarrão muitos coelhos, de que toda a terra he muito povoada, e com fisgotes e dardos os fisgão e matão nos espinheiros, onde tambem se crião muitas melroas, que fazem muito damno ás uvas e ás amoras; porque ha ali muitas amoreiras, e figueiras de diversas castas, que, por a calidade da terra e por o deixarem bem madurecer, tem bom fructo.

Da Villa até o cabo da praya ao Ponente, desta mesma banda do Sul, haverá tres quartos de legoa; e no cabo da mesma praya, afastado da terra hum tiro de bésta, está hum ilheo alto das rochas, que tem meya legoa de comprido, e em cima grande chaa de terra, onde crião muitos coelhos de diversas cores, e o mato delle he zimbro. Chama-se *Boqueirão* o espaço que ha deste ilheo á terra, por ser tão perto della; e aqui neste logar do Boqueirão, que está ao Ponente, he o fim da compridão da ilha pela banda do Sul.

Hindo ao redor da ilha pela banda do Noroeste, quase duas legoas deste *Ilheo do Boqueirão*, está outro ilheo pequeno, que se chama o *Ilheo do Ferro*, por se achar ali algum metal em pedra, que se parece com elle, ou por outra qualquer rasão que seja. Crião-se nelle muitas cagarras e cenouras; não tem mato notavel.

Hindo voltando ao Norte quase duas legoas, correndo entre este Ilheo do Ferro e o seguinte, he a terra redonda. Este outro ilheo he pequeno, muito alto das rochas perto da terra, e se chama o *Ilheo da Fonte da Aréa*, por estar defronte de huma fonte, que sahe no meyo da rocha, de muito grossa agoa, que he doce, boa, e sadia, e de bom gosto; a qual rocha desta parte he de aréa branca, e por isso a *Fonte* se chama *da Aréa*, da qual bebem os moradores da Villa, ainda que esteja legoa e meya afastada do logar da banda do Norte, e haja em outras partes agoa de poços não em tanta abundancia como esta fonte, que, com a terra ser chaa por aquella parte, he de bom serviço, e della bebe o povo quase todo.

Do Ilheo da Fonte da Aréa menos de meya legoa adiante, está para o Nacente da parte do Norte huma povoação de até quinze moradores, que se chama o *Farrobo*, por haver ali esta erva assim chamada com que os pescadores tingem as linhas: e ali se criou o *Propheta* fingido, que chamão do Porto-Sancto, como adiante direi.

Do Farrobo até a *Serra de Giliannes* (que foi hum homem antigo, que fez ali a primeira povoação, de que lhe ficou o nome) haverá meya legoa; e da Serra de Giliannes á *Fonte dos Pombos* haverá huma legoa. Esta fonte está perto da rocha do mar da banda do Norte; he de pouca agoa doce, e chama-se dos Pombos, por respeito de haver muitos por aquella parte; e parece que bebiam nella; mas esta agoa não serve senão para os pastores, por estar muito longe da Villa.

Da Fonte dos Pombos andando ao redor até o Porto das Cagarras, onde começa a compridão, haverá outra legoa; porque, ainda que de diametro direito tenha esta Ilha tres legoas e meya de comprido, todavia, torneada ao redor com suas voltas, tem mais compridão. Mas, cortandoa pelo meyo quase em linha direita, tem de compridão as tres legoas e meya que dice. E hindo do Porto das Cagarras caminhando por dentro della para o Occidente até o direito da Fonte dos Pombos e o *Pcio do Castello*, que será legoa e tres quartos, tudo são picos e terra alta mais de criações e matos de zimbros, que terras lavradias, e he tudo maçapez. E perto da Fonte dos Pombos para a banda do Ponente, está hum pico alto de penedias que não tem mato; mas por a faldra até muito é grosso de zimbro, e ao pee huns grandes moledos de pedra branca como baça, que parece não haver sido queimada, porque he liza. E entre estes penedos ha huma fonte de estremada agoa doce e boa, acompanhada de muitas rabaças: chama-se a *Fonte dos Jaspes*: não sei se lhe pozeram este nome por rasão dos penedos, que quase brancos e lizos são, e tem alguma aparencia com elles; entre os quaes penedos ha muita norça, que custa muito trabalho em revolver, para se poder dali tirar e comer.

Esta norça, que ha na Fonte dos Jaspes, he huma fructa, que se cria debaixo daquelles moledos, como entre penedos e biscoutos de pedra branca, huns muito grossos, e outros muito pequenos; e a fonte, que ali está junto delles, he onde vão caçar e folgar muitos áquella montanha. He fructa como batatas, e de gosto como o inhame, e da mesma humidade e viscozidade delle; e os braços que deita a erva que dá esta fructa, são como os da erva que chamão legação, ou de era, e as folhas tambem são semelhantes. Nacem muitas entre aquelles moledos; mas não são inhame, por não ter a folha tão grande, nem o talo tão grosso; nem são batatas, porque, ainda que tem alguma semelhança dellas, tem differença no gosto, e sustancia, e parecer de fora, porque crião humas escamas como lepra, e deitão de si hum humor como inhame, viscozo, o que não tem as batatas.

Hindo desta Fonte dos Jaspes para a Villa, tudo são matos de zimbro e barbuzanos, zambujos e marmulanos, que dão fructo como baga de louro; o qual maduro, he bom para comer, ainda que tem muito leite.

E por este caminho vindo sobre a Villa, meya legoa della ao pee de huma serra alta, que chamão a *Feiteira*, por ter muitos feitos, está huma igreja de Nossa Senhora da Graça, muito devota, e ao pee della tres fontes, ainda que de pouca agoa, que da Villa e de outras partes vão buscar á cabeça.

E tornando da Villa para, o Norte hum quarto de legoa, nacem dous ou tres olhos de agoa salobra, onde está feito hum tanque grande para nelle beberem os gados e animarias de toda a sorte da mayor parte da ilha; que se cria muito por toda ella, como he gado vacum, ovelhas, cabras, porcos, e egoas, de que tem bons cavallos, e bestas muares e asnaes, por ser a terra de bom pasto: a qual agoa salobra, que sahe deste tanque, serve tambem para o uso do serviço e lavagem da terra e principalmente da Villa. E perto deste tanque estão humas matas (que assi tem o nome, porque tinham mato carrasquenho, e são como os biscoutos desta Ilha de S. Miguel), em que ha muitos cardos de espinhos de muito bom sabor, os quaes, alporcados, vendem muitos e bem baratos pela terra.

Acima destas matas ao Norte, estão humas chaas de terra, que chamão as *Aréas*, por ser terra mesturada com a aréa que traz o vento daquella banda da Fonte da Aréa, por serem della as rochas daquella parte (como ja dice): e estas terras dão muita e boa cevada, e acontece muitos annos hum moyo de cevada de semeadura dar nestas aréas sessenta moyos de colheita. Tambem dão muito centeyo e trigo; mas são mais naturaes para cevada e centeyo.

Da mesma Fonte dos Jaspes hindo para o Ponente, está no meyo da ilha hum pico muito alto e redondo, que he o mais alto da ilha, todo até o cume coberto de mato de zimbro, e em cima, no mais alto, faz hum assento de terra pequeno de quantidade de hum quarteiro, onde se fizeram antigamente muitas casas de pedra e barro, que ja agora estão arruinadas; as quaes os moradores da ilha ali edificaram para nellas se acolher, como acolhiam, sendo cometidos dos Castelhanos, quando haviam guerras entre Portugal e Castella. Está este pico huma legoa da Villa, e chama-se *Pico do Castello*, pela rasão ja dita, e porque na verdade o he elle muito forte e defensivel, e delle se podem defender a todo o mundo. Delle até a Villa ha humas terras muito chaas; mas a subida ao pico he trabalhoso caminho: e estando no meyo da ilha, delle para a banda do Ponente, passando pelo Farrobo até o Ilheo do Boqueirão, que he outra legoa e meya, toda a terra he baixa, chaa e golfeira, que do Sul ao Norte toda se lavra e dá muito pão, sendo para o Nacente tudo montes, serras e matos, e a terra pela mayor parte maçapez, quase toda da qualidade do Alentejo.

Finalmente esta ilha do Porto-Sancto he mui sadia, de bons e frescos

7

ares, ainda que he pequena, de tres legoas e meya de compridô e meya de largo, pouco mais ou menos, como ja dice, e não tem ágoas, pór ser seca e de pouco arvoredo, e o principal (tirando os dragoeiros) he zimbros e urze. Em muitas partes desta ilha produzio a natureza muitos dragoeiros, do tronco dos quaes se faz muita louça, e muitos são tão grossos, que se fabricão de hum só páo barcos, que hojè em dia ha, que são capazes de seis, ou seple homens, que vão pescar nelles; e gamellas, que levão hum moyo de trigo. Tira-se desta louça bom proveito, da qual se paga dizima a El-Rey; e se aproveitão muito do sangue do dragão, muito prezado nas boticas. Crião estes dragoeiros hum fructo redondo, que, maduro, se faz muito amarelo, e he mui doce; e, no tempo que haviam muitos dragoeiros, engordavam os porcos com estes fructos, que são como avelaas, e assi se chamavam maçãinhas. Ja agora ha poucos dragoeiros e vão faltando, pelo muito proveito que se fazia delles nas gamellas, que são muito leves, por serem secas, e tambem nas rodelas.

E, como ja dice, pela mayor parte da ilha, especialmente para a banda das terras e serras de maçapez, ha muitos cardos, e muito doces em alguns pastos da terra, e sucedia valer hum vintem hum saco delles alporcados. Tem tambem esta ilha, alem das aves domesticas, muitas perdizes, pombas, rolas, poupas, francelhos; e lagartixas, coelhos e ratos pequenos, dos que cá chamamos murganhos, sem haver nella dos grandes, que quase em todas as terras vemos.

Foi povoada esta ilha de gente fidalga e nobre, cujos apelidos são Perestrellos, ou Palestrellos, como outros dizem, Calaças, Pinas, Rabaçaes, Concellos, Mendes, Vieiras, Crastos, Nunes, Pestanas, e de outras muitas nobres gcrações.

CAPITULO X

Contente Bertholameu Palestrello, primeiro capitam do Porto-Sancto, com a ilha que lhe coube em sorte, povoou a villa de gente, e a ilha mandóu lavrar, e cultivar de sementes, com que tudo estava satisfeito, como ja dice. Era fidalgo da casa do Infante D. Henrique, e foi casado com Beatriz Furtada de Mendoça, da qual não houve filho barão, senão tres filhas, Catharina Furtada, que foi mulher de Mem Rodrigues de Vasconcellos do Caniço; Hizeua Palestrella, que foi casada com Pedro Correa, senhor da ilha Graciosa; e outra, que se chamou Beatriz Furtada. Andando assi o tempo (que tudo muda), ficou viuvo este capitam Bertholameu Palestrello da primeira mulher, e casou segunda vez com Izabel Moniz, irmaa de Garcia Moniz e de Christovão Moniz, frade carmelita, que foi Bispo de anel. Desta segunda mulher houve hum só filho barão, que se chamou como seu pay, Bertholameu Palestrello, que sucedia na casa. Sendo este bem pequeno e de pouca idade, faleceo seu pay; e, como sua mãy se enfadasse de morar no Porto-Sancto, houve hum Alvará d'El-Rey, que sendo seu filho menino, vendesse a Capitania a Pedro Correa, capitam da Graciosa, que lhe cahia em logar de genro, por ser casado com Hizeua Palestrella, filha de seu marido: e vendeo-lha assi como o marido a possuia, por preço de 300$ reis em dinheiro de contado, e 30$ reis de juro. Governou Pedro Correa alguns annos a ilha até que, sendo Bertholameu Palestrello de mayor idade, foi ao Reyno e dahi a Africa servir a El-Rey, e vindo huma vez de Larache arribado á Ilha da Madeira, pousou no logar do Caniço com seu cunhado Mem Rodrigues de Vasconcellos; por cujo conselho, dando-lhe tambem para isso ajuda e todo o necessario, se poz em pleito com Pedro Correa, que comprado tinha a ilha: e por demanda (visto como ao tempo era menor, e El-Rey em prejuizo seu, sem sua outorga, dera licença para se vender a Capitania), foi havida e julgada a venda por nulla, e de nenhum vigor, e que se descontasse pelas rendas o que se dera por ella: donde ficou o dito Bertholameu Palestrello envestido e metido de posse da dita Capitania do Porto-Sancto, que ficára de seu pay, a

quem El-Rey a concedéra de juro para seus filhos e descendentes por linha direita masculina, e nella foi este Bertholameu Palestrello confirmado por El-Rey.

Bertholameu Palestrello, II do nome, e segundo capitam do Porto-Sancto,
foi casado com Guiomar Teixeira, filha de Tristam Vaz, primeiro capitam de
Machico: houve della somente hum filho, que se chamou Bertholameu Palestrello, como o pay, sem haver mais filhos de ambos; pelo que a ilha veyo a
elle por direita sucessão.

Bertholameu Palestrello, III do nome, e terceiro capitam do Porto-Sancto, foi casado com Aldonça Delgada, filha de Garcia Rodrigues da Camara.
Della houve hum filho que chamaram Garcia Palestrello, o qual herdava a casa. Este terceiro capitam, porque era primo comirmão do capitam de Machico, tinha muita continuação em sua casa, e pelo conseguinte muita conversação com D. Solanda, irmaa de Tristam Teixeira das Damas, com a qual
dizem que determinou casar, e matar sua propria mulher, que bem mal lho
merecia. Vindo ao Porto-Sancto, tomando mui leve ocasião, matou sua mulher Aldonça Delgada, e foi-se casar com D. Solanda, sua prima, e o peior
he que impetrou Rescripto, para poder casar com ella. Porém sempre andou
homisiado, porque o capitam do Funchal trabalhou pelo prender, e o foi buscar ao Porto-Sancto, onde se escondeo. Houve em fim de vir preso por
sua vontade a Machico, onde por seus modos alcançou perdão das partes, e
se foi livrar ao Reyno. Teve desta segunda mulher os filhos seguintes, Manoel Palestrello, que nunca casou, e vive hoje pobre, ainda que rico de virtudes;
Hyeronimo Palestrello, que foi casado com D. Hervira, irmaa de Christovão
Martins de Grinão, por alcunha o Perú; e D. Francisca Palestrella, que foi
casada com João Rodrigues Calaça, no Porto-Sancto. Estes filhos que houve
da dita sua segunda mulher, por sentença no seu livramento foram julgados
por bastardos, em pena da morte da primeira. O morgado Garcia Palestrello, porque herdava a casa, foi cometido para casar com huma filha de
Diogo Taveira, Desembargador e Corregedor na jurisdição do Funchal, com a
qual casou, e della houve os filhos seguintes, Diogo Soares, que herdou a
casa; Ambrozio Palestrello, que foi frade carmelita; e duas filhas, que foram freiras no Mosteiro da Anunciada de Lisboa.

Este Garcia Palestrello em vida de seu pay (como dizem, porque em
tudo se pareceo com elle) matou sua mulher, tambem muito mal; pelo que
não veyo a ser capitam; e, como a mulher era filha de Desembargador, foi

acusado de maneira que morreo degolado por sentença. Depois de sua morte a poucos dias faleceo tambem o capitam seu pay, Bertholameu Palestrello, pelo que teve maneira o Desembargador Diogo Taveira com que meteo de posse da Capitania seu neto Diogo Soares, havendo sobre isto grandes demandas com os filhos de D. Solanda, que, por allegar o Desembargador que eram bastardos, foram sobre isso a Roma, e lá se fizeram julgar por legitimos, porém sem que a causa matrimonial se determinasse no foro contencioso; o que não teve effeito, porque neste meyo tempo faleceo Hyeronimo Palestrello, e Manoel Palestrello ficou carecido da vista e de todo cego, e a causa ficou sem se determinar, e a Capitania com Diogo Soares, que estava de posse della, a qual governou muitos annos.

Bertholameu Palestrello, III do nome, e terceiro dos Capitães, faleceo no Algarve, tendo de sua idade sessenta annos, dos quaes governou vinte e tres.

Por sua morte, sucedeo na Capitania Diogo Soares, I do nome, e quarto Capitam desta Ilha do Porto-Sancto. Foi casado com D. Joanna de Crasto, mulher mui principal e aparentada na Ilha do Porto-Sancto. Houve della os filhos seguintes, Diogo Palestrello, que herdou a casa; Manoel Soares, que foi casado com D. Maria Loba; André Soares; e D. Joanna de Crasto, que casou no Caniço.

Diogo Palestrello, II do nome, e quinto Capitam do Porto-Sancto, vive hoje em dia, bom cavalleiro, brando, e de boas artes. He casado na Villa da Calheta com D. Maria, filha de Gaspar Homem, fidalgo, morador na mesma Villa, onde reside o mais do tempo, porque sua mulher não quer viver no Porto-Sancto; porém todos os annos no verão vai este capitam á dita sua ilha, por ser tempo de cossarios Francezes, que muitas vezes a saqueão, dos quaes elle a defende mui valerosamente: e, como aparecem Francezes (dos quaes naquella paragem andão muitos), logo se acha na praya, que tem quase tres legoas de areal, donde em covas, que manda fazer, defende com arcabuzes a desembarcação aos cossarios. E nunca se achou que, estando este capitam na ilha, fosse tomada de Francezes, havendo sido saqueada ja tres vezes.

CAPITULO XI

DO QUE FIZERAM HUM HOMEM E HUMA MULHER NATURAES DA ILHA DO PORTO-SANCTO, ENGANADOS PELO SPIRITO MÁO, AOS QUAES O POVO COMUMENTE, PELO NOME DA MESMA ILHA, CHAMOU PROPHETAS DO PORTO-SANCTO.

Pois a Sancta Igreja Catholica, nossa piedosa mãy, com o dito de S. Pedro, primeiro Logartenente de Deos na terra e geral Pastor seu, cada dia espérta e ensina aos que somos suas ovelhas, dizendo que sejamos temperados e vigiemos, porque nosso adversario o Diabo, como leão rugindo e bramindo, anda de redor buscando se alguma ovelha do catholico curral se desmanda, sahindo fóra delle, para a tragar; ao qual resistamos fortes na fee, para lhe escapar das unhas: não parece rasão passar em silencio o que aconteceo a hum homem e huma mulher, naturaes da Ilha do Porto-Sancto, enganados pelo Demonio, aos quaes comumente chamaram depois *Prophetas do Porto-Sancto*, para que, com fazer experiencia no perigo da cabeça alhea, saibamos melhor guardar a nossa, e escapar dos laços que tão sutilmente sempre nos arma o inimigo do genero humano; e, ja que enganou a nossos primeiros pays e a outros, vendo nos seus enganos, saibamos fugir delles, pedindo para isso o favor Divino, sem o qual nada sabemos nem podemos.

Estando a Ilha do Porto-Sancto prospera e abastada, e vivendo a gente della contente e rica, por oculto juizo de Deos, ou por os querer castigar ou humilhar em sua prosperidade, permitio que o Demonio entre elles urdisse e tecesse huma revolta, nunca ouvida, como se colige da devaça que escreveo hum Henrique Coelho, escrivão de Machico, e de outras informações de outras pessoas da Ilha da Madeira dignas de fee, da maneira seguinte,

Na era de 1532 e 33 annos, na Capitania de Machico da Ilha da Madeira e na Ilha do Porto-Sancto estava por Corregedor o licenciado João de Affonseca, com alçada por El-Rey D. João III do nome, que está em gloria; o qual licenciado, por morrerem de peste na Villa de Sancta Cruz, da Capitania de Machico, no anno de 1533, se foi para a Queimada, onde morou em humas casas perto da dita Villa de Sancta Cruz, donde se sahio com seu

Meirinho Alvaro Vieira. Estando ali, aconteceo na Ilha do Porto-Sancto este estranho caso.

. Havia na dita Ilha do Porto-Sancto da banda do Norte, onde se chama o Farrobo, que he huma povoação de até quinze visinhos, hum homem . honrado, christão velho, chamado Bertolameu Nunes, o qual tinha hum filho ja homem, por nome *Fernam Nunes;* e este filho, por se criar no ermo e ser montanhez criador e lavrador, e ser homem ja de idade para isso sem se casar, e de maravilha ouvir missa (segundo diziam), e muitas poucas vezes hir á Villa, por outro nome era de todos chamado *Fernam Bravo:* do qual se suspeita que, por ser assi bravio e rustico solitario, lhe appareceo o Demonio, e lhe fazia dizer cousas notaveis e secretas, de tal modo que, sendo a terra povoada de gente muito nobre, fidalga, de bons entendimentos e mimosa, permitio Deos que sahissem muitas vezes dos mimos e viços da terra, que naquelle tempo era mais abastada e famosa na abundancia e fortuna dos moradores, pelo engano que o Demonio fez a este Fernam Nunes, por alcunha o Bravo, pela rasão dita, e elle a elles, crendo todos o que elle dizia, tendo-o por sancto propheta. Havia tambem na dita Villa huma moça, de idade de dezeseis ou dezesepte annos, pouco mais ou menos, sobrinha de hum Nuno Vaz, clerigo e beneficiado na Villa da mesma ilha, por nome *Phelippa Nunes,* que estava doente na dita Villa havia alguns annos em cama, tolhida paralitica, sem poder andar, nem se mover da cinta para baixo, que era tambem sobrinha do dito Fernam Nunes, o Bravo. O qual, depois de ser enganado pelo Demonio, que lhe meteo em cabeça de o fazer adevinhador, para que o tivessem por propheta, e assi infamar muita gente, por o mesmo Diabo ser infame e querer ver todos infamados como elle, por seu mandado e inspiração diabolica, se veyo do dezerto, donde andava, huma noute á Villa ter com a sua Sobrinha, com huma campainha tangendo; e, chegando onde ella estava, lhe dice que o Spirito Sancto o mandava ter com ella, para que ambos prégassem ao povo daquella ilha, e lhe dicessem seus peccados, e que com elle vieram os fieis de Deos em proeissão, e que elle tangia a campainha, com que fez ajuntar alguma gente do povo, amiga de novidades, que vinha a ver. E aquella Phelippa Nunes lhe respondeo que o Spirito Sancto lhe revelára que vinha elle daquella maneira. Sendo ali, pois, em casa da dita Phelippa Nunes, junta muita gente que acudia á campainha, por ver o que aquillo seria, o tio se chegou á sobrinha, e falaram ambos de parte pouco espaço; a qual practica acabada, se virou elle para os que ali estavam, e lhes começou a dizer suas culpas que tinham feitas, e prégar de maneira que se ajuntou toda a gente da ilha, Juizes, e Vereadores, e homens principaes, altos e baixos, e todo o povo, a quem fez huma prégação, em que lhe descobrio seus pecados, dizendo: *Tu, fuão, fizeste isto; e tu, fuão, estoutro; tu fizeste tal cou-* *sa em tal tempo, e tu, estoutra.* Assi a todos, e a cada hum dizia suas culpas secretas que fizeram, com pretexto e engano que fizessem penitencia dellas: com que todos pasmados o criam. E vendo que ja estava acreditado, fez porteiro hum Castelhano tecelão, por nome Francisco Fernandes, o qual logo de seu mandado lançou pregão na forma seguinte: *«Ouvi o man-* *«dado do sancto propheta Fernando, e propheta Phelippa, que todos vão* *«em procissão a Nossa Senhora da Graça.»* Onde foi todo o povo, com o Vigario e clerigos, e lá lhes disse cousas grandes de seus pecados, de modo que todos andavam confusos, e espantados, e desconsolados sem comer; as mulheres deitaram no mar todas as posturas do rosto, sem tractar dos vestidos preciosos, antes os pobres, que traziam, despiam, e ficavam em fralda de camiza, como fazendo penitencia, sem comer senão pouco, e em pee.

Estando hum dia prégando, muitos se confessaram publicamente de pecados graves e abominaveis que tinham feito; e, porque estando o propheta Fernando prégando, hum João Calaça, Tabelião, estava rezando por hum livro, como quem não dava credito ás suas prégações, dice o propheta que aquelle que rezava tinha o Demonio no corpo; que lho tirassem. Saltaram então neste muitos homens, e lhe deram tantas punhadas que o mataram. Elle morto, dice o propheta que o levassem a huma ermida de S. Sebastião, onde o deixassem estar, porque antes de tres dias resuscitaria: e lá o levaram, e deixaram. Huns, com o temor da morte deste João Calaça, não ouzavam contrariar o que o propheta falso dizia; e outros, pelos secretos que lhes dizia, criam quanto lhe ouviam, obedecendo a seus mandados. Andavam após elle ouvindo-e, deixando perder suas fazendas, sem as negociar e beneficiar; tão cegos estavam, que as mulheres muito fidalgas e nobres hiam á igreja em camiza perante seus maridos com cestos grandes de vimes, como os em que nesta ilha apanhão pastel, cheyos de leite escorrido, queijos, e pão, e outros mantimentos, para comerem os que estavam na igreja de noute e de dia ouvindo a prégação do propheta. E tão crentes estavam nelle que se affirma que os levou em procissão a hum pico, para os lançar pela rocha delle abaixo, dizendo-lhes que se haviam de deitar a voar della para o. Ceo; mas livrou-os Deos de tão grande perigo, não sei como. Tanto póde a novidade no po-. vo que, como diz Quinto Cursio: *Nulla alia res magis multitudinem regit, quam superstitio* (Nenhuma outra cousa mais rege a multidão delle que a vaa superstição).»

Este propheta Fernando não fazia mais que aquillo que lhe dizia a so-brinha Phelippa Nunes secretamente, dizendo ella que o Spirito Sancto lho revelava: e fingia que não comia e que se mantinha na graça do mesmo Spi-rito Sancto, por se acreditar com a gente, cujos peccados e fazendas alheas lovadas, a ella e elle descobriam: e por isso hiam tomar conselho com elles, para o que tinham o porteiro á porta, como se fossem princepes, o qual não deixava entrar pessoa alguma, senão quem o propheta mandava.

. Conta-se tambem que andando hum mouro, pastor de ovelhas, que se chamava Barque, na serra como salvage, o trouxeram para crer no propheta, dizendo-lhe que era homem sancto e fazia milagres. Ao que respondeo o dito mouro Barque que, se o propheta sarasse huma negra de seu senhor, tão a-leijada das pernas de seu nacimento, que andava de joelhos, elle creria nelle, e o adoraria por sancto; mas não de outra maneira: o que o propheta não fez. O qual dito de hum mouro salvage foi para mais confusão de morado-res tão christãos e discretos.

Ao cabo de alguns dias que durava esta abusão e desaventura, com que estava a gente atemorisada, por parecer que andavam ja os Demonios soltos por aquella terra, o mais do tempo se occupavam em fazer cruzes, e pólas sobre si e seus corpos, pelas ruas e casas, como que os viam. Pelo que, no dito anno de 1533, se embarcaram algumas pessoas da dita Ilha em huma barca para a Ilha da Madeira, em que somente hia hum João Annes, escri-vão da dita Ilha do Porto-Sancto, e hum Antonio Feyo, e outro homem a quem não soube o nome, e tres barqueiros; chegaram á Villa de Machico aos seis dias de Fevereiro do dito anno, e sahiram em terra descarapuçados, cada hum com huma cruz pequena de páo na mão, onde logo se ajuntou muita gente vendo aquella novidade, para saber o que era: os quaes dice-ram que hiam dar novas ao Corregedor João de Affonseca de que na Ilha do Porto-Sancto estavam dous prophetas, que tinham posto o povo em grande confusão do que diziam e faziam, com que andava a gente pasmada, sem co-mer, nem dormir. E por o Corregedor estar na Queimada, como acima tenho contado, o dito João Annes com os mais se tornaram a embarcar, e se foram á Cidade do Funchal dar novas ao Capitam e Justiça della, com que houve grande alvoroço e espanto em todo o povo.

Dando este rebate ao Corregedor o licenciado João de Affonseca, logo ao outro dia pela manhaa foi elle ter a S. Sebastião, junto da Villa de Machico, onde se ajuntou toda a gente principal da Villa, e ali lhe fez huma fala em que declarou ser aquillo obra dos Demonios, e que elle por sua pessoa queria acudir a isso; como logo poz seu dito por obra, embarcando-se no mesmo dia, levando comsigo dous Escrivães, João Simão e Henrique Coelho, e chegou ao outro dia seguinte á Ilha do Porto-Sancto a horas do meyo dia. E tanto que foi sabida sua desembarcação, fugio o propheta Fernando para a serra: e o Corregedor com ambos os Escrivães foi a casa da propheta Phelippa Nunes, a qual achou na cama, e lhe dice que abusões eram aquellas que fizeram no povo, fazendo crer que não comia? E buscando-lhe a cama, de que a fez levantar, donde dantes se não levantava, achou pedaços de bolos que ella comia; e logo a mandou para a cadea, enviando, em busca do propheta Fernando á serra onde era acolhido, o seu Meirinho, que o trouxe preso á mesma cadea, e ao outro dia o mandou á prisão da Villa de Machico, e logo começou a tirar devaça do caso, na qual se mostrou por testimunhas que o dito propheta Fernando, estando huma noute em casa da propheta Phelippa Nunes, onde estava muita gente, mulheres honradas e homens, todos descalços, postos de joelhos, em que entravam hum Rodrigo Alves, homem mui honrado e rico, e sua mulher, e Manoel de Crastó, Almoxarife, e sua mulher, e outras muitas pessoas e mulheres nobres, elle, perante todos, chegou á mulher de Rodrigo Alves, e lhe meteo a lingua na boca, dizendo a seu marido: «Péza-te Rodrigo?» E elle lhe respondeo: «Deos o sabe.» E então o fez pôr de joelhos diante de si, e lhe deo duas bofetadas. E dice a Manoel de Crasto que fosse buscar pão e vinho para comerem os que ahi estavam. O qual foi, e trouxe hum saco de pão e hum barril de vinho, que todos comeram e beberam. Depois de comer, mandou a Manoel de Crasto e a sua mulher que se despissem, o que logo fizeram, ficando em camiza, sem ninguem olhar nem atentar para isso como se fosse no estado de innocencia; e, assi meyos nus, os mandou que fossem a Sancto Spirito, e que dahi hiriam para o Paraizo. E elles se foram despidos, sendo inverno, em Fevereiro, e assi estiveram na dita ermida do Spirito Sancto até ante manhaa, em que então se foram para casa, e não para a Gloria, como o propheta dicera.

Foi o Corregedor a S. Sebastião, onde estava o morto João Calaça, que ja cheirava mal, o qual tinha os cabelos feitos em tranças, e o mandou enterrar honrádamente, por ser homem honrado e muito aparentado na dita Ilha, onde pareceo que morreo martyr, por não dar credito a hum truão e rustico, enganado do Diabo.

Mostrou-se mais por inquirição que em huma cevada, que estava em hum serrado, fez debulhar mulheres e homens, dizendo que por isso lhes eram perdoados seus pecados. Tanto era o atrevimento do Demonio e o engano dos homens que até os eclesiasticos se enganaram de tal modo, que na confissão da missa diziam: «S. Pedro, S. Paulo e o Beato Propheta Fernando:» e assi o nomeavam no introito e orações.

Dizem que tambem foi então do Funchal á Ilha do Porto-Sancto hum Frei Gaspar Gato, prégador da ordem de S. Francisco, onde teve practica com o propheta Fernando e a propheta Phelippa, e, vendo que era bulra tudo o que diziam, por lhe não saberem responder bem ao que lhes perguntava nem elle, nem a sobrinha, dice que os prendessem, e não cressem no que diziam. O que logo fizeram, ou fosse pelo dito do prégador, ou pela devaça que o dito Corregedor o licenciado João de Affonseca tirou: o qual prendeo o Vigario e clerigos, e os levou presos todos com a propheta Phelippa Nunes á cadea da Villa de Machico, depois de acabada sua devaça, que durou até dez dias de Março, que lá esteve. E quando dantes chegou a seis de Fevereiro do dito anno de 1533 á Ilha do Porto-Sancto, haviam dezoito dias que duravam as abusões dos falsos prophetas: e prendeo tambem o porteiro, que quando apregoava, dizia que o sancto propheta Fernando mandava tal cousa, que logo fossem, e sem tardar se fazia. E dizia elle que bemaventurado fôra em ser pregoeiro do sancto propheta, o qual outras muitas cousas e abusões fazia o povo fazer de noute e de dia.

Tanto que foram trazidos os presos á Villa de Machico, Phelippa Nunes, que dantes fingia que não comia, logo comeo depressa, dizendo que não sabia nada do que lhe diziam que fizera. O Corregedor os mandou ambos presos a El-Rey com a devaça, que o Escrivão Henrique Coelho levou, e a deo a Sua Alteza, que lho teve muito em serviço, com que foram sentenciados os prophetas que ambos estivessem á pórta da See de Evora em huma escada, cada hum com sua carocha de papel com letras que diziam: «*Pro-pheta do Porto-Sancto,*» e com hum cirio aceso cada hum na mão em quanto se dicesse a missa da terça, ella vestida, e elle nu da cinta para cima; e fossem soltos, visto ser obra do Demonio: e, quanto á morte de João Calaça, que se não procedesse por ella contra pessoa alguma, por serem tambem obras do Demonio, que os cegou a todos. E condemnou El-Rey a todos os moradores da Ilha do Porto-Sancto, por crerem as ditas abusões dos prophetas falsos, em duzentos cruzados para huma obra da dita ilha, s. c. os Juizes, Vereadores e pessoas da governança da ilha, cada hum em dez cruzados, e o outro povo segundo tivesse a fazenda; os quaes duzentos cruzados se pagaram. E estando na dita ilha o dito Escrivão Henrique Coelho, se arrecadaram, e se entregaram a Estevão Calaça, nella morador, para se gastarem em cousas necessarias á terra, como El-Rey mandava. Os clerigos foram condemnados em penas e castigos por Antonio Machulho, que então era em Portugal, Provisor da See do Funchal, por estar vacante. Estas e outras muitas cousas, que aqui não declaro, se passaram na verdade, como consta da devaça. Do propheta Fernando dizem alguns que endoudeceo ou se fingio doudo, para melhor se livrar; outros, que morreo preso no Limoeiro; outros, que depois de sentenciado e peniteneiado, se foi em romaria a terras estranhas, fazendo penitencia; e finalmente nunca mais foi á ilha, nem appareceo, nem se vio. Mas a propheta casou, e viveo em Portugal, sem tornar mais ao Proto-Sancto, onde tinha feito cousas não sanctas.

Alguns, por este feito, querem alrotar dos moradores da Ilha do Porto-Sancto, os quaes não tem culpa de seus antepassados; mas, ainda que a tiveram, não he officio de homem christão humano alrotar das culpas alheas, pois póde cahir em outras semelhantes; que o cordão, que está torcido, muitas vezes se destorce; e quem telhado de vidro tem não deve atirar pedrada a telhado alheyo.

CAPITULO XII

Como chegaram os dous capitães João Gonçalves Zargo e Tristam Vaz á Ilha da Madeira, e de algumas cousas qne fizeram, e casas de devação que nella fundaram.

Deixando os dous capitães João Gonçalves Zargo e Tristam (ao qual muitos chamavam Tristam Vaz, mas nas doações dos Infantes e nas Provisões, que El-Rey lhe mandava, não o nomeavam mais que por Tristam da Ilha, como em seu logar se dirá) a Bertholameu Palestrello na Ilha do Porto-Sancto beneficiando a terra e governando sua Capitania, se partiram para a Ilha da Madeira. E chegando a ella, o primeiro porto que tomaram, foi o dos inglezes, ao qual se poz o nome *Machico*, pelo Machim inglez, que na terra estava sepultado, como ja tenho dito. Sahindo em terra, doendo-se deste Machim, primeiro descobridor della, a primeira cousa que se fez, foi traçar huma *igreja da invocação de Christo*, como o inglez pedia nas letras que ali deixára escriptas; e mandando cortar a arvore que estava sobre as sepulturas, foi traçada a igreja de maneira que sobre as mesmas sepulturas ficou a capella. E, porque neste logar a primeira missa que se dice foi da Visitação de Sancta Izabel, ficou esta igreja Casa da Misericordia, onde hoje em dia fazem a festa por tal dia o provedor e irmãos desta Confraria em Machico. E foi esta a primeira igreja que se fez na Ilha da Madeira, e chamou-se de Christo, com que a ilha era do Mestrado de Christo. Esta Villa de Machico, cabeça e assento deste primeiro capitam Tristam, ali está fundada, e, ainda que seja pequena e de poucos visinhos, he mui bem assentada, e alegre de muitas hortas e pomares, e situada no meyo de huma ribeira tão fresca, como soberba, por ser mui espaçosa, amena e caudal; e não foi menos deleitosa aos olhos, que de proveito he pelos canaviaes de assucar que nella depois se plantaram de huma parte e de outra, regados com a mesma ribeira, quo mui grande, larga e fermosa parece assi da terra, como do mar, onde vai acabar, e se mete na agoa salgada por entre a Villa que ali se fundou, em hum recebimento de praya tão soberba á vista de quem a ella chega, resguardada de todos os ventos e tormentas do Sul, que com rasão se póde affirmar ser huma das mais fermosas e alegres obras da natureza,

pela frescura da ribeira, e remanso que faz o mar, quase como rio pela terra entrando, onde podem seguramente ancorar grossas e poderosas náos. E
foi esta sorte que coube a Tristam, tão felice naquelle tempo, como agora
enganosa, pela fertilidade que o resto da ilha de si mostrou por discurso do
tempo na jurisdição do Funchal, que coube ao Zargo, como adiante veremos.

Deste logar de Machico se passou o capitam João Gonçalves para o
Funchal, onde, abrigando os navios aos ilheos que no cabo deste logar estão,
por haver ali huma fermosa enseada determinou de fazer em terra sua morada de madeira, a qual logo fez pegada com o mar em hum logar alto,
onde depois a capitoa Constança Rodrigues fundou huma *igreja de Sancta
Catharina*. Feita pousada neste logar, em que agasalhou sua mulher e filhos,
entendeo o capitam Zargo em fazer huma igreja que fosse principio e fundamento da Villa do Funchal; e, por estar segura e bem assentada, a mandou
ordenar á beira do mar no cabo do valle do Funchal, ao longo da primeira
ribeira deste prado, onde fazia o mar contino á corrente da ribeira huma abra
de muitos calháos e seixos miudos, lavados da continuação das ondas delle,
que nella batiam; e por esta rasão houve nome esta primeira igreja do Funchal vulgarmente *Nossa Senhora do Calháo*, sendo seu orago a Natividade
da Virgem, cuja festa celebra a Igreja em os outo dias de Setembro. Daqui acordou o capitam, vendo que se não podia com trabalho dos homens
desfazer tanto arvoredo que estava nesta ilha desde o principio do mundo ou
da feitura della, e para o consumir, e se lavrarem as terras, e aproveitar-se
dellas era necessario por-lhe o fogo; e como quer que, com o muito arvoredo e pela muita antiguidade, estava delle derribado pelo chão, e delle seco em
pee, apegou o fogo de maneira neste valle do Funchal que era tão bravo que,
quando ventava de sobre a terra, não se podia soffrer a chama e quentura
delle, e muitas vezes se acolhia a gente aos ilheos e aos navios até o tempo
se mudar; e, por ser o valle muito espesso assi de muito funcho, como de
arvoredo, atiou-se de maneira o fogo, que andou sete annos apegado pelas
arvores, e troncos, e raizes debaixo do chão, que se não podia apagar, e fez
grande destruhição na madeira assi no Funchal, como em o mais da ilha
ao longo do mar na costa da banda do Sul, onde se determinou roçar e
aproveitar.

Tinha El-Rey e o Infante avisos cada mez da fertilidade e frescura da
ilha, e das muitas ribeiras e fontes d'agoa de que a terra era abundante;

pelo que, cada verão mandavam navios com animaes domesticos, ferro, aço e gado: e tudo frutificava grandemente, em tanto que de cada alqueire de trigo que semeavam, colhiam pelo menos sessenta alqueires; e as rezes e os gados que ainda mamavam, ja pariam; e tudo se dava em abundancia, e não semeavam cousa que não multiplicasse em tresdobro, com a muita fertilidade, e grossura, e viço da terra.

O Infante D. Henrique, como era Mestre e Governador do Mestrado de Christo, em cuja Ordem cabia esta Ilha da Madeira, como Administrador della mandou a Cecilia buscar *canas de assucar* para se plantarem na ilha, pela fama que tinha das muitas ribeiras e agoas que nella havia; e com ellas mandou vir mestres para temperamento do assucar, se as canas nella se dessem: e esta planta multiplicou de maneira na terra, que he o assucar della o melhor que agora se sabe no mundo, o qual com o beneficio que se lhe faz tem enrequecido muitos mercadores forasteiros e boa parte dos moradores da terra. E na ilha havia tanta quantidade de madeira tão fermosa e rija, que levavam para muitas partes copia de taboas, traves, mastros, que tudo se serrava com engenhos ou *serras d'agoa*, dos quaes ainda hoje ha muitos da banda do Norte da mesma ilha: e neste tempo, pela muita madeira que dahi levavam para o Reyno, se começara com ella a fazer navios de gavea e castello d'avante, porque dantes não os havia no Reyno, nem tinham para onde navegar, nem havia mais navios que caravellas do Algarve, e barineis em Lisboa e no Porto.

Depois que o fogo desapegou do arvoredo e da costa do mar, determinou o capitam fazer sua morada (como fez) em hum alto que está sobre o Funchal, e logo defronte de suas pousadas fundou huma igreja de Nossa Senhora da Concepção para seu jazigo (olhando, como prudentissimo, para o fim logo no começo), a que vulgarmente chamão Nossa Senhora de cima, por estar fundada em cima da villa em hum tezo ao pee de hum pico, e onde depois seu filho João Gonçalves fez de raiz hum *Convento de freiras de Sancta Clara*, da Ordem de S. Francisco da observancia, tão magnifico na fabrica, como illustre nas muitas e virtuosas madres que nelle hoje em dia fazem vida de sanctas religiosas; porque, alem de ser hum dos grandes e famosos mosteiros do Reyno de Portugal, he tão observante e experimentado na virtude, que deste convento levão algumas madres para reformação de outros virtuosos conventos.

9

A capitoa Constança Rodrigues, por ser mulher sancta e muito devota da bemaventurada *Sancta Catharina*, ali onde primeiro o capitam fez morada quando chegou ao Funchal, mandou fazer huma igreja desta sancta, e a par della fez muitas casas para gasalhado de mulheres de boa vida, pobres mercieiras a quem deixou esmolas para sempre terem cuidado de alimparem e servirem aquella casa, como ainda agora se costuma. E porque vieram com o capitam frades da Ordem de S. Francisco, a estes e aos que achou no Porto-Sancto mandoulhes fazer hum gasalbado no Funchal, onde depois por tempo se fez huma *igreja de S. João Baptista* pela ribeira acima de Sancta Catharina; e ahi estes frades se agasalharam em humas casas que pegado á igreja fizeram com sua horta e frescura d'agoa: mas, porque este logar era ermo, e nelle hum frade (por induzimento do Demonio, que sempre urde semelhantes teyas) se enforcou, estes religiosos ordenaram huma casa em baixo, na Villa do Funchal, em chãos e terras defronte de Sancta Catharina, alem da ribeira, onde hora está fundada huma das melhores casas desta Ordem que a Provincia tem em Portugal; o qual convento he de observancia tão sumptuoso, como fresco, em que sempre estão perto de cincoenta frades, muitos letrados religiosos de virtude e exemplo, quanta se póde achar no mundo. E assi está esta ribeira com estes dous sumptuosos e aprovados mosteiros ornada, acompanhada e ennobrecida daquem e dalem com tanta religião e virtude.

CAPITULO XIII

Como o capitam João Gonçalves Zargo correo grande parte da costa da ilha, hindo tambem com elle o capitam Tristam Vaz para a repartirem; e do que lhes aconteceo até se despedirem.

Depois de ter o capitam João Gonçalves Zargo ordenadas as casas de devação e outras para gasalhado dos que vinham povoar, mandando chamar a Tristam Vaz para (descobrindo a terra) fazer entre ambos a repartição da ilha, determinou correr toda a costa della, porque o fogo era ja desapegado do logar do Funchal, e ordenou repartir a terra com quem a aproveitasse; para o que mandou fazer prestes certos bateis, que haviam de hir por mar, e elle, com alguns de cavallo e gente de pee, por terra, huns diante dos outros, por não haver ainda caminhos; e com a detença que tinham em partir as terras andavam pouco cada dia. Chegando a hum alto sobre Camara de Lobos, traçou ali onde se fizesse huma *igreja do Spirito Sancto*. Passando mais abaixo a humas serras muito altas, ali traçou outra *igreja da Vera Cruz;* e todos estes altos tomou para seus herdeiros. Daqui se meteo nos bateis para ver a terra do mar, e mandou gente por terra, que caminharam com grande trabalho e perigo, não pelo na ilha haver de animaes ferozes, nem bichos peçonhentos e nocivos, como em outras partes, porque nesta fresca ilha se não achou outro genero de bichos senão humas lagartixas pequenas tamanhas de hum dedo, que não fazem dammo notavel, nem são peçonhentas. Mas tornando á gente que por terra descobria, por ser mui fragosa a ilha daqui para baixo, de altas rochas, profundas ribeiras, asperos caminhos, e espessos montados, passaram mal, e pozeram muitos dias no caminho até chegarem dahi a tres legoas a huma furiosa ribeira, na praya da qual os estava aguardando o capitam, que em terra desembarcára, e tinha ahi traçado huma povoação, a que deo nome *Ribeira brava*, pela que corria neste logar, que aqui depois se fundou tão fresca e nobre dos melhores da ilha, que alem de ter muitos fructos e mantimentos em abundancia, he e foi sempre tão generosa com os seus moradores que nella vivem, que, quando convinha aos capitães do Funchal que depois foram socorrer os logares de Africa com gente, deste só logar tiravam tão nobres cavalleiros e gente lus-

9.

trosa, que á sua custa hiam servir a El-Rey, e tinham tanto nome, como ao
diante se verá no discurso desta historia; alem de outra nobre gente, criados
dos capitães, que sempre daqui os tiveram mui cavalleiros e de nobre geração. Não he este logar villa pelo deixar de ser á falta de muitos visinhos
e bom assento, e ser o somenos da ilha, antes he o mais bem assentado, e
magnifico de todos; senão por ser termo da Cidade do Funchal, e huma fresca quinta, donde os moradores da cidade achão e lhes vai o melhor trigo,
fructas, caças, carnes, e em mais abundancia que em toda a ilha; e póde-se
com rasão chamar celeiro do Funchal, como a Ilha de Cecilia se chama
de Italia.

Aqui se tornou o capitam a meter nos bateis, e chegou a huma ponta
que se faz abaixo huma legoa, e entra muito no mar; e, porque na rocha
que está sobre a ponta se enxerga de longe e se vê claro huma vea redonda na mesma rocha com huns rayos que parece sol, deolhe nome o capitam a *Ponta do Sol;* onde tambem traçou huma villa, que depois se fundou,
a primeira de sua jurisdição. Aqui está a nobre o rica fazenda, que se diz
a *Lombada do Esmeraldo,* tão celebre por nome como por fama, pelos muitos assucares que nella se recolhem, que foi anno em que deo vinte mil arrobas delle: a qual Lombada o capitam tomou para seus filhos, e depois correo taes trances, que agora nenhum delles a possuhe, por se dividirem, e a
venderem.

Daqui tornou o capitam a caminhar por terra a cavallo com os que
com elle costumavam hir, e passando huma ribeira que está alem desta Ponta do Sol, traçou em huma ladeira huma *igreja do Apostolo Santiago;* e
alem achou ainda o fogo que mandou pór pela costa; pelo que não poderam passar, por estar o arvoredo muito serrado, e haver grande fogo em
parte delle. Por isso deceram a huma ribeira, e, sempre ao som da agoa, foram dar no mar, onde acharam os bateis. Ali deixaram os cavallos a quem
os levasse por terra como podesse, e meteram-se outra vez nos bateis, e, correndo a costa bem duas legoas sem achar onde desembarcar, foram dar em
huma grande abra, onde, desejosos de saber a terra, desembarcaram entre
huns penedos, fazendo ali á mão hum desembarcadouro, a que o capitam poz
nome *Calheta,* e sobre esta Calheta tomou huma lombada grande para seu
filho João Gonçalves. E nesta mesma ribeira da Calheta para o Ponente tomou outra para sua filha Beatriz Gonçalves. E logo ahi em outra lombada

da mesma filha, em hum logar alto de boa vista do mar e da terra, traçou de sua mão o mesmo capitam huma *igreja de Nossa Senhora da Estrella*, e dice que esta igreja havia de deixar muito encomendada a seus filhos, porque havia muito tempo que desejava edificala em hum logar de seu gosto.

Neste logar da Calheta, mais abaixo chegado a huma fermosa ribeira, se fundou a *Villa*, que tomou o nome *da Calheta*, a mais fertil de todas as da ilha, por ter mayor comarca. He esta villa tão nobre em seus moradores, como abastada pelos muitos e baratos mantimentos que nella se achão. Desta sahiram em companhia dos capitães do Funchal muitos e nobres cavalleiros a servir El-Rey á sua custa nos logares de Africa, e nos socorros que os capitães levaram: onde todos, alem de darem mostras de suas pessoas, gastaram muito do seu, porque eram ricos, pelas grossas fazendas que neste termo ha, como a do *Arco*, tão afamada, e outras, que andão agora divididas por diversos herdeiros. Esta Villa da Calheta e seu termo foi o condado do Illustrissimo Capitam Simão Gonçalves da Camara, Conde desta Villa nova da Calheta, como se dirá em seu logar.

Da Calheta passou o capitam abaixo até a derradeira ponta sobre o mar, donde parece que não ha mais terra; e estando aqui, lhe trouxeram os do batel de Tristam e do batel de Alvaro Affonso hum peixe, que parecia pargo, de maravilhosa grandura, e o mayor que até aquelle tempo tinham visto; por rasão do qual peixe ficou nome áquella Ponta a do *Pargo*. Desta Ponta do Pargo vira a terra para o Norte até outra ponta, que distará desta huns dizem duas, outros tres legoas; a qual mandou descobrir por Tristam, e, por ser elle o primeiro que chegou a ella, lhe ficou o nome que hoje tem, a *Ponta do Tristam*, a qual jaz ao Noroeste. E daqui para traz traçou o capitam João Gonçalves a Capitania de Machico, que ficou a Tristam, como trazia por regimento do Infante D. Henrique, partindo a ilha de Norocste a Sueste, que vem sahir a outra ponta da banda do Sul, em que se fincou hum ramo ou páo de oliveira, que viera do Reyno, por baliza desta jurisdição, donde ficou á ponta nome *Ponta da Oliveira;* e está ao mar de hum logar que chamão *Caniço*, por nelle estarem as terras cobertas de hum carriço, como canas delgadas, donde tomou o nome, ainda que corruptamente, porque esta erva, que chamão carriço, tem huns grellos como compridas canas. O qual logar do Caniço he fim da jurisdição de Machico, e principio da jurisdição do Funchal.

Da Ponta do Pargo se tornaram os capitães para o Funchal, fazendo o mais do caminho por mar; que por terra seria ainda mui trabalhoso: e despedindo-se e apartando-se hum do outro, começaram cada hum em sua Capitania a entender no ennobrecimento dellas, e pôr em obra a edificação das igrejas, das villas e logares, e a lavrança das terras.

CAPITULO XIV

De como o capitam João Gonçalves Zargo traçou a Villa do Funchal, que se foi ennobrecendo com o crecimento dos fructos e moradores de toda a ilha; e dos foraes e liberdades que os Reys lhe deram.

Hindo-se o capitam Tristam Vaz para Machico, o deixemos por agora nelle occupado em mandar cultivar e beneficiar a terra para dar fructo, e edificar na villa, e em outros logares, casas, e povoações, para povoar a ilha; por fazer menção do que tambem fazia o capitam João Gonçalves Zargo na sua jurisdição do Funchal, para o mesmo effeito. Nesta jurisdição do Funchal estão as duas villas e dous logares ao presente acima nomeados, alem de outras aldeas, logares, e fazendas povoadas ao longo da costa, de que não faço por agora menção, por terem seus nomes fundados nos que depois ás fazendas e fructas da terra deram os nobres e ricos homens que as lavraram e possuhiram; como he a *Magdalena*, cousa tão singular e nobre pela ermida desta sancta que os moradores ali fizeram, onde se colhe muito proveito de assocares; e o *Paul*, e outros logares e fazendas conhecidas. Tem finalmente esta jurisdição do Funchal quatorze legoas da banda do Sul, que he o melhor de toda a ilha, e tres da banda do Norte pouco mais ou menos, e seus capitães a possuem ha mais de 170 annos, sem intermição alguma de successores.

Chegado João Gonçalves ao Funchal, começou a traçar a villa, e dar as terras de sesmaria, como tinha por regimento do Infante D. Henrique, Senhor da dita Ilha da Madeira; e, conforme o dito regimento, deo por cinco annos as terras que não eram lavradas, dentro dos quaes se obrigavam a aproveitalas e lavralas, sob pena de, não cumprindo neste termo, lhas tirar e dalas a quem as aproveitasse. Foi assi tudo tanto em crecimento em ambas as jurisdições com a boa deligencia de seus capitães, que em breve tempo se povoou e ennobreceo esta ilha toda. E, estando o Infante D. Henrique no Algarve em Aljezur, mandou ao capitam João Gonçalves humas lembranças, em que lhe encomendava muito a jùstiça principalmente, e a lavrança da terra, e que lhe mandasse mostras dos fructos della, pela fama que corria de sua fertilidade, e que lhe encomendava que, para se gastar o trigo que semeavam, seria bem pelo preço de outo reis o alqueire, para os lavradores terem algum proveito, porque dantes valia menos; e usava nestas lembranças destas palavras antigas: «Enviarmeis senhos pedaços de páos de «toda a ilha, e senhos ramos della, e screveime como ham nome, e o fructo «tambem como se chama. Enviaime senhos pedaços de pedras, e hum saco «de terra, e lembrovos o pão para a novidade, segundo vos falei, se o que-«rem vender a quatro reis, que apraz de os dar por elle. E sede bem lem-«brado que se me pague a Dízima de toda outra cousa quanto houver, e «que façam canaviaes nas outras povoações. E mandai a João Affonso que «correja outra mó, e se faça hum moinho d'agoa segundo o de Tomar, e «sejavos em lembramento de mandardes o pastel que se correja. E dizei a «João Affonso que mande algum, se está corregido, &.ª» E outras cousas mais miudas, que estão no Cartorio da Cidade do Funchal, pelo qual se ve-rá a fertilidade daquella prospera ilha, e o seu fundamento. E de todas estas cousas não ha na terra sobejas mais que assucar e vinho, porque o mais não o dá a terra em abundancia, antes vem tudo de carreto.

O anno seguinte mandou o capitam João Gonçalves ver que cousa era a ilha que aparecia defronte daquella ao Sueste, e distará da Ilha da Ma-deira cinco legoas: e pela noticia que lhe deram della como era alta, peque-na e sem agoa, e de pouco proveito por ter muitas rochas, não tractou de a mandar povoar, por não ser de calidade para isso; antes dahi a certos an-nos lhe mandou lançar gado grosso e miudo, pavões e outras aves, e ani-maes de proveito, que multiplicaram na terra muito bem. E por se não po-voar esta ilha, lhe deo nome a *Dezerta;* da qual e de outras que perto del-la estão direi adiante.

Povoada a Villa do Funchal, a que o capitam deo este nome, por se fun-dar em hum valle fermoso de singular arvoredo cheyo de funcho até o mar (como ja tenho declarado), trabalhou por manter todos em justiça, paz e quie-tação, e que vivessem em serviço de Deos, para o que escreveo ao Infante lhe mandasse sacerdotes (alem dos religiosos que trouxera), para o Estado Eccle-siastico apascentar o povo em doutrina e mysterios dos Sacramentos da San-cta Madre Igreja. E, como o Infante fosse Governador e Administrador do Mestrado de Christo, de cuja Ordem são os Freires da Villa de Tomar, a requerimento do Infante, o D. Prior desta Ordem, que D. Frei Pedro Vaz se chamava, mandou certos clerigos com hum vigario e beneficiados para a

Villa do Funchal e a de Machico. Os do Funchal serviram em Sancta Maria do Calháo, onde hum domingo diziam missa ao povo, e outro domingo em Nossa Senhora da Concepção de cima, porque estas duas igrejas eram as principaes da villa; e por causa do capitam, que morava em Nossa Senhora de cima, vinha o povo ouvir missa nesta hum domingo, e outro não.

Depois por discurso do tempo que a terra foi mostrando seus fructos, dando fama delles no Reyno, e ennobrecendose em moradores ricos, vendo o Bispo que então era de Tangere como esta ilha hia em crecimento, e que não tinha Bispo e Prelado que a governasse, impetrou do Papa hum Breve, sem licença d'El-Rey, para annexar esta ilha a Tangere; o que sabido pela Infante D. Beatriz (que como tutora de seu filho o Duque governava a ilha), enviou huma provisão ao capitam e. moradores do Funchal na era de 1472, que tal Bispo não consentissem na ilha, nem o povo obedecesse a provisão sua, por quanto o Estado Ecclesiastico pertencia á jurisdição dos Freires de Tomar, ao Vigario da qual Ordem e Convento somente deviam obedecer, por ser a ilha do dito Mestrado, e descoberta pelo Infante D. Henrique, Mestre da Ordem e Cavallaria de Jesus Christo: e juntamente com esta provisão veyo outra do mesmo Vigario da Villa de Tomar notificando ao povo a provisão que o. Bispo de Tangere tinha, e como indevidamente queria usurpar o Estado Ecclesiastico que pertencia á sua Ordem, e que a tal Bispo não obedecessem, e que se não agastassem, porque cedo, com o favor Divino, esperava El-Rey nosso Senhor criar Bispo da mesma Ordem na ilha: e o mesmo escreveo ao Vigario de Machico, que se chamava Frey João Garcia, e foi o primeiro que houve na mesma villa. Crecendo e multiplicando o fructo da terra, assi hiam crecendo as povoações e moradores com a fama de sua fertilidade: e fazendo-se homens os filhos do capitam João Gonçalves Zargo que foram servir a El-Rey em Africa, principalmente o morgado e o filho segundo Ruy Gonçalves da Camara, que depois foi capitam desta Ilha de S. Miguel, em remuneração desses serviços El-Rey D. Affonso v do nome confirmou no anno do Senhor de 1467 a doação, que o Infante D. Fernando tinha feita ao dito Ruy Gonçalves das *Saboarias pretas* de toda a Ilha da Madeira: e os descobridores, pessoas nobres que em companhia do dito capitam João Gonçalves vieram, tiveram filhos, muitas terras e propriedades que grangearam, e geração mui nobre, como foi a de Gonçalo Ayres, de quem procede a casta que na Ilha da Madeira se diz a grande; e a de João Lourenço, e Ruy Paes, e Alvaro Affonso, que destes procedeo então a mais antiga e nobre casta da mesma ilha, excepto a dos capitães e seus filhos, com os quaes se liaram depois alguns dessa geração, assi pelas propriedades que estes adquiriram, como por sua nobreza.

El-Rey D. Affonso v do nome deo a esta Villa do Funchal muitos e bons foraes e liberdades; e que os moradores nem mercadores que a ella viessem não fossem obrigados a portagens e outras fintas que havia no Reyno; e mais privilegios, como consta de seus Alvarás, concedidos á mesma villa no anno de 1472, que estão no Tombo da Camara do Funchal, a qual sempre foi villa até o tempo d'El-Rey D. Manoel, que a fez cidade, e à acrecentou e ennobreceo com obras que nella mandou fazer, e lhe confirmou as liberdades e deo outras, como adiante em seu logar se dirá, com as quaes liberdades, e com os fertilissimos fructos da terra, veyo a ilha ser tão rica e populosa, como agora direi.

CAPITULO XV

A *Ilha da Madeira* (como tenho dito, lhe poz nome assi o felicissimo capitam primeiro della João Gonçalves Zargo, por causa do muito, espesso e grande arvoredo de que era coberta, e ser toda cheya de infinidade de madeira) he alta, com montes e rochedos mui fragosos; e por ser assi mui fragosa, dizem que seu nome era, ou devia de ser *Ilha das Pedras:* he afamada e guerreira com seus illustres e cavalleiros capitães, e tão magnanimos, e com generosos e grandiosos moradores: he rica com seus fructos e celebrada com seu comercio, que Deos a poz no mar Oceano Occidental, para descanso, refugio, colheita e remedio dos navegantes que de Portugal e de outros Reynos vão, e de outros portos e navegações vem para diversas partes, alem dos que para ella somente navegão, levandolhe mercadorias estrangeiras e muito dinheiro, para se aproveitar do retorno que della levão a suas terras: he saudosa com altissimos montes e fundos valles; povoada de alto e frondoso arvoredo de diversas arvores; regada com grandes e frescas ribeiras de doces e claras agoas; ennobrecida com muitas e grandes povoações de soberbos e sumptuosos edificios; esmaltada com ricas e fermosas quintas; ornada com ricos e custosos pomares de exquisitas e diversas fructas; enfeitada com artificiosos e deleitosos jardins de varias e curiosas ervas e flores; hum rubi, finalmente, que com seu resplendor, côr e fermosura dá graça a toda a redondeza do anel do universo em cercuito; pois com seu licor e doçura, como com nectar e ambrozia, provè as Indias ambas, a Oriental aromatica, e a Occidental dourada; chegando e adoçando seus fructos de extremo a extremo quase o mundo todo. E, ainda que os da ilha de Ormuz, que está na boca do mar Perseo, a ella chamão pedra do anel do mundo, esta Ilha da Madeira com muita mais rasão, pois tem mais preheminencia na boca de todas as nações, não somente he pedra desse anel grande, mas, pois o homem he hum mundo pequeno, so póde com verdade chamar joya do seu peito: e, por ser tal, e parecer nelle hum unico horto terreal tão deleitoso, em tão bom clima situado ou criado, hum estrangeiro dice que parecia que,

10.

quando Deos descêra do Ceo, a primeira terra em que pozera seus Sanctos Pees fóra ella.

Está esta celebre ilha na altura de 32 gráos e dous terços desta nossa parte do Polo Septentrional. Tem da parte de Leste o Cabo de Quantim em Africa (perto do Cabo de Guee), que está com o Cabo de S. Vicente Norte e Sul em distancia de outenta legoas, e com esta Ilha da Madeira Leste Oeste cento e dez legoas, e com o Porto-Sancto cem legoas. Tem figura de huma rica pyramide, cuja base está da parte do Occidente, ainda que algum tanto romba, com que tambem fica toda como huma folha de platano; e o cume da parte do Oriente he a Ponta de S. Lourenço. A qual ilha com o Porto-Sancto está Nordeste Sudueste, da mesma maneira que está o Porto-Sancto com a barra de Lisboa, ou com os Cachopos; e são doze legoas de terra a terra; e tem tres ilhas de que adiante direi, que se chamão *Desertas*, e estão Norte e Sul com a mesma Ponta de S. Lourenço, tres legoas de huma terra a outra. A Ilha de Gram Canaria está com esta Ilha da Madeira ao Sul e quarta do Sueste, e quase todas as outras Ilhas Canarias demorão desta ilha do Sul até o Sudueste, pouco mais ou menos; e quem for por vinte e outo gráos atravessará as Ilhas Canarias todas. A Ilha de Palma, que he huma dellas, e dista da Cidade do Funchal setenta legoas, demora da mesma cidade ao Sul e quarta do Sudueste; e resguardando-se de hir ao Sudueste, porque he derrota falsa, e errando a ilha, não a poderão tornar a tomar, por causa dos ventos, e agoagens, que ventão naquellas partes. Tenerife está Norte e Sul com o porto da Ilha da Madeira outras setenta legoas. Da parte do Norte não tem a Ilha da Madeira carregações para que os navios possão carregar, senão no verão, porque a terra não he para isso, nem tem portos; mas tem bons abrigos para navios, quando ha tempo contrario da parte do Sul, por ser alta. Terá ao comprido dezeseis legoas e meya, e de largo quatro, pouco mais ou menos, ou, como outros querem, dezouto de comprido, e perto de seis de largo: e principalmente dizem que tem esta largura, tomando a ilha pelo meyo della, para a parte de Loeste, que he a do Ponente, onde tem a base romba; mas para a parte de Leste vai aguçando até a ponta de S. Lourenço, e he mais estreita e delgada: sua compridão he de Leste a Oeste da Ponta de S. Lourenço, que está a Leste, até a Ponta do Pargo, que está a Oeste, onde acaba sua compridão. Tem huma grande baya da parte do Sul, que começa da Ponta de S. Lourenço até a

Ponta do Garajão, que está huma legoa antes de chegar á cidade, e terra de ponta a ponta cinco legoas. E em toda esta costa se póde surgir, porque he bom surgidouro de até vinte braças, a que se podem chegar os navios bem, sem temor della. Alguns dizem que a Ponta de S. Lourenço está a Les-nor-deste, e que demora o Porto-Sancto della doze legoas ao Nordeste. Partindo da Ponta de S. Lourenço (que se chamou assi, por ali o primeiro capitam João Gonçalves Zargo chamar por elle, acalmando-lhe o vento), pela banda do Sul para o Occidente huma legoa da Ponta, está huma povoação perto de quinze moradores, que se chama o *Caniçal:* são terras razas e de pão. Do Caniçal até a *Villa de Machico* ha duas legoas, que são de terra muito alta, de rochas, picos e mato, onde se emparelhão com a villa, que he a bo-ca de huma fermosa e mui crecida ribeira, ao longo da qual a mesma villa está situada: faz a terra huma grande enseada, com duas pontas, cuja boca terá hum quarto de legoa de largo, e da barra para dentro estão huns bai-xos no meyo da enseada, sobre hum dos quaes (que de maré vazia descobre parte delle) está alvorada huma cruz por marca, com que se desvião os na-vios, para que entrando no porto não vão dar nelles.

Este porto de Machico, alem da grande magestade que tem (como ja tenho dito), he muito bom com todos os ventos, por ser a terra de huma e de outra parte muito alta; e como começão os navios a entrar da barra para den-tro, ficão como em hum manso rio, salvo quando abóca por ella o Les-sueste, que então, se he muito rijo, não podem sahir para fora, e convem amarrar-se bem, porque, se se desamarrão, não tem remedio senão enxurrar pela ri-beira acima, e enfiarse com ella, como ja aconteceo muitas vezes.

Desta soberba entrada e nobreza desta villa ja ácima tenho dito: ter-ra de quinhentos até seiscentos fogos, e huma fermosa igreja, mui bem orna-da com ricos ornamentos, entre os quaes ha huma rica charola, mais fresca e de mais obra que a da Cidade do Funchal, ainda que mais pequena, em que levão o Sanctissimo Sacramento na procissão que se faz no Dia do Cor-po de Deos. Ainda que tem esta Capitania de Machico outra villa, a de San-cta Cruz, que he mayor que ella, esta foi a primeira cabeça de toda a Capi-tania, pois ainda agora tem o nome della; e tambem parece ser a primeira povoação, porque, como primeiro tronco e principio, ha nella muitos fidalgos de geração e muita gente nobre, e ainda elles tem entre si que Machico he a gema da fidalguia de toda a ilha.

Tem esta villa pela ribeira acima dous ou tres engenhos de assucar, e vinhas, e pomares de toda a fructa, e boa, e bom assucar; mas o vinho dizem ser o peior de toda a ilha, que por ser tal para poucas partes se carrega. Ha tambem nesta villa muitas mulatas, e mui bem tractadas, e de ricas vozes, que he signal da antiga nobreza de seus moradores; porque em todas as casas grandes e ricas ha esta multiplicação dos que as servem.

Para se regarem canas de assucar nesta villa e para o Caniçal, se tirou huma levada d'agoa de tão longe, que do logar onde nace até a villa serão quatro legoas e meya ou perto de cinco, na qual se gastaram mais de cem mil cruzados, por vir de grandes serras e funduras; e dizem que na obra della se furaram dous picos de pedra rija, por não haver outro remedio. *Raphael Catanho*, genoes, com o grande spirito que tem, como quase todos os estrangeiros e principalmente os desta nação, foi o primeiro que começou a tirar esta agoa, e depois El-Rey a mandou levar ao cabo: e, pelo muito custo que fazia, ja se não usa.

Sahindo desta Villa de Machico (de cujos capitães direi adiante), meya legoa para a parte do Ponente, está huma ribeira que se chama o *Porto do Seixo*, com que moe hum engenho de assucar dos herdeiros de *Jorge de Leomelim*, ou *de Melim*, como outros dizem, genoes de nação, que he muito boa fazenda, junto do caminho que vai ao longo da costa da banda do Sul, de que vou falando. Tambem ha neste Porto do Seixo pela ribeira acima muitos vinhos de malvazias e vidonhos, melhores que os de Machico, e muita fructa de varias castas.

Do Porto do Seixo a meya legoa está outro engenho de assucar, que he dos *Freitas*, acima do caminho, e abaixo delle hum Mosteiro de Frades Franciscanos, onde estão até outo religiosos de missa, e que tem boa igreja com boas officinas e aposentos, de que *Antonio de Leomelim*, do Porto do Seixo, homem fidalgo, rico e mui generoso, he padroeiro, com quem elle reparte grandes esmolas de sua fazenda, alem das que deixaram seus antepassados para aquella casa que fizeram.

Do Mosteiro hum tiro de bésta está a nobre e grande *Villa de Sancta Cruz*, a melhor de toda a ilha, situada em huma terra chaa ao longo do mar, em que tem bom porto e sua baya de hum tiro de bésta de largo, e calháo miudo, onde varão os bateis. Tem esta villa perto de outocentos fogos, e rica igreja, e huma ribeira d'agoa por meyo della, ao redor da qual ha muitas vinhas de malvazias e de vinhos melhores que os dè Machico, e muitas canas de assucar, e uvas ferraes, e das mais fructas de peras, peros, e amexas, para a terra em muita abundancia.

Desta villa para o Occidente hum quarto de legoa está huma grande ribeira de muita agoa, chamada da *Boaventura*, em que está hum engenho de assucar, e ha por ella acima muitos canaviaes delle.

Andando mais adiante desta ribeira quase huma legoa, está huma povoação de trinta vesinhos do mesmo termo de Sancta Cruz, que se chama *Gaula;* e tem muitas vinhas de malvazias, e muitos vinhos de outra casta.

De Gaula hum tiro de bésta, bindo para a cidade, está huma grande ribeira muito funda, que se chama do *Porto Novo,* pelo ter muito bom para carregar os vinhos que ha nella de boas malvazias, que são as melhores da ilha, e de outros vidonhos que naquella ribeira se colhem cada anno mais de trezentas pipas de vinho; e tem casaes por ella acima, e muita fructa e agoa boa.

Meya legoa mais adiante está a fazenda de *João Dornellas*, do Caniço, homem fidalgo, casado com D. Mecia, irmaa de Luiz de Moura, Estribeiro Mor do Infante D. Duarte, e pay de D. Christovão de Moura, muito privado do grande Rey Phelippe, e casado com huma filha de Vasqueanes Corte-real, com a qual lhe fez El-Rey mercê da Capitania da Ilha Terceira, por falecimento do capitam Manoel Corte-real, de que não ficou herdeiro. A fazenda de João Dornellas he huma quinta com seu engenho de assucar e vinhas; e foi casa mui abastada.

Desta casa para o Occidente hum quinto de legoa, pegado com o caminho, está a fazenda das Moças, filhas de hum *João de Teives* (que assi se chamaram estas nobres femeas, ainda que velhas, as quaes morreram por permanecerem sempre sem casar na primeira limpesa, com muita honra, e virtude, e sancto exemplo de vida), que he hum engenho de assucar, de boas e chaas terras de canas; e tem dentro pegado com humas grandes casarias huma rica igreja.

Daqui adiante quase meya legoa está huma aldeya de duzentos fogos, com huma igreja da invocação do Spirito Sancto, que se chama o *Caniço,* em huma ribeira que corre do Norte para o Sul, acompanhada de muitas vinhas de muitos vidonhos e de boas malvazias. Ao mar deste logar está a *Ponta da Oliveira,* onde se plantou huma por baliza da repartição das duas Capitanias, que por esta ribeira se partem, ficando a de Machico ao Na-

cente, e a do Funchal ao Ponente, e por ella dizem que vai a demarcação
da borda do mar do Sul até a outra banda do Norte; porque deste Caniço
até o longo do mar haverá hum quarto de legoa, onde está o porto em que
se carrega tudo o que ha nesta parte. E chama-se *Caniço de baixo*, a respeito do outro que *Caniço de cima* he chamado.

Do Caniço a hum tiro de bésta está huma *Acenha* a par de caminho,
que moe com pouca agoa, que traz para os moradores do mesmo Caniço. E
mais adiante huma legoa, está huma *igreja de Nossa Senhora das Neves*, á
vista do Funchal, sobre huma ponta que se chama o *Garajáo*, huma legoa antes
de chegar á cidade; na qual ao longo do mar estão dragoeiros, que a fazem
mais fermosa. Primeiro que cheguem a esta igreja, estão, distante hum tiro
de bésta, no caminho, humas arvores altas chamadas barbusanos, em cuja
sombra costumão descançar os caminhantes, onde se conta que, vindo hum
clerigo de noute do Caniço para o Funchal, debaixo das arvores achou hum
companheiro que lhe falou; e começando a caminhar ambos, emparelhando
com huma igreja que está á borda do caminho, e tem huma cerca de muro
ao redor, cometeo o clerigo ao companheiro que fosse fazer oração: o qual
lhe respondeo que ja lá fóra. Foi comtudo o clerigo fazer a sua, e sahindo
da cerca, achou o companheiro, que lhe pedio a loba; e lha levou ás costas.
E, começando a caminhar por huma ladeira abaixo, por entre humas vinhas
até huma ribeira seca que está no fim da ladeira, onde faz hum remanso
como terreiro, ali o cometeo que lutasse com elle, sendo alta noute. Vendo
o clerigo tal cometimento em tal logar e a taes horas, respondeo que vinha
cançado do caminho, e que não fazia caso lutar, tendo ruim suspeita da
companhia; e tornaram a andar, hindo ainda ladeira abaixo, até chegar á rocha do mar, que he muito alta, ao longo da qual está o caminho. Chegados
á rocha, o tornou a cometer que lutassem; e o clerigo lhe pedio a loba,
e se começou a benzer, e arrenegar do Diabo. E ali lhe desappareceo, e deitou
pela rocha abaixo, com grande ruido, vindo o clerigo ao Funchal, que he
dahi huma legoa. Dizem alguns que, por ser grande lutador este clerigo, o
queria levar o Demonio pelo erro que tinha, porque este he seu costume;
e que se deixou cahir, lutando ambos, á primeira queda; e que quando veyo á
segunda, pelo clerigo o achar muito rijo, vendo-se levar para a rocha, dice:
«*Jesus me valha;*» e que a esta palavra fugira o Demonio. Mas o que primeiro
dice se tem por mais verdadeiro.

Meya legoa de Nossa Senhora das Neves está huma grande ribeira, seca, que não corre senão no inverno, que se chama a *Ribeira de Gonçallo Ayres,* onde dizem que aparece huma phantasma em figura de hum çapateiro, e algumas vezes com fórmas ás costas. Ha por esta ribeira acima muitas vinhas; e hum terço de legoa adiante della está huma *igreja de Santiago,* hum tiro de bésta da outra do *Corpo Sancto,* que está pegada com as primeiras casas da Cidade do Funchal. Chama-se ali o *Cabo do Calháo.*

CAPITULO XVI

Da Ponta do Garajáo, que está ao Nacente, até huns ilheos, que estão no Occidente perto da terra, e a Ponta da Cruz, que he quase huma legoa e meya, faz a terra huma enseada muito grande e fermosa; e do Corpo Sancto a *S. Lazaro*, e ás *Fontes de João Deniz*, que estão ao longo do mar, que he hum quarto de legoa, ha pela costa calháo miudo e arêa, o qual he o porto da cidade, donde ancorão náos e navios que ali carregão e descarregão, tão povoado e cursado sempre delles, com tanto trafego de carregações e descargas, que parece outra Lisboa. E deste quarto de legoa de calháo miudo e arêa pela costa he a compridão da grande e nobre Cidade do Funchal, ali situada em logar baixo e huma terra chaa, e que do mar se mostra aos olhos mui soberba e populosa, tão bem assombrada nos edificios, como nos moradores não somente della, mas de toda a ilha. Está assentada entre duas frescas ribeiras: a *de Nossa Senhora do Calháo*, a Leste dos muros com esta igreja, que he freguezia fora delles, e a *ribeira de S. Pedro* ou *de S. João*, ermidas que estão para o Ponente; porque ambas estas estão ali no cabo da cidade, ficando a ribeira fora dos muros, entre ellas e a igreja de S. Pedro, que está dos muros para dentro, e S. João, de fora delles, da banda de Oeste: das quaes para o Ponente até Camara de Lobos são tudo terras de canas de assucar, e de novidades de pão, vinhos e fructas. E para mais fresquidão, vai pelo meyo della a *ribeira de Sancta Luzia* (assi chamada, por estar sobre ella no monte huma ermida desta sancta), com a qual moem quatro engenhos de assucar que estão dentro na cidade, que a ennobrecem muito, hum de *Simão Achioli*, e que he agora de seu filho *Zenobre Achioli*, florentino de nação; outro acima, que se chama do *Caramujo*; outro de *Duarte Mendes de Vasconcellos*; e mais acima outro de *Simão Darja*; com a qual moem tambem moinhos com pedras alvas, com que se fazem boas farinhas; e da qual sahem as mais das levadas com que se rega, e o melhor della he de canas, vinhas e fructas. E por ella acima se colhem cada anno 400 pipas de

11.

vinho estremado de bom, e grande copia de fructa de espinho, e outras; e ha muitas hortas de couves murcianas e outra hortaliça, que ella rega. Está a cidade amurada da ribeira de Nossa Senhora do Calháo, junto da qual está huma fortaleza velha, onde tem o capitam sua morada, donde defende o mais da cidade, e que fica fora do muro da banda de Leste, até S. Lazaro; e pela ribeira de Nossa Senhora do Calháo vai o muro em compridão perto de meya legoa pela terra dentro a entestar com rochas mais asperas, fortes e defensiveis que elle mesmo: o qual, fabricado com cobellos e setteiras da banda da ribeira, tem tres portas, em que estão suas vigias e guardas, pelas quaes se serve a cidade, que fica, da banda de Leste, deste muro para dentro e para fora; e no muro da banda do mar tem huma porta de serventia junto de Nossa Senhora do Calháo, outra mais no meyo da cidade junto dos assogues, e outra, que he a mais principal, aos *Varadouros,* defronte da rua dos Mercadores.

Meyo tiro de bésta desta porta principal está a *casa d'Alfandega,* mais prospera e de melhores officinas que a da Cidade de Lisboa; bem amurada de cantaria, e fechada pela terra e pelo mar, que está junto della, e nella bate muitas vezes, quando ali ha marezia.

Adiante logo da Alfandega hum tiro de bésta está a *Fortaleza velha,* que he a principal, situada sobre huma rocha, e tem pela banda do mar seis grandes e fermosos canos d'agoa que della sahe, e nella nace na mesma rocha sobre que he fundada; e de nenhuma maneira se póde tomar nem tolher pela banda de terra de nenhuns inimigos: a qual Fortaleza tem pela banda do mar dous cobellos, como torres, mui fortes, que guardão o mesmo mar, e artelharia, de que estão bem providos; e pela banda da terra outros dous, que guardão toda a cidade por cima, por estarem mais altos que ella; na qual parte tem tambem hum muro muito alto e forte, com huma fortissima porta de alçapão. E, assi como tem dentro agoa, não lhe faltão atafonas, fornos e celeiros para recolher os mantimentos, e ricos aposentos, onde o capitam pousa, adornados com seu jardim e frescura.

A primeira rua das mais principaes dos muros para dentro he a dos *Mercadores* e fanqueiros inglezes e flamengos, e de outros forasteiros, e de homens ricos e de grosso tracto, que vai de Nossa Senhora do Calháo até a Fortaleza, e no principio della, junto de Nossa Senhora do Calháo, está huma não muito grande, mas fermosa praça cercada de boas casas sobradadas, algumas de dous sobrados, com hum rico *Pelourinho* de jaspe, do qual huma grande e larga rua que se chama a *Direita*, e he a mayor da cidade, vai ter ao *Pinheiro*, que he huma arvore que está no cabo della, a mais grande e fermosa que ha na mesma cidade. E nesta rua tem o Illustrissimo Bispo *D. Hyeronimo Barreto* seus aposentos muito ricos, com seus frescos jardins de traz, que entestão com a ribeira de Sancta Luzia. E logo mais acima, hindo pela mesma rua, está a casa e igreja da invocação de *S. Bertholameu, dos Padres da Companhia de Jesus*, de muita virtude, exemplo e doutrina, sofredores de muito trabalho por salvar as almas, de que direi adiante. E defronte desta casa da outra banda mora D. Maria, mulher que foi de Duarte Mendes, homem fidalgo, em sumptuosas casas dentro em huma cerca bem amurada, onde tem hum engenho de assucar e casas de purgar assucares. E, hindo mais acima pela mesma rua, está huma boa *igreja de S. Bertholameu*, e dahi até o cabo della são tudo casas de homens honrados; no fim da qual está hum engenho de assucar de Simão Darja, que chega á ribeira: e nesta rua mora tambem o generoso e rico Zenobre Achioli, que tem ali seu engenho de assucar, que parte com a mesma ribeira.

Desta rua dos Mercadores, alem da rua Direita, se vê outra, não tão comprida, e de outras logeas de menos tracto, como he fructa, pano de linho, e cousas de fancaria que vem de fora, no cabo da qual está hum poço, pelo que se chama a *Rua do Poço Novo*. Logo alem está outra, que sahe desta primeira dos Mercadores, e se chama de *João Esmeraldo*, por elle ter ali o seu aposento antigo muito rico, com casas de dous sobrados, e pilares de marmore nas janellas, e em cima seus eirados com muitas frescuras. E na mesma rua estão ricas casas e aposentos, onde mora o nobre *Pedro de Valdevesso*, e *Francisco de Salamanca*, e outras nobres pessoas. E outra sahe desta primeira, chamada *Rua do Sabão*, que serve de logeas, e grancis de trigo, onde mora hum *Tristam Gomes*, que chamão o Perú, o qual tem humas ricas casas com dous sobrados, poço dentro, e portas de serventia, com muitos abrolhos de ferro da banda de fora: e defronte delle, algum tanto mais acima, estão huns paços muito grandes, em que habitão mercadores muito grossos inglezes. Desta rua do Sabão sahe huma, que se chama do *Capitam*, por ser a mais direita serventia para sua casa, onde mora huma nobre mulher em ricos aposentos, e, logo mais adiante, *Martim Vaz de Cayres* em humas casas como paços muito grandes, onde tem huma comprida

salla em que jogão á pella, e janellas de boa vista para a See: nella morão outras pessoas honradas; e ao cabo entesta com a Fortaleza.

E desta rua sahem serventias para a See, que he huma igreja mui populosa, bem assombrada e fresca, e tem huma fermosa torre muito alta de
cantaria, com hum fermoso corocheo de azulejos, que quando lhes dá o rayo
do Sol parecem prata e ouro, em cima da qual está hum sino de relogio
tão grande, que levará em sua concavidade trinta alqueires de trigo, e de tão
soberbo e grande som, que se ouve de duas legoas, onde acode a gente a
qualquer rebate de guerra, quando elle se tange. E mais abaixo na torre
ha tres janellas, onde estão quinze sinos. O corpo da igreja, que está sugeito á torre, he grande, com seu adro tambem espaçoso, e cercado em
partes de muro, e com dez degráos; por onde sobem a elle; fora do qual tem
hum campo tão grande que correm nelle touros e cavallos, jogão ás canas,
e fazem outras festas. Está esta igreja (que he da invocação de Nossa Senhora da Estrella) arrumada de Leste a Oeste, com a porta principal para o
Ponente, e as duas portas travessas de Norte a Sul. Estão guarnecidos os altares (que são nove) de ouro e azul, com tres ricas capellas, onde tem o coro do arco para dentro, com seus assentos custosos e bem lavrados de rica
marcenaria; e no cruzeiro se diz a Epistola e Evangelho. Tem seus pulpitos.
Tem Dayão, dignidades, conigos, mestre de capella e cantores de boas e delicadas vozes, todos com honestas rendas, mas não com quanta merecem, por
serem ministros muito doctos, virtuosos, destros e escolhidos, como agora o
he o Illustrissimo Prelado delles D. Hyeronimo Barreto. Alem da See para
o Ponente hum tiro de bésta esforçado, está defronte o *Mosteiro de S. Francisco* da observancia, de boas officinas, como hum dos mais nobres e graves do Reyno, que terá até cincoenta religiosos. Tem huma igreja muito
grande e lustrosa, e principalmente depois que a acrecentou e levantou o Padre
Frei Diogo Nabo, Guardião della, e Comissario de toda a ilha, como ordinariamente o são os Guardiães da mesma casa; em a qual ha outo capellas
mui ricas e dous altares, fora o da capella mor; e grande cerca, dentro da
qual tem agoa de levadas com que regão muita hortaliça de couves murcianas, berengelas e cardos, e do mais que ha; e pomar de arvores de espinho, palmeiras, aciprestes, pereiras, romeiras, e toda a frescura que se póde ter de fructas e hervas cheirosas, sem ter necessidade das de fora.
Tem tambem dentro muitas uvas; e he a gente de tanta caridade, que no

verão os frades ajuntão mais de trinta pipas de vinho. Dizem missa huma hora ante manhaa, onde concorre muito povo. Dão muitas esmolas á sua portaria. Tem pulpito; e sempre entre elles ha quatro, e cinco prégadores. E nesta rua, que vai da See para o Mosteiro, não ha mais que hum aposento com huma cerca, onde morão *João Donellas* e *Antonio Barradas*, homens mui principaes, que governão a terra; e o de mais são hortas de hortaliça para os moradores da cidade; e pelas costas da capella mor de S. Francisco vai huma rua, que se chama do seu nome, ter ao Mosteiro das Freiras, na qual mora *Manoel Vieira*, homem principal, em huns ricos aposentos; e no cabo della está situado o *Mosteiro das Freiras* da observancia, de grandes rendas, e de mayores virtudes, onde haverá setenta religiosas, das quaes são sessenta de véo preto; he sobre huma rocha mui forte, mui amurado, com boas vistas para o mar, e poucas para a terra por causa dos seus muros serem altos de pedra e cal, ainda que não he muito grande a cerca. E logo por visinho tem o illustrissimo *Francisco Gonçalves da Camara*, tio do Capitam Conde, que haja gloria, em huns paços grandes e sumptuosos; o qual governava e governa a Capitania, pela doença e falecimento do mesmo Conde, seu sobrinho.

Deste Mosteiro das Freiras meya legoa para o Norte está huma ribeira, que se chama *d'Agoa de mel*, e por ella acima muitas vinhas de bons vinhos e canas de assucar, muitos castanheiros e nogueiras, e fermosas quintas, que ha muitas perto e derredor da cidade.

Do meyo desta rua de *S. Francisco* se aparta outra, tambem principal, de homens mui honrados, que vai ter a S. Pedro; chama-se a *Carreira dos cavallos*, pelos costumarem correr pella. Logo na entrada mora *Francisco Jorge*, mui nobre e principal, em huns aposentos frescos e ricos; e adjante *Thomé Sardinha*, casado com huma mulata de João Gonçalves da Camara, morgado do capitam Conde defunto (que depois teve a Capitania pouco tempo, e ja tambem o chamou Deos para o seu Reyno), tambem em huns sumptuosos paços. E logo defronte delle, em outras ricas casas, *Pedro Gonçalves*, escrivão dos quintos, homem muito honrado, e querido de todos, e bem julgado. No fim desta rua mora hum *Pedro Pimentel*, tambem dos principaes, que se recolhe dentro de huma cerca de muita frescura de vinhas e canas. Mais adiante mora *André de Bitancor*, fidalgo dos mayores que ha na ilha, e morgado, filho de *Francisco Bitancor*, e de D. Maria, todos naturaes desta Ilha de S. Miguel, em outras casas como paços, muito boas e frescas; e tem por visinho defronte a *Casa do Bemaventurado S. Pedro*, e huma fresca ribeira, que se chama, como tenho dito, *de S. João*, ou *de S. Pedro;* a qual Casa de S. Pedro he o cabo da cidade da banda do Ponente, donde começa o muro que vai entestar com a rocha, por onde não podem subir nenhuns inimigos.

Da porta principal da See sahe huma rua, não muito grande, que se chama *de João*, ou *de Manoel Tavila*, por elle morar nella, onde morão pessoas de muita calidade, conigos, e clerigos, e este Tavila em casas de muito preço. E acima della, em huma rua, que chamão das *Pretas*, mora *Gaspar de Aguiar*, fidalgo e rico, em humas casas mui grandes. E tambem desta rua descende outra, a que chamão dos *Netos*, homens mui principaes e cavalleiros, *Miguel Rodrigues Neto*, *Jorge Pestana*, *Francisco Moniz*, em boas e frescas casas, com seus jardins e canaviaes para traz. Desta rua sahe outra, que vai ter aos *Moinhos;* e antes que cheguem a elles, está hum engenho de assucar, acima do qual, fora da cidade, estão seis casas de moinhos, que moem com a levada, com que todos os engenhos atraz ditos se servem, que são cinco por todos, e estão abaixo delles ao longo desta ribeira, que se chama de *Sancta Luzia*, como ja dice.

Do Corpo Sancto começa huma rua, que chega a Nossa Senhora do Calháo, e vai de Leste a Oeste dentro dos muros, que por começar della, se chama de *Sancta Maria*, onde pouza *Antonio Ferreira*, contador da cidade, em humas casas mui ricas, com seus jardins de traz; e em outras *Francisco de Mideiros*, homem fidalgo, e D. Maria, mulher que foi de *Antonio de Aguiar*, em outras casas grandes e fermosas, com boa vista para o mar: da qual vai outra rua para o Norte, chamada da *Gloria*, em que estão humas casas de *Mem Dornellas*, fidalgo, casado com huma filha de *Antonio Correa;* e na mesma rua, outras casas grandes, em que mora *Bento da Vega*, escrivão, homem mui honrado; e, no cabo della, outras fermosas casas, defronte da Misericordia, em que por vezes pouzão muitos fidalgos, por ellas serem para isso, e terem a vista que tem, que he a mesma ribeira, e hum poço debaixo das janellas, que fica ao Sul da que está da banda do mar.

A *Casa da Misericordia* he de ricas officinas, e de mais ricas esmolas, e obras de caridade, que nella se fazem pelos provedores e irmãos, curando muitos enfermos, e remediando muitos pobres e necessitados não somente da mesma ilha, mas tambem aos que vem de diversas partes e navegações ter a ella, que he rica, e abastada, e piedosa, escala e refugio de todos.

Mas tornando á ordem que pela costa levo, da igreja do Corpo Sancto dous tiros de bésta, ainda antes que na cidade entrasse, está a igreja de Nossa Senhora do Calháo, que he agora freguezia, onde está a Casa da Misericordia, junto da *ribeira de João Gomes*, pela qual acima ha muitas vinhas de malvazias e vidonhos, em que se colhem cada anno duzentas pipas de vinho. Passando esta ribeira de João Gomes por huma ponte de páo muito grande e forte, entrão na praça do Funchal: e vindo da praça para o Occidente hum tiro de pedra, está a ribeira de Sancta Luzia: e passando outra ponte quase dous tiros de bésta, está o Mosteiro de S. Francisco: delle para o mesmo Ponente dous tiros de bésta, está a ribeira de S. Pedro, por ser ali sua igreja, que he agora freguezia: e pela ribeira acima ha muitas vinhas, que dão cada anno mais de duzentas pipas de bom vinho. Della para o Occidente, passando e dobrando a Ponta da Cruz, pouco menos de huma legoa, está a praya que se chama *Fermosa* por não haver outra semelhante em toda a ilha, e que terá bum quarto de legoa d'arêa.

CAPITULO XVII

Em que se vai continuando a descripção da Ilha da Madeira pela banda da costa do Sul desde a Praya Fermosa, huma legoa alem da Cidade do Funchal, até a Ponta do Pargo, que he o fim da ilha da parte do Occidente.

Hindo da Praya Fermosa para o Occidente hum quarto de legoa, está huma grande ribeira, que se chama dos *Soccorridos* pela rasão ja dita, a qual vem de montes mui altos e bravas serranias, e he muito larga e chaa, que sem falta terá de largo hum tiro de arcabuz: e toda esta largura occupa tanto a agoa quando vem chêa, que parece hum bom rio. Tem ao longo do mar huma praya d'arêa, e perto delle dous engenhos de canas de assucar, hum de *Manoel dá My*, e outro de *Antonio Mendes*, muito nobre fidalgo, ambos portuguezes. Por esta ribeira acima ha muitas vinhas de malvazias, e bons vidonhos, e canas' de assucar. He tão estranha ribeira de grande e de muita agoa quando chove, que toda a lenha que se gasta nos dous engenhos que estão nella e em outros dous que ha em Camara de Lobos, que está perto, trazem por ella abaixo; e podem ser ontenta mil cargas de azemala cada anno, antes mais que menos, e tem esta ordem para trazer essa lenha: tendoa cortada nos montes, a põem em lanços perto da rocha da ribeira, e cada senhorio da lenha que a mandou coitar tem posto sua marca em cada rolo, que pela mayor parte he toda lenha grossa, pondo huma mossa, outros duas, outros tres, ou quatro; e tanto que chove, se ajuntão com seus homens das fazendas, e hindose aos montes e serranias onde tem suas rumas de lenha postas, botão-nas na ribeira pelas rochas abaixo, que são muito altas: a agoa, como he muita, traz aquella multidão de lenha, e muitos daquelles homens trazem huns ganchos de ferro metidos em humas astas de páo compridas, com os quaes desembarrão e desembaração a lenha, que vem toda pela ribeira abaixo; e se (como acontece muitas vezes) acerta de cahir algum delles na ribeira, com aquelles ganchos, ainda que o firão, ou morto ou vivo o tirão fora d'agoa; e acontece algumas vezes morrerem alguns homens neste grande trabalho, vindo com esta lenha pela ribeira abaixo com grande ruido e preça, e comidas e bebidas, que para este effeito

12.

ajuntão, e o trabalho se quer quando chegão junto dos engenhos, onde a ribeira espraya a mayor largura, espalha-se a agoa, por ser a ribeira muito chaa; e ficando quase em seco, dali a tirão com os mesmos ganchos, e cada hum dos senhorios por sua marca aparta a sua, pondoa em rumas muito grandes para o tempo da çafra do assucar. Mas acontece algumas vezes chovendo em demazia na serra, que enche a ribeira, e leva muita copia desta lenha ao mar, em que se perde grande parte do custo que se tem feito.

Perto da fonte onde nace a agoa desta ribeira dos Soccorridos, se tirou a levada della para moer o engenho de *Luiz de Noronha;* e dizem que do logar donde a começaram de tirar até donde se começão a regar os canaviaes ha bem quatro legoas, por se tirar de tão grande fundura da ribeira em voltas, que para chegar acima á superficie da terra e começar a caminhar atravessando lombos, fazendas e grandes rochedos por cima pela serra por onde vai esta levada, tem de alto mais de seiscentas braças; da qual altura, que he muito ingreme, se tira a agoa em cale de páo em voltas, até se pôr na terra feita, e sem falta custou chegar pola em tal logar passante de vinte mil cruzados, fora o muito mais que fez de custo levada dali quatro legoas, alem de muitas mortes de homens que trabalhavam nella em çestos amarrados com cordas pendurados pela rocha, como quem apanha urzela; porque he tão alcantilada e ingreme a rocha em muitas partes, que não se faziam, nem se podiam fazer d'outra maneira estancias para assentar as cales, sem passar por estes perigos. Tem duzentos e outenta lanços por onde vai esta agoa, que postos enfiados hum diante do outro terão hum quarto legoa de comprido: são de taboado de til, que pela mayor parte tem cada taboa vinte palmos de comprido, e dous e meyo de largo; e depois de assentadas estas cales na rocha, fazem o caminho por dentro dellas os levadeiros, que continuamente tem cuidado de as remendar e concertar, alimpandoas tambem da sugidade e pedras que acontece cahir nellas, e fazer outras cousas necessarias á levada, pelo que tem grossos soldos, por terem officio de tão grande trabalho e tanto perigo.

Nesta rocha está huma furna grande que serve de casa para os levadeiros, e para guardar nella munições necessarias de enchadas, alviões, barras, picões e marrões, e outras ferramentás; e nella se metem cada anno dez e doze pipas de vinho para os que trabalhão na levada e outras pessoas que a vão ajudar e reformar, quando quebrão alguns lanços de cales; e he cousa

monstruosa a quem vê isto com seus olhos a estranha e aventureira invenção que se teve para se tirar dahi esta agoa.

Tem o senhor desta levada Alvará d'El-Rey para que os seus herdeiros
e homens que trabalhão nella possão tomar para comer cabras e porcos
que ha naquellas serras, ainda que seus não sejam, sem por isso serem criminosos e acusados; mas que os donos dos taes gados serão pagos do seu,
sem crime da justiça.

Da mesma ribeira mais abaixo para o Sul tirou *Antonio Corrêa* outra
levada para regar as terras da *Torrinha*, que estão sobre Camara de Lobos,
tambem de muito custo.

Hindo da ribeira dos Soccorridos para o Occidente hum quarto de legoa,
está huma aldeya que chamão *Camara de Lobos*, perto do mar, que tem huma calheta pequena e huma furna onde dormiam e dormem ainda lobos,
de que tomou nome o *Logar*, e os capitães da ilha o de *Camaras*, pelos achar
nella o primeiro capitam João Gonçalves Zargo, quando ali desembarcou a primeira vez, como ja tenho dito.

Tem esta aldeya como duzentos fogos, e huma só rua principal, e muito
comprida, e no cabo della a igreja muito boa e bem concertada: tem mais
dous engenhos de assucar, hum que foi de *Antonio Corrêa*, e outro de *Duarte Mendes*, e muitas canas e vinhas de boas malvazias, e muitas fructas de
toda a sorte, e muita agoa.

Dous tiros de bésta de Camara de Lobos para o Norte pela terra dentro, está hum Mosteiro da invocação de *S. Bernardino*, de Frades Franciscanos, em que estão continuamente sete ou outo frades, bons religiosos mui
abastados de toda a fructa e vinhos. Acima delle estão os pomares do Estreito, que tem muita castanha, e noz, e peros de toda a sorte muito doces,
e vinhas, e criações, e huma freguezia que se chama o *Estreito*, de até trinta fogos, cuja igreja he de *Nossa Senhora do Rosario*.

De Camara de Lobos para o Occidente ladeira acima, está huma lombada (que assi se chamão as lombas de terra naquella ilha), que parte com
a rocha do mar, e he a mais alta de toda a terra, chamada *Cabo Gyrão*, e por
outro nome a *Caldeira* (por huma cova que tem ali a terra), que he agora
dos herdeiros de Antonio Corrêa, homens mui principaes e generosos, o
dá muitas e boas canas de assucar, e parece que daqui tomaram o nome
os *Caldeiras* da ilha, se o não trouxeram do Reyno, que nella ha muita gen-

te muito honrada. De Camara de Lobos a huma legoa, está a quinta de Luiz de Noronha, senhor da levada da ribeira dos Soccorridos que ja dice, e que tem hum engenho e grandes casarias de sens aposentos, e sua ermida perto da fazenda com seu capellão, para que ouçam• missa os que trabalhão nella e cumpram com o preceito da igreja os Domingos e festas: e o mesmo se ha de entender de todas as mais das fazendas da ilha, que estão fora da cidade, villas ou aldeyas, porque todas tem suas igrejas para este effeito. Tem esta quinta boas terras de canas, e de trigo e centeyo; mas vinhas, poucas, por ser a terra alta, ainda que ao longo do mar tem o mesmo Luiz de Noronha huma fajaa de grande pomar e vinhas de muito preço e passatempo que dá cada anno quarenta, cincoenta pipas de malvazias: e he ahi a *Ribeira dos Melões*, que parece que os ha naquella parte muitos e sobre tudo estremados, e tambem dá muitas canas, e em parte algumas vinhas.

Hindo da quinta do Noronha para o mesmo Occidente meya legoa, está hum logar de cem fogos espalhados, a que chamão o *Campanario:* tem junto do caminho a igreja da invocação do *Spirito Sancto:* são terras de criações e de lavoura de trigo e centeyo, por ser a gente montanea, dada mais a criar gado, que a cultivar vinhas, nem outras fructeiras; mas com tudo isto se ha de entender que neste e em todos os logares da ilha houve sempre, e ha hoje em dia, gente honrada e fidalga, e de altos pensamentos.

Ao Occidente huma legoa do Campanario, está a *Ribeira Brava*, que por extremo tem este nome: he huma aldeya que terá como trezentos fogos, com huma igreja de *S. Bento*, e bom porto de calháo miudo, que pelo chão da ribeira acima tem as casas, e muitas canas de assucar, e dous engenhos, e pomares muito ricos de muitos peros e peras, nozes e muita castanha, com que he a mais fresca aldeya que ha na ilha; pelo que, e pelo merecer, por ter bom porto, e ser muito viçosa, ja muitas vezes tentaram os moradores de a fazerem villa: tem tambem muitas vinhas, ainda que o vinho não he tão bom como he o do Funchal. A ribeira he tão furiosa quando enche, que algumas vezes leva muitas casas, e faz muito damno, por vir de grandes montes e altas serras; e por ser desta maneira, lhe vieram a chamar *brava*.

Neste logar naceram os *Coelhos*, conigos da See do Funchal, estremados homens de ricas vózes. Hum delles chamão *Gaspar Coelho;* foi mestre da capella da See muitos annos: e *Francisco Coelho*, seu irmão mais moço, sendo conigo, foi tambem mestre da capella d'El-Rey na Córte.

Da Ribeira Brava meya legoa, está a *Ribeira da Tabúa*, com huma freguezia de quase trinta fogos. Teve ja dous engenhos, e tem muitas vinhas, canas e fructas; mas o vinho he semelhante ao da Ribeira Brava, sua vesinha. Hesta Ribeira da Tabúa são os *Medeiros*, gente nobre e honrada.

Da Tabúa pouco mais de meya legoa, está a *Lombada de João Esmeraldo*, de nação genoez, a qual chega do mar á serra, de muitas canas de assucar, e tão grossa fazenda que ja aconteceo fazer João Esmeraldo vinte mil arrobas de sua lavra cada anno; e tinha como outenta almas suas captivas, entre mouros, mulatos e mulatas, negros e negras, e canarios, Foi esta a mayor casa da ilha, e tem grandes casarias de aposento, engenho, e casas de purgar, e igreja. E depois do falecimento de João Esmeraldo, ficou tudo a seu filho Christovão Esmeraldo, que o mais do tempo andava na Cidade do Funchal sobre huma mulla muito fermosa, com outo homens detraz de si, quatro de capa e quatro mancebos em corpo, filhos de homens honrados muito bem tractados: e trazia grande contenda com o capitam do Funchal sobre quem seria Provedor d'Alfandega d'El-Rey, que he huma rica cousa de renda de Sua Alteza, e ricas casarias.

Casou João Esmeraldo na ilha com *Agueda de Abreu,* filha de *João Fernandes,* senhor da *Lombada do Arco,*

Da Lombada de João Esmeraldo hum quarto de legoa, está a *Villa da Ponta do Sol,* que se chama assi, por ter huma ponta ao Occidente da villa que tem o parecer que ja dice, aonde tambem dá o Sol primeiro que na villa quando nace. Tem esta villa como quinhentos fogos e boa igreja; he povoada de gente nobre, por ser das mais antigas da ilha; mas os vinhos não tão bons como são os do Funchal.

Acima da Ponta do Sol para o Norte da villa, está hum logar que se chama os *Canhas,* que tem hum engenho, e muitas fructas, e ricas agoas e vinhas, e terra de lavoura de trigo e centeyo, onde ha huma honrada geração de homens nobres, que se chamão *Escovares.*

Meya legoa da Villa da Ponta do Sol ao longo do mar, está a *Freguezia da Magdalena,* de até trinta fogos. Tem hum engenho que foi de hum *Manoel Dias,* e boa fazenda de boas terras de canas, e muita agoa fresca. Ha nesta freguezia huma *ermida de Nossa Senhora dos Anjos,* que, tirando ser pequena, he huma rica casa, com hum retabolo pequeno, e fresco, e bem ornado, junto da qual está huma fresca fonte debaixo de huns seixos, entre huns canaviaes de assucar de mui fermosas canas.

Da Magdalena hum quarto de legoa está a *Lombada*, que foi de *Gonçallo Fernandes*, marido de *D. Joanna de Sá*, Camareira Mor da Rainha: he muito grossa fazenda, tem engenho de assucar, e muitas terras de canas, e grandes aposentos de casas, e igreja com seu capellão. Hum quarto de legoa desta Lombada de Gonçallo Fernandes, está outra que se chama o *Arco*, ou *Lombada do Arco*, que foi de *João Fernandes*, irmão de Gonçallo Fernandes, fazenda tambem muito grossa, que tem engenho, e muitas terras de canas, e grandes aposentos de casas, igreja e capellão. Adiante direi o que em estas duas lombadas acontecco a hum *Antonio Gonçalves da Camara*, filho de Gonçallo Fernandes e de sua mulher a Camareira Mor da Raynha.

Da Lombada do Arco hindo para o Occidente até a *Villa da Calheta*, de que foi conde o Illustre capitam *Simão Gonçalves da Camara*, haverá huma legoa. Está esta villa por huma ribeira acima, que tem as rochas tão altas, que acontece ás vezes cahirem pedras da rocha, e derrubar as casas della: terá quatrócentos fogos, e a *igreja* he da invocação do *Spirito Sancto*, e o porto, vindo da villa para o Nacente hum quarto de legoa, he huma estreita calheta, onde várão os barcos. Acima da villa pela terra dentro hum quarto de legoa, está o engenho dos *Cabraes;* e perto delle, está outro do *Dr. da Calheta Phisico*, chamado *Pedro Berenguer de Lemilhana*, moço fidalgo, e Cavalleiro da Ordem de Christo. E logo perto huma legoa da Calheta, está a fazenda de *João Rodrigues Castelhano*, que se chamou assi por fallar castelhano, sendo elle genoez de nação; que he fazenda grossa de canas, com seu capellão. Este João Rodrigues casou no Funchal duas filhas muito ricas, e são dellas agora as melhores fazendas da ilha: teve muitos escravos, cinco dos quaes lhe mataram hum feitor; elle os entregou á Justiça, e foram enforcados na Villa da Calheta.

Da fazenda deste João Rodrigues Castelhano obra de meya legoa, está outro engenho de *Diogo de França*, que teve doze filhos nobres e ricos, boa fazenda de canas e vinhas, agoas e fructas.

Daqui a meya legoa, está huma freguezia que se chama o *Jardim*, de quarenta fogos, com huma *igreja da invocação de Nossa Senhora da Graça*. Tambem tem engenho, terras de pão, e vinhas. E abaixo do Jardim para o mar, está huma grande fajaa que se chama o *Paul*, com hum engenho, que he de *Pedro de Couto*, homem muito rico e possante, e boa fazenda de assucar; mas tem perigoso caminho por terra, por ser a rocha muito alta para decer aba-.

xo, onde he aquella grande fajaã chamada o *Paul,* como fica dito.

Do Jardim para o Occidente até chegar á *Ponta do Pargo,* que he o fim da ilha da banda do Sul, e tambem he freguezia de duzentos fogos, haverá duas legoas. A igreja he da invocação de *S. Pedro.* São terras lavradias de trigo e centeyo, e criações de gado, e porcos: tem muitas fructas, e agoas. E por aqui acabo de dar conta da parte do Sul desta ilha o melhor que pude saber na verdade.

CAPITULO XVIII

Tornando á Ponta de S. Lourenço, que está da parte do Oriente, e começando a andar della para o Occidente da ilha pela banda do Norte (que, como tenho dito, tem bom e seguro surgidouro, e bom abrigo para os navios quando os ventos ventão de outra parte, por ser a terra muito alta), da mesma Ponta de S. Lourenço para o Occidente perto de duas legoas está huma aldeya, que se chama o *Porto da Cruz* (pela rasão que ja tenho dito), a qual tem junto do mar hum engenho que foi de *Gaspar Dias:* he grossa fazenda, com boas terras de canas, e muitas agoas. Haverá neste logar trinta fogos espalhados, fóra a gente da fazenda, e são os moradores todos criadores, porque os matos são em toda a ilha geraes a todos para criarem nelles.

Do Porto da Cruz a *Nossa Senhora do Fayal* (por ali o haver grande) haverá huma legoa. Terá esta freguezia como cem fogos. A igreja está entre duas ribeiras muito altas das rochas. Tem muita fructa de espinho, de cidras e limões; peras, peros e maçans, e noz. Sendo a igreja de bom tamanho, dizem que se armou de hum grandissimo páo de cedro, que se achou perto della. Pelo seu dia, que vem a outo de Setembro, se ajuntão de romagem de toda a ilha passante de outo mil almas, onde se vê huma rica feira de mantimentos de muita carne de porco, vaca e chibarro, a qual he huma estremada carne de gostosa naquella ilha, ainda que em outras muitas terras e ilhas seja a peior de todas. Ali se ajuntão muitos cabritos e fructas, e outras cousas de comer, para os romeiros comprarem, os quaes muitas vezes se deixão estar dous, tres, e mais dias em Nossa Senhora, descançando do trabalho do caminho, porque vem de dez, e doze legoas por terra mui fragosa, e juntos fazem muitas festas de comedias, danças, e muzicas de muitos instrumentos de violas, guitarras, frautas, rabis, e gaitas de fole; e pelas faldeas das ribeiras, que tem grandes campos, no dia de Nossa Senhora e em seu outavario, se alojão os romeiros em diversos magotes, fazendo grandes fogueiras entre aquellas serranias. Dizem que ali apareceo Nossa Senhora onde tem a igreja.

13.

Tem esta freguézia dous engenhos de assucar, hum de *Antonio Fernandes das Covas*, que está perto de Nossa Senhora; e outro de *Luiz Doria*. No fim das ribeiras (que ambas se vão ajuntar em hum porto de mar) tem bom porto. Está nesta freguezia huma *serra d'agoa*, que foi hum grande e proveitoso engenho, em que dous ou tres homens chegão por engenho hum páo de vinte palmos de comprido, e dous ou tres de largo á serra, e por arte hum só homem, que he o serrador, com hum só pee (como faz o oleiro quando faz a louça), leva o páo avante, e a serra sempre vai cortando; e como chega ao cabo com o fio, com o mesmo pee dá para traz, fazendo tornar o páo todo, e torna a serra a tomar outro fio; de maneira que quem vir esta obra, julgará por mui grande e necessaria invenção a serra d'agoa naquella ilha, onde não era possivel serrarem-se tão grandes páos, como nella ha, com serra de braços, nem tanta soma de taboado, como se faz, para caixas de assucar, que se fazem muitas, e para outras do mais serviço, que vem a ser cada anno muito grande soma. Tem esta freguezia grandes montados de criações a muitos proveitosas.

De Nossa Senhora para o Occidente a huma legoa está huma freguezia da invocação de *Sancta Anna*, que terá até quarenta fogos. São terras de lavrança, de muito pão, e criações. Tem muita castanha, e noz, e muitas agoas, e fructas de toda a sorte.

De Sancta Anna a meya legoa está a freguezia de *S. Jorge*, de cento e cincoenta fogos, a par do mar, com muito bom porto. Tem muitas vinhas de bom vinho de carregação, e muitas terras de lavrança de pão, e criações, e muita fructa de toda a sorte, com muitas agoas.

Adiante de S. Jorge huma legoa e meya está a freguezia da *Ponta Delgada* (assi chamada por ser ali hum passo muito perigoso, que se passa por cima de dous páos, que atravessão de huma rocha a outra; e em tanta altura fica o mar por baixo, que se perde a vista dos olhos), onde está hum porto, em que desembarcão e embarcão com vai-vem, a modo de guindaste; tem huma igreja da invocação de *Jesus*, e até setenta fogos, e bom porto, e vinhas, e criações, e lavrança de pão, e fructas de toda a sorte, e muitas agoas, onde tem duas serras della.

Neste logar reside *Antonio de Carvalhal*, homem tão cavalleiro, como esforçado por sua pessoa, nobre, e magnifico por sua condição e grande virtude, com a qual por sua magnificencia tem adquirido tanta fama, e ganha-

do tanto nome com as vontades dos homens, que por isso lhe obedecem; e, se
for necessario dar hum brado, ajuntará quinhentos homens da banda do Norte a seu serviço, para qualquer feito de guerra, como ja lhe aconteceo,
ou para qualquer outro; e não sem rasão, porque sua casa he hospital e acolheita de todo o pobre, hospedagem dos caminhantes, e refugio finalmente de necessitados. Assi despende sua fazenda toda (que muita possuhe
desta banda) nestas obras, que em sua casa se gastão cada anno trinta moyos
de trigo, fóra outros muitos que empresta, e com elle soccorre a quem tem
necessidade, que todos recolhe de sua lavoura. He filho de *Pedro Ribeiro*, e
casado com *D. Anna Esmeralda*, filha de *Christovão Esmeraldo*, provedor que
foi da fazenda de sua Alteza nesta Ilha da Madeira, e na do Porto-Sancto.
He tão forçoso, que anda pelas serras da Ilha da Madeira, que são muito
asperas, a cavallo, sem ter conta com cilha, porque as pernas lhe servem disso. He homem alto, seco, largo das espaduas, e bem proporcionado
em todos os membros; pelo que tem tanta força, que hindo hum dia por entre hum mato a cavallo, passando por baixo de huma arvore, lançou as mãos
a hum ramo grosso, e cingindo o cavallo com as pernas pela barriga, o levantou do chão mais de hum palmo. E estando mancebo em casa de seu
pay, estava o pay em huma sua eira, ao redor da qual andavam humas porcas,
às quaes arremetendo, hum grande e furioso cachaço cometeo a ferilo; e fugindo o velho ao redor de hum penedo, o cachaço o hia seguindo. Chegando neste tempo o filho Antonio de Carvalhal, lhe lançou mão das orelhas,
e não o podendo bem ter, dice ao pay, que cançado estava, lançasse mão do
manchil que na cinta tinha, e o matasse antes de lhe fugir; o que o pay logo fez. Veyo depois a ter tanta força, que apertando hum homem pelo pulso,
lhe fazia perder o alento; e por mostrar suas forças ao Bispo *D. Jorge de
Lemos*, não podendo hum ferrador ferrar duas mullas bravas, as tomou elle
ambas pelas orelhas, e as fez estar quedas, até que as ferraram. E andando
no Paço, sendo mancebo e moço fidalgo, no Mosteiro de Sancto Agostinho em
Santarem outros moços fidalgos junto do Entrudo se puzeram todos contra
elle ás laranjadas, e elle, vendose perseguido delles, remeteo a huma de duas
pedras de atafona que vio estar ali perto, e metendo o braço pelo meyo de
huma dellas e levantandoa, se escudou com ella quase tão facilmente como com
huma rodella. E estendendo os dedos de huma mão sobre o pescoço de huma gallinha viva, e levantando com a outra o dedo do meyo, da pancada que

deo com elle, deixando-o cahir, matou a gallinha. E mandando hum dia a mulher buscar meya duzia de gallinhas grandes de boa casta para criar, trazendolhas, lhas mostróu; e elle, tomandoas todas juntas em huma mão pelos pescoços, lhes sacudio os corpos no chão, ficando-lhe os pescoços na mão, dizendo: *tomai ahi vossas gallinhas.* E muitas outras cousas fez de grandes forças. E da campa de huma sepultura de dura pedra, onde estava esculpido hum carvalho com suas landes, as quebrava com os dedos, e dava aos moços fidalgos, seus companheiros, como fructa. E era tão animoso e valente cavalleiro, que na era de 1569, dia da Visitação de Sancta Izabel, estando em sua casa em Machico, onde então era Provedor da Misericordia, jantando com mais de vinte hospedes á sua meza, entre os quaes estava o Reverendo Padre Prégador Frei Manoel Marques, da Ordem de S. Francisco, que foi comissario neste Bispado Dangra, porque o levára ali Antonio de Carvalhal a prégar aquelle dia; e dandolhe rebate que vinham demandar o porto de Machico francezes com sete vellas, de que era capitam o grande *Cossario Jaques Soria,* o qual havia sido sota-capitam do Pee de Páo quando foi saquear a Ilha da Palma, no tempo que França tinha guerras com Carlos v, Imperador, Rey de Castella; Antonio de Carvalhal se levantou da meza, e acudio logo ao porto, onde acudiram tambem todos, assi os da villa, como os de fóra, com tanto animo e esforço, que mais não podia ser; e podia-se ver quem era Antonio de Carvalhal na confiança que todos tinham delle, que, com o ter ali presente comsigo, estavam tão contentes e seguros, como se tiveram muitos mil homens; e elle com todos estava determinado e offerecido a morrer, em tanto que rogou ao padre Frey Manoel Marques que visse a peleja de longe, e, se o visse morrer, lhe pedia que fosse consolar sua mulher. Estando assi elle e os outros apostados a morrer por defender a desembarcação aos francezes, dali a pouco chegando os inimigos ao porto, pozeram bandeira branca de paz, e mandaram hum batel a terra, dizendo que não vinham de guerra, e pediram lhes dessem agoa a troço de homens, que traziam captivos, de hum navio que tomaram hido da mesma ilha para Portugal, entre os quaes hia o Mestre-Escola, e hum Fuão Mendes, e hum Prégador de S. Francisco, chamado Frey João de S. Pedro, natural do Funchal, com hum companheiro Frey Hyeronimo; os quaes levou a Rochela, dando outra gente por agoa, e não a estes, que não quiz então dar, por lhe dizerem no navio que eram gente de grande resgate; e não curaram de aper-

ar muito com elles os de Machico, por estarem sem tiros de artilharia, e teem medo dos inimigos lhes esbombardear as casas.

Huma legoa alem da Ponta Delgada está a freguezia de *S. Vicente,* de
uzentos e cincoenta fogos, com grandes terras de lavranças de pão, e cria-
ões; muitas fructas de castanha, noz, e de outra sorte; muitas vinhas, e
muitas agoas, e duas serras d'agoa.

De S. Vicente a tres legoas está o *Seixal,* que he freguezia de até vinte
ogos, com huma igreja da invocação de *S. Braz.* Tem muitas terras de gran-
es criações, e lavrança de pão, e vinho, e fructa de toda a sorte.

Do Seixal a meya legoa está a *Magdalena,* que he freguezia de trinta
ogos, que tem muitas criações de pão, e muitas agoas. Está esta freguezia
ela terra dentro perto de meya legoa na Ponta de Tristam, que se chama assi
or elle a descobrir primeiro, onde se partem as Capitanias pela banda do
Norte, porque por esta parte se estende mais a Capitania de Machico que
ela banda do Sul, onde começa na Ponta da Oliveira, pela que ali mandou
antar e capitam João Gonçalves, como tenho dito, que está ao mar do Logar
o Caniço ao Sudueste, vindo della a demarcação pelo meyo da terra, que
ão grandes serranias do Nacente para o Ponente pela banda do Norte até
hegar a esta Ponta de Tristam, que está ao Noroeste; sendo estas duas Pon-
as, a da Oliveira da banda do Sul, e a de Tristam da parte do Norte, as
alizas e extremos da repartição destas duas Capitanias do Funchal e Ma-
hico, ficando a ilha partida de Noroeste a Sueste, como estão estas Pontas;
tirando quatorze legoas da banda do Sul, que he o melhor de toda a ilha,
tres da banda do Norte da jurisdição da Capitania do Funchal, tudo o
mais da ilha fica da jurisdição da Capitania de Machico.

Desta Ponta de Tristam, que está ao Noroeste, vira da parte do Norte
costa para o Sul, fazendo a terra figura de pyramide, e della sua base
o pee, e assento por espaço de tres legoas, que, segundo alguns, ha
esta freguezia da Magdalena pela banda do Occidente até a Ponta do Par-
o, onde acabei a banda do Sul, e acabo agora a descripção de toda a ilha
ela costa della, com que fica com a figura de pyramide, que ja dice; hum
do da qual he a Ponta de S. Lourenço, que está ao Oriente, até a Ponta
o Pargo, que está ao Occidente, pela banda do Sul; o outro lado he da
mesma Ponta de S. Lourenço do Nacente até a Ponta de Tristam, que está ao
Occidente, pela banda do Norte; e a base he desta Ponta de Tristam até a

Ponta do Pargo, e outros dizem ser duas legoas, com que fica com figura de pyramide. Mas por nesta base não hir a terra cortando direita, senão com algum rodeyo curva, e no meyo larga, e na ponta aguda, fica toda esta Ilha da Madeira parecendo mais folha de platano que pyramide. E ainda que como pyramide se acha pintada em algumas cartas de marear, em outras tem figura de folha de alemo; porque, como esta arvore, está plantada e levantada no meyo das agoas do grande mar Oceano Occidental, em bom clima, e regada com muitas e frescas ribeiras: e é abundante de seus fructos mui perfeitos a seu tempo.

CAPITULO XIX

Tomando a terra desta ilha pelo meyo, da Ponta de S. Lourenço, que está ao Nacente, á Ponta do Pargo, que jaz ao Occidente, toda he terra de grandes serranias e altos montes, alta em tanta maneira, que, ventando muito do Sul, faz abrigo aos navios que se chegão a ella da banda do Norte, até dez legoas da terra: toda esta ilha he fragosissima, e povoada de alto e fresco arvoredo; que, por ser tal, se perdem alguns caminhantes nos caminhos, e ja aconteceo alguns nelle perdidos morrerem. E não sómente ha pelo meyo e lombo da terra grandes e levantadas serranias, mas tambem grandes e altas funduras cobertas de matos, e grossos páos, e arvoredo de til, que, quando o cerrão, dentro do cerne he muito preto, e cheira mal. Deste páo se faz muito taboado para caixas de assucar, e soalhado de casas, e madres, e delle he a mayor parte da lenha que se queima nos engenhos. Tambem ha outro páo vermelho, que se chama vinhatego, de que se fazem as caixas para o serviço de casa, que são muito boas; mas as feitas delle para o mar são muito mais prezadas. Outros páos ha de aderno, de que se faz muita madeira para pipas para vinho e mel; mas para o mel são melhores que para o vinho, não porque a calidade da madeira o faça ruim, mas porque he muito rija e seca, e não revê tanto o mel nella, como o vinho, que o faz humedecer, e algumas vezes o deita pelo meyo do páo: o qual páo de aderno he tão rijo, que se fende á cunha. Ha tambem muitos folhados que crecem muito direitos e grossos, de que se faz a armação para as casas, e muitas vezes de hum só páo fazem tres e quatro pernas de asnas; mas não he tão rijo como o desta Ilha de S. Miguel; he brando de cortar quasi como o cedro, e delle se fazem os temões para servirem na lavoura. Ha outro páo, azevinho, muito rijo, de que se fazem os cabos de machado; mas não he branco, como o he o desta ilha. Tambem ha páos de louro, e nas faldras da serra, da banda do Sul,

14

muita giesta, que he mato baixo como urzes que dá flor amarella, de que gastão nos fornos, e della se colhe a verga, que esburgão como vimes, de que se fazem cestos brancos mui galantes e frescos para serviço de meza, e offerta de baptismos, e outras cousas, por serem muito alvos e limpos; e se vendem para muitas partes fóra da ilha e do Reyno de Portugal, porque se fazem muitas invercões de cestos mui polidos e custosos, armando-se ás vezes sobre hum, dez, e doze diversos, ficando todos juntos em huma peça só; e para se fazerem mais alvos do que a verga he de sua natureza, ainda que muito branca, os defumão com enxofre. E ha tambem muita madeira de barbuzano, de que pela mayor parte fazem os tanchões para as latadas, por ser páo muito rijo e durar muito no chão. E não faltão muitas urzes, de que se faz o carvão para os ferreiros e fogareiros.

Tem finalmente esta ilha tantos matos e rochas, tantos montes e grotas, que affirmão todos que das dez partes da ilha não aproveitão duas, porque a mayor parte della são serranias, terras dependuradas, rochas, e grotas, e ladeiras, e não ha terra chaa senão a bocados; mas esses são taes, que valem mais que outro tamanho ouro. E geralmente não tem preço a sustancia que tem todas as cousas que esta ilha de si está produzindo, quer por natureza, quer com arte. Ha terra maçapez, mais pela mayor parte que terra preta; e outra como ruiva, que se chama salão: toda se rega com a grande abundancia das agoas que tem, as quaes, como veas em corpo humano, a estão humedecendo, e engrossando, e mantendo, com que se faz rica, fresca, fermosa e lustrosa: e com ser tão alta, não se vai com ellas ao mar (como esta de S. Miguel faz em grande quantidade, quando chove); depois de estar a terra farta de agoa, levão hum rego della sem se sumir, duas, tres, e mais legoas.

Tem muita hortaliça de muitas couves murcianas, mas espigão; pelo que sempre vem a semente dellas de Castella. Cria muitas alfaces, e boas, e outras muitas maneiras de hortaliça, toda regada com agoa como as canas, fóra os muitos pomares que tem de fructa de espinho, e ricos jardins de hervas cheirosas; em tanto, que dizem os mariantes que mais de dez legoas ao mar deita esta ilha de si huma fragancia e hum confortativo e suave cheiro, que parece cheirar a flor de laranja. Em muitas partes desta ilha ha muitas nogueiras e castanheiros, que dão muita noz e castanha, em tanta abundancia, que val o alqueire a tres, e a quatro vintens, e se affirma que se colhe em toda ella de ambas estas fructas de noz e castanha juntamente cada anno passante de cem moyos: tambem dá amendoas, e de tudo carregão bem as arvores.

Ha nesta Ilha da Madeira muito sumagre, que serve para curtir couro, principalmente o cordavão, porque o faz muito brando e alvo. E este sumagre se planta em covas pequenas, como quem planta rosas e vinhas; tem a aste como feito, e a rama semelhante ao mesmo feito; dá-se em terras altas e frescas; colhe-se cada anno cortando-se rente com a terra, para não secar a soca delle, e poder tornar a arrebentar, por ser planta que dura muitos annos na terra: he novidade de muito proveito, porque multiplica tanto que se enchem delle os campos, como roseiras, e lavra a raiz por baixo da terra, e o que se dá na ilha he muito fino: e apanhada a rama, que he o dito sumagre, se deita ao Sol, e seca se moe em engenho d'agoa, assi como se moe o pastel nesta ilha, e se faz em poo, e moido o carregão para diversas partes em sacas e pipas.

Crião-se tambem na Ilha da Madeira alguns gaviões e assores, que parece que vem ali com tormentas de alguma terra perto, que está por descobrir; bilhafres, francelhos, corujas; e ha nella muitas perdizes, pavões, galipavos, gallinhas de Guinee e as outras domesticas, pombos trocazes pretos e brancos, patas e adens, pombas bravas e mansas, muitos melros, canarios, pintasilgos, toutinegras, lavandeiras, tintilhões, codornizes, rolas, poupas, coelhos, e cagarras, fóra gaivotas, estapagados, e outras aves do mar.

E porque não passe em silencio huma cousa notavel que fez hum *Marcos de Braga* na serra, e outra na cidade, direi aqui ambas brevemente.

Veyo de Portugal á Ilha da Madeira hum Marcos de Braga, homem nobre e principal, rico e abastado, que morava fóra da Cidade do Funchal huma legoa pela terra dentro, para a banda do Norte, em huma quinta sua: e teve dous filhos, hum por nome *Marcos de Braga o moço*, e outro *Domingos de Braga*, todos homens de grandes estaturas, e muito forçosos. O Marcos de Braga, pay destes, era tão sedeúdo do cabello, que até as unhas pela banda de fóra, e no rosto até junto dos olhos era coberto de cabellos: e sendo de sessenta annos para cima, lhe aconteceo na serra da Ilha da Madeira, junto da qual morava, o que direi.

Havia hum mulato captivo, fugido de seu senhor e alevantado no mato, o qual, para grangear de comer, se vestio de pelles de animaes que matou, e se cingio de chocalhos que para isso buscou; e andando no ermo, sahia desta maneira a modo de salvaje aos caminhos, e salteava os montei-ros e caminhantes que pelo caminho passavam, e os roubava do que leva-vam, e tanto damno fazia por aquella parte, que ja nenhuma pessoa ouza-va passar por ali, porque em vendo-o se espantavam delle, cuidando que era salvaje, ou Diabo, pelo verem alto do corpo, e disfarçado daquella maneira: o qual mulato era de idade de trinta e cinco annos, pouco mais ou menos, e quem quer o via fugia delle como do Diabo, e deixava o que levava, e elle tomava o que queria, e áquelles que alcançava a que não achava de comer lhes dava muitas pancadas. Vindo isto ter á noticia de Marcos de Braga, de-terminou de querer saber o que era, e assi o fez; porque, partindo só de sua casa, se foi ao logar que lhe disseram onde este salvaje sahia a fazer seus saltos, e fazendo-se caminhante, o mulato salvaje lhe sahio ao caminho com grande estrondo, matinada e terror para o espantar, como fazia a todos os que ali caminhavam; e arremetendo ao dito Marcos de Braga (que lhe não fugio como os outros faziam), se abraçou com elle; e tanto andaram a bra-ços, até que o mulato cahio no chão debaixo, e ahi o despio das pelles que trazia, e o amarrou, e levou para casa, e o meteo a lavrar com hum boi em huma canga e arado: e lavrando o mesmo Marcos de Braga com o ara-do, quando picava o boi, nomeava-o por seu nome, dizendo: *Ei rojado;* e quando picava o mulato, dizia: *Ei Diabo.* E assi o teve alguns dias em casa e o sugigou, livrando do trabalho que naquella serra padeciam os ca-minhantes que por ella passavam, até que, depois de o ter bem castigado, tor-nou o mulato salvaje a seu senhor. Sendo este mesmo Marcos de Braga de idade de setenta annos e mais, estando em sua quinta recolhido sem hir á cida-de por causas crimes que tinha, no anno em que naceo o Princepe D. João, filho d'El-Rey D. João terceiro do nome e pay d'El-Rey D. Sebastião, fazen-do-se festas de seu nacimento na Cidade do Funchal, entre as quaes correndo-se muitos touros grandes e bravos, o dito Marcos de Braga mandou pedir licença ás Justiças para hir ao corro onde se corriam os touros, que era no terrei-ro defronte da Sec, dizendo que tambem queria ajudar a festejar as festas do nacimento do Princepe. E dandolhe a Justiça licença e seguro que viesse, veyo elle, e recolheose em huma casa do mesmo terreiro, e pedio á Justiça que mandasse deixar para derradeiro o mais bravo touro que entre os outros es-tivesse. E assi foi que ficou hum touro manchado pintado, que veyo do Cabo de Guce, para esse mesmo effeito das festas do Princepe: o qual touro, tanto que foi solto no campo, meteo tanto temor a todos, que pessoa nenhuma ousou esperalo no corro, nem chegar a elle para lhe tirar com garrocha. E ficando o corro todo pelo touro, sahio o dito Marcos de Braga da casa donde estava, em pelote preto, de petrina, e abas muito compridas, como então se costumava, trazendo na mão somente hum páo grande e grosso como tranca, e assi se foi pelo corro passeando para onde o touro estava: e antes de chegar a elle arredado bom espaço, o touro, virado para elle, lhe acenava com a cabeça, como que ja o levava nos cornos; e Marcos de Braga esteve quedo, esperando a determinação do touro; e vendo que o não cometia, deo mais algumas passadas adiante, chegando-se mais a elle; e pondo a ponta do páo no chão adiante de si, tendo-o com huma mão, com a outra acenou ao touro; e tanto que o touro vio o aceno, arremeteo a elle, e cuidando que o levava, deo com a testa no páo, como em huma torre imobil, ficando sempre tão firme o dito Marcos de Braga e com tanto acordo, que, tomando-o por diante pelos cornos e abaixandolhe a cabeça para baixo, meteo o touro os cornos no chão, e, dando huma volta por cima da cabeça, ficou de costas com o pescoço quebrado. Então se tornou Marcos de Braga mui quieto para a casa donde sahira, pondo nas gentes grande espanto de seu grande animo e forças, sendo de tanta idade; e foi esta huma das cousas mais louvadas e nomeadas que naquellas festas se fizeram.

Mas, se as forças do pay Marcos de Braga, o velho, são occasião para louvar muito a Deos, que lhas deo tão excessivas, mayor motivo nos darão para engrandecer e amar ao mesmo Senhor dador de todo bem as forças d'alma que deo ao filho Domingos de Braga, que não somente imitou bem a seu pay nas forças do corpo, mas parece que o sobrepojou na magnanimidade e grandeza do animo em se vencer a si mesmo, perdoando a seu inimigo, que o tinha offendido, em tempo que se podéra vingar delle, como agora contarei.

Pedro Ribeiro, pay de Antonio de Carvalhal, era cunhado de Domingos de Braga, filho de Marcos de Braga, o velho; o qual Domingos de Braga foi homem alto do corpo, e de tantas forças que atirava com huma pedra a hum touro, e lhe metia os testos dentro, e o derribava. Andando estes dous cunhados ambos em grandes demandas sobre fazendas de heranças, o Pedro Ribeiro com hum galego, seu criado, tomou a Domingos de Braga dentro em

casa, e lhe deo tanta cutilada que o deixou por morto. E dizendo o galego, *Senhor, matayo, que tem sete folgos, como gato,* respondeo: *Tão
mortos fossem meus pecados, como elle fica.* E hidos de casa de Domingos
de Braga, como este era homem de grande esforço e grandes forças, arrancou
huma taboa do sobrado em que ficava como morto, e lançouse em baixo na logea, por saber que nella estava muita quantidade de linho; e em-
brulhandose nelle, com o sangue que delle corria se apegou o linho, de maneira que as feridas se estancaram. O que vendo elle, com muito animo levantou com as mãos a porta da logea que para a rua dava, e botandoa
fóra do couce, se foi a huma ermida que perto estava; e achando a porta
fechada, lhe fez o mesmo que á da logea; e tirandolha do couce, se meteo debaixo do altar. Ao dia seguinte hindo o vigario ali a dizer a missa, e
espantandoo muito ver a porta daquella maneira, lhe rogou Domingos de
Braga que se calasse. E contandolhe seus trabalhos, e mostrandolhe as feridas, lhe pedio de comer, por não haver comido depois do jantar do dia passado até aquellas horas: e por estar fraco do muito sangue que se lhe fora,
o vigario lhe deo pão e vinho, e lhe trouxe huma egoa, na qual se foi para
sua casa, que tinha na Cidade do Funchal, treze legoas da Ponta Delgada,
onde isto aconteceo. Depois de curado e são, elle com seu irmão Marcos de
Braga o moço, e com parentes e criados, que seriam por todos até vinte, se
foi a casa do cunhado Pedro Ribeiro para o matar, em vingança do que lhe
fizera. E achando-o, Pedro Ribeiro lhe dice: *Filho, não me mates.* Ao que lhe
respondeo: *Confessai que o que me haveis feito o fizestes não como cavalleiro, e que agora vos dais por morto, e que eu vos faço mercé da vida.* E
respondendo Pedro Ribeiro que tudo isto confessava, se foi Domingos de
Braga sem lhe fazer mais mal, ainda que seu irmão Marcos de Braga o im-
portunava que o matasse, pois por morto o deixára a elle. Ao que respondeo
Domingos de Braga: *Que o matem seus pecados.* Estiveram estes dous irmãos muitos annos que se não falaram, por causa deste feito tão heroico
e magnanimo de Domingos de Braga, com que se podéra chamar, como Julio Cezar, esquecedor das injurias; e todavia foi seminario do odio que seu
irmão por isso lhe teve, devendo-o amar e estimar mais pelo mesmo caso.

Muitos homens forçosos e grandiosos desta maneira, fidalgos e esforçados cavalleiros houve e ha na mesma Ilha da Madeira, de nobre progenie
e heroicos feitos, que, por serem tantos e não poder eu saber seus apelidos,

não conto suas façanhas, forças e valentias, pelas não obscurecer, dizendo o pouco que dellas sei, em comparação do muito que elles fizeram.

Fóra o que se recolhe na terra, ha mister a Ilha da Madeira cada anno mais de doze mil moyos de pão para seu mantimento; e, se lhe vão de fóra menos mil, passa medianamente; com onze mil, e com dez mil, passa mal, ainda que com elles se sustenta.

CAPITULO XX

Marcada a jurisdição de Machico, que foi a primeiro descoberta, Tristam povoou a sua Capitania e Comarca, que será quatro legoas de comprido da parte do Sul, pouco mais ou menos, e o melhor dessa jurisdição, e quatorze da parte do Norte (como ja tenho dito), que, se não he de tanto proveito, he de grande estenção, e tem muito arvoredo, donde se faz muita madeira, grossos eixos, e grandes madres, e muita lenha vem para os engenhos, casas, e provimento de toda a jurisdição do Funchal; e alem disto se recolhe muito trigo da banda do Norte em muitos e bons logares, como são o Porto da Cruz, S. Jorge, Ponta Delgada, e S. Vicente.

Depois que o Infante D. Henrique mandou as canas de Cicilia para se povoarem na ilha, e de Candia mandou trazer bacelos de Malvasia para se plantarem, deo-se tudo tão bem nella, que depois de se plantar no Funchal, trouxeram a planta a Machico, que prendeo de maneira que do primeiro assucar que se vendeo na Ilha da Madeira foi da Villa de Machico, onde se começou a fazer: recolheram treze arrobas delle, que se vendeo cada arroba por cinco cruzados, e mais se comprou por mostra, para se ver a fermosura delle, que por mercadoria. O vinho malvasia he o melhor que se acha no universo, e se leva para a India, e para muitas partes do mundo. E por estes fructos he a ilha mui celebre por toda a parte.

Nesta jurisdição de Machico ha só duas villas, da banda do Sul, Machico, e Sancta Cruz, donde se colhe muito proveito de assucar, e vinho, e trigo, e gado.

Este capitam de Machico, Tristam, foi tão estremado por seu esforço naquelle tempo em que servia ao Infante D. Henrique, que comummente lhe chamavam *Tristam*, sem mais sobrenome, por honra de sua cavallaria; porque El-Rey, por elle ser tal, lhe deo na cavallaria por armas em campo azul huma ave Phenix; e assi como esta ave he huma só no mundo, assi elle era hum só cavalleiro de seu nome Tristam. Isto davam a demonstrar muitas provisões e cartas que El-Rey lhe escrevia e os Infantes, e sempre o nomearam por *Tristam da Ilha*, Cavalleiro de sua Casa; e elle em seu testamento

15

assi se nomea, sem mais ornato de cognome; porque desta maneira se divisava em suas armas, que eram (como tenho dito) huma ave Phenix: a qual seus descendentes sempre trouxeram em suas armas, quarteadas com outras, que ajuntaram da parte femenina dos Teixeiras, que são huma cruz aberta e huma flor de liz, que hoje estão esculpidas no arco da sua capella, S. João Baptista, que está na igreja mor de Machico.

Alguns querem dizer que veyo este capitam á Ilha da Madeira com sua mulher e filhos na era de 1425 annos, no mez de Mayo; mas ou viesse então, ou quando tenho dito atraz, elle foi casado com *Branca Teixeira*, mulher fidalga, que procedia da Casa de Villa Real, e della houve quatro filhos e outo filhas: *Tristam Teixeira*, que se dice *das Damas*, e herdou a casa; e *Henrique Teixeira*, que foi casado com *Beatriz Vaz Ferreira*. Foi este segundo filho grande lavrador, e homem dado muito á agricultura, e por essa inclinação foi bem rico, e ennobreceo a Villa de Machico assi de muitos engenhos de assucar, como de canaviaes, gado e pão, e montados que mandava roçar e aproveitar. Houve este Henrique Teixeira de sua mulher os filhos seguintes: *João Teixeira o velho*, *Pedro Teixeira*, *Henrique Teixeira*, *Maria Teixeira*, que foi casada com *João de Abreu*, e *Beatriz Teixeira*, que foi mulher de *João do Rego*, cavalleiro do Algarve.

O terceiro filho deste capitam Tristam se dice *João Teixeira*, casado com *Phelippa de Mendoça Furtada*: foi grande caçador e inclinado a montear, e por essa causa havia na Villa de Machico huma coutada sua no Caniçal, de tanta caça de coelhos, perdizes, pavões, e muitos porcos javaliz, que se affirma que era a melhor coutada de todo o Portugal: o que dá a entender huma carta que hoje em dia está na Camara de Machico, escripta por El-Rey D. Manoel aos officiaes della, em que lhes encomenda muito que tenham estreita conta com a coutada dos filhos do primeiro capitam, e que ninguem entre nella, porque lhe inculcavam e affirmavam que, se elle acertasse vir á ilha, em nenhumas outras terras podia montear e caçar, senão nesta de Caniçal, e campos de Sancta Catharina. E, por ser esta jurisdição de tanta caça, havia em Machico homens desta nobre geração tão caçadores de gaviães, lebreos e cães de filla, que foi huma das nobres cousas do Reyno; e dia se fazia que matavam duzentos coelhos, fóra muitas perdizes, e outra muita caça, e todos vinham, e entravam na villa a cavallo com os gaviães na mão, que mais parecia huma nobre córte, que villa de tão poucos vesinhos.

Teve João Teixeira de sua mulher os filhos seguintes: *João Teixeira, Tristam de Mendoça,* e *D. Solanda,* que foi casada com o terceiro capitam do Porto-Sancto (como ja tenho dito); e *D. Policena de Mendoça,* que dizem morreo de paixão por não casar com hum certo fidalgo; e *D. Phelippa de Mendoça,* que foi casada com *Diogo Moniz Barreto;* e *D. Luiza de Vasconcellos,* que morreo sem casar.

O quarto e ultimo filho do capitam Tristam se chamou *Lançarote Teixeira:* foi hum dos melhores ginetarios da ilha; porque, alem de por sua inclinação ser mui bom cavalleiro, tinha mui grande mão para domar cavallos, e era dado muito a isso, em tanto que em seu tempo se ajuntavam na Villa de Machico sessenta cavalleiros de esporas douradas muito bem postas, e encavalgados por industria deste Lançarote Teixeira, que, quando vinha hum dia de S. João ou do Corpo de Deos, eram tantos os cavalleiros para jogos de canas e escaramuças, que mais parecia exercito de guerra, que folgar de festa: e alem de todos serem mui destros nesta arte, elle todavia tanto se divisava entre elles, que se póde com rasão dizer que foi luz e ornamento de Machico. Foi casado este Lançarote Teixeira com *Beatriz de Goes,* da qual teve os filhos seguintes: *Antonio Teixeira,* detraz da ilha; *Francisco de Goes,* o velho; *Agostinho de Goes; Lançarote Teixeira,* de Gaula; *D. Joanna,* mulher de *Vasco Martins Moniz; D. Catharina,* mulher de *Garcia Moniz,* do Caniçal; *Judith de Goes,* que casou no Algarve; *Elena de Goes,* que casou com *Fernam Nunes,* de Gaula; *Anna de Goes,* mulher que foi de *Gonçallo Pinto; Iria de Goes* que foi casada com seu primo *João Teixeira;* e ultimamente houve *Beatriz de Goes,* que não foi casada.

Das filhas deste primeiro capitam de Machico a primeira houve nome de *Tristoa Teixeira,* e foi casada com hum fidalgo genoez por nome *Micer João;* houve mais *Izabel Teixeira,* que foi mulher de *João Fernandes de Lordelo;* e outra que se chamava *Branca Teixeira,* que morreo sem casar, a que comummente chamão a *Mestra,* pela virtude que tinha em curar, a qual foi instituhidora da capella dos Reys, que está na igreja mor de Machico, e a que deixou sua fazenda, onde hoje em dia ha missa quotidiana: houve outra filha, que se dice *Catharina Teixeira,* mulher que foi de *Gaspar Mendes de Vasconcellos;* houve mais *Guiomar Teixeira,* que (como ja dice) foi casada com o segundo capitam do Porto-Sancto; teve mais outra filha, que se chamou *Solanda Teixeira,* e outra que chamavam *Catharina Teixeira,* que seu pay levou ao Reyno, e em Lisboa casou com hum homem fidalgo; e outra, que se chamou *Anna Teixeira.* E este capitam Tristam, por huma desgraça que aconteceo em sua casa a hum *Tristam Barradas,* homem havido por fidalgo, o qual este capitam castigou e o teve aferrolhado com huma braga moendo em hum moinho farinha, El-Rey o mandou hir á côrte, e que levasse comsigo sua filha Catharina Teixeira (como fica dito): esteve preso em Lisboa pelo castigo que fez ao Barradas, e por sentença foi degradado para a Ilha do Princepe, e antes que fosse, casou El-Rey sua filha mui honradamente: alguns annos esteve neste desterro, no fim dos quaes El-Rey o mandou vir, e o restituhio outra vez na Capitania, e governou ainda muitos annos depois disso.

Depois que foi restituhido na Capitania, por certos negocios que tinha no Algarve, se foi este Tristam, primeiro capitam, a Silves, onde faleceo da vida presente, deixando povoada a sua jurisdição com filhos, e filhas, e tão nobre geração, como ficou delle, tendo de sua idade mais de outenta annos, dos quaes governaria cincoenta, pouco mais ou menos.

Morto Tristam, primeiro capitam, sucedeo na casa seu primogenito filho, *Tristam Teixeira das Damas,* primeiro do nome, e segundo capitam de Machico. Chamouse *das Damas,* porque foi muito cortezão, grande dizedor, e fazia muitos motes ás damas, e era muito eloquente no falar. Foi muito valido, prezado e ufano de sua pessoa, e de bons ditos, e sobre tudo bom cavalleiro. Foi casado com *Guiomar de Lordelo,* dama da Excellente Senhora, e della houve *Tristam Teixeira,* que se dice governador, e herdou a casa; *Guterre Teixeira,* que foi casado com huma filha de *Antão Alves,* de Sancta Cruz; e *D. Violante Teixeira,* que foi mulher de *João Rodrigues Negrão,* filho de *Garcia Rodrigues da Camara,* a qual casou segunda vez com *Vasco Moniz Barreto,* filho de *Vasco Martins Moniz.*

Este Tristam Teixeira das Damas foi casado segunda vez com *Alda Mendes,* irmaa do Bispo da Guarda, da qual não houve filhos: e por capitulos que delle deram falsamente a El-Rey, foi chamado por elle, e deixou seu filho morgado por governador da jurisdição, e foise livrar ao Reyno, onde andou alguns annos limpandose do que lhe punham invejosos; e, ainda que teve nisto muito trabalho, e gastou muito do seu, todavia se livrou muito bem e com muita honra sua, tirando sua fama a limpo: e trouxe huma sentença, que fosse preso e enviado ao Reyno quem falsamente o acusava. Em vida deste segundo capitam de Machico foi o *Dr. Alvaro Fernandes* por Corregedor com alçada a toda a Ilha da Madeira, onde esteve e ministrou justiça alguns annos. E depois delle foi por Corregedor a toda a ilha *Fernam de Perada.*

Depois que Tristam Teixeira das Damas, segundo capitam de Machico, veyo lirre do Reyno e governou algum tempo, o levou a morte, que a todos leva, e jaz enterrado na capella da invocação de S. João, que elle mandou fazer para jazigo dos capitães e sucessores seus, a qual está na igreja mor de Machico, onde se diz missa quotidiana da renda que para isso obrigaram os capitães desta jurisdição e andou anexa sempre ao mergado, de que he hoje em dia administrador *Tristam Catanho*, que descende do tronco destes capitães: no arco desta capella estão esculpidas as armas desta casa.

Por morte de Tristam Teixeira das Damas sucedeo na casa *Tristam Teixeira*, governador, segundo do nome, e terceiro capitam de Machico, o qual se dice governador, por rasão que na vida de seu pay, estando este no Reyno livrandose, governou a Capitania: casou com *Grimaneza Cabral*, filha de *Diogo Cabral*, e sobrinha do Capitam do Funchal, da qual houve *Diogo Teixeira*, que herdou a casa; e *D. Maria Cabral*, que foi casada com *Chirio Catanho*, irmão de *Raphael Catanho* e de *Frederico Catanho*, capitam da guarda d'El-Rey Francisco de França; houve mais della *Hyeronimo Catanho*, muito afamado por sua gentileza, arte, e discripção; e mais houve este capitam Tristam Teixeira, governador, *Catharina Teixeira*, que morreo moça; e *Maria Teixeira*, e outra sua irmaa, que foram freiras em hum convento do Funchal.

Em vida deste terceiro capitam de Machico foi por Juiz de Fóra da Cidade do Funchal e Ouvidor desta Capitania o *Bacharel Ruy Pires*, que servio os ditos cargos tres annos e meio: e depois delle foi por Corregedor de toda a ilha o *Dr. Diogo Taveira*, no qual tempo morreo o dito capitam Tristam Teixeira, governador; e jaz sepultado na capella de S. João com seu pay.

Morto Tristam Teixeira, sucedeo na Capitania *Diogo Teixeira*, seu filho, primeiro do nome, e quarto capitam da jurisdição de Machico. Foi homem imperfeito do juizo, porque, sendo menino, lhe cahio de hum telhado huma telha na cabeça, estando no colo de sua ama, de que ficou alienado do juizo e quase mentecapto; comtudo, porque não havia na casa quem herdasse a Capitania, governou tão mal, que em seu tempo se perdeo, como vemos muitas vezes perderemse muitas cousas, pelo máo governo dellas. Foi casado com *D. Angela Catanha*, filha de *Raphael Catanho*, e della houve duas filhas (se a corrupta fama o consente), huma dellas se chamou *D. Margarida*, que foi casada com *Antonio Vieira*, meirinho da jurisdição de Machico, e outra se chamou *D. Maria*, que ainda vive.

Por este capitam não ter juizo para governar, El-Rey D. Manoel e El-Rey D. João III do nome lhe quizeram tirar a Capitania, e sobre isso o mesmo Diogo Teixeira trouxe demanda com El-Rey até o anno de 1536; e neste tempo que durou esta demanda entre El-Rey e o capitam Diogo Teixeira, foi por Corregedor á Capitania de Machico o *Doutor Francisco Diniz*, que esteve nella com o dito cargo nove annos; e depois deste, foi por Corregedor á mesma Capitania de, Machico o *Licenciado Antão Gonçalves*, que esteve nella perto de tres annos.

E depois deste Licenciado ser hido para Portugal, foi por Corregedor á dita Capitania o *Licenciado Affonso da Costa;* e todos estes tempos dos Corregedores se arrendaram as rendas da dita Capitania de Machico por El-Rey, da qual renda davam cada anno duzentos mil reis para mantimento e sustentação do dito Diogo Teixeira, que estava em Portugal em poder de Raphael Catanho.

E no anno de 1536, por dia do Spirito Sancto, este Diogo Teixeira, quarto capitam da dita Capitania, foi ter á Villa de Machico, por lhe ser julgada a Capitania por sentença da Relação, levando comsigo D. Angela Catanha, filha de Raphael Catanho: e lhe foram entregues a Capitania e rendas della, com tanto que puzesse El-Rey á custa das rendas do dito Diogo Teixeira a justiça, por elle não ser capaz para mandar justiça, nem fazer ouvidor.

Esteve este capitam na posse da dita Capitania até o anno de 1538, no qual tempo houve sua mulher D. Angela as duas filhas, que tenho dito, D. Margarida e D. Maria: e El-Rey D. João III do nome lhe tirou a Capitania e rendas della, por lhe affirmarem alguns o que por ventura suspeitavam e de certo não sabiam, mandando o mesmo Rey entregar Diogo Teixeira a *João Simão de Sousa*, que naquella Capitania fora escrivão, o qual Simão de Sousa teve ao dito Diogo Teixeira capitam em seu poder, assi na Villa de Sancta Cruz como na Cidade do Funchal, até o anno de 1540, em o qual tempo estava na Ilha da Madeira *Gaspar Vaz*, Desembargador com alçada em toda a ilha.

No mesmo anno de 1540 faleceo na Cidade do Funchal, onde estava, este Diogo Teixeira, quarto capitam da jurisdição de Machico, sem lhe ficar filho macho, nem irmão, nem herdeiro que lhe sucedesse na casa; e foi levado seu corpo á Villa de Machico por mandado do dito Desembargador, e foi enterrado na cova e capella de seu pay e avós, sendo homem, segundo diziam, de cincoenta e cinco annos.

Por morte deste quarto capitam Diogo Teixeira, ficou a casa e herança á Coroa, por não lhe ficar sucessor varão. No anno de 1541 fez El-Rey D. João III mercê desta Capitania a *Antonio da Silveira*, capitam que foi de Dio na India, por serviços que lhe tinha feito: e no mesmo anno foi *Diogo da Fragoa* tomar posse por elle, e por seu Logartenente. Levou por Ouvidor o *Licenciado Luiz Manrique*, que nella servio de Ouvidor seis annos; e acabados, servio o *Licenciado Antonio Gama* hum anno e meio. E no anno de 1549 o dito Antonio da Silveira, com licença d'El-Rey D. João, vendeo esta Capitania ao *Conde do Vimioso D. Affonso de Portugal* (que foi captivo em Africa, na batalha sem ventura pouco ha passada), a retro por seis annos, por trinta e cinco mil cruzados. E no mesmo anno foi á Capitania de Machico *Paulo Pedrosa*, criado do Conde do Vimioso, a tomar posse della, e com elle por Ouvidor o *Licenciado Luiz da Rocha*, que de Ouvidor servio tres annos até o anno de 1552, em que faleceo Antonio da Silveira, sem tirar a Capitania, pela qual rasão ficou com o Conde do Vimioso, que a governava por seu Logartenente.

No anno de 1554 foi por Ouvidor a esta Capitania *Bernardim de Sampayo*, que esteve por Ouvidor e Logartenente até o anno de 1556, em que o prenderam no mez de Fevereiro do dito anno, e esteve preso na cadêa da Villa de Sancta Cruz, por huma querella que delle deo huma mulher, e foi levado a Portugal, e lá se livrou.

Depois de Bernardim de Sampayo, servio de Ouvidor e Logartenente na dita Capitania *Thomé Alves* hum anno e meio; após o qual, no anno de 1557, foi com os mesmos cargos o *Licenciado Francisco do Amaral*, que servio até o anno de 1560; no qual anno foi á Ilha da Madeira por Desembargador com alçada o *Licenciado Simão Cabral*, e prendeo o dito Ouvidor Francisco do Amaral, tirando devaça do ferimento de *Jacome Dias*, Corregedor que foi na Cidade do Funchal, e levou o dito Licenciado Francisco do Amaral preso a Portugal por rasão deste ferimento, e lá se livrou: o qual Corregedor Jacome Dias feriram na Villa de Machico huma noute á porta da casa do Concelho, onde pousava então, vindo ali fazer humas deligencias por mandado d'El-Rey. Logo succedeo por Ouvidor e Logartenente nesta Capitania *Sebastião Coelho*, que servio perto de tres annos até o anno de 62, em que se foi para Portugal: e não mais houve nella Ouvidor; e se alguns foram depois, eu não sei os nomes delles. E por falecimento do Conde do Vimioso D. Affonso de Portugal, foi capitam de Machico o Conde seu filho, *D. Francisco*, que em batalha naval foi morto junto desta Ilha de S. Miguel, vindo na armada franceza: e tambem por sua morte vagou esta Capitania, e ficou á Coroa, e em tal estado esteve, que não se achava nesta populosa jurisdição de Machico pessoa que boamente pudesse sustentar hum cavallo, excepto duas ou tres pessoas. Toda esta grandeza se converteo em pobreza; e foi hum sonho passado para os trabalhos que depois padeceo toda a gente desta tão nobre geração, e tão prospera Capitania: e, se tudo sobejou aos progenitores, bem o pagaram depois os descendentes, que estão postos no extremo gráo da pobreza, porque nunca foi cousa sobeja, que por tempo não faltasse. Estas voltas dá o mundo, em que tanto confiamos, sem jamais nos acabarmos de desenganar de seus enganos.

CAPITULO XXI

Quem bem considerar as cousas humanas achará claramente quão fracas, varias, e de pouca dura e estimação sejam todas, pois no melhor tempo se acaba tudo, e não fica senão hum fumo do fogo que houve, e huma obscura lembrança dellas para mayores saudades. Tudo são buns estados empinados, e logo postos por terra; huns principios que não tiveram principio nem cabo, com o terem logo no principio huma fructa colhida em verle, que logo se murcha; humas flores da herva maravilha, que com a quentura do Sol se desfazem: grandes e populosas cidades, tão prestes arruinadas e assoladas; desejos insaciaveis de ambição, privança e mando, tão cedo enfastiados com a grave e perigosa doença que sobrevem, ou a morte que vem asinha; elevados pensamentos, tão abatidos e derribados com a miseria humana; altas monarchias, tão anniquiladas com a ligeira volta da fortuna; soberbos e alevantados edificios, tão brevemente e em pouco tempo humilhados e desfeitos; humas altas e fortes torres, com hum rayo e em hum só monento abrasadas; huns castellos de vento, do ar com que se levantaram leados; hum corpo e as forças de Hercules, feitos nada e cinza no melhor de suas vaas esperanças e fera valentia; huma Babilonia com linguagens tão diversas, confundida; hum mundo d'antes, com agoas e enchentes alagado; hum nando de Romanos, quase ja esquecido; huns Imperadores logo sem imperio, e alguns captivos de seus subditos e inimigos; humas voltas não cuidadas; huns estragos tão repentinos; huma anniquilação de quanto vemos, temos e valemos. E quem tiver olhos para ver, ouvidos para ouvir, e entendimento para entender, verá, ouvirá, e entenderá que tudo o desta vida não he outra cousa senão huma estatua de vidro, que se quebra com pequena queda: ou parecendo-lhe ser de ouro ou prata, de ferro ou cobre, se lhe attentar para os pees e fundamento, lhos ha de ver de fraco e quebradiço barro, que mal com estes metaes se amassa e gruda; pelo qual quebrando ella com o mais pequeno golpe ou revez da contraria fortuna, quebrão todos, convertendose tudo na fria e baixa terra de que foi composto, ou no nada de que de principio foi críado. E he tanta a desaventura humana que, ainda que homem se veja no tão claro espelho destas consas e exemplos de que se está pasmando, em virando o rosto, se esquece logo de quem he, de quem foi, ou haja sido. E, pois temos cabedal tão franco de casa e exemplos tão domesticos entre nós, qual o, não sei se diga anniquilação, dos capitães de Machico, que agora acabei de contar, não busquemos os estranhos e emprestados.

Como a tão louvada e estimada Constantinopla, que depois de Roma não havia outra no mundo que em tanto poder e honra se haja visto, situada em terra fructifera, abondosa, e ennobrecida de grandes e muito sumptuosos edificios; que foi assento e cabeça do Imperio muito tempo, e nella houve muitos concilios geraes, em que foram destruidas e extirpadas grandes heresias; passando por tão prosperos casos, sendo tão poderosa e christaa, veyo a parar em tão grande desaventura e captiveiro, como está agora, sobre tudo feita turca: assi, para passar pela lei destas cousas, a tão prospera, fertil abundante, rica e ennobrecida Capitania de Machico, com seus illustres capitães, e magnificos e grandiosos moradores, foi com a volta da adversa fortuna tão asinha desfeita de seu principio tão soberbo, que, posta depois em alguns estranhos, quase parece outra do que antes era, e a quem bem a conhecia, muito estranha, e tão trocada (ainda que não na fee, na pompa e honra), porque seus capitães, que nella sucederam, por serem mayores senhores em outra parte, a não governaram em pessoa, senão por ouvidores, e logartenentes (como tenho dito), e toda com tantas mudanças e miserias que a fortuna ou o tempo traz comsigo, esteve mudada, até ficar á Coroa. Tanta variedade tem o mundo, sem haver constancia em quanto nelle se acha, sem se achar em cousa sua firmeza e socego.

Quem vir no arrepiado frio do inverno as arvores secas sem fermosura alguma, os campos sem verdura, os tempos chuvosos, as agoas turvas, os ares obscuros, as nuvens negras e carrancudas; o espantoso ronco dos horrendos trovões; os rayos de fogo dos terribilissimos coriscos matando a alguns humanos e brutos, consumindo licores, derretendo metaes, e assolando soberbos edificios, e fendendo as inexpugnaveis e altas torres, dirá que toda á machina do mundo se arruina e que tudo se acaba, e cuidará que tudo he huma sombra de morte, sem esperança de tornar a viver o que assi vê amortecido. Mas tornando a voltar o Sol no zodiaco sobre a mesma zona ou cinta da terra, começandolhe a comunicar seu calor com seus doura-

dos rayos, logo verá tudo se vir dourando, abrolhando e revivendo com novas plantas e cores, e o que d'antes parecia triste e feyo, tornandose alegre,
fermoso e deleitoso. Assi, ainda que acabei agora de contar como se extinguio a Capitania de Machico no quarto capitam della sem lhe ficar herdeiro, e dos mais capitães quinto, sexto e setimo, que fóra de sua geração
foram, sem hir a ella até outra vez ficar á Coroa, dizendo que estas voltas
dá o mundo, querendo entender de bem para mal; agora, tornando a dizer
a volta que deo de mal para bem, vos contarei huma cousa estranha de quanto mayor bem tem presente em o illustre Capitam *Tristam Vaz da Veiga*, que
Sua Magestade proveo nella, de que foi grande o mal de sua extinção e perda, porque nelle tornou a reviver o que desta Capitania estava morto, e en-
verdeceo com novas e alegres plantas e fructos o que parecia de todo secco
e sem nenhuma esperança de vida, para com mayor brio, honra e lustre ficar, como agora, muito · mais lustrosa, fermosa, sumptuosa e engrandecida, e
poder pertender melhor logar em toda a parte com o calor e sombra de seu
valeroso capitam, o grande Tristam Vaz da Veiga, de cujos heroicos feitos,
e gloriosas victorias está cheyo o ceo e a terra desde o Japão até a China, de Malaca até o Ganje, do Ganje até o Tejo, e do Tejo até os derradeiros limites do mar e da terra; o qual de tantos perigos Deos guardou
no Oriente para com as proezas, perolas e riquezas da India Oriental, como
com saudaveis drogas em nossos tempos curar, honrar e enriquecer esta
tão enferma, pobre, desamparada e abatida Capitania (assi sabe Deos tirar
de males bens, de perdas ganhos, de tormenta bonança, e de trabalhos descanços): de cujos heroicos feitos, se eu não dicer como elles merecem e se
lhes deve, não se espantem, pois são taes que mais são para delles nos podermos maravilhar, que podelos contar.

Como adiante direi, o primeiro capitam do Funchal João Gonçalves Zargo, depois de descoberta e povoada a Ilha da Madeira, por ser a terra nova,
e não haver nella com quem podesse casar suas filhas segundo o merecimento de suas pessoas, mandou pedir a El-Rey homens conformes á sua calidade, para as casar com elles. E Sua Alteza lhe mandou quatro fidalgos,
donde procedeo a mais illustre geração da ilha: hum dos quaes foi *Diogo
Cabral*, irmão do Senhor de Belmonte, com o qual casou o dito capitam a
sua primeira filha, chamada Beatriz Gonçalves da Camara, de que houve hum
só filho. chamado *Manoel Cabral da Veiga*, que casou com Antonia de Lemos,

16.

da qual houve a este valeroso capitam Tristam Vaz da Veiga, de cujos avós (que pela parte masculina se chamaram e são Veigás, como claramente parece por papeis e escripturas antigas), se acha memoria até El-Rey D. João o I, sendo todos fidalgos e conhecidos em Lisboa, onde o mais do tempo rezidiram: e hum frade fidalgo, natural da Ilha da Madeira, curioso e lido, mostrou ha poucos annos a ascendencia destes Veigas de mais de duzentos annos antes de Portugal ser Reyno, de gente muito illustre e poderosa. Mas, como naquelle tempo não se sabia pezar nem prezar quanto aquellas cousas montavam, não se viram nem se encomendaram á memoria com aquella deligencia que fora necessaria, para agora as poder contar com suas particularidades; pelo que não farei mais que apontalas, o que he cousa averiguada e sem duvida, que de mais de outocentos annos a esta parte ha nos Reynos de Espanha memoria de gente muito illustre e insigne deste nome de Veiga; e hoje ha casas delles muito notaveis em Castella: que sejam os de Portugal delles, ou elles os de Portugal, não o posso affirmar, ainda que por algumas conjecturas parece trazerem sua origem de Castella.

Seu avô deste valeroso capitam Tristam Vaz da Veiga, pay de seu pay (como tenho dito), casou com huma filha de Diogo Cabral, fidalgo dos da casa de Belmonte, que veyo casar á Ilha da Madeira com a filha mais velha do primeiro capitam della João Gonçalves Zargo; e por esta via tem o capitam Tristam Vaz da Veiga parentesco com esta casa da Ilha da Madeira.

Sua mãy era Lemos, dessa casa da Trofa por huma parte, e por outra descendia dos Taveiras e de Leão, bisneta de Nuno Gonçalves de Leão, Chanceler Mor, que foi em tempo d'El-Rey D. João II, em cuja Chronica se lê que o fez elle levantar de huma meza em que se julgava hum feito em que o mesmo Rey era parte; e por esta sua mãy ho tambem neto de Luiz Pires de Buarcos, o qual por escripturas e papeis consta que era fidalgo em tempo d'El-Rey D. Affonso o V, que o servio nas guerras que teve em Castella, e que era senhor de alguns logares no termo de Coimbra e, segundo o que dos mesmos papeis se collige, era estrangeiro, creyo que allemão: e quanto á sua progenie, isto he o que se sabe e o que com verdade se póde affirmar.

CAPITULO XXII

Vindo ao processo da vida deste valeroso capitam Tristam Vaz da Veiga, de nove annos começou de hir ao Paço a servir de moço fidalgo d'El-Rey D. João o III, que está em gloria, e nelle se criou servindo ao Princepe D. João, seu filho, até entrar em idade de dezeseis annos, em que se embarcou para a India no anno de 52, e nella servio por discurso de muitos annos em cousas mui importantes, que contalas pelo miudo fora processo largo: apontarei brevemente algumas das mais notaveis em que se achou, em todas as quaes foi sempre capitam de fustas, galés, galiões e náos, capitam mor d'armadas, e capitam de fortalezas, ou capitam geral em huma só. Foi no anno de 53 por soldado do Vice-Rey D. Affonso de Noronha, e de Goa até Dio a socorrer Ormuz, que estava cercado de galés de Turcos e de Dio. Tornandose o Vice-Rey, mandou ao socorro della com boa parte d'armada a D. Antam de Noronha, seu sobrinho, que depois tambem foi Vice-Rey da India, e em Ormuz (por elle entrar a ser capitam da fortaleza) entregou a armada a D. Diogo de Noronha, com o qual se achou quando pelejou contra quinze galés de Turcos que desbaratou, e fez fugir para Bazerra, tomando-lhes duas náos de munições que comsigo traziam. Assi nesta só viagem foi soldado destes tres capitães Noronhas.

Deste anno de 53 até o de 60, no qual se veyo para Portugal, servio em diversas cousas, e se achou em partes onde pelejou muitas vezes no mar e na terra; andou d'armada na costa de Malabar em tempo do Vice-Rey D. Pedro de Mascaranhas; e este o mandou dar meza aos soldados na Fortaleza de Dio. Achou-se nas guerras da terra firme, sendo Governador Francisco Barreto, na batalha de Ponda, e em todas as mais cousas que sucederam por espaço de anno e meyo que a guerra durou, no qual tempo deo meza em Goa a duzentos soldados, por mandado do mesmo Governador.

Em tempo de Francisco Barreto foi d'armada ao Estreito de Ormuz por capitam de hum galião, sendo Capitam Mor D. Alvaro da Silveira, filho do Conde da Sortelha, em que andaram muitos mezes; e depois por mandado

·do mesmo Francisco Barreto foi a socorro da Fortaleza de Chaul, de que era capitam Garcia Rodrigues de Tavora, que estava cercada do Sniza Maluco; e foi o primeiro que em hum navio ligeiro com quarenta homens lá chegou de Goa, e nella esteve até que o mesmo governador chegou de Goa com toda a armada, e fez levantar o cerco: e dahi por seu mandado foi com gente correr as terras de Baçaim, e socorrer a Fortaleza de Assariz, donde tornaram a Goa, que então acharam de guerra, como atraz dice.

Achou-se com o Vice-Rey D. Constantino na tomada de Damão, e por seu mandado ficou na mesma fortaleza dando meza a duzentos soldados, sendo capitam della D. Diogo de Noronha; e por seu mandado foi a socorro da Fortaleza de Velsar, que estava cercada de muita gente de pee e de cavallo de Cambaya, e com muito perigo a socorreo e descercou; e depois, em companhia do mesmo D. Diogo de Noronha, se achou por duas vezes nos desbaratos de muita gente de pee e de cavallo, em que havia muitos Abexis, Turcos e outros estrangeiros, nas mesmas terras de Damão.

· No anno de 60 se veyo da India para este Reyno por capitam da náo Tigre, que o Vice-Rey D. Constantino lhe deo, não sendo elle de vinte e quatro annos, e vindo no mesmo anno nas mesmas náos muitos fidalgos muito principaes.

Andando em Portugal em seu requerimento, sucedeo o cerco de Mazagão o anno de 62, ao qual a Raynha D. Catharina, que então governava, o mandou de socorro; e para isso lhe deram huma caravella d'armada, que andava no Estreito de Gibraltar, na qual foi, e levou alguns fidalgos, e muitos criados d'El-Rey e seus; e foi o primeiro navio que lá chegou de socorro de Lisboa. No dia do primeiro combate foi ferido de huma arcabuzada pela garganta; e quanto para a defensão daquella fortaleza montou sua pessoa e conselho o digam os que nella se acharam, e tambem o dirão as cartas que lá teve da Raynha, e do Cardeal D. Henrique, e de outras pessoas insignes.

No mesmo anno, tendo a Raynha D. Catharina recado que hia huma armada grossa de Inglaterra a Mina, o mandou por Capitam Mor de outra no galião S. Matheus, que era hum navio de quinhentos toneis, com mais quatro caravelas e duas galés, que era a mayor armada que então fora áquellas partes; na qual partio de Lisboa, e sendo arredado da costa mais de cem legoas, lhe deo huma tormenta tão rija que forçou a todos os navios da sua companhia arribarem, e elle o fez tambem depois de ficar só. E porque a

· mesma tormenta deo na armada ingleza e a desbaratou, se assentou mandarse outra armada mais pequena, e se escolheo para isso outra pessoa, e elle ficou. ·

O primeiro despacho que teve, governando a Raynha D. Catharina, foi a Capitania da Fortaleza de Chaul, que não aceitou; deolhe então duas viagens de Capitam Mor da Sunda, China, e Japão, com as quaes foi para a India no anno de 64, em companhia do Vice-Rey D. Antão de Noronha. Estas viagens da China estavam então em grandissima reputação, tanto que até aquelle tempo a ninguem se tinha dado mais de huma, e esta se dava a fidalgos mui principaes: a D. João Pereira, filho segundo do Conde da Feira, se deo huma só; e a João de Mendoça Jehu, que depois foi Governador da India, outra; e a D. João d'Almeida, irmão do Contador Mor, outra; e a outros fidalgos, de tanta calidade como estes, se deo tambem huma só a cada hum.

Chegado á India, foi entrar ás suas viagens no anno de 65, e depois de vir do Japão no anno de 68, teve na China, no porto do nome de Jhuz na Ilha de Macao, onde está a povoação dos portuguezes, huma briga muito forte com hum alevantado muito poderoso, do qual teve victorias notaveis, com grandes perigos de sua pessoa, em que Deos lhe fez muitas mercês, parte do qual sucesso direi brevemente.

CAPITULO XXIII

De huma grande victoria que o capitam Tristam Vaz da Veiga teve na
China de hum poderoso Cossario chim; e como deixou quase
acabada huma fortaleza no porto do nome de Dús,
onde os portuguezes estão na China.

Fazendo este capitam suas viagens na China, onde até então quase não
queriam consentir os Portuguezes por comercio, deixou feitas paredes, que
podiam muito bem ter nome de fortaleza, consentidas dos Mandarins da China, que até aquelle tempo só com trabalho e peitas deixaram fazer huma
casa de palha: e a cousa foi desta maneira. Chegou elle do Japão ao porto
do nome de Dús, onde os Portuguezes estavam na China, na entrada do anno de 68, e achou nelle por Capitam Mor D. Antonio de Sousa, que fora
fazer a viagem por D. Diogo de Menezes; e, porque os direitos não eram ainda feitos, e sem isso se não faz fazenda, não se pôdo aviar a tempo de poder passar á India, nem a Malaca: foilho forçado ficar invernando na China.
Andava nella havia muitos annos hum Cossario de nação chim, que, começando de pequenos principios, estava tão poderoso então que era senhor de
quase todo o mar della: e, como não tinha quem lhe estorvasse acabar de ó fazer senão os Portuguezes, determinou vir sobre a povoação em que elles ahi
viviam: e, para isso, escolheo o tempo em que nella achasse menos gente, que he
quando partido o Capitam Mor para Japão; são então todos os navios da monção passada hidos para fóra, e os da que vem não são chegados. A 12 de
Junho apareceo diante do porto com perto de cem velas, em que viriam mais de
quarenta navios muito grandes, e veyo surgir obra de huma legoa do porto; e
ao outro dia em amanhacendo veyo a desembarcar em terra. Haveria na povoação
menos de cento e trinta portuguezes, entre os quaes alguns muito velhos, e outros muito moços: delles mandou Tristam Vaz da Veiga á sua náo, que no
porto tinha, trinta e cinco ou quarenta para a defenderem; e elle com os que
ficaram se foi a receber os inimigos fóra da povoação hum pedaço, e ahi esperou que se alargassem das suas embarcações, e, como estiveram arredados
dellas, deo nelles: e prouve a Nosso Senhor que, sendo tres ou quatro mil
homens, em que havia de mil e quinhentas espingardas para riba, e elle tão

17

poucos tinha que não chegavam a noventa portuguezes e os seus escravos, **lhe** deram victoria delles, e os fizeram embarcar quatro vezes naquelle dia, **com lhes** matarem muita gente, e lhes tomarem muitas espingardas e armas, que deixavam por ficarem mais leves, e com tanta pressa que se viraram algumas embarcações das em que vinham, e se afogaram muitos. Parece que foi cousa toda de Deos esta victoria, porque ver que em hum campo muito largo e de outeiros muito grandes poucos portuguezes, que quando chegaram ao alto se não podiam ter em pee, fizeram fugir tanta gente, não parece cousa senão toda sua. Não lhe custou esta victoria tão barata, que lhe não matassem treze ou quatorze homens, tres delles portuguezes, e os outros escravos; e feriramlhe quarenta ou cincoenta de huns e de outros. Á sua parte **lhe** couberam duas espingardadas; mas ambas lhe fizeram pouco damno. Este dia lhe ficaram os inimigos quebrados de medo, de maneira que não ousaram mais de o cometer senão muito de longe. Intentou então o capitam delles ver se lhe podia tomar a náo, e pelejou contra ella por dous ou tres dias; primeiro com navios de remo trabalhou e com artelharia que meteo nelles de a meter no fundo; e depois com seis navios, os mayores de sua armada, encadeados huns nos outros, cometeo abalroala; mas os homens que estavam nella lha defenderam de máneira que o Cossario ganhou tão pouco no mar, como na terra: e em huma parte e na outra perdeo seiscentos homens, segundo depois se soube. Tevens assi Tristam Vaz onto dias, nos quaes esteve com sua gente sempre de dia e de noute no campo com assás trabalho fóra da povoação, para que lha não queimassem, porque he ella muito grande e muito espalhada, e as casas são de madeira e de palha: e no fim delles mandaram os **Mandarins** de Cantão hum homem com chapas que não pelejassem com **Tristam Vaz,** e a este que não pelejasse com o Cossario, que hia para obedecer a El-Rey da China. Este homem dos Mandarins andou da sua armada para o campo, onde Tristam Vaz estava, com recados, e concertou as pazes entre elles: e, como foram feitas, escreveramse algumas vezes, e mandaram presentes hum ao outro, e foise o Cossario; cousa que Tristam Vaz desejava, porque além da povoação estar em muito perigo, chegavase o tempo de virem os navios da outra costa, os quaes, como vem de diversas partes, chegão cada hum per si, e estava receoso de o ver tomar alguns, sem lhes poder valer. Partido elle deste porto, foise na volta de Lamao, que he huma ilha arredada sete ou outo legoas da povoação dos portuguezes; que nella estava determinado verse com os **Man-**

darins de Cantão, para fazerem seus partidos. E, como sagaz, o Cossario andou-os entretendo com esperanças de se reduzir á obediencia d'El-Rey, para fazer o que fez, que foi hir dar na Cidade de Cantão, que he muito grande, e nobre: saqueoulhe os arrebaldes todos e queimoulhos, tomoulhe toda a armada que tinha no rio e varada, que eram mais de cem navios, em que havia muitos muito grandes; escolheo os melhores delles, e queimou os que não serviam: teveos assi de cerco quinze ou vinte dias. Veyo esta nova a Macáo a Tristam Vaz, e juntamente diziam que haviam tornar outra vez sobre os portuguezes. Era ja neste tempo chegado D. Belchior Carneiro, que El-Rey D. Sebastião mandou por Bispo daquellas partes. Pareceo então a todos que deviam fazer algum forte na povoação para se defenderem, até virem os navios da outra costa e ajuntar gente na terra. O Bispo e os portuguezes da companhia aconselhavam a Tristam Vaz que o mandasse fazer, e incitavam os homens a que o ajudassem; e, como elle pretendia que o forte que se fizesse não fosse somente para remedio da necessidade presente, ordenou que fosse de parede de taipa. Começou de por mãos á obra, e fez-se muita em poucos dias com a boa ordem que nisso teve: ajuntou todos os portuguezes de cinco em cinco e de seis em seis, metendo os pobres com os ricos e os de muita familia com os de pouca, para que ficassem iguaes em huma cousa e na outra, e fez destes vinte companhias, dando o cuidado de cada huma ao que delles lhe parecia mais diligente, e fez mais dez companhias desta mesma maneira dos christãos da terra; e a cada huma dellas repartio hum pedaço de muro; os Padres da Companhia e os de S. Pedro tambem fizeram sua parte: e creceo a competencia entre todos de maneira que cada hum havia a obra por sua propria, e tinha por honra acabar primeiro seu lanço. Desta maneira, não havendo apercebimento algum com as portas das taboas que despregavam dellas, dentro em dezeseis dias se fizeram duzentas setenta e huma braças de parede de taipa de seis palmos por baixo, cinco e meyo por cima, a quatorze a quinze de alto. Andando assi na força deste trabalho, ainda lhe foi necessario a Tristam Vaz mandar dar em outro Cossario, que com vinte e tres navios andava roubando aquella terra tão perto da povoação que impedia virem os mantimentos. Pediramlhe então socorro com muitas instancias os Mandarins, mandaram navios ao porto, e Tristam Vaz mandou meter em quatro delles cincoenta portuguezes, e alguns christãos da terra, e escravos: partiram de Macáo em anoutecendo; e de madrugada deram no ladrão, e tomaramlhe onze navios dos vinte e tres que tinha, com muita gente e munições: os doze se acolheram, por mais ligeiros. Em tanto he tido o valor dos Portuguezes em todas as partes, que hum Rey de tamanhos Reynos como o da China, não he poderoso contra hum cossario que se lhe levanta, sem ajuda e favor do braço portuguez. Tem elle cahido tanto nesta verdade, que hum dos trabalhos, que os Capitães Mores da China tem agora he escusaremse de lhe darem estes socorros que muito a miudo lhes pedem. Tornando ás paredes, ha nellas quatro baluartes quadrados, e a pressa não soffreo fazerem-se em outra forma senão com huma cava por fóra, que se fez da terra que se tirou para as paredes: e o sitio é de maneira que, desejando Tristam Vaz hum recolhimento pequeno para o acabar mais depressa, não o póde traçar de menos de quatrocentas braças de circuito, por causa de hum outeiro que está sobre o porto, e não o metendo dentro, ficavalhe tudo o que fizesse muito sujeito; e tambem por outra parte era necessario não ser pequeno, porque aquella povoação vai crecendo muito. Ha nella ja muitos casados assi portuguezes como da gente da terra, e havia naquelle porto nesse tempo cinco mil almas christaas, que não podiam caber em pequeno logar. Era huma piedade, em quanto o ladrão ali esteve, ver andar tantos meninos e tantas mulheres desagasalhados, sem terem onde se recolherem ao menos. Tristam Vaz houve delles tanta compaixão que, não estando por Capitam Mor, ainda que o pudera ser conforme a huma provisão d'El-Rey D. Sebastião em quanto não houvesse outro, deixou a sua náo em que tinha toda a sua fazenda, que não era pouca, bem receoso de lhe acontecer desastre, e quiz antes defender em terra a elles; que os houve por fazenda mais para estimar que a que elle tinha na sua náo. Não acabou toda a obra até chegar a cerca ficar cerrada, por recear que os Mandarins o não consentissem, e contentouse com o lanço dito, porque o que ficava por fazer era pela banda do mar, onde cada homem tem feito seu caes. Ás suas portas determinava elle de os obrigar que os levantassem, de maneira que lhe ficassem em caes e em muro; e o que então fez fazer nella bastava para se defender, e muito facilmente acabaria de se fortificar. Estando a coussa neste estado, chegou Manoel Travassos para Capitam Mor: bem quizera este acabar a obra, mas entendeo que os Mandarins de Cantão por então não tomariam bem acabarse de fazer a fortaleza; a Tristam Vaz assi lhe pareceo que se havia de sobreestar até haver outra ocasião; e esta ficava o Capitam

Mor esperando: e, por entanto Tristam Vaz ainda na China, se ordenou em hum ajuntamento de todos os portuguezes que dos navios que viessem ao porto se tirasse hum certo tanto cada anno, para se sustentarem aquellas paredes, e haver deposito de polvora e munições para o que fosse necessario. Prazerá a Nosso Senhor que será aquillo começo de os Reys de Portugal virem a ter naquellas partes muitas fortalezas e cidades, e foi huma grande boaventura ser Tristam Vaz o que as começou a fazer nellas; porque ali está aparelhada huma mui grande conquista, assi spiritual como temporal; a esta se ha de seguir a outra; e sem ella, se não for por via de milagre, se tem por impossivel. São meitos reynos muito grandes e ricos, de terra mui fertil e sadia, mas de gente mui fraca e tyranisada, que de puro medo obedecem ao seu Rey, sem lhe terem nenhum amor.

CAPITULO XXIV

Depois do processo das viagens que Tristam Vaz fez á China, sucedeo ter no mar huma milagrósa victoria de huma muito poderosa armada d'El-Rey do Achem, em que recebeo grandissimas mercês de Deos. Após esta, sucedeo na Capitania de Malaca, e sendo capitam teve dous cercos, hum de Jáos, outro de Achens: tambem Deos lhe fez notaveis mercês. Destes tres sucessos (que aconteceram em tempo de Antonio Moniz Barreto, Governador que foi na India), abreviados em elegante estylo em que vai a historia brevemente dizendo a verdade e sustancia da cousa, sem se deter em contar golpes, fez o docto e curioso *Jorge de Lemos* hum livro, que se imprimio em Lisboa no anno de 85, o qual me remeteo. E são tantas e tão grandes as façanhas que fez em armas, com forças, animo, prudencia, estremados conselhos, e ardiz de guerra, que não só hum breve livro, mas mui comprido, e huma copiosa e notavel chronica se póde fazer de seus heroicos feitos; do qual livro notei algumas cifras, que agora contarei.

No primeiro cerco de Malaca ha se de notar que, depois que na India Oriental o Iza-Maluco, e o Idalcam, e Cota-Maluco, Reys Mouros da Provincia de Decão, se conjuraram contra o nome christão e portuguezes que lá estavam, e assentaram para este effeito parcialidade com o Samori de Calecut e com o tyrano da Ilha de Sumatra, chamado Achem, para, por mar com suas armadas e por terra com seus exercitos, fazer cada qual em hum mesmo tempo a guerra que podesse ás fortalezas chegadas a seus Reynos e que os Portuguezes senhoreavam, determinando o anno em que o haviam de pôr por obra, deceo nelle o Iza-Maluco sobre Chaul, o Idalcam sobre Goa (donde o Viso-Rey D. Luiz de Atayde presidia), o Samori sobre o Achale, e o Achem sobre Malaca; e, sendo destruida a armada do Achem pela armada do que era Capitam Mor Luiz de Mello da Silva com que se encontrou, deixou por então de cercar Malaca, reforçando sua armada, e provocando a Raynha do Reynó de Japara (poderosa em senhorio naquella região de Jaoa) a que prohibisse aos seus hir com mantimentos a Malaca, e o ajudasse a cercala, o que ella começou a ordenar defendendo os mantimentos, e preparandose para ajudar nesta empreza.

Mas o Achem com socorro do Cota-Maluco, hum dos da liga, não esperou pelo da Raynha, e logo no anno seguinte da era de 63, foi aportar em Malaca a 13 de Outubro em huma armada de noventa e tantas velas, em que entravam vinte e cinco galés e trinta e quatro fustas grandes, com muitos outros navios a que chamão lancharas, e algumas embarcações mais pequenas, e em todas as vasilhas e náos de seus bastimentos levaria sete mil homens de peleja. Na noute que esta frota chegou, desembarcou o Achem da banda de Malaca, e mandou pôr fogo a essa povoação, que toda ardêra, se logo não sobreviera huma grande chuva. Dahi a dous dias pelejou nesta armada com as náos que estavam no porto, trabalhando pelas queimar pelo escuro; mas, vendo que lhes não fazia damno e antes o recebia, se foi com a mór parte della ao rio de Muar, cinco legoas de Malaca. Delle mandava até a Ilha Grande (que dista duas legoas desta cidade) tolher com muita vigilancia a entrada aos navios que hiam com mantimentos, pois que nem a pescar sahiam da terra os pescadores, que era o mais apertado e trabalhoso cerco que podia ser, por Malaca se não sustentar senão de mantimentos que de fóra lhe vão, e lhe não terem entrado nenhuns havia dias, fóra outras calamidades que entre si padeciam, e sobre tudo sem esperança de socorro da India.

Estando assi Malaca tão affligida e fraca, Deos, que acode nas mayores pressas, moveo o coração do Viso-Rey, que fez hir Tristam Vaz da Veiga, quase no fim da monção, na sua náo, não se esperando ja nenhuma nesse tempo, porque sendo elle o anno atraz vindo da China á India, onde acabou as duas viagens de Japão (de que El-Rey D. Sebastião lhe fizera mercê por seus serviços, por importar então cem mil cruzados cada huma), soube como mandava El-Rey navegar de Malaca huma náo com pimenta do Sul e mais drogas que nella havia; pelo que, se contractou com o Viso-Rey D. Antonio de Noronha (que no governo tinha sucedido a D. Luiz de Atayde) por hir a Sunda fazer dez mil quintaes de pimenta. Feito o contracto, partio de Goa na sua náo nos derradeiros dias de Setembro de 73, com muitos soldados de sua obrigação, e levou nella D. Francisco Henriques, provido na Capitania de Malaca, por nelle lhe caber entrar; o qual tomando posse a dous de Novembro, aos tres dias convocou a conselho o Bispo da mesma Cidade, e os Vereadores della, e alguns fidalgos, e obtras pessoas principaes, para nelle consultar do remedio que se poderia ter, para lançar a armada dos inimigos donde estava: e assentandose que o melhor e mais acertado era expedirse Tristam Vaz da Veiga na sua náo com alguns navios mais que se lhe negociaram, lhe pedio o Capitam (todos presentes) quizesse hir servir naquella tão duvidosa e arriscada empreza a que o convidava; pois de o assi fazer podia resultar (como se cuidava) reviver o povo, que via agonisar e fenecer sem golpe ainda do treçado dos Achens, que tão afiado o traziam, para, depois daquelles ensayos da morte, e da defeza cruel dos mantimentos, o passarem todo pelos fios delle, praticados tambem outros damnos que podiam fazer os Achens. Vendo Tristam Vaz o estado em que a cidade estava, e a efficacia com que se lhe pedia fosse com tão pouca armada pelejar com outra sem comparação mayor, assentou hir nella: e vendo que lhe não attribuhiria ninguem a temeridade propria pelo perigo presente, e sabendo em que se hia meter, punha a confiança em Deos, por cujo serviço se arriscava; porque a armada que se lhe dava era a sua náo, e hum galeãosinho de hum mercador de Cochim, e tres galeotas velhas sem apostiças, e cinco fustas, humas e outras desaparelhadas, mal marinhadas, e peor petrechadas, sem haver em cada huma mais que duas arrobas de polvora de bombarda e meya de espingarda, com muito pouca artelheria, sem comitres, e a chusma, de escravos que os moradores para este effeito emprestaram, sem nenhuma desciplina da navegação por uso, ou engenho. E em todas, e na náo, e no galeão se embarcaram trezentos soldados de Sardos, e sem paga. Assi partio a 15 de Novembro com tão fraco aparelho e poder contra o grande do inimigo, protestando de nunca pedir a El-Rey satisfação pela boa fortona deste serviço que lhe hia fazer, se lha Deos desse, confessandose, e comungando, e ordenando antes que partisse as cousas de sua alma, e dispondo o mais que para aquelle tranze lhe pareceo necessario.

O dia que partio surgio tres legoas da cidade, para acabar de recolher a armada, que não sahio logo toda com elle, ou pelo pouco gosto que tinha de o seguir em jornada, ou pelo aviamento vagaroso que se lhe dava, por falta que de tudo havia. Ella junta, mandou fazer signal, enlevandose em rompendo a manhaa: e navegou para o Rio Fermoso, que está doze legoas de Malaca, por lhe affirmarem os espias que estava nelle a armada inimiga.

Tanto que a descobrio, vio assomar a dianteira della, que seria de vinte e tantos navios ligeiros: e deixando a Manoel Ferreira por capitam da sua náo, com instrução do que devia fazer no conflito, se meteo em huma galeota das que comsigo levava, que era a de Ayres Pinto, para ordenar a sua armada e animar os soldados, por que, vendoo entre si tão companheiro como cada qual delles, pelejassem mais confiados, e principalmente por lhes dar a entender em seu bom semblante que não era tão espantoso o inimigo como se em Malaca pintava, pois queria achar-se com elles, não só como seu Capitam Mór mandando da sua náo, senão tambem como soldado pelejando em huma galeota com a espada na mão. E correndo o alcance deste garfo da armada, avoga, porque entendia que se o desbaratasse, ficava mais facil o desbarato da que restava; e ella se ajuntou toda, e foi velejando para fóra a pavorar e atemorisar a armada portugueza. Mas, entendendo o Capitam Mór Tristam Vaz da Veiga, pelo muito discurso que tinha da guerra, que na sua determinação estava o temor dos inimigos, e na duvida, confiança, lembrou aos capitães e soldados suas obrigações, e os exhortou, persuadio e moveo á peleja: e alvoroçandoos com palavras animosas, se fez logo na volta daquelles, os quaes hindo pouco menos de huma legoa, viraram, parecendolhes que poderiam tomar a balravento a nossa armada. Tristam Vaz, pronosticando a tal principio hum fim felice, por acrecentar os espiritos aos companheiros, bradou que os Mouros receavam a batalha, pois, com tanta vantagem, se queriam tambem valer do vento, affirmando mais que isso mesmo o levava ajudarse da sua náo e do galeão, para os render a pouco custo. Unida pois esta pequena armada á náo e ao galeão, descahio o Achem com a sua sobre ella, e ficando ambas encaradas e fronteiras, se travou huma muito crespa e bellicosa batalha. O Capitam Mór poz a proa da galeota em que hia, á galé da capitania do Achem, que, tão descompassada de grande, foi maravilha poderse desbaratar com duzentos homens de peleja que nella havia; e os sete navios mais de remos, ás outras galés, que os cometeram: e Deos, que manifestamente pelejava pelos seus fieis, quebrantando e abatendo a feroz arrogancia deste inimigo, as desbaratou de modo que fugiram todas, vendo perdido o pendão do seu General, e virar a galé destroçada, deixando quatro galés abrazadas, e sete embarcações, e outras de serviço que traziam por popa cada huma sua, para mais se reformarem e se cevarem de gente, quando della tivessem necessidade.

E porque se armava da banda de Sumatra hum tempo borrascoso e descontentavel, e a noute se chegava, se abrigou Tristam Vaz com a armada de remo ao socairo da não e do galeão, porque a escuridão, e o cansaço da briga, e o descuido dos soldados victoriosos não fossem causa de algum infame desastre. E por celebrar mais a victoria que Deos lhe tinha dado, se deixou estar nesta paragem tres dias com mais resguardo, cuidado e ordenança do que tinha, e tivera em cometer o inimigo, esperando para quando o elle quizesse tornar a buscar; o qual perdeo setecentos homens de peleja, e nós entre mortos cinco soldados, e feridos cincoenta: donde se pode coligir que no spirito vehemente (como diz o Psalmista) venceo este grande capitam Tristam Vaz da Veiga a armada do Achem, e não no poder humano com que pelejou. Acabados os tres dias, mandou voltar as bandeiras para Malaca com muitos signaes de alegria, e ella a teve assás com sua chegada, e com a certeza de sua tão assignalada victoria.

No segundo cerco de Malaça, sendo capitam o mesmo Tristam Vaz da Veiga, não eram passados muitos mezes depois do assombramento mortal causado pela armada do Achem, evadido e desfeito, quando outro assás nocivo sobresaltou a este cansado e miseravel povo. Porque a Raynha de Japara, que tinha prometido a este inimigo ajudalo na conquista de Malaca, como, no intervalo do tempo que elle gastou, sofrego e cubiçoso, em a guerrear e ver se a poderia tomar sem essa ajuda, estivesse ordenando a gente, que havia de mandar para ella, de industria a mandou, tanto que a teve ordenada e prestes; por quanto sabia do destroço e desbarato delle o que havia; que não poderia recolherse tal, que peor não ficasse a Cidade; e, pela mesma rasão, que lhe seria mais facil tomala e defendela com seu poder ao proprio Achem. Levada desta imaginação, que revelou e comunicou aos seus capitães, mandou navegar huma armada de quase trezentas velas, em que entravam setenta ou outenta juncos (que são náos á sua usança de trezentas, quatrocentas, e quinhentas toneladas), e outras embarcações que chamão cataluzes, com quinze mil jáos de peleja, gente escolhida, e de nação soberba, de que era general o que ahi chamão Regedor principal do seu Reyno: e chegou a Malaca a cinco de Outubro do anno de 74.

Quiz Deos nestas angustias e afflições tomar por instrumento do alivio dellas Tristam Vaz da Veiga; porque, sendo partido, depois de desbaratar a armada do Achem, para a Sunda a cumprir com a obrigação de seu contrato, aconteceo não achar lá comodidade para isso, e voltar a tempo que podesse servir neste cerco; porque D. Francisco Henríques, por sua doença, de que falecco no mesmo anno de 74, em Novembro, tinha cometido em sua vida o governo da Fortaleza a Tristam Vaz, e nomeadoo em seu testamento por capitam della, por virtude de huma Provisão do Viso-Rey. Contendendo em tudo por seu falecimento o Alcayde Mór Pedro Carvalho pertender-lhe a capitania, por rasão de seu cargo, e o Licenceado Martim Ferreira tambem, por ser Veador da Fazenda, se poz a questão em parecer do Bispo, e de alguns religiosos, e pessoas principaes, diante do Sanctissimo Sacramento. E depois de ventilada e discutida entre elles, sahio eleito Tristam Vaz, que começando a fazer seu officio, como via que o pedia a importancia do cerco, avizou logo delle por suas cartas, pela via de Coromandel, a Antonio Moniz Barreto, que de Dezembro de 73 sucedêra na governança da India a D. Antonio de Noronha. O qual, sabida por elle a nova do cerco no fim de Fevereiro, espalhou com muita brevidade cartas a diversas partes, para que mandassem muitos mantimentos a Malaca, e assi o fizeram todos: e tanto insistio o Governador nisto, pela experiencia que tinha dos dous cercos de Dio e do de Mazagão, e de outros muitos transes em que se achára, que pedio para isso á Camara de Goa vinte mil pardáos de emprestimo, dando para segurança da paga Duarte Moniz, seu filho, de sete ou outo annos, em penhor, e mandou huma armada para socorro de Malaca, e por capitam della a D. Pedro de Menezes, que partio de Goa aos 17 de Abril com quinhentos soldados; e D. Miguel de Castro provido na capitania dessa Fortaleza com cem soldados; e Francisco de Mello com outros tantos em outra náo, em que hia fazer a viagem do Japam, e devia forçado tomar Malaca.

A gente da banda de Malaca, quando os Jáos chegaram, estava toda recolhida na Fortaleza, e a da banda de Ilher por se recolher; desta desembarcação fóra de toda a povoação, e tão subitamente que entraram até a porta da Fortaleza junto ao baluarte Santiago sem acharem resistencia, mataram neste furioso impeto alguma gente da terra, homens e mulheres, e D. Antonio de Castro, que acudio ao rumor, acelerado e desarmado, com dez soldados: a manhaa ja clara, se desembarcou o campo, e foise o General chegando com elle á Fortaleza; e depois de alojado, assentou seus arrayaes ao contorno della em logares mais apropositados para seu intento, fazendo suas estancias e tranqueiras: huma que estava a trinta passos do baluarte S. Domingos, quebravam os de dentro as avessadas pela tomar. Tristam Vaz proveo logo os baluartes de capitães, soldados, e gastadores; e mandou pôr em ordem a artelharia, cometende a guarda da polvora a pessoas de confiança, assi por quam perigosa ella he, como tambem por pouca, e as casas, todas serem cobertas de palma seca; e espalhou muitos jáos, que na terra havia casados e com filhos, pelos baluartes entre os soldados, longe, donde tinham suas habitações, os de hum bairro no baluarte de outro que mais remoto lhe ficava, e os de outro em outro, dividindo e apartando os parentes dos amigos, com lhes dar a entender que esse era o estylo da terra, porque juntos não imaginassem alguma treição, nem conspirassem para dar entrada aus inimigos, cujos parentes e amigos eram muitos delles. Isto feito, se recolheo certa copia de soldados, para acudir com elles onde fosse necessario; e por levar os mais pelo alvoroço que nelles vio, mandou a João Pereira e ao Licenceado Martim Ferreira dar nessa tranqueira com cento e cincoenta soldados, ficando a dianteira de Diogo Lopes, que tinha por sobrenome o Soldado; e sahiram, tomaramna, matando sessenta jáos, e ferindo muitos outros, e fazendo fugir os mais: e vieramse á Fortaleza com esta victoria, desmanchada e queimada a tranqueira, e com sete berços que nella tomaram.

Considerando os Jáos que a sua salvação estava nas embarcações, pelos almazens que ahi traziam, e porque nellas se haviam de tornar, se lhes a fortuna fosse adversa, meteramnas com agoas vivas no rio dos Malayos, pouco mais de meya legoa da Fortaleza. Visto seu fundamento, em que nenhum resguardo tiveram, mandou Tristam Vaz buscalas ao rio por João Pereira, com huma galé, e quatro fustas, e alguns bateis, e manchuas. Chegando, queimou trinta e tantos juncos e outros navios, que estavam todos bem providos de mantimentos, de que se tomaram alguns, que foi boa ajuda para os cercados; e não poude entrar no rio mais a pôr o fogo aos outros que ficaram, porque he de agoas quebradas e mortas máo de navegar, por ser muito aparcelado e a barra baixa. Por esta destruhição cerraram os Jáos a barra, e a fecharam com grades de madeira, e atravessaram o rio com huma estacada, e ao longo della fizeram huma tranqueira para se defender, fabricando sobre navios alguns castellos de páos, para os chegarem ao baluarte de Santiago, e o queimarem. Mandou Tristam Vaz lá a João Pereira em bateis apenados, e alguns bahoens, e manchuas, porque deste rio se provia a cidade de muitas cousas e refrescos, que em si tem: e foi, tomou a tranqueira, desfez as estacadas, e queimou os castellos. E, como os Jáos entendiam o muito que lhes importava ser senhores do rio, porque impediam com isso o não se aproveitarem os da Fortaleza delle, e elles que lograriam tudo o que dava, empregaram todas suas forças em o fortificar; para o que huma noute o cruzaram com outras estacadas muito grandes, e com tranqueira; e gente assentando nella artelharia miúda, para sua defensão. Tornou Tristam Vaz a mandar João Pereira aos bateis e manchuas; e remetendo á tranqueira, se retirou, com morte de dous homens, e alguns feridos, e hum delles era Manoel Ferreira, que foi por capitam em hum dos bateis, a quem lhe deram tres perigosas flechadas. Insistindo com tudo Tristam Vaz em a tomar, mandou a Fernam Peres de Andrade se metesse no rio em huma naveta artelheda, com arrombadas por amor da sua artelharia, e levasse comsigo os bateis bem concertados, e outras embarcações: metendose, houve ao abalroar huma crua e aporfiada briga, que durou espaço; todavia, foi ganhada a tranqueira, desfeitas as estacadas, e morta muita gente, ficando o rio por nosso.

Custou cada huma destas sahidas tres, té quatro soldados; e se não custaram mais, sendo os Jáos com quem hiam pelejar tão esforçados como são, foi por querer Deos guardar aos seus, e tambem porque, alem de terem muita pouca noticia da arte militar, os atalhava Tristam Vaz, antecipandoos com a armada com que mandava dar nelles primeiro que se puzesse por obra tudo que phantaziavam e machinavam, para poderem, depois de seguros os alojamentos, alvorar escadas, e tomar a Fortaleza, que tinha naquelle tempo os muros baixos, e em muitos logares não havia senão páos que cingiam de hum baluarte ao outro, mas os Jáos não usão de artelharia grossa para com ella bater, porque cuidão que tudo podem render a puro braço, sem artificio nenhum.

Mandou o Capitam Tristam Vaz a João Pereira se deixasse estar com a armada de remo e com a naveta na boca do rio, para lhes não poder entrar socorro de mantimentos: dos quaes hindo elles tendo falta, e vendo a porta fechada aos que de fóra esperavam, e o pouco nojo que podiam ja fazer á Fortaleza, conjecturando pelo intentado, o Dato (que he como Bispo entre elles) pedio pazes com muitos comprimentos e perdões do cerco, sendo que mais propriamente se poderam os seus chamar cercados, se na Fortaleza houvera mais sãos que doentes, porque a armada os tinha encerrados e como presos em suas arrayas, e embrenhados nos matos, por estarem escaldados das sahidas e da lavoura da arcabuzaria. Mandoulhe o Capitam Tristam Vaz por resposta que lhas fazia, comtanto que lhe dessem os captivos, e as armas, e um galeão com a artelharia que tomaram; que não navegariam nunca dos seus portos do Reyno de Japara, nem de Malaca para o Achem sem cartas do Capitam; e que se haviam de sahir dentro de tres dias, navegando direitos para Jaoa pelo Estreito de Sabão, não tomando terra nenhuma; e que para firmeza de assi haverem de cumprir, haviam de dar arrefens logo, porque presumia Tristam Vaz que, com pretexto de paz, se queriam hir reformar de parte, para tornarem com os Achens. Parecendo aos Jáos mui duras e pesadas as condições, não as quizeram aceitar, deliberandose antes esperar pelos Achens; só os captivos diseram que dariam. Não lhes mandou Tristam Vaz dar disso resposta. Dahi a cinco ou seis dias, tornou o Dato a repetir sua porfia por cartas, affirmando que tinha os Jáos brandos para delles fazer o que quizesse, o que não poderia ser depois de chegados os Achens, pelos quaes esperavam, como poderia ver por huma carta que lhe fora dada e o mesmo Dato mandou á Fortaleza. Pareceo ao Capitam Tristam Vaz boa ocasião das pazes, para se poder prover, durante o tracto dellas, dos mantimentos que a Raynha mandava aos seus em seis juncos (que vindo demandar o rio, viraram para Jor, trinta e quatro legoas de Malaca, por haverem vista da armada de João Pereira), porque sabia por espias, que mandandoos ella, lá os tomaria sem muita difficuldade. Portanto, admittindo o Dato a fallar nas pazes, mandou a João Pereira hum regimento cerrado com huma carta de fóra, em que o avisava que, sem estrondo nenhum e com muito segredo, se fosse ao rio de Muar, porque, se o povo o vira absente, afracára, e lá o abrisse, e fizesse o que nelle lhe mandava. Dizialhe o Capitam no regimento que tinha sabido dos seis juncos, que estavam em Jor com muita gente de guarda esperando por resposta do recado que mandaram aos seus, pelo qual lhes faziam saber que havia dias estavam ahi com o provimento para o exercito retrahidos por causa da armada que viram quando hiam buscar o rio, para, tanto que tivessem nova de estar desempedido, partirem a toda a furia; e que os cometesse logo em chegando, encomendandolhe que os não queimasse, senão depois de canjar e baldiar os mantimentos todos ao mayor, pela muita fome e carestia que havia na Cidade; posto que fosse tambem sua tenção pôr em fome os Jáos, com lhos mandar tomar. Foi João Pereira na galé e quatro fustas, e fez tudo como lhe era mandado. Tanto que voltou com o junco carregado de mantimentos, assistio o Capitam em pessoa á desembarcação delles, sem consentir a nenhum soldado levar hum arratel de arroz, nem dandolhe logar para tirar drogas que tambem tomaram, e tudo mandou meter debaixo de huma chave, que comsigo trazia do almazem d'El-Rey, para se destribuhir por sua lista pela gente de guerra necessitàda, sem se lhe poder fortar. Com estes mantimentos e recato que nelles havia se levantaram os moradores, e vigiavam, e trabalhavam com mais fervor; todavia, mandou o Capitam a João Pereira desocupasse o mar, porque corriam os recados das pazes, e por ver se era fingido o requerimento dellas, a fim de se suspender o damno que os Jáos padeciam, e se se queriam hir logo sem as concluir; tirando o sobroso da nossa Armada, porque desejava o Capitam muito que se fossem elles antes da vinda do Achem. Tanto que os Jáos viram o mar desembaraçado, e o calor e deligencia com que o Capitam provia em tudo, pela nova que tiveram dos mantimentos que mandára tomar a Jor dos seus proprios juncos, e do estrago da sua gente, e como presistia ainda nas condições, levantaram o campo de noute, e antes de amanhacer se sahiram. Mandou o Capitam a João Pereira que os seguisse, e désse na recarga da sua armada: deo, e desbaratou alguns juncos, e outros navios em que matou muita gente. Desta afrontosa fugida se póde inferir que, se a Cidade não estivera tão doentia, e não tivera por tão certa a nova da vindo do Achem, bastava a guerra que Tristam Vaz mandava fazer aos Jáos com a armada de remo, para dos quinze mil que foram cercar Malaca não escapar nenhum; porque passavam de seis para sete mil os que morreram a ferro, e fogo, e doença: e chegaram com menos ainda ao seu reyno, porque, como eram poucas as embarcações, e menos os mantimentos, e os mais delles se embarcassem anevelados huns sobre outros, e fossem combalidos ja e inficionados da contagião do ar corrupto do logar paúlado e brejoso em que estiveram, foram alijando pelo mar corpos mortos e meyo vivos, por incuraveis e prejudiciaes á saude dos sãos.

Foi Deos em fim servido passados tres mezes que o cerco durou, de desopressar esta Fortaleza, dandolhe muitas victorias, estando ella em si tão pouco defensivel, e menos para não esperar nenhuma, porque o cerco foi de subito. A Cidade estava mui falta de mantimentos e de presidios de soldados, com poucas munições, e mal amurada, e quase vendida por huns Guelias naturaes e gentios; e mais gente morta de doença que de feridas de inimigos, e a que ficava tão debilitada de tudo, que era huma magoa vela: para se não restaurar tão prestes, lhe não deixaram os Jáos fóra cousa que não arrancassem, devastando, e arrancado todas as arvores de fructo que de huma e outra parte do rio estavam plantadas, para dahi a muitos annos se não poder aproveitar de nada.

CAPITULO XXV

O Achem, que estava á mira esperando recado por suas espias do sucesso dos Jáos, com o mesmo presuposto que a Raynha teve quando os mandou, sabendo de seu destroço, tanto que se certificou que eram hidos e muito mal hospedados, partio com trezentas vellas para Malaca, em que hiam algumas náos, e galiotas, e quarenta galés com muita e mui grossa artelharia, e ao derradeiro de Janeiro de 75 apareceo com esta armada defronte da Fortaleza, despregadas as bandeiras que nella trazia. E, como o Capitam Tristam Vaz sabia que havia este inimigo de vir, e esperava por elle, se desvelava sempre em ter muita vigia nos muros e muita mais na polvora e mantimentos. E, porque era tempo de chegarem as náos com os mantimentos que tinha mandado buscar a Pegú e a Bengalla, assentou com o parecer dos Capitães, ter no mar a João Pereira na galé, Bernardim da Silva na caravela, e Fernam Peres em huma náo que para isso comprou; e meteo em todas cento e vinte soldados, para com o favor da artelharia de hum dos baluartes que mais sobranceiro lhes ficava, e de outra que mandou tresplantar na sanchristia da casa de Nossa Senhora do Monte, se puder segurar por alguma via o mar por onde lhes haviam de entrar esses mantimentos e onde haviam de hir pescar para se poderem sustentar; porque, carnes não as tinha a cidade, legumes e verdura não os deixaram os Jáos. Em o primeiro de Fevereiro fez o Achem mostras de sua guerreira armada com muita ufania, para acanhar e rebotar os espiritos aos portuguezes; e logo ao outro dia remeteo a galé, a caravela, e a náo, que estavam entre a ilha onde as náos surgem e a terra: e, disparando ao modo de chuva granizada huma inflamada tempestade de horrendissimas bombardas, foi trespassada e arrombada a galé com hum grande pelouro. E, querendo com tudo João Pereira renovar a batalha, nem ás cutiladas pode ter alguns soldados que o desamparavam, vendose toldados de huma mui negra e grossa nuvem de fumo da artelharia, e atroados do espantoso tom della, e por cahirem mortos setenta e cinco companheiros da galé, da caravela, e da náo. Aos Capitães aconteceo o mesmo que a João Pereira, com os soldados. Acabaram todos tres neste cruelissimo cometimento dos Achens, pelejando cada hum na praça do seu navio valerosissimamente. Escaparam cinco dos nossos a nado, e captivaramse quarenta, e

19

os navios foram metidos no fundo pelos Achens, porque, quando quizeram salhar a artelharia delles e tirala para a recolherem nas suas galés, lho não consentio a do baluarte e a da sanchristia, que os varejava muito rijo. E os inimigos nenhum detrimento receberam. Foi este monstruoso desbarato muito para se sentir, tanto pela onzadia e brio que elles ficaram ganhando, como medo os da Fortaleza, por se verem acurralados e metidos entre paredes mui fracas de seiscentas braças d'ambito e roda, não havendo mais que cento e cincoenta homens, contando velhos e doentes, para os vigiar e guardar, porque os mais soldados, acabado o cerco dos Jáos, se foram escondidos em alguns navios que dahi partiram para a India, por cima de todas as deligencias e cautelas que Tristam Vaz teve para deixarem de hir. E mandou nas náos dos mercadores, por cartas suas ao Governador, avizo deste terceiro cerco, tendolho mandado primeiro por hum balão muito ligeiro que expedio com hum homem portuguez, inda que sabia bem que lhe não podiam ser dados socorros senão em Mayo em que a monção faz termo, e que não podia chegar o recado a tempo que o socorressem, mas com tenção que, se fosse tomada Malaca, se resolvesse o Governador e se preparasse em pessoa a hir conquistar de novo; pois ficava com a candea na mão, a armada perdida, o inimigo dominando o mar, e os cercados em cama pelo hospital e por suas casas, sem mais remedio que o que Deos por sua misericordia lhes quizesse dar.

Posto que visse o Capitam Tristam Vaz não estar a Fortaleza para se defender, assi pelo desastrado caso da galé, da caravela, e da náo, como por essa pouca gente que havia, e a visse andar toda desmayada e amortecida com os males tão encapelados e sobreseguidos que huns a outros se alcançavam, sem a deixarem respirar nem tomar folgo, fez todavia tudo o que convinha, tirando da fraqueza forças, com os olhos na Providencia Divina, por que os inimigos não abarrotassem seu pernicioso estado. Pelo que, mandava sahir alguns soldados aos achens que desembarcavam pela banda de Malaca, instruhindoos no que haviam de fazer, sem passarem de huma carta de mareação: e permitisse Deos que virassem elles todas as vezes que os nossos lhe sahiam nestes intertimentos do gosto seu, e enfadamento dos da cidade. Gastaram dezesete dias sem nunca serem convidados da artelharia della, senão quando cometeram os tres navios; porque tinha tres bombardeiros sómente, e a mayor parte da polvora gasta. Isto, que por mera necessidade se fazia, obrigou ao barbaro suspeitar que se lhe tramava dentro al-

gnma silada; e desta suspeita tomou motivo para dar ás vellas para Sumatra, contentandose da victoria que tivera da galé, náo, e caravela, e havendoa por tão grande, como Tristam Vaz a perda dellas e a dos soldados, o que
o penetrou, e o agastou mais, pela degeneração do valor com que tinham con-
trastado em todos os recontros adversando e reprimindo os inimigos, sem embargo de se não deixar de entender que foi mercê de Deos para os nossos
darem essa victoria aos Achens; porque, depois dos inimigos hidos a outo
dias, chegaram as náos de Pegú e Bengala com mil moyos de arrós, com
que a cidade se remediou e cobrou, e nos primeiros dias de Abril entraram duas náos da China com o grosso das fazendas de todos os mercadores da India: estas e essoutras consas haviam de cahir em gloria ao Achem,
se se detivera; e a Fortaleza estivera por sua; e os Templos do Senhor profanados a nenhum custo seu: cuja lembrança compungia, cauterisava, inter-
necia, e desentranhava com insuportavel dor os peitos christãos daquelle povo, principalmente do Ecclesiastico, que estava em humas prepetuas Preces,
acompanhadas de muitos suspiros e lagrimas suas e do tenro coração das mulheres e meninos, que, exalados e mirrados, as frequentavam sempre com so-
luços apressados e brandos gemidos, não se esquecendo por isso de ás suas
oras recorrerem aos doentes com ministerio divido; pois que, como as vigias
e fomes foram muitas e continuadas por longo espaço, muitos enfermaram, e
os mais delles, de comerem animaes imundos, por se não poder bir pescar
ao mar, e o campo estar ermo, deserto, e crestado dos Jáos, e o arrós, mantimento comum, e peculiar de todos os povos dessas partes do Sul (porque
em nenhuma se dá trigo senão na China), ser tão pouco o que nestes cercos houve, que valeo hum cruzado duas gantas delle (que he medida que
em Malaca se usa, de sete o alqueire), valendo ordinariamente na paz setenta tá cem gantas de arrós, e, quando as novidades escapavam lizas e salvas das injurias do tempo, se achavam por esse preço cento e vinte, e cento
e quarenta: mas, tão dilapidada, esvaida, e faminta estava delle a cidade, que
nem com a enchento que nella entrou de Pegú, de Bengala, e da India pode arribar a sua geral valia de setenta gantas por cruzado; porque a altera-
ção que houve foi a pressa do vagar, hoje seis, ámanhaa outo, outro dia doze, quinze, vinte, té trinta, sem passar desta quantia muitos mezes: de modo
que, destas faltas e outras infelecidades mui intimas, a que o encanto e pobre
vulgo quase sempre está mais sugeito que os outros homens, se originaram tan-

19.

tas mortes, que de huns e de outros morriam cada dia sessenta e setenta; e
algumas vezes aconteceo estar o Sacramento para hir dar o pasto celeste ás
almas que estavam em vesperas de desempararem os atribulados e lamentaveis
corpos, e andar a campainha duas e tres vezes pelas ruas, sem acudirem
homens para levarem o palio, sendo a devoção tanta desta pomposa e an-
gelica solemnidade nessas partes todas, que em qualquer se revolve logo a
mayor e a melhor da gente e a mais fautora para acompanhar este Divinis-
simo Cordeiro, preço de nossa redempção. E soubese em 15 do Março que
não havia gente té vinte sãos que podessem subir aos muros; por onde se
póde affirmar que foi grande mercê de Deos satisfazeremse os Achens com
essa pequena victoria, que para a cidade, lastimada e chagada como estava,
foi a mayor que pódia ser.

Destes tão compridos trabalhos participou Tristam Vaz da Veiga mais,
por carregarem todos sobre elle como Capitam: pelo que, em nove mezes
que o foi, té Junho em que a armada da India chégou com D. Miguel de
Castro (que o desobrigou da menagem que tinha dado da Fortaleza, que té
aquella hora sustentára e a defendéra dos inimigos a seu pezar delles), adoe-
ceo tres ou quatro vezes, mas não de modo que necessitasse do borrecimento
da cama, inda que lha pedisse a debilidade do corpo, porque entendia, que, se
buscára o mimo della sem ter conta com o espirito que o violentava a se mostrar muito robusto, prompto, e alegre aos soldados que o ajudavam a defender
a Fortaleza, estes pasmaram e esmoreceram, pois que alimentava quase todos
com o seu, em que gastou, pela obrigação de capitam e de chirstão, vinte
mil cruzados, como se póde crer que gastaria em tanto tempo, quanto estes
alternados cercos dos Achens e Jáos duraràm, e depois se intervalaram alguns mezes, pois em todos despendeo e na armada em que tinha pelejado com
os Achens; porque da fazenda d'El-Rey se não gastaram mais que trezentos
cruzados. E, posto que os casados que o acompanharam nos navios de remo
fizeram a despeza delles á sua custa, todavia Tristam Vaz contentou os soldados (inda que não por paga geral, estipendio, e soldo), e no dezar só dos
cercos ajudou tambem a João Pereira, Bernardim da Silva, e a Fernam Peres de Andrade, porque eram fidalgos pobres, e a não que os Achens queimaram e meteram no fundo era sua: assi que, com a pessoa e fazenda, servio a seu Deos e a seu Rey muito inteiramente.

CAPITULO XXVI

No anno de 1570 se embarcou este generoso Capitam Tristam Vaz dá Veiga da India na náo S. Pedro para este Reyno: perdeose nella nos baixos de Pedro dos Banhos, que estão em cinco gráos e meyo da banda do Sul. O que naquelles baixos lhe sucedeo, o modo com que fez fazer outra náo em huma ilha deserta dos pedaços da náo perdida, e como a botaram ao mar, e como se mantivéram na ilha, e os trabalhos que nella passaram e na viagem até tornar á India, foi cousa de que tambem se pudéra fazer huma particular historia para louvor de Deos, que tamanhas mercés lhe fez naquella perdição e triste naufragio, em que lhe foi necessario usar de grandissimas e sutis invenções e artificios para fazer trabalhar cinco mezes e meyo continuos que na ilha estiveram trezentas e sessenta e tantas almas; e ainda assi lhe faltava o tempo, e, se alguns dèlles não trabalharam, todos se perderiam. Chegaram em nova náo a Cochim, donde escreveo a Goa ao Viso-Rey D. Luiz de Atayde, que então da segunda vez governava a India. Tanto que o Conde de Atougnia, Viso-Rey, soube em Goa que era tornado a Cochim, com muitas cartas suas apertou com elle com grande instancia que ficasse na India, e se não tornasse a embarcar para o Reyno, metendo nisso por terceiro ao Arcebispo de Goa D. Henrique de Tavora, que neste tempo estava em Cochim, e ao Provincial da Companhia de Jesus, e a outros Religiosos e pessoas graves, offerecendose darlhe a conquista do Reyno e Fortaleza perdida de Moloco, que El-Rey mandava que lhe fizesse, ou a empreza da conquista do Achem e Sumatra, se elle não fosse em pessoa a fazela, e hindo em pessoa, lhe offerecia ficar elle governando a India. A nada disto annuio, e se veyo para este Reyno, onde chegou o anno de 79.

O como os Viso-Reys da India o tractavam nella, e a confiança que delle tinham, bem o mostram tres Provisões que levou de tres Viso-Reys da India, quando foi fazer as viagens da China. A primeira foi do Viso-Rey D. Antão de Noronha, no anno 75; a segunda do Viso-Rey D. Luiz de Atayde, no anno de 69, da primeira vez que governou a India; e a terceira do Viso-Rey D. Antonio de Noronha, no anno de 63, em que o declaravam por Capitam Mór na Sunda, China, e Japão, para onde hia, como El-Rey o tinha feito, e nos outros portos e partes por onde passasse, quase Viso-Rey como qualquer: e com todo isso mais se prezava elle de nunca lhe ser necessario usar de alguma destas Provisões, que dos Viso-Reys lhas passarem, aos quaes foi sempre imediato, que só elles tinham jurisdição nelle, sem quererem que outrem a tivesse.

No anno de 79 que chegou a Portugal, lhe cometeo El-Rey D. Henrique que fosse ser Capitam de Arzilha: escusouse; e porque elle ouvia mal, pediolhe tempo para lhe responder por escripto, e respondeo desta maneira:

«A dor, que tenho de não servir a Vossa Alteza no que me manda «he a mayor pena que por isso se me póde dar. As rasões de o não po- «der fazer são estas:»

«Se Arzilha, onde Vossa Alteza me manda, estivera cercada, ou hou- «vera certeza de que o havia de ser, de muito boa vontade fora servir a «Vossa Alteza nella. Mas as cousas deste Reyno e de Africa estão em esta- «do que nenhum receyo se póde ter disso, e não he rasão que Vossa Alteza «me tenha occupado em hum logar de guerra, não a tendo; que meus tra- «balhos passados parece que obrigão a Vossa Alteza a querer que gaste eu «o que me fica da vida servindoo em grandes perigos, se os houver, ou «descançando, para o poder melhor fazer quando elles sobrevierem.»

«Arzilha he hum logar que todo o homem entende que Vossa Alteza o «tem sómente para o largar em tempo conveniente, pois claro está que ne- «nhuma cousa serve a estes Reynos, senão de os fazer pencionarios em ses- «senta ou setenta mil cruzados, que se gastão nella. Não deve Vossa Alteza «de querer de mim, que tantos logares defendi e ajudei a defender a Mou- «ros, que lhes vá agora entregar este, que é cousa que eu em nenhuma ma- «neira poderei acabar comigo.»

«Fóra isto, tenho cunhadas e sobrinhas, as quaes humas são viuvas, ou- «tras solteiras, cujos pays e maridos são mortos em serviço de Vossa Alte- «za; e Lourenço da Veiga, meu irmão, occupado nelle no Brazil; e todas pen- «dem de mim: e em tempo que Deos nos está castigando com pestes e a- «meaçando com outras cousas, não he rasão que Vossa Alteza queira, dei- «xando tantas cousas desamparadas, servirse de mim em cousa para o que «bastão outros homens.»

«E finalmente, porque entendo que não cumpre ao serviço de Vossa Alteza nem convém á minha honra hir eu a Arzilha, pesso muito por mercê de Vossa Alteza que escuse de me mandar, e, pois cá se offerecem perigos mayores e mais perto, Vossa Alteza me não queira arredar tanto de si.»

No fim da petição que deo do seus serviços a El-Rey D. Henrique em
Lisboa quando veyo da India, a qual depois tornou a dar a Sua Magestade
em Elvas, lhe dizia que «*mais lhe devia Sua Magestade pela izempção e liberdade com que fallára e aconselhára sempre aos seus Viso-Reys na India,
que pelos serviços que nella fizera, sendo tão abalizados.*» De tal maneira
fallava com os Reys, e tão liberto, e tanto respeito lhe tinham elles!

O mesmo Rey D. Henrique estando em Almeirim para fazer as Côrtes
que abi teve, parecendolhe rasão que entrasse elle nellas, pois se haviam de
tractar materias tão graves, o fez do seu Conselho, sem elle per si nem por
outrem lho pedir. Esteve nestas Côrtes, e nellas foi hum dos trinta eleitos do
estado da nobreza.

Durando as Côrtes em Almeirim, a Camara da Cidade de Lisboa fez
lembrança aos Governadores da importancia da Fortaleza de S. Gião, nomeando tres pessoas que lhe parecia que podiam ter bem cargo della, e estes
foram D. Diogo de Sousa, que hoje he vivo, pessoa de tantas calidades;
outro D. Diogo de Menezes, Governador que fóra da India, que o Duque de
Alva depois mandára degolar em Cascaes; e outro foi elle, a quem os Governadores encarregaram della, tomandolhe a menagem e juramento costumado.

Nesta Fortaleza esteve fortificandoa com muito trabalho de sua pessoa,
até D. Antonio, Prior do Crato, se levantar em Santarem: o qual, vindo a
Lisboa, o apertou com muitas cartas e recados por pessoas graves, estando
já recebido por Rey, que lhe entregasse a dita Fortaleza, o que não fez
por muitos dias. Escreveo a Setubal aos Governadores pedindolhes o provessem
das cousas necessarias para defenção da Fortaleza, como muitas vezes lhe tinha pedido antes de D. Antonio se levantar, os quaes lhe não mandaram
cousa alguma, e se foram com medo de D. Antonio para Castella, deixan-
doa sem polvora, sem agoa, e sem gente. E tornando D. Antonio de Setubal
a Lisboa, o tornou a apertar que lhe désse a Fortaleza. E vendo elle que
este estava recebido por Rey em Lisboa, e que não tinha na Fortaleza mais
que sessenta homens, a mayor parte dos quaes tinham suas mulheres e filhos
nos logares de redor e desejando de se entregar, havendo naquelle tempo

com toda a inteireza e cingeleza do animo defendido aquella Fortaleza pelos Governadores que lha entregaram, e vendo tambem que não tinha munições, nem mantimentes para se defender, escreveo a D. Antonio huma carta em que lhe entregou a dita Fortaleza, da qual lhe não fez menagem, nem juramento. Por algumas vezes o vio, e lhe aconselhou sempre que se entregasse a Sua Magestade; que estava perdido, e não tinha com que se defender; e que não quizesse ser ocasião de se perder e saquear Lisboa e todo o Reyno. E sempre lhe respondeo que nisso andava, e disso tractava, e que o havia de fazer. Andando o tempo, veyo o Duque de Alva a cercalo, e depois de o bater tres dias, teve modo de por humas mulheres, que fingiam. bir ver huma filha e genro que na Fortaleza tinham, lhe mandou huma sentença, dada em Castromarim pela mayor parte dos Governadores a quem elle tinha feito a menagem da Fortaleza, na qual julgavam o Reyno por El-Rey Phelippe Nosso Senhor, e lhe mandaram entregala ao Duque, desobrigandoo da menagem e juramento que tinha feito. Vendo isto, lha entregou com consentimento de todos os que nella estavam. No processo de todas estas cousas, desde que chegou da India até á entrega desta Fortaleza ao Duque de Alva, houve muitas cousas mui notaveis dignas deste excellente capitam, que são compridas para eu contar. O Chronista destes Reynos devia fazer dellas copiosa relação, com que pudéra enriquecer e realçar sua Chronica Real.

CAPITULO XXVII

Como Sua Magestade fez mercê a Tristam Vaz da Capitania de Machico,
e o fez General da Milicia em toda a Ilha da Madeira; e de algumas
cousas insignes que elle té agora tem feito com este cargo.

A 25 de Fevereiro do anno de 1582, El-Rey D. Phelippe Nosso Senhor, havendo respeito aos muitos e grandes serviços que este valeroso Capitam Tristam Vaz da Veiga, Fidalgo de sua Casa e Conselho, tinha feito nas partes da India e no cerco de Malaca sendo capitam della, e ao modo com que procedeo no tempo das alterações do Reyno, e na entrega da Fortaleza de S. Gião, em que estava por capitam, lhe fez mercê da Capitania de Machico, da Ilha da Madeira, que vagou pelo Conde do Vimioso, de juro e herdade para elle e para seus sucessores, conforme a Ley Mental, com declaração que, movendoselhe a ella demanda alguma, lhe assistiria o Procurador de El-Rey, e Sua Magestade lhe fará mercê de satisfação equivalente.

E porque o Conde do Vimioso D. Affonso, por licença d'El-Rey D. Sebastião, tinha vendido duzentos mil reis de juro sobre Machico a hum mercador por nome *Luiz Pinto*, Sua Magestade mandou dar de sua Fazenda os mesmos duzentos mil reis de juro, para que lhe ficasse Machico inteiro e desembaraçado: e, juntamente com lhe fazer mercê de Machico, lha fez também de uma comenda de duzentos mil reis. E estas duas cousas acrecentam a mercê, e por conseguinte realçam os merecimentos porque se lhe fez.

Depois da morte do Conde João Gonçalves, foi Capitam Mór da Guerra o Desembargador *João Leitão;* depois veyo com este cargo o Conde de Lançarote e senhor de Forteventura D. Agostinho Ferreira, que agora he Marquez de Lançarote: hido o Conde, ficou por Capitam Mór da Guerra o mesmo João Leitão. E depois, vendo Sua Magestade quanto cumpria a seu serviço e defensão da Ilha da Madeira haver nella pessoa que entendesse nas cousas de guerra, e a pozesse em ordem, a qual convém que nella haja para este effeito de sua defensão, e confiando deste excellente Capitam Tristam Vaz da Veiga que o serviria nisto como delle esperava, o enviou á dita ilha por General e Superintendente das cousas da guerra de ambas as Capitanias della, e que servisse de Alcayde Mór da Fortaleza da Cidade do Funchal, de que

20

lhe mandou passar Carta em Lisboa a 19 de Outubro do anno de 1585: com os quaes cargos entrou na Ilha da Madeira a 22 de Novembro desse anno de 1585. E do que atégora nella tem feito no exercicio da guerra, na obediencia que nella se deve ter, e nas vigias, e em tudo o que cumpre ao serviço de Deos e de Sua Magestade ser cuidado, dão certo testemunho seus heroicos feitos sempre acertados, passados e presentes; porque quem tem tanta experiencia, saber, poder, forças e bondade, não póde deixar de acertar em tudo: pois todas suas obras são endereçadas para muita gloria de Deos, e bom serviço do Rey, e grande bem do proximo, e de todos. Com sua presença não sómente está restituhida a Capitania de Machico a novo ser e honra, já esquecida de seu passado naufragio e de sua infelice fortuna passada, mas toda a Ilha da Madeira está revestida de nova grandeza, e fermosura, e engrandecida, e melhorada, com ter em si hum tão excellente e valeroso capitam de tantas partes e aventagens, que a acabou de fazer a mais aventejada de todas as ilhas do Mar Oceano Occidental, e debaixo de cujo só nome, quanto mais presença, amparo e sombra, podem dormir sem sobresalto, quietos e seguros, seus ditosos moradores: do que começou a dar seu verdadeiro testemunho, como agora direi.

Estando este valeroso Capitam Tristam Vaz da Veiga na mesma Ilha da Madeira o anno de 87, dia da Ascensão, veyo hum atrevido Cossario ter a ella: e, mandandolhe por hum escripto pedir vinte pipas de vinho e d'agoa de que tinha necessidade, e ameaçandoo, se lhas não mandasse, que lhe mataria muita gente e derribaria muitas casas, elle, sem fazer rumor, mandou que lhe não fosse resposta; e, se quizesse desembarcar, estivesse a gente bem negociada, em parte que a artelharia lhe não fizesse nojo. Ancorou o Cossario no porto da Villa de Sancta Cruz, da sua jurisdição, donde começou a disparar muitas peças de artelharia. Em huma ponta do porto estavam encobertos alguns mosqueteiros da propria jurisdição, e com tiros o puzeram em tanta opressão, que lhe não deram logar a levar ancora, resguardandose com colchões e lonas pela borda da náo, para que pudesse levar a amarra, sem lhe darem logar os muitos pelouros que lhe davam; e foi tanta a pressa dos mosqueteiros, que a não puderam levar senão a rasto até o pego, onde a acabaram de recolher. Levantandose do porto, determinou de por algum modo se vingar: como era poderoso, nomeandose por hum grande capitam, e, segundo o que diziam os homens que dentro estiveram, trazia como cento e

·essenta homens de peleja, andou á vista tres ou quatro dias, a ver se lhe
·inha cahir nas mãos alguma preza, com que se reformasse do que havia
mister: e por fim, correndolhe mal a fortuna, entrou á meya noute dentro no porto da Cidade do Funchal com duas lanchas que trazia, e algum
homem da terra por guia (segundo se entendeo), e cortando a amarra a hum
navio carregado de vinhos, o levou comsigo, deitandose ao mar a nado alguns homens que dentro estavam: e, levandoo do Ilheo para fora, entrava r.o
porto huma caravela de Lançarote carregada de trigo, a qual tambem levou com
a gente della. Sabendo isto Tristam Vaz, se levantou da cama com muita
pressa, e, mandando vir trinta soldados da Fortaleza, se foi á praya a fazelos embarcar em barcos com outra mais gente após elles: e hindo o seu Alferes com os
soldados, se tornou logo, dizendo que o não podia alcançar. Ouvindo isto
Tristam Vaz, mandou que logo se embarcasse com a mesma gente em huma
urca de Flandres que estava no porto; em huma charrua fez embarcar todos os seus criados brancos nomeandoos por seus nomes, dizendo que não
queria que os seus ficassem em terra; e tambem mandou embarcar alguns portuguezes: onde hiriam até duzentos homens. Fazendose as náos á vella ja manhaa clara, se foram chegando ao inimigo, e acalmandolhes o vento, se começaram a rebocar com alguns bateis: e o ladrão tambem fazia outro tanto
com suas duas lanchas, levando o navio dos vinhos á toa. Foram andando
para elle os portuguezes cinco ou seis legoas ao mar, hindo o Cossario despedindo muitos pelouros ás náos, sem ellas lhe atirarem algum, por não haver para que, e até chegar mais perto. Hindo ja o dia em crecimento sem terem vento para poderem chegar, e os bateis enfadados de as rebocarém, sem
haver cabeça que os regesse, estava Tristam Vaz em terra vendose de tal
maneira, que se poz em hir ás náos. Entendendo isto o Capitam dos soldados
João Daranda, disse que não haveria de ver o mundo Sua Senhoria, mas
que elle hiria. E logo foi em hum batel, chegando lá ás tres horas depois do
meyo dia; e com muita pressa mandou rebocar as náos. O que, vendo o inimigo capitam, se sahio fóra e fez huma practica aos seus dizendolhes que
·rissem o que faziam, porque ali vinha o Geral da terra, e porisso apertaram
tanto com elles; que todos morressem, e nenhum houvesse que tornasse pee a-
·raz; e soubessem que, se os tomassem, todos haviam de ser enforcados:
·quando a sua desaventura quizesse que fossem rendidos, pozessem fogo á
·o e a si proprios, que se queimasse tudo, e nada lhes tomassem, e fos-

20.

se fama a Inglaterra *que morreram todos, é nenhum se rendéra:* dizendo
mais diante dos portuguezes que tinha tomado na caravela do trigo que, *pois
vinha o Geral da terra, lhe largassem a preza, e ordenassem de se guardar.* E
logo a largaram, sem se aproveitar de cousa alguma, nem do vinho de que
elles mais tinham necessidade. Acabando de largar ambos os navios, se pozeram a atirar muitas bombardadas e arcabuzadas ás náos até quase noute.
Então disse o Capitam João Daranda que, *pois era noute e o inimigo tinha
largado a preza, não tractassem de mais.* Assi se tornaram contentes com a
preza para a Cidade, a qual ficou alvoroçada de ver huma cousa na ilha feita, que outra semelhante se nunca fez em tempo de outros capitães. Tristam
Vaz tinha gasto de polvora e mantimentos que deram á gente, e dos barcos
que os rebocaram e levaram os soldados nelles; mandoulhes pagar á custa daquelles vinhos e trigo, que ja eram perdidos: e por este modo fizeram pagamento com que todos ficaram contentes. O inimigo, correndolhe mal sua
fortuna, se foi logo, sem fazer mais prejuizo a cousa alguma. O nome e fama entre todas as nações celebrados dos heroicos feitos do valeroso Capitam
Tristam Vaz da Veiga, que não sofre á sua porta, embuçados nem desem-
buçados, cossarios como este, e tão temido he tambem em Africa e Inglaterra como nas outras partes do Universo, fez a este Cossario não sómente soltar a
preza, mas fugir delle sem mais aparecer em sua presença; porque, se se
detivera naquelle porto, não ha duvida senão que não escapára de ser rendido ou destruhido.

O mesmo Tristam Vaz da Veiga, para mais defença da terra, mandou
fazer da Fortaleza nova até Santhiago huma trincheira de madeira de huma
banda, e entulhada de calháo da outra: e elle mesmo andava trabalhando nella
com o cesto ás costas, com que fazia trabalhar melhor toda a gente. Com
esta trincheira está fortificada a Cidade da parte do mar.

No mez de Junho de 1588 andava na Ilha da Madeira huma náo ingleza
defronte do porto roubando os navios que hiam e vinham; e, tendo tomado hum
carregado de trigo que vinha de Lançarote para a mesma ilha, o Governador Tristam Vaz da Veiga mandou negociar huma náo que no porto estava,
e nella se meteram cincoenta soldados portuguezes da terra, e se fizeram á
vella ás dez horas da noute, e foram amanhacer com a náo ingleza, a qual,
vendo a outra, se foi para ella, e a nossa fingia que fugia: chegando á falla,
mandaram os inglezes que amainasse; e, aparecendo sós dous homens, disse-

ram que o não podiam fazer, porque vinham todos doentes, por causa da viagem comprida. O que elles ouvindo, se fizeram chegar, e abalroaram na sua náo muito descuidados: e os portuguezes entraram de supito dentro della, e mataramnos á espada, escapando sós nove que se botaram ao mar; e, enlevados na briga, á pressa despejaram da náo, porque se hia, como foi, ao fundo, por causa das bombardadas que lhe deram. Mas o navio que os inglezes traziam tomado, em que hiam outo que não sabiam marear as vellas, fugio; e, dandose tractos aos que ficaram no mar e foram tomados, disseram que elles levavam hum Embaixador de D. Antonio ao Turco.

Dali a poucos dias foram tambem tomados os que hiam fugidos no navio de Lançarote. E todos andaram a trabalhar na galé, que se fez por ordem do General Tristam Vaz da Veiga (a qual sahio huma peça mui bem feita, com dezesete remos por banda e huma grande esphera de bronze) para defenção da costa, e em huma fragata de doze remos por banda, que tambem mandou fazer para andar vigiando por fóra, e para ajuda da galé; as quaes foram lançadas ao mar dia de Sancto Antonio treze dias de Junho de 89, e feitas com o dinheiro da imposição da dita ilha, que Sua Magestade deo para as fortificações da terra, com cuja fama e medo não ouzam ja agora os cossarios a aportarem por ali.

CAPITULO XXVIII

Este temido e afamado Capitam Tristam Vaz da Veiga he homem de corpo alto não em demasia, bem feito, algum tanto espaduado; não he magro, nem tem grossura que lhe desfaça a perfeição do corpo; tem a cabeça redonda e bem feita, testa sobre grande, as sobrancelhas vultosas e grandes, o nariz tirado até a ponta, sómente no meyo com huma pouca cousa de nó, e da parte direita huns signaes azues de polvora; os bigodes compridos, a barba bem feita e redonda á portugueza, e meya branca; será nesta era de 1590 de idade de cincoenta e tres annos; he algum tanto seco do rosto; todas as feições tem bem proporcionadas, e na garganta, como rico colar de ouro, o signal de huma arcabuzada que passou de parte a parte, a qual (como tenho dito) lhe deram quando foi em socorro ao cerco de Mazagão: he de condição benigna para todos, amigo de fazer bem a pobres; mui recto e inteiro nas cousas da consciencia e da justiça: confessase, e conversa mui particularmente com os Padres da Companhia de Jesus; he cortezão, e tão cortez do seu chapeo, que não ha menino, pequeno nem grande, branco ou preto, a quem elle o não tire: he zeloso e amigo de sahir ao cabo com todas cousas do serviço d'El-Rey, temido em seu mando, querido de todos aquelles que o vem e conversam; mui esforçado e magnanimo, afavel, bem acondicionado e charitativo; sofrido, discreto, prudente, de grande entendimento e conselho, e logo no aspecto está representando quem he, e se faz respeitar; alegre, bem assombrado, muito grave e não severo, e tão benigno que se faz amar de todos os que o tractão, cujos corações atrahe assi como pedra de cevar ouro: he muito grandioso e liberal de condição, e amigo de que ninguem faça serviço a El-Rey sem que se lhe pague. Tem grande casa alfaiada com riquissimas e curiosas peças, farta e abastada; servese com gente honrada e de primor: bum veador, dous escudeiros, cinco pagens, e doze escravos indios. Tem muita renda em Lisboa assi de casaes e quintas, como de casas na cidade, e outro pedaço de renda em Arronches, e na Ilha Graciosa cada anno quarenta moyos de trigo, parte do seu patrimonio. Tem o habito de Christo com duzentos mil reis de tença, até El-Rey lhe fazer mercê de comenda de que elle seja contente, porque ja engeitou algumas, por não serem á sua vontade. Tem mais de renda de Capitam de Machico como novecentos mil reis; de ordenado d'El-Rey de General, mil cruzados; e terá por tudo cada anno, tres contos de reis de renda.

Cometendoselhe muitos illustres casamentos, até hoje está solteiro, porque se resolveo de não casar até se ver em Portugal, e porque em tempos tão revoltos não lhe parece tomar obrigações, e tão grandes como são as do casamento, sem conseguir o fim que as faz toleraveis. Ajudou a esta determinação haver perto de dous annos que Sua Magestade lhe fez mercê de lhe dar licença para se hir da ilha, e não acaba de lhe mandar que fique com o cargo que nella tem: ha novas que sem falta lhe hirá sucessor na primeira ocasião de embarcação segura, que a mais tardar se espera será em companhia das náos que hão de hir para o Brazil, ou Indias.

Finalmente; sua progenie deste genoroso Capitam Tristam Vaz da Veiga de todas as partes he tão illustre, quanto he a todos notoria; e seus feitos tão heroicos e tantos, que não sei que mais podiam fazer os mayores e mais valerosos capitães dó mundo, de que os livros estão cheyos: e de seu saber singular, conselho, prudencia, afabilidade, e cortezia, posso affirmar que não sei, nem vi outro tal; porque nelle se acha illustre sangue, christandade, bondade, e sobre tudo huma estranha humildade, e quanto se pudéra desejar em hum varão consumado.

Alem das armas dos Cabraes e Lemos que lhe pertencem, tem este excellente Capitam Tristam Vaz da Veiga as armas dos Veigas, que são: escudo de ouro e azul; o primeiro quarto de cima, de ouro, com huma aguia cinzenta, azas abertas; o segundo, azul, com tres flores de lis de ouro em triangulo, huma em cima, e duas na base; na banda de baixo, o terceiro, de azul, com outras tres flores de liz de ouro, na mesma postura; e o quarto, de ouro, com outra aguia semelhante á primeira; o elmo com guarnição de ouro por baixo, e na vizeira paquife de ouro, vermelho, e verde, com dous penachos azues, e hum braço no meyo; e por timbre, huma aguia da cor e feição das outras duas.

CAPITULO XXIX

Se Tristam Vaz da Veiga he valeroso capitam nas armas, e nas mais partes tão abalizado, não o foi, nem he menos em sua progenie; porque seus pays e avós tiveram tambem outras semelhantes, que não conto, por não fazer longo processo; só direi brevemente algumas de seus irmãos.

Seu pay, *Manoel Cabral da Veiga*, teve de *Antonia de Lemos*, sua legitima mulher, sete filhos e huma filha.

O mais velho, chamado *Diogo Vaz da Veiga*, esteve em Arzila dous annos servindo huma comenda; depois servio em algumas armadas. Foi tres annos capitam de huma galé, e aconteceramlhe boas venturas. Faleceo de menos de quarenta annos, estando eleito por Capitam de Tangere; e não lhe ficaram filhos.

O segundo se chamou *Lourenço da Veiga:* sendo mancebo, servio algum tempo em Arzila e em Tangere, onde foi ferido. Depois andou em algumas armadas por soldado; foi Capitam Mór de huma em que o mandaram em busca de hum cossario que tomou hum galeão e matou a D. Luiz Fernandes de Vasconcellos, quando hia para o Brazil; foi Capitam Mór de outra armada para a Mina; e de outra, que veyo a estas Ilhas dos Açores esperar as náos da India, onde antes disto tinha hido por capitam de huma náo. Ultimamente o mandou El-Rey D. Sebastião por Governador do Brazil, onde esteve quatro ou cinco annos, e lá faleceo, sendo de idade de cincoenta e hum annos, ja em tempo d'El-Rey D. Phelippe, Nosso Senhor. Ficaramlhe seis filhos e duas filhas. O mais velho, por nome *Fernam da Veiga*, foi duas vezes por capitam á India em huma náo; e, estando para entrar e hir por Capitam Mór, faleceo em Lisboa. Outro, chamado *Diogo Vaz da Veiga*, estava com seu pay no Brazil quando este morreo, e veyo por capitam de huma armada de lá para o Reyno. Tinha o habito de Aviz, com duzentos mil reis de renda. Depois foi servir a El-Rey á India, onde foi morto a ferro dos mouros. E lá estão tambem no mesmo serviço do Rey dous mais moços, *Manoel Cabral da Veiga* e *Sebastião Vaz da Veiga*, com cargos hon-

21

rosos, fóra *Tristam Vaz da Veiga*, que tambem lá foi morto pelos mouros. O mais pequeno, chamado *Luiz da Veiga*, he religioso. Das duas femeas, a mais velha, *D. Maria*, he casada com *João Taveira;* e a mais moça, por nome *D. Phelippa*, com *Diogo das Povoas*, Provedor da Alfandega de Lisboa.

O terceiro filho, por nome *Luiz da Veiga*, foi com seu irmão Tristam Vaz da Veiga para a India ambos juntos, no anno de 52: e no mesmo foram de socorro a Ormuz, que estava cercado de Turcos, e lá, no de 53, faleceo de febres.

O quarto he *Tristam Vaz da Veiga*, Capitam de Machico, de que ja tenho dito.

O quinto se chamou *Hyeronimo da Veiga*, que, sendo moço, servio nas galés com seu irmão Diogo Vaz, onde mostrou bem de sua pessoa a Xaramet Arrais, cossario turco. Foi para a India em companhia de D. Constantino, no anno de 58, e com elle se achou na tomada da cidade e fortaleza de Damão, no golfo de Cambaia, e nella ficou dando meza a muitos soldados. Faleceo em Goa, de doença, dahi a dous annos.

O sexto, *Simão da Veiga*, gastou os annos e a vida em serviço da Coroa de Portugal: sendo moço, andou por soldado nas armadas. Servio em Tangere; foi por capitam de hum galeão com seu irmão Lourenço da Veiga em busca de Jaques Soria. Foi por capitam de outro galeão á Mina, tambem com seu irmão. Depois foi Capitam Mór de huma armada á Mina, e de outra á costa de Portugal; e naquelle verão tomou outo ou nove navios de cossarios francezes. Foi por Capitam da armada de alto bordo, quando a primeira vez El-Rey D. Sebastião foi a Tangere, e no seu galeão veyo El-Rey, quando se tornou para o Reyno. E ultimamente foi com o mesmo Rey a Africa, e lá o mataram, como sabem os que de lá escaparam. Foi homem de que se fazia muita conta, mui esforçado e temido por sua espada. Era casado com *D. Izabel*, de que lhe ficaram quatro filhos e duas filhas: destes o mais velho, que se chamava *Manoel Cabral da Veiga*, tinha o habito de Christo, com duzentos mil reis de renda, e acabou na armada em Inglaterra, sendo ja casado.

O setimo se chamou *Gaspar da Veiga:* este, sendo de quinze annos, o levou seu irmão Tristam Vaz da Veiga comsigo ao cerco de Mazagão, e lá no primeiro combate lhe deram huma arcabuzada nos peitos; ficoulhe o pelouro e parte do cosolete no corpo, e desta ferida, que nunca se lhe cerrou, morreo na India dahi a dous annos, sendo de dezesete de idade.

A filha, chamada *D. Brizida Cabral*, casou com *Francisco Botelho de*

Andrade, Camareiro e Guardaroupa Mór do Infante D. Luiz, e delle houve filhos: o mais velho, chamado *Diogo Botelho de Andrade*, tambem acabou com El-Rey D. Sebastião.

Isto he o que brevemente soube na verdade, e digo sem nenhum afeito, dos irmãos do Capitam Tristam Vaz da Veiga. E daqui se verá que toda esta géração de Veigas gasta a vida no serviço desta Coroa, e estão apostados a morrer por seu Deos e por seu Rey na guerra. O mesmo pudéra dizer de seus avós, pay, tios, sobrinhos, primos, e mais parentes, o que, por ser breve, calo, cujos heroicos feitos deviam contar os Chronistas do Reyno em suas Reaes Chronicas, e quando elles morressem, e em que logar.

CAPITULO XXX

Dos filhos e filhas que teve o primeiro Capitam do Funchal João Gonçalves Zargo.

Dito tenho da pouca dita que tiveram os primeiros Capitães de Machico, pois se extinguio sua progenie no quarto Capitam, que não deixou sucessor seu naquella Capitania, que he da parte do Norte da Ilha da Madeira.
Agora direi, pelo contrario, a boa ventura que nisto coube aos Capitães da
Capitania do Funchal, da banda do Sul, de quem atéqui não faltou herdeiro.
Pelo que, notemos que as plantas da banda do Norte tem menos dita ou sorte, pois as açouta o vento em tal maneira que ficão sem folha, sem flor, e
sem fructo, como se o fogo se lhes pozera, com que ardem e secão, como estes
primeiros Capitães de Machico (que tinham da mesma parte do Norte da ilha
a mayor parte) feneceram e acabaram com atribulação e mal que sobre elles do Septentrião veyo; mas a banda do Sul, que não he tanto inimiga
de nossa natureza, mais criadora e conservadora della, e conforme e macia á
vida humana, de tal modo favoreceo, alimentou, criou, e conservou os illustres Capitães do Funchal, a quem coube sorte mais ditosa, que, desde o
primeiro, João Gonçalves Zargo, até o derradeiro deste tempo (o qual foi o muito illustre João Gonçalves da Camara, filho mais velho e herdeiro da casa
do illustrissimo Conde da Calheta, e seu filho, tenra planta, hindo sempre de
bem em melhor, se assi for por diánte), nunca faltou Capitam sucessor de tão
alta e illustre progenie, nem faltaram moradores á sua sombra que, com seus
grandiosos e honrosos feitos, engrandeceram e engrandecem aquella rica jurisdição de felicissima sorte. A alta progenie e sucessão delles hirei contando,
não como elles todos juntos e cada hum per si merecem, mas como a minha ruda e fraca lingua o poder contar, conforme ao que delles li, em sua
Historia, primeiro composta brevemente por *Gonçalo Ayres Ferreira*, e depois
recopilada ou colegida com mais curiosidade e erudição pelo *Reverendo Conigo Hyeronimo Leite, Capellão de Sua Magestade*, e como tambem ouvi de
outras pessoas dignas de fee, e procurei com grande trabalho saber na verdade,
sem poder minha baixeza chegar ao altissimo cume dos grandes merecimentos
de seus heroicos feitos.

O Capitam João Gonçalves Zargo, felicissimo em tudo quanto tenho dito desta Ilha da Madeira, e no que está por contar della, foi o que, com sua boa e felice ventura, descobrio esta ilha, e com sua prudente deligencia a cultivou e povoou, e com seus heroicos feitos a engrandeceo, e com sua valia a ennobreceo, e como maravilha deo lustro, graça, e valor a todas as figuras e cousas que della contei, e por contar tenho, sendo tronco e raiz felicissima, donde tão altas, generosas, e illustres plantas procederam, como agora direi, pois ja de suas cousas assás tenho dito.

Era casado João Gonçalves Zargo, ao tempo que foi á Ilha da Madeira, com *Constança Rodrigues de Almeyda*, mulher mui principal, devota, sancta, e mui virtuosa, como sempre mostrou no discurso de sua vida: della houve este primeiro Capitam tres filhos e quatro filhas. Houve *João Gonçalves da Camara*, que herdou sua casa. O segundo foi *Ruy Gonçalves da Camara*, depois Capitam desta Ilha do S. Miguel, de quem tractarei adiante quando della contar, o qual foi casado com *D. Maria Betancurt*, filha de Micer Maciote de Betancurt, com a qual houve em casamento muita fazenda na mesma Ilha da Madeira, alem da que tinha de seu patrimonio: e não houve filhos della. O terceiro filho que houve João Gonçalves Zargo foi *Garcia Rodrigues da Camara*, que foi casado com *Violante de Freitas*, da qual houve *Aldonça Delgada*, que casou com Garcia Palestrello, Morgado do Porto-Sancto, como ja tenho dito.

Por ser a terra nova e não haver na ilha com quem as filhas de Zargo podessem casar segundo o merecimento de suas pessoas, mandou o dito Capitam Zargo pedir a Sua Alteza homens conformes á sua calidáde, para lhes dar suas filhas em casamento: e El-Rey lhe mandou quatro Fidalgos, donde procedeo a mais illustre e nobre géração da ilha. A primeira, que de *Beatriz Gonçalves da Camara* havia nome, foi casada com *Diogo Cabral*, irmão do Senhor de Belmonte, de quem houve *Grimaneza Cabral*, que foi mulher de Tristam Teixeira, terceiro Capitam da jurisdição de Machico, como tenho contado; houve mais hum só filho macho, que se chamou *João Rodrigues Cabral*, casado com *Constança Rodrigues*, a *Moça;* teve mais *Joanna Cabral*, mulher de *Duarte de Brito;* houve mais outra filha, a que não soube o nome, may de Tristam Vaz da Veiga; e outra, casada com *Ruy de Sousa*, o *Velho;* e outra, casada com *Ruy Gomes de Gram*, Guarda Mór da Excellente Senhora; e outra, que casou com *Vasco Moniz*, de Machico.

A segunda filha do Zargo se chamava *Izabel Gonçalves da Camara:* foi casada com *Diogo Affonso, o Velho.* Teve delle os filhos seguintes: *Diogo Affonso de Aguiar,* o *Raposo,* Armador Mór do Reyno; e *Ruy Dias de Aguiar,* o *Velho;* e *Ignez Dias da Camara,* que foi casada com hum Fidalgo de Evora, por nome Fuão de Camões; e *Constança Rodrigues da Camara,* que nunca casou.

A terceira filha do Zargo se chamava *Catharina Gonçalves da Camara,* mulher de *Garcia Homem de Sousa,* de quem houve huma só filha, que se chamou *Leonor Homem,* mulher que foi de *Duarte Pestana.* Estes quatro Fidalgos nomeados mandou El-Rey, por lhes fazer mercê, á ilha para casarem com estas senhoras, das quaes houveram géração mui principal, que hoje são liados a esta casa dos Camaras. E Garcia Homem de Sousa, por ter differenças com seus cunhados, he o que fez huma torre, que está junto da Madre de Deos.

Depois que João Gonçalves Zargo casou suas filhas, e fez as povoações de sua jurisdição, e aproveitou as terras, e as deo de sesmaria, sendo seu filho primogenito ja de idade para governar a ilha, foi Deos servido de o levar para si, havendo muitos annos de sua idade, dos quaes governou a ilha quarenta. Era tão velho que se fazia levar em colos de homens ao sol, onde estava sustentando a velhice, com muito perfeito juizo practicando e governando a justiça. Tão grande Cavalleiro foi, e teve tanto nome e fama de esforçado e excellente capitam, que, havendo no tempo de sua velhice guerras de Portugal com Castella, vindo os Castelhanos á ilha com suas armadas para destruirem a terra, elle se mandava pór a cavallo assi velho; e, como os Castelhanos sentiam que elle era o que regia sua gente, desistiam de entrar na terra, e não ouzavam de sahir, nem pór pee nella. Jaz enterrado este primeiro Capitam João Gonçalves Zargo na Capella Mór de Nossa Senhora da Concepção, que elle mandou fazer para seu jazigo e de seus descendentes, onde hora he o Mosteiro das Freiras de Sancta Clara.

CAPITULO XXXI

Da vida e feitos do segundo Capitam do Funchal João Gonçalves da Camara, segundo do nome; e de algumas cousas que em seu tempo aconteceram.

Morto o bem afortunado Capitam João Gonçalves Zargo, herdou sua casa e Capitania seu filho primogenito, que, como elle, se chamava *João Gonçalves da Camara*, segundo do nome, e segundo Capitam da Ilha da Madeira. Chamavamlhe comummente *João Gonçalves da Porrinha*, em rasão de hum páo que costumava trazer na mão, em signal de castigo contra os malfeitores; e por esta insignia lhe davam esse apelido. Foi este Capitam muito cavalleiro e esforçado, como mostrou em muitos serviços que fez em Africa a El-Rey, principalmente em Cepta e Arzila, quando El-Rey D. Affonso v do nome tomou esta forte villa. Vindo pois á ilha ja casado (porque recebeo sua mulher na cidade de Cepta), por morte de seu pay governou a ilha. Neste tempo havia guerras em Portugal com Castellá; pelo que foi áquella ilha, como d'antes, huma grande frota de castelhanos de muitas vellas e com muita gente, para a senhoriar, ou destruir; e, não havendo naquelle tempo mais artelharia na terra que hum trabuco, que estava no cabo da Villa do Funchal, com esta só bombarda, e com seu esforço com que animava a gente, não sómente defendeo a ilha, mas fez muito damno aos navios dos castelhanos, e os afugentou, sem ouzar nenhum deitar gente em terra: com a qual perda os castelhanos, por se refazerem, acossados e quase desbaratados, foram cometer a Ilha do Porto-Sancto, e a tomaram. O que sabido por João Gonçalves, armou certos navios com gente, bésteiros e poucos espingardeiros, e foi buscar aos castelhanos ao Porto-Sancto, onde estavam ja senhores da terra, e pelejou tão animosamente, que a mal de seu grado os fez embarcar com perda de muitos, e captivou alguns, alem de outros que ferio e matou: e assi assegurou a ilha.

No tempo d'El-Rey D. João ii do nome, estava a flor da Fidalguia de Portugal cercada com muito aperto no rio de Larache por El-Rey de Fez, e tão opremidos e necessitados, que conveio ao mesmo Rey D. João hir socorrelos em pessoa. Chegando El-Rey ja ao Algarve para passar a Africa e acudir a esta pressa, hum dos senhores que primeiro foi ter com ello, e lhe acudio

com muita gente luzida e huma frota da ilha, foi este Capitam João Gonçalves da Camara, ao qual El-Rey foi receber a cavallo á praya, e lhe teve
em grande serviço aquelle socorro, largueandolhe palavras de muito agradecimento, dizendolhe publicamente que «estando mais longe delle que todos os
outros fidalgos, elle chegára primeiro.» E lhe fez porisso muitas honras e
grandes mercês. Alem deste socorro, fez João Gonçalves outros muitos por si,
e por seu filho herdeiro Simão Gonçalves, como foi em Arzila, e em a Graciosa, e em Castello Real, e em Cabo de Gué, em que gastou muito de sua fazenda,
e no Algarve, onde se ajuntaram todos os senhores de titulo e grandes do Reyno, para o socorro acima dito. El-Rey, por fazer honra ao Capitam João
Gonçalves, quiz que á meza lhe deitasse agoa ás mãos, sendo presentes senhores de titulo; e, porque El-Rey sabia honrar os cavalleiros, quiz dar a João
Gonçalves esta honra (que o era singular), e agradecerlhe o socorro que lhe
fizera com tanta presteza de tanta e tão boa luzida gente.

Casou em Cepta o Capitam João Gonçalves com D. Maria de Noronha, filha de João Henriques, que foi filho de D. Diogo Henriques, Conde de
Gijon, e filho natural de D. Henrique, Rey de Castella; e houve della os filhos seguintes: João Gonçalves da Camara, que falleceo moço, andando no Paço; Simão Gonçalves da Camara, que herdou a casa por fallecimento do pay;
e Pedro Gonçalves da Camara, que foi casado com D. Joanna Deça, filha de
João Fogaça, e da Camareira Mór que foi da Raynha D. Catherina, mulher
d'El-Rey D. João III do nome, de quem houve Antonio Gonçalves da Camara, Monteiro Mór d'El-Rey D. Sebastião; e João Fogaça, que morreo solteiro; e Pedro Gonçalves da Camara, por alcunha o Porrão: e houve tres filhas,
que foram freiras no Funchal, donde levaram duas para reformação do Mosteiro da Esperança em Lisboa, onde huma, que D. Elena se chamava, foi
muitos annos Abbadeça. Teve mais João Gonçalves da Camara o quarto filho chamado Manoel de Noronha, que foi casado a primeira vez com D. Beatriz de Menezes, neta do Conde D. Duarte, da qual houve os filhos seguintes: Antonio de Noronha, que casou em Castella, e D. Maria, que casou com
D. Simão de Castelbranco. Casou segunda vez o dito Manoel de Noronha
com D. Maria de Taide, filha do Senhor de Ericeira: e deste casamento naceram Luiz de Noronha, Comendador de S. Christovão de Nogueira, acima do Douro, e D. Anna, mulher de Pedro Affonso de Aguiar: e naceram mais seis filhas,
D. Joanna, D. Cecilia, D. Elvira, D. Bartholeza, D. Constança, e D. Antonia.

Este Manoel de Noronha, filho do segundo Capitam, foi mui esfor-çado cavalleiro, e fez muitos e bons serviços a El-Rey, especialmente no cer-co de Çafim, quando Nuno Fernandes de Atayde, Capitam desta cidade, por estarem em aperto de grande cerco dos Mouros, despachou hum navio á Ilha da Madeira, donde lhe acudio com muita gente nobre a Capitoa, mulher de Simão Gonçalves da Camara, Capitam e Governador da Justiça, a qual na-quelle tempo era naquella ilha, por elle então andar na Corte, e lhe mandou huma grande companhia de soldados á sua custa, de que hia por capitam Manoel de Noronha, irmão do mesmo Capitam, em companhia do qual foram a Çafim muitos parentes seus, fidalgos cavalleiros, que á custa de sua fa-zenda serviram a El-Rey, porque eram muito ricos; e em este cerco e em outros recontros, em que com Mouros se acharam, deram mostras de singulares ca-valleiros: entre os quaes foi *D. João Henriques*, sobrinho de Manoel de No-ronha, e filho de D. Phelippa de Noronha, sua irmaa, e mulher de Henrique Henriques, Senhor das Alcaçovas, que este cerco fez como valeroso cavallei-ro; foram tambem *D. Francisco de Noronha*, e *D. João de Noronha Castel-branco*, que depois se achou tambem no de Mamoré; e foram mais *João Dor-nellas*, esforçado cavalleiro, e de muito nome e fama entre os Mouros, e outros, todos naturaes e casados na Ilha da Madeira. E, por rasão de suas pessoas, juntamente com Manoel de Noronha, quiz Nuno Fernandes de Atayde, Ca-pitam de Çafim, depois de repartidas as estancias da cidade, que ficassem estes fidalgos com elle de fóra da repartição (onde estavam tambem *Nuno Ga-to* e *Lopo Barriga*), para nos combates acudir aos logares onde houvesse mais pressa. Foram da ilha outros fidalgos em companhia de Manoel de ·No-ronha, esforçados cavalleiros, naturaes da Calheta, para servirem a El-Rey á sua custa neste cerco, e entre elles foi *Francisco d'Abreu* e *Hyeronimo d'A-breu*, filhos de *João Fernandes do Arco*, aos quaes, por serem extremados cavalleiros e esforçados capitães, deo Nuno Fernandes huma estancia da ban-da da Ponta da Cruz, desde a torre que está junto do mar até a Porta de Guarniz, na qual estancia havia cinco torres e oitenta braças de muro, que elles com seus soldados bem e valerosamente defenderam.

Deo mais Nuno Fernandes a guarda de nove torres e cento trinta e seis braças de muro a *João Esmeraldo*, natural da Ribeira Brava, filho de *João Esmeraldo, o Velho*: e mais para cima da cidade, guardava *Luiz de Atouguia*, filho de *Francisco Alvares*, da Fazenda d'El-Rey, natural da mesma Ribeira Brava.

22.

nove torres, com cento e tres braças de muro. Da primeira torre da Alcaçova
até a Torre grande era a estancia de *João de Freitas*, que este guardou juntamente com seu irmão *Antão de Freitas*, ambos naturaes da Villa de Sancta Cruz. E, porque *Pedro de Brito*, irmão de *Jacome Mendes de Brito*, da
mesma ilha e da Ribeira Brava, singular e abalizado cavalleiro, chegou a Çafim depois de ser feita a repartição das estancias, Nuno Fernandes lhe deo
tres torres entre as de D. Bernardo, e D. Garcia.

Neste cerco de Çafim, alem dos capitães nomeados a quem foram repartidas as estancias, se acharam outros muitos fidalgos e cavalleiros da Ilha da Madeira, que o fizeram como delles se esperava: estes foram *Henrique de Betancurt,*
Antonio Mendes, seu irmão, *João do Rego da Madureira, Francisco de Vellosa,*
Antonio Correa, de Camara de Lobos, *Bernardim de Brito*, e *Christovão de*
Sande, pay de *Antonio de Sande*, que morreo na India, que todos pelejaram
como bons cavalleiros, fóra outros da ilha, a quem não soube os nomes, que
defenderam mui esforçadamente a cidade dos captivos e apertados combates
que os Mouros lhe deram, sem poderem romper lanço de muro, antes se afastaram delle, com as diversas machinas de fogo que estes cavalleiros lhes lançavam. O que vendo os Mouros, e quam provida estava a cidade de socorro,
e que trabalhavam de balde contra o esforço desta nobre gente, houveram
por bom conselho levantarem o cerco, e foramse com perda de muitos dos seus.

Depois de levantado o cerco e os Mouros recolhidos em sua terra, quiz
Nuno Fernandes dar mostra desta nobre e luzida gente da Ilha da Madeira,
para o que, no anno do Senhor de 1511, esperando tempo oportuno, foi dar
sobre cinco aduares, e antes que a elles chegassem, mandou Manoel de Noronha, filho do Capitam João Gonçalves da Camara, de que tractamos, e com
elle cento e outenta de cavallo, os mais delles da ilha, hindolhes nas costas
detraz delles com a pionagem *André Caldeira* e *João de Freitas*, da ilha.
Mas Manoel de Noronha, como era mancebo desejoso de ganhar honra, em
companhia de seus parentes e homens naturaes se adiantou bem meya legoa
de toda a outra companhia, dando com tanto impeto e esforço nos mouros,
que fez estrago nelles e destroçou os aduares, matando e captivando muitos,
até que chegou Nuno Fernandes com o seu guião, a tempo que ja Manoel de
Noronha deixava desbaratados os inimigos, e trazia perto de cem almas captivas, com muito gado grosso e miudo, o que fez muita inveja aos outros.
Comtudo Nuno Fernandes o recebeo com muita alegria, e lhe deo muito lou-

ror, principalmente porque lhe não mataram mais que hum criado de João Dornellas, e dous escudeiros da ilha, aos quaes não soube os nomes. Os homens da ilha de nome que se acharam neste feito de Manoel de Noronha foram *Pedro de Brito*, e *Mem de Brito,* seu filho, e *Francisco d'Abreu,* e seus irmãos, e *João Esmeraldo,* e *João Dornellas,* que veyo ferido de huma lançada nos peitos, e *João de Freitas, João Rego da Madureira, Francisco de Vellosa, Antonio Mendes, Christovão de Sande, Antonio `Correa, Luiz de A-touguia, Henrique de Betancurt,* e outros cavalleiros a que não alcancei os nomes.

Houve mais João Gonçalves da Camara huma filha, por nome *D. Phelippa de Noronha,* que foi casada com D. Henrique Henriques, Senhor das Alcaçovas, de quem houve *D. Fernando Henriques, D. André Henriques,* e *D. João Henriques,* que ficou na ilha, pay de *D. Affonso Henriques.* Houve mais o Capitam João Gonçalves outra filha, por nome *D. Mecia de Noronha,* que foi casada com D. Martinho de. Castelbranco, Conde de Villanova de Portimão, e Veador da Fazenda d'El-Rey D. João II e d'El-Rey D. Manoel, de quem houve os filhos seguintes: *D. Francisco de Castelbranco,* que foi o mais velho, e herdou sua casa, e foi Camareiro Mór d'El-Rey D. João III; e houve *D. Affonso de Castelbranco,* Meirinho Mór; *D. João de Castelbranco;* e *D. Antonio de Castelbranco,* Deão da See de Lisboa: e houve filhas *D. Maria de Noronha,* que casou com D. Nuno Alvares Pereira, irmão do Marquez de Villa Real; e outra filha, que foi mulher de João Rodrigues de Saa, Alcayde Mór do Porto; e outra filha, que casou com Rodrigo de Saa, Alcayde Mór de Moura; e outra filha, que foi casada com Lourenço Peres Pantoja. Houve mais este Capitam João Gonçalves de sua mulher *D. Maria de Noro-ha* outra filha, que chamaram como sua mãy *D. Maria de Noronha,* e foi casada com o Marichal, de quem houve os filhos seguintes: o filho mais velho herdeiro da casa, que se chamou *Fernam Coutinho,* foi Marichal, e morreo na India; e huma filha, que foi mulher de Luiz da Silveira, Conde de Sortelha; e outrã, que não foi casada, e morreo sendo Dama do Paço.

Teve mais o Capitam João Gonçalves outra filha, que chamou *D. Constança de Noronha,* a qual nunca quiz casar, e, por fallecimento do Capitam, seu pay, se recolheo com as freiras no Mosteiro e Convento do Funchal, com licença e Rescripto que houve do Papa, onde sempre viveo sanctamente, não querendo ser freira professa, porque sempre era enferma. Outras filhas houve João Gonçalves: huma, que havia nome *D. Izabel,* a qual foi a primeira

Prelada Abbadeça que houve no mesmo Mosteiro do Funchal; outras duas, que se chamaram *D. Elvira*, e *D. Joanna*, e foram freiras profcssas; e ou- tra, que falleceo moça, a que não soube o nome.

Teve mais João Gonçalves da Camara hum filho natural, por nome *Gar- cia da Camara*, ao qual amava e mandou criar como seu filho legitimo, que foi pay de *João Gonçalves da Camara*, de Sancta Cruz: e tanto queria a este filho Garcia da Camara, que não consentia que na criação e tractamento delle houvesse differença dos legitimos, ainda que bastardo fosse; e até a hora de sua morte o teve em sua casa, mui querido da Capitoa e de seus irmãos, e com o amor que seu pay lhe mostrava e pedia, e elle sempre soube merecer por sua brandura e cortezia, postoque ficasse pobre a respeito do muito que seu pay lhe desejou.

Querendo este Capitam João Gonçalves hir á Corte, antes que fosse, mandou ordenar a fabrica do Mosteiro das freiras do *Convento de Sancta Cla- ra*, em Nossa Senhora da Concepção da Villa do Funchal; obra tão neces- saria como proveitosa para recolhimento de suas filhas e de outras de homens principaes, que fazem sancta vida, recolhidas á imitação da Bemaventurada Sancta: e no anno de 1492 começou a edificar esta obra sua filha D. Con- stança de Noronha com muita deligencia e devoção, tendo todas as cousas necessarias que seu pay lhe deixára preparadas; e no anno de 1497, sendo ja vindo do Reyno o Capitam, tornou lá por huma filha freira, que tinha na Concepção de Beja, por nome D. Izabel de Noronha, e com ella trouxe quatro freiras professas no dito Mosteiro. Ordenado tudo isto pelo Capitam, por virtude de hum Rescripto que impetrou do Papa para trazer estas frei- ras, estiveram alguns dias em casa do Capitam com D. Constança, sua filha; e hum domingo, na outava de Todos os Sanctos, entraram e tomaram posse do Mosteiro para sempre, e juntamente com estas meteo o Capitam outras duas filhas suas, que haviam nome D. Elvira, e D. Joanna, e depois fo- ram professas: as quaes todas entre si elegeram por sua Prelada e Abbade- ça a D. Izabel de Noronha, filha do Capitam, pela grande virtude que della conheciam; e só este Mosteiro de religiosas ha em toda a ilha.

Este Capitam João Gonçalves foi espelho dos capitães das ilhas que até seu tempo foram, porque, alem de ser esforçado cavalleiro, foi devoto e ami- go da Religião Christaa, e sempre procurou augmentar o Culto Divino e pros- perar sua ilha com religiosos, clerigos, e letrados; para o que pedio a El-Rey

D. João ii que, por estar vaga a Vigairaria de Sancta Maria do Calháo, provesse nella clerigo letrado, para doctrina do povo. E no anno de 1490, por confiar El-Rey muito na consciencia de *Fr. Nuno Cam*, o mandou á ilha por Vigairo desta igreja, com bom ordenado, que hoje em dia tem o Deão da See do Funchal, havendo elle sido o primeiro que o servio depois de criada a See com conigos e dignidades, sendo Mestre em Theologia, mui bom letrado, e mui privado d'El-Rey; o qual Frey Nuno veyo confirmado pelo Prior e Vigairo do Convento da Villa de Tomar, da Ordem de Christo, de cujo Mestrado he a ilha.

Depois de ter ordenado as cousas de sua Capitania o Capitam João Gonçalves, e posto em bom estado assi as cousas ecclesiasticas como seculares, e a ilha em prosperidade e em crecimento cada vez mais, tendo casados e agasalhados todos os seus filhos, foi Deos servido levalo para si, para lhe dar o galardão que suas obras mereciam. Estando elle muito prospero e rico, fallece a huma sexta-feira, 26 de Março, na era do Senhor de 1501, tendo de sua idade oitenta e sete annos, dos quaes governou a ilha trinta e quatro. E por seu fallecimento ficou muita fazenda de moveis e de raiz, que partio irmanmente com seus filhos. Faleceo na Villa do Funchal; sua morte foi mui sentida do povo, porque era mui bem quisto; e comummente altos e baixos choravam, porque era amparo de muitos. Foi seu enterramento mui solemne, como o pedia o tempo, com toda a Clerizia, e Religiosos da villa, e o povo todo, que com lagrimas e orações o acompanhava.

CAPITULO XXXII

DE ALGUNS FEITOS DO TERCEIRO CAPITAM SIMÃO GONÇALVES DA CAMARA, CHAMADO
O MAGNIFICO, E DE ALGUMAS COUSAS QUE EM SEU TEMPO ACONTECERAM: DE
COMO A VILLA DO FUNCHAL FOI FEITA CIDADE; E DOS FILHOS QUE
ESTE CAPITAM HOUVE DE SUA PRIMEIRA MULHER.

O filho do segundo Capitam João Gonçalves, chamado *Simão Gonçal-les da Camara*, o *Magnifico*, por morte de seu pay, foi confirmado por Capitam no mesmo anno por El-Rey D. Manoel, sendo de idade de quarenta annos pouco mais ou menos: e foi chamado *Magnifico*, porque nunca pessoa alguma se chegou a elle a pedirlhe alguma cousa que lha negasse, por ser mui grandioso e de singular condição, sem nunca poupar o que tinha, despendendo tudo comummente com muita prudencia em serviço de seu Deos e de seu Rey, em que foi tão solicito e deligente, que nove vezes foi a Africa com muita gente á sua custa em socorro, como adiante se verá. A primeira foi estando El-Rey D. João II em Santiago de Cacem, donde o mandou socorrer a Arzila, que estava cercada: levou trezentos homens que tomou a soldo no Reyno, onde estava, em vida de seu pay; e com esta gente esteve seis mezes á sua custa em Arzila, no fim dos quaes, depois de ter feito boas cavalgadas e dado mostras de sua cavallaria, o mandou El-Rey vir.

Depois, no anno de 1489, o mandou o proprio Rey D. João em socorro á Graciosa, em o qual tempo tão trabalhoso tinham os Mouros cercado a esta fortaleza, onde foi com outocentos homens, e esteve neste cerco com esta gente a mayor parte do inverno. Logo no anno seguinte de 1490, porque seu pay era ja muito velho, lhe escreveo El-Rey D. João huma carta, e por ella o mandou chamar para as festas do Princepe D. Affonso, seu filho, dizendolhe na carta que em vir a ellas, como delle se esperava, receberia tão grande serviço, como se fora para se achar com elle em huma grande batalha. Pelo que, se fez prestes o dito Simão Gonçalves, como cumpria para tão grande acto, onde se ajuntavam todos os do Reyno: e, como elle era grandioso do coração e generoso de condição, despendeo nestas festas muito de sua fazenda, porque deo de vestir a muitos fidalgos e gente que levou em sua companhia, com muito aparato de criados, e librés de brocado, e gastos

23

que fez, mostrandose tão lustroso como cavalleiro, e nos cavallos, jaezes, e outros custos, que foram avaliados em grande soma de dinheiro, que elle não estimava pela grande e larga condição que tinha.

Governando ja a ilha Simão Gonçalves da Camara por morte de seu pay, no anno do Senhor de 1508, El-Rey D. Manoel, pelos serviços que tinham feito á Coroa os Capitães da ilha, e pelo amor que a esta elle tinha, porque antes de ser Rey foi della Senhor, mandou huma Provisão aos moradores do Funchal, que havia, por seu serviço, por respeitos que a isso o moviam, e por mercê ao Capitam Simão Gonçalves e moradores, de fazer cidade a Villa do Funchal, confirmando os foraes e liberdades que El-Rey D. Affonso v havia concedido a esta villa e ilha, e accrecentando os outros que hoje em dia tem, donde não pagão direitos dos mantimentos, com pacto dos quintos dos assucares, que são Direitos Reaes. E mandou El-Rey logo á costa de sua Fazenda fazer huma alfandega, que foi mui grande e mui custosa, e hum magnifico e sumptuoso templo, com sua torre muito alta e soberba, que fez acabar para ser See Cathedral, com Dignidades e Conigos; obra tão acabada, como elle costumou sempre mandar fazer nas cousas de que tinha gosto: a qual See he tão perfeita e tão lustrosa que, inda que não grande, se não sabe agora em Portugal outra melhor assombrada; e a cidade, como ja disse, será ao presente de dous mil vesinhos, tem duas freguezias, e na See dous curas.

No mesmo anno de 1508, Diogo de Azambuja ganhou a cidade de Çafim, quando foi chamado do Castello Real (que está a terra da Ilha de Mogador, e doze legoas de Çafim), porque os mouros tinham morto Abdear-Rahmão, seu tyranno, e mandaram os cabeceiras chamar o dito Diogo de Azambuja, que se viesse apoderar da cidade, porque os matadores do tyranno queriam ser vassallos d'El-Rey de Portugal, temendo os parentes do mesmo tyranno: e Diogo de Azambuja assi fez, vindo com cento de cavallo. Mas os mouros, depois de os ter na cidade, arrependidos de os ter metidos nella, os determinaram matar. O que sabido por Diogo de Azambuja, se recolheo em huma torre das mais fortes de Çafim, com casa de tracto de portuguezes e porta para o mar; despachou logo huma caravela para a Ilha da Madeira; e, por hum cavalleiro escreveo ao Capitam João Gonçalves o extremo e necessidade em que ficava, e como os mouros da comarca se chegavam para os tomar ás mãos, e vinham com pregão (que he, segundo elles cuidão, como entre nós indulgencia plenaria), para os matarem. O que sabido pelo Capitam Simão Gonçalves, mandou logo trezentos homens que fez na ilha dentro de tres dias, e após estes se foi elle em pessoa com novecentos homens em treze navios, com muitos mantimentos. Chegou a Çafim com tempos contrarios, vespera de Natal do anno de 1509, onde esteve tres mezes com estes mil e duzentos homens á sua custa, alem de outras pessoas nobres que com elle foram a servir E-lRey, dos quaes foi hum *João Dornellas:* com o qual socorro não sómente assegurou a cidade, mas tambem poz os mouros em serviço d'El-Rey, e os fez tributarios, e estar á obediencia do Capitam: nem se quiz partir dali até tudo não ficar seguro e sugeito ao mando d'El-Rey I). Manoel, que estimou este socorro em muito, e escreveo ao mesmo Simão Gonçalves da Camara grandes agradecimentos, mandandolhe dizer que se viesse para elle, o que logo cumprio. Hindose a Evora, onde El-Rey então estava, este lhe fez muitas honras e mercês, encomendandolhe muito o socorro do Castello Real e de Sancta Cruz de Gué, o quo elle tambem fez com muito cuidado: e por duas vezes o mandou socorrer, estando por Capitam Diogo Lopes de Cequeira, e no Castello Real, Diogo de Azambuja, antes que viesse a Çafim. E a cada hum destes socorros mandou o Capitam Simão Gonçalves trezentos e cincoenta homens, mui luzida gente, á sua custa, e estiveram lá muitos mezes.

Era casado neste tempo o Capitam Simão Gonçalves da Camara com *D. Joanna,* filha de D. Gonçallo de Castelbranco, Governador de Lisboa, Senhor de Villanova de Portimão, e della teve os filhos seguintes: *João Gonçalves da Camara,* que herdou a casa; *Manoel de Noronha,* Bispo que foi de Lamego, virtuoso Prelado, o qual foi Camareiro do Secreto do Papa Lião x, que, se vivêra mais tempo, o fizera grande na Igreja de Deos. E governou seu Bispado em Lamego, no qual deo sempre mostras de mui prudente e mui catholico pastor, em muita doctrina e exemplo: e foi hum dos afamados Prelados de seu tempo, por sua grande virtude em quanto servio. Do Papa houve elle hum regresso para as igrejas e cargos que vagassem em Portugal (que pertencem á data do Papa), para os dar e tomar para si e para quem quizesse; dos quaes alguns vagaram, que deo primeiramente a seus parentes, depois a outros de sua obrigação. Deo a *Martim Gonçalves da Camara,* seu sobrinho, huma conizia em Silves, no Algarve, e huma igreja de Santiago de Bretiandos, e outra de Villaflor, que tudo rendia quinhentos mil reis.

23.

Deo a *Luiz de Noronha* huma igreja, que anda annexa á sua Comenda de S. Christovão de Nogueira. Foi finalmente hum illustre Prelado, e de muito primor. Houve do Papa licença e faculdade para testar certa copia dos bens adquiridos no Bispado; e quando falleceo, deixou huma capella perpetua, com seis capellães, de seiscentos mil reis de renda em cada hum anno, e que fossem estes capellães mestres em qualquer sciencia, até de gramatica, para ensinarem de graça no Bispado, e que fosse administrador desta capella o Capitam herdeiro da ilha.

No anno de 1516 trouxe de Roma este Manoel de Noronha o capello de Cardial ao Infante D. Affonso, que lhe mandou o mesmo Papa Lião x, a quem elle servia de Secretario, e de sua mão o recebeo o Infante em Lisboa, sendo presente El-Rey, seu pay, com titulo de Bispo Zagitano, Diacono Cardial de Sancta Lucia: e por grande honra o mandou o Papa por elle, com tenção de que El-Rey porisso lhe fizesse grandes mercês.

Era D. Manoel de Noronha, Bispo de Lamego, homem que viveo com grande conta, peso e medida. Antes que fosse Bispo de Lamego, dotou á Misericordia da Cidade do Porto, onde era conigo, sessenta mil reis de renda, para se casarem quatro orphaas cada anno, duas de escudeiros, e duas mecanicas: e depois de Bispo, fez o mesmo no seu Bispado, e dotou á Misericordia de Lamego outros sessenta mil rêis, que se repartiram pela mesma maneira a outras quatro orphaas, as quaes sahem por sortes: vai o Provedor e irmãos da Misericordia saber de sua virtude e, costumes; e achando serem virtuosas, lhes dão esta esmola a cada huma.

Cada anno cinco vezes ordinariamente dizia missa em pontifical: Natal, Pascoa, Pentecostes, Nossa Senhora d'Agosto, e dia de Todos os Sanctos: e nestes dias fazia a pessoas necessitadas e honradas certas e grossas esmolas particulares de dinheiro, que lhes mandava dar em suas casas; e ainda que, por alguma occupação, ou por estar ausente, não dicesse missa em pontifical, não deixava porisso de mandar dar as mesmas esmolas naquelles proprios dias cada anno. Fez muitas obras boas e grandes em seu tempo na See de Lamego: deolhe muitos e ricos ornamentos; mandou fazer os orgãos, que são muito para ver, porque era muito inclinado á muzica, e porisso tinha grande capella em sua casa antes de Bispo e depois de o ser de muitos cantores portuguezes e castelhanos, a quem dava bons premios e partidos; fez as crastas da See com suas varandas; mandou levantar a torre em grande altura mais do que era; e fez huma capella para si, em que está sepultado, na crasta da See, mui rica e fermosa, da invocação de S. Nicoláo, e deixou nella capellães com honestos mantimentos, que rezão o officio divino cada dia, e tem missas cantadas de prima e terça ordinariamente. Fez casas de collegio muito boas perto da See, em que pouzão estes capellães, para nellas lerem e ensinarem, como disse. Trouxe hum chafariz de pedra de Estremós branca e fermosa, que está defronte das suas casas junto da See e do Collegio. Fazia muitas esmolas secretamente a muitas pessoas honradas e fidalgas, que sabia terem necessidade, e tambem outras ao Mosteiro de S. Francisco, que está no meyo da cidade. Quando sabia de alguns delinquentes, e que viviam mal, mandavaos chamar a sua casa, e com amor e caridade os admoestava, que emendassem suas vidas e costumes; e se o não faziam, os mandava prender, e castigava. Reformou, levantou, e concertou algumas ermidas fóra da cidade, como Nossa Senhora dos Meninos, e Nossa Senhora de Sancto Estevão, e fez fazer a igreja do Spirito Sancto, pegado com a cidade; e era mui inclinado a cousas do Culto Divino. Fez seu testamento mui copioso, e tão discreto, spiritual e bem ordenado, que diziam homens doctos que era para se imprimir; no qual mandou pagar a seus criados, e repartir muitas esmolas, deixando á See sua tapeçaria, com que toda se arma pelas festas. No tempo que foi Bispo, que poderiam ser vinte annos, pouco mais ou menos, fez sempre muitos bens, e honrou muito a seus criados, a huns dando de sua fazenda, e a outros beneficios, e casaes, e dinheiro. Teve finalmente grande casa, capellães, e criados, e foi hum dos mais insignes bispos do Reyno.

Houve mais Simão Gonçalves desta primeira mulher outro filho que se chamou *João Rodrigues de Noronha*, o qual foi casado com D. *Izabel d'Abreu*, filha de *João Fernandes do Arco*, da Ilha da Madeira, de quem houve filhos. Este João Rodrigues de Noronha foi Capitam de Ormuz na India, em tempo do Governador D. Duarte de Menezes, seu cunhado, que foi no anno de 1521: e antes que entrasse na fortaleza, o foi do mar da Costa de Dio, e servio bem a El-Rey, até ser Capitam de Ormuz, onde prendeo o tyranno Raesxarafo, e o teve a bom recado na fortaleza, até chegar o Viso-Rey, seu cunhado, D. Duarte de Menezes; o qual chegado, poz as cousas de Ormuz em paz e socego.

Houve mais Simão Gonçalves de sua mulher D. Joanna huma filha, por nome D. *Phelippa de Noronha*, que foi casada com D. Duarte de Menezes, filho herdeiro de D. João de Menezes, Conde Prior, que tinha muitos cargos honrosos; pois era Conde de Tarouca, D. Prior do Crato, Capitam de Tangere, Comendador de Cezimbra, e Mordomo Mór d'El-Rey D. Manoel: pelos quaes cargos que tinha, embarcando sua filha, mulher do Conde de Abrantes D. Lopo de Almeyda, de Lisboa para Abrantes, e hum homem perguntando cuja filha era, respondeo outro dizendo que era filha de cinco pays, pelos cargos que o pay tinha. E ordenando El-Rey D. Manoel de mandar hum homem a Roma a cousas de muita importancia, se conta que perguntara que fidalgos mandaria; e hum religioso lhe dice: «*Eu nomearei a V. A. cinco homens, que cada hum he muito para isso: o Conde de Tarouca, o D. Prior do Crato, o Capitam de Tangere, o Comendador de Cezinbra, e o Mordomo Mór de V. A.*» Respondeo El-Rey: «*Tudo isso elle merece, e muito mais.*» Com o qual D. Duarte de Menezes (que foi Capitam de Tangere e Governador da India), filho herdeiro deste Conde Prior, o Capitam Simão Gonçalves casou sua filha D. Phelippa de Noronha a troco, porque João Gonçalves da Camara, irmão de sua mulher, casou com sua irmaa D. Leonor de Vilhena. Houve esta D. Phelippa de seu marido D. Duarte de Menezes dous filhos: *D. João de Menezes Capitam Tangere, e D. Pedro de Menezes.*

CAPITULO XXXIII

Do primeiro Bispo que foi da Ilha á Madeira; da ajuda que deo o
Capitam Simão Gonçalves na tomada de Azamor; da criação do Bispado
da Cidade do Funchal e primeiro Bispo proprietario della; e de
huma esconjuração que fez o primeiro Mestre escola.

Neste mesmo anno de 1508 veyo á Ilha da Madeira, por ordem do
Convento de Tomar, hum *D. João Lobo,* Bispo de anel, que foi o primeiro
que entrou nella: e, porque El-Rey D. Manoel, depois de ter feito cidade no
Funchal, determinou suplicar ao Papa que criasse na ilha See de Dignidade e Conigos, em quanto isto não tinha effeito, ordenou o Vigairo de Tomar
mandar este Bispo (como mandou), para crismar, dar ordens, e executar todos os ministerios competentes ao Bispo, em quanto o não era o mesmo Vigairo, que El-Rey tinha em gosto appresentar e eleger, da criação da See do
Funchal. Com a vinda deste Bispo desistio o de Tangere do requerimento que
fazia, e de vir á ilha como ordenava; e chegado o Bispo D. João, o foram
receber o Mestre Frei Nuno Cam com toda a Clerizia, e lhe fizeram muitas
festas, por ser o primeiro que na ilha fez officio em pontifical.

Depois de andar a ilha toda não como Visitador, senão provendo as
igrejas e villas della para crismar, benzer ornamentos, e consagrar calices, e
correndo a terra na *Lombada do Esmeraldo,* consagrou a igreja que está naquella fazenda, e foi a primeira, que consagrou na ilha. E depois de estar algum tempo nesta, fez volta para o Reyno, deixando as cousas do Bispado e
das igrejas em bom regimento e ordem.

E no anno seguinte de 1510 vieram os Mouros cercar Çafim, donde
mandou o Capitam Nuno Fernandes pedir socorro á ilha: e, porque o Capitam
estava na Corte, a Capitoa ordenou huma boa companhia de gente luzida, de
que foi por Capitam Manoel de Noronha, irmão do mesmo Capitam Simão
Gonçalves, como tenho dito, quando fallei em Manoel de Noronha.

Ordenou El-Rey D. Manoel mandar tomar a Cidade de Azamor no anno
de 1513, para o qual negocio elegeo D. James, seu sobrinho, Duque de Bragança, o qual levou, fóra a gente do mar, dezouto mil homens de pee, de
que os quinze mil eram do Duque, que fez vir das suas terras.

A esta jornada mandou o Capitam Simão Gonçalves da Camara seu filho herdeiro João Gonçalves com vinte e hum navios, seiscentos homens de pee, e duzentos de cavallo, de que os outenta eram criados seus encavalgados á sua custa, e os de mais seus parentes e chegados, que todos hiam debaixo da bandeira deste seu filho, e elle lhes dava de comer assi a estes, como a todos os fidalgos, cavalleiros e escudeiros que queriam hir á sua meza: e, comquanto o Duque de Bragança he tão grande senhor e poderoso, como se sabe, não levou mais que tres mil homens á sua custa; e Simão Gonçalves da Camara mandou esta armada com a gente que tenho dito, onde foram mui nobres cavalleiros. Daqui se póde colegir quam liberal sempre foi, e quam zeloso do serviço d'El-Rey, principalmente no que tocava ao de Deos contra os infieis; e nestas larguezas e magnificencias gastava sua fazenda, porque seu grande coração aspirava a cousas arduas, grandes e de capitam valeroso. E isto só encomendou a seu filho, que *nos trabalhos fosse companheiro; no tractamento e gazalhado, brando; nos cometimentos, o primeiro; e no fazer das mercês, prodigo.* O que o filho mui bem tomou, porque alem de fazer nesta jornada grandes gastos, tractou a todos com muita cortezia e brandura, fazendolhes tambem muitas mercês; e porisso ganhou a vontade dos homens, que o serviam com muito amor. Depois de ganhada a Cidade de Azamor, deixouse ficar nella com sua gente, com a qual se achou em perigosas entradas e honrosos recontros com os mouros, como em seu logar se dirá.

No anno seguinte de 1514, á suplicação d'ElRey D. Manoel, foi criada a See da Cidade do Funchal pelo Summo Pontifice Leão x. Aos 12 dias do mez de Junho do dito anno foi nomeado por Bispo desta criação D. Diogo Pinheiro, Vigairo que fora da Villa de Tomar, da Ordem e Cavallaria de Nosso Senhor Jesus Christo, do Méstrado da qual era a Ilha da Madeira: e este foi o primeiro Bispo proprietario que houve na dita ilha. E depois de confirmado e consagrado, mandou tomar posse ao Funchal: e envestido nella, a appresentação d'El-Rey, foram feitas e confirmadas quatro Dignidades e doze Conigos, que na mesma criação vinha que fizessem para serviço da See, a qual este Prelado governou com muita justiça, e virtude, e edificação, ainda que nunca foi á ilha. Mas no anno de 1516, por elle ser occupado no serviço d'El-Rey como Desembargador do Paço, e impedido com negocios d'El-Rey e do Reyno, mandou á Cidade do Funchal hum Bispo, que se chamava D. Duarte, o qual, por elle não poder vir, crismou e deo ordens, e Regimento na See, e executou outros ministerios competentes a seu officio e cargo, e consagrou a See da Cidade do Funchal, hum dia de São Lucas 18 de Outubro, com muita solemnidade, e benzeo hum dos sinos que pozeram na torre da mesma, e fez outras cousas muito necessarias.

Este primeiro Bispo D. Diogo Pinheiro mandou á ilha seu Provisor e Vigairo Geral, e governou o Bispado doze annos, no fim dos quaes falecceo na era do Senhor de 526, sendo homem de boa idade. E em seu tempo supplicou ao Papa, com aprazimento d'El-rey, para acrecentar mais na See, e fazer huma Dignidade de *Mestre Escola*, que foi hum *João Rodrigues Borio* (o primeiro que este cargo servio), para a dita See ser bem servida; por quanto a terra multiplicava em fertilidade, e frequencia de muitos mercadores, e multiplicação do povo.

Este primeiro Mestre Escola João Rodrigues Borio foi homem sciente nas cousas necessarias a seu cargo, e sobre tudo mui esforçado de sua pessoa; pelo que, andando naquelle tempo huma phantasma no Mosteiro das freiras da Cidade do Funchal, que tinha assombradas as madres do Convento, as quaes não podiam dormir com os terremotos que fazia na igreja e no Mosteiro de tal maneira que aquelle se atreveo huma noute, revestido, e com o Sanctissimo Sacramento nas mãos, hila esconjurar; em que teve assás trabalho, ficando depois muito atormentado de medo, como alguns dizem, dizendo tambem o povo (que sempre acrecenta nas historias, não sei com quanta verdade) que se pozera a este trabalho por livrar da cadea hum irmão, que estava sentenciado á morte; e porisso lhe foi perdoado. E veyo a phantasma falar com elle, de sorte que mandou desenterrar hum certo homem honrado e virtuoso, que dizem ser fidalgo de geração, e era morto e ali enterrado; o qual, depois de tirado dali, foram enterrar em hum caminho acima do Mosteiro que vai para o Norte, em humas chaas de terra que chamão a *Achada*, entre vinhas: e hoje em dia está huma cruz de páo posta no logar onde se enterraram os ossos deste defunto; de maneira que nunca mais appareceo, nem fez terror, como d'antes fazia. Póde ser que o Diabo (como ás vezes costuma), por infamar aquelle homem, tomaria aquelle corpo phantastico e se faria em sua forma, porque o homem era muito virtuoso em sua vida: outros dizem que este na hora da morte duvidára do Sanctissimo Sacramento, porisso lho acharam na boca quando o desenterraram; e outras cousas particulares que neste caso se contão, e eu, por não saber a certeza dellas, não repito.

24

CAPITULO XXXIV

Do socorro que deo o Capitam Simão Gonçalves no terceiro cerco de Arzila, hindo aggravado d'El-Rey para Castella; do presente que mandou ao Papa Leão x; e como foi louvado seu esforço do Xarife.

Sendo depois Capitam de Arzila D. João Coutinho, filho do Conde de Borba, El-Rey de Fez e sen irmão Muleinacer, Rey de Meniques, vieram a terceira vez cercar Arzila, no anno de 1516, com mais de cem mil homens. D. João Coutinho avizou a El-Rey logo deste cerco, por ser tão temeroso, alem de o fazer saber a hum Feitor que El-Rey tinha em Malaga, o qual lhe mandou duzentos homens. Neste tempo tinha El-Rey mandado á Ilha da Madeira para a jurisdição do Funchal hum Corregedor, por nome *Diogo Taveira*, por certas rasões que a isso o moveram, em respeito do Capitam Simão Gonçalves, que estava na ilha: aggravado do que, determinou este de se hir com toda a sua casa para Castella, porque, pelos serviços que tinha feito a El-Rey, lhe não merecia meter Corregedor em sua jurisdição, sendo Governador da Justiça em toda sua Capitania. Com este aggravo, se embarcou em duas caravelas, com tenção de passar a Castella: e hindo assi da ilha, accrtou com temporal hir ter a Lagos, no Algarve, onde, sabendo daquelle cerco, mandou apregoar soldo a dous cruzados por mez, e se partio logo para Arzila com sete centos soldados que ajuntou em tres dias, pagos á sua custa, e foi socorrer a Villa de Arzila, levando alem disso muitos mantimentos.

Depois de ser lá, com sua ajuda e de outros fidalgos que foram ao socorro, e com o que El-Rey mandou por Diogo Lopes de Sequeira, El-Rey de Fez mandou levantar o cerco para Alcacerquivir: e ao tempo que os mouros se quizeram levantar, ficou a cava desfeita, e muros derribados por algumas partes. Nisto, veyo nova do desbarato e morte do Capitam Nuno Fernandes de Atayde; pelo que pareceo ao Capitam de Arzila que os mouros tornariam a continuar o cerco: e pondo D. João em conselho com muitos fidalgos, que ali eram vindos ao socorro, quaes delles ficaiiam, e com quanta gente, para reformar os muros e cava, alguns, que para isso foram requeridos pelo Capitam de Arzila que ficassem na villa até de todo cessar a necessidade, se ex-

24.

cusaram. O que vendo o Capitam Simão Gonçalves, se offerecco ao Conde para ficar em Arzila todo o tempo que fosse necessario, dizendo que para o que cumpria ao serviço de Deos e d'El-Rey, seu Senhor, não lhe lembrariam aggravos, nem pouparia dinheiro, nem fazenda: e mandou logo apregoar soldo para fazer mais quinhentos soldados, a quatro cruzados por mez, para a paga dos quaes mandou trazer dous mil cruzados. O que foi causa e exemplo de ficarem em Arzila mais algum tempo muitos dos que estavam para se hir. E este offerecimento de Simão Gonçalves não aceitou o Conde do Redondo, Capitam do Arzila, vendo a grande despeza que lá tinha feito, e cada dia fazia com a gente que tinha: e lhe respondeo que todos os outros obrigaria, mas a elle por nenhum caso o consentiria. Deixando pois Simão Gonçalves as cousas do Arzila seguras, se foi a Sevilha, onde El-Rey D. Manoel lhe escreveo huma carta com grandes promessas e esperanças de lhe fazer as honras e mercês que taes serviços mereciam; mandandolhe que viesse logo, e tornasse para o Reyno, que elle o despacharia conforme a seus merecimentos.

Assi que este Capitam foi tão esforçado e liberal, e continuo em acudir aos rebates e cercos de Africa, e tão leal portuguez e bom vassallo, que, antepondo todo o aggravo que d'El-Rey tinha, e hindo, como foi, para outro reyno, não deixou de offerecer sua pessoa e fazenda para serviço d'El-Rey, tendo mais respeito ao que se devia á sua illustre pessoa, que aos aggravos d'El-Rey, o qual alfim logo lhe satisfez; porque (como diz o Doctissimo e Reverendissimo D. Hyeronimo Osorio, illustre Bispo do Algarve, merecedor por suas heroicas virtudes e ciceronia facundia de muito mayores cousas) os Fidalgos de Portugal hãose com o seu Rey nos aggravos como os mimosos filhos com os pays, que se queixão de qualquer cousa delles, e fazem grandes casos e queixumes do que lhes sofrem; porem, quando o negocio o pede, offerecem a vida pelos servir: assi foi este aggravado Capitam; que mayores eram as queixas que d'El-Rey tinha, do que na verdade o caso o pedia; mas, como mimoso filho, foi logo chamado do seu Rey, e satisfeito do que pedia e desejava, que assi mereciam seus serviços.

Alem destes socorros que dito tenho, fez outros Simão Gonçalves da Camara, assi á Cidade de Çafim, como a Azamor, e Arzila, per si, e por seu irmão Manoel de Noronha, que a Capitoa despachou e mandou com setecentos homens, gente mui luzida, á sua custa, como ja fica relatado: e assi acudio sempre com muita gente e navios a todos os rebates e cercos que em seu tempo houve nos logares de Africa, no Castello Real, e no Cabo de Guee, e Agus, Mazagão, Cepta, Tanger, e Alcaçar-seguer, elle em pessoa, ou seu filho herdeiro, ou, quando não podia hir, mandava seus parentes e amigos: no que despendeo de sua fazenda, segundo se achou por lembrança dos serviços que allegou, outenta mil cruzados, dos quaes quando faleceo ficou devendo cincoenta mil, de que o Capitam Conde, seu neto, pagou dezenove mil, porque ja seu pay João Gonçalves da Camara tinha pago a demazia.

E nisto gastára com taes despezas sua renda toda, a qual naquelle tempo era a melhor renda de Portugal, tirando a do Duque de Bragança e Mestre de Santiago: e não foi muito gastar tudo, segundo sua condição alexandrina; porque não somente porisso morreo pobre, mas tambem por não poupar as despezas que tinha: grande casa, criados mui principaes, e grande fausto, e primor, e huma capella de muitos cantores e capellães, que competia com a d'El-Rey: e era mestre desta capella hum Diogo de Cabreira, castelhano mui destro na arte de canto e de orgão, e tal que o proprio Rey lho pedia para cantar na sua capella: e a estes todos dava de comer, e todo necessario. E tão generoso foi que, tendo seu filho Manoel de Noronha, Bispo de Lamego, em Roma, o qual servia de Secretario do Papa Leão x, despachou da ilha hum criado seu, por nome *João de Leiria,* homem mui honrado, prudente e gentil-homem, e o mandou a Roma visitar o Papa com hum grande serviço, que, alem de hum cavallo persio de muito preço, que levava de cabresto hum mourisco muito gentil-homem e alto de corpo, vestido em huma marlota de girões de seda, levou mais muitos mimos e brincos da ilha de conservas, e o Sacro Palacio todo feito de assucar, e os Cardiaes todos feitos de alfenim, dourados a partes, o que lhes dava muita graça, e feitos de estatura de hum homem. E tudo foi metido em caixas, embrulhado em algodão, com que foram mui seguros e sem quebrar até dentro a Roma: cousa que, por ser a primeira que desta sorte ali se vio, a estimou muito o Papa, e cada huma peça per si foi vista pelos Cardiaes e Senhores Romanos, sendo presente o Papa, que louvava muito o artificio, por ser feito de assucar; e muito mais louvava o Capitam, que tal lhe mandou, largando muitas palavras perante todos em louvor delle: e recebeo com muita benignidade o Embaixador João de Leiria, que foi mui acompanhado, com muitos criados vestidos de veludo preto á portugueza, em companhia do qual hia hum Conigo da See do Funchal, chamado *Vicente Martins*, natural do Algarve, que hia por A-cessor e Secretario da Embaixada, para fazer ao Papa a fala em latim. Era este Conigo a melhor voz de contrabaixo que até seu tempo houve em Portugal, e mui destro no canto, alem de ser bom latino: e diante do Papa mostrou sua habilidade na capella, com que foi mui louvado e estimado de todos, e lhe faziam em Roma bom partido pela sua fala. E por elle ser do Capitam, o Papa lhe fez muitas mercês, e lhe deo huma conizia, alem da que tinha, na Cidade de Coimbra, e dous beneficios simples, que comia, *importabiles:* e a João de Leiria fez muita honra e mercê, louvando muito as grandezas do Capitam, promelendolhe satisfazer as lembranças desta Embaixada, que parecia mais de Rey, que de Vassallo seu. E o Papa escreveo huma carta por João de Leiria ao Capitam, a sustancia da qual era que se devia de ter por bemaventurado, pois Deos lhe dera hum filho tão virtuoso, e de tantas partes, quaes tinha Manoel de Noronha da Camara, ao qual, se Deos lhe désse vida, elle o faria grande na Igreja de Deos, por ser disso merecedor: e sem falta assi fora, se Deos não ordenára outra cousa, com levar o Papa para o Reyno dos Ceos em tempo que Manoel de Noronha veyo a Portugal, onde o podéra fazer grande, como tinha escripto. Com esta carta veyo mui satisfeito João de Leiria, e muito mais com as honras e mercês que o Papa lhe fez: e fazendo volta por Genova, dahi se passou a Espanha, donde veyo ter á ilha, e foi bem recebido do Capitam Simão Gonçalves, que sabia mui bem pagar semelhantes trabalhos e disso se prezava, e ficava tão contente de dar quanto tinha, como se possuhira quanto ha no mundo, que isto tem os liberaes: viverem sempre na vontade ricos e contentes; porque, ainda que dem quanto tem, ficalhes o que mais vale, que he o contentamento de o ter dado.

Com estas e com outras obras dignas de estarem sempre na memoria dos homens, tinha tanto nome e fama este Capitam por toda a Europa, e Africa, e parte da Asia, que dizia o Xarife por elle, practicando com os seus Xeques e Alcaydes em cousas de guerra, que, se tivera tres capitães como o da Ilha da Madeira tão cavalleiros e poderosos, se não contentára com ser Rey de Castella e de Portugal; porque nunca veyo pôr cerco aos logares de Africa que os Christãos tinham occupados, que deixassem de sahir o Capitam da ilha com sua gente tão destros e cavalleiros, que eram a causa principal porque logo levantava o cerco; que, assi como abelhas, os achava aferrados comsigo, sem poder fazer a sua, e se tornava com perda dos seus, pelo esforço e cavallaria deste valeroso Capitam. Testemunha destas palavras foi Ignacio Nunes, Lingua deste Reyno, que as ouvio o Xarife dizer por sua viva voz, e deo testemunho disso em hum instrumento que desta practica tirou: e por ser homem calificado, e de tanta verdade que por ella servia a El-Rey nas partes de Africa, faço esta lembrança, por que a tenham os descentes deste illustre Capitam, e vejam quão excellente foi sempre na cavallaria e liberalidade com que dava lustro a seus feitos, e com que adquirio toda esta fama; porque o dar procede de grande animo, e comummente os homens avaros da fazenda, são prodigos da honra; e pelo contrario os que tem a fazenda em pouca estimação, tem a honra em muito.

CAPITULO XXXV

Dos filhos que o Capitam Simão Gonçalves teve da segunda mulher; e como a peste que houve na Cidade do Funchal cessou milagrosamente por intercessão de Santiago Menor, que foi eleito por Padroeiro; e como e onde faleceo o Capitam; e outras cousas que na ilha aconteceram.

Foi casado Simão Gonçalves da Camara a segunda vez com D. Izabel da Silva, filha de D. João de Atayde, que foi Regedor da Justiça, filho herdeiro do Conde de Tarouca, com a qual casou por dote e arras; e della houve os filhos seguintes: *João Gonçalves de Atayde*, que morreo mancebo sem casar; e *Luiz Gonçalves de Atayde*, que ainda vive, Senhor da Ilha Deserta, casado com D. Violante da Silva, filha de Francisco Carneiro, Secretario que foi d'El-Rey, o qual officio não servio, por ser surdo, e por elle o servio seu irmão Pedro de Alcaçova: della houve *João Gonçalves de Atayde*, e *Martim Gonçalves*, e outros, mancebos de muita esperança, por seu valor, discrição, e arte.

Houve mais o Capitam Simão Gonçalves tres filhas desta segunda mulher, que se chamaram *D. Beatriz*, a qual hoje vive freira no Mosteiro de Sancta Clara do Funchal, mulher mui antiga, e dotada de toda a virtude, e hum dos esteyos desta sancta casa, onde foi muitas vezes abbadeça; *D. Izabel de Noronha*, e *D. Maria de Noronha*, tambem freiras professas no Mosteiro do Funchal, onde as meteo seu pay com boas rendas que para isso lhes applicou, e viveram sempre mui virtuosa e sanctamente.

Teve mais o Capitam Simão Gonçalves hum filho natural, que hoje em dia vive, e se chama *Francisco Gonçalves de Camara*, o qual ao presente he Capitam Geral da Guerra, por Provisão d'El-Rey, pelo assi pedir o Capitam Conde seu sobrinho, por sua interposição: he homem mui ardiloso em todos seus exercicios de guerra, mui temperado, de muita virtude, e pouco mimoso: foi criado em aspereza, fora das delicias de seus irmãos, pela qual rasão he sofredor de trabalhos, e mui esforçado cavalleiro, como mostrou na entrada dos francezes na Cidade do Funchal, onde, servindo de Capitam Geral (como servia e agora serve), em ausencia, e depois por falecimento de seu sobrinho, ferio mui honrosamente o capitam francez Visconde de Pompador, na entrada da Fortaleza, onde mostrou animo de valeroso capitam; e por tal lhe deo El-Rey o habito com certa tença, e que não pagasse por outo annos

25

quinta e dizima de sua fazenda, que boa parte possuhe no termo do Funchal, de assucares e vinhos. Por morte de seu pay, o Capitam João Gonçalves, seu irmão, o casou rico com *D. Francisca de Vellosa*, da qual não houve filhos.

No anno de 1521, quando El-Rey D. Manoel faleceo, havia no Funchal grande mortandade de peste, de que Deos nos livre; e porque havia annos que ella andava na cidade, o Capitam Simão Gonçalves e a Camara elege-ram por sortes por Padroeiro da mesma cidade ao Apostolo Santiago Menor, no cabo da qual lhe fizeram huma boa casa, onde foram em procissão. E porque, sem embargo disso, a peste não cessava, no anno do Senhor de 1538 inspirou Deos em todos, como em hum coração e vontade, que não houves-se Guardas Mores, nem Menores; e na mesma procissão, que se fez por seu dia o primeiro de Mayo, lançaram pregão que todos os feridos deste mal, e os sãos fossem juntamente misturados a sua casa, onde lhe offereceram no altar as varas dos Guardas, as quaes hoje ahi estão por memoria; e quando tornaram, vieram os feridos todos sãos: e daquelle dia até hoje, pelos merecimentos do Bemaventurado Santiago, não houve mais peste na Ilha da Madeira, bemdito seja o Senhor! Pelo que, se faz em lembrança desta mercê muita festa a este Sancto por seu dia, como que fora do Corpo de Deos.

Sentindose ja Simão Gonçalves da Camara vencido da idade, posto que nada o vencia, vendo que seu filho era casado, e tinha muitos filhos, e era de muita idade, e pelo amor que lhe tinha e elle merecia, rogoulhe que quizesse governar a ilha, e elle que se contentava com huma certa porção cada anno; porque, no fim de seus dias, para sua quietação, se queria recolher em hum logar afastado dos negocios do governo e da mesma ilha com seu filho Manoel de Noronha, que então residia no Porto, e tinha lá boas rendas de igrejas; com o qual preposito renunciou o governo da ilha por sua procuração em seu filho João Gonçalves da Camara: e, na era de 1528, veyo tomar posse da ilha este seu filho, que residia na Corte; no mesmo anno foram ambos para a Cidade do Porto; e o Capitam velho Simão Gonçalves se foi aposentar em Matosinhos com seus criados, que para isso escolheo, dos quaes confiava muito pelo amor que elles lhe tinham, onde esteve hum anno. E, com quanto estava apartado dos negocios humanos, nunca se apartou delle aquella grande e liberal condição que sempre nelle morou; e, quando lhe mandavam o dinheiro para sua despeza, o fazia contar perante si por seus criados, que ao circuito delle estavam, e, antes que delle se apartassem, ali logo o repartia; a quem dava vinte, a quem dava quarenta, a quem cem cruzados; e assi muitas vezes os despendia sem lhe ficar para sua despeza vinte, o que era causa de os tornar a pedir emprestados aos mesmos criados, até que lhe tornasse a provisão, de que elle para si resguardava a menor parte.

Entro esta fama de grandezas e liberalidades, salteado o felicissimo Capitam Simão Gonçalves da Camara da temerosa morte que a ninguem perdoa, tiveram fim seus dias na entrada do anno de 1530, dando sua alma ao Deos que lha deo, em idade de sessenta annos, dos quaes governou a ilha vinte e seis, ditosamente. Mandou que seus ossos fossem traslados e trazidos á ilha, e postos no Convento de Sancta Clara, na capella onde jazem seu pay e avó: os quaes ossos, quando chegaram ao Funchal, foram levados ao Mosteiro com muita solemnidade pelo Reverendo Cabido da mesma Cidade, e por toda a Clerizia e Religiosos que havia na terra, e lhe fizeram as exequias funeraes com muita magestade e cerimonias, misturadas com muitas lagrimas, que todos por elle derramavam, porque foi comummente bemquisto e amado do povo.

Ao tempo que faleceo, estava na Corte João Gonçalves da Camara, seu filho, que logo no anno seguinte se fez prestes para hir á ilha governar a Capitania. Morreo Simão Gonçalves tão pobre que, por sua morte, esteve a ilha em termo e ponto de se vender a Capitania della, por dividas que elle tinha; das quaes era huma a das arras que havia de tornar de sua segunda mulher D. Izabel da Silva a Luiz Gonçalves de Atayde, filho della: e por este respeito foi necessario desmembrar desta Capitania a *Ilha Deserta*, que era do morgado; e, porque Luiz Gonçalves de Atayde se contentou com ella, lhe foi dada pelo dote e arras de sua mãy: a qual Ilha Deserta elle agora possahe, e lhe rende duzentos mil reis hum anno por outro, e muito mais rendéra, se fora grangeada; mas, porque os feitores que a negoceam são liberaes e desperdiçadores do que lhes não custou dinheiro, estes duzentos mil reis hum anno por outro piedosamente vem á mão do dito Luiz Gonçalves de Atayde.

Foi Simão Gonçalves homem prudente, de bom e claro juizo; as mais das cousas que intentou por seu parecer, lhe sucederam: foi muzico de vontade, pelo que teve grande capella de extremados cantores e tangedores, a quem fazia grandes partidos: era mui caridoso, e fez em quanto viveo muitas esmolas: sobre tudo, era mui devoto das Chagas de Christo; e a quem lhe rogava por ellas concedia tudo, posto que fosse muito: foi grande prese-

25.

guidor dos Mouros, na destruição dos quaes, para lhes fazer guerra, gastou muito de sua fazenda em armas, e soldados, e armadas, com que contra elles acudio em Africa, por serviço de Deos e de seu Rey, como no discurso desta Historia fica dito; pela qual causa El-Rey lhe deo hum Alvará de lembrança para ser Conde, com lhe dar a Cidade de Çafim para si e para hum filho, o qual Alvará se perdeo; e o grande *João Rodrigues de Saa*, que o vira no requerimento de seus serviços, deo testemunho disso por huma carta em que affirma ser verdade: e pelas obras pias que este Capitam fez, e devação que tinha ás Chagas, lhe prosperou Deos sempre todas suas cousas, o he de crer que, por sua misericordia, lhe daria a Gloria.

Por morte do Bispo D. Diogo Pinheiro (o primeiro que foi da Ilha da Madeira, e de toda a costa desde o Cabo do Bojador até as Indias inclusive, e das Ilhas dos Açores e do Cabo Verde, e de todas as terras descobertas, e por descobrir), ficou See vacante até o anno de 1537, que foi por espaço de dez annos, pouco mais ou menos: nos quaes, por dissensões e desavenças que houve no Cabido, e capitulos que a El-Rey se deram buns dos outros (cujo instrumento principal dizem ser o Arcediago *Amador Affonso*), El-Rey D. João III, vendo estas desordens, mandou fazer saber ao Cabido que, para mais serviço de Deos, queria fazer cá no Reyno hum Provisor para governar o Bispado, e para despachar as appellações que hiam das ilhas e da India, porque era grande opressão que se dava ás partes hirem á ilha para proverem nella os Visitadores; e consentindo o Cabido no que El-Rey queria, se fez então hum Provisor em Lisboa, que se chamava Affonço Mexia, o qual o foi pouco tempo: depois se fez outro, que havia nome Custodio Dias, o qual foi Bispo de anel, que tambem teve o cargo pouco tempo: e logo se fez outro, que se chamava Antonio Machado, em cujo tempo foi ter á Ilha da Madeira por Deão *Gaspar de Carvalho*.

Nesse anno de 1531 foi da Cidade do Funchal *Simão de Miranda* com huma boa companhia de soldados, que os da Camara da Cidade mandaram á sua custa, e de que elle foi por capitam, não estando o Capitam na ilha: e El-Rey escreveo á Camara huma carta de agradecimentos por este socorro que mandaram ao Cabo de Guec.

CAPITULO XXXVI

Contado tenho acima como o Capitam Simão Gonçalves, primeiro do nome e terceiro da Ilha da Madeira, chamado por suas obras o Magnifico, houve de sua primeira mulher D. Joanna, filha de D. Gonçallo de Castelbranco, Governador de Lisboa e Senhor de Villanova do Portimão, hum filho, que se chamava João Rodrigues de Noronha, o qual servio bem a El-Rey, e foi Capitam Mór do Mar na India, e depois Capitam de Ormuz em tempo do Governador D. Duarte de Menezes, seu cunhado, no anno de 1521; que este João Rodrigues foi casado com D. Izabel de Abreu, filha de João Fernandes, Senhor da Lombada do Arco, da Ilha da Madeira, e da qual não houve filhos; e que com huma irmaa desta, chamada Agueda de Abreu, filha do mesmo João Fernandes, casou João Esmeraldo, de nação genoes, Senhor da Lombada de seu nome, na mesma ilha: tambem tenho dito que da Freguezia da Magdalena a hum quarto de legoa está a Lombada, que foi de Gonçallo Fernandes, da Serra d'Agua, marido de D. Joanna Deça, Camareira Mor da Raynha D. Catherina; e que outro quarto de legoa alem desta Lombada de Gonçallo Fernandes, da Serra d'Agua, para a parte do Occidente, está outra Lombada, que se chama o Arco, e que foi de João Fernandes, pay destas duas irmaas que agora dice, e irmão do dito Gonçallo Fernandes, pay de Antonio Gonçalves de Camara, Monteiro Mor d'El-Rey, primo com-irmão das mesmas duas irmaas. Isto presuposto, nestas duas Lombadas, entre os moradores dellas, aconteceo o que contarei, para se ver e se apregoar melhor pelo mundo a prudencia e virtude das mulheres, e a valentia e esforço dos homens, e as grandezas desta Ilha da Madeira, tão grande, rica e poderosa em suas cousas, como magnifica e illustre em seus moradores.

No anno de 1531, D. Izabel de Abreu, mulher que foi de João Rodrigues do Noronha, filho do Capitam Simão Gonçalves, por falecimento do dito seu marido, e de seu pay João Fernandes, estava viuva, e rica, e possuhidora da Lombada do Arco: o que vendo Antonio Gonçalves de Camara, que morava ali perto, por ajuntar estas duas fazendas, que eram mui grossas, lhe veyo a querer bem, desejoso de casar com ella. E dizem que, por meyos de huma moura de casa de D. Izabel, privada sua, que por certo dinheiro lhe deixou huma janella aberta, teve elle traças com que entrou de noute com aquella, com tenção de a receber por mulher. Vendose D. Izabel salteada delle, como era mui virtuosa e discreta, desimulou com elle, dizendo *que lhe não convinha fazer casamento daquella sorte; que ella queria ser sua mulher; e ao outro dia pela manhaa a viesse receber, para o que haveriam depois Rescripto de Roma.* Com estas e outras palavras vencendose Antonio Gonçalves, se tornou sem tocar nella; e, ajuntando ao outro dia perto de cincoenta homens de cavallo da Ponta do Sol e Ribeira Brava, que logo acudiram a seu chamado, foi com grande pompa e aparato para a receber, como lhe tinha dito; porem ella zombou delle, fazendose forte em suas casas com sua gente, que muita tinha: e achandose Antonio Gonçalves zombado, injuriado, e afrontado, se tornou para sua fazenda, embarcandose dali a poucos dias para Lisboa, onde andou annos, ao cabo dos quaes se tornou para a ilha. Aconteceo hum dia que, fazendo D. Izabel huma romaria, ou, como outros dizem, hindo de sua casa ricamente ataviada e muito acompanhada para a Calheta a hum baptismo a que a convidaram, passando por junto da fazenda de Antonio Gonçalves por ser por ali o caminho, e sabendoo elle, e tendo para si que ella se lhe mostrava, e queria ja consentir no casamento (porque quem ama tudo suspeita), ajuntando muito prestes muita gente, com muitas armas que lhe não faltavam, se foi ao caminho, e, tomando pelas redeas a mulla em que ella hia, levou D. Izabel e a meteo em suas casas, contra vontade dos parentes seus e della, especialmente não consentindo nis so sua irmaa Agueda do Abreu, mulher de Christovão Esmeraldo, do que logo foi recado á Cidade. E vindo o Ouvidor da Capitania do Funchal com muita gente, por não estar então o Capitam na ilha, achou Antonio Gonçalves com outra tanta mui armada, sem lhe querer obedecer em quanto elle mandava, e fazendose forte em suas casas: ás quaes querendo o Ouvidor chegar por força, se começou a travar huma escaramuça perigosa e temerosa entre ambas as partes, pondose a risco de haver entre huns e outros muitas mortes. O que vendo Antonio Gonçalves e D. Izabel, por evitar tanto damno de que seriam causadores, sahiram ambos a humas varandas donde falaram ao Ouvidor, perguntandolhe *que queria;*

que elle estava com sua mulher; e dizendo D. Izabel o mesmo, *que estava com seu marido, e bem se podia tornar embora.* Despedindose o Ouvidor com isto, e tornandose ja para o Funchal, dice D. Izabel a Antonio Gonçalves que, *pois vinham com o Ouvidor muitos parentes seus e amigos, não era rasão que sem comer se tornassem por tão comprido caminho; e, ja que tudo estava em paz, os convidasse.* Parecendo bem estas palavras a Antonio Gonçalves, mandou logo abrir as portas, dizendo *que entrassem todos para comerem e descançarem.* E entrando o Ouvidor com sua gente, Alcaydes, e Meirinhos, Juizes de todas as villas e logares daquella Capitania na sala, arremeteo D. Izabel, e apegouse a elle dizendo e queixandose *que Antonio Gonçalves forçosamente a tinha naquella casa, e que lhe valesse com justiça.* Trouxea então o Ouvidor comsigo com obra de cento e cincoenta homens de guarda para o Funchal: e por ser tarde, se foram aposentar na fazenda de Christovão Esmeraldo, marido que fora de Agueda de Abreu, irmaa desta D. Izabel. Vendose Antonio Gonçalves, com aquelle virtuoso e prudente engano, esbulhado de sua posse, e despojado da esposa que tanto amava e desejava, naquella noote ajuntou outenta homens bem armados da Ribeira Brava, Ponta do Sol e Calheta, entro os quaes entravam muitos fidalgos seus amigos, e muitos homisiados, alguns por mortes de homens e outros por ladrões, que vinham mascarados por não serem conhecidos, com grandê copia de mantimentos: e não contente com isto, mandou buscar á Cidade, sem haver quem lho tolhesse, por estarem ali todos os Officiaes de Justiça como presos, dous falcões pedreiros com muita polvora, para derribar as casas onde estava o Ouvidor cóm D. Izabel e sua gente, alguma posta em campo, fazendose forte ao reder dellas. Antonio Gonçalves, com os seus em seu cerco, hia mui determinado com mão armada de lhe fazer muitos damnos, até lhe tomar as aguas que vinham para a fazenda, e mandar cevar os falcões e atirar á camara onde D. Izabel estava, tendo no campo sua gente de guerra com estancia de artilharia, bandeira alvorada, e acometendo com tudo isto a som de tambores as casas de Agueda de Abreu: e foi tal o desafio, que se acharam quatro irmãos, dous da banda de Antonio Gonçalves, e dous no outro bando; com que parecia mais que civil batalha. Mas, vendo os fidalgos da parte de D. Izabel as perdas e damnos que desta briga resultavam e mortes que podiam suceder e recrecer ao diante, havendo seu conselho, como se estiveram retidos em Africa-sem esperar socorro, visto a desordem da manei-

ra que acometia Antonio Gonçalves, depois de disparada a artelharia, intervindo nisso alguns parente della, e vendo tambem que não parecia mal o casamento entre duas tão abalizadas pessoas, começaram de haver correyos, e.re-
cados, e tractar pazes entre elles: e havendo ja outo dias que estavam cercados, vieram finalmente a concerto de D. Izabel ceder, pelas admoestações que
seus parentes e não parentes lhe fizeram, ao que Antonio de Camara pertendia; mas, não se querendo elle confiar a terceira vez della como bem experimentado dos outros dous enganos, senão determinado de a levar comsigo ao
seu arrayal, deolhe ella então tres fidalgos em arrefens, com promessa do.se
hirem receber â sua fazenda: o que foi cumprido e feito, acompanhandoos a
ambos mais do duzentos de cavallo.

    Chegados D. Izabel de Abreu e Antonio Gonçalves de Camara á sua fa-
zenda, e recebendose ambos, foram feitas grandes festas e bodas, em que comeram todas aquellas pessoas que os acompanharam. Estavam na sala primeira dos seus paços quatro potes de prata fina em quatro cantos della, que
levaria cada hum delles tres almudes d'agua, com quatro pucaros de prata,
cada pote com o seu, presos com cadeyas do mesmo: e toda aquella gente
honrada que se achou naquelle banquete, que seriam mais de duzentas pessoas, fora outras, e servidores que erám mais do outros tantos, comeram todos em baixella de prata, sem se entremeter no serviço cousa de barro, nem
estanho, onde se gastaram ricos e exquesitos manjares de toda a sorte, como
os sabem fazer as delicadas mulheres da Ilha da Madeira, que alem de
serem mui bem assombradas, mui fermosas, e discretas, e virtuosas, são ex-
tremadas na perfeição delles, e em todas as invenções de ricas cousas que fazem, não tão somente em pano com polidos lavores, mas tambem em assucar com delicadas fructas.

    Comtudo, não consentindo neste casamento Agueda de Abreu, nem sendo
contente de sua irmaa se hir com Antonio Gonçalves, huns dizem que dahi a
outo dias fretou hum navio, e se foi a Lisboa; outros dizem que escreveo este caso
a seu marido, que lá estava na Corte; outros, que ja neste tempo era viuva, e
em pessoa se foi queixar ao Reyno, e entrando no Paço chamou «Aqui d'El-
Rey,» e tendo portaria para fallar, como era mui discreta, e grave, e mulher,
contou a El-Rey tudo o que passava, e a afronta que lhe fizeram em sua fazenda, e como lhe tomaram as aguas com que moya e quizeram derribar as casas, contando outras forças e injurias: outros dizem (tanto esquecimento tem

huma cousa que parece acontecer hontem, que ja hoje ha della tantas opiniões tão diversas) que não foi, mas que com grande deligencia fez saber
a Sua Alteza tudo quanto aconteceo, de maneira que com suas inteligencias
que teve neste caso (ou fosse ao Reyno, ou escrevesse), acabou tanto com El-
Rey, o qual era amigo de fazer justiça e desafrontar aggravados, que, estranhando elle muito isto, e querendo castigar a Antonio Gonçalves, logo mandou
á ilha hum Corregedor, que era Desembargador e Doutor, chamado Gaspar
Vaz, com hum Meirinho, que chamavam o Carranca, e huns dizem que com cem,
outros que com trezentos homens soldados de sua guarda, para o prenderem:
e que sabido por elle, secretamente mandou levar sua mulher D. Izabel ao
Mosteiro das Freiras do Funchal, e se poz a monte com muita companhia.
O Desembargador, como era homem bem inclinado, fazendo seus autos e tirando suas devaças, se tornou para o Reyno, sem poder prender a Antonio
Gonçalves, que muito prestes deo comsigo em Canaria, e dahi em Africa, onde servio a El-Rey muitos annos com muita gente e cavallos á sua custa; e
pelos rogos e petições de sua mãe, que era Camareira Mór da Raynha, se foi
pacificando a cousa por tempo, que he o que tudo cura: e, ainda que muitos dos de sua companhia foram desterrados, e sentenciados á morte, Antonio Gonçalves, ou porque (como alguns dizem) se embarcara em hum navio em
que foi com socorro ao Cabo de Guee, na opressão em que estava aquelle
anno de 1540, em que foi ganhado dos Mouros, e que elle ja achou tomado,
e por outros serviços que em Africa fez a El-Rey com muitas despezas, ou
por intercessão de sua mãy, que trabalhou muito em seu livramento, houve
d'El-Rey perdão, e que se livrasse por justiça; o que elle fez, vindose de
Africa meter no Castello e prisão, e chamandose ás ordens, até que foi livre,
sendo seu juiz o Arcebispo do Funchal, D. Martinho de Portugal. Não teve
Antonio Gonçalves filhos de sua mulher D. Izabel, que viveo com elle alguns
annos, e no fim dos quaes faleceo da vida presente. No tempo que estas
cousas aconteceram, estava a mãy do Capitam na ilha; e, não estando elle
presente, o seu Ouvidor mandava por elle.

Depois de viuvo, Antonio Gonçalves de Camara (por concluir aqui toda
sua historia, ainda que o que se segue era de tempo futuro a respeito do
em que isto atraz dito passou) foi á Corte, onde andou alguns annos: e no
de 1555, pouco mais ou menos (ja em tempo do Capitam Simão Gonçalves,
que depois foi Conde da Calheta), tornou de Lisboa á Ilha da Madeira, casa-

26

do segunda vez com D. Margarida de Villaverde, Dama da Rayuha, filha de
D. Pedro de Villaverde, Capitam dos Ginetes, trazendoa comsigo, e para o recebimento da qual mandou El-Rey ao Capitam do Funchal que se fizessem muitas festas, e não trabalhassem seis dias para mais as solemnisarem, o que tudo se fez com muita deligencia e amor: ajuntaramse os cavalleiros de toda a
ilha ricamente guarnecidos, trazendo os mais delles dous, e tres cavallos adès-
tros, com ricos jaezes, e suas cobertas e moxilhas de veludo, e cabeçadas e
esporas douradas; cada hum com dous, tres, quatro, cinco, e seis criados, e
todos vestidos de seda de varias cores e modos; porque, como se ajuntavam
de todas as partes da ilha, cada hum á porfia inventava novas invenções e
trajos, para vestir mais galante; e, como se pöem os olhos muitas vezes mais
nos criados que nos senhores, esmeravamse em tudo: alem dos da cidade, que
foram muitos e galantes, da Villa de Sancta Cruz vieram dez ou doze, mui
bem ataviados; e de Machico e das mais partes da sua Capitania, que havia
de ser contrabando dos da Capitania do Funchal, vieram muitos e destros
cavalleiros, entre os quaes vinha *Francisco de Leomelim*, filho de *Pedro de
Leomelim*, do Porto do Seixo, perto de Sancta Cruz (como ja fica dito), o
qual havia dous annos que era chegado de Africa, onde d'antes alguns tempos estivera captivo, e, tendo seu pay juntos alguns quinze mil cruzados para
seu resgate, quiz Deos Nosso Senhor que fugio com o mouro da sua guarda:
veyo este cavalleiro ás festas ricamente vestido, com tres poderosos cavallos,
que todos cançou na escaramuça e jogo de canas, em que se tivera entre todos, porque era tão destro no jogo dellas, e tão bem se adargava, que lhe não
dava cana nem nas unhas do cavallo: e entre elles mais outros houve, do outro
bando dos Betancurts da Ribeira Brava, que tambem o imitavam. Fizeramse
grandissimas festas de muitas lutas de ricos premios, grandes fogaças, e grossas dadivas, que dava o Capitam Conde a quem derribava algum grande lutador, por elle ser mui afeiçoado á luta: ordenaramse muitas sortes de arcabuzeiros, e danças, em que os mais hiam vestidos de seda, por mandar El-
Rey que os vestidos della, que para estas festas se fizessem, podessem todos
trazer depois sem pena, até se romperem; pelo que, gastaram nelles á sua
parte somente os officiaes mechanicos mais de dous mil cruzados, ainda que
o Capitam de sua bolça supria a todas as partes, e a mayor parte das comidas para a gente que vinha de fora ás festas toda foi á sua custa. Acabadas as festas, se foi Antonio Gonçalves de Camara e sua mulher D. Marga-

rida de Villaverde para a sua Lombada do Arco, que he huma grossissima fazenda, onde se dizia que esta sua mulher ajuntára huma pipa de dinheiro em pouco tempo, porque tinha na fazenda vendas de todas as cousas, para que os que trabalhavam nella não as fossem comprar fora: mas Antonio Gonçalves, que mais sabia espalhar que ajuntar, não negando nada a todos, não deixava de sempre usar de sua magnifica condição, nobre e grandiosa; porque mais gosto tem o liberal em espalhar que o avaro em ajuntar.

CAPITULO XXXVII

João Gonçalves de Camara, terceiro do nome, e quarto Capitam, veyo segunda vez governar a ilha no anno de 1532; pois que, quando pela renunciação do pay com este foi ao Porto, ficou Logartenente hum seu Ouvidor, que trouxe do Reyno para este effeito, o qual se chamava Francisco Jorge.

Foi este Capitam João Gonçalves hum dos bons cavalleiros de seu tempo, e mui privado e aceito d'El-Rey. Quando foi em vida de seu pay na tomada de Azamor, levou comsigo da Ilha da Madeira duzentos homens de cavallo e seiscentos de pee, como ja fica dito: partio do Funchal com vinte navios e huma caravela de mantimentos, e, hindo ter a Lisboa com esta gente, foi beijar a mão a El-Rey, que lhe fez muita honra: e, por se virem para elle muitos criados seus, lhe mandou El-Rey dar duas náos e quatro caravelas bem armadas, com a qual frota foi em companhia do Duque de Bragança. Chegados á barra do rio de Azamor, por o tempo lhes ser contrario para entrar pelo rio, foram a Mazagão, que he duas legoas da barra de Azamor, onde ao desembarcar da gente, pelo perigo que havia dos muitos mouros que queriam tolher a desembarcação, foi dada a guarda do campo a este grande Capitam João Gonçalves de Camara, o qual a teve de maneira que a gente desembarcou sem perigo dos mouros; ao dia seguinte, que era de menos perigo, cedeo a guarda do campo ao Conde de Borba, Capitam dos Ginetes; e daqui se foram á Cidade de Azamor, e a tomaram, como se relata copiosamente e por singular estylo na Chronica d'El-Rey D. Manoel: e neste campo e entrada mostrou João Gonçalves obras de magnanimo capitam, e excellente cavalleiro, e liberal senhor, com dar. meza a todos os fidalgos que a ella quizessem comer, alem de sustentar a gente que levou mui custosa e com muito aparato, tractando a todos com muita cortezia, qual se esperava de tão illustre pessoa.

Depois de ter sido tomada a Cidade de Azamor, o Duque de Bragança, porque se foi para o Reyno, deixou por Capitam della D. João de Menezes; o qual, como era generoso, no anno de 1515, em 12 de Abril, determinou hir em companhia de Nuno Fernandes de Atayde, Capitam de Çafim, buscar os Alcaydes de Fez e Mequines ao pee da Serra Verde, em terra de Duecala, e levou comsigo outocentas lanças e mil homens de pee, com os capitães que estavam em Azamor, entre os quaes foi João Gonçalves de Camara, com toda a sua gente da ilha, e Ruy Barreto, e o Regedor João da Silva, e Alvaro de Carvalho, com a gente que tinham. Chegados quatro legoas do arrayal dos Alcaydes, veyo ter com elles Nuno Fernandes de Atayde, e logo ali acordaram que no quarto da prima d'alva dessem sobre os Alcaydes, os quaes tinham gente sem numero, que fizeram para cercar Azamor. Caminhando assi toda huma sexta feira do Endoenças, ordenaram suas batalhas em cinco azes, das quaes as tres eram da gente de D. João, elle em huma, João Gonçalves de Camara em outra, João da Silva e Ruy Barreto, com Alvaro de Carvalho, na terceira, e Nuno Fernandes, com sua gente, nas duas: tocadas as trombetas, abalaram contra os mouros, que em quatro batalhas esperavam os nossos. D. João com seus capitães arremeteram com tanto esforço, que romperam as batalhas dos mouros, e os fizeram voltar todos para a serra: e no alcance delles foram, até chegarem a hum rio então seco, donde não quiz passar D. João, por entender o perigo que nisso hia; porém seus capitães, como hiam com furia, o passaram: e visto pelos mouros quão poucos estes eram, e que tambem Nuno Fernandes não quizera passar o rio, voltaram sobre os nossos, que ja se vinham recolhendo, e deram nelles com tanto impeto, que os guiões de Alvaro de Carvalho e de João da Silva se perderam; mas João Gonçalves de Camara pelejou de maneira que não perdeo o seu, e se veyo recolhendo a seu passo cheyo com sua gente para D. João, fazendo de quando em quando voltas sobre os mouros, de que se sahio a seu salvo, ainda que veyo ferido de huma seta no braço esquerdo, que trouxe pegada nelle, e a adarga tambem coberta de setas, até se acabar a batalha. Dos mouros morreram (segundo depois se soube) mais de dous mil e seiscentos, entre os quaes foi hum dos Alcaydes d'El-Rey de Fez; outro foi derrubado, e se salvou deixando lança, e adarga, e cavallo; morreram sete Xerques de Xerquia, e seiscentos e cincoenta bésteiros e espingardeiros; foram feridos mais de quatro mil; os captivos passaram de duzentas e outenta almas: e dia de Pascoa florida, todos os capitães, depois de despedidos de Nuno Fernandes, e partida a preza, entraram com todos os seus em Azamor.

No mesmo anno, depois desta batalha, sahindo os fronteiros que em Azamor estavam com o Capitam da mesma cidade, foram sobre huns aduares, quarenta legoas pela terra dentro, e passaram os Montes Claros; e em companhia delles foi o Capitam João Gonçalves de Camara com duzentos de cavallo, que levou comsigo da ilha, e alguns de pee: chegados aos aduares, e dando nos mouros, coube ao dito João Gonçalves encontrarse com hum Alcayde d'El-Rey de Fez, que tinha mil e duzentos de cavallo, os quaes João Gonçalves com sua gente de seu guião rompeo e desbaratou de maneira que os fez fugir, e lhes foi no alcance matando e captivando nelles. Neste tempo o Capitam de Azamor mandou recado aos Capitães que se recolhessem, por não se desmandarem, e parece que, ou por descuido do Capitam, ou por negligencia de quem levou o recado, este não o deo ao dito Capitam João Gonçalves; o que visto por elle, como tinha o ponto na honra, alem de o merecer por sua pessoa, pozse em hum alto com seu guião recolhendo sua gente, com tenção de vir sem o Capitam, tomando o caminho para Azamor ao longo da praya do mar, que era mais breve, para trazer os cavallos folgados, se fosse necessario para alguma peleja que sobreviesse. E estando ali posto a recolher os seus que se vinham para elle, vio estar cercado de mouros e quase desbaratado delles o Regedor João da Silva, ao qual logo acudio com muita pressa e furia com os que comsigo tinha, como se de novo entrára na batalha: e deo nos mouros de maneira que os poz em fugida, e salvou o Regedor, tirandoo d'entre os inimigos, que o tinham quase captivo; donde, daquelle dia em diante, todos os que João da Silva viveo, agradecido daquelle socorro em tal tempo, chamou ao Capitam João Gonçalves seu padrinho. Neste reconto e batalha, pregaram os mouros com duas setas as mãos de João Gomes, camareiro do dito Capitam João Gonçalves, na haste de seu guião que levava, o qual João Gomes era muito cavalleiro, natural de Setubal. E, como João Gonçalves era cheyo de primor, por mais rogos que João da Silva com elle teve, nunca quiz vir em companhia do Capitam de Azamor, antes tomou seu caminho ao longo do mar, como tinha ordenado, pelo qual chegou a Azamor primeiro que os outros, onde, depois de vindo, teve o Capitam muitos cumprimentos com João Gonçalves, que elle muito bem tomou, porque de sua condição era brando e de coração singelo, sem dobrez de má vontade: o que eu queria ver em todos os homens, quanto mais nos que tem nome, cargo, e fidalguia.

Nesta e em outras entradas se achou este valeroso Capitam João Gonçalves, verdadeiro ramo de seu pay, triumphante sempre dos mouros, e trazendo delles grandes despojos, em quatorze mezes que residio em Azamor, e esteve nella por fronteiro com duzentos homens de cavallo e seiscentos de pee, que sustentava á sua custa com muita despeza, levando comsigo esta gente da ilha, e outenta criados seus, entre os quaes sempre se achava seu ayo *Martim Annes*, natural da Ribeira Brava, hum bom cavalleiro, a quem o Capitam por sua pessoa era mui bem afeiçoado, e por seu conselho fazia muitas cousas, achandose com elle nas entradas e escaramuças que fazia. E, andando hum dia envolto o dito Martim Annes com os mouros em companhia do seu Capitam, achou hum pagem do mesmo João Gonçalves, que servia da lança, por nome *Ayres Henriques*, pay de *Ayres Henriques, o moço*, aos botes com hum mouro, que derrubou do cavallo, fazendose conhecer ser mais merecedor deste que o mouro, que o perdeo com a vida: o que visto por Martim Annes, que ja o vinha socorrer, o levou ao senhor, dandolhe muito louvor do que lhe vira fazer, e o Capitam o armou logo cavalleiro. Nesta campanha, em que todos sahiram a salvo, se acharam, alem dos ja nomeados da ilha, *Gaspar de Betancurt*, e *Francisco de Betancurt*, e *Diogo de Barros*, e seu irmão *Pedro Gonçalves de Barros*, esforçados cavalleiros, naturaes da Ribeira Brava. Era este Diogo de Barros tão conhecido dos mouros, e tinha entre elles tanto nome de bom cavalleiro, que o temiam como a mesma morte: e, sendo huma vez com outros cavalleiros na tomada de huns aduares, onde os mouros traziam seu gado seguro dos christãos, cercados de fossos, acequias, e matamorras cobertas de terra, os christãos comtudo deram sobre elles, e este Diogo de Barros, pela experiencia que tinha das covas, entendeo que ali estavam, saltouas no seu cavallo, e vendo que seu irmão mais velho Pedro Gonçalves de Barros receava de fazer o mesmo, como era assomado de condição e bom cavalleiro, tornou atraz, e por força o fez saltar, dizendolhe *que, se o não fizesse, enrestaria a lança nelle, porque nos perigos da guerra se haviam de conhecer os cavalleiros; e por grandes que fossem, nelles se haviam de divisar e signalar os Barros.* E dizendo isto, ambos saltaram os fossos, dando *Sanctiago* nos mouros com muita furia, e fazendo nelles muito estrago, onde os desbarataram.

Era o Capitam João Gonçalves tão cavalleiro, e tinha tanto primor e ponto na honra, que, quando foi com o Duque de Bragança na tomada de

Azamor, andando Ruy Barreto por mandado do Duque recolhendo o campo, envolto entre os nossos, e de galope, acertou, perpassando pelo dito João Gonçalves, tocarlhe com o conto da lança, sem atentar nelle, dizendo: *Recolher, cavalleiros, recolher.* Ao que o Capitam João Gonçalves respondeo, descarregandolhe com a lança pela cabeça: *Tomai, para que vos não vades gabar na guarda-roupa d'El-Rey do que fizestes.* No que advertindo Ruy Barreto, e vendo ser o Capitam João Gonçalves de Camara, dice com muita humildade: *Dai, Senhor, dai, que bem o mereço, pois não atentei o que fazia.* E cousa foi esta mui louvada a Ruy Barreto, porque, segundo era assomado, e o que havia tido com João Gonçalves, que era estremado cavalleiro, poderase dali seguir muita desordem: onde se cumprio o proverbio que *quando hum não quer, dous não baralham.*

CAPITULO XXXVIII

Era João Gonçalves de Camara casado, ao tempo que seu pay faleceo, com D. Leonor de Vilhena, filha de D. João de Menezes, Conde de Tarouca, Prior do Crato, Mordomo Mor d'El-Rey, e senhora de muita prudencia, virtude e magnificencia, com a qual casou a troca, como atraz tenho dito: houve della *Simão Gonçalves de Camara*, que herdou sua casa, e *Luiz Gonçalves de Camara*.

Este Luiz Gonçalves foi Padre professo da Companhia de Jesus, de boas letras, e muita virtude, e authoridade, e de rara capacidade em todo o genero de negocios assi de Religião, como de governo, e foi columna da Religião, tido nella sempre em grande conta: viveo ainda em tempo do Bemaventurado Padre Ignacio de Loyola, fundador e Geral da dita Companhia, o qual o fez em Roma Ministro da Casa Professa onde residia o dito fundador; dahi o mandou com grandes poderes a visitar a Provincia de Portugal; e elle veyo a este Reyno com dez ou doze da Companhia, de varias nações, cumprindo o officio de Visitador com muita satisfação e consolação dos Religiosos desta Provincia. Foi o dito Padre chamado e importunado d'El-Rey D. João, iii do nome, para seu confessor, no que nunca consentio; e El-Rey com sua mansidão dice: «*Louvado seja Deos, que não me querem confessar!*» E sabendo isto o Padre Ignacio, lho estranhou muito por carta sua, dizendo «*que, ainda que teve boa tenção, o não houvera de fazer, por El-Rey ser tão benemerito da Companhia, que era como pay della, alem do muito fructo que dahi se podia seguir; e lhe mandou, em virtude de obediencia, que se fosse aos pees d'El-Rey offerecer para tudo o que Sua Alteza quizesse.*» E assi o fez, do que El-Rey ficou satisfeito; e por ja ter confessor, o não quiz occupar nisso.

Foi tambem o dito Padre Luiz Gonçalves a Africa sobre o resgate dos captivos, onde padeceo muitos trabalhos: e na eleição do segundo Geral, hindo a Roma, lá na Congregação foi eleito por Assistente e Conselheiro do

27.

Geral da Companhia Diogo Laynez, homem de grandes letras e fama em toda a Italia, e França, e Alemanha, de que deo grandes mostras por duas vezes no Concilio Tridentino, antes de Geral, e depois de o ser. E estando em Roma o dito Padre Luiz Gonçalves, como he costume dos Assistentes, a Serenissima Raynha de Portugal D. Catharina o mandou pedir ao Geral para Mestre d'El-Rey D. Sebastião: e vindo a este Reyno, logo na pouca idade o começou a ensignar em todo o genero de doctrina de que hum Rey tem necessidade, e tambem foi seu confessor: e dahi El-Rey lhe tomou tanto amor e credito, que em tudo ouvia primeiro seu parecer, até que o mesmo Padre, sendo El-Rey ja de vinte e dous annos, e vendo varios intentos de muitos que elle não podia atalhar, por justos respeitos, se afastou da Corte, e se recolheo ao Collegio de Evora, e depois se foi para Coimbra, onde lhe sobreveyo huma grande enfermidade; e julgando os medicos que lhe era necessario hirse a Lisboa, por lhe ser quase natural, para poder restaurarse, o fez: e no Colegio de Sancto Antão, estando entre seus irmãos da Companhia, e muito consolado, e conforme com a vontade de Nosso Senhor, recebeo todos os Sacramentos com muita devação, e acabou em paz, dando sua alma a seu Criador, que he de crer lhe dará o premio dos muitos trabalhos que tinha passado por amor delle e de sua Igreja, e bem deste Reyno; porque, por seu conselho, nelle sempre as Religiões ricas e pobres foram favorecidas, e as Igrejas, e os Prelados dellas, para com toda a liberdade e zello castigarem os seus subditos reveis, no que, depois de sua morte, houve assaz mudança, como a triste e infelice experiencia das cousas e cahido estado deste Reyno o tem bem mostrado. El-Rey D. Sebastião sentio muito sua morte, pelo muito amor e respeito que lhe tinha, e se recolheo por esta rasão alguns dias em Nossa Senhora do Espinheiro de Evora, dos Frades de S. Hyeronimo. E poucos annos havia que, sendo o dito seu Mestre eleito em Capitulo para hir a Roma á eleição do quarto Geral, por nenhum caso quiz consentir nisso; e assi o mandou dizer ao Capitulo, que o não havia de largar, mostrando com palavras notaveis a muita estima em que o tinha, e quanto sentiria sua hida; e do mesmo parecer foi o Serenissimo Cardeal Infante D. Henrique, que então estava em Evora, onde se fazia o Capitulo Provincial; pelo que, foi outro eleito em seu logar: e, na verdade, a sua tenção era deixar o Reyno e desassocegos da Corte, e hir viver quieto em Roma os ultimos annos de sua vida. Mas o Senhor por outra via neste Reyno lhe cumprio

os seus desejos, levandoo (segundo cremos) á Roma triumphante, como a-
gora pouco antes acabei de contar, pelos merecimentos e muita prudencia
de sua pessoa; taes que, sendo Padre da Companhia de Jesus, homem de
muita virtude e sciencia, e mui docto nas letras sagradas, foi Mestre d'El-
Rey D. Sebastião.

Houve mais o Capitam João Gonçalves de Camara outros filhos, que
chamaram *Fernam Gonçalves de Camara*; ao qual os mouros mataram em
Tanger, onde deo mostras de esforçado cavalleiro, e *Martim Gonçalves de
Camara*, Clerigo muito bom letrado, Doutor em Theologia pela Universidade
de Coimbra, onde tambem, por quem era e pelas muitas virtudes e letras
que tinha, foi Reytor, e depois, Presidente da Meza da Conciencia, e Escrivão da Puridade d'El-Rey D. Sebastião, e Presidente dos Desembargadores
do Paço e do Conselho Real quando El-Rey não estava presente, e, finalmente,
foi Vedor da Fazenda; e governava o Reyno, porque foi o mais privado homem que houve em Portugal, com nunca querer mais rendas e officios, dos
que tinha, e despresando mithras, e arcebispados, e bispados, como foram o
de Evora e o de Coimbra, contentandose com huma certa renda com que se sustenta ainda hoje como qualquer fidalgo, sem pompa nem aparatos superfluos;
antes, se por força El-Rey lhe fazia mercê de alguma renda ou beneficios,
elle lhe beijava a mão, e mandava chamar os mais pobres fidalgos da Corte, e repartia tudo com elles: sempre trabalhou por fazer justiça a todos e
tractar verdade, sem nunca pedir nada para si nem para seus parentes, do
que foi bem tachado dos que não tinham tão acertada e atentada condição
como a sua, dizendo elles que podéra pôr os seus no mais alto gráo que quizera,
segundo foi aceito d'El-Rey, e este por seu conselho se regia; porem, como
pertendia mais quietação que inimizades que de semelhantes casos se seguem,
engeitou tudo: e, sendo lançado de toda a privança e cargos que tinha, sem
nunca haver nelle demeritos, antes raros serviços e trabalhos passados pelo
bem commum da patria, nunca nesta volta da fortuna mostrou signal de tristeza ou pena de tão inopinado successo, o que a muitos tem causado a morte; mas sempre mostrou grande constancia e animo desprezador de todas as
honras do mundo, e por esta causa cobrou então mayor fama, e foi mais conhecida sua virtude; tanto que os povos, por morte d'El-Rey D. Henrique,
em suas Cortes não pediam outro senão Martim Gonçalves para governador
e defensor do Reyno, pela grande inteireza que tinha na justiça e zelo da

patria: donde estaa agora com aquillo que d'antes tinha, quando não tinha os cargos que apontei, o que seraa pouco mais do seiscentos mil reis de renda; porque quem de verdade pertende a herança do Ceo pouco caso faz do que a terra rende. Parece que neste tempo, em que quase todos os mundanos vão, por outra via, e navegão por differente derrota tão Norte Sul desta, achando huma pessoa, como esta, ornada de tantas e tão abalizadas virtudes juntas, ou se pode ter por sancto, ou se deve chamar mais homem do Ceo, que da terra.

Honve mais este Capitam João Gonçalves outro filho, que chamou *Ruy Gonçalves de Camara*, que hora he Capitam de Ormuz, e o foi d'outra parte na India, onde fez muitos serviços a El-Rey, principalmente no cerco de Chaul, sendo Viso-Rey D. Luiz de Atayde, Capitam da Fortaleza e Cidade, e da banda do Norte, D. Francisco Mascarenhas, no cerco de 1570, quando o Melique veyo cercar Chaul com cem mil homens de pee e de cavallo, onde levou trinta soldados a sua custa, e pelejou mui esforçadamente, defendendo aos inimigos huma estancia que se dizia o Baluarte de S. Francisco, em que foi queimado no rosto, e no corpo, e em huma mão, capitaneando seu terço com muito saber e valentia: e tanto fiava o Capitam Mor no seu esforço que, sendolhe dito que os mouros entravam pelo Baluarte de S. Francisco, e que acudisse depressa, perguntou elle: «*Quem guardava aquella estancia?*» E sendolhe dito que Ruy Gonçalves de Camara, tornou elle dizendo: «*Ora deixai, que os mouros não são entrados,*» dando a entender que Ruy Gonçalves era tão cavalleiro que, se entrassem, elle os tornaria a lançar fora, como fez, apezar de seu grado, defendendo sempre a estancia mui animosamente: e assi ferido como estava, estando a costa cheya de inimigos, e porque o cerco era grande, se offereceo hir em huma fusta dar nova ao Viso-Rey e avisalo deste cerco, para lhe mandar socorro, como foi. Dahi a poucos dias, não sendo bem são, tornandoo o Viso-Rey a mandar com gente a Chaul, onde os inimigos jaa tinham tomado a paragem de duas tranqueiras, e estavam mui abarbados com os nossos, o Capitam D. Francisco mandou ao dito Ruy Gonçalves que fosse fora dar em humas casas de Apolinario Mendes, donde os inimigos faziam á Cidade muito damno: e sahindo com seus soldados na Semana Sancta, Quinta-feira de Endoenças, tomou aos mouros a paragem de huma tranqueira, que era serventia da guarda da artelharia grossa, e somente com dez ou doze companheiros que levou, deo nelles, entrandolhes as tranqueiras, que eram por ruas estreitas, e lhes matou obra de quinhentos mouros todos á espada, tomandolhes muitas armas, bandeiras e guiões, recolhendo se a salvo: e, pela porta falsa que na sua estancia tinha, tornou a fazer ontros assaltos no corpo da igreja de S. Domingos, em que matou e queimou muitos mouros nas capellas e na outra banda do corpo da igreja, onde os mouros tinham derribado toda a armação: e elle a fortificou logo com huma tranqueira de madeira grossa e entulho, e fez hum baluarte sobre a capella mor, onde assentou duas peças de artelharia, com que fazia muito damno ao inimigo: o que este vendo, mandou passar sobre o dito Ruy Gonçalves toda a sua artelharia grossa, e o bateo mui de preposito, quebrando lhe as duas peças de artelharia, e dandolhe tão fortes combates, que por muitas vezes ficou a estancia tão rasa e aberta, que bem podia entrar hum grande tropel de gente de cavallo; mas elle se houve tão bem na defensão que nunca os inimigos ouzaram entrar: e os seus soldados não podiam ja vencer o trabalho, por ser mui grande e rija a bateria que lhes davam, com não dormirem as mais das noutes e trabalhando de dia, durandolhes esta bateria por espaço de quatro mezes, e atirandolhes com pelouro de cinco e seis palmos de roda, fora outra artelharia miuda. Alem destas cousas, se achou Ruy Gonçalves em outras muitas, como quando foi em companhia do Viso-Rey D. Luiz á Costa de Comara ou Comora, com huma galee de duzentos e cincoenta soldados á sua custa; e quando o mesmo Viso-Rey cercou a Fortaleza de Onor, que tomou, em a qual lhe encomendou huma estancia muito perto dos inimigos; e dali foi o proprio Viso-Rey a Barcalor, onde sahio Ruy Gonçalves em terra, e pelejou esforçadamente com os inimigos, e ajudou a despejar a Fortaleza, que tomou aos mouros, e trabalhou com sua companhia na obra de tres baluartes que o Viso-Rey ahi mandou fazer, não despindo as armas de noute, nem de dia, num continuo trabalho; nos quaes serviços e em outros, que a El-Rey fez, mostrou e mostra claramente o esforço de sua pessoa: e nas cousas da guerra he tão experimentado, que he tido hoje pelo melhor cavalleiro da India, onde ainda daa mostras de seus heroicos feitos: vio muitos reynos e partes do mundo; nunca foi casado; e ainda vive solteiro em Ormuz, onde serve de capitam.

Teve mais o Capitam João Gonçalves huma filha, por nome *D. Izabel de Vilhena,* que casou com o Almirante de Portugal D. Lopo de Azevedo, de quem houve dous filhos, *D. Antonio de Azevedo,* que herdou a casa, e D.

João de Azevedo. Outras filhas teve mais João Gonçalves, que foram freiras, *D. Joanna de Vilhena, D. Maria, D. Phelippa, D. Mecia,* todas Religiosas no Mosteiro de Sancta Clara dó Funchal, das quaes só he viva D. Mecia, refugio e amparo deste convento, por sua virtude, prudencia e regimento com que o governa, sendo muitas vezes abbadeça, com a prelezia da qual o mosteiro he bem regido e abastado, como se vê por experiencia. Houve mais o Capitam outras duas filhas, *D. Margarida,* que he freira em Estremoz, e *D. Constança de Vilhena,* que não casou, e está recolhida em o Mosteiro de Odivelas, em Lisboa.

Estando o Capitam João Gonçalves de Camara, III do nome, e dos Capitães da ilha o quarto, na mesma ilha, amado e bemquisto dos seus e dos mais, onde a fama de sua illustre pessoa alcançava com seus filhos e filhas, dotados de toda a virtude, que parece se não podia desejar mais que o Reyno do Ceo, para este houve Deos por seu serviço levalo desta vida, em idade de quarenta e sete annos, dos quaes governou a ilha outo: faleceo na Era do Senhor de 1536, e (segundo affirmão) de mal de peste, de que, Deos nos guarde, que mui' aceso andava no Funchal, de que morria naquelle, tempo muita gente, e jaz sepultado no Mosteiro de Sancta Clara, na capella mor, com seu pay e avós, em Nossa Senhora de cima: acompanharamno em seu enterramento todos os fidalgos, cavalleiros, e parentes seus, e os cidadãos, e criados de sua casa, e toda a Clerizia, o Reverendo Cabido, e Religiosos de S. Francisco, e grande parte do povo, com muitas lagrimas e dor, que cada hum tinha pela perda de hum tão bom Capitam, amigo de seus criados e de todos, como elle sempre foi.

CAPITULO XXXIX

Da vida e alguns feitos do Capitam Simão Gonçalves de Camara, Conde
da Calheta, quinto Capitam do Funchal, e segundo do
nome: e de seu casamento.

Morto este quarto Capitam João Gonçalves de Camara, tão ditoso e a-
venturoso em seus esforçados feitos, cujo galardão levou comsigo e terá lá no
Ceo, e deixando cá na terra mui illustre progenie de filhos tão cavalleiros, sabios e virtuosos, seu filho herdeiro Simão Gonçalves de Camara, ii do nome,
e quinto Capitam da ilha, em idade de vinte e quatro a vinte e cinco annos,
se foi logo para o Reyno confirmar na Capitania e casar, deixando por seu
Ouvidor e 'Logartenente *Gaspar de Nobrega;* e foi confirmado nella.

No anno de 1533 (seu pay vivo), estando a Villa de Sancta Cruz do
Cabo de Guce, que outros chamão de Guer, em muito aperto cercada dos
mouros que a combatiam, pedio licença ao pay para se achar neste cerco, e
imitar os altos feitos do tronco illustre donde procedia; e, convocando alguns
fidalgos cavalleiros e parentes seus, partio do porto do Funchal em seis navios, que levaram seiscentos homens para este socorro, todos á sua custa com
muitos mantimentos, e gente mui lustrosa. Chegado ao porto de Cabo de Guce,
achou os christãos mui atribulados do trabalho que os combates dos mouros
lhes davam, os quaes lhes tinham ja morto o Capitam da Villa, que se chamava Simão Gonçalves da Costa: porem, com a vinda e socorro do novo Simão Gonçalves de Camara, cobraram tanto animo e esforço, que se deram logo por restaurados, e os mouros por vencidos de quem quebrados tinham os
animos; porque os inimigos, alem de terem morto o Capitam, tinham derribado hum lanço do muro da villa; e a tardar Simão Gonçalves, tinham
os christãos as portas da morte abertas, e o remedio fechado: mas, tanto que
chegou o novo socorro, como este Simão Gonçalves era mancebo, desejoso de
se ver em semelhantes recontros para lustro do que seu coração lhe pedia,
com a flor da gente que da ilha levava arremeteo aos mouros, que logo se
afastaram dos muros, sentindo sua vinda; e não sómente os fez fugir, senão,
porque elles tinham feito em hum pico (que he hum padrasto que tem a villa) humas albarradas de pedra ensoça, onde tinham assentado artelharia e

28

trabucos, de que os da villa recebiam grande damno e crueis mortes, com muito animo e valeroso coração remeteo ao pico com sua gente, e desfez as albarradas, pondo tudo por terra, e segurando aos christãos do damno que recebiam: com as quaes obras desesperados os mouros de tomar a villa por tal gente socorrida, levantaram o cerco, e se foram.

Recolhidos os mouros para suas terras, mandou Simão Gonçalves fazer de novo o lanço da villa que estava derrubado, porque logo levou da ilha huma caravela carregada de cal para o que fosse necessario; e posta em termos de se poder bem defender, se tornou para a ilha, deixando por Capitam da Villa de Cabo de Guee a *Ruy Dias de Aguiar*, seu parente, até El-Rey mandar o contrario, ou o haver por bem. O que sabido por Sua Alteza, aprovou tudo o por elle feito, com que Ruy Dias servio alguns annos de capitam até El-Rey mandar D. Guterres; e tanto estimou este socorro, que escreveo a Simão Gonçalves cartas de muitos agradecimentos, e que seria lembrado de tão grande serviço.

Acharamse nesta jornada muitos homens fidalgos, nobres, e cavalleiros da ilha, entre os quaes foram, da Ribeira Brava, *Manoel de Barros*, e *Gaspar Villela*, o qual levou neste socorro quinze homens á sua custa, e lá esteve cinco mezes servindo a El-Rey: e nesta companhia foram tambem *João Henriques, Simão de Miranda, João Fernandes de Abreu*, e *Luiz Dorça*, todos naturaes da ilha. Por estes serviços que Gaspar Villela fez neste e em outros socorros em que se achou, como foi na tomada de Tunes, com o Infante D. Luiz, no anno de 1535, e no de 31, quando foi a Çafim com seu irmão *Pedro de Villela*, sendo Capitam Hyeronimo de Mello, onde levaram sessenta homens á sua custa, lhe fez El-Rey mercê do habito de Christo, com huma comenda que lhe rende bem no Reyno, e elle bem mereceo por estes serviços que fez á Coroa, onde deo mostras de esforçado cavalleiro. No socorro de Cabo de Guee foram tambem com o Capitam Simão Gonçalves de Camara *Manoel Vogado, Lopo Rabelo*, e outros muitos nobres, de que não alcancei saber os nomes.

No anno de 1538, estando este illustre Capitam Simão Gonçalves de Camara no Reyno por casar, foi, pela fama que corria de sua magnifica condição e heroicos feitos, requerido com muitos e grandes casamentos com senhoras de muito estado; porem, como elle não queria fazer nada de si sem licença d'El-Rey e da Raynha, que o traziam nos olhos, Sua Alteza o casou com *D.*

Isabel de Mendoça, filha de D. Rodrigo de Mendoça, Senhor de Moro, em Castella, a qual era donzella da Raynha D. Catharina, com ella veyo a este Reyno, e a quem ella amava como filha. Foi esta senhora dotada de muita virtude, e nella doctrinou seus filhos, sendo mui catholica christaa, amparo de muitas viuvas e orphaas, e remedio de muitos pobres: e, porque a Raynha a tinha a seu cargo e lhe queria muito, a deo por mulher a Simão Gonçalves de Camara, Capitam da ilha. O derradeiro dia de Setembro do dito anno, dia do Bemaventurado S. Hyeronimo, se fizeram os contractos de seu casamento, e com ella foi hum grande dote, estimado em outenta mil cruzados, que El-Rey lhe deo em juro, e em dinheiro de contado, e em officios, e além disso a casa do dito Capitam fora da Ley mental duas vezes, cousa que raramente se concede: e aos quatro dias do mez de Outubro do mesmo anno de 38, em dia de S. Francisco, foi o Capitam recebido com ella, e trouxea para sua casa acompanhada de toda a Corte, vindolhe o Infante D. Luiz á parte direita, e o Arcebispo de Lisboa á esquerda, com todos os Fidalgos do Reyno que se acharam presentes.

CAPITULO XL

Neste anno de 1538, El-Rey D. João, III do nome, tinha feito mercê do
Bispado do Funchal a *D. Martinho de Portugal;* e, porque era tanto seu parente, lho deo com titulo de Arcebispo; e, por ser tambem a ilha grande provincia de todas as terras descobertas até a China inclusive, a fez metropoli das
ditas terras: pelo que, a ella. vinham as appellações e aggravos de todas as
partes do mar adjacentes. E, porque havia muito que a See estava vacante,
o Arcebispo mandou neste mesmo anno á ilha hum Bispo e dous Visitadores para visitarem o Arcebispado. O Bispo, o qual *D. Ambrozio* se chamava, chrismou, e deo ordens, e fez todos os officios competentes ao cargo Pontifical do Arcebispo. E, porque ainda neste anno e principio delle ficava a
peste na Cidade do Funchal, o Bispo D. Ambrozio sahio e desembarcou com
os Visitadores, que Jordão Jorge e Alvaro Dias haviam nome, em Machico, onde estiveram até passar o mez de Mayo e dia do bemaventurado Santiago Alfeo,
no qual teve Nosso Senhor por bem e seu serviço levantar o mal, por rogos e merecimentos do Sancto Appostolo, sem nunca mais haver peste na ilha,
como fica dito. Passado o perigo do mal contagioso, vieram os Visitadores
á cidade, e executaram em toda a ilha seu officio, não com aquelle mimo em
que o Bispado estava criado, antes com muito rigor e aspereza; porque os
calos, que os vicios tinham feito nas almas dos delinquentes, era necessario
desfazelos com a trementina do castigo, e não com oleo de brandura e piedade: pelo que, estavam mal quistos. O Bispo D. Ambrozio, antes de hum anno acabado, como não teve mais que fazer, foise para o Reyno; e os Visitadores não tardaram após elle: porem a caravela em que ambos embarcaram
se foi perder com elles e os mais que nella hiam, com quanta fazenda da
ilha levavam, na Ilha Pecegueira, costa de Sines, sem escapar viva pessoa.
　Todo o tempo que o Arcebispo governou foi o Arcebispado mui felice,
porque elle amava muito a seu Cabido e Clerizia, e trabalhava pelos acrecentar em rendas, honras e descanço, dandolhes liberdades, e privilegios largos,
e Constituições compativeis, reguladas pelas outras dos bispados donde este

desmembraram, alem de meyos dias do barbas, e dias de hospedes e lavagens de sobrepelizes, e outras liberdades que gozavam; porque queria ó Arcebispo que, comquanto os beneficios fossem de pouca renda (que cada conigo não tinha senão doze mil reis cada anno), no administrar delles, e na solemnidade e aparato dos Officios Divinos se regesse tudo pelo melhor e mais nobre Arcebispado do Reyno.

E, ainda que haja alguma intermissão de annos em que aconteceram outras cousas que adiante contarei, por dizer dos mais Prelados todos junctos sem misturar as cousas sagradas com leigas e profanas, conto aqui de todos os mais Prelados que á Ilha da Madeira foram, e nella houve, e ha até o anno presente em 1590: e assi ficará dito agora o que pela ordem dos annos se houvera de contar adiante.

No anno de 1547 foi Deos servido chamar para si o Arcebispo D. Martinho, Prelado de tanta virtude e sangue, por cuja morte ficou a See vacante até o anno de 1551: e neste meyo tempo foram Provisores neste Bispado, primeiramente, o Arcediago *Amador Affonso*, que o foi dous annos; e depois, o Thezoureiro *Pedro da Cunha*, e o Conigo *Lopo Barreiros*. E logo no anno seguinte de 48, sendo a See vacante, foi de Canaria á Ilha da Madeira hum Bispo castelhano, de annel, que ás Canarias fora dar ordens, chamado D. Sancho: e porque ja havia annos que ao Bispado não fora Bispo para chrismar, e dar ordens, e fazer outras cousas necessarias, mandou o Cabido e o Convento de S. Francisco pedir licença ao Reyno para este Bispo castelhano executar nella o Officio Pontifical, principalmente para consagrar a igreja do Mosteiro de S. Francisco, por ser tão antiga casa e de tanta devação na Cidade do Funchal; a qual licença concedida, deo na mesma cidade ordens a muitas pessoas, e correo a ilha toda chrismando comummente a todos que disso tinham necessidade. O que feito, quando da ilha se foi, por lhe contentar a fertilidade, frescura della, e conversação da gente nobre da terra, foi ter a Lisboa, com preposito de pedir a El-Rey aquelle Bispado, allegando para isso o serviço que nello tinha feito; mas Sua Alteza mandou-lhe satisfazer mui bem seu trabalho, e houve excusada sua petição, visto como não era natural, e no Reyno havia muitos que o mereciam.

E, porque D. *Gaspar*, frade da Ordem de St.º Agostinho, de Nossa Senhora da Graça, era Confessor d'El-Rey, e doctissimo na Sagrada Theologia, fezlhe mereê de o fazer Bispo da Ilha da Madeira: e neste proprio anno suplicou ao Papa que, por as provincias e ilhas descobertas serem mui remotas daquella Ilha, era muito serviço de Deos fazer em todas estas partes Bispados, e desmembralos do Arcebispado da ilha, e que ella ficasse Bispado, como as Ilhas dos Açores, e a Ilha de S. Thomee, e a India; e, porque o *Castello de Arguim* estava mais perto da dita Ilha da Madeira que de outra parte alguma, que ficasse sugeito ao mesmo Bispado, com a Ilha do Porto-Sancto: e daqui por diante ficaram estas ilhas em Bispado da Provincia e Metropoli de Lisboa, onde vão as appellações della. E no anno de 1552 mandou o dito Bispo D. Gaspar, que depois foi de Coimbra, á ilha por seu Provisor e Vigairo Geral da Vara *Antonio da Costa*, Licenciado em Canones, Deão que era da Ilha Terceira, e depois foi Chantre do Funchal, e, por morte do Deão *Phelippe Rabelo*, foi Deão da mesma Cidade do Funchal, servindo sempre de Provisor atee a vinda do Illustrissimo e Reverendissimo Bispo D. Hyeronimo Barreto, e faleceo na era de 66, no qual tempo servio sempre mui inteiramente o cargo de Provisor, visitando por especial mandado dos Prelados de seu tempo todo o Bispado, e castigando, e emendando os delinquentes com muita prudencia, porque era singular letrado, e foi mui temido, e por essa rasão austero de sua condição.

E porque o Bispo D. Gaspar era muito aceito a El-Rey, vagando na era de 1556 o Bispado de Leiria, lhe fez mercê delle; e, por sua renunciação, mercê fez tambem do Bispado do Funchal a *D. Jorge de Lemos*, Frade Dominico, que foi depois tomar posse no anno de 58; e, por haver muito que na ilha não residia Prelado, antes elle se podia dizer o primeiro que com verdadeiro nome disso aaquella terra hia como proprietario, foi mui bem recebido: e governou o Bispado cinco annos, nos quaes se houve como prudente e virtuoso Prelado, e se soube sahir e expedir de muitos trabalhos e enfadamentos que neste tempo lhe aconteceram, dos quaes se desfez com muita sua honra. Este foi o primeiro Bispo proprietario que foi á ilha: e houve elle de Sua Alteza renda para o Mestre da Capella que trouxe comsigo, e em seu tempo lustrou muito a muzica naquella terra, porque o Bispo favorecia os cantores e muzicos, por o elle ser muito de sentido; pelo que, fez para regimento da See huns Capitulos dos Officios, de que era muito affeiçoado, e não passava dia sancto que a elles não fosse presente: para melhor apacentar as ovelhas no gremio e pasto spiritual, fez de novo, na Cidade do Funchal, duas freguezias, huma em *Nossa Senhora do Calhão*, com Vigairo, e cinco Beneficiados, e hum Sachris-

tão, com honesta renda; e outra em *S. Pedro:* e pela desmembração dos benesses e emolumentos destas freguezias, houve d'El-Rey para o Cabido cincoenta e dous mil reis. com obrigação das missas de todos os dias, que erâm
de cargo do Deão; e fez dous Curas na da See, com muito boa renda do pee
d'altar: e depois de ter postas em boa ordem e reformadas as principaes cousas
do Bispado, como seus spiritos aspiravam a mais subidas cousas, foi para o Reyno na era de 63, donde mais não tornou á ilha, assi porque neste tempo
vieram os cossarios saquear a terra, como por outros inconvenientes que o moveram a renunciar o Bispado. Foi este Prelado mui izento de condição e algum tanto aspero della, por castigar seus subditos com severidade; porem
sempre fez o que devia, dando o premio a quem o merecia, e castigando os
obstinados: teve grande casa e muitos criados, os quaes todos tractava com
muita policia: e sendo no Reyno, o fez El-Rey D. Sebastião seu Esmoler Mor,
e renunciou o Bispado no anno do Senhor de 1569. Em 15 de Novembro do dito anno foi a renunciação acceita pelo Papa, e em seu logar confirmado *D. Fer-*
nando de Tavora, tambem Frade Dominico, e Prégador d'El-Rey D. Sebastião:

Consagrado o Bispo D. Fernando de Tavora, ao tempo que devia de his,
á ilha veyo a não gostar della, nem dos negocios que lhe creciam do Bispado, por ser de sua condição quieto e dado ao estudo das letras sagradas,
criado sempre na quietação e recolhimento da sua cella; pelo que veyo a aborrecer a gente, e não se sabe se por esse desgosto, se na verdade por carecer da
vista, tomou por ocasião dizer que era cego, e que não se atrevia a reger o Bispado; e em fim veyo a renuncialo, e recolherse em huma quinta no logar de
Azeitão, afastado do concurso da gente que ainda lá o buscava sobre negocios da ilha. Aceita a renunciação, esteve o Bispado assi alguns annos, até
que Deos foi servido darlhe outro Prelado que o governasse: este foi tambem
de nobre geração e Clerigo da Ordem de S. Pedro, como agora contarei, por
dizer de todos os Bispos da ilha neste logar, ja que comecei a fallar delles.

CAPITULO XLI

Na era de 1573 foi consagrado o Bispo D. *Hyeronimo Barreto;* mas, como sua virtude era de mais annos que os de sua idade, depois de eleito e despedidas as Letras, ou esperou alguns dias, ou o Papa despensou com elle na idade, para prefazer trinta annos: e este soo argumento basta para o mundo julgar qual era sua virtude; pois por ella e por seus merecimentos mereceo ser eleito para tal cargo: e certo elle, que não chegava a trinta annos, dava de si mostras, pela prudencia e moderação de seu animo, gravidade de sua pessoa, e finalmente pelo exemplo de sua vida, ser homem de cincoenta annos.

Este Bispo D. Hyeronimo Barreto era de gente principal, dos *Barretos do Porto,* onde seu pay teve sempre cargos honrosos, assi d'El-Rey como da cidade, e a sua familia he tida em muita conta; porque o Padre João Nunes, da Companhia de Jesus, e irmão de seu pay, foi columna da Religião, e grande servo de Deos, e andou em Africa, em tempo d'El-Rey D. João, iii do nome, occupado no resgate dos captivos, onde os consolava e esforçava: era letrado e bem entendido, e por sua fama, a instancia do dito Rey, foi feito Patriarcha do grande Reyno do Preste, com outros dous Bispos da Companhia de Jesus; com o qual Patriarchado chegou a Goa, onde, esperando resposta do Preste, se deteve alguns annos, morando sempre no Colegio, com grande exemplo de vida; e por se dilatar e impedir a hida para o Preste, entendendo que El-Rey D. João o queria fazer Arcebispo de Goa, insistio muito em o estorvar por todas as vias, dizendo que, se aceitara o Patriarchado, era para trabalhos e martyrio, mas que seu intento era acabar em pobreza na Companhia, e que por nenhum caso aceitaria Arcebispado tão honroso: e assi lhe cumprio o Senhor seus desejos, porque faleceo em Goa, depois de ter feito grandes obras de serviço de Deos, e deixou grande fama de sua virtude: este foi o bom tio do Bispo D. Hyeronimo. Teve tambem outro tio, irmão de seu pay, por nome Affonso Barreto, tambem sacerdote da Companhia de Jesus, de muita virtude, theologo, prégador, e bom grego humanista, que na Religião teve muito nome, e acabou sanctamente no Colegio de Sancto Antão.

Teve tambem outro tio, irmão de seu pay (segundo minha lembrança), da Companhia de Jesus, homem de grandes letras e virtudes, e de bom pulpito, o qual na India foi Provincial; e tendo este cargo, foi a Japão, passando muitos trabalhos pelo augmento daquella christandade; e sempre nos cargos que teve mostrou muita charidade e mansidão, fortaleza nas adversidades, e zelo das almas, e de todos era mui amado e estimado: por vezes foi Reytor, e depois sendoo de Cochim, acabou sanctamente, havendo muito trabalhado por espaço de muitos annos naquellas partes, de modo que foi huma columna da Companhia. Destes bons troncos e progenie veyo o Bispo da Ilha da Madeira D. Hyeronimo Barreto; de modo que daquella nobre familia dos Barretos (se he licito) se pode dizer: *Oh quam pulchra est casta generatio (Oh! quam fermosa he esta casta geração!)!*

Este Bispo desde moço se criou no Colegio de Coimbra, na doctrina e lição dos Padres da Companhia, e ahi aprendeo latim, sendo mui casto e recolhido, continuando sempre os Sacramentos com muita devação: dahi se passou aos Canones, onde cursou alguns annos, e se fez bom letrado, sendo mui deligente e curioso, e de todos os estudantes era amado e acatado, por ser afavel, alegre, e mui honesto em sua conversação, e se tractar com muita limpeza e honestidade, dizendo missa ordinariamente todos os dias com grande devação.

E sendo' El-Rey D. Sebastião informado de suas letras, e virtudes, e bons costumes, o chamou por carta sua (bem fóra elle de tal imaginação), e o nomeou por Bispo da Ilha da Madeira: a qual eleição bem parece que foi Deos, pelo muito fructo que tem feito; e (como ja dice) inda o Papa despensou com elle na idade para ser Bispo, que lhe faltava hum anno; comtudo se houve de maneira como Bispo de muita idade, na inteireza, zelo, prudencia, authoridade e magnanimidade que sempre mostrou: delle se pode bem dizer aquillo de Salamão, no *Livro da Sabedoria*, no Capitulo IV: *Senectus venerabilis est non diuturna, nec numero annorum computata, cani enim sunt sensus hominis, et ætas senectutis, vita immaculata (A veneravel velhice he não a de muito tempo, nem a contada por numero de annos, porque os sentidos do homem são as cans; e a idade da velhice, a vida sem macula).*

Foi á ilha na era do Senhor de 1574, em vespera de Todos os Sanctos, derradeiro dia do mez de Outubro do dito anno, e achou o Bispado em boa ordem pela que deixou D. Jorge de Lemos, não porem naquella que se requer para bom regimento, e salvação das almas, e proveito dos subditos, porque lhe faltavam *Constituições Sinodaes,* que he o leme desta nao da Igreja Militante e governo della, as quaes elle ordenou e fez com assaz estudo, prudencia e moderação, fundadas todas no Sacrosancto Concilio Trident no e nos Sagrados Canones, em cuja faculdade e profissão elle foi perito e eruditissimo letrado, formado na Universidade de Coimbra: e movido mais no serviço de Deos, e salvação das almas, e proveito das ovelhas, promulgou as dias Constituições o anno de 1578, juntos todos os Vigairos e Beneficiados do Bispado, e presentes o Reverendo Cabido e Beneficiados da See; aos 18 do mes de Outubro se leo no pulpito da See do Funchal a primeira sessão: e recebidas, por ellas se rege agora ao presente o Clero todo, e se julga e guarda conforme a ellas, que sanctas e compativeis são. Entrando no Bispado, o visitou e reformou com muito zelo; e, por ser grande zelador do Culto Divino, ajuntou assi da fabrica d'El-Rey, como por outras vias, e do seu, dez ou doze mil cruzados, que todos empregou em ornamentos para a sua See e mais igrejas. Foi tão inteiro e constante que, pondo o rosto a alguns negocios de pessoas nobres e poderosas, e dizendoselhe: «*Senhor, olhe que o podem matar;*» elle com muita alegria respondeo: «*Que mayor bemaventurança podia eu ter, que morrer por fazer o que devo, e sou obrigado?*» E, como era conhecido este seu zelo e constancia, se renderam muito, tendoo em grande conta e credito assim ecclesiasticos, como seculares. Tractava a todos como pay, e com muita mansidão e charidade; continuo no coro e Officios Divinos; muito largo em socorrer todo o genero de pobres, nos quaes gastava toda a sua renda d'antemão, e ainda do seu patrimonio; grande amigo e favorecedor de clerigos castos e honestos; e se algum de outro Bispado o retinha com afagos, logo lhe dava o que pedia; e os seus andavam de comprido, e todos aprendiam: sua casa sem pompa, sua cama de hum Religioso, seu tracto e serviço muito chão; de maneira que era tido por Bispo sancto: todos os dias dizia missa com muita devação; e, muito amigo dos Padres da Companhia, onde tinha seu confessor, com elles comunicava suas cousas, o que era certo indicio e signal de sempre accrtar, pois tinha tão virtuosos e letrados conselheiros. Era tão devoto este Prelado no que tocava a seu cargo e officio pontifical, que nos trabalhos mais parecia companheiro, que Prelado e senhor: assistia na See a muitas matinas do anno, para ver com os olhos a modestia e devação com que se rezavam as Horas Canonicas, na perfeição

29.

das quaes tinha especial cuidado; nas festas principaes não perdia missa que não dicesse em pontifical com muito aparato e devação; não se lhe passava por negligencia anno que não visitasse seu Bispado pessoalmente, para conhecer suas ovelhas, e ellas a elle: ordenou, para melhor serviço da See e regimento della, dous meyos Conigos, alem dos outros dous meyos que havia; e fez hum Altareiro, para ter cargo nos altares conforme ao missal novo; e trabalhava em tudo o que podia dar á execução o Concilio Tridentino: era mui amigo da virtude, e favorecia e fazia mercês a quem a seguia; e, pelo contrario, aborrecia e castigava os viciosos, não consentindo no Bispado pecado publico, e trabalhando por desarreigar da terra vicios eu faltas donde procedesse escandalo: era mui dado aas letras e aa virtude; certo em suas palavras, honesto em suas obras, brando na condição, amigo de honrosos trabalhos, e inimigo de ociosos descanços; hia aa mão a seus apetites com tanto recato que não ha duvida senão que tinha hum coração velho e hum corpo novo, e que se não tinha cans na cabeça, as tinha nos costumes: e por estas obras tinha ganhado grande fama de virtude e sanctidade, não soomente no Reyno de Portugal, mas tambem nos estranhos, alem do que ganhava para com Deos, por cujo puro amor fazia quanto fazia, e de quem esperava de tudo o verdadeiro galardão. Por estas rasões, lhe fez Sua Magestade depois mercê do Bispado do Algarve, o qual regeo como sempre governou o do Funchal em quanto residio nelle e faleceo sanctamente.

CAPITULO XLII

Quem ouvir o que agora acabei de dizer do Bispo passado cuidará
que se não possa achar outro seu igual; mas, como Deos he todo poderoso
o bem, não soo para fazer hum bom, senão muitos, e nunca deixou o Mundo desamparado de hum caudilho, que logo o não provesse de outro; como
a Adão sucederam Patriarchas seus descendentes, de hum em outro até Noé, e
de Noé seu filho Sem, e deste outros que governaram a terra; e como em a
Sancta Igreja Catholica Romana, depois de S. Pedro sucederam outros tantos e supremos Pontifices na sua Cadeira, a todas as da terra superior; assi
na Ilha da Madeira, apoz de hum bom Prelado, poz outro em nada a elle segundo, de mais experiencia no governo e maduro conselho, ornado de outras heroicas e abalizadas partes, como se verá no que delle hirei dizendo;
poisque, pela renunciação que do Bispado do Funchal fez o Bispo D. Hyeronimo Barreto, por lhe dar Sua Magestade o do Algarve, lhe sucedeo nelle *D.*
Luiz de Figueiredo de Lemos, de grandes letras e virtudes, que agora o governa.

Este Prelado he filho de Miguel de Figueiredo de Lemos e de Ignez
Nunes Velha, sua mulher, ambos de illustre progenie, e natural da Ilha de
Sancta Maria, da qual, inda que pequena, sahio cousa tão grande, como he
este Senhor, em virtudes, letras e condições, que Deos estremou para honra
e louvor seu e das Ilhas todas dos Açores; pois elle foi o primeiro Bispo natural que nellas naceo, e dellas sahio tão benemerito do tal cargo e de outros
muitos mayores. Naceo este Senhor na Villa do Porto da Ilha de Sancta Maria, em huma sexta-feira, 21 de Agosto da era de 1544. Antes de seu nacimento, havendo dous annos que sua mãy era casada, por logo não haver
filhos, lhe diceram algumas nobres parentas suas que, «por *ella ser mulher*
de dias, ja não havia de parir:» Ao que respondeo que «*não era velha que*
deixasse de parir; e não desejava mais que parir hum soo filho, que ao de-
pois fosse Bispo.» O que parece que foi profecia ou pronostico do que havia
de ser, pois dali a hum anno o pario: e, ainda que depois houve, fóra elle,
quatro filhos machos e cinco filhas, todos os quatro, sendo ja quase homens,

faleceram, hum na India, em serviço d'El-Rey D. Sebastião, de cuja casa era seu Moço de Camara; os outros e huma das filhas, na mesma ilha; e a elle soo guardou Deos, para muito se servir delle em muitos cargos e poderes que teve.

Sendo este Senhor de idade de cinco annos, o poz seu pay na escola a aprender a ler e escrever: chegando a doze annos, aprendeo gramatica na mesma ilha com hum bom mestre, chamado João Rodrigues da Veiga, castelhano, e na terra, e em Villa Franca desta Ilha de S. Miguel onde o mestre se passou, aprendeo com elle cinco annos: sendo de dezesete, se foi a Lisboa, onde aprendeo no Colegio de Sancto Antão mais de dous annos, em que tambem ouvio rectorica, e grego, em as quaes cousas aproveitou tanto, que levava a seus condiscipulos logares e premios: dali se passou a Coimbra, onde ouvindo, outo annos continuos, Canones e Leys, se graduou com grande aplauso dos mestres e doctores daquella Universidade, e fez o auto da aprovação em logar de Licenciamento, conforme aos Estatutos da Universidade; que os taes gozão dos mesmos previlegios e acabão o estudo, e esta ordem tem quase todos, senão os que são mui ricos, ou querem seguir as escolas, que gastam tempo e dinheiro nos graos.

Antes de tomar ordens, depois delle ter tomado o grao de Bacharel em Canones; aquellas ferias foi a Lisboa, e pousando com D. Luiz Coutinho, filho de D. Francisco Coutinho, Comendador que ao tal tempo era da Ilha de Sancta Maria, muitas vezes, como elle era seu parente, latino, e curioso, tractavam nas letras, e em seus negocios; e, como D. Luiz via que elle já era Bacharel, e dizia que havia de ser clerigo, pareceolhe que errava, e que melhor era ser leigo e servir a El-Rey, tractando de o persuadir a isso, pelo muito que lhe desejava: e entre muitas rasões dizia que *sendo leigo, tinha mais certo o caminho de valer e ter bem de comer; porque, como era homem de calidade, El-Rey se havia de servir delle logo; e chegaria a ser Desembargador do Paço, pois esta via era corrente e certa em taes pessoas; mas por clerigo tudo era duvidoso; e que não lhe negara que poderia ser bispo, mas ja aquelles quinze annos o não podia ser.* Poderam tanto as rasões de D. Luiz, que lhe tiraram a determinação de ser clerigo, e ficou nisto perplexo; e assi tornou para Coimbra, e chegou a escrevelo a seu pay, o qual, vendo isso, o reprehendeo grandemente por carta. Passaram muitos mezes, nos quaes encomendou a Deos o negocio, pedindo que o determinasse no que fosse mais seu serviço, tomando a S. Pedro por intercessor; e todas as vezes que hia por onde estava sua imagem, como passava muitas pelo Colegio de S. Pedro, cuja imagem está em cima da porta, ainda que fosse com estudantes, depois de tirar a gorra, interiormente lhe fazia oração, pedindolhe que inspirasse nelle se havia de ser sua Ordem: e dahi a poucos tempos, com isto e com a carta do pay, se resolveo firmemente, e tomou ordens de Epistola, o que parece que foi inspiração do Sancto; porque logo teve sua igreja e sempre usou de jurisdição sua; e, depois da Igreja de S. Pedro, foi para a do Salvador; e da do Salvador foi para a de Nossa Senhora da Assumpção, da qual he a advocação do Funchal, como tambem he o orago da igreja de Sancta Maria, em que foi baptisado.

Hase de notar que, estando este Senhor em Coimbra ja Bacharel, mas antes de todo acabado o estudo, e tendo El-Rey D. Sebastião encomendado ao Bispo D. Gaspar de Faria que buscasse hum homem para a Ilha de S. Miguel, a qual estivera para dividir do Bispado de Angra e fazela huma administração, por importar muito o governo della, estimulado o Bispo d'El-Rey por cartas que provesse de quem governasse esta ilha, mandou saber a Coimbra que estudante canonista haveria lá do Bispado que servisse; apontaramlhe nelle, pela fama que corria de suas letras, virtude e bom exemplo, com que todos e mui graves letrados affirmavam que havia de fazer muito fructo na Igreja de Deos: e mandoulhe pedir então que quizesse hir para a dita ilha, fazendolhe grandes promessas, no que elle se não resolveo, e alguns seus mestres o tiravam disso, que não viesse aas ilhas, pelo conceito que delle tinham. Estando a cousa nestes termos, escreveolhe seu pay que se ordenasse, pois ja era graduado; para o que fez em Coimbra papeis de vita et moribus, authorisados com testemunhos de alguns de seus mestres, e os enviou a seu pay, para ao Bispo mandar pedir Reverendas para todas as ordens: e sucedeo que, vindo ter os papeis a esta Ilha de S. Miguel em tempo que aqui estava o Bispo, seu pay se achou na Ponta Delgada tambem, e fallou ao Bispo mostrandolhos. Como este entendeo que elle era seu filho, de que tinha informação, e mandando pedir o acima, folgou muito, e logo mandou chamar o Escrivão da Camara, que passasse Reverendas para todas as ordens: e, praticando mais com o pay delle, lhe descobrio sua tenção, pedindo que lhe escrevesse que viesse: ao que este respondeo que lhe não parecia ter effeito, porque seu filho havia de ficar no Reyno, por hum tio delle, seu irmão, Antonio de Lemos, Prior de Recardães, desejar de lhe dar as suas igrejas; e tambem elle queria que seu filho servisse a El-Rey, como seus avoos; mas que, agradecendolhe tudo, não deixaria de lhe escrever. Vendo o Bispo a difficuldade do pay, mandou depois ao Escrivão da Camara que fizesse as Reverendas para ordens de Epistola e Evangelho soomente, e que as demais reservava a si por justos respeitos, serviço de Deos, e descargo de sua consciencia. Tornando o pay ao outro dia a visitar o Bispo, este lhe tornou a encommendar que lhe escrevesse; e, dandolhe o Escrivão da Camara as Reverendas para Epistola e Evangelho soomente, queixouse, dizendo que o Bispo mandára que as fizesse para todas as ordens, e tornou ao Bispo, o qual lhe disse que para seu filho vir, tornára a mandar aquillo: e desta maneira lhas enviou; e elle tomou ordens de Epistola em Portalegre, do Bispo D. André, e tornou a Coimbra a concluir seus autos, com que aquelle varão se despedio, com tenção de não vir ás Ilhas, e de requerer despacho. Era então já a armada partida; mas, chegando a Lisboa, a achou arribada: ali, dous parentes seus lhe persuadiram que viesse com elles ter seu pay e mãy, e que tornaria nella lá; dando conta disto a D. Luiz Coutinho, que morreo com El-Rey D. Sebastião, pareceolhe bem, encommendandolhe que tornasse logo, para requerer; e vindo á Terceira para se ordenar, e agradecer ao Bispo a vontade que tinha de lhe fazer mercê, então elle o mandou a esta Ilha de S. Miguel, havendo hum anno que esperava com a igreja de S. Pedro, da Cidade da Ponta Delgada, para lha dar, como deo, e o fez juntamente Ouvidor do Ecclesiastico de toda a ilha, dizendolhe que El-Rey lhe tinha encomendado esta ilha; e buscasse hum homem de confiança que a governasse, fazendolhe o Bispo muitas promessas e abundancias.

Depois do Bispo D. Gaspar de Faria falecido, tornou o Senhor D. Luiz de Figueiredo de Lemos a Lisboa, onde tomou ordens de Evangelho e missa; e vendoo, algumas pessoas graves disseram que havia de montar muito. Fallou a El-Rey D. Sebastião pedindolhe que o tomasse por seu Desembargador, por ser homem letrado nobre, e que seus avoos sempre o serviram: remeteo Sua Alteza ao Doutor Paulo Affonso, ao qual deo seus papeis, e com hum despacho em que o tomou por seu Capellão, com o melhor foro da Casa d'El-Rey, e com a mayor moradia costumada, cem mil reis por mez, hum alqueire de cevada por dia; e huma vestearia cada anno.

Foise depois a Coimbra, a visitar seu tio: estando lá, teve recado que em Lisboa se tomava secreta informação delle, por mandado d'El-Rey: tornou a Lisboa; fallou ao Licenciado Marcos Teixeira, porque lhe diceram que com isto correo; e este dicelhe que fallasse ao Doutor Paulo Affonso, e que havia bem informação, e El-Rey se queria servir delle: foi fallar a Paulo Affonso, o qual perguntoulhe, depois de outras palavras, «se queria passar o mar, e servir a El-Rey?» E, como elle não sabia o que era, e aquillo lhe era perguntado confusamente e de repente, interiormente sentio grande repugnancia, e assi respondeo com velocidade e vehemencia não costumada, que, «se fosse para passar o mar longe, e passagens perigosas, por nenhum medo hiria; mas para perto e sem perigo, o faria (representavase logo nesta resposta a Ilha da Madeira, aplicandoselhe a isso a vontade, pronostica do successo).» Tornoulhe Paulo Affonso: «Como he mar, logo he perigo.» Dice elle: «Para perto, não.» E vendo aquelle sua repugnancia, dice que «se offereceria outra cousa.» Depois se soube que era para Inquisidor da India, porque El-Rey queria mandar dous, e elle fosse o Presidente; e, se quizesse hir, era rasão: e correndo alguns dias, lhe tornara a dizer, pois não queria hir para a India, que para o Reyno era necessario, e assi estava assentado. Continuou com Paulo Affonso, que delle tinha grande concepto, o qual dahi a dias lhe mandou recado que se detivesse; e fallandolhe, dice que esperava certos dias, porque tinha mandado recado e escripto sobre elle ao Cardeal D. Henrique, Inquisidor Mor, que ao tal tempo estava em Evora, e levara as cartas hum Manoel Antunes, Secretario do Conselho Geral da Inquisição, e lhe encomendara a brevidade da resposta. Esperou aquelles dias e outros tantos, continuando com Paulo Affonso, o qual lhe dizia que não podia tardar, que esperasse: mas tardando, e fazendose a armada prestes, se determinou mais na resolução, e importunou a Paulo Affonso que o deixasse vir, por lhe relevar a vinda, e que Sua Alteza lhe desse licença para isso, e o despachasse como a quem tornava, porque a armada estava de partida, e depois sem ella não poderia vir, e que aviaria seus papeis; e, se entretanto viesse recado do Cardeal, o fosse necessario elle deixar tudo, faria tudo o que Sua Alteza lhe mandasse. Com esta rasão se aquietou Paulo Affonso, persuadindolhe que não tornasse para as ilhas, que o despacho que El-Rey lhe queria dar importava mais, repetindolhe isto tres vezes: e tornoulhe o Senhor D. Luiz que assi o faria, mas que queria estar aviado. E El-Rey o despachou, mandandolhe por sua Provisão que levava gosto de o tornar a servir em S. Miguel, em quanto o Bis-

30

pado estáva vago, e que lhe faria merceo cada vez que lha pedisse, havendo respeito aa boa informação que tinha delle. Então dice Paulo Affonso que importava muito o governo desta ilha, e que El-Rey estivera para fazer, nella huma administração. E desta maneira, antes que a armada fosse partida, houve licença e despacho para tornar, com a condição acima de fazer o que Sua Alteza mandasse. O Cardeal não mandava resposta, porque estava para vir a Lisboa despedirse d'El-Rey, que hia para Africa: e tendo o Senhor D. Loiz de Figueiredo seu fato embarcado, e a armada prestes, chegou o Cardeal a Enxabregas, hum dia aa tarde; ao outro, aas onze horas, havendo soomente meya que estava embarcado com o Capitam de Sancta Maria, Braz Soares de Sousa, e a armada para dar aa vella, chegou ao navio recado de Paulo Affonso que não se embarcasse, e que lhe fosse fallar aas duas horas; mas, como elle ja estava daquella maneira, e a armada para dar aa vella, seu fato e moços embarcados, teve conselho que respondesse como jaa por então não era possivel, e que depois tornaria, porque lhe diziam que era mais sua honra tornar: chamado de todos estes sucessos, escapou, por vir governar as ilhas; parece que Deos assi o queria, e se servia disso.

Escusandose assi este Senhor, por temer viagem tão comprida, e não descontentar a seu pay e mãy, que o queriam ter mais perto, se tornou para esta Ilha de S. Miguel com a igreja e ouvidoria que d'antes tinha; os quaes cargos servio tão bem, e com tanta inteireza e prudencia, que, provido o Bispado do Bispo D. Pedro de Castilho, merecedor de grandes cousas, estando na Cidade de Angra, e vagando a dignidade de Deão, este Prelado o mandou chamar, e lha deo, mandandolha negocear a Portugal e a Roma. Estando com esta dignidade, passou o Bispo D. Pedro a visitar esta Ilha de S. Miguel, trazendoo comsigo por seu Visitador: e visitando esta e a de Sancta Maria, se cerrou a Ilha Terceira, e alterou por parte de D. Antonio; pelo que, não poderam tornar a ella: então o fez o Bispo seu Vigairo Geral e Provisor; e depois, hindose para o Reyno, Governador do Bispado, com a aprovação de Sua Magestade, porque, sendo eleito o Bispo D. Pedro para Leiria, tinha ordenado El-Rey que se pedisse Provisão ao Papa para elle governar o Bispado de Angra Auctoritate Apostolica; mas, porque depois succedeo eleger Bispo de Angra, cessou isto: e quando o Bispo D. Pedro de Castilho se quiz hir para o Reyno, elle tambem queria hir; ao que o Bispo dice que não podia ser, e que hum delles havia de ficar no Bispado. O qual cargo de Go-

vernador teve algum tempo nesta Ilha de S. Miguel, atee que se passou aa Ilha
Terceira, depois de ser tomada pelo Marquez de Sancta-Cruz, e reduzida ao
serviço de Sua Magestade: e laa governou tambem o dito Bispado com o cargo
de Provisor e Vigairo Geral, com tanta prudencia, saber e mansidão, entre
o golfo de tantas alterações e contendas, assi no ecclesiastico como no secular, que, correndo a fama de suas cousas tão bem feitas e acertadas, logo no Mayo seguinte teve avisos, por duas ou tres cartas do Bispo D. Pedro
de Castilho, que Sua Magestade e Sua Alteza estavam bem informados delle, e
que se apercebesse, que havia de ser cedo chamado para cousa de honra e
proveito. E quando aquelle anno foi a armada em que vieram os Frades tomar as canas pela observancia, tornoulhe o Bispo a escrever que lhe parecia que Sua Magestade o mandava chamar naquella armada; e, se não fosse
assi, devia ser quando viesse o Bispo de Angra, que se esperava vir de Setembro por diante; e que estivesse aviado para hir na embarcação em que
elle viesse: suspeitouse que era para o Bispado da Cepta, que estava ao
tal tempo vago. Mas, dilatouse a vinda do Bispo, dilatouse chamaremno em
Portugal, succedeo apropinquarse a vagatura do Funchal, e neste proveram o
Senhor D. Luiz de Figueiredo; porque (conforme entendo) Deos quiz antes que
elle, para melhor o servir, e salvação de sua alma, e de suas ovelhas, o fosse governar. Tambem o Arcebispo de Lisboa D. Jorge d'Almeyda, que Deos
tem, Inquisidor Mor, tinha delle informação e noticia; e no tempo acima, quando elle estava em Angra, soube que determinava de o chamar para a Inquisição, se se não metera em meyo aquelle provimento que lhe fizera El-Rey. E então Sua Magestade lhe mandou do Reyno a eleição do dito Bispado do Funchal, e foi chamado para se mandar confirmar por Sua Sanctidade; pelo que,
partio da Cidade de Angra no mez de Agosto, para Lisboa, embarcado na armada que vinha da Mina, de que era Capitam Mor Bernardim Ribeiro Pacheco; e
chegado ao Reyno, foi recebido com muitas honras do Cardeal Viso-Rey e
dos Senhores do Governo, que todos com muito aplauso tractavam suas cousas: quando foi beijar a mão ao Cardeal, lhe mostrou Sua Alteza folgar muito
com sua vinda, dizendolhe que Sua Magestade estava informado de como havia procedido em seu serviço.

Foi este Senhor eleito Bispo do Funchal no mez de Março de 85; partiram suas Letras para Roma a 5 de Outubro do dito anno, e chegaram a
Lisboa a 5 de Março de 86; mandoulhas o Secretario de Sua Magestade, Lo-

po Soares, dia de Cinza da mesma era, estando elle ao officio em Sapela Catharina de Monte Sinay; e consagrouse Domingo da Rosa, que he o quarto da
Quaresma, no mesmo anno, no Mosteiro da Trindade, em Lisboa, sendo de
idade de quarenta e hum annos e seis mezes. A este officio esteve muita
gente, e durou muito tempo, por ser grande: consagrono o Bispo Deão da
Capella d'El-Rey, D. Manoel de Cyebra, Bispo que foi de Cepta, e ora he
da Capella e Deputado da Meza da Conciencia; hum dos padrinhos foi o Bispo novo de Cepta, D. Diogo Correa, cunhado do Secretario Lopo Soares; o
outro padrinho foi o Bispo Zelandez, que ha muito tempo está acolhido de
sua terra neste Reyno: deo de jantar a mais de cincoenta pessoas, no que tudo
houve muita abundancia de todo genero de pescados, e exquesitos manjares,
e muitas castas de doces: jantaram ali D. Hyeronimo Coutinho, Comendador
da Ilha de Sancta Maria, que foi Capitam Mor da armada da India, o dito
anno de 86; e D. Affonso de Noronha, filho de D. Joanna de Vilhena, filha
de Phelippa de Noronha; e D. Hyeronimo Lobo, e D. Manoel de Castro, e
outros fidalgos, no que fez grande custo. Mandou procurações para tomarem
por elle posse do Bispado ao Deão *Doutor Francisco Henriques*, pessoa de muito ser e nome, e, em sua ausencia, ao *Doutor Gonçallo Gomes*, Mestre-Escola
da See, theologo de boa doctrina e exemplo, que servia de Provisor: partiram os papeis Domingo de Pascoella, chegaram o sabbado seguinte ao Funchal, e logo ao Domingo de *Pastor bonus*, antes da terça, junta toda a
gente da cidade, e por estar o Deão enfermo, tomou o dito Mestre-Escola a
posse, no qual dia se celebrava na mesma See a festa da Encarnação de
Nossa Senhora. Depois de consagrado, o mandou Sua Alteza fazer o officio
na Capella, Domingo de Ramos, em pontifical, e o mesmo fez em Quinta-
feira de Endoenças, e em dia de S. Pedro e S. Paulo, 29 de Junho.

Foi o Senhor D. Luiz de Figueiredo de Lemos despachado com setecentos cruzados para ajuda de suas Letras e sagração, e acrecentado o Bispado, e bem favorecido em tudo quanto pedia, partio de Lisboa hum Domingo, 27 de Julho de 85, na companhia da armada *Nasobra Julia*, que Sua
Alteza mandou aparelhar para o levar, acompanhado de outro bom navio armado, por nome Sancto Antonio; e com bonança, mas não sem algum perigo de cossarios, que em redor da Ilha da Madeira andavam, chegou a
ella a 4 de Agosto, dia de Nossa Senhora das Neves. Tanto que na Cidade do Funchal se soube de sua chegada, quebravam os sinos com repiques,

e alvoroçaramse os corações de todos, para receberem hum tão excellente Prelado: o Capitam Geral do Guerra Tristam Vaz da Veiga, illustre fidalgo, de
grande nome e fama nas armas, que jaa governou Malaca, Capitam que
era he da jurisdição de Machico, com João Daranda, Capitam da Fortaleza
e dos soldados Espanhoes. que nella estão, varão de muito ser, esforço, nobreza e brandura, foi logo a bordo, alcatifado o mar com muitos barcos em
que hiam muitos fidalgos da terra, que lhe beijaram a mão: o mesmo fez
o Cabido e toda Clerizia, e homens nobres: e, por ser antes do meyo dia,
para dar logar a que todos fossem comer, deferio o Senhor Bispo sua sahida
para depois de vespera, no qual tempo o Capitam de Guerra mandou fazer
muito aparato de fogo, e armar soldados para o recebimento, que foi feito ás
quatro horas depois do meyo dia, com tanto estrondo de bombardas das fortalezas, arcabuzes e mosquetes de soldados, repiques das igrejas, e folias do povo, que parecia a machina do mundo arruinar. Sahiose o Senhor Bispo vestido de chamalote d'aguas com seu rochete, grave e bem assombrado, na praya,
nos Varadouros, onde o estavam esperando o Cabido e a Camara, preparados
com solemne procissão: logo na borda do mar, foi lançada huma rica e grande alcatifa, e nella hum cochim de veludo verde, sobre o qual se pez
em joelhos para adorar a Cruz, que o Deão da See lhe offereceo a beijar: depois de feita esta ceremonia, foi recebido do Capitam Geral, e da Camara, cujos Juizes e Vereadores, como se fora Procissão do Corpo de Deos, se achavam com varas, inda que não todos, porque eram alguns dos officiaes fora
da cidade, e não souberam a tempo da chegada: depois de agazalhar benignamente a todos, foi elle recebido debaixo de hum rico palio de brocado, cujas varas levavam as Reverendas Dignidades da See, por se não divertir a
ordem dos da Camara, que levavam as varas vermelhas da governança. Nesta ordem, com este solemne aparato, honrosa procissão de graves e Reve-
rendos sacerdotes, e bizarros soldados, que em fileiras adiante hiam tirando
as munições de fogo; com muito concurso de gente, e aplauso de todos, que
em vozes altas diziam: «Para bem seja chegado tão illustre Prelado;» com
as sonorosas vozes da Clerizia, que cantando diziam: «Sacerdos, et Pontifex,
et virtutum Opifex, Pastor bonus in populo, ora pro nobis Dominum;» e com
musica e salmos, hindo traz delle o Capitam Geral Tristam Vaz da Veiga,
o levaram an See, aa porta da qual estava ja revestido o Deão com capa de
brocado, hissope de prata na mão, e o Thesoureiro com thuribulo dourado

e incenso: da mão do Deão tomou o hissope; e lançando primeiro a si agua, depois a lançou ao povo, que cercado o tinha; e, benzendo o incenso, foi incensado: na mesma ordem, chegou ao coro do altar mor, que todo estava ornado de seda, previamente alcatifado, e sobre isto huma cadeira pontifical, de brocado, entre a qual estava hum estrado de cochins de veludo cramezi, onde se poz em joelhos, adorando o altar: e, cantada huma antiphona, dice o Deão a oração costumada, e elle a oração da festa das Neves; e acabada, deitou a benção ao povo solemnemente: depois se assentou na cadeira dourada, onde veyo todo o Cabido, por suas antiguidades, começando do Deão, e todos os Capitulares e mais Clerizia, por sua ordem, lhe beijaram a mão reconhecendoo por Prelado e Senhor; visitou a Capella do Sanctissimo Sacramento; e, acabado isto, foi levado, acompanhado do Capitam Vaz da Veiga e do Capitam da Fortaleza e Vereadores, com muito concurso de povo, aas suas pousadas, que tomadas estavam na Rua das Pretas, ornadas com rica tapeçaria, onde ficou agasalhado. Foi visitado primeiro do Vigairo do Calhão e seus Beneficiados no dia seguinte de Nossa Senhora, e logo do Cabido; depois, da Camara e seculares da cidade, e da Clerizia, e Nobres das villas e logares de toda a ilha: a todos fez muita honra, como pay e Senhor tão benigno. Affirmão e apregoão muitos que cedo téraa outros mayores cargos que merece.

Logo dia de Nossa Senhora da Assumpção (orago da See) dice missa em pontifical, com que o povo se alegrou muito, recebendo sua sancta e episcopal benção. E, por sua boa condição, virtude, saber e experiencia, conceberam delle grandes, certas e não frustradas esperanças de que os tractaria como filhos; porque tem tanta prudencia nas cousas, que nenhuma das que releva lhe fica por alto e que logo não proveja: testemunho verdadeiro disto daa levar elle comsigo, quando foi para o Bispado, a Bulla da Cruzada, e hum Fisico, para que, assi como elle hia por medico das almas, o tivessem tambem do corpo, cousa que outros Prelados não fizeram. Depois de chegar ao Bispado, o terceiro Domingo daquelle Advento que se seguio, fez o primeiro sermão, tomando por thema: «Confessus est, et non negavit.» E preega muitas vezes, com grande erudição e zelo da salvação das almas: hum demingo da procissão do Sancto Sacramento, 31 de Mayo de 87, preegou altamente na See, em que mostrou sua rara habilidade; e geralmente foi louvado de todos, e no remate acompanhado do Deão, Mestre-Escola, Conigos, Capellães, e outros atee suas pousadas.

No exame dos ordenantes, pela Trindade, em que foram juntos o Doutor Mestre-Escola, o *Licenciado Balthazar Pardo*, Vigairo Geral, e o *Licenciado Arrais*, e em que houve assaz de argumentos entre todos, inferidos do mesmo exame, em todos a resolução deste doctissimo Prelado foi seguida e confessada por elles, dizendo que aos Prelados, os quaes são principes de Deos, lhes são comunicadas as cousas sobrenaturaes, quando convem. Acomodouse elle a seus subditos, e elles lhe tinham muita obediencia; e, pela boa ordem que teve em proceder na boa correição das vidas e costumes, mondava com pouco trabalho as silvas que achou em seu Bispado: logo que chegou aa ilha, foio ver, e proveo em algumas cousas tocantes aos ornamentos das igrejas: depois, visitou e fez a devaça geral com muita inteireza e suavidade, levando comsigo e assistindo com elle o *Doutor Gonçallo Gomes*, Mestre-Escola, pessoa exemplar e de muitas letras, que servio de Provisor, e foi Visitador do Bispo passado, e agora he seu. Por não achar penitenciaria na See, assi que chegou, pedio a Sua Magestade licença para a criar conforme ao Concilio Tridentino, e annexala ao mestre-escolado, nomeando logo nella ao dito Doutor Mestre-Escola, por suas letras, virtude e exemplo; e foi assi despachado, e provido por elle, e confirmado.

Quando veyo ao Bispado, por este ser antigo, e de tanto nome, e em que houve Prelados tão insignes, pareccolhe que estivesse ocioso; mas achouse enganado, por o estado das cousas não ser o que convinha. Primeiramente, achou acanhada a Justiça Ecclesiastica, e com pouco uso e ordem judicial, no que logo entendeo, trabalhando de a pôr em seu logar devido, confirmandoa com *Regimentos* doctos e *Estatutos* necessarios, que fez e compoz em cinco mezes o melhor que poude, conforme o Direito e experiencia que tinha, e os que havia em outros Bispados: e assi fez hir practicando e seguindose a ordem judicial igualmente em todos os que, por provimentos de devaças de visitações, se livraram: e parecia isto ao principio agro e novo, mas cumpriose, e jaa parece bem, e foi de muito effeito; porque com isso houve grande reformação na justiça e costumes. Tambem não havia no Bispado Ouvidores, como antigamente houve, e tudo occorria ao Provisor e Vigairo Geral; e, por ser a terra grande e difficultosa das partes remotas, poucas pessoas se atreviam a hir requerer justiça, principalmente em casos leves, e tambem muitas vezes a experimentavam; pelo que, criou na ilha duas Ouvidorias, com seus territorios e officiaes necessarios, huma em Machico e Sancta Cruz, outra na Calheta, e outra na Ilha do Porto-Sancto, alem da do Castello de Arguim, que jaa havia. Por ser necessario, e achar faltas em os modos de visitarem os visitadores, fez para isso particular e *novo Regimento*, com seus titulos divididos, em que estão cifradas todas as *Constituições* e *Estatutos* tocantes aa obrigação dos Sacramentos, e as mais que tem o Clero, os Ministros Ecclesiasticos, e os Ouvidores em suas Ouvidorias, por bem das almas e bom governo das igrejas e freguezes. Não achou em as igrejas do Bispado livros de provimento de visitações, como he costume em os bem governados, nem havia esto modo de prover em as cousas; e assi eram as visitações de pouco effeito, principalmente para a temporalidade das igrejas e cousas pertencentes ao Culto Divino, do que estavam muito faltas; e não obrigavam os administradores a proverem com o que deviam em suas capellas e altares: pôr isto em ordem e reduzido a estylo custou muito trabalho. Todas as igrejas do Bispado visitou pessoalmente, e nellas deo livros de visitações, e proveo nellas com *Estatutos geraes e particulares*, em que se acudio aos descuidos dos Reytores, ao bem das almas, ao augmento do Culto Divino e cousas a elle pertencentes, e aa áuthoridade e respeito dos Ministros, e a outras cousas necessarias, e a alguns abusos dificultosos de extirpar, que se vão reduzindo a bom uso com alguns modos. Como a terra e gente della foram tão abundantes e poderosas, e houve nella pouca residencia de Prelados, não he muito isto: os antecessores, que a ella foram, fizeram hum pedaço, e o que poderam.

Muitas igrejas fez este Prelado acrecentar e reformar, por estarem arruinadas, e assi de muito tempo; fez introduzir isto em obrigação dos povos, e que com effeito he de costa arriba, e officio de executor das visitações sobre as cousas de reformação das capellas, sanchristias, e outras tocantes aa obrigação de Sua Magestade, e fabricas; porque, sem esta ordem, nada se fazia, nem executava, e estavam as cousas em hum infelice estado em as igrejas remotas e dos montes: e assi tem isto quasi reformado; recuperado, e provido de ornamentos abundantemente as igrejas de fora; e por ordem das suas visitações são passadas de Sua Magestade muitas Provisões para retabulos, sanchristias, e algumas capellas, que não havia em muitas igrejas.

Quando foi ao Bispado achou muitas igrejas e parochias dos montes sem pastores proprios, e de muitos annos; algumas porque, por sua probreza, as não queriam aceitar os que as mereciam, e assi como rejeitadas, soo serviam para Curas mercenarios, os quaes, como as haviam de deixar, e andavam ao que melhor lhes vinha, pouco curavam dellas: e proveo pelo bem destas, ao que logo acudio tanto que chegou, lembrandolhe aquillo do Evangell.o: «*Et bonus Pastor ponit animã suã pro ovibus suis; mercenarius autem vidit lupum, et fugit:*» e com brevidade as proveo de proprios pastores, com desenganos e promessas de lembranças, com o que se entenderam todos: e logo na primeira visitação, tractou das necessidades e pobrezas dellas, e das mais semelhantes do Bispado; e, por ordens e bons modos que considerou, acrecentou hum pedaço em os ordenados que Sua Magestade, por suas Provisões, mandou prover assi e fez mercee; com o qual acrecentamento, as rejeitadas são ja cubiçadas de muitos, e outras semelhantes o mesmo. Com isto se restauraram vinte e quatro freguezias das pequenas, e se acudio ao bem das almas dos freguezes: e nas mais dellas obrigou fazer casas aos Vigairos, para melhor residencia e perpetuação; de maneira que, o Prelado, que dantes rogava com ellas, agora he rogado. E hiase perdendo em os clerigos a curiosidade de saberem casos, tão pouco se lhes dava das igrejas: agora, porem, com isto, e seus apertos, que, como vigilantissimo pastor, faz com viva eficacia e grandissimo zelo da honra de Deos, e salvação de suas ovelhas, he hum geral cheyo que os continuão.

A igreja de S. Pedro da cidade criou em igreja parochial, e Colegiada, e quatro Beneficiados, com seu Vigairo, e hum Coadjutor com vinte mil reis de ordenado em cada hum anno, e ja assi se serve; e em a igreja colegial de Nossa Senhora do Calhão acrecentou mais dous Beneficiados, porque tinha quatro soomente, e Coadjutor com os mesmos vinte mil reis; e em as villas, que não tinham coadjutores, criou quatro com o mesmo ordenado; e acrecentou o de certos ministros da See e de outras igrejas, e as foi provendo em os mais de que tinham necessidade. E, pelo descuido que achou em os Curas e Reytores no vigiar sobre suas ovelhas e saber de suas vidas, proveo com *Estatuto e Capitulo de Visitação geral* que em as freguezias da cidade, villas e logares grandes cada mez, e nas freguezias dos montes de tres em tres mezes, se informassem, e corressem as ruas, e soubessem por bom modo dos pecados publicos; e, chamando as taes pessoas, as reprehendessem e admoestassem como pastores e curas de suas almas; e dos que publicamente preserverassem, passassem certidão, com os nomes das testemunhas que do caso soubessem, e as enviassem ao Provisor, para sobre isso proceder; e que no fim do mez, ou dos tres mezes lhe fizessem certo por sua carta do estado das cousas. E, como vai isto montando muito, deixo as continuas esmolas que faz, e outras muitas cousas que podera dizer, todas de muita importancia para bem das almas e do Culto Divino; entre ellas he o effeito de suas visitações e execução dellas em reformação dos costumes: o que tudo se deve atribuhir aa Graça, Misericordia e Bondade de Deos, que criou tal Prelado para bem de seus povos. Da sua illustre progenie apontarei hum Capitulo, que delle depois com alto estylo compoz o doctissimo *Doctor Daniel da Costa*, Medico de Sua Magestade, pessoa nobre, de grandes letras e virtudes, residente na Cidade do Funchal, para mayor clareza da fidalguia, vida, virtudes e costumes do mesmo Senhor.

Pelas quaes cousas a Ilha da Madeira se pode entre as outras ilhas do Mar Oceano Occidental com verdade engrandecer, gloriar, jactar, e dizer que, assi como he estremada em tudo, assi tem Pastor estremado: e todos os bens temporaes e espirituaes lhe foram concedidos de Deos com tão insigne Prelado, que viva muitos annos, para gloria do mesmo Deos que lho deo, e bem e salvação sua e de seus subditos.

CAPITULO XLIII

DE OUTROS HONROSOS FEITOS DO CAPITAM SIMÃO GONÇALVES, CONDE DA CALHETA, E DOS FILHOS QUE TEVE.

Tornando a continuar a historia do Capitam Simão Gonçalves, que fica-va casado em Lisboa, segundo tenho dito, logo no anno de 1541 tornaram os mouros a cercar a Villa de Cabo de Guee, não estando este Capitam na ilha, porque neste tempo se fazia prestes para vir a ella com sua mulher e hum filho, que jaa tinha, o herdeiro da casa, como veyo logo no anno seguin-te: e, porque os capitães e os naturaes da ilha eram costumados a serem os primeiros que acudiam aos cercos e trabalhos de Africa, ordenouse em au-sencia do dito Capitam huma caravela, em que foram muitos e bons caval-leiros, e homens nobres da terra, entre os quaes foi Francisco de Betancort, natural desta Ilha de S. Miguel, com outros seus primos, e *Gomes Ferreira:* e desta vez foi Deos servido, por desordem do Capitam D. Guterres, a Villa de Cabo de Guee ser entrada de mouros, e os mais daquelles ficarem lá mortos e outros captivos, entre os quaes, que foram captivos, se achou *Fran-cisco Leomelim,* homem fidalgo e esforçado cavalleiro, que com huma carave-la aa sua custa foi de Sancta Cruz, da jurisdição de Machico, com muita gente nobre e de sua criação, que todos lá ficaram, e elle ficou captivo com Manoel de Camara, Capitam desta Ilha de S. Miguel, que la então se achou, o qual, por serviço d'El-Rey, foi do Reyno, donde andava, a este cerco e to-mada do Cabo de Guee, e depois resgatado: e Francisco Leomelim, que com elle estava, fugio.

No anno seguinte, o de 1542, foi aa Ilha da Madeira o seu Capitam Si-mão Gonçalves de Camara, no recebimento do qual se fez muita festa, e houve canas, e touros, e se guardou aquelle dia, por ser de semana: e levava a Capitoa comsigo seu filho morgado, *João Gonçalves de Camara,* que herdou a casa, e veyo a ser estremado cavalleiro. Depois de João Gonçalves de Camara, houve o Capitam Simão Gonçalves outro filho, chamado *Ruy Dias de Camara,* o qual esteve alguns annos em Tanger por Fronteiro, vencendo huma comenda velha,

31.

de que El-Rey lhefez mercee, de trezentos e outenta mil reis, com o habito, na qual tempo mostrou assaz o esforço de seu animo, quando se achou com seu Capitam em muitos recontros e escaramuças, que teve com os mouros, onde lhe mataram dous criados, ·hum por nome *Pedro Pinto de Barros*, homem mui principal, e criado d'El-Rey, alem de ser estremado cavalleiro, e outro chamado *Diogo Fernandes*, filho de hum homem honrado desta Ilha de S. Miguel: e nesta cavalgada mostrou Ruy Dias bem o esforço de seu animo, com que valerosamente com outros criados fizeram todos obras dignas de memoria, sahindo dellas com muita honra; porque, perdendo elle o cavallo na batalha e ficando em pee, se tornou a pòr a cavallo em hum dos dos mouros que andava solto pelo campo, e assi se salvou. O mesmo Ruy Dias de Camara foi captivo na batalha que El-Rey D. Sebastião deo em Africa no anno de 78, em que, pelos pecados dos Portuguezes, e não falta de esforço do seu Rey, foram desbaratados; pois se affirma, pelas cousas que lhe viram fazer na mesma batalha em Africa, e antes della em Portugal, que era este Rey o mais valente e esforçado homem de sua pessoa que no mundo havia: e Ruy Dias de Camara na dita batalha, em que o acompanhava e servia ao mesmo Rey, foi ferido, e de muitas feridas, de que (segundo dizem) ficou aleijado da mão direita, que lhe atravessaram com huma arcabuzada, sendo duas feridas nas pernas, que tudo foi signal de seu esforço, pelejando como cavalleiro, que por tal estava conhecido dantes em Tanger, quando laa esteve por Fronteiro.

Houve mais o Capitam Simão Gonçalves *D. Aldonça de Mendoça*, que casou com D. João Mascarenhas, Capitam dos Ginetes; e *D. Leonor de Mendoça*, casada com D. João d'Almeyda, Senhor do Sardoal e de Punhete, e Alcayde Mor de Abrantes: teve mais no Reyno, depois de viuvo, hum filho natural, chamado *Fernam de Camara*, moço de grandes esperanças e felice memoria, grande engenho e rara habilidade, que ora está estudando na Universidade de Coimbra: houve mais duas filhas, que são freiras no Mosteiro do Funchal; huma, *D. Joanna*, dotada de todas as virtudes, ornada de toda discripção, sciencia e brandura, qual se requer em huma perfeita religiosa, e das quaes ella alcançou o sumo grao; outra, *D. Ignez*, de não menos virtude e graça; no qual Mosteiro estão recolhidas com suas tias freiras professas, dando de si exemplo e edificação de muita sanctidade, rogando a Deos pelo povo, e pela alma de seu pay, que em sua vida sustentava aquella sancta casa:

houve tambem outro filho natural, irmão desta freira D. Joanna, que se chamou *Pedro Gonçalves de Camara*, e faleceo moço estando em Coimbra.

No anno de 1555, aos 25 dias de Mayo, por certos respeitos, foi necessario ao Capitam Simão Gonçalves de Camara partirse para o Reyno com toda sua casa, mulher e filhos, e ficou por Logartente da Capitania e por Capitam Geral seu tio Francisco Gonçalves de Camara, como já está referido.

CAPITULO XLIV

Não ha quietação nem descanço nas cousas deste mundo; antes, quando parece que o ha mayor, tudo quanto elle tem está em vesperas de mayor ruina, e prestes a sua quietação se torna desinquietação; e o descanço, trabalho; e a alegria, tristeza; o riso, choro; o ganho, perda; o contentamento, pesar; e o gosto da vida, desgostoso enfadamento della e importuno aborrecimento de quanto nella se possuhe; porque huma soo repentina e salteadora mudança muda, desbarata, consome e põe por terra toda sua firmeza. Não soomente vemos isto nos estranhos e nos vesinhos, mas em nossas casas, em nossos lares, debaixo de nossos telhados experimentamos muitas vezes semelhantes miserias, sem acabarmos de crer, nem entender que ninguem em seu estado e descanço pode estar seguro. Mas, para que melhor vigiemos, pois vemos arder as casas de nossos vesinhos que estão tanto aa porta, contarei hum cruel estado e desaforado roubo que desaforadas conciencias e diabolicos menistros nesta Ilha da Madeira fizeram.

Estando a Cidade do Funchal no mais alto e prospero estado que podia ser, mui rica de muitos assucares e vinhos, e os moradores prosperos, com muitas alfayas e ricos enxovaes, mui pacificos e abastados, sem temor do mal que não cuidavam, descuidados da fortuna virar aa vella de sua prosperidade, foram saqueados dos lutheranos, como agora contarei conforme a informação que disso tenho dos naturaes da parte do Sul, e depois direi conforme a dos moradores da banda do Norte, ainda que ambas em algumas cousas são Norte a Sul huma da outra; pelo que direi ambas, pois não sei adevinhar qual acerta, e de cada huma dellas se poderá tomar e aceitar o que melhor parecer, suprindo o que huma calou com o que a outra diz.

Aos 3 dias de Outubro do anno de 1566, vespera do Serafico S. Francisco, aportaram a esta Ilha da Madeira tres poderosos galiões de França, em que vinham por todos mil soldados arcabuzeiros, fora outra gente do mar, com tenção de saquear a cidade do Funchal, pela fama que de sua riqueza soara: e porque no porto della não ousaram desembarcar, foram deitar anchora na Praya fermosa, huma legoa abaixo do Funchal, que terá como hum quarto de legoa d'arêa, e tem a terra tão alta que, ainda que sejam naturaes, não podem subir senão pela rocha, por caminho estreito e perigoso, e os estrangeiros com piloto da terra. Vinha por Capitam Mor destes cossarios Monseur de Moluco, gascão de nação, e elles vinham apercebidos para o effeito que tiveram; desembarcaram sem resistencia alguma, porque não havia suspeita que queriam cometer a cidade, pois não havia guerra entre França e Portugal; e, como elles eram levantados e lutheranos, deramse tanta pressa aquelle proprio dia, que, desembarcando aas nove horas delle, e marchando logo por terra toda esta legoa que disse, quando foi vespera estavam ja na cidade, onde não acharam mais resistencia que na entrada: em a igreja de S. Pedro, por onde era seu caminho direito, o Capitam e Governador Francisco Gonçalves de Camara, Logartenente de seu sobrinho, com o alvoroço da nova de que eram entrados os inimigos e vinham perto, lhes sahio ao encontro com a pouca gente que com muita pressa poude ajuntar; e dali, da sua estancia, que tinha daquem da Ribeira de S. Pedro, tendo os francezes defronte, lhes deteve e defendeo o passo da ponte por espaço quase de huma hora: e, mandandolhes tirar hum falcão, dando, segundo alguns dizem, o pelouro em huma pedra, se quebrou huma racha, que foi dar em huma perna do Capitam Mor Francez, de que morreo depois na Fortaleza, dahi a tres dias: outros contão de sua morte outra cousa, como adiante direi. Em este tempo, subiram alguns inimigos pela Ribeira arriba até S. João; defronte estava hum caminho por huma rocha, não visto nem cuidado dos naturaes, que tinha a sahida acima em terra chã, junto do Mosteiro das Freiras; e os que por este atalho subiram cercaram o Mosteiro: mas hum *Sebastião Mendes*, natural da mesma ilha, achandose dentro, tendo as portas da cerca fechadas, atirou tres ou quatro tiros, para que os inimigos entendessem estar dentro da cerca do Mosteiro gente de guerra, que não estava; e subindo arriba do muro hum dos inimigos para descobrir a gente que dentro podia estar, o mesmo Sebastião Mendes, que nesta hora estava subido no campanario, vendoo assomar sobre o muro, o derribou com hum tiro de arcabuz; pelo que, cuidando os francezes haver gente de guerra dentro, correram sá cidade, e largaram o Mosteiro, com tenção de tornarem a elle depois de tomada a Fortaleza: e as freiras se sahiram então fora, com cruz alevantada, sem impedimento de pessoa alguma, levando comsigo o Guardião *Fr. Baltha-*

ur Cura.'o. Decendo a outra manga dos francezes a baixo aa Fortaleza, pela resistencia que dito tenho, hindo ja pela freguezia de S. Pedro, vinha entrando e matando a gente, a ninguem perdoando: e entre os que mataram era Fr. Alvaro de Miranda, frade de S. Francisco, o qual na Carreira dos Caralhos, com huma lança e huma adarga nas mãos, vinha dizendo aos naturaes: «Hoje he o dia em que havemos mostrar sermos filhos de nossos pays; lá vos havinde:» e, em dizendo isto, veyo hum pelouro perdido, e o derribou morto no chão: atee que chegaram defronte da Fortaleza, onde ja acharam a companhia que pelo Mosteiro havia hido, e ambas juntamente a acometeram, estando ja o Capitam Francisco Gonçalves de Camara, com alguma gente, recolhido nella, em a qual nenhuma resistencia houve; porque, ainda que nella havia muita artelharia, não tinha polvora, nem pelouros. Mas, sem embargo de toda esta fraqueza, aa entrada della, pela janella da sala da banda de S. Francisco, entrando o Capitam dos francezes, dizem alguns que estando Gaspar Corrêa, homem fidalgo e rico, natural da mesma terra, defendendo o passo da janella, lhe deo com huma alabarda por huma coixa, com que logo o derribou, e durou tres dias depois de ferido. E sendo a Fortaleza rendida, por não haver nella gente de peleja mais que trezentos homens, vestidos com seus capuzes e espadas na cinta, os quaes se haviam nella metido mais cuidando poderem salvar sua fazenda, que comsigo haviam levado, que defendela. Depois disto socegado, levantaram no mesmo dia e instante por Capitam Geral a Fabião de Moluco, de idade de vinte annos, irmão do Capitam morto: que, como alguns dizem, hum delles era Visconde de Pompador, ou de Pompada. Entre os que morreram na Fortaleza, foram Gaspar Corrêa, todo crivado de pelouros, por haver ferido o Capitam Mor; Luiz de Guarda, Alcayde da dita Cidade do Funchal; Martim Gonçalves, clerigo; hum frade do Cartaxo, da Ordem de S. Francisco; e outros a que não soube os nomes; que por todos foram outenta, quarenta nobres, e quarenta do povo, aos quaes todos despiram nus, achandolhes muito dinheiro, peças de prata e ouro, e os deitaram do baluarte das Fontes no mar: e o Capitam Francisco Gonçalves de Camara foi muito ferido dentro da Fortaleza, onde se havia recolhido com sua mulher, D. Catharina Mondragão, acompanhada com muitas da terra, aa qual se não fez aggravo nenhum, antes os inimigos a serviam como ella merecia. Mataram na entrada da cidade, tee ficarem de posse della, quase duzentos portuguezes, e dos seus morreram cincoenta e o Capitam

Mor. A Francisco Gonçalves de Camara, pelo que fez nesta entrada e por outros serviços, lhe deo El-Rey o habito com tença, e que não pagasse por tres annos, ou, segundo alguns dizem, por outo, dizimo nem quinto de sua fazenda, que boa parte possuhe, no Termo do Funchal, de assucares e vinhos.

Ao outro dia aa noute depois da entrada dos francezes, Antonio de Carvalhal, com quase quinhentos homens, que ajuntou da banda do Norte, foi ter aa Ribeira d'Agua de mel, aposentandose na quinta de *Francisco de Betancurt Deça*, meya legoa da cidade, e mandou recado aos das Villas de Machico e de Sancta Cruz, que se ajuntassem com suas armas em o *Pico de Lopo Machado*, sobre a ermida de Nossa Senhora das Neves, determinandose o dia em que podiam huns por huma parte, e elle pela sua, dar em os inimigos: e não vindo a effeito a determinação de Antonio de Carvalhal com os mais, por não terem outras armas senão meyas lanças e espadas ferrugentas, e serem homens pouco experimentados na guerra, e estarem os inimigos afortalezados na cidade, estes, como mais destros, se começaram a desmandar, fazendo algumas sahidas pelos montes. È hindo depois na *igreja de Nossa Senhora do Monte*, meya legoa da cidade aa banda do Norte, hum francez, tomando a imagem da Senhora, que he de vulto de páo, a despio, dando com ella, para a despedaçar, em huns degráos de pedra forte; mas os proprios degráos se fizeram pedaços, ficando ella inteira, sem quebrar cousa alguma: e não tardou muito que quem tal insulto cometeo não levasse a paga; porque, tornandose elle para baixo, topou com hum homem em sua casa, chamado *Antonio Mendes*, que dizem ser pastor, o qual lhe dice, vendoo soo, apartado dos outros, que entrasse e tomasse o que quizesse; e, em se virando o francez, lhe deo o pastor com hum manchil, que trazia, e o fendeo pela cabeça, de que logo ali morreo, e no mesmo logar lhe queimaram os portuguezes o corpo, cuja alma queimão e queimarão os demonios no inferno eternamente; onde jaz sepultada: foi depois, por este feito, este pastor armado cavalleiro pelo Capitam Simão Gonçalves de Camara, e mandado a Africa, por ser homem valente, com Ruy Dias de Camara, filho do mesmo Capitam, que lá foi Fronteiro muitos annos. Tambem, desmandandose outro francez, na ermida de Nossa Senhora das Neves, aa banda do Nordeste, despio a Senhora, e roubou a sua igreja; mas lhe sahio ao caminho hum portuguez, homem fidalgo, da geração dos Freitas, e o matou, tomandolhe os vestidos que levava da Senhora.

Não soomente houve estrago nos templos e cousas da cidade, mas não faltaram tambem trabalhos nos campos e serras: porque quem cuidava achar nellas abrigo, achava muitos choros, e fomes, e moças donzellas e formosas, sem lembrança nem socorro de pay nem de mãe, com os seus vestidos de seda rotos dos matos por onde caminhavam, sem saberem por que parte fugiam, nem terem quem as guiasse, correndolhes o sangue dos pees, não costumadas a taes caminhos, por serem de nobre geração; e outras mulheres perdidas no ermo, sem lume, nem companhia alguma, nem com que se sustentar a si, para poder criar seus tenros filhos; e outras comendo carne aa sexta-feira e ao sabbado sem pão, sem saberem parte de seus maridos, se eram vivos, nem os maridos dellas: o que tudo era ainda mais para chorar, e muito mayor magoa, e morte viva, que a perda das fazendas, e a morte dos que foram mortos.

Assi ficaram os naturaes desterrados, e os cossarios senhores da cidade, onde estiveram de assento onze dias, nos quaes carregaram as naos de quanta riqueza havia na ilha, que ali principalmente estava, não podendo levar muito assucar, e ricos e odoriferos vinhos, por lhes não caberem nas naos, que abarrotadas estavam de moveis de muito preço; porque, pela mayor parte pelo tracto dali, a mais e mayor riqueza daquella terra eram joyas e ricas peças de moveis, que mandavam vir de Flandres e de outras partes pelos contractantes e forasteiros, a troco de mercadorias da terra e de suas novidades, sem estimarem, nem sentirem a compra e custo de semelhantes cousas, ainda que custosas: pelo que, casa houve de que levaram alcatifa que custou e valia outenta mil reis.

No rol da confissão, no anno de 1552, se acharam na Cidade do Funchal, entre negros e mulatos captivos, dois mil e setecentos; e depois, no mesmo anno, foram ter a ella quatro navios com trezentos escravos, que fizeram por todos tres mil: e os francezes, quando saquearam a Cidade do Funchal, hindo, por tão carregados de fato, quase metidos no fundo, deixando na terra muita riqueza, que não poderam levar, de vinhos e peças ricas de movel, levaram mais de trezentos negros comsigo, que lhes não aproveitavam, pois lá em França ha muita gente da terra que se serve, e por pouco preço infinitos serventes, sem haver necessidade do serviço dos negros, que, como se diz, são lá todos forros.

Queimaram os cossarios humas casas grandes de dous sobrados, que estavam junto das casas do Bispo, e as quaes tinham mais de setenta pipas de vinho, e nos sobrados muito ouro, e prata, e muitas peças de pano fino, e grande copia de alfayas de casa, que ali muitas tinham juntas, pelas não poderem embarcar com a pressa ao recolher, pelo receyo que tinham da vinda da Armada de Portugal, e por estarem detraz da ilha Antonio de Carvalhal com quatrocentos ou quinhentos homens, para vir sobre elles, e o Leomelim e o Freitas com muita gente; e assi pozeram o fogo aas ditas casas, e queimaram vinho e tudo o que nellas estava: tiravam o torno aas pipas, como lhes não contentava; não queriam comer senão gallinhas e pavões, fazendo mais perda em tudo, que o proveito que levavam; e, ao recolher, os francezes mataram toda a gente da terra que os hia ver embarcar, sem perdoarem a ninguem; nem a mulheres e meninos, nem a velhos e moços; nem a negros e escravos, porque de todos se temiam: e no fim dos onze dias se fizeram os francezes aa vella, sem fazer muito damno nas pousadas, senão nos templos, onde queimaram e despedaçaram as imagens, desfizeram altares, e prophanaram reliquias, fazendo mais males por obras do que se podem por homens imaginar, nem por palavras contar, nem por christãos crer.

CAPITULO XLV

Os moradores da banda do Norte contão este saque, dizendo que no anno de 1566, a dous dias do mez de Outubro, partindo do porto da Villa de Sancta Cruz hum *Diogo Pestana* e outros honrados homens com suas mulheres, naturaes e vesinhos da Ilha de Porto-Sancto, em hum barco do cunhado de hum *Leonel Gonçalves*, defunto, huma quinta-feira de manhaa, com bom tempo que tinham, chegaram prestes lá aquelle mesmo dia: e, sendo perte do porto, descobriram tres naos que estavam anchoradas nelle, e olhando para a villa, viram que ardiam duas casas junto da igreja: e vendo tal novidade, logo suspeitaram o que podia ser, entendendo que eram inglezes luteranos; e diceram ao arrays do barco que os lançasse em huma ponta escusa, que mais para traz está na ilha, porque se queriam pôr onde sabiam que podiam ver o que podia acontecer em tal ensejo. O arrays, acabado de os lançar em terra, se fez de volta para Sancta Cruz, por hir dar aviso; mas os francezes das naos o viram, e, tomando prestesmente huma lancha com gente com seus arcabuzes e mosquetes, o foram seguindo, e os do barco fugindolhes aa vela e a remos; e, por mais espingardadas e arcabuzadas que lhes atiravam, ainda que sentiam passar por cima de si os pelouros, e a vela foi passada com elles por muitas partes, não quizeram cessar de remar e trabalhar por andar e passar o caminho, hindo os cossarios apoz elles continuando seus tiros, atee que prouve a Deos se tornaram ja cançados de tirar e remar, vendo que nisso nada aproveitavam: pela pressa que os francezes lhes davam, chegaram a Sancta Cruz a horas de *Ave Marias*, e com a mesma pressa o arrays, diante de todo o povo, fez saber o que passava a *Thomé Alves*, Capitam Mor das duas Villas de Sancta Cruz e Machico; o qual, vendo em tal cousa como está perigo na tardança, acordou de se mandar logo o dito arrays no proprio barco, e lhe deo huma carta, que escreveo sobre o joelho, para o Capitam Mor da Cidade do Funchal, *Francisco de Camara*, a quem dizem se deo aas dez horas da noute, e respondeo pela manhaa, por lhe não parecer que importava tanto perigo.

Entretanto, o Capitam Thomé Alves, em Sancta Cruz, mandou recado a *Francisco Leomelim*, ao Porto do Seixo, onde tem seu assento, e a *Antonio de Freitas*, que logo fossem a Machico, e pozessem bom recato na defensão da terra; que encarregassem o Ouvidor em tudo; e apercebessem a gente, e tomassem armas, e mandassem, sob pena de morte, que ninguem fugisse; que logo pela manhaa com elle fossem ter o dito Francisco Leomelim e Antonio de Freitas, e o Ouvidor ficasse lá com toda a gente, e fizesse hir aa villa todos os do Caniçal: tudo isto foi feito, e o porto de Sancta Cruz todo estava cheyo de gente, sem ninguem dormir aquella noute. Os logares por onde pareceo que os cossarios podessem entrar, se atrincheiraram com barcos choyos de pedras, e com traves, e pipas, e com quanto se poude haver, em a qual obra nem as mulheres ficaram sem trabalhar toda aquella noute. Vindo a manhaa do terceiro dia do dito mez, as tres naos começaram a aparecer pela Ponta de S. Lourenço, e hindo a entrar por ella pouco a pouco, infiadas humas detraz das outras em carreira, todos estavam cuidando que com elles queriam ter contenda: e apercebido o Capitam Thomé Alves com os homens e moços para se porem em defensão, animou tão bem a todos, que ninguem ficava que não fosse com grande animo ao porto e aas partes onde mandava. Francisco Leomelim e Antonio de Freitas foram ter com o Capitam Mor, sendo de parecer que se mostrasse a gente toda com bandeiras e recato, para que as naos sentissem que estavam apercebidos e esperando, e que a gente se repartisse em dous ou tres logares, em que podessem desembarcar: e logo foi tudo feito. E, porque as naos tinham tempo Nordeste bem fresco, mai prestes passaram por direito da Villa de Machico, sem fazerem geito nem carena de hirem sobre ella. Ahi estava já a gente avisada por Francisco Leomelim e pelo Freitas, da párte do Capitam Mor Thomé Alves, que, se as naos viessem para baixo e não fizessem geito de vir sobre o porto de Machico, viessem todos atee as descobrirem fora da ladeira alta, que estaa hindo para Sancta Cruz, e assi se fez, porque tinham recado que, se o inimigo ali quizesse tomar porto, ali acudissem: mas, levando assi sua direita rota, os francezes em suas naos passaram por Sancta Cruz bem desviados do porto, sem mostra alguma de querer tomar terra em toda aquella costa, porque hiam mui largos; e, como foram em direito da Ponta do Garajao, pozeram as proas direitas aa cidade, e assi mostravam que hiam a ella: o que visto pelos de Sancta Cruz, diziam que sem falta eram navios portuguezes que de-

viam bir para S. Thomé, ou Brazil; e que o arrays não houvera bem visto
e que era quanto ao fogo ou incendio das casas no Porto-Sancto, porque, se
aquellas naos foram inimigas, como elle dizia, não se foram meter na baya
e porto do Funchal.

Entrementes o Capitam Francisco de Camara, na cidade, pela manhaa,
dice ao povo: *Que fazemos? que tenho este recado do Capitam de Sancta
Cruz e Machico.* E andando nisto, se descobriram as tres naos, que não eram
pequenas, vindo como direitas ao porto com carena de o querer tomar, e, a
fim de desaperceber e assegurar os da terra, como traziam cuidado, chegando perto delle a tiro de bombarda, tornaram a pòr as proas mais ao mar,
para botar por fora dos ilheos.

O Capitam, com muitos fidalgos, e *Zenobre Achioli*, o *Capitam Aguiar*,
Fovila Vieira, *João Esmeraldo*, e muitos mais, que isto viram, estavam dentro do baluarte, onde estava a artelharia. O Condestable da Fortaleza, que
era hum portuguez ja entrado em dias, grande bombardeiro, dice ao Capitam:
*Senhor, estas naos são de ruim titulo; querolhes tirar, e lançarei huma no
fundo.* Dicelhe o Capitam: *Não; porque El-Rey não me manda tirar aas
naos que passão: tiraihes hum tiro por alto, e farão salva; que ainda parece
que vão a pousar.* Tirouse o tiro, e nenhuma dellas respondeo; mas logo começaram de se arredar. O Condestable começou a replicar lhe desse licença
para lhes tirar, que bem visto era serem de ruim titulo; que lançaria ao
fundo a qualquer que desse; e detraz de hum tiro fosse outro; no que
não quiz consentir *Luiz da Guarda*, Meirinho, que pelo Capitam aquella hora foi mandado ahi para defender ao Condestable que não tirasse: e elle foi o
primeiro homem que depois, nesta Fortaleza, ao entrar dos francezes, por saltar do proprio baluarte do muro em baixo, fugindo, ficou sem vida.

O Capitam Francisco Gonçalves, com ajuntar e pôr em ordem alguma
gente, gastou toda a manhaa. Estavam surtas tres naos, huma que hia para
S. Thomé, e duas para o Brazil, com mais huma caravela de Setubal, que
de partida estava para o Reyno, cujo senhorio e piloto era hum homem falto de hum olho: a nao de S. Thomé tinha muita gente, e honrado e valeroso capitam; e as duas naos do Brazil o mesmo. Diceram estes capitães a Francisco Gonçalves de Camara que, se não tinha armas em abundancia para
a gente da terra, que elles lhe dariam muitos piques e arcabuzes, ainda que
os do Brazil não estavam tão apercebidos; e que ahi estavam com suas

pessoas e armas a seu serviço, pois nisso serviam a El-Rey Nosso Senhor: Francisco Gonçalves dice que o aceitava, se lhe fosse necessario. E, como se naos passassem abaixo dos ilheos neste tempo e fossem perto de terra, suspeitando os da ilha o que poderia ser, se foram gente de cavallo e de pee direitos aa Praya fermosa, onde viram perto da terra ancorar as naos: e, como ja os soldados vinham em lanchas aas ilhargas das naos, logo vieram a saltar em terra em o areal da dita praya. Sahidos os soldados, os capitães lhes deram ordem que fossem subindo hum ruim passo que tinham de subir, por huma das ladeiras daquelle valo que ali se faz; e o Capitam Geral, vendo das naos hir gente de cavallo e de pee, ali sobre aquelle vale acabou de lançar mui depressa em terra o resto que ficava. Os da terra, porem, não faziam mais que chogar ao cabo do vale, e, como vissem os soldados francezes armados, se tornavam a recolher para traz, dando recado uns aos outros: e assi chegou nova aa cidade como eram em terra os inimigos, armados de armas brancas e arcabuzes de grande estrondo, com que os da terra perderam o tino, sem se acordarem, nem ajuntar gente, nem mandar tirar das naos as armas que lhes davam, nem resistir ao encontro que se lhes offerecia. O Capitam Francisco Gonçalves de Camara mandou pôr tres peças de falcões perto de S. Pedro, sem poder ter a gente que não fugisse. Deo grande ousadia aos francezes ver que os da ilha chegavam a olhar aa boca do vale por onde hiam ganhando terra, e tornavam para traz; assi, dobrando logo apoz elles, descobriram os caminhos das serras e do mato cheyos de gente fugindo: e, como isto viram, o seu Capitam Mor perguntou a alguns portuguezes que trazia comsigo, que vesinhança poderia ter aquella cidade. Disseramlhe que não passava de mil e duzentos. «Pois que (dice elle) vão fugindo pela terra, vamos nós entrar na cidade. Quem colo quita?» E assi foram marchando com boa ordem, em pouco espaço, atee a Ponte da Grota, e Ribeira de S. Pedro. Ali lhes tiraram da outra parte donde a artelharia estava assentada, a qual era hum pedreiro e dous falcões: e, como o Capitam ouvio o tiro, e sentisse que havia artelharia, tornou atraz, sem virar costas, senão assi com o rosto em os portuguezes, e todos os seus fizeram outro tanto: não tardou muito que lhe não tirassem outro tiro; e assi tornou atraz outras tres ou quatro passadas: dahi a pouco, vio pôr fogo a outra peça, que não disparou; e esteve mais espaço, que dantes, aguardando se lhe tiravam, o que nunca mais fizeram: e então, conhecendo que não tinha contradição e que se lhe não resistia, dice: «*Avant, avant; que se agora non la pilhas, non la pilharás.*» E vinha este Capitam com hum pequeno ferragoulo de gram brochado ao pescoço, sem armas, soo com hum montante nas mãos, esgremindo, e animando os seus, e dizendo: «*Avant, avant.*» E movendose a bom passo todos detraz de poz seu Capitam em ordem, a caravela, que surta estava no porto, a qual era de hum homem falto de hum olho, de Setubal, logo que os vio mover aa pressa, e que bem se descobriam do porto e ancoradouro, lhes tirou com huma peça huu tiro; o pelouro deo em huma pedra de penedo junto do caminho; e das rachas, que sahiram, huma chegou a dar em huu dos joelhos do Capitam, e lhe fez tal damno que dahi a tres ou quatro dias, ou pouco mais, morreo na Fortaleza, porque lhe entraram os herpes. Vindo assi toda esta gente a entrar ja na Ribeira de S. Pedro, ordenou o Capitam de repartir os seus em tres partes: mandou duas bandeiras por cima de hum outeiro que sobe pela ribeira e se faz aa banda do Norte, onde he huma pequena subida por traz do outeiro (caminho e segredo que poucos da terra sabiam, descoberto por algum natural que comsigo trazia, ou por hum *Gaspar Caldeira*, africano natural de Tanger, que depois, por ser guia destes cossarios, foi morto por Justiça, em Lisboa); outras duas bandeiras mandou por baixo de toda a cidade, que he por Sancta Catharina e por S. Lazaro; e elle, com quatro bandeiras, foi pelo direito caminho da Carreira, por onde a artelharia estava desamparada de capitam e gente.

Ja a este tempo Francisco Gonçalves de Camara com mais trezentos homens da terra e das naos estavam recolhidos aa Fortaleza, e muitas mulheres honradas da cidade com elles. Vindo o Capitam francez caminho direito, sem fazer caso da ferida da sua perna, vio vir direito a elles com cruz levantada huma procissão de frades franciscanos, que o Comissario, chamado Fr. Balthazar Curado, mandou: o que trazia a cruz era hum animoso varão, que em Mazagão havia feito façanhas contra os mouros, chamado *Fr. Afonso de Miranda*; e levando este frade a cruz assi levantada, o Capitam mandou tirar aas arcabuzadas a todos: o que vendo os frades, viraram com a cruz, e hindose acolhendo, deo hum pelouro a Miranda por detraz do toutiço e sahiolhe pelos olhos, com que logo cahio morto, e deram outros em cinco frades, e todos morreram aa sahida da Carreira dos Cavallos. Os inimigos que foram por baixo, deram na casa de *Gaspar Corrêa*, grande rico, que acabara então de chegar a ella, vindo de perto do muro da Fortaleza: e defenden-

33

do sua entrada como bom cavalleiro, morreo, matandoo seus inimigos: e atee elle morrer bem aa sua porta, não entraram por aquelle passo arriba, que faz ali hum topo. A este tempo, aos que vieram por cima tambem lhes teve o encontro, aa subida daquelle passo, hum esforçado cavalleiro, chamado *Gaspar de Braga*, atee matarem o qual ninguem poz de todo pee em cima, e elle ferio e matou alguns; e como era soo, e os inimigos lhe atiravam todos, lhe acertaram dar por hum logar que logo cahio morto. Estes subidos, foram por o Mosteiro das Freiras,· que no caminho ficava; e, vendo que estavam ainda dentro, se pozeram a querer entrar com ellas: mas tem este mosteiro aa porta da portaria hum espaçoso pateo, que toma as portas da igreja, assi a travessa como a principal; o pateo tem soo huma porta aa parte do Norte e muro tão .alto, que não podem entrar por elle senão pondose hum homem sobre os hombros de outro, não havendo escada: acertou então hum homem chegar a socorrer as freiras em aquella necessidade, as quaes estavam ja com a porta aberta para sahirem fugindo, e o Padre Cura com os frades, que escaparam do outro mosteiro, metidos em hum canavial de assucar, perto deste Mosteiro das Freiras; e vendo este homem que os francezes deciam pela costa abaixo, fechou e trancou mui .prestes a porta do pateo; os francezes, não a achando aberta nem a podendo derribar, que era forte e estava bem trancada, subiram huns sobre outros, para saltar lá, onde soo este homem no pateo estava; e elle, como os via assomar, lhes tirava pedras, que com as unhas arrancava da calçada do pateo; pelo que, ninguem lhe entrou dentro, ainda que por muitas partes foi cometido: tee que ja sendo as outras companhias chegadas aa Fortaleza, a qual daquelle logar bem se via, deixaram esta contenda, e se foram juntar com os outros.

E assi os cossarios, para que melhor e mais aa sua vontade andassem, começaram logo a dar taes surriadas aa Fortaleza com sua arcabuzaria, que ninguem que estivesse dentro ousava aparecer; entraram tambem nas casas de *Manoel Daniel*, e nas das *Gamas*, huma das quaes he agora mulher de *Francisco Mendes Pereira*, Contador da Fazenda d'El-Rey nesta Ilha de S. Miguel; e, porque daqui varejassem bem o cubelo ·e as mais partes do forte, tiveram logar de subirem muitos francezes sobre o muro, que não era mais alto que doze palmes por aquella parte d'alem da porta do baluarte, o qual he a banda do Norte: e, como foram dentro ou em cima do andar do muro, poderam bem tirar de arcabuzadas aos que estavam com as peças de artelharia.

guardando a entrada da Fortaleza: os qnaes, vendo os francezes em cima, desampararam aquelle logar, e, ja desconfiados de remedio, se acolheram com as mulheres dentro nas casas do Capitam, que entre ellas andava em pee, dando a cada hum logar suficiente, e aos estrangeiros nas logeas das casas de baixo, onde estiveram atec a morte. Desamparado ja aquelle logar, os francezes deceram abaixo pelas escadas de pedra, e tirando as portas, entrou o Capitam primeiro, e foram direitos onde estavam os tiros: *Luiz da Guarda*. Meirinho, saltou do muro para a banda do mar, que mais baixo era, mas, por ser homem grande e pezado, arrebentou, e acabou; mataram o Condestable, com o seu bota-fogo na mão; e não havendo ali mais que fazer, se foram aas logeas em que os estrangeiros estavam, assi os daquellas naos, que muitos eram, como outros, onde foram todos mortos aa espada: soo se livrou hum Gago de Frias, da Villa Franca desta Ilha de S. Miguel, o qual tinha huma bolsa com treze mil reis, que lhe deram a guardar os Quintaes, homisiados pela morte de hum homem, que mataram decendo para a praya da dita villa, e dice ao Capitam Geral: «*Senhor, não me mates; vez aqui está esta bolsa com muito dinheiro.*» Ao qual o Capitam dice: «*Não hajas medo; apegate neste meu talabarte.*» E apegandose por detraz, o Capitam hia adiante andando como hum Satanaz, feito grande carniceiro, acabando de levar a victoria atee o fim. Morreram naquellas logeas duzentos e cincoenta homens, e entre elles dous clerigos, letrados portuguezes, que hiam em a nao S. Thomé, e o capitam della com todos os seus, e hum homem honrado, homem letrado jurista, e outros acabados de meter a cutelo: estes de baixo. E subio o Capitam com a espada ensanguentada diante dos seus arriba, onde começou a matar, e sempre o Gago pegado ao cinto, e a bolsa ao pescoço, como preço de seu resgate e vida, na mão; e, como fosse matando alguns, que diante e aas ilhargas via, chegou a huma grande sala, onde as mulheres honradas estavam todas pedindo misericordia, e o Capitam Francisco Gonçalves de Camara entre ellas, ao qual o Capitam francez tomou pela mão e lhe quiz dar com a espada; mas as mulheres diceram: «*Senhor, não o mates, que he o Capitam.*» E logo o Capitam francez cessou de ferir e matar, e assegurou aas mulheres que não tivessem medo, entregando ao Capitam Francisco Gonçalves a guarda dellas: e ali escapou hum frade sem barba, ainda que era ja velho, chamado *Medina*, vestido e toucado como mulher entre as mulheres. O Capitam deo a guarda da Fortaleza a hum seu sobrinho; e então dice ao Gago: «*Com-*

33.

panhon, dá-me el tu dinheiro; • o Gago, tirando a bolsa pela cabeça, lha deo; o Capitam, vendo aquelles treze mil reis todos em ouro, o tomou pela mão, e lhe deo hum lenço, dizendo que na mão o trouxesse solto para que ninguem lhe fizesse mal; e mandou dali donde estava que lançassem bando de que começassem o saque da cidade antes da huma hora depois do meyo dia; e ella se curou da sua ferida do joelho. Dentro da Fortaleza se acharam mais de trezentos homens mortos por todas as casinhas, os quaes o Capitam mandou logo aquelle dia enterrar fora, em grandes covas, no adro e dentro da igreja de S. Francisco.

As freiras, e o Cura com alguns frades, e o homem que as defendeo, em quanto isto do baluarte passou, sahiram por entre os canaviaes, e se acolheram, e não pararam atee o seu *Curral*, que dista bom pedaço da cidade; e assi se foram, deixando tudo no mosteiro, sem salvar nenhum ornamento, salvo a custodia do Sanctissimo Sacramento, que hum padre sonegou, e alguns calices, que poderam levar na manga; tudo o mais foi roubado. No Mosteiro dos Frades ficou o Vigairo da casa, chamado *Fr. João dos Reys,* e o Sanchristão, que era sacerdote de missa, mui bem disposto, mancebo, e bom religioso, natural de Portalegre, chamado, me parece, *Fr. Rodrigo de Portalegre*, os quaes ficaram na casa, por não terem logar de se sahirem, porque estiveram escondendo o thesouro em hum logar que ninguem dera com elle; e acabando de o esconder, os francezes deram com elles: o Vigairo se acolheo aa sua cela, porque era velho, fazendo conta que por tal escaparia da morte, e não lhe fariam nenhum mal, e o Sanchristão, aa torre dos sinos daquelle mosteiro, subindo os francezes detraz delle; mas o Fr. Rodrigo se defendeo quanto poude, atirandolhes com pedras e ladrilhos de cima, atee se lhe acabar tudo com que lhes podia atirar, e ja cançado (segundo se presume), o tomaram e trouxeram aa crasta, e ali lhe perguntaram pela prata e ouro daquelle mosteiro e casa, e elle lho negou, dizendo que nada sabia disso; e elles lhe tornaram a perguntar e a requerer que lho desse em suas mãos; e, finalmente, não querendo, o mataram, e despedaçaram e fizeram em postas, e com ellas atiravam aas paredes, e com a cabeça jogavam por todas aquellas quadras da crasta. Antes este padre quiz soffrer martyrio e tal morte, que entregar os vasos e cruzes, dedicados a Deos e o seu culto, a infieis lutheranos, profanadores e destruidores das cousas sagradas! Andando pelo mosteiro revolvendo, como acabassem aqui, acharam o Fr. João dos Reys, Vigairo da casa, deitado em sua cama, mais fora de si de medo, que acordado; e entendendo os francezes que estava doente, não lhe fizeram mal, mas, fazendoo erguer, o trouxeram aa crasta, e lhe mostraram o que tinham feito do Sanchristão, por lhes não querer dar nem dizer onde estava o thesouro; que assi fariam a elle, se lhes não desse tudo: e não quiz o velho tardar em o fazer, mas logo lho foi mostrar, ainda que estavam jurados elle e o Fr. Rodrigo dantes soffrer morte, que descobrir aaquelles lutheranos nenhuma cousa mais que as de comer e beber: e havido aa mão o thesouro, que rica cousa era tanta prata e ouro quanto aquelle mosteiro tinha, fizeram os cossarios grande gasalhado e honra ao Vigairo; e assi lhes serviam, elle e hum frade leigo que na horta se achou, de cosinheiros e pasteleiros, e acertou haver muito que comer em aquelles dias, porque acharam carneiros, e gallinhas, novilhas e marrans, e outras carnes, que tudo tinham preparado para huma profissão de hum frade, filho de vesinho que rico era, dia de seu Padre S. Francisco.

A outros francezes lhes coube hirem aa See, por entenderem que haviam de achar nella o thesouro: hindo lá, tornaram no caminho *Pedro Cardoso*, Escrivão da Camara daquella cidade, e levandoo comsigo, para que lhes mostrasse onde achariam o thesouro e cousas de dinheiro, e entrando na See, foram aa sanchristia, quebrando as portas, lançando tudo por terra, e não acharam nada: aconteceo que se pozeram a cavar na capella mor, e a revolver as pedras das sepulturas; cavando em huma, onde o Deão estava sepultado havia seis mezes, atee dar no corpo, que lhes cheirou mal, tornaram logo a tapar a cova; foram aa outra ilharga, onde havia poucos dias que era sepultado o Thesoureiro, Dignidade da See, e cavaram atee dar no corpo, que tambem deo de si máo cheiro; e, ainda que viram as cortinas do guardanapo do retabulo em que o thesouro estava envolto, que entre as duas covas destes dous defuntos o Sanchristão daquella igreja havia escondido e metido todo o ouro e prata do serviço daquella See, calices, cruzes, lampadarios, custodias, pomas, galhetas, turibulos, caldeirinhas, navetas, maças, e finalmente tudo o que de prata havia; e, ainda que andaram com as enxadas sobre elle e aas ilhargas, foi o Senhor servido que o thesouro não fosse entregue em sujas e infernaes mãos, e, posto que vissem hum pedaço da cortina, que era de sarja amarela e vermelha, não entendendo que estava tal cousa dentro, e suspeitando ser tambem corpo morto, cobriram outra vez as sepulturas ambas; e assi ficou livre o thesouro da See, livre, por Deos o guardar;

e os frontaes, capas, vestimentas, palios, e ornamentos de brocado e seda, tudo foi levado dantes aa serra, em bestas. Os francezes, não achando nenhuma destas cousas que pretendiam, andavam feitos leões, dando cutiladas nas imagens, e tantas deram em huma de S. Roque de vulto, a qual no altar do cruzeiro da banda do Norte estava, que lhe cortaram braços e pernas, e Pedro Cardoso, Escrivão, não esperava senão quando lhe haviam de fazer outro tanto; mas quiz Deos que nunca lhe poseram mão para o maltractar: e logo se foram aa capella do Sancto Sacramento, rombaram as grades de ferro atee quebrarem a fechadura, e, entrados dentro ao Sacrario, acharam hum cofre pequeno fechado, de maravilhoso feitio e obra, o qual El-Rey D. João III deo ao Capitam Simão Gonçalves de Camara, com grandes reliquias das que o Sancto Padre, o Papa Paulo III, lhe mandára, e o cofre havia sido trazido da India por D. Affonso de Noronha, que o deo a El-Rey por cousa muito prezada, e era de rico e fino marfim, semeado de muitas pedras ricas, por subtil artificio feito; mas, como não era de ouro, esbarraram com elle na parede, despregandose as missagras com que se serrava, quebrandose muitas peças, e as reliquias saltaram fora pelo chão, de que o Cardoso ficou muito triste, e elles cuidaram que ali hia o Sanctissimo Sacramento, segundo as blasfemias que os desaventurados diziam: e o Cardoso, que bem sabia o que era, quando elles tinham aquillo em tão pouco, lhes pedio licença para o apanhar do chão, e o guardar, e elles lho deram de boa vontade, dizendo: «Coje, coje, e guarda para ti esso:» e então apanhou, e recolheo com assaz lagrimas o Escrivão aquellas reliquias, e, tornandoas ao cofre, levou comsigo tudo. Subiram dahi aos orgãos, que sobre o altar de S. Roque estavam, onde acharam a Sebastião Mendes, tangedor da See, coxo e tolheito de ambas as pernas, que não andava senão em duas muletas, ao qual, levado abaixo, perguntaram pelo thesouro, que lho mostrasse (do qual elle bem sabia); mas escusouse por boa arte, dizendo que não cuidassem que os Conigos, e Capellães, e Thesoureiros, e moços daquella See, sendo taes e tantos, deixassem nada por levar; que tudo haviam levado cada seu pouco; e mais lhes fazia saber que todos os ornamentos daquella See, que de brocados e ricas sedas eram, tudo levaram para o Fayal, onde se achariam e toda a Clerizia, porque havia lá logares onde podessem estar sem os poderem achar nem os Diabos: e isto lhes dice tão livre, como se com elles se criasse; pelo que, os lutheranos o creram e se riram bem delle, e mais quando lhes dice: «*Aqui, ainda que caveis toda a igreja, não haveis de ver senão o que haveis de ser.*» O saque, a este tempo, andava mui aceso na cidade, e todos a carpentijar, para roubar.

A noticia disto chegou a Sancta Cruz aas duas horas depois do meyo dia, ao tempo que na cidade taes estrondos se faziam, e pelos matos e caminhos tantos ays se davam: e, como a nova certa chegou a Sancta Cruz de que aa huma hora do dia toda a cidade, desde S. Pedro atee Santiago, fora e era tomada dos francezes, e que andavam ja no saque della, e não havião deixado praça nem beco, rua nem travessa, casa nem templo, que não andasse cheyo delles; porque, das Neves e de cima de hum monte, os fugitivos se pararam a olhar para traz, como outra mulher de Lot, com os grandes terremotos que havia, foi tornada em sal, e assi estes, não em sal, mas em espanto, contavam huma cousa duas, e tres vezes, fazendo ajuntar a si todo o povo. Perguntou Thomé Alves aos que vio, e que melhor o podiam informar, quantas bandeiras viram na cidade; diceramlhe que sem falta outo, mas que pareciam ser dous mil os francezes, e assi o affirmaram; que por sem duvida tinham o Capitam Francisco Gonçalves ser morto e quantos com elle estaram na Fortaleza, porque muito prestes fora ganhada; e contavam mais algumas particularidades. Thomé Alves, que bem attentado era e animoso, fez chamar Francisco Leomelim e Antonio de Freitas, e apartouse com elles; e, como fallaram hum pedaço, mandou juntar toda a gente de Machico e do Caniçal, de Sancta Cruz e da Gaula, e finalmente de todo o termo e villas, aos quaes todos lhes dice assi perto do Sol posto:

«Ja vedes, Senhores, em que trabalho está o Funchal, entrado"de francezes lutheranos. Que conta daremos de nós, e a em que seremos tidos, pois vemos nossos vesinhos tão mal tractados, e fora de suas casas lançados, com tanta deshonra e afronta, por outocentos francezes lutheranos, que mais não são, nem podem vir naquellas naos que vimos passar? Vamos; ajuntarsehão comvosco os da cidade, que andão fugidos, hindo estes Senhores Francisco Leomelim e Antonio de Freitas por vossos capitães, aos quaes rogo e peço se encarreguem deste cargo, e assi a todos rogo os sigaes, e escolhaes para esta jornada; e elles comvosco cumpraes com o serviço de Deos e d'El-Rey, Nosso Senhor. Eu confio que Deos nos ha de dar estes inimigos de sua cruz em nossas mãos. E, querendo todos isto que vos peço, ninguem ha de dormir esta noute, mas ha de estar aparelhado para hir amanhacer perto da cidade; e *Antonio Gramacho*, Juiz, *Pedro Corrêa* e seu parceiro, Vereadores, e eu ficaremos cá soos para mandar de comer a todos mui cumpridamente aa custa do Concelho e Camaras destas duas villas; e ninguem tenha esta noute cuidado mais que de aparelhar bem suas armas; que eu confio que das outras Villas da Ponta do Sol e Calheta, e da Ribeira Brava, Paul, S. Vicente, e Fayal, ja agora Antonio de Carvalhal tem juntos os moradores todos, para fazerem o que nós pertendemos: e creyo eu que para tudo isto que vos tenho dito e pedido não haverá quem diga que não. »

A isto todos responderam que eram mui contentes, e que elles com Francisco Leomelim e Antonio de Freitas, e com Sua Mercè, e com quem elle mais mandasse, hiriam morrer de boa vontade em tão justa jornada; e assi foi assentado e determinado, e que, desde a meya noute atee as duas horas, todos seriam juntos na praça de Sancta Cruz, e os tambores dariam signal; e tudo se fez como se dice: veyo a meya noute, tocaram os tambores, e todos bem aparelhados não viam a hora de ja se verem na cidade; sendo as duas horas chegadas, a gente de Machico chegou, e Francisco Leomelim e Antonio de Freitas com elles, e ja vinham com azemolas carregadas de mantimentos, fazendoas levar atee passar o Porto Novo, que he entre o Caniço e Sancta Cruz: posta a Lua, hindo muitas vezes impeçando, e cahindo, e levantandose, lhes amanheceo na charneca do Caniço, alem da fazenda e casa do Dornellas: e antes que o Sol nacesse, ja estavam ao *Palheiro do Ferreiro*, que he meya legoa da cidade do Funchal, o qual Palheiro do Ferreiro he hum logar que ha entre a *Camacha* e o *Morro das Neves*, e atravessa todo aquelle campo Norte-Sul, como hum serro ou serrota, e a cidade demora dali ao Sudoeste, e fica de todo o ponto escondida: e os Capitães Leomelim e Freitas escolheram aquelle sitio ali por não serem descobertos, atee darem logar de Antonio do Carvalhal vir, ao qual pela serra haviam hido homens a ver o que ordenava, e fazia: e, porque huma cousa tão importante, como esta, não se fazia aas escuras, e com sombra, e cor de temeridade, acordaram de estarem ali aquelle tempo que fosse necessario, mayormente que havia ali lenha e agoa, e era logar onde muitos da cidade vinham a parar, fugindo para a Camacha e para outras partes daquella serra: e eram tantos os que com suas mulheres e filhos vinham, que era magoa velos. Os Capitães mandaram logo pôr guardas nos caminhos que hiam para a cidade, e prohibiram que ninguem fosse dali para baixo; ordenaram que os que della hiam, os fizessem passar por ali, e apartar com suas mulheres para a Camacha, pouco arriba alem donde estava a gente armada, e lá lhes mandavam dar mantimentos. E, como foi ja perto do meyo dia, mandaram que descançasse a gente atee vir recado de Antonio do Carvalhal, do mandado do qual, ja tarde, chegou hum homem a fazer saber aos Capitães como, em dandoselhe o recado como os francezes eram entrados na cidade, logo mandára ajuntar os de S. Vicente e os do Fayal, e recado atee o Paul que elle vinha pela Calheta, e Ponta do Sol, e Ribeira Brava, e atee a noute que vinha seria em Camara de Lobos; e que tinha homens que lhe ajuntassem gados: e assi, lho fizessem Suas Mercees saber, para assaltarem a entrada da cidade, porque com elle podiam fazer mais e melhor guerra: que sabia que o inimigo não tinha forças para resistir a elles: e que mandassem ajuntar a gente da cidade que andava espalhada, para se acharem juntos com o socorro, que lhes elles queriam dar; e assi como homens marcados pelejassem muito bem. Francisco Leomelim e Antonio de Freitas mandaram vir os homens da cidade, que por aquelles campos estavam tristes, e lhes disseram:

«Amigos, ja vedes como nós somos dispostos a vos vir ajudar e socorrer, toda Sancta Cruz, e Machico, com todos os termos e gentes delles, com as nossas armas e pessoas; e com os nossos filhos e criados; que nas villas não ficão mais de tres homens, que nos mandão fazer e trazer de comer. Tambem temos recado de Antonio do Carvalhal que, pelo mesmo respeito, se move, e traz toda a gente que na banda do Norte ha, e desde o Paul atee Camara de Lobos vem ajuntando todos, e os traz comsigo. Será esta noute no Pico do Cardo para cá com seiscentes homens, que pode trazer. Nós aqui vimos atee quinhentos. Fazemos soma de mil e cem. De vós outros se ajuntarão outros mil; e que não sejaes senão seiscentos, temos gente de sobejo para outocentos patifes; que os de mais são canalha, que de dez não vale hum. Queremos ámanhaa, Deos querendo, por não poder ser antes, dar *Santiago* sobre elles. A isto somos vindos. Ajuntaevos, e não receieis, e não passeis mais avante, que Deos aqui he comnosco. E se vos lançaram fora de vossas casas, assi os lançaremos fora dellas, e sereis reconduzidos na vossa cidade. Pelejae como bons cavalleiros, e nós queremos ser os dianteiros, como vereis.»

Ouvindo tudo isto muitos da cidade que ali estavam dantes, e outros que então chegavam, todos fallaram como doentes, dizendo:

«Senhores, ja agora he impossivel fazerlhes ninguem nojo, nem mal, por-

34

que estão apoderados de toda a cidade: tem as ruas fechadas e trancadas, atec com artelharia miuda; berços e falcões, quantos estavam na Fortaleza, tem fora postos por diversas partes; moços, que todo o dia, hontem e hoje, lá trouxeram comsigo a apanhar fato, e quo lhes fugiram, e vieram a ter comnosco, ahi abaixo nos tem dito isto que lá passa. Escusado he agora fallar em hir cobrar a cidade; que nem vinte tantos como aqui estão o poderão fazer. E fiquemse embora; que nós havemos hir ainda lá, a essas devesas e monte da Camacha, a pôr em cobro as mulheres e filhos, e buscar vida nesses matos, atee que esta praga se vá.»

Quando os Capitães lhes isto ouviram, deixaramnos hir, e não curaram delles, nem de seus ditos, mas antes lhes pezou, por haverem cometido a tal gento tal cousa. Muitos diziam: «*Para que he pôr a vida, nem morrer por estes, pois elles, que tem a rasão de pelejar, fogem?*» Os Capitães não consentiram que se fallasse nisto, mas que aparelhassem as vontades com mais amor e esforço, por honra de Deos e bem da patria, que aquelles não eram necessarios; e assi tornaram a dizer: «*Pois que aguardamos ja aqui a noute, deçamos de noute, ou em amanhecendo daremos sobres elles.*»

Logo dahi a pouco, sendo ja tarde, chegou outro recado, com quatro ou cinco homens dos que Antonio do Carvalhal havia mandado saber sobre a Praya fermosa, se estavam ahi as naos, e o que podessem saber da cidade, e da gente de Sancta Cruz, e dos mais. Os homens toparam alem da dita praya dous francezes, cada hum com seu barril de polvora, quanto podiam levar para a cidade; desfecharam nelles os arcabuzes, e provando suas espadas, os tomaram: deram tambem nova que Antonio do Carvalhal se apressava mais, e estava ja perto de Camara de Lobos; que os francezes não tinham com que atirar, peló que, e por tambem andarem bebados perdidos, dormindo aqui, cahindo acolá, era facil cousa vencelos; e que, pois as naos não eram ainda hidas, nem podiam hir da Praya fermosa, onde estavam ancoradas no ancoradouro bem perto da costa, nelles havéria bem pouco que fazer, porque não tinham polvora, nem munição. Com estes contos passaram aquella noute, para, em chegando recado de Antonio do Carvalhal, entrarem huns por Valverde, outros pela Conceição, outros por S. Bertholameu; Antonio do Carvalhal viria pelo Mosteiro das Freiras e pela Carreira; e os da cidade, se se ajuntassem trezentos ou quatrocentos, hiriam por Nossa Senhora do Calháo.

Aquella noute se pozeram alguns a olhar do Morro das Neves o que faziam na cidade os francezes, e viram muitos fogos na praça, no Varadouro, na Fortaleza, e nas ruas, onde faziam guarda e tinham vigias; e que pela manhaa tocaram seus tambores e deram sua alvorada. Então chegou o Ouvidor do Capitam Francisco Gonçalves com seu recado aos Capitães Leomelim e Antonio de Freitas, e lhes dice sua embaixada em alta voz, que ouviram todos em redor daquelle campo, regelados do frio de toda a noute passada e batendo os dentes, dizendo o Ouvidor assi a cavallo como chegára:

«Senhores Capitães, sabendo do Capitam Mor dos francezes, lá nas casas do Baluarte, Francisco Gonçalves, Capitam, o qual ora está prezo, vós serdes juntos, e vir Antonio do Carvalhal com muita gente, quanta póde haver de essoutras villas, e que esta noute veyo perto de Camara de Lobos, me mandou dizer por hum dos portuguezes que lá poderam entrar onde estava, que me mandára logo lhes viesse a pedir, e rogar, e requerer que em nenhuma maneira do mundo daqui se descubram, nem se mostrem, nem apareçam, nem deçam mais abaixo; porque o Capitam Mor Francez, que lhe outorgou a vida a elle e a muitos homens e mulheres honradas da cidade, que estavam dentro da sala grande das casas do Capitam, os quaes por todos e todas, entre homens e mulheres, são mais de cem pessoas, lhe tem jurado que, se alguem de toda a ilha se move ou vem, a elle Francisco Gonçalves e a todos os mais, homens e mulheres, não deixará a vida, mas matará a cutelo; e que elles se querem logo partir, se bem lhes estiver; e que, pois ja o máo recado he feito, não dem iso, nem sejam causa de que se façam outros: e isto lhes pede e requer da parte d'El-Rey comigo: e, para me todos serem testemunhas, o digo e requeiro em voz alta, que todos me ouçam. Quanto a Antonio do Carvalhal, que esperaes, lá lhe vão a fazer o mesmo requerimento. E fiquem Vossas Mercees em paz.»

Os Capitães não lhe responderam de sim, nem de não, dizendo: «Nessa causa tomaremos assento, e o serviço d'El-Rey se fará.» Logo se mandou recado a Thomé Alves do que passavam, e não se consentio que a gente se descompassasse; mas estavam em que com o parecer de Antonio do Carvalhal se fosse; que o acertado era hirem sobre os inimigos, pois tinham ainda ensejo; e que, se muito tardassem, elles se trincheirariam de maneira que lhes não podessem depois fazer damno: e assi foi.

Era ja alto dia; recado do Carvalhal nunca veyo; a gente com isto arrefecia: os francezes cobraram mais alento, suspeitandose; e assi foi que em

34.

barcos mandaram buscar polvora e munição, porque as naos não vieram ao
porto atee a segunda-feira aa tarde, que lhes veyo tempo: os Capitães, vendo que o Carvalhal não vinha, mandaram dous homens a saber o que era;
como hiam pelo mato, tardaram mais em hir; e tudo foi «*Façamos, não façamos; vamos, não vamos:*» e de tal modo se foi a cousa arrefecendo que, quando veyo o domingo pela manhaa, dahi por diante se foram muitos para suas
casas para ouvir missa: nas villas era a matinada ja tanta da gente da cidade, que pelos caminhos da serra lá fora ter, que quase não havia casa alguma desocupada; e foram levar maa nova, e parir filha: «*Não querem ser socorridos.*» Assi, quando veyo o domingo aa tarde, muitos se foram ver suas casas; mas logo aa segunda feira tornaram, e estiveram atee a terça pela manhaa: e vendose os Capitães sem recado do Carvalhal, tornaram a pór cobro
nas villas. Os francezes, como lhes vieram as naos ao porto da cidade, começaram a semear que o que primeiro haviam de fazer havia de ser hirem sobre
Sancta Cruz destruir, matar, e roubar a todos: mas assi que tornados os Capitães, cessou tudo. Estiveram ali estes meya legoa da cidade cinco ou seis dias
sem fructo nenhum; gastarsehião mais de cincoenta cruzados ao Concelho, alem
do que os Capitães e homens ricos gastaram, porque todos os dias hiam e vinham eguas carregadas de mantimentos. Soo dous mancebos de Sancta Cruz
mataram hum francez abaixo de Santiago, que hia da cidade com elles, por ver
mundo, o qual em breve perdeo a vida, porque os dous portuguezes traziam o
feito cuidado: decendo por huma ladeira que ali se faz, o que vinha adiante lhe
dice: «*Senhor francez, vedes aquellas casas que ali estão? Là podeis crer que
achareis muito dinheiro.*» E olhando o francez para cima, o que isto lhe dice se
abraçou com elle por ambas as pernas, e puxou tão rijo por ellas, que deo em terra
com o francez, tamanho como hum filisteu; o que vinha detraz tomou o arcabuz, que das mãos lhe havia cahido, e dandolhe com elle na cabeça, o ator-
doou; o outro tirou rijo da espada do dito francez (que elles não traziam arma); e assi o mataram ahi, onde ficou atee a vespera de S. Lucas, que a per-
versa canalha se foi. Então o queimaram ali mesmo, como tambem queimaram a outros, que acharam por diversas partes mortos. Soo isto fizeram de proveito Sancta Cruz, e Machico, com todos seus termos, em vez de fazerem o que
deviam aos vesinhos, e a seu Rey, a Deos, e a suas conciencias, que era socorrer a tal tempo, que aas mãos os inimigos tomaram; porque estes nenhum frasco de polvora tinham aquelle dia, nem aquelles tres, isto era sabido ser a certis-

sima verdade, e que a que traziam lhes tomaram os homens de Antonio do Carvalhal no caminho. Não faltou gente, que toda esteve junta por seu mandado
daquellas duas Villas, e da Ponta do Sol, e Calheta; mas não ousaram cometer
a cidade, por os francezes não matarem o Capitam Francisco Gonçalves de
Camara, e homens e mulheres que ficaram com elle: e assi ficou tudo frustrado e descomposto; o ensejo passou, e não tiveram mais outro.

Estiveram muito aa sua vontade os francezes na Cidade do Funchal, en-
chendo e carregando seus navios, naos de bom porte; e tanto tiveram que carregar, que lhes não coube em as suas tres naos: tomaram huma caravela, que
no porto estava, latina, fazendoa redonda, a qual com a nao de S. Thomé, que
tambem tomaram, carregaram muito aa sua vontade de assucares, muitas peças
de algumas vinte logeas de panos finos, que estavam cheyas atee as portas, outras
roupas e tapeçarias desta cidade, que eram muitas, cofres cheyos de dinheiro,
prata e ouro, baixelas de muitos, que ricas havia, sedas, brocados, e toda a
roupa melhor de linho: de tudo isto tanto, que lhes não foi necessario hir saquear a Sancta Cruz e Machico, como elles cada hora diziam. Alem disso, muitas vezes lhes veyo o que elles não hiam buscar; porque os navios, que vinham do mar em fora carregados de diversas mercadorias, lhes cahiam nas
mãos: e assi nellas lhes houvera cahir Francisco de Mariz, Provedor da Fazenda d'El-Rey nesta Ilha de S. Miguel, e Belchior Homem, Vigairo que era
de Villa Franca, os quaes, vindo para cá do Reyno, e hindo lá ter com tempos contrarios, foram avisados da Calheta. Crêse, e sem falta foi assi, que
importou o que levaram e saquearam hum milhão de ouro. Quiz Nosso Senhor que o cofre d'El-Rey escapou maravilhosamente: estando atee o dia da
entrada destes francezes na cidade, o Provedor da Fazenda se descuidou tanto, que ja elles saqueavam, quando elle o fez levar a outo homens, porque
era chapeado de ferro, e levava dentro sessenta mil cruzados: foi em huns
páos, quatro homens de cada banda: perto da casa do caldeireiro *João Del-*
gado, da parte do Oriente, ja no arrebalde, quase na cidade, freguezia de
Nossa Senhora do Calhão, os foram os francezes seguindo, atirandolhes com
arcabuzes; porisso, o Provedor, que a cavallo hia, temendo que lhe dariam
hindo assi mais asinha, apeouse, e se ajuntou com os homens que o cofre levaram, andando mais atee chegar detraz da casa do Dornellas: e a este tempo hum
francez, mais gentilhomem e mais bem disposto, cavalgou no cavallo do Provedor, tornou correndo para baixo, e dice aos outros: «*Deixaeos hir, que levão*

hum morto a enterrar. E ninguem delles foi mais atraz dos que o cofre levavam, os quaes, como ouviram isto, tiveram mais alento, atee chegarem aas paredes do canavial, que detraz das casas do Dornellas estava, onde o lançaram como da parede em baixo; mas, por temerem fossem descobertos de outros francezes, que pela outra parte do canavial hiam, acordaram de meter o cofre mais para dentro, junto a hum moledo de pedras, que entre as canas estava, e ali o deixaram, atee que da meya noute por diante o Provedor o tornou com os outo homens a levar alem da fazenda do *Espindola*, onde descançaram, e depois foram tee onde estava o *Licenciado Luiz Preto*, Provedor dos Residuos. Ali, o Provedor da Fazenda mandou estes homens que fossem esperar a Sancta Cruz no Mosteiro dos Frades, que, como fosse pela manhaa, seria com elles: chamou então Pedro Corrèa, provedor da fazenda de Espindola, e o Provedor dos Residuos, e *João Martins*, Escrivão da Fazenda, e *Christovão Martins*, e o senhor do engenho das Moças do Caniço, e o irmão de Pedro Corrèa, e o Vigairo de Nossa Senhora do Calháo, *Raphael Luiz*; todos tomaram o morto, e o foram enterrar em hum vale abaixo daquellas casas, onde o deixaram, ficando a Pedro Corrèa cargo de o vigiar; o qual nunca de sua quinta se sahio, em quanto os francezes tiveram a cidade.

Elles se foram vespera de S. Lucas, huma sexta-feira pela manhaa: e antes dous dias, mandaram lançar bando que toda a pessoa que quizesse comprar trigo, e vinho, e porcos, e bestas asnais, e resgatar seus cavallos, podessem hir, ou mandar comprar o trigo a real de prata o alqueire, e a pipa de vinho a mil reis, e os porcos cevados a cruzado, e os cavallos e bestas muares a cruzado tambem; e quem isto quizesse, podia hir de paz seguro, sem armas, com dinheiro na mão; e não querendo, lhes faziam saber que haviam de matar todas as alimarias, e derramar o vinho, e queimar o trigo. Traziam estas novas destes bandos os portuguezes que elles lá tinham comsigo captivos, e outros que de sua vontade se foram a elles. Soube isto o *Padre Curado* lá no Curral das Freiras, onde estava, e mandou hum homem com recado ao Padre Guardião do Mosteiro de S. Francisco de Sancta Cruz, onde o Provedor então se achou, dizendo que sabia que a sexta-feira se partiam os francezes; que elle fosse em pessoa a estar dentro no Mosteiro das Freiras, tanto que elles fossem embarcados, porque tinha noticia que haviam ficado muitas cousas ainda no dito Mosteiro, e que era necessario pôr guarda nellas; mas não se achou nelle senão tudo estrago, e toda a roupa de substancia levada, assi da igreja, como das freiras. Acabaram de embarcar os francezes ao meyo dia, e ja a este tempo gente da cidade começava a entrar nella. Dous mercadores de Guimarães, que tinham na Rua do Sabão suas logeas de mercadorias de pano de linho e de bureis, huma defronte da outra, acharam as portas ferrolhadas e fechadas, como as deixaram, sem lhes faltar nada, nem nellas haviam tocado, fazendo os cossarios ali a guarda e tendo suas trincheiras de pipas e pedras; tanto foi o que na cidade saquearam, que não lançaram mão de desfechar aquellas duas portas, nem lhes tocar: os mercadores louraram a Nosso Senhor pela mercee que lhes fizera em não serem roubados; mas tenho para mim que, ainda que as abriram, como eram bureis, e pano de linho, e obra de ferro, que não tocaram nellas, porque muito disto ficou na cidade, de que elles não fizeram caso; que de panos da Covilhaa e baetas de Inglaterra se achou depois grande quantidade.

Fallar nas cousas dos estragos e insultos que nos templos fizeram, he grande dor, e mais para chorar, que contar: as imagens da See quebradas; a de Nossa Senhora não se achou, nem quem dicesse que fora della; a de S. Roque cheya de muitos golpes e feridas; os orgãos queimados e derretidos; os sinos, que eram mui grandes, derribados da torre em baixo, fora hum mui muito grande, que o não poderam decer, todos tambem queimados e derretidos; na See tinham camas, e torpezas; e, finalmente, tal a deixaram, que mais parecia, aquelle dia que se foram, estrebaria, que templo de Deos: todos os outros, da mesma maneira. Pelas ruas, praças e becos era hum fedor, que não sei como não se corrompeo o ar, e de inficionado, como não gerou peste: todo o genero de animaes domesticos havia mortos pelas ruas; quatorze ou quinze corpos de homens jaziam por ellas e pelas casas, mortos de muitos dias, cujo fetido era tanto que se não podia soffrer, e logo os enterraram, e os outros animaes lançaram no mar; a penna das fronhas cobrira as ruas, e os monturos eram tantos e tão fedorentos, que se não saibe dizer: tudo se queimou, e se soltaram depois as levadas, que regão assumaraes, e lavaram toda aquella sujidade.

Logo aquelle dia, antes que aquella pessima gente levasse ancora, porque todos foram embarcados do meyo delle atee depois de vespera, os seus barcos e lanchas andavam de hum navio em outro; depois disto estiveram quedos mais de huma hora; e passando este tempo, se via que lançavam ao mar tanta roupa de colchões, e cobertores; tanta, que todo o ancoradouro era cheyo della, que andava sobre o mar, tardando elles nisto mais de huma hora: e querendose saber por que lançavam esta roupa fora, diceram que lhes não cabia dentro dos navios a que os marinheiros tinham agasalhada por sua; e como a dos soldados foi, e não acharam logar onde a ter, lançaram fora a dos marinheiros, para agasalhar a sua, que era mais rasão, e como se usa: e assi foi acabado de alijar tanta cousa, que lhes era volume e empacho, para poderem navegar, ou mariar as vellas, e servirse no navio. Tocaram as trombêtas e tambores por espaço de meya hora com grande festa, e logo cessando isto, começaram a disparar sua artelharia toda com pelouros para a terra com tanto estrondo e força, que parecia quererem abater a cidade, ate que não partiram senão ja bem de noute: a capitania fez farol, levando a via do Sueste, que he derrota de Lançaróte; as outras seguiam sua capitania; e assi se partiram os cossarios, vespera de S. Lucas, sexta-feira, de noute.

CAPITULO XLVI

De octros damnos e perdas que se achauam feitas na Cidade do Funchal, e do socorro que chegou aa ilha depois de partidos os inimigos.

Partidos os francezes com suas naos bem carregadas e cheyas, como tenho dito, fazendo farol na volta do Sueste, pareciam levar a rota de Lançarote, como com effeito levuram, aquella noute de sua partida, que foi vespera de S. Lucas. Pela manhaa muitos vieram ao Varadouro e porto onde elles embarcaram, por ver o que sabia aa costa daquellas roupas e cousas que das naos haviam lançado; porque, como aa vista de todos que na cidade eram, e ja vinham para ella dos logares donde haviam estado aquelles dias de sua miseria e desterro, tanta cousa andava no mar sobre a agoa, que todo aquelle ancoradouro era cheyo, e cuidavam que tudo sahiria na praya daquelle porto do Funchal, por fazer tempo quieto e bonançoso: mas de quanto se esperava ver fora, que assaz fôra bem para seus donos, e a muitos ficara remedio com que se cubriram, não se achou nem sahio aa terra mais que dous ou tres cubertores, e hum ou dous colchões, do muito que haviam lançado fora; parece que, como se embebeo e encheo de agoa, se foi ao fundo, e assi se perdeo tudo: o que se achou foi o que elles não poderam levar, cançados ja de embarcar tanto. Estavam perto do mar muitos quartos cheyos de carne em salmoura, e os mais de carne de porco; tambem algumas pipas de biscouto, e muitas de vinho, e algumas de mel: estavam ahi mesmo duas peças de artelharia mui grossas, que haviam levado da Fortaleza, cuidando de as embarcar, ou lançar dentro no mar, que não fossem vistas, nem achadas; mas, como eram grandes e pezadas, não podendo dellas fazer o que cuidavam, as atupiram de calhão pelas bocas, atochandoo e metendoo com mastros de barcos de tal maneira, que ninguem julgava prestarem para se servirem dellas, porque, alem de serem atupidas por tal arte, eram tambem pelas escorvas cravadas com brocas de fino aço temperado e metido com força de malho, de modo que o buraco da escorva, que antes era redondo, estava quadrado, com tanta força e violencia atochado: e da mesma maneira estavam outras seis peças, tamanhas e tão grossas como estas, na Fortaleza, que atupiram e encravaram, afim de jamais prestarem, nem com ellas atirarem: eram e são estas peças de vinte e quatro,

35

e vinte e cinco palmos de comprido, e de tres em grosso pela culatra atee os bulhões, e na boca vem acabar de dous palmos e meyo, todo o grosso; de maneira que são das mayores que ha neste Reyno, e mais compridas que o tiro de S. Miguel, que está na Fortaleza da Ponta Delgada nesta ilha, e mais grossas. Assi que, isto soo foi o que ficou no porto, e o que se achou tudo se poz em cobro; ainda que da carne não faziam caso, dizendo que aquelles cães a deixariam, por ventura, aa cinte cheya de resalgar, para matar a quem a comesse, o que não era assi, e não sei o que della se fez; creyo que se aproveitaria depois de feita experiencia, na falta que havia e houve aquelles dias, atee se prover a cidade de mantimentos ordinarios, como depois se proveo. Este dia de S. Lucas, que ao sabbado era, se alimpou e lavou bem a cidade, templos e casas, praças e ruas, queimando todos os monturos, cães, gatos, e porcos, e todas as animarias, que estavam por ali mortos, e enterrando e sepultando os corpos de portuguezes mortos, que achavam nas casas, e fora da cidade em algumas quintas, onde ao redor da cidade se haviam acolhido; e os que viam serem de francezes, os queimavam: e acabando de ser tudo queimado quanto disto havia, foram abertas as levadas de agoa e soltas pela cidade, para que tudo fosse lavado e purificado; que, como ja fica dito, toda esta Cidade do Funchal se rega por altos e baixos, por ruas e becos: e assi ficou neste dia tudo acabado de alimpar, e as sepulturas no adro e Mosteiro de S. Francisco acabadas de cubrir e assentar; que toda a igreja e adro eram cheyos de covas abertas, em cada huma das quaes vinte e mais corpos eram lançados; e no primeiro adro, onde está a primeira cruz, havia cova aberta que era de espaço de huma grande casa, onde diziam que os portuguezes com os francezes que ahi eram lançados, andavam por mais de outenta homens, que dos mortos da Fortaleza ali lhes mandaram os francezes trazer e enterrar, e muitos destes ajudavam; e os mais enterraram dentro de outro adro, e na igreja e crasta do dito mosteiro. Este dia se desenviolaram os templos, e se preparou tudo o melhor que pôde ser para o domingo se celebrar, ainda que na See não se celebrou, por não se poder naquelle dia tudo alimpar, nem purificar. Este dia se viram o Provedor dos Residuos, o *Licenciado Luiz Preto*, e o *Padre Fr. Manoel Travassos*, e o Sindico das Freiras *Manoel Vieira*, e *Zenobre Achioli*, com *Gonçallo Pires*, Escrivão dos Contos, o qual ainda de suas casas, na Carreira, onde morara, não havia sahido fora, porque, de mais de ser velho, tambem não estava disposto: dous capitães francezes

o tomaram em suas casas, e o asseguraram que nenhum mal receberia, e pou-
zaram com elle dentro, sem lhe fazerem nenhum damno.

Este Gonçallo Pires affirmou aos ditos Provedor dos Residuos, e a Fr.
Manoel Travassos, Guardião, e aos mais como aquelles dous capitães, que em
sua casa tivera por hospedes, lhe certificaram que não traziam, nem trouxeram pensamento de entrar na Ilha da Madeira, mas, de caminho, ver se podiam haver naquellas quintas e logares onde sahiram algum vinho e gados para sua viagem; que hiam direitos a Mina: que aquella Cidade do Funchal se
lhes havia entregado de sua livre vontade, hindose a gente aa Praya fermosa
descobrir e fugindo para traz, onde por ordem de seu General foram todos
desembarcados, e subindo a ladeira da praya, viram os caminhos cheyos de
homens e mulheres a fugir para a serra: e que, sabendo o seu General a copia e
numero da visinhança daquella cidade não chegar a dous mil visinhos, e vendo por vista dos olhos todos os caminhos, que para o mato hiam, serem cheyos
dos que fugindo hiam da cidade, tomara conselho com os capitães, e se deli-
beraram de hir sobre ella, visto a pouca resistencia e defeza que nella podia
ficar, pois todos fugiam; e que nunca tiveram para si que aquella cidade fosse entrada com muitos mais do que elles eram: e assi não traziam esse preposi-
sito, senão depois que viram que não lhes ficava resistencia, e que hiam mui
ricos todos do saque que nella houveram, sem lhes matarem mais de quatro soldados, e seu General, por se não haver querido curar do golpe que huma
lasca de pedra lhe deo em hum joelho o dia da entrada; o qual tiro, que fizera saltar a lasca, viera do mar, de hum navio que aquella hora se fazia aa
vela, e atirara: e por isso se affirmou ser a caravela de Setubal a que atirou,
cujo piloto e senhorio era hum homem falto de hum olho, a que não soube o
nome: este atirou quando ja queriam entrar, cuidando eu seria aos que vieram
pela banda de Sancta Catharina, que descobre ali o porto em claro. Não lhe
quizeram estes capitães dizer seus nomes, nem ao menos o nome do General,
senão que era hum grande senhor e bom soldado; que sua morte havia de ser
bem sentida em França, e o seu corpo ficava sepultado em hum templo em
lugar onde nenhum daria com elle; que soo os capitães, que o haviam sepultado,
o sabiam, sem nenhum outro francez o saber; e que a hum seu sobrinho ali haviam levantado por General, que era hum mancebo bem disposto, e hum bom
capitam de guerra. Assi mesmo, lhe certificaram que o dia de S. Francisco,
quando os de Sancta Cruz e Machico foram em socorro dos da cidade, que foi

35.

logo ao outro dia depois delles haverem entrado, se vieram sobre elles, eram todos os francezes despedaçados e mortos, porque nem hum tiro, nem carga de polvora tinham em frasco, nem barril, nem outra arma de que usar senão suas espadas, e tão cançados e desvelados eram, que duzentos portuguezes bastavam para os captivar e prender, ou para não deixar a nenhum delles a vida: e que não bastava terem muita conta os capitães e officiaes em prohibir aos seus não se lançassem ao vinho, que seriam facilmente perdidos, por o daquella terra embebedar muito; sem embargo disso, não ficaram trinta homens que aquelles dous dias prestassem: e, se os herpes cahiram na perna do General, não fora senão porque aquellas tres noutes arreyo não dormio, nem socegou, fazendo trincheiras e reparos, cuidando que nada disto lhe bastasse, por haver tido noticia de vir sobre elles toda a gente da ilha. He de crer que o medo, que tomou com esta nova, lhe fez espasmar a ferida, e assi lhe saltaram os herpes, e morreo logo dahi a cinco dias. Tambem lhe diceram estes capitães como o seu General fizera com Francisco Gonçalves de Camara, o qual com as mulheres captivo estava, que mandasse dizer aos que vinham que não aparecessem, porque, logo em se descubrindo, todos os que estavam em prisão com elle seriam mortos; e que por de mais era sua vinda, porque estavam tão fortes os francezes, que diziam que nem a todo o Portugal tinham medo: mas a verdade era estarem rendidos, e mais quando souberam que a polvora, que esperavam, lhes era tomada, e os que a traziam uns mortos, e outros presos, dos quaes Antonio do Carvalhal se havia bem de informar da necessidade em que estavam, e o tempo indisposto para as naos virem para o porto, e tambem receosos de lhas tomarem, por não terem nellas gente que as defendesse; hindo de noute a ellas lá na Praya fermosa, onde ancoradas estavam: e nestes e em outros receyos estiveram aquelles tres dias ou quatro, antes que da polvora e da munição fossem providos. E certo os da terra haviam dito aos Capitães de Sancta Cruz, Leomelim e Freitas, que de noute, em sete ou outo barcos, que havia em Sancta Cruz e Machico, hindo homens de força, podiam entrar e abordar as naos do inimigo, e polas em cobro; o que seria o melhor e mais bem acordado feito que naquella conjunção se poderia fazer, porque, bem olhado, as naos não podiam ter em si mais que gente de marinhagem; e posto que alguma mais tivessem, seriam tão poucos, que bem podiam os da terra dar com elles, acometendoos por muitas entradas: ao que os Capitães responderam que seria temeridade fazer tal cometimento, porque não era de crer que não estivessem elles a tudo aparelhados; o que não estavam, pelo que os capitães francezes certificaram ao dito Gonçallo Pires, Escrivão dos Contos.

Nisto e em outras cousas, que se diceram, se passou aquelle dia de S. Lucas. Ao outro dia, que era domingo, se apregoou haver no Mosteiro de S. Francisco missa e prégação de hum Frade dominico, bom letrado, que dantes prégava na Callieta e na Ponta do Sol, villas do termo do Funchal: e, como do povo, que ja era junto, muita parte delle soube que havia missa e prégação no mosteiro, se ajuntou a gente cedo, por não errarem a hora, pois não havia sinos com que se tangesse aa missa, que quase todos eram quebrados e derretidos, e os que ficaram sãos não eram para poderem tanger, por estarem derribados. Prégou o Frade mui bem, tomando por thema aquillo de S. Agostinho: «*Os males que padeceram, nossos pecados os mereceram.*» Provou como os pecados daquella cidade foram os que haviam trazido os lutheranos a ella a fazer tal estrago de vidas e fazendas, e taes insultos e sacrilegios nos templos de Deos e cousas dedicadas ao Culto Divino; e não ficou nenhum estado sem particular reprehensão, com grande choro de todos os circumstantes: deteve-se o Padre muito em consolar o povo; que muito lhe seriam prestadias aquellas lagrimas, se tivessem paciencia, e melhorassem as vidas. Mas ainda muito mais consolados ficaram, se ouviram a Fr. Martinho Tamaya, que era prégador do Funchal, Frade da mesma ordem, grande letrado, tambem castelhano como este era, o qual se havia partido para Lisboa em o navio do aviso da entrada dos lutheranos no Funchal, hindo de Sancta Cruz logo ao segundo dia ou terceiro depois disso, de que adiante direi. Acabada a prégação, e sahidos da missa aquelle domingo, vieram os Conigos e o Deão Vigairo Geral desenviolar a Sée e outros templos, e nelles dali por diante se tornaram a celebrar os Officios Divinos.

Aquella semana os Capitães Francisco Leomelim e Antonio de Freitas prenderam a Francisco de P....z, filho da Capitoa da Ilha do Fayal, huma destas dos Açores, e outro homem nobre, os quaes, segundo se achou, foram muito culpados, por se haverem lançado com os francezes, e enganado a muitas pessoas, assegurandoas que tornassem para a cidade, onde depois eram vexadas: os Capitães por esta causa os embarcaram presos em huma caravela, que viera da Ilha de Canaria, para Lisboa, e enviaram cartas com recado do que passára, e como havia ja alguns dias que os francezes eram partidos, alem (como alguns dizem) de outro recado mandado ao Reyno em outra caravela, que se achou em Machico, a qual brevemente, dentro em quatro ou cinco dias, chegou a Portugal, e deo aviso a El-Rey e ao Capitam Simão Gonçalves da Camara, o qual neste tempo lá estava na Corte: e foi levado o P.....z a Lisboa, e lá sentenciado a degolar; e por ter padrinhos, não o degolaram, mas foi degradado para o Brazil, ou S. Thomé, e veyo a morrer enforcado na Terceira por mandado do Marquez de Sancta Cruz, no mez de Julho do anno de 1583, quando se fez justiça do que Conde queria ser chamado, D. Manoel da Silva, e dos mais que ali acabaram; e tambem acabou este P....z seus caminhos. E parece isto não carecer de mysterio: ser preso em Sancta Cruz, por se haver lançado com os francezes, e ao cabo de dezeseis annos ser tomado entre francezes em ajuda dos reveis, e condemnado aa morte, e enforcado por mandado de Marquez de outra Villa de Sancta Cruz! Isto feito, dahi a dous dias veyo huma grossa armada de oito galiões grossos, e algumas caravelas, e zabras, a qual em Lisboa se fez com a presteza possivel, como lá se soube da entrada dos francezes no Funchal: era General della Sebastião de Saa, do Porto; Capitães seu irmão Pantaleão de Saa, e outros a que não soube os nomes. Veyo nesta armada João Gonçalves de Camara, Morgado, filho de Simão Gonçalves, Capitam do Funchal e Ilha da Madeira, e com elle o *Capitam Alexandre Moreira*, que o era em Tanger, ou em Mazagão; *Gaspar Luiz*, por Sargento Mor, para boa ordem nas cousas da guerra; e outros tres capitães da infantaria, dos do numero, o *Sarzaguo*, e o *Hypolita* (segundo cuido), e *D. Enhigo*, e outros illustres capitães e fidalgos, que com João Gonçalves de Camara e Sebastião de Saa vinham cuidando empregarem bem a vida em serviço de Deos e d'El-Rey; e D. Luiz de Cascais, e D. Luiz Coutinho, Comendador da Ilha de Sancta Maria: e os mais destes senhores e morgados vinham aa sua custa. O Grão Capitam Francisco do Rego de Saa, desta Ilha de S. Miguel, dahi foi por capitam em hum dos galiões d'El-Rey em seguimento dos francezes.

O primeiro que aportou no Funchal foi João Gonçalves de Camara, Morgado da Ilha, que, pelo que lhe cabia, partio dous dias dantes que a frota, em dous navios com muitos parentes e amigos seus socorrer a sua cidade, sem esperar por armada, nem mais ajuda que a que levava de seu esforçado coração, o que não deixou de ser julgado por temeridade; pois ousadamente se offerecia a tão evidente perigo: mas elle entendeo que nas cousas de importancia a determinação ha de hir adiante do conselho, principalmente naquelles negocios em que não convem haver detença, e quando nella está o perigo delles; e, portanto, não usando de considerações em tão urgente negocio, e pelo que cumpria a sua honra, alem de o cometer como cavalleiro, vinha com tenção de dous dias dantes sahir em terra com sua companhia, e, juntamente com os naturaes. dar em os francezes: mas estes havia seis dias, quando elle chegou, que eram ja partidos para Canaria; na Gomeira e Lançarote se detiveram alguns dias em se arrumar, e resgatar alguns escravos e fato, donde vieram na volta destas Ilhas dos Açores; e dahi se foram a suas terras. Chegada esta grossa armada, com muitos fidalgos e gente illustre, ao porto do Funchal, pareciam e mostravam todos serem mui pezantes, por não virem a tempo que acharam os francezes nelle. Perguntou o General, logo que sahio em terra, pela rota que os francezes haviam levado; diceramlhe que, a juizo de todos, estariam em Lançarote ou em alguma das outras Ilhas de Canaria resgatando fato e vendendo escravos, de que hiam cheyos; que, para se poderem marinhar, lhes fora forçado, antes de partidos daquelle porto, lançarem ao mar a soma de roupa ja dita; e que sem duvida lá seriam, por não terem outro logar onde podessem resgatar e vender a sua vontade que naquellas ilhas: e assi era, que lá foram vender muitas cousas de que levavam, como depois se soube. O Capitam Mor mostrou ter grande desejo de hir logo apoz elles; aquelle dia não sahiram em terra mais que os capitães e alguns fidalgos, por onde todos entendiam que toda a armada se levantaria logo em seguimento dos francezes: mas não foi assi; que consentio o Capitam Mor que sahissem os soldados em terra ao outro dia; e foi tal a desordem, que sem falta fora muito melhor não haver vindo ahi: foi outro saque na terra, em especial nas cousas dos mantimentos e nos canaviaes de assucar, sem ser possivel aquelles seis dias embarcarse soldado nenhum; tudo era fazerem arruidos, feitiços, e assuadas, e não darem nada por general nem capitães: e ao cabo de outo dias se embarcaram mal, e por máo cabo (como dizem), ja porque ate então se não hiam os soldados a embarcar, e tudo era hir a Machico, e a Sancta Cruz, e tornar aa Cidade do Funchal, ja porque se fez a armada aa vela para estar sobre ancora, por causa do tempo contrario.

Hida a armada em busca dos francezes via de Lançarote, ficou no Funchal o Morgado João Gonçalves de Camara, filho de Simão Gonçalves de Camara, Capitam da Ilha, com o Capitam Alexandre Moreira, e Hypolito, e Salvagno, e D. Enhigo, todos Capitães do numero, e Gaspar Luiz, Sargento Mor de toda a Ilha, e tambem Francisco Osorio, que nesta Ilha depois foi Sargento Mor; e ficou tambem Pantaleão de Saa e Noronha; todos para porem cobro na terra,

e darem boa ordem nas cousas da guerra, e ensinarem nisto a todos os moradores daquella cidade e de toda a ilha, ρ que se fez compridamente, porque nisto de continuo se exercitavam todos os dias de festas e alguns de semana. Estavam, como ja dice, as peças de artelharia mui grandes e grossas que havia
todas acravadas e atupidas, que para nada podiam servir, senão para se der-
reter, e fazer outras: quiz saber João Gonçalves de Camara, com todos os demais capitães, se teriam algum remedio, para poderem servir, porque sem ellas
nenhuma defensão tinha aquella cidade contra inimigos, que esperavam vir sem
falta, segundo havia noticia, principalmente inglezes, de que tinham mais receyo,
porque não havia muitos annos atraz que naquella cidade haviam enforcado dezesete de seu poder absoluto, e sem esperarem sentença do Desembargo d'El-
Rey, mandaram delles fazer justiça: pelo que, se dizia que, por alguns destes
inglezes mortos serem pessoas de sorte e bem aparentadas, correndo a nova
disto a Inglaterra, os inglezes tinham jurado satisfazeremse; e, como então tinham tal opportunidade, por estarem os da ilha saqueados e destruidos dos
francezes, e sem artelharia nenhuma, podiam elles mais a seu salvo vir, e acabar de os destruir, principalmente depois que chegou ao porto huma caravela
que vinha da Gomeira, onde os francezes, que saquearam o Funchal, foram
ter, depois de estarem em Lançarote surtos muitos dias: da qual caravela se
soube certo que a nossa armada chegára ao porto de Lançarote dous dias depois de partidos os francezes; donde mais começaram a murmurar do Capitam Sebastião de Saa, por se deixar estar ali tantos dias surto com tão grossa armada e tão luzida gente.

Tambem se soube por outra caravela, que da Palma veyo, que chegára a nossa armada aa Gomeira hum dia depois que os ditos francezes se
haviam partido; que estes, da Gomeira se vieram na volta destas Ilhas dos Açores, e, sem chegar a ellas, se foram para França; e a nossa armada lá foi em
seu seguimento e alcance para a Costa de Guince, Norte Sul huma da outra,
sem jamais ambas se encontrarem. Esta caravela deo tambem novas como os
francezes hiam dizendo que, logo apoz os Inglezes, elles haviam de tornar sobre a Ilha da Madeira, e apoderarse della, e tomala para França; pois nella
não ficava nenhuma defensão de artelharia, porque de tal modo a deixavam
atupida e encravada, que nunca mais prestaria senão para se fundir, o que
tarde se faria; e que elles haviam de ser senhores daquella ilha e fortificala
de tal sorte, que nenhum poder humano lha ganhasse. E na mesma caravela

da Ilha da Palma veyo hum Regedor della, chamado João de Villalobos, em nome de toda a ilha offerecerse aa da Madeira para tudo o que lhe cumprisse; que, como bons vesinhos, estavam prestes a socorrela assi com suas pessoas e armas, como com dinheiro e mantimentos, dando a entender o muito que lhes pezava de seu mal e damno, como magoados da mesma dor e trabalho: teve o Funchal isto em grande conta e mercee, e assi o agradecêram ao dito Regedor; o qual tambem lhes affirmou o mesmo que os francezes hiam dizendo.

Havendo todas estas noticias, estandose em tal receyo, e sendo as peças de bronze, que acravadas lhes ficaram, tão boas e grossas, que nenhumas do Reyno são melhores, tanta falta faziam, e necessidade dellas tinham, que buscavam modo com que as desencravassem e desatupissem, atee que q acharam, como agora direi.

CAPITULO XLVII

Estandose com toda esta artelharia grossa encravada e atupida, e com taes avisos, e em tal necessidade procurando remedios como a desencravasse, e havendose sobre isso tomado ja parecer com todos os capitães que na armada vieram, e com os homens principaes, e de muitos annos da India, e de Italia, não podendo de sua industria dar ordem a desencravar nem desatupir as ditas peças, foi dito ao Capitam João Gonçalves de Camara que, se hum *Gaspar Borges*, grande e engenhoso artifice de cousas de ferro e de outras materias que então estava na ilha, as não desencravasse, não acharia outrem que lhe désse a ellas remedio: pelo que, o mandou chamar, e lhe dice o que delle queria e esperava, que era ver desatupidas e desencravadas aquellas peças tão grossas de artelharia de bronze, de cuja obra dependia a defensão daquella cidade; e que estava informado que soo elle, entre todos os que naquella ilha estavam e os que na armada haviam vindo, lhe podia dar remedio: respondeolhe Gaspar Borges que lhe era necessario ver bem as peças, para dizer se era possivel desatupilas e desencravalas: e dicelhe o Capitam que as visse logo. Vendoas, apalpou com hum cinzel as brocas, e achou serem de aço temperado mui rijas, e estarem cravadas com tanta força que os boracos das escorvas, que dantes eram redondos, estavam quadrados pela força das brocas, que quadradas eram; conjecturou comsigo que com huma de duas maneiras era possivel desencravalas; e tomando bem o pulso aa cousa, offerecendo este caso a Deos, que dá tudo, achou o remedio como e com que as havia de desencravar e desatupir, sem ver impedimento algum para se deixar de pôr em execução seu intento; e logo foi ter com o dito Capitam, que com muitos senhores e capitães o esperava ao Varadouro: e dizendolhe que as peças teriam remedio, se foi o Capitam a elle com os braços abertos, e abraçandoo, o levantou no ar, dizendolhe: «*Grande alegria e contentamento he o que me déstes; pois assi he: dizeime quanto vos hei de dar pelas restaurardes de modo que possam servir como dantes.*» Dicelhe que bem merecia o que valia a melhor peça dellas; mas que se contentaria com mil cruzados, porque com menos lhe não pagavam. Dice o Capitam: «*Jesus, Mestre! Eu cuidei que com trinta cruzados vos pagava.*» Respondeo:

36.

«*Esses eu hei de mister para fazer os instrumentos com que se hão de desencra-var.*» Dice então o Capitam: «*Dessevos logo o dinheiro que houverdes de mis-ter para esses petrechos que dizeis: e olhai que fazeis nisto hum notavel ser-viço a El-Rey Nosso Senhor, que vos ha de ser bem pago.*» Ao que respondeo que o serviço elle confiava em Deos do o fazer do modo que era necessario, e que assi esperava tambem alcançar o premio conforme a sua industria e tra-balho. Estavam presentes a isto mais de duzentas pessoas assi capitães, como outros fidalgos: e logo se poz em obra de, com muitas juntas de bois, levar as duas peças, que junto d'agoa ao Varadouro eram, ao Fortaleza, onde as mais estavam. E sendo lá, e elle com ellas, Francisco de Camara, que ainda não sabia fora, por estar ferido e maltractado dos francezes, o mandou chamar, pa-ra conhecer quem era o que havia de fazer cousa de que todos e elle duvida-vam: e hindo ante elle, que com mais de outros quarenta fidalgos estava assen-tado em huma sala, e os outros em pee, lhe dice:

«Mestre, todos folgamos muito com a boa nova que déstes ao Senhor Ca-pitam João Gonçalves, e eu mais que todos a estimo, pelo muito que me cabe em ver tornadas a seu uso as peças d'artelharia deste Baluarte, as quaes, segundo me dizem, estão perdidas, para não prestarem mais, se vós as não desencravais e desatupis; sendo tão necessarias para a defensão desta cidade, e as melhores do Reyno. Mandeivos chamar para vos conhecer: e ja em vos ver, entendo e tenho por sem duvida serem as peças todas remediadas, no que fazeis a El-Rey Nosso Senhor muito serviço, e a esta cidade mui grande amisade; e alem de tudo, escusais despezas e gastos, que em as levar a fundir ao Reyno se ha-viam de fazer, pois para outra cousa, sem vós, não prestão; o que tudo vos ha de ser bem pago: e eu, porque assi o espero que as haveis de dar prestadias como dantes eram, alem do que El-Rey Nosso Senhor e o Senhor João Gon-çalves de Camara, Capitam desta ilha, que vos encarregou nesta obra, vos de-rem, vos prometo trinta mil reis para calças; e olhai que diante de todos estes senhores vos prometo: por tanto, ponde os hombros aa obra, e levaia com pre-steza avante; e o dia que acabardes de desencravar todas as peças vinde aqui, que eu vos darei os trinta mil reis que vos prometo, assi como dito he.»

Dice Gaspar Borges que beijava as mãos de Sua Mercee, pela mercee, e a aceitava; e que tivesse por certo que, tendo saude, as veria cedo desencrava-das e aproveitadas da maneira que dantes eram, ainda que era bem difficul-tuso, por serem com brecas de aço temperado cravadas.

Logo ao outro dia lhe mandou dar o Capitam João Gonçalves de Camara seis mil reis, para preparár os instrumentos com que as peças se haviam de desencravar: e acabados, começou Gaspar Borges por hum dos caminhos e meyos dos dous que tinha imaginado, o primeiro dos quaes foi em vão, porque com elle não se poderam desencravar, ainda que foi disposição e melhor preparação do que se esperava para por outra via se desencravarem; a qual preparação foi desta maneira: fez tão descobertas as brocas, que nos tiros estavam, como dous dedos, cavando no bronze com cinzeis em quadro, de modo que ficassem como escorva para se cevar por ali com o polvarinho, e podesse caber huma tenaz de malheiro, ainda que era mais grossa, as bocas da qual fez de aço bem picadas, fazendo fazer huma polé de arpar, pela qual puxavam outo homens, estando os tiros cubertos com fogo de grossa lenha: sendo os quaes tão quentes como convinha, e apegandose com a tenaz na broca, e puxando os homens, não se fez cousa alguma no tirar das brocas. Os tiros estavam escorados; e ainda que o não estiveram, por serem de cento quarenta e cinco atee cento e cincoenta quintaes cada hum, por sua grandura e peso, podiam deixar de ser escorados; mas antes consentiam arrastarse, puxados e aferrados bem com a tenaz pelas brocas, que desencravarse. Fez o Mestre isto de noute, por lhe applicar melhor o lume, certificando o Capitam João Gonçalves de Camara de que o fogo lhes fazia mais proveito que perda, porque ao menos gastava o salitre e sujidade que em si tinham. Como o Capitam João Gonçalves e Francisco Gonçalves, seu tio, com os mais capitães vissem que daquella sorte se não podera desencravar a artelharia, ainda que Gaspar Borges ja a este tempo a tinha desatupida, desconfiaram todos de a elle desencravar: mas, rindose elle, lhes dizia com alegre rosto: «Certo que agora quero obrigar o cabeça a El-Rey Nosso Senhor e a Vossa Mercee que as hei de dar desencravadas; e as brocas na sua mão; e as que quizer que se convertam em pó, ficarão nelle convertidas; e as que quizer tirar inteiras, ja digo que inteiras as hei de dar nas mãos de Vossa Mercee, e do Senhor Capitam Francisco Gonçalves de Camara, por não perder a promessa de Sua Mercee dos trinta mil reis.» Do que todos zombaram e se foram descontentes.

Teve o Mestre cuidado de fazer suas agoas muito mais fortes que as da botica, comprando cera, e fazendo seus vasos, tendo tudo a ponto; e não quiz aquelles tres ou quatro dias hir ao Paço dos Capitães: soo o Capitam Alexandre Moreira, que lhe era mui afeiçoado, hia aa sua tenda, por se desenfadar, e fallar castelhano com elle, e tambem italiano; e outras vezes o mandava chamar ao Cubello, onde tinha seu alojamento e pousada, e ahi lhe rogava que lhe declarasse como havia de tirar dos tiros aquellas brocas, o que tinham por impossivel elle e os mais capitães, ainda que o Mestre havia certificado ao Capitam João Gonçalves que sem falta (pois lhe tinha offerecido a cabeça) lhas daria tiradas fora. Respondeolhe elle que em lhe offerecer a cabeça se perdia pouco, perdendoa, e mais se perderia em não se aproveitarem aquellas tão grossas e necessarias peças, mas que, assi como lho tinha prometido, e havia de cumprir, com ajuda do Senhor; e que estudassem em lhe dar bom galardão de tão proveitosa obra, como lhes fazia, e tão difficil a todos: e, pois haviam visto com que arte e industria as havia desatupido, que assi com outra melhor as daria desencravadas: e que, se Suas Mercees entenderam alguma cousa de Philosophia, lhes provára, por regras e principios necessarios de outorgar, como não podia ser o contrario, senão serem desencravadas as peças, e as brocas tiradas com os dous dedos, que lhe mostrou de sua mão; mas, que, como careciam de entender principios, conclusões e presupostos, não era muito negarem o que, se entenderam, haviam de conceder; e que, pois isto tinha ja chegado a termos de elle obrigar a cabeça, e redundava o bem desta obra em serviço d'El-Rey, e em tão grande proveito daquella cidade, que avisasse e pedisse ao Senhor João Gonçalves de Camara, a cujo cargo estava é prover em tudo, mandasse fazer portas e fechar o Baluarte, porque não havia de estar applicando as cousas com que se haviam de desencravar as peças aa vista de ninguem, por não dar materia a que se fallassem ignorancias; e, como estivessem fechadas, em breve espaço veria feito o que tanto desejava. Vindo o Mestre a sua casa, depois de passado isto pela manhaa com Alexandre, a horas de jantar foi chamado da parte do Capitam João Gonçalves, ao qual achou jantando com Alexandre e com todos os capitães. Fezlhe elle muito gazalhado, rogandolhe declarasse o como havia esta segunda e ultima vez de desencravar as ditas peças: ao que respondeo o Mestre que a Sua Mercee não convinha saber o como se havia fazer, senão recebelas acabadas, para lhe gratificar e pagar bem seu serviço, como lhe tinha prometido, o qual veria sem falta acabado de fazer, assi como elle se tinha offerecido; para o que lhe mandasse dar o Baluarte fechado, como ao Capitam Alexandre havia pedido avisasse a Sua Mercee; e desta maneira, brevemente seriam todas as peças desencravadas. E foi tanto o que o Capitam João Gonçalves matinou que lhe revelasse o como havia de pôr isto em effeito e com que, e tanto o persuadio o Capitam Alexandre a que o fizesse, por dar gosto ao dito João Gonçalves e a todos os circumstantes, que lhe foi forçado revelarlho; mas primeiro lhe dice que, ja que lhe faziam força em declarar seus segredos, se tinha por ditoso em dar primeiro o todo que a parte; e, pois assi eram servidos, havia de ser com seu encargo, e lhe haviam de conceder certos presupostos e conclusões necessarias, das quaes lhes proporia poucas e as mais claras, para que o entendessem; e entendidas, concederiam o que todos os que sabem concedem. Assi o começaram todos a escutar, e elle a dizer: «O primeiro que quero, e convem que concedam, he que toda a cousa que se move ha de ter movedor dentro de si que a mova, ou fora de si.» Diceram que o não entendiam. Dicelhes então: «Todo o animal vivo tem movedor dentro de si, para se mover; o qual animal morto, fica o corpo sem mover-se, e o movimento fora de si, como o da pedra, quando he movida com o braço que a tira ou deita fora do logar onde estava.» Diceram que assi era. Dicelhes mais: «Toda a cousa que vem de potencia em acto, e de não ser a ser, ha mister cousa que a tire de tal potencia, e lhe dê tal ser; e, se tem impedimento, o que tira o tal impedimento se diz tirar da potencia em acto, e do não ser a ser, e ha mister cousa que a tire de tal potencia em acto.» Não entenderam esta. Dicelhes: «O que Vossas Mercees querem eu o tenho em my, que entendo o como a cousa que pedem ha de ser; o impedimento he dilatar, ou não a querer fazer; de modo que, havida a materia e posta em obra, se tira o defeito, e assi sahe a cousa de potencia em acto, e de não ser a ser, pois em my está o entendela e poder fazela, ainda que o meu poder seja limitado, não mais de para fazer quanto me he outorgado.» Entenderam, e concederam que era assi; mas que ainda não estavam satisfeitos. Respondeo: «Ainda não tem rasão de o estar; mas, para que melhor o entendam, hão de entender que quatro são ametade de outo, e cento ametade de duzentos.» Dicerão: «Assi he.» «Pois parece a Vossas Mercees, lhes dice elle, que, se alguem negasse que quatro não eram ametade de outo, e cento ametade de duzentos, se podiam bem vir a telo por puro ignorante?» «Sim,» diceram elles. Dice lhe: «Pois assi he do que negasse o que digo, havendo concedido que aquelle que pode e quer tem poder de tirar a cousa da potencia em acto, e de lhe ter a ser: este que a tira, de sua privação, que he do não ser a ser, he devidor; e a substancia, ainda que seja substancia creada, como he o homem, aa imitação de Deos, que he substancia increada, e he o que tirou todas as cousas de não ser ao ser, vendo que o não ser daquellas era melhor que a privação dellas, e que he causa efficiente e perseverante por quem todas as cousas são regidas e governadas; huma causa necessaria de ser, sem o qual nenhuma cousa pode ser, e assi todas as cousas são por elle; este Senhor teve Por bem dar ao homem entendimento que veyo delle, com o qual contempla as cousas, e as alcança, e comprehende, tanto quanto he possivel, aa natureza creada. E, pois fica ja dito o que foi necessario conceder, agora quero declarar a Vossas Mercees o remate de como, não por milagre, senão naturalmente, por causas palpaveis, visiveis e naturaes, se hão de desencravar e tirar as brocas das peças, o que tão difficil parece, e assi o he no que não entendo. Hão de saber e conceder que a todos em geral he notorio e visto cahir rayos de fogo do Ceo, onde algumas vezes vem pedras que chamão de corisco, os quaes rayos, se acontece cahirem e darem em algum sino de metal, o derretem, mas a corda do sino, nem a correa de couro, com que está atado o badalo, nenhum damno recebem; e ja se acharam homens mortos com o ouro e prata, que dentro das bolças tinham, derretidos, ficando sans as bolças, e os cordões dellas inteiros. Preguntaram os Capitães por que causa aquelle rayo fazia aquillo, desfazendo o rijo e duro, sem fazer damno ao fraco e brando? Aos quaes respondeo que era sua propriedade de offender e obrar com mayor força onde achava mais resistencia, o que lhe vinha da propria natureza do fogo, de que era o dito rayo. «Pois, applicando isto a nosso proposito, hão de saber que os materiaes e agoas com que hei de tirar e gastar as brocas da artelharia, que agora estão mais dispostas para isso, por estarem ja destemperadas e capazes de se poderem melhor gastar, pois, caminhando para este fim, foi a causa por que aquentei as peças de bronze naquelle logar onde me era necessario; as agoas fortes, torno a dizer, que para isto hei de fazer e applicar aas mesmas brocas, são da mesma natureza de que he o rayo, com tão grande impeto expellido, e com a violencia e força do mesmo fogo lançado para baixo; e, posto que estoutras agoas e composição sejam cá artificialmente feitas, todavia, são de huma natureza estas agoas que assi gastão fortes as cousas mais rijas, e se conservão e estão quietas na cousa branda; e, para mais clareza desta verdade, saibam que tenho ja feito tantos vasos de cera, quantas são as peças que se hão de desencravar, para em elles estarem as agoas fortes estilandose e cahindo pouco a pouco por aquellas espirações, que as brocas fazem entre os angulos e quinas dos quatro quadros em aquelles concavos, que a broca, por ser quadrada, não encheo de todo. E agora tenho ja feitas as ditas agoas fortes, postas em redomas de vidro, que he materia a que a agoa forte nada impece. E, porque não he necessario trazer mais provas para esta obra, pois as ditas sobejão, Vossas Mercees se dem por satisfeitos de sua duvida: e cream que as cousas artificiaes tambem são naturaes em suas operações, e não esperem que os homens façam milagres, que soo Deos os pode fazer; e assi não ha que nisto o Senhor Capitam João Gonçalves de Camara e Vossas Mercees mais queiram saber, nem me deter.» Ao que o dito Capitam dice que ja não tinha duvida alguma mais de que ficariam os buracos das escorvas mui mayores que dantes. Pelo que, foi necessario tornarlhe a replicar, e dizer o dito Gaspar Borges que ja lhe tinha provado que aquellas agoas, que elle havia de applicar, não impeciam, nem offendiam senão a seu contrario; que destas tres materias, cera, bronze e aço, o aço era o mais forte; e por tanto as agoas fortes, daquelle modo compostas, offendiam a elle e ao bronze, não estando ambos juntos; pelo que, ficariam os boracos das escorvas da maneira e tamanho que dantes eram: e assi foi. Acabaram então de crer ser possivel desencravalas; Alexandre dice ao Capitam João Gonçalves que offerecia sua cabeça por elle; e, mandadas fazer portas ao Baluarte, se lhe deo e entregou fechado, para que pozesse em execução a obra, em que poz tanta deligencia que, dentro em tres semanas depois di to, deo todas as sete peças e a quebrada acabadas de desencravar de todo, e tiradas as brocas com a mão, gastadas todas ao redor, quanto foi necessario comerse para sahirem com à mão, ou com dous dedos; e huma dellas, que elle fez converter em poo, deixou ficar para mostrar ao Capitam e a todos aquelles Senhores, como lhes tinha dito: e tiradas fora todas as sete brocas huma manhaa, as levou ao Capitam João Gonçalves de Camara, ao qual encontrou hindo da See com huns noivos, por padrinho de hum tambor que ahi se casou, acompanhado de muita gente principal e capitães: e diante de todos, e de Francisco Gonçalves de Camara, seu tio, lhe pedio alviçaras. E dizendo elle: «De que?» «Do que Vossa Mercee tanto desejava, e o Senhor Francisco Gonçalves de Camara, que ja sua artelharia he desencravada, como eu prometi; heis aqui as brocas tiradas soomente com a mão.» Tomoulhe então o dito Capitam João Gonçalves as brocas com sua mão, que de dous palmos e quase meyo de compido eram cada huma. E olhadas, e vistas muito bem: «Certo que as alviçaras vós as mereceis muito boas, e que El-Rey Nosso Senhor, alem de tudo, vos faça grandes mercees: e as brocas tanto as quero, que as não hei de soltar da mão atee tornar a casa, para as meter em cofre, e mandar a Sua Alteza: e vós, Mestre, sereis bem pago.» E, porque o dito Mestre lhes tinha já dito que a outra broca, que havia feito converter em poo, Sua Mercee com os Senhores Capitães Francisco Gonçalves e Alexandre a fossem ver no mesmo tiro, dice que, tornando donde hiam, seriam todos lá: e assi foram. Então com huma broca, que o Mestre para isso tinha feita, começou a furar diante delles, e tirou aquelle aço todo em poo no tempo de tres credos, de modo que ficaram todos espantados, e os Capitães João Gonçalves e Alexandre o abraçaram com muita festa; mas nem elle, nem seu tio Francisco Gonçalves lhe deram nada de alviçaras, nem os trinta mil reis que este para calças lhe tinha prometido: e entre tantos grandes, soo o Deão, de apelido da Costa, lhe mandou de alviçaras hum lombo e entrecostas de porco, que era no tempo delles, e hum barril de bom vinho, offerecendose que o ocupasse no que houvesse mister delle, e Pedro Nunes Florença lhe mandou outro barril de vinho boa a sua pousada.

Ás peças desencravadas logo lhes fizeram repairos novos; e, hindo hum domingo ante missa ao Baluarte com procissão, provaram todas; e, porque os artelheiros e bombardeiros não ouzavam pórlhes fogo, o mesmo Gaspar Borges lho poz, e ao dito de todos chegaram mais longe que nunca: foi grande a festa que aquelle dia se fez, por terem sua artelharia tão bem reformada e restituida; mas nem os Capitães, nem Zenobre Achioli, que se mostravam mui contentes, lhe mandaram dar hum jantar por isso. Partiose dahi a poucos dias o Capitam João Gonçalves de Camara para o Reyno, e levou as brocas, deixando encomendado ao Capitam Francisco Gonçalves lhe fizesse pagar muito bem; e fazendo este que se avaliasse por ferreiros o que Gaspar Borges merecia, foi avaliado a tostão por dia: não o quiz elle, porém, receber; tirando instrumento do que a obra importava ao serviço de Deos e d'El-Rey, e o tem com o Alvará do dinheiro que lhe mandavam dar, a quantia soomente de doze mil reis. A Justiça e o Capitam lhe encarregaram a arcabuzaria, e ensinou certos serralheiros do Funchal a concertala. E o Capitam Francisco Gonçalves, dizendo que vendia arcabuzes para estas Ilhas dos Açores, mandouo prender. Fez a era de 84 dezesete annos que servio em cousa tão importante, e ainda não tem outra cousa recebida. Veyo a esta Ilha de S. Miguel, por carta do Capitam Manoel

de Camara, que haja Gloria, para no que se offerecesse servir a El-Rey, de
quem não tem recebidas aqui mercees algumas, mantendose entretanto na esperança de as hir requerer, ainda que o Capitam Manoel de Camara lhe
fez grandes promessas por parte d'El-Rey. Faz nesta hora dezeseis annos
que Gaspar Borges nella reside, aonde deo traça ao que cumpria no assentar
as peças da artelharia no Baluarte da Cidade da Ponta Delgada, em tempo
que começava o Mestre das Obras d'El-Rey, Pedro de Maeda. Desencravou
huma peça grossa, por mandado do Senhor Conde D. Ruy Gonçalves de Camara, que a achou encravada em absencia de seu pay, dizendolhe que elle
punha tudo em partacolo, para por El-Rey lhe screm feitas mercees. Ensinou
a todos os serralheiros da Cidade da Ponta Delgada o concerto e feitio da arcabuzaria e armas, tanto que o que delle não aprendeo não as sabe bem fazer,
como he notorio. Fez as balanças d'Alfandega desta ilha e da Terceira, que
são peças reaes e de grande desengano, assi para as partes, como para o proveito d'El-Rey. Fez o relogio da cidade, e de Villa Franca, e renovou o da
Ribeira Grande, tudo em preços baixos, a respeito da delicada obra que fez.
Fez alguns ferros de hostias para as igrejas desta ilha e de todo este Bispado;
o que cumpre de armas, espingardas novas, assi de pederneira, como de fogo; grades para a Alfandega, e para a Capella do Sancto Sacramento da villa da Ribeira Grande, que não acabou; e outras obras, em nobrecimento e
honra da terra, e serviço d'El-Rey: e com tudo vivo pobre, tendo tão rico
engenho.

CAPITULO XLVIII

Ficaram deste saque os naturaes tão pobres e desbaratados, que ainda hoje em dia não podem bem levantar cabeça deste aleijão; bem se diz: *Ninguem diga bem estou, ou desta agoa da tribulação não beberei.* Vedes aqui estes ricos e quietos cidadãos, estando tão fora de temer o mal que lhes veyo, nem recear do perder quanto possuhiam, quase em hum momento, foi a sua Cidade entregue a estranhos, seus templos profanados, suas casas roubadas, suas fazendas esbulhadas, e em pouco espaço perderam tudo quanto por longos tempos ajuntaram, não lhes ficando mais certos haveres que hum sonho do que foi, as tristes lembranças dos bens passados, as grandes magoas do que perderam tão prestes, e humas crecidas saudades do que ja em algum tempo tiveram. Ajunta o homem sem acabar, nem deixar de ajuntar, e não sabe para quem adquire; o avaro para o prodigo esperdiçar; ganha o fiel para o ladrão roubar e desbaratar; edifica o bemfeitor para o preguiçoso derribar; planta o curioso para o desenfadado e desazado decipar e cortar; inventa o ardiloso para o tredor contraminar; ajunta o ganhado para o perdido espalhar e deitar a perder. Espelho he não obscuro este exemplo mui claro, para que, vendose nelle, soo procurem os homens ajuntar boas obras e virtudes, que não se perdem, e inthesourar soomente no Ceo seu thesouro, onde a ferrugem o não gasta, a traça o não come, e o ladrão o não furta; e todo o descanço e bemaventurança se possuhe sem nenhum sobresalto de a perder jamais em algum tempo, nem momento. Mas o nosso bom e piedoso Deos, ainda que alguma vez permita e dê trabalhos para castigo de alguns males, ou prova dos bons, sabe delles tirar descanços, e aas vezes dá por elles, como deo a Jacob, dobrados bens; e, como se tirou a estes nobres cidadãos a riqueza temporal, e ricas joyas e alfayas, acudio logo em logar dellas com outras sem comparação alguma de inextimavel preço; e por cousas temporaes deo spirituaes de mayor valia; porque, na companhia de João Gonçalves do Camara, quando foi a este socorro, no seu navio e aa sua moza levou hum: Padre da Companhia, chamado *Francisco Varca*, com hum companheiro castelhano de muita veneração e doctrina, enviado pela Provincia de Portugal, que por serviço de Deos hia prógar aa ilha, o consolar a gente; onde fez muito fructo, que não foi pequeno remedio para o povo, segundo tinham quebrados os animos com a perda da sua fazenda, e com os altares profanados. E este Padre foi o primeiro que desta Sancta Religião foi aa ilha, por cuja devoção se moveo o povo a pedir a El-Rey que houvesse delles hum collegio, para a doctrina de seus filhos. E na era de 1570, na Quaresma, foram lá seis destes Religiosos, o Reytor dos quaes se chamava *Manoel de Sequeira*, e o Perfecto *Pedro Quaresma*, e outro Padre *Belchior de Oliveira*, com outros tres Irmãos, a quem Sua Alteza deo de renda cada anno seiscentos mil reis; com a qual renda e outras esmolas, que se lhes ajuntaram, no anno de 1578 acabou de fazer collegio outro Reytor, que a este sucedeo, por nome *Pedro Rodrigues*, Padre de muita virtude e erudição, no qual fundou hum magnifico templo, tão bem assombrado, como capaz de muita gente, onde os Padres da Companhia prégão, e confessão, e fazem sua sancta doctrina, para ajudar a salvar a muitos; e no collegio ensinão Theologia Moral aos clerigos, e Latim e Rhetorica aos leigos, envolto tudo com muito bons costumes e virtudes, de que são singular exemplo onde quer que se achão. Não sei qual destas cousas foi mayor para esta Ilha da Madeira, se o que perdeo com a chegada dos cossarios, se o que ganhou com a vinda destes Religiosos. Oh! bemaventurada e ditosa perda, pois que mereceo alcançar tal e tanto ganho que, por ser spiritual, lhe vieram e creceram todos os mais bens temporaes, como aas vezes permitte Deos huma queda, para melhor se levantar quem a deo, e nunca mais cahir; e huma perda grande, para ganho mais seguro; e hum aspero açoute, para merecimento mimoso e doce. E, como a fertil Italia, acabando de ser assolada e desbaratada muitas vezes por inimigos de fora, que com poderosos exercitos a ella foram, e com guerras civis e domesticas, que entre si excitaram seus naturaes e moradores, logo era restaurada com sua grossura, como se nunca por ella tal passára, assi a populosa Cidade do Funchal, sendo esbulhada dos cossarios, tão prestes tornou a ser tão rica, ou mais do que era, com a fertilidade da terra, que parece engrossar tanto com a doctrina e exemplo destes servos de Deos da Companhia de Jesus, que ninguem a julgára que em algum tempo fôra roubada; antes agora está mais fortalecida, e poderosa, e cercada de fortes e inexpugnaveis muros; provida de mais munições e armas, e habitada e defendida com mayor vigia e mais multiplicadas sentinelas, que defendem as armas dos lobos do inferno, que são mais para temer, quanto mais dos cossarios do mar, e dos enganos da terra.

CAPITULO XLIX

Como o Capitam Simão Gonçalves de Camara foi feito Condè da Calheta,
e de outras mercees que El-Rey lhe fez, e de sua idade,
costumes e falecimento.

Pelos serviços que o Capitam Simão Gonçalves de Camara a El-Rey tinha feito, e pelos merecimentos, alem dos que no discurso desta historia tenho dito de seu pay e avós, lhe fez D. Sebastião mercee de o fazer *Conde
da Villa Nova da Calheta*, da sua Ilha da Madeira, no anno do Senhor de
1576; e lhe deo os officios do dito Condado, com se chamarem os officiaes
delle em todos os autos e escripturas, termos e mandados, pelo Conde Nosso Senhor, e por seu filho herdeiro, depois que Deos foi servido levalo desta vida. E, porque no Funchal, cidade que seus avós fundaram, havia vinte
e hum tabaliães do judicial, e outo das notas, e seis enqueredores, houve
El-Rey D. Henrique por bem, no anno de 1579, por certos respeitos que
a isso o moveram, e por mais serviço de Deos, reduzilos em dez escrivães
do judicial, e quatro notarios, e tres enqueredores, que agora servem; e em
satisfação do que lhe tirou, e desmembrou da sua data e apresentação, lhe
deo tambem os officios dos dous escrivães dos orphãos da cidade, e o officio
de meirinho da Serra da Jurisdição do Funchal, e o officio de escrivão da
Almotaceria e das Armas, que fossem da sua apresentação, e alem destes todos os do judicial desta sua jurisdição. Tinha o Conde cada anno quatro
centos de renda bem feitos, e os melhores e bem pagos que ha no Reyno,
em que entrava a renda dos moinhos, a qual não se paga em trigo, que se
teme de gorgulho, nem em outros fructos, como tem muitas comendas de
Portugal, senão em dinheiro de contado; e foi hum dos senhores que ha no
Reyno todo, que melhor tinha provida sua casa, e fartos os criados. Por seus
vassallos se intitulava desta maneira: O Conde Simão Gonçalves de Camara,
do Conselho d'El-Rey Nosso Senhor, Capitam e Governador da Justiça na
Ilha da Madeira na Jurisdição do Funchal, Vèdor de sua fazenda em toda a
dita ilha, e na do Porto-Sancto, Senhor das Ilhas Desertas, &.ª E, como
El-Rey em suas Provisões lhe poz *D. Simão Gonçalves*, elle não queria acci-
tar o *Dom*, nem o consentia aos filhos, que o tem por direito. No anno de

1578 lhe deo o ar, e lhe tolheo hum braço e perna; pela qual rasão foi impedido da doença para alguns actos corporaes, mas não que perdesse hum ponto do juízo para governar, e de memoria para reger e prover tudo, e em huma cadeira, onde se fazia assentar, foi sempre tão temido e venerado assi doente e velho, como quando era são e mancebo.

Teve de idade setenta e outo annos, os quaes perfizera acabados dia da Vera Cruz, em Mayo do anno de 1580, se a morte o não levára alguns dias antes; dos quaes annos governou a ilha quarenta e quatro, com muito applauso do povo. Foi homem que sempre amou a verdade, e perseguio malfeitores; teve grande e rara memoria, porque aquillo que vio ou leo huma vez, e ouvio cincoenta annos atraz, assi o tinha representado nella presente, como se passára hontem; foi mui prudente e de muito primor, de grande conselho, catholico e amigo de Deos, e pela honra e fee da Sancta Madre Igreja, se soubera quem sentira mal della, ou não seguira seus preceitos, o prendera e castigára, e dicera aa Igreja, por mais obrigações que lhe tivera; foi muito cortez e agradecido; fazia muita honra aos homens, e todo o genero de pessoa agasalhava, principalmente a sacerdotes e ministros da Igreja, a quem sempre teve muita reverencia: era amigo de seus criados e de seus ayos, e a todos trabalhava de casar honradamente e ricos, por não terem necessidades, e lhes dava officios na ilha; que todos eram seus, e de sua apresentação, como ja dice: foi homem mui lembrado e agradecido dos serviços que lhe faziam, pagando muito bem o trabalho alheio assi a quem o servia, como aos mecanicos que lhe faziam obras, tractandoos com muito gasalhado e cortezia, com que todos, se elle quizera, folgaram de o servir de graça, cuidando que ainda lhe ficariam devendo dinheiro, amor e obediencia; e com seu viuvo vinte annos, pouco mais ou menos, porque a Capitoa D. Izabel de Mendoça morreo em 13 de Setembro de 1561 annos, ficando ainda em idade para poder casar, o não quiz fazer: nunca estranhou cousas humanas, principalmente cometidas por fraqueza, preseguindo e estranhando muito as cometidas por malicia, ou engano: doctrinou sempre seus filhos, em quanto meninos, em muito virtuosas artes, e instruindoos na virtude e castidade, donde depois vieram dar no que se sabe de seus costumes e vida: e sobre tudo tinha em muita veneração os Prégadores e Religiosos, e toda a pessoa virtuosa: era muito amigo de Deos, e devoto de ouvir missa não soomente em todos os dias da obrigação da Igreja, mas em outros da semana; e, por ter

seus aposentos perto do Mosteiro de S. Francisco, cumpria bem com esta sua
obrigação e devoção, hindo lá muitas vezes vesitar os Religiosos da Casa,
com quem particularmente conversava, mostrandolhes entranhavel amor, que
procedia do divino que em seu peito ardia, com que lhes fazia muitas esmolas e boas obras, como tambem as mandava fazer em sua casa a todo o
genero de pobres, com muita caridade e liberalidade, como convinha a seu nome e devoção; e fazia outras extraordinarias e particulares a pessoas pobres
e honradas, vestindoas de custosos panos, e muitas das quaes comiam com
elle igualmente aa sua meza ao menos ao jantar, em que os apertava que
comessem bem, como elle comia. Elle e a Capitoa, que tambem era inclina-
da a obras de caridade, faziam muitos concertos, e, se alguma pobre casava,
e por causa da pobreza o marido a não queria receber, logo lá hiam, ou os
mandavam chamar, acabando tudo suavemente com boas palavras e grossas
dadivas de dez, vinte, e trinta mil reis, segundo a calidade dos desposados.

Era inclinado a ter sua casa em que morava sempre acompanhada, para o
que mandou fazer dos muros a dentro hum jogo de pela, em que gastou mais
de quinhentos cruzados, onde hiam folgar muitos da cidade e de toda a ilha;
e, por este respeito e por outros desenfadamentos que tinha e ordenava
das portas a dentro, sempre estava cheya sua casa de gente de toda a sorte,
tractando elle e fallando a todos com cortezia, sem consentir que pessoa alguma tivesse a cabeça descoberta quando com elle fallava, ainda que fossem
peças dos officiaes que hiam buscar o premio de seus trabalhos; aos quaes
logo mandava pagar, e não havia dizer «tornai cá,» nem «fuão tem cargo de
pagar isso,» como alguns senhores usão; e, se alguma vez remetia a outrem
que pagasse, havia elle saber depois se cada hum era pago do seu jornal.

Amava este Capitam tanto a todos, e de todos era tanto amado, que de
boa vontade offereciam as vidas por elle, como se viu quando huma vez veyo
surgir ao porto do Funchal, com sete galiões muito poderosos, hum cossario de
França, chamado Pee de páo, depois de ter roubada a Ilha da Palma, huma
das Canarias; visto o qual pelo dito Capitam Simão Gonçalves da Camara, e
reconhecida a armada dos contrarios, com muito esforço mandou esto logo
despejar seis náos dos francezes, que estavam no porto ao assucar, e as encheo de gente portugueza e com muitas munições de guerra, enviando bateis
com recado ao dito cossario que não quizesse sabir em terra com sua gente,
por quanto elle estava aparelhado para castigar a quem lhe quizesse fazer ag-

gravo: ao que o *Pee de pão* respondeo que mais queria servilo, que aggra-
valo; e assi o cumprio, ainda que, de sua licença, sahiram em terra, a comprar
mantimentos e vender muitas cousas que traziam, duzentos francezes, trazendo a Jaques Soria por seu capitam para ós castigar, se se desmandassem: e
em outo dias que *Pee de pão* esteve surto no porto, o Capitam Simão Gonçalves dé Camara vigiava e mandava vigiar a cidade de noute com suas estancias, sem embargo da amizade e paz que o cossario lhe prometera. E, passando em huma noute muito escura por huma porta da vigia hum negro de
ruim linguagem, cuidando os vigias que era lingua franceza, deram rebate ao
Capitam, o qual mandou dar repique no sino; e, ainda que era meya noute,
em que todos ordinariamente repousão, em menos de huma hora se ajuntaram
com seu Capitam quase quatro mil pessoas, o que provou o amor que todos
lhe tinham, porque donde o elle ha está toda liança.

Serviase este Capitam com os filhos dos melhores e mais honrados da
terra, e, se eram taes, fazialhes muito bem assi no tractamento de suas pessoas,
como em os casar rica e honradamente; e tambem, se desmandavam em alguns
vicios, ou em quererem tractar mal de palavra ou obra alguma pessoa, ainda
que fosse muito pobre e de menos valia, castigavaos mui bem por sua mão;
e, se se não emendavam, os deitava fora de casa: sempre tinha sua estrebaria cheya de bons cavallos e mullas, em que os seus amigos e pessoas honradas tinham muito certas as cavalgaduras em qualquer tempo, e para onde quer
que necessarias lhes fossem: dava a todo o homem cadeira, e, acabando de
comer, se hia assentar aa meza com os seus moços, e lhes perguntava se queriam comer mais, ou outras iguarias: soomente estranhava aos homens, a quem
mandava dar cadeira, se tinham alguma falta, como bulir com os pees, ou
trocalos, ou outras cousas, descuidos, ou despejos, que diante de senhores se não
usão; no mais era muito cortezão, e aas vezes muito colerico, quando convinha:
não bebia vinho, senão agoa asserenada em poços: não trazia de inverno
vestido mais que sobre a camisa hum roupão de pano fino, e de verão hum
de chamalote; o mais do tempo sem nada na cabeça, por ser muito calido:
fallava atabalhoadamente: era homem que buscava todos os modos de passa-
tempo, e folgava de o conversarem, e visitava aos mais da terra; porque, estando soo, se deitava logo a dormir.

Era o Capitam Simão Gonçalves affeiçoado a ver folgares, touros, luctas,
e jogar canas, e todas as mais festas e jogos, para alegrar o povo; nos dias

de luctas, principalmente nos de S. Sebastião e de S. Braz, ajuntava no terreiro defronte de suas casas muita gente de toda a ilha; e, se vinha algum grande luctador, e havia outro que lhe dava duas quedas, lhe mandava dar a capa que o tinha coberto, alem de grandes fogaças, que de sua casa estavam presles, como marrans mortas, e tambem algum dinheiro para todos os luctadores: em todas as festas principaes do anno, principalmente na do Natal, havia em sua casa custosas consoadas, com ricas fructas, e curiosos jogos, e actos de toda a sorte: entre outras virtudes e bons costumes que tinha (como levo dito), não bebia vinho; mas, como era homem grande e grosso, comia muito, porque a natureza lho requeria: em nada era avaro para comsigo nem com outrem, contra a condição dos que tem o vicio de avareza, que muitas vezes até para si são escassos: não era interesseiro em suas rendas e próes, que da Capitania lhe podiam vir, mas muito favoravel ao povo, e liberal em seus partidos, em tanta maneira que foi parte principal em se haver huma Provisão d'El-Rey que tem a ilha, em que Sua Alteza ha por bem que se lhe não pague nenhum direito de qualquer cousa de mantimento que de fora vier para a terra, como são carnes, azeite, trigo, queijos e outras semelhantes, nem consentio haver dizimo de lenha, nem conhecença; em as taes cousas perdia em cada anno de sua redizima mais de duzentos mil reis, com que a ilha ficava muito favorecida e melhorada no preço das ditas cousas, e mais abastada, e melhor provida dellas, por não haver nella tributo, nem direito, por respeito deste liberalissimo Capitam, bem contrario do que outros senhores costumão usar em suas terras: e, não contente com isto, não consentio haver taxa no povo para fortificações da terra; e as que se faziam, trabalhava com El-Rey que as mandasse fazer aa sua custa, ou das imposições: tambem houve huma Provisão de Sua Alteza que os navios da ilha se não possam tomar para nenhuma parte, ainda que sejam necessarios para o serviço d'El-Rey; e, porisso, a terra tem continuamente dez ou doze navios, que a provém do necessario de todas as partes: arrendava a rendeiros por preços medianos seus moinhos, onde ha casa de pezo para pezar o trigo que se vai moer, e se torna a pezar a farinha; e, se acaso havia falta nos moleiros, logo os mandava ou deixava castigar, sem querer que se dissimulasse nada com elles em seus erros, nem com os rendeiros, se se descuidavão em ter bem apercebidas as moendas, para que o povo não fosse roubado, nem enganado com ruins e mal aproveitadas farinhas, alem de os moleiros

38.

restituirem logo a farinha que faltava: em tudo o que sempre mostrou ser justo
e liberal; e qualquer destas cousas, onde quer que estão, por muito bem que
se diga, mais he. Teve muito grande casa, e muitos honrados criados, aos
quaes sempre honrou e estimou muito, fazendo delles muita conta, folgando
de ser compadre nos baptisados de seus filhos, e acompanhalos em suas vo-
das, achandose (como ja dice) em desposorios e casamentos, que elle mesmo
ordenava, e honrando todos pessoalmente; com as quaes obras ganhava a
vontade dos cidadãos e do povo, que o tinham em muita veneração, obedecendo com muito amor a seus mandados: era mui prudente no conselho, e diligente na execução delle, e suave na conversação, e finalmente foi hum homem onde Deos ajuntou muitas cousas boas que por muitos se achão repartidas.

Falleceo este illustre e grandioso primeiro Conde da Calheta e quinto
Capitam da Ilha da Madeira, Simão Gonçalves de Camara, 1r do nome, em
huma sexta-feira, 4 dias do mez de Março da era de 1580 annos, da mesma doença paralysia que havia dias tinha, e foi enterrado no Mosteiro das
Religiosas de Sancta Clara, da Cidade do Funchal, junto das sepulturas de
seus antecessores, com grande pranto e sentimento de todo o povo, que,
pela perda de tão bom e amado Senhor, ficou cheyo de muita dor e saudade.

CAPITULO L

Pôr morte do Capitam Conde, herdou a casa, Capitania e Condado seu filho morgado *João Gonçalves de Camara*, que neste tempo do fallecimento de seu pay estava no Reyno; o qual fôra ter aa Ilha da Madeira com seu pay e mãy no anno de 1542, e casou depois com *D. Maria de Alemcastre*, filha de D. Luiz de Alemcastre, neto d'El-Rey D. João, II do nome, e dizem que neta d'El-Rey Chiquito de Granada; e depois, estando no Reyno, foi com grande custo, e armada, e muita companhia de fidalgos socorrer a Cidade do Funchal, quando foi saqueada dos cossarios, como tenho contado.

A Capitoa da Ilha da Madeira, mulher do Conde Simão Gonçalves de Camara, mãy de João Gonçalves de Camára, era castelhana; seus ossos foram levados, depois de morta, aa mesma ilha; della se affirma ser parenta da Raynha e sua dama, com a qual veyo de Castella, e, quando faleceo em Lisboa, deixou por testamenteira a mesma Raynha, a qual, morta ella, lhe levou logo todos os seus filhos e filhas para casa, e tanto se enxergou o muito que lhe queria, que não tomou suas filhas por damas, antes as tinha defronte de si assentadas em outro estrado, e as casou com os principaes homens de Portugal: huma dellas, chamada D. Aldonça de Mendoça, com hum Capitam dos Ginetes, chamado D. João Mascarenhas; e outra, por nome D. Leonor de Mendoça, com D. João de Almeyda, Senhor do Sardoal e Punhete e Alcayde Mor do Abrantes, como ja tenho dito.

E, se a Raynha honrou muito as filhas, não menos honra fez e fazia fazer aos filhos: e principalmente a João Gonçalves de Camara, morgado, fazia tambem El-Rey e a dita Raynha muitas honras; e, depois que, aos 20 dias de Janeiro do anno de 1554, a Princeza, mulher que foi do Principe D. João, seu filho, que está em Gloria, pario hum filho, a que poz nome D. Sebastião, por nacer em dia deste glorioso martir, entre as outo e as nove horas do dia, e por rasão de ser neto do magnanimo Imperador Carlos V, quando aos 27 dias do dito mez e anno, aa tarde, foi baptisado na varanda debaixo da casa da Ribeira, e foram padrinhos El-Rey D. João III, do nome, seu avô, e o Infante D. Luiz, e madrinhas a dita Raynha, sua avoo, e a Camareira Mor, que o levava a baptisar, dizem que o levou nos braços este illustre Capitam João Gonçalves de Camara, e o Cardial D. Henrique o baptisou, e D. João Portugal, Clerigo e Bispo, e o filho do Mestre de Santiago D. Gomes, e o filho do Conde Mordomo Mor, tambem Clerigo, todos tres leraram a offerta e prata para o baptisar.

Quando este Rey D. Sebastião, de animo invencivel, foi ver Africa com muitos fidalgos e morgados do Reyno, foi João Gonçalves de Camara com elle, com muitas tendas, cavallos e criados, e gastou nisso muito do seu, desejando que se offerecesse ocasião em que mostrasse o esforço de sua pessoa, e imitasse os heroicos feitos de seus predecessores, por serviço de Deos e do mesmo Rey, com quem sempre andava. Em tanta conta El-Rey tinha a este illustre Capitam João Gonçalves de Camara e a seu irmão, *Ruy Dias de Camara*, que, quando jogava as canas ou fazia algum outro folgar a pee ou cavallo, sempre os trazia juncto de si mui privados.

E quando o dito Rey a segunda vez passou a Africa, estava lá Ruy Dias, segundo filho do Capitam Conde, e foi captivo na batalha e aleijado do braço direito (como ja tenho contado); e João Gonçalves de Camara, sendo morgado e herdeiro da casa do Condado da Calheta e Capitania da Ilha da Madeira, o qual estava em Lisboa preparandose com grande custo e mayor animo para acompanhar El-Rey naquella jornada, foi impedido, porque não quiz consentir o dito Rey que fosse com elle, antes lhe mandou que fosse guardar a ilha, e levou comsigo a Africa a D. João cunhado delle, casado com D. Aldonça, filha do Capitam Conde, o qual D. João constou fora morto na batalha. E estando, em Dezembro de 1579 annos, o Conde (que era ainda vivo) muito anojado, por ter por morto o dito seu genro, e captivo e aleijado seu filho Ruy Dias, e tambem porque seu filho morgado João Gonçalves de Camara não tinha herdeiro, sendo casado havia annos (como atraz dice), e muito triste disto, e intrevado no dito tempo, lhe vieram tres alegres novas juntamente: huma, que seu genro D. João era vivo; outra, que seu filho Ruy Dias era ja livre do captiveiro, e resgatado por cinco mil cruzados, e estava em Betlem, em huma quinta de seu filho João Gonçalves de Camara; e a terceira, que o dito seu filho tinha ja hum filho morgado, de que Ruy Dias fora padrinho no baptismo, por chegar do captiveiro de Africa hum dia antes que o baptisassem, e a tempo que ainda foi padrinho: dignas, por certo, e merecedoras

eram as obras deste Capitam Conde de que Nosso Senhor lhe mandasse por ellas estas e outras novas do seu gosto...

Alem de ser este illustre Conde e Capitam João Gonçalves de Camara
mui extremado cavalleiro, e de esforçado animo para qualquer honroso feito,
era de tão brando coração para todos, que de ninguem que o conhecesse
deixava de ser amado: era grave, prudente, docto, e curioso em tal forma
que, por esta rasão, amava, honrava, e favorecia muito aos dotados de semelhantes partes: trazia no seu escriptorio o *Descobrimento da Ilha da Madeira*, o mais verdadeiro que até agora se achou; o qual dizem que foi feito por
Gonçallo Ayres Ferreira, que foi a descobrir a mesma ilha com o primeiro
Capitam João Gonçalves Zargo; e, como este *Descobrimento* competia aos Capitães da mesma ilha, elles o traziam nos seus escriptorios, como cousa he-
reditaria de descendentes em descendentes. E, sendo pedida informação desta
Ilha da Madeira, da minha parte, ao Reverendo Conigo da See do Funchal,
Hyeronimo Dias Leite, tendo elle visto em poder do dito Capitam João Gonçalves de Camara, lho mandou pedir a Lisboa, onde então estava, e elle o
mandou trasladar pelo seu camareiro *Lucas de Saa*, e lho mandou *escripto em
tres folhas de papel*, da letra do dito camareiro; e por sua carta (porque o
Descobrimento não faz menção disso) lhe mandou dizer que Gonçallo Ayres
Ferreira, o qual fóra hum dos criados que o Zargo, primeiro Capitam, lá levára, escrevêra tudo aquillo que vio com os seus olhos, e, como não era curioso nem homem docto, o notára com ruda minerva, sem al composto; pelo
que, ajudandose o dito Conigo dos Tombos das Camaras de toda a ilha (que
todos lhe foram entregues), concertasse e recopilasse tudo o melhor que pudesse, como, com effeito, docta e curiosamente recopilou e compoz.

E, porque Gonçallo Ayres Ferreira, que a este *Descobrimento* deo principio, foi hum dos principaes homens que houve na dita ilha, donde procede a mais nobre, grande e antiga geração que ha nella, os parentes, havendo noticia deste papel e da carta que de Lisboa viera ao dito Conigo, na qual se
diz que Gonçallo Ayres era criado do dito Zargo, levaramlhe hum Alvará feito
na era de 1430, do Infante D. Henrique, que o mandou a este descobrimento,
e fizeramlhe que Gonçallo Ayres não era criado do Capitam, senão companheiro, como constava do filhamento do dito Alvará, que lhe chama companheiro do dito Zargo. E soo isto vai mudado do primeiro papel e original,
que começa pela primeira pessoa do plural, dizendo: «*Chegámos a esta ilha, a*

que puzemos o nome da Madeira, etc.» Este Gonçallo Ayres, da casa do Infante D. Henrique, foi o primeiro homem que na Ilha da Madeira teve filhos; e, em memoria disso, como primeiro que naquelle mundo novo povoara, ao primeiro filho chamou *Adam*, e aa primeira filha *Eva*, pois foram os primeiros que nacöram naquella terra novamente descoberta, e pelo mar Oceano adjacente. Este *Adam Gonçalves Ferreira*, primeiro filho de Gonçallo Ayres Ferreira, teve nobre geração, e sua irmaa *Eva Gomes* tambem, donde procede a geração que na Ilha da Madeira chamão a casta grande, e os Ferreiras desta Ilha de S. Miguel, que naceram de João Gonçalves Ferreira, e outros Ferreiras, de cuja progenie, armas, e fidalguia, e como procedem da casa de Drumond e de casta de Reys de Escocia, se verá em seu logar, quando se tractar desta dita ilha. E de Gonçallo Ayres Ferreira, tronco destes, todos elles dizem que fez o *Descobrimento da Ilha da Madeira*, na verdade escripto, como dice, em tres folhas de papel: e o Reverendo Conigo, não menos docto que curioso, Hyeronimo Dias Leite, Capellão de Sua Magestade, depois o recopilou, e acrecentou, e lustrou com seu grave e polido estylo, escripto em onze folhas de papel, e mo inviou, sendolhe pedido por minha parte, por intercessão do nobre Belchior Fernandes de Crasto, morador na Cidade de Ponta Delgada, desta ilha em que estamos, e por lho mandar pedir, a meu rogo, o mui magnifico Marcos Lopés, mercador de grosso e honrado tracto que foi nesta Ilha de S. Miguel, mui estimado e amado nella por suas boas partes e magnifica condição, e agora residente em Lisboa com grande casa, e mayor nome: de cuja escriptura, e de outras muitas informações, que procurei haver de diversas pessoas da Ilha da Madeira e de outras partes, todas dignas de fee, e de outras cousas que vi e li, collegi eu e compuz todo este processo do descobrimento da dita Ilha, ordenando, arrumando, diminuindo, acrecentando, e pondo tudo em capitulos, da maneira que estou contando.

Este illustre Capitam João Gonçalves de Camara, sabendo da morte de seu pay, mostrou aos Governadores, que governavam o Reyno depois do fallecimento d'El-Rey D. Henrique, suas Patentes que tinha como El-Rey D. Sebastião o havia feito Conde e sucessor de seu pay no Condado da Calheta, as quaes não quiz mostrar e teve secretas, sem ninguem, nem o mesmo pay saber disso, atee depois deste fallecido; e dahi por diante se chamou Conde da Calheta. Mas, como não ha bem que muito dure, ainda que dice que as fructeiras da parte do brando e mimoso Sul são melhor favorecidas da quentura, a nós mais conforme, que do frio do aspero e arripiado Norte, todavia da mesma parte acontece aas vezes, ainda que raramente, vir hum furacão bravo, que leva couro e cabello, e quanto diante de si acha, arrancando e destruindo altissimas arvores, que dantes pareciam perpetuas e immoveis, como nesta tão prospera Capitania pouco tempo ha se provou: e assi (segundo se conta), estando dando de si grandes esperanças o illustre Capitam João Gonçalves de Camara, ja segundo Conde da Calheta e sexto Capitam da Ilha da Madeira da parte do Funchal, quarto do nome, em Almeirim, onde se fora despedir de seu tio Martim Gonçalves de Camara e dos Governadores, de quem alcançou tantos privilegios, para se partir a governar sua Capitania, hindo ali na procissão (como alguns dizem) que se costuma fazer em dia do Corpo de Deos, ou (segundo outros), estando em outra parte, lhe deo o mal de peste, de que falleceo ao sabbado seguinte, 4 dias do mez de Junho do anno de 1580, sendo homem de meya idade, deixando hum filho, seu herdeiro, de idade de seis mezes, pouco mais ou menos, chamado *Simão Gonçalves de Camara*, como o Conde seu avô, e havendo sido Capitam soo tres mezes inteiros, porque tanto havia que seu pay, o Conde Simão Gonçalves de Camara, era fallecido, com grande dor e magoa dos Governadores e fidalgos do Reyno, de todos os quaes era mui estimado e querido, pelas boas partes de que Deos e a natureza o dotaram, e muito mais dos povos da Ilha da Madeira, seus subditos, que estavam esperando ser alegres com sua vista e presença, e ficaram cheyos de tristeza e saudade com a sua tão accelerada morte em terra alheya. Oh! tres, e quatro, e cem mil vezes bemaventurados aquelles que, em tempo de tanta angustia do Reyno, intempestivamente morreram; pois, como este Capitam Conde, escaparam dos revoltosos trabalhos da breve e miseravel vida, e, como elle mesmo, foram gosar na eterna dos descanços eternos! Ficou delle no Reyno hum filho menino morgado, como tenho dito, por nome Simão Gonçalves de Camara, tenra e nova planta, de que pende, como por hum fio, a progenie, por linha direita masculina, dos illustres Capitães desta Ilha da Madeira, ao qual Nosso Senhor dê vida, e esta pequena reliquia delles guarde, para consolação de seus povos: a este tambem offereço isto, sem embargo de estar offerecido ao illustre Capitam de S. Miguel, Roy Gonçalves, seu parente; pois ambos procedem de hum mesmo tronco. e, ainda que tem casas e ilhas diversas, de huma soomente descendem, e tudo he hum mesmo sangue e progenie; porque, posto que apartados passem cm grandes e espaçosas, com titulo de estreito parentesco, e largo amor e louvor, estão liados e juntos em huma mesma *Camara*.

Sendo Simão Gonçalves de Camara, filho de João Gonçalves de Camara, agora pequena e tenra planta, e depois que foi julgado Portugal ser do Catholico Rey Phelippe Nosso Senhor, e teve a posse delle, mandou este aa Ilha da Madeira por Capitam Mor e Governador della o *Desembargador João Leytão*, que tambem tinha cargo da Fazenda d'El-Rey e da Judicatura, e morava na Fortaleza, donde sahio, ficando com todos os cargos dantes, excepto a Capitania Mor de Guerra, depois que, de mandado do mesmo Rey Phelippe, chegou aa ilha por Capitam della e da do Porto-Sancto *D. Agostinho Herrera*, Conde de Lançarote e Senhor de Forteventura; no qual tempo, na era de 1582, foi da banda do Norte Antonio do Carvalhal aa Cidade do Funchal com trezentos homens, que manteve aa sua custa cinco mezes, do de Mayo até Setembro, em serviço do Catholico Rey Phelippe, para ajudar a defender a desembarcação dos francezes da armada de D. Antonio, que em aquelle tempo na ilha se esperava.

CAPITULO LI

Depois que o felicissimo primeiro Capitam da Ilha da Madeira, João Gonçalves Zargo, chegou ao Funchal, e traçou ali a villa que agora he huma populosa e rica cidade, e deo as terras de sesmaria, como tinha por regimento do Infante D. Henrique, Senhor da dita Ilha da Madeira, logo no anno seguinte mandou ver que cousa era huma ilha, que aparecia defronte desta ao Sueste, e distará della cinco legoas: e, pela noticia que lhe deram os que a foram descobrir, como era alta, pequena, e sem agua, e de pouco proveito por ter muitas rochas, não tractou de a mandar povoar, por não ser de calidade para isso; antes, dahi não sei a quantos annos, lhe mandou lançar gado grosso é miudo, e pavões, e outras aves de proveito, que multiplicaram na terra muito bem: e, por não se povoar esta ilha, deolhe nome *Deserta*, a qual tem duas legoas de comprido, e o terço de huma de largo: em cima he terra chaa, e toda do redor muito alta de rochas: tem muito gado vacum e orelhum, e cabras bravas pelas rochas, onde tambem criam pavões bravos, e eagarras, e grande copia de gallinhas de Guiné e outras manças, perdizes, e pombas, sem haver nella coelhos, nem ratos.

Ja tenho dito que Simão Gonçalves de Camara, terceiro Capitam da Ilha da Madeira, foi casado a segunda vez, depois de viuvo, com D. Izabel da Silva, filha de D. João de Atayde, que foi Regedor da Justiça, filho herdeiro do Conde de Tarouca, com a qual casou por dote e arras; que o segundo filho que houve, Luiz Gonçalves de Atayde, o qual ainda vive, foi casado com D. Violante da Silva, filha de Francisco Carneiro, Secretario que foi d'El-Rey, e della houve João Gonçalves de Atayde, Martim Gonçalves, e outros, mancebos de muita esperança, pelas boas partes e habilidades de que são dotados; que, por fallecimento de Simão Gonçalves, pay de Luiz Gonçalves de Atayde, pelos grandes gastos que elle tinha feito com sua magnifica condição, do que por excellencia alcançou o cognome de Magnifico, esteve a ilha em termos de se vender a capitania della, por dividas que tinha; das quaes eram huma as arras de sua mulher, que haviam de tornar a Luiz Gonçalves de Atayde, seu filho, pelo qual respeito foi necessario desmembrar da Capitania da Ilha da Madei-

39.

ra esta Ilha Deserta, a qual era de morgado; e que, porque Luiz Gonçalves de Atayde se contentou com ella, lhe foi dada pelo dote e arras de sua mãy, D. Izabel da Silva, segunda mulher do dito Capitam Simão Gonçalves, e elle agora possue e he senhor desta Ilha Deserta, a qual lhe rende duzentos mil reis hum anno por outro, e muito mais rendèra, se fora bem grangeada, pelo muito gado vacum e miudo, e muitas aves domesticas e bravas, e outros emolumentos que tem, como urzela muito boa, laa mui fina, de que se faz pano, e outras cousas, que grangeadas bem, foram de mais proveito; mas, porque os feitores que a negoceam são liberaes esperdiçadores do que não he seu, piedosamente hum anno por outro vem os duzentos mil reis aa mão do dono, o dito Luiz Gonçalves de Atayde. Os pastores della, ainda que alguma cousa esperdição, outras aproveitão, e alguns a defenderam no tempo passado; porque, como a ilha he toda por derredor torneada com altas rochas, não tem mais que hum estreito caminho por onde sobem, o qual vai em voltas por hum regato acima: e aconteceo, no anno de 1503, vir ter a ella hum bomem portuguez, que se chamava *Penteado*, natural da Villa de Conde, alevantado de Portugal por este Reyno ser inimigo de cossarios; trazia elle então hum galeão inglez e duas náos; e, como sabia bem da terra, porque dantes navegava para Flandres com huma náo sua, e vinha muitas vezes carregar de assucar aa Ilha da Madeira, lançou como outenta inglezes, arcabuzeiros e frecheiros, no calhão da Deserta, cem alguns cães de fila, na tenção, como dizem, de hirem tomar gado para favorecer a sua armada, que hia para o resgate da Mina; mas quiz sua mofina, ou seu pecado, que foram vistos de dous pastores que estavam em cima, e, começando a subir os inglezes armados, começaram os pastores inermes a deitar pedras pelo regato abaixo, com as quaes as rochas, quebrando, os ajudavam com terra e outras pedras que de si sacudiam, de tal maneira que os inimigos se tornaram a embarcar com mais pressa da que com que subiram; e vindo os pastores abaixo depois delles embarcados, acharam hum cão de fila e muitas flexas, que com a pressa deixaram, e no calhão muito sangue dos inimigos feridos.

Semea-se na Deserta pouco trigo e cevada, por causa de guardar os pastos para os gados que pella se crião: tem sempre outo homens com hum feitor, e huma igreja, onde soo hia estar hum Clerigo para lhes dizer missa, e outro feitor no Funchal, para receber o que della vai e os prover do necessario: bebem elles e os gados agoa salobra, por nella a não haver doce.

Pegada com esta, até o terço de meya legoa, jaz outra ilha, mais pequena, e estreita para a banda do mar, de huma legoa ou pouco mais de comprido, a qual tambem tem gado miudo e fina urzela, de que se tira proveito: chamase *Cu de Bugio*, pela aparencia que disso tem; quem olhar da Ilha Deserta mais parece calos deste animal, que ilha; e este nome lhe foi posto pelos antigos, sem mais outra rasão alguma: nella se crião nas rochas muitas cabras bravas, que a tempos vão tomar com cães. Entre a Deserta e a Madeira jaz hum ilheo grande de comprimento de meya legoa, que se chama o *Ilheo Chão*, pelo elle ser em si, alem de o parecer, e distará da Ilha da Madeira quatro legoas, e meya da Deserta: he alto de rochas, mas em cima terá como tres moyos de terra chaa: podese semear neste ilheo hum moyo de terra muito boa; e muitas vezes foi lavrada e semeada; mas, por estar sugeito aos ventos e desabrigado de arvores, lhe fazem as tempestades muito damno, e não se colhe delle proveito, nem de semear: têm, todavia, alguns coelhos e cagarras.

Chamãose estas *Ilhas Desertas,* tomando as duas o nome da primeira, sa qual o Capitam João Gonçalves Zargo poz nome Deserta, como do nome da Ilha Terceira chamão alguns Ilhas Terceiras a todas as outras dos Açores: estão todas tres Norte Sul com a Ponta de S. Lourenço; e, arredandose desta ponta hum tiro de bésta, onde está huma baixa, haverá cinco legoas de canal entre a ponta e o Ilheo Chão, e pode toda a maneira de navios e náos passar seguramente pelo dito canal que está entre ellas. Da baya da Cidade do Funchal da Ilha da Madeira ao Cu de Bugio, que está com ella Noroeste Sueste, haverá treze legoas; e a Deserta com o Cu de Bugio está Norte Sul, e Noroeste Sueste com a Ilha da Madeira; e são seis legoas entre ella e a Ilha da Madeira; desta Deserta ao Ilheo Chão está hum canal estreito, por onde não passão senão barcos pequenos; o qual ilheo está tambem na mesma rota de Noroeste Sueste com a Ilha da Madeira. Estas ilhas todas são morgado dos Capitães da Jurisdição do Funchal, por onde se pode colegir deverse a elles a gloria deste descobrimento; pois, com estas ilhas jazerem defronte de Machico, e mui perto dello em comparação do Funchal, todavia nunca os Capitães de Machico tiveram jurisdição, posse, ou propriedade nellas, que todas são dos Capitães do Funchal: pela qual rasão, seus descendentes se intitulão senhores dellas, como ja tenho dito.

Ao Sul da Ilha da Madeira, entre ella e as Canarias, que todas demorão della, como dice, pouco mais ou menos do Sul até o Sudoeste, estão, em 30 gráos, duas ilhas, que se chamão as *Selvagens,* por serem hermas, e desconversaveis assi de navegação como de gente, e com huns perigosos baixos, em distancia de trinta legoas entre si huma da outra, as quaes pode ser que sejam do numero das doze que diz João de Barros se dizem Canarias: terão cada huma compridão de meya legoa; a que está da banda do Sudoeste, que he a mais pequena, tem muitos baixos, e quem quizer passar por entre ellas, cheguese bem aa ilha da banda do Nordeste, que he a mayor, sem medo, e não terá perigo: estão Norte e Sul com o Cu de Bugio: os baixos destas Selvagens são peores que as Formigas da Ilha de Sancta Maria, porque, alem do que dellas aparece sobre o mar, ha, ao Noroeste da mais pequena, huma restinga de outros baixos de compridão de meya legoa. Quem for da Alegrança a Les Noroeste, dará nas Selvagens; a mayor das quaes tem algum gado, e huma fonte que enche de agua doce soomente cada dia tres ou quatro jarras de tres canadas das boticas, chamadas meyas arrobas, que vem com azeite de Castella.

Estas ilhas chamadas Selvagens, que parece deviam ter sido achadas depois das Canarias por castelhanos, tem senhorio castelhano, como tambem ja agora a Ilha da Madeira com suas adjacentes, e estas Ilhas dos Açores com as mais ilhas do Ponente, e todas as terras e mares que dantes pertenciam aos Reys de Portugal com o mesmo Reyno, por promissão divina e ocultos juizos de Deos, são d'El-Rey de Castella; com que parece ficar este glorioso e poderoso Rey Catholico o mayor senhor do mundo.

FIM.

NOTAS

NOTAS.

NOTA I

Systema de governação destas ilhas.

«El-Rey D. João ii... dice que a Ilha da Madeira... era rasão que, por ser cousa tamanha, se tornasse á Corôa e aos Reys destes Reynos, que os succedessem. As quaes palavras que El-Rey então deo..... foram todas... prophécia do que ao diante se vio, pois tudo foi como elle então dice.»—Pag. 12.

Prophecia não foram, mas systema de governação, que a metropole tem invariavelmente seguido com estas ilhas até agora.

Contra tal systema reagiram, primeiro, a Ordem de Christo, á qual estas ilhas pertenciam no espiritual; depois, os donatarios dellas; e por ultimo, o estado ecclesiastico: mas todos gradualmente foram supplantados. O poder da Ordem de Christo foi annullado pela *incorporação do mestrado* della *na corôa;* pela *creação do bispado* do Funchal; e depois, pela elevação deste a *Arcebispado, metropolitano de todo o nosso ultramar.* O poder dos donatarios foi insensivelmente aniquilado pela creação dos dois *municipios,* o do Funchal e o de Machico e Sancta Cruz, com seus *foraes,* verdadeiros pactos entre o rei e os povos, seguindo-se a dos da Ponta do Sol e Calheta; pela instituição de *sesmarias,* pelas especiaes *leis agricolas,* e de *aguas, pedreiras* e *barreiros,* e pelos *morgados,* os quaes eram emulos naturaes do poder quasi absoluto daquelles; pelos *systemas de governação judicial* e *fiscal, analogos os do continente do reino,* e de *lá superintendidos;* pela nomeação regia de *um só governador geral,* e depois, de *um só capitão general,* para todo o archipelago, em substituição do governo pessoal desses donatarios, que ficaram adstrictos ao goso particular de seus privilegios; e, finalmente, pela reducção destas ilhas a *provincia adjacente,* equiparada em tudo e por tudo ás provincias continentaes. E o predominio do estado ecclesiastico foi debellado pela manutenção do *padroado regio;* pela *secularisação dos dizimos;* e, em fim

40

pela *revolução liberal*, que extinguiu as ordens monasticas, e depois, os dizimos; subordinou á administração civil a dos bens e rendimentos das parochias, as confrarias, os outros estabelecimentos de piedade religiosa, e os de caridade ou beneficencia; e reduziu o clero á condição de publico funccionario, e a competencia ecclesiastica ao puramente espiritual.— A gradual *extinção dos morgados*, iniciada pelo Marquez de Pombal em 1769, e concluida em 1863, foi providencia de grande importancia social e agricola para estas ilhas, especialmente em relação á aristocracia territorial.

Na lucta de todos estes elementos, impellidos pelos destinos da metropóle mesma e pelas vicissitudes dos povos civilisados, assim como nas condições especiaes da situação geographica, clima, e productos; se cifra a historia deste archipelago da Madeira; nisto está a chave do enigma de todos os factos religiosos, politicos, e economicos que constituem essa historia.

O pensamento de D. João II, em quanto não exorbitou de judiciosamente centralisador, foi fecundo em bons resultados; mas, desde que degenerou em absorvente, jaz sob o seu pezo mesmo; narcotisou a iniciativa local; de par com fructos uteis, tem produzido as catastrophes sociaes por estas ilhas soffridas; e, se a metropóle se não desprende promptamente da inacção e indifferença, por não dizer ingrato esquecimento, com que as tem menosprezado, grave crise surgirá, mais ou menos proxima.

Quem, pois, quizer estudar o passado, o presente, e o futuro destas ilhas tenha sempre vivas no espirito as memoraveis palavras do texto a que se refere esta nota.

NOTA II

Ordem Militar de Christo.

«Vindo depois a ser Rey...... D. Manoel, ficou o Mestrado da Ordem de Christo encorporado na Coroa Real, como agora está, e os Reys de Portugal são os que agora fazem as doações destas Capitanias destas Ilhas, e as confirmão.»—Pag. 13.

«O Infante (D. Henrique), sabendo a obrigação do cargo e administração que tinha de Governador da Ordem da Cavallaria de Nosso Senhor Jesus Christo, que El-Rey D. Diniz, seu trisavô, para a guerra dos infieis ordenou e novamente constituhio; desejoso de acrecentar o Reyno de Portugal e descobrir outro Mundo novo..... assentou em mudar esta conquista;... para outras partes mais remotas de Espanha.»—pag. 15.

«Ordem de Christo, de cujo Mestrado he a ilha.»—Pag. 175.

Destes trechos se vê o quanto para a historia destas ilhas importa a da Ordem de Christo, mórmente no que respeita á sua *fundação*, e *incorpora ção do mestrado della na coroa; á extensão de seu poder*, em geral; e, em especial, ao *seu poder nestas ilhas.*—Para elucidação destes pontos transcrevemos os extractos seguintes.

I

FUNDAÇÃO DA ORDEM DE CHRISTO, E INCORPORAÇÃO DO MESTRADO
DELLA NA COROA REAL.

Na Cidade Santa de Jerusalem, no anno do Senhor de 1118. foy instituida a Ordem Militar dos Cavalleiros Templarios. Confirmou-a o Papa Honorio II. no anno de 1128. e deo-lhes por habito mantos brancos. Eugenio III. no anno de 1146. lhes concedeo que sobre elles trouxessem Cruz vermelha, na feição quasi semelhante à dos Cavalleiros de S. João. Foy o intento desta Cavallaria guardar o Santo Sepulchro, e os mais lugares Sagrados da Terra Santa, por cuja defensão, e das pessoas, que os visitavão, fazião guerra de continuo contra os infieis, havendo delles grandes vitorias. Foy situada a Casa desta Ordem no lugar do Templo de Jerusalem, que estes Cavalleiros escolhêrão para sua principal habitação, e por isso teve esta Ordem nome dos Cavalleiros do Templo de Salamão. Cresceo o numero, e forão tantos os que entrárão nella de todas as partes da Christandade, e tão grandes as doações, que todos os Reys Christãos em seus Reinos lhe fizerão, que em pouco tempo tiverão e adquirírão em todos elles muitas rendas, e muitos privilegios, assim dos Santos Padres no espiritual, como dos Reys no temporal. Com esta occasião se derramárão por todas as partes da Christandade, assim no Oriente, como no Occidente, e por estes Reinos de Portugal, onde já residião, e ElRey Dom Affonso Henriques, primeiro Rey delles, conquistou os Mouros que os occnpavão, e com sua ajuda, e esforço os lançou fóra delles, pelo que fez a esta Ordem dos Templarios grandes doações, e concedeo grandes privilegios, sendo Mestre D. Galdim Paes depois de vir da Casa de Jerusalem, natural de Braga, criado do dito Senhor.

A principal Casa, que tinhão neste Reino, era Santa Maria de Olival, na Villa de Thomar, e o Castello della, edificado pelo Mestre sobredito, além de outras Casas, Castellos, e Bayliados, que tinhão por outras partes delles, mas todos davão obediencia, e recorrião ao Mestre, que residia em Jerusalem; o qual, porque os que governavão cá por estas, e outras partes, se chamavão tambem Mestres, tinha titulo de Grão Mestre. Sendo depois destruida a Cidade

Santa de Jerusalem, e as mais Cidades da provincia de Syria no anno do Senhor de 1290. se perdêrão tambem nella o Mestre, e Cavalleiros desta Milicia do Templo; e alguns, que ficárão, se recolhêrão pelas Provincias da Christandade nas Casas, e fazendas da Ordem, e assim o fizerão neste Reino nas partes, onde nelle tinhão suas fazendas, principalmente na Villa de Thomar, onde em Santa Maria do Olival estão enterrados a maior parte dos Mestres, que nesta Ordem houve nos Reinos. Preseverou assim a Ordem dos Templarios até o anno de 1311. quasi duzentos e quatorze annos depois de seu principio, tempo em que era Papa Clemente v. no qual, no Concilio Vienense, que se celebrou no dito anno de 1311. e 1312. foy extincta, e acabada a Ordem dos Templarios *autoritate Apostolica*, e reinando nestes Reinos Dom Diniz, sexto Rey delles.

E porque todos os bens, e rendas, que esta Ordem do Templo tinha, ficárão pelo mesmo Concilio Vienense reservados á disposição da Santa Sé Apostolica, parecendo a ElRey Dom Fernando o iv de Castella, e a ElRey D. Diniz de Portugal que o Papa os désse para fóra de seus Reinos, mandárão por seus Procuradores requerer no dito Concilio, que os bens, que dos Templarios ficárão nestes Reinos, e nos de Castella, se não dessem, nem alienassem para fóra delles, allegando para isto justas causas, pelas quaes, quando o Papa fez doação de alguns bens dos Templarios á Ordem de S. João de Jerusalem, e seu Hospital, logo exceptuou, e reservou os bens, que nestes Reinos de Portugal havia, e nos de Castella, limitando certo termo peremptorio aos Reys sobreditos, dentro do qual por seus Procuradores mandassem diante delle justificar as causas, que allegavão. Mandou ElRey D. Diniz seus Procuradores ao Papa, que já neste tempo era João xxii. immediato successor de Clemente v. e foy eleito Papa no anno de 1316: e entre outras muitas cousas, que justificárão, forão as graves injurias, grandes, e multiplicados males, que os infieis inimigos da Cruz de Christo fazião de continuo nas partes deste Reino vizinhas ás do Algarve, que tinhão occupadas; e que com as rendas, e bens, que ficárão dos Templarios (sendo para isso applicados), podião ter remedio, com grandes esperanças de grande accrescentamento da Santa Fé Catholica. E porque a Villa de Castro-Marim estava na fronteira, onde os inimigos residião, e o sitio della era accommodado para se fortificar, foy de parte DelRey D. Diniz pelos Procuradores sobreditos informado o Papa, que nella se podia assentar, e fundar huma nova, e Santa Religião Militar, cujos Cavalleiros, e professores, deixadas as vaidades do mundo, e incitados com zelo da verdadeira Fé, não sómente resistirião ás injurias dos inimigos infieis, mas ainda os lançarião fóra, e recuperarião as outras partes, que por elles estavão tyrannicamente occupadas; e para isto offerecêrão ao Papa da parte delRey D. Diniz a dita Villa de Castro-Marim com todas suas rendas, jurisdicção, mero, e mixto imperio.

E como a petição era tão justa, e o remedio necessario, o Papa João xxii. em Avinhão, em 14. dias do mez de Março, no terceiro anno de seu Pontificado, que foy no anno do Senhor de 1319. a pedimento delRey D. Diniz instituio, e fundou *auctoritate Apostolica* esta nova Ordem Militar para honra de Deos, exaltação da Fé Catholica, amparo de Christãos, abatimento, e oppressão dos infieis, e quiz que se nomeasse para sempre Ordem da Milicia de Nosso Senhor Jesus Christo, e que a Casa principal della fosse em Castro-Marim, e lhe unio a Igreja Paroquial daquella Villa com todos seus direitos, e mandou, que, como em propria Ordem, professassem os Cavalleiros della as observancias regulares da Regra, e Ordem de Calatrava, e gozassem de todos os privilegios, liberdades, e indulgencias concedidas a seus Mestres, e Cavalleiros, e por este respeito lhe deo por primeiro Mestre D. Gil Martins, porque era Cavalleiro professo, e Mestre na Ordem do S. Bento de Aviz, e por Superior e Visitador ao Abbade de Alcobaça, da Ordem de Cister, por serem as mesmas de Calatrava.

E logo lhe concedeo, doou, unio, incorporou, e para sempre applicou as Villas de Castello-Branco, Langroiva, Thomar, Almourol, e todos os outros Castellos, fortalezas, bens móveis, e de raiz, todos em geral, e em particular, assim Ecclesiasticos, como seculares, direitos, e acções, jurisdicções, mero, e mixto imperio, honras, e vassallos, com as Igrejas, Capellas, e Oratorios, e seus direitos, termos, e todas suas pertenças, que ficárão da Ordem do Templo nestes Reinos de Portugal, e dos Algarves, assim, e da maneira, que os Templarios as tinhão, e lhes pertencião, com as declarações seguintes.

Item, que os Mestres, e seus successores não possão alienar os bens de raiz desta nova Ordem, salvo nos casos em Direito permittidos, guardando sempre a fórma no Direito para isso dada.

Item, que o Abbade de Alcobaça, ou seu lugartenente recebesse do Mestre desta Ordem em nome do Papa, e Igreja Romana o juramento de fidelidade na fórma, que se declara na Bulla desta fundação, *ibi; Forma vero*, e que o enviasse à Sé Apostolica.

Item, que o Mestre fizesse outro juramento aos Reys destes Reinos de Portugal perante elles, antes que começasse de administrar o Mestrado: na mesma Bulla, onde diz: *Videlicet, quod ipse Magister.* E que o Rey fosse obrigado a receber o dito juramento dentro em dez dias, depois que pelo Mestre lhe fosse offerecido; e não lho recebendo, se pudesse o Mestre ir sem mais licença delRey, e administrar seu officio de Mestre,

Item, que o mesmo juramento pela mesma maneira fação os Commendadores inferiores do Mestre dentro no mesmo termo, quando novamente virem as suas preceptorias: na mesma Bulla, onde diz: *Inferiores quoque.*

Que o Mestre, e Commendador Mór desta Ordem, e os outros Commendadores nestes Reinos venhão á Corte delRey, e sejão obrigados a fazer a to-

dos os Reys destes Reinos todo o que a Ordem do Hospital do São João de
Jerusalem, que nestes Reinos de Portugal, e dos Algarves-ha, lhes costumão
fazer, e que fiquem aos Reys todos os direitos, e serviços na Ordem desta Cavallaria de Jesus Christo, que os Reys passados costumárão haver da dita Ordem do Hospital de São João até aquelle tempo: na dita Bulla, onde diz: Vo-
lumus autem.

Item, que por morte do Mestre, ou vagando o Mestrado por qualquer
outra maneira, os Freires della (segundo o costume da Ordem de Calatrava) ele-
gessem huma pessoa expressamente professa nella em seu Mestre, o qual sem
outra confirmação fosse logo havido por confirmado auctoritate Apostolica. E
em quanto o Mestrado estivesse vago, seria a Ordem administrada pelos que
fossem deputados para isso, segundo os costumes, e observancia da Ordem
de Calatrava, que mandava se guardassem: na mesma Bulla, onde diz: Sta-
tuimus præterea.

Porque algumas cousas, das que na Bulla da Fundação desta Ordem se
contém, estão hoje revogadas, e mudadas, parece razão que se declarem aqui.

Foy a principal e primeira Casa desta Ordem fundada na Villa de Castro-Marim; e nella, como na cabeça, fazia residencia o Mestre, e seu Convento; e porque pelo tempo foy cessando naquellas partes o exercicio da Cavallaria, e fronteira contra os Mouros, por serem lançados daquella Comarca,
e não havia nella tanta commodidade das cousas necessarias, o Mestre com
conselho da Ordem (sem authoridade do Papa) a mandou para diversas partes destes Reinos, e ultimamente à Villa de Thomar, onde fez assento, e hora
está seu Convento; e por ser lugar mais accommodado, e o melhor da Ordem,
o Bispo de Lamego João (sendo-o já de Viseu) na reformação, que fez desta
Ordem auctoritate Apostolica, no anno de 1449. approvou no Capitulo da
Regra antiga, e confirmou esta trasladação, e situação do Convento em Thomar, o que ahi fosse cabeça da Ordem, assim, pela maneira, que o era em
Castro-Marim. . . . .

Neste modo, e debaixo da Ordem de Calatrava procedeo esta Ordem de
Nosso Senhor Jesus Christo até o anno de 1449. em que o Bispo de Viseu
João, que primeiro o fora de Lamego, por commissão do Papa Eugenio IV.
à instancia do Infante D. Henrique, filho delRey D. João I. (que então era Administrador della) a reformou, e fez nova Regra, e novas Definições, das quaes,
e de outras, que depois fez em Capitulo Geral ElRey D. Manoel no anno
de 1503. se usou até agora. E porque logo depois do dito Capitulo feito no
dito anno de 1503. se duvidou pelo dito Senhor Rey, Cavalleiros, e Freires

desta Ordem, se guardando as ditas Definições, ficavão desobrigados de cumprir, e guardar as observancias regulares da Ordem do Calatrava, (por haver nisto escrupulos de consciencia) o Papa Julio ii. a pedimento do dito Senhor no anno de 1505. confirmou as Definições, e Estatutos feitos pelo Bispo de Viseu, e algumas delRey D. Manoel tocantes aos Officios Divinos, e ordenou, e instituio, que o Prior, Cavalleiros, Freires, e as mais pessoas desta Ordem, de Christo não fossem obrigados a guardar as Constituições regulares de Calatrava, e os houve por livres dellas; e Paulo iii. depois no anno de 1542. tirou, e revogou aos Abbades de Alcobaça a superioridade, que tinhão no Convento desta Ordem, pela Bulla da Fundação della. E sem embargo de assim ser, que nem são hoje obrigados os Cavalleiros della a guardar a Regra de Calatrava, nem sujeitos ao Abbade de Cister de Alcobaça, tem com tudo esta Ordem de Christo, e as pessoas della todos os privilegios de Calatrava, e gozão delles pelo capitulo ii. da Regra reformada pelo Bispo João de Viseu, expressamente approvado por Julio ii. no dito anno de 1505.

O terceiro, em que tambem houve expressa mudança, he, que posto que na Bulla da Fundação desta Ordem fosse ordenado pelo Papa João xxii. que vagando o Mestrado della se elegesse em Mestre huma pessoa expressamente professa nella, e que o novo Mestre fizesse juramento de fidelidade aos Reys destes Reinos, como atraz fica declarado, hoje não haja lugar este modo de eleição, nem juramento, porque a administração do Mestrado desta Ordem, e dos Mestrados de Sant-Iago, e de Aviz está unida, e incorporada na Coroa destes Reinos pelo Papa Julio iii. desde o anno de 1551. reinando ElRey D. João iii. e concedida para sempre aos Reys, e em sua falta ás Rainhas destes Reinos de Portugal, e dos Algarves, posto que menores sejão de sete annos, no espiritual, e temporal em tudo, como se os Reys, ou Rainhas fossem verdadeiros Mestres.

O oitavo Mestre e Governador desta Ordem foy o Infante D. Henrique, filho delRey D. João de boa memoria, que além de ser mais que todos os outros Mestres zeloso da conservação, augmento, e reformação desta Ordem, com a sua industria abrio as portas à navegação, e commercio do grande mar Oceano, nunca de antes navegado, e manifestou o nome, e Fé de Jesus Christo aos povos, e gentes de tantas, e tão distantes Ilhas por elle descubertas, sujeitando-as, e applicando as rendas dellas, e de tudo o que se descubrio por mar, da barra de Lishoa para fóra, a esta Ordem de Christo no espiritual por Bullas Apostolicas, e consentimento dos Reys, para honra de Deos, e de sua Santa Igreja. . . . E delle para cá nunca mais se apartou este Mestrado do sangue Real.

O undecimo foy o dito Duque D. Manoel, que depois foy Rey destes Reinos, o qual continuando o descobrimento dos mares, e terras, a que deo principio o Infante D. Henrique seu tio, e chegando com elle atè o descobrimento, e conquista do Oriente, e grandes Provincias, e Reinos daquellas partes, ainda que tudo isto fosse obrigação muy devida a elle, como Rey, se póde attribuir à que tambem tinha como Mestre desta Ordem, em cuja conservação, augmento, e louvor, alèm de muitos Templos, obras dignas de tal Rey, que fez em reconhecimento das graças, que por ellas dava ao Senhor, a amplion, e accrescentou grandemente, assim com as Commendas novas, que impetrou do Papa Leão x. de muy grandes rendimentos, como outras, que elle instituio, e creou nas rendas, e direitos do proprio Mestrado, havendo, que assim como as rendas delle, pela mercê de Deos, hião em grande crescimento, era tambem devido por seu louvor, em reconhecimento de seus grandes beneficios a esta Ordem feitos, accrescentalla naquellas cousas, em que os Cavalleiros, que bem servissem na guerra dos infieis, recebessem os premios, e galardões devidos a seus trabalhos; e com este intento creou na meza Mestral trinta Commendas, e habitos para os Cavalleiros moradores de Africa, alèm de muitas cavallarias aos ditos lugares ordenadas, e trez Commendas na Casa da India, duas de duzentos mil reis cada huma, e huma de cento e cincoenta mil reis; e alèm de cem mil reis, que na dita Casa accrescentou à Commenda Mór para sempre, creou, e dotou a Commenda de Santa Maria de Africa, Argoim, e outras Commendas em diversas Ilhas nos dizimos dellas, que são deste Mestrado. Fez muitos Capitulos Geraes para effeito da reformação da Ordem, entre os quaes foy aquelle tão celebrado, o ultimo Capitulo de seu tempo no anno de 1503. por cujas Definições esta Ordem se governou atè cerca destes nossos tempos. Alcançou muitas liberdades, e privilegios dos Santos Padres, e outros, que elle, como Rey, concedeo. . . . . .

O duodecimo foy ElRey D. João III. seu filho, e successor, o qual depois de lhe ser concedida esta administração do Mestrado de Christo pelo Papa Adriano VI. no anno de 1522. e depois a administração dos Mestrados de Sant-Iago, e Aviz por Julio III. em sua vida sómente, alcançou do mesmo Papa Julio III. no anno de 1551. no segundo anno de seu Pontificado, que fossem perpetuamente unidos estes trez Mestrados à Coroa destes Reinos. Foy em pessoa no anno seguinte de 1523. ao Convento de Thomar, e informado do modo de viver dos Freires Clerigos Conventuaes, e havida procuração do Capitulo, que para este effeito sómente juntou, fez no anno de 1529. aquella grande reformação, que hoje permanece. . . . . e alèm das rendas, que tinha o Convento, lhe accrescentou outras, que separou da meza Mestral, para melhor conservar o espiritual. . . . . Impetrou dos Santos Padres a creação de muitos Bispados nas Ilhas desta Ordem. . . . . Para a conservação da justiça desta Ordem, e das outras Milicias Regulares ordenou de novo o

Tribunal da Meza da Consciencia, que por este respeito se chama tambem das Ordens, confirmado pelo Papa Pio iv. no qual se provê em todos os negocios, que se offerecem, assim dos bens, e Igrejas, como das pessoas dellas.

Definições e Estatutos... da Ordem de Christo, parte i, tit. i, ii e iii.

II

DA EXTENSÃO DO PODER DA ORDEM DE CHRISTO.

Este Infante (D. Henrique) Mestre, ou Gouernador da Ordem de Christo, deu occasião a estar a jurisdicção della dilatada tanto no tempo presente que, não póde calcularse sua distancia, senão pelos mesmos limites a que as Conquistas de Portugal se estendem, que são de longitude passante de cinco mil legoas, que ha do nosso Reyno à China, nos entremeos da qual distancia, & lados d'ella, que comprehendem vastissimas Provincias, professa tudo reconhecimento à Ordem de Christo, & subordinação a seus estendartes. . . .

Naquella parte de Africa, que he a Mauritania conquistada cõ as forças da Coroa Real, estendeu o Infante a Ordem de Christo, mas aonde ella começou a ter maior extensão foi no conquistado, & descuberto pelo Infante no Oceano Athlantico, & na costa de Africa mais distante que he Guiné, ou Ethyopia Occidental. Tudo o que nestas partes acquirio foi como Mestre da Ordem de Christo, & a esta Ordem o applicou por carta, & doaçoens que se conservão, ainda que despois se diminuio o senhorio, como veremos.

Os primeiros descobrimentos do Infante começárão . . . . com licença que alcançou d'elRey seu pay; logo descubrio a Ilha da Madeira, e assi diz ella na doação que della fez à Ordem no anno de 1460: «Comecei a pouoar a minha Ilha da Madeira hauera hora trinta & cinco annos.» E quasi no mesmo tempo descubrio, & pouoou as Ilhas de Porto santo, & Dezerta, & dellas fez doação à Ordem com a da Madeira naquelle anno. No de 1433. em que entrou a reynar, por morte d'elRey D. João seu pay, seu irmão ElRey D. Duarte, lhe fez o Infante doação destas tres Ilhas para a Coroa do Reyno, porem ElRey lhas tornou logo a largar, reservando para si o bater da moeda, casos de morte, & cortadura de membro; & por lhe tornarem a seu dominio as doara à Ordem no anno apontado.

Porem he de notar que o Infante conhecendo que as Conquistas por sua morte não poderião ser continuadas com o cabedal da Ordem, & que era necessario braço Real, repartio tudo o que tinha descuberto em tal forma, que ficasse a Ordem ampliada, & ennobrecida, e a Coroa do Reyno dilatada. E assim fez doação do temporal daquellas Ilhas, & do continente de Guiné aos

Reys do Portugal, & reservou para a Ordem o espiritual, que he o que hoje os Reys logram como Mestres, que por esta causa tem os dizimos, & apresentaçoens daquellas Igrejas. Ja no anno de 1439. em que ElRey D. Duarte estava de posse do estado temporal das Ilhas da Madeira, Porto Santo, & Dezerta, que o Infante lhe tinha outra vez doado, concedia a espiritualidade dellas para a Ordem por carta feita em Lisboa a 20 de Mayo daquelle anno, & pedia ao Papa lha confirmasse, como de feito confirmou o Papa Eugenio IV. por Bulla dada em Florença no anno de 1442. tendo elle alcançada outra confirmação d'elRey Dom Affonso V. seu sobrinho dada em Lisboa a 23 de Julho de 1439. firmada pela Raynha Dona Lianor viuua, & Infante Dom Pedro tutores d'elRey minino.

Despois no anno de 1446. tendo ja descuberto, & pouoado as Ilhas de Cabo Verde . . . . fez doação ao mesmo Rey seu sobrinho do temporal dellas, reservando a espiritualidade para a Ordem . . . . .

Continuando com os descubrimentos, & Conquistas do Infante Dom Henrique Gouernador da Ordem de Christo . . . . elle da mesma forma descubertas, & pouoadas as Ilhas do S. Miguel, Graciosa, & Santa Maria, fez de todas doação no temporal a ElRey Dom Affonso V. seu sobrinho, & à Ordem só deixou o espiritual, & Ecclesiastico. As doaçoens fizeram-se em varios tempos segundo as Conquistas hião succedendo, & ultimamente no anno de 1460. fez outras escrituras confirmatorias para se conservarem no Convento.

Doou tambem a terra de Guiné, & seu senhorio aos Reys que daquelle tempo adiante se intitularão Senhores de Guiné, & deixando aberto caminho às mais Conquistas, o que se foi additando ao ditado de nossos Reys, que tudo o que occupão na Mauritania deuem à Ordem de Christo . . . .

. . . . . ElRey Dom Affonso V. . . . respeitando ser aquella Conquista deuida à Ordem de Christo, de que elle era Gouernador, concedeo geralmente para a mesma Ordem todos os direitos, & jurisdicção espiritual, assi das terras, & Ilhas descubertas, como das que estauão por conquistar. Feita a concessão em Lisboa a 7 de Junho de 1454. a qual confirmou o Papa Nicolao V. & despois delle seu successor Calixto III. Leão X. ampliou mais o indulto no anno de 1514. que fossem da Ordem de Christo todas as Igrejas das terras conquistadas até as Indias Oriëtaes. E o mesmo Infante Gouernador ordenou, que de tudo o que do Cabo de Não adiante na terra de Guiné, que elle conquistára, se resgatasse, & alcançasse por comutação, & contrato, se desse a vintena à Ordem de Christo, resolução que tomou na sua Villa do Infante no Algarue a 26 de Dezembro de 1454. & que ElRey Dom Affonso seu sobrinho confirmou em Almeirim a 4 de Janeiro logo seguinte. ElRey D. Manoel porem se estendeu mais, declarando que aquella vintena ou vigesima parte de direitos para a Ordem de Christo se tirasse de tudo o que alcançasse das drogas, & mercadorias, não só de Guiné, senão tambem das Indias . . . . Orde-

tas.... No anno de 1502. a 22 de Feuereiro se passou em Lisboa esta carta d'elRey D. Manoel, & nella encomêda a seus successores que conseruē a Ordē de Christo nesta posse. As mais escrituras, & Bullas a este intento são
infinitas... em que não pode faltar a de Alexandre vi, dada no anno de
1500. a 26 de Março, pela qual applicou à Ordem de Christo a terça parte dos dizimos em todas as terras até então acquiridas, & que daquelle tempo adiate acquirissem do Cabo da Boa esperança até a India em que não
ouuesse Igrejas Cathedraes, & que os Mestres da Ordem sem outra licença
as applicassem ao uzo della.

Declarado que hoje a Ordem de Christo não tē nas Conquistas deste
Reyno mais que o espiritual, que o senhorio temporal cōpete aos Reys desta
Coroa, & a elles tambem como Mestres, a destribuição do espiritual, que são
as apresentaçoens das Igrejas, Beneficios, & Bispados, & outros direitos a isto
anexos, veremos a variedade que nisto ouue, & os limites a que hoje se estende esta jurisdicção, & dominio espiritual. E tomando a materia de seu principio, esta jurisdicção estaua na pessoa do Dom Prior do Convento de Thomar,
& sua Diocesi abaixo da Igreja de Roma, era a mais ampla que havia no
Mundo, porque se estendia às quatro partes delle.....
... O Vigario, ou Prior de Thomar tinha a jurisdicção Ecclesiastica em toda
a Ordem; isto em quanto Dom João o iii. não mudou os Freires Clerigos do
Convento a Religiosos, como agora são, que despois disto impetrou Breue de
Julio iii. no anno de 1554. para que esta jurisdicção se separasse do Prior
trienal Religioso, & fosse eleito outro do estado clerical, como hoje ha....
O Papa Leão x. declarou pertencer ao Vigario de Thomar toda a jurisdicção espiritual nas terras, & Prouincias conquistadas, & por conquistar.... Não obstante, isto, o mesmo Pontifice eregeo a *Igreja Parrochial de Santa Maria da*
Funchal da Ilha da Madeira em Cathedral, no anno de 1514. & lhe assi-
gne por Diocesi aquella Ilha com as outras Ilhas, & lugares que até então
erão da jurisdicção do Vigario de Thomar, & suprimio por esta via aquella Vigairaria; maiormente sendo eleito primeiro Bispo do Funchal Dom Diogo Pinheiro, que era actualmente Vigario de Thomar, & como tal lhe pertencia a
jurisdicção Episcopal que agora se deu ao Bispo. Em quanto Dom Diogo Pinheiro foi Bispo do Funchal teue aquella preeminencia da Ordem, & despois
a reduzio ElRey Dom João o iii. ao Prior Clerical, como se tem dito.
.. Despois que a Igreja do Funchal se eregeo em Episcopal, o Papa Clemente vii. a promoueo a Metropolitana, & debaixo de sua obediencia se erege-
rão quatro Bispados, a saber: S. Saluador de *Angra*, que he a Ilha Terceira,

41.

Santiago de *Cabo Verde*, Sta Maria da Graça da Ilha de *S: Thomé*, e Sta Catherina de *Goa*; & na Bulla desta promoção a Metropoli, se expressara que a appresentação dos beneficios pertencião ao Mestre da Ordem de Christó. Tudo isto com mais outras clausulas relata o Papa Paulo III em outra Bulla sua, dada em Roma a 8 de Junho de 1539.

Por morte do primeiro Bispo D. Diogo Pinheiro (1) se extinguio o Metropolitanado do Fûchal, ficando aquelles Bispados suffraganeos à Metropoli de Lisboa, até que no anno de 1557. á instancia d'elRey D. Sebastião, o Papa Paulo IV. promoueo a Igreja de Goa a Metropoli eximindoa da sogeição de Lisboa. . . . . . .

Tudo o precedente se ajuntou por respeito na extensão da Ordem de Christo, estendida no espiritual, como fica dito, nestas Provincias situadas nas quatro partes do Mundo, o senhorio das quaes entrou na Coroa de Portugal pela doação que lhe fez o Mestre da mesma Ordem, & supposto que a jurisdicção espiritual de tudo estava no Vigario, ou Dom Prior de Thomar, & depois no Prelado do Funchal primeira Cathedral destas Conquistas, de presente, ainda que se restituio a dignidade de Dom Prior de estado clerical com habito da Ordem de Christo, a jurisdicção está no Tribunal da Meza da Consciencia, & Ordens no tocante às materias della.

Donde se pode considerar qual he a excelencia da Ordem militar de Christo neste Reyno, que alem do que nelle possue, tem tão largo dominio espiritual em todas as Conquistas sogeitas á Coroa delle: que do teporal, por beneficio da mesma Ordê, são nellas os Reys Senhores. Não falo no tocante á Mauritania. . . . . que como a Conquista destas terras foi principiada pelos Reys, à Coroa do Reyno pertencem, ainda que para ajuda cócorreo a Caualaria de Christo. Nos mais descubrimentos, & Conquistas, que se principiarão debaixo do estendarte desta Ordem, & com os cabedaes do Infante D. Henrique Gouernador della, reconhece o Reyno o que deue a esta Caualaria, & assi com muita rasão todas as armadas que saem para nossas Conquistas leuão os estendartes das armas Reaes assentadas sobre a Cruz da Ordê de Christo reconhecendo ser aquella herança devida a esta Ordem. E só nas armadas Reaes, & outras que se expedirem para aquellas fronteiras de Fez, & Marrocos, & goarda da costa deste Reyno, & emprezas semelhãtes, poderão ir as armas Reaes sem a Cruz de Christo, por não depender desta Ordem aquella Conquista, nem estas jornadas; ainda que despois que os Reys de'

(1) Aliás, do Arcebispo do Funchal, D. Martinho de Portugal: vid. pág. 221 e 222, e Memorias. . . para a historia de D. João I, por José Soares da Silva, tomo I, pág. 412-414.

Portugal são. Mestres, ou Administradores das Ordens, se cõpuserem seus estandartes misturados com a Cruz de Christo, não descairão de sua soberania....

Monarchia Lusitana, parte VI, L.° XIX, cap. XIV e XV.

III

PODER DA ORDEM DE CHRISTO NESTAS ILHAS.

CARTA da doacam aa hordem de xpo pera todo sempre de todo ho spirituall das ylhas dâ madeyra & porto samto & da ylha Deserta.

DOM DUARTE pella graça de deos Rey de purtugall & do algarue & senior de çepta a quamtos esta carta birem fazemos sabeer que nos por seruiço de deus & homrra da hordem de xpo & por ho ymfamte dom amrrique meu Irmaão Regedor & gouuernador da dita hordem que nollo requereo outorgamos & damos aa dita hordem deste dia pera todo sempre todo ho spirituall das nossas ylhas da madeyra & do porto samto & da ylha Deserta que agora nouamente o dito ymfamte per nosa auctoridade pobra asy & pella guysa que ho ha em tomar reseruando que fique pera nos & pena a corooa de nosos Reygnos ho foro & ho Dizimo de todo ho pescado que e nas ditas ylhas matar que queremos que nom paguem & eso mesmo fique pera nos & pera todollos nosos soçesores todollos outros dereytos Reaees & por irmidoee Desto lhe mamdamos dar esta nosa carta signada per nos & sellada do noso sello do chumbo & pidimos ao padre Samto que prasa a sua sãidade outorguar & comfirmar aa dita hordem de xpo as ditas ylhas pella guisa suso dita. Dada em simtra xxbj dias De setembro (ell Rey ho mamdou lopo afomso a fez) era De myll iiij xxxiij annos.

T. 1.° do Archivo da Camara do Funchal, fol. 284.

De como os Commendadores da Ordem de Christo, e seus herdeiros lograrão as bemfeitorias que fizerem nas Commendas.

(Origem provavel do contracto de colonia nestas ilhas.)

Para os Commendadores se incitarem mais ao accrescentamento das Commendas, definimos que as benfeitorias, que o Commendador fizer na sua Commenda, assim edificando de novo, como reparando á sua propria custa, como o que por demanda vencer, e restituir à Commenda, e Ordem, por andar della alheado, haja, e logre em sua vida os frutos, rendas, proes, e novidades, e que o mesmo haja seu herdeiro, ou a pessoa, a quem elle o deixar em sua vida; porèm se o Commendador successor lho quizer pagar logo, seja o herdeiro do defunto obrigado a lhas largar, e a estimação dellas fique a arbitrio da Meza de Ordens, onde hum, e outro será ouvido breve, e summariamente.

Dos Beneficios das Ilhas.

As Ilhas, e Conquistas Ultramarinas pertencem a esta nossa Ordem pleno jure na jurisdição espiritual; e posto que nas ditas partes se creárão, e levantárão Arcebispados, e Bispados, não perdeo a Ordem o que dantes tinha, e o Mestre presenta nas taes Prelazias, e assim em todas as Dignidades, Conezias das Sés das ditas partes, e em todos os mais Beneficios Curados, e simplices, que nellas ha; e porque ao D. Prior do Convento de Thomar estava antigamente commettida esta jurisdicção no espiritual, que despois se lhe desmembrou, quando se reduzio o Convento à observancia regular, definimos, e ordenamos, que o Mestre, para conservação do direito da Ordem, e para que a memoria della se não vá perdendo nas ditas Conquistas, quando se proverem os Arcebispados, e Bispados, obrigue aos providos, que na Cruz peitoral tragão o Habito desta Ordem, para conservação de seu direito, e para por ella se entender, que pertencem as ditas Prelazias à nossa Ordem de Christo; e quando se lhes derem os despachos, se lhes encarregue assim da parte de S. Magestade.

Que o Mestre commetta as causas dos Freires do Habito de Ultramar aos Bispos.

E porque as pessoas do Habito são izentas da jurisdicção Ordinaria, conforme as Bullas da Santa Sé Apostolica, e estando ausentes, e tão longe do Reino as justiças ordinarias da Ordem, não fica lugar de castigo para suas culpas, nem recurso às partes, definimos que o Mestre commetta a jurisdicção aos Ordinarios, para os visitarem, e castigarem, e para as cousas civeis contra elles; para o que mandará impetrar Bulla de Sua Santidade, para nas ditas partes ordenar as instancias, que lhe parecer, conforme ao lugar, e capacidade da terra.

Como o Mestre presenta aos Beneficios de Ultramar, e os Prelados collão.

A Ordem, que ha no provimento dos Beneficios das Ilhas, e Ultramarinos, he presentar o Mestre, e a instituição pertence aos Arcebispos, Bispos, e Administradores, e assim se continuará daqui em diante.

Como os Mestres podem mandar às Conquistas Ultramarinas Religiosos de qualquer Ordem, que ministrem os Sacramentos independentes dos Ordinarios.

Por Breve de Nicoláo v. do anno de 454. he concedido aos Reys deste Reino, (como tambem era ao Infante D. Henrique) que possão mandar às Conquistas Religiosos de qualquer Ordem, que seja, (com licença dos seus Prelados) para poderem ouvir de Confissão aos moradores daquellas partes; e os que a ellas forem, absolvellos de todos os casos reservados, e ministrar-lhes os Sacramentos, independentes dos Ordinarios, livre, e licitamente. Este Privilegio não está derogado, nem se derogou pela creação das Prelazias, e nesta posse está a Ordem atè hoje; pelo que definimos, e declaramos, que neste modo se ha de proceder, e conservar esta jurisdicção.

Das porções dos Vigarios, e Capellães Curados das Ilhas.

Os dizimos das Ilhas, e mais Conquistas pertencem à Ordem por concessão da Santa Sé Apostolica. Tem os Mestres obrigação de dar aos Ministros Ecclesiasticos congrua porção, conforme lhes está taixada, e esta lhes ha de ser paga com effeito, e ha de preceder a tudo, porque fica a consciencia do Mestre lesa, não sendo assim; e porque ha hoje muitas queixas, e os dizimos com esta obrigação forão dados, definimos, e mandamos, que na quantia, que tem, não ha que alterar; porèm que o Mestre mande que se lhes fação os pagamentos primeiro, que a toda a outra obrigação secular, e que esta preceda sempre, e mande passar as Provisões necessarias, para que os Ministros da Igreja sejão pagos com effeito, e castigar aos Almoxarifes, e Thesoureiros, que o não cumprirem.

Da obrigação, que o Mestre tem de mandar prover as Igrejas das Ilhas, e Conquistas.

Quando a Santa Sé Apostolica concedeo à nossa Ordem os dizimos das Ilhas, e Conquistas Ultramarinas, a primeira, e principal obrigação foy para se haver de prover ao culto Divino, edificar Igrejas, e reparallas, quando fosse necessario; e porque o Definitorio tem informação certa, que se não cumpre com esta obrigação, como se deve, com que a consciencia do Mestre está encarregada, que por lhe não ser presente materia de tanta importancia, nem a culpa de seus Ministros nesta parte, não manda prover nella; e havendo em algumas partes dinheiro, para se acabarem as Sés, que se tem começado, se não faz, e em outras se não acode à ruina, que vão fazendo, e o mesmo nas Igréjas, onde por estarem maltratadas, e faltas de todas as cousas, se celebrão os Officios Divinos com grande indecencia; e porque estas são as primeiras da obrigação do Mestre, ... definimos, e ordenamos o mande prover. . . . . . .

Das Missas do Infante D. Henrique nas Ilhas.

Muito deve esta nossa Ordem ao Infante D. Henrique, Mestre Governador, que della foy, pelos muitos Privilegios, que lhe alcançou da Santa Sé Apostolica, com que a conservou, e pelas Ilhas, e Conquistas Ultramarinas, que lhe appropriou, porque elle foy o que deo principio aos descubrimentos; pelo que he digno de eterna memoria, e que a Ordem lhe reconheça sempre os grandes beneficios, que delle recebeo; e assim definimos, e ordenamos, que as Missas, que deixou nas Ilhas, se lhe digão em perpetuo, e se continue com ellas, e que se paguem inteiramente, e a seus tempos, sem diminuição alguma.

Que se guardem os Privilegios, como nelles se contém.

Os Privilegios, liberdades, e exempções, que forão concedidos à nossa Ordem de Christo pelos Summos Pontifices, e Reys deste Reino, e em quanto a Ordem se governou por Mestres se lhe guardárão inviolavelmente, porque os Reys à instancia dos Mestres, lhos fazião guardar. Depois da união feita à Coroa, estão muy enfraquecidos, e abrogados, e não ha nelles mais observancia, que aquella, que querem os Ministros seculares sem fundamento algum, que juridico seja, havendo de ser pelo contrario. E pois hoje tudo o que pertence às Ordens Militares, está em S. Magestade, como Mestre, e Governador dellas, como Rey, devem ser favorecidas, e amparadas delle; e quando não seja para as accrescentar, (como de sua Real grandeza se espera) ao menos seja para as conservar. Pelo que ordenamos, e estabelecemos, que se peça a S. Magestade, que (como Rey) mande guardar à nossa Ordem os Privilegios, liberdades, e exempções, que os Reys seus antecessores lhe concedérão, e que os dos Summos Pontifices se guardem, como nelles se contém.

Commendas nas Ilhas da Madeira e Porto Sancto.

A Commenda dos dizimos dos pescados, e meunças da Capitania de Machico, e Ilha do Porto Santo.

Quarenta moyos de pão, convem a saber, vinte de trigo, e vinte de cevada, que se dão com o Habito, na Ilha do Porto Santo.

A Commenda dos dizimos de todas as rendas do pão da Ilha da Madeira, e das dos Açores.

A Commenda dos dizimos dos pescados, e meunças da Capitania de Machico, e Ilha do Porto Santo, em trinta e cinco mil reis no anno de 1555.

A Commenda de quarenta moyos de pão meado na Ilha do Porto Santo, em sessenta e quatro mil reis no anno de 1545.

A Commenda dos dizimos, que rendem as moendas do pão da Ilha da Madeira, e Ilhas dos Açores, em cento e quarenta mil reis no anno de 1600.

Defin. e Est....da Ord. de Christo, P. ii, iii e iv, diversos tit.

NOTA III

Descobrimento do archipelago da Madeira por Zargo e Tristão Vaz.

«Segundo escreveu o mui docto e curioso *João de Barros*, quasi no principio da sua *Asia...*, e como conta o grave chronista *Damião de Goes*,.... João Gonçalves, Zargo de alcunha, e Tristão Vaz.... antes que chegassem á costa de Africa, saltou com elles...... temporal com força de ventos contrarios á sua viagem,.... descobrindo a ilha, que agora chamamos de Porto-Sancto..... E...determinaram de hir ver se era terra huma grande sombra, que lhes fazia a ilha que agora chamamos da Madeira; e... passaram-se a ella.., á qual chamáram da Madeira.»—Pag. 15-18.

«E o mesmo João de Barros diz que *Gomes Eannes de Azurara*, chronista d'estes Reynos, em soma conta que João Gonçalves, e Tristão Vaz ambos descobriram a Ilha da Madeira.»—Pag. 18.

HISTORIADORES DESTE DESCOBRIMENTO.

Os tres historiadores áqui citados são as principaes auctoridades que firmam o facto de terem sido portuguezes os descobridores deste archipelago da Madeira. As obras em que elles tractam o ponto são as seguintes:

Chronica do Descobrimento e Conquista de Guiné, por *Gomes Eannes de Azurara* (Paris, 1841):—cap. LXXXIII.°

Asia, de *Joam de Barros* (Lisboa, 1552): — Decad. I, liv. I, cap. II e III.

Chronica do Principe D. Joam, etc., por *Damião de Goes* (Lisboa, 1567): —cap. VIII.

Accrescem est'outros historiadores, accordes com os tres antecedentes, mas posteriores a Gaspar Fructuoso:

Duarte Nunes de Leão, na *Chronica de Dõ Joam o* I (Lisboa, 1643):—cap. XCVIII.

Fr. Francisco Brandão, na *Monarchia Lusitana*, Parte sexta (Lisboa, 1672): —liv. XIX, cap. XIV.

Antonio Caetano de Sousa, na *Historia Genealogica da Casa Real* (Lisboa, 1735-1748):—tomo II, liv. III, pag. 106.

Não mencionamos *D. Fernando de Menezes*, na *Vida e acções d'el-rei D. João* I, porque ainda não podémos alcançar este livro.

GOMES EANNES DE AZURARA.

De todos estes historiadores é *Gomes Eannes de Azurara*, embora conciso, porque o séu especial assumpto era o descobrimento e conquista de Guiné, o mais importante para assegurar a verdade do objecto desta nota,—o descobrimento do archipelago da Madeira pelos navegadores portuguezes *Zargo* e *Tristão Vaz*. Azurara foi contemporaneo do facto; escreveu a dicta chronica pouco depois deste, de 1452 para 1453, como se vê combinando com a data no final da chronica a sua carta, impressa em facsimile juncto á mesma chronica; e escreveu «*per mandado*» do infante D. Henrique e de D. Affonso V, «*auendo de todo enformaçom*,» como diz na alludida carta e no rosto da chronica. É obvio que, em taes circumstancias, não podia Azurara, competente como era, deixar de ter conhecimento cabal e seguro desse facto notavel; nem ousaria, probo que não fosse, mas era-o, arrostar com tantos testimunhos presenciaes, e contal-o diverso do acontecido. Os tres historiadores. immediatos, *João de Barros* (1496-1570), *Damião de Goes* (1501-1572), e *Duarte Nunes de Leão* (152·-1608), assim como o mui posterior *Antonio Caetano de Sousa* (1674-1759), todos graves e habeis, não só confirmam e completam a noticia dada por Azurara, mas testificam que, pelos mais abalisados cultores da historia nacional, essa é a uniça versão acceita como verdadeira.

A *Chronica do descobrimento e conquista de Guiné*, com quanto impressa modernamente, é cara, e porisso, não vulgar; pelo que, e pelo valor que tem na questão do descobrimento deste archipelago da Madeira, aqui trasladamos o que deste facto nella se lê.

COMO FOE POVOADA A ILHA DA MADEIRA, E ASSY AS OUTRAS ILHAS QUE SOM EM AQUELLA PARTE.

Por quanto eu disse no quinto capitollo desta obra, onde falley das cousas specyaaes que o Iffante fez por serviço de Deos e honra do regno, antre as outras que elle tiinha feitas, assy era a povoraçom das ilhas, quero aquy fallar brevemente da dicta povoraçom, quanto mais pois em estes passados capitollos tenho fallado das ilhas de Canarea. E *foe assy, que em casa do Iffante avya dous scudeiros nobres*, de criaçom daquelle- senhor, homẽes mancebos e pera muyto, os quaaes despois da viinda que o Iffante fez do descercó de Cepta, quando a o poderyo daquelles rex mouros teve cercada juntamente, segundo ja dissemos, *requererom* que os avyasse como podessem fazer de suas honras, come homẽes que o muyto desejavam, parecendolhes que seu tempo era mal despeso se nom *trabalhassem algũa cousa* per seus corpos. E veendo o Iffante suas boas voontades, lhes mandou aparelhar *hũa barcha, em que fossem darmada contra os Mouros, encaminhandoos como fossem em busca de terra de Guinee*, aqual elle ja tiinha em voontade de mandar buscar (1). E como *Deos querya encaminhar* tanto bem pera este regno, e ainda pera outras muytas partes, *guyoukos assy que com tempo contrairo chegarom na ilha que se agora chama do Porto Sancto*, que he *junto com a ilha da Madeira*, na qual pode aver sete legoas em roda. E estando assy ali per algũs dyas, sguardarom bem a terra, e parecelhe que serya grande proveito de se povorar. E tornando dally pera o regno, *fallarom sobrello ao If-*

---

(1) Por esta passagem se mostra que o Infante tinha em vista, desde o começo das expedições que mandára aparelhar, o descobrimento da Guiné. Nisto difere algum tanto o A. do que diz Cadamosto.—(Nota do Visconde de Santarem).

fante, contandolhe a bondade da terra, e o desejo que timham acerca de sua povoraçom; de que *ao Iffante muyto prouve*, *ordenando logo* como podessem aver as cousas que lhe compriam pera se tornarem aa dicta ilha. E andando assy em este trabalho de se encaminarem pera partyr, se ajuntou a sua companha Bertollameu Perestrello, huũ fidalgo que era da casa do iffante dom Joham; os quaaes teendo todas suas cousas prestes, partiram ryagem da dicta ilha. E acertousse que antre as cousas que levavam consigo pera lançarem na dicta ilha, assy era hũa coelha, aqual fora dada ao Bertollameu Perestrello per huũ seu amigo, indo a coelha prenhe em hũa gayolla; e acertousse de paryr no mar, e assy levarom todo aa ilha. E seendo elles allojados em suas cabanas pera ordenarem suas casas, soltarom aquella coelha com seus filhos pera fazer criaçom, os quaaes em muy breve tempo multiplicarom tanto, que lhe empacharom a terra, de guisa que nom podyam semear nhũa cousa que lhe elles nom stragassem. E he muyto pera maravilhar, por que acharom que no anno seguinte que ally chegarom, matarom delles muy muytos, nom fazendo porèm mingua; *per cuja rezom leixarom aquella ilha, e passaronse aa outra da Madeira,* que sera quarenta legoas em cerco, e doze do Porto Sancto, e ally ficarom os dous, scilicet, Joham Gllz, e Tristam, e Bertollameu Perestrello se tornou pera o regno. Esta segunda ilha acharom boa, specialmente de muy nobres auguas corredyas, que levam pera regar a qualquer parte que querem; e começarom ally de fazer suas sementeiras muy grandes, de que lhes vierom muy abastosas novidades. Des y virom a terra de boõs aares e saadya, e de muytas aves, que logo no começo tomavam com as maãos, e assy outras muytas bondades que acharom na dicta ilha. *Fezerom assy todo saber ao Iffante*, o qual se *trabalhou logo* de envyar la outras gentes, e corregimento de igreja, com seus clerigos, de guisa que em muy breve tempo foe grande parte daquella terra aproveitada. E consiirando o Iffante como aquelles dous homẽes forom começo de sua povoraçom, deulhes a principal governança da ilha, scilicet, a Joham Gonçalvez Zarco, que era huũ nobre homem, oqual fora cavalleiro no cerco de Tanger em hũa batalha que ally o Iffante venceo em hũa quinta feira, daqual a estorya do regno mais compridamente faz mençom; e ja este Joham Gllz fora em outras muytas boas cousas, specialmente no decerco de Cepta, no desbarato dos Mouros que se fez no dya da chegada; e a este deu o Iffante a governança daquella ilha donde se chama a parte do Funchal; e a outra parte, que se chama do Machito (1),

---

(1) Compare-se com B a r r o s, Decad. i, liv. i, f. 6, 7 e 8, edição de Lisboa de 1628. É de notar que o silencio d'A z u r a r a ácerca de R o b e r t o M a c h i m e A n n a d'A r f e t, parece indicar que este romance se não tinha ainda inventado no tempo do A.—(Nota do V i s c o n d e d e S a n t a r e m).

den a Tristam, o qual tambem fora cavalleiro em hũa cavalgada que se fez em Cepta, homem assaz ardido, mas nom tam nobre em todallas outras cousas come Joham Gllz. E foe o começo da povoraçom desta ilha no anno do nacimento de Jhũ Xpõ de mil e iiij°.xx annos; aqual ao tempo da feitura desta estorya estava em razoada povoraçom, ca avya em ella CL. moradores, a fora outras gentes que hi avya, assy como mercadores, e homẽes e molheres solteiros, e mancebos, e moços e moças, que ja nacerom na dicta ilha, e esso meesmo clerigos e frades, e outros que vaão e veem por suas mercadaryas e cousas que daquella ilha nom podem scusar.

Chronica do descobrimento de Guiné, cap. LXXXIII°,

Á vista do precedente texto, de Azurara, é claró que *Zargo* e *Tristam Vaz*, quando pela primeira vez surgiram nas aguas deste archipelago da Madeira, não os trazia cá alguma noticia deste, de origem castelhana, ingleza, ou outra; iam «em *busca da terra de Guiné*,» que era a mira constante de D. Henrique, e segundo ella dera regimento aos seus navegadores; ninguem senão «DEOS os GUYOU,» impellindo-os com «*tempo contrairo*» á rota que levavam, até que «ASSY *chegarom aa ilha que se agora chama do Porto Sancto*,» e «*no anno seguinte*» os mesmos descobridores «PASSARAM-SE» da ilha de Porto-Sancto «*aa outra da Madeira.*»

«*Passaram-se,*» disse muito bem Azurara; que nesta só palavra se inclue perfeita a historia do descobrimento desta ilha; historia muito mais ingenua e sã que todas quantas teem depois sido phantasiadas; porque é physicamente impossivel estar alguns tempos na ilha do Porto-Sancto, e, em dias claros, não avistar reconhecidamente a terra da Madeira, tão alta como é. Neste ponto Azurara tem por si o testimunho unanime de quantos aqui vivem, e confirmado pelo de quantas gerações aqui teem vivido de Zargo para cá. O descobrimento de uma importava de força o da outra.—«*Passaram-se,*» sim, os descobridores portuguezes, e de moto proprio, sem aventura de Machim, nem aviso de castelhano, simples e chãmente, por mar de rosas; e assim ficou o descobrimento consummado.

Á luz da prova resultante do exame local, Azurara foi escrupulosamente veridico. Não o accimem de deficiente; que escreveu as palavras precisas para referir e firmar o facto.

Deos guiou-os pela mão da tempestade á ilha de Porto-Sancto; e desta *passaram-se* Zargo e Tristão Vaz á da Madeira:—está dicto tudo.

Parece illusão o ver derrocados por umas poucas palavras, sinceras e exactas, tão altos castellos de maravilhoso sentimental; mas a verdade authentica é esta,

III

João de Barros.

Barros não foi tão laconico, mas condiz com Azurara, como o leitor vae verificar pelos seguintes extractos da Decada i da *Asia:*

Como João Gonçaluez, & Tristão Vaz descobrirão a ilha do Portosácto, por razão de hum temporal que os ali leuou.

O Infante vendo suas boas vontades, & conhecendo delles serem hómêes para qualquer honrado feito pella experiencia que tinha de seus seruiços, mandoulhe armar hum nauio, a q̃ chamâuã Barcha naquelle tempo: & deu lhes regimento q̃ corressem a còsta de Berberia té passarẽ aquelle temeroso cabo Bojador, & dhy fossem descobrindo o q̃ mais achassem:.... partidos estes dous caualeiros em sua bárca, começou (Nosso Senhor) nesta viagẽ a obrar seus mysterios.... Porq̃ ante que chegassem à còsta de Africa, saltou com elles tamanho temporal com força de ventos contrarios á sua viagem, que perderam a esperança das vidas: por o nauio ser tam pequeno, & o màr tam grosso que os comia, correndo a aruore seca á vontade delle. E como os marinheiros naquelle tempo nam erã costumados a se engolfar tanto no peguo do már, & toda sua nauegaçam era per singraduras sempre a vista de terra, & segundo lhes parecia erã mui afastàdos da còsta deste Reyno: andauam todos tam toruàdos, & fóra do seu juyzo pello temor lhe ter tomado a mayor parte delle, que nam sabiam julgar em q̃ paragem eram. Mas aprouue á piadade de Deos, que o tempo cessou, & posto que os ventos lhe fizeram perder a viagem que leuauam segũdo o regimento do Infante, nam os desuiou de sua boa fortuna: descobrindo a Ilha a que agora chamàmos Porto sancto, o qual nome lhe *elles entam* poseram porque os segurou do pirigo q̃ nos dias da fortuna passaram.... Cõ a qual noua sem ir mais auante se tornaram ao Reyno, de q̃ o Infante recebeo o mayor prazer que té quelle tempo desta sua impresa tinha visto: parecendo lhe que era Deos seruido della pois ja começaua ver o fructo de seus trabalhos. E acrecẽtaua mais a este seu prazer, dizerem aquelles dous caualeiros, a hum dos quaes chamauam Ioam Gonçalues Zarco dalcunha, & ao outro Tristam Vaz, q̃ vinham tam contentes dos ares sitio & fresquidã da terra, que se queriam là tornar a pouoalla: por verem que era muy grossa, & azada pera fructificar todaslas semẽtes & plãtas de proueito. E nam sõmẽte elles & os outros de sua cõpanhia q̃ a viram, mas ainda muytos pollo que della ouuiam, & tambem por cõprazer ao Infante se offereceram a elle cõ este proposito de á pouoar: antre os quaes foy hũa pessoa notauel chamado Bertolameu Perestrello, que era fidalgo da casa do Infante dom Ioão seu irmão..... Pera a qual ida logo com muita deligencia mandou armar tres nauios, hum dos quaes deu a Bertolameu Perestrello, & os outros dous a Ioam Gonçaluez & a Tristã Vaz primeiros descobridores: indo muy apercebidos de todaslas sementes, & plantas & outras cousas como quē esperaua de pouoar, & assentar na térra. Antre as quaes era huma coelha q̃ Bertolameu Perestrello leuaua prenhe metida em hũa gayola q̃ pelo mar acertou de parir, de q̃ todos ouuerã muyto prazer:..... chegados á ilha & solta a coelha com seu fructo, em breue tēpo multiplicou em tanta maneira, que não semeàuam, ou plantáuam cousa que logo nam fosse royda. O que foy em tãto crecimento per espaço de dous annos que aly esteueram, que quasi importunados daquella praga, começou de aborrecer a todos o trabalho & modo de vida que aly tinhã: donde Bertolameu Perestrello determinou de se vir pera o Reyno, ou per qualquer outra necessidade que pera isso teue.

Como Ioam Gonçalues, & Tristam Vaz partido Bertolameu Perestrello descobrirão a ilha a que ora chamam da Madeira.

Ioam Gonçaluez, & Tristam Vaz como erã chamados pera milhor fortuna & mais prosperidade, não se quiserã vir pera o Reyno nē menos fazer assento naquella ilha: mas partido Bertolameu Perestrello, determinárã de ir ver se era terra hũa grande sombra que lhe fazia a ilha a q̃ ora chamamos da Madeira. Na qual aoia muytos dias q̃ se nam determinauam, porque por razam de grande humidade que em sy continha com a espessura do aruoredo sempre a viam afumada daquelles vapores, & parecialhe serem nuuēs grossas & outras vezes affirmáuam que era terra: porque demarcando aquelle logar cõ a vista, nam o vião desassombrado como as outras partes. Assi que mouidos deste desejo, em dous barcos que fizeram da madeira da ilha em quéstauam, vendo o már pera isso desposto passáramse a ella: à qual chamaram da Madeira por causa do grande e muy espesso aruoredo de que era cuberta.

Asia. Decada 1, liv. 1, cap. II e III.

O *Sr. Major*, na monumental obra *The life of Prince Henry of Portugal* (cap. v, pag. 66), faz o seguinte reparo: «Foi o grande historiador *João de Barros* que diffundiu a inexacta versão de que, pelos annos de 1418-1420, os Portuguezes haviam primitivamente descoberto aquellas ilhas e lhes deram os nomes, no que *excede o dicto do anterior chronista Azurara, do qual o mesmo Barros confessa ter derivado os materiaes de que se serviu.*»

Mas, com vénia o digamos, piamente cremos que o illustre Barros não merece por motivo algum a gravíssima accusação de propalar .uma, inexactidão; ultrapassando *a auctoridade a que se abrigou*. Em abono delle, submettemos á esclarecida e severa competencia do Sr. *Major* as antecedentes e seguintes considerações.

Cotejados os textos de Azurara e de Barros, vê-se que este, com quanto circumstanciasse mais o caso, conformou-se com aquelle na essencia, por vezes até nas expressões, e nada disse que o contrarie tocante ao descobrimento: e da phrase de Azurara *com tempo contrairo chegarom aa ilha que se agora chama Porto Sancto... e passaronse aa outra chamada da Madeira,* aufere-se, por inducção do modo e facto do descobrimento, a ideia de que foram os descobridores *Zargo* e *Tristão Vaz* que *então* deram á essas ilhas os nomes que ellas *agora* teem; sendo o adverbio «*então*,» que Barros, como vindouro, empregou, referido *á mesma occasião* que Azurara, como contemporaneo, determinou pelo outro adverbio «*agora*.» Isso, que para este fôra *presente*, era *preterito* para aquelle. Neste ponto tambem houve, pois, em ambos identidade de pensamento, com quanto um fosse mais, outro menos explicito, e cada qual usasse de diverso adverbio; porque, embora o tempo a que se referiam fosse em si o mesmo, era, em relação á epocha em que cada um delles escrevia, mui diverso.—Barros aqui inferiu e disse, em referencia ás denominações *Porto-Sancto* e *Madeira*, equivalentemente o mesmo que o *Sr. Major*, quando, no cap. v, pag. 72 da supracitada obra, inferiu e disse que, *embora não haja expressa noticia*, os nomes *Machico* e *Funchal* foram, na occasião em que Zargo e Tristão Vaz dividiram entre si a ilha da Madeira, postos por elles aos sitios que nella assim ficaram sendo chamados.—Em nossa modesta opinião, nem um nem outro de tão preclaros historiadores se excederam; usaram, aliás, e judiciosamente, de um incontestavel direito.

Admittamos, porém, que Barros ultrapassasse o que Azurara disse; admittamos que nas palavras deste não está implicita a ideia de que os descobridores deram ás ilhas os nomes que ellas *agora* teem. Seja. Mas o que Barros não fez foi acobertar-se nisso com a aucteridade de Azurara, ou confessar que para isso se soccorresse de materiaes só colhidos na Chronica de Guiné. O que a tal respeito disse além do expresso por Azurara, disse-o sem incorrer no feio labeu de ir além das palavras de um livro sob cujo credito *exclusivamente* se houvesse abrigado.

Barros, franca e honradamente, declara no Prologo da Decada i que, «*por não roubar o seu a cujo he, confessa ter tomado dos fundamentos de Azurara, em as cousas do tempo do Infante D. Henrique.*—A MAIOR PARTE:» declara outrosim, no cap. iii, liv. i dessa Decada, que «*da escriptura do mesmo Azurara tomou quasi todo o processo do descobrimento de Guiné, como se adiante verá*;» mas, quanto ao da Madeira (que é justamente o objecto do cap. a que o trecho pertence), só aponta que o abalizado chronista «*em soma diz que ambos estes cavalleiros (Zargo e Tristão) descobriram esta ilha*;» do que é evidente Barros sem confessar o ter-se utilizado do que Azurara contou, e especialmente no tocante ao descobrimento de Guiné; mas não que tudo quanto elle Barros historía sobre o ponto subjeito seja de lá deduzido: pelo contrario, referindo como Azurara só «em soma» falla do descobrimento destas ilhas, assume a responsabilidade de tudo que *exceder* a raia de stricto summario do facto. — Instamos nisto, porque o reparo do *Sr. Major*, ferindo o credito do historiador, reflecte-se em prejuizo da historia mesma.

E Barros não sussobra com o encargo. Da sua probidade tem prova na sua mesma Asia. Eis-aqui um exemplo, tomado na pagina que o acaso abriu (Decada I, liv. II, cap. II): «Tambem se descubrio a Ilha de S. Thomé, Anno-bom, e a do Principe.... e outros resgates, e ilhas, *das quaes não tractamos em particular, por não termos quando e por que Capitães foram descubertas.»* —Isto mesmo Barros diria desassombradamente do archipelago da Madeira, se não soubera mais.

Os dados precisos para escrever a historia dos descobrimentos e conquistas dos portuguezes não lhe falleciam. A mão do rei lhe abriu todos os archivos e lhe entregou os subsidios e documentos que havia.—Disto, em geral, dão testimunho o Prologo da Decada I, e *Manoel Severim de Faria*, no seguinte periodo da *Vida* do mesmo Barros: «Para escrever com noticia verdadeira teve João de Barros as mais certas relaçoés, que para tal materia se podião alcançar..... Para o que tocava á Historia Portugueza lhe forão entregues todos os papeis, assi dos regimentos Reaes, como das relações e cartas dos Viso Reys, devassas e deligencias, e mais cousas que áquella materia pertenciam.» —Mas, em especial ao objecto desta nota e a Azurara mesmo, diz o proprio João de Barros na Decada I, livro II, cap. I: «Se algũa cousa ha bem escripta das chronicas deste Reyno, he da sua mão: assi dos tẽpos em q̃ elle concorreo como d'algũs atraz, de cousas de que não auia scriptura: E estas que elle escreueu deste descobrimento do tempo do Infante dõ Hẽrique (segundo elle diz) já as recebeu de hum *Affonso Çerueira*, que foy o primeiro que as poz em ordem: do qual Affonso Çerueira nós achamos algũas cartas escriptas em Beni... E posto que tudo, ou *a maior parte* do que té qui escreuemos seja tirado da escriptura de Gomezeannes, & *assi deste Affonso Çerueira:* não foi pequeno o trabalho que tiuemos em ajuntar cousas derramadas & per papeis rotos, & fora da ordem que elle Gomezeanes leuou no processo deste descobrimento.» —É, portanto, claro que Barros teve á vista, além do mais, o que mistia dos originaes manuscriptos, uns de Azurara, outros de Affonso Cerveira, anterior a este;—e que se valeu, não da Chronica de Guiné, já ao seu tempo extraviada, como na Introducção della conta o Visconde de Santarem, mas desses manuscriptos, os quaes seguramente eram mais amplos que a chronica mesma; não só por serem de dois diversos auctores, mas tambem porque em apontamentos nota-se muita cousa, tudo que chega ao conhecimento do colle-

ctor; ao passo que em escripto mais acurado se omitte não pouco do que
delles consta, já por insignificante, já por superfluo, já por extranho, já por
afastado do intuito do escriptor, e até por lapso deste.—E para mais, dá ain
da Barros bem a entender que algo do que escreveu do assumpto o houve d
outras fontes.

. E, pois, de razão reconhecer que o eximio auctor das Decadas da Asi
na relação que fez do descobrimento do archipelago' da Madeira, não abus
de Azurara; que, se mais do que este explanou a narrativa, outros dados pa
isso tinha, que não a Chronica de Guiné; e que, finalmente, estas duas obra
a Chronica e a Asia, neste ponto se accordam, confirmam-se uma pela out
consolidam-se em reciproco testimunho da iniciativa' exclusivamente portugu
za nesse descobrimento.

IV

DAMIÃO DE GÓES, DUARTE NUNES DE LEÃO, FR. FRANCISCO BRANDÃO, E
ANTONIO CAETANO DE SOUSA.

Oiçamos agora *Damião de Goes.*

NAVEGAÇÕES QUE PER MANDADO DO INFANTE DOM HENRIQUE SE FIZERÃO, & TERRAS
QUE SE DESCOBRIRÃO.

Tornado o Infante D. Henrique do cerco de Seuta, logo no mesmo anno, que foy de 1419. mandou por duas vezes navios a descobrir, os quaes
passarão 60. leguas alem do Cabo de Naõ, que era o extremo, e o mais longe, que se entaõ navegava da Europa pela costa de Africa. Tornados estes
navios, hum Joaõ Gonçalves Zarco, de alcunha, e Tristaõ Vaz Teyxeira, pela vontade que viaõ no Infante, de cuja criaçaõ eraõ, lhe pedirão que fosse
sua merce servirse delles no tal negocio, do que o Infante houve prazer, e
lho agradeceo muyto, mandando logo armar hum navio, de que deu a Capitania a Joaõ Gonçalves, por ser mhis velho, que Tristaõ Vaz, os quaes com
temporal que lhes deu, sem chegarem á costa de Africa, navegárão tanto ao
pego, que acabada a tormenta se achárão á vista de huma Ilha poquena, e deserta, que logo foraõ demandar, e pela mercê que lhes Deos fizera, além de
os salvar de tamanha tempestade, em lhes deparar a tal Ilha, lhe puzeraõ nome de Porto Santo, como se agora chama, com a qual nova se tornaraõ ao
Infante, a quem logo hum seu criado por nome Bertholameu Perestrello pe-

dio a Capitanía della, que em companhia destes João Gonçalves, e Tristão Vaz a foy povoar, por ser Ilha de bons ares, e boas aguas de fontes, e pouco tempo depois, andando Bertholameu Perestrello no Reyno, João Gonçalves, e Tristam Vaz accordáraõ de em barcos hirem demandar huma sombra de nuvens, que muitas vezes viaõ, naõ muy longe daquella Ilha onde estavaõ, donde partiraõ em taõ boa hora, que com pouca difficuldade lhes quiz Deos deparar outra Ilha tambem deserta, muito mór que a do Porto Santo, á qual por ser chea de bosques puzeraõ nome de Madeyra. Com este taõ prospero successo se vieraõ ao Infante.

Chronica do Principe Dom Joam, cap. viii.

Damião de Goes tractava com os mais conspicuos nacionaes e extrangeiros seus contemporaneos, era um das portuguezes sabios da sua epocha, e servia o cargo de Guarda-mór do Real Archivo da Torre do Tombo ao tempo em que deu ao prelo esta chronica; porisso dispunha de todos os subsidios ahi existentes para poder certificar da verdade dos factos que referiu: é, pois, um importante vulto de auctoridade propria que enfileira com Azurara e Barros a favor da prioridade do descobrimento das ilhas de Porto-Sancto e Madeira por Zargo e Tristão Vaz.

Duarte Nunes de Leão, Fr. Francisco Brandão, e Antonio Caetano de Sousa não são menos explicitos, nem menos qualificados. O que o segundo destes escreveu do descobrimento de que se tracta fica trancripto a paginas 323.

Não apparece um só documento em contrario, e os primitivos convergem a confirmar o facto.

V

CONCLUSÃO.

É forçosa conclusão de tudo que fica dicto venerar como verdade historica este descobrimento, casual embora, mas, ainda assim, glorioso para Portugal.

Oppõem-se-lhe diversas tradições e noticias de terem vindo a este archipelago antes de Zargo phinicios e chartaginezes, arabes, francezes e, castelhanos; lendas da idade-media, a de *Roberto Machim e Anna de Arfet,* e a conjectura de que estas ilhas foram visitadas no seculo xiv por navios de Portugal pilotados por *genovezes.*—Nas duas seguintes notas investigaremos estas interessantes questões, que são o reverso da ventilada nesta nota, e, portanto, nella implicitamente decididas; porque, confirmada a versão de Azurara, todas as outras ficão prejudicadas.

43.

NOTA IV

Descobrimento do archipelago da Madeira: diversas tradições, lendas, e noticias.

«Como conta o Capitão Antonio Galvão, outros dizem que, vendo huns castelhanos os .desejos que o Infante tinha de descobrir novo Mundo, lhe deram conta como elles acharam a Ilha de Porto-Sancto, o que parece ser quando foram descobrir as Canarias, ou fazendo outra viagem; e por ser cousa pequena não faziam della conta, o que foi causa de mandar lá o Infante a Bertholameu Perestrello. . .·e Zargo, e Tristam Vaz Teixeira:. . . e, depois,. . . se passaram á Ilha da Madeira, onde acharam como Machim (depois dos Phenicios) ahi estivera.»—Pag. 18.

Não poucas são as tradições, lendas e noticias allusivas ao descobrimento deste archipelago da Madeira, algumas das quaes se perdem na noute dos tempos mythicos, ou nas sombras da edade-media.

Da versão do descobrimento destas ilhas por *Zargo* e *Tristão Vaz*, dada pelos historiadores nacionaes mais conspicuos, e unica authentica e verdadeiramente historica, ja se tractou na nota III. Na nota V investigar-se-ha a aventura de *Machim* e *Anna de Arfet*. Nesta IV nota expor-se-hão summariamente as outras tradições, lendas e noticias relativas á formação e descobrimento deste archipelago.

A primeira tradição, referida por *Gaspar Fructuoso* no liv. I, cap. XXVII das *Saudades da Terra*, é dahi extractada pelo *Padre Antonio Cordeiro* para o cap. I da *Historia Insulana*, é que os territorios hoje ilhas dos Açores eram prolongação da serra da Estrella e da de Cintra; e as ilhas deste archipelago da Madeira, prolongação da serra de *Monchim*, no Algarve, sem intersticio de mar.—Na nota seguinte veremos a importancia desta tradição em referencia ao caso de *Machim*.

Attesta Platão no dialogo o *Timeu* a tradição egypciaca, antehistorica, da *Atlantida*, ilha maior que a Libya e a Asia junctas, a qual se alongava desde as *Columnas de Hercules*, estreito modernamente chamado de Gibraltar, pelo oceano dentro a par da Africa, e que em um só dia e noite se afundiu nos abysmos das aguas, ficando aqui e alli solitarias ilhas, restos ignotos desse continente extincto; cataclysmo este que os antigos philosophos, e abalizados geographos e naturalistas admittem por verdadeiro, avultando o notavel sabio *Mr. d'Avezac*, na obra *Les Isles de l'Afrique.*—Gaspar Fructuoso no citado liv. I, e o Padre Antonio Cordeiro nos cap. I e II, a esse respeito discorrem.—Esta é a segunda tradição.

A terceira respeita aos *Phinicios*, os quaes, a alguns dias de viagem da Libya, impellidos por tempestade, descobriram uma ilha vasta, montanhosa, rica de aguas e arvoredos, fertil e amena, que lhes foi cubiçada pelos *Tyrrenos*, e de que ao depois se appropriaram os *Carthaginezes;* ilha, cuja descripção, lida no *Insulano*, livro de *Diodoro Siculo*, e no livro aristotelico *Contos maravilhosos,* faz suppor ser a da Madeira.

A quarta tradição deste archipelago, mais positiva que nenhuma das antecedentes, provém dos *Arabes*, pelos escriptos dos seus dois geographos *Mohhammed-el-Edrysy* e *Ebn-el-Uardy*, especialmente do primeiro, o qual, havendo nascido no fim do seculo XI da nossa era, relata uma expedição arabe, sahida de Lisboa, não anterior ao seculo VIII, de exploradores do oceano, onde descobriram duas ilhas; á primeira deram o nome de *El-Ghanam*, dos muitos carneiros bravios que ahi viram, a qual, pelas circumstancias da navegação feita, corresponde á da Madeira, coincidindo similhança phenica entre a denominação arabe *El-Ghanam* ou *El-Aghnam* e a denominação italiana *Legname*, que se lê nos portulanos neolatinos, dada á mesma ilha; e á segunda ilha deram o nome de *Raça*, ou ilha dos Passaros, a qual corresponde á de Porto-Sancto.

Com estas tradições veem intertecer-se duas lendas propriamente dictas, ambas da edade-media: a das *ilhas de S. Brandão* e a da *Antilia* ou *Ilha das Septe Cidades.*—A lenda das viagens phantasticas de S. Brandão tem certa similhança com a referida narrativa arabesca, e parece mencionar as mesmas duas ilhas a que se referem os dois geographos arabes, até pelas denominações; pelo que, os cartographos dos seculos posteriores denominaram o archipelago da Madeira e annexos *insulæ fortunatæ sancti Brandani.*—Esta lenda começou a espalhar-se na Europa pelo menos desde o seculo XI, ja em prosa, ja em versos latinos, francezes, inglezes, saxonios, e flamengos; mas em hespanhol ou portuguez ainda não a achámos. Brandão era monge benedictino irlandez, do meado do seculo VI, fundador da Abbadia de Cluainfert. Conta a lenda que um frade, por nome Barinto, o qual se aventurára ab oceano, nunciára a S. Brandão existir ahi uma ilha, chamada das *Delicias*; para onde seu discipulo Mernoc, com alguns religiosos da ordem, se houvera retirado; e, mais ao occidente, outra, denominada *Terra promettida dos Sanctos*, resguardada por negros nevoeiros, que a occultavam á curiosidade dos mortaes, e resplendente de eterna luz: e que Brandão, impellido de piedoso desejo de as ver, se embarcára com dezesepte religiosos, entre elles S. Maló, e as percorrêra, assim como outras mais ilhas, em septe annos de aventurosa navegação; até que, ao cabo delles, transpondo novamente aquellas densas trevas, descançára tres dias na ilha das Delicias, e depois regressára com seus companheiros á sua Irlanda.

A lenda da *Antilia* é posterior á de S. Brandão: a primeira carta geographica onde vem marcada a Antilia, que se saiba, é de 1424; e as mais antigas notas escriptas da lenda leem-se, uma, em allemão antigo, no famoso globo da cidade de Nuremberg, feito em 1492, e outra, em latim barbaro, no *Tractado da arte de navegar*, de *Pedro de Medina*, o qual refere haver achado a Antilia estampada em uma muito antiga carta de marear, assim como em um Ptolomeu offerecido ao papa Urbano (vi), e, juncto della, a exposição latina. Substanciadas ambas, dizem que no anno de 714 de Christo, quando, no tempo de D. Rodrigo, ultimo rei dos Godos, os Mouros invadiram as Hespanhas, um arcebispo e seis bispos lusitanos, com outros christãos, homens e mulheres, se embarcaram, levando gados e mais haveres, e descobriram essa ilha Antilia, na qual se estabeleceram, e a chamaram *das septe cidades*, porque o arcebispo e os seis bispos ahi tiveram cada qual sua diocese. O mesmo Pedro de Medina suppõe a Antilia perto da ilha da Madeira: e a crença da existencia dessa ilha tem perdurado com tal tenacidade que, nas ilhas Canarias e nas da Madeira e Porto-Sancto, e especialmente nesta ultima, muita gente, illudida pelas miragens maritimas, piamente imagina avistar essa ilha encoberta, onde os sebastianistas tinham por fé que el-rei D. Sebastião estava occulto depois da batalha de Alcacer-Quibir, crença esta fomentada pelas fraudes fradescas, de uma das quaes possuimos por copia o seguinte documento, curioso specimen do genero.

ATTESTAÇÃO DE HUNS RELIGIOSOS DE SANCTO ANTONIO, QUE SE ACHA NO CARTORIO DO CONVENTO DE SANCTO ANTONIO DOS CAPUCHOS DE LISBOA, SOBRE A ILHA QUE VIRÃO NO DIA 30 DE JULHO DE 1639.

CERTIFICO eu, *Fr. Francisco de Jesus*, deste Convento de Sancto Antonio dos Capuchos desta Cidade de Lisboa, que vendo o Livro antigo que pertence ao Cartorio desta Provincia, achei nelle a copia de huma Relação do theor seguinte: Partindo nós do Maranhão em o Navio Nossa Senhora da Penha de França, de que era Mestre *Antonio de Sousa*, natural de Vianna, com o favor de Deus, para a Cidade de Lisboa, se armou de repente tão grande tempestade aos quatro dias de viagem, que a todos ameaçava morte: continuou a tormenta por 16 dias, e nos vimos livres deste naufragio aos 20 dias, sem sabermos a terra em que estavamos, sendo 30 de Julho de 1639 e tendo partido no dia 8 do dito mez: nesse dia, estando o mar plano e o ar sereno, vimos huma ter-

ra para a parte do Sul, que móstrou ser paiz grande; e cuidando o Piloto
ser a Ilha da Madeira, chegou perto, e vio não ser ella, nem dava que Ilha
fosse, se não alguma emcoberta, por ter hido a todas: e dezejando todos saltar
em terra, o medo os tinha mão; mas eu e o meu companheiro embestimos na empreza, partimos ao Mestre, e lhe pedimos licença, e a concedeu por trez dias,
com a condição de que, se passassemos delles, e não viessemos da Ilha, e desa-
parecessemos, faria sua viagem; e nós, com toda esta cautela, nos atrevemos
em segunda feira de manhãa: lançando a lancha ao mar, saltámos em terra,
em hum paiz de muita grandeza; entrando por hum arvoredo, vimos muitas arvores domesticas; e, andando meia legoa, démos em hum palacio que estava
mui ornado, ainda que á vista parecia antigo, e era de notavel artificio, por ser
formado sobre huns arcos, e no meio delles hum jardim de varias flores;
havia outros arcos em que estava fundada huma torre, e em cima hum pharol
de tão singular metal que se via de distancia de 2 legoas brilhar. Deste palacio nos sahírão 7 homens de rostos macilentos; suas palavras herão quasi
portuguezas, mas pouco claras; os vestidos, á Nazareth; barba grande, e o corpo alto, cingindo todos seus terçados; e nos fizerão grandes perguntas: Quem
eramos, de que Reino, quem nos governava. E depois disto nos levárão por
huma Cidade de grandes edificios, mas pouca gente nella, e todos nos parecião
do outro mundo: tanto que nos vírão, nos levárão com grande cortezia a hum
palacio que parecia encantado; entrámos por elle dentro com nosso receio, e
passámos por varias guardas athe chegarmos á caza onde estava o Rei ou Governador daquella gente, ao qual nos apresentárão: hera homem que nos pareceo de muita idade, barba veneranda, e de representação de mais grandeza; no que reparámos foi que nos conheceo logo pelo habito; tanto que nos
vio, disse eramos Portuguezes, e que esta hera a melhor de todas as nações;
e nos proguntou: Quem era o Nosso Rei, como lhe chamavão, de quem rescen-
dia, e com quem tinha casado. E lhe respondemos como sabiamos, e contámos os successos de como alli chegámos: e depois de todas estas perguntas,
nos levou a huma sala de grande factura e magestade, e nos pedio este Magestoso Velho com toda a attenção puzessemos os olhos em hum quadro; e
neste estava pintado hum grande Exercito, mas já quasi derrotado e como
vencido dos inimigos; e da outra parte do quadro, outro Exercito victorioso;
e nos trajos dos vestidos, e cavallos, parecião Mauritanos: sabião dalli alguns Portuguezes, e se hião embarcar em faluas, e meterem em navios de
alto bordo, que pelas bandeiras e mastros parecião Portuguezes. Deixámos este
quadro, e outros, e ficámos admirados. Fomos a outra sala em que estavão humas estatuas de marmore fino que parecião Reis, e conhecemos os
progenitores daquelle Personagem: vimos varias victorias dos Reis Portuguezes, de que ficámos suspensos: e nos mandou que olhassemos para o tecto da
casa, adonde vimos a Cidade de Portugal pintada ao natural, e outras cousas

dignas de memoria: daqui fomos a hum jardim de varias flores; no meio delle estava huma Ermida curiosa, cuja porta guardavão dois leoens; tinhão feito alli hum passeio, e não deixavão passear ninguem, nem entrar, não sendo aquelle Veneravel Velho, e quem com elle hia: tinha hum altar muito aceiado, com o retabulo pintado, e huma Senhora de vulto, que tinha na mão esquerda seu Bemdito Filho, e na direita huma espada columbrina, e fazia acção de a dar a este Veneravel Velho. Advertimos que em toda esta Cidade não vimos Frades, nem Clerigos. Tornámos á outra sala quasi a horas de jantar, e nos levárão a outra caza onde estava huma meza, e nos hospedárão com carne de viado muito saborosa e carneiro muito bom; vinho pouco e algum tanto aspero; muita qualidade de laranjas doces, e limoens: e entre tanto que comemos esteve este Veneravel Velho tambem jantando com grande pompa; da Ermida trouxerão os leoens, e os pozerão á porta da camara aonde estava a meza Real; e tanto que acabou de jantar, se foi para a Ermida. Mas nós, com o sentido no navio, não quizemos fazer mais demora; levárãonos a ver algumas ruas, aonde vimos officios de carpinteiro, e alfaiates, e alguns Cavalleiros, mas pouca gente; as casas herão de pedra negra, mas muito antigas; todos folgárão de nos ver nesta Cidade: vimos seis ribeiros de agua muito crystallina, e no meio de huma praça hum chafariz aonde estavão as cinco quinas de Portugal, e ao redor dellas estavão as lettras « Ros dicit dial . . . ,» e mais não podémos lèr, por ser isto muito antigo. Vierãonos acompanhar athe o caes; em nossa companhia, o Magestoso Velho acompanhado de trinta Cavalleiros, homens muito bem vestidos, e sessenta de pé, com seus terçados na cinta, descarapuçados; e ao pé do Rei hum leão; e deante desta comitiva se tocavão timbales: tanto que chegou ao caes, pelas 4 horas da tarde, nos mostrou o Rei dois quadros em que estavamos retratados, e mandou que cada hum de nós assignasse os nossos només, e dissenos que nos viessemos embora, e que lá ficavão os nossos retratos em lembrança: acenámos com hum lenço ao navio, e vierão com a lancha, e nos levárão para bordo, adonde nós contámos tudo. Não quiz o Mestre navegar aquella noite, e estivemos athe o outro dia para ver a ilha, a qual já não appareceo: e navegando, no segundo dia demos com a Ilha da Madeira, aonde estivemos 4 dias: e lá nos disserão que esta Ilha se via por tempo. Tudo isto juramos in verbo sacerdotis; e o confirmamos pela verdade que, como Religiosos, somos obrigados a dizer. Fr. José de Jesus. Fr. Francisco dos Martyres.—Este ultimo morreo no Convento de Sancto Antonio de Lisboa, em o 1.º de Julho de 1646, com mais de 80 annos de idade, tendo sido Definidor: está sepultado em o n.º 4. —Passada neste Convento de Sancto Antonio de Lisboa, em 4 de Fevereiro de 1805. E eu, Fr. Francisco de Jesus, a escrevi e assignei. — Fr. Francisco de Jesus.

Duas noticias importantes, ambas do seculo xiv, accrescem a este esboço pseudo-historico do descobrimento do archipelago da Madeira.

Já o alludido geographo arabe Edrysy referíra que um rei franco houvera enviado ás ilhas, que elle chama de El-Ghanam e de Raqa, um navio que
se perdéra. *M. d'Avezac*, a pag. 122, nota (••), da supracitada obra *Iles
de l'Afrique*, affirma, pelo que consta da carta geographica catalã da bibliotheca de Carlos v, ser a ilha de Porto-Sancto já conhecida em França no seculo xiv. *Antonio Galvão* e *Gaspar Fructuoso*, como vemos do texto, referem
que «*outros dizem*» haverem um ou mais castelhanos, provavelmente quando foram descobrir as Canarias, achado a ilha do Porto-Sancto, e disso deram conta ao *Infante D. Henrique*. O mesmo referem a *Insulana*, de *Manoel
Thomaz*, e um manuscripto, que suppomos obra de *Jeronymo Dias Leite*. O dicto *Galvão*, e *Antonio Cordeiro* na *Historia Insulana*, liv. iii, cap. i, accrescen-
tam «*muitos dizerem*» que os primeiros descobridores da ilha de Porto-Sancto eram não castelhanos só, mas francezes tambem, «que hião á conquista das
Canarias, & na ida ou na volta, deram com a dicta ilha, & por a verem sem
gente e pequena a deixaram; mas que, pela tormenta que passaram, e se sal-
varem nella, lhe puzeram logo o nome de Porto Sancto.»—Taes são os subsidios que colhemos respectivos ao descobrimento deste archipelago por castelhanos, ou por castelhanos e francezes junctamente.

A ultima noticia é relativa a descobridores *genovezes. M. d'Avezac*, naquella mesma obra, pag. 116, a refere nos termos seguintes:

«As cartas maritimas do xiv seculo mostram estas ilhas do Porto-Sancto,
Madeira, Desertas e Selvagens com mais certeza e precisão,.... e uniforme-
mente as designam na lingua italiana por estas denominações: *Insule detto Le-
gnama* (legname significa *madeira*), *Porto-Sancto, Insule Deserte, Insule sal-
vatge.* As cartas catalãs mesmas dão-lhes estes nomes. Donde é força concluir
que aos italianos, e especialmente aos genovezes a Europa neolatina deve
a revelação real deste archipelago.»

Porém o *Sr. Major*, zeloso investigador e generoso amigo do renome portuguez (pelo que lhe tributamos profunda gratidão), sustenta na sua citada
obra, pag. 149 e seguintes, que isso não foi sómente devido a genovezes, mas a
portuguezes tambem, capitaneados por aquelles, o que principalmente infere: 1.º
de que no Portulano genovez, de 1351, existente na Bibliotheca de Florença, vem distinctamente marcado o archipelago da Madeira, e designadas as ilhas
dello pelas supradictas denominações italianas, assim como do mesmo modo lá
está o archipelago das Canarias, mas sobre este, juncto da ilha de Lancerote, se vê o escudo das armas da republica de Genova, e não sobre aquelle, com-
provando isto o direito especial com que os genovezes se julgavão a um, e não
ao outro:—2.º de ter sido contractado por el-rei D. Diniz, em 1317, o
genovez Manoel Pezagno para almirante hereditario da armada, com obri-

44

gação de elle e seus successores terem sempre vinte capitães genovezes, practicos de navegação, para cómmandarem as galés reaes; contracto que bem se mostra ter continuado pelos annos seguintes. porque, ainda em 1373, Lancelote, filho do dicto Manoel Pezagno, era almirante da armada portugueza; —e 3.º de um documento escripto por mão de Boccacio, e achado em 1827 por Sebastião Ciampi, no qual conta que, em 1341, dois navios portuguezes, capitaneados por genovezes, e tripulados por italianos, castelhanos, e «*hispani*» (denominação commum a hespanhoes e portuguezes), foram descobrir as ilhas Canarias.

Nestas varias tradições, lendas e noticias, exceptuando as duas ultimas, abundam erros, contradições, e fabulas impossiveis, como se póde ver na mencionada obra de *M. d'Avezac*, da qual extractámos parte da presente nota; erros e fabulas depois solemnemente desmentidos pelos effeituados descobrimentos: porisso, e pela cummulação mesma de tão discrepantes e incriveis relações, é claro não poderem ser tidas por factos historicos, e sómente attestam a tradição da existencia de ilhas no oceano atlantico; mas tradição tão vaga, incerta, e confusa, que, como é sabido, o Infante D. Henrique, bem longe de a seguir, ordenára, pelo contrario, aos navegadores portuguezes que costa-costa fossem em demanda da terra de Guiné, seu supremo intuito; e Christovão Colombo, depois, não póde persuadir os seus genovezes mesmos, nem o rei de Portugal da existencia dessas terras atlanticas que affiançava.—Serão, pois, aquellas tradições e lendas sufficientes para explicar o primeiro impulso às explorações ultramarinas dos seculos XIV a XVI, mas não tiram aos navegadores e descobridores de então a gloria da iniciativa nos descobrimentos mesmos.

Quanto ás noticias do descobrimento franco-castelhano e do genovez, ou luso-genovez deste archipelago, embora abonadas pelas respeitaveis opiniões de *M. d'Avezac* e do *Sr. Major*, não teem os requisitos comprovadamente historicos que se dão na versão referida por Azurara: e que tivessem, nem por isso a invalidavam; porque, pelas rasões que já demos, fica em ponto de certeza que nem estes, nem outrem em Portugal tinham conhecimento dessas noticias, ou pelo menos as acreditavam: se as soubessem ou houvessem por veridicas, seguramente o regimento do Infante aos seus navegadores fôra outro mui diverso do que foi; as expedições ultramarinas dos portuguezes teriam principiado por este archipelago.

As averiguações e inducções destes dois distinctos sabios, engenhosas e efficazes em mera questão hypolhetica, não prevalecem á verdade de facto, assente e comprovada pelos chronistas portuguezes.

Mais.

Em geral:—seria facil inxerir em mappas ou cartas geographicas manuscriptas quaesquer descobrimentos posteriores, por modo que se não reconhecesse o accrescentamento; e poderia ter isso sido feito sem fraude, mas por puro amor da sciencia, quando o não fosse por conveniencia tambem, sendo provavel que assim em muitos casos succedesse, em quanto taes cartas não foram estampadas: porisso, não ligamos inteira fé aos argumentos só de tal fonte derivados. Os espaços brancos nessas cartas admittem, sem rasura, qualquer desenho; mas o livro impresso ou escripto, não póde, incolume, soffrer analoga operação.

Em especial, quanto ao argumento que M. d'Avezac deriva da carta catalã da bibliotheca de Carlos v, para dar por incontestavel que a ilha de Porto-Sancto já era conhecida em França no seculo xiv, como o abalizado geographo francez não aponta a que parte ou distico dessa carta se refere, diremos sómente que, tendo-a cuidadosamente examinado no Atlas do Visconde de Santarem, nada achámos nella relativo ao ponto, e o mesmo Visconde, explicando-a no tomo iii do Essai sur l'Histoire de la Cosmographie, menciona as ilhas que da mesma constam, mas não allude á de Porto-Sancto.

E, quanto ao capital argumento em favor da versão genoveza, ou lusogenoveza, baseado nas denominações das ilhas do archipelago da Madeira, que em italiano, mas de sentido igual ás portuguezas, se leem em cartas geographicas do seculo xiv, permittam-nos os distinctos auctores delle o dizer que não colhe; porque isso é evidente accrescentamento posterior ao facto não só do descobrimento, mas até da povoação destas ilhas pelos portuguezes; e foi talvez feito, especialmente, para conveniencia do commercio e navegação frequentissimos, que mercadores genovezes, catalães, francezes e de outras nações tinham com a ilha da Madeira, a ponto de que não poucos nesta se estabeleceram, e até foram troncos de algumas das mais distinctas familias madeirenses, como se verá em uma das subsequentes notas.

Que, com effeito, isso foi accrescentado nos mappas depois de, por Zargo e seus companheiros, descoberto e povoado o archipelago da Madeira, é facil mostrar pela denominação Deserta, identica em portuguez e italiano, que nelles se vê, dada á ilha ainda agora deste nome.—Estas ilhas eram todas desertas; para qualquer navegador que, antes de povoadas, acaso a ellas viera, tão deserta era, pois, uma, como as outras; e, porisso, daria esse nome ou a todas, ou a nenhuma. Antes da povoação das outras, o especial epitheto deserta applicado a uma unica ilha, não tinha rasão de ser. Pelo inverso, depois de povoadas as ilhas de Porto-Sancto e Madeira, a antonomasia deserta é de rigorosa exacção, contraposta por antithese ao facto de serem as outras povoadas, como o foram, de 1420 em diante. Esta é a logica da linguagem; e com ella está accorde a verdade não só historica, mas a actual, e a geologica: tendo sido desde logo habitadas as ilhas de Porto-Sancto e Madeira, a Deserta, com quanto já se houvesse dado infructuoso começo a povoal-a, nunca até o presente deixou de ser deserta; porque, ainda que productiva e pittoresca, é menos apta que as demais ás necessidades dos habitadores, por

44.

ser de difficil accesso e escassa de aguas: em outra paragem, de ha muito tempo estaria *povoada;* nesta, tarde deixará de ser *a Deserta.* É, pois, evidente, que a denominação *Deserta* é posterior a 1420, e portanto de origem portugueza, como conta Gaspar Fructuoso no cap. xiv, pag. 72; e, se ella o é, não ha rasão para que as demais o não sejam. Deduz-se daqui, como forçoso corollario, que as denominações italianas foram traducção das portuguezas, e não estas, daquellas; e que era impossivel que as ilhas do archipelago da Madeira houvessem sido com seus nomes descriptas em mappas do seculo xiv.—Se tal caso podéra dar-se, maxime por effeito de expedição portugueza, não o ignorára o Infante, intimo, como estava, em tracto scientifico e nautico, especialmente com catalães e genovezes; a expedição ao archipelago da Madeira teria sido a sua primeira empresa ultramarina; e então (seja dicto á puridade) a aventura de Machim, como causal da primeira vinda de Zargo a estas ilhas, fundia-se em absurda.

Só accrescentamento posterior póde explicar o facto de apparecerem estas ilhas, e por seus nomes designadas, nas celebres cartas de 1351 e de 1375.

A verdade portugueza de Azurara subsiste, e acrysola-se na discussão.

NOTA V

Descobrimento da ilha da Madeira por inglezes: caso de Machim e Anna de Arfet.

«Acharam huma cruz em huma arvore com letras, que diziam: «*Aqui* «*chegou Machim, inglez, com tormenta; e aqui jaz enterrada huma mu-* «*lher que com elle vinha.*»—Pag. 19.

«Ainda que ja atraz tenho contado brevemente o que se conta de Machim....tudo relatado conforme ao que escreve o notavel *Capitão Antonio Galvão* em hum *Tractado,* que fez, *de novos descobrimentos....* agora quero contar....mais verdadeira e particularmente....da maneira que aconteceu esta saudosa historia.»—Pag. 25.

I

ESCRIPTOS QUE REFEREM O CASO DE MACHIM.

Os de que temos noticia, além das *Saudades da Terra,* de Gaspar Fructuoso, que ora publicamos na parte respectiva a estas ilhas, são os seguintes:

_: *Relation historique de la découverte de l'Isle de Madère*, traduit du Portugais de *François Alcaforado*, Escuyer de l'Infant de Portugal D. Henri (Paris, 1671): —pag. 1-20. ·

Descripção das Ilhas do Atlantico, pelo allemão *Valentim Fernandes* ou *Valentim de Moravia*, manuscripto de 1508, em portuguez, existente na Bibliotheca de Munich.

Tractado... de todos os descobrimentos antigos e modernos que são feitos em a era de 1550, pelo *Capitão Antonio Galvão* (Lisboa, 1563):—fol. 15 e seguintes.

Historia do descobrimento da Ilha da Madeira, e da decendencia nobelissima de seus valerosos Capitães, manuscripto anonymo que possuimos, e que presumimos ser o original, e escripto pouco antes de 1590 pelo *Conego* da Sé do Funchal *Jeronymo Dias Leite*, fol. 1-4.

Outra Historia do mesmo descobrimento, escripta em latim, da qual nos consta haver um exemplar na Bibliotheca Publica de Lisboa: é provavelmente a que o *Doutor Manoel Clemente* compoz na dicta lingua, e que *D. Francisco Manoel de Mello* aponta na dedicatoria da *Epanaphora* III.

Insulana, poema de *Manoel Thomaz* (Anvers, 1635):—liv. III, est. 54 e seguintes.

Epitome de las Historias Portuguesas, por *Manoel de Faria y Sousa* (Madrid, 1628):—parte III, cap. XI, in fin.

Epanaphora III, de *D. Francisco Manoel de Mello* (Lisboa, 1660):—pag. 313.

Europa Portugueza, pelo mesmo *Faria e Sousa* (Lisboa, 1678):—tom. II, parte III, cap. III, in fin.

Castrioto Lusitano, por *Fr. Raphael de Jesus* (Lisboa, 1679):—pag. 2-4.

Historia Insulana, pelo *P.* *Antonio Cordeiro* (Lisboa, 1717):—Liv. III, cap. IV.

Memorias sobre a creação e augmento do Estado Ecclesiastico na Ilha do Madeira, manuscripto anonymo que presumimos ser de *Henrique Henriques de Noronha*, e do qual possuimos uma copia de lettra do principio deste seculo:— pag. 277 e 373.

Memorias para a Historia... delrey D. João I, por *José Soares da Silva* (Lisboa, 1730):—Liv. I, cap. LXXVI-LXXX.

Vida do Infante D. Henrique, por *Candido Lusitano* (o *P.* *Francisco José Freire*) (Lisboa, 1758):—pag. 147-176.

Zargueida, poema, por *Francisco de Paula Medina e Vasconcellos* (Lisboa, 1806): —cantos II, IV, VII, IX e X.

Account of the Island of Madeira, by *N. C. Pitta*, M. D. (London, 1812):
— pag. 11. É um folheto de 130 pag., em 8.º pequeno, e com muitos espaços brancos.

Apontamentos históricos e geographicos sobre a Ilha da Madeira, pelo *Dr. João Pedro de Freitas Drummond*, manuscripto de mil oitocentos vinte e tantos, cujo original existe na Bibliotheca da Camara Municipal do Funchal, e de que extrahimos copia: — fol. 3.

Breve Noticia sobre a Ilha da Madeira, por *Paulo Perestrello da Camara* (Lisboa, 1841): — cap. i e v. É um folheto de 136 pag. de 8.º pequeno.

Africa Occidental, pelo Sr. *Francisco Travassos Valdez* (Lisboa, 1844): — tomo i, cap. i, pag. 44 e 45.

Iles de l'Afrique, par M. *d'Avezac* (na collecção intitulada *L'Univers*, Paris, M DCCC LXVIII): — P.ᵃ ii, § iii, pag. 116.

The Life of Prince Henri of Portugal, by *Richard Henry Major* (London, 1868): — cap. v e viii.

São vinte e um escriptores (ou melhor, vinte, como depois veremos) ao todo, comprehendendo o Dr. Gaspar Fructuoso. Agrupam-se em seis categorias. — A 1.ᵃ considera Machim não só como primitivo descobridor da ilha de Madeira, mas tambem como causa de Zargo e Tristão Vaz descobrirem a ilha de Porto-Sancto, e depois virem áquella, tudo por virtude da noticia do mesmo Machim, dada pelo piloto João de Morales. A 2.ᵃ dissente da 1.ᵃ em dar a ilha de Porto-Sancto como descoberta por castelhanos, ou por estes junctos com françezes, ou por navegador não declarado. A 3.ᵃ discrepa de ambas em haver a ilha do Porto-Sancto como descoberta por Zargo e Tristão Vaz, por effeito casual de tempestade, que a ella os arrojou. A 4.ᵃ diverge das tres anteriores em conferir a Bartholomeu Perestrello a gloria de ter sido elle o descobridor da ilha de Porto-Sancto. A 5.ᵃ discorda das quatro antecedentes em reputar Zargo e Tristão Vaz, além de descobridores casuaes da ilha de Porto Sancto, descobridores intencionaes da ilha da Madeira, vindo de proposito daquella a esta, onde acharam as sepulturas de Machim e Arfet, e os epitaphios de ambos. A 6.ᵃ extrema-se das cinco que a precedem em mencionar varias versões, sem acceitar definitivamente nenhuma. A 7.ᵃ refere a lenda de Machim, mas tem-na por conto engenhoso.

Não sabemos em qual das categorias metter o auctor da Historia da ilha da Madeira escripta em latim, porque não vimos a obra; e, quanto a Valentim Fernandes, do que o Sr. Major diz do escripto delle inferimos pertencer á 1.ᵃ

Na 1.ª categoria, pois, além deste Fernandes (o qual leva Machim á ilha de Porto-Sancto, desta á ilha da Madeira, depois a Marrocos, e de Marrocos á Hespanha, onde o infeliz morre), está o Dr. João Pedro de Freitas Drummond (o qual reconhece corrompidas e alteradas as primitivas tradições, e contradictorios os escriptos que consultou).

Na 2.ª filiam-se Jeronymo Dias Leite, Manoel Thomaz, e Henrique Henriques de Noronha.

Na 3.ª acham-se Francisco Alcoforado, D. Francisco Manoel de Mello, José Soares da Silva (o qual diz da lenda de Machim que «se tem por verdadeira»), o Dr. Nicolau Caetano Pitta, Fr. Raphael de Jesus (o qual só falla de Machim, e não de Anna d'Arfet; não o deixa finar na Madeira, mas della o leva no mesmo navio a naufragar, não em Marrocos, como referem Valentim Fernandes e Galvão, e onde os outros escriptores põem captivos os companheiros do mesmo Machim, mas em Argel), Francisco de Paula Medina e Vasconcellos, M. d'Avezac, e o Sr. Major.

Na 4.ª encorporam-se Manoel de Faria e Sousa e Francisco José Freire (o qual diz que «alguns teem por fabulosa» a historia de Machim).

Na 5.ª vem unicamente Paulo Perestrello da Camara, que só por espirito de familia, contra o dicto unanime dos escriptores respectivos, attribue a Bartholomeu Perestrello o descobrimento da ilha de Porto-Sancto.

Na 6.ª apparecem Antonio Galvão (que não conta Machim finado na Madeira, mas naufrago em Marrocos, e dahi levado a Castella), o Dr. Gaspar Fructuoso, e Antonio Cordeiro (este quanto á ilha de Porto-Sancto; porque, tocante ao descobrimento da Madeira, está na 3.ª categoria).

Na 7.ª só tem logar o Sr. Francisco Travassos Valdez, que narra o caso de Machim como mero conto.

Todos estes escriptores são accordes em que da ilha de Porto-Sancto se avistavam indicios de terra no ponto onde depois se reconheceu ser a ilha da Madeira: e isto foi, conforme uns, a causa unica, e, conforme outros, uma das principaes causas porque Zargo resolveu demandar pela primeira vez esta paragem em busca da *terra nova*.—Dos supracitados escriptores que affirmam o caso de Machim, nenhum, excepto o *Sr. Major*, conhecia a Chronica do descobrimento de Guiné, de Azurara, ja extraviada ao tempo delles, como diz o *Visconde de Santarem*, na introducção á mesma chronica.

É evidente que os escriptores da 6.ª e 7.ª categoria attestam a mera existencia da lenda, não como facto historico reconhecido; os da 5.ª não excluem, e até admittem, a versão dada por Azurara e pelos outros escriptores mencionados na nota III, combinando-a com o caso de Machim; estes grupos deixam, pois, intacta aos portuguezes a gloria do descobrimento do archipelago da Madeira, como proveniente da nossa iniciativa nas explorações maritimas pela costa de Africa Occidental, e de superveniente tempestade. Só os da 1.ª no

todo, e os da 2.ᵃ, 3.ᵃ e 4.ᵃ, em parte,. repellem a versão dos chronistas,
e depõem a ceroa dessa gloria na cabeça de um inglez: e d'entre estes mesmos só, em verdade, avultam, primeiro o Sr. Major, que discute o ponto e o
defende com mestria e admiravel erudição; depois o Conego Leite, que lhe
dá um colorido de crença; depois D. Francisco Manoel de Mello, que se faz
cargo de popularisar a lenda, romanceando-a; depois o nome, só o nome, de
Alcoforado: todos os mais ficam no claro escuro do quadro, são quasi meros
expositores de ditos albeios.

Em numero, portanto, sobrelevam estes escriptores muito aos chronistas
que affirmam a verdade do descobrimento do archipelago da Madeira por Zargo e Tristão Vaz; mas no mais não.—Nenhum foi contemporaneo do facto;
e Azurara era-o; nenhum tão habilitado como os chronistas para escrever do
mesmo facto; estes estão contestes, os outros divergentes, quando não contradictorios: os parallelos sómente entre uns e outros é forte argumento contra
a lenda de Machim, e a favor da versão de Azurara, com a qual muitos não
repugnam, e alguns só em parte: sendo que, por não conhecerem a citada
chronica, nem os dictos delles teem força de contestação, nem pelo theor della poderiam corrigir suas opiniões.

Por estas e outras rasões, é que, além do Sr. Francisco Travassos Valdez, outros illustres escriptores modernos nacionaes teem continuado, apezar
do parecer dos auctores mencionados nesta nota, a despresar, como supposta
ou mero romance, a lenda de Machim, e taes são D. Fr. Francisco de S.
Luiz, na Relação chronologica summaria das navegações... dos Portuguezes, e o Visconde de Santarem, na nota (1) a pag. 388 da Chronica do descobrimento de Guiné.

Dicto isto no geral, passemos ao especial.

O Sr. Major, nas considerações com que sustenta a sua opinião, chama á authoria quatro unicos dos auctores apontados nesta nota,—Francisco Alcoforado, Valentim Fernandes, Antonio Galvão, e D. Francisco Manoel de
Mello: porisso tambem, nas observações especiaes, que teremos a honra de
expor perante apreciador tão competente, restringir-nos-hemos a estes mesmos
escriptores.

II

FRANCISCO ALCOFORADO.

Temos presente a Relation Historique acima citada, impressa em Paris,
no anno de 1671, como obra de Francisco Alcoforado. Ultimamente a Ex.ᵐᵃ
Sr.ᵃ D. Maria de Oliveira, desta cidade do Funchal, a mandou reimprimir,
na fé de que era o primordial monumento da historia do descobrimento da

ilha da Madeira. E sel-o-hia, com effeito, se tivera por auctor um dos companheiros de Zargo, como se diz que Alcoforado foi: então estaria irrefragavelmente provado o caso de Machim, e o como a noticia delle trouxe cá os nossos portuguezes; porque tudo nesse folheto se acha minuciosamente relatado. Mas a boa fé dessa illustre senhora, como a de muitas outras pessoas, foi ludibriada: tal escripto não é, não póde ser de Alcoforado; não passa de contrafeição da *Epanaphora de Mello;* é uma mera fraude, e tão boçal, que, figurando-se ahi ser Alcoforado dos da expedição de Zargo, no anno de 1420, não obstante, ahi apparece Alcoforado a *referir-se á cidade do Funchal,* a qual só em 1508, por carta de D. Manoel, cidade foi, como adiante se verá; a *alludir á Asia, de João de Barros,* cuja primeira Decada só foi dada ao prelo em 1552; a *duvidar do incendio das matas virgens da Madeira,* a respeito do qual não podia deixar de saber se o houve, ou não; e em fim a *fallar pelo estylo seiscentista* do aprimorado Mello!—Fôra mister que Francisco Alcoforado vivesse uns bons duzentos annos, e que só ao cabo delles escrevesse, para que dissesse, e pela phrase com que lá está, o que da *Relation Historique* consta.

Para que de um lanço de olhos os incautos se desilludam, ahi vão confrontados dois trechos parallelos.

TEXTO DA EPANAPHORA.	TEXTO DA RELATION HISTORIQUE.
„Passouse logo ao Funchal, porque para reparo das embarcaçoens, eraõ, como dissemos, os Ilhéos mais acomodados, que a costa; & parecendolhe pella abundancia da agua, & fermosura do valle dos funchos, este sitio muy idôneo de pevoação, deu nelle principio á *Cidade do Funchal,* que em breve fez illustre; cujo primeiro Altar ofereceo a Deos sua mulher Constança Rodrigues, matrona piadosissima, debaixo do orago & patrocinio de Santa Caterina Martyr. Contra o que (não taõ bem informado como costuma) escreveo *João de Barros,* em sua primeira Decada da Azia, antepondo a esta fundação a de outras duas Igrejas. Da mesma sorte, he força que *duvide do incendio,* que elle affirma durou sete annos por toda a Ilha. Ao que, parece, implicão os bosques, q̃ sempre nella permanecerão, dos quaes ha tantos annos se cortão madeiras, para fabricas dos assucres.	On passa en suite au Funchal, parce que, comme nous l'avons dit, ses petites isles estoient plus propres pour la sureté des vaisseaux que les côtes, et cette situation leur paroissant, à cause de l'abondance des eaux et de la beauté de la vallée, très-propre à y fonder une colonie, ils commencèrent à y bâtir la *ville de Funchal,* qui devint illustre en peu de temps, et de laquelle le premier autel fut offert à Dieu par Constance Rodrigues, sous le patronage de sainte Catherine, contre ce qu'a écrit *Jean de Barros,* moins bien informé à cet égard que de coutume, préposant la fondation deux autres églises à celle-cy. Cette méprise me fait *douter de l'embrasement* qu'il affirme avoir duré sept ans en cette isle, auquel semblent contredire les grands bois qui y ont toujours demeuré, quoy qu'on en ait coupé une grande quantité depuis plusieurs années, pour servir aux moulins à sucre.

45

A *Relation Historique* é toda assim: traducção da *Epanaphora*. ... falseada no nome do auctor.

No anno de 1675 appareceu esta mesma fraude reproduzida em Londres, no idioma inglez.

A evidencia della, se não desconceitua, pelo menos não abona a lenda de Machim.

Fique-se, pois, a *Relation Historique* reduzida ao que é; e, em pena, hajamol-a por excluida dos escriptos a consultar para a historia do descobrimento destas ilhas.

O *Sr. Major* não se soccorre a esta obra.—Mas nem por isso deixa de haver rasões que ao seu muito illustrado espirito apontam *Francisco Alcoforado* como auctor de uma *Relação do descobrimento da ilha da Madeira pelo inglez Roberto Machim*, embora tal Relação não appareça. Essas rasões foram com mestria de escriptor e especial erudição exhibidas pelo sabio britanico; e tanto basta para que não passem desapercebidas, e nos detenhamos nellas. O ponto vale a pena, por capital que é: averiguado que um companheiro de Zargo testifique o caso de Machim, e como origem da vinda do mesmo Zargo á ilha da Madeira, a auctoridade de Azurara invalida.

Exponhamos, pois, no logar de honra, as ponderações do *Sr. Major;* depois as contrarias; e esperaremos tranquillos o veredicto de tão conspicuo juiz: que por juiz, francamente, o tomamos nesta questão historica, em que não ha outro interesse senão o da verdade mesma, pela qual todos lidamos.

João de Barros, na Decada i, liv. i, cap. iiii da sua *Asia*, publicada pela primeira vez em 1552, escreveu:

«Os herdeiros de João Gõçalues tem escriptura muy particular deste descobrimento, & querem que toda a honra & trabalho delle lhe seja dada, dizendo que Tristão Vaz não era homem de tanta idade, nem calidade como Joam Gonçalves.»

D. Francisco Manoel de Mello, na dedicatoria da Epanaphora do descobrimento da ilha da Madeira, publicada pela primeira vez em 1660 (isto é, mais de um seculo depois da Decada i, de Barros), disse:

«O nosso Livio Portuguez (bem se sabe que digo João de Barros) começou a escrever della (isto é, da historia do descobrimento da ilha da Madeira), em a sua primeira Década de Asia. O Doutor Manoel Clemente, que foy Prégador de tres Pontifices em Roma, compoz desta historia hum livro em latim, q̃ dedicou á Sãtidade de Clemente vii. Poucos annos ha q̃ Manoel Thomaz, nosso amigo, publicou, da propria acção, o seu Poema, chamado *Insulana*. Antes, & melhor que todos, Francisco Alcaforado, escudeiro do Infante D. Henrique, fez de todo o successo hũa Relação, que offereceo ao mesmo Infante, tão chea de singeleza, como de verdade; por ser hum dos companheiros neste descobrimento: a qual Relação, original, eu guardo como joya preciosa, vinda à minha mão por extraordinario caminho.»

«Refiroves o avoengo destas memorias, porq a antiguidade as tem justificado, & ennobrecido. E tambem porque conheço naõ he meu credito bastante, para que, por si sómente, inculque ao Mundo como verdadeira, hũa historia taõ exquisita.»

No final da mesma Epanaphora, memorando Mello. as familias illustres descendentes de Zargo, escreveu o seguinte:

«E por casamentos procedem de João Gonçalves 21. titulos deste Reino.... E, porque em suas cousas naõ pareça inválido meu testimunho, he rezão que eu me conte em a propria lista de seus sucessores, não com menor obrigação, que alguns que tenho referido; pois tirando os que possuem os mòrgados de suas baronias, sou eu quem goza o mayor mòrgado da familia dos Camàras, instituido por Antão Rodrigues da Camara, que foi materno avó de meu avó paterno, & neto de João Gonçalves da Camara, filho de seu segundo filho, Ruy Gonçalves, senhor da Ilha de S. Miguel.»

Sobre estes dados discorre o *Sr. Major*, pelo seguinte modo:

«O elegante escriptor portuguez D. Francisco Manoel de Mello nas *Epanaphoras de varia historia Portugueza* (Lisboa, 1660) foi o primeiro em dar minuciosa noticia do successo (o descobrimento da ilha da Madeira por virtude do caso de Machim), declarando que a houve de uma *Relação original* de *Francisco Alcaforado, escudeiro do Infante D. Henrique, e companheiro então de Zargo*; Relação que o mesmo Mello diz guardar como joia preciosa, vinda á sua mão por extraordinario caminho. Mas, como sobre esta Relação se accummulassem grandes suspeitas, puz-me ao trabalho de investigar se ella realmente existia. Os livros que haviam sido de D. Francisco Manoel de Mello tinham passado á Bibliotheca Nacional de Lisboa: ahi, pois, a pedido meu e solicitações do illustre fidalgo portuguez o Conde das Rilvas, se procedeu a deligentes, mas infructuosas buscas do manuscripto de Francisco Alcaforado, o malogro das quaes suscitou desconfiança da declaração de Mello; desconfiança que se aggravou com o achado, entre os dictos livros, de um exemplar do *Tractado de todos os descobrimentos*, escripto por Galvão em 1555, no qual apparecèra impresso, pela primeira vez, o caso de Machim, muito menos minucioso que na Epanaphora.....»

«Mas factos ha que, entre si combinados, attestam por verdadeira a assersão de Mello possuir, realmente, o manuscripto de Alcaforado, ao presente perdido. Conta aquelle, sob testimunho deste, não só o successo de Machim, mas tambem, e miudamente, o ulterior descobrimento feito por Zargo, dizendo que Alcaforado nelle tomára parte: Barros, que escreveu antes de Mello um seculo, affirma que no seu tempo os herdeiros de Zargo possuiam

45.

uma minuciosa historia da expedição deste: o mesmo Mello informa que, por casamento, representava a familia desse navegador.....»

«.... E pois que Mello declara possuir o manuscripto original de Alcaforado, vindo á sua mão por extraordinario caminho, o que se explica pelo facto de se ter elle tornado representante da familia de Zargo por allianças matrioniaes; e pois tambem que Barros positivamente affirma, cerca de um seculo antes de Mello, que essa familia possuia uma cabal relação da viagem de Zargo, viagem que o mesmo Mello refere; a suspeita contra a nunca impugnada veracidade deste torna-se mais insustentavel que o credito em favor dessa mesma veracidade (suspicion of De Mello's truthfulness, never otherwise impugned, becomes more indefensible than credulity).»

Taes são as rasões pelo Sr. Major adduzidas pró do manuscripto de Francisco Alcoforado.

Summariemos os principaes fundamentos que nos afastam desta opinião. Se Alcoforado houvera escripto, e dado ao Infante D. Henrique, a celebre Relação do descobrimento do archipelago da Madeira que Mello lhe attribue, Azurara, que, «per mandado» do mesmo Infante, «havendo de todo enformaçom,» escreveu a Chronica de Guiné na qual relata esse descobrimento, de força teria conhecido o escripto de Alcoforado; tel-o-hia citado, como no cap. xxxii, pag. 165, citou o manuscripto de Affonso Cerveira; e teria fallado de Machim, e referido aquelle descobrimento, não pelo modo que vemos nestas notas, a pag. 331, mas conforme D. Francisco Manoel de Mello o conta.—A Chronica de Guiné, existente e authentica, ja porque nada diz da Relação attribuida a Alcoforado, ja porque o que diz do descobrimento das ilhas do Porto-Sancto e Madeira é avesso ao que Mello dá por achado nessa Relação, desmente tanto a affirmativa da existencia de tal escripto, como a de seu supposto theor. A verdade é uma; e entre as duas contrarias versões tudo conspira a confirmar a de Azurara, como ja mostrámos, e a desauctorar a de Mello, como mostraremos.

Mas a Azurara aggregam-se Barros, Damião de Goes, Duarte Nunes de Leão, Antonio Galvão, Gaspar Fructuoso, todos quantos até o tempo de Mello escreveram do descobrimento destas ilhas, e especialmente do caso de Machim; nenhum dá noticia da obra, nem da pessoa de Francisco Alcoforado. Só Mello diz ter visto e possuir esse escripto, mas ninguem mais, antes ou depois delle, o viu, nem consta possuisse.—Aqui trazemos a pelo tudo quanto no erudito Prefacio da obra do Sr. Major se lê tocante a um singular manuscripto, publicado em França por M. Luciano de Rosny, e depois por M. Pedro Margry em um livro que tracta das navegações francezas dó xiv ao xvi seculo; manuscripto que estes escriptores declararam ser possuido em 1853 por um certo W. Carter, e então, por permissão deste, copiado pelo primeiro; mas tanto do original, como do possuidor nunca mais tem sido possivel haver vista. Analogas rasões ás que levão o *Sr. Major* a afastar do gremio dos factos historicos a realidade pessoal de W. Carter e a do manuscripto deste, persuadem a ter como supposto o original de Alcoforado, e até que este houvesse sido um dos companheiros de Zargo.—Quando tractarmos de D. Francisco Manoel de Mello, diremos qual o grave motivo politico que presumimos o obrigou a escrever e publicar a Epanaphora do descobrimento da Madeira.

A propria Epanaphora mostra que essa Relação por Mello supposta original, e á qual inculca ter-se principalmente soccorrido para compor a mesma Epanaphora, não é obra de contemporaneo, testimunha presencial dos factos, e directo conhecedor da pessoa e logares de que escreve, como de força deveria ser Francisco Alcoforado, se, com effeito, era escudeiro do Infante D. Henrique, e um dos companheiros de Zargo no descobrimento da ilha da Madeira.

Escriptor que tractou com a pessoa, viu os logares e quinhoou nos acontecimentos de que tracta, não infere, não hesita, não duvida nisso; affirma com convicção, conta com exactidão, explica com clareza, determina com segurança as pessoas, os factos, os logares, e as datas mais importantes; mostra-se participe no caso e na narração delle: ora, na Epanaphora, falla-se quasi sempre por terceira pessoa (foram, deram, abraçaram-se, viram, etc.); uma unica vez se allude ao nome Francisco Alcoforado, mas não a facto delle no descobrimento de que se tracta; manteem-se cautamente os acontecimentos em determinação mais ou menos vaga; infere-se, hesita-se, duvida-se, ou claudica-se sobre importantes circumstancias de pessoa, de logares e de factos; e, portanto, é evidente ser isso ahi relatado não «com singeleza e verdade» bebidas no escripto original de um dos companheiros de Zargo neste descobrimento da Madeira, como diz Mello, mas por um erudito de epocha muito posterior ao evento.

Adiante vae transcripto longo extracto da Epanaphora; delle se póde verificar a exacção destas observações: mas, para esclarecimento, apontemos alguns exemplos.

Comecemos pela falta de determinação de datas.

Quando succedeu o caso de Machim?—A Epanaphora responde: «*Quando governava pacificamente o grande Rey D. Duarte Terceiro* (de Inglaterra);» isto é, entre os annos de 1327 a 1377:—um periodo de cincoenta annos.

João de Morales foi pilotando o navio de Zargo; Francisco Alcoforado ia nelle tambem; por muitas vezes, pois, ter-lhe-ia este ouvido fallar de quando esteve captivo em Marrocos junctamente com os inglezes, companheiros de Machim, e memorar os annos que isso durou; annos que, quanto mais longos, mais contados e lembrados, e nunca omittidos na repisada narração de quem os penasse: é isto o natural; isto referiria o narrador de *verdade sin-gella.*—Mas a Epanaphora diz sómente que esse captiveiro *fui de muitos annos.*

A conquista de Ceuta foi facção das mais celebradas do reinado de D. João 1; o Infante D. Henrique guerreiro preclaro nella. O seu escudeiro Alcoforado devel-o-hia acompanhar na expedição; mas que não acompanhasse, o não ter claro na memoria o anno e dia do tão assignalado triumpho era impossivel. Em que data, pois, foi isso?—A Epanaphora responde: *Alcançou D. João este triumfo pelos annos de 1415,* o que é não a affirmativa segura e peremptoria de um contemporaneo, intimo com o feito e com o heroe delle, mas phrase cauta de um erudito postero, registando a medo a duvida que não póde solver.

João Gonçalves Zargo era o capitão na companhia do qual ia o escudeiro Alcoforado. O descobrimento da ilha de Porto-Sancto, que a Epanaphora refere como feito pelo mesmo Zargo, era importante por diversas razões, especialmente por ser o primeiro dos portuguezes: o dia memoravel em que teve logar, memorado seria por Zargo, pelos seus companheiros, por todos quantos colonos vieram habitar Porto-Sancto. Todas as boccas que fallassem em roda de Alcoforado, todos os eventos preteritos e todos os que se preparavam nas explorações maritimas dos nautas, familiares do Infante D. Henrique, pregoavam esse dia assignalado. Qual foi elle?—A Epanaphora não o diz, e só responde: *O anno atraz passado de 1418.*—*O anno atraz passado!* como se um portuguez de então, fallando do nosso primeiro deccobrimento, e em que talvez tinha tomado parte, podesse preterir na ordem da narração dos acontecimentos o que precedeu todos os outros! A logica do enthusiasmo lh'o punha no rosto da relação que disso fizesse. Essa phrase da Epanaphora só a podia conceber um narrador estranho, ao menos pelo intersticio de tempo, ás indeleveis impressões da grande epocha do Infante D. Henrique.

Em que dia João Gonçalves Zargo sahiu de Portugal a demandar a Terra-nova, isto é, da ilha da Madeira?—A Epanaphora responde: *No principio de Junho daquelle anno (de 1420).*

Em que dia Zargo se fez á vella da ilha de Porto-Sancto, e lançou pela primeira vez a próa para a mesma ilha da Madeira?—A Epanaphora responde: *Hũa madrugada;* madrugada que bem podéra determinar de que dia, visto dizer logo adiante que o dia seguinte fôra o da visitação de Nossa Senhora, e que neste tomou Zargo, em nome do rei de Portugal, posse da ilha, a qual dois religiosos purificaram com agua benta; o que, aliás, desde muito antes de Mello estava dicto no poema *Insulana,* de Manoel Thomaz (liv. 17, estancias 37-39), por elle Mello citado na dedicatoria:

. . . . . . Na agua . . . . . .
. . . .
A benção fez dizer . . . . . .

Sendo dous Religiosos, que trouxerão,
Os ministros ditosos, que a benzerão.

. . . .
. No dia foy em que a sem pár Maria
· De Judea a Montanha celebrada,
  Com seu casto Joseph em companhia,
  Deixou de suas plantas sempre honrada;
  Ao Velho mudo, cheo de alegria;
  A esteril contente, visitada;
  Ao milagroso Ioão, por tenro Infante
  No ventre de Izabel, Primo Dançante.

Não póde conciliar-se a indicação vaga «uma madrugada» com a positiva determinação do dia seguinte, o da visitação da Virgem. Resalta disto não a narração singela e verdadeira derivada de um escripto contemporaneo, mas a amalgama posthuma de desconnexos subsidios.

Quem escreve de successos para si hodiernos, vê-os tão conjunctos e a bem dizer simultaneos, que instinctivamente os assignal-a não por annos, nem por modo vago, o que denuncia commemoração feita em periodo não pouco posterior; mas pelo anno, e mez, e dia, em respeito siquer aos factos capitaes, maxime se forem tambem por qualquer face pessoaes ao escriptor mesmo: e isto se déra na Relação do descobrimento da ilha da Madeira attribuida por Mello a Francisco Alcoforado; e isto se produziria na Epataphora, inculcada pelo auctor como transumpto dessa Relação, se Mello realmente a possuisse.

E note-se que, mostrando-se a Epanaphora tão esquiva a régistar as datas perfeitas dos eventos intrinsecos do seu assumpto, pelo contrario, menciona terminante duas que o não são: uma é extrinseca a esse assumpto, a da morte de D. Sancho, mestre da ordem de Calatrava, como succedida em 5 de Março de 1416; e outra, posterior a esse assumpto mesmo, a da doação vitalicia da ilha da Madeira, feita em 26 de Setembro de 1433, por el-rei D. Duarte ao Infante D. Henrique.—Não podemos convencer-nos de que o chronista de Machim tomasse de memoria estas datas, e preterisse eu tivesse em confusa reminiscencia as notaveis ao successo, á patria, e a elle mesmo; não póde ser. Isto tem outra explicação: conveniencia ou ignorancia; conveniencia em umas, ignorancia em outras ommissões ou indicações vagas. Isto é um dos caracteristicos das fraudes historicas. Por aqui se escondem, por aqui se revelam. O intertecer-lhes alguma data e circumstancias verdadeiras é velho artificio sinonico, que desde o cavallo de Troya para cá mais previne, do quo illude. O singelo e verdadeiro chronista do que viu, do que presenceou e em que interveiu, não relata assim.

Do que a Epanaphora diz de alguns logares, factos, e da pessoa do proprio Zargo, mais se evidenceia que não teve por fonte um escripto nas circumstancias em que considera estar a supposta Relação, de Francisco Alcoforado.

A estancia naval fundada na ponta de Sagres pelo Infante D. Henrique foi de principio, ao que parece, denominada *Tercena nabal*. Qual a rasão disto?—Alcoforado, se a dissesse, seria chã e terminantemente, como sabida que havia de ser no tempo, e pelos familiares do dicto Infante melhor que por ninguem: mas a Epanaphora accummula erudição linguistica sobre este ponto, e põe a chave do enigma a cargo dessa erudição mesma. Mostra sciencia aposite do caso, mas não conhecimento do caso mesmo.

Na exploração que em barcos Zargo e seus companheiros iam fazendo pela primeira vez ao longo da costa do sul da ilha da Madeira, na direcção léste oeste, chegaram em frente de um valle, de facil desembarque em uma grande restinga, pouco antes do sitio depois chamado o Funchal: alli, por ordem de Zargo, sae em terra Gonçallo Ayres com bom numero de soldados, «para que, penetrando mais o sertão.... podesse trazer as ultimas noticias.» Esse valle é o que se ficou até agora chamando Ribeira de Gonçallo Ayres. Este Gonçallo, diz a Epanaphora, «*voltou brevemente*, sem outra nova informação, que *haver visto como o mar cercava toda a terra; donde se acabou de conhecer que ella era ilha.*»—Veja-se o logar das *Saudades da Terra*, a pag. 38 deste livro, parallelo ao supratranscripto da Epanaphora, e é de pasmo a differença entre ambos.—Com effeito, o que Fructuoso refere neste ponto é verisimil, natural; e o que Mello escreve é impossivel, intrinsecamente impossivel; porque, se, para da Ribeira de Gonçallo Ayres chegar ao *Pico Ruivo*, unico donde se vê como o mar cerca toda a ilha da Madeira, são precisas, no estado actual da viação e meios de transporte, não menos de doze a quinze horas continuas de transito, em direcção a esse ponto ja sabido, e por caminhos de antemão conhecidos, quantos dias não seriam mister para ir lá ter, ao acaso, atravez dos invios sertões da ilha, na occasião do descobrimento della, e regressar áquella ribeira?—Fazer isto *brevemente*, em poucas horas, no mesmo dia.... impossivel. Sómente o ir desde a fundura desse corrego, o trepar ou ladear-lhe as camadas basalticas, temerosas quaes naquelle tempo seriam, e ainda hoje mostram; o romper pelas matas virgens de então; o galgar ás alturas gigantescas e alcantiladas que assoberbam o logar; e o descer depois de penhasco em penhasco, e regressar á praia; trabalho seria esse para longas e afadigadas horas: mas *brevemente*, não podia nesse tempo ser.—Não era, pois, companheiro de Zargo; nunca viu nem do mar, a Ribeira de Gonçallo Ayres; desconhecia totalmente a topographia da ilha da Madeira o auctor que tal cousa escreveu. Que o improviso seja da Relação *original*, ou da Epanaphora, é tão atrevido e descommunal que desauctorisa ambas.

Corre parelhas com esta a não menor ficção, no seu tanto, de que Zargo «tomou agua e lenha» nos dois ilhéos, que, no dizer pittoresco de Mello, são os guardaventos do porto do Funchal. Desses dois ilhéos, o mais ao mar é ainda agora insulado nas aguas como dantes, pelo que conserva o nome *Ilhéo*; o outro, desde muitos tempos ligado ao litoral da ilha por fortes paredões, tem, porisso, a denominação de *Pontinha*: ambos são escalvados penhascos, açoitados e varridos pelas vagas nas levadias e tempestades do quadrante do sul, infelizmente não raras nesta paragem; ambos, porisso, só teem a vegetação do limo e musgo maritimos; ambos são sem nascente alguma de agua potavel; ambos, inabalaveis testimunhas a deporem com à sua eterna nudez contra a affirmativa, posta a cargo de Alcoforado, de terem elles dado agua e lenha a Zargo e seus companheiros.

Igualmente o commento negativo, feito na Epanaphora ao incendio de *septe annos* nos sertões primitivos da Madeira, repelle, por sua mesma natureza, que na Epanaphora collaborasse um escripto de qualquer companheiro de Zargo; porque esse, fôra Alcoforado ou outro, saberia bem se houve ou não a formidavel queimada; se a houve, e relatando-a elle, não seria licito á Epanaphora contestal-a; se não a houve, elle não fallaria nella, ou desmentil-a-hia peremptoriamente, se alguem tivesse ousado invental-a; e o silencio, ou o desmentido seria o melhor argumento da Epanaphora, argumento que nella se-não adduz; e esta ommissão auctorisa a opinião de que Mello nenhum manuscripto do tempo tinha presente: e, por outro lado, as rasões que Mello exhibe, firmadas em factos posteriores, só delle mesmo podem ser; porque, em um coevo, eram anachronicas. O mero investigador averigua conjecturalmente os factos; mas o observador presencial affirma ou nega, conforme o succedido.

Presupposto que Francisco Alcoforado fôra um dos companheiros de João Gonçalves Zargo, é evidente que este bem conhecido seria daquelle, e que aquelle não podia ignorar as circumstancias mais notaveis da pessoa deste, especialmente as da vida publica. Assente isto, consultemos a Epanaphora a respeito de Zargo.

Onde foi este nascido?—A Epanaphora responde: «*Ha duvida entre os Genealogicos;* porque *huns* o fazem natural de Thomar; *outros*, de Portalegre; *alguns*, de Matosinhos; *não poucos*, de entre Douro e Minho.»

Porque se appellidava elle «*Zarco ou Zargo?* »—A Epanaphora responde: «*Duvida-se* se por alcunha, appellido, ou façanha, *parecendo* que o sobrenome de Zargo podia ser *Arco* ou *Arcos* corruptamente dicto,» ou «alcunha procedi-

46

da da côr dos olhos,» ou por haver «morto em Africa hum Capitão Mouro deste proprio nome.»

Qual o seu cargo publico?—A Epanaphora responde: «Capitão-mór do mar *alguns dizem* que era.»

Qual o valimento em que era tido?—A Epanaphora responde: «*Não se sabe* se Zargo foi principal entre as pessoas que o Infante D. Henrique empregava nestes descobrimentos.»

Distinguiu-se por algum melhoramento notavel na arte da guerra maritima?—A Epanaphora responde: «*Diz-se* delle que foi o primeiro Capitão que introduzio em os navios o uso da artelheria.»

Donde lhe veiu o subsequente appellido de *Camara?*—A Epanaphora responde: «Da Camara dos Lobos, *por ventura*, á maneira que em Roma os Germanicos & os Africanos, pelas Provincias que trouxeram ao Imperio.»

Hesitações e duvidas em tudo que importa á pessoa de Zargo! Ora, um contemporaneo e companheiro, e escrevendo delle, não era possivel que desconhecesse por tal modo e tanto as circumstancias pessoaes do seu heroe.—Bem podéra, pois, Mello ter tido á vista alguma Relação do descobrimento da ilha da Madeira; bem podéra que della se valesse para escrever a Epanaphora; bem podéra julgal-a original de Francisco Alcoforado; mas é fóra de duvida, pela analyse mesma da Epanaphora, que essa Relação, se elle a tinha, não era realmente obra de um companheiro de João Gonçalves Zargo nesse descobrimento.

Admittindo a hypothese mais favoravel a Mello, o que se póde suppor é que elle tomou a nuvem por Juno, acceitando por original de Alcoforado a obra de auctor muito posterior, ou a recopilação erudita de algum dos não poucos manuscriptos do assumpto, correcta, reformada e augmentada com o primor e critica caracteristicos do vulgo dos recopiladores, que, não tendo genio para produzir de si cousa de ler, são arrebatados pela furia de se appropriarem dos escriptos alheios, e, na fé de os melhorar e completar, só os mutilam, deturpam, e viciam.

Presume o *Sr. Major* que a escriptura ou Relação a que allude Barros na Decada I, livro I, cap. III, como guardada pelos herdeiros de Zargo, é a mesma por Mello referida na dedicatoria da dicta Epanaphora, como em sua mão; e que, portanto, a noticia dada por aquelle confirma a noticia dada por este. Mas essa Relação, citada pelo primeiro, não póde ser identica com a invocada pelo segundo; ja porque a natural inferencia das palavras de Barros é que, no dizer dessa escriptura, o descobridor foi Zargo, e não outrem, em quanto que, segundo Mello, a Relação que este diz possuir dá a Machim essas honras; ja porque, pelo modo como Barros dá noticia daquelle escripto, seguramente o viu, e, se fóra o mesmo de que falla Mello, teria Barros relatado como este o caso de Machim, caso que, por lastimoso, extraordi-

nario e importante, era impossivel passar-lhe despercebido. Barros conta o
descobrimento destas ilhas por modo contrario de Mello; não podião ambos
derival-o da mesma fonte.—A escriptura alludida por Barros, como em poder dos herdeiros de Zargo, é provavelmente a mesma de que o *Dr. Gaspar Fructuoso* falla a pag. 20 e 165, e de que dá curiosa noticia a pag.
303 e 304 deste livro, onde a diz obra de *Gonçallo Ayres Ferreira*.—Mas
das palavras com que essa escriptura ou Relação principiava, «*Chegamos a
esta ilha a que puzemos o nome da Madeira*,» bem se infere que o auctor
della datava o descobrimento desde que Zargo e seus companheiros aqui chegaram, e não de qualquer outro evento ou pessoa anteriores, no que se confirma com Azurara, e desdiz de Mello, assim como da fórmula constante como
começam todas as relações do caso de Machim, que é esta: «*No tempo de
elRey Duarte de Inglaterra*, &.»

: Occorre-nos como possivel, em justificação de Mello até certo ponto, que
a escriptura ou Relação de Gonçallo Ayres tivesse vindo ao poder do mesmo
Mello inculcada como de Alcoforado, não tal qual primitivamente era «em
tres folhas de papel,» e notada «com ruda minerva sem al composto;» mas
sim depois de ampliada ás «onze folhas» em que, pelos tempos de 1590, «o
Reverendo Conigo, não menos *docto que curioso, Hyeronimo Dias Leite, a recopilou*, e *acrecentou*, e *lustrou*,» ou, a bem dizer, fez sua, «e enviou» ao *Dr.
Gaspar Fructuoso*, como este conta nos logares acima indicados; recopilação
esta que, assim accrescentada, ficou contendo, sem duvida alguma, a *historia
de Machim*, como se deduz claramente do texto das *Saudades da Terra*.—
Gonçallo Ayres era incontestavelmente um dos companheiros de Zargo, como o *Dr. Gaspar Fructuoso* diz, e diversos documentos provam; e, se Francisco Alcoforado foi tambem companheiro de Zargo, do que, aliás, só na E-
panaphora achamos testimunho, facil era a substituição do nome deste pelo
daquelle na informação dada a Mello, sem duvida alguma, por interposta pessoa, visto que o mesmo manuscripto lhe veiu «á mão por extraordinaria caminho.» O inedito que na 1 parte desta nota dissemos como presumivel de Jeronymo Dias Leite conforma-se notavelmente com as circumstancias supra-
indicadas: é de lettra do fim do seculo XVI; escripto em 22 folhas do quarto pequeno e algumas linhas mais, isto é, em *onze folhas de papel;* tem o
mesmo titulo que Fructuoso indica; e sim começa pela fórmula usual á lenda
de Machim, mas o periodo onde principia a narração da viagem de Zargo abre
pelas palavras «*Chegados, pois, o Capp.*am *Ioão gliz* &,» as quaes fazem
lembrar o introito da Relação de Gonçallo Ayres. Por outro lado, a quasi
identidade que ha, salvos accessorios, entre as *Saudades da Terra*, no capitulo a que a presente nota respeita, e a *Epanaphora amorosa*, obriga a tel-as
por derivadas da mesma fonte, para o que ainda nos leva a seguinte coincidencia: vimos na Bibliotheca Publica de Lisboa, neste anno de 1871, uns

46.

manuscriptos ém tres folhetos de quarto, no primeiro dos quaes se tracta do descobrimento e subsequente historia da ilha da Madeira; no segundo, das ilbas dos Açores, especialmente da de Sancta Maria; e no terceiro, das ilhas de Cabo-Verde. Examinámos o primeiro desses folhetos rapidamente, e de varios periodos que lemos nos pareceu igual ao manuscripto que-suppomos ser do Conego Leite. Será esse folheto o precioso escripto inculcado por Mello como obra de Alcoforado, e que, com os livros do mesmo Mello, viesse ter áquella bibliotheca (1)?

Á luz destas inducções e conjecturas, vemos quasi probabilidade em que a escriptura ou Relação do descobrimento do archipelago da Madeira, tendo sido originariamente uma unica, e estranha ao caso de Machim, foi depois, mas em tempos muito anteriores a Mello, reformada por Ieronymo Dias Leite, e talvez por outros antes delle, e accrescentada com essa lenda, além de outras alterações. E deste modo, Barros, tendo conhecimento da primeira não adulterada, della tambem se utilisou conjunctamente com os demais subsidios que póde colher, e referiu o descobrimento do Archipelago da Madeira como Azurara; porém Mello, tendo alcançado a segunda, romanceou-a, e deu tudo por verdadeiro, com desassombro de semi-romancista, e para popularisar o caso de Machim com fim politico, como presumimos, e ao diante diremos.

Mas isto mesmo, explicando a Epanaphora, desmente-a, sem deslustre do seu auctor, e exclue a opinião de que Francisco Alcoforado houvesse deixado a Relação de que o dão por obreiro; isto corrobora a versão dos chronistas.

O «extraordinario caminho» pelo qual Mello diz ter adquirido a tal Relação não podia ser casamento ou allianças matrimoniaes na familia de Zargo, da qual, porisso, elle ficasse sendo o representante, como pensa o Sr. Major. Para que a expressão «extraordinario caminho» podesse ser a isso plausivelmente allusiva, seria mister que o noivo fosse o mesmo Mello, o que era impossivel; porque elle viveu e morreu celibatario, como attestam os seus biographos, o Sr. A. Herculano, no Panorama, tomo iv da 1.ª serie, pag. 181; José Maria da Costa e Silva, no Ensaio Biographico-critico, tomo viii, pag. 200; e o Sr. Theophilo Braga, na Historia do Theatro Portugues no seculo xvii, pag. 257.—Além de que, um ou mais casamentos, de ha muito preteritos e sabidos, não são successos tão extraordinarios, e menos ainda secretos, que lhes possa quadrar a phrase enigmatica de «extraordinaria ca-

---

(1) Está na salla dos manuscriptos. Não tem nome de auctor. Se bem nos lembra, o catalogo onde este inedito vem mencionado é irregular, e feito por modo que mais nos pareceu de bibliotheca particular que de publica. Mostrou-nol-o, salvo erro, o Sr. Ramos Coelho.

minho,» especialmente no mesmo escripto onde se relata quaes essas allianças matrimoniaes sejam.. Para que haveria Mello de mistificar aqui o que alli pregoa?—E, em rigor, quando Mello na Epanaphora falla de *casamentos* ó em relação a outrem; o que, em referencia a Zargo, Mello de si diz é que se conta «*em a propria lista de seus successores;*» successão que, por ser de antiga data, notoria, e de que elle se ufana, ainda mais repelle de si a applicação das palavras «*extraordinario caminho.*»

Mas, ainda assim, nem Mello se inculca por ser o representante da familia de Zargo, nem os factos auctorisam a que o digamos tal, segundo as leis da avoenga e os principios heraldicos; porque, conforme elle mesmo diz, já lhe estão superiores as linhas por baronia; e, além de elle descender por fêmea, vem mais remotamente por *bastardia*, circumstancia esta que elle cala. Nos dois mais acreditados nobiliarios madeirenses, o de *Henrique Henriques de Noronha*, e o de *João Agostinho Pereira de Agrella da Camara*, verificámos que Ruy Gonçalves da Camara, segundo filho de João Gonçalves Zargo, teve um filho bastardo, por nome Antonio ou Antão Rodrigues da Camara, havido de mãe incognita, e alcunhado o Mulato, porque o era; este casou em Portugal com D. Catherina Ferreira, da qual teve, além de dois filhos varões, uma filha, chamada D. Mecia Pereira, que casou com Gomes de Mello, copeiro-mór do Infante D. Duarte, dos quaes proveiu ao diante D. Francisco Manoel de Mello; e com esta genealogia exactamente condiz a arvore genealogica que elle mesmo deduz no segundo dos trechos da Epanaphora supra-transcriptos, e com tanta elegancia e arte o faz que, sem faltar á verdade, occultou a macula da bastardia.—Mello, pois, com quanto descendente de Zarco, não era, nunca foi o representante da familia deste.

Por outro lado, Mello empregou a expressão «*extraordinario caminho*» em referencia a um escripto que elle dizia ter sido dado ao Infante D. Henrique, e não que pertencêra aos herdeiros de Zargo: essa era a ideia em que elle mostrava estar; pelo que, era impossivel que aquellas palavras alludissem a estes, ou a papel, ou facto que elle julgasse relativo a estes.

O dicto de Mello, portanto, não significa, nem importa o que o *Sr. Major* presume: e tem valor menor que o das explicações relativas ao manuscripto e pessoa desse W. Carter, de que já em outro logar fallámos. As cartas de M.M. Rosny e Magry a este respeito podiam, em logar de extensas como foram, reduzir-se á expressão «*extraordinario caminho:*» mas, se o sabio britanico se não houve por esclarecido com essas cartas, que dizem mais, nós, a seu exemplo, não podemos satisfazer-nos com esta expressão, que diz menos.—As palavras de Mello não elucidam, occultam; não são explicação, mas evasiva; e evasivas em historia, como em tudo, são medo da verdade, ou desejo de escondel-a. Aquelles sabios francezes diriam quanto sabiam; Mello sonegou o que conhecia:—não lhe ficou, pois, o direito a exi-

gir que o accreditassem nesse *quid*, que para si guardou. Seja qual for o
sentido daquellas palavras, não conferem ellas fôro de escripto historico, genuino e authentico, a essa vaporosa Relação, que Mello ostenta por avoenga
da' Epanaphora.

Tudo, por conseguinte, persuade que nunca existiu Relação alguma do
descobrimento da ilha da Madeira, escripta por Francisco Alcoforado.

III

VALENTIM FERNANDES.

Posto de parte Alcoforado, novas considerações, deduzidas especialmente da confrontação entre a *Descripção das ilhas do Atlantico*, da collecção de
Fernandes, o *Tractado*, de *Galvão*, e a *Epanaphora*, de *Mello*, concorrem a
persuadir o *Sr. Major* de que o descobrimento da ilha da Madeira por Machim é facto historico.—Demos, pois, noticia e juizo summarios, primeiro daquelle e da supra indicada *Descripção*, e depois de cada um dos outros dois
auctores; extractemos o que estes escreveram do assumpto; archivemos as considerações do illustre auctor da *Life of Infant D. Henry;* e expunhamos, a
final, com franqueza e respeito, as que nos não consentem o prazer de partilhar
da sua opinião.

Do inedito *Descripção* (ou Noticia, *Account*) *das ilhas do Atlantico*, e
dos demais manuscriptos da collecção de *Valentim Fernandes* sabemos apenas o que consta da obra do *Sr. Major*. Alguem nos promelteu a Memoria
em que o Dr. Schmeller deu conta desses manuscriptos (Munich, 1847), mas
até agora foi malograda a esperança com que descançámos na promessa. E,
por certo modo, apraz-nos o vermo-nos nesta parte adentro dos limites demarcados nas paginas do *Sr. Major*, porque nos abrigam; mas, por outro,
preferiríamos ter presentes, como documento deste processo historico, as passagens do manuscripto de *Fernandes* mais frizantes ao caso.

Na falta do texto, suppramol-o pelo seguinte trecho da *Life of Infant*,
chap. v, onde o *Sr. Major* dá ideia do theor do livro:

«Comparando a narração de Mello com a de *Fernandes*, notam-se estas
differenças: Mello conta que Machim fôra impellido directamente á ilha da
Madeira; *Fernandes*, que elle topára primeiro com a ilha de Porto-Sancto,
e desta passára á da Madeira *(while Fernandes takes him first to Porto Sancto
and then to Madeira)*.—Mello refere que Machim se finára na Madeira; *Fernandes*, que Machim, seis mezes depois de aportado nesta, fizera uma canoa
do tronco de uma grande arvore, e nella chegára á Marrocos, cujo rei o en-

rion a D. João de Castella; e que este, por empenhado em guerras com Portugal, desprezou o caso, e Machim por lá acabou.»

«Estas differenças (continua o *Sr. Major*) explicam-se pelo facto de que Mello seguiu e embellezou a Relação de Alcoforado, e *Fernandes* tomou outra fonte de nós ignorada. O ponto está em que as versões de ambos sejam verdadeiras na substancia.»—E o *Sr. Major* considera que o são, pelas rasões que ao diante veremos.

É para nós, porém, de intuição que essas discrepancias apontadas são substanciaes, e não de embellezamento; estão-lhes no amago, e não na florescencia do imaginoso colorido da Epanaphora. Porisso, á luz unica dessas discrepancias mesmas, parece-nos haver mais affinidade da *Descripção das ilhas do Atlantico* com o *Tractado*, de *Galvão*, e o *Castrioto*, de *Fr. Raphael de Jesus*, que com a *Epanaphora*, de *Mello*.—Como quer que seja, o trecho supra dá tal qual ideia do theor daquelle manuscripto da collecção de *Fernandes*, impressionando-nos que tão analogo seja, quanto ao facto do descobrimento destas ilhas, á versão de Azurara, salvo o nome do descobridor; pelo que, nesse inedito achamos indirecto testimunho a bem do chronista.

Valentim Fernandes é memorando nos annaes da typographia portugueza. Era allemão, natural da Moravia, e *mestre impressor*, como declara nos livros por elle publicados, e por tal o tracta o primeiro marquez de Villa Real D. Pedro de Menezes, na *Epistola ad Valentinum Fernandinum Morauum Typographum data* 21 *de Februariis anno à partu Virginis* 1500. Veiu para Lisboa no cabo do seculo xv, ja quando outro mestre impressor e allemão tambem, *Nicolau de Saxonia*, tinha officina typographica nessa cidade. Nicolau, talvez receioso de Valentim, porque este trouxesse de Allemanha novos typos e viesse amestrado nos ultimos melhoramentos da arte, houve por conveniente attrahir a si Valentim; e este, talvez por baldo de meios para levantar officina sua e ver-se desconhecido mancebo, tambem teve por util acostar-se ao veterano saxonio: o certo é que se imparceiraram «os honrrados mestres,» e deram ao prelo o celebre *Livro da Vida de Ihesu Christo* (Lisboa, 1495); mas, alliados reagentes, separaram-se logo.

Sem duvida o contraste entre esta bella edição e as antecedentes publicações de Nicolau de Saxonia revellou a superioridade artistica de Valentim de Moravia; e daqui a faisca, que ateou as latentes rivalidades dos dois mestres, reduziu a cinzas a primasia do saxonio, e illuminou ao ovario a estrada da fortuna. Valentim, seguramente auxiliado por mão poderosa, passou de mero parceiro secundario a emprezario com officina propria, de typographo a impressor-editor, do exercicio da arte á magna industria della, do trabalho por vocação ao capital por especulação. Foi neste seu periodo artistico-commercial que *Valentim Fernandes* deu a faustosa edição da *Estoria do mui nobre Vespasiano* (Lisboa, 1496), *livro phantastico*, do cyclo das novellas do *Sam Greal* ou da cavalleria celeste; as *Epistolæ & Orationes quæ-dam Cataldi Siculi*, e conjunctamente a supracitada epistola e uma oração la-tina do referido marquez D. Pedro de Menezes, com que este o presénteára, publicação que parece de lisonja ao poderoso fidalgo (Lisboa, 1500); e os celebrados *livros de viagens* de *Marco Paulo*, e de *Nicolau Veneto*, e a *carta de hũu génouez*, de *viagens* tambem, «*que todos escreveram das Indias*,» obras in-tertecidas de verdade e fabulas, traduzidas, ou mais provavelmente mandadas traduzir pelo editor, visto ser elle extrangeiro de poucos annos em Portugal, e cuja edição, feita em um só tomo (Lisboa, 1502), elle dedicou a elrei D. Ma-noel, declarando-se na dedicatoria pela primeira vez escudeiro da rainha D. Leonor (a viuva de D. João ii).—Publicações deste genero eram então as fes-tejadas e apaixonadamente procuradas no mercado litterario.

Chegado assim *Valentim Fernandes* ao apogeu da gloria e fortuna na pro-fissão de impressor-editor, succedeu-lhe como a muitos. Cego de vaidade, ufano por se cartear com um dos primeiros nobres do reino, orgulhoso do favor com que era acceito de elrei D. Manoel, nobilitado com o gráu de es-cudeiro da rainha, presumiu-se superior á arte que o elevára; menosprezou-a e o *parcenu*, envergonhado do mechanico, divorciou-se da officina sem lhe renunciar os proventos; juuctou ao antigo capital o credito do seu renome ar-tistico, e poz tudo a juro em mão do novo impressor milanez *João Pedro Bonhomini*, a quem tomára por *parceiro* em 1504, assumindo elle aquella odiosa preeminencia de Nicolau de Saxonia, contra a qual, acolhido aos sagrados direitos do talento e do trabalho, se havia insurgido poucos an-nos antes.

Assim *Valentim Fernandes* se condemna á pena de Talião. Dahi por diante a sua officina decae, até que desapparece; a de Bonhomini progride e consolida-se; e, em logar do afamado *ex-mestre impressor*, fica o obscuro es-cudeiro da rainha, e notario dos allemães, e traductor publico de latim, por nomeação anteriormente feita, até que morre, deixando como primicia e tes-tamento litterario um *Repertorio dos tempos*, unico livro de que se deu por auctor, impresso por *Germão Galharde* (Lisboa, 1557); Repertorio que elle no prologo declara *compuzera* e *addicionára* (termos, aliás, inconciliaveis, vis-to ser esta a primeira edição da obra); e o qual, por virtude dessa decla-ração mesma, e pela confrontação dos dizeres do titulo com a indicação das taboas do *Almanak Perpetuum*, do sabio judeu *Abraham Zacuto*, impresso sessenta e um annos antes em Leiria, tem todos os visos de contrafeição deste. Que respeito podia então haver pela propriedade litteraria de judeus, se D. Manoel nem os direitos de paes nelles tinha respeitado?

É bem de presumir que *Valentim Fernandes*, depois de largar sua of-ficina typographica, continuasse a residir em Lisboa, onde eram os cargos de que obtivéra mercê, onde foi impresso o seu Repertorio, como fica dicto, e xde, em 1579, existia outro impressor, João *Fernandes*, o qual bem póde er que fosse seu descendente, porque, além da profissão e appellido, identicos, é notorio o afferro tradicional com que as profissões se vinculavam nas familias. Tambem é de presumir que o obito de *Valentim* não fôra antes de 1557, anno da publicação do dicto Repertorio; porque não ha inverisimilhança em que, estando o auctor na idade juvenil pelos fins do seculo xv, ainda vivesse por meado do xvi; não se aponta indicio de que a obra fosse posthuma; e, pelo contrario, o ser o prologo do punho do proprio *Valentim*, e o especial assumpto della não admittir longo intervallo entre composta e publicada, são fortes rasões inductivas de que *Valentim Fernandes* a publicou, e, portanto, de que ainda vivia em Lisboa naquelle anno de 1557.

Nas duas *Memorias sobre as origens da Typographia em Portugal nos seculos xv e xvi,* por *Antonio Ribeiro dos Sanctos;* nos artigos do *Panorama* sobre o mesmo assumpto; no *Diccionario Bibliographico,* do *Sr. Innocencio Francisco da Silva,* e na *Life of Infant D. Henry* colhemos os factos aqui referidos; combinámol-os; inferimos a natural ligação e valor delles; e disto tudo tirámos por conclusão que *Valentim Fernandes* foi typographo distincto, impressor-editor abastado e de fama, e talvez traductor tambem, por adminiculo de seu negocio; mas auctor de livros, no sentido legitimo do termo, não, e menos historiador: de cultor illustre da arte typographica passou a intelligente especulador della, e, a final, renegou-a. Eis, em summa, o perfil de *Valentim Fernandes.*—Tem logar de primasia nos fastos da arte typographia em Portugal, mas auctoridade litteraria, ou historica, não: até nestes ramos é especialmente suspeito; porque livros para elle eram, de principio, objectos de arte; depois, objectos de negocio.

A' historia dos manuscriptos por elle colligidos, e ao presente designados sob seu nome, é, pelo que inferimos do exposto, um episodio da sua gradual catastrophe. Tel-os-hia, á occasião desta, em seu poder, como propriedade sua ou alheia, para imprimir; por bom preço sem duvida, foram adquiridos pelo seu contemporaneo o *Dr. Conrado Peutinger* (1465-1547), natural da cidade de Ausgburgo, na Baviera, antiquario e bibliographo distincto; e talvez havidos, não directamente de *Valentim,* mas de algum judeu fugitivo de Portugal para Flandres, que em Bruges se houvese encontrado com Peutinger, quando este, em 1519, já syndico da sua cidade natal, foi comprimentar o novo imperador Carlos v. O sabio bavaro os conservou na rica bibliotheca por elle fundada naquella cidade; desde então ficaram em Allemanha; e ao presente estão na Bibliotheca de Munich, onde o Dr. Schmeller os estudou, e delles escreveu a suppradicta Memoria, publicada pela Academia das Sciencias da mesma cidade.

O Sr. Major dá a seguinte nota desses preciosos ineditos:

47

1. Azurara, «Chronica dos descobrimentos do Infante D. Henrique na Guiné,» até 1448.
2. Diogo Gomes, Narrativa, até 1463.
3. Narrativa de Gonçallo Pires, até 1492.
4. Narrativa de João Rodrignes, até 1493.
5. «Diario de Hans Mayr,» 1505—6.
6. Fernandes «Descripção da Africa,» 1507.
7. Fernandes «Descripção (ou Noticia, *Account*) das Ilhas do Atlantico, com Plantas *(with Plans).*»
8. «Roteiros, ou Instrucções de Pilotos.»

Diz o benemerito escriptor britanico que a noticia destes ineditos lhe veio da dicta Memoria do Dr. Schmeller; que esta dá abundantes extractos e larga relação do segundo, mas dos outros só bosquejo o succinto commento; que, como reconhecesse ser de summa importancia para a historia primitiva da ilha da Madeira o septimo dos mesmos ineditos, sollicitou e obteve copia delle na integra; e que este, tendo sido escripto em 1508, é o mais antigo dos documentos conhecidos que referem o descobrimento casual daquella ilha, feito no seculo XIV pelo inglez Macbim.

Logo veremos como o distincto historiador do Infante D. Henrique, firmado principalmente nesse manuscripto da *Descripção das Ilhas do Atlantico*, considera assegurar a verdade deste caso. Agora, permittam-se-nos algumas reflexões a respeito do primeiro e septimo dos manuscriptos supra-indjcados.

O primeiro inedito da collecção condiz tão exactamente no appellido do auctor, no assumpto, e até no anno aonde chega, 1448, que o temos por ser a *Chronica do descobrimento e conquista de Guiné*, por *Gomes Eannes de Azurara*. Como refere o Visconde de Santarem, a pag. XII da Introducção á mesma Chronica, publicada em Paris, 1841, pela copia existente na Bibliotheca então real dessa cidade, «esta Chronica, apenas tirada dos apontamentos originaes do auctor, desappareceu logo de Portugal.» —Será, pois, este primeiro manuscripto, da collecção de *Valentim Fernandes*, o primitivo da Chronica de Azurara?

Se fôr, grave suspeita recae sobre *Valentim*, até que ulteriores investigações o justifiquem do extravio; mas a versão portugueza do descobrimento da Madeira, assim contraprovada pelo original mesmo de Azurara, ganhará em credito.— Verificado isso, claro fica tambem, que *Valentim Fernandes* teve conhecimento dessa *Chronica de Guiné*, onde vem esta versão contraria ao caso de Machim, referido no septimo dos manuscriptos por elle colligidos. Mas que monta?—Essa amalgama do sim e do *não* mostrará sómente que *Valentim* era *extranho* ou *indifferente* á questão mesma do descobrimento da Madeira; que se mantinha *impressor-editor*, no stricto sentido commercial do termo; e que publicaria, se tivera tido ensejo, uma e outra obra, com quanto antipodas, se por seus calculos visse nisso negocio lucrativo. E neste ponto não o argnimos: o editor não é censor, nem critico; mercanteia livros, e nada mais.

Desses oito manuscriptos colleccionados, só dois, o sexto e o septimo, são designados, como obras de «*Fernandes.*»—Mas este será o mesmo que *Valentim Fernandes?*

Temos as seguintes rasões para o contestar: 1.ª não ha exemplo de que *Valentim* usasse desse appellido só por só;—2.ª era-lhe elle extranho, e só por adopção, não constante, o aggregou ao seu nome;—3.ª a cifra mesma, que elle empregava nas suas edições, era a letra V, inicial de Valentim, e não outra;—4.ª se a vaidade de presumptivo traductor de Marco Polo o fez na edição do livro deste assignar não simplesmente *Valentim Fernandes*, mas *Valentim Fernandes Allemão*, com certeza o orgulho de auctor lhe não consentiria depois um succinto *Fernandes*;—5.ª *Valentim* era extrangeiro, e, porisso, não é presumivel que escrevesse na lingua portugueza duas diversas obras, que, attenta a vastidão dos assumptos, hão de ser extensas;—6.ª dos titulos se vê que os dois ineditos são descriptivos, um da Africa, outro das ilhas do Atlantico, e, porque nenhum indicio ha de que *Valentim* ahi tivesse viajado, devem ser havidos por obras de outrem, que não elle;—7.ª os seus precedentes litterarios não o abonam por escriptor;—8.ª o appellido *Fernandes* já então era vulgar em Portugal, e navegador portuguez houve que delle usou;—9.ª e finalmente, a rubrica «*Fernandes,*» ahi posta, póde significar não o auctor, mas o possuidor, quando não seja posterior accrescentamento, effeito de facil equivoco.

Ainda outro ponto importante quanto ao septimo inedito, a *Descripção das Ilhas.* Não podemos atinar com o motivo por que o *Sr. Major* a reputa feita em 1508. A rasão disto, seguramente, não póde ser o vir este inedito relacionado immediatamente a um, cujo titulo termina pela era 1507; pois que as eras inscriptas nos titulos dos seis precedentes ineditos indicam, nos primeiros quatro, o anno *até* onde cada obra chega, e nos dois a estes immediatos, o anno ou annos a que respeitam; mas nenhuma designa o anno em que qualquer dessas obras foi escripta.—Suppondo, porém, que a era constante do final do sexto desses seis titulos signifique o tempo em que o respectivo inedito foi escripto, como o septimo inedito em questão não traz era alguma, a consequencia é que o anno em que fôra composto subsiste de nós ignorado.—Fique, portanto, isto assente, em quanto solidas rasões não provarem qual o anno em que foi feita a *Descripção das Ilhas do Atlantico.*—Ainda que a obra fosse de *Valentim Fernandes*, e por este transmittida ao *Dr. Conrado Peutinger.* póde datar de muitos annos posteriores a 1508; porque este falleceu em 1547, e não ha dados para affirmar que aquelle houvesse morrido antes de 1557.

47.

Mas, provado que seja obra de *Valentim* o inedito, isso mesmo é rasão para suspeitar da veracidade deste. Descobrimentos e successos ultramarinos, extraordinarios e até maravilhosos, eram a espectativa supersticiosa dos espiritos no fecho do seculo de quatrocentos e introito do de quinhentos; espectativa tanto mais exigente, quanto via irem recuando diante das próas exploradoras os fabulosos paizes com que as lendas maritimas a embalavam. Livro, pois, que lizonjeasse esta paixão da epocha, voava do mercado litterario, e por bom preço, apesar do taxado. Publicaram-se então, e ainda depois, muitos deste genero, e neste intuito. E a relação do caso de Machim asada era para o intento; participava do erotico-cavalheiroso da idade-media, e do tragico-maritimo do gosto do tempo: amores malogrados; um rei intervindo; um marido traido; uma dama, Anna de Arfet, raptada por modo impossivel; uma fuga mais impossivel que o rapto; tempestades; ilhas encantadoras e desertas; Arfet morta de dor d'alma; Machim e os companheiros captivos de mouros; e elle, por conclusão, finando-se, em terras de Hespanha: novella ultra-mantica de todos os quatro costados! É a fabula de Europa, transportada para a decadencia da idade-media, e transformada ao gosto da memoravel epocha dos descobrimentos atlanticos.—Que mina para um *mestre-impressor* daquelles tempos!

Se não houvera rasão de acreditar que a lenda de Machim fôra inventada para fins politico-internacionaes, como adiante veremos, suspeital-a-hiamos inspirada pela Egeria gananciosa de algum editor de livros então; estava inquestionavelmente na esteira de o ter sido: mas nada obsta a que com a invenção do estadista quizesse especular o industrial da lettra redonda; até é vulgar, ainda hoje, ser este o instrumento daquelle, quando não tractam de potencia a potencia.

Será, pois, o celebre inedito de *Valentim Fernandes* o mais antigo documento portuguez, ou melhor, em portuguez, do caso de Machim?—Isso mesmo corrobora-lhe a presumpção de haver sido, não a origem da lenda, mas o primeiro tentame de nacionalisação della.

O nome e circumstancias de *Valentim Fernandes*, vinculados, ao caso de Machim, constituem, a nosso ver, uma das maiores rasões contra a realidade do successo.

IV

Antonio Galvão.

Refere o *Sr. Major* que, no periodo de 1508 a 1547, o nobre e infeliz *Antonio Galvão* esteve no Oriente ou de espada em punho, ou jazen-

do cm ferros; que este apparecêra por 1555 com o *Tractado de todos os des-*
cobrimentos, no qual veiu pela primeira vez impressa a historia de Machim;
menos desenvolvida do que depois o foi na *Epanaphora;* que, tendo a *Descri-*
pção (ou Noticia) das Ilhas do Atlantico sido composta em 1508, precedêra
meio seculo a esse *Tractado*, de *Galvão;* e, finalmente, que, no decurso de meio
seculo tambem, este livro se tornára raro, a ponto de não ser possivel ao
sabio inglez Hakluyt alcançar de Lisboa, depois de doze annos de infructuosas diligencias, um exemplar delle.

Outras noticias, álias escassas, de *Galvão* e do seu *Tractado* se leem na
Bibliotheca Historica, de *José Carlos Pinto e Souza*, e no *Diccionario Biblio-*
graphico, do *Sr. Innocencio*. Infelizmente não temos á vista a *Bibliotheca*, de *Ma-*
chado, nem o *Diccionario da Academia Real das Sciencias*, onde vem mais amplos
dados biobibliographicos a respeito do *Galvão*. Mas desses poucos subsidios e
do titulo mesmo do *Tractado*, se deduzem inferencias que muito diversificam da informação da *Life of Infant D. Henry*.

O chronista *Duarte Galvão* (1425-1517) era natural de Evora, fidalgo
de valimento na côrte de D. Manoel, e dado ao cultivo das lettras: *Antonio
Galvão* era filho delle, nascido no Oriente no fim do seculo xv, ou principio do xvi: as *Ilhas Molucas* foram descobertas em 1511 por Vasco de
Abreu; mas só em 1529 Portugal ficou com o senhorio dellas, e em 1536
Antonio Galvão, seu capitão e governador, ahi tanto se distinguiu por
suas virtudes especialmente, que foi cognominado o *Apostolo das Molucas:* é
provavel que o pae, nas circumstancias em que estava, chamasse o filho a
Lisboa no primeiro quartel do seculo xvi para estudos, porque este era in-
struido, como mostra o *Tractado;* e só muito ao diante *Antonio Galvão* iria para essas ilhas, onde tão notavel se tornou,—De tudo isto inferimos que este
Galvão era menino ainda no anno de 1508, e que esteve, não no Oriente,
mas no reino bastantes annos do primeiro quartel do seculo xiv.

No titulo do *Tractado* leem-se as palavras «descobrimentos antigos e
modernos *que são feitos em a era de* 1550,» as quaes claramente indicam que *Galvão* o escrevêra até 1550; os descobrimentos de que tracta
são os feitos até então, podendo a obra ter sido começada muito antes,
quando ainda o auctor estivesse desaffrontado de cuidados, na vida reman-
sada da côrte;—é, porisso, claro que a obra não foi composta em 1555; principiada talvez em tempos anteriores, estava acabada em 1550. Por outro lado, no artigo antecedente, respectivo a *Valentim Fernandes*, demonstrámos
que se não podia fixar em 1508 a composição da *Descripção* (ou *Noticia)*
das Ilhas do Atlantico; e, portanto, não se póde tambem affirmar que entre
este inedito e o *Tractado*, de *Galvão*, decorresse o intersticio de meio seculo.
Pelo contrario, tudo persuade a que *Antonio Galvão* ainda fôra contempora-

neo de *Valentim Fernandes*, e que ámbos estiveram em Lisboa pelo mesmo tempo, senão na occasião em que suppomos ahi ter ido *Galvão* a estudar, pelo menos no ultimo periodo da vida de um e outro; porque é provavel, como já observámos no supra-indicado artigo, que *Valentim Fernandes* morresse em Lisboa não antes do 1557, e é certo que *Antonio Galvão* falleceu pobríssimo no hospital desta mesma cidade e neste mesmo anno, como attestam os seus biographos.

Por ultimo, o *Tractado de todos os descobrimentos* foi impresso posthumo em Lisboa, 1563; das referencias que lhe faz o *Dr. Gaspar Fructuoso* (vid. pag. 18 e 25) não se infere que esta obra de *Galvão* fosse rara ao tempo em que *As Saudades da Terra* foram escriptas, 1590; parece, pois, que não a raridade da obra, mas negligencia da pessoa incumbida, foi a causa de que o sabio Hakluyt (1516-1616) não houvesse adquirido o exemplar que desejava desse *Tractado*, de *Galvão*.—Agora, porém, é rarissimo.

Transcrevamos o que nelle se lê do descobrimento do archipelago da Madeira, e ver-se-ha que *Galvão* só relata diversas versões do facto; que entre ellas menciona o caso de Machim, mas não o affirma; e que mostra preferencia pela versão dos nossos chronistas.

EXTRACTO DO «TRACTADO DE TODOS OS DESCOBRIMENTOS» TOCANTE AO DESCOBRIMENTO DO ARCHIPELAGO DA MADEIRA.

No anno de 1344, reynando dom Pedro Daragam ho quarto, dizem os coronistas de seu têpo, que lhe pedio ajuda dom Luys de la cerda neto de dom Ioam de la cerda pera ir cõquistar as ilhas Canarias. . . . .

Tambem querem que neste meyo tempo fósse a ilha da Madeira descoberta, que está em trinta & dous graos, por hum Ingres que se chamaua Machim, que vindo de Inglaterra pera Espanha com hũa molher furtada, forã ter á ilha cõ tormenta, & sorgiram na ĝlle porto que se agora chama Machico, de seu nome tomado, & pella amiga vir do mar enjoada sayo em terra com algũs da companhia, & a nao cõ tempo se fez á vela. & ella faleceo danojada. Machim ĝ a muyto amaua pera sua sepultura fez hũa ermida do bõ Iesu, & escreueo em hũa pedra ho nome seu & della: & a causa ĝ os ali trouxera, & poslha por cabeceira: & ordenou hũ barco do tronco de hũa aruore, ĝ ali auia muyto grosso, & embarcouse nelle com os ĝ tinha, & forã ter à costa Dafrica sem velas, nem remos. Os mouros ouuerã isto por cousa milagrosa, & por tal os apresentaram ao senõr da terra, & elle pella a mesma causa os mandou a el rei de Castella.

No anno de 1393, reynando em Castella el rei dom Anriqüe iij. pela enfurmaçam q̃ Machim desta ilha dera, & a companhia de sua nao, moueo a muytos de França & Castella irẽ a descobrila & a gram Canaria, principalmente Andalozes, Biscainhos, ... : levãdo assaz gente & cauallos, mas nã sey se foi isto a sua custa, se del rey: como quer que seja, *querem q̃ fossem os primeiros que ouuessem vista das Canarias*, & saissem nellas, & captiuassem cento & cincoẽta pessoas: *outros querem q̃ fosse isto no anno de 1405*.

Segundo os nossos coronistas deyxará escripto, despois da encarnaçam de Christo 1411 ou 16 annos, no mes do Iulho partio el rey dõ Ioam o primeyro de Portugal, da cidade de Lisboa, & o principe dom Duarte, & o ifante dõ Pedro, & dom Anrique seus filhos, & outros senhores, & nobres do reyno pera Africa, & tomaram a gram cidade de Ceyta......

Vindo de lá, o ifante dom Anriquo desejoso de acrecẽtar este reyno, & descobrir outro mũdo nouo, se assentou no algarue ao cabo de sã Vicente, donde começou a mandar descobrir a costa da Mauritania, porque naquello tẽpo nenhũ Portugues passaua do cabo de Não, q̃ está em xxix graos daltura. E pera isto se por em effeyto, mandou ho Ifante aparelhar certos nauios: & deo aos capitães por regimento q̃ deste cabo por diante fosse seu descobrimento: elles assi o faziam, mas como chegauão a outro q̃ se chama Bojador, nenhũa pessoa ousaua auenturar a vida: de q̃ o Ifante andaua assaz agastado......

No anno de 1418. vendo Ioam gonçalues ho zarco, & Tristam vaz teixeyra, caualeyros da casa do Ifante, os desejos que elle tinha de descobrir terra: & elles de ho seruirem na tal impresa, lhe pediram hum nauio & licença em que foram a este descobrimento, & junto da costa de Africa lhes deu tal tormenta que se nã poderam juntar a ella, & se perderam de todo se os Deos nam socorrera cõ lhes amostrar hũa terra & porto a que poseram nome sancto, onde se saluaram: & estiueram aqui dous annos. No anno de 420 descobriram a illa da madeira, & se passaram a ella, onde ainda acharam a ermida & pedra que contaua, como Machim ali estiuera. *Outros dizem* que vendo hum Castelhano os desejos que ho Ifante tinha de descobrir nouo mundo, lhe dera conta como elles acharam a illa do Porto sancto, & por ser cousa pequena nam faziam della estima. Que foy causa de mandar ho Ifante Bertolameu perestrelo, Ioam gonçalues ho zarco, Tristam vaz teyxeira: & polos sinaes & derrotas que ho Castelhano dera do Porto sancto, foram ter a elle, & despoys de ali estar dous annos, no de 420, se passaram á ilha da madeyra, onde acharam como Machim ali estiuera.

Tractado.... de todos os descobrimentos, fl. 15.

V.

D. Francisco Manoel de Mello.

D. Francisco Manoel de Mello nasceu em Lisboa, em 1611, e morreu na mesma cidade, em 1666. Por seu pae, D. Luiz de Mello, era descendente de Zargo, e por sua mãe, D. Maria de Toledo Maçaollos, provinha do primeiro conde de Faro, irmão do duque de Bragança D. Fernando, o degolado em Evora. Teve um dos maiores morgados da familia dos Camaras. Foi cavalleiro da Ordem de Christo, e commendador das commendas de Sancta Maria d'Assumpção do lógar de Espichel e Oyão, de Sancta Maria do Hospital, e de S. Simão de Vianna. Era, pois, nobre e rico, embora as vicissitudes viessem a empobrecel-o.

Dotado de peregrino talento, cursou com distincção as aulas dos jesuitas, no collegio de Sancto Antão; primou na lingua portugueza; percorreu os mais cultos paizes da Europa, Hespanha, França, Italia, Hollanda, e Inglaterra, cujos idiomas fallava e escrevia, especialmente o hespanhol, com pureza e facilidade nativas; ahi tractou com os mais distinctos personagens e com os notaveis sabios do seu tempo, e adquiriu ampla lição na arte da guerra, na politica, e em outros conhecimentos humanos. Foi, porisso, abalisado e festejado escriptor em castelhano e portuguez; historia, jurisprudencia, moral, politica, milicia, litteratura, tudo abrangeu o engenho perspicaz e universal deste homem extraordinario.»

Orphão de pae aos dezeseis annos de idade, começou logo na vida das armas, e aos vinte e oito annos já era mestre de campo de um terço de infanteria na armada que foi ao canal da Mancha em 1639, contra Inglaterra; militou nas guerras de Flandres e da Catalunha; e nesta se achava, quando rebentou em Lisboa a revolução do 1.° de dezembro de 1640, pela qual foi restabelecida a independencia de Portugal, e proclamado rei o duque de Bragança, desde então D. João IV. Ora, Mello era, como vimos, parente da casa de Bragança; o dicto duque, depois rei, quando em 1637 rebentaram os tumultos de Evora, incumbira-o de apresentar a D. Filippe IV de Castella a justificação documentada de como elle duque a isso fôra extranho; e Mello, com a nobre franqueza da mocidade, tinha, pouco antes daquella notavel revolução, exposto, talvez ao mesmo soberano, quanto os vexames dos ministros irritavam os brios portuguezes; pelo que, chegada a noticia da mesma revolução a Madrid, foi Mello mandado prender na Catalunha, mas pouco depois solto, não sem premio e honra, como elle mesmo commemora. Não obstante, logo que livre, retirou-se de Hespanha por Inglaterra e Hollanda, e desta veiu entrar em Lisboa conduzindo e capitaneando a armada ali aprestada para soccorro do reino.

Com taes predicados e tal introito não podia D. *Francisco Manoel de Mello* deixar de ser bem acceito e prezado pela nova dynastia bragantina: e servin-a com a espada, sempre valente, no exercito do Alemtejo; com o conselho, sempre seguro, quer na campanha solioitado pelos cabos da milicia, quer na côrte exigido pelo rei sobre materias de guerra, politica, e outras; e, finalmente, com a penna, sempre dedicada, como mostrou nos quatro seguintes escriptos a favor de Portugal: a *Declaration* (1643), a *Demónstration* (1644), o *Ecco Politico* (1645), e, especialmente, o *Manifesto de Portugal* (1047), no qual patenteou ao mundo a nefanda machinação do frustrado assassinio de D. João iv, por occasião da procissão do *Corpus Christi* nesse mesmo anno.

Mas tão distinctos dotes e preclaros serviços não o salvaram, quatro a cinco annos depois da sua chegada a Portugal (1), do ser preso por ordem desse mesmo D. João iv, que tanto lhe devia, e condemnado a degredo perpetuo para a India, e em dois mil e seiscentos cruzados de custas, sendo motivo apparente desta perseguição o supposto crime de interveniente em um homicidio, a que fôra extranho, mas o real ainda agora não está bem averiguado; infere-se do que elle diz no *Memorial a D. João iv* que seriam calumnias de cortezãos suspeitosas da lealdade de *Mello*, começadas desde que elle, depondo nobremente no processo do infeliz Francisco de Lucena, o não inculpou, e consta por outros dados prováveis, que a sua desgraça foi originada das relações amorosas que teve com certa fidalga titular, que tambem era frequentada por D. João iv. Mas, além do que se lê nas *Memorias*, de Fr. João de S. Joseph Queiroz, pag. 158, no *Ensaio Biographico-critico*, de Costa e Silva, e no *Dicc. Bibliographico*, do Sr. Innocencio, outros motivos ha que inclinam a acceitar esta segunda versão. O insuspeito *Conde da Ericeira*, no *Portugal Restaurado* (Parte i, liv. xii), diz de D. João iv que «padecia El-Rey repetidos achaques, que se havião anticipado aos annos da velhice, parecendo que a principal causa de o maltratarem tão depressa, era a desordem com que vivia, assim nos mantimentos que usava, como em outros intempestivos exercicios.» A *Carta de Guia de Casados* (Lisboa, 1651) bem póde ter sido surrateira e indirecta lição de fidelidade conjugal dada pelo celibatario *Mello* ao rei incontinente. A diuturnidade da prisão em que *Mello* gemeu na Torre de Belem e Torre-velha, nenhuma das quaes era cadeia publica,

(1) Mello ja estava em Lisboa no anno de 1643, como se vê do Memorial. Em 1647 publica, ainda solto, o Manifesto. Em 6 de novembro de 1648 é escripta pelo rei de França a carta intercedendo por elle. Ergo, só em 1648 foi Mello preso, isto é, qua- tro a cinco annos, e não cerca de tres annos como alguns dizem, depois que voltou de Hespanha a Portugal.

48

mas carcere de presos reservados, tem mais visos de vingança de potentado, que detenção de um reo, ou punição de um criminoso. A sua tar-
dia soltura, devida principalmente á intercessão de Luiz xiv de França (1),
enbiçado noivo para a infante D. Catharina, foi mercê obrigada, pois que,
ou por insinuação, ou por clausula do perdão, *Mello*, pelos fins de 1654, retirou-se para o Brazil, parecendo que D. João iv não queria vel-o, nem
sequer que elle pisasse terra do continente do reino. Tudo induz a que a rainha D. Luiza de Gusmão, mulher de D. João iv, éra extranha a esta perseguição; por quanto, finado o rei, *Mello* regressou ao reino entre 1657 e 1659
(2), e foi tão benevolamente acolhido na côrte, que ao novo rei D. Affonso vi, em nome do qual a rainha viuva era regente, á infante D. Catharina,
quando já rainha de Inglaterra, e ao infante D. Pedro, irmãos do mesmo rei,
offereceu elle tres das primeiras obrasque, depois de uma interrupção de nove
annos, publicou em Lisboa, onde ficou socegado até morrer.—Se o motivo da
prisão de *Mello* foram, não os resentimentos illegitimos do rei, mas provas, ou
suspeitas contra a sua fidelidade á dynastia de Bragança, seguramente a regente, tão ciosa da coróa, lhe não permittira voltar á patria, nem elle cá
viéra, receioso de ter o fim de Lucena. O coração de D. Luiza, como esposa, penava pelo mesmo motivo que *Mello*, como rival, fôra desterrado. A
restituição deste á patria e ao valimento da côrte foi desaffronta para ella.

Fosse, porém, qual fosse o motivo da prisão e desterro de *Mello*, é
certo, como acima dissemos, que o sabio governo da rainha regente D. Luiza
já lhe tinha aberto as portas da patria em 1659.

Então eram angustiosas as circumstancias de Portugal e da dynastia
bragantina.—Com a morte de D. João iv, cobraram os castelhanos animo: d'

---

(1) Luiz xiii, dizem os biographos, mas é evidente erro. A carta podindo por Mello,
datada de 6 de novembro de 1648, só podia ser de Luiz xiv, porque Luiz xiii morreu,
em 14 de Maio de 1643, anno em que, por decreto de D. João iv, datado de 16 de
novembro, Mello ainda fôra incumbido de importante commissão, como elle refere no Memorial ao dieto rei.—Vid. Dicc. Bibl., no Supplemento, artigo D. Francisco Manoel de Mello.

(2) Da combinação das datas de cada uma das cinco Epanaphoras com a do fallecimento de D. João iv, 6 de novembro de 1656, se vê ser exacto o que dizemos. A 4 de
septembro de 1649 estava Mello preso na Torre velha (Epanaphora i); a 9 de septembro de
1654 estava solto em Bellas (Epan. iii); a 5 de fevereiro de 1657, isto é, tres mezes
apenas depois da morte de D. João iv, ainda estava no Brazil, em Monserrate Antartico
(Epan. ii); mas em 30 de septembro de 1659 já tinha regressado ao reino, e estava
no logar do Espinhel (Epan. iv), e a 23 de dezembro do mesmo anno, em Alcantara, de
Lisboa (Epan. v).—Os nove annos do infortunio de Mello abrangem não só o periodo
da sua prisão, seis annos (1648 a 1654), mas tambem o de sua deportação no Brazil,
tres annos, desde 1654 até pouco depois da morte de D. João iv, succedida em fins de 1656.

embora a victoria coroasse as armas portuguezas na memoravel campanha do descerco de Elvas, o perigo de nova invasão era imminente e temeroso; porque o paiz estava exhausto de tropas e dinheiro pela guerra sustentada du-rante vinte annos, na qual os seus alliados, França e Inglaterra, o deixaram só por só em lucta contra Hespanha, a ser-lhe algoz o seu heroismo mesmo, e cadafalso o theatro dos seus triumphos, preludiando no seculo xvii a catastrophe da infeliz Polonia do seculo xix. Portugal fôra affrontosamente excluido de tomar logar no congresso europeu de Munster e da paz geral ahi pactuada em 24 de outubro de 1648; e, porisso, condemnado a continuar a guerra, ou vergar-se ao jugo de Filippe iv. Os Hollandezes trahiram-no, e accommetteram-no nas colonias da America. A côrte de Roma, depois tão achegada á casa de Bragança por effeito das devotas prodigalidades de D. João v, repellia-a então, por intrusa. Desde a acclamação de D. João iv, nada menos de onze embaixadores foram mandados ás diversas côrtes da Europa, tendo ao tempo septe em diversas partes; e em Lisboa não se via um só embaixador de um só principe, como diz o Padre Antonio Vieira. Por ultimo, depois de malogradas varias tentativas de alliança matrimonial em França e em Hespanha, primeiro para o principe D. Theodosio, prematuramente fallecido, e depois para a infante D. Catharina, Luiz xiv, a quem a mão da mesma infante fôra offerecida, senão solicitada pelo seu ministro o cardeal Masarino, com o dote de dois milhões de cruzados e a praça de Tanger, engeitára o casamento, celebrára com Hespanha a paz dos Pireneos em 7 de novembro de 1659, e, por virtude desta, tomou depois por mulher, em 9 de junho de 1660, a infante D. Maria Thereza de Austria, filha herdeira de Filippe iv, junctando por este modo ao abandono a ignominia de Portugal, que na França só em Mr. de Turenne achou amisade e favor honrados.—Como conjurar esta crise tremenda? Eis a questão vital a resolver de prompto, quando *D. Francisco Manoel de Mello* tinha voltado do desterro.

A solução possivel a bem da independencia portugueza era uma unica. Ou consegui-la sem olhar a sacrificios, ou succumbir. Os acontecimentos por si a prepararam.—Em maio de 1660 fôra Carlos ii chamado ao throno da Inglaterra, vago pela morte de Carlos i no cadafalso, e despedaçado, desde 1640 até então, pelo fecundo despotismo de Cromwell. Só o casamento desse potentado com a infante D. Catharina podia trazer a Portugal a paz honrosa, ou assegurar-lhe meios efficazes de proseguir com vantagem na guerra contra Hespanha. Não havia, pois, hesitar. A actividade toda dos diplomatas portuguezes, habeis como nunca os tivemos, concentra-se no esforço supremo de mendigar e pagar para uma princeza, virtuosa como poucas, o thalamo desse rei libertino.

A infante D. Catharina, porém, não tinha, como tivera seu finado irmão D. Theodosio, uma futura corôa reinante que offertar com a mão de esposa: era, pois, urgente dotal-a, e com tão grandiosa munificenciá, que captasse a ambição não só do rei, mas tambem da nação ingleza.—A historia e documentos do tempo mostram que o dote offertado ao rei de Inglaterra foi quinhentas mil libras sterlinas (para junctar as quaes, a rainha regente D. Luiza vendeu as suas joias e parte da baixella, e pediu muita prata das egrejas e conventos emprestada); foi mais a cessão perpetua da cidade de Tanger, uma das chaves do Mediterraneo, á coroa de Inglaterra; foi ainda, para a nação ingleza, a liberdade do commercio no Brazil e nas Indias orientaes, que os portuguezes tinham sempre recusado a todas as nações, entregando perpetuamente em caução deste privilegio a *ilha* de Bombaim com todas as suas fortalezas, no que ia o futuro dominio inglez na India!—Isto era tanto, que satisfez a Inglaterra, e especialmente os negociantes inglezes, a ponto que o casamento foi facto de grande regosijo britanico.

Mas Carlos II vacillou depois ainda, talvez por querer não captivar a sua libertinagem. A Hespanha redobrava em zizanias para evitar o consorcio. E a rainha regente D. Luiza, como a todo o custo lhe parecia barato conseguir este casamento para a infante, preparava em segredo o sacrificio de mais uma valiosa e cubiçada colonia portugueza, se para isso preciso fosse: o da *ilha da Madeira*. A Inglaterra, saciada, não se lembrou de a pedir então; porque sua seria agora, desde mais de dois seculos.

A rainha D. Luiza soube precaver e dissimular. Os diplomatas inglezes que nos perdoem o intimo regosijo com que o dizemos: uma senhora logrou-os!

Deste facto não ha noticia nos historiadores do tempo, quer portuguezes, quer inglezes, nem nas *Memorias de Lord Clarendon* mesmo, o qual tracta largamente do referido casamento, e até, como Chanceller que era de Carlos II, interveiu efficazmente nas negociações diplomaticas para elle. Tão cauta foi a rainha D. Luiza, que assim soube esconder o seu projecto de ceder a *ilha da Madeira*; mas, pelas provas que achámos, estamos convencidos de que realmente o houve.

Em quanto as negociações do casamento da infante D. Catharina com Carlos II estavam sendo ultimadas entre Lisboa e Londres, foi nomeado em 17 de novembro de 1660, e partiu logo para a ilha da Madeira, e tomou posse do governo do archipelago em 2 de dezembro do mesmo anno, o novo Governador e Capitão General Diogo de Mendonça Furtado, perante o Senado da Camara da cidade do Funchal, com a solemnidade costumada e conforme o respectivo Foral, e retirou-se ao palacio da fortalezá de S. Lourenço, sua residencia, sem nada dizer. Porém, cinco dias depois, foi pessoalmente á mesma Camára, apresentou dois diplomas, que ahi foram então registados no respectivo tombo, L.° 6.ª, folhas 135 e 135 verso; assistiu ao registo; assignou-o só com o respectivo escrivão, e não· largou de seu poder o segundo desses diplomas, o qual tornou a levar, deixando o primeiro.

Os diplomas e seus registos são do theor e maneira seguinte:

TRASLADO da Carta de sua Mg.^{de} q̃. mandou escreuer aos officiaes da Camara sobre a posse & doação q̃. o dito senhor tem feito desta ilha da Madeira á serenissima imfante dona Catherina.

JUIZ, Vereadores, & procurador da Camara da ilha da madr.ª Eu elRey vos enuio muito saudar. Diogo de mendonça furtado, q̃. vai por Gouernador & Capp.ᵃⁿ Geral dessas jlhas & vos emtregará esta Carta, leia procuração da imfante Dona Catherina, minha muito amada & presada irmãa, & as suas doações pera na conformidade dellas tomar posse dessa jlha de q̃. lhe fez m.ᶜ elRey meu senhor & pai q̃. deus tem. Encomendovos q̃. registando as doações nessa Camara lhe deis & deixeis tomar posse do senhorio & jurisdição da jlha nomeando & fazendo nomear a imfante per senhora della em todos os actos judiciais e extrajudiciais posto q̃. por ora se amde cobrar as rendas p.ª a Coroa como lhe agora se fez & amde correr os despachos por meus tribunais & será isto em coanto a imfante não toma casa ou em coanto eu não ordenar o contrario, mas com supposição & declaração expressa de q̃. tudo isto lhe toca na forma de sua doação & q̃. tudo isto ade cobrar coando for tempo: a esta posse ade assistir o juiz de fora dessa ilha a quem mando advertir da forma em que se ade proceder nos auditorios daqui em diante: & no dia desta posse fareis por luminarias & as festas a que a terra & a possibilidade da Camara der lugar. Escripta em Lx.ª a dezouto de nouembro de seis centos & sessenta. Rainha.› Pera a Camara da ilha da madr.ª E não diz mais a dita Carta a que me reporto & q̃. eu M.ᵉˡ Vr.ª da foñᵉⁿ aqui registei oje sete de dezembro, dia em q̃. o dito gouernador a apresentou em Camara aos officiaes della, de mil & seis centos & sessenta annos.

Manoel Vr.ª dAfon.ᵉⁿ

T. 6.º de Archivo da Camara do Funchal, fl. 135.

TRASLADO das doações da serenissima imfante Dona Catherina do senhorio desta jlha. q̃. na Camara apresentou o gov. e Cap.ᵐ geral della Diogo de mendonça furtado como procurador da dita senhora imfante.

DOM JOÃO por graça de deus Rei de Portugal & dos Algarues, daquem & dalem mar, em Africa Senhor de Guiné, & da conquista, navegação, & coⁿ

mercio da Etiopia, Arabia, Persia, & da India &.ᵃ Faço saber aos q̃. esta minha
Carta patente virem que, tendo respeito à idade com q̃. se acha a imfante Dona
Catherina minha muito amada & presada f.ᵃ, à obrigação que me corre de
lhe dar sustentação & dote, & lhe não ter feito mᶜᵉ algũa, & ao muito que lhe
he necessario p.ᵃ sustentar seu estado conforme a quem he & ao q̃. a rezam
& conuiniencia do Reino pede que ella tenha ao diante, & tendo outrosim
respeito ao aperto em que se acha o patrimonio da Coroa com a decipação
que padeceo no tempo da intrusão dos Reis de Castella & o que tem des-
pendido com a guerra de tantos annos no Reino & suas conquistas, acom-
modando asy a necessidade da imfante com as do Reino no melhor modo
que pode ser, tendo por serto da imfante que me saberá merecer toda a m.ᵃ
que lhe fizer, & que seus sucessores faram o mesmo ao Principe meu sobre
todos mt.º amado & presado f.ᵉ & aos Reis que lhe ouverem de suceder
na Coroa destes Reinos, & por folgar por todos estes respeitos, & em particular pellos merecimt.ᵃ pessoas da imfante, q̃. acrecentão mt.º a estimação
q̃. della faço & o grande amor que lhe tenho: Hei por bem fazerlhe m.ᶜᵉ
da ilha da madeira com todos seus lugares, da Cidade de Lamego & seu
termo, & da Villa de Moura & seu termo, com suas rendas & direitos, foros,
tributos, officios, datas, castellos & padroados, excepto alfandegas, sizas, & os
bispados de Lamego & Funchal, que sempre ficarão da prouisam da Coroa,
asy & da manr.ᵃ que Eu oje possuo aquella Ilha, Cidade, & Villa, & melhor se melhor puder ser, com toda Jurisdição Crime & Ciuel, mero & mixto
Imperio, & com todas as mais prerogativas que sam nas doações da Caza de
Bragança que aqui Hei por expressas e declaradas, entendendo nas que a Caza tem encorporadas para seus sucessores, & não nas pessoas; que per doação
de fora concederei à imfante quais conuem a sua pessoa, & concederão meus
sucessores aos seus, segundo as pessoas de cada hum & as ocasiões & ocor-
rencias dos tempos: & porq̃. a renda da dita Ilha, Cidade de Lamego, & Villa
de Moura tirando as sizas & alfandegas he lemitada, Hei por bem que das
rendas das alfandegas da Ilha se pague o ordenado do gouernador que nella ouuer de auer q̃. sera nomeado pella imfante & seus sucessores com apro-
uação minha & dos meus: & se pagará do mesmo rendi.ᵐᵗᵒ das alfandegas a
despeza do prezidio ou prezidios da dita Ilha não passando dos que oje são,
& lhe faço mais merce dos seleiros de Moura na parte que toqua a esta villa, assim como concedi ao imfante D. P.º meu muito amado & presado f.ᵉ a
parte dos meus seleiros que toca à Villa de Serpa de q̃. he donatario & lhe
faço outrosim merce do Paul de Magos q̃. ha pouco tempo rompi, tudo o sobredito de juro & herdade na forma da Lei mental p.ᵃ ella & seus sucessores
varões lidimos, precedendo o neto f.º de f.º mais velho defunto, antes de
suceder a outro f.º segunde & mais f.ᵒˢ do ultimo possuidor, & isto saluando
o direito dos donatarios que ouuer na dita Ilha & mais Lugares declarados

nesta doação que ficará em seu vigor, em qt.º durarem os termos de suas doaçõens, & acabadas ellas, de maneira que ajão de tornar os bens, jurisdiçõens &
o mais que pessuirem à Coroa de meus Reinos, não vagarão p.ª Ella, senão p.ª
a imfante & seus sucessores p.ª os terem & possuirem em forma desta doação;
& faço à imfante doação desta Ilha & as mais contheudas nesta Carta com tal
declaração q̃., se tomar estado fora do Reino & por esta resão ou outra igualmente poderosa lhe quizer a Coroa satisfazer o justo valor destas doaçõens,
será obrigada a desistir dollas, & posto que os *benefícios da dita Ilha* se pro-
uerão como da Ordem de Christo pela meza da conciencia, os concedo à imfante & seus sucessores p.ª os prouer como donataria daquelles padroados ou
do uzo delles, assim & da maneira que a casa de Bragança prouè algũas comendas da mesma Ordem, & sendo necessario fazer tambem esta doação dos
beneficios como mestre, geu., & perpetuo administrador da Ordem de nosso sr.
Jezus xpõ, a faço como tal, ou de juro & herdade, ou quando nisto aja impedimento, em vida de tres pessoas no melhor modo & forma que puder ser,
pera que tenha seu comprido efeito. pera o que sendo outrosim necessario se
suplicará a Sua Santidade, executando a doação assim nesta parte como em todas as mais mt.º pontual e inteiramente no melhor modo & forma q̃ convier;
& q.do aja contra ella ou contra algũa parte por pequena que seja, & tal impedimento que ou em todo ou em parte não possa esta doação ter comprido
efeito, Hei por bem que a parte em q̃. o não puder ter se supra com outra eqiualente, em tal modo & de forma q̃. sempre tenha efeito o valor da
m.cⁱ q̃. faço à imfante por esta Carta; a qual merçe & doação lhe faço de
men moto proprio, certa sciencia, poder Real & absoluto, no melhor modo &
forma que de direito possuo & huso. E por firmeza de tudo o q̃. dito he lhe
mandei dar esta Carta por mim assinada, & passada por minha Chancellaria &
sellada com sello pendente de minhas armas. Dada na Cidade de Lisboa, ao
primr.º do mez de nouembro. Luis teixeira de Carvalho a fiz. Anno do nascimento de nosso SJũ. xpõ de mil & seis centos & sinquoenta & seis. P.º
vieira da Silva a fiz escreuer. «ElRey.» Registada na Chancellaria, no Livro de padrõens e doaçõens, a folhas, conto & sinquenta & tres. João de pai-
us de albuquerque . . . . . sete de nouembro de seiscentos & sessenta . . , . . . E não
dizem mais as ditas doaçõens a q̃. me reporto em todo & por todo; asy no
de mais como no de menos, q̃. eu M.el Vr.ª dafonc.ª escrivão da Camara aqui
fiz trasladar, subscreui & assinei. com o Gou. o Capp.ão geral diogo de mendonça furtado, em cujo poder ficou a propria: no f.ªl sete de dezembro de
mil & seis centos & sessenta annos.   . *Diogo de mç.ª furtado.*

Manoel Vr.ª de Afon.cª

T. 6.º do Archivo da Camara do Funchal, fl. 135, verso.

Este segundo diploma, lavrado em nome de D. João iv, datado do dia um de novembro de 1656, e como assignado por este rei, é a nosso ver apocrypho, e forjado *ad hoc*, pela mesma occasião, novembro de 1660, em que o primeiro foi mandado lavrar pela rainha regente D. Luiza de Gusmão e por ella referendado. Suscitou-nos grave suspeita disto o ver esse diploma registado na Chancellaria da côrte quasi quatro annos depois da sua data, e onze dias antes de expedido o outro; de sorte que esse registo ficou duplicamente extemporaneo, por *tardio* em relação á data mesma do diploma registado, e por *prematuro* em relação á data daquelle que o mandou pôr em vigor. Porque não foi registado no devido tempo? E, não o tendo sido então, por que motivo o foi tantos dias antes da data da carta régia que o avocou á execução?—Attentámos depois em que ao dia da data della (1 de novembro de 1656) já D. João iv estava mortalmente enfermo da molestia que o matou passados cinco dias: e no *Portugal Restaurado* (Parte i, liv. xii), onde miudamente se contam os minimos actos do rei; desde que cahiu doente em 25 de outubro, até que falleceu em 6 de novembro do dicto anno de 1656, não se allude á doação objecto desse diploma, nem a outro diploma que elle assignasse, senão o seu testamento, feito no dia 3, tendo-se o rei recusado, em quanto o não ultimou, a curar de outros negocios do governo do reino.—Nessa mesma passagem do *Portugal Restaurado* se lê que D. João iv, desde que então adoeceu, mostrou profunda piedade religiosa e temor edificante: e, em tal estado de espirito, o rei não ousaria doar a ilha da Madeira, em desprezo da celebre carta de D. Manoel (no diante transcripta em outra nota), na qual, sob pena da maldição de Deus e delle, prohibia a seus successores, reis de Portugal, que por qualquer modo, no todo ou em parte, de si desunissem ou apartassem em algum tempo a mesma ilha. —Accresce a frizante contradição entre a urgencia, allegada nessa doação *in extremis*, de pôr casa á infante D. Catharina, e o silencio de quatro annos em que teria jazido o diploma, se fora verdadeiro, para, alfim, surgir das cinzas de D. João iv nas vesperas da mesma infante contrahir matrimonio com Carlos ii, isto é, quando ella já não precisava de casa e estados principescos em Portugal, mas sim, talvez, de supplemento ao dote para Inglaterra.—Cummula-se a tudo isto o cuidado com que o Governador Diogo de Mendonça Furtado, na occasião mesma do registo na Camara, conservou em seu poder o precioso original do diploma da doação, subtraindo-o assim a qualquer exame, e por tal arte o guardou que, se até então de ninguem fôra sabido, tambem depois por ninguem foi mais visto, que conste.—Estas as rasões que averbam de apocrypha essa carta de doação da ilha da Madeira á infante D. Catharina, depois infeliz rainha de Inglaterra.

Mas, por que motivo recorrer a rainha D. Luiza a este meio ardiloso, se podia, como regente do reino que era, fazer por si só doação tão legitima da illha da Madeira a sua filha, como a cessão que, em dote della, fez de Tanger e Bombaim á Inglaterra? Qual o intuito deste artificio?

Por si se revela.—O intuito era declinar sobre o finado rei á nova o maior responsabilidade, que a regente não ousava assumir perante a nação. O direito publico portuguez não permittia alienar territorio, sem intervenção de côrtes: sem ella ia a rainha ceder Tanger e Bombaim, o que já era arriscado, como mostraram o segredo e precauções com que depois foi realizada a entrega destas duas possessões: e repetir o lanço com a ilha da Madeira, a colonia querida de Portugal e tão famigerada no mundo, fôra não mero risco, mas catastrophe certa. Aquella doação apocrypha tinha o caracter de uma liberalidade paterna e domestica, e vinha attenuada pela expressa clausula de resgaste possivel, se a infante viesse a casar fóra do reino: a D. João iv, em 1656, teria sido possivel fazel-a, evitando por essa clausula, na apparencia ao menos, a terrivel sancção da sacrosancta jura de D. Manoel, homologada pela sentença das coleras populares, mais terrivel ainda: mas á rainha D. Luiza, em 1660, nas vesperas do casamento de Carlos ii com a infante, era impossivel fazer doação em taes termos, porque seria manifesta burla aos brios nacionaes; seria não lenitivo, mas estimulo aos seus impetos. Aquella doação, pois, tal qual foi elaborada, era o unico expediente de que a rainha podia valer-se para vencer de prompto algum obstaculo, que na ultima hora sobreviesse ao almejado consorcio; era a força do facto consummado, pela sagrada vontade de um augusto finado, a conjurar a eventualidade de um receio futuro; era a responsabilidade dos mortos a escudar a dos vivos.

Entrementes, neste mesmo angustiado anno de 1660, foram publicadas em Lisboa as *Epanaphoras*, de *D. Francisco Manoel de Mello.*—Seriam ellas livro forasteiro ás tormentas da epocha? Por ventura o espirito, atilado e varonil, imaginoso e patriotico do auctor, não seria tocado da corrente electrica com que as crises das nações commovem e instigam os seus filhos, ainda os mais obscuros e rudos? O veterano mestre de campo das batalhas translaganas, o auctorisado conselheiro das juntas dos generaes e ministros do rei, deixaria que o sôpro da desgraça lhe apagasse o fogo sagrado daquelle amor patrio, com que brandia no Alemtejo a espada vencedora, no *Manifiesto de Portugal* a penna flammejante?

Impossivel. No auge da sua mesma desgraça, mostrou elle gravidade de sabio, e virtudes de heroe, nesse celebrado *Memorial* que da masmorra endereçára a D. João iv.—Impossivel.

São cinco as *Epanaphoras*, de *Mello:* todas, excepto a iii, respeitam a factos do dominio castelhano, ou delle procedentes; todas, excepto a iii, esboçam episodios das desventuras portuguezas nessa quadra, rematando com a v pelo assignalado triumpho da restauração de Pernambuco; todas, excepto a

49

iii, intertecem os nossos soffrimentos com as nossas heroicidades: todas, excepto a iii₁, nos concitam á lucta e á victoria, pela memoria do passado.

Mas a *Epanaphora* iii é *amorosa;* toma por assumpto o descobrimento da ilha da Madeira pelo inglez Roberto Machim: desta lenda britanica, já cimentada na vaga tradição, e de alguns havida por semiverdadeira, fez *Mello* nesta *Epanaphora* uma narração, a que, por certo modo, deu foros de historica, e em que, por outro, exaggerou os caracteres ingenitos de novella phantasiosa, resultando desta amalgama hybrida o vulgarisar o caso de Machim.—Será, pois, a *Epanaphora* iii uma anomalia, politica e litteraria?

Impossivel tambem. Ahi estão todos os livros de Mello, especialmente as outras *Epanaphoras,* a repellir esta injuria ao seu elevado espirito.

Assim como a questão da independencia portugueza tinha então duas faces, a guerreira e a diplomatica, a lucta e a alliança, as armas e o dote; tambem as *Epanaphoras* tomaram esta dupla feição: as duas primeiras e as duas ultimas são as da guerra; a terceira é a da diplomacia, desfarçada e manhosa como esta.—Todas, pois, nasceram da mesma ideia, é miravam ao mesmo fim, a independencia de Portugal.

Com effeito, em quanto D. Luiza mandava, em 1660, para a Camata do Funchal uma carta apocrypha de doação da ilha da Madeira á infante D. Catharina, datada de 1656,—D. *Francisco Manoel de Mello* publicava, nesse mesmo anno de 1660, as *Epanaphoras*, e a meio dellas a iii; supposticia, como essa doação; como ella, antidatada tambem ainda do tempo de D. João iv: em quanto a regente guardava a mesma doação como extremo recurso,—*Mello historiava* o descobrimento dessa mesma ilha como de origem *ingleza*, a fim de tornar menos dura ao pondonor portuguez a alienação della para Inglaterra, e, ainda a preço de renome do seu progenitor João Gonçalves Zargo, serenar, quanto possivel, a paixão dos povos, se o sacrificio da *Flor do Oceano* chegára a ser consummado.—Por uma parte, a apparencia de mera munificencia paterna, a clausula do resgate na doação, e o respeito devido á vontade do finado rei, e, por outra parte, o divulgar por historico o caso de Machim, abonado com o nome de Francisco Alcoforado como testimunha e narrador quasi presencial, e pregoado como tal por *Mello*, sabio respeitavel por seus dotes, é pessoalmente interessado em negal-o, eram as prevenções attenuantes, que reciprocamente se haveriam de agrupar em redor da dynastia de Bragança, quando a nação lhe pedisse contas do primeiro padrão dos gloriosos descobrimentos portuguezes no atlantico.

Porém *Mello* com tal arte debuxou o quadro, que os toques com que prodigiou o caso de Machim, e pelos quaes o imbuiu por verdadeiro ao vulgo, são em si mesmos implicitos protestos da sua nobre e illustrada penna contra a pretendida realidade dessa lenda; foram judicioso ardil do habil escriptor em auxilio do outro ardil patriotico da rainha. No ostensivo domerito da *Epanaphora* iii está o intrinseco merecimento della. Falla ás turbas, e desillude os criticos. É escripto de estrategia politica, não obra historica.

A doação e a *Epanaphora* iii condizem por tal modo no objecto, nas epochas, no intuito, e até no artificio e desfarce, que bem revelam serem ambas obras do mesmo tempo, fructos do mesmo pensamento, expedientes para a mesma crise; identificam-se.—Tanto as *Epanaphoras* accordam com os projectos da rainha, que *Mello* as dedicou a D. Affonso vi, filho e pupilo della; e a regente não repudiou a dedicatoria, tão significativa naquella conjunctura.

Eis o que prova e o que vale a *Epanaphora* iii.—Vejamos, por extracto, o que ella diz.

DESCOBRIMENTO DA ILHA DA MADEIRA. ANNO 1420. EPANAPHORA AMOROSA.

TERCEIRA DE D. FRANCISCO MANOEL DE MELLO.

Aquella antiga, & grande *Bretanha*, que nos tempos primeiros foy *Selua, Calidonia, Albion*, entre algũas gentes, *Anglia* depois, & agora *Inglaterra*, governava pacificamente, o grande Rey D. Duarte Terceiro...

Era já Londres Corte Ingreza, Cidade principalissima, émula das mayores do mundo, em opulencia, & assento....

...A ociosa opulencia de Lõdres...casionada a grãdes feitos, convidava á mesa de suas delicias os mancebos ingrezes. Entre os mais, *Roberto o Machino*, nobre da segunda ordem, desprezando os jogos, & banquetes, a que o persuadião seus iguaes, com praticas, & exemplos, se singularizava, em pensamentos mais altos. Animo forte, juizo excellente, idade gentil, fortuna prospera; erão seus intimos conselheiros: ajudandose das partes pessoaes, que em Roberto (não a caso) fizerão concurso.

Com mayor callidade, & superior riqueza, celebrava então a fama, por toda a Cidade de Londres, o nome de *Ana de Arfet*, donzella fermosissima: & com cuja belleza, os outros dotes de corpo, & espiritu, tinhão feito aquella paz, que lhes falta em os mais dos sugeitos, donde se desencontrão. A seu matrimonio aspiravão Prïncipes....

Perigàrão, em fim, no excesso, as finezas de Roberto, & Ana. Foy logo escandalo a correspondencia; porque a inveja, vestida de zelo, começou a solicitar, como emmenda, o que era vingança. Os pays de Ana advertidos, queixosos os parentes, ElRey avisado, resolveo com seu Parlamento, que Roberto fosse prezo, & Ana casada a eleição dos seus...com hum Milord de alto estado:... ajustando, que Ana, & seu esposo, se sahissem á cidade de Bristol...

49.

...Tudo cõseguido, ausente Ana, ElRey satisfeito, Roberto livre; entaõ, lhe parecco, q̃ já era tempo de desagravar ó amor, o gosto, & a hõra. E porq̃ sẽpre foi força do cõfiar de quẽ he preciso valer, descobrio a parentes, amigos, & criados a ousada resoluçaõ, em q̃ se achava...

...Concertàraõ, q̃ passassem cautelosos, & acautelados á Cidade de Bristol, em varias cõpanhias; dõde, prevenindo os mais conformes instrumẽtos que podiaõ assegurar sua fugida, roubassem Ana de Arfet; cujo consentim̃to (industriosamente comunicado a Roberto) era o norte, que lhes influia, & cintilava a prosistencia desta resoluçaõ. A visinhança do mar, assegurou o facil medo da fuga; França pouco distante, seu breve cómodo; amparo, a emulaçaõ de aquellas duas Coroas. A prospera fortuna esperavaõ do valor de todos; & o valor, da cousa, q̃ emprẽdiaõ; porque, segundo a liçaõ dos exemplos, menos ousados, que o amor, tem feito a gloria.

Seguiose ao cõselho a execuçaõ...

Assentàraõ como hum dos mais destros companheiros de Roberto entrasse, por criado, em casa do esposo de Ana; cujo nome, por decóro, deixou de escrever o mesmo Roberto, a quẽ devemos esta historia. Sucedeo como se dispoz, & despois de recebido para palafreneiro, tomou cargo de pẽsar hũa fermosa pia, em q̃ Ana saía algũas vezes ao cãpo...

He Britol hũa das cidades de mais comercio, de toda Inglaterra; & porq̃, a esse respeito, se achaõ em seu porto muitas nàos aparelhadas para sair delle, havia já Roberto, & seus cõpanheiros posto os olhos (entre aquellas q̃ estavaõ mais prõtas para navegarẽ) em hũa poderosa embarcaçaõ, q̃ de forte, ligeira, & guarnecida tinha o melhor nome; o descuido de seu Capitaõ, o cuidado de Roberto, prometiaõ della certissima preza.... Haviãõse preparado de hum barco, q̃ lhes franqueasse a passagem da terra ao mar; em o qual, todos os dias à hora sinalada, discorriaõ, como por divertimẽto, a marinha, sẽ q̃ de algũa pessoa fosse notados...

Eraõ entrados os nortes: monçaõ que se esperava, para executar o roubo de Ana. Ella. avisada do criado, amigo, & companheiro de Roberto, propoz o dia em que, sem falta, sairia a seu passeo, o qual de ordinario soia ser pela ribeira do mar, que frequentava em seu batel Roberto, sendo esta a mais desembaraçada parte dos olhos do vulgo...Usou dè tal arte o fingido criado de Ana, q̃, tres dias antes de sua saida, poz em desesperada sède a pia, de q̃ curava, naõ lhe consentindo beber algũa vez em todos aquelles tres dias, afim de q̃ melhor conseguisse seu intẽto: como sucedeo logo.

Ana...recolheo as mais preciosas joyas de seus cõtadores,...entre as quaes foi memoravel hũ Crucifixo do subido valor...Este lhes foy despois a mais fiel cõpanhia, q̃ Ana, & Roberto acharaõ, em ás tragedias futuras.

Tudo, & todos aponto; à hora chegada, já o amoroso aventureiro, com seu barco, & sua gente, estava esperando bem armado, na estãcia costumada. Quiz o esposo de Ana fazer fatalmente mais solene sua desgraça, accompanhandoa aquelle dia; o que ella, com bom semblante, mostrou haver estimado. Mas apenas, saindo ao campo, descobrirão a marinha, & se ouvio distinto o ruido das agoas, quando, reconhocêdoas, desbocada, & furiosamente, a boca de Ana correo a se lãçar nas ondas, sê q̃ a força, ou industria do fingido criado, q̃ a levava de redea, pudesse fazer outra cousa, q̃ dirigir aquelle cego animal para o lugar mais proximo ao barco de Roberto, q̃ já reconhecia. Elle, q̃ para começar sua ventura, a seu parecer, lhe não faltava mais q̃ o fim de aquella desgraça, saltando ligeiramête em terra, como levado a caso de piadosa diligêcia, na alma, & nos braços recebeo o golpe de tão misteriosa queda. Foi brevemête socorrido dos seus, & com incrivel presteza, embarcados Ana, & Roberto, & os mais, desaparecérão da praya, antes de se advertir o desastre, quanto mais o delito.

Igualmente, que o roubo de Ana, fora de antes resoluta a interpreza do navio... Era o dia de festa, achavase desempedida a embarcação de seus officiaes, & marinheiros, por onde com grande facilidade foy ocupada... Em hũ instante, picàrão as amarras, desferirão, marcàrão as vélas, & sairão prosperamente do porto, mais á vontade da fortuna, que da sciencia; porque o vento, esforçandose cada vez mais, se apoderava sem ley algũa das velas do navio, & da liberdade dos navegantes.

.... Mas porque os olhos do temor nem sempre saõ cegos, fazendo Roberto o mesmo discurso, que podião fazer seus ofendidos, & vendo que ao marido de Ana seria cousa facil, ajudado da justiça, ordenar que se desamarrassem outras algũas nàos, que, com o proprio bom vento, viessem em demanda da sua, tomou, por conselho dos mais, resolução de velejar quanto lhe fosse possivel; porque, se na parte que restava do dia perdessem de vista a terra, depois de noite furtarião o rumo a qualquer embarcação, que os fosse seguindo. Assi determinados, largàrão, como souberão, ao ar todas as velas, navegando por aquelle dia, & noite... O vento atè alli prospero, suposto que não mudado, era já mais tempestade, que monção....

Sinco dias havia que navegavão, sem que a terra, que hião buscando, se lhes descobrisse; porque a falta de governo, & sobejo vento, que de ordinario corria, fora causa de que insensivelmente se apartassem da costa de França, adonde so encaminhavão (mas em vaõ) seus desejos....

Quasi desabrigada de todo governo, corria, despois de treze dias de viagê, a não de Roberto pelos largos, & perigosos desertos do mar Oceano; quãdo, ao amanhecer, à parte do ponente, se descobrio assàs visinho o sembrãte da terra, que, segundo cada instãte, com os rayos do Sol, que nella descançavão (porque, da larga carreira de seu oriente atè aquelles mõtes, não havião parado em parte algũa), se hia mostrando altissima, & povoada de barbaro arvoredo. Foi sua vista a todos alegre; mais à Ana de

Arfot, que, affligida com as molestias de taõ incerta, & trabalhosa viagem, julgava haver achado nova vida, & seguro repouso, em a nova terra, que se lhe oferecia: taõ facilmête erra nosso juizo, sobornado do desejo.

Roberto, por dobrados motivos, anciosa do porto, fes como, á custa de muito trabalho, se tomasse; dôde já sendo entrados, se lhes mudou em assôbro o receyo. Nenhû dos companheiros conhecia aquelle lugar, & os mais experimêntados na navegaçaõ, duvidàraõ pudesse aver terra, em hûa paragem do mundo, nunca, até entaõ, descuberta por homês. Esta opiniaõ esforçaraõ os sinais, que, com igual maravilha, que curiosidade, estavaõ de continuo observûdo os confusos navegantes: nenhum rasto de que fosse habitada se descobria na terra, porém todos de habitavel. A immensa câlidade, & simpleza dos passaros, causava nova admiraçaõ nos homens, & nos passaros, nenhum espanto sua companhia; porque varios nas cores, & figuras, quanto conformes na inadvertencia, de qualquer enxarcea do navio faziaõ ramo; campo, de suas praças; dos homês, companheiros: bem parece que os naõ conhecia, quem tanto delles se confiava.

A cobiça, ou, por melhor dizer, a necessidade, levou diligentemente ao porto es mais ousados, armádo, por esse effeito, com sufficiente guarda o batel do navio... Chegadas as novas, que se esperavaõ, para desembarcarê, logo a desembarcaçaõ se poz em efeito, saindo do navio Ana, & Roberto... Accompanhouse Ana de suas joyas, sendo em primeiro lugar escolhido, por mais intima peçola, o Crucifixo devoto, de que sempre se acompanhava. Com taõ breve apresto, & doze dos melhores, que os seguiaõ (& eraõ as pessoas com quem Roberto tinha mayor parentesco, & confiança), se passàraõ á terra, deixando a não guarnecida do resto da gente, & com suave navegaçaõ chegàraõ à marinha, nûca até alli pisada de pé humano.

Pouco distante da praya, se descobria hum sitio, dônde parece que a natureza havia esmerado todos seus primores... Em a parte superior, se via hûa arvore, que, como mais mimosa dos elementos, sobia sobre as outras; seu nome foy ignorado de todos os que chegàraõ a vela: assi sua opulencia, assi sua fermosura. Havia o tempo aberto em seu tronco hûa capaz morada, toda cuberta de finissimo, & dourado musgo.

Reconhecido este lugar, foi logo ocupado de Roberto, & Ana, & todo o resto entregue ao descanso, & morada dos seus companheiros;... foy levantado novo altar ao Senhor, donde com singular devaçaõ, collocàraõ a imagem de Christo Crucificado, que Ana levava consigo.....

Em paz, se possuio tres dias a paz do porto,... Mas, como a fortuna do mar seja ainda mais avara de sua instabilidade, que outra algûa, dispoz como, na noite sucessiva ao terceiro dia de sua bonança, se levantasse taõ subitamente hûa taõ rigorosa tempestade, da parte a que os marinheiros chamaõ *Noroeste* (& he aquelle vento, cujo lugar achamos igualmente distûs do Norte, & Occidente), q̃, sem respeito às forças, ou industria humana (em não opostas ao comum perigo), a não foy impelida dos ventos, &, das ondas, & como despojo de ambos, de improviso arrebatada, em tal maneira, que mais perdidos se julgavaõ os q̃ hiaõ com tanta violencia, que os que ficavaõ em tanta desesperaçaõ. Vibse depois como foraõ iguais os perigos, mas por mais breve; foy menor o dos navegātos; os quaes em dous dias puseraõ termo aos trabalhos do mar, trocāduselhes aos de hũa miseravel caṭiveiro, porque, naufragando em as arẽas de Africa, passàraõ da tumba, por demos dizer, à sepultura: tanto monta da não, às masmorras de Marrocos...

Amanhecerolhes mayor tempestade a Roberto, & Ana, que a mesma, que hiaõ padecendo seus companheiros; quando havendo passado a tormenta de aquella noite, viraõ pela menhãa o porto, & não viraõ o navio, o espirito de Ana se estrelou tanto, que desde aquella hora, até a de sua morte, nunca mais as palavras lhe souberaõ o trasito do coraçaõ à boca...

Tres dias gastou a morte em acabar esta empreza. Morreo Ana; & Roberto, naõ acabou a vida logo; porque lhe ficavaõ ainda muitas lastimas, que negocear, primeiro que acabasse...

Aquelles companheiros de Roberto, que se achavaõ em terra, desprezado às vidas, à vista de sua desgraça, lhas ofereciaõ constantes, para remedio della. Porém elle insistia firme em sua desesperaçaõ...

Despois de largo, & lastimoso debate, foy mais lastimoso o concerto: promettendo Roberto aos seus que, se a vida lhe durasse sincoe dias, elle se embarcaria com os mais, para donde a fortuna quizesse lançallos; mas que, se sua morte sucedesse primeiro, elles se fossem logo, dando antes a seu corpo sepultura, junto ao cadaver de Ana; o qual com comum consentimento, & proxulas lagrimas, haviaõ já enterrado ao pè de aquelle altar, que constituraõ, servindolhe de cabeceira, & docel, o tronco, & rama da fermosa arvore, que ao principio dissemos. Ornàraõ de hũa grande Cruz de madeira aquelle barbaro, & piadoso tumulo, por testemunho de sua religiaõ; à par do qual, em versos latinos, elegiacos, escreveo Roberto sua historia, na maneira, que fielmente procuramos referilla, acabandose em hum elegante apostrofe, em que pedia: *Que, se em algum tempo, algũa gente da ley de Christo tiesse a povoar aquelle deserto, por reverencia do Senhor Crucificado (que alli ficaria tomando posse de aquella pequena parte do seu mundo), quizesse edificar em o lugar proprio donde, como em Betel se lhe havia levantado a primeira ara, hum templo de seu Salvador, por ser assi noto de gente piedade, que, em tão inculto deserto, louvàra o santo nome de Christo.*

Em quanto o saudoso amante se ocupava em suas lagrimas, & exclamaçoẽs, q̃ de cõtinuo ao Ceo fazia junto à sepultura de Ana, os mais se entretinhaõ em preparar agoada, matar, & secar aves, aconodar as vélas, & reparar a embarcaçaõ, a que pretendiaõ entregar, segunda vez, as vidas. Naõ sò ·ó· termo ·concedido ao mancebo, mas o tempo os detinha; atè que entre si concertadas (parece) hũas, & outras sortes, a menhãa de dia quinto, despois da morte de Ana, indo buscar o triste Roberto, miseravel vista! o achàraõ morto sobre o mesmo teatro.

Jũto deste espectaculo, naõ sei qual fosse mayor: a lastima, ou a saudade? Em fim vencidas, foi aberto hum igual sepulcro a Roberto, que fora para Ana a sepultura, & com semelhante inscripçaõ de sua morte, c deixàraõ, de tantos trabalhos repousar em paz para sempre.

Em fim, embarcados os peregrinos Ingrezes, foraõ, em breves dias, fazendo a propria viagem, que antes em a naõ haviaõ feito seus companheiros. Deulhes porto a propria inimiga arêa de Africa, que elles saudàrã ·como de salvaçaõ, sendolhes de pesado cativeiro....

Passàraõ em breve da escravidaõ do mar, à dos barbaros; & delles ao poder del Rey de Marrocos; ao qual sendo levados, o primeiro alivio que encõtràraõ, foi a miseria de seus companheiros, que em a naõ haviaõ corrido semelhante sorte.

Eraõ entaõ (como hoje, as de Argel) as masmorras de Marrocos equipadas de grande numero de Catolicos, com igual lastima, que injuria da Christandade; entre os quaes, se achava hum cativo, de naçaõ Castelhana, natural de Sevilha, cujo nome era *Ioão de Morales* (a quem *João de Amores* chamàraõ erradamente alguns antigos; quiçá por quererem fazer de amores toda esta historia). Era Morales homem prático na arte de navegar, que largos annos em officio de piloto havia experimentado, segundo a rudeza com que naquelles tempos a navegação se exercitava: e como, por pessoa industriosa, nas cousas do mar, se afeiçoasse mais eficazmente á relação, que lhes fazião os Ingrezes, procurou durante sua companhia, que foi de largos annos, entender delles a situação, paragem, sinais, & noticias de aquella nova terra, da qual, taõ maravilhosas cousas lhe referiaõ; & foi de sorte a diligencia que poz no exame, & memoria de tudo, que se fez igualmente capaz, que os proprios de quem aprendia, em o mesmo que lhe ensinàraõ: donde procedeo que, pella grãde esperança, presagamente concebida de aquelle segredo, elle o guardou para si sòmente, todos os annos que tardou em naõ poder delle aproveitarse.

Vendose o nosso Rey D. Joaõ Primeiro, de boa memoria, já descuidado das guerras de Castela, naõ quiz, como varão constantissimo, esperdiçar a serenidade de sua Republica em o repouso, com que licitamente pudéra gozalla, despois do largo trabalho de sua recuperação, & defensa. Armou nobre exercito, cõ o qual passando o mar, antes q̃ algum Princepe de Espanha, conquistou aos Mouros a illustre Cidade de Cejta, & antigo porto de Africa, a quem deu memoravel nome a perda de Espanha, que por suas portas teve principio. Alcançou D. João este triunfo pelos annos de 1415....

Havia o Infante (D. Henrique) estudado, entre as materias Mathemati-
as, com mais afeição, a Cosmographia; & como em Africa, praticasse acer-
a della, cõ muytos Judeos, & Mouros, noticiosos das Provincias remotas, &
as costas, & mares, que as cercão, instantemente se inflamava seu coração
m o desejo de descobrilas, & ganhalas; não para acrecentar os dominios
emporaes, mas para dilatar a Fè Catholica, & reverencia do nome de Christo,
o; de cujo divino oraculo, he fama, foi animado à tal empreza.

Resoluto, em fim, a fazer a Deos este serviço, & este beneficio ao
mundo todo; para melhor executar seus propositos, recolhêdose da jornada
de Ceita, se ficou nó Algarve; donde em a Angra de Sagres, hũa lagoa
partada do antigo Promontorio, que Sacro disserão os Romanos (& dahi
Sagro, e Sagres, a quem chamamos hoje Cabo de Sam Vicente), fundou
da villa em ordem à sua assistencia, & mayor comodo das navegaçoens
que intentava, à qual deu por nome Terça Nabal, quasi Nabali Tercena;
levando o exercicio, para que a havia levantado. Darsenal, & Arsenal
chamão os Venezeanos a seu famoso Almazem de galés, donde se fabricaõ,
& guardaõ; a que nós dizemos Tercena; Taraçana, & Ataraçana, os Espanhoes. He nome célebre, a quem muytos tem por voz Persiana, & dos
Persas diffidida aos Arabes; porque Ters, em idioma Persico, sinifica nario, & Hane, casa: como se dissessemos casa de navio. Outros querem que
seja nome Arabigo, quasi obrador, ou casa donde se trabalha, deduzindose da
raiz Darsenaà; & algũs dizem que Hebreo, dizendo Darasinaà; que tudo difere pouco: cujas memorias trazemos, porque se veja cõ quanta erudição aquelle
sabio Principe poz o nome a sua villa Terçana nabal, ou Terça Nabal:
que depois em mais Portuguez, & grato modo, foi dita Villa do Infante.

Por este tempo, & desde este lugar, começou D. Henrique novas conquistas, & descobrimentos....

Entre as pessoas, que o Infante D. Henrique ocupava nestes descobrimentos, foi principal (pello menos, naõ se sabe de outra mayor) hum nobre Cavalleiro de sua casa, que disserað Ioão Gonçalves Zarco: duvidase,
se por alcunha, apelido, ou façanha....Capitam mòr do mar, algũs dizem
que era; &...que depois em todas as emprezas de Africa acõpanhou a
elRey seu senhor, & o Infãte seu amo, cõ tãta singularidade, que se
diz delle: Foi o primeiro Capitaõ, que introduzio em os navios o uso da
artelharia.

Nesta forma governando sua Armada, discorreo Joað Gonçalves pello
estreito de Gibraltar, a fim de passarse á costa de Africa, nos principios
do anno de 1420; havendo já em o anno atràs passado de 1418, como
se casa, descuberto a Ilha do Porto Santo....Naõ estavão ainda as contendas de Portugal, & Castela, por este tempo, tam acabadas, que entre os
sibditos não houvesse algũas ocasioens de discordia, donde procedia que

Portuguezes, & Castelhanos costumávão prenderse, quando no mar se a-
chavaõ, sem outro pretexto, que julgarse o agressor mais poderoso.

Falecera em Castela, a 5 de Março de 1416, o Mestre de Calatrava, D. Sancho.... o qual deixàra em seu testamento hum fico legado
por sua alma, para que de Marrocos fossem resgatados muytos cativos
Castelhanos; & entre estes foi hum dos que receberaõ primeiro liberdade
(pello resgate do Mestre de Calatrava) o Piloto Ioaõ de Morales, de quem
havemos feito particular mençaõ... Navegàra aquelles dias, de Africa a Tarifa, em hũa fusta, q cõdúzia a Espanha a mayor parte dos resgatados
Castelhanos; quãdo, sendo descuberta da Armada de Ioaõ Gonçalves, & perseguida dos navios mais ligeiros, veyo, sem algũa defensa, a seu poder,
mas o Capitão atentando a miseria dos rendidos, como tam certo da clemencia do Infante Dom Henrique, lhes deu logo liberdade, reservando só
para si a Ioaõ de Morales, que, como pessoa mais prática, & de longo cativeiro, quiz apresentar ao Infante, entendendo poderia alcançar delle algũas das noticias, que buscava; do qual proposito, sendo certificado Ioaõ
de Morales, tam poucó refosou a nova prisaõ, q, como homem astuto, se
ofereceo voluntariamente, para servir com hũa grande oferta a curiosidade
do Infante Dom Henrique, praticando desde logo a Ioaõ Gonçalves parte
do segredo da nova terra, que esperava inculcarlhe, & corroborando as noticias, que della tinha, com a historia do Ingrez Roberto, segundo de seus
companheiros a havia entendido.

Mais rico desta esperança, que de outra algũma presa, se voltou logo
Ioaõ Gonçalves ao porto de Terça Nabal; donde, fazendo relaçaõ de sua
breve viagem, & facil encontro, apresentou a pessoa de Ioaõ de Morales ao
Infante, a quem dou conta de sua arte, & segredos. O que tudo sendo do
Infante ouvido, & examinado, já naõ sabia a hora em que havia de co-
meçar tam grande empreza; & tanto a seu genio acomodada.

Foy a primeira resoluçaõ do Infante, que Ioaõ Gonçalves passasse logo a Lisboa, donde se achava elRey seu pay, para lhe comunicar este negocio; & para satisfaçaõ, assi delRey, como dos Ministros; trouxesse logo
consigo o Piloto Ioaõ de Morales.

A este fim, proveo o Infante logo a Armada de outro Cabo, & Ioaõ
Gonçalves, na maneira proposta, se passou de golfo, a golfo, do mar, á
Corte: adõde o acompanhàraõ as pessoas de mayor posto, & intelligencia;
como foraõ os Capitaẽs: Ioaõ Lourenço, Francisco do Carvalhal, Rúy Paes,
Alvaro Afonso, & Francisco Alcaforado, primeiro Cronista desta historia,
com alguns outros homens de Lagos, práticos na navegaçaõ, que se diziãox
Antonio Gago, & Lourenço Gomes; a cuja memoria naõ quero ser deve-
dor, antes quero que elles o sejaõ a minha lembrança.

Ioaõ Gonçalves, no principio de Iunho de aquelle anno, sayo em armada da Turra-nova, em hũ navio bem armado de gente, & petrechos, com hũ varinel, que o acompanhava (embarcaçaõ de remo, que entaõ usavaõ; cujo nome ainda retemos nas varinas sutis, de que hoje nos servimos): tal foi a frota cõ q partio de Lisboa...

Corria, desde o descobrimento da Ilha de Porto Santo (aonde Joaõ Gonçalves agora dirigia sua viagem), hũa confusa fama entre os Portugueses, que alli povoàraõ: *Que desde aquella ilha, á parte do Nordeste, apareciaõ no golfo do mar, certa escuridaõ cõtinua, & cerrada, desde a agoa ao Ceo; a qual jamais se desfazia, ou alterava, mas com medonho ruido (que alguã vez se ouviu na Porto Santo), parecia guardada sobre naturalmente....*

Chegado ao Porto Santo, cõtinuou em observar, cõ os mais da terra, aquelle temeroso sembräte, que estavaõ vendo, o qual, o Piloto Morales, julgava ser principio da terra nova, que hiaõ buscando...

Todos entendiaõ o contrario, & se opunhaõ ao voto do Morales. Só o Capitaõ, prevalecendo em seu animo, & desejo, se deliberou com seu proprio:...sem que a algum désse parte de seu intento, se fes á vela hũa madrugada, com o varinel de sua conserva; & deixando a Ilha do Porto Santo, lançou a proa para a parte de aquella temerosa paragem, aonde a sombra se via; fazendo toda a força de véla, para que o dia lhe naõ faltasse com luz bastante, a fim de reconhecer tudo o que pudesse, da terra que esperava achar facilmente. Aumentavase com a visinhança da escuridaõ, o receyo de todos; porque cada vez parecia mais alta, & cerrada, & totalmente chegou a se fazer horrivel. Quando ao meyo dia se ouvio alterar o mar, com medonhos bramidos, que atroavaõ inteiramente o ambito do Orizonte. Naõ se via sinal algum de terra; porque a nevoa cobria já a agoa, & o Ceo, despois que polla visinhança, se meteräo debaixo della. A vista de tam notável confusão, & quasi nas mãos do perigo, se levantou hum publico clamor, requerendo a Ioão Gonçalves: *Que arribasse, & naõ quizesse tomar por sua conta, o dano de tantas almas.* Porém elle, por mais justificada sua constancia, que o receyo, a que a voz publica o induzia, chamando ao convez do navio os marinheiros, & soldados, lhe falou...

Mandou Joaõ Gonçalves esquipar dous bateis, que revoçassem com força, & diligencia o navio, & varinel; dando cargo destes revoques a Antonio Gago, & Gonçalo Ayres, homẽs de conhecido valor, & esperiencia...

Para a parte do nacente, naõ corria tam longe a neblina, nem se mostrava tão escura; porém sempre as ondas bramavão com espantoso estrepito. Assi proseguia Joaõ Gonçalves sua viagem, quando, por entre a escuridaõ, descobriraõ huns vultos, ainda mais negros, que ella. Naõ deixou reconhecelos a distancia, nem faltáraõ alguns (como de ordinario sucede, donde muitos concorrem); que affirmassem haverem visto Gigantes armados,

50.

de temerosissima grandeza. Entendeose despois que as penhas, de que he guarnecida a terra pellas prayas, fazião sembrante destas imagens, que confusa, ou medrosamente vião aquelles navegantes. Achavase já o mar mais claro, & a agua mais batida, verdeiro sinal de costa, que pouco depois, com subito alvoroço, & sumo contentamento, se descobrio distintamente; vendose hũa ponta de terra, não muyto alta, a que João Gonçalves logo chamou: *Ponta de S. Lourenço;* porque, como he uso, hia invocando o favor deste glorioso Martyr, para que lhe conservasse prospero o vento que levava.....

Dobrada a primeira ponta, que descobria para a parte do Sul, se vio logo a terra alta, povoada de espesissimo bosque, desde a eminencia das serras, atè a fralda do mar; recolhida por aquella banda hum pouco, a nevoa, que só coroava os montes. Aqui se confirmou o prazer, & se despedio de todo a desconfiança; vendose como tudo o que já se via era terra natural, & verdadeira. Abraçaraõse hũs a outros, & todos (havendo a Deos rédido graças) as déraõ ao Capitaõ, pellos animar a fim tam glorioso; & ao Piloto, pellos haver guiado à elle. Quem em mais tivera os perigos, agora mais os desprezava. Pouco despois, se foi vêdo hũa bahia grande; a qual, reconhecida de Joaõ de Morales, entendeo logo ser o *Porto dos Ingrezes,* que atè entaõ, toda esta terra por este nome era demandada. Chegou ainda cõ dia João Gonçalves a surgir nelle; mas porque o Sol he traspunha, ordenou que, com grande vigilancia, se passasse a noite...

Ruy Paes, o dia seguinte, em seu batel armado, costeou a terra, de ordem de Joaõ Gonçalves, que delle fiava muito. Topáraõ a mesma rocha, a cujo pé desembarcou Roberto; & guiados de alguns sinais, que Joaõ de Morales trazia em lembrança, & confirmavaõ por alli não poucos gastados vestigios, caminháraõ por entre o mar, & o arvoredo, achado alguns troncos feridos do machado, & outros rastros certos de que a terra fôra já pisada de homens. Passárão adiante, quando, como atalaya de toda a floresta, se impinava a grande arvore, aqui nomeada tantas vezes. A hũa parte, & a outra se viaõ as dùas agrestes sepulturas, saudandose com igual saudade. As Cruzes, & os Epitafios, confirmavaõ o primeiro testemunho; cuja vista, ainda que já prevenida das noticias, produzio logo em todos piadosissimas lagrimas...

Voltaraõse o proprio dia, dando a Joaõ Gonçalves a ultima certeza de quánto o Piloto havia prometido. Entaõ dispòs sua desembarcação, que executada com a cautela, & solenidade possivel, tomou logo posse de aquella Ilha, ou terra firme fosse, por elRey D. Joaõ de Portugal, & pello Infante D. Henrique, Ordem, Mestrado, & Cavallaria de Christo. Foi entaõ, cõ as cerimonias catholicas, bêta aquella agóra por dous Religiosos, & com ella purificado o ár, & a terra, invocando a Deos cõ prêces, & rogativas salas;

ordenouse o verdadeiro altar, cõsagrandose cõ o alto sacrificio da Missa; & foi levantado em o proprio, que Roberto, & Ana haviaõ erigido, fazendo-se ao Ceo particular sommemoração de suas almas. E, sucedeo, com algũa proporção, ser feita esta nova visita do Senhor a aquellas. montanhas o proprio dia em que a Igreja celebra a Visitação de Santa Isabel, a quem a Virgem Santissima foi buscar, & nella o Divino Verbo Encarnado, tãmbem às montanhas de Judéa, outro tal dia.

Epanaphora iii, edição de 1676.

VI

MANOEL THOMAZ.

Este artigo vem aqui como imprevisto parenthesis. Tinhamo-nos pro-posto tractar tão somente de Alcoforado, Fernandes, Galvão, e Mello, por aquelles em que o Sr. Major assenta a affirmativa do caso de Ma-chim. Agora, porém, reconhecemos a necessidade de dizer e transcrever al-guma cousa da Insulana, de Manoel Thomaz.—O Sr. Major não allude a este poema; não o aponta sequer entre os livros que consultou; e Mel-lo, na dedicatoria da Epanaphora iii, sim, menciona a Insulana, não co-mo subsidio a que se soccorresse, senão como recente publicação de um amigo, allusiva ao assumpto: por outro lado, a Insulana não é obra historica, mas poema, de liberrima invenção, portanto, direito de que o auctor usou com amplitude, no que nos confirmava o pequeno fragmento que della tinhamos; tudo isto nos levava a prescindir da Insulana, como sem valor para o caso. —Depois, porém, a coincidencia que achámos entre a Epanaphora iii e um tre-cho da Insulana, acaso existente no fragmento que possuiamos (vid. pag. 359), suscitou-nos vaga suspeita de que esta não seria tão extranha áquella como cuidavamos: outra feliz eventualidade trouxe-nos á mão o livro The Ocean Flower, by T. M. Hughes (London, 1845), do qual, por ser tambem um poema, não fizemos até então conta; mas este poema é precedido de um Historical and Descriptive Account of the Island of Madeira, que só agora examinámos, notavel pela desassombrada perspicacia e nobre franqueza do auctor, e no qual lemos que o caso de Machim vinha relatado por Alcofora-do (isto é, na Epanaphora iii) pelas palavras, pouco mais ou menos, de Ma-noel Thomaz. Com este testimunho fortalecida, aquella suspeita passou a gra-ve presumpção: lidámos então por um exemplar completo da Insulana; alcan-çámol-o; e, pela confrontação do texto della com o da Epanaphora iii, confir-mámo-nos na verdade da observação do Sr. Hughes, verdade que o leitor póde por si mesmo verificar, comparando o extracto infra transcripto da In-

sulana com o que da *Epanaphora* iri já démos a pag. 387. Com effeito, á
luz desse simples parallelo, é evidente que a obra de *Mello* teve por báse e
fonte principal, senão unica, no que toca ao caso de Machim, a obra de
Manoel Thomaz, salvo algumas correcções historicas, algumas variantes, reflexões e discursos.

Mais. Rasões ha para entrever nestes dois escriptos, se não o mesmo, analogo intuito.—A *Insulana* foi publicada em 1635, isto é, durante o reinado
de Filippe IV, quando vexames de toda a especie flagellavam Portugal, e no
espirito da nação tumultuavam ardentes desejos de sacudir o jugo filippico.
Manoel Thomaz era, conforme o Sr. *Hughes* conta, diguitario da Sé do Funchal, com o que até certo ponto concorda o Licenceado Bertholameu do Valle Cabreira, quando, na censura da *Insulana*, diz que o auctor della «pelo decurso de muitos annos acquiriu o bene esse de que tam bem dotado está;» nesse tempo era Bispo do Funchal o celebre D. Hyeronimo Fernando, aqui
posto por Filippe IV, acerrimo partidario do Castella, e que nesta ilha da
Madeira praticára caprichosas arbitrariedades contra as immunidades do clero madeirense, pelo que este lhe estava muito adverso; era então Capitão Geral
desta mesma ilha D. João de Menezes, occulto, mas firme inimigo do dominio dos Filippes, a ponto de que, estando em Madrid ao tempo da revolução
do 1.º de dezembro de 1640, feita em Lisboa, fugia para esta cidade, quando foi prezo em Burgos, conseguindo, no fim de cinco annos, escapar-se, e
pôr-se ao serviço de D. João IV; e *Manoel Thomaz* dedicou a *Insulana*,
não ao seu prelado, mas ao Capitão Geral D. João de Menezes, como se vê da dedicatoria nella impressa, datada de 20 de Abril de 1634, o que mostra,
pelo menos, deferencia e sympathia por este, e dissidencia quanto áquelle;
além disso, *Manoel Thomaz* era amigo de D. *Francisco Manoel de Mello*, com
este declara na dedicatoria da dieta *Epanaphora*, e desaffecto ao poder de
Castella, o que se mostra não só da dedicatoria da *Insulana* a D. João de
Menezes, mas especialmente do poema O *Phenix da Lusitania* (Ruão, 1649),
cujo assumpto é a acclamação de D. João IV.—Em taes circumstancias, e dedos taes factos, não é aventuroso suppor que a *Insulana* tivesse já, como
mostrámos que a *Epanaphora* iii depois teve, o pensamento reservado de nos
abrigarmos ao protectorado da Inglaterra, para nos libertarmos da tyrannia dos
Filippes, ou (quem sabe?) talvez o intuito de predispor este archipelago a des-
membrar-se da metropole, pensamento que já modernamente vogou no periodo nefasto de 1823 a 1834, e em 1868, quando correu voz de proxima
união iberica.

Ainda assim, não se nos leve a mal esta revelação, que, com quanto exacta, julgámos ninguem até agora ousou pôr em lettra redonda: occorreu por
incidente, mas a proposito. E já que dissemos meia verdade, digamol-a toda:
a ilha da Madeira está em grande parte anglizada, na raça, nos costumes,

na propriedade, no commercio, na moeda: e a lingua ingleza é aqui a mais fallada, depois da nacional. —Se nós somos imprudentes em dizer isto, o que são os governos, se o ignoram? É peior, se o não ignoram, e pois que o não evitam, o que serão?—Só o brip portuguez nos mantém portuguezes. Retrocedamos para o assumpto.

DESCOBRIMENTO DA ILHA DA MADEIRA: EXTRACTO DA «INSULANA», DE MANOEL THOMAZ.

I

Ihão Gonçalues Zargo, caualeiro
Que o defuncto Rey Ioão criára,

Dado por elle a Henrique em grão primeiro,

O escolheo seu Rey entre os famosos
Por Capitão supremo do Oçeano,
Onde recontros mil, casos honrosos,
Teue nas armas contra o Castelhano,
Cuja fama do mundo conheçida,
A dos Noue deixou escureçida.

Com ella, e tres naulos que trazia,
A Costa Occidental do Mar guardaua,
E aos portos da rica Andaluzia
Pellas publicas guerras molestaua.

Bem hé verdade que este o Lusitano
Primeiro foi no Mar, com nome eterno,
Que usou da dura fruta de Vulcano.

Andando assim por Capitão elleito
Em huma Armada insigne Lusitana,

Nas Herculanas portas,
Huma manhãm,

Uma pequena vella descobria,

Da parte que o mar banha á Berberia,

Que . . . . vai fugindo;

Porem vendo nos mastos aruoradas
As bandeiras, as Quinas demostrando,

Prestamente amainárão

Saltão, niste os soldados animosos
Na fusta que imaginão de Africanos,

Mas tornárãose humildes, e piadosos
Vendo que erão Christãos, e Castelhanos.

Assim o Zargo

. . . nos humildes trages entendendo
Serem catiuos, que de Berberia
Sahião, ordenou (despois de honralos)
Darlhe fauores, mimos, e regalos.

Mas já despois de segurada a gente,

O forte Capitão sabio, e prudente,
Pello Piloto auendo perguntado,
Lhe rogou que contasse donde vinha,
E que derrota em seus intentos tinha.

Ioão de Amores, vendo o mandamento,
(Que assim o Piloto experto se chamaua)

Em lingua hispana disse desta sorte:
«Famoso Capitão . . . . . .

A fústa, que a teu braço ouzado, e forte
Rendida vês, è a gente que vém nella
A pia redempção teue, por morte
De hum Magnáte dos Grandes de Castella.
Quis melhorar no Empyrio sua sorte.»
. . . .

«Perito fuy na arte que o Mar próza
Em a guarda da Cósta que ally banha.
Captivo fuy . . . .»

«Entre os varios Christaõs que ao jugo duro
Se vierão dos impios Mauritanos,
Co Mar a seus intentos mal seguro,
Forão hũns derrotados Anglicanos,
De quem com limpo trato, e amor puro,
Mais deuido a Christaõs entre os tiranos,
Em Marrocos achey por cousa certa
Que hũa Ilha deixauão descuberta.»
. . . .

«Dizem que a fresca terra nos demóra,
Em ribeiras, e arvores pujante,

De valles fresca, e riqua de altos montes,
Com vista alegre em varios Orizontes.
Não dista da paragem donde estamos
Largas nauegações que recèémos;
Que, se no Mar Atlantico a buscamos,
Não duvido que della o porto achemos.
. . . .»

O Capitão, que ao Pilóto ouuia
Da noua terra a conta que lhe daua,
. . disse à Hespanhola gente:

«O Pilóto Ioão, comigo fiqua,
. . . .

Bem podeis nauegar seguramente.»

Dizendo assim, com noua cortezia
Despedidos, as proas vão cortando
Iá do ceruleo Mar a incerta via.
. . . .

I I

. . Do barinel na popa espera
Pello Pilóto o Capitão famoso,
Da narração que de antes suspendera
Agora mais de ouuila desejoso.
Sentado, pois, no assento que lhe dera,
Com tom de vox mais falto, e sonoroso,
O archiuo renouando da memoria,
Assim principio deu à sua historia:

«Imperando na Silua Calydonia
Eduardo Terceiro, Rey famoso,

Floreçia em beldade peregrina
Em sua Corte então, por celebrada,
Huma fermosa, e noua Proserpina,
Em nome proprio Anna de Arfet chamada,
De mil louuores por belleza digna,
Por de Heroyca Prozapia venerada,
Honesta, sabia, e riqua na pureza,
Esmaltes finos da mayor nobreza.»

«Teue na Corte varios pretendentes,
Que a seu querer renderão liberdades,
Humas secretas e outras apparentes:

Mas só Machim, de todos escolhido
Foy pera ser da damma mais querido.»

Era Machim mançebo . . . . .

Airoso em corpo, graue em estatura,
Suave em fala, e bello em compostura,

Em a Corte o lugar tinha presado
Que merece hum fidalgo caualeiro,

. . . .

Humilde não, nem fero, ou regalado,
Mas de animo perfeito, em tudo inteiro,
Alegre, liure, affabil, generoso.»

«Amaua Anna de Arfet com força viua
A seu Machim, de tantos enuejado. . . .
Mas os pays de Anna de Arfet em o boato
Do vulgo só fazendo experiencia,
A certeza do amor, e trato achárão;
E dividirlhe os corpos procurárão.»

«A Bristol, finalmente, Anna leuada
Foy: . . . . . .
. . .o pay buscando na potencia
Do Real ceptro fauor alto e subido,
Real esposo achou à descendencia
Do tronco, dónde fora produzido.
. . . . »

«. . A belta Arfet, que, combatida
De seus parentes e de amor, estaua
Em tormenta, em que qasi vê vencida
A esperança mayor que a sustentaua,

. . . .

Tendo de Machim só a esperança,
Com ella mais de amor nouo obrigada,
Lhe pedio que em secreto a visitasse,
Antes que, perseguida e maltratada,
Em contrario poder se sepultasse.
. . . . »

«. .Machim, ...
Apercebido, ...
Entra: . . . . . .
As primeiras razões forão suspiros: .

. . . .

Té que Machim, não vendo nelles pausa,
. . .de tanto mal procura a cáusa.

E. . . .nos belles olhos suspendido,

Assim responde ao bem de seu cuidado:»

«—Deixa, querido bem, de lamentarte,
. . . .
Que com audax, e livre atreuimento,
Se teus olhos me derem confiança,
Seguro viuerei contigo em França.

Na pax de hum Hymenéo, que outra memoria
Será nada, respeito de tal gloria.
Nem será cousa, não, de amor indina,
Que se diga de mim que em rapto leuo
De Anglia a mais bella Proserpina.

Parentes, e aggrauados esforçados
Tenho, que nesta empreza auentureiros,
Com atreuidos animos ousados,
Serão, qual deuem, nossos companheiros:
Nauios há no porto mil fretados,
Que, obrigando de algum os marinheiros,
Ao que cahir a sorte venturosa
Farei Touro da Europa tão fermosa.
No primeiro será celebre dia
Em que a diuina Igreja, May sagrada,
Do trabalho suspende, como pia,
A occasião de tantos desejada:
Dentro nelle com minha companhia
De repente dárei, com mão armada,
E, desfraldando o tréu, nauegaremos
A porto onde seguros descançemos.—»

Disse Machim: e Anna, que só sente
De a liberdade amada vêr perdida,
Lhe torna:—«Antes que algum rigor me absente,
Dispõe, meu bem, qual deues, na partida.»

«Advertidos assim, se despedirão,
E alegres a partida preparárão.

Suas joyas a damma vai juntando:

Entre ellas: . . . .
Hum preçioso joyel (dos mais presados),
A cuja vista Real, e alta assistençia
Rendem Mar, Terra, e Ceos obediencia.
. . . . »

«Mas já trazendo a luz se demostrauá
A estrella da manhaã; . . .
. . . .
O dia do Senhor se celebraua,
. . . .
Quando já pella mão com seus amores
Machim, e de parentes rodeado,
. . . .
Alegre, em hum nauio dos melhores
Entra, sem de ninguem ser reprouado:
E com força guiando o proprio intento,
As vellas fez largar ao fresco vento.»

«Assim aquelle dia nauegáraõ:
Mas, tanto que dos montes foy caindo
A sombra, ...
Os da Náo a conselho se juntáraõ,
Temendo que do porto os vem seguindo;
Que talvés o temor só tira a traue
Com que os olhos serrou a culpa graue.
Resoluérão, emfim, com confiança
. . . .
Que, por terem mais certa a segurança,
Fosse todo o Canal atrauessado.»

«Hia Machim alegre nauegando,
. . . .
Mas logo, pouco e pouco leuantadas,
As ondas nouo tempo demonstráraõ,
. . . .
Quando desenfreados e violentos
Da coua saëm, em furia reuestidos,
Os mais que irados e queixosos ventos.»

«Mas, despois de alguns dias engolfados

A' descrição do vento que os leuaua,
. . . .
Vista ouuerão de hūms montes leuantados,
A quem o Már em torno cerga e laua:
E, de huma ponta a dentro onde surgiraõ,
Huma onseáda alegres descobriráo.»

«Aluoraçada com a vista a gente,
Alegre, a tenax ancora lançaua;
. . . .
Lança o batel tambem; que, diligente,
Saber que terra era desejaua.
. . . . »

«Cuberta esta se via de aruoredo,
A' vista espesso e alto em demazia.
. . . .
E despois de notar a fermosura
Da terra, que por noua entáo julgárão,
. . . .
Huma arvore famosa na espessura
Se vio, em cujo pée todos se entrárão
Como em casa que fez a natureza.
. . . . »

«Preparado Machim com a mais da gente,
Com Anna sáë a terra em companhia.
. . . .
Aquy Machim com Anna, em doce gloria,
Esquecia do Már a dura guerra.»

«Tres vezes o Rector do claro dia
No occaso os cauallos seus banhára:
. . . .
Despois dos quais, Arpactas atreuido
. . . .
Fez com o temporal não conheseido
Que se sahisse a Náo, desamarrada
E os poucos que entam se achárão nella,

om o supito temor, largáraõ vélla.
. . . .
; com a tempestade rigorosa
lo captiueiro déu de Berberia.

. . . .

«Mas tanto que na terra. . . .

. . . .

om noua, e pura lux amanhecia,

. . . .

s que nella ficáraõ diuertidos,
Hão vendo a Náo, se deráo por perdidos.»

«Perdeo tambem Arfet supitamente
om graue dor do sobresalto a falla.

. . . .

res vezes em o carro de Phaethonte
mthio cercou dos Ceos o altiuo muro;

. . . .

Sm quanto a Damma deu silencio ó monte:
S deste paroxismo forte e duro,
ornando a alma a seu Criador eterno,
lormio da morte o somno sempiterno.»

«Machim, que vio na lux do sol que amaua
De seu bem eclypsarse a mayor gloria,

. . . .

—«Hay (disse), doce amor desta alma minha,

. . . .

, por ti. . . . . .esposa amada,
A mesma dor me servirá de espada.»
Não disse mais; porqu'a tristeza pura
Lhe deixou na garganta congelada
A vóz. . . . .»

«. .Sem mais obsequias , sepultada
Foy em tumulo breue a bella Ingleza,
Caberto em tosca pedra, e só laurada
Do lauor que lhe deu a natureza;
E de gotica letra bem formada
Hum epitaphio heroyco, cuja alteza

Abreuia este caso sem segundo,
Na lingoa que terceira chama o mundo.

Pedia em breue nelle este Brytano
Que, se Christaõs a terra cultiuassem,
Que do nome de Christo soberano,
Em gloria sua, hum templo leuantassem;
E, porque o pensamento mais que humano
Pello effeito da vista bem julgassem,
Em huma meza pós a Crux triumphante,

. . . .
De incorruptivel cedro. . . . .

. . . .

Machim, que por faltarlhe o bem da vida
Via nestas tristezas sua sorte,
Querendo com a vida mal lograda
Pyramo ser de Tysbe tam amada;
Chamando os companheiros, que a ventura
Em tanto mal leaës sempre lhe déra,
Como quem já da vida mal segura
Esperança melhor, nem premio espéra;
Tendo os olhos na breue sepultura
Em que seu mal, da vida bem puzéra,
Assim os foi a todos aduertindo,
Seus contrarios intentos encobrindo:

. . . .

—«O Batel, que o rigor do tempo irado
Em terra vos deixou e a sorte impia,
Convem que logo seja repairado,
E que busque do Mar a incerta via:
O mantimento de aues aprestado
Será por todos, hoje neste dia,
Em quanto eu de meu bem só me dispido,
E em orações lhe dou amor deuido.»

«Despois que os companheiros preparáráõ
O sustento das aues, e o não virão,
Tambem pella espessura se embrenhárão,
E de seu mal o damno presentirão:
Em cuja busca cinco soés passárão,
Despois dos quaes já morto o descubrírão,

Diante de huma Crux agiolhado,
Como o que perdaõ pede do peccado. »

«Finalmente, Machim na ultima sorte,
Aos seus mereçéo por despedida
Juntarem os dois corpos em a morte,
Que foraõ tam queridos em a vida.

. . . . ' . . . . »

«Da noua terra a gente despedida,
Buscando de saluarse nouo intento,
Tórna a prouar o humido Elemento,
No pequeno batel: . . . . .

A Marrocos despois foraõ leuados.»

«Estes, que ally tratei, toda esta historia
E sucesso que ouuiste me contáraõ.

Tem Capitaõ a empreza por segura.

Assim o Pilóto experto a seu discurso
Alegre fim ditosamente daua.

. . . .

E em quanto a lux, das trevas foy vencida
(Cõ o barinel sempre indo nauegando)
. . . .
Vista ouuéraõ do sacro Promontorio
Por Viçente no mundo mais notorio.

Ally desembarcáraõ, que esperado
O Zargo estaua já de Henrique Infante;

. . . .
O qual, sendo dos dous presto informado,
Por ir em seus intentos por diante,
A seu Rey ós mandou, com diligencia,
Dar na magna Olysséa obediençia.

Já pera descobrir a noua terra,
O Capitão famoso aperçebia

Gente. . . . .
A Ruy Paes escolhéo, ...

Francisco Carualhal; . . . . .

Escolhéo Ioam Lourenço de Miranda,
Gonçalaires Ferreira, . . .

. . . Alvaro Affonso, . . .

Antonio Gago, ...

Lourenço Gomes: . . . . .

Com estes a luzida Infanteria,
Em tres nauios de armas petrechados,

Aguardauam da viagem o nouo dia.

Assim o insigne Capitaõ prudente

Do Mar se entrega á furia . . . .

III

Quando já Ceres flaua offerece de ouro
Ao simples lavrador riquas espigas,

Tempo em que Lycio já resplandeçente,
Alma do mundo, e clara luz do dia,
De seus cursos no orbe diligente
Quatorze vezes cento feito auia
Com dezanoue mais, . . . o prudente
Capitaõ, já do Mar abrindo a via, . .
A' fama daua, com perfeita gloria,
Causas de eternizar sua memoria.

Muitos dias . . . . . nauegáraõ
E hum nouo Porto Santo descobríraõ.

. . . .

Delle se descubrio com névoa escura

Hum fumo denegrido, e espantoso;

. . . .
Que julgárão ao çitio como impuro,
Por horror proprio do Barathro escuro.

De antes sobre isto a gente fabúlaua
Formidaveis secretos escondidos.

. . . .

«Esta hé, sem falta, a terra pretendida
(Lhe torna o Pilóto experimentado).»

. . . .

Mas do festivo dia já a Aurora
No Céo com a lux primeira se mostraua,

Quando as anchoras firmes leuantaua,
e . . . .
As brancas vélas forão despregadas.

Com largo vento, em breue se chegárão
Ao graõ vulto da néuoa, onde sentírão
Bramar tão féro o Mar, que receárão
Os espantosos brados, que lhe ouvíraõ.

. . . .

Bradaõ nisto, fugindo á néuoa escura;

A vox *Arriba, Arriba*, mais se apura;
Mas o graõ Capitão, que desprezaua
Reçéos vaõs, e medos duvidosos,
Quanto mais alto a gente lhe bradaua,
Lhe descobria intentos valerosos.

Fez que os bateis ao mar lançassem

A Gonçalo Ayres fez que se entregassem,
Tambem ao Gago Antonio . . . . .
. . . .

E aonde a néuoa estava mais gigante
Huns piccos negros forão diuizando:
Mas, como a vista no temor pujante
Hia reçéos mais acresçentando,
No que podia ser naõ aduertíraõ
Em que nos piccos negros causa víraõ.

. . . .

A Náo famosa em que hia o Zargo ousado
O nome tinha do Levita sancto
Que o fim ditoso em grelhas teve assado:

. . . tanto que hum picco foy mostrado,

«Chegai, Lourenço», diz, «Varaõ Sagrada,
Chegai» . . . .

Naõ acabaua, quando claramente
Huma ponta da terra descóbrindo,
Com mais gosto de novo a toda a gente
Aluiçaras alegres foy pedindo.
Já cada qual a vê perfeitamente,
E de seus vaõs reçéos se está rindo:
Antes huns pera os outros assenando
De seus medos se estaõ matracas dando.
Deraõ-lhe o nome a Ponta do Leuita
Martyr Lourenço sancto, que inuocáraõ:

E délla a dentro como as Náos entrárão,
Viraõ que a néuoa, em naõ baixar da serra,
Melhor no sul mostrava a fresca terra.

Reconhecido o çitio, e signalado,
Publicou claramente Ioaõ de Amores
Que dos Inglezes era a Ilha aquella,
Que o Céo lhes demostraua, fresca e bella:

Largáraõ ferro, quando a tenebrosa
Noite do Mar sahía temerosa.

I V

A noua lux do venturoso dia
. . . .
Do sol a precursora alegre abria.

A ver . . . .
Sahío 'Ruy Paes, do Capitaõ mandado,
Em um batel velox . . . . . .

. . . .
. . Logo da parte do Nascente,
Em a Ribeira achoù, contente e ledo,
Hum quaſs da natureza fabricado,
Pera sahir em terra accõmodado.

Ally com elle os seus desembarcáraõ.
. . . .
. . . . . Ruy Paes, ...
. . . .
Se embrenhou com os seus pella espessura:
. . . .
Na sepultura deu dos dóus amantes;

Nella, e no pée da arvore famosa
Com as Cruzes a meza fabricada;
. . . .
Vendo no tal çitio, tudo achára
Quanto o Pilóto alegre lhe contára.

Manoel Thomaz, Insulana (1).

V I I

CONSIDERAÇÕES DO SR. MAJOR.

Firmado na *Descripção* (ou *Noticia*) *das ilhas do Atlantico*, attribuida a *Valentim Fernandes*; no *Tractado de todos os descobrimentos*, de *Antonio Galvão*; e na *Epanaphora* III, de *D. Francisco Manoel de Mello*, deduz o *Sr. Major* outras considerações, além das nesta nota já transcriptas, a favor da opinião que segue do descobrimento da Madeira, como vamos vér.

Diz no Prefacio (pag. x x):

«Pelo documento relativo á Madeira (allude áquella *Descripção*), combinado com outras provas, tive a felicidade de estabelecer a verdade da historia, até agora muito disputada, do descobrimento casual da Madeira, no seculo xiv, pelo inglez Machim; porque este documento, *mais antigo* que nenhum dos *mais antigos* conhecidos em que esta historia vem referida, e inteiramente extranho a qualquer outro, prova que todas as noticias della tem origem mais remota. A evidencia demonstrativa da anterior existencia e genuinidade dessa fonte originaria vae adduzida no capitulo—*Porto-Sancto e Madeira*.

E, com effeito, neste capitulo, que é o v, começa dizendo (pag. 66):

«O descobrimento das ilhas de Porto-Sancto e Madeira, em 1418-20,

(1) L.° I, est. 65-121; L.° II, est. 4-167; L.° III, est. 7-122; e Liv.° IV, est. 1-11.— Por esta nota deve ser ampliada a incompleta referencia a pag. 349.

foi o primeiro fructo das explorações do Infante D. Henrique, e até 1827 acreditou-se que estas ilhas tinham sido descobertas uns trezentos annos antes, e que então lhes foram dados os nomes que hoje teem. Corria, é verdade, vaga noticia, principalmente nessas mesmas ilhas, de que, acaso, as dés cobríra um inglez chamado Machim, pelos fins do seculo antecedente porém, muitos descreram desta noticia, e ninguem sabia ao certo em que; ficar. Felizmente, obtive os meios de restabelecer a verdade desta ultima historia.....»

Allude depois o illustre auctor á versão luso-genoveza de que tractámos a pag. 345; segue com a passagem que fica transcripta a pag. 335; summaria a narrativa de *Barros*; e vae por diante, nestes termos (pag. 67-69):

«Por agora fallaremos do caso de Machim, e do modo como Zargo foi levado ao supposto eventual descobrimento das referidas ilhas. O successo é dos mais romanticos entre os havidos por historicos, e tem sido contado por centenares de modos differentes; mas, o seguinte é o resumo do que refere o possuidor da relação manuscripta original.»

«Reinava Eduardo III, quando Roberto Machim, mancebo de boas familias, teve a desfortuna de se enamorar de uma donzella, cujos paes a elle tão aventajados eram em haveres e condição, que lhe desprezaram os intentos, e, para acabar com estes, obtiveram do rei que o mancebo fosse preso, e casaram a filha com um fidalgo de sua igualha: chamava-se ella Anna de Arfet ou Dorset. Anna correspondia ao amor de Machim; pelo que, este, mal se viu solto, determinou raptal-a. Por auxilio de um amigo de Machim, que conseguiu ser admittido creado na casa della em Bristol, effeituou-se o projecto: e de Bristol se embarcaram os amantes em um navio que o mesmo Machim já tinha provido e equipado para isso.»

«Destinavam-se os profugos a França, mas vento nordeste os desviou daquella costa; e, treze dias depois, corridos do temporal, acharam-se com uma ilha, em que desembarcaram, deserta, arvorados toda, rica de aguas, propria de povoar. Tres dias de seguro descanço alli gosaram. Mas, em quanto alguns da companha exploravam terra dentro, sondavam os outros no navio o littoral, e, á terceira noite, levantou-se improvisa tempestade, que os lançou na costa d'Africa. Cumulada esta fatalidade ás afflicções e soffrimentos que opprimiam a infeliz senhora, ao terceiro dia alli se finou ella de puro desanimo, e sepultaram-na ao sopé do altar que, ao chegarem, fôra levantado em acção de graças. Cinco dias depois, foi encontrado Machim, morto tambem, sobre a sepultura da amante; e os companheiros sobreviventes ahi o enterraram; depois aventuraram-se ao mar na lancha do navio; nella chegaram á costa d'Africa; e, levados perante o rei de Marrocos, lá ficaram captivos, e captivos lá encontraram os outros companheiros, que com o navio a tempestade arrebatára.»

«Entre os socios de captiveiro era o piloto João de Morales, sevilhano,

bom maritimo, ao qual deram miuda conta da terra que tinham descoberto.
Ora, em 5 de março do anno de 1418, fallecêra D. Sancho, ultimo filho do rei
D. Fernando de Aragão, deixando grosso dinheiro ao resgate dos christãos captivos em Marrocos; e João de Morales foi um dos remidos: mas o navio em que
vinha foi aprezado pelo navegador portuguez João. Gonsalves Zargo, que, con-
doído, deixou ir livres todos os infelizes captivos, menos Morales, por entender que a pericia nautica deste poderia ser util ao Infante D. Henrique, seu
amo. Como vimos em *João de Barros*, Zargo tinha sahido com Tristão Vaz Teixeira a explorar a costa occidental da Africa, e o vendaval o levára á ilha
do Porto-Sancto, por fins de 1418 ou principios de 1419, segundo parece. E,
como de Morales houvesse a noticia do descobrimento da Madeira por Machim,
obtida licença do Infante, se fez á vella, e, norteado pelo mesmo Morales, descobriu
esta importante ilha, e a dividiu em duas partes, chamando a uma *Funchal*, e
a outra *Machica*. »

　　　Segue-se a isto o trecho nesta nota transcripto a pag. 355, o qual
principia «*O elegante escriptor*,» e acaba «*Epanaphora*.... »; vem logo o que
compendiámos a pag. 372-374, relativo á raridade do *Tractado*, de *Galvão*,
á anterioridade da *Descripção das ilhas do Atlantico*, e á profissão de *Valentim Fernandes*; depois estão os trechos que nesta nota copiámos a pag.
366 e 367; e, immediatamente á proposição «*o ponto está em que as versões
de ambos* (Fernandes, e Mello) *sejam verdadeiras na substancia*», prosegue o
Sr. *Major* escrevendo (pag. 70):

　　　«Póde averiguar-se isto de dois modos: primó, firmando a verdade do
que *Mello* diz em relação ao manuscripto de *Alcaforado*, pela evidencia interna; secundó, mostrando que, ainda sendo este manuscripto um mytho, a
noticia existia em documento anterior a qualquer outro a que *Mello* tivesse accesso.»

　　　Desta partição passa o Sr. *Major* a tractar cada ponto de per si abre
pelo trecho «*Factos ha que* &», já nesta nota traduzido a pag. 355 (1), e
continúa assim (pag. 71):

　　　«Se esta combinação de factos, gravemente presumptiva dá verdade delles, não satisfaz como prova positiva; e, suppondo que *Mello* obteve a noticia,
não do inedito de *Alcaforado*, mas do *Tractado*, de *Galvão*; subsiste ainda o
facto de que o manuscripto de *Valentim Fernandes*, anterior a todos, estava
fóra do alcance tanto de *Galvão*, como de *Mello*; e assim a verdade da noticia
estabelece-se com toda a clareza, em rasão de preexistir esta em um documento anterior, de origens completamente independentes. Aquelle documento, pouco depois de compilado em 1508, passou ás mãos do celebre *Conrado*

　　　(1) A conjuncção «M a s», que ahi se lê, não é do texto do Sr. M a j o r. Por lapso ficou a-
dentro das commas.

Peutinger, ... e em seu poder ficou até elle fallecer em 1547: durante todo este periodo, o nobre, mas infeliz *Antonio Galvão*, cuja narrativa, que data de 1555, fôra a primeira até então impressa, estava no Oriente de espada em punho, ou jazendo em ferros; pelo que, o que elle referiu, colheu-o de outras fontes, tambem independentes: e, portanto, estes dois documentos, extranhos um ao outro, revelam a existencia de terceiro de mais antiga data, padrão do descobrimento effeituado por Machim: Além disso, o escripto de *Fernandes* ficára, desde aquelle tempo, em Allemanha, sem que *Mello*, quando em 1660 escreveu a historia desse descobrimento, posto possuisse um exemplar do *Tractado*, de *Galvão*, raro já naquella epocha, podesse ter conhecimento desse anterior inedito de *Fernandes*. *Mello* desenvolveu muito mais a relação do successo que qualquer d'aquelles dois auctores; pelo que, isso que disse a mais que elles, ou o houve de origens mais amplas, ou essas origens eram um mytho, e as ampliações invenção.»

E dicto isto, fecha o *Sr. Major* a primeira parte de suas considerações pelo trecho que démos a pag. 356; cuja conclusão, especialmente, a custo podémos comprehender, e ahi traduzimos nos seguintes termos: «*A suspeita contra a nunca impugnada veracidade deste* (Mello) *torna-se mais insustentavel, que o credito em favor dessa mesma veracidade.*»

«Isto quanto á evidencia externa (continúa o auctor, a pag. 72-73).—A interna não é menos concludente. Com quanto *Azurara* e *Barros* nada digam do caso, certo é que os escriptos de *Fernandes*, *Galvão*, e *Mello*, os quaes provei serem entre si independentes, accordam em dar o nome do inglez *Machim* como origem da denominação *Machico*. Ora, nenhum dos tripulantes do navio de Machim ficou na ilha; a importancia dada ao re-descobrimento della por Zargo em 1419-20 prova que os portuguezes não a tinham povoado, quando, de septenta a cem annos antes, fôra descoberta por navios seus, capitaneados por genovezes....; ergo, embora não haja expressa menção, é de força admittir que foram dadas por Zargo e Tristão Vaz as denominações *Machico* e *Funchal* a cada uma das duas porções em que dividiram a ilha entro ambos. A etymologia da palavra *Funchal* é puramente portugueza: significa sitio onde haja muito *funcho;* e é esta a razão porque esse nome foi dado ao logar. Muito differentes são as fórmas das palavras que isto significam, quer no hespanhol «*hinojo*», quer no italiano, «*finœchio*»; o que bem prova que o nome daquelle logar não provém de anterior descobrimento feito por hespanhoes ou italianos (1): e, visto não ter ficado na

---

(1) Este é um novo argumento para não ter por verdadeiro o descobrimento desta ilha por genovezes, no seculo XIV.—Embora o termo italiano L e g n a m e signifique o mesmo que o termo portuguez M a d e i r a, são, como vocabulos, totalmente diversos: e a denominação desta ilha tem em todos os idiomas a fórma portugueza M a d e i r a.

ilha algum inglez que podesse conservar ahi o nome de Machim, isto parece obrigar a concluir terem sido os portuguezes, na occasião de fazerem a divisão da ilha, que deram o nome de *Machico* ao logar onde encontraram a sepultura, a cruz, e os outros vestigios da tragica aventura de. Machim, reconhecendo por este modo como verdadeiro o anterior descobrimento que elle fizera, e lhes fôra relatado por *João de Morales.*—Mais: não é crivel que *D. Francisco Manoel de Mello*, portuguez de nação, viesse, sem fundamento, e com menoscabo de gloria, que para elle era não só nacional, mas de familia tambem, publicar que o seu avoengo Zargo houvera sido precedido por um inglez no importante descobrimento da ilha da Madeira, e até guiado a ella por um hespanhol, se isso não tivesse acontecido.»

«É, portanto, opinião minha que, de hoje por diante, a noticia de ter sido accidentalmente descoberta por *Machim* a ilha da Madeira, deve ser tida por exacta. A difficuldade está em determinar-lhe a era. Equivoco na leitura do *Traotado*, de *Galvão*, fez suppôr que este dava o caso por acontecido em 1344, e isto foi repetido por muitos. Esta era, perém, está ahi apontada em referencia a outro acontecimento alheio á questão, o qual diz *Galvão* ter succedido no reinado de Pedro IV de Aragão (1336-1387), e depois acrescenta: «a meio d'este periodo foi tambem descoberta a ilha da Madeira por um inglez, chamado *Macham*, o qual, desviado de sua róta por um temporal, nella aportára no logar, que do seu nome se ficou chamando *Machico*.» *Mello* só diz que o caso fôra no tempo de Eduardo III, cujo reinado terminou em 1377. Mas nem um, nem outro foi muito exacto na chronologia do facto.»

«Voltando a Zargo: com quanto não fosse o primitivo descobridor, consummou importantissima empresa, que lhe engrandeceu o já glorioso nome.»

The Life of Infant D. Henry, Prefacio, e cap.

VIII

OBSERVAÇÕES E CONCLUSÃO.

Ou muito nos fascina o mesmo nobre sentimento que levou o *Sr. Major* a ter por felicidade o firmar como historico o descobrimento casual da ilha da Madeira no seculo XIV pelo inglez Machim, ou os argumentos do illustre escriptor não conseguem isso. Cremos que, pelo menos, os capitaes d'elles caducam á luz do estudo de pessoas e factos, que nos artigos antecedentes fizemos em referencia aos auctores e escriptos de que esses argumentos procedem.

O caso de Machim foi, no dizer de *Galvão*, havido como «milagre» pelos marroquinos; no de *Mello*, é «historia tão exquisita,» que considera não ser o credito delle bastante para que «*a inculque ao mundo por ver-dadeira;*» no do Sr. Major, é «*um dos mais romanticos entre os tidos por historicos.*» Dos outros escriptores que o contam, alguns o dão por para lenda; muitas, por duvidoso; os restantes, por extraordinario.—Este significativo accordo dos proprios, cujo testimunho póde ser invocado a favor da realidade do evento, descamba em poderosa rasão para o não admittirmos como historico, só por virtude de meras inducções e inferencias, firmadas nesses escriptores, não coevos, que nas suas palavras inoculam a duvida d'ellas mesmas, e qué teem de rosto a aberta e natural affirmativa de *Azurara*, unico historiador contemporaneo ao descobrimento, e abonado pelos posteriores de melhor nota, desde *João de Barros* até o Sr. *Alexandre Herculano*. A concludencia da prova deve estar na proporção da incredibilidade do facto: e o Sr. *Major*, sem discutir a versão de *Azurara*, só traz a terreiro inferencias, embora eruditas; inducções, sem duvida engenhosas; mas que não assumem potencia probativa sufficiente a manter a affirmação do caso, tal qual o mesmo Sr. Major o qualifica. Nas proprias palavras com que conclue a respeito da *Epanaphora* iii. de '*Mello* (*suspicion of De Mello's truthfulness, never otherwise impugned, becomes more indefensible than credulity*) estamos vendo a phrase vergar sob o peso da questão. A evidencia não dictou estas, aliás francas, palavras, nem manava da autorisada penna que as escreveu. Ali ha sombras. Ali a dicção não mostra; palpa.

· Pelo inverso da lenda de Machim, o casual descobrimento do archipelago da Madeira por Zargo e Tristão Vaz, tal como o referem os historiadores de que tractámos a pag. 329-339, é crivel e natural; o motivo da viagem não só plausivel, mas certo e notorio; esta emprehendida e seguida em tudo conforme o *regimento* dado pelo Infante D. Henrique aos navegadores que mandava ao descobrimento da Costa d'Africa; os vendavaes de léste, e do quadrante do sul, proprios nestas paragens; o avistar-se a olho nu a ilha da Madeira da de Porto-Sancto, facto tão inconcusso como a existencia d'ellas mesmas. A sublime simplicidade da narração de *Azurara* tem o cunho da verdade, em quanto que o extraordinario da outra é coirmão do impossivel.

Tem o caso de Machim sido contado por «*centenares de modos differentes*» como o Sr. Major reconhece, e é certo: tão differentes, que não ha duas versões identicas, e até se contradizem, em pontos uns accessorios, outros capitaes, como se vê especialmente a pag. 350-352, 366 e 367. Por exemplo, segundo *Mello*, Machim morrêra na Madeira, e a noticia do descobrimento d'esta fôra pelos companheiros d'elle dada em Marrocos ao piloto João de Morales, e depois por este declarada, não em Hespanha, mas em Portugal, e a Zargo; segundo o inedito de *Fernandes*, e o *Tractado* de *Galvão*, Machim não morreu na ilha da Madeira; fôi cair captivo na Barbaria, e de lá levado a Hespanha, onde se ficára: e é patente que o logar da morte

52.

do protagonista, e o paiz a que foi levada a noticia, não são accessorios, mas pontos culminantes do evento em si, e em relação aos effeitos:—Ora, como é impossivel que um sugeito que fique em um logar e alli morra, se transporte ao mesmo tempo a outro logar diverso, e d'este seja removido a outro ainda, onde falleça, é tambem não menos claro que estas versões reciprocamente se destroem, e accusam origens divergentes, não authenticas, nem verdadeiras, que possam servir-lhes de padrão historico. Um dos criterios da inexactidão é a discordancia, e maior, a contradicção.

Não succede assim com o descobrimento feito por Zargo e Tristão Vaz: *Azurara* conta-o conciso, mas claro; *Goes, Barros, Brandão, Sousa* referem-no com maior desenvolvimento, mas todos condizem; não repugnam, completam se.—E a critica historica não póde admittir versões, elaboradas atravez de discrepancias e contradicções, quando tem diante a verdade authentica, sem contradicções, nem discrepancias.

A inducção e a inferencia só são processos legitimos e concludentes quando não haja outro possivel; e, portanto, só applicaveis a factos que por outra melhor prova não estejam certificados. Seria, pois, mister destruir primeiro a força probatoria da *Chronica do Descobrimento e Conquista de Guiné,* e dos mais escriptos tocantes á Madeira, citados a pag. 330, e outros analogos; isto é, seria mister começar reduzindo, pelo menos, da certeza á duvida o facto do descobrimento do archipelago da Madeira por Zargo e Tristão Vaz, para depois tentar, pela laboriosa argumentação transversal do *Sr. Major,* o erigir em verdade historica o caso de Machim.

Dito isto em geral a respeito das considerações do illustre escripter, apreciemos as que ainda não tivemos ensejo de examinar.

Da *Relação* attribuida a *Francisco Alcoforado* dissemos o bastante para convencer que ella é pelo mais um *mytho,* como o *Sr. Major* mesmo concede.—E debellado este tropeço, eis-nos, rosto a rosto, com a *Descripção (ou Noticia) das Ilhas Atlanticas,* um dos ineditos da collecção de *Valentim Fernandes.*

Seja esse inedito o *mais antigo dos mais antigos* documentos em portuguez conhecidos, que referem o caso de Machim. Demonstrámos que podia ter sido escripto muito depois de 1508; mas convenhamos em que o fôra nesse anno. Toda a força probatoria, que por esta ancianidade se lhe queira conferir, a bem desse caso, redunda em esteril para elle, se se não converte em favoravel á versão da *Chronica,* de *Azurara;* porque, datando esta inquestionavelmente de 1452 para 1453, como demonstrámos a pag. 330, é mais antiga meio seculo que esse manuscripto, o que lhe dá, não mera precedencia chronologica aos livros mais recentes, mas grande vantagem sobre o inedito de *Fernandes;* pois que a era de 1508 enenca este inedito na epoca dos livros apochryphos de phantasticos descobrimentos, sem o elevar á cathegoria de coevo nem do evento que com elle querem confirmar, nem do successo que por elle querem desmentir;—em quanto que a era de 1452, a 1453 colloca a *Chronica, de Azurara*, na auctorisada preeminencia de obra de um coetaneo do Infante D. Henrique, e de Zargó, e dos acontecimentos que refere, e escripta sob as vistas do mesmo Infante, e authentica, portanto, não só a comprovar o descobrimento primitivo da Madeira, feito por esse mesmo Zargo, mas tambem a repellir o attribuido a Machim.

Nem *Azurara*, nem *Barros* fallam de Machim, é certo. Mas o silencio d'elles não é argumento a bem da lenda; attesta, pelo contrario, que esta é de invenção posterior. Se fallassem delle, confirmavam-lhe nisso a existencia.

Já mostrámos, por occasião de fallar de *Antonio Galvão* (pag. 372), que este, embora mais moço, foi contemporaneo de *Valentim Fernandes*, sendo provavel que ambos, por duas diversas temporadas, se houvessem encontrado em Lisboa. D. *Francisco Manoel de Mello* foi-lhes posterior; mas nada obsta a que tivesse conhecimento do *Tractado*, de *Galvão*, e nisto o *Sr. Major* convem, com quanto dê aso a duvida o não apparecer o nome de *Galvão* na *Epanaphora* III, entre os demais escriptores ahi citados, e o não se conformar esta com a narrativa do mesmo *Galvão* (1). A versão do caso de *Machim* do inedito de *Fernandes* é analoga á versão dada no *Tractado*, d'esse *Galvão*, uma e outra o suppõem passado á Africa, e de lá, a Hespanha. Por todas estas rasões, não poderemos considerar estes dois livros, e talvez os tres, extranhos entre si, e como derivando de fontes independentes o que dizem relativo a Machim. Quaes as origens da *Epanaphora* III já investigámos, e adiante ainda d'ellas fallaremos.—Reconhecemos, porém, que a *Descripção* (ou *Noticia) das Ilhas do Atlantico* é a mais antiga das tres obras. Mas desta anterioridade, e ainda mesmo da reciproca independencia entre esse inedito e outro qualquer escripto nacional conhecido e allusivo ao caso de Machim, não poderiamos inferir a existencia de fonte genuina, mais antiga, confirmativa d'esse caso. Pelo contrario: pois que não apparece escripto portuguez mais remoto que o inedito de *Fernandes* onde a lenda de Machim venha relatada; como a epocha d'este escripto e o impressor-editor. *Fernandes*, se tornam suspeitos de ganancia em livros de simulados descobrimentos; e visto que a *Chronica, de Azurara*, escudo então unico da versão portugueza do descobrimento da Madeira, estava, por copia, senão no original, represada em mão d'esse mesmo *Fernandes*, como presumimos pelos motivos expendi-

---

(1) O exemplar do *Tractado de todos os descobrimentos*, de Antonio Galvão, encontrado na Bibliotheca Publica de Lisboa entre os livros que foram de D. Francisco Manoel de Mello, não pertencia á livraria d'este, mas sim á de Mousinhor Ferreira Gordo, segundo se lé no artigo Antonio Galvão, do Dicc. Bibliographico, do Sr. Innocencio Francisco da Silva.

dos no respectivo artigo (pag. 370): tudo isto induz a que do inedito colligido por *Valentim Fernandes* data a reducção da lenda de Machim a escripto; em portuguez.

Seria o manuscripto de *Fernandes* um indirecto manifesto das pretenções da Hespanha ao archipelago da Madeira, assim como a *Epanaphora* iii foi depois um calmante predisponente á alienação do mesmo archipelago em favor da Inglaterra?

Tocante ao nublado ponto da invenção desta lenda, achamos luminoso trecho no já citado *Historical and descriptive account of the Island of Madeira, by T. M. Hughes*, escripto notavel pela perspicacia e generosa imparcialidade do auctor. Diz assim a pag. 5 e 6:

«The story has found its way into the Spanish Chronicles, and is related there with the amusing difference that Machin survived and reached Castile after many years' captivity amongst the Moors, the evident object being to make out a Spanish claim to the island.»

«The whole story is probably an invention originating in the intimate relations then subsisting between Portugal and England, John of Gaunt having come over from England at that period to establish a wild claim which he had by marriage to the throne of Spain, and having no inconsiderable diplomatic dexterity allowed his claim to subside into a marriage of his two daughters with the Kings of Spain and Portugal.»

Em portuguez:

«Esta historia (de *Machim*) achou cabida nas Chronicas Hespanholas nas quaes apparece com a significativa differença (*em relação á versão da Epanaphora* iii) de ter Machim sobrevivido, e chegado a Castella, muitos annos depois de captivo dos Mouros, sendo evidente intuito d'esta variante o pretextar tal qual direito de Hespanha á ilha da Madeira.»

«Toda esta historia é invenção, provavelmente originada das intimas relações entre Portugal e Inglaterra, tendo João de Gaunt sahido d'aqui naquelle tempo para assegurar o supposto direito com que, pelo casamento, se reputava ao throno de Hespanha: e á força de destreza diplomatica logrou casar duas filhas, uma com o rei de Hespanha, outra com o de Portugal.»

Apposité: accordam aqui as seguintes, curtas, mas significativas palavras do *Sr. Teixeira de Vasconcellos*, no estimavel livro *Les Contemporains Portugais*, tomo i, pag. 471:

«Une *légende anglaise* raconte qu'en 1344 Partrik Robert Machim, ayant enlevé la demoiselle Anne d'Arfet, et cherchant à gagner les côtes de France, fut poussé vers Madère par les vents. Il debarqua dans le port, qui conserve encore le nom de Machico; bientôt, abandonné par ses compagnons de voyage, il vit expirer sa bien-aimée, à laquelle il n'eut pas la force de survivre.»

De isto, e de tudo mais consoante com isto que da presente nota consta, reconhece-se claramente que a lenda de Machim foi invenção de origem mais ou menos ingleza; que, depois, se bifurcou em vedistinctas rsões, uma britanica, que deixou Machim fallecido na Madeira, outra, hespanhola, que o transportou vivo até Hespanha; e, finalmente, que a fonte da narrativa do inedito de *Valentim Fernandes* está na versão hespanhola; a da *Epaşaphora* III, na versão ingleza; e as do *Traetado, de Galvão*, em ambas. Não podem, pois, estes escriptos, no que respeita ao caso de Machim, entrar, por este lado, no gremio dos filhos legitimos da verdade historica.

A referencia que o *Sr. Major* faz ao anno de 1827, como aquelle em que foi expungido dos fastos madeirenses o facto mais glorioso delles ao renome portuguez, isto é, o de haver sido este archipelago descoberto, uns quatrocentos annos antes, por nossos avós, e o terem elles dado então os nomes que estas ilhas ainda hoje teem, é sem duvida allusão não só á celebrada carta ou mappa de 1351, onde as mesmas ilhas vem demarcadas, e com suas denominações em italiano, mappa incluindo nos *Commentaries* a Marco Polo, feitos pelo conde *Baldella Boni*, em Florença, no dito anno de 1827, mas tambem aos estudos a respeito de Boccacio, publicados na mesma cidade e anno, por *Sebastião Ciampi*, nos quaes inclue um documento original do proprio Boccacio relativo á expedição luso-genoveza, que em 1341 fôra a descobrir as Canarias. Essa referencia, pois, ao anno de 1827 tende a dar por desde então averiguada e corrente a versão genoveza ou luso-genoveza do descobrimento e denominações do archipelago da Madeira, pela qual opinam *Mr. d'Avezac* e o *Sr. Major*. Mas, nem póde ser acceita essa versão, como demonstrámos a pag. 345-348, nem os escriptores, pelo menos nacionaes, de 1827 para cá a aceitaram como verdadeira. E, quando provada ella fôra, prejudicára não só a gloria de Zargo, mas tambem o caso de Machim; com a capital differença, porém, de que, annullando ambas, mantinha, comtudo, a gloria de um primitivo descobrimento com seu tanto quanto portuguez, embora o retrotrahisse a annos mais remotos que os de 1419-1420. Para quem tenha por exacta a versão genoveza ou luso-genoveza, caduca a importancia toda do caso de Machim; nem elle, nem Zargo teriam sido os descobridores, mas outrem a elles anterior.—A era de 1827 parece-nos, pois, indifferente á restricta questão entre estes dois nomes, symbolos, agora, de duas diversas nacionalidades.

A tradição e indicios locaes do caso de Machim tão pouco lhe aproveitam. A tradição é vaga, e os indicios nullos, senão de peior labéo. Neste ponto invocamos outra vez o honrado depoimento do *Sr. Hughes*, assim como certos estamos de que, se o *Sr. Major* houvera vindo a estas ilhas, teriamos mais outro não menos respeitavel testimunho. Diz aquelle a pag. 3 do já citado *Historical and descriptive account:*

«There is no necessity for rudely disturbing a pleasing fiction, and for poetical purposes there are few more interesting fables than the legend now under consideration; but unhappily it has no more substantial basis than a very undefined tradition, and all my efforts during a three days' stay at Machico were unavailing to discover the slightest vestige of confirmatory evidence on the subject. Zargo and Tristão are said to have discovered the remains of the two lovers side by side in a cave in the valley which now bears that name, to have honoured them with a tomb and inscription for each respectively, and to have erected a chapel over them dedicated to Christ, in compliance with the request of Machin, how recorded it is difficult to conjecture. The Church remains to this day, though in great part modernised, which Tristão raised in honour of Christ, and this Church or a portion of it is popularly called Machin's Chapel, but of the tombs themselves or of any substantive evidence there is not a trace to be seen.»

Em portuguez:

«Bem quizéra eu não devassar a tocante ficção (de Machim); poucas fabulas ha tão poeticas como essa legenda de que ora tracto: porém, mau grado meu, só lhe acho a fragil base de vaga tradição; tal que, demorando-me com acuradas investigações por tres dias em Machico, não alcancei enxergar alto minimo vestigio confirmativo da realidade do caso. Conta-se que Zargo e Tristão acharam os despojos mortaes dos dois amantes, ambos de par numa sepultura, nesse valle que ainda agora tem aquelle nome; conta-se que lhe deram piedosos jazigos, com inscripção especial a cada um, e que por cima lhes erigiram uma capella dedicada a Christo, em satisfação á supplica de Machim; mas é difficil conjecturar modo como elle a poude deixar escripta: existe, sim, ahi uma egreja ainda, em grande parte amodernisada, a qual, com effeito, levantada foi por Tristão em honra de Christo, e toda ou parte d'ella é popularmente chamada Capella de Machim; mas das sepulturas dos dois amantes, ou de qualquer outro signal certo d'elles não ha resquicio.»

A estas francas noticias, dadas pelo Sr. Hughes, algumas accrescentaremos.

Nós tambem, por mais de uma vez, temos ido a Machico, e lá esquadrinhado do caso. Outros novos esclarecimentos colhemos; todos, porém, mais ou menos, persuadem a que elle é de mera invenção.—A Repartição das obras publicas deu, ha annos, principio a reedificar a igreja ou capella de Christo, e não só conservou o que da primitiva restava, mas tambem no de novo feito tem seguido o antigo risco. O portico é o da origem, com algumas pedras novas, lavradas como as antigas; o lavor unico que nelle ha consiste em uma fileira de cruzes da Ordem de Christo, que engrinaldam a portada, e são inconcussa prova de que o templo foi edificação dessa Ordem, a ella pertencente, e, porisso, da invocação de Christo: Ordem da qual o Infante D. Henrique era o Mestre, e os dois descobridores destas ilhas cavalleiros, sendo o fim dos descobrimentos atlanticos, promovidos pelo dieto. Infante como Mestre e por conta daquella Ordem, a propagação da fé catholica, para o que, sem duvida, um dos primeiros trabalhos era a prompta edificação de igrejas. Iguaes cruzes da referida Ordem existem na igreja matriz da sobredicta villa de Machico, na da villa de Sancta-Cruz, na da Sé do Funchal, e na capella de Sancta Catharina, accusando em todos estes templos origem identica á do templo de Christo, em Machico. Pelo que, é de presumptiva evidencia que a fabrica desta pequena igreja precedeu á lenda de Machim, e não esta áquella, e, sobre tudo, que lhe era extranha, sendo a mesma lenda que se ageitou ao preexistente facto dessa fundação sob tal orago. Esta igreja era, até 1803, denominada da *Misericordia*, por ser a da confraria d'este instituto, mas desde então, em virtude de certo prodigio, conhecida pela *Capella do Senhor Jesus dos Milagres: igreja de Machim,* só os eruditos, forasteiros á localidade, lhe chamam. Desde 1825, existia na mencionada capella, e ao presente está na igreja matriz da villa de Machico, um quadro ou moldura de madeira de quarenta por trinta centimetros, com vidro na face exterior; dentro, uma cruz tosca, de cedro, carcomida no extremo superior, chanfrada, diametro de pouco mais de um centimetro, e tamanho de vinte por quinze centimetros; e aos lados da cruz, os seguintes rotulos:

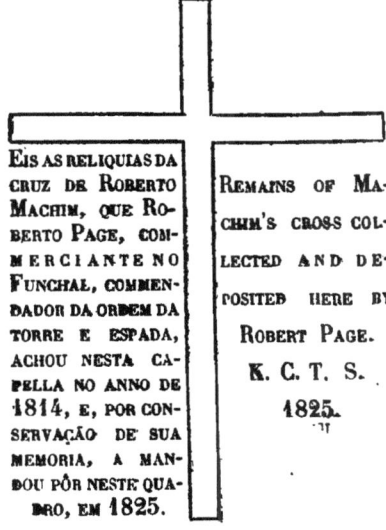

EIS AS RELIQUIAS DA CRUZ DE ROBERTO MACHIM, QUE ROBERTO PAGE, COMMERCIANTE NO FUNCHAL, COMMENDADOR DA ORDEM DA TORRE E ESPADA, ACHOU NESTA CAPELLA NO ANNO DE 1814, E, POR CONSERVAÇÃO DE SUA MEMORIA, A MANDOU PÔR NESTE QUADRO, EM 1825.

REMAINS OF MACHIM'S CROSS COLLECTED AND DEPOSITED HERE BY ROBERT PAGE. K. C. T. S. 1825.

Roberto Page era, com effeito, ao tempo, commerciante inglez na cidade do Funchal. De 1807 até fins de 1814 esteve a ilha da Madeira occupada
por forte guarnição de tropas britannieas(1). E pelos annos de 1823 a 1834

(1) A ilha da Madeira foi invadida e occupada por tropas inglezas duas vezes, ambas nesta
seculo. A primeira occupação durou desde 24 de julho de 1801 até abril de 1802, sendo a
força invasora naval composta de uma nau de linha, uma fragata, um bergantim, e cinco
navios de transporte; e a terrestre, de tres a quatro mil homens: era aquella capitaneada pelo
Commandante Bowen; esta, pelo Coronel Cliton.—A segunda occupação começou em 24 de dezembro de 1807, e acabou em 2 de outubro de 1814: a esquadra expedicionaria vinha commandada pelo Almirante Samuel Hood, e era de quatro naus de linha e quatro fragatas, além dos
transportes; e as forças de terra, pelo Major General sir William Carr Beresford, e por fim pelo
General Gordon, e consistiam nos regimentos n.ᵒˢ 3 e 11, de mil praças cada um, e duas
companhias de artilheria, com peças de campanha, obuzes e morteiros.— Possuimos preciosos
documentos e notas para a historia madeirense nestas duas calamitosas quadras. Vid. Hist.
da Guerra civil em Portugal, pélo Sr. Luz Soriano(Lisboa, 1867), tomo ii, pag.
439-443, e 681-697: a pag. 683 transcreve a Capitulação assignada em 25 de dezembro
do dicto anno de 1807 pelo Capitão General da ilha, Pedro Fagundes, e pelos referidos Samuel
Hood e Beresford.—O seguinte documento patenteia as tenções com que esta ilha foi occupada.

PROCLAMAÇÃO.

Guilherme Carr Beresford, Tenente Governador, e Major General Commandante em chefe
na ilha da Madeira, e Coronel do Reg. n.ᵒ 88 de Inf.: Tendo-se rendido a Ilha da Madeira
no dia 24 do corrente ás Armas de Sua Magestade Britannica, depois da intimação que para isso
fizerão os Commandantes de mar e terra do mesmo Senhor; e havendo-se assignado no dia 26
huma Capitulação, pela qual passou para o mesmo Senhor a Ilha e suas dependencias com todos os
Direitos, Privilegios e Jurisdições, que antes pertencião á Coroa de Portugal, deve-se fazer isto
publico a todos os Magistrados, Officiaes Civis e Militares, para que, informados do sobredicto,
e obrando em conformidade, reconheção a Sua Magestade Britannica por seu legitimo Soberano, em
quanto suas tropas occuparem a Ilha, na forma da referida Capitulação, Pela publicação da sobredicta, já se fez saber aos habitantes que sua Religião e Leis, e inteira segurança da propriedade
particular lhes são reservadas e seguradas. O Tenente Governador promette a todos a mais am
pla protecção no tranquillo exercicio o posse desses Privilegios e Direitos, e que ao mesmo tempo
se procederá com o maior rigor contra qualquer que se achar intentando perturbar a tranquillidade
publica, ou fomentar disturbios. Por esta, todos os Magistrados e Authoridades constituidas são
confirmados nos cargos que occupavão antes da chegada dos Britannicos no dia 24 do corrente, e são requeridas a que continuem no exercicio das funcções que lhes são annexas, e com as for-
mulas do estylo, com a excepção de que, agora, as Leis e Jurisdições na Ilha serão administradas
por Authoridade de Sua Magestade o Rei dos Reinos Unidos da Grã Bertanha e Irlanda. O Nome de Sua Magestade será substituido em todos os casos, e em todos os logares em que se usava
o de S. A. R. o Principe Regente de Portugal. Como seja de direito, e é sempre do estylo em taes
occasiões que os Magistrados e Pessoas outras principaes, prestem juramento de fidelidade ao
Soberano Actual, ordena o Tenente Governador que todas as Authoridades constituidas, Magistrados, e Pessoas outras Principaes da Cidade e visinhanças comparação no Palacio de S. Lourenço, para o dicto fim, ao meio dia do 1.ᵒ de Janeiro de 1808, e que os Magistrados, e outras
Pessoas do interior comparação para isso, logo que possivel for.
    He quasi desnecessario ao Tenente Governador apontar aos Habitantes desta Ilha as avan-
tagens que lhes acrescerão por estarem debaixo da Benigna Protecção de S. M. Britannica; sabem
já que não sómente isso lhes segura o que se afiançou na Capitulação, mas que a sua mesma subsis-
cia dali depende; porque, se acontecesse que os Francezes, por força ou fraude, se apodera-

havia nesta ilha um partido inglez, em que forçadamente se aggregaram alguns dos perseguidos pelo governo absoluto, então vigente em Portugal.

Nos principios desse dominio inglez, em 1809, deu aquelle Roberto Page, para o altar da referida igreja da Misericordia de Machico, um retabulo da visitação de Sancta Isabel, ao presente muito damnificado, no baixo do qual está o seguinte lettreiro:

ROBERTO PAGE, MERCADOR BRITANNICO NO FUNCHAL, OFFERECEU Á CA-PELLA DA MISERICORDIA DE MACHICO, EM MEMORIA DE MACHIM. 1809.

Nos fins do mesmo dominio inglez, isto é, em 1814, achou *as re-liquias da cruz de Machim*; e, em 1825, *a* mandou pôr na mencionada moldura, como o refere no rotulo portuguez.

Os rotulos não explicam como as taes reliquias da cruz de Machim, que deveriam ser objecto de veneração para o povo de Machico, foram achadas (o que presuppõe haverem estado ahi perdidas): achadas, e por um inglez, e residem outro local, e de profissão alheia a explorações archeologicas. Não atinamos com sufficiente motivo para que, tendo-as elle achado em 1814, só em 1825 cuidasse de as pôr em modo de serem conservadas. Não entrevemos rasão que justifique a acção unica de Roberto Page em tudo isto, sem a minima intervenção das auctoridades portuguezas, o que muito a bem seria da intenção commemorativa, revelada pela existencia da moldura e rotulos. Em que estado, e por que modo, foram achadas as presuppostas reliquias? Por que meios se verificou serem da cruz de Machim? Mas, visto que ellas são em si mesmas *a cruz*, como é que reza o lettreiro serem *as reliquias da cruz* de Machim? Não denunciam estas espontaneas palavras que a cruz, ora existente, é obra moderna, a que se quiz dar attributos de antiga? Mas, cruz ou reliquias de cruz, em que logar; em poder de quem estiveram desde 1814 até 1825?

Tudo isto é significativo, e grave.

---

sem da Ilha, como fizerão do Reino de Portugal, os Habitantes, que relativamente ao artigo trigo, para o seu consummo, dependem de o importar para tres quartas partes do anno, morrerião inevitavelmente de fome; pelo contrario, a protecção da Marinha ingleza, que naquelle caso se viria na necessidade de o interceptar, assegura agora a mais constante e abundante provisão delle.

Os Habitantes já teem experimentado o summo grau da disciplina das Tropas Britannicas, e sua regularidade em todos os pontos; e a opinião que os mesmos Habitantes dellas teem, patenteou-se mui lisonjeiramente pela alegria de que por toda a parte se derão mostras á sua presente apparição: e o Tenente-Governador confia que terão igual motivo de serem contentes com as mesmas Tropas.

Esta Proclamação será lida e publicada naquelles logares, e pela maneira que parecer mais conveniente, para que chegue á noticia de todos: e são encarregados todos os Magistrados da Ilha de a fazer publicar.—Dada na Cidade do Funchal, em 30 de Dezembro de 1807.

W. Carr Beresford.

53.

O *Sr. Hughes,* como foi a Machico, de certo teve conhecimento d'esta moldura, cruz e disticos, mas d'elles não fallou: respeitamos o seu silencio; e, pela mesma rasão que o nobre escriptor provavelmente não quiz mencionar isso, nós tambem temos por melhor registar sómente, com escrupulosa exacção, os factos, e entregal-os taes quaes são, e em tanto quanto valem; ao juizo dos homens illustrados e imparciaes.

Ao painel, cruz e rotulos supradictos aggreguem-se os suppostos epitaphios das sepulturas de Anna e de Machim. O *Dr. Gaspar Fructuoso, Manoel Thomaz, D. Francisco Manoel de Mello,* e outros, commemoram-nos, não como feitos posteriormente, mas o de Arfet como producção de Machim, e o de Machim como obra dos seus sobreviventes companheiros de infortunio; e no da misera é certo que Machim falla em seu proprio nome. Eil-os, copiados da *Insulana,* d'aquelle *Manoel Thomaz,* que é o mais antigo livro onde os lemos: tambem se acham, *verbo ad verbum,* no manuscripto que suppomos ser do *Conego Leite,* e nas *Memorias para o reinado de D. João I, por José Soares da Silva.* Rezam assim:

> *Hic jacet in duro veneranda Britana sepulchro*
> *Anna Harfet: gelidis jam bene nota plagis.*
> *Hæc reliquos omnes sprevit generosa Britanos,*
> *Me solum sponsum malit habere Machim.*
> *Heu quos vera fides in amore ligaverat uno,*
> *Fluctibus ejectos, terra inimica capit.*
> *Ecce jacet livens calido sine sanguine corpus,*
> *Unde mihi (quæ me sic amat) uxor erit.*

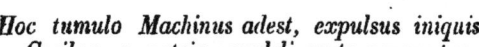

> *Hoc tumulo Machinus adest, expulsus iniquis*
> *Casibus a patria, crudeli sorte peremptus.*

Ingenuo *Manoel Thomaz,* se tu mesmo, poeta, como eras, não foste o destas elegantes elegias ovidianas, não achaste nellas ao menos o cunho indelevel da pura latinidade classica, a qual na Europa moderna só foi conhecida e imitada desde os seculos xv e xvi para cá?

Cabe aqui, muito a proposito, a seguinte consideração do *Sr. Hughes* fallando de não haver do descobrimento deste archipelago documento escripto pelos descobridores, ou por seus companheiros, diz assim:

«But this is not surprising in an age when many of our own powerful Barons signed with their mark, and when the Great Earl of Warwick himself was no very accomplished pensman.»

Em portuguez:

«Mas isto não é para estranhar num seculo em que os nossos podorosos Barões mesmos assignavam de cruz, e nem o grande Conde de Warwick era perfeito calligrapho.»

Pois nessa epocha (notamos nós) em que os grandes senhores inglezes não sabiam escrever seus nomes, já a lenda cá trouxe o navio de Machim, e, sem que os criticos até hoje dessem por tal anachronismo litterario, abarrotado de precoces latinistas, dignos do seculo de quinhentos!

Camões, o poeta de Natercia, o cantor de Ignez, não passára com o seu Gama á vista desta ilha da Madeira, nem phantasiára aqui algures a sua Ilha dos Amores, sem deixar um indelevel e sublime rasgo de poesia e sentimento em memoria do miserrimo amor de Machim, se no seu tempo este fôra tido por verdadeiro. Mas a lenda, prevendo a futura ignorancia ou a insensibilidade de Camões, teve o cuidado de arvorar Machim em Orpheo das suas mesmas desventuras, como se esse homem, que ella figura despedaçado de dor e de remorso aos pés de um cadaver idolatrado, e que ahi se refugia na morte ao cabo de cinco dias de agonia, podesse então, ainda que o soubéra, castigar linguagem, medir versos, e em um idioma que não era seu! Naquellas crises d'alma, a poesia unica, a unica coalidade é morrer.

Esses epitaphios, ou outras quaesquer palavras escriptas attribuidas a Machim, assellam, para nós, não a verdade, mas, a inconcussa fraude da lenda.—Eis o que são e o que valem os vestigios e as memorias d'ella.

Refere o Sr. Major o caso de Machim, declarando ser isso que diz o resumo do que conta «o possuidor da relação manuscripta original.» Seguramente esta metonymia exprime a convicção do conspicuo escriptor; mas, além de ser menos clara que a directa indicação, pelo proprio nome, do possuidor a quem allude, redunda em infecundo circuito: é uma petitio principii; é, a bem dizer, provar a questão com a questão mesma; porque, a existencia e genuinidade do manuscripto, pregoado como original de Alcoforado, é um dos principaes pontos controversos de que o solver da questão depende. Além d'isso, o difficil encargo que o Sr. Major tomou de resumir a narrativa de Mello deu aso a omissões e modificações em lances caracteristicos, como se verifica pela mera confrontação desse resumo com o texto da Epanafora III. ou, na falta d'ella, com o extracto que da mesma fizemos a pag. 387-397; por exemplo: no resumo não intervem, como na Epanaphora, o Parlamento da Inglaterra no negocio domestico do casamento de Anna, nem para que o rei mandasse prender Machim; intervenção que temos em conta de impossivel historico: no resumo diz-se que Anna se appellidava de Arfet, ou Dorset; quando a Epanaphora só menciona o primeiro destes appellidos, que não consta ser inglez, e nunca o segundo, que é inglez : no resumo aponta-se um unico amigo de Machim como interveniente na aventura; na *Epanaphora* contam-se muitos: no resumo diz-se simplesmente que o rapto se effeituou; na *Epanaphora* vem referido por modo incrivel: no resumo conta-se que os amantes fugiram de Bristol em um navio provido e equipado por Machim para o intento; na *Epanaphora* figura-se que isso fôra em um dia festivo, e em um dos navios ancorados no porto, e de que Machim e seus amigos se apoderaram, por estar a tripulação em terra: emfim, o resumo achega o evento ao possivel; e a *Epanaphora* cumula-o de impossiveis.—Bem vemos que o *Sr. Major* nisto harmonisou o resumo, que fez, com a ideia em que está de só atter-se ao que considera essencial, desprezando o mais: não obstante, releve-nos a reluctancia; mas, em termos de controversia, não póde ser admittida narração do caso de Machim que não seja em tudo a mesmissima dos documentos confirmativos desse caso. O que se discute é o que a lenda é, e não o que a boa rasão e a historia ensinem que podia ser. Coisa que ao primeiro lanço pareça minima ou nulla, póde ser realmente valioso elemento de analyse e verificação da verdade. *Magna in minimis.* E', por vezes, nos pequenos nadas involuntarios e inscientes que o espirito surprehende seguro criterio.

Passando a *Mello* em especial, é certo ter elle desenvolvido muito mais que *Fernandes* e *Galvão* a narrativa do caso de Machim, e a da expedição de Zargo a este archipelago. Tira daqui o *Sr. Major* por consequencia que aquelle, no que disse além dos outros, ou o houve de origens mais amplas, ou o inventou: mas parece-nos que *Mello* fez uma e outra cousa; teve outras fontes, e romanceou a lenda; fontes não tanto *mais amplas*, quanto de *indole diversa;* e não de origens remotas, e primitivas, como a phrase do *Sr. Major* parece indicar, mas recentes, a saber: a *Decada* I da *Asia*, de Barros; a *Historia do descobrimento da Ilha da Madeira*, escripta em latim pelo *Dr. Manoel Clemente;* mais que todos, o poema a *Insulana*, de *Manoel Thomaz;* e o problematico manuscripto, que elle *Mello* attribue a *Alcoforado*, mas que, se algum teve presente, tudo faz presumir fosse o de *Jeronymo Dias Leite*, como já mostrámos. E assim pensamos quanto ás origens da *Epanaphora* III, já porque estas são as que na dedicatoria della vem mencionadas; já porque não vemos rasão para que *Mello* deixasse de auctorisar a sua narrativa com os nomes de outros escriptores, se outros mais tivesse consultado; já, finalmente, porque a *Epanaphora* III, tocante a Machim, é quasi identica com a *Insulana*, como vimos, e muito bem nota o *Sr. Hughes;* tocante a Zargo, vae de par com a dicta *Decada* I; e, quanto aos accrescentamentos romanescos nella feitos, inferimos que o foram por *Mello*, porque os não vemos nos outros escriptos anteriores, e estão no gosto seiscentista delle. De sorte que, destas duas fontes especiaes, a *Decada* I e a *Insulana*, colo-

ridas com uns toques de imaginação do Mello, e dramatizadas com os discursos
que elle, imitando Tito Livio, põe na bocca dos personagens, surge, quasi
inteira e perfeita, a *Epanaphora* do descobrimento da ilha da Madeira,
sem precisão de a sublimar a outras desconhecidas e remotas origens.—
Visto que a obra dessa *Epanaphora* assim, tão simples e contemporaneamen-
te, se explica, não ha rasão para a deixar envolta em semi-mysterio, que
pretexte qualquer inferencia historica, relativa a Machim.

Nos respectivos artigos mostrámos o que valem a supposta *Relação*, de
Francisco Alcoforado; o inedito da collecção de *Valentim Fernandes;* o *Tractado,* de *Antonio Galvão;* e a *Epanaphora* III, de *Mello:* contrapondo-lhes
a *Chronica do descobrimento de Guiné,* por *Azurara;* a *Chronica do Principe Dom Joam,* por *Damião de Goes;* e a *Asia,* de *João de Barros,* além das
outras obras confirmativas destas, parece-nos fóra de duvida que, por qualquer face que contemplemos aquellas, nunca a quadrupla alliança de *Alcoforado, Valentim, Antonio Galvão,* e *Mello,* poderá validar a memoria do caso
de Roberto Machim e de Anna de Arfet como realmente historico.

Alcoforado, se não fôra auctor supposto, e *Mello* constituem, quanto á
lenda de Machim, o grupo britannico; o inedito da collecção de *Valentim,* e
Antonio Galvão pendem para o lado hespanhol. Cada versão, em cada parcialidade, teve sem duvida diversas origens proximas. Mas não attingimos a
força do argumento do *Sr. Major,* quando, pela insulação de cada um destes escriptores, infere a preexistencia de *um* documento emanado de origens
inteiramente differentes ou independentes; e desse, a realidade do descobrimento da ilha da Madeira por Machim. Não concebemos como a independencia de origens vá fundir-se em um documento unico, um facto unico.
Se as origens são independentes, falta ahi a unidade, que é condição intrin-
seca da verdade mesma. Se, pelo contrario, presuppormos um unico documento, preexistente germen da noticia, pouco ou nada importa ao caso que
os propaladores della a tomassem de diversas fontes proximas; porque a remota e primitiva commum seria a mesma: pouco ou nada importa que elles
se tivessem conhecido ou não, pessoalmente, os do mesmo tempo, e pelos
escriptos, os de diversas epochas; porque sempre entre elles haveria o consanguineo parentesco proveniente daquelle documento, tronco de familia. Fosse, ou não unica a fonte donde manaram os escriptos destes auctores, isso
não resolve a questão; porque qualquer das hypotheses se podia dar, e o
caso de Machim ser verdadeiro, ou ser falso. O ponto não está em determinar se os escriptos que relatam o caso de Machim proxieram de uma, ou
de mais de uma fonte, mas sim se essa fonte ou fontes merecem credito,
e provam que o caso em si mesmo succedeu. As considerações, pois, do *Sr.
Major,* nesta parte, tão sómente se atteem a um dado tão percario, que deixa
patente caminho á negação e á affirmação.—Nenhum dos grandes erros

geraes da humanidade teria sido reconhecido por tal, se na diversidade e os, tensiva independencia das origens e relações delles estivesse prova de verdade.

Estas são as observações que nos occorrem em referencia aos argumentos pelo *Sr. Major* denominados de evidencia externa. Quanto aos que chama de evidencia interna, cifram-se em tres :—1.° que *Azurara* e *Barros* nada dizem do caso de Machim ;—2.° que *Fernandes, Galvão,* e *Mello,* com quanto extranhos entre si, accordam em attestar que Zargo e Tristão Vaz, sabedores desse caso por lh'o relatar o piloto João de Morales, e tendo achado na ilha da Madeira as sepulturas dos miseros amantes, derivaram do nome de *Machim* a denominação *Machico,* que deram ao sitio dellas;—3.° que *Mello,* portuguez e descendente de Zargo, não contaria por historico e successo de Machim, em menoscabo da gloria da sua nação e da sua familia, se isso não tivéra acontecido.

Permittam-se-nos aqui mais algumas observações.

Já anteriormente alludimos ao primeiro argumento. E justamente o silencio de *Azurara* e *Barros,* combinado com o que referem de como o descobrimento do archipelago da Madeira foi primitivamente feito só por Zargo e Tristão Vaz, que invalida e desmente a lenda, porque a mostra *incompativel* com esse descobrimento.—Se *Azurara* e *Barros* fallassem disso, seria então que davam prova, pelo menos, de que a lenda já em seu tempo corria. O mero silencio de escriptores coevos, a respeito de facto importante e intimamente ligado, por natureza, com o assumpto de que esses escriptores se occupem, é de si forte argumento contra tal facto : e aqui ao silencio sobre o caso de Machim accresce a expressa narração de um successo, pelo qual se realisou aquillo que a esse caso tem sido attribuido.

O suppor a denominação *Machico* derivada do nome de *Machim,* é, como bem ajuiza o referido *Sr. Hughes,* circulo vicioso, analogo ao que já apontámos em referencia á igreja de Christo, que naquelle sitio ha. A lenda de Machim é, e como tal não podia deixar de ser, posterior ao descobrimento da Madeira por Zargo. A authentica versão de *Azurara* e *Barros,* ao mesmo tempo que a exclue, já allude ao sitio e nome de *Machico* ou *Machito,* e que indica, como adverte o illustre Visconde de Santarem, que o *romance de Machim* ainda não teria sido inventado, ou, pelo menos, que não tinha ainda tomado voga em Portugal. Assim, pois, contrapondo *Azurara* e *Barros* aos tres escriptores mais modernos que elles, e em cujo accordo o *Sr. Major* se firma, é de força concluir que o appellido do supposto inglez *Roberto Machim* foi buscado apposité, ou derivado da denominação do sitio de *Machico,* e não esta d'aquelle appellido : o que, aliás, é vulgarissimo nas lendas que, tomando por thema e theatro um certo logar, transferem a denominação delle para o seu protogonista ou para a acção, e por esta engenhosa metonymia se ataviam com tal qual colorido de apparente verdade historica. Disto dão exemplo as lendas de *Arunce*, e de *Trivim*, na Lousã; a lenda da *Calçada de Atamarma*, em Santarem; e a lenda de *Miragaia*, proximo do Porto. De metonymias similhantes vieram não poucos appellidos de familias nobres, v. g. *Camara, Castro, Figueiredo, Xavier*, &. Na mythologia são ellas frequentissimas.—Emfim, demonstrado, como nos parece estar, não ser verdadeiro o caso de Machim, mas lenda posterior ao descobrimento da ilha da Madeira, fica fóra de duvida que os descobridores deram o nome *Machico* ao amenissimo valle assim depois chamado, por outro motivo, que não em memoria de *Machim*.

Qual, pois, a origem desse nome *Machico?*—Ainda que não a souberamos, nem, por isso, haveriamos de admittir aquella, que é manifestamente suppositicia. O unico historiador do tempo, *Azurara*, é nella omisso, e *Barros*, que menciona as dos nomes de outros sitios, não falla della; o que mostra que nenhum evento importante ou extraordinario fôra della causa.

Mas, se não ha certeza da origem do nome *Machico*, graves presumpções a apontam, o que já não é pouco; e com raros nomes locaes acontece. Vejamos.

Ha, de ignotos tempos, no continente do reino dois logares denominados *Monchique*. Um é no valle do Douro, entre a cidade do Porto e Miragaia; adiante, para beira mar, fica o sitio de Matosinhos, d'onde eram oriundos, como em outra nota mostraremos, Zargo e sua mulher Constança Rodrigues de Almeida, ou, melhor, de Sá. O outro *Monchique* é no Algarve, onde esta denominação designa não só as serranias, mas tambem um concelho, uma freguezia, uma villa, e um amenissimo valle, por este nome conhecidos; valle que, quando mais não seja, por vasto, formoso, e abundante em aguas e arvores, tem similhança com o de *Machico*; similhança que o Sr. Luiz Figueiroa de Albuquerque, illustre e illustrado madeirense achou, quando viu o valle de Monchique, no Algarve.

Para elucidar este ponto, dirigimo-nos ao Sr. *S. P. M. Estacio da Veiga*, conhecido e habil investigador d'essa provincia, sua patria, e ao Sr. *José Joaquim Aguas*, Administrador do Concelho de Monchique, pedindo-lhes o obsequio de se dignarem dar-nos esclarecimentos sobre os seguintes quesitos:—1.º Quaes as montanhas que dominam o valle?—2.º Quaes as dimensões d'elle?—3.º Tem alguma ribeira, e é abundante em aguas?—4.º É fertil, ameno, e com arvoredos?

De um e outro destes cavalheiros recebemos prompta resposta, que muito cordealmente lhes agradecemos, e em seguida transcrevemos, na parte mais especial ao assumpto.

RESPOSTA DO SR. ESTACIO DA VEIGA.— «A respeito de toda a serra de Monchique, e de cada uma das suas particularidades, poderei dar circumstan-

54

ciada noticia, visto que, tendo em 1865 alli ido com o conde de Solms explorar a flora daquellas encantadoras paragens, não só me dei a esse estudo, que já publiquei, e de que hoje remetto a V.. um exemplar, como tambem escrevi uma Memoria assás extensa daquella serra, villa e suas thermas, cuja publicação se fará logo que haja editor.»

«Respondendo mais especialmente ás perguntas de V..., direi:»

«Duas grandes serras, correndo quasi ou apparentemente parallelas, e separadas por um valle de 3 kilometros de largura, o qual mede a extensão de uns 7 kilometros, constituem o valle superior, ou plató de Monchique. Chama-se Foya á serra principal. Esta mede 903 metros sobre o nivel do mar, e é gigante ramificação das da Estremadura hespanhola e da Andaluzia. Desenvolve-se de nascente para poente, n'uma linha de 8 kilometros proximamente.»

«A outra serra, fronteira á Foya, chama-se Picota. Desenvolve-se desde as thermas, que lhe ficam ao sul, n'uma cota de nivel de 182 metros, e corre, no sentido de norte, n'uma extensão superior a 7 kilometros; alarga-se n'uma facha quasi de 4 kilometros, de E. para O.; e ergue seu pincaro quasi pyramidal a 755 metros sobre o nivel do oceano.»

«No recosto oriental da alterosa Foya, a 400 metros sobre o nivel do mar, e entre dois barrancos com suas ribeiras, que rasgam com singular arrojo esta aba da serra, dando passagem ás arrebatadas correntes, que em graciosas cataduphas vão precipitar-se no valle, pela maior parte formado de areias feldspaticas e humus, alveja, como em amphitheatro, a risonha villa de Monchique, de um lado defendida por um opulento souto de seculares castanheiros, e por outra parte amenisada com o gentil panorama dos seus espaçosos vergeis.»

«Mafra, 8 de setembro de 1871.»

RESPOSTA DO SR. JOSÉ JOAQUIM AGUAS.—Ao 1.° quesito :—«São a Foya e a Picota. A villa de Monchique está situada na raiz da primeira (Foya).»

Ao 2.° quesito:—«As dimensões deste valle são de legua e meia, contando-se do sitio da Cercada até o da Malhada. Fica a villa de Monchique no centro destas duas extremidades, a primeira ao nascente, e a segunda ao poente.»

Ao 3.° quesito:—«Tem a ribeira que corre juncto á villa, e é chamada do Porto-fundo: tem mais a ribeira do Viador, que corre ao lado da villa, e, a alguma distancia, se une á primeira, e continuam abastecendo e fertilizando o valle com as suas aguas: tem mais, para o poente da villa, a ribeira do Porto do Bispo, a ribeira das Barreiras, a ribeira de Jam-de-Gales, e a ribeira da Cercada. Todas estas ribeiras nascem na Foya, e banham o valle de Monchique.»

«Vou agora enumerar as ribeiras e regatos, que nascem da outra montanha, a *Picota*, os quaes igualmente correm para o mesmo valle de *Monchique*: são a ribeira das Seixas e a das Milharadas, e o corrego da Quintinha, o do Rouxinol, o do Porto do Possilgão, e o da Malhada-quente.»

«Não fallo em outros muitos regatos e pequenas nascentes, que destas duas montanhas brotam, tanto para este valle de *Monchique*, como para outros pontes.»

Ao 4.º quesito.—«É fertilissimo este valle, cujas producções constituem a riqueza deste povo: tem todas as culturas que se dão em Portugal; arvoredos de fructas saborosas, que abastecem toda esta provincia, e numerosas matas ou pomares de castanheiros, que ornam a parte inferior da *Picota* até proximo do valle, não fallando em muitas outras matas de castanho.»

«Monchique, 14 de setembro de 1871.»

Quem conhece o valle de *Machico*, e o compara com estas miudas noticias do de *Monchique*, no Algarve, acha não poucos pontos de similhança entre estes dois valles.

Accresce que o cabo de S. Vicente e a Ponta de Sagres, de cuja proximidade sahiu o navio em que Zargo e Tristão Vaz aportaram a esta ilha da Madeira, são extremos da serra de *Monchique*, a qual ahi vem entestar com o Atlantico.—É notorio que entre os tripulantes desse navio eram muitos algarvios. —Havia, como já notámos, auctorizados com o *Dr. Gaspar Fructuoso* e o *Padre Antonio Cordeiro* (vid. retró, pag. 340), tradição, embora infundada fosse, o que para o caso é indifferente, de que, em tempos ante-historicos, a serra de *Monsico, Monchim*, ou *Monchique*, (o povo é rico em variantes phonicas) se prolongava pelo oceano, dilatando o continente europeu em muita extensão, até que, subvertidos os territorios intermedios, ficou como hoje se vê, a serra além no extremo Algarve, e cá estes restos insulados nas aguas, formando o archipelago, depois chamado, da Madeira.

Este complexo de factos e de circumstancias convergentes não só mostra possivel, mas quasi assegura que Zargo e seus companheiros, saudosos da mãe patria, namorados da similhança dos logares, e até embaidos de crença, deram ao sitio, em que pela primeira vez aportaram nesta ilha, o nome *Monsico, Monchim*, ou *Monchique*, com aquella requebrada intonação algarvia que breve o deixou corromper, na tambem viciosa pronuncia ilhôa, para *Manchico, Muchito, Machiquo*, ou *Machico* (de todos estes modos se acha escripto), e talvez para *Machim* tambem, ainda como nome de logar.—E note-se que as desinencias *im* (ou *inho*), *ico*, *ito*, são portuguezas legitimas, propriamente diminutivas, v. g. *festim, grãosinho, granico, granito*; mas, por metaphora, indicão algumas vezes mimo, carinho, amor, v. g. *amorim, filhinho, filhico; fi-*

54.

lhito; e, por synodoche, o âmor á terra natal; pelo que, são tambem designativas de logares, v. g. *Almeirim, Villarinho, Celorico, Alvito.*

Estas são, quanto a nós, as origens, historica e lexiologica, mais provaveis do nome *Machico.*

E, tocante á formação do nome *Machim,* explica-se ou por mera corrupção do archaico *Monchim,* mudadas as lettras *on* para *a,* ou por derivação da palavra *Machico,* que, mudada a desinencia, ficasse formando, ao modo inglez, o vocabulo *Machinian,* e, por apocope, *Machin,* ou, ao modo hespanhol, *Machino:* e de uma ou de outra lingua, mudada a desinencia *in* ou *ino* para a portugueza *im,* viesse o nome *Machim,* como outros muitos que temos assim terminados, v. g. *Bernardim, Gualdim, Valentim.* Nacionalisam-se estas versões tão perfeitamente com as origens ingleza e hespanhola attribuidas á lenda, que, confirmando assim as suspeitas contra ella, transmutam os invocados nomes *Machico,* e *Machin,* ou *Machim* em argumento a ella contrario.

Por diverso motivo, está no mesmo caso a ultima consideração do *Sr. Major,* que põe em caução da verdade da lenda as pessoaes circumstancias de *Mello.* E' certo que *Mello,* affirmando-a, sacrificou renome de familia e gloria da patria; esse sacrificio, porém, foi não á lenda, mas á patria mesma, como já mostrámos. A difficil crise em que Portugal estava em 1660 coagiu-lhe a nobre penna, e só isto bastava a invalidar-lhe o testimunho, se elle mesmo, com o tino e finura caracteristicos do seu talento prespicaz, o não houvera invalidado, pelo protesto implicito que deixou nas toscas inverisimilhanças e erros de facto acumulados na narrativa que fez do caso de Machim. A *Epanaphora* iii foi uma prevenção, um antecipado calmante á provavel irritação popular, se fosse mister chegar ao extremo de dar o archipelago da Madeira a troco da alliança e protecção ingleza. A *Epanaphora* não significa, não vale outra coisa; e isto explica o escripto, justifica o auctor, e contramina a invocação.—E, ainda que o auctor ahi exarasse sincera opinião, nem porisso a *Epanaphora* seria prova de que o caso tivesse acontecido. Do pensar á exacção do que se pensa vae grande distancia.— Caduca, portanto, tambem esta ultima consideração do illustre escriptor.

Em outras notas ao diante tocaremos novos pontos connexos com o assumpto especial desta. Mas o que levamos dicto é razão, a nosso ver, cabal, para termos o caso de *Machim* como fabula, e o dicto de *Azurara* por verdadeiro, comprazendo-nos em invocar a auctorisada opinião do *Sr. Hughes,* conforme com a nossa:

«My own conjecture is, that Porto Santo having been accidentally discovered . . . . . , the cloudy outline of Madeira, which is undoubtedly visible at times from the smaller island, gave birth to surmises that a still more considerable territory might be reached in that direction, and that Zargo derived his inspiration from this source. This conjecture is strengthened by the very straight course which Zargo steered, and the little delay with which his object was accomplished.»

Em portuguez:

«Por mim conjecturo que, tendo Porto-Sancto sido accidentalmente descoberto...., o anuviado perfil da ilha da Madeira, a qual está por tempos bem visivel da outra, que é mais pequena, deu causa a pensar que ali haveria maiores terras, e estimulou Zargo a ir lá: e o elle, com effeito, lá ter directamente aproado, e promptamente realizado seu intento, confirmame nesta conjectura.»

A conjectura deste illustre cavalheiro inglez é, como se vê, accorde com os factos referidos por *Azurara* (vid. retró, pag. 330-333), cuja versão elle não conhecia. Assim vem alliar-se a judiciosa presumpção, especialmente derivada do exame e estudo local, com a *Chronica do descobrimento de Guiné*, deduzida do conhecimento coetaneo do successo; a probabilidade do evento, com o documento certo delle; o raciocinio, com o facto; a verdade hypothetica, com a verdade historica. Aqui está a evidencia.

O que o *Sr. Hughes* só póde dar como conjectura, nós tivemos a felicidade de confirmal-o, como demonstrada realidade.

O archipelago da Madeira não é sómente *propriedade* portugueza. É mais. É *gloria* portugueza. Não só nos assiste o direito da *precedencia na posse;* temos tambem o da *precedencia no descobrimento*.

Direito?—E dever sagrado de mantel-o.

Nesta epocha de fermente convulsão, em que todos os povos demandam horisontes desconhecidos, é mister que cada qual delles, para quinhoar nobremente nos progressos vindouros, ostente a sua iniciativa nos progressos passados: e o nosso titulo perante a posteridade são os descobrimentos ultramarinos; e o primeiro monumento delles é o do archipelago da Madeira.

Bem vê o *Sr. Major* que temos pura e profunda convicção, estimulada pelo sentimento de legitima gloria nacional, incendida pelas justas aspirações de futuro; e que, portanto, é impossivel calal-a, e seria infame renegal-a. A nossa opinião é paixão tambem, sincera e nobre, a franqueza pede que o digamos; exige-o até o respeito que devemos ter, e que temos por esse illustre escriptor estrangeiro, para que ninguem ponha á conta de desconsideração de pessoa o que só é culto enthusiasta do verdadeiro. Tomámos o *Sr. Major* por juiz; deviamos dizer-lhe tudo que pensavamos e sentíamos, para que a sentença podesse ser justa, e nos habilitassemos a tel-a magnanima.

NOTA VI

Quando foi o descobrimento do archipelago da Madeira.

«... Logo no mesmo anno que tornou do cerco de Cepta, que foi o de 1419,..., fallaram-lhe... João Gonçalves, Zargo,... e.... Tristam Vaz... O Infante... mandou-lhes armar hum navio...»—Pag. 16,

«Partiram de Restello na *entrada de Junho* ...*de* 1419, em que logo foram demandar a Ilha de Porto-Sancto.,. a qual havia dous annos que era descoberta...»

«Chegando em *poucos dias* ao Porto-Sancto... viram *logo do* mar aquelle negrume... E assi se detiveram *alguns dias*... *Hum domingo* ante manhaa, tres horas antes de sahir o sol, mandou fazer os navios á vela... Correram com bom tempo a cometer o negrume... E sendo já tempo de *meio dia*,... tendo pouco espaço andado,,... viram..., terra:... e por ser *já muito tarde* não sahiram *aquelle dia* em terra... *Ao outro dia*... desembarcado,... tomava posse,... dia da visitação de Sancta Isabel, *dous de Julho* do anno assima dito de 1419.»—Pag. 31-35.

«O anno seguinte mandou o capitão João Gonçalves ver que cousa era a ilha que aparecia defronte d'aquella ao Sueste... E por se não povoar esta ilha, lhe deu o nome a *Dezerta*.»—Pag. 72,

O *Dr. Fructuoso* dá outras versões quanto ao tempo em que Zargo e Tristão, Vaz foram pela primeira vez ás ilhas do Porto-Sancto e Madeira, como póde ver-se de pag. 16 a 19; mas a supra extractada é a que elle considera *mais verdadeira*.—Concordam com elle *Manoel Thomaz*, o manuscripto que julgamos ser do *Conego Leite*, e *Antonio Cordeiro*.

A opinião mais corrente é que a ilha do Porto-Sancto fôra descoberta em 1418, e a da Madeira em 1420.

D. Fr. Francisco de S. Luiz, na *Relação Chronologica*, dá aquella por descoberta em 1418, e esta em 1419.

Francisco Brandão, na *Monarchia Lusitana*, Parte vi, liv. xix, cap, xiv, segue que «os descobrimentos do *Infante* começaram no anno de 1425, com licença que alçançou d'ElRey seu pay», e que «logo neste anno descobrio a ilha da Madeira.»—Invoca por fundamento desta opinião o dizer o mesmo Infante na doação que d'ella fez á Ordem de Christo no anno de 1460: «Comecei a povoar a minha ilha da Madeira haverá hoje trinta & cinco annos.»—Esta doação está mencionada na *Historia Genealogica da Casa Real*, tomo ii, liv. iii, pag. 106, e é a prova n.º 28 desta obra collocada.

Da *Chronica de Guiné*, por *Azurara*, prova-se (vid. retró, pag. 331-333) que a ilha de Porto-Sancto foi descoberta em 1419, e a da Madeira em

1420; por quanto, expressamente diz que a viagem em que Zargo e Tristão Vaz foram levados pela tempestade á ilha, a que chamaram de Porto-Sancto, elles a emprehenderam *despois da viinda que o Iffante fez do descerco de Cepta*, a qual succedeu em 1419; e que *no anno seguinte que ally chegarom, passaronse aa outra da Madeira...., e começo da povoraçom* da qual foi *no anno do nacimento de Jhũ Xpõ de mil iiij°. xx a nos.*

João de Barros (vid. retró, pag. 334 e 335) harmoniza com Azurara, salvo a só differença de contar por *dois annos* o espaço que este, com mais rigor, designa pelas palavras *no anno seguinte.*

Damião de Goes (vid. retró, pag. 338) parece comprehender os descobrimentos de ambas as ilhas no mesmo anno de 1419; mas, reflectindo no que elle escreve, reconhece-se que, por conciso, foi obscuro, e não discrepante dos dois supradictos historiadores.

E, pois que estes tres são os de maior credito na historia do descobrimento destas ilhas, claro está que a chronologia delles deve ser tida por exacta.

A carta de doação em que Fr. Francisco Brandão se firma para dizer que a ilha da Madeira foi descoberta em 1425, não allude ao descobrimento della, mas ao *facto posterior* de ter o Infante D. Henrique começado no trabalho de a mandar povoar, *desde que a dicta ilha passou a ser sua.* Essa carta de doação, pois, não é prova do anno em que a Madeira foi descoberta; nem contraría, portanto, a *Chronica*, de Azurara.

Demais, as *Saudades da Terra* duas vezes refere (vid. retró, pag. 20 e 114) que Tristão Vaz, com sua mulher e filhos, viera para a ilha da Madeira em 1425. E provavel que, pelo mesmo tempo, viessem a mulher e filhos de Zargo e a maior parte dos primeiros povoadores, e que então o Infante D. Henrique mandasse plantar na mesma ilha a canna de assucar, vinda da Sicilia, e a vinha, de Malvasia. E, sem duvida alguma, não ao facto do descobrimento, mas a este complexo de factos, o mesmo Infante se referia nas supra transcriptas palavras daquella sua carta; e tanto mais, quanto é certo que o termo *povorar* ou *povoar* significava outr'ora, translatamente, e na ilha da Madeira ainda hoje significa, em phrase agricola, fazer qualquer plantação em grande escalla, assim como tambem o termo *despovoar* significa destruir ou acabar com qualquer cultura (vid. retró, pag. 113); pelo que, a palavra *povoar* empregada na citada carta podia muito bem ser allusiva especialmente ao começo da exploração agraria do sólo.

Quanto a ter o dia um de julho, apontado pelo Dr. Fructuoso, sido aquelle em que Zargo chegou pela vez primeira a esta ilha, não temos razões que oppor; pelo contrario, a minudência de precedentes, concomitantes e consequentes com que o indica, leva a presumir que esta passagem seja uma das conservadas do antigo manuscripto attribuido a Gonçallo Ayres, e que depois foi correcto e augmentado pelo Conego Leite.

Outro tanto dizemos do que nas *Saudades da Terra* se conta, tocante ao anno do descobrimento. da *Deserta*.

Pelo que respeita ao das ilhas *Selvagens*, noticia alguma até agora temos achado.

NOTA VII

João Gonçalves Zargo.

«Deste valeroso Soldado dizem que procedeo João Gonçalves Zargo, seu filho ou neto; e outros dizem que este feito em armas fez o mesmo João Gonçalves; e por o Mouro que elle, ou seu pay, ou avô matou se chamar Zargo, lhes ficou a elles, ou a elle o mesmo apelido e nome.»

«A informação que tenho da Ilha da Madeira conta . . . . de outra maneira, dizendo que este primeiro Capitam do Funchal foi chamado Zargo, alcunha imposta por honra de sua cavallaria, porque no tempo que os infantes D. Henrique e D. Fernando... se foram cercar Tangere..., neste logar e combate recebeo uma ferida em hum dos olhos de hum virotão que dos inimigos lhe tiraram, com que lhe quebraram um olho. E, como naquelle tempo chamavam *zargo* a quem não tinha mais que hum olho, ficou-lhe o nome por insignia e honra de sua cavallaria.»—Pag. 23.

O appellido *Zarco* ou *Zargo* (1) é antigo em Portugal, como abaixo veremos; portanto, estas duas versões da origem delle não podem ser tidas por verdadeiras: são, aliás, um exemplo mais do systema geral seguido na invenção das lendas,—pessoalizar e decompor em uma fabula, mais ou menos verisimil, o nome proprio cuja origem seja desconhecida.

Consta-nos, por informação fidedigna, que na Bibliotheca Publica de Lisboa existe um manuscripto de *Genealogias das familias de Portugal, comprovadas com documentos*, obra em vinte e quatro tomos de folio, do notavel *José Freire de Monterroyo Mascarenhas*, na qual vem a genealogia de *João Gonçalves Zargo*: ainda, porém, não tivemos ensejo de obter copia. Nos dois nobiliarios madeirenses, que já mencionámos, a respectiva arvore genealogica começa deste.—Na *Monarchia Lusitana*, por *Fr. Francisco Brandão*,

---

(1) Z a r c o é a fórma talvez mais genuina de escrever e pronunciar este appellido; tem por si os auctores de melhor nota; e o Sr. M a j o r sempre assim o escreve. Mas está antiquada, e o uso adoptou a segunda.

(Lisboa, 1650) se leem, tocante á familia *Zargo*, esclarecimentos muito mais satisfatorios que as lendas referidas nas *Saudades da Terra.*

Tractando ali *Brandão* dos filhos bastardos de el-rei D. Diniz, e em especial do mais moço, Fernão Sanches, allude a uma doação deste e de sua mulher Dona Froilhe Annes ao irmão delle João Affonso, feita pelos annos de 1323, em Santarem, o ultimo de janeiro, a qual está a folhas 21 do Livro vɪ dos Mysticos; e prosegue, dizendo:

«Mas por nos obrigar a doação presente, em que entra Esteuão Pires Zarco por testemunha, a dar razão das pessoas deste appellido, darei algũas tiradas de monumētos infalliueis; & primeiramente de Gonçalo Zarco achamos memoria pelos annos de mil cento & setenta & sete, em hũa venda que Dom Gomes Sacerdote fez a Pero Dias, & sua mulher D. Loba, de duas courellas de vinha em Tomar, que da parte do occidente confrontauão com fazenda de Pero Feo, & de Gonçalo Zarco: *In occidente Petrus Feo, & Gunçaluus Zarco.* No livro dos obitos da Sé de Lisboa se faz menção de Maria Gonçalues Zarca para anniuersario a quatro das Nonas de Janeiro, q̃ he a dous do mez sobredito. Nas pazes renouadas entre el-Rey Dõ Afonso Onzeno de Castella, & o nosso Rey Dõ Afonso Quarto no anno de mil trezentos & vinte & sete, confirmão abaixo dos Ricos homens: *Mestre Vicente das Leis, & Esteuão Pires Zarco, juizes em casa delRei:* & logo no anno seguinte na eleição do Mestre de Santiago deste Reyno Dom Garcia Pires, assistio Afonso Zarco, um dos treze eleitores, Comendador de Ourique, como ja atràs dissemos, & veremos no tomo seguinte, aonde virà tambem o summario das pazes referidas.»

«Sendo tão continuado este appellido naquelles tempos, & em gēte que occupaua lugares autorizados, confirma bem serem nobres os que delle vsanão, que poucos appellidos achamos assi seguidos, vsando-se então mais os patronimicos. Pelo que não ha que aceitar a explicação que o Doutor Gaspar Fructuoso dá na historia das Ilhas, dizendo chamarse João Gonçalues Zarco, primeiro pouoador d'ellas, Zarco de alcunha, por ser torto de um olho, ou por auer morto em Africa hũ Mouro, que se chamaua Zarco; o certo he ser João Gonçalues Caualleiro honrado da casa do Infante D. Henrique, o qual, por seu valor, o occupou naquellas pouoações, & descobrimentos: tinha o appellido deriuado de seus auòs, & como o infante era Mestre da Caualeria de Christo, cujo convento está em Tomar, desta Villa deuia ser João Gonçalues, pois achamos nella de tēpo tão antigo pessoa de appellido de Zarco, quando não fosse de Lisboa, aonde tambem hauia o mesmo appellido.»

«Em doação que lhe fez o Infante seu senhor, & confirmou elRey Dom Afonso Quinto, se declara auer elle sido o primeiro pouoador daquellas Ilhas

da Madeira & São Miguel: «*Dizendonos o dito Infante meu tio, que se esguardando elle como João Gonçalues-Zarco fora o primeiro homem que por
seu mandado fora pouoar as ditas Ilhas, &.*» Seus filhos se appellidárão tambem Zarco, como o vimos em doações daquelle tempo, mas com occasião da
Villa de Camara de Lobos, que seu pay fundou no logar aonde primeiro
aportou a Ilha da Madeira, mudàraõ o appellido em Camaras, q̃ hoje con-
seruão seus descendentes os Condes de Calheta, & Villa Franca, & outros
morgados mais do mesmo appellido.»

Monarchia Lus. Parte v, liv. xvii, cap. ii.

Quanto á patria de *Zargo*, desta passagem da *Monarchia Lusitana* se
evidenceia que elle era portuguez, visto o seu appellido ser de antiga e nobre familia portugueza: mas não ha certeza de qual fosse a terra de sua
naturalidade. *Brandão* infere dos documentos que aponta ser *Zargo* oriundo
de *Thomar*, ou de *Lisboa*; vendo-se, porém, desses mesmos documentos haver pessoas da familia *Zargo* não só nessas duas cidades, mas tambem na
villa de Santarem, e talvez na de Ourique, o que delles se collige é que essa
familia estava espalhada pelo reino, e, portanto, não se póde por elles determinar qual o logar da naturalidade do descobridor do archipelago da Madeira.

A pag. 361 vimos que *Mello* diz haver neste ponto duvida entre os
genealogicos, e menciona o logar de *Matosinhos*, proximo dá cidade do Porto, como um dos indicados por patria de Zargo. Os nobiliarios madeirenses
positivamente o dão ahi nascido. E nas *Memorias* de *Fr. João de S. Joseph
Queiroz* (1), *Bispo do Grão-Pará*, publicadas pelo *Sr. Camillo Castello Branco*
(Porto, 1868), vem os seguintes importantes esclarecimentos.

ZARCO.

«João Gonçalves Zarco, descubridor da ilha da Madeira em 1440, foi
homem valoroso e serviu em Africa com grande satisfação, sendo criado do
snr. rei D. João i, e D. Duarte, e muito acceito ao infante D. Henrique.
D. Francisco Manuel de Mello nas suas *Epanaphoras* diz ser opinião de alguns genealogicos que elle era natural de Matosinhos. Escreve-se deste homem
que foi elle o primeiro que montou peças de artilheria a bordo de naus; e é
certo que merecendo, por suas proesas, ser conde da Ribeira, com o titulo
de Camara de Lobos, faz honra á sua patria, maiormente sendo tantas ca-

(1) Nasceu em Matosinhos a 12 de agosto de 1711, e morreu no convento de S. João
de Pendurada em 15 de agosto de 1764.—Vid. a Introducção das mencionadas Memorias.

as illustres que delle teem origem ou alliança. Descobriu primeiro a ilha do Porto-Sancto em 1418 e 1420. Foi casado còm uma snr.ª Constança Rodrigues de Sá, a quem talvez vira em Matosinhos, de que eram senhores os paes d'esta dama, etc

SONHO QUE PARECE VERISIMIL.

«Sobre este plano exporemos algumas especies ou disparates, que o leitor mais noticioso póde regeitar. Lembra-me que ha quarenta annos, pouco mais ou menos, ouvi dizer a pessoa de boas noticias, adquiridas na conversação de pessoas muito eruditas do seculo passado, muito antigas e que do seculo de quinhentos conservavam especies raras, que, atraz do convento da Conceição de Matosinhos, e em o logar do *Gonçalves*, nascera um estudante que depois fôra conde. A isto accrescentavam que elle fôra a Lisboa a procurar, como dizem, fortuna; que lhe succedera ver em uma janella do paço uma dama, de quem ficou tão namorado que a sua bem-aventurança era esperar um dia inteiro, e semanas pelo instante de ver acaso á janella aquella dama, sem mais esperança nem significação que a do insigne passatorio; o que, fazendo-se reparavel, foi o estudante chamado pelo rei, confessára a paixão vehemente com desembaraço e viveza, de sorte que o rei o tomara para seu criado e o fizera depois fidalgo; e que, não querendo a dama recebel-o para esposo, lhe perguntara o rei se o queria sendo conde. A menina disse que sim.»

«Parece-me que isto se verificaria com João Gonçalves Zarco. É inverosimil que, logo que foi para Lisboa e viu a moça, se movesse o rei a querel-o casar com pessoa que se suppõe tão desigual; mas natural parece que, affeiçoando-se-lhe pelo valor, juizo, desembaraço e outras prendas, o iria habilitando com os successos de África, onde ganhou merecimentos para fidalgo, e logo o descobrimento das ilhas, onde ganhou o titulo de conde. Cresce o sonho.»

«Muitos motivos haveria para se impor á primeira egreja o nome do Salvador; mas devo-se advertir que na parte de Matosinhos que chamam de Bouças, em cujo sitio esteve a imagem do Senhor, é grande a devoção e a festa com o titulo Salvador.»

«A mulher Constança Rodrigues, quando foi com seu marido, levantou uma egreja a Sancta Catharina, sancta que se celebra no mesmo sitio de Lessa juncto ao mar. Esta senhora pelo sobrenome parece ser filha dos senhores de Matosinhos, que eram Rodrigues de Sá e depois foram condes de Matosinhos, onde tinham casas nobres no fim da rua do Paço, á beira do rio Lessa, juncto a outra capella de Nossa Senhora do Ribamar. onde tambem se venera a antiquissima imagem de Sancta Catharina. Finalmente tomou por armas um castello que no mesmo sitio pertencia aos paes ou parentes do sua mulher, hoje marquezes de Abrantes, antes de Fontes, antes de Penaguião, o primeiro de Matosinhos, os quaes teem o seu jazigo no convento da Conceição de Matosinhos na aldeia, ou sitio de Gonçalves.»

Memorias de Fr. João de S. Joseph Queiroz, pag. 72-74.

Ha nesta noticia, parece-nos, grande confusão de pessoas, tempos, e factos, consequencia, sem duvida, de ter a tradição amalgamado tudo isso; mas, através desse pequeno cahós historico, transparecem taes coincidencias de pessoas, factos, e logares entre a noticia de Matosinhos e a historia da Madeira, que, resalvada, ou, melhor, explicada e desfeita essa confusão, e corrigidas as datas, temos a noticia por verdadeira.

É, não póde deixar de ser, mero lapso de memoria no auctor, ou de copia o dar a ilha da Madeira por descoberta em 1440, e a de Porto-Sancto em 1418 e 1420, no que nos não detemos, já porque em outros logares deste livro disso se tracta, já porque exorbita do objecto da presente nota. Adiante.

Zargo e seus successores cognominaram-se Gonçalves; e lá vem a tradição referindo que no logar de Gonçalves, por detraz do convento da Conceição de Matosinhos, nascera um estudante, que depois foi cónde, e em Lisboa, protegido do rei, casou com uma dama do paço. Verdade é que Zargo não foi cónde, nem constão as circumstancias do seu casamento: màs é certo que Simão Gonçalves da Camara, o Magnifico, seu neto, e terceiro capitão donatario do Funchal, teve alvará de lembrança para cónde (vid. retró, pag. 196), e o quinto donatario, neto deste Simão, e do mesmo nome que elle, foi, com effeito, elevado a cónde, com o titulo de Villa Nova da Calheta, por mercê de D. Sebastião, em 1576 (vid. retró, pag. 295): e tambem certo é que este primeiro cónde de Villa Nova da Calheta casou com D. Isabel de Mendonça, a qual era no paço donzella da rainha D. Catharina, sendo-lhes o casamento feito pelo rei e pela rainha, na córte, e com grande apparato (vid. retró, pag. 218 e 219). Ora, succedeu que aquelle Simão, o Magnifico, desgostoso do governo da capitanía do Funchal, desistiu delle no filho, João Gonçalves da Camara, em 1528; retirou-se da ilha da Madeira para Matosinhos, indo acompanhado por este filho até lá; e lá morreu em 1530 (vid. retró, pag. 194 e 195), havido talvez por cónde, e memorado pela sua prodigalidade: e este facto, por uma parte, faz presumir que Simão Gonçalves preferiu Matosinhos, por ser dahi oriunda sua familia, e elle ahi ainda talvez ter bens, e, por outra parte, explica a causal provavel por que a tradição de Matosinhos, transportada a meado do seculo xviii, confundia a pessoa de Zargo com os seus mencionados descendentes, e lhe attribuia, deturpados, alguns factos muito posteriores a elle, que com estes succederam.

E, salvas as referidas aberrações, o apontamento do Bispo Fr. João Queiroz não só harmonisa com a historia desta ilha da Madeira, mas a esclarece e confirma.—A mulher de *Zargo*, a quem os historiadores insulanos chamam Constança Rodrigues *de Almeida*, era filha de Rodrigues Annes *de Sá*, como vemos nos nobiliarios madeirenses, e nos *Apontamentos historicos e geographicos sobre a ilha da Madeira*; e, portanto, exacta é a lição d'aquella noticia, quando a designa por Constança Rodrigues *de Sá*, como tambem vimos no *Nobiliario, de João Agostinho Pereira de Agrella*.—A primeira igreja edificada nesta ilha foi a de *Jesus Christo*, em *Machico:* e com isto condiz, como uma das suas causas, o facto de, na parte de Matosinhos que chamam Bouças, ser fervorosa a devoção do Salvador, como a noticia judiciosamente lembra: ainda agora celebrado é em todo o reino o *Senhor Jesus, de Matosinhos:* e até na l*enda desta imagem, se a memoria nos não falha, ha similhança com a do milagre do *Senhor Jesus, de Machico.*—A mulher de *Zargo*, pouco depois de vir com o marido para esta ilha, mandou construir, ao occidente do Funchal, uma capella que dedicou a *Sancta Catharina*, no sitio da primeira *casa de sua habitação*, á beira-mar por sul, e á *margem* da *ribeira* de S. João por léste. Até virem a publico as *Memorias de Fr. João de Queiroz*, ignoravamos o motivo desta fundação; mas, lendo nellas a noticia de haver em Matosinhos, no sitio de Lessa, á beira-mar, uma capella de *Sancta Catharina* e de, em outra, juncto das *casas dos Zodrigues de Sá*, á beira do *rio* Lessa, se venerar antiquissima imagem da mesma sancta, reconhecemos por presumptiva evidencia que a piedosa dama para aqui transportou aquella sua devoção patria, e, a bem dizer, domestica, revestindo-a de todas as analogias locaes.—Finalmente, o castello, ou torre, parte principal do brazão de armas dado a *Zargo*, não tinha explicação, referido á ilha da Madeira, pois que não havia nella, ao tempo, castello ou torre alguma; mas a noticia de Matosinhos explica-o satisfatoriamente como tomado do brazão da familia de Constança Rodrigues *de Sá*, o que mostra que esta era de mais considerada nobreza que seu marido, como a tradição madeirense diz que era.

Tudo isto, pois, confere á noticia e tradição de Matosinhos cunho tão historico, que a temos por base muito mais segura que as inferencias de Fr. *Francisco Brandão;* e, porisso, auctorisados nella, opinamos que *João Gonsalves Zargo* foi nascido no logar de *Gonçalves*, em Matosinhos.

Na *Chronica do descobrimento de Guiné* já vimos que não só *Zargo,* mas tambem Tristão Vaz, antes de terem descoberto o archipelago da Madeira, eram «*em casa do Iffante* (D. Henrique) *scudeiros nobres*» (vid. retró, pag. 331); e no cap. LXXV° da mesma Chronica se refere que Zargo, «*nobre em todos seus feitos*,... soomente por servyr seu senhor... armou hũa muy nobre caravella, da qual fez capitam huũ seu sobrinho, *que o Iffante criara em sua camara*, que se chamava Alvaro Fernandez, mandandolhe que nom tevesse respeito em outro guaanho, senom veer e saber qualquer cousa nova que podesse... » — É, pois, evidente que *Zargo* não era um aventureiro obscuro, nem um mercenario escasso em meios de fortuna.

Mas almirante, nom ainda capitão-mór do mar, como querem alguns dos narradores do caso de Machim, não foi; demonstram-no os dois seguintes extractos das *Ordenações Affonsinas* (1).

DO ALMIRANTE.

«O Almirante deve seer em estes Regnos do linhagem decendente de *Mice Manuel* (2), que em elles foi primeiro Almirante, segundo a forma da doaçom a elle feita per ElRei Dom Donis; e nom *seendo achado hi tal do seu linhagem*, que segundo direito, e forma da dita doaçom deva seer Almirante, entom deve elle séer per Nòs escolheito tal, que haja em sy estas cousas, que se seguem... »

«E o seu officio deste he mui grande, ca el ha de seer Coudilho de todos os navios, que som pera guerrear, tambem quando sóm muitos ajuntados em huũ, a que chamam Frota, como quando saũ mais poucos, a que dizem Armada... »

«... E ainda pertence mais ao officio do Almirantado em estes Regnos todo o que se adiante segue, per bem da conveença feita antre ElRey Dom Donis da gloriosa memoria, e Mice Manuel Peçanha (2), que foi primeiro Almirante em estes Regnos.»

«Este Almirante deve seer, como dito he, da *linha direita lidima de Mice Manuel Peçanha*, que foi primeiro Almirante em estes Regnos, com tanto que seja leigo, e tal que nos possa servir, segundo mais compridamente he conheudo na doaçom, e conveença feita antre o dito Rey Dom Donis, e o dito Mice Manuel... »

«ITEM. Se por falecimento de cada huũ dos Almirantes, que forem em estes Regnos, e o dito Almirantado herdarem, acontecer nom ficar delle filho

(1) «Os Povos em Côrtes propozerão a ElRei D. João I., que mandasse reformar e compilar as Leis, reunindo em Collecção aquellas, que merecessem ficar regendo. — Com effeito, o Rei encarregou esta obra a João Mendes, Cavalleiro, e seu Corregedor da Côrte; por cuja morte, no Reinado de D. Duarte, succedeu na mesma tarefa o Doutor Rui Fernandes, do seu Conselho. Foi concluida; e publicada em 1446 em nome de D. Affonso V., sendo Regente o Infante D. Pedro; depois de revista pelo sobredito Rui Fernandes, por Lopo Vasques, Corregedor da Cidade de Lisboa, e pelos Desembargadores Luiz Martins e Fernão Rodrigues. E' o nosso mais antigo Codigo, ou Collecção systematica de Leis, conhecida pelo nome de Ordenações Affonsinas.»

M. A. Coelho da Rocha, Ensaio sobre a Hist. do Gov. e Legislação de Portugal.

(2) Este é o mesmo Manoel Pezagno a quem o Sr. Major allude (Vid. retré, pag. 345, in fine). Pezagno é a fórma italiana do appellido que em portuguez escrevemos Peçanha.

barom lidimo, e leigo, que decenda do dito Mice Manuel por linha direita lidimamente nado, entom o dito. Almirantado com todalas cousas, e direitos a elle anexados, deve seer tornado livremente aa Coroa dos nossos Regnos sem outra nenhũa contenda.»

«E este capitulo mandamos, que se guarde em aquella maneira, que se guardou em vida d'ElRey Dom Joham meu Avoo, cuja Alma DEOS haja, e que por seer aqui escripto, nom acrecente mais no direito do Almirante.»

Ordenações Affonsinas, L.º 1.º, tit. LIII, §§ 2.º, 5.º, 9.º, 10.º, 18.º o 20.º

DO CAPITAM MOOR DO MAR.

«Pera Nòs seermos em verdadeiro conhecimento do poderio, que antigamente foi dado per os Reyx nossos antecessores aos Capitaães Maiores do mar em estes Regnos, mandamos perante Nós vir a *carta do officio da Capitania, que per ElRey Dom Joham meu Avoo foi dada a Alvaro Vaasques d'Almadaa, Rico-homem, e do nosso Conselho, que agora he em os ditos Regnos nosso Capitam Moor, e bem assy a carta da confirmaçom de ElRey meu Senhor, e Padre,* cujas Almas DEOS haja, das quaees o theor se adiante segue.»

«DOM EDUARTE per graça de DEOS Rey de Purtugual, e do Algarve, e Senhor de Cepta. A quantos esta carta virem fazemos saber, que *Alvaro Vaasques d'Almadaa nosso Capitam Moor,* e do nosso Conselho, nos mostrou hũa carta do muito virtuoso, e de grandes virtudes ElRey Dom Joham meu Senhor, e Padre da mui gloriosa memoria, cuja Alma DEOS haja, da qual o theor tal he.»

«DOM JOHAM pela graça de DEOS Rey de Purtugual, e do Algarve, Senhor de Cepta. A quantos esta carta virem fazemos saber, que Nòs querendo fazer *graça, e mercee a Alvaro Vaasques d'Almadaa* Cavalleiro nosso Vassallo por serviço, que del recebemos, e entendemos de receber ao diante, teemos por bem, e damollo por *nosso Capitam Moor da nossa Frota pela guisa, que o era Gonçalo Tenreiro em tempo d'ElRey Dom Fernando nosso Irmaõ,* a que Deos perdoe, *e per a guisa, que o foi Affonso Furtado em nosso tempo.»

«E porem mandamos aos patrooës, alquaides, e arraezes, e petintaes, e comitres, beesteiros, gualliotes, mareantes, e marinheiros, e a todolos outros, a que esta carta for mostrada, que o hajam por nosso Capitam Moor, como dito he, e lhe obedeeçam, e façam todalas cousas, que lhes elle mandar fazer por nosso serviço, assy como fariaõ a Nós, se Nós per pessoa presente estivessemos. Outro sy lhe damos comprido poder, que prenda, e possa prender todos aquelles, que lhe mal mandados forem, e non quiserem fazer o que lhes mandar por nosso serviço, segundo a seu officio pertecnce, e que possa em elles fazer justiça, ou em cada hũũ delles, assy como Nós fariamos, se outro by presenlo estivessemos. »

«E MANDAMOS a todalas nossas justiças, que compram suas cartas, o mandados, e lhe ajudem a fazer, e comprir direito, e justiça em todalas cousas, que lhe assy disser, e mãdar da nossa parte, quanto pertence a seu officio; senom sejam certos quaesquer, que o contrairo desto fezerem, que Nós lho estranharemos gravemente nos corpos, e haveres, como aquelles, que nom comprem mandado de seu Rey, e Senhor. E em testemunho desto lhe mandamos dar esta nossa carta. Dante em Sintra vinte e tres dias do Julho. ElRey o mandou. Martim Vaasques a fez. Era do Nacimento do nosso Senhor Jesus Christo de mil quatrocentos vinte e tres annos. »

«E PEDIO-NOS por mercee o dito Alvaro Vaasques, que lhe confirmassemos a dita carta. E visto per Nós seu requerimento, e razom de seus boos merecimentos, querendo-lhe fazer graça e mercee, confirmamus-lhe a dita carta com todalas clausullas, e condiçooés assy, c pela guisa, que em ella som contheudas. E porem mandamos a todalas justiças, e a outros quaces-quer, a que esto pertecncer, que lha compram, e guardem, e façam comprir, e guardar, segundo ella faz meençom; e lhe nom vades, nem consentades bir contra ella, ante lha comprie, e guardaae, como dito he: unde al nou façades. Dante em Almeirim a cinquo dias de Julho. ElRey o mandou. Rui Galvam a fez. Era do Nacimento de nosso Senhor Jesus Christo de mil quatrocentos trinta e quatro annos. E se vos nom mostrar esta carta asseellada, vós nom lha guardees, nem compraaes. »

A QUAL carta d'ElRey meu Senhor, e Padre, e bem assy de ElRey meu Avoo mandamos que lhe sejam compridas, e guardadas, como em ellas he contheudo, e per Nós será declarado ao diante.

E PORQUE poderia seer duvida se o poder dado ao dito Alvaro Vaasques na dita carta, e bem assy aos outros Capitaaés, que pelos tempos ao adiante forem, deve seer entendido assy no tempo que o dito Capitam estever dasseceguo na terra, como no tempo que andar em Frota, ou Armada sobre o mar; por tolher a dita duvida declaramos, e dizemos que ço dito poder deve seer entendido no tempo, que el por nosso serviço andar em Frota, ou Armada sobre o mar, porque achamos, que os Capitaaés, que ataa ora forom em estes Regnos, estado na terra dassecceguo, usavam do dito poderio em algũas partes, quãdo compria mandar fazer algũas cousas por nosso serviço aos ditos marinheiros; o que nos parece, que devia ser declarado, e limitado no dito tempo dassecceguo. »

Ordenações Affonsinas, L.° 1.°, tit. LV. §§ 1-7.

Do primeiro destes extractos se vê que o cargo de Almirante começou em

Micer Manoel Peçanha, no reinado de D. Diniz, e até o de D. Affonso v esteve e continuava nos descendentes do mesmo Peçanha: e *Zargo* não era desta família. Do segundo extracto prova-se que o Capitão-mór do mar em tempo del-rei D. Fernando era *Gonçallo Tenreiro*; que, em tempo de D. João I, se lhe seguiu no cargo *Affonso Furtado*; que, depois deste, foi *Alvaro Vasques de Almada* nelle provido pelo mesmo D. João I, confirmado por D. Duarte, e reconfirmado por D. Affonso v. É, portante, evidente que *João Gonçalves Zargo* nenhum destes cargos teve.—Pelos tempos de 1419 era elle, como *Azurara* testifica (vid. retró, pag. 331), ainda *mancebo, scudeiro nobre e honrado*, e nada mais. Não era, pois, possivel ter sido o incumbido de uma tão importante capitanía, como a dos navios de armada em defesa da costa do Algarve, por causa de guerras entre Portugal e Castella, em tempo de D. João I.

Não se sabe ao certo em que annos viveu *João Gonçalves Zargo*. De ser elle *mancebo* em 1419, e de haver o seu primogenito, João Gonçalves da Camara, fallecido com oitenta e sete annos de idade, em 6 (1), ou 26 de março de 1501 (vid. retró, pag. 175), e, portanto, nascido em 1414, inferimos que *Zargo* nasceu por 1395.—Do que se lê no ultimo paragrapho de pag. 167, combinado com a noticia, dada no *Quadro Elementar*, do *Visconde de Santarem*, tomo I, pag. 375, de que Fernando e Isabel de Castella, em 15 de agosto de 1475, concederam á cidade de Sevilha que viesse hostilizar as colonias portuguezas e seu commercio na costa de Africa e Guiné, inferimos tambem, mas a medo, que *Zargo* ainda era vivo a este tempo, tendo governado, não *quarenta annos* sómente, como, talvez por erro de copia, na dicta pag. 167 se diz, mas por *mais de quarenta annos*, como escreve *Antonio Cordeiro*, na *Historia Insulana*, liv. III, cap. x, pag. 85, n.º 75.—Verdade é que disto discordam a data da doação da capitanía do Funchal, feita a *Zargo* em 1450, e o facto de ter seu filho successor governado trinta e quatro annos, como *Fructuoso* conta. Mas é fóra de duvida que, desde muito antes dessa doação, e immediatamente ao descobrimento da ilha, *Zargo* e Tristão Vaz a ficaram governando, cada qual no territorio que depois lhe foi doado: e é provavel que, em rasão da longa vida que *Zargo* teve, delegasse, nos ultimos annos d'ella, parte da auctoridade no filho que lhe veiu a succeder. É este o modo unico de combinar os factos e a chronologia delles.

(1) Antonio Cordeiro, na Historia Insulana, liv. III, cap. xi, §. 79, designa o dia 6 de março de 1501, e a copia que possuimos das Saudades da Terra aponta o dia 26 do mesmo mez e anno. Ora aquelle Cordeiro, logo no §. 2 da dicta Historia, refere que o original das mesmas Saudades está no Collegio da Companhia de Jesus da cidade de Ponta Delgada da ilha de São Miguel, que ahi o viu com attenção, e todo fielmente copiou. Porisso, mais credito merece a data indicada na Historia Insulana, que a dada na nossa copia.

NOTA VIII

O piloto João Damores.

«*Ao tempo* que a não, que trouxe Machim á Ilha da Madeira......
foi ter a Berberia, onde foram captivos com os outros que depois vieram da mesma companhia... havia em Marrocos muitos captivos, entre os quaes estava... João Damores, homem do mar, e bom piloto, mui entendido na arte de navegar...: estes inglezes... lhe contaram... os amores de Machim miudamente, e como a fortuna os aportára a huma ilha nova... *Neste tempo* fallecou em Castella o Mestre de Santiago... e deixou em seu testamento que por sua alma tirassem certo numero de captivos de Africa: e entre elles, tiraram o piloto João Damores. E como *no mesmo tempo* havia guerras entre Portugal e Castella, andava por capitam de huma armada João Gonçalves Zargo, guardando a Costa do Algarve... e... houve vista do navio em que vinha de Africa João Damores com outros resgatados; o qual alcançou e tomou... João Damores contou-lhe tudo... O capitam... lançou *logo* mão deste piloto... trouxe o... ao Infante D. Henrique, que estava *neste tempo* em Sagres... fez *logo* seu caminho para Lisboa... E, vindo *neste tempo* a Lisboa o Infante D. Henrique ver-se com El-Rey para este descobrimento da ilha nova, ordenaram que o mesmo João Gonçalves a fosse descobrir com o piloto que tomára.... e mandando-lhe apparelhar hum navio de armada e um barinel, partiram de Restello na entrada de Junho da era do nascimento de Christo Nosso Senhor de 1419.»—Pag. 29-31.

Isto é um acervo de anachronismos, que redunda em evidente fabula.
Todos os narradores do caso de Machim o dizem succedido no reinado de Duarte ou Eduardo III da Inglaterra, e, portanto, entre 1327 e 1377. Do que escreve *Antonio Galvão* no seu *Tractado* (vid. retró, pag. 374), rasoavelmente inferiram alguns que poderiam demarcar a essa lenda os tempos proximamente posteriores a 1344.

O legado do Mestre de Santiago para remissão de captivos é do anno de 1416 (vid. retró, pag. 394 e 408) (1).

A guerra entre Portugal e Castella começou em 1384, e, depois de varias tregoas, acabou em 1411, pelo tractado de 31 de outubro, celebrado entre D. João I de Portugal e D. João II de Castella, representado este pela mi-

(1) Á pag. 408, linha segunda, lé-se—1418. É erro typographico. Deve ser—1416.

nha D. Catharina, sua mãe, e pelo Infante D. Fernando, seu tio, ambos seus tutores por ser elle menor, continuando desde então ambas as potencias em pacificas relações, como se vê do *Quadro Elementar das relações politicas e diplomaticas de Portugal*, pelo *Visconde de Santarem* (Pariz, 1842), tomo ɪ, pag. 261-298.

A paz com Castella deu occasião á conquista de Ceuta, gloriosamente feita em 1415: e depois della, deu o Infante D. Henrique principio á execução dos seus planos de descobrimentos ultramarinos pela fundação da memoravel estação nautica de Sagres, á qual se seguiram as navegações de exploração, de 1419 em diante.

Posto isto, é claro que entre o caso de Machim, que figuram succedido por meado do seculo xɪv (1327-1377), e o descobrimento do archipelago da Madeira por Zargo e Tristão Vaz haveriam de medear não menos de cincoenta a sessenta annos. Involve, pois, confusão anachronica o dar tudo isso por acontecido successivamente pelos *mesmos tempos*, como faz *Gaspar Fructuoso*, e outros narradores daquella lenda.

Se *João Damores* já fôra, não mero homem de mar, mas piloto, *bom piloto*, e *mui entendido* na arte de navegar, ao tempo em que a lenda o põe captivo em Marrocos com os companheiros de Machim, isto é, por meado do seculo xɪv, *Damores* teria então não menos de trinta e cinco annos; e, por conseguinte, teria, ao tempo em que o presumem remido de Marrocos e prisioneiro de Zargo (1419), uns oitenta e tantos a noventa e tantos annos de idade, havendo penado os ultimos cincoenta e tantos a sessenta e tantos desta longuissima vida na cruciante escravidão da Barbaria, o que é manifestamente impossivel: ainda suppondo o caso de Machim no anno de 1377, ultimo do governo de Eduardo ɪɪɪ, torturado teria gemido em Marrocos o misero piloto por mais de quarenta annos, o que impossivel é tambem; e, para cngular este anachronismo moral e physiologico, a lenda não só lhe presta alento vital até 1419, mas tambem vivaz memoria para tudo relatar ao Zargo; forças de corpo e clareza de faculdades taes que o deixam ir pilotando a não deste, por mares nunca dantes navegados, em demanda da ilha nova dos inglezes, como se *Damores* estivera na idade viril, activo, ambicioso e audaz!

E, pois que o legado do mestre de Santiago fôra em 1416, como explicar a detença de tres annos em remir os captivos a bem dos quaes fôra deixado?

E, mais que tudo, havendo entre Portugal e Castella paz desde 1411; sendo á sombra della que D. João ɪ emprehendeu a conquista de Ceuta e continuou na guerra de Africa, como ousaria qualquer capitão de armada apresar, em taes circumstancias, um navio castelhano? como poderia ser isto approvado pelo Infante, e até por D. João ɪ? como poderia isto passar, pelo menos, sem justa reclamação de Castella, tanto em respeito ao facto, como

56.

á apropriação da ilha da Madeira, se o rei de Portugal a conseguíra por meio de tão flagrante attentado contra o direito das gentes?

A paz de 1411 com Castella não só se manteve até a morte do Infante D. Henrique em 1460, mas durou ainda muito depois, rompendo a final aquella fatal guerra na qual os hespanhoes, em 1476, se desforraram do desastre do Aljubarrota pela victoria de Touro.—Para que *João Damores* podesse ter sido prisioneiro, seria, pois, mister que o houvèsse sido ou muito antes, ou muito depois que Zargo e Tristão Vaz vieram pela primeira vez á ilha da Madeira, fosse isto em 1419, ou em 1420, ou em 1425.

Fóra de duvida:—a lenda atropellou factos e tempos; para alcançar verisimilhança, viciou a verdade historica. O aprisionamento de *João Damores* por Zargo é pura invenção.—Na precedente nota démos outra prova disto, demonstrando por documentos authenticos que o mesmo Zargo não fôra almirante, nem tão pouco capitão-mór do mar; pelo que, não podia ter sido o capitão de navios que andassem de armada a guardar as costas do Algarve: nem, por outro lado, se póde admittir que elle se aventurasse a isto com um só navio.

O poetico appellido do phantastico piloto *João Damores* é por alguns reduzido á fórma prosaica *de Morales*; mas nós preferimos o primeiro ao segundo, por mais analogo á indole romanesca da lenda de Machim.

NOTA IX

Tristão Vaz.

«A escriptura que tem os herdeiros de João Gonçalves... nomeando Tristam Vaz por Tristam da Ilha, como El-Rey e o Infante em suas provisões e doações o nomearam, como pessoa menos principal, e nam de tanta idade, nem calidade, como João Gonçalves, só diz que era chegado a elle por amizade e companhia... e desta conta, sempre era nomeado por Tristam.—Pag. 20.

«...Tristam (ao qual muitos chamavam Tristam Vaz, mas nas doações dos Infantes, e nas Provisões, que ElRey lhe mandava, não o nomeavam mais que por Tristam da Ilha...)...»—Pag. 63.

José Soares da Silva, nas *Memorias para a historia... do reinado de D. João o I*, liv. I, dedica o cap. LXXVIII, pag. 402-406, á *noticia de quem era Tristão Vaz:* mas não transcrevemos aqui esse cap., porque reproduz o que o *Dr. Fructuoso* delle conta nas *Saudades da Terra* (vid. retró, pag. 16, 18, 19, 20, 43, 52, 63, 67, 69, 113-116), accrescentando sómente o que em outra nota apontaremos a respeito da Capitania de Machico, e que *Tristão Vaz* falleceu no anno de 1470.

Azurara, na *Chronica de Guiné* (vid. retró, pag. 331) refere que Zargo e *Tristão Vaz* eram da «*casa do Infante* (D. Henrique), *scudeiros nobres, de criaçom daquelle senhor*, homões *mancebos* e pera muyto, os quaes... requererom que os avyasse como podessem fazer de *suas honras*.»—Daqui se vê que *Tristão* não era pessoa de baixa condição, mas escudeiro nobre e honrado, assim como tambem que nascêra nos ultimos annos do seculo xiv. E, se o seu obito foi na era indicada por *Soares da Silva* (1470), veiu elle a fallecer de septenta e tantos annos.—Outra presumpção da nobreza de *Tristão Vaz* é o ter-lhe sido dada em casamento *Branca Teixeira*, senhora de uma das primeiras familias nobres do reino, e já com ella casado estar e com filhos vir para a ilha da Madeira no anno de 1425, antes de a elle ser dada a Capitania de Machico: o que mostra que o casamento não foi alcançado por causa desta mercê.

Tanto na carta de doação da Capitania de Machico, como na *Chronica do descobrimento de Guiné* está *Tristão Vaz* designado sómente pelo nome baptismal *Tristão;* mas, visto que era escudeiro nobre e honrado, não podia deixar de ter appellido de familia, o de *Vaz*, de que usou. *Teixeira* era appellido de sua mulher, que seus descendentes depois adoptaram, de que elle provavelmente nunca se serviu, e que só depois de sua morte foi apposto ao seu nome.

NOTA X

Bartholomeu Perestrello.

«E pela informação que estes dous cavalleiros davam... da terra (ilha do Porto-Sancto)... se moveram muitos... com proposito de a povoar, entre os quaes foi uma pessoa notavel, chamada Bertholameu Perestrello, que era fidalgo da casa do Infante D. João... Bertholameu Perestrello se tornou para o Reyno.»

«E, como conta o capitam Antonio Galvão, outros dizem que... uns Castelhanos... deram conta de como acharam a Ilha de Porto-Sancto... o que foi causa de lá mandar o Infante a Bertholameu Perestrello (ao qual a *Historia da Ilha da Madeira* chama Palestro) e Zargo e Tristam Vaz Teixeira...»—Pag. 17 e 18.

«...Bertholameu Palestrello, primeiro capitão do Porto-Sancto... era fidalgo da casa do Infante D. Henrique.»—Pag. 51.

Palestro, corrupção contracta de *balesteiro* (intendente das balestras ou ballistas), é a fórma primitiva do appellido: tomou depois, nos descenden-tes do primeiro que assim se appellidou, a desinencia diminutiva *ello,* a qual, apposta aos nomes proprios ou communs apropriados, significa *filho* ou *des-cendente de,* e passou a ser *Palestrello:* esta fórma, porém, cahiu em anti-quada, variando para *Perestrello,* que é a prevalecente até agora.—O Dr. *Gaspar Fructuoso* apontou a primeira, e usou promiscuamente as outras du-as, a não ser que a terceira fórma, *Perestrello,* seja mero descuido da co-pia que possuimos das *Saudades da terra;* com quanto tambem em *Azura-ra, Barros, Damião de Goes,* e *Antonio Cordeiro* esteja escripto *Perestrello,* como, quanto aos tres primeiros, se vê nestas notas, pag. 332, 335, e 339, onde damos extractos das obras em que elles se occupam do assumpto.

Bartholomeu Perestrello procede de Filippe Perestrello, nobre pessoa, natural da Lombardia, que veiu para Portugal em tempo de D. João I, o qual, precedendo justificação, lhe deu brazão de armas, composto de escudo par-tido em palla; no primeiro, de ouro, um leão de purpura, armado de verme-lho; no segundo, de prata, uma banda azul com tres estrellas de ouro entre seis rosas vermelhas, em duas pallas; timbre o mesmo leão, com uma das es-trellas nas espaduas.

O *Dr. Fructuoso* diz na primeira das tres passagens a que damos es-ta nota que este *Perestrello* era fidalgo da casa do Infante D. João; e na terceira, que era fidalgo da casa do Infante D. Henrique; a carta de doa-ção da capitania da ilha de Porto-Sancto, conferida por este Infante ao mes-mo *Perestrello,* e o inedito que suppomos ser do *Conego Leite,* dão-no por da casa deste mesmo Infante: porém, *Azurara, Barros, Goes,* e todos os ou-tros escriptores que temos á vista, excepto *José Soares da Silva,* indicam *Perestrello* como sendo da casa do Infante D. João.—A apparente contradicção destas duas affirmativas é facilmente resolvida nas *Memorias para o reina-do de D. João o I,* do mesmo *Soares da Silva,* tomo I, pag. 398, onde escre-ve que «*Bartholomeu Perestrello foy hum Fidalgo da casa do Infante D. João, que entaõ estava ao serviço do mesmo D. Henrique.*»—Não indica o auctor quaes os fundamentos donde deduzira isto: mas a divergencia mesma entre a carta da doação e a *Chronica,* de *Azurara,* e o ser este o modo unico de conciliar uma com outra, são já fortes razões que justificam o dicto da-quellas *Memorias.*

Em outra nota adiante vae a alludida carta de doação.

A pag. 351 dissemos que só *Paulo Perestrello da Camara,* levado do espirito de família, e contra o dicto *unanime* dos escriptores respectivos, attribue a *Bartholomeu Perestrello* o descobrimento da ilha de Porto-Sancto. Na expressão «*escriptores respectivos*» alludiamos sómente aos que indicára-mos a pag. 349. Verificámos, porém, depois, que *Antonio Caetano de Sousa,* a *Historia Genealogica da Casa Real*, tomo II, liv. III, pag. 106, e *D. Fr. Francisco de S. Luiz*, na *Relação Chronologica*, dizem tambem que *Perestrello* fôra o descobridor de Porto-Sancto: e são historiadores de auctoridade. Não obstante, prevalece a de *Azurara, Barros*, e *Goes*, pelas razões que já aduzimos a proposito analogo, os quaes conferem a *Zargo* e *Tristão Vaz* essa gloria, assim como a do descobrimento da Madeira, emprehendido quando *Perestrello* se tinha retirado para o reino. E dos proprios escriptores que mais ou menos attribuem o primeiro descobrimento da ilha da Madeira a *Machim*, se exceptuarmos a ultima das versões mencionadas por *Antonio Galvão*, copiada deste para as *Saudades da terra*, e das *Saudades* para a *Historia Insulana*, nenhum discrepa daquelles no que respeita a *Bartholomeu Perestrello*.

NOTA XI

Deações das Ilhas da Madeira e Porto-Sancto: capitanias em que foram divididas.

«O Infante, depois que estes dous capitães vieram ao Reyno com a nova do descobrimento desta Ilha, por consentimento d'ElRey D. João, seu pay, a repartio em duas capitanias: a João Gonçalves deo a que chamamos do Funchal...; e a Tristam Vaz deo a outra, onde está a Villa de Machico... E a Ilha do Porto-Sancto deo o Infante a Bortholameu Perestrello.»—Pag. 18.

«E no verão seguinte, na entrada de mayo o anno de 1420, movido El-Rey com desejos de povoar a nova Ilha da Madeira e as que havia ao redor della, mandou fazer prestes navios, e dizem que deo a Capitania do Porto-Sancto a hum Bertholameu Palestrello... e que mandou dous capitães com João Gonçalves, que eram o dito Bertholameu Palestrello, que havia de ficar no Porto-Sancto, e Tristam,.. que ambos vinham debaixo da bandeira do dito João Gonçalves Zargo (ainda que não faltão muitos que outra cousa digão).»—Pag. 43.

«Deixando os dous capitães João Gonçalves Zargo e Tristam... a Berthalomeu Palestrello na Ilha de Porto-Sancto beneficiando a terra de sua Capitania, se partiram para a Ilha da Madeira.»—Pag. 63.

O *Dr. Gaspar Fructuoso* quasi litteralmente copiou da *Asia*, de *João de Barros*, Decada I, liv. I, cap. III, os trechos supra transcriptos: o theor delles é confirmado pela *Chronica do descobrimento de Guiné*, de *Azurara*,

cap. LXXXIII, como vemos na parte que fica trasladada a pag. 331-333,
e na seguinte passagem do mesmo cap.;

«E tambem fez o Iffante dom Henrique tornar aa ilha de Porto Sancto Berthollameu Perestrello, aquelle que primeiramente fora com Joham Glla e com Tristam, que a fosse povorar; pero com a multidom dos coelhos que caasy som infiindos, nom se pode em ella fazer lavra, soomente se criam ally muytos gaados; e apanhase sangue de dragom... E fez lançar gaado em outra ilha que está a sete legoas da ilha da Madeira, com entençom de a mandar povorar com as outras, a qual se chama a ilha Deserta.... E por acrecentamento da ordem de Xpõ, cujo governador o Iffante era ao tempo da dicta povoraçom, deo aa dicta ordem todo o spiritual da ilha da Madeira e Porto Sancto...»

João de Barrós, no logar citado, diz aproximadamente o mesmo que *Azurara*, salvo quanto á ilha de Porto Sancto; pois que, seguramente por ser facto conhecido só posteriormente ao tempo em que foi escripta a *Chronica de Guiné*, desta ilha escreve que «a Bertholameu Perestrello... foi mui trabalhosa cousa (povoala), por causa dos coelhos, que os moradores não podiam vencer, dos quaes ainda hoje em hum ilheo, que está pegado a ella, he tanta a multidão que parecem bichos... Também houve outra causa de se esta Ilha não povoar como a da Madeira, e foi por não haver nella ribeiras de regadio para as fazendas dos moradores, com que Bertholameu Perestrello ficou com menos sorte que os outros capitaēs, cuidando o Infante naquelle tempo que lhe ficava melhor.»

Damião de Goes, na *Chronica do Principe Dom João*, cap. VIII, relata, com pouca differença, estes mesmos successos, como vemos do extracto a pag. 338 destas notas, e do seguinte trecho em que continúa dizendo;

«Com este prospero suecesso se vierão ao Infante, a quem aprouve, em galardão de tão boas novas, lhes fazer a ambos mercè della (a ilha da Madeira), dando a Capitania da banda do Funchal a João Gonçalues, e a da banda de Machico a Tristão Vaz, os quaes por si, e com suas familias, e fazenda começárão a povoar esta nobre, e rica Ilha da Madeira no anno do Senhor de 1420.»

Duarte Nunes de Leão, na *Cronica Delrey Dõ Joam*, o I, cap. 98.ª, folhas 376 e seguintes, repete summariamente o que aquelles historiadores dizem:

«O Infante depois que estes Capitaēs vieram ao Reyno, por consentimento DelRey seu pay, repartio a Ilha (da Madeira) em duas capitanias: a João Gonçalves, como pessoa mais principal, deo de juro a Capitania que chamão Funchal... A Tristão Vaz deo tambem de juro...,a... de Machico... A Bertholameu Perestrello deo a Ilha de Porto Sancto, cuidando que lhe dava boa parte...»

Do que dizem estes auctores se infere que as originarias doações destas ilhas ao Infante D. Henrique, á Ordem de Christo, e aos primeiros donatarios foram feitas logo depois do descobrimento do archipelago; e, com quanto não determinem as datas dellas, parece que todas seriam por 1420.

Porém, conforme os historiadores subsequentes, especialmente *Fr. Francisco Brandão, José Soares da Silva,* e *Antonio Caetano de Sousa,* que consultaram os documentos existentes na Torre do Tombo, vê-se que outras doações das ilhas do Porto-Sancto e Madeira, quer do rei ao Infante D. Henrique, e á Ordem de Christo, quer do dicto Infante á mesma Ordem, e aos tres donatarios João Gonçalves Zargo, Tristão Vaz, e Bartholomeu Perestrello, houve de annos muito posteriores a 1420, o que é confirmado pelas datas dos respectivos diplomas.

Fr. Francisco Brandão, na Parte vi da *Monarchia Lusitana,* liv. xix, cap. xiv, aponta uma carta de doação da ilha da Madeira, feita á Ordem de Christo pelo Infante D. Henrique em 1460, como se lê no extracto que damos a pag. 321, e da qual se infere que só em 1425 esta ilha passou a ser do mesmo Infante.

José Soares da Silva, nas *Memorias para a historia do reinado del-Rey D. João o* i, liv. i, cap. lxxvi, pag. 394-399, demarca o começo dos descobrimentos do Infante D. Henrique «depois que (este) veyo do soccorro de Ceuta, no anno de 1419»: e quanto á ilha e Capitanía de Porto-Sancto, conta que Zargo e Tristão Vaz «no mesmo anno de 1419... huma Ilha... descobrirão...e lhe chamarão *Porto Sancto*;» que «tornarão para o Reyno,» donde voltarão a povoal-a; e que com elles «foi hum Fidalgo da Casa do Infante D. João, que então estava ao serviço do mesmo D. Henrique, chamado Bartholomeu Perestrello...ao qual o Infante, com beneplacito delRey seu pay, deu logo a Capitania da dita Ilha, em sua vida sómente, e que depois, no primeiro de Novembro do anno de 1446, se reduzio a doação perpetua, para elle, e seus successores, pelo mesmo Infante, confirmada tambem por ElRey seu sobrinho.»—Tocante á ilha e capitanías da Madeira, o mesmo *Soares da Silva,* dando no cap. lxxvii, pag. 399-401, a ilha como descoberta depois de junho de 1419 por Zargo e Tristão Vaz, refere, no cap. lxxviii, pag. 404 e 405, que, repartindo ElRey e o Infante as duas Capitanías pelos dois companheiros, o Infante fez doação da de *Machico* a Tristão Vaz por carta datada «em Santarem, aos 8 de Mayo de 1441, confirmada depois por D. Affonso v em Lisboa, aos 18 de Janeiro de 1452, a qual confirmarão tambem no seu tempo os Reys D. João ii em Santarem, aos 6 de Mayo de 1486, e D. Manoel em Lisboa, aos 8 de Março de 1501... o que tudo consta dos originaes da Torre do Tombo, no Livro das Ilhas,» que o auctor leu; e que a Capitanía do *Funchal* a João Gonçalves Zargo foi dada «como a melhor e mayor parte da Ilha, pelo mesmo Infante, confirmada tambem pelos

Reys, que depois lhe succederão.»—E conclue no cap. LXXXII, pag. 416 e 417, dizendo:

«Destas tres Ilhas *Madeira, Porto Santo, e Deserta*, fez ElRey D. Duarte mercê ao Infante D. Henrique, por Carta sua, passada em Cintra, aos 26 de Setembro de 1433, que foy o mesmo anno da morte de seu pay (a qual lhe confirmou depois ElRey D. Affonso v em Santarem, aos 11 de Março de 1449); e o espiritual das mesmas Ilhas deu tambem o mesmo Rey ao Mestrado de Christo, de que lhe fez mercê em Santarem, aos 26 de Outubro do anno seguinte de 1434, e no de 1439, aos 20 de Mayo lhe passou segunda Carta ElRey D. Affonso v, ou quem governava o Reyno na sua menoridade, e esta mercê lhe confirmou depois em Santarem, dahi a dez annos, o mesmo Rey D. Affonso, quando já empunhava o Sceptro; e à sua instancia lhe concedeo, ou confirmou tambem esta doação à mesma Ordem de Christo, no anno de 1454, e oitavo, e ultimo do seu Pontificado, o Papa Nicolao v, accrescentandolhe a espiritualidade de todas as mais terras conquistadas, a qual graça no anno seguinte de 1455 e primeiro do seu governo, foy ratificada pelo Pontifice Calixto III, como consta das suas Bullas, que eu li, e se guardaõ na Torre do Tombo, de que largamente trata Fr. Francisco Brandão, na sexta parte da Monarchia Lusitana, liv. 19, cap. 14, pag. 347 & seqq., ainda que em algumas destas confirmaçoens parece algum engano na Chronologia, como he entre outros, dizer que ElRey D. Duarte fizera certa concessaõ à Ordem de Christo no anno de 1439, em que estava de posse do estado temporal destas Ilhas, havendo o dito Rey falecido em Setembro do anno antecedente, que foy o de 1438, cujos anacronismos, como de Author taõ ingenuo, supponho serem erros de impressaõ.»

Antonio Caetano de Sousa, na *Historia Genealogica da Casa Real*, tomo II, liv. III, pag. 106 e seguintes, escreve:

«Forão as Ilhas de Porto Santo, e Madeira no mar Atlantico as primicias de tão laboriosos cuidados. João Gonçalves Zarco, Cavalleiro da sua Casa (do Infante D. Henrique), que em muitas illustres conserva esclarecida descendencia, foi o descubridor, e primeiro Capitão da Ilha da Madeira, a que deu este nome pelos espessos arvoredos, de que era cuberta, no anno de 1419. Já havia dous annos, que a de Porto Santo tinha sido descuberta por Bartholomeu Perestrello, Fidalgo da Casa do Infante D. João. ElRey D. Duarte fez mercê a seu irmão o Infante D. Henrique do Senhorio destas Ilhas no temporal, e foy a Doação feita en Cintra a 26 de Setembro do anno 1433, e por outra Doação passada na mesma Villa, antecedente a esta, a 20 do dito mez do referido : : tinha dado ElRey a administração espiritual para sempre á Ordem Militar de Christo, o que confirmou o Papa Eugenio IV por uma Bulla passada em Florença no anno 1445. Depois confirmou ElRey D. Affonso v, seu sobrinho, estando em Santarem, a dita Doação a 11 de Março de 1449, e já no anno de 1454, estando o mesmo Rey em Lisbóa a 7 de Junho, fez huma ampla Doação à dita Ordem de Christo, em attenção ao Infante D. Henrique; Mestre della, haver descuberto aquellas Ilhas....: e havendo respeito ás despezas, que a mesma Ordem de Cavallaria havia feito, sendo por ella principiada, e proseguida aquella conquista, lhe pertencia por este motivo a jurisdição espiritual das terras conquistadas: pelo que, outorgou, quanto em direito podia, á dita Ordem, para o dito Infante e para os Administradores, que depois delle se seguissem no governo della para todo sempre, as prayas, costas, Ilhas, terras conquistadas, e por conquistar,... lhe dava toda a jurisdição, e administração, da mesma sorte, que a tem Thomar, Cabeça da mesma Ordem. O Papa Nicolao v, por Bulla passada em Roma a 8 de Janeiro de 1445, e seu successor o Papa Calisto iii, por outra, em que encorporou esta, passada em Roma a 13 de Março do anno de 1455, confirmarão, e approvarão esta Doação de ElRey D. Affonso, concedendo á Ordem de Christo toda a jurisdicção espiritual, não só das terras descubertas, mas das que depois descubrissem no Ultramar; desde tão antigo tempo são as conquistas de Portugal de sugeição desta insigne Ordem de Cavallaria. O Infante D. Henrique o declarou, havendo já trinta e cinco annos, que tinha dado principio a estas conquistas, e era Senhor da Ilha da Madeira; e Porto Santo, e Deserta, que se hião povoando, como se vê de huma Doação, que passou á dita Ordem, em que diz, que tendo dado a ElRey seu sobrinho, e seus successores o temporal das ditas terras, reservava o espiritual na administração da Ordem de Christo: foy feita em 18 de Setembro do anno de 1460.»

Quanto a diplomas das doações destas ilhas, os mais antigos que temos podido alcançar são, além da já trasladada a pag. 314 na segunda destas notas, as seguintes cartas:

CARTA de doaçom destas ylhas DelRey ao ymfante Dom Amrrique & de confirmaçom da sua carta a Joham Gonçalues & a seus filhos & decemdentes pella guisa que em ella he comteuda.

DOM AFOMSO per graça de deos Rey de purtugall & do algarue siñior de çepta. A quamtos esta Carta byrem fazemos saber que ho ymfante dom Amrrique nosó tio nos mostrou hũa nosa Carta de comfirmaçom per que lhe habiamos por comfirmada outra delRey meu siñior & padre que Deos aja per que em sua bida lhe dauamos as ylhas da madey-

57.

ra porto samto & deserta com todollos dereytos & remdas que a ella pertemçem da quall ho theor de berbo a berbo he este que se segue.

Dom afomso per graça de deos rrey de purtugall & do allgarue siñior
de çepta a quamtos esta carta byrẽ fazemos saber que da parte do ymfamto
Dom Amrriquo meu muyto prezado & amado tio nos foy mostrada hũa Carta Dell Rey meu padre que deos aja & asynada per elle & asellada do seu
sello redomdo nas costas da quall o theor tall he. Dom Duarte per graça de
deos & Rey de purtugall & do algarue siñior de çepta a quamtos esta Carta
byrem fazemos saber q̃ nós queremdo fazer graça & merçeo a o ymfamte
Dom Amrrique meu Irmãao temos por bem & damos lhe q̃ aja & tenha de
nós em todos hos dias de sua bida has nosas ylhas s. c. a ylha da madoyra &
porto samto & deserta com todollos dereytos & remdas dellas asy como as
nós de Dereyto Abemos & Debemos Daber com sua Jurdiçom çiuell & crimem
saluo em semtemçia de morte ou talhamento de membro mandamos que
a alçada fique a nós & benha a casa do ciuell de lixboa & outro sy lhe
Damos poder que ello posa mamdar fazer nas ditas ylhas todollos prouev-
tos & bem feytorias aquellas que emtemder por bem & prouoyto das ditas
ylhas & dar em perpetuo ou per tempo ou aforar todas as ditas terras a
quem lhe aprouuer com tamto que seja feyto sem sair do foro per nós dado
aas ditas ylhas em parte nem em todo nem alheamento do dito foro porem
mamdamos & queremos & damos logar ao dito ymfamte Dom Amrrique
que elle posa quitar parte ou todo do dito foro aos que bierem as ditas ylhas
morar em sua bida por que no dito tẽpo lhe temos de todo feyta merçee
com tamto que despois da morte do dito ymfamte elles paguem ho dito foro
segumdo em ello he comtoudo & mais nos praz por boom poboamento da
dita terra se ho dito ymfãte quitar o dito foro em sua bida algum ou
algũas pesoas dos que forem aa dita terra que lhe seja quite com tamto como a pesoa morrer que seos herdeyros paguem logue ho dito foro segumdo em
elle he comtoudo resalvamdo pera nós que o dito ymfamte nom posa mamdar fazer em ellas moeda mays prazonus que a nosa se corra em ellas &
por mor firmeza lhe mandamos Dar esta Carta Asinada per nós & asellada
de noso sello do chumbo & Dada em simtra a bymte & seis dias de setembro. Ell Rey ho mandou. Afomso cotrim a fez. Anno de noso Siñior Jhũ
xp̃o de mil & i i i i c & trimta & tres annos. Embiou nós pedir ho ymfamte
que lhe confirmasemos a dita terra porem mandamos a quaes quer nosos
oficiaees & pesoas a que ho conheçimento desto pertemçer per quall q̃r guisa que seja que lhe compram & guardem & façam comprir & guardar
esta carta como em ella he comtouda e em ella se faz memçom. Dada em
Samtarem aos x j dias de março. Ell Rey ho mandou. Ruy Dias a fez. Anno do
noso siñior Jhũ xp̃o de mill i i i i c & quoremta & noue annos. E disemos ho
dito ymfamte meu tio que resgoardamdo elle como Joham gomçallues Zar-

quo caualleyro de sua casa fora ho primeyro homẽ que per seu mandado fora poborar as ditas ylhas & despois que em ellas estouuera atee ora fizera nella fazer gramde poboraçom & bem feytorias & cousas que a nosa terra binha gramde proueyto & de hi por lhe querer comtinuar seu bom proposito de o fazer muyto melhor & em mais perfeiçom do que o atee gora fez he sua bomtade de lhe dar a elle dito Joham gomçallues & a seus filhos & a seus deçemdentes per linha dereyta hũa parte da dita ylha segumdo se mays compridamente em hũa sua Carta per elle Asinada & asellada do seu sello da quall ho theor de berbo a berbo he este que se segue.

'Eu ho Ymfamte dom Amrrique Regedor da hordem de noso siñior Ihũ xpõ duq de bisen & siñior de cuvilham faso saber a quamtos esta minha Carta birem & eonheçimemto della pertẽẽer que Eu dou carregno a Joham gomçalues Zarquo eaballeyro de minha casa da minha ylha da madeyra de a terra dees de aquem do caniço dez passos como se bay pella ribeyra açima & de hi atrabeçar a serra atee a põta de tristam que elle dito Joham gomçalues a mamtenha por mim em Justiça & Dereyto & morrendo elle a mim praz que seu filho primeyro ou algum se tall for tenha este carrego pella guisa suso dita & asy deçemdemte em deçemdemte per linha dereyta & semdo em tall ydade ho dito seu filho que nom posa reger Eu ou meus erdeyros poremos hy quem reja atee que seja em ydade pera reger. E me praz que elle tenha em esta sobre-dita terra a Jurdiçom por mim & em meu nome do ciuell' & crimẽ resaluando morte ou talhamemto de membro que desto benha per amte mim apellaçom porem sem embargo da dita Jurdiçom a mim praz que hos meus mamdados todos & correyçom sejam compridos ahy como cousa propia minha. Outro sy me praz que ho dito Joham gomçalues que aja pera sy todollos moynhos do pam que ouuer em a parte da dita ylha de que lhe asy dou carregno & que ninguem nom faça y moynhos seo mente elle ou quem lhe prouuer & em esto se nõ emtemda meo de braço que a faça quem quizer nõ moemdo a outrẽ nem atafona se nom elle & quem lhe prouuer. E me praz que aja de todallas serras dagoa quo se y fizerem do cada hũa hum : marco de prata em cada hum anno ou seu çerto balor ou duas tabuas cada somana das que eustumarém serrar nas serras pagamdo porem a mim ho Dizimo de todallas ditas serras segumdo pagam das outras asy como pagam das outras cousas que serrarẽ as ditas serras. Esto aja tam bem ho dito Joham gomçalues : de quall quer emgenho que se ahy fizer tiramdo byeyros de ferrezia & doutros metaees. E me praz que todollos fornos de pam em que ouuer poya sejam seus porem nom embarguc a quem quiser fazer fornalha pera seu pam que a faça & nom pera outre neahum. E me praz que todo elle sall pera bemder que ho nom posa bemder outrẽ se nom elle daindo elle a rezõu de meyo rreall de prata ou sua dereyta ballia & mais nom. & quamdo ho nom touuer que ho bendam hos de a ylha a sua bomtade atee que ho elle tenha. Outro si me praz q̃ de tudo ho que Eu ouuer de remda na dita parte da ylha que elle aja de dez hum & ho que Eu ey de aber na dita ylha he comteudo no forall que pera ella mandey fazer & per esta guisa me praz que aja esta remda seu filho ou outro seu deçemdemte per linha dereyta q̃ o carrego teuer. E me praz que elle possa dar por suas Cartas a terra desta parte per ho forall da ylha a quem lhe prouuer com tall comdiçom que aquelle a quem der a dita terra aproueyte atee cinco annos & nom aproueytamdo que Eu a possa dar a outrẽ & despois que aproueytada for a leyxar por aproueytar atee outros cinco annos que per yso mesmo a possa dar. Esto nom embargue a mim que se y oaber terra pera aproueytar que nom seja dada que Eu a possa dar a quem minha merçee for. E asy me praz que a dẽy seu filho ou erdeyros deçemdemtes que ho dito carrego teberem. E yso mesmo me praz que na dita Ribeyra do caniço elle faça hum moynho & per esta presente emcomemdo & rogo a todollos meos Erdeyros & soçesores que despois de mim bierem que ajam por firme esta minha Carta & a compram & façam comprir & goardar em todo & por todo asy & pella guisa que em ella he comteudo por que Eu fiz esta merçee ao dito Ioham gonçalues por elle ser ho primeyro que per meu mandado a dita ylha poborou & per outros muytos seruiços que me fez pello que fiz a dita merçee a elle & seus erdeyros & soçesores segumdo dito he. E mais me praz que bos besinhos possam bemder suas erdades aproueytadas a quem lho aprouuer & se requererem hir de hũa parte para outra que se bam sem lhe poer algum Embargo. & se fezer malleficio algum homẽ em cada hũu parte dessa ylha que mereça de ser açoutado & fugir pera a outra parte que seja emtregue se poder ser preso omde fez ho malloficio se requerido for pera se delle fazer comprimemto de dereyto. E se dever divida que omde esteuer que se faça comprimemto de dereyto. Outro sy me praz que os gaados brabos posam matar os da ylha asy em hũa parte como em outra sem Embargo doutra defesa Resaluamdo hos gaados que amdã em hos ylheos ou outro algum lugar cerrado que ho lamçe y ho senhorio. E yso mesmo me praz que os gaados mamsos paçam em hũa parte como em outra trazemdoos com goardas que nom façam daño & se ho fezerem que o pague seu dono. E em testimunho de berdade lhe mamdey dar esta minha Carta Asynada de minha mão & aselada do meu sello. Dada em a minha billa primeyro dia do mez de nobembro. Gill fernamdes a fez. Anno do naçimemto do noso siñior Jhũ xp̃o de mill iiij°L (1450) annos, Ho ymfamte Dom Amrrique. E pidionos ho dito ymfamte meu tio que como quer que per ell Rey meu siñior & padre & per nós lhe nom foram dadas has ditas ylhas mays que em sua bida nos aprouuese asy pellas rezoens sobre ditas como por lhe elle fazermos merçee de lhe abermos por comfirmada a dita sua carta ao dito Ioham gomçalues & a seus filhos & deçemdemtes que a ouuesem & pesoisem pella

guisa que em ella era comteudo. & bisto per nós seu requerimemto & queremdo lhe em ello fazer morçee temos por bem lhe comfirmarmos a dita sua
carta. & queremos que elle dito Joham gonçalues e seus filhos deçemdemtes
per linha dereyta ajam e posoyam daqui em diamte a dita parte da ylha
asi e tam comprida memte como em ella faz memçom & que homde diz
a carta do dito meu tio que apellaçom de morte ou talhamemto de membro benha per amte elle queremos que benha per amte nós segumdo he
comteudo na Carta Del Rey meu siñior & padre suso esprita & porem
mamdamos a todollos nosos Juyzes & Corregedores & Justiças & beadores
da nosa fazemda & comtadores & ofiçiaaes & pesoas a que ho conheçimemto desto pertemçeer & esta nosa Carta for mostrada que asy lhe compram
& goardem & façam comprir & goardar pella guisa que em ella comteudo dito he
per quamto asy he nosa merçee sem outro algum Embarguo que a ello ponhaes
& por firmeza dello & garda sua lhe mamdamos dar esta nosa carta asinada por
nós & sellada do noso sello do chumbo, Damte a nosa cidade de lixboa a x x b
(25) dias do mes de nobembro. Mateus aluarez a fez. Anno de noso siñior
ihũ xpõ de mil iiiiᵉ lj (1451) annos. El Rey. Eu Ruy Galuam Secretario do siñior Rey & Caualleyro de sua casa a fiz espreuer.

E bista per mim esta sobre dita carta do dito meu padre ao ymfamte (1) por quamto lhe estas ylhas nom foram dadas se nom em sua bida pedia
por merçee a ell Rey meu siñior que lhe aprouuese comfirmar a sobre dita Carta sua ao dito Joham gonçaluos & filhos & deçemdemtes & a pesuysem em
suas bidas como em ella he comteudo. Da quall cousa ho dito siñior aprouue
pydimdo me ho dito Joham gomçalues por merçee que asy lha comfirmase pello quall bisto por mim comsiramdo Eu hos muytos seruiços que ho
dito Joham gomçalues tem feytos a meu padre & a mim & aos que a ho diamte espero segum lo seus mereçimemtos & por lhe fazer graça & merçee a
mim praz lha comfirmar a dita carta ymteyra memte em todo como em ella
he comteudo & quamto aa Redizima que ho dito Joham gomçalues que
soya de abeer a esto me praz que ho dito Joham gomçalues & os que
apos elle bierem ajam em minha bida & mais nom por que sem carrego de comçiemçia com dereyto doutra guisa ho nõ posso fazer porem mamdo a
hos beadores de minha fazenda e almoxarifes & comtadores & quaes quer outros Juyzes & Justiças & Ofiçiaaes & pesoas a que ho conheçimemto desto
pertemçer per quall quer guisa que seja que hasy o compram & goardem &
façam comprir & goardar como em ella he comteudo sem outro embarguo
que a ello ponhaes em testimunho dello pera sua goarda lhe mãdey dar esta

(1) No livro da Camara não se leem claramente as palavras «ao ymfamte:» parece serem estas: «achey em a fim.»

minha carta asynada per mim & sellada do meu sello. Dada em a çidade de lixboa a .x bj (16) dias de. agosto. ElRey. Joham afonso a fez no anno de n.º siñior Jhũ xpõ de mill ɪɪɪʲᶜʟxɪ (1461) annos. Eu Pero de barçellos espriuam da Camara do dito siñior a fez espreuer.

T. 1.º do Archivo da Camara Municipal do Funchal, fol. 128-132.

Não podémos achar em archivo publico' a Carta de doação da Capitânia de Machico a Tristão Vaz, nem a da Capitanía de Porto-Sancto a Bartholomeu Perestrello; porisso aqui as damos por copia extraida das *Memorias sobre a creação e augmento do Estado Ecclesiastico na Ilha da Madeira*, inedito que presumimos ser obra de *Henrique Henriques de Noronha*.

CARTA de doaçom da capitania de Machico a Tristam.

EU HO YMFAMTE DOM AMRRIQUE Regedor da hordem de noso siñior Jhũ xpõ duq de biseu & siñior de cunilham, faso saber a quamtos esta minha Carta & conhecimemto della pertéçer que Eu dou carreguo a tristam caballeyro de minha casa a minha ylha da madeyra de a terra dees de alem da ribeyra do caniço dez passos como se bay pella ribeyra acima & de hi atrabeçar a serra atee a põta de tristam pera que elle dito Tristam a mantenha por mim em Justiça & dereyto & morremdo elle a mim praz que seu filho primeyro ou algum se tall for tenha este correguo pella guisa suso dita & asy de decemdemte em decemdemte per linha dereyta & semdo em tall ydade ho dito seu filho que nom posa reger En ou meus erdeyros poremos hy quem reja atee que seja em ydade pera reger. E me praz que elle tenha em esta sobre dita terra a Jurdiçom por mim & em meu nome do ciuell & crimê resaluando morte ou talhamemto de membro que desto benha per amte mim apellaçom porem cem embarguo da dita Jurdiçom a mim praz q̃ hos meus mamdados todos & correyçom sejam y compridos asy como cousa propia minha. Outro sy me praz que ho dito Tristam aja pera sy todollos moynhos do pam que ouuer em a parte da dita ylha de que lhe asy dou carreguo & que nimguem nom faça y moynhos soo mente elle ou quem lhe aprouuer & em esto se nõ emtemda moo de braço que a faça quem quizer nõ moemdo a outrem nem atafona se nom elle & quem lhe aprouuer. E me praz que todollos fornos de pam em que ouner poya sejam seus porem nom embargue a quem quizer fazer fornalha pera seu pam que a faça & nom pera outro nenhum. E me praz que tẽdo elle sall pera bemder que ho nom posa bemder ou trẽ se nom elle damdo elle a resam de meyo rreall de prata o alqueyre ou sua dereyta balia & mais nom & quamdo nom onber que ho bemdam hos de a ylha a sua bomtade atee que ho elle tenha. Outro si me praz q̃ de tudo ho que ouber de bemda na dita parte da ylha que elle aja de dez hum & ho que eu ey de aber na dita ylha he comteudo no forall que pera ella mamdey fazer & per esta guisa me praz que aja esta remda seu filho ou outro seu decemdemte per linha dereyta que o dito carreguo teuer. & me praz que elle possa dar per suas Cartas a terra desta parte per ho forall da ylha a quem lhe aprouuer com tall comdiçom que aquelle a quem der a dita terra a aproueyte atee cinco annos & nom a aproueytamdo que a possa dar a outrẽ & despois que aproueytada for a leyxar por aproueytar atee outros cinco annos que per yso mesmo a possa dar & esto nom embargue a mim que se y ouber terra pera aproueytar que nom seja dada que eu a possa dar a quem minha merçee for. E asy me praz que a dẽy seu filho ou erdeyros decemdemtes que ho dito carreguo teberem. E yso mesmo me praz que na dita Ribeyra do caniço elle faça hos moynhos que lhe aprouber. E mais me praz hos bésinhos possam bemder suas erdades aproueytadas a quem lhe aprouber & se quizerem bir de bũa parte pera outra que se bam sem lhe poer algum embargo. E se fezer malleficio algum homẽ em cada bũa parte dessa ylha que mereça ser açoutado & fugir pera outra parte que seja emtregue se poder ser preso omde fez ho malleficio se requerido for pera se delle fazer comprimemto de dereyto & se dever diuida que onde estiuer que se faça comprimento de dereyto. Outro si me praz que hos gaados brabos possam matar hos da ylha asy em hũa parte como em outra sem embargo doutra defesa Resaluamdo hos gaados que amdã em os ylheos ou outro algum lugar cerrado que ho lamçe y ho senhorio & yso mesmo me praz q̃ e os gaados mamsos paçam em hũa parte como em outra semdo com gardas que nom façam daño & se ho fezerem que ho paguem seus doños. E em testimunho de berdade lhe mamdey dar esta minha carta asynada de minha mão & asellada do meu sello. Dada em Samtarem aos onto Dias de mayo do anno do nacimemto do noso siñior Jhũ xp̃o de mill ıııɔ° & quoremta (1440) annos. Ho ymfamte dom amrriquo. Ayres pires a fez.

Memorias... do Estado Eccl. na Ilha da Madeira, pag. 279.

CARTA de doaçam da capitania da ylha de Porto Santo a Bertolameu Perestrello.

EU HO YMFAMTE DOM AMRRIQUE Regedor da hordem & do mestrado da caballaria de noso siñior Jsũ xp̃o duque de biseu & señior de cubilham faço saber a hos que esta Carta birem & conhecimemto della pertẽcer que Eu dou carreguo a Bertholameu perestrello, fidalgo de minha casa

da minha ylha de porto samto pera que elle dito Bertholameu perestrello ha
mamtenha por mim em Justiça & dereyto & morrendo elle a mim praz que
seu filho primeyro ou algum se tall for tenha este carreguo pella guisa suso
dita & asy de decemdemte em decemdemte per linha dereyta & semdo em
tall ydade ho dito seu filho que nom posa reger Eu ou meus erdeyros poremos hy quem reja atee que seja em ydade pera reger. & me praz que elle tenha em esta sobre dita ylha a Jurdiçom por mim & em meu nome do
ciuell & crimē resalbamdo morte ou talhamemto de membro que desto benha
per ante mim apellaçom porem sem embargo da dita Jurdiçom a mim praz
que hos meus mamdados & correyçom sejam y compridos como cousa propia
minha. Outro si me praz que ho dito Bertholameu perestrello aja pera sy
todollos moynhos do pam que ouber na dita ylha de que lhe asy dou carreguo & que nimguem nom faça y moynhos soo mente elle ou quem lhe aprouber & em esto se nom emtemda moo de braço que a faça quem quizer nom
moemdo a outrem nem atafona se nom elle & quem lhe aprouber. & me
praz que aja de todallas serras dagoa que se y fezerem de cada hūa hum
marco de prata em cada hum anno ou seu çerto balor ou duas tabuas cada somana das que costumarem serrar nas serras pagamdo porem a mi ho
Dizimo de todallas ditas serras segumdo pagam das outras aly como pagam
das outras cousas que serrarē as ditas serras, Esto aja tam bem ho dito Bertholameu perestrello de quall quer emgenho que se ahy fezer tiramdo byeyros de
ferrarias & doutros metaees. & me praz que todollos fornos de pam em que
ouber poys sejam seus porem nom embargue quem quiser fazer fornalha
pera seu pam que a faça & nom pera outro nenhum. & me praz que tēdo
elle sall pera bemder que ho nom posa bemder outrē se nom elle damdo elle
a rezom de meyo rreall de prata ho alqueyre ou sua dereyta balia & mais
nom & quoamdo ho nom ouber que ho bemdam hos da ylba a sua bomtade atee
que ho elle tenha, Outro si me praz que de tudo ho que ouber de bemda na
dita ylba que elle aja de dez hum & ho que Eu oy de aber na dita ylba he
comteudo no forall que pera ella mamdey fazer & per esta guisa me praz
que aja esta remda seu filho ou outro seu deçemdemte per linha dereyta que ho
dito carreguo teuer. & me praz que elle possa dar per suas Cartas a terra
desta dita ylba forra per ho forall da ylba a quem lhe prouber com tal condiçom que aquelle a quem der a dita terra a aprobeyte atee cinco annos &
nom aprobeytamdo que a possa dar a outrē & despois que aprobeytada for a
leixar por aprobeytar atee outros cinco annos que per yso mesmo a possa dar
& esto nom embargue a mim que se y ouber terra pera aproueytar que nom
seja dada que Eu a possa dar a quem minha mercee for. & asÿ me praz que
a dē y seu filho ou erdeyros deçemdemtes que ho dito carreguo teberem. & per
esta presemte emcomemdo & rogo a todollos meus Erdeyros & socesores
que despois de mim bierem que ajam por firmo esta minha Carta & a com-

pram & façam comprir & goardar em todo & por todo y & pella guisa que em ella he conteudo por que Eu fiz esta mercee ao dito Bertholameu Perestrello por elle ser ho primeyro que per meu mamdado a dita ylha poboroa & per ou- tros muytos serbiços que me fez pello que fiz a dita merçee a elle & seus er- deyros & soçesores segumdo dito he. & mais me praz que hos besiños possam bender suas erdades aprobeytadas a quem lhe aprouber. & outro si me praz que hos gaados brabos possam matar hos da ylha sem embargo doutra defesa resalbando ho gaado que amdar em hos ylheos ou em outro algum lugar cer- rado que ho lamce y ho senhorio. & em testimunho de berdade lhe mandey dar esta minha Carta asinada de minha maão & asellada com o sello de minhas armas. Dada em a minha billa ao primeyro dia do mez de nobem- bro, anno do nacimemto de noso señior Jhū xpō de mill iiijᵉ xxxxbj (1446). Ho Imfamte dom Amrrique. Gill Fernamdes a fez.

Memorias... do Estado Eccl. na Ilha da Madeira, pag. 373.

NOTA XII

Villa e freguezia da ilha de Porto-Sancto.

«Villa que..., pela resão já dita, se chama Villa do Porto-Sancto; a qual tem a freguezia do Salvador.»—Pag. 46.

Ha nisto erro. A ilha de Porto-Sancto nunca teve mais de uma villa, a qual, desde tempos immemoriaes, é denominada *Villa Baleira*, e o orago da unica freguezia da ilha era, como ainda ao presente é, não o Salvador, mas sim Nossa Senhora da Piedade, o que se prova do Alvará de 9 de janeiro de 1529, apontado nas *Memorias... do Estado Ecclesiastico na Ilha da Madeira*, pag. 120.

O nome *Villa Baleira* é de origem desconhecida: mas, reflectindo em que *Baleira* tem a mesma raiz, *bal*, da primitiva fórma do appellido Pe- restrello, e combinando este elemento com a desinencia *eira* facilmente se reconhece que *Villa Baleira* é denominação significativa de que a villa de Porto-Sancto fôra fundada por Perestrello: é como se dissessemos *Villa de Perestrello*. O nome da villa conservou as lettras da primitiva fórma, em quanto que o appellido da familia as substituiu pelo modo que já vimos quan- do tractámos de Bartholomeu Perestrello (nota x, pag. 446): e tão diver- sos ficaram, que parecem palavras extranhas uma á outra, sendo, aliás, con-

58.

generes, como fica dicto.—É isto grave presumpção de que a mesma villa foi fundada por Bartholomeu Perestrello.

Até agora nenhuma noticia historica alcançámos da origem da *Villa Baleira*, nem do diploma regio, pelo qual foi elevada a essa cathegoria. Temos presentes os *Annaes da Ilha do Porto-Sancto*, ineditos, os quaes dizem a este respeito: «Ignora-se a sua fundação, por falta de documentos antigos; mas póde conjecturar-se que foi fundada nos primeiros tempos do descobrimento.»

Lê-se nos mesmos *Annaes* o seguinte interessante apon'amento:—«Foi nesta ilha que residiu por alguns tempos o grande *Chistorão Colombo*, genovez. Aqui contrahiu matrimonio com D. Filippa, filha do mencionado Bartholomeu Perestrello, primeiro donatario: e, herdando de seu mesmo sogro os manuscriptos deste e de outros navegantes portuguezes, delles o referido Colombo tirou os principios para a grande descoberta do novo mundo, com a qual immortalisou o seu nome nos fastos da historia moderna.»

Porém, parece que *Chistorão Colombo* tambem habitou na cidade do Funchal; porque, além do filho assim o dizer na *Vida* delle, é tradição na mesma cidade que o antigo edificio, ainda existente na rua do Esmeraldo, e conhecido pela denominação de *granel do poço*, fôra a casa de *Colombo*. Este edificio é propriedade do Sr. conde do Carvalhal.

NOTA XIII

Incendio no sertão da ilha da Madeira: Regimento das madeiras.

«Apegou o fogo de maneira neste valle do Funchal que era tão bravo que, quando ventava de sobre a terra, não se podia soffrer a chama...; e, por ser o valle muito espesso assi de muito funcho, como de arvoredo, atiou-se de maneira o fogo, que andou sete annos apegado pelas arvores, é troncos, e raizes... assi no Funchal, como em o mais da ilha ao longo do mar na costa da banda do sul.»—Pag. 64.

«E na ilha havia tanta quantidade de Madeira tão fermosa e rija que levavam para muitas partes copia de taboas, traves, mastros, que tudo se serrava com engenhos ou *serras d'agoa*...: e neste tempo, pela muita madeira que dahi levavam para o Reyno, se começara com ella a fazer navios de gavea e castello d'avante, porque dantes não os havia no Reyno.»—Pag. 65.

João de Barros foi o primeiro historiador que noticiou este incendio nos seguintes termos:

«No principio da qual pouoaçam poendo Ioam Gonçaluez fogo naquella parte onde se ora chama Funchal, em hũa roça que fez pera descobrir a terra do aruoredo & rama q̃ tinha per baixo, & nella lançar algũas sementes: assi tomou o fogo posse da roça & do mais aruoredo, que sete annos andou viuo no brauio daquellas grandes matas que a natureza tinha criado ania tantas centenas de annos, A qual destruiçam de madeira, posto que foy proueitosa pera os primeiros pouoadores logo em breue começarem lograr as nouidades da terra: os presentes sentem bē este dano, por a falta q̃ tem de madeira & lenha: porque mais queimou aquelle primeiro fogo do que dentam tē ora podera decepar força de braço & machado. Cousa que o Infanto muyto sentio & parece q̃ como profecia vio esta necessidade presente que a ilha tem de lenha: porque dizem que mādaua que todos plantassem matas, pelo negocio dos açucares de que a ilha logo deu mostra, gastar tanta q̃ era certo vir a esta necessidade. »

Sob a auctoridade respeitavel de *Barros* tem sido mantida como verdade historica a noticia deste incendio, e até, indo além do que dizem *Barros* e *Fructuoso*, alguns contam que o incendio foi geral em toda a ilha da Madeira; por exemplo, *Manoel Thomaz*, na *Insulana;*

, . . Fogo, . , ... , ,
Cuja violencia a todos pórá medo,
Ateada no humido árvoredo.

E de sorte Vulcano desmandado
Correrá nelle, *sem limite, ou meta,*
Que antes fará de ally ser apagado
Sete gyros annaes o Gram Planeta.

Liv. v, est, 58.° e 59.°.

Aos dictos de *Barros, Fructuoso,* e *Manoel Thomaz* accresce que no Archivo da Torre do Tombo, *Livro das Ilhas,* folhas 84, está a publica-fórma de um Breve Apostolico, do Pontifice Paulo ii, com data de 1469 (1), no qual é confirmada a concessão da redizima da ilha da Madeira a João Gonçalves Zargo, e nesse diploma manifestamente se allude ao grande incendio que houve na mesma ilha, E dirigido «*nobili viro Joanni Gundisalvi militi:*» e, entre as rasões em que baseia a confirmação, diz (textual): «*Considerando quod tua opera ac tuo ingenio Insula prædicta a christianis habitabatur, et cultus christianus ibi vigebat, et quodque in principio, dum celles*

---

(1) Obtivemos este esclarecimento e o subsequente texto latino por obsequio do Sr. Dr. Agostinho de Ornellas e Vasconcellos.

Insulam prœdictam efficere habitabilem, ignis voraginem maximam, supellectile rerum tuarum vix salvus, evasisti, &.»—Nestas ultimas palavras é clara a allusão.

Mello, na *Epanaphora* iii, foi o primeiro que saibamos ter contestado a verdade desse sinistro.

«He força (diz o auctor) que duvide do incendio que (Barros) affirma durou sete annos por toda a ilha. Ao que, parece, implicão os bosques, q sempre nella permanecerão, dos quaes ha tantos annos, se cortão madeiras, para fabrica dos assucres: de q̃ dizẽ chegou a haver na Ilha, cẽto & cincoenta ingenhos; q̃ mal poderião continuamente sustentarse, despois de hum incendio tão universal, & menos produzirse despois delle: mas fique sempre salvo o credito de tal Autor.»

Estas graves rasões são corroboradas pelo que *Gaspar Fructuoso* refere do grande commercio de madeiras de construcção que nesta ilha, poucos annos depois de descoberta, se fazia, e das muitas *serras de agua,* isto é, engenhos ou machinas de serrar madeira, movidas a agua, que nella havia, o que ainda agora se confirma pelos muitos sitios que em diversos pontos da ilha teem o nome de *serra d'agua.* Tambem não consta ter apparecido até agora vestigio dessa terrivel queimada.

No entretanto, como *Barros* e *Fructuoso* circumscreveram a noticia do incendio, o primeiro, «*áquella parte onde ora se chama o Funchal,*» e o segundo, a essa mesma parte, e «*ao longo do mar na costa da banda do sul*», que foi precisamente a cultivada e habitada logo depois do descobrimento, é possivel, não só que ahi fossem pouco a pouco roteados os terrenos por meio de incendio das matas virgens, systema que ainda hoje, por falta de braços, por outras rasões agricolas e economicas, e por necessidade de momento, se emprega nos sertões americanos, mas tambem que a estes roteamentos pelo fogo se fosse recorrendo nos sete primeiros annos, sem que disso poucos tempos depois se achassem resquicios. O sul da ilha da Madeira foi o primeiro explorado e habitado, e é a zona mais productiva. Curto periodo fóra preciso para que o trabalho do homem ahi extinguisse os signaes da devastação. E limitado o incendio a uma parte da ilha sómente, os argumentos em contrario perdem a força. *Mello* mesmo duvida não tanto do incendio, quanto de que este fosse *«tão universal.»*

Restringido, portanto, assim o facto ás proporções em que *Barros* e *Fructuoso* o contam, não vemos rasão bastante que encontre com a affirmativa do incendio, authenticada pela clara allusão do Breve Apostolico, que é quasi contemporaneo. Nem neste diploma, nem nesses escriptores transparece motivo que os suspeite de inexactos nisso. O evento em relação a elles seria duplicemente indifferente, por preterito e por estranho.

Alguns veem no chamado *Regimento das Madeiras,* de 27 de Agosto de 1562, documento comprovativo desse incendio, especialmente na disposição em que manda sejam plantados castanheiros e pinheiros, porque «ha muitas terras que bem se podem plantar delles».—Outros, porém, e, quanto a nós, mais judiciosamente, olhando a que o mesmo Regimento é de muitos annos posterior ao descobrimento da ilha da Madeira, entendem que a passagem acima transcripta aponta nuamente um facto estranho ao caso, quiçá uma opinião relativa á natureza de alguns terrenos da ilha da Madeira, em nada allusiva ao incendio, o qual, pela sua vastidão e duração, pedia não inferencia implicita, vaga, e remota, como a das palavras supra transcriptas, mas referencia explicita, terminante, e directa: e dizem mais que, inferencia por inferencia, menos aventurosa é a que, em contrario ao incendio, se deduz do preambulo do referido Regimento, onde expressa e miudamente são relatadas as causas da devastação dos arvoredos das serras da ilha da Madeira, sem que ahi venha apontado o incendio como uma dellas.— O Regimento das Madeiras, porém, tendo por fim obstar a essa devastação então actual, tambem sómente apontava as causas então actuaes do mal a evitar; pelo que, parece não dar argumento nem para uma, nem para outra opinião.

Esse Regimento é, comtudo, diploma importante á historia agricola desta ilha da Madeira; constitue a sua peculiar legislação florestal, ainda agora em grande parte vigente, e é fonte de posturas municipaes em todos os concelhos della.—Archivemol-o, pois, aqui.—Houve outro anterior, promulgado por el-rei D. Manoel em Almeirim, a 14 de Janeiro de 1515; mas deste não podémos alcançar copia.

REGIMENTO novo das madeyras pera a ylha da Madeyra.

EU ELREY faço saber a vos ouvydores Juizes Vereadores procuradores & omães bõos das camaras da cidade do funchal & villa de machiquo & das houtras villas das ditas Jurdicões na ylha da madeira que elRey dom Manuel meu bisavo q̃ sancta gloria aja ẽdo ẽformado do grãde dano & prejuizo q̃ a hos povos da dita ylha se podiã siguir por falta das lenhas & madeiras ho q̃ nõ olhãdo os moradores della amtes por seus particulares proveitos cõtra ho bẽ comũ & seu seruiço cortavã has ditas madeiras & lenhas ẽ muyto mais cãtydade da q̃ lhe era neçesarea & muytas levavã para fora da dita ylha & outras se perdião sẽ si aproveytarem pelas p̃as q̃ has cortarã pelo q̃ vynhã ẽ muyta demenuiçã proveo sobre as ditas cousas para seu Regimẽto & provizões para q̃ has ditas madeiras sinõ cortasẽ sinõ ẽ serta maneira q̃ para iso hordenou & por q̃ eu sou hora ẽformado q̃ no cortar das ditas madeiras ha grãde devasydão nõ temẽdo as p̃as q̃ has cortã has penas do dito Regimt.º por serẽ de dr.º somẽto & por nõ haver quẽ

hos acuse & q̃ por ese Resp.ᵗᵒ se cortão devasamẽte muyⁱo ẽ prejuiso do bẽ
commũ & proveito dos moradores da dita ylha & cõtra meu seruiço. Querẽdo niso prover cõformãdome cõ ho Regimẽto ãtyguo & cõ ho q̃ mais pa-
rocer necesareo pela varieJade dos tempos hordeney q̃ daquy ẽ diãte se tenha
ha maneira seguimte no cortar das ditas madeiras & na defesa & garda dellas.
    Primeiramẽte mãdo & defemdo ha todas has p.ˢˢ de quall quer estado
& cõdiçã q̃ sejão q̃ ẽ toda a dita ylha nõ. cortẽ madeira algũa nẽ lenha
pera seus haçuquares & fazẽdas nẽ pera outra cousa algũa sẽ pedirẽ liçẽça
a hos Juizes Vereadores & procurador da cidade ou villa ẽ cujo termo ha q̃ser
cortar ·a hos quoais hofeciaes mãdo q̃ holhem muyto bẽ cõ muyto cuydado &
dellygençya has p.ˢˢ q̃ lhe has ditas liçẽças pedẽ & vejão ha necessydade q̃ dellas tẽ & segũdo virẽ q̃ lhe ho neçesareo pera seus haçuquares & bẽfeito-
rias e despesa de suas casas lhe darã has tais liçẽças hũa so vez no anno sẽ lhe
mais dentro de hũ anno despois da tall liçẽça ser dada outra & quoãdo lha
asy derẽ lhe darã Juramẽto dos samtos havãgelhos q̃ nõ cortẽ lenha nẽ madeira algũa mais da que lhe for necesarca pera seus haçuquares & bẽfei-
torias & despesa de sua casa cõforme ha liçẽça q̃ lhe for dada. E lloguo
no allvara da dita liçẽça se declarara ho tpõ por que lhe foy dada q̃ ha de
ser ho dito anno & de como ouve ho dito Juramẽto & serã· as tais liçẽças
asynadas per todos hos ditos hofeciais q̃ lhas derẽ & se na dita ylha este-
verẽ hos capitãis ou seus loquotenẽtes de capitã has taes liçẽças serã tambẽ
asynadas pelos ditos capitãis ou loquotenẽtes cada hũ ẽ sua capitania hos quoais
serã cõ hos ditos hofeçiais no dar as tais liçẽças.
    E quall quer pesoa q̃ for achada cortãdo ou trazẽdo ha dita madeira
ou lenha se se provar q̃ ha cortou ou trouxe sẽ ha dita liçẽça ou que cortou
ou trouxe mais da q̃ lhe era neçesarea cõforme bas ditas liçẽças se for
pião sera publicamemte açoutado & cõdenado ẽ dous annos de degredo pera afryqua & vimte cruzados & sẽdo de callidade ẽ q̃ não cayba pena de
açoutes sera degradado per quatro annos para hafriqua & cõdenado ẽ çin-
coenta cruzados & nas mesmas penas ẽcorrerã has pesoas q̃ has mãdarẽ cortar ou trazer por seus criados ou outras pesoas ou seus escravos hallẽ das
ditas penas daçoutes & degredo como dito he.
    E sob as mesmas penas defemdo & mãdo q̃ nhũa pesoa corte hos
paos brancos por quoãto sou ẽformado q̃ estes paos podẽ seruir para hos ẽgenhos dos haçuquares & defemdo a hos ditos hofeçiais q̃ nõ dem liçẽça allgũa
pera se cortarẽ hos tais paos amtes loguo nas liçẽças q̃ derẽ declarẽ como
hos nõ haõ de cortar sẽdo porẽ hos tais paos necesareos a allgũas pesoas para
seus ẽgenhos os poderã cortar cõ liçẽça dos ditos hofeçiais q̃ para tall necesydade lhe darã ha tall liçẽça ẽformãdo se primeiro se lhe saõ necesareos & damdolhe sobre iso Juramẽto & doutra maneira nõ.
    Outro sy mãdo a hos ditos hofeçiais q̃ nõ dem has ditas liçẽças pera

se cortarẽ has ditas madeiras ẽ parte q̃ faça prejuizo aas hagoas da dita ylha nẽ has poderã dar para se cortarẽ menos cemto & çimcoẽta passos ha redor das Ribeiras & agoas pelo muyto prejuizo q̃ diso lho vẽ & has pesoas q̃ cortarẽ has ditas madeiras dentro dos ditos cemto & çimcoẽta passos ẽcorrerã nas mesmas penas dos q̃ has cortã sẽ liçẽça & pera milhor garda do sobredito mãdo aos ditos hofeciais q̃ loguo nas liçẽças q̃ derẽ declarẽ como nõ hã de cortar as taie madeiras senõ harredados çemto çimcoẽta passos das ditas agoas.

Outro sy defemdo & mãdo q̃ pesoa allgũa nõ ponha fogo na serra homde has ditas madeiras & lenhas está nẽ ẽ parte domde se lhe possa tirar nẽ escasqoe has haruores q̃ esteuerẽ na dita ylha por quanto pellas dias maneiras se sequa & estroy muyta parte das ditas madeiras & sẽdo pesoa algũa achada ou sẽdolhe prouado q̃ poz allgũ foguo q̃ fez danõ & prejuizo as ditas madeiras ou q̃ escasqou allgũas haruores ẽcorrera ẽ pena de vimte cruzados & hũ añõ de degredo fora da dita ylha & hos que pozerẽ fogo hallẽ a dita pena averã ha q̃ per minhas hordenaçõis he determinado ao q̃ poẽ fogos.

E querẽdo allgũa pesoa cortar rama pera mãtimemto dos gaados ou pera outra allgũa cousa cortara da rama de cyma das haruores & nõ corta haruore allgũa pelo pe sob pena de ẽcorrer nas mesmas penas ẽ q̃ ẽcorrẽ hos q̃ cortaõ has madeiras & lenhas sẽ liçẽça da camara & querẽdo escutar algũa terra na dita ylha sera avisado que ha nõ esmoute senõ cõ machado & nõ cõ houtra allgũa ferramẽta ou arteficio & sera obrigado a protar toda ha lenha q̃ tyrar sẽ lhe por foguo & sẽdolhe provado q̃ nõ esmotou cõ machado ou q̃ nõ haproveitou toda ha lenha que tirar pagara vimt cruzados da cadea.

E por q̃ heu sou ẽformado que na dita ylha ha muytas pesoas q̃ tratẽ taboados & madeyras & por nõ serẽ areygados cortã mays do que devẽ & leixão perder muyta della sẽ aproveitarẽ ey por bẽ & mãdo q̃ has pesoas q̃ asy cortarẽ no fazer dos ditos taboados & madeyras sejão cadios & moradores na dita ylha & abonados nella & nenhũa outra pesoa q̃ ẽ for das ditas callidades podra tratar na tall neguoçeação & aos q̃ forẽ tais darã bos ditos hoficiais liçẽça para cortarẽ has madeyras q̃ virẽ q̃ lhe saõ necesareas segumdo ho trato & meneo q̃ tẽ hos quoais darão fiãça segura a ditos hoficiais para q̃ se obriguẽ haproveitar toda a madeyra q̃ cortarẽ nas liçẽças q̃ lhe forẽ dadas—q̃ haproveitarã ho pao todo atee ho cabo sẽ tirarẽ cousa allgũa posto q̃ ho taboado fique curto sob pena de çimquoẽta cruzados da cadea ha qual fiãça outro sy darã ha q̃ hos taboados & madeyras q̃ asy fizerẽ se gastarã todas na dita ylha sẽ se leuarẽ nẽ mũdarẽ fora della sob pena de çimquoẽta cruzados as quoaes penas se averã pedidas fiãças q̃ se regystrarem nos liuros das camaras quoãdo has tais pe-

59

soas has derem & allẽ da dita pena de çimquoemta cruzados ũ q̃ asy emcorrerã leuãdoas ou mãdamdoas leuar fora da dita ylha ẽcorrerã nas mais
penas ẽ q̃ por este meu Regimẽto ẽcorrerem has pesoas q̃ leuã hou mãdaõ leuar madeyras ou lenhas fora da ylha como adiẽte sera decrarado.

E asy os ditos tratãtes como quall quer outra pesoa que por liçẽça
dos ditos hofiçiais cortar haruore hou seja pera se fazer ẽ serra dagoa ou
pera madeyra hou pera quall quer outra cousa sera obrigado haproveitar todo ho dito pao como dito he & pollo ẽ carreguadouro nos portos homde hos
nauios vão carregar has madeyras & lenhas & aproueitar asy ho toro do pao
como as ramas sob ha pena hatraz decrarada.

E por q̃ muytas vezes haquonteçe hirẽ aa serra hos fragoeiros & outras
pesoas a cortar haruores para fazerẽ madeyras & taboados & despois de has
terẽ cortadas hou começadas a cortar pelas acharẽ hoquas & nõ servirẽ
pera o q̃ has haviã mester has leixã perder & nõ haproueitã ey por bẽ &
mãdo q̃ estes tais sejã hobrigados haproueitar has ditas haruores q̃ asy cortã hou começã ha cortar asy ho toro como ha rama dentro do anno ẽ q̃
asy cortarẽ hou começarẽ a cortar & has leuarem a carreguadouro a hos portos
do mar homde hos nauios & barcos hos vão carregar pera se nõ perderẽ & apo-
dreçerẽ na serra & has pesoas q̃ has ditas haruores cortarẽ ou começarẽ a
cortar & has nõ aproueitarẽ como haçima he decrarado ẽcorrerã em pena de
vimte cruzados da cadea.

E allẽ de hos sobre ditos aberẽ ha dita pena de xx cruzados ey por bẽ
q̃ pasado ho anno ẽ q̃ asy cortarã ou começarã a cortar hos paos & lenhas sobre ditas fiquẽ hos ditos paos & lenhas & madeiras deuolutas pera has despesas & obras das Camaras homde forem cortadas & hos hofiçeais dos ditos
lugares terã cuydado de saber & mãdar ver nos tẽpos q̃ lhe mais cõueniẽtes pa-
reçerem se ha na serra & outras terras das ditas madeiras & has mãdarã haproueitar & allem diso se emformarã das pesoas q̃ has cortarã para proçeder
cõtra ellas pelas penas em q̃ por este Regimẽto emcorrerã pelas asy cortarem ou começarem há cortar sẽ has haproueitarem como herã hobrigados
& especiallmẽte mãdo aos ditos ofeçiais das ditas Jurdiçõis q̃ hũa vez cadanno
se ajuntẽ nos tpõs que lhe parecerẽ mais cõueniemtes & bizitẽ ha serra vem-
do muy delligẽtememte & cõ muyto cuydado si acham allgũas das ditas madeyras cortadas sẽ serem aproueitadas ou allgũ dano feito na serra para proçe-
derẽ cõtra has pessoas q̃ has asy cortarã ou comecarã a cortar ou fezerã hos
tais danos cõforme a este meu Regimẽto & sera presemte cõ elles ho escrivã
da camara da sua Jurdiçã ao quall mãdo q̃ tenha hũ liuro ẽcadernado & asynado & cõtado cõforme ha ordenaçã ẽ q̃ escrevera todas has achadas das ditas
madeiras & danos q̃ forem feitos & semdo achadas pelos ditos hofeçiais ou meirinhos ou por outra quall quer pesoa do pouo q̃ ho faça saber aa camara das
ditas çidade & villas. & querẽdo cada hũ dos ditos capitãis ou seus loquotenẽtes

bir aa serra cõ hos ditos hofeçiais ho poderã fazer & se hos ditos hofeçiais nõ
fezerem ha tall bizitaçã cadanno ecorrerã ẽ pena de dez cruzados & hũ anno
de degredo pera afriqua & na devasa gerall de cadanno serã obrigados hos
bounvdores a perguntar por este capitolo.

E por q̃ tãbem sou ẽformado q̃ se se gardarem hos tronquos das har-
mores q̃ se cortã se criã delles outras & ẽ pouquo tẽpõ se tornã a reformar ao menos pera lenhas ey por bẽ & mamdo q̃ nhũa pesoa ponha foguo nos ditos tronquos nẽ hos acabe de cortar pelo peo sẽ ter liçẽça pera
ho poder fazer sob pena de ecorrerẽ nas penas ẽ q̃ ecorrem hos q̃ poẽ foguo ou cortã madeyras & lenhas sẽ liçẽça dos ofeçiais como batraz he de-
rarado.

E por quamto sou ẽformado q̃ muytas das ditas madeyras se cortã &
leuã fora da dita ylha ey por bẽ & mãdo q̃ nhũa pesoa de quall quer estado & cõdiçã q̃ seja leue nẽ mãde leuar has ditas madeyras & lenhas fora
da dita ylha pera parte allgũa nẽ hos mestres dos nauios has carreguẽ nelles pera as leuar pera fora como dito he sob pena de quall quer pesoa q̃
as leuar ou mãdar leuar pera fora da dita ylha ecorrer nas penas sobreditas
ẽ q̃ ecorrem per esta minha provisã hos q̃ has cortã sẽ liçença dos hofeçias
das camaras como dito he & allẽ das ditas penas ecorrerã hos mestres dos
ditos nauios ẽ q̃ asy forẽ leuadas pera fora ou se ẽbarcarẽ para iso ẽ perdimẽto dos ditos nauios a metade pera quẽ hos hacusar & a outra metade
pera a camara das ditas capitanias ẽ q̃ se carregarẽ,

E para milhor garda do sobre dito mãdo q̃ nhũ nauio parta dos portos
da dita ylha sẽ primeiro ho mestre delle ho fazer saber a hos hofeçiais das camaras dos lugares domde partirẽ & aberẽ delles liçẽça pera fazerẽ sua viagẽ & mãdo a hos ditos hofeçiais q̃ quãdo lho asy fezerem saber amtes de lho
darem ha tall liçẽça hos mandem vir por hũ hofeçiall da camara q̃ pera iso
tẽra Juramemto pera ver se leua allgũas das ditas madeiras & lenhas pera
fora da ylha & achamdo q̃ has nõ leua lhe pasarã allvara de liçemça pera
partirẽ & partimdo hos ditos nauios sem has ditas liçemças ecorrerã nas
sobre ditas penas em q̃ ecorrerã se leuarã has ditas madeiras & lenhas pera
fora da dita ylha & iso se nõ ẽtemdera em allgũa lenha q̃ hos taes nauios
leuarem pera gastuo & despesa dos mesmos nauios & terã hallẽ disto hos
ditos hofeçiais muyto bom cuydado de vigyarem & prouerẽ de maneira q̃
nos ditos nauios nõ va allgũa das ditas madeyras & lenhas.

Outro sy ey por bẽ & mamdo q̃ nenhũa pesoa faça naos ou nauios
algũs na dita ylha nem nella se renoue nem cõsertẽ na maneyra seguinte
—nõ so poderã has ditas naos & navios renouar na dita ylha tirãdolhe alya-
ça velha & põdolhe outra peça & peça nem tirãdolhe ho tabpado tirãdo taboa & põdo outra nem se lhe farã has cubertas ou castellos posto q̃ ho mais
seja feito em outra parte soomẽte vindo ter aa dita ylha allgũs nauios des-

baratados da viagẽ de maneira: q̃ nõ posa seguir ha viagẽ pera onde forẽ
sem allgũ cõserto q̃ seja neçesareo fazerselhe pedirã liçẽça a hos hoficiaes das
ditas camaras hos quoais cõ ho loquotenẽte do capitã das ditas capitanias verã
por sy a neçesydade q̃ hos ditos nauios tẽ de se repairarẽ pera a dita viagẽ
& lhe darã liçẽça pera os podcrem repairar das cousas necesareas os quoaes
terã nyso muyta cõsyderaçã em como dão has tais liçẽças nõ semdo porẽ
pera refazer hos ditos nauios como dito he nem pera fazer as cubertas ou
castellos dos tais nauios por q̃ pera as ditas cousas nõ lhe poderã dar tais
liçẽças posto q̃ lhe pedidas sejã nem has pesoas ha q̃ forem dadas poderã
huzar dellas aintes ẽcorrerã nas mesmas penas deste capitollo como se sem
liçẽça o fezerã ho q̃ asy defemdo & mãdo sob pena de perdimẽto dos ditos nauios q̃ se na dita ylha fezerem ou reformarẽ ou ha q̃ fezerem cubertas ou castellos & de dozemtos cruzados & quatro annos de degredo pera
afriqua & sẽdo pião sera açoutado & degradado dous annos pera afriqua
hallem de perder hos tais nauios & nas mesmas penas emcorrerã os hofeçiais das hobras dos ditos nauios & hos callafates & todas has houtras pesoas q̃ nellés trabalharem & os hofeçiais q̃ derem has taes liçẽças cõtra ha forma deste meu Regimemto.

   E soomemte poderã ua dita ylha fazer bateis de pescar & de carreto pera
servimtia da dita ylha os quaes nõ poderã seus donos bemder pera fora
della sob pena de quall quer pesoa q̃ hos asy bemder pera fora da ylha
pagar cinquoẽta cruzados & ser degradado dous annos pera afriqua.

   Outro sy defemdo & mãdo q̃ nenhũa pesoa compre lenha na dita ylha
pera tornar a revender sob pena de paguar da cadea vimte cruzados & hũ
anno de degredo pera fora da ylha.

   E por q̃ sou ẽformado q̃ na dita ylha ha muytas terras em q̃ se bem
podem pramtar castanheiros & pinheiros & q̃ atee ora se nõ comprio o q̃ hera
mãdado aserqua da criaçã das ditas haruores havemdo respeito ha muyta
necesydade q̃ dellas ha na dita ylha & a fallta q̃ pode auer de madeyras
ao diẽte ey por bem & mãdo aos hofeciaes das camaras da dita ylha que
mãdem vir aa camara hos hereos das ditas terras & q̃ tem testadas nas ribeyras dagoa da dita ylha & lhe mãdẽ q̃ cada hũ año ponhã serto numero das ditas haruores taxamdolhe o numero cõforme ha terra q̃ cada hũ
tever & posylidade & calidade de cada hũa pera q̃ cada hũ anno pramtem o
numero das ditas haruores q̃ lhe asy for taxado atee as ditas serras serẽ de
todo aproueytadas & pouoadas das ditas haruores & de como lhe asy for
mãdado & do numero das ditas haruores q̃ cadanno hão de por se fara ha-
sẽto no liuro das camaras asynado pelos ditos hofeçiais & pelas ditas pesoas
& mãdo aos ouydores & hofeçiaes das ditas Jurdições q̃ cadanno tomẽ conta pelos ditos hasemtos aas pesoas a q̃ foy mãdado plamtar has ditas haruores se pramtarã has q̃ herã obrigados ho tall anno a por. E nõ cõprim-

do em todo o q̃ lhe asy for mãdado pagarã da cadea vimte cruzados pela primeyra vez & pela segũda vez trinta cruzados & pela terceyra vez q̃ em todo nõ cõprirẽ allẽ dos trinta cruzados de pena serã degradados dous años fora da dita ylha & nõ cõprindo ẽm parte o q̃ lhe asy for mãdado pagarã per cada haruore q̃ menos prantarẽ das q̃ lhe foy mãdado hũ cruzado atee quamtia dos ditos trinta cruzados soomemte & hos hofeçiais das ditas camaras terã cuydado & muyta dilligẽçya em mãdar gardar has ditas haruores q̃ asy forem pramtadas & pera dita goarda lhe porã as penas q̃ lhe pareçerẽ cõueniemtes pera q̃ hos gaados dos moradores da dita ylha has nõ comã nem se perquã por outra allgũa maneyra amtes se criem & aproueitem pera o adiẽte.

E pera melhor goarda das cousas comtheudas neste Regimẽto ey por bẽ & mãdo q̃ hos ouuydores das ditas Jurdições deuasè em cada hũ anno no mez de janeyro de todollos casos açima decrarados fazemdo toda a dilligẽcya q̃ lhe for posyuel para se saber quẽ cometeo as cousas q̃ por este Regimemto são defesas & premderã os cullpados & proçederã cõtra elles como for justiça damdo apellaçã & agrauo nos casos em que couber pera minha fazemda per amte o Juiz dos meus feitos della & nos casos em q̃ hallẽ da pena de dinheiro ha pena do degredo por este meu Regimemto apellarão por parte da Justiça posto q̃ has partes sejão absolutas & nos casos em q̃ nõ houuer mais q̃ pena de dinheiro se as partes cõdenadas quezerẽ apellar receberlheã sua apellaçã pera dita fazemda & semdo absolutas nõ apellarão por parte dá justiça amtes darã liuramemto aas partes pera escusar longas prisões & gastos das partes & hos hofeçiais das camaras terã muyto cuydado de requerer a hos ditos ouuydores q̃ tirem has ditas deuasas como dito he & nõ has tirãdo hos ditos ouuydores posto que lhe nõ seja requerido no tempo hatraz decrarado ẽcorrerã em pena de cimquoemta cruzados ametade pera as hobras & despesas dos cõcelhos & a outra metade pera hos captyuos & dous annos de degredo pera afriqua.

E allẽ das ditas deuasas geraes que asy mãdo tirar cadanno poderã os meirinhos da serra ou quaes quer outras pesoas do pouo denũcyar os casos deste Regimemto aas Justiças da dita ylha as quais lhe receberã has tais denũciações dãdolhe Juramemto dos sãtos hauãgelhos se denũcyã bem & verdadeiramemte & nomearã testemunhas & as ditas Justiças tirarã devasa pelos autos das ditas denũciações & proçederã cõtra hos culpados cõforme a este Regimemto & nos tais casos serã os ditos meirinhos & denunciadores obrigados acusar has pesoas de que asy denũçiarã & auerã a metade das penas em que forem cõdemnadas q̃ ey por aplicadas pera os ditos acusadores & nõ acusãdo os taes denũciadores como dito he paguarã vimte cruzados pera hos captiuos tãto q̃ dacusasã desestirẽ & proçederseha no caso por parte da Justiça & sẽdo as tais acusações & denũciações feitas per amte hos Juizes das ditas cidades & villas darã hos ditos Juizes sẽtemças no caso como lhe parecer justiça & apellarã pera hos houuydores das ditas Jurdições & hos houuydores pera minha fazernda no modo acima decrarado & mamdo a hos meirinhos da serra q̃ sejã muyto dilligẽtes na guarda das ditas madeyras & lenhas por quamto ho ei asy por muyto meu seruyço & proueito da .dita ylha os quaes meirinhos correrã ha dita serra & achamdo pesoa allgũa q̃ corte has ditas madeyras & lenhas cõtra forma deste Regimẽto ou q̃ ,comete allgũa das ditas cousas defesas acerqua de cortar osmoutar ou corta a rama dellas hacoymallaha & allẽ das penas batraz decraradas pagarã has tai 'pesoas quinhemtos rrs de coima pela primeyra vez & mill rrs pela segũda & mais vezes por ha qual pena de coima serão hos ditos meirinhos cridos per seu juramento soomẽte & por elle se fara execuçã da dita coima nas pesoas q̃ elle jurar q̃ achou & serã obrigados a ver asemtar has ditas coimas demtro de dous dias despois da tall achada & dahy por diamte has nõ poderã mais asemtar nem se fara obra por elfas & pela cõdenaçã da dita coima nõ serã escusas has tais pesoas das mais penas deste Regimemto sẽ. do culpadas em allgũs dos casos nelle cũtheudos sẽdo legitimamemte provado q̃ forã cõtra elle.

E por q̃ ha guarda & cõseruaçã das ditas madeyras cõpre muyto ao bem comũ & meu seruiço & podo acõtecer q̃ heu allgũas vezes a jnstãcia dallgũas pesoas cõceda prouisões pera na dita se fazerem allgũas naos ou nauios & pera se terarem has ditas madeyras & lenhas para fora della sem embarguo deste Regimemto Ey por bem & mãdo q̃ sẽdouos apersemtadas allgũas provisões minhas pera na dita ylha se fazerẽ naos ou nauios ou pera se della tirarẽ algũas madeyras ou lenhas has nõ oompraes nem façaes por ellas obra algũa sem embarguo de deroguarem expresa & particularmemte este Regimemto ou de quais quer outras clausolas q̃ tenhã & posto q̃ nellas se declare q̃ has cõcedi de meu motu propio por que asy ho ei por meu seruiço nõ se cõprirem & sospemdereis a execução dellas atee me fazerdes saber & me emuiardes has ditas provisões cõ ho voso pareçer aserqua do bem comũ da dita ylha & meu seruiço & do prejuiso q̃ fazem has taes prouisões & tornardes sobre iso auer reposta minha do q̃ heu oube por bem q̃ se niso faça.

E por esto uos mãdo a todos ẽ gerall & cada hũ ẽ especiall q̃ bijais muito bem este meu allvara & Regimemto & ho mãdeis notefecar a cada hũ ẽ vosa Jurdiçã & tresladar nos liuros das camaras della para ser ha todos notorio & se saber ho q̃ aserqua diso tenho mãdado ha quall noteficaçã se fara pobricãdo este meu allvara & Regimẽto nas camaras da dita ylha & ẽ hũa das haudiẽças dos houuydores & de como asy for pubricado nas ditas camaras & haudiẽças se fara asemto ao pee do registo q̃ se ade por nos liuros das ditas camaras asynado pelos Juizes & mais ofeçiais dellas & pelos houuidores das ditas Jurdições pera dahy por diête ha côprir imteiramête como por my. E por este mãdo a todos hos houuydores & justiças da dita ylha & de meus Reynos & señorios q̃ cũprã & gardẽ este meu allvara & Regimemto como se nelle comtẽ & ho façã imteyramemte comprir & gardar & dem a execuçã has penas nelle comtheudas & mãdo aos capitães & quais quer outros meus ofeçiais & pesoas outras q̃ nõ dem licẽças allgũas pera cortarem nem leuarẽ has ditas madeiras & lenhas posto q̃ allgũas tenhã poder pera darem has taes licẽças por q̃ por este ey hos taes poderes por reuogados sẽ embarguo de quais quer clausulas derogatorias q̃ teuerem posto q̃ dellas se aja de fazer expresa mençã por q̃ por esta reuogaçã has ey aquy por expresas & decraradas & cometo ha data das ditas licẽças em todo & por todo aas ditas camaras na maneyra açima decrarada & mãdo aos hofeçiaes dellas q̃ em todo ho sobre dito tenhã especyall cuydado como delles côfio & a hos ditos houuydores & Juizes q̃ dem a execução has ditas penas & de todas has pecuniarias decraradas neste Regimẽto q̃ especyalmemte nos capitollos delle nõ sã aplicadas a pesoa ou parte allgũa ey por bem q̃ ametade sejã pera quẽ hacusar hos culpados & ha outra ametade pera has despezas das camaras & côçelhos homde has ditas madeyras & lenhas forem cortadas & semdo culpados por deuasa por serem acusados por parte da Justiça sera ha metade das ditas penas pera has ditas camaras & ha outra metade pera hos catyuos. Antonio dabreu ho fez ẽ lixboa a vimte & sete dias do mes dagosto de mill vᶜ lxij (1562). E eu duarte dias ho fiz escrever. Raynha. O côde.

T. 2.ᵃ do Arch. da Cam. do Fui.chal, fol. 128-133.

NOTA XIV

Sesmarias.

«O capitam João Gonçalves Zargo... mandando chamar a Tristam Vaz... ordenou repartir a terra com quem a aproveitasse.»—Pag. 67.

«Chegado João Gonçalves ao Funchal, começou a traçar a Villa, e a dar as terras de sesmaria, como tinha por regimento do Infante D. Henrique.»—Pag. 71.

As *sesmarias* foram o primitivo systema de colonisação, e o principal germen da rapida prosperidade agricola do archipelago, especialmente nesta ilha da Madeira: e, com a agricultura, cresceu prodigiosamente a população. —É, pois, importantissimo á historia economico-agricola deste archipelago o

conhecimento do que então eram as *sesmarias*, e de qual a fórma como aqui
se constituiram.—Ao primeiro destes pontos satisfazemos cabalmente, extra-
ctando-o da respectiva legislação do tempo. Quanto ao segundo, só depois de
muitas diligencias podémos obter um exemplar unico, adiante trasladado, o
qual temos como precioso specimen, embora não seja dos tempos primitivos
da colonisação da ilha. Mas, na circumstancia mesma da sua data, 24 de
abril de 1503, prova que as *sesmarias* perduraram até que, no seculo xvi,
foram sendo substituidas pela nefasta instituição dos *morgados*, ou vinculação da terra, surgindo então, subordinado ao morgadio, o celebre *contracto de
colonia*, peculiar a esta ilha da Madeira, e qual é uma violação do contracto de
sesmaria, mixta dos de parceria agricola e de emphiteuse; e tão precario para
o agricultor, que o reduziu á condição de quasi *adscriptício*, do que gradualmente o tem ido emancipando a inevitavel caducidade das instituições vinculares, ingenita na estructura economica dellas mesmas, e proclamada pelas
leis abolitivas, desde a de 9 de septembro de 1769, obra do grande Marquez do
Pombal, até a de 19 de maio de 1863, que extinguiu os morgados, excepto o
da casa de Bragança, pertencente ao rei.—Além do extracto da legislação de
sesmarias, e do traslado de um contracto desta especie, aqui tambem daremos
por extracto a legislação do tempo sobre parceria agricola, para esclarecimento do supradicto contracto de colonia.

I

Das sesmarias.

Elrey Dom Fernando, de louvada e esclarecida memoria, em seu tempo fez Ley em esta, que se segue.

Dom Fernando pela graça de DEOS Rei de Portugal, e do Algarve.
Consirando como por todas as partes de nossos Regnos ha desfalecimento de
mantimento de trigo, e de cevada, de que antre todalas Terras, e Provincias
do Mundo soyam seer muy abastadas, e estas cousas som postas em tamanha
carestia, que aquelles, que ham de manteer fazenda ou estado de qualquer.
graao de honra, nom podem chegar a aver essas cousas, sem mui grande desbarato do que ham; e esguardando como antre todalas razooes, per que este
desfalecimento e carestia vem, mais certa e especial he per mingua das lavras,
que os homeës leixam, e se partem dellas, entendendo em outras obras, e em
outros mesteres, que nom som tam proveitosos pera o bem comuum; e as
terras e herdades, que soyam a seer lavradas e semeadas, e que som convinhavees pera dar pam, e outros fruitos, per que se os Povoos ham de manter,
som desamparadas, e deitadas em Ressios, sem prol, e com grande dapno
do Povo.

2 Porem avendo sobre esto nosso acordo, e conselho com o Ifante Dom Joham nosso Irmaaõ, e cum o Conde Dom Joham Affonso, e com os Prelados, e Priol do Espital, e Meestres da Cavallaria, e com os outros Fidalgos, Cidadaãs, e homeens boõs dos nossos Regnos, que pera este, e pera outras cousas de nosso servisso, e prol dos ditos nossos. Regnos, mandamos chamar, pera se poer em esto remedio qual pertencia, pera aver na terra avondamento das ditas cousas: Estabelecemos, hordenamos, e mandamos, que todos os que ham herdades suas proprias, ou teverem emprazadas, ou afforadas, ou per qualquer outra guisa ou titulo, per que ajam direito em essas herdades, sejam costrangidos pera as lavrar, o semear; e se o Senhorio das ditas herdades nom poder per sy lavrar todalas ditas herdades que ouver, por serem muitas, ou em desvairadas Comarcas, ou elle for embargado por alguma lidima razom, por que as nom possa per sy lavrar todas, lavre parte dellas per sy, e per hu elle quiser, e lhe mais aprouver, e quanta lavrar poder sem grande seu dapno, e com meor seu encarrego, a bem vistas e determinaçom daquelles, a que desto for dado poder; e as mais faça lavrar per outrem, ou as dê a lavrador, que as lavre e semee por sua parte, ou a pensom certa, ou a foro, assy como sé melhor poder fazer; de guisa que as herdades, que som pera dar pam, sejam todas lavradas, e aprovoitadas, e semeadas compridamente, como for mester, de trigo, ou cevada, ou de milho, pera qual for, e que mais fruito e melhor possa dar em seus tempos e sazooẽs convinhavees.

3 Outro sy sejam costrangidos pera averem e teerem cada huum tantos bois pera lavrar, quantos forem mester pera a lavoira, segundo a contia das herdades que ouverem, com as outras cousas que aa lavoira perteencem.....

4 E mandamos, que pera comprar os bois, e as outras cousas, que som perteencentes pera as lavoiras, outro sy pera começar de lavrar, e aprovoitar as herdades que forem pera lavrar, seja assinado tempo certo aos que o de fazer houverem, que o façam e cumpram sob certa pena, que lhes sobre esto seja posta. E se os Senhores das herdades por suas negrigencias nom quiserem comprir todo esto, que per nós he ordenado, nem quiserem lavrar, nem aproveitar suas herdades per sy ou per outrem, como dito he, as Justiças dos lugares, ou aquelles, a que pera esto for dado poder, dem essas herdades a quem nas lavre, e semee sob certo tempo, e por pensom, ou parte certa; e o Senhor da herdade nom a possa filhar despois per sy, nem tolher durando o dito tempo aaquelle, a que assy foi dada; e essa parte, ou pensom, que o lavrador assy houver de dar, seja pera o bem do comuum, em cujo termo essas herdades jouverém; mais nom seja dada, nem despeza em nenhuum uso, se nom per nosso mandado especial.

60

. 12 E pera se comprir, e poer em obra estas cousas, que assy som hordenadas per nós: Teemos por bem e mandamos, que em cada huma Cidade, ou Villa de cada huma Comarca, e Provincia das Correiçooens, sejam
postos dous homeens boõs dos melhores Cidadaaõs, que em essas Cidades ou
Villas ouver, os quaees devam saber e veer todalas herdades, que há em
cada huma Comarca, que som pera dar pam, e nom som lavradas e aproveitadas; e façam que sejam lavradas e aproveitadas pera pam; e ajam poder pera costranger os Senhorios dellas, que as lavrem, ou façam lavrar e
semear pela guisa, que suso he escripto e hordenado.

13 E porque os Senhores das herdades nom as querem dar a outros, que
as lavrem, senom por grandes peensooés, ou por muy grandes rendas, e os lavradores, ou aquelles que as ouverem de lavrar, nom as querem filhar, se nom
por muy pequenos preços ou muy pequenas conthias, ou per ventura sem nenhum encarrego de dar pensom, ou parte aos Senhores dessas herdades; porem
por nom averem aazo nenhuma das partes de se escusar, e as herdades nom ficarem por lavrar: Teemos por bem e mandamos, que estes dous homeés boõs,
que assy ficarem e forem escolheitos, como dito he, em caso que se as partes
nom possam avyr, taixem, e alvidrem quanta, e camanha parte, ou pensom
os Lavradores dem aos Senhorios das herdades; e possam costranger, assy os
Senhores das herdades que as dem, como os lavradores que as filhem, pela
estimaçom e taixaçom que fezerem.

14 E se per ventura estes dous homeés boõs antre sy forem em desvairo
sobre a estimaçom e taixaçom, que ham de fazer, entom seja dado huuh homem boõ por terceiro polo Juiz do lugar, pera partir o desvairo, que for antre os dous, e concordar no mais igual, segundo entender; e cumpra-se, e guar-
de-se o que polos ditos dous homeés boõs for acordado em esta razam. E
se os Senhores das herdades esto nom quiserem consentir, e contra ello forem,
ou ho embargarem per qualquer maneira per seu poderio, percam essas herdades, e desentom sejam apricadas ao comuum pera sempre: e a renda dellas seja tilhada, e recebida pera prol do comuum do lugar, em cujo terren-
torio essas herdades jouverem.

15 Outro sy teemos por bem, e mandamos, que os sobreditos dos homeés
boõs, que forem postos em cada hum lugar do nosso Senhorio, enqueiraõ e saibaõ
logo, e dhi emdiante pelos tempos, quaees e quantos som os que vivem e moram
em esses lugares, assy naturaaes delles, como outros quaaesquer, que hy chegarem, ou viverem de fora parte, e que nom som mesteiraaes, nem vivem per
certos mesteres necessarios pera prol cumunal, ou viverem com alguuns taaes,
que os mereçam, e ajam mester pera os servirem, &c. outro sy dos meedi-
gantes, e dos outros suso ditos, que andam em avitos religiosos: e esto meesmo seja mandado aos vintaneiros, que som postos pera guardadores das Frei-
guesias e das ruas e das praças, que dem recado a estes sobreditos dous ho-

meẽs boõs de todalas pessoas, que acharem e souberem, cada huum em sua freiguesia ou roa ou praça, da condiçom suso dita, per nomina que façam delles, pera serem costrangidos pera lavrar e semear pam na terra, que lhes for dada per essas Justiças. E se nom puserem, ou nom quiserem per sy manteer lavoira, dem-nos a quem nos ouver mester pera lavrar e semear pam, e nom pera outro mester, nos lugares é Comarcas, hu ouver herdades o lavoiras de pam, ou pera o lavor das vinhas, hu ouver vinhas, e a lavoira do pam desfallecer, aa qual nossa teençom he de acorrer primeiro pola razom suso escripta, por que nos movemos a fazer esta hordenaçom, e taixaçom a esses mancebos, e servidores em seus preços, e soldadas aguisadas, que ajam d'aver, segundo suso dissemos.

18 Outro sy porque alguuns dos que eram lavradores, e outros muitos, que o poderiam ser se quisessem, compram e ganham grandes manadas e somas de gaados, e os trazem e governam pelas coutadas e herdades alheas, e compram as hervas e pacigoos dos Senhores das herdades, de que esses Senhores das herdades ham algo, e esses Senhores dos gaados vendem os estercos de seus gaados, e ham por elles algo; e por esta razom os huũs, e os outros, assy os Senhores das herdades, como os dos gaados, nom curam de lavrar nem aproveitar as herdades: Porem defendemos e mandamos, que daqui em diante nom soiram nem consentam a nenhuum, que aja nem traga gaados seus nem d'outrem, se nom for lavrador, ou nom mantever lavoira, ou for mancebo de lavrador, que more com esse lavrador pera o serviço da lavoira, ou pera guarda de seus gaados, ou pera outras obras perteencentos a mester da dita lavoira. E os que manteverem lavoira, ou quiserem seer lavradores, e lavrarem herdade sua ou d'outrem, ou viverem com esses lavradores, ou que manteverem lavra pera esse mester da lavoira, como dito he, possam aver e trazer gaados, quantos lhe comprirem, e mester ouverem pera seus mantimentos, e pera sustentamentos de sua lavoira aguisadamente, sem pena e sem outro embargo.

20 E despois desto o Virtuoso Rey Dom Joham meu Avoo, da famosa e louvada memoria, em seu tempo á cerca deste passo algumas vezes mandou a muitos Lugares, e Villas de seus Regnos, per que dessem as terras, e herdades de sesmaria em esta forma que se segue.

21 Dom Joham, &c. A vós Juizes da nossa Villa d'Estremós, e a todolos outros Juizes, e Justiças dos nossos Regnos, e a outros quaeesquer Officiaaes, a que desto o conhicimento perteencer, per qualquer guisa que seja, a que esta nossa Carta for mostrada, saude. Sabei de que os Juizes, e Vereadores, e Procuradores, e homeẽs boõs dessa Villa d'Estremós nos enviarom dizer per

sua Carta, çarrada, e seellada do Seello do dito Concelho, segundo per ella parecia, em a qual nos enviarom pedir por mercee, que per nossa Carta lhes confirmassemos por sesmeiro. Alvaro Gonçalves morador na dita Villa, pera poder dar de sesmaria. Casas, e pardieiros, e beës, e herdades, que jazem em mortorio, que já em outro tempo forom casas povoradas, vinhas, e olivaaes, pumares, ortas, ferrageaaõs, e herdades de pam.

22 E nós veendo o que nos assy dizer, e pedir enviarom, e vista por nós a dita Carta, e fiando nós do dito Alvaro Gonçalves, que o fará bem e como deve: Teemos por bem, e damos-lo por sesmeiro em essa Villa e termo, que possa dar as ditas sesmarias aas pessoas, que elle vir e entender, que as melhor e mais cedo lavrarôm, e aproveitarôm. Ao qual Alvaro Gonçalves nós mandamos, que ante que elle dê os ditos beens de sesmaria, mande lançar pregooës, e edictos, per quatro ou cinquo dias, em a dita Villa d'Estremoz, e nas Villas das Comarcas d'arredor, que aquelles, cujos os ditos beens fôrem, e a que per direito perteencerem, que alaa huum anno os vaaõ lavrar e aproveitar, ou os vendam, ou emprazem, ou arrendem, ou os dem de foro a taaes pessoas, que os lavrem, e aproveitem, e corregam. E nom o fazendo assy como dito he alaa o dito tempo, mamdamos que ó dito Alvaro Gonçalvos os dê, e possa dar de sesmaria a quaees quer pessoas, que elle entender, que os melhor, e mais cêdo poderom lavrar, e adubar, e aproveitar, pela guisa que o forom, e milhor se milhor poderem; e que as pessoas, a que assy forem dados os ditos beens de sesmaria, os lavrem comó dito he, e os ajam, e possuam, e logrem pera todo sempre, como sua cousa propria, sem outro nenhũu embargo, que lhe sobre ello seja posto. E em testemunho desto, lhe mandamos dar ésta nossa Carta. Dada em a Cidade d'Evora á vinte cinco dias de Fevereiro. ElRey o mandou per Joham Gonçalves, e Fernam d'Alvares seus vassallos, e do seu Desembargo. Joham Lourenço Godinho a fez. Era do Nascimento de Nosso Senhor Jesu Christo de mil e quatrocentos e vinte e sete annos.

37 E quanto he aó mandado d'ElRey Dom Joham meu Avoo, e declaraçom feita per ElRey meu Senhor e Padre acerca das sesmarias, mandamos que se guardem, assy como em todo he contheudo, naquellas terras, Villas, e Lugares, honde per usança antiga, ou por mandado dos Reix, que ante nós forom, ou nosso, se acostumaron á dar as terras e herdades de sesmaria.

Ordenações Affonsinas, liv. iv, tit. lxxxi (Coimbra, 1773).

II

CONTRACTO DE SESMARIA NA ILHA DA MADEIRA.

CARTA de xismaria a favor de Urbano Lomelim & Luis
Dorea escudeyro.

Tristam teixeira do comselho de ElRey noso Senñor & seu capitam &
gouernador de sua Justiça em esta sua ylha da madeyra na billa & Jurdiçam
de machiquo & Antam alluares escudeyro da casa do dito senñor & seu almoxarife em a dita billa & Jurdiçam. Fazemos saber a quamtos esta nosa
carta de xismaria birem & ho conhecimemto della em dereito pertemcer que
a nos embiaram a dizer per sua imformaçam Urbano lomelim mercador morador em santa Çruz termo desta billa &, Luis dorea escudeyro morador na
billa do Funchall como elles tinham nas achadas de santanna hũas terras que
aimda ātre elles estā por exmoutar nas quaees he feita & cada dia faziā...(?)
as quaees comesam de hũa parte pella ribeira do seisall dereito a baixo a ho
mar & do mar outra ves aa Serra partimdo cõ hos filhos de dieguo Moniz & que
por quāto elles sētiam de nos has darmos a outra algũa pesoas de xismaria nos
pidiā & requeriā de parte de ElRey noso senñor que nos lhas desemos de xismaria nouamēte comvē a saber aquellas que aimda som por aproueitar semear & dar fruyto cada hũ anno no que lhe fariamos dereito & Justiça & bisto por nos seu dizer & pedir ser justo nos pello poder & autoridade que do
dito senñor teemos lhas damos has ditas terras de xismaria nouamēte com tamto que has aproueitē & cultiuē segoras & com condiçam que idem caminos
& reguos dagoa por onde menos dapno fezerem aas ditas terras & porē mamdamos a todolos Juizes & Justiças desta Jurdiçam que hos leixem aproueitar
& exmoutar has ditas terras nom semdo com foguo & lhe leixem fazer dellas & em ellas ho que lhe bem bier & has posam bender dar doar, arrendar aforar por quamto nos lhas damos pera elles & todos seus herdeyros açēdēntes
& deçēdētes que despois delles bierem & per esta mamdamos a quall quer alcayde desta Jurdiçam que com ho escripuam do almoxarifndo hos vam meter de
pose das ditas terras & lhas leixem aproueitar como dito he. & per sua guarda
& nosa lembrança lhe mandamos dar esta nosa carta asinada per nos &
per bem desto damos por bem que seraa registada & se o não for que esta
carta lhe nom valha. Dada ē Machiquo a vimte & quatro dias do mes Dabrill.
Pedro lopes escripuam do almoxarifado a fez. Anno do naçimēto de noso senñor Ihũ xpõ de mill & quinhemtos & tres annos. Tristam teixeira. Antam alluares. Pagou trinta & seis reis. Pero lopes. Registada. Luiz mēdes.

Titulo pertencento ao Morgado da familia Lomelino.

III

DO QUE DEU HERDADE A PARCEIRO DE MEAS, A TERÇO, OU QUARTO &c.

E DIZEMOS que se o Senhor d'alguma vinha, ou herdade &c. a desse a outrem de meas, terço, ou quarto &c. por tempo de dez annos, ou mais, em tal caso passará esse contrauto aos herdeiros; porque tal contrauto assy feito nom segue a natura e condiçom do contrauto da parçaria, mas passa em outra especie de contrauto, que se chama em direito infitiotico.

Ordenações Affonsinas; liv. IV, tit. LXXVI, § 2.ª

NOTA XV

A Ilha da Madeira feita realenga.

«El-Rey D. Affonso V... deu muitos e bons foraes e liberdades... El-Rey D. Manuel... deu outras.»—Pag. 74.

O systema de avocar este archipelago á centralisação monarchica manifesta-se desde as primeiras doações régias a elle relativas, como se reconhece á simples leitura dos diplomas já colligidos nestas notas. D. Affonso V seguiu esse systema nos foraes e outras liberdades e franquias que concedeu aos povos destas ilhas. Infelizmente, porém, não nos tem sido possivel alcançar traslado destes diplomas. D. João II apontou desassombradamente o mesmo caminho. D. Manuel consummou este plano centralisador, deixando sómente aos seus successores o applicar as consequencias. Deste reinado temos alcançado os precisos documentos para bem se estudar o como elle poz por obra o projecto iniciado por seus antecessores. O primeiro desses documentos é a carta régia de 27 de abril de 1497, pela qual fez a ilha da Madeira realenga; carta que foi um *golpe de estado*, como agora se diz á francesa, ou um *motu-proprio*, como dizia a antiga monarchia; carta pela qual o rei engastou de vez, definitiva e seguramente, esta perola do oceano, a ilha da Madeira, na sua corôa, e consolidou os povos da mesma ilha na autonomia portugueza; carta pela qual o rei interpoz o seu potente sceptro como dique aos incriveis vexames de toda a especie, que os donatarios, a aristocracia local e o clero se arrogavam sobre a população morigerada e laboriosa; carta sob as angustas palavras da qual se sente o arfar despeitado do cardume de todos esses interesses egoistas, abatidos perante o poder régio, a cujo abrigo então se acolheram, timidos, o direito e a moral, o trabalho e a esperança; carta pela qual a ilha da Madeira começou a deixar de ser quasi escrava de tantos, para ser subdita directa de um só; carta que talvez esmagou, com as austeras juras e tremendas maldições que contém, alguma surda conspiração. desses mesmos interesses, para os quaes a satisfação era tudo, e tudo o mais, nada. —Leão-se com attenção as paginas das *Saudades da terra* attinentes aos governos dos capitães donatarios do Porto-Sancto, de Machico, e do Funchal, especialmente o theor de pag. 187-190 do presente livro, e lá se achará mais de um grave symptoma desta lucta do poder real contra o dos donatarios.

Outro meio de que os reis cumulativamente se valeram para sopeal-os, foi a instituição de *municipios*, com seus respectivos *foráes*, como logo diremos.

Eis esse notavel diploma:

CARTA delRey nosso Senñor em que faz Realenga a esta ylha da madeyra pera sempre.

DOM MANUELL per graça de Deos Rey de purtugall & dos allgarues Daaquem & dallem maar Em africa senñor de Guinee. A quãtos esta nossa carta birem fazemos saber que por quamto a nosa ylha da madeyra he huũa das principaes & proueytosas cousas que nos & a rreall coroa de nossos Reygnos teemos pera ajuda & soprimemto do estado rreall & encarregos de nossos Reygnos a nos pareçe cousa justa & neçesaria que a dita ylha com seu senñorio Remdas & Jurdiçam seja soomente da dita nossa coroa pera sempre & dos Reys nossos herdeiros & sobçesores a soçederem & pollo quall & asy por fazermos graça & merçee aa dita ylha & a hos moradores & pouoradores Della & por teer Rezam de se mays ennobreçer & aproueytar de nosso moto propeo çerta siemcia poder absoluto & libre boomtade Teemos por bem & per esta em nosso nome & de nossos herdeyros & sobçesores prometemos pera sempre & damos nossa fee Reall que em algum tempo por alguũa neçesydade ou caussa cuydada & nam cuydada que a nos & a nossos sobçessores sobre benham aymda que seja de grande peso & ymportamcia nũca a dita ylha nem parte della com seu senñorio Remdas & Jurdiçam seja dada per nos nem per nossos sobçesores De graça nem em bida nem de juro nem per outra quall queer maneyra a alguũa pesoa de quall queer estado comdiçam & primynemçia que seja nem a ygreja nem a moesteyro nem a casa outra piadosa nem a Religiam nem a hordem posto que seja de caualaria amtes queremos & outra vez prometemos que a dita ylha ymteyra & jumta seja sempre nossa & de nossa coroa & dos Rex nossos sobçesores & nũqua de nos nem delles seja desenida & apartada em algũ tempo. E por mais firmesa & seguramça do quall nos em nosso nome & dos Rex nossos sobçesores & herdeyros juramos ao sinall da cruz & a hos samtos abamgelhos em que corporallmemte poemos as maaõs de nos & hos ditos nossos herdeyros & sobçesores o comprirmos & mamtermos asy ymteiramemte sem arte cautella ném mimguamento algum & de nũca em algum tempo pedirmos releuamento nem absoluçam deste Juramemto amte sopricamos a nosso muy samto padre que pello tempo for presydemte na ygreja de Deus que comtra este Juramento nũca despense nem o tempere pera com a liçemçia delle se fazer o contrayro desto & Rogamos & emcomemdamos muyto aos Rex nossos herdeyros & sobçesores que pellos tempos forem que per nossa bemçam & sob pena da maldiçam de Deus & nossa sempre ho asy compram & comseruem pera SEMPRE em testemunho & fee do quall mamdamos dar esta carta aa dita ylha & a hos moradores della asinada per nos & asellada do nosso sello do chumbo. Dada em a nossa çidade Deuora a xxbij dias do mes Dabrill. Biçemte pires a fez. Anno do naçimemto de nosso sennor Jhu xpõ de mill & ııııᵉ nobemta bıı annos (1497). ElRey.

T. 1.º do Arch. da Cam. do Funchal, fol. 272.

El-rei D. Darte defmiu por lei quaes os direitos reaes ou realengos; dessa lei passaram ás *Ordenações Affonsinas*, e destas ás *Manoelinas*. Para se fazer ideia do quanto então importava ser logar realengo e não terra de sonhorio ou donatario, damos o seguinte extracto dos principaes artigos da mencionada lei, trasladados das *Ordenações Affonsinas*.

DOS DIREITOS REAAES, QUE AOS REYS PERTEENCE D'AVER EM SEUS .
REGNOS PER DIREITO CÕMŨ.

ELRey meu Senhor, e Padre de gloriosa memoria fez hũa Ley, de que o theor tal he.

1 NOS DOM EDUARTE pela graça de DEOS Rey de Portugal, e do Algarve, e Senhor de Cepta. Conhocendo como nom tam soomemte per Ley santa, mais ainda Natural, de que as gentes movidas per natural igualdade geeralmento usam, antre todalas cousas outras somos em especial obriguado ao Nosso Senhor DEOS, de cuja maaõ, e encomenda teemos a governança, e regimento destes Regnos, de os acrecentar, e ainda requerer os Direitos Reaaes, e rendas delles, quanto em Nós bem for, a todo nosso Real, e verdadeiro Poderio, porque seendo justamente requeridos, e conservados em seu direito seer, os nossos naturaaes serom por ello rellevados d'outros muitos encarregos, que os Reyx de longo tempo, segundo direito, e usança geeralmente

aprovada, acostumaarom de encarregar seus Póvoos em tempo de suas necessidades; e quando os Direitos Reaaes fossem minguados per mingua de bõo requerimento, necessariamente, conviria aos Reyx de encarregar seus Póvoos d'outros encarregos illicitos sem urgente necessidade, o que ante DEOS lhe seria contado por grande culpa.

2 E por tanto dezejando Nós de seer desencarregado de tal obrigaçom, Mandamos ao Doutor Ruy Fernandes do nosso Conselho, que proveesse as Leyx Imperiaaes, e quaeesquer outros Direitos, assy Canonicos, como Civys, perque podesse seer em verdadeiro conhecimento de todolos Direitos Reaaes, que aa Coroa do Regno pertcencem, e per direito lhe som realmente devudos pera conservaçam de seu Real Estado, em tal guisa, que per seu bõo encaminhamento podessemos seer certamente enformado de como se ouvessem de recadar: o qual com estudo deliberado nos deu huã declaraçom, segundo achou per Direito, em esta forma, que se segue.

3 Disserom as Leyx Imperiaes, que Direito Real ho Almirantado, que significa authoridade pera crear Almirante no mar, e Capitom na terra em tempo de guerra, pera haver de reger, e governar a hoste em nome d'ElRey.

. . . .

5 Item. Estradas, e ruas pruvicas antiguamente usadas, e os Rios navegantes, e aquelles, de que se fazem os navegantes, se som cabedaaes, que correm continuadamente em todo tempo, pero que o uso assy das estradas, e ruas pruvicas, como dos Rios seja ignalmente cõmuũ a toda gente, e qualquer outra cousa animada, ficando sempre a propriedade delles no Patrimonio Fiscal.

6 Item. Os portos do mar, honde os navios costumõ d'ancorar; e as rendas, e direitos que d'antigamente se acostumaarom de pagar das mercadarias, que a elles som trazidas,

. . . .

8 Item. Os direitos, que se pagam pelos passageiros, atravessando os Rios cabedaaes d'huã parte pera a outra.

9 Item. As portagees, e quaaesquer outros direitos, que se pagam, segundo Direito, ou Custume da terra, das mercadorias, e cousas, que se trazem pera a terra, ou levam fora della.

. . . .

12 Item. Todolos beẽs vagos, a que nom ho achado certo Senhor.

13 Item. Todalas cousas, de que alguũs, segundo Direito, som privados, por nom scerem dignos de as poder aver, assy per Ley Imperial, como per Estatuto; salvo em aquelles casos, em que especialmente as Leyx permitem, que as possam háver, nom embargante seu desmerecimento, ou sejam rellevados per graça geeral, ou especial do Rey, ou Princepe da Terra.

. . . .

15 Item. Os bees dos condapnados per Sentença no caso, honde o condapnado perde a vida natural, ou o estado, ou a liberdade da pessoa, e pel
sua morte, ou condapnaçom nom ficou alguũ seu acendente, ou decendente ly,
demo ataa o terceiro graao.

16 Item. Em todo caso de condapnaçom, honde o condapnado nom perde a vida natural, estado, ou liberdade, e per Direito dos Enperadores deve
perder expressamente os beẽs, se ao tempo da condapnaçom nom avia alguũ
decendente lydemo em qualquer graao.

. . . .

20 Item. Direito Real he lançar o Rey pedido ao tempo de seu casamento, ou de sua Filha; e servillo o Povoo no tempo da guerra pessoalmente; e
levar mantimento ao arrayal assy em carros, como em bestas, como em barcos, ou em navios, ou em outra qualquer guisa, que mester for.

21 Item. Geeralmente todo encarrego assy real, como pessoal, ou misto,
que seja composto por Ley, ou per Costumo longamente approvado.

. . . .

24 Item. Lançar pedidos, e poer imposiçooẽs no tempo da guerra, ou
de qualquer outra necessidade, que he tanto licita, que o Rey o deve a fazer
com acordo dos do seu Conselho por serviço de DEOS, e bem do seu Regno,
ou conservaçom do seu Estado.

25 Item. Direito Real he poderio pera fazer Officiaaes de Justiça, assy
como som Corregedores, Ouvidores, Juizes, Meirinhos, Alquaides, Taballiaẽs,
e quaaesquer outros Officiaaes deputados pera ministrar justiça; nom embargante que o poderio de fazer Juizes usurparom de longo tempo as Cidades, e
Villas universalmente per todas as partes do Mundo, pero que em alguãs partes, assy como no Regno de Portugal, necessariamente devem pedir a ElRey
confirmaçom delles, ante que usem dos Officios, em fignal de Senhorio, que
a elle principalmente perteence de os crear, e fazer per Direito.

26 Item. Direito Reàl he argentaria, que significa veas d'ouro, e de
prata, e qualquer outro metal, os quaaes todo homẽ poderá livremente cavar em
todo lugar, com tanto que ante que o comece a cavar, dentrada pague a ElRey.

. . . .

27 Item. Os Paaços, que som deputados em qualquer Cidade, ou Villa
pera se fazer direito, e justiça, que se dizem em vulgar, Paaços do Concelho.

28 Item. As rendas das pescarias, que os Reyx d'antigamente per usança de longo tempo acostumaarom d'aver, e levar, assy das que fazem no mar,
como nos rios; e per semelhante guisa as rendas, que antigamente acostumaarom a levar das marinhas, em que se faz o sal no mar, ou em qualquer
outra parte.

29 Item. Os bees d'aquelles, que cometem crime de lesa Magestade, ou Heresia.

. . . .

32 Item. Os bees do Procurador d'ElRey, que prevericou no seu feito, e per causa da prevericaçom malliciosa perdeo o dito Senhor Rey o feito; ca em tal caso todolos beês do dito Procurador som confiscados, e feitos Direito Real, por que assy pecou contra o dito Rey seu Senhor, cujo Official he.

33 Item. O preço de toda cousa letigiosa, que he vendida, ou enalheada despois que sobre ella he movida questom realmente em Juiso, e a lide contestada; ca em tal caso o dito preço, ou outra cousa qualquer, por que assy foi enalheada, he todo confiscado, e feito Direito Real: e esto nom ha lugar quando a questom he movida sobre auçom pessoal.

. . . .

34 Item. Topolos beês de raiz, que alguã Official Temporal d'ElRey compra, em tempo que assy he Official, se o dito Officio he com alguã aministraçom; ca em tal caso logo som confiscados, e feitos Direito Real.

. . . .

37 A qual, Declaraçom vista per Nós, mandamola assentar no Livro da nossa Chancellaria, por tal que Nós, e nossos successores, e nossos Officiaaes possamos por ella aver comprida enformaçom do que a nosso serviço comprir, e a bem do nosso Povoo em todo tempo, que o caso requerer, honde as Leyx do Regno, e Costume antigoo d'outra guisa nom determinaarom.

38 E vista per Nós a dita Ley. e Declaraçom em ella feita, avemola por boa, e mandamos que se cumpra, e guarde como em ella he contheudo,

Ord. Affon., liv, ii, tit. xxiv (Coimbra, 1792).

As *Ordenações Manoelinas* tractam destes mesmos *direitos reaes* no liv. ii, tit. xv, mas na essencia não alteram o que dispõem as *Affonsinas*, as quaes teem cunho mais primitivo; por isso destas, e não daquellas, os trasladamos.

Esses direitos, e a condição de *terra realenga*, isto é, conforme elles governada, longe, muito longe estavam da liberdade e direito publico dos povos modernos; emanavam até de principios diametralmente oppostos aos d'agora: mas, ainda assim, as terras que eram realengas tinham a grandissima vantagem de serem regidas pelo direito commum e geral do reino, em quanto que as não realengas vergavam sujeitas aos privilegios e caprichos, tantas vezes tyrannicos e constantemente abusivos, dos senhorios locaes.—Daqui vem o velho adagio portuguez: *Em logar realengo faze teu assento, e em terra de senhorio não faças teu ninho* (1).

(1) Bluteau, Vocabulario, verbo Realengo.

NOTA XVI

Municipios da Capitania do Funchal: villa, e depois cidade de Funchal; villa da Ponta do Sol, e Villa Nova da Calheta; pendencias destas com o Funchal: Foral.

«....Passou o capitam João Gonçalves para o Funchal, onde....entendeo....em fazer huma igreja que fosse principio e fundamento da Villa do Funchal......E chegou a huma ponta que...entra muito no mar; e....deolhe nome....a *Ponta do Sol;* onde tambem traçou huma villa, que depois se fundou, a primeira de sua jurisdição....E, correndo a costa....foram dar em huma grande abra, onde....desembarcaram entre huns penedos, fazendo ali á mão hum desembarcadouro, a que o capitam poz nome *Calheta....*Neste logar... se fundou a *Villa,* que tomou o nome da *Calheta.*»—Pag. 64-69.

«Nesta jurisdição do Funchal estão as duas villas.»—Pag. 71.

«El-Rey D. Affonso v... deo a esta Villa do Funchal muitos e bons foraes e liberdades...como consta de seus Alvarás, concedidos á mesma villa no anno de 1472, que estão no Tombo da Camara do Funchal, a qual sempre foi villa até o tempo d'ElRey D. Manoel, que a fez cidade, e a acrecentou e ennobreceo com obras que nella mandou fazer, e lhe confirmou as liberdades e deo outras....»—Pag. 74.

Até agora não achámos no Archivo da Camara do Funchal o diploma que elevou este logar a villa e municipio, nem os dos foraes e liberdades que lhe deu D. Affonso v, e cremos que não existem ahi, porque no respectivo repertorio não apparece nota delles (1).

As noticias que no decurso das investigações a este respeito alcançámos, são as seguintes:—*José Soares da Silva,* nas *Memorias para a Historia...de D. João o i,* liv. i, cap. lxxvii, § 461, diz que D. Affonso v fez o Funchal villa no anno de 1451, e *Paulo Perestrello da Camara,* na *Breve Noticia,*

(1) O exame dos diplomas transcriptos nesta e na seguinte nota, dos quaes não tinhamos conhecimento ao tempo em que foi escripta e impressa a nota i, mostrou-nos incurso em pequena inexactidão de facto no que ahi dissemos da creação e foraes dos municipios desta ilha da Madeira. E' certo que primeiro só dois municipios aqui houve, o do Funchal e o de Machico, cada qual abrangendo uma das duas capitanias; é certo que, depois, D. Manoel decompoz o do Funchal em tres, creando o da Ponta do Sol e o da Villa Nova da Calheta; mas, tambem certo é que, posteriormente a isto, o mesmo rei repartiu o municipio de Machico em dois, creando o de Sancta-Cruz, e que a todos deu novos foraes, ampliativos dos outorgados por D. Affonso v. Estes factos vão desenvolvidos e documentados nesta e na seguinte nota, pelas quaes deve ser corrigido o que de municipios e foraes apontámos naquella i.

pag. 65. tambem refere que nesse anno o Funchal começou a ser villa.—Em uma *Miscellanea* manuscripta, anonyma, que está na Bibliotheca publica de Lisboa, e no respectivo catalogo tem a indicação B,3,36, lemos que «em 1452 *D. Affonso v deu foral á villa do Funchal com muitos privilegios, fazendo os moradores de toda a ilha livres de pagarem siza, nem portagens, nem fintos, nem tributos dos que naquelle tempo havia no Reyno.»* E estamos em que é erro ou do proprio *Gaspar Fructuoso*, ou do copista, o referir estas concessões de D. Affonso v, não ao anno de 1452, mas ao de 1472 (vid. retro, pag. 74); porque, com quanto ainda não tenhamos visto os respectivos diplomas, temos noticia de outros e de factos anteriores a esta era que provam estar o municipio do Funchal já creado antes della; taes são: 1.° um capitulo do anno de 1461, registado no tomo 1.° do Archivo da Camara do Funchal, fl. 203, no qual se dispõe que *«o Escrivão da Camara seja elegido & comfirmado soo per ElRey»;—*2.° uma carta do anno de 1470, a fl. 5 e 207 verso do mesmo tomo, enviada pelo Infante D. Fernando ao donatario João Gonçalves da Camara para que se encarregasse de *«fazer a casa da camara & ho corral do concelho do dinheiro das penas do juiz houuidor & delle Joam Gonçalues»*, constando a fl. 58 que o mesmo Infante mandou dar terras junto á igreja grande para essa edificação, e a fl. 60, que a obra foi orçada em 213$096 reis;—o 3.° refere *João Pedro de Freitas Drummond*, nos *Apontamentos*, e nós verificámos, que os primeiros livros das vereações da Camara do Funchal se perderam, mas ainda assim, o primeiro dos que existem, começa pelo auto da eleição dos *«ofeciais»*, feita em *«segunda feira vinte & quatro do mez de junho do anno de mill* iiij° lxxi.

Foi, porém, D. Manoel, quando ainda mero duque de Vizeu e senhor destas ilhas, que, como se vê da sua carta registada a fl. 25 do dito tomo 1.°, mandou em 1486 fazer *«praça, camara, paço dos taballiães, & picota no seu campo»*, então chamado *do duque*, que era o terreno onde agora são a cadeia publica (antigos paços do concelho, reedificados em 1770), a cathedral, o largo e adro da Sé, e largo de S. Sebastião.

Ora a doação que o Infante D. Henrique fez da Capitanía do Funchal a João Gonçalves Zargo é do anno de 1450, e a carta régia de confirmação della, conferida por D. Affonso v, é de 1451 (vid. retró, pag. 451-455), tendo sido o Funchal feito villa tambem em 1451, e recebido o seu primeiro foral em 1452; estas mercês, portanto, aos *povos* foram immediatas áquellas concedidas ao *donatario*.—E daqui inferimos, na falta dos respectivos diplomas, que a povoação da ilha do Porto-Sancto, depois chamada Villa Baleira, e a de Machico foram tambem elevadas a villas e municipios pelos annos tambem de 1452, em que a doação desta teve a confirmação régia: e certo é que estas villas são apontadas na tradição como primitivas. —Temos, pois, que, quasi desde a primitiva colonisação deste archipelago,

ao lado do *poder e privilegios dos donatários*, e como correctivo das exorbitancias destes, foram erigidas na cabeça de cada capitania as *instituições
municipaes*.

D. Manoel levou mais adiante este systema, e rotalhou as duas capitanías da ilha da Madeira em municipios. Na do Funchal, de que ora só
tractamos, creou o da Ponta do Sol e o da Calleta ou Calheta, elevando estas
duas povoações a villas. Eis o diploma da primeira:

CARTA do señnor rey dom manuell em que faz billa·
ho logar da pomta do soll.

DOM MANUELL por graça de Deos Rey de purtugall & dos Algarues
daquem & dallem mar em africa senñor de guinee & da comquista & nauegaçom comercio da ethiopia arabia percia & da India. A quamtos esta
nosa carta birem Fazemos sabeer q̃ simtimdo nos como ho lugar da pomta
do Soll que he çituado na nosa ylha da madeyra na parte do funchall he
nella jaa tã acreçẽtada ha pouoraçam & asy no termo q̃ determinámos lhe
ficar noso senñor seja lounado como por seer tam longe da dita billa do
funchall nom poode seer della asy gobernado & regido ẽ justiça como ho
noso seruiço & bẽ dos moradores delle compre pello quall aymda leyxa de
mays creceer sua pouoraçam & se nobreceer tamto como faria semdo billa &
tẽdo seus ofeciaes & justiças na terra segũdo custume das outras billas dos nosos
Regnos & senñorios por que aberẽ de hirẽ pellas cousas da Justiça cada dia tã
lonje lhe he grande apressom & perdimẽto de suas fazẽdas. E querẽdo nos
a esto proueer de maneyra que faça como he seruiço de Deos & noso & bẽ dos
moradores da pomta do soll asy de todollos outros que ẽ seu termo fiquam
pertẽce nos de noso proprio moto sem no elles requererẽ nem outros em
seus nomes hemos por bem & fazemos do dito lugar da pomta do soll billa
& ho tiramos & desmẽbramos de seer do termo da dita billa do funchall
& de sua Jurdiçom como tee ora foy & lhe damos por termo pello arrife
allto que estaa junto com ha ygreja da dita billa da pomta do soll ficam-
do & seruindo ha ygreja da dita billa da pomta do soll pello dito arrife
allto tomando arribeyra & por ella açima ficãdo porem todallas casas terras
emgeños & todallas outras cousas da terra de Johã esmeraldo demtro no termo da dita billa do funchall asy como teequi foy & por a dita Ribeyra açima & trauesamdo dereyto aa bamda do norte & da pomta do soll pella
costa do mar yso mesmo lhe ficara todo por termo atee a pomta de tristam por omde parte a Capitania de machiquo asy per mar como per terra
& quanto he a oasa de luys dorta queremos que seja da jurdiçom da pomta
do soll posto que fique allem da Ribeyra da bamda do funchall emtramdo po-

rem toda a dita Ribeyra da pomta do soll no dito termo & abemos per
bem que daqui em diamte seja billa & faça seus ofeciaaes na maneyra que
ho fazem as outras billas semelbamtes a ella & mais nom obedeçam aa dita billa do funchall como seu termo por que de toda sogeiçom que lhe
por ello tinham os habemos por libres & desobrigados & mamdamos. ao
noso Capitam & ofeciaaes da dita billa do funchall que hos ajam dello
por escusos & mays os nom costramjam como a moradores de seu termo poys que o fazemos jurdiçom sobre sy & queremos & determinamos
que daqui ẽ diamte ha dita pomta do Soll seja billa guobernada & regida
por seus ofeciaaes asy como ho he ho funchall & praz nos que fiquẽ em
todallas bisinhamças comedias logramẽtos & liberdades que tee aguora tinham
com a dita do funchall & lugares outros comarcanos & quaees queer outros
priuilegios que tee guora teuese por seer termo da dita billa do funchall por
que niso nom ennouamos cousa algũa soomẽte na Jurdiçom & queremos
que husem & bizinhem como ateequi fezeram asy nas heruas augoas pa-
cigos & lenhas & cortes de madeyras como ẽ todollos outros boõs husos &
custumes & bizinhãças como dito he & ho capitam da dita billa do funchall
tera na dita billa da pomta do Soll & seu termo aquella propria jurdiçom
que ateequi teue & tem na dita billa do funchall & seu termo & asy a
cadea & todallas outras Remdas & liberdades ateequi teue. E porem mãdamos ao dito capitam & Juizes & Justiças da dita billa do funchall & moradores della & a outros quaees quer oficiaaes & pesoas outras a quẽ esta
nosa Carta for mostrada & ho conhecimẽto della pertẽceer que ajam daqui
em diamte ha dita pomta do Soll por billa como dito he & lhe compram &
guardẽ & façam muy ymteiramẽte comprir & guardar esta nosa Carta como
em ella he conteudo por que nos ha fazemos billa & queremos que ho seja & se pera ello aqui fallecer allguãs crausulas & sollenidades do dereyto
nos has abemos aqui por postas & expresas & decraradas & se allguũs dereytos leys & hordenações hy ha que comtra esto façam as abemos açerqua do
que dito he por nenhuãs & lhe tiramos toda força & bigor nom abẽdo contra ysto lugar como dito he & por certidom desto & sua seguramça lhe mandamos dar esta carta por nos asynada & do noso sello pemdemte sellada.
Dada em nosa çidade de lixboa ahos dous dias do mes de dezembro. Afomso mixia a fez. Anno do naçimẽto de noso Senñor Jhũ xpõ de mill & quinhemtos & hum annos. Rey.

T. 1.º do Arch. da Cam. do Funchal, fl. 67 (1).

(1) O traslado desta carta, que existe no Archivo da Camara da Ponta do Sol, é extrahido do
tombo da Camara do Funchal, e incorrecto, como tivemos ensejo de verificar.

Da carta que elevou o logar da Calheta a *Villa Nova da Calheta* não existe registo na respectiva Camara, porque os antigos paços do Concelho e archivo originario forão destruidos pelo mar, segundo o Presidente da mesma Camara informa em officio de 30 de outubro deste anno de 1871; tambem não está registada no archivo da Camara do Funchal; e em nenhum dos manuscriptos que possuimos vem copiada. Só na *Breve Noticia*, de *Paulo Perestrello*, pag. 54, achamos nota de que a Calheta fôra feita villa em 1511, o que é manifesto erro, talvez typographico; porque do diploma infra se mostra que a *Villa Nova da Calheta* já o era em agosto de 1502.

RESPOSTA dos apontameintos q̃ daqui foram sobre a ymposiçom das billas debaixo & que paguem pera esta ygreja & de dia de corpo de Deus.

NOS ELREY fazemos sabeer a bos noso capitam & Juyzes ofeciaaes poouo da nosa billa do fumchall que bimos huũs apontamemtos em que nos fezestes sabeer alguũas cousas que tocauam a proll & liberdades da billa ahos quaaes Respondemos em esta maneyra que se segue,

Primeyramemte nos pedis que ha ymposiçom das billas da pomta do soll & calleta fosse sempre pera has obras da ygreja desa billa & do conçelho. A esto respondemos & nos praz que em quanto durarem bas obras da dita ygreja se arecade a ymposiçom dos sobre ditos lugares pera ellas, soomente & mays nom.

It. que bos moradores da pomta do soll & da calleta paguem pera ygreja desa billa o que lhe for taxado ate seer acabada. A esto respondemos & nos praz que paguem o que a cada hum for taxado segumdo a sua faculldade,

It. nos pedis que hos moradores das ditas billas fosem obriguados apousemtadoria desa billa. Esto abemos por escusado.

It. nos pedis que ho capitam fose estar aas camaras que se fezerem nas outras billas ou seus ouuidores & com sua booz se afirmar ho accordo & doutra maneyra nom. A esto respondemos & mamdamos que se façam como antes se fazia por que em ello nom queremos que aja emnouaçom algũa.

It. quamto aho que dezees que os moradores da calleta & pomta do soll façam as casas da cadea aas suas custas. A esto respondemos q̃ se faça como dizees.

It. quamto a bo que dezees da festa do corpo de Deus se faça nas ditas billas ao dominguo despois do dia como se faz em almada. A esto respondemos que se faça asy como dezees esto em quamto nos bem pareccer.

It, quamto aho que dezees que alfandegua seja no funchall & que nom possa seer desmembrada da dita billa. A esto respondemos que por aguora nos praz nom se fazeer em ello mudamça algũa.

lt. quamto alio que pedis que hos estimadores sejam do fumchall . & nom dos outros lugares abemos por bẽ que por aguora sejam da dita billa por quamto somos emformado que a prinçipall nobidade daçuquar he nos outros lugares. E porem bollo noteficamos asy & mamdamos que huũs & outros asy o cumpraees & façaees ymteiramemte comprir sem outra duuida que a ello ponhaes por que asy he nosa merçee. Feyto a xbj (16) dias dagosto. Dioguo amrrulho o fez. De mill b° ij (1502). Rey.

T. 1.° do Arch. da Cam. do Funchal, fl. 283 v. a 289 v.

Desto modo se desenvolveram as instituições municipaes na Capitanía do Funchal.

Mas, com a creação dos dois novos municipios, desmembrados do primitivo, surgiram o despeito deste e a rivalidade entre elle e os outros, e dahi, pendencias, como as que deram causa ao ultimo diploma supra-transcripto. Applicado o mesmo systema á outra capitanía, como poucos annos depois foi, o mal recresceu. E, ao cabo disso, estava o descontentamento e a desordem dos povos, o enfraquecimento do poder real, e talvez o predominio daquelles mesmos que os municipios eram chamados a cohibir.

Se D. Manoel não tivera previsto este contra, os factos lh'o advertiriam· e não bastava a conjural-o a mercê de realenga, outorgada pouco antes á ilha da Madeira; porque, favor igual para todos os povos desta, e anterior á instituição das novas villas, nivellava todas, sem importar desaggravo aos dois antigos municipios que foram retalhados, o do Funchal, e, depois, o de Machico.—Por-isso, D. Manoel recorreu a outro meio, que seguramente entrava no seu plano. Tendo, canto, começado pela reforma municipal só da Capitanía do Funchal, depois applicou aos municipios desta, e, para o diante, aos que houve na outra, a acção centripeta do monarchismo, já empregada naquella mercê de realenga, e a que tanto se accommodavam as condições peculiares da villa do Funchal, fadada para mais altos destinos, pelo sitio, aguas. fertilidade, clima, porto, posição geographica, e que já então era, de facto e sem rival, séde da industria, commercio. e navegação do archipelago. D. Manoel elevou, pois, o Funchal á categoria de cidade, com sua camara constituida á maneira da de Lisboa, como se vè de diplomas infra-transcriptos, e engrandeceu-a por outros modos, como nas notas seguintes se mostrará; pelo que, a nova cidade passou a ser, de facto e de direito, a capital do archipelago, onde successivamente foram sendo constituidas magistraturas de provimento régio, mantenedoras dos direitos reaes, tanto para com os donatarios, aristocracia · local e clero, como para com os municipios e povos em geral.—Assim, o Funchal se houve por · largamente compensado de perder a Ponta. do Sol e a Calheta; estas, e depois Sancta Cruz, de que logo fallaremos, por satisfeitas de se acharem villas, com

62

suas autonomias municipàès; Machico mesmo, que, com effeito, nesta reformação múito decahiu, e Porto-Sancto, que nada lucrou, se foram, por impotentes,
submettendo á indirecta, mas incontestavel, supremacia da *cidade;* e D. Manoel progrediu no seu plano de puro monarchismo e suffocou à dissenção in-
estina desto archipelago, da qual só ha vestigio na rivalidade, que até agora
persiste, entre Machico e Sancta-Cruz.

Os diplomas pelos quaés o Funchal passou a cidade, e a sua camara a
ser constituida como a de Lisboa, são os seguintes.

CARTA delRey noso Sennor em que faz cidade a esta
Funchall.

DOM MANUELL por graça de deos Rey de purtugall & dos algarues
daquem & daallem mar em africa Sennor de guinee & da comquista
nauegaçom & comercio de ethioopia Arabia persia & da ymdia. A quantos esta
nosa carta birem fazemos saber que comsiramdo Nos como louuores a noso
Sennor ha billa do Funchall na nosa ylha da madeyra tem creçido em muy
grāde pouoraçom & como biuem nella muytos fidalguos cauualleyros & pessoas homrradas & de gramdes fazēdas pollas quaes & pollo gramde trauto
da dita ylha esperamos com ajuda de noso Sennōr que a dita billa muyto mays
se emnobreça & acreçemte & abemdo respeyto ao muyto seruiço que recebemos
dos moradores & esperamos ao diamte receber & des hy por folgarmos de
fazeer homrra & merçee ahos ditos fidalguos cauualleyros escudeyros & poboo della
sem elles nem outrem por elles nollo pedir nem requerer nos de noso motd
proprio poder Reall & absoluto com aquella booa boomtade que sēpre teuemos & teemos pera todo bem & mayor acreçemtamemto das cousas da dita billa por esta presente carta nos praz a fazermos & de feyto fazemos cidade & queremos & nos praz que daqui em diamte se ymtitulle & chame çidade
& tenha todallas ymsinyas que haas çidades de nosos Regnos pertemçe teer
& huse & gouua de todollos priuilegios priminemçias liberdades merçees
graças & framqueeas de que gouuem & husam & deuem de gouuir & husar as
çidades dos ditos nosos Regnos & que pollos Reys nosos anteçesores & por
nos lhe sam outorgados. Porem o noteficamos asy a todos em geerall & mamdamos a todollos nossos Corregedores Desembargadores Juyzes Justiças ofeçiaaes
& pessoas a que esta nosa carta for mostrada & ho conheçimemto della pertemçer per quall queer guisa & maneyra que seja que em todas as cousas
da dita çidade lhe compram & guardem & façam muy ymteyramente comprir
& guardar hos priuilegios liberdades graças priminemçias homrras & merçees
que sam outorgados aas çidades de nosos Regnos & de que elles deuem
gouuir & husar das ymsinyas que lhe pertemçe teer como dito he sem lho

vrem nem comsemtirem irem em parte nem em todo comtra cousa algũa das sobre ditas por que nosa mercee & boomtade he que muy ynteyramente lhe seja todo guardado sem contradiçom algũa & por çertidom dello lhe mamdamos dar esta carta por nos asynada & assellada de noso sello pemdente. Dada em simtra a xxj dias do mes Dagosto. Anno de noso senũõr Jhu xpõ de mill & quinhentos & oyto. E estes privilegios de que asy nos praz que gouua ha dita çidade do funchall nom seram aquelles que em espeçiaall sam outorgados a algũas çidades de nosos Regnos por que soomemte husara & gouuira daquelles que em geerall sam dados & outorgados aas çidades de nossos Regnos. ElRey.

T. 1.° do Arch. da Cam. do Funchal, fl. 278 v.

NOTEFICAÇAM como a Sua altoza aprouue a esta billa fazeer çidade.

CAPITAM Juyz bereadores precurador fidalguos cauelleyros escudeyros homẽs boõs & poboo da nosa billa do funchall na ylha da madeyrá. Nos elRey bos emhiamos muyto saudar pella muyto booa boomtade q̃ teemos pera folgar de bos fazeer honrra & mercee & lembramdonos de como prouue a noso senũor tãto esa billa acreçemtar & emnobreceer. E por esperarmos que cada dia mais se acreçemte & emnobreça & de hy pello seruiço que de bos todos reçebemos & abo diamte esperamos reçebeer nos prouue fazeer esa billa çidade como berees pella carta patemte por nos asynada & asellada do noso sello que com esta bos sera apresemtada. Noteficamos bolo asy. & çerto q̃ pella booa boomtade que bos teemos sempre nos he de prazeer de nas cousas desa çidade bos fazeer mercee & honrra & as acreçemtar & fauoreçeer como seja justo & honeste. Sprita em simtra a xxij dias Dagosto. 1508. Rey.

T. 1.° do Arch. da Cam. do Funchal, fl. 310.

ALVARA per que ElRey manda que esta camara seja gobernada como a da oidade de lixboa & que as ymleições hão la pera se comlirmarem.

NOS ELREY fazemos sabeer a bos noso capitam Juyz bereadores precurador & ofeciaaees da nosa ylha da madeyra na parte do fumchall que bimos huũa carta que nos hos fidalguos da dita billa espreueram em a quall nos faziam sabeer como bos ofeciaaees & bereaçores della amdam sempre em taaes pessoas de que todos reçebem agrauo por serem metidos

nos pelouros com elles pedimdo nos merçee que pois mamdamos & abemos
por bem que a camara da dita billa seja regida & gobernada pella maneyra q̃ se rrege a camara da nosa çi lade de lixboa Nos prouuese que os taaees
oficios de bereadores da dita billa nom amdem daqui em diamte em so-
melhamtes pessoas senam nos fidalguos della pois hy ha tãtos & taaees que
muy bem poderam fazeer. E uendo nos seu dizer & como ha dita billa do
fumchall he uma tam princepall cousa em nosos Regnos & em que toda
merçee bem cahe abemos por bem & nos praz que acerqua dos ditos bereadores & ofeciaaees della daqui em diamte se tenha & guarde muy vn-
teyramente ho modo & maneyra que se teem na dita nosa çidade de lixboa.
E tamto que a ymleiçom q̃ se de tres em tres annos fezer dos ditos berra-
dores & ofeciaaees for feyta & acabada segumdo esta em custume nolla embiarees çerrada & asellada pera qua veermos & comfirmarmos segumdo for
noso seruiço por quamto queremos que esta maneyra se tenha daqui em diamte como dito he. E este aluara se registara em ho liuro da camara pera
em todo tempo se sabeer como asy o teemos mandado. Porem bollo notefia-
mos asy & bos mandamos que asy se compra em todo & per todo como se uelle contem por que asy nos praz & abemos por bem feyto. Em simtra a xbij dias dagosto Afonso Gomes o fez. De mill & l° biij (1508). E
este lhe nom guardarees se nom for passado pella chamçellaria do mestrado &
vlhas. Rey.

T. 1.° do Arch. da Cam. do Funchal, fl. 335.

Este Alvará parece ter sido precedido de outro em que já estava estatuido que a Camara do Funchal fosse regida e governada á maneira da
de Lisboa; porque toma isto por fundamento para resolver a especie do que
tracta, *eleições municipaes*, que os fidalgos pediam só nelles podessem recair.
—A decisão é sagaz; sem arcar de frente com o pedido, avoca o rei a si proprio a approvação de cada eleição que se fizer, e assim se colloca a meio das
exigencias aristocraticas e fóros municipaes dos povos.

A cidade do Funchal tomou por armas em campo de prata cinco fórmas de assucar, dispostas em cruz como as quinas de Portugal, e em cada
lado uma canna tambem de assucar, verde, com folhas. Temos presentes algumas moedas da era de 1750, de cunho especial a estas ilhas, e nellas vem estas mesmas armas. Posteriormente foi uma das cannas substituida por uma
vide com parras e cachos. Ainda até agora não houvemos conhecimento do diploma pelo qual essas armas foram dadas, nem ao menos da data delle, ou
de qual o rei que fez a mercê dellas. No archivo da Camara do Funchal não
apparece registo ou nota alguma a este respeito. Inferimos, porém, que foram
conferidas por D. Manoel, já porque este rei ennobreceu esta cidade quanto pou-

de, já porque as mesmas armas de si mostram serem do tempo em que a cultura da canna de assucar e o fabrico deste eram a riqueza da ilha da Madeira, e o titulo unico da sua celebridade.

D. Manoel, porém, na execução do seu plano unitario, não se limitou a engrandecer a nova cidade, capital do archipelago inteiro; deu tambem um *foral* distincto a cada um dos dois grupos de municipios em que dividiu as capitanias da ilha da Madeira; ambos os foraes quasi identicos; ambos contractados com privativos procuradores de cada um desses mesmos municipios: e assim combinada a descentralisação com a uniformidade, as liberdades dos municipios com os direitos reaes, fundiu no cadinho desse duplo foral os interesses e as forças de cada localidade num só interesse e força concentricos do archipelago, em commum proveito dos povos e da realeza.

A capitania e municipio da ilha de Porto-Sancto parece terem sido postos de parte, em quanto na ilha da Madeira se operava esta transformação. Nem nos *Annaes* dessa ilha, nem em outro qualquer escripto, documento, ou registo, achamos vestigio de que ella quinhoasse na grande reforma manoelina; e talvez do immerecido esquecimento em que desde então ficou, principalmente proviesse o estado precario em que a vemos.—Este esquecimento explica-se; porque na reacção do poder real contra os donatarios, os de Porto-Sancto já ao tempo estavam supplantados até a decapit ção no cadafalso, e esse pobre municipio, torrão imperceptivel insulado no oceano, seria nullo na refrega: mas, nos tempos modernos, não se explica, e menos se justifica.

A todo este movimento reformador como que foram estranhos os donatarios; não intervieram nelle, nem sequer para o combater: despeitados, ou inscientes e descuidosos, encastellaram-se nos seus pessoaes privilegios; não mediram o alcance dos trons de guerra com que hiam sendo assediados; e, alfim, acharam-se vencidos até pela sua inercia mesma.

Esses foraes, sob a modesta apparencia de meros contractos de isempções e providencias concelhias, eram nada menos que pactos de reciprocas concessões, alliança entre os povos e o rei, quando a monarchia se quiz consolidar, pelo adjutorio das instituições municipaes, não só contra inimigos exteriores, mas tambem contra os elementos dissolventes, internos á sociedade mesma, que hostilisavam a dupla unidade nacional e monarchica.—É este um dos mais interessantes aspectos no estudo dos foraes. Já se vê quanto importa o dos da ilha da Madeira para bem conhecer a historia della.

Rematamos esta nota trasladando o *foral* dos tres municipios da Capitania do Funchal, cujo theor houvemos de uma certidão, extrahida do *Livro das Ilhas* em 28 de maio de 1736, a qual se conserva na secretaria da camara tambem do Funchal,

TRESLADO authentico do Foral da cidade do Funchal da Villa da Ponta do Sol & da Villa Nova da Calheta na Capitania do Funchal da Ilha da Madeira.

DOM MANUEL por graça de Deos Rey de Portugal & dos Algarves daquem & dallem mar em Africa senhor de Guiné & da Conquista navegaçam & Comercio da Ethiopia Arabia Percia & da India &. A quantos esta nossa carta virem Fazemos saber que por nosso mandado & authoridade foi ora feito em nosso nome pello Lecenciado Affonso Annes Procurador de nossos feitos hum contracto & transauçam com Francisco de Avelloza isso mesmo em nome & como Procurador do Povo da nossa Ilha da Madeira da parte do Funchal sobre a paga das rendas & tributos della de que o theor delle de verbo a verbo tal he:

Em NOME DE DEOS AMEN. Saybam quantos este estromento de contracto & transauçam virem que no anno do nascimento de nosso Senhor Jesu Christo de mil quinhentos & quinze annos em quatro dias do mez de Julho na cidade de Lisboa nas pousadas do Lecenciado Affonso Annes do Desembargo de ElRey nosso Senhor estando by de huma parte o dito Lecenciado em nome do dito Senhor & como Procurador que he dos negocios & cousas da Ordem de Christo de que sua Alteza he Governador & perpetuo Administrador & doutra parte estando hy Francisco de Avelloza Cavalleiro fidalgo da Casa do dito Senhor morador na Ilha da Madeira em nome & como Procurador que he dos moradores & Povo da dita Ilha da parte da Capitania do Funchal segundo de seus poderes abaixo fará mençam disse logo o dito Lecenciado por parte do dito Senhor que he verdade que Sua Alteza & seus antecessores assy por *Foral do Iffante Dom Henrique* seu tio que Deos tem como por posse & costume antigo esteve sempre & está em posse de levar & haver em a dita sua Ilha da Madeira as rendas & dereitos seguintes assy do espiritual que pertence aa dita Ordem de Christo cujo Governador he como do Senhorio que pertence aa Coroa destes Regnos de Portugal convem a saber a dizima das soldadas serviços jornaes & da gança dos mercadores & dos officiaes & assy dizima das vendas das novidades & dos arrendamentos & aforamentos & dizima das lenhas & assy de todallas outras cousas nascidas & criadas na dita Ilha & assy levava & havia como Senhorio & pella dita Ordem o quarto dos açucares que se em ella faziam & de todo o que dellas sabia ou que entrava o dizimo & bem assi a dizima das entradas & sahidas da Alfandega (1) & outras cousas que no dito Foral mais largamente sam declaradas.

(1) Vid. adiante a nota—Alfandegas.

E que estando assy sua Alteza na dita posse os visinhos & moradores da dita Ilha na Capitania do Funchal per algumas vezes se vieram agravar ao dito Senhor dizendo que per dereito nom eram nem deviam ser obrigados a pagar algum dos ditos dereitos da Ordem nem isso mesmo a dizima da sahida da Alfandega & bem assy que do açucar nam deviam pagar tanto tributo & que per derradeiro enviaram Pero Gonçalves da Camara & o dito Francisco de Avelloza com tres procurações abastantes pedir per merçe a Sua Alteza que houvesse por bem desto correger & emmendar ou poer em dereito pera sobre isso serem houvidos & mostrarem a rezam que tinham a nam haverem de pagar semilhantes tributos os quaes Procuradores requereram sobre ello Sua Alteza mostrandolho muitos apontamentos que dello tinham feitos.

E que o dito Senhor visto seu requerimento & os ditos apontamentos houvidos os ditos Procuradores & despois de praticado & examinado bem o caso sem embargo de parecer que nisso tinham pouco dereito & auçam havendo porem respeito aos *muitos serviços que sua Alteza tinha recebido & ao diante espera de receber dos moradoures da dita Capitania do Funchal* & por se evitarem debates & despezas que nisso podiam fazer & concirando tambem & asguardando o muito custo que fazem com os ditos açucares & assy outras justas causas & rezões que ao dito Senhor moveram lhe prouve em seu nome & de seus successores assy pello que toca aa Coroa destes Regnos como em nome da dita Ordem de se concertar & de feito concertou & contractou & acordou com os ditos Procuradores em nome do dito Povo & per virtude de suas Procurações por via de transauçam sobre a paga dos ditos dereitos como do que nisso se havia de ter desde primeiro dia de Janeiro do anno q vem de quinhentos & dezaseis em deante para sempre com certas declarações clausulas condições & apontamentos segundo he contheudo em hum assento que disso foi feito na maneira que abaixo sera declarado o qual assento & concerto foi escrito & posto em nota por mim Tabelliam abaixo nomeado em o derradeiro dia de Abril que hora passou deste presente anno para ser reduzido em esta Escritura pubrica porem foi despois emendado em algumas partes da nota.

E estando assy o dito concerto assentado na nota para se haver de assignar adocceo o dito Pedro Gonçalves da Camara hum dos Procuradores da dita Ilha em maneira que veo a fallecer & por seu fallecimento ficou o dito contracto em aberto por assignar & sobre isso foram enviados ao dito Francisco de Avelloza logo outras tres Procurações para elle só poder acabar & assignar o dito contracto as quaes Procurações derradeiras o dito Francisco de Avelloza logo hy mostrou & assy as outras tres primeiras porque a ellas se referem as derradeiras & fazem dellas mençam & heram todas seis pubricas & sem algum vicio segundo por ellas parecia & ficam todas co-

zidas na nota deste contracto & seus theores de verbo a verbo hum em
poz outro sam estes seguintes.

*(Seguem-se as seis procurações: duas da cidade do Funchal, duas
da Villa da Ponta do Sol, e duas da Villa Nova da Calheta, e
continúa:)*

E sobre o dito concerto em que Sua Alteza com os ditos Procuradores per derradeiro assentou era & he feito na forma & maneira que em
estes capitulos seguintes vae declarado.

1 PRIMEIRAMENTE foi acordado que do dito açucar & de todollo que delle sahir honde athé hora os moradores da dita Capitania pagaram o quarto paguem do dito Janeiro primeiro que vem em diante o quinto no qual
quinto entrará o dizimo da Ordem assy como dantes entrava o quarto.

2 E QUANTO ao mel que sahe do dito açucar que elles sejam obrigados de a sua propria custa o cozerem & de pagarem o quinto delle em
açucar lavrado & elles ou aquelles a quem o venderem darão sempre conta & recado do que delle fezeram para se arrecadar o dito quinto fazendo fundamento que de cada cem (1) arrobas que houverem de suas novidades venha ao dito senhor hum quarto de mel como se pagava em tempo
das estivas que he assás favoravel para o povo segundo a enformaçam que
o dito Senhor disso tem & os ditos lavradores ou pessoas que lhe os ditos
melles comprarem nam tirarão de suas casas os açucares que delles fezerem
sem primeiro terem pago o quinto delles pella maneira que se ha de fazer
dos açucares de canas sob as mesmas penas.

3 SE ALGUMAS pessoas carregarem melles para fóra da dita Ilha serão
obrigados pagar ao dito Senhor o quinto em açucar de melles lavrados do
que no tal mel se montar pella estimaçam que se disso fara segundo o que
arrezoadamente responderem os melles na dita Ilha.

4 E DO REMEL que do dito mel sahir nam pagarão o dito quinto mas
serão disso livres havendo respeito ao gasto que fazem no dito cozimento
pero se em algum tempo do dito remel se fezer açucar pagarão o quinto
do açucar que delle sahir assy como do dito mel.

5 E POR QUANTO nas conservas & outras fruitas daçucar se gasta moita soma delle foi concertado que as pessoas que as ditas conservas & fruitas
fezerem nam possam occupar nem tirar da casa do lavrador açucar algum
sem primeiro terem pago delle o quinto & quando se carregarem para fora da
Ilha darão conta esses que as levarem do açucar que se nellas meteo pella estimaçam que se disso fará pello modo & maneira que se ha de fazer do açucar que se carregar em açucar & sob as ditas penas & assy pagarão a dizima

(1) Cinco, diz a copia authentica do Foral de Machico, que temos presente.

na Alfandega das que forem pera fóra do Regno ou pera o Regno hindo em navios estrangeiros ou pessoas estrangeiras.

6 PAGARAŌ dizima do trigo cevada milho centeo gaados lãa pescados vinho linho que houver em a dita Ilha & assy das moendas.

7 Isso MESMO pagaraŏ dizima das frujtas ortaliças queijos galinhas frangãos patos ades cabritos leitoẽs ovos manteiga leyte mel de abelhas cera legumes de toda sorte & de toda cousa que se na terra der que se vender posto que aqui nam seja nomeada (1) por que das cousas oontheudas neste capitulo que em suas casas comerem nam pagaraŏ dizima.

8 SE PAGARÁ dizima na Alfandega de todo açuoar & de todo mel que delle sahir & assy do remel & de todallas outras mercadorias & cousas que se tirarem da dita Ilha pera fóra do Regno & tambom dos que se tirarem pera o Regno ou pera o senhorio do dito Senhor sendo pera estrangeiros ou em navios estrangeiros & pagará dizima como se athé hora costumou.

9 SE PAGARÁ dizima de todallas mercadorias & cousas que de fóra do Regno & seu senhorio forem da dita Ilha tirando algumas cousas que seraŏ declaradas & das que forem do Regno ou de seu Senhorio nam pagaraŏ salvo das que levarem estrangeiros ou que forem em navios estrangeiros na maneira sobredita posto que sejam levados por naturaes.

10 Dos DAMNOS que se fezerem nos canaes se pagará o quarto como se athé hora pagou aa custa daquelles per quem ou per cujas bestas & guados forem feitos.

11 DAS CANAS daçucar que se tirarem para o Regno ou para o seu Senhorio pellos naturaes se pagará ametade aa sahida como se athé agora pagou & se forem em navios estrangeiros ou per pessoas estrangeiras se pagará dellas a dizima & os ditos estrangeiros nem os naturaes as nam poderaŏ tirar pera fóra do Regno & de seu Senhorio sem liconça do dito Senhor a qual dizima se entende allem da dita metade sob pena de as perderem.

12 NAM PAGARAŌ dizima das soldadas serviços jornaes ganças de mercadores de officiaes vendas & novidades lenhas tavoados madeiras pedra cal telha tijollo nem dos arrendamentos.

13 E QUANTO he aos aforamentos por quanto hora Dom Joam & Martim Mendes tem os dizimos delles em Comenda se pagará o dizimo delles (2) em

---

(1) Pasma-se diante destas redes tributarias !—E por traz dellas estavam ainda os mil vexames da cobrança, das penas, e dos abusos de tudo isto, que agora mal podemos imaginar. E note-se que isto já era melhoria, reforma, concessão a favor dos povos. Quão miserrima não seria, pois, a condição dos habitantes da ilha da Madeira, antes dos novos foraes?—Pomos este edificante quadro diante dos olhos daquelles que choram pelos bons tempos do velho Portugal, e para os quaes as instituições modernas só são objecto de odio e de absurdas e ignaras invectivas. Revejam-se no painel, que é lisongeiro.

. (2) Deste modo, em proveito de individuos ou corporações privilegiadas, era consummida

quanto os ditos Dom Joam & Martim Mendes viverem & mais nam porq̃ como cada hum delles fallecer logo aquella parte dos foros de hy em deante pera sempre ficará livre de pagar mais dizima & isto assy dos aforamentos que athé hora sam feitos como dos que daqui em deante se fezerem.

14 Nam pagaraõ dizima de todollos mantimentos que forem aa dita Ilha convem a saber trigo cevada milho centeo azeite grãos castanhas hervilhas favas amendoas figos passados queijos carnes pescados vinho mel manteiga azeitonas & de toda outra cousa que se possa comer ou beber assy pera sãos como pera doentes & per qual quer nome que se possa nomear & cuidar & esto quer vam em navios estrangeiros & per pessoas estrangeiras como per quaes quer outras pessoas de quaes quer partes que sejam assy do Regno & Senhorio como de fóra delle.

15 Vindo de fóra do Regno algumas lenhas ou do Regno aa dita Ilha ahinda q̃ venham em navios estrangeiros ou per pessoas estrangeiras nam pagaraõ dellas dizima.

16 De prata moeda armas cavallos livros destudantes ou de Igrejas que nam sejam pera vender nam se pagará dizima nem isso mesmo dos vestidos sendo pera vestido de quem os levar ou mandar levar & nam pera vender posto que vam em navios estrangeiros & sendo pera vender pagaraõ dizima delles assy como das outras mercadorias.

17 Quanto ao modo darecadaçam do quito dos ditos açucares & do que delles sahir he acordado & assentado que se a recade nas casas dos lavradores & que nisso se tenha a maneira seguinte.

18 Primeiramente que nenhum lavrador nem pessoa outra que faça açucar o nam tire per sy nem per outrem fóra da sua casa nem o que delle sahir sem primeiro ter pago o quinto sob pena de o perder.

19 Tanto que o lavrador ou pessoa outra fezerem saber ao Almoxarife ou Recebedor ou pessoa que pello dito Senhor tever carrego de receber seus dereitos como tem feito tanto açucar & que he já alialdado de que havera certidão do Alialdador & que va receber o dito quinto seraõ obrigados de logo o hir receber & a recadar & o receberão do bom & do mau igualmente na pilheira & o farão logo a carretar & levar aos logares honde se houver de encaixar ou carregar como se athé hora fez & esto do dia que lhe for dito athé tres dias primeiros seguintes sob pena de vinte cruzados de que a metade será pera o lavrador & a outra metade pera o Hospital do Funchal & nam o fazendo assy a outros tres dias que paguem de pe-

grande parte dos tributos que os povos com tanto sacrificio pagavam ! — Vid. retró, pag. 325 e 329, por mero exemplo, ou amostra.. Só a Ordem de Christo tinha 454 commendas, o rendimento das quaes subia em 1627 á então importante somma de 94:528$322 reis, como tudo consta da Reformação dos respectivos Estatutos, feita nesse anno.

na outros vinte cruzados pello dito modo & isto nam tendo algum tal empedimento per que o nam possa fazer & pera certeza de como lhe fezeram saber o Escrivam de seu officio lhe dará disso fee & nam sendo o Escrivam presente será per ante duas testimunhas dignas de crer & da execuçam destas penas terá carrego o Provedor da dita Ilha & o fará assy comprir com boa deligencia houvindo as partes em maneira que os lavradores nam recebam por isso perda nem desaviamento o que o dito Provedor comprirá sob a dita pena.

20 O dito Almoxarife ou Recebedor ou pessoa que pello dito Senhor receber os ditos açucares dará hum escrito feito pello Escrivam de seu cargo & assignado por ambos a cada hum lavrador do que delle receber em que doe feé como tal dia de tal mez & era recebeo de fuam tanto açucar ou tal cousa outra de quinto & lhe fica carregado em recepta em o livro que o dito Escrivam pera isso fará intitulado cada lavrador per sy & per os ditos escritos serão obrigados os ditos lavradores dar sua conta sem mais ser necessario haverem outro algum conhecimento porque lhe sera trabalho & opreçam & dos taes escritos nam levará o Escrivam dinheiro aas partes,

21 Na dita Capitania do Funchal serão lemitados os lugares a que os açucares per terra se ham de a carretar & levar para dy haverem de hir per mar aa dita cidade do Funchal os quaes lugares commmente se chamam na na dita Ilha calhetas & seraõ estes convem a saber a Calheta & a Madalena & a Ponta do Sol & a Atabua & a Ribeira Brava & Camara de Lobos. Em estes lugares ou calhetas estaraõ escrivaës em todos ou em aquelles que ao dito Senhor parecer necessario & honde nam houver Escrivam & nam se poderão carregar açucares alguns sem primeiro o fazerem saber ao Escrivam da calheta que mais perto estiver & a todos os outros escrivaës será dado juramento pello dito Provedor para que o façam bem & dereitamente.

22 Quando quer que os ditos lavradores tirarem ou venderem seus açucares & o que delles sahir & os houverem de levar elles ou quem os comprar nas calhetas honde se houverem de embarcar mostraraõ aos ditos Escrivaës os conhecimentos escritos que teverem havidos dos ditos Almoxarifes ou Recebedores & por elles poderaõ tirar os seus quatro quintos do que teverem pago.

23 Os barqueiros dos barcos & bateis em que os ditos açucares forem das ditas calhetas pera o Funchal honde se carregam nas náos & navios os dos ditos açucares serão obrigados a hirem dereitamente com elles ao porto do Funchal a fazello saber aos officiaes do dito Senhor que hy ham de estar pera os haverem de despachar & receber & a recadar delles pera Sua Alteza sua dizima sem poderem hir com elles a outra parte alguma & fazendo o contrario perderão seus donos suas barcas & bateis & mais serão presos elles ou as pessoas que nelles andarem athé mercee do dito Senhor & se perderá tambem o açucar que nelles for & nam partiram

63*

sob a dita pena dos ditos lugares & lemites sem primeiro serem despachados pellos ditos Escrivães os quaes lhe darão seus escritos pera os Almoxarifes & officiaes em que lhe declararão como fuam barqueiro leva tantas caixas de açucar em que diz que vam tantas arrobas de que já trouxe
certidam que hera pago do quinto de Sua Alteza & que sam de fuam & que
partio em tal dia mez e era & o dito Escrivam fará hum livro em que
assente declaradamente todollos açucares & cousas que em sua calheta carregarem para se levarem ao dito porto honde se assy ham de despachar
& a recadar a dizima do dito Senhor dalfandega & meter nas náos ou navios em que houverem de hir & .serão obrigados os ditos Escrivães de
cada sabado lhe mandarem certidam de quanto açucar se carregou aquella
somana naquella calheta pera se concertar com os livros da carregaçam do
dito porto & se saber que foi la todo o açucar que se hy despachou & a-
chando que falleçe algum tomarão conta a os barqueiros que o trouveram que
dem rezam disso & achandose entam ou em outro qual quer tempo que o
levava alguma náo ou navio a outra parte sem o despacharem encorrerão
nas ditas penas.

24 Os Almoxarifes & officiaes do dito Senhor tanto que as ditas barcas & botes chegarem honde se assy ha de despachar hirão dentro delles
& verão as taxas que trazem & as estimarão com pessoas que nisso entendam ajuramentadas aos Santos Avangelhos (1) o mais justamente que poderem & pela dita estimaçã sendo as partes contentes della se tomará a
dizima do dito Senhor em açucar encaixado & empapellado & não sendo
as partes ou os officiaes contentes da dita estimaçam entam se passarão as
ditas caixas em terra & descontando a taxa se receberá a dizima dereita
do que ficar & os escrivães dalfandega escreverão & assentarão em seus livros a dita dizima sobre os ditos Almoxarifes & Recebedores quanta he &
de quem a receberam & se he do açucar de canas se de melles & em que
dia mez e era & a recadada assy a dita dizima em tantas barcas & botes
se poderão hir com seus açucares aas ditas náos & navios levando disso
seu despacho & porque quando as caixas nam forem abertas nam se poderá saber a bondade do açucar que em hũas & em as outras vay pera
se receber a dizima do bom & do máo for acordado que se tome por
sortes.

(1) Ainda agora existe na alfandega do Funchal um folheto encadernado, de oitavo gran-
do, manuscripto de lettra gothica com illuminuras toscas, cujo theor e destino constam do
seguinte rotulo:
«Este liuro tem os Auãgelhos pera estarem na mesa Dalfandega da Ilha Damadeira na
cidade do Funchal o qual mandou fazer o Capitão Antonio da Fonceca pemintel que seruio
de Almoxarife o anno de 1616.»

25 As náos que carregarem na dita Ilha nam partiraõ della sem primeiro serem despachadas.

26 Foi mais acordado que as náos & navios que de fóra do Regno quizerem vir aa dita Ilha com dinheiro & mercadorias pera comprarem & levarem açucares nam sendo de estrangeiros estantes em estes Regnos & senhorios de Portugal trazendo tanta soma de dinheiro & mercadorias de fóra delles com que se possam carregar q̃ o possam fazer livremente sem pera isso havorem mais licença de Sua Alteza & nam trazendo tanta soma de mercadorias & dinheiro entam nam poderaõ carregar na dita Ilha & ficará a dita carrega & frete para as náos do Regno havendoa em a dita Ilha & nam as havendo hy entam se poderaõ carregar os açucares nas ditas náos & navios estrangeiros & por quanto as náos de França sam proveitosas aa dita Ilha acordaram que possam nella carregar livremente sem lhe tomarem conta do dinheiro & mercadorias que para isso trazem por lhe escusar a opreçam que nisso poderaõ receber porem nam poderaõ ser fretadas por outra algũa naçāo.

27 Os ditos açucares se poderaõ carregar pera Levante & Poente & pera todas outras partes que a os mercadores & pessoas que os carregarem aprouver sem lhe nisso ser posto embargo algum.

28 Que o dizimo das novidades da terra se pagará o pam na eira & todo o mais segundo se athé hora acostumou.

29 Disse mais o dito Lecenciado em nome do dito Senhor que pello que compre ao bom regimento da terra houvera Sua Alteza por bem de ser declarado em este contracto per via de Foral o que se ha de levar & pagar dalguns outros dereitos & tributos na dita Capitania do Funchal & sam os seguintes.

30 Que a venda do sal seja pello preço declarado na doaçam do Capitam que he doze reis o alqueire.

31 Que em todollos fornos de coser pam se pague de poya de oito pães & de nove & de dez & de onze & de doze & de quatorze hum pam & de vinte & de vinte & cinco dous & de hy pera sima soldo a livra a rezam que de doze & meo paguem hum ou a quatro reis por alqueire quem o quizer pagar a dinheiro.

32 Que em todollos moinhos se pagará de maquia de quatorze huma.

33 Que do sabam preto se venda o arratel a dez reis & do branco a doze reis.

34 E quanto he aos dereitos da Alcaydaria que toda pessoa que despois do sino se correr for achado com armas perderá a arma & mais pagará duzentos reaes & achandose sem armas pagará sessenta reaes ao Alcayde & sendo prezo pagará sua carceragem.

35 Toda pessoa que for achada na mancebia com armas assy de dia

como de nouto perderá as armas & pagará de pena quinhentos reis.

36 Quando algumas pessoas arrancarem de quaes quer armas o que primeiro cometeo & arrancon perderá a arma & pagará duzentos reaes de pena sendo na villa & sendo fóra pagará cem reaes.

37 Das forças que se fezerem se pagaraõ cento & outo reis.

38 Todo homem casado que se provar que tem manceba theuda & mantheuda pagará a quarentena de sua metade da fazenda que tever & a manceba pagará a metade da quarentena da fazenda que tever.

39 Os escomungados por cada dia que encorrerem na dita escomunhão pagarão dez reaes athé se asolverem que he a terça parte da pena ordenada.

40 Todo homem que for acha-lo jogando cartas pagará quinhentos reis. E querendo emendar estas penas da Alcaydaria podeloemos fazer.

41 Das carceragens civeis se pagará dezasete reaes & dos feitos crimes setenta & dous reaes.

Com os quaes apontamentos & declarações & condições & clausulas atraz escritas era & he feito o dito concerto & assentado antre Sua Alteza & os moradores da dita Capitania do Funchal per seus Procuradores como dito he & por o dito Pero Gonçalves da Camara ser fallecido como atraz faz mençam & o dito Francisco de Avelloza ter hora os outros poderes novos do dito Povo pera esto haver de acabar como em suas Procurações atraz escritas se contem se acabou hora o dito contracto com elle.

E portanto o sobre dito Lecenciado em nome do dito Senhor como Rey que he destes Regnos & como Governador que he da dita Ordem outorgou assy todo o contheudo neste contracto dizendo que Sua Alteza tinha já todo esto bem visto & examinado & que era dello contente & lhe tinha mandado que assy o fizesse assentar com o dito Francisco de Avelloza Procurador da dita Capitania em escritura publica & que por mais abastança Sua Alteza o confirmaria & aprovaria & rateficaria.

E o dito Francisco de Avelloza em nome & como Procurador que he do Povo da dita Capitaniá do Funchal & per virtude das ditas suas Procuraçoẽs concordou & assentou assy com o dito Lecenciado em nome de Sua Alteza este dito contracto & arranjaçam & acceptou todas as quitas & merçees & cousas que em favor do dito Povo no dito contracto sam assentadas & que lhe sam outorgadas & concedidas & prometeo por solene estipulaçam a o dito Lecenciado como o Procurador do dito Senhor & da dita Ordem & a mim Taballiam como a pessoa publica estipulante & aceptante & em nome do dito Senhor & de seus successores & doutras quaes quer pessoas a que esto toca ou a o diante tocar & pertencer por qual quer modo de pagarem deste Janeiro primeiro que vem que he do anno de mil & quinhentos & dezaseis em diante pera sempre todos os sobreditos dereitos que em este contracto ficam nomeados & especeficados pello modo atraz declarado & esto sem referta cautella nem contradiçam alguma assy os que tocam aa dita Ordem como os que pertencem ao Senhorio do dito Senhor se obrigou em nome do dito Povo de estarem assy por este contracto & transauçam & comprirem em todo & por todo como se nelle contem & de nunca em tempo algum virem contra elle nem contra parte delle nem o contradizerem nem refertarem em Juizo nem fóra delle de feito & de dereito per modo algum que ser & cuidarse possa & se deceo logo em nome do dito Povo de todo & qual quer dereito auçam & reram que tinham & podiam ter em algum dos ditos dereitos que diziam que com justiça Sua Alteza os nam podia nem devia em alguma maneira levar & o alargou hora de novo ao dito Senhor & se contractou com Sua Alteza no modo sobre dito & em testemunho de verdade mandaram assy ser feito pera o dito Senhor & pera cada huma parte a que esto tocar tres estromentos & quanto mais comprirem. Testemunhas que presentes foram para esto chamados & rogados Pedro Homem & Joam Dias & Ruy Mendes todos escudeiros do Conde de Portalegre & eu Braz Affonço publico Taballiam por authoridade do dito Senhor na dita cidade & seu termo que a esto todo presente fui & todo em minha nota tomey donde por meu escrivam este estromento fiz aqui tirar. em vinte quatro folhas com esta & o concertey sobscrevi & assiney de meu publico sinal.

O qual contracto concerto transauçam visto por Nós o havemos por bom grato facto vallioso deste dia pera sempre & prometemos & ficamos a os visinhos & moradores da dita Capitania do Funchal de nunca em tempo algum que seja hirmos contra elle em parte nem em todo & antes o comprirmos & fazermos muy inteiramente comprir & guardar pella guiza & maneira clausulas & condiçoẽs & declarações no dito contracto conthendas sem nisso podermos fazer mudança nem novaçam alguma por nenhum caso nem condiçam que seja & de estarmos & havermos & levarmos soomente os dereitos no dito contracto nomeados & queremos que se em algum tempo por esquecimento metermos alguma condiçam que seja contra cada huma das cousas no dito contracto nomeadas que se nam guarde & assy o mandamos & rogamos & encomendamos a nossos herdeiros & successores por nossa bençam q̃ queiram estar por este nosso contracto & em todo & por todollo compram & guardem & façam comprir & guardar como nelle faz mençam & queremos & nos praz de quitar a os ditos lavradores & visinhos da dita Capitania todas aquellas cousas que por suas conciencias os tempos atraz passados heram obrigados de nossos dereitos por que nossa vontade he suas conciencias serem disso descarregadas. Porem mandamos aos Vedores da nossa fazenda Capitães Provedores Almoxarifes & Recebedores Escrivães & Officiaes & pessoas da dita Ilha & a outros quaes quer a que esta nossa Carta for mostrada & o conhecimento della pertencer que assy lha compram & guardem & façam inteiramente comprir & guar-

dar & nam levem nem consentam levar a os visinhos & moradores da dita Capitania do Funchal outros alguns dereitos salvos os aqui nomeados & hajam
esta Carta como Foral dado e outorgaẟo aa dita Ilha & Capitania do Funchal.
E por certeza & firmidão mandamos fazer esta Carta assinada por Nós & assellada do sello do chumbo. Dada em nossa Cidade de Lixboa a seis dias do
mez de Agosto. Alvaro Pires a fez. Anno do nacimento de nosso Senhor Jesu
Christo de mil & quinhentos & quinze. Rey. E a quita de que em sima faz
mençam Nos praz de fazer assy a os vivos como a os mortos em foro de conciencia. E eu Joam da Fonoeca Escrivam da fazenda do dito Senhor que esta
Carta fiz escrever & aqui sobscrevi.

Copia de uma certidão authentica de 1736, extrahida do Livro das Ilhas, fl. 140 v.

NOTA XVII

Municipios da Capitania de Machico: Villa de Machico e Villa de Sancta Cruz: Foral,

«Esta Villa de Machico, cabeça e assento deste primeiro capitam Tristam, ahi está fundada.»—Pag. 63.
«Ainda que tem esta Capitania outra villa, a de Sancta Cruz, que
he mayor que ella, esta foi a primeira cabeça de toda a Capitania,
pois ainda agora tem o nome della; e tambem parece ser a primeira
povoação...»—Pag. 77.

Em um officio do Presidente da Camara de Machico, datado de 3 do
corrente mez de novembro deste anno de 1871, lemos que o primeiro livro do tombo municipal se extraviou, e que no archivo não ha registo da
carta que elevou Machico á categoria de villa. No authographo dos *Annaes do Municipio de Machico*, que temos presente, tão sómente se diz,
sob a inscripção *Creação da Villa de Machico*, que *data da epocha em
que foi creada a villa (hoje cidade) do Funchal, quando se procedeu á divisão das duas capitanias*, o que mostra que o redactor desses *Annaes* não
tinha conhecimento da data do respectivo diploma. Tem sido até agora infructuosas as diligencias feitas para alcançarmos copia, ou sequer noticia delle.
Não obstante, consideramos exacto o dicto dos mencionados *Annaes*; porque é de presumir que, estando as duas capitanias em analogas circumstancias, houvesse com ambas igual ou analogo procedimento: e Branca Teixeira,
mulher de Tristão Vaz, primeiro donatario de Machico, em uma verba do seu

testamento, registada a fl. 109 do livro das pensões de missas do archivo
da igreja, deixa ver que Machico já então era importante: mas, sobre tudo, a
verba do testamento do proprio Tristão Vaz, registada a fl. 67 do mesmo livro, duas vezes designa Machico por villa, dizendo assim: «Manda que....
em cada hũ ãno lhe diguaõ bũa misa cãtada... e desto tem carreguo Basco
fonso biguayro da *dita billa*..., por falecimemto do biguayro fica a hos bi-
guayros *desta billa de Machiquo.*»—Seja, pois, acceito, em quanto melhores
provas não convencerem do contrario, que Machico foi elevado a villa pelos anos de 1451, por occasião de ser confirmada pelo rei a donataria a Tris-
ão Vaz.

As armas da Capitania de Machico são a esphera, que era o emblema
adoptado por D. Manoel.

Sancta-Cruz foi feita villa por este rei, em 1515, pelo seguinte di-
loma:

$$\text{C}\text{ARTA delRey ho senñor dom Manuell em que faz}$$
Santa ✠ Cruz billa,

DOM MANUELL, por graça de Deos Rey de purtugall & dos algarues
daquem & dallem mar em africa senñor de guinee & da comquista
nuegaçam comercio de ethiopia arabia perçia & da India. A quamtos esta
nosa carta birem Fazemos saberr q̃ exgoardamdo nos como ho lugar da santa
Cruz çituado na nosa ylha da madeyra na p.ᵉ & Jurdiçam 'de Machiquo se
é acrecemtado em poboraçam q̃ he dos mays princepaaes & mays poborados
que ha na dita ylha tirãdo ha çidade do funchall & bem asy sabendo como
or estar alongado da dita billa de Machiquo de cuja jurdiçam he & ha aspereza dos camiños ser tall que has pessoas nom podẽ hir requerer sua Justiça nẽ ho que mays lhe compre sem nosso leuarẽ muito trabalho & fadiga &
as vezes ho leixam antes perder & quando esto pello dito trabalho se faz
o dito lugar da santa cruz muito mays ho debem teer hos que morarẽ no
tmiço & em gaulla q̃ he amtre ha dita santa cruz & ha çidade do Funchall
er omde asy huũs como hos outros nom podem ser gouernados nẽ regidos com
ustiça pellos ofeciaaes da dita billa de Machiquo como a noso seruiço & bẽ
los moradores dos ditos Lugares comprẽ per cuja causa aymda se leyxam de
ennobreceer de bẽ ẽ melhor & dacrecemtarẽ em mays poboraçam ho que fariam se fose billa & teuesse seus ofeciaaes & Justiças na terra segũdo ho custume de outras billas do noso regno & senñorio & fossẽ fora da sogeiçam da
dita billa de Machiquo & queremdo nesto proueer em maneyra q̃ se faça ho
seruiço de deos & noso & bẽ dos 'moradores da dita santa cruz nos do noso
moto propio çerta siençia & poder absoluto sem nolo elles rrequererẽ fazemos ho dito lugar da santa cruz billa & queremos que daqui ẽ diamte se

64

chame billa da santa cruz & tiramos & desmembramos do termo da billa de
Machiquo & de sua jurdiçam como ateequi foi & lhe damos por termo des ho
porto do seixo pello mar atee ho dito caniço partindo com ho termo da çidade do fumchall & pella terra contra ha dita billa de machiquo partimdo
pello ribeyro do dito porto do seixo agoa açima dereito aas chadas de santa
Catherina & hindo pello camiño da Serra dagoa atee aomde começa ho lombo
da feyteira dos castelhanos & hindo por ellas açima atee aas cumeadas da
serra & atee hir dar no termo da çidade do fumchall & tornando pera baixo pera ho mar partindo sēpre por ho dito termo da dita Çidade atee vir
outra vez teer a ho mar do dito caniço. E habemos por bem que daqui
em diamte posa fazeer seus ofeciaaes da maneyra q̃ hos fazem has outras billas semelhantes a ella & queremos que mays nom obedeçam aa dita billa
de Machiquo como seu termo que ateequi foy asy em suas processões de
Corpus christi resurreyçam & anjo custodio como ē todallas outras cousas
que como seu termo lhe sejam a obedeceer por quamto de toda ha sogeiçam q̃ por serē seu termo tinhā hos habemos por libres & isētos & Mandamos a ho Capitam & Oficiaaes da dita billa de Machiquo que os ajam
per isemtos de todo & mays nom costrangam hos moradores da dita billa
da Santa Cruz & seu termo pois hos desmembramos & fazemos billa & Damos termo & jurdiçam sobre sy como dito he & bem asy Mamdamos a hos
moradores que cahirē q̃ obedeçam aa dita billa da Santa cruz como seu
termo que sam & como obedeciam aa dita billa de Machiquo aa quall mays
como termo nom obedeçam como dito he. E porem Queremos q̃ fiquē ē lo-
dallas bisinhanças comedias logramētos & liberdades que ateequi ora tinham
como ha dita billa de machiquo & lugares outros commarcões asy nas
agoas heruas lenhas & cortes de madeyras como ē todollos outros boõs husos & custumes & bizinhanças como sēpre fezeram & bē asy tenham quaaes
quer outros preuilegios q̃ atee ora teucrem per serem termo da dita billa
de Machiquo por que nesso nom inouamos cousa algũa soomēte ha dita Jurdiçam como dito he. E ho Capitam da dita billa de Machiquo teraa na
dita billa da Santa cruz & seu termo asy ha cadea & todallas outras liberdades que ateequi teue. Porem mamdamos ao dito capitam Juyzes & Justiças da dita billa de Machiquo & moradores della & outros quaaes quer
ofeciaaes & pessoas a q̃ esta Nosa Carta for mostrada & conhecimēto della
pertenceer que ajam daqui ē diāte a dita Santa cruz por billa como dito
he & lhe compram & goardē & façam muy ymteyra memte comprir & goardar esta nosa Carta como nella he conteudo por quamto nos ha fazemos billa & queremos que seja & lhe damos ho dito termo & se pera ello
falleçeer algũas crausulas & sollenidades de dereito nos has abemos aqui por
postas expresas & decraradas & se hi ha algũ dereito ley ou hordenaçam que
comtra esto façam has habemos acerqua do q̃ dito he por nenhũas & lhe

tiramos toda força & bigor pera nom haberẽ contra ysto lugar & por fermidam desto & sua seguramça lhe Mamdamos dar esta nosa carta asinada por nos & sellada do noso sello pendête. Dada em nosa çidade de lixboa a hos xxbj (26) dias do mez de junho. Andree Pires a fez. Anno do nacimento de noso Sennor Jhũ xpõ de mill quinhentos & xb (1515) annos. Rey. Carta per que bossa Alteza faz Santa ✠ cruz da ylha da madeyra billa & lhe daa termo.

L.° dos registos do Foral e mais documentos antigos da Cam. de Sancta-Cruz, fl. 10 e 11 (1).

Esta carta foi apresentada á Camara de Machico em 17 de julho do mesmo anno de 1515, e tal resentimento produziu, que os vereadores Nuno da Costa, Gonçallo Arraes, e outros, lhe vieram com embargos; mas o donatario Tristão Vaz não ousou receber-lh'os.—Desde então as duas villas ficaram rivaes.

Mas, ponto de commum interesse as veio unir, momentaneamente ao menos. A Capitanía do Funchal conseguíra em agosto desse anno o novo *foral*. A de Machico ficaria em percaria condição, se não conseguíra outro igual. Os dois municipios desta mandaram, pois, seus procuradores á córte, os quaes facilmente obtiveram, como mercê, isso que seguramente era um dos élos dos projectos manoelinos.

Pelo que, depois de constituido o municipio de Sancta-Cruz, foi ao de Machico e a este concedido, pelo referido rei D. Manoel, um commum *foral*, identico na substancia ao dos municipios da outra capitanía. É, porém, curioso e util á historia da ilha da Madeira conhecer os pontos de differença entre os diplomas destes dois foraes.—Na antecedente nota vimos o da Capitanía do Funchal; vejamos agora o da de Machico, na parte em que diversifica daquelle.

TRESLADO authentico do Foral das Villas de Machico & Sancta Cruz & seus termos na Capitania de Machico,

DOM MANUEL por graça de Deos &. A quantos esta nossa carta virem Fazemos saber que por parte dos visinhos & moradores da nossa Ilha da Madeira da Jurdiçam & Capitania de Machico nos foi apresentado hum estromento de contracto de que o theor de verbo a verbo he o seguinte. Em NOME DE DEOS AMEN, Saybam quantos este es-

(1) Este livro é moderno; tem os termos de abertura e encerramento datados de 11 de dezembro de 1811.—A carta acima impressa foi trasladada deste livro e de outra copia, que vem em um dos manuscriptos que possuimos.

tromento & treslado de hum contracto feito entre ElRei nosso Senhor &
as villas de Machico & Santa Cruz da Ilha da Madeira virem que em
o anno do nascimento de nosso Senhor Jesu Christo de mil quinhentos &
quinze hoje terça feira quatro dias do mez de Dezembro nesta muy nobre
& sempre leal villa de Santarem na ribeira da dita villa na freguézia de
Santa Cruz dentro nas casas de morada de mim Taballiam perante mim &
as testemunhas presentes apareceram os muito honrados Nuno da Costa &
Joam de Freitas Fidalgós da casa do dito Senhor moradores na dita Ilha
& Procuradores das ditas villas & logo por elles foi dito que era verdade
que elles com o dito Senhor em nome das ditas villas tinham feito hum
contracto o qual contracto o dito Senhor ouvira & posera nelle algumas graças as quaes se especificaram assy pera seo serviço como pera declaraçam
das ditas villas & Povo dellas & se manda ora fazer este de guiza que melhor fica na verdade o qual seu theor delle he este que segue. Em nome
de Deos amen. Saybam quantos este estromento de contracto e transauçam
virem que no anno do nascimento de nosso Senhor Jesu Christo de mil
quinhentos & quinze aos vinte & sete dias do mez de Outubro na muy
nobre & sempre Leal Cidade de Lisboa nas pousadas do Lecenciado Affonso Annes do Desembargo de ElRei nosso Senhor & Juiz de seus feitos estando hy presente o dito Affonso Annes em nome do dito Senhor & como Juiz que he dos seus feitos & tambem como Procurador que he dos
negocios & cousas da Ordem de Christo de que Sua Alteza he Governador
& perpetuo. Administrador & de outra parte estando hy Nuno da Costa &
Joam de Freitas Fidalgos da casa do dito Senhor moradores na Ilha da Madeira ambos em nome & como Procuradores que sam dos moradores & Povo da dita Ilha da parte da Capitania de Machico o dito Nuno da Costa
como Procurador & Vereador da villa de Machico & seu termo & o dito Joam de Freitas como Procurador da villa de Santa Cruz & seu termo que
he da dita Capitania segundo de seus poderes abaixo fará mençam. Disse
logo o dito Lecenciado por parte do dito Senhor era verdade que Sua
Alteza & seus antecessores assy por *Foral do Iffante Dom Henrique* seu
tio que Deos tem como por posses & costume antigo estam em posse
de levar & haver na dita sua Ilha da Madeira as rendas & dereitos seguintes, assy do espiritual que pertence aa dita Ordem de Christo cujo Governador he como do Senhorio que pertence aa Coroa destes Regnos de Portugal a dizima das soldadas & serviços & jornaes' & das ganças dos mercadores & dos officiaes & assy da dizima das vendas das novidades & dos
arrendamentos & aforamentos & dizimas das lenhas & assy de todallas outras cousas nascidas & creadas na dita Ilha & bem assy levava & havia
como Senhorio & pella dita Ordem o quarto dos açucares que se em ella
faziam & de todollo que della sahia em que entrava o dizimo & outro sy

a dizima das entradas & sahidas da Alfandega & outras cousas que no dito Foral mais largamente sam declaradas & que estando assy Sua Alteza na dita posse os visinhos & moradores da dita Ilha por algumas vezes se vieram a agravar ao dito Senhor dizendo que por dereito nom eram nem deviam ser obrigados a pagar alguns dos ditos dereitos da Ordem nem esso mesmo a dizima da sahida da Alfandega & bem assy que do açucar nom deviam pagar outro tributo & que os moradores & Povo da Capitania do Funchal enviaram sobre esso seus Procuradores a Sua Alteza pedindolhe por mercê que houvesse por bem desto correger & emmendar & poer em dereito pera sobre esto serem ouvidos & mostrarem a rezam que tinham a nom haverem de pagar semelhantes tributos & que Sua Alteza se concertou com elles segundo & pelo modo que he contheudo em outro contracto sobre ello feito por mim Taballiam abaixo nomeado em quatro do mez de Julho que ora passou deste presente anno & que ora os moradores & Povo da Capitania de Machico enviam sobre ello os ditos Nuno da Costa & Joam de Freitas seus Procuradores pedir a Sua Alteza por mercê que assentasse com elles concerto assy como assentára com os da Capitania do Funchal mostrandolhe muitos apontamentos que della tinham feitos & que o dito Senhor visto o seu requerimento & os ditos apontamentos & ouvidos os ditos Procuradores & despois de praticado & examinado bem o caso sem embargo de lhe parecer que nesso tinham pouco dereito & auçam & havendo respeito por os muitos serviços que Sua Alteza tinha recebido e ao diante esperava receber dos moradores da dita Capitania de Machico & por se evitarem debates & despezas que nesso podiam fazer & considerando tambem o muito custo que fazem com os ditos açucares como ja tinha feito a conta com os moradores da Capitania do Funchal era rezam que toda a Ilha gozasse de huns previlegios & liberdades igualmente & nom houvesse differença em huma Capitania & outra & por outras justas causas & rezões que ao dito Senhor moveram lhe aprouve em seu nome & de seus successores & assy pello que toca aa Coroa destes Regnos como em nome da dita Ordem de se concertar & de feito se concertou & contractou & acordou com os ditos Procuradores em nome do dito Povo da dita Capitania de Machico por virtude das suas Procurações por via de transauçam sobre a paga dos ditos dereitos & modo do que nesso se havia de ter desde o primeiro dia de Janeiro do anno que ora vem de quinhentos & dezeseis em diante pera sempre na maneira que he concertado com os ditos moradores & Povo da Capitania do Funchal com as declarações & clausulas & condições & apontamentos contheudos no dito seu concerto que he feito na forma que ao diante se segue em estes capitulos abaixo escriptos:

(Seguem-se identicos capitulos aos do Foral da Capitania do

Funchal, salvas duas differenças: 1.ª que a metade das penas pecuniarias de que tracta o capitulo 19.º não é para as obras da alfandega, mas sim para as das igrejas das duas villas;—2.ª que, em logar de calhetas ou postos fiscaes, se estatue no capitulo 21.º o seguinte:)

21 Na dita Capitania de Machico haverá huma Alfandega ou em Machico ou em Santa Cruz honde Sua Alteza depois declarar.

(E continuando como no outro foral, remata:)

Dada em Almeirim a quinze dias do mez de Dezembro. Antam de Fraga a fez. Anno do nascimento de nosso Senhor Jesu Christo de mil & quinhentos & quinze. Rey.

L.º 5.º de Registos do Arch. da Camara de Machico, fl. 253 v. a 265 v. (1).

NOTA XVIII

Principies da povoação no archipelago da Madeira: summario historico dos povoadores nacionaes e extrangeiros, e dos appellidos de familias do mesmo archipelago,

«Partidos, pois, estes capitaés de Lisboa... deo licença El-Rey a toda pessoa que quizesse vir......para povoação das ditas ilhas, assi a do Porto-Sancto, como a da Madeira. Mandou dar os homecidas e condenados que houvesse pelas cadeas e Reyno, dos quaes João Gonçalves não quiz levar nenhum dos culpados por causa da fee, ou treição, ou por ladrão; das outras culpas e homisios levou todos os que houve, e foram delle bem tractados; e da outra gente, os que por sua vontade queriam buscar vida e ventura, foram muitos, os mais delles do Algarve.»— Pag. 43.

«Foi povoada esta ilha (do Porto-Sancto) de gente fidalga e nobre....»—Pag. 50.

«E os descobridores, e pessoas nobres que....vieram, tiveram filhos, muitas terras e propriedades que grangearam, e geração mui nobre, ...na ilha da Madeira....»—Pag. 73.

«Mercadores, e tanqueiros, inglezes e flamengos, e ...outros forasteiros e...homens ricos e de grosso tracto.»—Pag. 84.

(1) Extractámos de uma copia official, remettida á secretaria do Governo Civil do Funcha.

I

PRINCIPIOS DA POVOAÇÃO NO ARCHIPELAGO DA MADEIRA.

Os primeiros povoadores deste archipelago foram os donatarios, seus companheiros e familias, entre os quaes ficou apontado Gonçallo Ayres Ferreira como pae de dois gemeos, varão e femea, as primeiras pessoas que nasceram na ilha da Madeira, e, porisso, chamados Adão e Eva: tambem vieram colonos nacionaes e extrangeiros livres, outros condemnados ou homisiados por crimes, como conta *Gaspar Fructuoso*. Mas, tão escaço era ao principio o numero de pessoas nobres na ilha da Madeira, que Zargo pediu ao rei, e este lhe mandou do reino, quatro fidalgos, para maridos de suas filhas.

«*Foe o começo da povoraçom desta ilha no anno do nacimento de Jhũ Xp̃õ de mil e iiij.ºxx annos*» (conforme diz *Azurara*, unico historiador contemporaneo); «*a qual* (continúa o mesmo *Azurara) ao tempo da feitura desta estorya* (isto é, de 1452 para 1453) *estava em razoada povoraçom, ca avya em ella* c l *moradores, a fora outras gentes que hi avya, assy como mercadores, e homees e molheres solteiros, e mancebos, e moços e moças que ja nacerom na dicta ilha, e esso meesmo clerigos e frades, e outros que vaão e veem por suas mercadaryas e cousas que daquella ilha nom podem scusar.*»—Vid. retró, pag. **330-333.**

Depois, continuaram a affluir a estas ilhas, especialmente á da Madeira, pessoas nobres de Portugal; muitos extrangeiros, uns nobres, outros merca dores; e gentes de officios mecanicos do reino e de Hespanha : e foram trazidos captivos mouros e escravos negros e canarios.—Aos nobres, nacionaes e estrangeiros, e a alguns notaveis mercadores estrangeiros, concederam os donatarios as terras de sesmaria, para serem roteadas e cultivadas; desde o reinado de D. Manoel foram as sesmarias sendo transmutadas em *morgados* e *capellas;* mas, quer em um, quer em outro systema, eram os colonos livres, e, sob a inspecção delles, os captivos e os escravos que laboravam as terras, até que, pela extincção dos escravos mouros e negros, o onus todo dos trabalhos agricolas passou para aquelles colonos, o que deu, a final, no chamado *contracto de colonia,* analogo sim ás condições naturaes e legaes do sólo, mas que, nos termos a que o reduziram inveterados abusos, elevados á categoria de direito consuetudinario, degenerou em leonino.

De todas estas camadas sociaes da população aborigena do archipelago da Madeira, ha padrão irrefragavel. A *aristocracia territorial* e os *colonos* ainda se manteem, embora muito modificados, por virtude das reformas do Marquez do Pombal e das instituições liberaes. Dos *captivos mouros e escravos negros* ha documentos e vestigios, alguns dos quaes estão archivados nas paginas das *Saudades da Terra.* A cidade do Funchal teve sua *mouraria,* ou bairro de mouros, do que ainda conserva a *rua da mouraria;* e ó tradição que na freguezia da Ponta do Sol viveram muitos mouros. Abundam, mórmente no *Curral das Freiras* e no norte da ilha da Madeira, mixtiços de raça africana; pessoas ha que ainda conheceram alguns negros de um e de outro sexo, outr'ora escravos; nos livros parochiaes ha muitos termos de casamentos, baptismos e obitos de escravos negros, até que a escravidão foi indirecta e gradualmente abolida em Portugal pelo alvará de 16 de Janeiro de 1773; no tit. x, const. x das *Constituições Synodaes · do Bispado do Funchal,* publicadas em 18 de outubro de 1578, se promove o casamento dos escravos, porque *«muitos escravos & escrauas se deixam cōmūmente estar em continuo peccado de amumcebados»;* em 1505, os donatarios tiveram alvará de privilegio, registado no tomo 1.º do Archivo da Camara do Funchal, fl. 111, pelo qual podiam mandar cortar as orelhas aos escravos que o merecessem, por justiça; e, como contraste a este barbaro privilegio, figuram na *Pauta dos bemfeitores da Casa da Misericordia do Funchal* pessoas de côr, que deixaram esmolas a este estabelecimento de caridade !

II

Summario historico dos povoadores nacionaes e extrangeiros e dos appellidos de familias do archipelago da Madeira (1),

Sómente da aristocracia territorial, salvas raras excepções, subsistem memorias pessoaes e nominaes nos livros, quer manuscriptos quer impressos, da historia destas ilhas, e especialmente nos *nobiliarios* de que temos fallado, nos titulos de nobreza e arvores genealogicas que muitas familias conservam, e em outros documentos.

De todos estes subsidios, e do poema *Insulana,* de *Manoel Thomaz,* extrahimos o *summario historico* infra, no qual mirámos não tanto ao interesse genealogico, quanto á averiguação historico-economica, attinente á origem e progressos da *população,* e aos *sesmeiros* e *morgados* nestas ilhas. Limitámo-nos a succintas noticias dos povoadores conhecidos, nobres ou não nobres, e das primeiras pessoas que foram ou se presume terem sido neste archipelago troncos de família; porque isso basta ao nosso intuito, e os limites de uma nota não admittem mais extensão. Seguimos a ordem alphabetica, por mais commoda ao investigador, e a nós. Os algarismos, que vão no final de cada artigo, indicam as pa-

---

(1) É inevitavel o haver omissões e incorrecções neste trabalho. Como, porém, o livro vae publicado ás series, prompta satisfação daremos a quaesquer justas reclamações, e até as sollicitamos, como obsequio.

ginas deste livro onde alguma noticia se dá do respectivo *appellido:* quando ao *appellido,* sem nada mais dizermos, se seguirem algarismos, é porque só temos as noticias constantes da pagina ou paginas por elles indicadas. Este summario abrange, portanto, tambem o *indice* dos appellidos a que a presente obra allude. Faltam alguns appellidos de familias de Porto-Sancto, por não termos obtido dados a respeito delles.

. *Manoel Thomaz,* nas cinco seguintes estancias, menciona quasi todos os appellidos de familias notaveis deste archipelago;

Naõ denuméro as Casas generosas;
Baste só nomearte os Appellidos
Das Familias mais altas, e famosas,
Pera serem seus nomes conhescidos;
Que sendo pellas obras gloriosas
Os seus Feitos com fama engrandescidos
Mais viuos nella estaõ, pera o futuro,
Que grauados com ouro, em bronze duro,

Barretos, Dorias, Cunhas, Mialheiros,
Menezes, Pimenteis, Cantos, Peradas,
Monizes, Valdeuessos, & Medeiros,
Dâmis, Mirandas, Vargas, e Barradas,
Nettos, Pououas, Cayados, e Viueiros,
Cayros, Fauilas, Marques, e Serradas,
Catanhos, e Cortezes, com Aranhas,
Florenças, Oliueiras, Valles, Canhas:

Haverá nella Andradas valoresos,
Siluas, Sousas, Mendonças, e Furtados,
Pestanas, Saas, Abreus, Britos, Vellozos,
Toodragoens, Vasconçellos, e Vogados,
Athouguias, Almeydas, e Cardozos,
Esmeraldos, Pachecos, e Delgados,
Coutos, Barros, e Freitas, cóm Dornellas,
Castros, Teiues, Gamboas, com Agrellas;

Leitoẽs, e Figeirós, Dultras, Aruellos,
Pintos, Barbozas, Lobos, e Pereiras,
Costas, Botelhos, Mayas, Leoens, Mellos,
Serroens, Lamegos, Pontes, e Viueiras,
Sàrdinhas, Mattos, Sandes, e Camellos,
Homens, Anrulhos, Pretos, Madureiras,
Mouras, Areas, Carualhos, com Aldrammas,
Bethençóres, Saldanhas, Bragas, Gammas

Palestrellos, Morais, Pardos, Saluagos,
Teixeiras, Garros, Regos, e Azeuedos,
Villelas, e Cabrais, Meireles, Gagos,
Monteiros, Amarais, Correas, Ledos,
Lopes, Quintaes, & outros mil, que pagos,
Seraõ, mais de grandezas, que de medos,
Pois mostraram com brios cada dia
Alto valor, com Marte, á Barberia.

Insulana, liv. ix, est. 109-113.

Eis o summario (1).

~~~~~~~~~~~~

(1) Para mais cabal noticia dos appellidos ou pessoas mencionadas neste summario, consultem-se os artigos delle especiaes a cada um dos appellidos das pessoas referidas no artigo do appellido que se buscar, embora neste artigo se lhes não faça referencia.

A

ABREU.—É seu solar a Torre de Abreu, juncto a Valença do Minho. A primeira pessoa que nesta ilha da Madeira usou este appellido foi *Brites de Abreu*, filha de Ruy de Abreu, alcaidemór de Elvas; e mulher de João Fernandes do Arco. Os filhos destes tomaram o appellido materno. Entre elles avulta D. Izabel de Abreu, a qual, por testamento de 29 de outubro de 1545, instituiu morgado em favor de seu sobrinho D. Gonçallo Henriques, filho de Joanna de Abreu, irmã da instituidora. Vid. *Arco*.—95, 114, 171, 173, 181, 197, 218.

ACHIOLI. (olim, ACCIAIUOLI).—Procede de *Simão Achioli*, oriundo de Florença, de familia distinctissima: este, por 1515, veiu para a ilha da Madeira, e instituiu o morgado de Nossa Senhora da Natividade: foi almoxarife na cidade do Funchal, onde teve grande casa e engenhos de assucar.—83, 85, 255 e 274.

AGRELLA.—O primeiro de que achamos noticia com este appellido é *Fernão Alvaro de Agrella*, de Alemquer, bue veiu para esta ilha da Madeira em 1480.

AGUIAR.— O mais antigo deste appellido é *Diogo Affonso de Aguiar*, um dos primeiros sesmeiros da ilha da Madeira. Depois achamos Ruy Dias de Aguiar, o Velho, filho de Diogo Affonso e neto de Zargo: teve elle um irmão, Pedro Affonso de Aguiar, que foi armador-mór do reino e commendador da Or-

dem de Christo. Houve um D. Martinho de Aguiar, filho de Diogo Gonçalves e de Anna Rodrigues de Aguiar, natural da freguezia de S. Martinho, que foi bispo de Ceuta e Tanger, e faleceu em 1633.—88, 167, 170, 218.

ALBUQUERQUE.—Procede do D. Affonso Telles de Menezes, povoador de Albuquerque, villa de Castella, quasi na raia de Portugal. Na ilha da Madeira, vem de *D. Sebastiana de Albuquerque*, que casou com João de Freitas, da Magdalena, cerca de 1570. Vid. *Freitas*.

ALDROMAR.— Appellido talvez extincto, procedente do biscainho *João Martins Aldromar*, que em 1500 residia em Camara de Lobos.

ALLEMÃO.—Este appellido, hoje extincto, procede de *Henrique Allemão*, personagem legendario dos primitivos tempos da colonisação desta ilha da Madeira. Delle se dizia que era principe polaco, e que, perdida em 1444 a batalha de Varna por Uladislao IV contra Amurato II, fizera voto de peregrinar a terra, e fôra armado cavalleiro de Sancta Catharina do Monte Sinae. Vindo á ilha da Madeira, João Gonçalves Zargo lhe deu, no sitio depois chamado a Magdalena do Mar, largo terreno de sesmaria, por carta que foi confirmada pelo Infante D Henrique em 29 de abril de 1457, e por D. Affonso V em 18 de maio do mesmo anno. Com effeito, Henrique Allemão ahi fundou grande fazenda povoada, com capella da invocação de Sancta Maria Magdalena, da qual veiu o nome ao logar. Casou com Senhorinha Annes, e morreu desastradamente esmagado por uma quebrada que do Cabo Gyrão cabiu sobre o barco em que elle hia da cidade do Funchal para a Magdalena. Sua mulher casou depois com João Rodrigues de Freitas. Ainda agora ha, acima da villa da Ponta do Sol, a Fajã do Allemão, que o povo corruptamente denomina *do limão.*

ALMADA. — O primeiro que deste appellido achámos foi *Antonio de Almada*, que casou com Izabel Rodrigues Leal, da freguezia do Porto da Cruz, por meado do seculo XVI.

ALMEIDA, — A mulher de João Gonçalves Zargo, Constança Rodrigues, é por uns designada *de Sá*, por outros, *de Almeida*; e, com effeito, a casa de Abrantes, proveniente da mesma ascendencia, usa as armas dos Almeidas. Depois de Constança Rodrigues, a primeira pessoa que achamos com este appellido é *Amador de Almeida*, ao qual D. João III deu brazão de armas em 1538,—43, 166 e 434-437.

ALVARES. — *Antão Alvares de Carvalho* foi um dos primeiros povoadores, o qual teve sesmaria em Sancta-Cruz, onde depois foi o morgado de S. Gil. *Luiz Alvares da Costa* fundou o convento de S. Francisco, na villa do Funchal, em 1473.—171.

ALVES, —59, 116, 119, 253.

AMARAL.—119,

AMIL.—*João Fernandes de Amil* foi um dos primitivos sesmeiros da ilha da Madeira. Em tempo de D. Manoel, existia o bacharel João Fernandes de

Amil, provido juiz dos residuos em 1501, que foi encarregado da edificação da casa da Misericordia do Funchal, e o primeiro provedor desta, desde 1511 até 1520.—A pag. 91 vem mencionado um *Manoel dá My*, porque assim está no manuscripto; mas julgamos ser erro do copista, e corrupção de *d'Amil.*

ANDRADA, ou ANDRADE. —*Diogo Fernandes de Andrade* e seu irmão *João Fernandes de Andrade* foram dos primitivos sesmeiros da ilha da Madeira, no sitio da Covoada do Arco, da Ribeira do Ledo ávante. João comprou a Diogo a sua parte, e ahi instituiu morgado e fez a capella de Nossa Senhora do Lanço. Houve tambem hum Pedro Gonçalves de Andrade, fidalgo da camara de D. Manoel, e filho herdeiro de Gonçallo Fernandes, da Serra d'Agua, e de sua mulher Izabel Fernandes de Andrade. Vid. *Arco.*

ANNES.—*Gonçallo Annes de Velloza* foi tambem um dos primitivos sesmeiros da ilha da Madeira, e fundou no Funchal a igreja do São Bartholomeu, a qual depois foi a primeira em que os Jesuitas estiveram. Vid. *Coelho.* —58, 208,

ANTAS, ou ANTES.—Procede de *Mem Affonso de Antas*, oriundo do logar de Antes, antigo concelho de Coura, no Minho.

ARAGÃO.—Procede de D. Pedro de Aragão, irmão da rainha sancta Izabel, o qual veiu para Portugal. Houve outra familia deste appellido, de que foi tronco D. Martim de Aragão.—A primeira pessoa que deste appellido achámos na ilha da Madeira foi *Antonio de*

Aragão e Teive, pelos tempos de 1500, o qual foi casado com D. Helena de Athouguia.

ARANHA.—É appellido extincto neste archipelago, mas ainda agora ha na cidade do Funchal a *rua dos Aranhas*: não achámos outra memoria delle.

ARAUJO.—Procede de *Gonçallo Alves de Araujo*, que se passou á ilha da Madeira no fim do seculo xv, e teve sesmaria no Jardim do Mar, pelo que era conhecido por Gonçallo Alves do Jardim.

ARCO.—Procede de *João Fernandes de Andrade*, fidalgo galego que passou a Portugal no tempo de D. Affonso v, e se transferiu para a ilha da Madeira, onde foi senhor de larga fazenda no Arco da Calheta, e ahi levantou a capella de S. Braz, depois igreja parochial. Deste logar lhe veiu o appellido do *Arco* e novas armas, por mercê de D. João ii. Falleceu em 9 de abril de 1527. Vid. *Abreu.*—172.

ARJA.—83, 85.

ARNÁO.—Procede de *Guilherme Arnáo*, inglez, que veiu para Portugal com a rainha D. Filippa, mulher de D. João i. E appellido quasi extincto nestas ilhas.

ARRAES, OU ARRAIS.—239.

ATAIDE, ATHAYDE, OU TAIDE.—Procede de Mem Moniz, filho de Egas Moniz. O solar é a freguezia de Athaide, no bispado do Porto. Está quasi extincto nesta ilha da Madeira.—171, 193.

ATHOUGUIA.—*Luiz de Athouguia*, natural de Beja, foi dos primitivos sesmeiros na ilha da Madeira, no Lombo do Athouguia, a que deu o nome, na Calheta.

AVELLOZA.—Vid. *Velloza.*

AYRES.—*Gonçallo Ayres Ferreira*, um dos companheiros de Zargo, foi tronco da chamada *casta grande*, da primeira fidalguia da ilha. Teve nesta a primeira sesmaria, desde a Ribeira de João Gomes até a de Sancta Luzia e encumiadas da serra. Adão Gonçalves, seu filho, foi o primeiro homem que nasceu na ilha da Madeira: fundou a primeira igreja de Nossa Senhora do Monte, e della fez cabeça do seu morgado.—34, 38, 303.

AZEVEDO.—Procede de *Manoel Faria de Azevedo*, natural de Guimarães, o qual, por meado do seculo xvi, navegando para a India, naufragou na ilha da Madeira, e nella casou.

AZINHAL.—É dos primitivos appellidos na ilha da Madeira; *Estevão do Azinhal* era, em 1471, da governança no Funchal.

B

BAYÃO.—Procede de D. Arnaldo Bayão, e tem o solar no concelho de Bayão, juncto ao rio Douro. *Belchior Bayão* foi dos primeiros povoadores deste archipelago. É na ilha do Porto-Sancto o morgado desta familia, e tinha capella na igreja da mesma ilha.

BAIROS.—E' de origem ingleza. Procede de *Francisco de Bairos*, do tempo de D. João iii.

BARBOZA.—Procede de *Pedro Barboza*, natural de Vianna do Castello, o qual nesta ilha da Madeira casou com D. Helena de Menezes, filha herdeira de Garcia Moniz, senhor do morgado instituido no Caniço por Vasco Martins Moniz, pae delle, e cujo appellido os descendentes daquelle tomaram, deixando o da varonia.

BARRADAS.—Em 1573 era escrivão da Misericordia do Funchal um *Antonio Barradas.*—87, 116.

BARRETO.—Manoel Thomaz, na Insulana, menciona *Francisco Alves Barreto* e *João Alves Barreto*, da ilha da Madeira, notaveis em Tanger por seu valor e nobreza.—115, 116.

BARRIGA.—171.

BARROS.—Procede de Vasco Delgado, cuja filha, *Catharina de Barros* ou *Bairros*, casou com Lopo Vaz Delgado, commendador de Mecejana: foram dos primeiros povoadores da ilha da Madeira, tendo sua morada na Ribeira dos Melões, no Campanario.—208, 218, 244.

BAPTISTA.—Procede de *Misser Baptista*, genovez, que, por 1480, teve sua morada Porto da Cruz da ilha da Madeira, onde fez morgado.

BERINGUER.—Procede do *Dr. Pedro Beringel*, ou *Beringuer*, de *Lemilhana*, do reino de Valencia, fidalgo da casa real, e cavalheiro da Ordem de Christo: veiu para a ilha da Madeira por 1480, e, passando a residir na Calheta, ahi instituiu o morgado do Lombo do Doutor.— 96.

BETTENCOURT.—Este appellido escreve-se com variantes. Procede de *Henrique* e *Gaspar de Bettencourt*, irmãos, cavalheiros francezes, que, por 1450, passaram á ilha da Madeira com seu tio *Messiot de Bettencourt*, depois que este vendeu as ilhas Canarias ao Infante D. Henrique. Henrique foi morar na Ribeira-Brava, onde teve sesmaria, no sitio da Banda d'Alem; Gaspar viveu na freguezia de S. Roque, e teve de sesmaria o sitio de Agua de Mel.— 87, 166, 172, 173, 202, 208, 250.

BORGES.—Havia um *Duarte Borges* na ilha da Madeira, ao qual foi dado brazão de armas em 1538. Em 1556 um Pedro Vaz Borges tirou brasão, por justificar ser filho de outro do mesmo nome, neto de Damião Borges, e bisneto de Fernão Borges, todos nobres.—284, 291.

BOTELHO.—162.

BRAGA.—*João de Braga* foi um dos primeiros povoadores que vieram para a ilha da Madeira: teve sesmaria na freguezia de Sancto Antonio, proximo do Funchal.—107, 109, 258.

BRANCO.—Achamos deste appellido, em 1556, um *Diogo Fernandes Branco*, instituidor da capella de Nossa Senhora da Incarnação, de Loures, e bemfeitor da Misericordia do Funchal.

BRANDÃO.—Procede de *Duarte Brandão*, senhor de Buarcos, do tempo de D. João II.

BRAZ.—*Fernão Braz* era o pezador (ou afferidor) da Camara do Funchal em 1471.

BRITO.—Procede de *Pedro de Brito de Oliveira Pestana*, que veiu para esta ilha da Madeira com seu irmão João Mendes de Brito, por 1470. Tinham fôro de fidalgos. Eram filhos de Duarte Pestana de Brito e de Leonor

Homem de Sousa. João Mendes de Brito casou com Izabel Fernandes Tavares, viuva de Henrique de Bettencourt, o Francez, e ambos instituiram morga-do em 1524:—166, 172, 173.

BROM.—*Paulo Brum* foi negociante francez na cidade do Funchal. É appellido extincto nestas ilhas.

C

CABRAL.—Procede de Ayres Cabral, contemporaneo del-rei D. Diniz. *Diogo Cabral,* irmão do Senhor de Belmonte, e filho do guarda-mór do Infante D. Henrique, Fernão Alvares Cabral, foi um dos primeiros povoadores da ilha da Madeira, onde casou com Brites Gonçalves da Camara, e instituiu a capella de Nossa Senhora da Estrella na sua sesmaria de Valle de Amores, acima da Calheta. Falleceu em 15 de dezembro de 1486, e foi sepultado na dita capella. 96, 117, 119, 123, 161, 166.

CAHUS.—Procede do negociante francez *João Cahus,* natural de Ruão, que veiu estabelecer-se nesta ilha, por 1580.

CAIRES, ou CAIROS.—É appellido antigo e nobre. Manoel Thomaz, na Insulana, celebra um *Constantino de Cairos,* da ilha da Madeira, que foi grande soldado na India.

CALLAÇA, Vid. *Netto.* Ha, a oeste de Funchal, a quinta do Callaça.—50, 52, 57, 61.

CALDEIRA,—Procede de *João Caldeira,* o Velho, o qual foi dos primeiros povoadores, e teve sesmaria no sitio que delle tomou o nome, acima de Camara de Lobos,—93, 172, 257.

CAMARA.—Procede de João Gonçalves Zargo. Aos filhos e filhas de Zargo foram dados importantes terrenos de sesmaria: a Ruy Gonçalves da Camara, toda a Lombada da Ponta do Sol, que elle deu de fóro a João Esmeraldo, e onde este fez dois morgados, o do Sancto Espirito e o do Valle da Bica, que eram forciros ao morgado de Agua de Mel; a Garcia Roiz da Camara, as Achadas da Cruz, e outras terras entre a Ponta de Tristão e a Ponta do Pargo. Vid. *Aguiar, Cabral, Homem, Mendes, Sousa, Vasconcellos.*—Tambem Pedro Gonçalves da Camará, filho do segundo donatario, teve de sesmaria a Lombada do Loreto, do Ledo para oeste.—19, 40, 41, 42, 87, 93, 96, 116, 165, 174, 432.

CAMELLO.—Deste appellido havia na ilha da Madeira, em 1471, um *Gonçallo Camello.* Por 1529, achámos Francisco Camello e Francisco Alvares Camello. Um Antonio Camello destinguiu-se no Funchal contra os francezes, em 1566.

CANHA.—*Ruy Pires de Canha* foi dos primeiros povoadores desta ilha. Foi-lhe dada de sesmaria boa parte do sitio, depois freguezia, que de seu appellido ficou sendo chamado os *Canhas:* fundou elle ahi a primitiva igreja.— 95.

CANTO.—Procede, nesta ilha, de *Francisco Vieira do Canto,* natural de

Guimarães, e primo co-irmão de Pedro Annes do Canto, que vivea na ilha Terceira: falleceu em 25 de maio de 1544, no Funchal. É appellido aqui extincto.
CARAMUJO.—83.

CARDOZO.—Procede de *Nuno Fernandes Cardozo*, filho de Fernão Nunes Cardozo, fidalgo de linhagem: teve de sesmaria valiosas terras no sitio de Gaula, onde instituiu com sua mulher o morgado de S. João de Latrão. Falleceu em 1511.—261.

CARVALHAL.—Procede de *Lopo do Carvalhal*, e de seu filho *Francisco do Carvalhal*: este teve de sesmaria muitas terras em S. Vicente, no norte da ilha da Madeira. Vid. *Ribeiro.*—100, 250, 265, 306.

CARVALHO.—Procede de *Antão Alvares de Carvalho*, um dos primeiros povoadores, o qual fez residencia em Sancta-Cruz, onde tinha solar na quinta de S. Gil, depois vinculada por Beatriz Escorcia, em 1516. Ha outros deste appellido, cujo tronco foi *Gonçallo Ferreira de Carvalho*, que passou a viver nesta ilha da Madeira por 1470: e ainda outros, cujo tronco foi *Payo Rodrigues de Carvalho*, que veiu por 1490.

CASTEL-BRANCO.—Houve uma *D. Guiomar de Castel-branco*, filha herdeira de Gaspar Villella, commendador da Ordem de Christo: foi casada, em segundas nupcias, com Antonio Correia Henriques, e falleceu em 1629, deixando á igreja da Ribeira-Brava uma grande fazenda.

CASTELLO BRANCO.—170, 171, 173, 197.

CASTRO (olim, CRASTO)—Vem de *Diogo Fernandes de Castro*, ou *Crasto*, que, com sua irmã *Genebra de Castro*, passou a estas ilhas em tempo de D. João II: ambos tiveram algumas terras de sesmaria.—50, 53.

CATANHO.—Procede de *Kyrio* e de *Raphael Catanho*, irmãos, naturaes de Genova: o primeiro casou em Machico, e o segundo, na ilha do Porto-Sancto. —78, 117.

CAYADO.—*Gonçallo Cayado* foi um dos primeiros povoadores; em 1471 era procurador da Camara do Funchal.

CIDRÃO.—*João Cidrão* era em 1488 mercador no Funchal, no sitio a que deu o nome.

CINTRA.—*João de Cintra* foi um dos primeiros povoadores; vivia no Funchal em 1481.

CEZAR.—Vem de *João Antonio Cezar*, genovez, que veiu estabelecer-se nesta ilha da Madeira em 1480: era irmão de André Cezar, notavel na sua republica.

CHAVES.—Deriva-se de *Alvaro Gonçalves de Chaves*, secretario de D. Affonso V. No 1.º livro das vereações da Camara do Funchal apparece Martim de Chaves requerendo, em 6 de outubro de 1471, sobre o *trauto dos açucares;* foi, pois, dos primeiros povoadores da ilha.

CISNEIRO, ou SISNEIRO.—Procede de *D. Francisco Soares Cisneiro*, natural de Toledo, o qual era capitão de uma das quatro companhias de que se compunha o presidio ou guarnição hespanhola, que veiu para a ilha da Madeira em 1584, mandado por Filippe II.

COELHO.—Vem de *Rodrigo Annes*

Coelho um dos primeiros povoadores da ilha da Madeira, que teve sesmaria na Ponta do Sol, parece que no Lombo de S. João.—55, 94, 120.

Concellos.—50, 51, 88, 93.

Correia.—Procede de *João Affonso Correia*, filho de Alvaro Affonso Correia, camareiro-mór do primeiro duque de Bragança, D. Affonso: passou á ilha da Madeira, em serviço do Infante D. Henrique, de cuja casa foi creado; instituiu morgado na capella do Espirito Sancto, que edificou na igreja de Nossa Senhora do Calhau; e falleceu em 1490.—172, 197, 249, 264, 270.

Cortez.—Vem de *Manoel Affonso Cortez*, cidadão do Porto, que viveu na na ilha da Madeira casado com Ourana Lopez, de Camara de Lobos, onde falleceu em 1615.

Costa.—Vem de *Luiz Alvares da Costa*, o qual passou á ilha da Madeira em tempo de D. Affonso v: aqui foi védor e provedor da fazenda real, e fundou o convento de S. Francisco, do Funchal.

Coutinho.—173.

Couto.—*Joanne Annes de Couto Cardozo* foi o primeiro deste appellido na ilha da Madeira, onde teve sesmaria no Paul, e Jardim do Mar: aqui fundou a capella de Sancto Amaro, e seus filhos instituiram ali dois morgados.—96.

Cova.—É de origem castelhana. —100.

Cuibem (olim, Coibem).—Vid. *Visoci*.

Cunha.—Vem de *Martim Affonso da Cunha*, o qual foi dos povoadores da ilha da Madeira, morou no sitio dos Anjos, e o teve de sesmaria com parte do sitio dos Canhas.

Curado.—249, 270.

D

Dá my.—Será corrupção do appellido *de Amil?* Vid. *Amil.*—91.

Daranda.—155, 237.

Darja.—Vid. *Arja*.

Deça.—Vid. *Eça*.

Delgado.—Procede de *Pedro Delgado*, o *Nabo*, o qual casou com Izabel Fernandes, a Velha da Serra, ambos nobres e da villa de Arruda, no continente do reino: foram dos primeiros povoadores da ilha da Madeira, e tiveram sesmaria na Ponta do Sol, parece que no Lombo das Adégas.—52, 166, 269.

Dias.—Vid. *Aguiar*,—95, 99, 119, 167, 218, 243, 302.

Diniz.—81, 84, 118.

Dorça.—A pag. 218 se lê este appellido, por se achar assim claramente escripto no nosso manuscripto das *Saudades da Terra*. Verificámos ser erro. Devia ser *Doria*.

Doria.— Procede de *Estevão Annes Cinta*, nobre genovez, cuja filha, *Leonor Doria*, casou com Ruy Gonçalves de Velloza. Vieram para a ilha da Madeira em 1480.—100, 218.

Dornellas.—Vid. *Ornellas*.

DRUMMOND.—Este appellido é um dos mais distinctos nos nobiliarios madeirenses: procede de *João Escorcio Drummond*, natural do reino de Escocia, e filho de João Drummond, senhor de Stobhall, irmão de Annabella, mulher de Roberto III, rei daquelle reino, como se mostra do documento authentico que seus descendentes conservam, passado em Escocia em 1525, do qual tambem consta que o dicto João Escorcio Drum-

mond se passara a esta ilha da Madeira cem annos antes, ficando daqui evidente que foi em 1425: viveu em Sancta-Cruz, onde casou com Branca Affonso, irmã do primeiro vigario, e natural da Covilhã.

DURO.—Procede de *Manoel Mendes Duro*, da nobre familia dos Sardinhas, da villa de Setubal: Diogo Mendes Duro, filho deste, foi desembargador da Relação do Porto.

E

EÇA.—96, 197, 250. A pag. 96 lê-se o nome *D. Joanna de Sá*, como vem escripto na copia que possuimos das *Saudades da Terra*. Mas é erro. Devia ser *d'Eça*.

EMS.—Vid. *Annes*.

ESCOBAR.—Vem de *Pedro de Escobar*, hespanhol, que habitou no Funchal, por 1500: Beatriz Pires, filha deste, instituiu um morgado nos Canhas.—95.

ESCORCIO.—Tem a mesma origem que o appellido *Drummond*. *Escorcio* é corrupção de *escocio* ou *escocez*.

ESMERALDO.—Vem de *João* ou *Joaquim Esmeraldo*, fidalgo, não genovez, como diz *Gaspar Fructuoso*, mas flamen-

go, que passou á ilha da Madeira, em 1480, e nella foi provedor da fazenda real: teve elle grande casa no Funchal, onde é a rua ainda agora do *Esmeraldo*, e instituiu os dois morgados da Lombada, a qual ficou, por isso, chamada do *Esmeraldo*.—85, 95, 171, 173, 197, 255.

ESPINOLA.—Ha dois ramos: um procede de *Antonio Espinola*, e o outro de *Leonardo Espinola*, primos e genovezes, ambos nobres, os quaes vieram para a ilha da Madeira, por 1530. Os descendentes do primeiro ficaram-se appellidando *Espinolas Adernos*, e os do segundo, *Espinolas de la Rosa*, para se differençarem uns dos outros.—270.

F

FARIA.—Começou em *Braz Gil de Faria*, povoador, que foi morar em Camara de Lobos, onde teve sesmaria, da Ribeira da Caixa para oeste.

FAVILLA (olim, FAVELLA).—Procede

de *Fernão Favella*, fidalgo da casa d'el-rei D. Manoel, que serviu em Ceuta, donde passou a esta ilha da Madeira: aqui teve por mulher Beatriz Pires, e instituiu morgado, fallecendo em 1537.—255.

Fernandes.—Procede de *Gonçallo Fernandes*, um dos primeiros povoadores da ilha da Madeira, o qual teve sesmaria no sitio da Serra d'Agua do Arco da Calheta, e no dos Florenças, e fez ali seu morgado e a capella de Nossa Senhora da Conceição. Este homem torna-se notavel; delle contam os *Apontamentos* ineditos do *Dr. Drummond* o seguinte: «Feita a paz do sr. D. Affonso v, e recolhida a Excellente Senhora ao mosteiro, foi mandado para a Ilha, com prohibição de sair della. Todos os annos o Rey lhe mandava hum navio com todo o recheio preciso para a sua casa; era tractado com muita attenção, e não se souberam seus paes. Na sua capella poz por armas as quinas portuguezas em aspa, e sobre a sepultura fez gravar hum menino com o rosto sobre a mão esquerda, o cotovelo sobre uma caveira, e apontando com a direita para a seguinte inscripção tirada do livro da Sapiencia: *Sic et nos nati continuo desivimus esse.* Conta-se que fizera pintar em outra parte huma mulla atirando couces á fortuna.»—95, 96, 171, 172, 181, 197, 244.

Ferraz.—Procede de *Fernão Gonçalves*, cavalleiro da Terra de Sousa, por femea.

Ferreira.—*Braz Ferreira* foi dos primeiros povoadores, teve sesmaria no Arco da Calheta, e falleceu por 1493. —Vid. *Ayres.* 88, 114, 155, 243.

Feyo.—58.

Figueira.—Procede de *Gonçallo Figueira*, que passou de Galliza a Portugal, em tempo del-rei D. Fernando. Não encontramos nota de qual a pessoa deste appellido que primeiro veiu a esta ilha.

Figueiróa.—Procede de *Pedro de Figueiró*, que passou da ilha do Fayal á da Madeira: este era filho de João Figueiró e de sua mulher Aldonça Fernandes, casou com Guiomar Antunes, da qual teve descendencia, e falleceu em 24 de janeiro de 1541.

Florença.—Vid. *Salviati.*

Fogaça.—170,

Fraga, ou Fragoa.—119.

França.—Teve principio em *André Gonçalves de França*, o *Polonez*, que veiu para a ilha da Madeira por 1450, é alcançou sesmaria na Calheta: João de França, filho deste, fundou a igreja de Nossa Senhora da Graça, do Estreito da Calheta.

Frazão.—Provém de *Pedro Frazão*, o qual vivia na ilha da Madeira por 1532, e casou com Maria de Gouveia, da qual teve D. Francisca Frazão, que em 1581 casou com Diogo de Ornellas e Vasconcellos.

Freitas.—Ha dois ramos: um procede do monteiro-mór do Infante D. Fernando, *Gonçallo de Freitas*, o qual teve sesmaria em Sancta-Cruz, nas terras de Sancta Catharina, depois vinculadas por sua filha Catharina de Freitas. A João de Freitas, filho deste, deu el-rei D. Manoel a capella-mór de Sancta-Cruz e as terras e quinta da Torre, onde seu pae morava. O outro ramo provém de *João Rodrigues de Freitas*, natural de Lagos, no Algarve, o qual viveu no sitio da Magdalena, onde casou com a viuva de Henrique Allemão; morta esta, passou a segundas nupcias com Izabel Lopes; e ambos instituiram o morgado da Magdalena.—78, 166, 172, 173, 254.

FRIAS.—Veiu de um dos primeiros povoadores da ilha da Madeira, *Romeu de Frias*, italiano, que morou no pico que delle tomou o nome, a oeste do Funchal, e ahi teve muitas terras de sesmaria.

FURTADO.—Deriva-se de *Rodrigo Annes Furtado*, o *Coxo*, que deu principio á fundação da Ponta do Sol pelos annos de 1460, e falleceu em 1486, com testamento em que instituiu uma capella na igreja parochial.—51, 114.

G

GALDO.—Começou do sesmeiro *Petro Gomes Galdo*, ao qual foram dadas erras na ilha da Madeira nos sitios de S. Jorge e Boa-Ventura.

GALHARDO.—É appellido de origem franceza, *Gaillard*, que não sabemos por quem trazido á ilha da Madeira.

GAMA.—O primeiro deste appellido que veiu a estas ilhas, foi *Lourenço Vaz Pereira da Gama*, aqui provedor los defunctos e ausentes por mercê de D. Manoel. Era filho delle o celebre jurisconsulto, o desembargador Antonio la Gama Pereira, natural da cidade do Funchal.—119, 258.

GAMBÔA.—Procede de *Antonio Garta Gambôa*, natural da villa de Almeila, cavalleiro da Ordem de Christo, que oi commendador (1) das miunças da lha de Porto-Sancto, e do dizimo do escado da villa de Machico e da de Sancta-Cruz: teve este tambem o foro de fidalgo, e a propriedade do posto le sargento-mór da ilha da Madeira, em empo de D. Sebastião.

GIL.— *Vasco Gil* foi um dos primei-

ros povoadores. Teve sesmaria em Santo Antonio, no sitio ainda agora conhecido pelo seu nome. Era dos homens bons da governança do Funchal em 1472. Vid. *Faria*.

GIRALDES, ou GIRALTE.—Trouxe este appellido o florentino *Dr. Pedro Giraldes*, que viveu na Calheta, pelos annos de 1500 a 1535, e neste ultimo anno ahi instituiu a Misericordia, da qual foi o primeiro provedor.

GOES.—Deriva-se este appellido originariamente de D. Anião da Estrada, asturiano, que foi senhor de Goes. Vid. *Machado, Mialheiro.*—115.

GOMES.—Sem embargo de ser nome patronimico, delle ficaram usando como appellido os descendentes de *João Gomes*, um dos primeiros povoadores da ilha da Madeira, o qual morou junto da ribeira, ainda hoje conhecida pelo nome de *João Gomes*. Teve este o cognome do *Trovador*, e tambem o *da Ilha;* foi pagem do livro do Infante D. Henrique; e falleceu em 1495. Vid. *Lobo.*—85, 89, 166, 236, 239, 243.

GONÇALVES, ou GONSALVES. —Além de *João Gonçalves Zargo*, houve mais *André Gonçalves de França*, o *Polonez*, do qual já fallámos (vid. *França*), e

(1) Registe-se mais este exemplo confirmativo do que diz a nota (2), a pag. 497.

66*

Antonio Gonçalves, que falleceu nesta ilha, em 13 de maio de 1567. Vid. *Camara.*—16, 87, 118, 166, 208, 249, 253, 434, 436.

GOUVEIA.—Procede de *Vasco Fernandes de Gouveia,* senhor de Castello-

Bom, em tempo de D. João I,—Vid. *Homem,*

GRAM.—166.

GRAMACHO.—264,

GRINÃO.—52.

GUARDA.—249, 255,

H

HENRIQUES.—Procede de *D. João Henriques,* terceiro filho do segundo senhor das Alcaçovas D. Henrique Henriques, que era aposentador e caçador-mór de D. Affonso y, D. João II, e D. Manoel: viveu aquelle na Ponta do Sol, e em 1510 casou com D. Joanna de Abreu, filha de João Fernandes do Arco.—Ha outros *Henriques de Noronha,* que descendem de *D. João* e *D. Diogo Henriques,* e de *D. João* e *D. Garcia de Noronha,* todos filhos de D. Garcia Henriques, de Sevilha: casaram estes quatro cavalheiros nobremente nes-

ta ilha da Madeira.—Ha ainda outros *Henriques,* que procedem de Henrique Allemão.—171, 173, 208, 218, 236.

HOMEM.—Vem de *Garcia Homem de Sousa,* que casou com Catharina Gonçalves da Camara, filha de Zargo. —Outros do mesmo appellido descendem de *Francisco Homem de Gouveia,* fidalgo da casa del-rei D. Manoel, e que viveu no Estreito da Calheta, onde instituiu o morgado com a capella dos Reis Magos, em 1529.—53, 167,

J

JACQUES.—Provóm este appellido de *Raphael Jacques,* mercador inglez, que por 1570 se veiu estabelecer no Funchal, onde casou; mas tambem teve residencia na freguezia do Caniço, ou na

villa de Sancta-Cruz,

JARVIS.—Appellido de *Ricardo Jarvis,* mercador inglez, que, por 1660, se estabeleceu no Funchal, Deste proveiu o appellido *Jervis,*

L

LEAL.—É antigo appellido em Machico e no Porto da Cruz: aqui ha a ca-

pella de São João Nepomuceno no Lombo dos Leaes. Vid. *Almada.*

Leão.—Pelos annos de 1472, estavam no Funchal estabelecidos, como mercadores, os genovezes *Leão Fernandes* e seus irmãos, contractadores dos assucares, os quaes tivaram por isso conflicto com a Camara,

Leiria.—189.

Leitão,—153,

Leme.—Procede de *Martim Leme*, legitimado por D. Affonso v, no anno de 1464, como filho de outro Martim Leme, cavalheiro flamengo, do qual faz memoria Manoel Sueiro, nos *Annaes de Flandres*. Voltando aquelle de Portugal á sua patria, ahi foi gentil-homem da camara do imperador Maximiliano; passou depois á ilha da Madeira no anno de 1483, trazendo uma carta do duque Infante D. Fernando, ou de D. Diogo, filho deste, á Camara do Funchal; e aqui falleceu, e foi sepultado no cruzeiro da igreja de S. Francisco. Seu filho, Antonio Leme, teve larga descendencia de sua mulher Catharina de Barros. Esta instituiu um morgado na Ponta do Sol, a favor de sua filha D. Leonor Leme: e seu filho, Pedro Leme, instituiu outro na freguezia de Sancto Antonio, proximo do Funchal, com obrigação de se conservar este appellido nos administradores delle.

Lemilhana.—Vid. *Beringuer.*

Lemos.—124, 151, 229.

Liberalião.—Vem de *Izabel Dias Liberalião*, natural de S. Lucar de Barrameda, a qual, por 1560, veiu á ilha da Madeira com seu marido Pedro Lopes, e ambos se estabeleceram na cidade do Funchal.

Limoges.—É appellido de evidente origem franceza, que achamos em *Filippe Gentil de Limoges*, instituidor do morgado e capella de S. Filippe, na freguezia de Sancta Maria Maior, a leste da cidade do Funchal.

Lobato.—Vid. *Machado.*

Lobo.—Procede do conde D. Gomes Nunes, por sua filha *D. Loba Gomes*. Diogo Lopes Lobo, senhor de Alvito, era contemporaneo de D. João i. —Em 1472, era da governança do Funchal um *Pedro Lobo*, cavalleiro da casa do Duque: foi elle quem trouxe as cartas da Infante D. Beatriz e do Vigario de Thomar para na ilha não obedecerem ao bispo de Tanger.—53,

Lomelino (olim, Leomelim).—Deriva-se dos illustres genovezes *Urbano* e *Baptista Lomelino*, os quaes, por 1470, vieram estabelecer-se, como mercadores, nesta ilha da Madeira, e fizeram assento em Sancta-Cruz. Urbano não teve descendencia, mas, por seu testamento, em 1518, instituiu o morgado dos Lomelinos a favor de seu sobrinho Jorge Lomelino, e encarregou-o da fundação do convento de frades franciscanos a leste da villa de Sancta-Cruz, —78, 202, 254.

Lopes.—*Diogo Lopes*, da Estacada, foi um dos primeiros povoadores da ilha da Madeira: morou em Camara de Lobos, no sitio da Torre, e era sua sesmaria boa parte do terreno que fica do Pico para o lado do Funchal até o Covão.

Lordelo.—115, 116.

Luz.—Em 1513 havia um *Pedro da Luz*, que era escrivão da Misericordia do Funchal,

M

MACEDO.—Vem de *Martim Gonçalves de Macedo*, preclaro defensor de D. João I, na batalha de Aljubarrota.

MACHADO.—Procede de *João Machado de Miranda*, natural de Guimarães, filho de Antonio Machado de Villas-Boas, e que passou a esta ilha da Madeira a chamado de seu tio Bartholomeu Machado, filho de Lopo Machado de Goes, por não ter herdeiros de sua mulher D. Francisca de Velloza; e ambos instituiram um morgado de seus bens na descendencia do dito seu sobrinho.—250.

MADUREIRA.—*Manoel Madureira da Maya* foi um dos primeiros povoadores que vieram para a ilha da Madeira, e morou em Gaula. Ha no Funchal um antigo becco do *Madureira*.—172, 173.

MANRIQUE.—119.

MARTINS.—Houve um hespanhol, *Diogo Martines*, ao qual a rainha D. Catharina deu armas em 1560.—52, 116, 190, 270.

MATTOS.—É appellido de antiga familia oriunda do Caniço, mas ignoramos-lhe a origem madeirense. Por meado do seculo XVI, Lourenço de Mattos Coutinho, e Catharina de Mattos fizeram doações á Misericordia do Funchal.

MAYA.—Vid. *Madureira*.

MEDEIROS (olim, MIDEIROS).—*Ruy Vaz de Medeiros* foi um dos primeiros povoadores que vieram para a Madeira: teve de sesmaria muitas terras na Atabúa, da ribeira para o sitio do Zimbreiro.—85, 95.

MEDINA.—Não será appellido da primitiva, mas é antigo na ilha da Madeira. É de origem hespanhola. Ha no Funchal uma antiga rua chamada *das Medinas*. A familia deste appellido ramificou-se para as ilhas de Cabo-Verde, no tempo em que havia activa communicação entre os dois archipelagos. —259.

MELIM.—78.

MELLO.—Este appellido veiu ligarse com o dos Camaras e o dos Noronhas pelo casamento de D. Filippa de Noronha, segunda filha de João Gonçalves da Camara, segundo donatario do Funchal, com Henrique Henriques, senhor das Alcaçovas, filho de D. Fernando Henriques e de D. Branca de Mello.

MENDES.—Entre os primeiros povoadores da ilha da Madeira era *Martim Mendes de Vasconcellos*, mandado por D. João I para nesta ilha da Madeira casar com Helena Gonçalves da Camara, filha de Zargo. Teve grandes sesmarias em S. Martinho, juncto á ribeira dos Soccorridos, e no Estreito de Camara de Lobos. Houve tambem um *Joanne Mendes de Brito*, com sesmaria na freguezia do Campanario.—50, 83, 86.

MENDONÇA.—51, 114, 115, 244.

MENEZES.—É appellido ao presente de diversas familias, umas *Moniz de Menezes*, outras *Telles de Menezes*: qualquer destes ramos é de origem nobre. Vid. *Moniz, Telles*,—182.

MESQUITA.—*Pedro Fernandes de Mesquita* vivia na Ponta do Sol em 1662, e nesse anno ahi fundou a capella de Nossa Senhora dos Milagres. —Vid. *Spranger.*

MIALHEIRO.—Veiu de *Pedro Gonçalres Mialheiro*, e de seu irmão *Antonio Mialheiro*, filhos de Gonçallo Mialheiro, senhor da quinta de Alhandra, em Portugal: passaram a esta ilha da Madeira nos fins do xv seculo, e nella casaram nobremente. Tambem houve um *João Affonso Mialheiro*, que foi um dos primeiros povoadores da ilha da Madeira, e teve sesmaria na Ribeira-Secca, de S. Gonçallo, até o Caniço. Sua mulher Catharina de Sá, ou Pires, fez o morgado das Neves, e o deixou a seu sobrinho, o almoxarife João Cabral; mas por parte da fazenda real foi o mesmo morgado vendido, para pagamento de alcance: comprou-o Lopo Machado de Goes, e de novo o instituiu seu filho Bartholomeu Machado.

MIRANDA.—Procede de *João Lourenço de Miranda*, um dos nobres companheiros de Zargo no descobrimento desta ilha: este João Lourenço foi filho de Pedro Lourenço de Miranda, pagem da lança do Infante D. Henrique, e era irmão de Izabel Lourenço de Miranda, mulher de Luiz Alvares da Costa. Ha outros Mirandas que veem de João Machado de Miranda.—196, 218.

MONDRAGÃO.—Veiu de *João Rodrigues Mondragão*, nobre biscainho, que se estabeleceu na Madeira por 1500; e, tendo instituido com sua mulher, para seus descendentes, morgado em terras na villa da Calheta, ahi residiu, e teve grande casa, fallecendo em 1546.

MONIZ.—Entre os primeiros povoadores da ilha da Madeira veiu *Vasco Martins Moniz de Menezes*, que teve sesmaria no Caniço: era fidalgo da casa real, e filho segundo de Henrique Moniz, alcaide-mór de Silves, e de sua mulher D. Ignez de Menezes, filha de Gonçallo Nunes Barrotto, alcaide-mór de Faro: teve grande casa na villa de Machico, e, por testamento approvado em 1489, instituiu morgado da sua terça: morreu na villa do Torrão, no anno de 1510. Depois deste, veiu *Francisco Moniz, o Velho*, natural do Algarve, o qual teve sesmaria, na costa do norte da ilha, no sitio que, dessa circumstancia, ficou denominado *Porto do Moniz*: morreu em 1535.—51, 88, 115, 116, 166,

MONTEIRO.—No reino procede de Fernão Rodrigues Monteiro, mestre da Ordem de Aviz, em tempo de D. Sancho I: nesta ilha da Madeira vem de *Pedro Jorge Monteiro*, o qual, com sua mulher, D. Maria Thereza de Gusmão, passou do Brazil a estabelecer-se na cidade do Funchal, em 1763, para onde elle fôra nomeado administrador do tabaco.

MORAES. — Deriva-se de *João de Moraes*, filho de João Fermoso de Moraes, e neto de outro, alcaide-mór de Bragança: foi dos primeiros povoadores, e viveu em Machico, em cujos campos teve sesmaria. Seu filho primogenito, Sebastião de Moraes, o Velho, justificou sua nobreza em 1508,

MOTTA.—No primeiro quartel do seculo xvi, teve a Misericordia do Funchal uma doação feita por *Catharina da Motta.*

MOURA.—*Antonio de Moura Rolim* vem mencionado na Pauta dos bemfeitores da Misericordia do Funchal como um dos primeiros, logo depois da instituição della.

N

NEGRÃO.—116.

NETTO.—Vem de *João Rodrigues Netto*, filho de Rodrigo Alvares Netto, natural de Salamanca, onde este appellido é nobre e antigo: aquelle casou com Beatriz Rodrigues Callaça, natural de Elvas, filha de Nuno Callaça; habitou na cidade do Funchal; e tinha sua casa na rua que mandou abrir para transito da procissão de Corpo de Deus, e que, do seu appellido, ficou chamada, *rua dos Nettos:* teve sesmaria em S. Martinho, proximo do Funchal, em uma lombada, que, por isso, ficou conhecida por *Lombada dos Nettos:* morreu em 1531.—88.

NOBREGA.—217.

NORONHA.—Procede de *D. João* e de *D. Garcia de Noronha*, filhos de D. Garcia Henriques: vid. *Henriques.* —Outros tomaram esto appellido de *D. Maria de Noronha*, segunda mulher de João Gonçalves da Camara, segundo capitão donatario da Capitania do Funchal. A Manoel de Noronha, filho destes, foi dado de sesmaria, no sitio do Campanario, o terreno que depois foi a *Quinta dos Padres da Companhia.*—92, 94, 170, 173, 179, 181, 197.

NUNES.—115.

O

OLIVEIRA.—Vid. *Brito.*

ORNELLAS.—O primeiro deste appellido na ilha da Madeira foi *Alvaro de Ornellas*, filho unico de Lopo Esteves de Ornellas, chefe desta antiga e nobre familia, que é das principaes desta ilha: era da casa do Infante D. Henrique, por cuja ordem andou nos descobrimentos promovidos pelo mesmo infante: foi dos primeiros povoadores da ilha, e teve de sesmaria no Caniço os terrenos desde a Ponta do Garajáo para cima até a ribeira do Caniço, do mar á serra, onde depois seu filho Alvaro de Ornellas Saavedra instituiu o morgado chamado do Caniço.— Constança de Mendonça de Vasconcellos, primeira mulher deste Alvaro de Ornellas Saavedra, ou, segundo outros, Ayres de Ornellas e Vasconcellos, fez o morgado de Nossa Senhora da Consolação, tambem no Caniço, em 1591.—79, 87, 88, 171, 173, 179.

R

PACHECO.—*Antão Pacheco* e o commendador, *Gomes Pacheco*, foram os primeiros deste appellido na ilha da Madeira, para a qual vieram por meado do seculo xv: Pedro Pacheco, filho do segundo, justificou sua nobreza em 1535.

PAES.—74.

PARIS.—Procede de *João Paris Belaga*, extrangeiro que, por 1560, veiu para a ilha da Madeira e se estabeleceu na Calheta.

PEDROSA, ou PEDROSO.—119.

PENTEADO.—Em 1481 era da Camara do Funchal um *Fernão Penteado*, escudeiro, o qual teve sesmaria no sitio que, porisso, ficou chamado a *Penteada*.

PERADA.—117.

PEREIRA.—Provém de *Ruy Mendes Pereira*, o *Tacão*, de alcunha, o qual veiu povoar a ilha da Madeira por 1460, e nella casou duas vezes.

PERESTRELLO (olim, PALESTRELLO).—Procede de *Bartholomeu Perestrello*, primeiro donatario da ilha do Porto-Santo.—17, 50-53, 445-447, 457-460.

PERRY.—Vem de *José Perry*, mercador inglez no Funchal, em 1650.

PERU.—Vid. *Vargas*.—52, 85.

PESTANA.—Deriva em uns, de *Duarte Pestana de Brito*, fidalgo escudeiro da casa real; em outros, de *Duarte de Brito Pestana*, filho primogenito daquelle.—50, 88, 167, 253.

PIMENTEL.—Veiu de *Pedro Rodrigues Pimentel*, fidalgo da casa real, orindo de Torres-Novas, e que passou á ilha da Madeira pelos annos de 1470, onde casou com Izabel Ferreira Drummond.—87.

PINA.—50.

PINTO.—Começou em *Lopo Fernandes Pinto*, de nobre ascendencia, o qual veiu habitar nesta ilha por meado do seculo xv, e falleceu no anno de

1500: teve de sesmaria boa parte da freguezia de Sancta Anna, e as terras chamadas da ilha, donde se formaram dois morgados, o instituido por seu filho Jorge Pinto, e o morgado de Carvalhal.—Ha outros deste appellido *Pinto*, que descendem de *Gonçallo Pinto Alcoforado*, fidalgo da casa real, que passou a viver nesta Ilha por 1500, e fez assento em Machico, onde falleceu. deixando instituido morgado da sua terça.—415, 244

PIRES.—Vid. *Mialheiro*. Em fins do anno de 1471 houve demanda entre Pedro Ayres e *Diogo Pires*, e entre o mosteiro de Sancta Clara e *Francisco Pires*.—117, 274.

PÓ.—Vem de *Leonor Gonçalves do Pó*, filha de Gonçallo Annes do Pó, a qual passou para a ilha da Madeira com seu marido, Lopo Vaz de Sequeira.

POLANCO SALAMANCA.—Trouxe este appellido o castellano *Francisco de Salamanca Polanco*, natural de Burgos, capitão de uma das companhias do presidio hespanhol, que veio para a ilha da Madeira em 1582, e falleceu no Funchal em 1597. É appellido extincto.

PORTO.—*João do Porto* era dos da governança do Funchal em 1472, e, portanto, um dos primeiros povoadores da ilha.

POYARES.—Vem de *Alvaro Poyares*, um dos primeiros povoadores, o qual em 1471 era provedor do Duque, e residia no Funchal.

PRETO.—Achamos deste appellido um *João Preto*, que em 1471 servia pelo escrivão da Camara do Funchal; pelo que, se mostra ter sido tambem um dos primeiros povoadores.—270, 274.

Q

QUINTAL. — E appellido antigo na ilha dá Madeira, porque já Manoel Thomaz o aponta, na *Insulana*; mas só delle achámós *Diogo da Costa do Quintal,* que vivia em 1662, e então fundou a capella de Nossa Senhora das Angustias, na sua fazenda de morgado, a oeste do Funchal,

R

RABAÇAL.—50,

RABELLO, ou REBELLO. — Começou nesta ilha da Madeira em *Lopo Rabello,* natural de Guimarães, o qual foi casado com Francisca Correia: falleceram ambos no Funchal, pelo meado do seculo XVI.—218,

RAPOSO.—*Alvaro Affonso Raposo* residia no Funchal em 1471.—167.

RÉGO.—114, 172, 173.

RIBEIRO.—Os deste appellido veem de *Manoel Affonso Sanha* e de sua mulher *Leonor Ribeiro,* a qual falleceu em 1536.—Achámos tambem um *Pedro Ribeiro,* que casou com Mecia de Carvalhal; ambos viveram na ilha da Madeira por 1500, e seus descendentes se ficaram appellidando *Carvalhaes.* Vid. *Sanha.*—101, 109, 110.

ROCHA.—119.

RODRIGUES.—Vid. *Almada, Almeida, Netto.*—43, 51, 52, 96, 116,197.

RUA (olim, RUAZ).—*Alvaro Annes da Rua,* ou *Ruaz,* foi um dos primeiros povoadores da ilha da Madeira, e teve terras de sesmaria; falleceu em 1471,

S

SÁ (olim, SAA.)—Vem de *D. Guiomar de Sá,* filha de Henrique de Sá, do Porto, ou, conforme alguns, de João Rodrigues de Sá, a qual casou com Gaspar de Bettencourt. Vid. *Almeida, Bettencourt, Eça, Zargo.*—96, 196,

SALAMANCA.—Vid. *Polanco.*—85.

SALVAGO.—Veiu do illustre genovez *Lucas Salvago,* o qual passou á ilha da Madeira cerca de 1520, e se estabeleceu no Caniço,

SALVIATI.—Procede de *João Salviati,* natural de Florença, o qual, por implicado em conspiração contra os Medicis, se homisiou na ilha da Madeira por 1478: aqui tomou por mulher Izabel Alvares de Abreu, e teve terras de sesmaria em Camara de Lobos, sobre a ribeira dos Soccorridos, juncto ao mar. Seus descendentes ficaram-se appellidando *Florenças.*

SAMPAIO.—119,

SANDE.—172.

SANHA.—Começou em *Manoel Affonso de Sanha*, o qual foi dos primeiros povoadores da ilha da Madeira, por carta do donatario dada em 1469, e teve sesmaria desde Ponta-Delgada até a Lombada das Vaccas. Fundou a capella do Bom-Jesus, de Ponta-Delgada, e ahi instituiu morgado nas terras do Ribeiro do Paso, e da Ribeira do Inferno. Morreu em 1507. Vid. *Ribeiro*.

SARAIVA.—Deriva-se de *João Saraiva*, um dos povoadores da ilha da Madeira, o qual teve terras de sesmaria em Camara de Lobos, no sitio que delle ficou denominado a *Saraiva*.

SARDINHA.—87.

SAUVAIRE.—Provém de *Honorato Sauvaire*, natural de Marselha, e que veiu para a ilha da Madeira como consul de França, por 1660.

SCHOMBERG.—É antigo appellido, de origem allemã: havia no termo da Ponta do Sol familia que o tinha, mas está actualmente extincto na ilha da Madeira.

SEQUEIRA (olim, SIQUEIRA).—Vem de *Lopo Vaz de Sequeira*, que passou a esta ilha da Madeira com sua mulher Leonor Gonçalves do Pó: foram dos primeiros povoadores, e tiveram terras de sesmaria na Lombada da Ribeira-Brava. Vid. *Pó*.

SERRÃO.—É nobre appellido, hoje em familias decahidas, mas bastante generalisado na ilha da Madeira, o que mostra ser aqui antigo.

SEVERIM, SEVERINO.—Procede de *Pedro Severim*, francez, que veiu servir D. João I na tomada de Ceuta.

SILVA.—Deriva-se originariamente de *D. Payo Guterres da Silva*, Adiantado de Portugal em tempo de D. Affonso Henriques; e proximamente, de *Ayres Gomes da Silva*, do tempo de D. João I. O primeiro deste appellido, que na ilha da Madeira achámos, foi *Jordão de Freitas da Silva*, em 1618, filho de Gonçallo de Freitas, que vivia no anno de 1574; neto de outro Jordão de Freitas, da casa do Infante D. Diogo, duque de Vizeu: viveram em Sancta-Cruz.

SILVEIRA.—119.

SISNEIRO.—Vem de *D. Francisco Sobres Sisneiro*, que por 1630 passou á ilha da Madeira como capitão de uma das quatro companhias do presidio castelhano: estabeleceu-se no Funchal.

SOARES.—53, 58.

SOUSA.—Procede de *Ruy de Sousa*, o *Velho*, fidalgo da casa de D. João II: este Ruy casou nesta ilha da Madeira com Constança Cabral, filha de Diogo Cabral, o *Velho*, e de sua mulher Brites Gonçalves da Camara, filha de Zargo.—A *Garcia Homem de Sousa* foram dadas de sesmaria terras em S. Martinho e em Sancto Antonio: fez elle a capella e casa forte ou acastellada, no sitio de Sancto Amaro, para se defender de seus cunhados; era orgulhoso e violento.—118, 166, 167.

SPRANGER.—Deriva de um nobre allemão, por nome *Adrião Spranger*, o qual, pelo anno de 1600, veiu residir no Funchal.

SPINOLA.—Vid. *Espinola*.

T

TAVARES.—Procede de *Vasco Esteves*, por alcunha o *dos bons vinhos*, e de sua mulher *Joanna Tavares*, que passou a povoar a ilha da Madeira no meado do seculo xv.

TAVEIRA.—162,

TAVIRA.—*João Tavira* era tabellião no Funchal em 1582,

TEIVE, ou TEYVES.—Vem de *Diogo de Teive*, que no anno de 1452 fez um contracto com o Infante D. Henrique, onde se diz escudeiro do mesmo infante, no qual se obrigou a levantar na ilha da Madeira um engenho de assucar, o primeiro que aqui houve. Teve na Ribeira-Brava, á parte do norte, muita terra de sesmaria, e ahi fez morgado,—79.

TEIXEIRA.—Vem de *Branca Teixeira*; mulher de *Tristão Vaz*, primeiro donatario de Machico. Os seus descendentes adoptaram este appellido materno, que passou a ser o da familia. Aos tres filhos daquelles foram dadas valiosas sesmarias, a saber: a Henrique Teixeira, em Agua de Pena; a Lancerote Teixeira, desde o Ribeiro-Frio até a Ribeira da Metade, com a Penha d'Aguia, no Fayal; e a João Teixeira, desde a Ribeira-da-Metade até o Cortado de Sancta Anna. Além destes, Gutterres Teixeira, primeiro filho do segundo donatario de Machico, teve tambem de sesmaria algumas terras em Machico e parte da freguezia de Sancta Anna. —18, 52, 114,

TELLES.—É appellido antigo e de boas familias, mas ainda não sabemos qual a pessoa que a estas ilhas o trouxe. Tão sómente achamos em 1682 *Antonio Telles* ou *Antonio Tello de Menezes*, fundador da capella de Sancto Antonio na freguezia de Sancta Maria Maior,

TRAVASSOS.—274,

U

UZADAMOR.—Ha duvida quanto á pessoa que trouxe este appellido á ilha da Madeira: opinam uns que fosse um genovez, *Balthazar Uzadamor*; outros, que fosse Misser Baptista (vid, *Baptista*), com o sobrenome *Uzadamori*, que tinha; outros, ainda, querem que fosse *Misser João Usadamor*, tambem genovez, o qual habitou em Machico: é certo que a pessoa deste appellido casou com Tristoa Teixeira, filha mais velha de Tristão Vaz.

UZEL.—Trouxe este appellido para a ilha da Madeira em 1480 o francez *Ruy Vaz Uzel*, o qual fez casa no sitio da Atabúa.

V

VALDAVEÇO OU VALDEVESSO.—Procede de *João Valdevesso*, negociante hespanhol que fez assento no Funchal por 1510.

VARGAS.—*Christovão Martins de Vargas*, fidalgo hespanhol, que em tempo de D. Manuel passou do *Peru* a esta ilha da Madeira, foi quem aqui introduziu este appellido, e, casando com Joanna Gomes de Castro, o transmittiu a seus descendentes, que o despresaram pelo appellido materno. Este Christovão foi alcunhado o *Peru*, em razão do logar donde veiu, e desta alcunha se deriva o nome que ainda conserva a rua da cidade do Funchal em que elle tinha sua casa.

VASCONCELLOS.—Ha dois ramos deste appellido: um procede de *Martim Mendes de Vasconcellos* (vid. *Mendes)*; o outro, de *Mem Rodrigues de Vasconcellos*, que passou á ilha da Madeira, onde casou com D. Catharina Furtado de Mendonça, filha mais velha de Bartholomeu Perestrello, primeiro donatario de Porto-Sancto.—51, 83, 115.

VAZ.—Além dos descendentes de *Tristão Vaz*, houve, desde a primitiva, pessoas mechanicas com este appellido: em 1471, era ourives no Funchal um *Lopo Vaz*.—16, 18, 56, 63, 113, 114, 118, 121, 444, 445, e 456.

VEIGA.—88, 121, 123, 124, 160, 163.

VELLOZA (olim, AVELLOZA).—Procede de *Gonçallo Annes de Velloza*, e de um seu irmão, naturaes de Celorico, os quaes foram dos primeiros povoadores destas ilhas: aquelle fez a igreja de S. Bartholomeu, no Funchal, e falleceu em 1497.—172, 173, 194.

VERMIM.—Deriva-se do negociante hollandez *João Vermim*, que em 1670 veiu estabelecer-se no Funchal.

VIEIRA,—Vid. *Canto,*—50, 118, 255, 274.

VILHENA.—182, 211, 215, e 216.

VILLELA.—Provém de *Antão Villela*, fidalgo da casa real, o qual foi dos povoadores destas ilhas, e assentou morada no sitio da Ribeira-Brava, onde teve boa fazenda.—218.

VINAGRE.— *Gomes Vinagre*, escudeiro, era dos *homens bons* do Funchal em 1488.

VIZOVI.—Tinha este appellido o inglez *Roberto Vizovi*, cavalleiro da Ordem de Christo, o qual em 1590 veiu com sua mulher *Antonia Jaimes Coibem* para o Funchal, onde poz seu negocio.

VOGADO.—O primeiro deste appellido que achámos, foi *André Vogado*, o qual veiu a povoar estas ilhas, e teve sesmarias nos altos de S. Roque e de Nossa Senhora do Monte, e pela Ribeira das Calles, Pico da Silva, e sobre o Fayal, de que fez morgado.—218.

Z

ZARGO, OU ZARGO.—Procede de *João Gonçalves Zargo*, descobridor do archipelago da Madeira; mas os descendentes deste tomaram o appellido *Camara.* 16, 18, 21-24, 432-441, e 453-455.

NOTA XIX

Progresso da população, e principio e desenvolvimento do estado ecclesiastico: noticia das parochias, curatos e algumas capellas.

«.....Os capitaës... começaram cada hum em sua Capitania a entender no ennobrecimento dellas, e pór em obra a edificação das igrejas, das villas e logares....»—Pag. 70.

«...O capitão (Zargo)...escreveo ao Infante lhe mandasse sacerdotes... para o Estado Ecclesiastico apascentar o povo.....E... o Infante..., mandou certos clerigos com hum vigario e beneficiados para a Villa do Funchal e a de Machico.....Crecendo e multiplicando o fructo da terra, assi hiam crecendo as povoações e moradores....»—Pag. 72 e 73.

«....Era do Senhor de 526..... a terra multiplicava em fertilidade, e frequencia de muitos moradores, e multiplicação do povo.»—Pag. 185.

I

CONSIDERAÇÕES GERAES.

Dissemos na nota antecedente quaes os principios da colonisação deste archipelago; démos noticia dos povoadores nacionaes e extrangeiros que para elle vieram; e apontámos algumas das sesmarias que tomaram, e alguns dos morgados que depois foram sendo instituidos.

Agora, esboçaremos os progressos da população, desde a decadencia do systema da cultivação por sesmarias, até se generalisarem as instituições vinculares, isto é, desde o meado do seculo XV até o fim do XVI (1440-1600).

Este ponto historico é mixto; porque quasi pari-passu com a população se estabeleceu e desenvolveu o estado ecclesiastico: á proporção que as povoações se iam formando, tambem iam sendo constituidas em capellanias, curatos e parochias; e, sómente no intuito religioso, começaram os livros de registo parochial e os roes da confissão, unicos subsidios directos para a estatistica dos habitantes; por conseguinte, no duplice aspecto civil-ecclesiastico havemos de consideral-o.

O quadro da instituição das circumscripções ecclesiasticas, e do numero de fogos e de habitantes dos logares povoados que se póde apurar das Saudades da Terra é incompleto, e em alguns casos improvavel.—Paulo Perestrello, na Breve Noticia, pag. 22 e 23, diz peremptoriamente: «Voltando ao antigo população, transcreverei alguns recenseamentos para mostrar a rapida proporção progressiva que nella tem havido: Pelos annos de 1500 tinha 16:000

habitantes, pouco mais ou menos. Em 1580 *continha* 4938 *fogos, com* 21:800 *habitantes. Em* 1614 *continha* 5986 *fogos, com* 28:345 *habitantes.»*—Ignoramos, porém, a que *recenseamentos* se refere o auctor quanto a este periodo; por mais que os buscassemos, nem noticia delles achámos, e cremos que recenseamentos propriamente taes não os podia então haver, visto que os registos e róes parochiaes só foram estabelecidos de 1578 em diante, pelas *Constituições do Bispado,* tit. III, const. VI, e tit. V, const. I; e os desse tempo não existem.

Recorremos, pois, a outros mais subsidios para o artigo objecto desta nota, e são;—1.º a noticia da *origem e creação* das primitivas capellanias, e dos curatos e freguezias que se foram instituindo, porque dahi se vê o gradual desenvolvimento da população;—2.º qual o vencimento annual, ou *congrua* (1) dos respectivos parochos ou curas, donde se infere o numero de fogos de cada uma das freguezias, ou curatos; porque, D. Sebastião, pelo alvará de 11 de dezembro de 1572, estabeleceu 34$000 réis aos de freguezias de mais de duzentos fogos; 25$000 réis, sendo os fogos mais de cem; e 20$000 réis, sendo menos de cem;— 3.º a *designação numerica dos fogos e dos habitantes* de algumas freguezias e curatos feita em alvarás de vencimentos ecclesiasticos; —4.º e ultimo, nota das *capellas* sitas em cada uma das freguezias ou curatos; porque, com poucas excepções, só eram em fazendas povoadas, depois constituidas em morgados, e, portanto, representavam, em regra, um *senhorio* e um grupo de *colonos cultivadores* de terreno sufficiente á sustentação destes e daquelle. Os vinculos insignificantes, que depois foram sendo instituidos, não podiam chegar a ter capella propria.—Estes dados foram deduzidos dos manuscriptos que possuimos: os tocantes ás freguezias e curatos, colhemol-os especialmente das *Memorias... do Estado Ecclesiastico na Ilha da Madeira,* e os relativos ás capellas, obtivemol-os de duas miscellaneas sem titulos, nem nomes de auctores; de um muito noticioso manuscripto, obra do sr. padre Antonio Gonçalves Netto; de alguns documentos authenticos; e de investigações feitas e noticias obtidas por nós mesmo; mas, ainda assim, estamos convencidos de que nos falta nota de muitas capellas e morgados. Um trabalho completo nesta especialidade exigia tempo e meios de que não dispomos. A historia das instituições vinculares no archipelago da Madeira seria um dos mais interessantes ramos não só da sua historia economica, mas tambem social,

Entremos no assumpto,

_____

(1) Os vencimentos ecclesiasticos eram parte em dinheiro, e parte em trigo e vinho dos dizimos, sendo estes generos estimados em certo valor, que consta de diversos alvarás, a saber: —em 1558, um moio de trigo, 5$000 réis:—em 1572, um moio de trigo, 6$000 réis; uma pipa de vinho, 3$000 réis (na Ponta do Sol, Ribeira Brava, e Calheta, 2$000 réis):—em 1581, um moio de trigo, 6$000 réis; uma pipa de vinho, 4$000 réis:—e em 1614, um moio de trigo, 6$000 réis; uma pipa de vinho, 3$000 réis.

Os logares escolhidos para cabeça de cada uma das tres capitanias, fo-. ram, porisso, os primeiros povoados, e os primeiros que tiveram igreja e parochia: e assim, com o progresso da população, foi progredindo tambem o estado ecclesiastico. Vejamos como isso foi em cada capitanía.

II

Capitanía de Porto-Sancto.

Na nota xii, a pag. 459, tractámos em especial da origem da unica villa e freguezia da ilha e Capitanía de Porto-Sancto.—Quanto a população e estado ecclesiastico della, vê-se do alvará de 9 de janeiro de 1529 (o mais mais antigo diploma sabido ácerca da clerezia de Porto-Sancto), que já então ahi havia collegiada, cujo vigario tinha de congrua, em dinheiro, trigo, e vinho uns 37$000 réis annuaes; e, portanto, que a população era a esse tempo de mais de 200 fogos, ou superior a 800 habitantes.—*Gaspar Fructuoso* diz (vid. retró, pag. 46, 47 e 56) que a villa tinha (em 1590) 400 fogos, os quaes correspondem a 1:600 habitantes; que no sitio do Farrobo havia uns 15 moradores; e que mais gente vivia pelos montes. Com quanto pareça haver nisto exageração, por constar dos *Annaes da ilha de Porto-Sancto* que em 1850 a população era de 1799 pessoas, isto é, uns 450 fogos, e do censo feito em 1864, que os fogos eram 363, com 1425 habitantes, cremos ser exacto o dito de *Fructuoso:* a ilha de Porto-Sancto só progrediu nos primeiros cento e cincoenta annos desde o descobrimento; depois, a escassez dos seus meios naturaes de producção, as amiudadas invasões de corsarios, e o abandono em que a deixaram os donatarios, os seus mais opulentos moradores, e até os governos, salvo o do marquez do Pombal, a condemnaram ao estado decadente em que até agora tem jazido.

Alli unicamente prosperou o estado ecclesiastico; o qual se compunha de um *vigario*, com a congrua annual de 11$000 réis em dinheiro, 4 moios de trigo, e 2 pipas de vinho; de um *cura*, com 14$000 réis, e 1 moio de trigo; de *quatro beneficiados,* cada um com 3$000 réis, 2 e meio moios do trigo, e uma pipa de vinho; de um *thesoureiro* da igreja, com 10$000 réis, 1 moio de trigo, e 1 quarto de vinho; de um *prégador*, com 30$000 réis; e de um *organista*, com 40 alqueires de trigo: a fabrica da igreja recebia 8$000 réis annuaes. Todos estes vencimentos foram creados desde 1529 até 1598.—Custava ahi, pois, o estipendio *publico* do clero no seculo xvi, por anno, 85$000 réis em dinheiro, 16 moios e quarenta alqueires de trigo, e 6 pipas e 1 quarto de vinho, o que tudo equivalia, conforme os valores actuaes, acima de um conto de réis.—Os parcos dizimos da ilha nem sempre davam para tanto; pelo que, por alvará de 24 de abril de 1577,

D. Sebastião ordenou que, no caso de esterilidade, todos ou parte destes vencimentos fossem pagos pelo Almoxarifado do Funchal (1).—A primitiva igreja foi queimada por corsarios mouros em 1667, e reedificada pelos annos de 1699 a 1712, á custa da Fazenda real, que deu a obra de arrematação a Antonio de Abreu por 909$900 réis, e mais 706$000 réis para ornamentos e sinos.

Não temos noticia de que houvesse na ilha do Porto-Sancto alguma fazenda povoada. *Gaspar Fructuoso* menciona tres capellas, uma de *S. Sebastião*, outra de *Sancta Catharina*, e outra de *Nossa Senhora da Graça*. Destas, sómente existe a segunda: e ha mais a de *S. Pedro*, e a do *Espirito Sancto*. Mas nenhuma dellas era de morgado, e apenas nos consta que uma das do interior da igreja matriz fôra do vinculo dos Barões, da dicta ilha.

III

CAPITANIA DO FUNCHAL.

Com quanto o desembarque dos descobridores da ilha da Madeira fosse no porto de Machico, tudo persuade a que o Funchal fôra o primeiro logar povoado. O primeiro templo aqui erigido foi a ermida de *S. Sebastião* (2), a rpeasas dos habitantes, na qual os frades franciscanos, vindos com Zargo, exerceram as funcções sacerdotaes nos primeiros annos subsequentes ao descobrimento da ilha. Pouco depois foi erecta a primeira parochia da capitania, talvez nessa mesma ermida, pelos annos de 1430, e em breve trasladada para a igreja que o mesmo Zargo mandára edificar cerca de 1438, á beira-mar, a léste do sitio, tomando por orago della *Nossa Senhora da Conceição*, vulgarmente

(1) As congruas ou vencimentos ecclesiasticos a que alludimos neste e nos seguintes artigos são annuaes.

(2) Esta ermida foi de grande veneração, e a historia della é curiosa. Existiu até que, em 1802, o capitão general, D. José Manoel da Camara, a mandou demolir conjunctamente com outros casebres contiguos, deixando um largo, ainda agora chamado do S. Sebastião, no qual branlou um mercado pequeno, mas regular. A demolição, porém, foi feita de surpreza, em uma noite, sem prévia profanação da velha ermida, nem accordo do bispo: é este um dos motivos por que se D. José foi deposto do governo pelo Principe Regente, em 14 de outubro de 1803. E tão vivo manteve o clero no espirito do povo o resentimento daquelle acto do capitão general, que, quando, em 28 de janeiro de 1821, rebentou no Funchal o movimento em favor das instituições liberaes, o povo destruiu o dicto mercado, e não só pediu a reedificação da ermida, mas, com fervoroso enthusiasmo, foi buscar para isso os materiaes que achava; e o então capitão geral, Sebastião Xavier Botelho, houve por conveniente ser elle proprio o primeiro a levar um esto com pedras!—Porém, a nova ermida não foi ultimada, com quanto nella se chegasse a fazer missa; o refeito foi desfeito: o largo de S. Sebastião ficou; e até agora se conserva o vézo b mercado que D. José Manoel da Camara lá instituiu: lá se vendem, especialmente ao sabbado, x tecidos de lã e de linho de fabrico domestico, aves, manteiga, &.—Este largo tambem é chamado do chafariz, porque, desde 1834, tem um.

68

chamada *Sancta Maria de Baixo*, depois, *Sancta Maria Maior*, ou *Nossa Senhora do Calháu*, para a distinguir de outra igreja mais pequena, da mesma invocação, que Zargo tambem fizera levantar para capella de sua casa, e proximo desta, na parte alta do Funchal, a noroeste, longe do mar. De Nossa Senhora do Calháu foi a parochia transferida, em 1508, para a chamada *igreja grande*, cujo orago é *Nossa Senhora da Assumpção*, e que, desde que, em 1514, foi creado o bispado do Funchal, ficou sendo, como ainda agora é, a cathedral. A parochia de Nossa Senhora da Conceição, de Baixo, depois, de Sancta Maria Maior, é, portanto, a mais antiga da Capitanía do Funchal. O seu *vigario* tinha certa preeminencia sobre o restante clero, do archipelago, até que foi creada a diocèse. Adiante veremos quaes novas freguezias foram instituidas, em territoria desmembrado desta; mas, ainda assim reduzida, o vigario della vencia por anno (1581-1780) 26$700 réis em dinheiro, 2 moios de trigo, e 1 pipa de vinho, além de 8$000 réis, de pulpito, e 3$000 réis, das missas dos sabbados pelas almas dos infantes, filhos de D. João I: e, em 1780, foi-lhe a congrua elevada a 60$000 réis, 2 mois de trigo, e 2 pipas de vinho. Era *collegiada*: e, afóra o vigario, tinha esta parochia seis *beneficiados* desde 1581, cada um com 6$000 réis, 2 moios de trigo, 1 pipa de vinho, e, desde 1616, 2 pipás; um *cura*, com 20$000 réis, desde 1589, e 25$000 réis, desde 1617; um *thesoureiro*, que havendo começado em 1587 com a congrua de 3$000 réis, e 30 alqueires de trigo, teve esta augmentada, desde o anno de 1591, para 12$000 réis, 1 moio de trigo e um quarto de vinho; um *prégador*, que, em 1572, principiou vencendo 8$000 réis, e desde 1646 teve 16$000 réis;—e, finalmente, um *organista* desde 1588, com 1 moio de trigo. A *fabrica* da igreja ficou recebendo, desde 1574, 10$000 réis. A igreja foi reconstruida (1664-1688) e ornamentada pela Fazenda real, gastando-se com as obras 1:810$000 réis, em sinos 380$000 réis, e em alfaias e ornamentos 1:807$170 réis. O terramoto que houve na noite de 31 de março de 1748, fez-lhe grande ruina, reparada tambem a expensas do Estado, e a terrivel alluvião de 9 de outubro de 1803, destruiu o templo, salvo a capella-mór. Por isso esta parochia foi transferida para a *igreja de S. Thiago-Menor*, a qual havia sido edificada sobre terreno offerecido por Antonio Spinola, e á custa da Camara da cidade do Funchal, em cumprimento do celebrado voto feito por causa da peste de 1522 a 1538, e que foi reedificada de 1752 a 1798. Desde 1803, está, pois, neste templo a freguezia de Sancta Maria Maior. O que a alluvião deixára da anterior igreja parochial foi demolido em 1835, e no sitio foi construido, em 1842, um mercado, ainda existente, e ao qual então se deu o nome de *Mercado da União*, suppomos que allusivamente aos acontecimentos politicos dessa epocha.

As capellas de morgado de que temos noticia, feitas nesta parochia, são: a de *Nossa Senhora da Natividade*, no sitio do Fayal, do vinculo instituido por Simão Acciaiuoli, fallecido em 1541;—a de *S. Filippe*, do morgado instituido por Filippe Gentil de Limoges, em 1562;—a de *Nossa Senhora da Saude de Monte Olivete*, do morgado instituido por Pedro Lopes de Vasconcellos, em 1675;—e a de *Sancto Antonio*, do morgado instituido pelo capitão Antonio Telles, ou Tello, de Menezes, em 1682.—Além destas, ha a capella do *Corpo Sancto*, erecta por devoção dos marinheiros, cujo portico manoelino accusa edificação quinhentista;—e houve a dos *Sanctos Reis*, dodda por D. Manoel, em 1514, ao Hospital do Funchal, e a de *Nossa Senhora da Paz*, edificada pelo Padre Jeronymo da Silva, em 1621; nenhuma destas era de vinculo:

O alvará de 11 de dezembro de 1572 attribue á freguezia de Sancta Maria Maior 348 fogos.

Subordinadas á supradicta freguezia primitiva e ao vigario della, havia no territorio da Capitania do Funchal cinco capellanias cada uma nos logares de Camara de Lobos, Calheta, Caniço, Ribeira-Brava, e Ponta do Sol, o que mostra terem sido os primeiros povoados: e, á proporção que nelles augmentaram os habitantes, foram sendo elevados a freguezias, entre 1430 e 1486.

A *freguezia* de *S. Sebastião*, de *Camara de Lobos*, foi creada pelos annos de 1430. Tinha *collegiada*. O clero della era um *vigario*, que recebia em 1591, de congrua, 11$000 réis, 4 moios de trigo, e 2 pipas de vinho; 3 *beneficiados*, cada um, em 1560, com 12$000 réis; um *cura*, com 18$000 réis; e um *prégador*, com 15$000 réis. A *fabrica* tinha 8$000 réis. A igreja foi reedificada de 1673 a 1710, custando a obra 857$810 réis, e teve mais, em 1747, 620$700 réis para paramentos, tudo pago pelo Estado.

Gaspar Fructuoso menciona duas *capellas* no territorio de Camara de Lobos, a do *Espirito Sancto*, e a da *Vera-Cruz*, ambas em terras que Zargo tomou para seus herdeiros (vid. retró, pag. 67); mas a primeira subsiste como capella publica. Além dellas, havia as seguintes: a de *Nossa Senhora da Conceição*, muito antiga, que parece ter sido feita pelo povo;—a de *Nossa Senhora de Belem*, a de *Nossa Senhora das Preces*, a de *S. João Baptista*, a de *Jesus-Maria-José*, a de *Nossa Senhora da Nazareth* (1), a de *Nossa Senhora da Boa-Hora* no sitio da Torre, a de *Nossa Senhora da Piedade* no sitio da Caldeira, a de *S. Candido*, e mais duas cujos oragos ignoramos, uma

---

(1) É tradição entre os pescadores de Camara de Lobos que, no principio deste seculo, a Morgada da Nazareth, armada de espadim, se collocava no alto onde é a capella; chamava os barcos de pesca que vinham entrando no porto; e, por privilegio ou abuso, delles tomava o peixe que queria, e o pagava como lhe parecia.

no Serrado-gallego, outra na Lourencinhao: todas estas eram de morgado, mas de fundação posterior ao seculo xvi, havendo-se reunido em uma unica as de S. João Baptista e a do Jesus-Maria José.

Da congrua do vigario, estabelecida pelo altará de 8 de maio 1591, se infere ser esta freguezia então de mais de 200 fogos. *Gaspar Fructuoso* dá-lhe sómente 200 (vid. retró, pag. 93).

A *freguezia do Espirito Sancto*, da *Calheta*, data tambem do anno de 1430. O pessoal do clero della era igual ao da Camara de Lobos, accrescendo um beneficiado, e as congruas, quasi iguaes, salvo a do vigario, daquella, que era menor; pois que, pelo alvará de D. Sebastião, de 13 de março de 1572, não excedia a 26$000 réis em dinheiro, um 1 de trigo, e 1 pipa de vinho, tudo vindo a corresponder ao valor de 34$000 réis, por ser freguezia de mais de 200 fogos. A *fabrica* da igreja recebia 8$000 réis annuaes, como a da Camara de Lobos: e, além disto, a Fazenda real, desde 1612 até 1746, despendeu com a parochia 1:424$645 réis.—Ha nella um rico sacrario de ebano, marchetado de prata, dado por el-rei D. Manoel.

Aqui abundam capellas de primitivas fazendas povoadas, e, ao diante, de morgado, taes são: a de *Nossa Senhora da Estrella*, projectada por Zargo, e depois edificada por Diogo Cabral, fallecido em 1486, e a de *Sancta Catharina*, que Rodrigo Annes instituiu em 1505, e são estas as mais antigas;—a de *Nossa Senhora da Piedade*, da Atbouguia, a de *Nossa Senhora de Monserrate*, a de *Nossa Senhora da Boa-Morte*, a de *Nossa Senhora da Penha de França*, a das *Almas*, a de *S. João*, da Ribeira, a de *Nossa Senhora do Bom-Successo*, a de *S. Francisco Xavier*, no sitio do Salão, a de *Jesus-Maria-José*, no Lombo do Doutor; e a de *Sancta Quiteria*. Destas capellas já não existem a de Sancta Catharina, a de Nossa Senhora da Penha de França, e a de Sancta Quiteria; e estão em ruinas a de Nossa Senhora do Monserrate, e a da Boa-Morte. Todas, menos as duas primeiras, são posteriores ao tempo em que escreveu *Gaspar Fructuoso*.

Gaspar Fructuoso diz que a Calheta teria (em 1590) 400 fogos, o que é provavel; porque havia ella augmentado muito em população e riqueza (vid. retró, pag. 68, 69, e 96), a ponto de ser escolhida para do seu nome ter titulo de conde o donatario Simão Gonçalves da Camara, e em 1626 foi accrescentada a congrua do respectivo vigario.

A *freguezia de Sancto Antão*, do *Caniço*, foi erecta em 1440. Como o limite das duas capitanias da ilha da Madeira era a ribeira do Caniço (vid. retró, pag. 79, 80, 453 e 456), ficou esta freguezia dividida em duas porções:

uma a léste da ribeira, pertencia á Capitanía de Machico, e tinha sacrario na capella do Espirito Sancto; a outra, a oeste, pertencia á Capitanía do Funchal, e tinha sacrario na igreja de Sancto Antão. Um unico *vigario* funccionava em ambas, até que Filippe II creou naquella ruim curato, por alvará tle 20 de outubro de 1605. Além desse vigario, que pelo alvará de D. Sebastião, de 25 de dezembro de 1572, tinha de congrua 10$500 réis, 2 moios de trigo, e 1 pipa de vinho, havia um *thesoureiro*, com o vencimento de 6$000 réis, 30 alqueires de trigo, e um quarto de vinho; e um *organista*, com as 30 alqueires de trigo. A *fabrica* teve, desde 1574, 8$000 réis annuaes, metade para a igreja de Sancto Antão, e metade para a capella do Espirito Sancto. Mas, pouco a pouco, tôdas as funcções parochiaes, forám passando a ser exercidas naquella, para o que muito devia ter concocrido a instituição do bispado, a centralização do governo do archipelago em um só governador geral, e o alvará del-rei D. Pedro II, de 28 de dezembro 1676, que creou a *freguezia de S. Lourenço*, na *Camacha*, cujo territorio até então pertencia ao Caniço: por fim, a capella do Espirito Sancto, deixada em esquecimento, se desmoronou, ficando em unica parochial a igreja de Sancto Antão. A Fazenda real despendeu em ornamentos e sinos para este templo a quantia de 922$400 réis.

Temos noticia das quatro seguintes cápellas nesta freguezia: a de *Nossa Senhora da Consolação*, feita por Ayres de Ornellas e Vasconcellos, no anno de 1591;—e as de *Nossa Senhora da Madre de Deus*, de *Nossa Senhora do Livramento*, e de *Nossa Senhora da Salvação*, edificadas já no principio do secule XVII.

Do que vae dicto se mostra que *Fructuoso* não teve cabal informação a respeito da igreja parochial do Caniço no que della disse (vid. retró, pag. 79 in fin.).

O supracitado alvará de 25 de dezembro de 1572 classifica a freguezia do Caniço como de mais de 100 fogos, não chegando a 200; *Gaspar Fructuoso*, em 1590, attribue-lhe 200; mas a differença para mais é pequena, e acceitavel, attento o lapso de dezoito annos, o estado prospero em que o mesmo *Fructuoso* descreve o Caniço (vid. retró, pag. 79 e 80), e as boas capellas que ahi houve, o que quer dizer boas fazendas povoadas, que foram sendo constituidas em morgados.

A *freguezia de S. Bento*, da *Ribeira-Brava*, tambem teve principio por 1440. Tinha *collegiada*, com um *vigario*, cuja congrua, pelo alvará de 13 de março de 1572, era de 20$700 réis, 2 moios de trigo, 1 pipa de vinho, e 1 marco de prata; quatro *beneficiados*, com 12$000 reis cada um, na conformidade do alvará de 8 de maio do mesmo anno; um *cura*, que vencia 20$000 réis, como consta do alvará de 2 de janeiro de 1606, um *thesoureiro*, com 10$000 réis e 20 alqueires de trigo, estipulados pelo alvará de 4 de março de 1565; e um *organista* com 6$000 réis, conferidos pelo alvará de 15 de septembro de 1590. O alvará de 12 de março de 1574 concedeu á *fabrica* da igreja 8$000 réis, e, além disso, teve esta (1707 1718), para obras da mesma igreja, 1298$500 réis, e, para ornamentos, 1180$366 réis.

Sabemos de seis capellas nesta freguezia; cinco dellas de morgado: a de *Nossa Senhora da Apresentação*, instituida, em 1524, por Isabel Fernandes Tavares, mulher que foi de Henrique Beitencourt;—a de *Nossa Senhora da Boa-Morte*, por Brazia Fernandes e Francisco Fernandes;—a de *Sancto Antonio*, por Henrique Henriques Brandão de Noronha, em 1696;—a de *Sancta Catharina*, cujo instituidor ignoramos;—e a de S. *José*, por Luiz Gonçalves da Silva, em 1710:—uma, a das *Almas*, foi erecta pela devoção do ladeira Antonio Rodrigues Jardim.

Comprehendia esta parochia, além da área com que ficou, os territorios de que se formaram a do Campanario, a da Atabúa; de que adiante fallaremos, e a da Serra d'Agua, que foi creada por alvará de 28 de dezembro de 1676. Quando já separada das duas primeiras, foi pelo supracitado alvará de 13 de março de 1572 considerada de mais de 200 fogos: mas *Gaspar Fructuoso*, em 1590, dá-lhe cerca de 300 fogos, com o que combina o augmento da congrua do vigario, pelo alvará de 8 de maio de 1591.

A freguezia de *Nossa Senhora*, ou de *Sancta Maria*, da *Luz*, da *Ponta do Sol*, teve origem na grande fazenda povoada e povoação deste nomo, que Rodrigo Annes, o Coxo, da familia dos Furtados, fundou, como consta do seu testamento, approvado em 8 de abril de 1486, e do epitaphio da sua sepultura na igreja. Tambem esta era *collegiada*, com um *vigario*, que, pelo alvará de 13 de março de 1572, vencia de congrua 26$000 réis, 1 moio de trigo, e 1 pipa de vinho, e, pelo alvará de 27 de novembro de 1598, mais 3$000 réis; *quatro beneficiados*, cada um dos quaes, pelo alvará de 11 de junho do mesmo anno, recebia 12$000 réis; um *cura* que, pelo alvará de 26 de agosto de 1589, tinha 20$000 réis; um *thesoureiro* que, pelo alvará de 22 de septembro de 1564, vencia 10$000 réis, 30 alqueires de trigo, e um quarto de vinho; um *prégador*, que pelo alvará de 21 de janeiro de 1558, ganhava 30$000 réis; e um *organista*, creado em 1653, com 1 moio de trigo. A *fabrica* cobrava, pelo alvará de 12 de março de 1574, 8$000 réis annuaes: e, além disso, a igreja teve grandes obras, que, em 1698, forâm dadas de arrematação por 892$000 réis, e recebeu, para ornamentos, em 1709, a quantia de 627$400 réis, e, em 1748, a de 539$500 réis, tudo a expensas da Fazenda real.

Havia na freguezia da Ponta do Sol muitas capellas de morgado:—duas na Lombada do Esmeraldo, a de *Sancto Amaro*, instituida por João Esmeraldo, o Velho, antes de 1500, e a do *Sancto Espirito*, pelo mesmo, em 1508;—a de *Nossa Senhora da Piedade*, no sitio do Mangão, proximo da serra; a de *S. João*, no lombo que della tomou o nome;—a de *S. Caetano*, no Lombo das Terças;—a de *Nossa Senhora da Misericordia*, hoje de *Sancto Antonio*, no Lombo das Adègas;—a de *Sancto Antonio*, no sitio do *Logar do Baixo* (1), todas de instituição antiga;—a de *Nossa Senhora do Lanramento*, fundada por Diogo Pereira de Menezes, no anno de 1656;—e a de *Nossa Senhora dos Milagres*, erecta por Pedro Fernandes de Menezes, em 1662, da qual se não sabe onde fosse. Existem mais duas antigas capellas, de provavel origem vincular, mas ao presente, de devoção publica; a de *Nossa Senhora do Monte*, no lombo das Terças, e a de *S. Sebastião*, reedificada pela Camara da Ponta do Sol, em 1734.

Desta freguezia foram tirados os territorios que ficaram formando a dos *Canhas* e a da *Magdalena do Mar*, das quaes fallaremos; mas, ainda depois de assim reduzida, tinha mais de 200 fogos, como se mostra dos dois citados alvarás, relativos á congrua do vigario. *Gaspar Fructuoso*, em 1590, conta-lhe 500 (vid. retró, pag. 95), o que não deixa de ser provavel, attento o grande numero de fazendas povoadas, depois vinculadas, com capella, que nesta freguezia houve.

Estas seis freguezias primitivas subsistem ainda agora; mas dellas se desmembraram outras novas, algumas das quaes já apontámos, que foram sendo creadas conforme o augmento da população.

A primeira freguezia do Funchal, a de Nossa Senhora da Conceição de Baixo, foi dividida em duas, a de *Sancta Maria Maior*, e a da *Sé*;—da de Sancta Maria Maior desmembrou-se a de *S. Gonçallo*;—da da Sé, a de *Nossa Senhora do Monte*, a de *Sancto Antonio*, e a de *S. Pedro*;—e da de *S. Pedro*, a de *S. Roque*, e a de *S. Martinho*.—Tal foi, no seculo XVI, o desenvolvimento da população e do estado ecclesiastico em geral, no territorio que ao presente forma o concelho do Funchal.

Pelos mesmos tempos, da freguezia de Camara de Lobos se separou a de

(1) O Logar de Baixo é, desde 1804, muito maior que dantes, porque nesse anno, grande parte dos terrenos da Lombada, que lhe fica a cavalleiro, fendidos pelas tempestades dos annos anteriores, cahiram para o lado do mar, e alli formaram uma campina extensa e productiva. O choque da queda foi tal, que o mar sahiu do seu nivel em toda a costa adjacente, e sentiu-se o aballo tanto em terra, como no mar, a distancia de mais de dez kilometros: o mar entrou muito a dentro da villa da Ponta do Sol.

Nossa Senhora da Graça, no *Estreito de Camara de Lobos;*—da da Ribeira-Brava; a de *S. Braz*, no *Campanario*, e a da *SS. Trindade*, na *Atabúa;*—da da Ponta do Sol, a de *Nossa Senhora da Piedade*, nos *Canhas*, e desta, a de *Sancta Maria Magdalena de Mar;*—e da da Calheta apartaram-se, primeiro, a de *S. João Baptista*, na *Fajã d'Ovelha*, e desta, a de *S. Pedro*, na *Ponta do Pargo;* e, depois, a de *Nossa Senhora da Graça*, no *Estreito da Calheta* e a de *S. Braz*, no *Arco da Calheta.*—Estes foram, em summa, os progressos da população, e do clero no restante territorio da Capitania do Funchal, até fim do seculo XVI.

Investiguemos de cada uma destas freguezias.

Transferida em 1508 a unica primitiva parochia do Funchal para a nova igreja de Nossa Senhora da Assumpção, depois cathedral, ficou devoluto o templo de Nossa Senhora do Calháu; pelo que, D. Manoel nelle instituiu, pela carta régia de 30 de agosto de 1511, a confraria da Misericordia. Mas, D. João III, o houve dessa confraria; e D. Sebastião, pelas cartas régias de 18 de novembro de 1557 e 23 de fevereiro de 1558, dividiu a cidade do Funchal em *duas freguezias*, uma, a de *Sancta Maria Maior*, na sua originaria igreja, outra, a da *Sé*, na cathedral, ficando a primeira com a parte da cidade a léste da ribeira de Sancta Luzia, até a freguezia do Caniço, e a segunda com a parte oeste da mesma cidade, até a ribeira dos Soccorridos, limite da freguezia de Camara de Lobos.—Daquella já tractámos.

A *freguezia da Sé* foi, pois, a segunda da cidade do Funchal, instituida como dissemos, de 1557 para 1558: e comprehendia, além da área com que definitivamente ficou, as que depois passaram a ser das freguezias de Nossa Senhora do Monte, Sancto Antonio, S. Pedro, S. Roque, S. Martinho, e, mais tarde, de Sancta Luzia. Além do seu grande pessoal ecclesiastico como o episcopal, de que em outra nota fallaremos, havia então nesta freguezia, pela carta régia de 20 de junho de 1562, dois *curas*, a cargo dos quaes ficaram as funcções de parocho, até então exercidas pelo deão, vencendo cada um, de principio, 8$450 reis, e, depois, pelo alvará de 1 de fevereiro de 1600, 20$000 réis annuaes, e todo o pé de altar: e, como não bastassem ao serviço, eram os curas coadjuvados por quatro *meios conegos*, com 40$000 réis cada um, pela carta régia de 5 de dezembro de 1595, e por dez *capellães*, com 20$000 réis cada um, pela carta régia de 15 de fevereiro de 1593.

Capellas e igrejas muitas ahi havia, e mais foram havendo pelo tempo adiante, sem fallarmos dos conventos, recolhimentos, seminario, nem do hospital. Temos nota das seguintes: a de *S. Sebastião*, a que já alludimos, e nella o altar de *Sancto Eloy*, de encargo do vinculo instituido por Alvaro lanes de Rua;—a igreja e albergaria de S. Bartholomeu, para clerigos, por res, de instituição vincular de Gonçallo Annes de Velloza, em 1497;—a ca ella de S. Lourenço, que já em 1566 existia na Fortaleza;—a de Nossa Se hora, dos Veredoures, que é edificação feita pelo povo, nos primitivos tempos o Funchal;—a de Nossa Senhora da Piedade, bu como vulgarmente se hia, a Igrejinha, feita por Domingos Rodrigues Gartes, em 1613;—a de aus Maria-José, pelo conego Manoel Affonso, em 1626;—a igreja de Nos Senhora do Carmo, edificada pela respectiva confraria, por 1660, e a alber aria adjunta, por Henrique Henriques de Norenha, e outros;—e as capellas Nossa Senhora da Conceição, do Rheo;—de Nossa Senhora da Graça, feita elo chantre, Domingos de Andrade de Alvarenga, em 1698;—de Sancto An onio, da Alfandega, fundada pelo Dr. João de Aguiar, provedor, em 1714; e, finalmente, a de Nossa Senhora do Livramento, na cadeia publica da idade.

Na falta de documentos direetos, inferimos do tão numeroso clero, paro hial e congruas delle que a freguezia da Sé, no seculo XVI, não tinha menos e 1:200 fogos.

A freguezia de S. Gonçallo teve principio da capella de Nossa Senhora as Neves. Ahi, pelo alvará del-rei D. Sebastião, de 7 de março de 1565, foi rado em curato beneficiado, e, pela carta do mesmo rei, de 12 de março de 574, constituida a parochia daquelle orago, com um vigario, cuja congrua, ela carta régia de 16 de septembro de 1574, era de 14$000 réis, e 1 moio e trigo, e, pelo alvará de 14 de dezembro de 1592, foi elevada a 16$000 ris, 1 moio de trigo, e 1 pipa de vinho.—A fabrica da igreja ficou, pelo al vará de 15 de junho de 1598, recebendo 4$000 réis. Em 1697, foi manda do fazer novo templo, e a obra dada de arrematação, por 1:200$000 réis.

Tem esta freguezia, além da capella de Nossa Senhora das Neves, insti tuida no seculo XVI por João Affonso Mialheiro e sua mulher Catharina de Sá, as tres seguintes: a de Nossa Senhora da Incarnação, de Loures, por Diogo Fernandes Branco, em 1656;—a de Nossa Senhora da Boa-Nova, por Eusebio da Silva Barros, em 1701;—e a de Nossa Senhora da Piedade, por João Ro drigues de Oliva, em 1722.

Do quantitativo da congrua do parocho desta freguezia se mostra que, em 1574, tinha menos de 100 fogos, e, em 1592, mais de 100.

A freguezia de Nossa Senhora do Monte, ao norte do Funchal, teve ori em da grande fazenda povoada, instituida, cerca de 1470, por Adão Gon alves Ferreira, com uma capella dessa invocação, sendo ahi, por alvará de . Sebastião, de 7 de março de 1565, creada esta parochia, com um vigario.

69

sómente, cuja congrua, pelo alvará de 1 de março de 1577, principiou por ser de 14$000 réis, e 1 moib de trigo; e depois, pelo alvará de 27 de abril de 1591, foi elevada a 21$000 réis, e meio moio de trigo, e 1 pipa e meia de vinho.—A *fabrica* da igreja tinha, pelo alvará de 15 de junho de 1598, 4$000 réis; e, por diversos mandados do Conselho da Fazenda, foram nella despendidas as seguintes verbas: em 1688, com obras do templo, 900$000 réis; desde 1737 até 1739, com a obra da nova igreja, feita por arrematação, 6:742$000 réis; em 1742, para a fundição de sinos, 217$000 réis; e em 1757, para reparos das ruinas causadas pelo terremoto de 1 de abril de 1748, 3:029$730 réis. Tambem no anno de 1472 foram pelo mesmo Conselho mandados fazer o adro ou lageado em frente do templo, e o retabulo do altar-mór, mas não consta o quanto despendido nisto.

Abundavam nesta freguezia capellas vinculadas, ao presente quasi todas destruidas, e das quaes se conservam as invocações como nomes dos sitios onde eram. Temos nota das seguintes: a dos *Sanctos Reis*, instituida por Duarte Mendes de Vasconcellos, em 1554;—a de *Nossa Senhora do Desterro*, proxima da *Confeiteira*;—a de *Nossa Senhora da Conceição*, fundada por Tristão de França Bettencourt;—a de *Nossa Senhora da Penha de França*, por Luiz Gonçalves Mercador, em 1620;—a de *Nossa Senhora da Pena*, por Duarte Mendes de Miranda, em 1657;—a de *Nossa Senhora dos Milagres*, por Braz de Freitas da Silva, em 1661;—a de *Nossa Senhora do Livramento*, por Ignacio Ferreira Pinto, em 1684;—a de *Sancto Antonio*, por Manoel Ferreira Brazão, em 1718;—e a de *Nossa Senhora da Piedade*, por D. Escholastica Lamelino, viuva de João de Freitas da Silva, em 1728.—Além destas, havia no territorio que em 1676 passou para a freguezia de Sancta Luzia, então creada, outras capellas vinculadas, conservando-se memoria das seguintes: a de *Nossa Senhora da Incarnação*, que se presume fundada por Antonio Mialheiro, fallecido em 1565;—a de *Nossa Senhora da Consolação*;—a de *Jesus-Maria-José*, por Matheus Gama Ferreira;—a de *Nossa Senhora dos Prazeres*, por Tristão Gomes de Castro, em 1611;—a de *S. Francisco*, pelo provedor Ambrosio Vieira de Andrade, em 1675;—a de *Nossa Senhora do Vale*, por Antonio Vaz gado, em 1726;—e a de *Sancto Antonio*, da *Mouraria*, por Tristão de França Bettencourt, em 1727.

O supracitado alvará de 1 de março de 1577 declara que então esta parochia tinha 58 fogos: mas do augmento de congrua, determinado pelo outro alvará de 27 de abril de 1591, se mostra que a este tempo tinha mais de 200 fogos.

A *freguezia* de *Sancto Antonio*, suburbana do Funchal, foi creada, provavelmente, pelo mesmo tempo que a de S. Pedro, em 1566, tendo ambas sido separadas da da Sé: indubitavelmente existia desde antes de 1574, porque, como se vê do alvará de 16 de septembro desse anno, foi augmentada a anterior congrua do seu vigario a 25$000 réis, e ainda, pelos dois alvarás de 17 de julho e 14 de dezembro de 1588, foi accrescentada, ficando de 28$000 réis em dinheiro, 30 alqueires de trigo, e 1 quarto de vinho. Além do vigario, foi-lhe dado um cura, por alvará de 29 de outubro de 1602, com a congrua de 20$000 réis; e 1 pipa de vinho.—A fabrica da igreja obteve 15$000 réis annuaes, pelo alvará de 12 de março de 1574, e, em 1751, a quantia de 2:233$920 réis, para as obras della.

Temos noticia de cinco capellas sitas nesta parochia de Sancto Antonio: a de S. Filippe, instituida em 1586 por Antonio Leme, na sua quinta povoada, e depois vinculada;—a de Sancta Maria Magdalena, que, no estylo manoelino do portico, mostra ser do periodo daquella;—a de Nossa Senhora da Quietação, feita por Lourenço de Mattos Coutinho, em 1670;—a de Nossa Senhora das Brotas, por Manoel Martins Brandão, em 1678;—a de Nossa Senhora do Amparo, por Bartholomeu de Sá Machado, em 1698;—e, além destas, tinha a capella de Sancta Quiteria, fundada por Semião de Nobrega, no Curral das Freiras, a qual foi, muito depois, por alvará de D. Maria I, de 17 de março de 1790, elevada a nova freguezia.

O citado alvará de 16 de septembro de 1574 declara que esta freguezia tinha 120 fogos; e o de 29 de outubro de 1602, que então já contava 449, com 499 almas de confissão, isto é, pessoas maiores de sette annos de idade.

——————

A freguezia de S. Pedro, da cidade do Funchal, teve origem na capella de S. Paulo, fundada por João Gonçalves Zargo, á qual era servida por frades franciscanos e, depois, pelos curas da Sé, até que desta foi separada e constituida freguezia sobre si, pelo alvará de D. Sebastião, de 20 de junho de 1566, tendo por limites, á leste, a ribeira de Sancta Luzia, e, a oeste, á dos Socorridos. Foi extincta por alvará de 3 de março de 1579, do cardeal-rei D. Henrique, ficando a parte urbana novamente encorporada na da Sé, e da parte suburbana foram creadas, por este mesmo alvará, as freguezias de S. Roque e de S. Martinho; mas, poucos annos depois, por alvará de D. Filippe I, de 14 de agosto de 1587, foi reinstaurada com os limites que ainda agora tem.

O clero desta freguezia era um vigario que, pelo alvará de 20 de agosto de 1572, auferia á congrua de 25$000 réis, 1 moio de trigo, e 1 pipa de vinho, elevada depois, pelo alvará de 8 de maio de 1591, á quantia de 26$000 réis, 2 moios de trigo, e 1 pipa de vinho, e ainda teve successivos augmentos, até que, pelo alvará de 10 de junho de 1790, ficou em 60$000 réis em dinheiro, 2 moios de trigo, e 2 pipas de vinho, quatro beneficiados, instituidos em 1569 e 1500, cada um com 6$000 réis, e 1 moio de trigo;

um cura, creado pelo alvará de 27 de agosto de 1589, com 20$000 réis de congrua; um thesoureiro, mantido por alvará de 2 de agosto de 1590, com o vencimento de 12$000 réis em dinheiro, 1 moio de trigo, e um quarto de vinho; um pregador, que só foi tomado pelo alvará de 7 de septembro de 1622, com 8$000 réis; e um organista que, pelo alvará de 22 de outubro de 1589, teve o ordenado de 1 moio de trigo. Todo este clero constituía collegiada.—A fabrica da igreja teve, pelo alvará de 15 de junho de 1598, a quantia de 10$000 réis annuaes, e, além disso, por determinação de D. Filippe 1, no alvará de 14 de março de 1590, foi edificado o novo templo, sendo bispo D. Luiz de Figueiredo, e vigario da parochia Jeronymo Dultra, despendendo-se com ella, desde 1610 até o anno de 1649, em sinos, 635$290 réis; na obra da grimpa da igreja, 700$000 réis; em ornamentos, 1:462$400 réis; na obra da sachristia e patim do adro, 2:237$500 réis; e em duas imagens, 246$000 réis; faz-se mais o concerto do corocheo da torre, o retabulo, o camarim da capella-mór, portas, e concerto das paredes e tecto da igreja, mas não ha nota do custo disto.

Muitas capellas vinculadas havia, e dellas algumas vestam, nesta freguezia; temos nota das seguintes: a de S. Paulo, e a de Nossa Senhora da Conceição, de Cima, fundadas por Zargo;—a de Sancta Catharina, por sua mulher;—a de Nossa Senhora da Conceição, que Ruy Dias de Aguiar e sua mulher, D. Leonor de Ornellas de Andrade, instituiram em 1622;—a de Nossa Senhora da Penha de França, fundada por Antonio Dantas, tambem em 1622;—a de Nossa Senhora das Maravilhas, por Diogo Beringuer Correia, em 1657;—a de Nossa Senhora da Saude, pelo Dr. Pedro Cardoso de Valdevesso, em 1659;—a de Nossa Senhora das Angustias, por Diogo da Costa do Quintal, em 1662;—a de Nossa Senhora da Salvação, por João de Bettencourt Henriques, em 1683;—a de Sancta Brigida, por Antonio Maciel de Affonseca Correira, em 1668;—a de Nossa Senhora da Vida, por Manoel Valente, em 1670;—a de Nossa Senhora da Piedade, por Francisco Esmeraldo Henriques, em 1695;—a de S. Francisco das Furnas, pelo conego Pedro Correia Barbosa, em 1697;—e a de Nossa Senhora da Boa-Hora, por Antonio Cardoso Drummond, em 1726.

O supracitado alvará de 20 de agosto de 1572, declara que então os fogos desta freguezia eram 288, e, pelos outros alvarás, que foram augmentando a congrua do parocho, se conhece que, ainda depois de reinstaurada com mais pequena área que de antes, a população della augmentára, não sendo exaggerado calcular-lhe uns 400 fogos, no fim do seculo XVI.

A freguezia de S. Roque, suburbana da cidade do Funchal, ao norte, foi, como acima se disse, creada de parte do territorio da de S. Pedro, pelo alvará de 3 de março de 1579, com um vigario unicamente, o qual, pelo alvará de

30 de janeiro de 1589, abonando de congrua 21$000 réis, 1 moio de trigo, e 1 pipa e 1 quarto de vinho, vencimento este que corresponde ao valor de 303750 réis.—A fabrica da igreja teve 4$000 réis desde 1581 e, de 1590 até 1712, despendeu-se com a obra da nova igreja, feita por 1704, em ornamentos a quantia de 1:591$000 réis.

Tem esta freguezia algumas capellas vinculadas, sendo as de que houve nota todas instituidas pelos annos de 1607 a 1700, a saber: a de Nossa Senhora da Esperança;—a de Sancta Anna, por Francisco Dias;—a de Nossa Senhora da Alegria, por Francisco de Abreu;—a de Nossa Senhora do Rosario, por João da Paz de Castro;—e a de Nossa Senhora da Conceição, pelo conego Antonio Lopes de Andrade.

Da congrua estabelecida pelos supracitados alvarás se colige que esta parochia tinha, de 1579 a 1589, mais de 100 fogos.

A freguezia de S. Martinho, tambem suburbana, a oeste do Funchal, foi igualmente instituida pelo referido alvará de 3 de março de 1579, e erecta em uma capella de Affonso Annes, o Hortelão, com um vigario sómente, cuja congrua, pelo alvará de 30 de janeiro de 1589, era de 19$000 réis, 1 e meio moio de trigo, e 3 quartos de vinho.—A fabrica da igreja tinha, pelo alvará de 16 de julho de 1581, 4$000 réis, e, além disso, recebeu, até 1749, varios ornamentos, e 887$400 réis para outros.

Teve esta freguezia não poucas capellas vinculadas, algumas das quaes ainda existem: a de Sancto Amaro, que foi fundada por Garcia Homem de Sousa, genro de Zargo, em 1460, na grande fazenda povoada onde tinha aposento acastellado;—a de Nossa Senhora da Ajuda, instituida por Fernão Farilla, na fazenda, tambem povoada, que elle fez e vinculou, fallecendo em 1545; —a de Nossa Senhora da Victoria, erigida por Francisco de Bettencourt, em 1591, nas terras em que fez morgado;—a de Nossa Senhora da Nazareth, por Martim Vaz, em 1627;—a de Nossa Senhora de Jesus, por João Bettencourt de Athouguia, em 1656;—a de Nossa Senhora das Virtudes, por Francisco de Vasconcellos Bettencourt, em 1661;—a de Nossa Senhora da Fé, por Manoel Gonçalves Lisboa, em 1668;—a de Nossa Senhora do Pilar, por Gonçallo de Freitas Drummond, em 1676;—e a de Nossa Senhora do Amparo, por D. Luiza de Mendonça, viuva de José de Seixas, mercador, no anno de 1712.

Da congrua do respectivo vigario se infere que, pelos annos de 1579-1589, a parochia de S. Martinho era de mais de 100 fogos.

A freguezia de Nossa Senhora da Graça, do Estreito de Camara de Lobos, foi constituida parochia distincta da de Camara de Lobos, por 1509. De tres escripturas de 17 de fevereiro de 1530, lavradas na antiga nota de Camara de Lobos, se vê que então era vigario daquella freguezia o padre Sebastião Vaz: e teve mais um cura sómente; desde 1679 em diante. A congrua do parocho, pelo alvará de 20 de janeiro de 1572, era de 20$000 réis, e foi augmentada pelos dois alvarás de 18 de janeiro de 1582 e 15 de novembro de 1591, ficando desde esta data elevada á quantia de 16$000 réis, 1 e meio moio de trigo, e 3 e meia pipas de vinho. A congrua do cura, estabelecida pelos dois alvarás de 28 de dezembro de 1676 e 9 de maio de 1688, foi da quantia de 12$000 réis, 1 moio de trigo e 1 pipa de vinho.—A fabrica da igreja, além de 4$000 réis annuaes que lhe foram dados pela carta régia de 12 de março de 1574, teve, nos annos de 1675 até 1764, para obras da antiga igreja, 200$000 réis, e para a edificação da nova, que foi em 1692, dada de árrematação a um Francisco Rodrigues, 2:191$382 réis; para obras de entalhadura no altar-mór, arrematada, em 1764, pelo mestre Julião Francisco, 2:990$000 réis; e para ornamentos e alfaias, 539$180 réis.

Temos apontamentos de só quatro capellas nesta freguezia: a de *Nossa Senhora do Soccorro*, instituida, em 1684, por Maria de Aguiar, viuva de Gonçallo de Faria Leal;—a da *Madre de Deus e Sancto Antonio*, por Ignacio Vianna do Rego, em 1705;—a das *Almas*, no sitio da Vargem;—e à de *S. Thiago*, no sitio do Foro.

Gaspar *Fructuoso* diz (vid. retro, pag. 93) que o orago desta freguezia é *Nossa Senhora do Rosario*, no que ha engano, como dos supracitados alvarás e carta régia se reconhece; o orago della tem sido, desde seu principio, *Nossa Senhora da Graça*.—Tambem ahi diz ter ella até 30 fogos, o que é evidente erro: porque, referindo-se *Gaspar Fructuoso* aos tempos de 1590, em que escrevia as *Saudades da Terra*, se mostra dos mencionados alvarás, relativos á congrua do respectivo vigario, que, se pelo meado do seculo xvi não eram 100 os fozos desta parochia, no ultimo quartel delle orçavam por 200,

A *freguezia* de *S. Braz*, do *Campanario*, foi erecta em territorio tirado á de *S. Bento da Ribeira-Brava*, e anteriormente ao anno de 1555; porque, por alvará de 28 de agosto desse anno, D. João III accrescentou a congrua que o vigario daquella tinha «da sua primeira creação». Essa congrua, que pelo dicto alvará estava em 10$000 réis, 1 moio de trigo, e 1 pipa de vinho, foi elevada, pelos de 9 de junho de 1581 e 18 de janeiro de 1589, a 13$000 réis, 1 e meio moio de trigo, e 1 pipa de vinho. Só desde 1727 houve nesta parochia um *cura*, coadjutor do vigario.—A *fabrica* recebia 4$000 réis, concedidos pelo alvará de 12 de março de 1574, e teve, em 1677, a quantia de 550$000 réis, para a obra da capella-mór.

Sabemos ter havido ali quatro capellas: a de *Nossa Senhora da Gloria*, instituida em 1599, por Henrique de Bettencourt;—a de *Nossa Senhora do Carmo*, por Domingos Fernandes, em 1668;—a de *S. João Baptista*, por João Bettencuortda Camara, em 1728;—e a de *Nossa Senhora do Bom Despacho*, cuja origem desconhecemos.

Gaspar Fructuoso diz (vid. retró, pag. 94) que o Campanario é logar de 100 fogos, no que ha erro para menos; porque, como se vê da congrua do parocho, estabelecida pelos tres primeiros alvarás supracitados, esta freguezia, que, em 1566, tinha menos de 100 fogos, estava, em 1581, com mais de 100, e em 1589, com quasi 200.

A *freguezia da SS. Trindade*, da *Atabúa*, foi creada em territorio desmembrado tambem do da Ribeira-Brava; no anno de 1568, unicamente com um *vigario*, cuja congrua, ao principio, de 11$300 réis apenas, foi augmentada para 20$000 réis, pelo alvará de 1 de março de 1577; e elevada gradualmente a 16$000 réis, 1 moio de trigo, e 1 pipa de vinho, pelos de 13 de dezembro de 1588 e 15 de novembro 1591. Só em 1743, por alvará de 2 de julho de 1743, foi dado a esta parochia um *cura*, a requerimento do vigario Antonio Miguel de Faria, por ser ella cortada de duas caudalosas ribeiras, e ter mais de mil freguezes.—A *fabrica* da igreja foram concedidos, por alvará de 15 de junho de 1598, 4$000 réis annuaes, e em 1675, foi mandada edificar a igreja actual, concorrendo os freguezes, conforme suas possibilidades, para a obra, e dando a Fazenda real para ornamentos, no anno de 1747, a quantia de 274$200 réis.

Diz *Gaspar Fructuoso* que a Atabúa era de quasi 30 fogos (vid. retró, pag. 95), no que ha inexactidão; porque, dos alvarás que respeitam á congrua parochial, se mostra que, tendo esta parochia menos de 100 fogos em 1577, havia augmentado depois em população, a ponto que, de 1588 para 1591, foi graduada entre as de mais de 100.

A *Freguezia de Nossa Senhora da Piedade*, dos *Canhas*, teve origem na grande fazenda povoada que João de Canha, escudeiro do duque D. Diogo, fundou nas terras que, a norte da Ponta do Sol, tomou de aforamento, em 22 de abril de 1484, a Constança Rodrigues de Sá, viuva de João Gonçalves Zargo. Antes disto, já Ruy Pires de Canha ahi tinha sesmaria, e havia fundado uma pequena igreja. Depois, um Braz da Camara Carro, ou, conforme outros, Raphael Catanho, instituiu nesse sitio uma ermida de S. Thiago. E nella foi erecta esta nova freguezia, por alvará de 30 de janeiro de 1577, em territorio até então comprehendido na da Ponta do Sol. Foi-lhe dado só um *vigario*, com a congrua de 20$000 réis apenas, estabelecida pelo alvará de 9 de junho de 1581, e accrescentada, pelo de 3 de outubro de 1581, com 30 alqueires de trigo e um quarto de vinho. O cura só veiu a ser creado em 1731, por alvará de 7 de dezembro, com a congrua de 1 e meio moio de trigo, e 1 e meia pipa de vinho.—A *fabrica*, além de 4$000 réis annuaes, teve, em 1676, a quantia de 419$000 réis, para a obra da capella-mór, e a igreja foi mandada reedificar, por alvará de 20 de junho de 1752.

Sabemos-lhe das seguintes capellas: a de *Nossa Senhora dos Anjos*, instituida, no anno de 1508, por Martim Affonso e sua mulher Izabel Affonso, em morgado da terça de seus bens, a favor de seu filho Diogo Martins de Canha, o Cavalleiro;—a de *Nossa Senhora do Soccorro*, por João Fernandes de Linhares, em 1665;—a de *Nossa Senhora da Incarnação*, por João Rodrigues da Camara, em 1694;—e a de *Nossa Senhora do Monte e Sancta Anna*, por Manoel Rodrigues de Canha, em 1733.

O quantitativo da congrua do vigario mostra que o numero de *fogos* nesta freguezia era menor de 100.

A *freguezia* de *Sancta Maria Magdalena*, vulgarmente chamada *Magdalena do Mar*, originou-se da fazenda povoada, onde havia uma capella da invocação de Sancta Catharina, erigida, pouco depois de 1457, por Henrique Allemão: a parochia foi ali erecta pelo bispo D. Jeronymo Barreto, no dia 1 de fevereiro de 1582, em territorio que até então era da Ponta do Sol, e sem mais clero que um *vigario*, o qual, pelo alvará de 22 de septembro de 1587, tinha a congrua de 20$000 réis, elevada pelos dois de 10 de septembro de 1588 e 15 de novembro de 1591, a 16$000 réis, 1 moio de trigo, e 1 pipa de vinho. —A *fabrica* da igreja teve, desde seu principio, 4$000 réis cada anno, e, em 1760-1763, a quantia de 553$360 réis, para ornamentos.

Temos apontamento de uma unica capella nesta freguezia, a de *Sancta Quiteria*, fundada e dotada pelo Padre João da Silva Alves.

Gaspar Fructuoso, em 1590, reputava ter esta freguezia 30 fogos (vid. retró, pag. 95), mas dos supracitados alvarás do vencimento do parocho se mostra que, com quanto em 1587 não chegassem a 100, já excediam a este numero em 1591.

A *freguezia* de *S. João Baptista*, da *Fajã d'Ovelha*, começou simples capellania, com seu cura na capella de S. Lourenço, por 1511; mas já em 1553 estava constituida com parocho proprio, porque de 11 de abril desse anno é uma carta de D. João III, pela qual a primitiva congrua de 9$300 réis, que o *vigario* tinha, foi accrescentada com 1 moio de trigo e 1 quarto de vinho. O alvará de 6 de julho de 1573 elevou o vencimento deste a 20$000 réis, e o de 22 de agosto de 1589 ainda lhe augmentou 3$000 réis em dinheiro, 30 alqueires de trigo, e um quarto de vinho, ficando; portanto, a lotação das congruas de 25$000 reis, até que, em 1687, passou a ser de 25$000 reis, 1 e meio moio de trigo, e 1 pipa de vinho.—A fabrica da igreja, era desde 1574, 4$000 reis annuaes. Em 1705 foi approvada a edificação de novo templo parochial no sitio da Fajã d'Ovelha (e só desde então a fregue-zia tem este nome); em 1787 foi esta obra dada á arrematação ao carpinteiro Francisco Gomes, pelo preço de 635$000 reis; e em 1772 recebeu o res-pectivo vigario, sob fiança, a quantia de 698$800 reis, para ornamentos do dito templo, que é o actual.—A dita capella de S. Lourenço ainda existe, e é unica na freguezia.

Dos alvarás de vencimento supracitados se vê que esta, em 1573, tinha me-nos de 100, e em 1589, mais de 100 fogos.

A freguezia de S. Pedro, da Ponta do Pargo, parece ser posterior á da Fajã d'Ovelha, porque o mais antigo diploma de que ha nota relativo a esta é, como vimos, de 1553, e o mais antigo relativo áquella é o alvará de 4 de março de 1560, pelo qual a primitiva congrua do vigario, que era de 11$300 reis annuaes, foi augmentada com 1 moio de trigo, e um quarto de vinho. Pelo alvará de 1 de março de 1577, foi ella elevada á 13$000 reis, com o mesmo moio de trigo, e um quarto de vinho, tomado no valor de mil reis, ficando, pois, cota em 20$000 reis; e, pelos alvarás de 9 de junho de 1581 e 30 de janeiro de 1589, passou ainda a ter mais 8$000 reis em dinheiro. Nunca nesta fre-guezia houve mais clero que um vigario.—A fabrica, desde 1574, ficou tendo 4$000 reis annuaes. A antiga igreja desmoronou-se, e a que actualmente exis-te foi, em 20 de julho de 1690, mandada edificar por arrematação, havendo sido orçada em 2:231$600 reis, com desconto de 60$000 reis, valor da pe-dra daquella. O seu vigario recebeu, em 1764 e 1765, sob fiança, para orna-mentos della e um sino, 640$960 reis.

Sabemos-lhe de duas capellas: a de Nossa Senhora da Boa-Morte, insti-tuida por Custodio Nunes da Costa, em 1666; e a de Nossa Senhora do Amparo.

Attribue Gaspar Fructuoso á esta freguezia 200 fogos (vid. retro, pag. 97), e seria possivel tel-os, visto que a congrua do parocho em 1589 era de um pouco mais de 25$000 reis; mas não é provavel, porque o supracitado alvará de 1 de março de 1577 declara que ella então só tinha 46 fogos, e á falta de capellas accusa pouquidade de população. Cumpre, porém, aceitar aquella indicação, na falta de melhores dados.

A freguezia de Nossa Senhora da Graça, do Estreito da Calheta, proce-de da fazenda povoada a que deu principio André Gonçalves de França,

70

e que o filho deste engrandeceu com boas casarias e capella da dieta invocação, instituindo ahi morgado, pelo testamento com que falleceu, em 1511. Foi erecta antes de 1562, porque é de 12 de janeiro desse anno o mais antigo diploma a ella respectivo de que temos noticia, pelo qual a anterior congrua do *vigario*, que era de 13$300 réis annuaes, foi elevada a 17$300 réis. Pelo alvará de 30 de março de 1572, subiu ella a 20$000 réis; pela apostilla de 22 de junho do mesmo anno, a 25$000 réis; e, pelos alvarás de 20 de abril de 1589 e 17 de novembro de 1591, a 19$000 réis, 1 e meio meio de trigo, e 1 pipa e 1 quarto de vinho, tendo ainda sido augmentada em 1624 e 1644, e ficou, desde então, fixa em 7$000 réis, 3 moios e meio de trigo, e 1 pipa e 1 quarto de vinho. Além do vigario, teve esta freguezia tambem um *cura*, creado pelo alvará de 20 de outubro de 1605, com a congrua de 20$000 réis annuaes, accrescentada com 1 moio de trigo, pelo alvará de 30 de novembro de 1624.—A *fabrica*, desde 1574, teve 4$000 réis annuaes. De 1690 a 1705 foi edificada nova igreja, que é a actual, em diverso logar da antiga, e de cuja obra foi arrematador Salvador Lopes, por 1:391$000 réis; despendendo mais a Fazenda real 706$000 réis, para ornamentos, em 1712, e 141$370 réis com a fundição dos sinos, em 1732.

Temos nota de tres capellas nesta freguezia; a dos *Reis Magos*, a que Francisco Homem de Gouveia, com sua mulher Izabel Affonso de Azevedo instituiu em morgado, por escriptura de 4 de agosto de 1529;—a de *Nossa Senhora da Piedade*, por Francisco Alvares Homem, em 1641, a qual já não existe;—e a de *Nossa Senhora da Conceição*, por André de França e Andrade, em 1672.

A citada apostilla de 22 de junho de 1572 declara que esta freguezia tinha então 105 fogos, e dos successivos accrescimos da congrua parochial feitos pelos apontados alvarás de 1589 e 1591, e subsequentes, se vê que a população foi em augmento; pelo que, não exaggeramos attribuindo-lhe uns 130 fogos, no fim do seculo xvi.

A *freguezia de S. Braz*, do *Arco da Calheta*, teve principio de uma fazenda povoada, com capella desta invocação, originariamente ahi instituida por Braz Ferreira, como ella refere no testamento que fez em 1493, e depois edificada por João Fernandes de Andrade, do Arco, conforme este tambem deixou declarado em seu testamento, feito em 1520: tal é o modo de conciliar esses dois diplomas, o auctor de cada um dos quaes ahi se dá por fundador da capella. D. Sebastião nella mandou crear, por alvará de 18 de junho de 1572, um *beneficiado curato*, para servir de vigario e thesoureiro desta nova freguezia, com a congrua de 13$300 réis annuaes, a qual, por outro alvará, de 1 de julho do mesmo anno, foi elevada a 25$000 réis; e, pelos de 20 de abril de

1589 e 8 de novembro de 1591, a 19$000 réis, em dinheiro, 1 moio e meio de trigo, e 1 pipa, e 1 quarto de vinho, tudo equivalente a 31$570 réis. Foi lhe dado, uma cura, desde 1676 em diante, por alvará de 20 de dezembro desse anno, com a congrua de 12$000 réis, 1 moio de trigo, e 1 pipa de vinho.—A fabrica da igreja ficou, por carta régia de D. Sebastião, de 12 de março de 571, com 48000 réis annuaes, e, em 30 de outubro de 1744, foi mandada por de arrematação a Christovão Gomes, a obra da nova igreja matriz, no si-to da antiga, por 9:350$000 réis, concedendo mais a Fazenda real 285$000 réis, em 1760, para dois sinos.

Era esta freguezia das que abundavam em capellas vinculadas; além da mencionada de S. Brazinho,—a de *Nossa Senhora da Consolação*, instituida por D. Isabel de Abreu, filha daquelle João Fernandes, do Arco;—a de *Nossa Senhora do Loreto*, por D. Joanna d'Eça;—e a de *Nossa Senhora da Con-*..., por Gonçalo Fernandes, da Serra d'Agua, todas edificadas no primeiro quartel do seculo xvi em ricas e extensas fazendas povoadas;—e mais a de *Nossa Senhora das Mercês*, dos *Florenças*, fundada por Gaspar Homem, de El-Rei;—1650,—a de *Nossa Senhora dos Desterro e Almas*, que Raphael Esteves edificou, de 1650 para 1673;—a de *Nossa Senhora da Nazareth e de S. José*, ... por Antonio de Christo e sua mulher, Leonor do Horta, em 1682;—a ... *Sancto Antonio*, por Antonio Spranger da Camara, em 1724;—e a de *Nossa Senhora da Vida*, por D. Ignez Teixeira.

As *Saudades da Terra* (vid. retró, pag. 96) mencionam o Arco da Ca-... só como grossa fazenda, com engenho de assucar, muitas terras de cannas, grandes aposentos de casas, e igreja com seu capellão; mas, pelos documentos que ficam apontados, é evidente que, quando Gaspar Fructuoso escreveu este em 1590, já, desde muitos annos, era parochia o Arco da Calheta.—O do alvará de 1 de julho de 1572 diz que ella tinha então 113 fogos;—e outros que depois augmentaram a congrua parochial, e crearam o logar de um coadjutor, assim como das não poucas capellas que no seu territorio foram instituidas, bem se infere que a população della ascendeu, de 1590 para 1600, a uns 150 fogos.

Estas eram as freguezias existentes na Capitania do Funchal, até o fim do seculo xvi.—Depois, ainda dellas foram creadas outras, a saber: no rei-nado de D. Pedro ii, pelo alvará de 28 de dezembro de 1676, a de *S. Lourença*, na *Camacha*, tirada da do Caniço;—a de *Sancta Luzia*, ao norte da cidade do Funchal, da da Sé;—a de *Nossa Senhora da Ajuda*, na Serra d'Agua, da da Ribeira-Brava;—e as de *Sancto Amaro*, no *Paul do Mar*, e *Nossa Senhora dos Prazeres*, das do Estreito da Calheta e da Fajã d'Ovelha;—no reinado de D. João v, por alvará de 15 de novembro de 1731, foi creado o curato de *Nossa Senhora do Rosario*, no *Jardim do Mar*, visto o grav[...] commodo que os moradores deste logar tinham em [...] ou ir [...] á fregue zia dos Prazeres, ou ao Paul,—no reinado de D. Maria I, por alvará de 27 [...] março de 1790, o de *Nossa Senhora do Livramento*, no *Curral das Freiras*, *Fajã dos Cardos*, que até então pertenciam á freguezia de Sancto Antonio; e, finalmente, pela carta de lei de 24 de julho de 1848, foi a *Quinta Gran* separada do Campanario, e constituida em freguezia distincta, com o ora[...] de *Nossa Senhora dos Remedios*.

Gaspar Fructuoso escreve (vid. retró, pag. 90) que «huma legoa da Calh ta, está a fazenda de *João Rodrigues Castelhano*; e que «daqui a meya legoa está huma freguezia que se chama o *Jardim*, de quarenta fogos, com hu[...] igreja da invocação de *Nossa Senhora da Graça*.»—Ha nesta noticia madit[...] te equivoco; porque, como mostram os supracitados diplomas relativos ás fr[...] guezias do Estreito da Calheta e Jardim do Mar, *Nossa Senhora da Graça* e[...] já então o orago da primeira, e, ao tempo em que o mesmo *Gaspar Fructuo* compoz as *Saudades da Terra* (1590), ainda não tinha sido erecta a segond[...] referia-se, pois, o auctor áquella, e não a esta, o que se confirma pelas c[...] cumstancias locaes que indica.

—Todas as parochias neste artigo mencionadas são as que ainda ag[...] existem no territorio de que era formada a Capitania do Funchal.

IV

CAPITANIA DE MACHICO.

0.—A primeira parochia estabelecida nesta capitania foi a do logar, [...] villa, de *Machico*, cujo vigario, subordinado ao de *Nossa Senhora da Co* ceição, do Funchal, tinha por subalternos os capellães de *Sancta-Cruz, Por* to do *Moniz*, *S. Vicente*, *S. Jorge*, *Fayal*, e *Ponta-Delgada*; capellanias est[...] que em breve foram elevadas a freguezias, e com aquella, são as chamad[...] *primitivas*.—Summariemos a historia de cada uma dellas.

A *freguezia de Nossa Senhora da Conceição*, de *Machico*, constituiu-[...] definitivamente pelos annos de 1450; foi então que o D. Prior de Thomar, F[...] Pedro Vaz, determinou, por exigencias do Infante D. Henrique, que o padr[...] João Garcia para ahi viesse parochiar: e este foi o primeiro parocho de Mach[...] co, onde, pelo seguir do tempo, foi estabelecida uma *collegiada*, composta do [...] guinte clero:—um *vigario*, que de principio teve a congrua annual de 12$30[...] réis, augmentada, pelo alvará de 14 de fevereiro de 1560, a 14$600 réis e[...] dinheiro, 40 alqueires de trigo, e 1 quarto de vinho; pelo de 28 de jul[...] de 1572, a 34$000 réis; pelo de 8 de maio de 1591, a 41$700 réis; e, pel[...] de 27 de outubro de 1592, commutada em 24$000 réis em moeda; [...]

moios de trigo, e dûas pipas de vinho, sendo cada pipa reputada sómente a 2$850 réis; seis *beneficiados*, cada um delles, de principio, com a con-
grua de 10$000 réis annuaes; depois, pelo alvará de 18 de junho de 1572,
com a de 12$000 réis; e, pelo de 8 de maio de 1590, mais 1 moio de trigo;
e 1 pipa de vinho; um *cura*, que, pelo alvará de sua creação, de 5 de novembro de 1576, ficou tendo de congrua 18$000 réis por anno; um *thesourei-*
ro, que de começo teve de vencimento 10$000 réis e 40 alqueires de trigo,
e, pelo alvará de 22 de julho de 1593, ficou recebendo annualmente 12$000
réis, 1 moio de trigo, e 1 quarto de vinho; um *prégador*, logar que foi creado
pelo alvará de 4 de agosto de 1590, com o vencimento annual de 30$000
réis; e um *organista*, que, pelo alvará de sua instituição, ficou vencendo 1 moio
de trigo.—A' *fabrica* foram dados, pela carta régia de 12 de março de 1574,
4$000 réis annuaes, e, além disso, foi reedificada a igreja pelos annos de
1630; comprados ornamentos para ellá, em 1660 e 1748, que custaram
1.264$520 réis; ultimada a capella-mór em 1675, para o que concorreu
a Fazenda real com 100$000 réis; e pago em 1746 o novo orgão por
500$000 réis.
    As capellas vinculadas de que temos noticia haver nesta freguezia são
estas: — a de *Nossa Senhora do Rosario*, instituida por Mathias de Mendonça e
Vasconcellos, em 1660; — a de *S. Christovão*, que Christovão Moniz de Menezes, por seu testamento, feito em 1690, mandou levantar; — a de *Nossa*
Senhora do Amparo, feita por Francisco Dias Franco, em 1692; — a de *S.*
José, edificada pelo beneficiado Antonio Gonçalves Franco, em 1730; — e as
de *Nossa Senhora da Graça, S. Roque, e Sancto Antonio*; de cujas origens não
colhemos noticia.
    O citado alvará de 28 de junho de 1572 considera a freguezia do Ma-
chico de mais de 200 fogos; e os outros, de 8 de maio de 1590 e 27 de
outubro de 1592, augmentando a congrua ao respectivo parocho, como já
dissemos, mostram que a população ahi cresceu: porisso, temos como exacto
que, por 1590, contasse os 500 a 600 fogos, que *Gaspar Fructuoso* lhe attribue (vid. retró, pag. 77).

A *freguezia de Salvador*, de *Sancta-Cruz*, foi creada pouco depois de
constituida a de Machico; tendo esta a precedencia unicamente por ser cabeça da capitania; pois que Sancta-Cruz, desde o principio, se lhe foi avan-
tajando em população e riqueza. Teve *collegiada* tambem, com um *vigario*,
cuja congrua, pelo alvará de 5 de dezembro de 1580, foi de 24$000 réis,
e, pelo alvará de 9 de julho de 1590, elevada a 15$000 réis, 4 moios de
trigo, e 2 pipas de vinho, equivalente a 45$000 réis em dinheiro; um *mes-*
tre de doutrina, commum a Sancta-Cruz e Machico, creado pelo alvará de

17 de septembro de 1564, com 2$000 réis annuaes; seis *beneficiados*, cada um, de principio, com 10$000 réis, elevados, depois, a 12$000 réis, pelo alvará de 18 de junho de 1572, e a 21$000 réis, pelo de 9 de julho de 1590; um *cura*, com 20$000 reis, pelo alvará de 27 de agosto de 1589; um *thesoureiro*, com 10$000 réis, de principio, e, depois, com mais 1 moio de trigo, e 1 pipa de vinho, pelo alvará de 8 de novembro de 1583; um *prégador*, com 30$000 réis, pelo alvará de 17 de novembro de 1557; e um *organista* com 6$000 réis, pelo alvará de 6 de fevereiro de 1592.—A *fabrica* ficou tendo 8$000 réis, pelo alvará de 12 de março de 1574. A primitiva igreja foi reedificada nos annos de 1533 e 1686. Deu a Fazenda real, para estas segundas obras, 500$000 réis; para alfaias e ornamentos, 945$440 réis; para a muralha de defeza da villa e da igreja (1747), os 4 e meio réis da imposição da mesma villa; e, para livros, 160$000 réis.

As capellas vinculadas de que nos chegou noticia terem sido instituidas na freguezia de Sancta-Cruz são:—a de *Jesus Christo*, por Gil Annes;—a de *S. Gil*, por Antão Alvares do Carvalho;—e a de *Sancta Catharina*, por Gonçallo de Freitas, anteriores ao anno de 1500;—a de *Nossa Senhora dos Remedios*, no sitio do Moreno, pelo vigario Manoel de Ferreira Teixeira, em 1610;—a de *Nossa Senhora da Penha de França*, por Maria do Rosario Arvelos, em 1670;—a do *S. Francisco Xavier*, por João Vieira de Affonseca, em 1684;—e as do *S. Pedro*, e *Nossa Senhora do Rosario*, cujos instituidores ignoramos.

Os supracitados alvarás, respectivos á congrua do vigario, não alludem ao numero de fogos desta freguezia; mas, comparando a mesma congrua e as capellas de Sancta-Cruz com as de Machico, bem se vê que aquella era ao tempo mais populosa que esta; e, portanto, de mais de 500 fogos. *Gaspar Fructuoso* attribue-lhe perto de 800 (vid. retró, pag. 78).

A *freguezia de Nossa Senhora da Conceição*, do *Porto do Moniz*, ou da *Ponta de Tristão*, como ainda se lê na carta régia de D. Sebastião, de 12 de março de 1574, era, de principio, como dissemos, mera capellania na fazenda povoada e igreja fundadas por Francisco Moniz, o Velho, proximo do porto que delle tomou o nome, e não longe da dita ponta; destas circumstancias lhe advieram aquellas duas denominações; mas prevaléceu a primeira indicada, que o mesmo rei já lhe deu no alvará de 1 de março de 1577. Do que *Gaspar Fructuoso* diz (vid. retró, pag. 103), parece que, em 1590, a séde estava na capella de Sancta Maria Magdalena, sita dentro dos limites da mesma parochia; mas disso não achamos indicio em qualquer outro auctor, nem em diploma algum, e cremos ser equivoco, resultante de, com effeito, ahi haver uma capella da invocação da *Magdalena*. É freguezia da primitiva; o que se confirma por ter o fundador da igreja della fallecido em 1533. Cifrava-se o seu clero em um *vigario*, que tinha de congrua, ao principio, 12$300 réis, 40 alqueires de trigo, e 1 quarto de vinho por 1$000 réis; mas o alvará de 1 de março de 1577 accrescentou-lha com 2$700 réis em dinheiro, para ficar no computo de 20$000 réis, e os alvarás, expedidos em 1581, 1588, e 1593, gradualmente lh'a foram augmentando até 23$000 réis, 1 e meio moio de trigo, e 1 pipa e 1 quarto de vinho.—A *fabrica* obteve 4$000 réis annaes, desde 1598.

A *freguezia de S. Vicente* é, nos manuscriptos que consultámos, havida por fundada em 1440, o que apenas admissivel será quanto á edificação da primitiva igreja e instituição da capellania; pois que a parochia de Machico, principal da capitania, só no anno de 1450 veiu a ser constituida: estamos, portanto, em que a freguezia de S. Vicente datará de alguns annos posteriores a esta. O primeiro diploma a ella respectivo, mencionado nas citadas *Memorias do Estado Ecclesiastico*, é a carta régia de D. Sebastião, de 12 de março de 1574, pela qual fez mercê de 5$000 réis annuaes á fabrica da igreja. Tinha unicamente o *vigario*, cuja congrua, pelo alvará de 18 de septembro de 1575, era de 19$500 réis, 40 alqueires de trigo, e 1 quarto de vinho no valor de 1$500 réis, montando, portanto, ao total de 25$000 réis; mas foi accrescentada, pelos dois alvarás de 20 e 26 de abril de 1589, a 25$500 réis, 1 e meio moio de trigo, e 1 pipa e um quarto de vinho. Desde 1606 em diante teve tambem um *cura*, eom 20$000 réis.—A *fabrica* tinha 5$000 réis, pela citada carta régia de 1574, e, além disso, recebeu, no anno de 1664, para accrescentamento da igreja, 560$000 réis e, em 1699, para ornamentos, 412$000 réis.

Na freguezia de S. Vicente contam-se tres capellas:—a de *Nossa Senhora do Livramento*, feita pelo padre Manoel Gomes Garcez, em 1685;—a de *S. Vicente*, do *Ilhéo da Ribeira*, pelo povo, em 1692;—e a de *Nossa Senhora do Rosario*, por José Caldeira:—houve mais duas, uma no sitio dos Lameiros, outra no Passo. Ignoramos se alguma era vinculada.

Diz *Gaspar Fructuoso* que esta freguezia era de 250 fogos (vid. retró, pag. 103), com o que condiz a congrua do parocho, estabelecida pelos dois ultimos alvarás supracitados.

A *freguezia de S. Jorge* foi creada pela era de 1517. Teve sómente *vigario*, até que em 1746 lhe foi dado tambem um *cura*. A congrua daquelle foi, de principio, 8$000 réis em dinheiro; o alvará de 4 de julho de 1552 melhorou-a com 1 moio de trigo, e 1 pipa de vinho; o de 27 de novembro de 1572 elevou-a a 15$500 réis, 1 moio de trigo, e 1 pipa de vinho a 3$500 réis, equivalente tudo a 25$000 réis; e, por fim, o de 20 de abril de 1589 accrescentou-lhe ainda 3$000 réis, 30 alqueires de trigo e 1 quarto de vinho; ficando, portanto, no valor de 3$1875 réis. A congrua do cura era 1 o meio moio de trigo, e 1 e meia pipa de vinho.—A *fabrica*, pela carta régia de 12 de março de 1574, teve 5$000 réis annuaes, e, além disso, no anno de 1747, a quantia de 400$000 réis, para um camarim; no de 1751, a de 2:400$000 réis, para a obra da capella-mór; no de 1754, a de 734$000 réis, para ornamentos; e, finalmente, no do 1760, a de 259$200 réis, para um sino.

Duas capellas se apontam nesta freguezia: a de S. *Pedro*, e a de *Nossa Senhora do Rosario*, que está em ruinas, e não eram de vinculo.

O supracitado alvará de 1572 declara ter ella 106 fogos; mas, visto o augmento da congrua parochial em 1589, seguramente tinha a este tempo os 150, que *Gaspar Fructuoso* lhe conta (vid. retró, pag. 100).

A *freguezia de Nossa Senhora da Piedade*, do *Fayal*, começou por mera capellania em 1549; foi elegida áquella categoria em 1550; e padre João Soares, que fôra o unico capellão della nesses tres e um annos, tambem foi o seu primeiro vigario: tudo isto se mostra dos alvarás de 20 de fevereiro e 11 de março do dito anno de 1557. Ficou tendo sómente vigario, até que, em 1746, lhe foi dado, tambem, um cura; áquelle, de principio, teve a congrua de 13$300 réis, augmentada, pelo alvará de 20 de junho de 1572, para 25$000 réis; e, pelo de 15 de novembro de 1591, a 22$000 réis em dinheiro, 1 e meio moio de trigo, e 1 quarto de vinho, sendo tudo equivalente a 31$875 réis; e o cura, com 1 e meio moio de trigo, e 1 e meia pipa de vinho.—A *fabrica*, além de 4$000 réis annuaes, concedidos pela carta de D. Sebastião de 12 de março de 1574, teve, no anno de 1664, a quantia de 333$000 réis, para ornamentos; em 1699, o custeio da muralha para defender das aguas da ribeira a igreja; em 1744, a somma de 7:980$000 réis, preço por que Christovão Gomes Pestana arrematou a obra da nova igreja, a qual foi construida afastada da ribeira; em 1747, a de 1:608$620 réis; o, em 1768, a de 1:983$690 réis, para ornamentos, alfaias, e um sino; e, finalmente, em 1771, a de 2:000$000 réis, para a obra do camarim e retabulo do mesmo templo.

Tem o Fayal as seguintes capellas: a de S. *Roque*, a qual, em 1848, foi elevada a parochia, como adiante diremos;—a de *Nossa Senhora da Penha de França*, instituida por Antonio Teixeira Doria, em terras de seu morgado, no anno de 1680;—e a de S. *Luiz*, bispo, por Manoel Cardoso de Valdevesso, em 1721.

O citado alvará de 21 de junho de 1572 diz que esta freguezia tinha então 119 fogos; do augmento da congrua, feito em 1590, bem se infere que, a este tempo, teria não menos de 150; e aquellas valiosas e excepcionaes despezas que a Fazenda real ahi fez, ainda que posteriores no seculo XVII, concorrem a mostrar o Fayal localidade importante em população. Porém *Gaspar Fructuoso* escreve (vid. retró, pag. 99) que «*terá esta freguezia como cem fogos,*» o que tanto desdiz dos diplomas e factos referidos, que não póde ser tido por exacto: nem *Fructuoso* affirma que o seja.

A *freguezia do Senhor Jesus,* de *Ponta Delgada,* teve origem na fazenda povoada e com capella desta invocação, que Manoel Affonso de Sanha fundou nas terras ahi por elle tomadas de sesmaria no anno de 1469; da terça das quaes fez morgado, pelo testamento com que falleceu em 1507: e foi erecta esta parochia antes de 1552; porque, em 3 de fevereiro desse mesmo anno, foi expedido alvará de D. João iii, que á primitiva congrua parochial de 6$000 réis e um marco de prata accrescentou 2$000 réis. Sómente *vigario* lhe foi dado, com a sobredicta congrua, augmentada para 20$000 réis, pelo alvará de 28 de fevereiro de 1577; para 25$000 réis, pelo de 9 de junho de 1581; e para 19$000 réis em dinheiro, 1 e meio moio de trigo, e 1 pipa e 1 quarto de vinho, pelos de 12 de dezembro de 1588 e 22 de outubro de 1592.—A *fabrica,* afóra 4$000 réis annuaes, que lhe foram dados pelos dois alvarás de 12 de março de 1574 e 15 de junho de 1598, alcançou, em 1698, permissão de que o concerto da igreja fosse posto em hasta publica, e que se arrematasse até o preço de 600$000 réis, pouco mais ou menos.

As capellas desta freguezia são:—a dos *Reis Magos,* em terras do morgado da familia Carvalhal, e outra no sitio do Ladrilho, ambas vinculadas.

Ponta Delgada tinha sómente 43 fogos em 1577, como consta do referido alvará desse anno; mas já em 1581 passava de 100, e em 1592 andaria por 130, conforme os augmentos da congrua do parocho já apontados. Disto discrepa *Gaspar Fructuoso* (vid. retró, pag. 100), dando-lhe em 1590 «*até septenta fogos*» apenas. Porém mais fé devemos áquelles documentos, que a este dicto, vago, embora restrictivo.

De territorio tirado das referidas parochias formaram-se outras, ainda no seculo xvi, e algumas, posteriormente; no seculo xvi estas, que apontaremos pela ordem chronologica:—a de *Sancta Anna,* que foi desmembrada da de S. Jorge;—a do *Seixal,* da do Porto do Moniz;—a de *Gaula,* da de Sancta-Cruz, —a de *Agua de Pena,* e a do *Caniçal,* da de Machico;—e a do *Porto da Cruz,* da do Fayal.

Vejamos como.

A *freguezia de Sancta Anna* foi creada pelo alvará de D. João iii, de 4 de julho de 1552, mas teve conjunctamente com a de S. Jorge o mesmo vigario, até que D. Sebastião lhe déu parocho proprio, pelo alvará de 16 de fevereiro de 1565, com a congrua de 12$000 réis, e 1 moio de trigo, augmentada em mais 2$000 réis, pelo alvará de 1 de março de 1577, para perfazer os 20$000 réis estipulados aos de parochias de menos de 100 fogos; pelo de 9 de junho de 1581, elevada ao computo de 25$000 réis; e, pelo de 14 de dezembro de 1588, a 22$000 réis, 1 moio e meio de trigo, e 1 quarto de vinho, ficando, portanto, equivalente a 31$750 réis, isto é, quasi na estabelecida para os vigarios de freguezias de mais de 200 fogos.—A *fabrica* da igreja ficou desde 1574 tendo 4$000 réis annuaes. Em 1698 foi mandada fazer, de arremalação, a obra da nova igreja, por 1:193$300 réis; concertou-se, em 1734; e fez-se-lhe a sachristia pelo lado do sul, e a torre ou sineira, em 1745, dando-se-lhe para esta um sino do custo de 186$000 réis.

Tinha esta freguezia duas capellas: a de *S. João Baptista*, feita pelo chantre Domingos Gonçalves de Alvarenga, em 1660; e a de *Sancto Antonio*, pelo povo, em 1730: não eram de vinculo, e só existe a segunda.

Diz *Gaspar Fructuoso* (vid. retró, pag. 100) que a freguezia de Sancta Anna teria 40 fogos; mas, como acima vimos, é authentico que, tendo em 1577 menos de 100, em 1581 já excedia este numero, e em 1588 ainda mais: não teria, pois, no fim do seculo xvi menos de 200 fogos.

A *freguezia de Sancto Antão*, do *Seixal*, foi instituida por D. João iii, em carta de 20 de junho de 1553, com a congrua de 7$400 réis, e 1 pipa de vinho ao *vigario*, augmentada em 1 moio de trigo e 1 pipa de vinho; pelo alvará de 10 de fevereiro de 1562; em mais 3$600 réis, pelo de 22 de novembro de 1575, para ficar equivalente a 20$000 réis, por ter menos de 100 fogos; em mais 5$000 réis, pela carta régia de 9 de junho de 1581; e em mais 3$000 réis, 30 alqueires de trigo, e 1 quarto de vinho, pelo alvará de 10 de septembro de 1589, subindo, assim, ao valor de 31$750 réis; e ainda por ultimo, o alvará de 15 de dezembro de 1678 a elevou a 19$000 réis, 1 e meio moio de trigo, e 1 e meia pipa de vinho, o que corresponde a 32$500 réis.—A *fabrica* desta parochia teve 2$000 réis annuaes, desde 1574 até 1598; 4$000 réis, deste anno em diante; e nada mais.—Não lhe sabemos de capella alguma.

Do Seixal conta *Gaspar Fructuoso* (vid. retró, pag. 103) que «he freguezia de até vinte fogos, com huma igreja da invocação de S. Braz,» o que não é exacto; S. Braz só foi e é orago de uma unica freguezia na ilha da Madeira, a do Arco da Calheta; a mesma citada carta da instituição da parochia do Seixal a chama de Sancto Antão.—E quanto ao numero de fogos, os augmentos da congrua parochial estão advertindo de que, tendo começado com menos de 100, contava mais, no fim do seculo xvi.

A *freguezia de Nossa Senhora da Luz*, de *Gaula*, foi instituida em separado da de Sancta-Cruz, por 1558, sem mais clero que o *vigario*, o qual teve, de seu principio, a congrua de 12$300 réis, elevada, pelo alvará de 9 de junho de 1572, sómente a 20$000 réis, por ter a parochia menos de 100 fogos; pelo de 9 de junho de 1581, a 25$000 réis; pelo de 30 de janeiro de 1589, accrescentada com 3$000 réis, 30 alqueires de trigo, e 1 quarto de vinho; e, finalmente, pelo de 5 de junho de 1592, posta em 19$000 réis, 1 moio e meio de trigo, e 1 pipa e 1 quarto de vinho, equivalendo a 31$750 réis, isto é, quasi no computo das vigararias de mais de 200 fogos.—A' *fabrica* da igreja foram dados 8$000 réis annuaes, desde 1574, e teve em 1748 a quantia de 130$000 réis, para um siho; em 1753, a de 3:400$000 réis, para a obra da nova igreja; e em 1764, a de 842$000 réis, para ornamentos.

Tem esta freguezia uma só capella, a de *S. João de Latrão*, do morgado que Nuno Fernandes Cardoso e sua mulher, Leonor Dias, instituiram por seu commum testamento, feito em 1511 (1): está em ruinas.

Escreve *Gaspar Fructuoso* (vid. retró, pag. 79) ser Gaula «*huma povoação de 30 visinhos*», o que temos por inexacto; o povo de Gaula sempre esteve espalhado pela área da freguezia, e não reunido em povoação; e constitue, e já constituia ao tempo de *Fructuoso*, não uma povoação, mas parochia: e, como acima vimos, a congrua de seu vigario mostra que, tendo começado com menos de 100 fogos, tinha, em 1588, e melhor em 1592, mais de 100.

A *freguezia de Sancta Beatriz*, de *Agua de Pena*, foi erecta cerca de 1560, em territorio, a oeste da de Machico, desmembrado desta, e com um *vigario*, cuja congrua foi de 9$300 réis até 1572, elevada a 20$000 réis, pelo alvará de 14 de junho desse anno; e gradualmente accrescentada, pelos dois de 21 de dezembro de 1588 e 5 de fevereiro de 1592, ficando desde então em 19$000 réis em dinheiro, 1 moio e meio de trigo, e 1 pipa e 1 quarto de vinho, tudo equivalente a 31$750 réis.—A *fabrica* da igreja ficou tendo 4$000 réis annuaes desde 1598; foi-lhe dado novo retabulo em 1588, e as quantias de 651$000 réis, em 1694, e de 4:000$000 réis, em 1745, para a obra da nova igreja em logar mais commodo e menos ventoso.—Não sabemos de capella alguma nesta freguezia.

(1) Este testamento, do qual temos copia, é modelo do genero, pela probidade sã, ingenuilade de crença, e virtuosa altivez que o dictou. A rasão de ser, moral e historica, dos morgados tem naquelle venerando diploma honrosissimo padrão abonatorio. O puro typo das instituições vinculares está alli.—O nosso tempo não póde acceital-os, é evidente. Mas o historiador justo e esclarecido ajuiza por outra bitola mais subtil e elevada do que a mera confrontação do preterito com o presente.

O citado alvará de 14 de junho de 1572 refere não chegarem a 100 o fogos desta parochia; dos alvarás posteriores se collige que a população aug mentou gradualmente.

A *freguezia de S. Sebastião*, do *Caniçal*, proveiu da fazenda povoada n sitio assim chamado, a qual pertencia a Vasco Martins Moniz, fallecido en 1510: este fez ahi morgado, por testamento de 5 de septembro de 1489, a favor de seu primogenito Garcia Moniz, o qual foi senhor do Caniçal, e funda dor da igreja do logar, no primeiro quartel do seculo xvi. Fazia parte da fre guezia de Machico, até que foi erecta, em 1561. Pelo alvará de 12 de septem bro de 1564, foi a congrua do *vigario* elevada dos 9$300 réis, de sua institui ção, a 14$000 réis; e, pelo de 24 de novembro de 1572, a 20$000 réis, por não ter esta freguezia mais que 9 fogos. *Gaspar Fructuoso*, (vid. retró, pag. 77) só lhe dá 15 moradores, o que não podemos aceeitar por exacto, á vista da posi tiva indicação supra. Esta parochia, pelo censo geral feito em 1864, apenas tem 38 fogos, com 140 individuos; nem parece susceptivel de augmento de popu lação, attentas as condições geologicas que a teem como insulada pela mu ralha natural das alcantiladas penedias que a limitam. Porisso, o Caniçal é como que um desterro, só habitado por pobres camponezes, E, seguramente, estas excepcionaes circumstancias desvantajosas forão causa de que a congrua do respectivo vigario viesse a ser augmentada, pelo alvará de 10 de septembro de 1589, para 23$000 réis, 30 alqueires de trigo, e 1 quarto de vinho, e, pelo de 22 de outubro de 1592, para 19$000 réis, 1 moio e meio de trigo, e 1 pipa e 1 quarto de vinho: sem congrua avantajada, não haveria sacerdote que acei tásse essa vigararia.—A *fabrica* da igreja ficou apenas com 4$000 réis annuaes,

O Caniçal uma só capella conta:—a de *Nossa Senhora da Piedade*, da Ponta de S. Lourenço.

O numero dos seus fogos não podia exceder a 15, no fim do seculo xvi.

A *freguezia de Nossa Senhora de Guadalupe*, do *Porto da Cruz*, foi er cta pelo bispo D. Jeronymo Barreto: este tomou posse da diocese em 31 d outubro de 1574; o mais antigo diploma áquella relativo é o alvará de 26 septembro de 1577, pelo qual el-rei D. Sebastião estabeleceu 20$000 ré de congrua ao respectivo vigario; póde, pois, este anno de 1577 ser havido co mo o da instituição da parochia. Não teve ella mais clero que o *vigario*, d principio com a referida congrua, accrescentada, pelo alvará de 12 de de zembro de 1588, com 3$000 réis, 30 alqueires de trigo, e 1 quarto de vi nho; e, por ultimo, elevada, pelo de 15 de novembro de 1591, a 19$000 ré 1 moio e meio de trigo, e 1 meia pipa de vinho, equivalente a 32$500 réis. A *fabrica* desta parochia, além de 4$000 réis annuaes, concedidos pelo a vará de 15 de junho de 1598, teve, no anno de 1581, a quantia de 60$000 réis, para a capélla de Nossa Senhora da Piedade; no de 1688, a de 345$000 réis, para a obra da capella-mór, e a de 129$280 réis, para um sino; no de 1747, a de 96$000 réis, para outro sino, a de 19$000 réis, para a igreja, e a de 637$270 réis, para ornamentos; no de 1748, a de 2:480$000 réis, para a obra do novo templo; e, finalmente, no de 1771, a de 398$810 réis, para mais ornamentos.

De quatro capellas nos consta nesta freguezia:—a de Nossa Senhora da Piedade, instituida por Antonio Teixeira, o rei pequeno:—a de Nossa Senhora de Belem, no sitio da Referta;—a de S. Francisco Xavier, na Cruz da Guarda; —e a de S. João Nepomuceno, no Lombo dos Leaes: eram todas de morgado.

Tinha em 1577 menos de 100 fogos, como declara o já citado alvará desse anno; mas, attendendo-se aos accrescimos feitos á congrua parochial pelos alvarás posteriores, e já indicados, de 1588 e 1591, teria muito mais de 100, no fim do seculo xvi.—Gaspar Fructuoso (vid. retró, pag. 99) diz que «haverá neste logar 30 fogos espalhados, fóra a gente da fazenda», o que muito destoa do que dos mencionados documentos consta, e se deduz.

São estas as freguezias que, até o fim do seculo xvi, houve na Capitanía de Machico. Porém outras se foram dellas formando, desde o seculo xvii até agora, das quaes pouco diremos, por não serem do periodo historico, objecto do texto das Saudades da Terra, a que damos estas notas. São as seguintes:—a de Sancto Antonio da Serra, a do Arco de S. Jorge, a das Achadas da Cruz, a da Boa-Ventura, a da Ribeira da Janella, e a de S. Roque, no Fayal.

A freguezia de Sancto Antonio da Serra era uma antiga ermida, subordinada ao vigario de Machico. Como este, e os de Sancta-Cruz e Agua de Pena, disputassem, renhidos, a posse desta ermida, o bispo D. Fr. Lourenço de Tavora, em 1612, a tomou sob sua protecção, e, provavelmente, a constituiu em curato: em 1848, estava unida á freguezia de Agua de Pena, como se vê do mappa annexo á carta régia de 24 de julho desse anno; e, ao presente, tem parocho proprio.

A freguezia de S. José, do Arco de S. Jorge, foi separada da de S. Jorge e instituida por virtude do alvará de 28 de dezembro de 1676, pelo qual D. Pedro ii facultou ao bispo D. Fr. Antonio Telles a creação della na ermida de Nossa Senhora da Piedade, a cujo vigario conferiu, pelo alvará de 4 de março de 1680, a congrua de 21$000 réis, 1 e meio moio de trigo, e 1 e meia pipa de vinho.

A freguezia de Sancta Quiteria, da Boa-Ventura, foi apartada da de Ponta Delgada e erecta cerca de 1733, e como curato na igreja dessa invocação, feita pelo povo em 1728.

A *freguezia de Nossa Senhora da 'Encarnação*, da *Ribeira da Janella*, foi constituida em curato, á parte da do Porto do Moniz, pelo alvará de D. João v, de 4 de fevereiro de 1733, com a congrua de 1 e meio moio de trigo, e 1 e meia pipa de vinho.

A *freguezia de Nossa Senhora do Livramento*, das *Achadas da Cruz*, começou mero curato, dependente da do Porto do Moniz, instituido pelo referido alvará de 28 de dezembro de 1676 só com um *cura*, e a congrua de 12$000 réis, 1 moio de trigo, e 1 pipa de vinho.

A *freguezia de S. Roque*, no *Fayal*, foi instituida em territorio tirado á de Nossa Senhora da Piedade, do Fayal, de principio, em 1746, como curato subjeito a esta, e depois com parocho seu, e congrua de 1 e meio moio de trigo, e 1 e meia pipa de vinho.

Estes curatos estão todos elevados a parochias nas duas cartas régias de 24 de junho de 1848.

As freguezias e curatos de que neste artigo tractamos são ainda existentes nos limites da outr'ora Capitania de Machico.

Por este rapido esboço do gradual estabelecimento das freguezias, congruas do clero e capellas, e fogos de cada parochia no seculo XVI, não só se podem apreciar os progressos da população e clero da Madeira, mas tambem o quanto este absorvia nos seus estipendios *publicos*, e o valor do dinheiro, do trigo, e do vinho, nessa epocha.

NOTA XX

Cathedral e diocese do Funchal: progresso do estado ecclesiastico.

«A See... he huma igreja mui populosa, bem assombrada e fresca... he grande com seu adro tambem espaçoso....»—Pag. 88.

«...No anno do Senhor de 1508... mandou El-Rey (D. Manoel) logo á custa de sua Fazenda fazer... um magnifico e sumptuoso templo... que fez acabar para ser See Cathedral.»—Pag. 178.

«No anno...de 1514, á suplicação d'El-Rey D. Manoel, foi creada a See da Cidade do Funchal, pelo Summo Pontifice Leão x. Aos 12 dias do mez de junho do dito anno foi nomeado por bispo desta creação *D. Diogo Pinheiro*. Vigario que fora da Villa de Tomar, da Ordem e Cavallaria de Nosso Senhor Jesus Christo.»—Pag. 184.

«Neste anno de 1538 El-Rey D. João, III do nome, tinha feito mercê.

do Bispado do Funchal a *D. Martinho de Portugal;* e, porque era tanto seu parente, lho deo com titulo de Arcebispo; e, por ser tambem a ilha grande provincia de todas as terras descobertas até a China inclusive, a fez metropoli das ditas terras.»—Pag. 221.

I

A CATHEDRAL.

O templo que passou a ser cathedral, quando em 1514 foi creada a diocese do Funchal, ainda o é agora, e em bem estado de conservação, tendo apenas soffrido algumas deteriorações, especialmente na torre, pelo terremoto que nesta ilha houve, entre a uma e as duas horas da noite de 31 de março para 1 de abril de 1748: é de tres naves, e de architectura puramente manoelina; os madeiramentos e a rica obra do tecto são de cedro indigena; a torre mede cento e cincoenta pés de altura.

Começou a ediflcação do templo pouco depois de 1493; neste anno o Duque de Vizeu, depois rei, D. Manoel, mandou por carta, que está registada a fl. 174 do tomo 1.° do Archivo da Camara do Funchal, applicar a renda da imposição do vinho a essa obra; e já em 1502 ella estava em andamento, sendo-lhe então destinado o producto dessa imposição não só no municipio do Funchal, mas tambem nos da Ponta do Sol e Calheta, como se vê da carta régia do mesmo D. Manoel, desse anno de 1502, copiada a pag. 503 destas notas, O terreno em que se levantou foi dado por esse então duque; mas parece que da Fazenda real não veiu para isso dinheiro algum, embora *Gaspar Fructuoso* e outros digam que veiu; pelo menos, os supracitados diplomas accusam diversa procedencia aos meios pecuniarios da obra, e não temos noticia de diplomas que lhe appliquem dinheiros do fisco, salvo dois muito posteriores, as cartas de 28 de fevereiro e 28 de abril de 1635, apontadas a pag. 81 das *Memorias sobre a creação e augmento do Estado Ecclesiastico na Ilha da Madeira,* cartas pelas quaes D. Filippe II de Portugal mandou fazer a obra da capella-mór por conta da «*Real Fazenda*». E, com effeito, á primeira vista se reconhece na obra do altar-mór o cunho do gosto decadente e mestiço do seculo XVII. E', pois, deste seculo que se deve contar o termo da edificação do templo, o qual foi sagrado em 1508 pelo bispo D. João Lobo.

II

DIOCESE, E ESTADO ECCLESIASTICO.

As Ordens militares, porque participavam da nobreza e do ecclesiastico, e porque eram poderosas pelas riquezas, e fortes pelo numero e unidade de acção dos seus membros, começaram a ser mal vistas do poder monarchico, logo que sentiu não precisar do auxilio immediato dos cavalleiros. Para os reis as Ordens militares eram restricções á sua força; para o clero, eram competidores á sua ambição: especialmente a Ordem de Christo, que se engrandeceu á preeminencia de verdadeiro estado no estado,. no ultramar, como se vè da segunda destas notas (pag. 314-329). Porisso, os reis e os papas lhes minoraram a força, por dois meios: os reis, tomando a si os mestrados, quer dizer, o governo, das Ordens militares, e sollicitando a creação de dioceses, isto é, a organisação do estado ecclesiastico, para contrapol-o á jurisdicção dessas Ordens; e os papas, sanccionando aquella absorção e instituindo estas dioceses. Assim, sob apparente deferencia, aquelles deprimião os seus *fieis vassallos*, e estes os *extrenuos cavalleiros da fé* christã.—Estes expedientes ambos foram, cauta e pacientemente, seguidos.

O acaso poz nas mãos de D. Manoel o bastão de Mestre da Ordem de Christo e o sceptro de rei de Portugal: Julio iii, pela bulla de 4 de janeiro de 1551, uniu á coroa de D. João iii os mestrados de todas as Ordens militares: assim se realisou a primeira parte do plano.

A segunda parte começou a ser desenvolvida no archipelago da Madeira: aqui foi erigido, em 1514, o primeiro bispado que houve nos dominios ultramarinos de Portugal; bispado que abrangeu não só estas ilhas, mas tambem todas as outras do Atlantico, e todos os mais logares nas Indias Orientaes por nós descobertos, os quaes eram da jurisdicção da Ordem de Christo: e por este modo passaram á jurisdicção episcopal, havendo a precaução de pôr a mitra desta immensa diocese sobre a cabeça de então vigario de Thomar, isto é, um dos principaes dignitarios, chefe ecclesiastico daquella Ordem, *D. Diogo Pinheiro*, afim de que nem um nem outra repugnassem á innovação, aliás apparentemente lisongeira.

Eis a bulla da instituição do bispado.

BULLA da instituiçam da sancta igreja cathedral deste bispado & cidade do Funchal.

LEO EPISCOPUS, servus servorum Dei.—Dilectis filiis, clero civitatis et diœcesis Funchalensis, salutem et Apostolicam benedictionem. Hodie ecclesiæ Funchalensi, quam Nos etiam hodie ex parochiali ecclesiæ beatæ Mariæ in Civitate do Funchal in insula de Madeyra in Cathedralem Ecclesiam, ex certis causis de fratrum nostrorum consilio, ereximus et instituimus, ab ejus primæva hujusmodi erectione vacanti de persona dilecti filii Didaci electi Funchalensis, nobis et fratribus nostris, ob suorum exigentiam meritorum accepta; de simili consilio, Apostolica auctoritate providimus, ipsumque illi prefecimus in Episcopum et Pastorem; curam et administrationem ipsius Ecclesiæ Funchalensis sibi in spiritualibus et temporalibus plenarie committendo, prout in nostris inde confectis litteris plenius continetur. Quocirca discretioni vestræ per Apostolica scripta mandamus, quatenus eidem Didaco Electo, tanquam patri et pastori animarum vestrarum humiliter intendentes ac exhibentes sibi obedientiam et reverentiam debitas et devotas, ejus salubria monita et mandata suscipiatis humiliter et efficaciter adimplere curetis. Alioquim sententiam, quam idem Electus rite tulerit in rebelles, ratam habebimus et faciemus, auctore Domino, usque ad satisfactionem condignam inviolabiliter observari. Datum Romæ apud Sanctum Petrum anno Incarnationis (Dominicæ, millesimo quingentesimo quarto decimo, pridie Idus Iunii, pontificatus nostri, anno secundo.—*Joannes Camillotus.* —*A. Prato.*—*Joannes Colardo.*

Copia do original existente na Camara Ecc. do Funchal.

O bispo intitulava-se então: «*D. Diogo Pinheiro, doutor in utroque jure, Vigario Geral por authoridade da Sancta Madre Igreja de Roma, no espiritual, & temporal de toda a Ordem & Cavallaria de Nosso Senhor Jesu Christo, & na villa de Thomar, & de Santiago, de Santarem, & de Sancta Maria de Africa, em Ceuta, e de Tetuam, Valdanger, & de Sancta Maria de Alcacer em Africa, & Bispo das Ilhas da Madeira, dos Açores, & de Cabo Verde, da Ethiopia, & das Indias, immediaté á dicta Sancta Madre Igreja de Roma, &.*»

Despojada, deste modo, a Ordem de Christo da sua supremacia ultramarina, e creado esse collosso ecclesiastico, qual o primitivo bispado funchalense, provavelmente o poder real, ainda mesmo nas mãos do devoto D. João III, intimidou-se, desde logo, do gigante que elle proprio ajudára a formar, e tractou de enfraquecel-o.—O meio foi judicioso. D. João III sollicitou e obteve do papa Clemente VII que a diocese da Madeira fosse elevada a arcebispado, e, ao mesmo tempo, que fossem erigidas quatro novas dioceses, a de *Angra*, nas ilhas dos Açores; a de *Cabo Verde* e a de *S. Thomé*, na Africa; e a de *Goa*, na India, ficando estas suffraganeas, e aquelle metropolitano dellas. Deste modo, sob apparente engrandecimento, foi descentralizado, e com manifesta utilidade dos povos, o poder do prelado madeirense: e, para mais, esta radical reforma foi cohonestada como favor pessoal ao novo arcebispo, D. Martinho de Portugal, parente do rei, quese ficou intitulando: «*D. Martinho de Portugal, por Divina commiteração Arcebispo do Funchal, Primaz das Indias, & de todas as terras novas descobertas, & por descobrir, &*».—Foi isto sanccionado por duas bullas, uma do papa Clemente VII, em 1538, outra, confirmativa da primeira, de Paulo III, dada em 8 de julho de 1539: esta é a prova 122 do livro IV da *Historia Genealogica da Casa Real*, e vem no tomo II das *Provas*, pag. 726; pelo que não a transcrevemos: daquella ignoramos onde exista o original, ou traslado.

Eram patentes os inconvenientes desta segunda organisação ecclesiastica das colonias, com quanto fosse melhoria sobre a primeira: muitos e importantes negocios, que eram da competencia clerical, ficavam prejudicados pela demora e escassez de communicações entre as dioceses suffraganeas e a metropolitana. E, além disso ao poder monarchico não convinha que a séde espiritual do ultramar estivesse tão longe da capital do governo politico do reino. Porisso, fallecido o arcebispo D. Martinho em 1547, o pretexto de favor pessoal para a concessão foi o tomado para a suppressão. Por bulla do papa Julio III, sollicitada pelo mesmo rei D. João, foi a diocese da Madeira, em 1550, apeada da categoria de metropole, e reduzida á modesta situação, em que ainda ao presente está, de *Bispado do Funchal, Porto-Sancto, Desertas, e Arguim* (pequeno castello que tivemos na Costa d'Africa), e suffraganea do arcebispado de Lisboa.

Assim, immediatamente ao golpe que desmantelou no archipelago da Madeira, e, em geral, no ultramar portuguez, o poderío da Ordem de Christo, se consummou, na esphera ecclesiastica, projecto analogo ao que vimos seguido na constituição do governo secular destas ilhas.—Lisboa, nova e definitiva metropole ecclesiastica das colonias, era tambem a côrte do rei; e o prelado della, com quanto arcebispo, tambem era cortezão.

O poder régio, pois, julgou completa a sua obra. Mas quanto se illudia! Se a dynastia joannina aspirava á autonomia, pela pessoalidade monarchica, o papa nunca tinha renunciado ao dominio universal, pela sua solidariedade com o clero,—e Lisboa estàva mais em contacto com Roma que a Madeira.

A fins de tantas alternativas, o resultado para os povos deste archipelago, durante o resto do reinado de D. João III, e nos de D. Sebastião e do Cardeal D. Henrique, foi o serem vexados pelo poder ecclesiastico, até que depois começou corajosa reacção contra este, especialmente da Camara do Funchal, escudada nas liberdades municipaes, e protegida pela auctoridade régia e magistratura judicial, desde D. Filippe II em diante.

A lucta entre o municipio e o estado ecclesiastico é um dos mais honrosos episodios da historia da Madeira: commemoremol-o.

A Camara do Funchal principiou por arcar contra as *Constituições do Bispado*, em 1593. São notorias as audazes invasões commettidas nesses codigos pelo poder clerical sobre o secular (1). O bispo D. *Luiz de Figueiredo de Le-*

---

(1) Para exemplo, leiam-se das mencionadas constituições as seguintes, do tit. xvii:

CONSTITVIÇAM PRIMEIRA.—Ordenamos e mandamos que qualquer pessoa de qualquer condição e estado que seja que nossa jurdição e de nossa igreja do Funchal, por qualquer modo por si, ou por outrem, vsurpar, tomar, embargar, ou a algum Principe secular se querellar e aqueixar de algum clerigo, ou pessoa ecclesiastica da dita nossa jurdição, ou quiser delle letras para citar as ditas pessoas ecclesiasticas de ordens sacras, ou beneficiados sobre feitos crimes, ou ciueis, ou citar e demandar perante os juizes seculares (inda que isso seja em feitos dalmotaçaria), ou requerer e procurar que isto se faça em prejuizo da dita nossa jurdiçã, ou pera isso der ajuda, con

mos quiz manter ás do seu antecessor, D. Jeronymo Barretto, e as suas; a Camara contestou-lhe a legitimidade dellas; e obteve sentença, para que se não

selho ou favor, ou por qualquer maneira for nisso culpado, saluo nos casos em que juridicamente o pode fazer, por esse mesmo feito encorra sentença de excōmunhão, cujos nomes e cognomes aqui auemos por expressos, monitione præmissa, e por esse mesmo feito perca a causa, nem seja depois ouuido sobre ella pelos juizes ecclesiasticos.

CONSTITVIÇAM SEGUNDA.—Defendemos estreitamente todos os Corregedores, Ouuidores, e juizes, e a seus meirinhos e alcaides, e seus homens, e a quaesquer outras justiças seculares, de qualquer qualidade, condiçam, e preminencia que sejam, que não tomem conhecimento dos maleficios, e excessos dos clerigos, beneficiados, ou religiosos do nosso bispado que notoriamente sejam conhecidos por taes, ou depois que lhes constar que o sam, nem se entrometam na tal cousa por si, ou per outrem, nem vsem do seu officio contra elles em prejuizo da liberdade da sancta igreja, nem os penhorem, nem mandem penhorar, nem lhes tomem nem embarguem seus ordenados, nem bens moueis, e de raiz, nem parte alguma delles em sua vida, nem em suas infirmidades, nem depois de sua morte, nem entrem em suas casas, ou logeas tomando lhes contra sua vontade, trigo, ceuada, vinho, ou azeite, ou outra qualquer cousa, nem lhes tolham que leuem suas rendas e ordenados, e cousas para onde lhes bem vier e aprouuer, e fazendo o contrario cada hum dos ditos corregedores, ouuidores, ou outros quaesquer officiaes da justiça secular, pomos nelles e em cada um delles sentença de excommunham mayor nestes presentes escritos, e se procederá contra elles com as mais censuras e penas; conforme á qualidade do tal caso.

CONSTITVIÇAM TERCEIRA.—Segundo direito diuino e humano todos os clerigos sam em tudo isentos da jurdiçam secular, por tanto defendemos e mandamos a todos os corregedores, ouuidores, juizes, meirinhos, e alcaides, e assi a todas as outras justiças, e officiaes, e pessoas seculares que não contem, nem temem, nem demandem armas, vestidos, nem roupas aos clerigos de ordens sacras, religiosos, ou beneficiados, nem disso tomem conhecimento, posto que perante elles sejam demandados, nem os prendam nem os mandem prender por algumas querellas que delles se derem. E isto entendemos, saluo se algum clerigo for achado pela justiça secular fazendo algum delicto, que em tal caso o poderá prender, com tanto que logo o entreguem a nós, ou a nosso vigairo geral, não tomando, nem lhe mandando tomar as armas que tiuer, nem vestidos, mas assi como elle for achado, o entreguará com todas as cousas sem lhe faltar algua como dito he. Porém mandamos ao nosso vigairo geral que conheça das taes armas e vestidos, e faça justiça entre os clerigos, meirinhos e alcaides, segundo a forma da constituiçam octaua, titulo XIII, da vida e honestidade dos clerigos. E fazendo os ditos juizes e officiaes seculares e cada hum delles o contrario, poemos e havemos por posta nelles, e em cada hum delles sentença de excōmunhão, e se procederá cōtra elles cō as mais penas e censuras que o caso merecer.

CONSTITVIÇAM QVINTA.—Porque pode acontecer pessoas seculares, Camaras, e cōmunidades, não tendo o deuido respeito e acatamento ás igrejas e ministros dellas, contra a prohibitaçam dos sanctos Canones fazerem statutos e poerem edictos contra a liberdade ecclesiastica, e por exquesitas maneiras constrangerem as pessoas ecclesiasticas cōtribuir e peitar com elles: por tanto ordenamos e mādamos que daqui em diante renhūma pessoa de qualquer estado, condiçam e preminencia que seja, nem cōmunidade, villa, ou lugar de nosso bispado faça estatutos, e ordenanças nem ponha edictos, nem defesas contra a liberdade ecclesiastica, nem façam contribuir, ou peitar em seus pedidos e contribuições ás pessoas ecclesiasticas, nem acerca disto façam nem consintam fazer engano algum pera que indirectamente sejam constrangidos a pagar. E fazendo o contrario as pessoas particulares que nisso forem culpadas, ipso facto, queremos que encorram sentença de excōmunham. E esta cidade, ou qualquer villa, ou lugar que nisso for outro si culpado, onde os sobreditos, ou algum delles estuer, ou for, ipso facto, seja sogeito a ecclesiastico interdito. As quaes sentenças não seram relaxadas sem que primeiro satisfaçam com effeito a injuria e dano que nisso as pessoas ecclesiasticas receberem.

usasse dessas constituições: memoravel sentença, que está registada no tomo III, fl. 198, do Archivo da dicta Camara.

A igreja de São Thiago, do Funchal, havia sido edificada pelo povo, em honra desse seu padroeiro; tinha casa para o capellão; vieram de fóra uns frades; e o bispo mandou lá recolhel-os. Era isto invadir uma propriedade do concelho; os officiaes da Camara opposeram-se; o prelado insistiu; deram elles acção de força contra este; triumpharam; e os frades sahiram, e a casa foi mantida ao municipio.—A respectiva sentença está a fl. 199 do mesmo livro.

Era o anno de 1604. O bispo avocára a si a superintendencia das procissões da cidade; a Camara reagíra; deu isso logar a grave tumulto, por occasião da procissão do Corpo de Deus nesse anno; e o bispo interveiu com censuras ecclesiasticas. Neste conflicto, apparentemente futil, pleiteava-se nada menos que a independencia das immunidades municipaes. A Camara do Funchal não cedeu um passo; houve-se firme e cauta, qualidades caracteristicas da burguezia, no seu periodo ascendente; recorreu para o rei, e contemporisou com o bispo. O rei, por sua carta, que está registada no mesmo tomo III, fl. 25 v., resolveu «que a Camara destinasse as procissões que se hão de fazer; que dos clerigos e frades para diante as governasse; e que o Bispo não impecesse;» o bispo relevantou as censuras; e a Camara, depois, mandou receber-lhe a absolvição.

O orgulho prelacial caprichára entrar na sua diocese a cavallo, e debaixo do palleo, e com os vereadores da Camara ás varas! O bispo pretendêra mais do que o rei podia exigir. A Camara representou contra isso, no anno de 1611, e baixou uma provisão régia para que ella «se escuse de acompanhar o Bispo que quizer dar entrada a cavallo, debaixo do palleo; porque debaixo do palleo só a El-Rey pertence.»—No dicto tomo III, fl. 88 v., está a provisão.

Nem com tão fulminantes revezes a prepotencia clerical recuava. Recrudesceu, pelo contrario, desde a independencia de Portugal, em 1640. A gloriosa revolução desse anno, e as angustias em que a patria estava, durante as attribuladas guerras contra Castella, foram estimulo á clerezia cobrar novo animo. E a tanto chegaram os excessos, que, em 18 de septembro de 1668, houve na cidade do Funchal uma sedição principalmente de clerigos, capitaneada pelo deão, o Dr. Pedro Moreira, provisor e vigario geral do bispado, em que foi preso e deposto o governador geral D. Francisco de Mascarenhas, como se vê do respectivo processo, feito em 1673, e que deu causa, no anno seguinte, a uma carta régia, dirigida ao governador João de Saldanha, para que «fizesse conservar a jurisdicção Real entre as sedições dos ecclesiasticos, frades, e leigos, de que tinha havido censuras e escandalos.»—Está este diploma registado tambem no mencionado tomo III, fl. 63.

Nisto se cifram os traços geraes do quadro historico do estado ecclesiastico no archipelago da Madeira, desde a definitiva organisação desse estado, no seculo XVI, até mais de meado do XVII.—Dizemos traços geraes, porque não só meramente bosquejamos o painel, mas tambem porque (a justiça pede que o declaremos), varões houve e ha que honram o clero madeirense, tanto em lettras, como em virtudes publicas e particulares.

III

PESSOAL DO GOVERNO ECCLESIASTICO, E SÉ DO FUNCHAL.

Além do *bispo*, chefe ou cabeça do clero madeirense, havia na séde da diocese duas categorias clericaes; uma, que tinha a seu cargo os negocios da governança e foro ecclesiastico; outra, especialmente incumbida do culto, e bens da sé: aquella constituia a *camara ecclesiastica*; esta compunha-se do *cabido*, e mais *clerezia* subalterna, da cathedral.—A categoria da governança constava do *provisor do bispado*, do *vigario geral*, do *penitenciario*, do *escrivão da camara ecclesiastica*, e, por ultimo, do *aljubeiro*.—Formavam categoria do culto as cinco dignidades, que eram o *deão*, o *arcediago*, o *chantre*, o *thesoureiro-mór*, e, depois, o *mestre-eschola*; quatorze *conegos*, e quatro *meios-conegos*; dois *prégadores*, dez *capellães*, e o *sub-chantre*; o *mestre da capella*, e o *organista*; o *altareiro*, e o *sachristão*; o *porteiro da maça*, e o *sineiro*: as dignidades e os conegos constituiam o corpo collectivo, chamado *cabido*.—Os dois *curas*, de que já fallámos a pag. 544, eram ecclesiasticos que, embora funccionassem na sé, não pertenciam ao clero propriamente diocesano, mas parochial; os meios-conegos e os capellães, porém, com quanto devessem coadjuvar os curas em funcções parochiaes, como dissemos, só accessoriamente o faziam, sem que lhes fossem subordinados.

Esmiuçar os officios de todos estes cargos, os diplomas de suas instituições, e os seus vencimentos, não o comporta uma nota: limitar-nos-hemos, pois, a succintamente indicar, quanto possivel, a epocha da instituição e o vencimento de cada cargo.

O *bispo* teve, de começo (1514), 200$000 réis annuaes; em 1553, foi-lhe elevada a congrua a 400$000 réis, e, em 1557, a 600$000 réis; em 1565, foi-lhe accrescentada com 10 moios de trigo, e 5 de cevada; e, em janeiro de 1600, tinha 800$000 réis, e as dictas porções de trigo e cevada.

O *provisor do bispado* e o *vigario geral* tiveram de principio (1570), cada um, 50$000 réis, até que, em 1745, lhes foram dados mais 200$000 réis, a cada um tambem; o *penitençiario* (1590) sempre teve 20$000 réis; o escrivão da *camara ecclesiastica*, 5$000 réis, desde sua creação, e 8$000 réis, desde 1564; e o *aljubeiro* (1562) começou com 4$000 réis, e, desde 1565, venceu 6$000 réis: todos estes vencimentos, annuaes.

Das dignidades da sé, o *deão* tinha de congrua, de sua instituição (1514), 8$000 réis, elevada nesse mesmo anno a 15$000 réis; no de 1527, a 25$000 réis; no de 1563, a 45$000 réis em dinheiro, 3 moios de trigo, 2 pipas de vinho, 2 arrobas de assucar branco, 12 cabritos, e 12 frangãos; e, finalmente, no de 1595, a 80$000 réis em dinheiro, e o supradicto trigo, vinho, assucar, e mais pensões: cada qual das outras dignidades da sé, *chantre, arcediago, thesoureiro*, e *mestre-eschola* principiou (1514) tambem com a congrua de 8$000 réis, e, e no anno de 1595, tinha 80$000 réis; mas nada mais.—Cada um dos quatorze *canonicatos* teve, de sua creação (1514), a congrua de 8$000 réis, elevada no mesmo anno a 12$000 réis; no de 1527, a 20$000 réis; no de 1558, a 30$000 réis; e, depois de outros graduaes accrescentamentos, finalmente, em 1593 e 1595, a 60$000 réis.—Cada um dos quatro *meios-canonicatos* foi instituido (1536) com a congrua de 10$000 réis, e esta augmentada para 15$000 réis, em 1558; para 20$000 réis, em 1572; para 25$000 réis, em 1581; e para 40$000 réis, em 1595, como já em outro logar dissemos (vid. retró, pag. 544).—Os dois *prégadores* tiveram, desde principio (1557), 20$000 réis.—Os dez *capellães* foram creados em 1536, com o vencimento de 6$000 réis cada um, e, em 1593; foi-lhes este elevado a 20$000 réis.—O *sub-chantre* teve, de sua creação (1564), apenas 5$000 réis, subidos a 12$000, em 1577; a 18$000 réis, em 1581; a 24$000 réis, em 1589; e a 30$000 réis, em 1600.—O *mestre da capella* teve, de seu principio (1566), 25$000 réis, e passou para mais 15$000 réis, em 1598.—O *organista* foi creado com o vencimento de 10$000 réis, e passou, em 1560, a ter 12$000 réis em dinheiro, 1 moio de trigo, e 1 pipa de vinho.—O *altareiro* principiou (1577) tendo o ordenado de 5$000 réis, 1 moio de trigo, e 2 arrobas de cera, com obrigação, porém, de dar a que fosse precisa para os officios divinos na sé, passando, em 1589, a ter mais 5$000 réis.—O *sachristão* vencia de ordenado, em 1539, 7$000 réis, e, desde 1589, 29$000 réis em dinheiro, 1 moio de trigo, e 1 pipa de vinho, e, para o despendio da sé, 3 arrobas de cera, e 2 almudes de azeite.—O *porteiro da maça* tinha 4$000 réis, e 1 moio de trigo, em 1566, e foram-lhe accrescentados 4$000 réis, em 1580.—O *sineiro*, que de origem só recebia 4$000 réis annuaes, passou, em 1594, a ter 12$000 réis.—Havia tambem seis *moços*, ou *meninos do côro*, a cada um dos quaes a *fabrica* da sé dava uma roupeta de escarlatim, por anno.

Commum a estas duas categorias do pessoal da governança e culto, havia um funccionario, o *prioste*, que tinha a seu cargo receber do cofre e pagar os vencimentos ecclesiasticos de ambas: achámol-o já em 1564; pois que o alvará de 13 de maio desse anno lhe determina as funcções, mas ignoramos quando foi instituido, e quanto vencia: era eleito annualmente pelo *cabido*.

O alvará d' 1º de junho de 1626 summaria authenticamente a totalidade, em genero, dos vencimentos do pessoal da sé; pois que, segundo as citadas *Memorias*, nelle se determina ao Provedor da Fazenda Real que, «visto não haver *nos dizimos da cidade sufficiente rendimento para o pagamento de noventa e um* moios e quarenta e cinco alqueires de trigo, e de duzentas e tres pipas de vinho, em que montavam as congruas do Deão, e mais Ministros da Sé, se impozesse a falta nos mais ramos da ilha. »

A fabrica da sé estava a cargo de um dos conegos, para isso eleito com o titulo de fabriqueiro.—Já vimos, no artigo 1 desta nota, quaes meios pecuniarios foram applicados á obra do templo, depois erigido em cathedral, e que ainda agora o é. Afóra isso, teve a fabrica, nos annos de 1556-1558, 130$000 réis: teve mais, em 1680, a quantia de 444$299 réis; em 1683, a de 409$250 réis; em 1684, a de 614$250 réis; em 1732, a de 2:390$000 réis; e em 1747, a de 1:435$000 réis, todas para ornamentos e alfaias; em 1697, a de 100$000 réis, para ajuda da obra do retabulo do altar de Sancto Antonio; em 1715, a de 590$911 réis, para a reforma do orgão grande, o qual fôra dado por el-rei D. Manoel; em 1736, a de 1:100$000 réis, para pagamento, transporte e collocação de outro orgão; e, finalmente, além das obras na cerca detraz da capella do Sanctissimo, feitas em 1560, e da da capella-mór, em 1635, cujo custeio não consta, a quantia de 3:054$800 réis, em 1733, para a edificação da casa do cabido, e sachristia.

Sommando os vencimentos annuaes do clero diocesano, mencionados nesta nota, com os do clero parochial, referidos na antecedente, teremos o estipendio publico e certo de todo o clero secular desta ilha em cada anno, do periodo que vamos estudando: é quantia já valiosa, para o tempo. Junctando-lhe o importe das despezas extraordinarias, que ficam enumeradas em uma e outra nota, subirá a somma muito importante, em relação á actualidade mesma. E cummulando a estas e áquelles os réditos, particulares e eventuaes, do pé de altar ou benesses, missas, legados pios, promessas, esmollas a sanctos, e dotações de capellas publicas e particulares (1), a quanto não montarião os proventos do clero secular?

O clero regular ou monastico neste archipelago será objecto de outras notas.

Estes proventos, os quaes não eram onerados com um só ceitil (2), mas favorecidos e privilegiados por diversos alvarás e cartas régias, comparados com os pesadissimos impostos que os povos pagavam, como se vê dos respectivos foraes (vid, retró, pag. 497), mostram bem, no aspecto economico pelo menos, as condições relativas do estado ecclesiastico e do povo, ou população productora, no seculo XVI.

A historia deve registar estes factos e confrontações, ainda quando tenha

_____

(1) A constituição v, do tit. xviii das CONSTITUIÇÕES SYNODAES desta diocese, determina que se não edifique de novo egreja, nê hermida... sem ser primeiro dotada de dote com que se possa sustentar. »

(2) Vid. a const. v, transcripta na nota a pag. 571.

por conveniente não commental-os. O commento póde ser apaixonado para uma ou outra parte; e os factos são o que são. A imparcialidade do futuro que os julgue.

IV

Relação dos bispos e arcebispo que tem havido na diocese de Funchal até 1871.

NOMES.	PAPAS CON-FIRMANTES.	DATAS DA CONFIR-MAÇÃO.		OBSERVAÇÕES.
D. João Lobo, Bispo de Annel.....	Julio II	—	1508	Delegado do vigario de Thomar.
D. Diogo Pinheiro Lobo	Leão x	—	1544	Nunca vieram ao bispado.
D. Martinho de Portugal, Arcebispo.	Paulo III	8 Julho	1539	
D. Fr. Gaspar do Cazal.........	Julio III	—	1550	
D. Fr. Jorge de Lemos..........	Paulo IV	9 Março	1556	
D. Fernando de Tavora..........	Pio v	—	1570	Nunca veiu ao bispado.
D. Jeronymo Barretto...........	Gregorio XIII	—	1573	
D. Luiz de Figueiredo de Lemos....	Xisto v	—	1586	
D. Fr. Lourenço de Tavora.......	Paulo v	—	1609	
D. Jeronymo Fernando..........	Paulo v	—	1618	
D. Fr. Gabriel d'Almeida.........	Clem.te x	13 Julho	1671	
D. Fr. Antonio Telles da Silva.....	» »	16 Dezb.o	1674	
D. Estevão Brioso Figueiredo......	Innoc. XI	—	1685	
D. João Moniz da Silva..........	Alexd. XII	—	1689	
D. Fr. José de Sancta Maria.......	Alex.e VIII	6 Março	1690	Não acceitou a mitra.
D. José de Sousa de Castel-Branco...	Innoc. XII	—	1697	
D. Fr. Manoel Coutinho.........	Innoc. XIII	—	1722	
D. Fr. João do Nascimento	Bento XIV	—	1741	
D. Gaspar Affonso da Costa Brandão.	Bento XIV	19 Julho	1756	
D. José da Costa e Torres........	Pio VI	31 Novr.o	1786	
D. Luiz Rodrigues Villares	Pio VI	29 Julho	1797	
D. Fr. Joaquim de Menezes e Athaide	Pio VII	24 Junho	1804	
D. João Joaquim Bernardino de Britto	Pio VII	21 Agosto	1819	Nunca veiu ao bispado.
D. Francisco José Rodrigues d'Andrade	Pio VII	22 Sept.o	1821	
D. José Xavier Cerveira e Sousa...	Greg.o XVI	20 Janr.o	1843	
D. Manoel Martins Manso........	Pio IX	20 Maio	1850	
D. Patricio Xavier de Moura.......	Pio IX	20 Abril	1859	Ausente.

NOTA XXI

A Ordem de S. Francisco: seus hospicios, conventos, e lendas, na ilha da Madeira.

«E porque vieram com o capitão frades da Ordem de S. Francisco, a estes e aos que achou no Porto-Sancto mandoulhes fazer um gasalhado no Funchal, onde depois por tempo se fez huma *igreja de S. João Baptista* pola ribeira acima de Sancta Catharina; . . . mas. . . estes religiosos ordenaram huma casa em baixo, na Villa do Funchal, em chãos e terras defronte de Sancta Catharina, além da ribeira, onde hora está fundada huma das melhores casas desta Ordem.»—Pag. 66.

«Do Porto do Seixo a meya legoa está. . . hum Mosteiro de Frades Franciscanos. . . de que *Antonio Leomelim* . . . he padroeiro.»—Pag. 78.

«. . . Em hum alto que está sobre o Funchal . . . João Gonçalves (segundo donatario) fez de raiz hum *Convento de freiras de Sancta Clara*, da Ordem de S. Francisco da Observancia . . . . . He sobre huma rocha mui forte, mui amurado, com boas vistas para o mar. . . . E no anno de 1492 começou a edificar esta obra sua filha D. Constança de Noronha.»—Pag. 65, 87 e 174.

«Dous tiros de bésta de Camara de Lobos para o Norte. . ., está um Mosteiro da invocação de S. Bernardino, de Frades Franciscanos.»—Pag. 93.

I

Hospicios e conventos.

Duas unicas ordens religiosas tiveram casa nesta ilha da Madeira: a Ordem de S. Francisco, ou Serafica, desde os principios da povoação da mesma ilha; e a dos Jesuitas, desde 1566. Em nenhuma outra ilha deste archipelago houve, nem ha conventos: o que *Bouillet* diz em contrario, no seu *Dictionnaire universel d'Histoire et de Géographie*, verbo *Désertes (illes)*, é de todo o ponto inexacto.

Nesta nota só tractamos da Ordem Seraphica.—Teve ella aqui dois hospicios, o de *S. João, da Ribeira*, e o da *Ribeira-Brava*: quatro conventos de frades, o do *S. Francisco*, no Funchal; o de *S. Bernardino*, em Camara de Lobos; o de *Nossa Senhora da Piedade*, em Sancta-Cruz; e o de *S. Francisco* na *Calheta*: e tem ainda tres de freiras, todos no Funchal, o de *Sancta Clara*, o de *Nossa Senhora da Incarnação*, e o de *Nossa Senhora das Mercés*.—Daremos de todos rapida noticia, com quanto alguns sejam posteriores ao periodo que nos occupa.

No primitivo hospicio de *S. João, da Ribeira*, estiveram os primeiros frades franciscanos que vieram á ilha da Madeira, até que se transferiram para o novo *convento de S. Francisco da cidade*, fundado em 1473, por Luiz Alvares da Costa, como se vê do epithaphio da campa deste, em lettras goticas maiusculas, aberto nas orlas da lapide. Este convento era o principal da Ordem nesta ilha. Foi-se deteriorando, desde a extincção das Ordens religiosas em Portugal no anno de 1834, e estava em ruina, quando, no anno de 1865, foi demolido, para ahi serem edificados os paços do concelho do Funchal. A supradicta lapide foi então levantada de dentro da igreja do convento, e assente no actual cemiterio publico, no sitio das Angustias, a oeste do Funchal, sobre o jazigo em que ahi ficaram depositados os ossos que do mesmo convento foram exhumados, do que se lhe poz lettreiro commemorativo, a meio d'aquelle epithaphio, deste modo:

AQ.ᴵ IAS LOIS ALVARES ILHAS DA MADEIRA

DA COSTA Q̃ FVNDOU ESTA CASA NA ERA DE 1473

PR.° OVIDOR E VEDOR DA FAZÊDA NESTAS RES DA COSTA ... VA ... RES DA COSTA

JAZIGO
DOS
OSSOS EXHUMADOS DO
EXTINTO CONVENTO E EGREJA
DE
SAÕ FRANCISCO
(A QUE A INSCRIPÇÃO PRIMITIVA
SE REFERE)
TRASLADADOS A
2 DE MAIO
DE
1865

E SEV F.° FRANCISCO ALVA

O mosteiro de *Sancta Clara* é fundação devida aos dois primeiros donatarios do Funchal.—Zargo mandou fazer, em 1450, no sitio, para sua capella e jazigo, a igreja do orago de Nossa Senhora da Conceição, a que vulgarmente chamavam *de cima*, para a distinguirem da igreja da mesma invocação, denominada de *Nossa Senhora do Calháu*, ou *de baixo*. O segundo donatario, João Gonçalves da Camara, fundou, juncto dessa igreja, por mão de sua filha D. Constança, em 1492, o dicto mosteiro, que é dos melhores da Ordem, e ainda tem algumas freiras.

O convento de *S. Bernardino*, de Camara de Lobos, foi o terceiro edificado.—Começou por pequeno cenobio, erigido por um Fr. Gil de Carvalho, no fundo do pequeno valle, á margem do ribeiro: uma enchente deste destruiu o humilde eremiterio, por 1459, ou 1460. Frei Jorge de Sousa, a quem Fr. Gil commettéra a reedificação, levantou, por 1533, nova e maior fabrica, ao oeste do mesmo ribeiro, e em logar muito superior ás enchentes delle. Está em ruinas.

O quarto convento da Ordem franciscana foi o de frades, da invocação de *Nossa Senhora da Piedade*, a léste da Villa de Sancta-Cruz.—Urbano Lomelino, por testamento que fez em 1518, determinou esta fundação, e seu sobrinho e herdeiro, Jorge Lomelino, a realizou. Extinctas as Ordens religiosas em 1834, e por meio de renhido pleito que durou alguns annos, foi o convento restituido aos successores do instituidor, porque este, com previsão, de que talvez seja exemplo unico, isso determinava na respectiva verba testamentaria, dado o caso de vir de futuro a ser extincto o convento.

Dos outros conventos da Ordem de S. Francisco, que foram levantados nesta ilha, não podia *Gaspar Fructuoso* fallar, por serem posteriores a 1590, anno em que elle escreveu as *Saudades da Terra.*—São os seguintes:

O mosteiro de freiras, de *Nossa Senhora da Incarnação*, ao norte do Funchal:—principiou por uma capella, que se presume fôra instituida por Antonio Mialheiro, finado em 1565; D. Izabel Maria Acciaiuoli mandou fazer a capella-mór; e depois, em 1650, o conego Henrique Callaça de Viveiros, fundou o mosteiro, por voto que fez, se Portugal fosse libertado de Castella. Existe, com poucas freiras.

O mosteiro de freiras capuchas, de *Nossa Senhora das Mercés*, no Funchal:—foi fundado por Gaspar Beringuer de Andrade e sua mulher D. Izabel de França, de 1663 para 1688, com recolhidas; e, mediante alvará de auctorisação, expedido em 20 de Dezembro de um destes annos, passou a ser de freiras regulares, conforme a regra do convento da Madre de Deus, de Lisboa. Existe, com algumas freiras.

O convento de frades de *S. Francisco, da Calheta*:—foi por meio de esmollas levantado cerca do anno de 1670, em terreno comprado pelo devoto Pedro Bettencourt de Athouguia, o qual, depois, tomou o habito de leigo no convento de S. Bernardino. É propriedade particular, porque foi vendido pela Fazenda Publica.

O hospicio de frades, da invocação de *Nossa Senhora da Porciuncula*, na *Ribeira-Brava*:—foi obra dos frades, e está desmantelado.

O *Mosteiró-novo*, na rua ainda agora deste nome, no Funchal:—foi tentativa do Padre Manoel Affonso Rocha: principiado por 1654, nunca chegou a ser concluido: era destinado a freiras.

II

LENDAS FRANCISCANAS DA ILHA DA MADEIRA,

Tres dos referidos conventos, que saibamos, tem lenda especial:—o de S. Francisco da cidade tem a do *Senhor Jesus do Milagre*, vulgó, *Senhor dos Milagres;* o de S. Bernardino, a do *Beato Fr. Pedro da Guarda*; e o de Nossa Senhora das Mercês, a da fundação mesma do mosteiro (1).—São caracteristicas, e analogas aos precedentes da Ordem Seraphica. A primeira está authenticada por um processo, e sentença do Ordinario; a segunda vem relatada na Chronica dessa Ordem; e a terceira circula manuscripta entro os devotos.—Collijiamol-as aqui, *verbo ad verbum, ad perpetuam rei memoriam*, das fontes insuspeitas donde as houvemos. São peças *sui generis*, mas, por mais de um aspecto, importantes. *Ex fructibus eorum cognoscetis eos.* Copiamos, archivamos, não relatamos, nem julgamos.

I

O SENHOR DOS MILAGRES.

INSTROMENTO do Milagre que obrou o Santo Crucifixo, q̃ está collocado no Altar das Almas do Convento de S. Francisco, approvado pelo Bispo D. Frei Lourenço de Tavora,

SAIBÃÕ quantos este Instromento de Fé e Crença, dada por mandado, e auctoridade Judicial, e approvada por testemunhas, virem, que no Anno do Nascimento de Nosso Senhor Jesus Christo de 1482, aos 22 dias do mez de Janeiro da dita Era, em a Ilha da Madeira, na Villa do Funchal, em a Igreja de São Francisco e novo: estando ahi Estevão d'Azinhal, Cavalleiro da Caza d'El-Rei Nosso Senhor, Juiz Ordinario em a dita Villa, e seus Termos, em presença de mim Tabellião ao diante nomeado, de Affonso Ánes, Tabellião pelo du-

(1) Abundam na ilha da Madeira lendas religiosas, das quaes estamos formando collecção; além das tres mencionadas, já temos as seguintes: a de Nossa Senhora do Monte; a do Senhor dos Milagres, de Machico; a de Sancto Antonio da Serra; a do Senhor Jesus, de Ponta Delgada; a de S. Vicente, do Ilhéu; a de S. Martinho; e a de Nossa Senhora, do colhimento das orphãs.—Reservamo-nos para as publicar em volume separado.

que D. Diego N. Sr. em a dita Villa, e seus Termos, presente o dito Juiz, pareceo o R. P.º Fr. Dioge, Guardião do dito Mosteiro, e Fr. Antonio de Ponte, e Fr. Pedro de Santo Espirito, Padres de Missa: e por elles foi dito ao dito Juiz, que era verdade, que dia de Santo Estevão do dito anno, que foi aos 26 dias do mez de Dezembro do anno sobredito, *a elles fóra dito*, que o Crucifixo do dito Mosteiro, em tanto estiverão á Missa do dia do dito Mosteiro, certas pessoas, que estavão em a dita Igreja, virão o dito Crucifixo, que tinha hum braço derribado, convem a saber, o braço direito, e em seu lugar, e que não tinha signal de quebradura, nem rachadura, nem o braço ser de engonço, salvo, e todo mociço, e inteiro: que pedião a elle Juiz, que por accrescentamento da Santa Fé Catholica, visse o dito Crucifixo como estava, e que nós ambos Tabelliães pozessemos nossas fés como vimos; e que as testemunhas, que virão o dito Crucifixo com o braço derribado, pelo juramento dos Santos Evangelhos fossem perguntadas; e de tudo lhes mandasse fazer hum Acto: por quanto elle era hum tão evidente milagre, que o querião prégar ás vezes em Pulpito; e por elle de algumas pessoas não ser reprehendido, lhe mandasse dello dar hum Instromento, ou Instromentos, para o ter o dito Mosteiro. E o dito Juiz, visto o seu petitorio ser justo, fez logo descer o Crucifixo d'onde estava na Cruz, e nós ambos Tabelliães vimos o dito Crucifixo ter ambos os braços sãos, e inteiros, e mociços, sem ter sinal algum nelles de quebradura, que nelles fosse feita, nem em pintura, nem em nenhuma parte. E assim nós Tabelliães damos dello fé. E logo o dito Juiz tirou as testemunhas sobre a vista do braço derribado: as quaes testemunhas são estas, como se adiante segue. Item.— *Helena Gliz.* (1), mulher de Martim Mendes Cavalleiro, testemunha jurada sobre os Santos Evangelhos, que lhe pelo dito Juiz forão dados, e fôra perguntada, que era o que do dito Milagre sabia.—Disse ella testemunha, que era verdade, que estando ella á prégação do R.^{do} P.º Fr. Rodrigo, dia de Santo Estevão pela manhã, que forão 26 dias do mez de Dezembro do anno de 82, ella testemunha vio o braço direito do dito Crucifixo derribado fóra da Cruz, todo ao longo da perna; e que ella testemunha dissera contra a mulher de Gonçalo Camello, dizendo-lhe, que via estar o Crucifixo com o braço direito derribado; e que a dita mulher de Gonçalo Camello lhe respondêra, dizendo, que não tinha; e que ella testemunha então estupou, dizendo entre si, que lhe parecêra, que aquillo procedia do desfalecimento da sua vista. E que a cabo de pouco chegára seu irmão o Capitão (2) e lhe dissera como o dito Crucifixo tinha o braço derribado. E que lhe respondêra seu irmão, dizendo-lhe, que não tinha; e que poderia ser, que lhe parecêra aquillo, porque a Cruz estava torta. E que

---

(1) Esta Helena Gonçalves foi a primeira das quatro filhas do 1.º Donatario João Gliz. Zargo.
(2) Este Capitão foi João Gliz. da Camara, 1.º filho de João Gliz. Zargo, e 2.º Donatario da Capitania do Funchal. (Notas do autographo.)

em esto ella testemunha cessára com aquillo entre si, por lhe parecer, que era desfalecimento da sua vista; e se fóra a sua caza. E que ella testemunha por affirmar, e saber se o que víra era verdade, ella em o outro dia mandára ao Mosteiro huma sua escrava, por nomé Madanela, que fosse ver o dito Crucifixo se tinha o braço derribado: e que a dita escrava fóra ao dito Mosteiro, e tornára, e lhe dissera, dizendo-lhe: Senhora, verdade he o que vós dizeis, que o Crucifixo tem o braço derribado. E que a dita escrava lhe dissera como lhe disserão outras pessoas, que o dito Crucifixo tinha o braço derribado, que ellas o virão tambem. E que depois disto saber, assim o divulgára a algumas pessoas. E disse ella testemunha, que víra estar o braço derribado antes da Missa em toda a prégação, e em toda a Missa até que se partio para caza. E do dito Milagre al não disse. Eu João de Tavira, Tabellião, que este escrevi.—Item. *Madanela Mendes*, creada de Martim Mendes, testemunha jurada sobre os Santos Evangelhos, que lhe foram dados por ,Estevão d'Azinhal Juiz, e fóra perguntada, que era o que do dito Milagre sabia, disse ella testemunha que a mulher de Martim Mendes, sua Senhora, a mandou saber ao Mosteiro de S. Francisco se o Crucifixo tinha o braço direito derribado; e que em ella indo, achou a mulher de Lopo Dias, e Izabel Alves, e Anna Gonçalves, e lhes perguntára, dizendo: Tirade-me de huma porfia: vós-outras vistes se o Crucifixo tem o braço derribado? E que ellas todas tres responderão, e disserão, dizendo: Nós o vimos antes que agora viessemos para S. Sebastião, que tinha o braço direito derribado. E que então se forão todas de volta, e que ella testemunha vio estar o Crucifixo, que tinha o braço direito derribado; e que logo como o víra derribado; se tornára, dizendo a sua Senhora. E que em outro dia tornára ella a S. Francisco, e víra estar o Crucifixo com o braço direito; e que ouvira dizer ás suas visinhas, dizendo: Graças a Deos, que já os Frades corregêrão o braço do Crucifixo. E al não disse. E eu João de Tavira, Tabellião, que isto escrevi. — Item. *Guiomar Affonso*, mulher viuva, mulher que foi de Lopo Dias, testemunha jurada sobre os Santos Evangelhos, que lhe forão dados pelo dito Juiz Estevão d'Azinhal, e fóra perguntada que era o que dello sabia, convem a saber do dito Milagre: e disse ella testemunha, que em hum dia das oitavas do Natal, que hora passou do dito anno, ella testemunha estava pela manhã em o Mosteiro de S. Francisco o novo, ouvindo Missa, e que ella vio estar o braço direito do Crucifixo derribado ao longo da perna, e que cuidou ella testemunha, que elle cahíra por ser de engonço. E que em outro dia olhára por aquillo, e víra estar o Crucifixo com os braços direitos na Cruz, e que dissera ella testemunha entre si, como por ventura os Frades lho levantárão; e que cuidava entre si, que assim como o víra com o braço derribado, que assim o virão outros; e que por tanto o não dissera a outra nenhuma pessoa. E al não disse do dito Milagre, salvo, que indo ella com Anna Gonçalves, e Izabel Alves para S. Sebastião, para ouvir a préga-

ção, e que não achárão prégação; e que vindo á porta do pé do Soco, achárão
Madanela, creada de Martim Mendes, que lhes dissera a dita Madanela: tirade-me vós-outras de huma porfia, que diz minha Senhora, mulher de Martim
Mendes, que diz que vio estar o braço do Crucifixo derribado, e que dissera ella testemunha: Verdade he, que eu lho vi derribado; e que assim o disseram as outras, que o virão derribado; e que em isto, ella testemunha se foi
outra vez para S. Francisco, e víra estar o Crucifixo com o braço derribado. E
al não disse, Eu João de Tavira, Tabellião, que esto escrevi.—Item. *Anna Gon-*
calves, creada do Capitão, testemunha jurada sobre os Santos Evangelhos, que
lhe forão dados pelo dito Juiz, e fôra perguntada, que era o que sabia do dito Milagre. Disse ella testemunha, que dia de S. João Evangelista pela manhã,
que foi nas Oitavas do Natal do dito anno, ella testemunha foi com outras visinhas a S. Sebastião, para ouvir a prégação, e que a não achárão; e que tornando para S. Francisco o novo, á Cerca do pé do Soco, achárão a Madanela,
creada de Martim Mendes, e dissera contra a dita testemunha: Ouvis? Tirade-me de huma porfia, q̃ minha Senhora tem com meu Senhor, que o Crucifixo tem o braço derribado. E que a isto respondêra a mulher de Lopo Dias,
e Izabel Tavares que o virão, e que ella testemunha o não víra. E q̃ em indo
ellas todas de volta para o Mosteiro, ella testemunha vio estar o Crucifixo com
o braço derribado; e que logo em outro dia, ella testemunha o vio estar com o
braço direito. E que dissera ella testemunha entre si, que já os Frades o tinhão
corregido do dito Milagre. E al não disse. Eu João de Tavira, Tabellião, esto escrevi.—Item. *Izabel Alves*, mulher viuva, testemunha jurada sobre os Santos E-
vangelhos, que lhe foram dados pelo dito Juiz; e fôra perguntada, que era que
sabia dello. Disse ella testemunha, que dia de S. João pela manhã estava no
Mosteiro de S. Francisco ouvindo Missa, e que vio, em quanto esteve no Mosteiro, o Crucifixo que tinha o braço derribado ao longo da perna; e que ella
se partio do dito Mosteiro com a mulher de Lopo Dias para S. Sebastião, para
ouvirem a prégação, e não a achárão. E tornando para o dito Mosteiro, ellas á
porta do pé do Soco, a Madanela Mendes, creada de Martim Mendes, lhes dissera: Tirade-me de uma porfia, que minha Senhora está em porfia com meu Senhor, e diz que o Crucifixo tem o braço direito derribado; e meu Senhor o não
quer crer. O que então ella testemunha, e a mulher de Lopo Dias lhe disseram
dizendo: Nós o vimos. E que então logo forão ao dito Mosteiro, e que então
tornou a ver outra vez o dito Crucifixo, que tinha o braço direito derribado; e
que ella testemunha nunca o dissera a nenhuma pessoa, por quanto cuidou, que
todos o virão assim. E al não disse. E eu João de Tavira, Tabellião, que esto
escrevi.—E tiradas assi as ditas testemunhas, como dito he, o dito Guardião e
Frades do dito Convento com tudo pedirão o dito Instrumento, e o dito Juiz lho
mandou dar. Testemunhas, que presentes foram ao dar do dito Instrumento—
João de Barcellos, Escolar em Leis, e em Canones; e Martim Mendes Cavallei-

ro, e outros.—E eu João de Tavira, Tabellião por o duque meu Senhor D. Diogo em a dita Villa, e seus Termos, que este Instromento escrevi; e a tudo presente fui com o dito Affonso Anes, Tabellião, e com elle assinei de meu proprio sinal, que tal he.—*João de Tavira.*

Justificação.

Certifico eu Pero de Barros, Tabellião do Judicial por El-Rei Nosso Senhor nesta cidade do Funchal, e seus Termos, desta Ilha da Madeira, que a letra do concerto deste Padrão acima, e atrás, e o sinal acima, he de Pero Carreiro d'Andrada, Escrivão no Juizo Ecclesiastico deste Bispado do Funchal; e assi o outro sinal acima he do Doutor Luis Espinola, Vigario Geral neste dito Bispado; e ambos. servem hoje seus officios; e a letra do outro sinal he do Padre Commissario. do dito Convento de S. Francisco desta cidade, Fr. Jorge de Matos: os quaes todos conheço, e vi escrever, e assinar muitas vezes. E assi he verdade, que eu vi o proprio. *Padrão, de que este foi tirado, o qual está em público; e sou lembrado, que tenho vista muitas letras, e sinais similhantes, e que se dá fé, e credito em Juizo*, por se dizer serem, do Tabellião João de Tavira, q foi Tabellião nesta cidade. E por ser verdade, passei esta certidão de Justificação. no Funchal a 24 de Outubro de 1615. E assinei de meu sinal público, e razo, que tal he.—*Pero de Barros.*

Approvação do dito Milagre pelo Bispo do Funchal D. Fr. Lourenço de Tavora.

Dom Fr. Lourenço de Tavora, por Mercê de Deos, e da Santa Igreja de Roma, Bispo do Funchal, Porto Santo, e Arguim, do Conselho de Sua Magestade, &, Fazemos saber que o R.do P.e Commissario. e mais Religiosos do Convento de S. Francisco desta cidade, *nos apprescntárão hum Instromento publico em pergaminho, que* PARECIA *ser feito por João de Tavira,* Tabellião público de Notas que foi nesta cidade, e seus Termos, *pelo qual constava* que nas Oitavas do Natal do anno de 1482, foi visto o Crucifixo que está no altar de Jesus do dito convento, com o braço direito derribado ao longo da perna, e depois tornado ao seu logar como dantes estava, não tendo quebradura, nem engonços, como mais largamente consta do Instromento: o qual, sendo por Nós examinado, e justificado, o approvamos, como Milagre evidente. E, para que os Fieis Christãos se excitem á piedade, e devoção, e maior *veneração das Sagradas Imagens,* e principalmente de Christo Nosso Senhor: mandamos que o dito Milagre se público ao povo nas Estações, e Prégações, e que por tal seja de todos havido: no que interpomos nossa auctóridade Ordinaria, e Decreto Judicial. Dado no Funchal, sob Nosso Sinal, sómente, aos 24 d'Outubro de 1615 annos.—*Pedro Carreiro de Andrade,* Escrivão Eccleziástico, o fez.—*O bispo.*

Memorias.., do Estado Eccl. na Ilha da Madeira, pag. 132-145.
—Manuscripto do Sr. Padre Netto, cadérno 3.°, fl 14 a fl. 17.

Notamos deste processo o seguinte:—1.º O *instrumento* tem a data de 22 de janeiro de 1482, e delle proprio consta que o milagre, por elle authenticado, succedeu no fim desse mesmo anno, a 26 de dezembro, sem que possa ser attribuido a erro do copista o dar-se abi a mesma era de 1482 ao instrumento e ao milagre; porque lá está escripto na narração inicial do prodigio que «*era verdade*» ter este succedido «*dia de Santo Estevão do* DITO ANNO, *que foi aos* 26 *dias do* ANNO SOBREDITO»; e, nem antes, nem depois desta passagem, se aponta outro anno, senão o de 1482:—2.º No depoimento de *Helena Gliz.* está escripto: «que estando ella á prégação... dia de Santo Estevão pela manhã, que *serão* 26 dias do mez de Dezembro *do anno de* 82, &;» e esta expressão só se emprega quando fallamos ou escrevemos annos depois do facto a que nos referimos, e não no mesmo anno, ou ainda no seguinte:—3.º A *justificação*, ou melhor, reconhecimento da lettra do tabellião João de Tavira é de 24 de outubro de 1615, e, portanto, 133 annos depois da data daquelle *instrumento;* foi feita não sobre o original, mas sobre mera copia; e não por confrontação de lettras, mas por *se lembrar* o tabellião de ter visto muitos signaes *similhantes*, a que se dá fé e credito em juizo, *por se dizer serem* do tabellião João de Tavira:—4.º E essa mesma *justificação* não respeita ao supratranscripto *instrumento*, mas a um certo *padrão*, muito diverso; visto que neste figuravam não menos de tres pessoas, —Pero Carreiro de Andrada, o Doutor Luiz Espinola, e Fr. Jorge de Mattos, —que naquelle *instrumento* não intervieram, nem podiam intervir, porque o tabellião Pero de Barros affirma na *justificação*, em 24 de outubro de 1615, que conhece essas pessoas, e o *instrumento* é de 22 de janeiro de 1482: não ha, portanto, logar a duvida de que ou a *justificação* é extranha ao *instrumento*, ou, ao muito, que o processo do alludido milagre do Senhor Jesus foi transcripto mutilado nas *Memorias... do Estado Ecclesiastico na Ilha da Madeira*, donde fielmente o copiámos:—5.º Na *approvação* mesma o bispo falla por modo que bem mostra desconfiar da veracidade, ou, pelo menos, não affirmar a authenticidade desse *instrumento;* pois que ahi diz elle que «*parecia ser feito por João de Tavira*,» e que «*constava*» ter sido nas oitavas do natal visto o Crucifixo, &:— 6.º A linguagem do processo é moderna, apesar de incorrecta, e não é anterior ao XVII seculo:—7.º Nem *Gaspar Fructuoso*, nas *Saudades da Terra*, escriptas em 1590, nem *Manoel Thomaz*, na *Insulana*, impressa em 1636, fallam deste milagre, referindo, aliás, outros menos estupendos.

Póde, pois, merecer credito este processo, como mero documento, ainda que fôra invocado só para prova de facto não sobrenatural?

Propomos a questão, e o leitor esclarecido que a resolva.

II

O BEATO FR. PEDRO DA GUARDA.

No anno de 1435, nasceo o Apostolico Varão Fr. Pedro da Guarda, na

Cidade de seu sobrenome, de pays tementes a Deos, chamados João Luiz, Official de Tecelaõ de pannos; e sua may Agueda Gonçalves. . . . . Chegando elle aos vinte annos de idade, no de 1455, tomou o nosso habito na Provincia de Portugal, onde foy recebido, noticiosos os Religiosos já da sua virtude; pelo que não estranharaõ no anno da provaçaõ as muitas, que exercitou nos Santos exercicios de oraçaõ, mortificaçaõ, e mais religiosas observancias.

. . . .

Assistio o Servo de Deos nos Conventos do Reyno por espaço de trinta annos, exercitando nelles as virtudes sobreditas, pelas quaes, e por outros particulares favores do Ceo, de todos era conhecido, e acclamado por Santo; e por fugir d'esses applausos, alcançou dos Prelados hir para a Ilha da Madeira, theatro de suas rigorosas penitencias, porque, amarrado com huma corrente de ferro, naõ deixava todos os dias as rigorosas disciplinas, em que derramava muito sangue. Em vinte aunos, que viveo na dita Ilha, só em algumas festividades comia das migalhas de pão, e sobejos do peixe, que ficavaõ dos Religiosos, e no mais tempo, com frutas agrestes; e muitos dias sem mais alimento, que o paõ dos Anjos; e quando tomava alguma tigela de caldo, a misturava com agua fria.

Tendo o officio de servir na cosinha, raras vezes o achavaõ nella, porque a sua assistencia era continuamente no Coro, ou em huma lapa, onde perseverava em contemplaçaõ fervorosa, e muitas vezes exercitando-se neste officio dos Anjos, estes vinhaõ fazer o seu de cosinheiro: e a dita cosinha serve hoje de Capella, onde se celebra o Sacrosanto Sacrificio da Missa; nella existe a mesma chaminé, panellas, e mais instrumentos, de que os Anjos usavaõ naquelle ministerio; e por maior lembrança do prodigio, estaõ estes de vulto mechendo, e cosinhando.

. . . He grande prova de assistencia da Graça Divina, que com todas estas austeridades, e rigorosas penitencias, conservou a saude com vigorosos alentos até a morte. Logrou muitos favores soberanos, e certamente naõ caberia a sua relação na esfera de hum volume, se os nossos antigos foraõ mais cuidadosos. Assim o inferimos, vendo-se authorisados seiscentos milagres, que fez do anno de 1505, que foy o de seu fallecimento, até o de 1597, os quaes juntos aos innumeraveis, que se lhes foraõ seguindo, testemunhaõ a grande aceitaçaõ, que tinha diante da Magestade Divina.

Teve dom de profecia; e se sabe, que de longe via as almas dos que morriaõ, e sabia o estado a que eraõ levadas: e em fim, tinha tal imperio sobre as aves do ar, brutos, e bixinhos da terra, que todos obedeciaõ promptamente aos clamores de suas vozes. Outros muitos dons sobrenaturaes com que Deos o honrou, e enriqueceo constaõ do processo, que delle se tirou.

. . . .

Na oração, em que era continuo, se arrebatava com extasis tão admiraveis, que nelles foy visto, repetidas vezes, levantado da terra altura de tres covados.....

Succedeo não haver no Convento de S. Bernardino huma só fatia de paõ no tempo, que os mendigos se achavaõ mais apertados da fome, e o pediaõ com fortes instancias ao Prelado do mesmo Convento, o qual, fazendo as diligencias por si proprio, e não achando com que os remediar, mostrou grande compaixão: o que vendo o Servo de Deos, com sua humildade costumada, pedio licença ao Guardião, para hir á caixa da despensa ver se nella achava soccorro; e ainda que o Guardiaõ nella naõ havia achado cousa alguma, cedeo, e esperou o prodigio: e assim foy, que da mesma arca, que estava desprovida, trouxe tanta copia de paõ, quanta era necessaria para os pobres se alimentarem com abundancia.

No mesmo Convento, em outra occasião, não havendo cousa alguma, que os Religiosos podessem comer, nem esperanças, por lho impedir huma ribeira, que hia fóra de seu curso, por onde lhe podia vir, o Prelado se affligia, os subditos mostravaõ a necessidade, e o Santo Fr. Pedro lhe buscou o remedio, orando diante do Santissimo Sacramento, a quem pedio o soccorro: e tocando á Portaria um Mensageiro Celeste, delle recebeo o Servo de Deos paõ com abundancia, desapparecendo no mesmo instante, porque fosse maior a certeza do prodigio, e mais admiravel em todos a razão do assombro. Mas, se isto succedeo da novidade do successo, não seria já grande o pasmo nos Religiosos, por quanto o Servo do Senhor costumava fazer em muitas occasioens semelhantes maravilhas. A do paõ lhe aconteceo repetidas vezes, o outras tantas se viraõ em cousas diversas, como em azeite, peixe, e carne; porque, tanto que a Communidade necessitava d'estes provimentos, vinha o Servo de Deus á Portaria, onde o Senhor lhe tinha prevenido quanto desejava. Huma vez, que faltava carne, recorreo a esta officina da Providencia soberana, e nella achou um porco esquartejado; e posto que não se vio o portador que o trazia, soube-se muito bem, que era Divina a pessoa, que o enviara. Outro portento se refere, por tradiçaõ, de hum homem, que viveo cento e vinte e dous annos, promessa, que o Servo de Deos lhe fez, em premio de o passar em seus hombros da outra parte de huma ribeira.

Setenta annos viveu este Servo de Deos saudoso da Celeste Patria, que tanto desejava hir nella gosar de seu Amado, o qual foy servido revelar-lhe o tempo da sua ditosa morte, que com alegres festejos solemnisou. Com o referido annuncio começou a enfermidade da morte, e depois de convocar os Religiosos, que exhortou com documentos dignos de seu zelo, vendo que era chegada a ultima despedida, pedio com muita humildade a hum Irmão, tambem Leigo, lhe fizesse uma cová para deposito de seu cadaver. E porque se não oppozesse reparo, disse claramente a hora, em que havia de trocar as miserias da vida pelas felicidades da Patria; e recebidos todos os Sacramentos, banhado de huma sobrenatural alegria, passou a receber a immarcessivel coroa da gloria no anno de 1505, a vinte e sete de Julho.

Logo Deos, a quem sempre agradára na vida, quiz dar a conhecer ao Mundo o apreço, que fazia de suas virtudes, e perfeiçoens. Os sinos do Convento, agitados de superior impulso, começaraõ a dobrar-se, sem que os movesse pessoa alguma. Acodiraõ os Frades aos sinaes miraculosos, e acharaõ o Servo de Deos defunto com os braços em cruz, os olhos pregados em o Ceo, vestido no seu habito, e lançado com muita compostura sobre o feixe de vides, que na vida lhe servia de descanço. O corpo, que padecera no tempo de oito dias (que foy todo o da enfermidade) huma diarrhéa, ficou exhalando fragrancias tão activas, como se estivesse embalsamado com ambares preciosos. Os mesmos aromas ficou possuindo a cella, como testemunho perduravel d'aquelle portento.

Grande foy o concurso da gente a venera-lo, e Deos com muitas mercês a gratificar-lhes a devoçaõ, o respeito, que sempre lhe tiveraõ, pois os pacificava nas mayores desavenças, e outras cousas faziaõ, tanto que este Bemaventurado lhes ordenava. Tantos foraõ os milagres, que se authenticaraõ seiscentos; e foy a causa por que o Povo da Ilha collocou em todas as Igrejas della sua Imagem, dando-lhe culto, como o tem os Santos Canonisados. Em o nosso Convento de S. Bernardino tambem o veneraõ com o mesmo respeito, e lhe fazem festa todos os annos, com grande solemnidade. Hum Bispo, porém, o quiz impedir, e da nossa parte fora facil a execução: mas vendo este as maravilhas do Servo de Deos, e universal acclamação das gentes, temeo os motins desta, e venerou a Santidade daquelle.

Na sepultura em que foy enterrado, esteve noventa e dois annos, até que no de 1597, aos 28 de Janeiro, foraõ o Bispo do Funchal, e o Commissario dos Conventos da mesma Ilha, obrigados de particular impulso, e de humas luzes, que appareciaõ continuamente sobre a sua sepultura, acompanhados do Reytor da Companhia de Jesus, e outras pessoas calificadas, ao Convento de S. Bernardino, e cantaraõ huma Missa solemnemente, supplicando a Deos lhes deparasse logo aquelle mineral de preciosidades; e pegando ambos, Bispo, e Commissario, nos instrumentos prevenidos para cavar a terra, acharaõ brevemente os ossos do Servo do Senhor, caveira com todos os dentes, e muitos pedaços do habito, remendados de varias cores, como elle trazia na vida. Mostrou nosso Senhor, com milagres portentosos, o muito, que se devia venerar estas reliquias; e com a terra da sepultura saõ muitas as maravilhas, que o Senhor continuamente obra.

Foy collocado em hum caixão o Santo Thesouro, em um nicho da Capellamór, na parte do Evangelho, havendo os ditos annos, que estava na sepultura, Destas reliquias, no mez de Novembro de 1619, tirou do caixão o Provincial tres ossos, para dar hum a cada hum dos Conventos da Ilha. Finalmente, hoje existem as reliquias, ainda que diminutas, em uma arca de pedra, em a qual se puzeraõ em o anno de 1667, em huma Capella, que se erigio na sepultura do mesmo Servo de Deos, sendo milagre continuo a fragrancia, que exhala successivamente, a que acompanhaõ milagres infinitos. Neste Convento de S. Bernardino tem o Servo de Deos tres Capellas dedicadas a seu culto, e veneração, Huma na cosinha, aonde os Anjos serviaõ, em quanto elle orava. A segunda, na sepultura, aonde existem as Sagradas reliquias. A terceira, da parte de fóra da Igreja, na lapa aonde fazia penitencia: nesta se vê metida em a mesma gruta a sua Imagem de vulto (e dizem, que he vera affigie) com habito de panno, o qual, por mayor que seja a vigilancia, naõ póde defender-se dos roubos da piedade Catholica: ficou no exterior da Igreja a dita Capella, por causa do concurso da gente, que todas as horas busca a intercessão do Servo de Deos; pois, de outra sorte, seria grande o detrimento dos Religiosos, e semelhante a desconsolação dos Romeiros, não achando com facilidade o objecto da sua devoção. Dizem-lhe a Missa da Festa de todos os Santos, em quanto os Vigarios de Christo naõ lhe applicaõ propria,

Hist. Seraphica, tom. III (1).

O manuscripto do Sr. Padre Netto accrescenta as seguintes noticias de *Fr. Pedro da Guarda:*

«Desde 1505, anno do seu fallecimento, até 1597, fez seiscentos milagres, que todos foram authenticados, e constam de processos existentes em Roma, e de um decreto Pontificio, que principia: «*Ob illius virtutes insigniter fuit*». Em 1625, imprimiu-se em Napoles o processo de sua vida; em 30 de agosto de 1626, procedeu-se a nova inquirição por Auctoridade Apostolica e Breve de Urbano VIII, a pedido do Padre Fr. João de S. Bernardino; e em 1628, concluiu-se este processo, que foi enviado a Roma, ficando o original no Convento de S. Francisco no Funchal. Em 1652, tirou-se outro processo na ilha da Madeira. Em todos estes processos não só se verificaram os factos e milagres anteriores, mas tambem outros novos e estupendos milagres. Em 1655, tirou-se tambem outro processo em Lisboa, por occasião de um milagre do mesmo Servo de Deus, approvado pelo Bispo de Targa, coadjuctor do Arcebispo D. Francisco de Souto Maior.»

«Para confusão do nome portuguez, e decadencia da Religião, e desmoralisação dos tempos e dos Ministros da Igreja Catholica, bem a nosso pesar devemos traçar aqui os impios acontecimentos practicados por Antonio Alfredo,

---

(1) Não temos presente este livro. Transcrevemos de um folheto que circula nesta ilha, no preambulo do qual se diz que Fr. Pedro da Guarda foi beatificado em 1867, o que não é exacto.

arvorádo em Vigario Capitular da Ilha da Madeira em...(1834?) na ausencia do Exmo Bispo della, Dom Francisco José Rodrigues de Andrade, por occasião da mudança de governo. Este Alfredo, revolucionario de tino e de saber, mas impio e relaxado ecclesiastico, todo filho da revolução e da eschola da impiedade, por singularidade de nome, corrupção de costumes, e pará melhor affamar-se na eschola liberal e da impiedade, alcunhou a devoção deste povo, que desde esses primitivos tempos tinha por costume visitar o heroe de Deos, de hum fanatismo ousado e avesso á disciplina da Igreja, e, logo em...., foi-se a Camara de Lobos, acompanhado de outros sacerdotes, todos dos mesmos costumes, do mesmo pensar, e da mesma panella, depois de hum auto formado a seu modo, mandou queimar as cinzas do Santo, digo, huma imagem que ali existia, porque as cinzas não appareceram. O povo então aterrorisado pelos acontecimentos do tempo, vio este facto por detraz da cortina do medo e do terror, e alcunhou este acontecimento de impio e temerario, nem podião deixar de assim o julgar, porque ainda muitos daquelles velhos erão testimunhas de muitas graças que ali, por verdades archivadas no livro da tradição, erão tão sabidas, cridas, e veneradas de todo o povo desta Ilha, conhecidas em Portugal, registadas na Côrte de Roma, estampadas no reino de Napoles, e exaradas em tantas Chronicas já carcomidas do tempo. Mas, passados os dias de terror, recobram-se as crenças do povo, e, apesar de que o vandalismo do tempo tenha destruido e profanado o convento, e talvez salgado, com o sal do rancor e, da impiedade, aquelle venerando lugar, começa a desenvolver suas crenças, e, na pequena capella da Ordem Terceira, a fazer com enthusiasmo quanto podem suas forças.—Não registamos os documentos deste acontecimento por serem enfadonhos, e por se acharem publicos nas gazetas daquella desastrosa epoca.·

Até aqui o sr. Padre Netto, á urbana franqueza do qual devemos este apontamento, e outros muitos, valiosos para a historia do archipelago da Madeira, como já declarámos. S. S.ª offertou-nos tudo quanto tinha do assumpto; é pessoa entrada em annos; de incontestaveis virtudes; e, educado nas opiniões e paixões que transluzem no trecho supratranscripto, só pelo prisma dellas, e não pelo estudo intrinseco dos principios liberaes, os julga. Nisto mesmo, porém, se revela uma das feições caracteristicas do estado de certos espiritos, facto que a historia deve registar, mas que respeitoso agradecimento nos véda discutir ágora. Aqui a moderação e o silencio são deferencia e desaffronta.—A' luz esplendida do seculo XIX, deixemos que falle por si a eloquencia irrefragavel dos factos, e a logica providencial do bom-senso. E feche os olhos quem não quizer, não puder, ou não souber vêr; que nem porisso o timão do progresso mareará ao acaso; nem porisso a rasão, que é a *belleza* na arte, a *bondade* na moral, e a *verdade* na sciencia, deixará de ser o precioso dos dotes do homem.

III

DOCUMENTOS DA FUNDAÇÃO DO CONVENTO DE NOSSA SENHORA DAS MERCÉS (1).

I

He tradição constante entre as Religiosas que pessoa de reconhecida virtude observára em muitas noutes continuas, naquelle mesmo lugar onde depois foi fundado o Convento (que então era hum vale deserto, só condecorado de plantas agrestes com que a natureza o ornára), huma luz e huma Virgem, toda rodeada de brilhante resplendor, contra a qual falanges innumeraveis de temiveis entes frechavam enfurecidos, colhendo-se desta visão que o commum inimigo, sempre pertinaz contra obras de piedade, não queria que ali se levantasse huma torre a que se acolhesse huma milicia de virgens, que, com as armas da fé, lhe conquistassem o lugar, e o consagrassem a Deos. Não ousamos ter esta tradição por cousa de mera credulidade, nem de moderna data; poisque, na igreja do Convento, que he da primitiva edificação delle, lá está, a meio do tecto, hum medalhão commemorativo do prodigio, que representa a Virgem em sitio agreste, assediada de um esquadrão de demonios disparando frechas para ella; e, em outros pontos do mesmo tecto, estão citados textos da Sagrada Escriptura, tendentes a auctorisar este facto, além de outro, não menos prodigioso, que, sem contradicção, moveo a Fundadora a dar principio á obra. Talvez isto fosse o motor que suscitou no nosso Revd.° Padre João Ribeiro o pensamento causa de que o Convento de Nossa Senhora das Mercés viesse a ser edificado.

II

Hum dos primeiros milagrés que a Senhora das Mercés fez, no principio

---

(1) Este é o titulo de um dos dois manuscriptos, que possuimos da lenda desta fundação: tem tres quartos de papel; lettra do presente seculo. No principio lé-se:

«N. B. Tem este papel nas costas esta legenda:—He tanto o bem que espero, que o mesmo padecer me alegro.»

Fecha pela seguinte nota:

«Este documento devia ser dado a algum prégador que tivesse de fazer algum sermão na igreja de Nossa Senhora das Mercés, porque diz no fim: V. S.ª tire daqui o que lhe parecer, e nós nos alegraremos muito de o ouvir.»

Este manuscripto é dividido em quatro partes, a que o auctor, ou auctora, chama documentos, a ordem dos quaes invertemos, imprimindo aqui o segundo em primeiro logar; o quarto, em segundo; o primeiro, em terceiro; e o terceiro, em quarto, por nos parecer mais conforme com a successão dos factos referidos, como se verá.

O outro manuscripto tem uma parte preliminar, por assim dizer, que é interessante; por isso, a trasladamos, anteposta ás outras, ficando a lenda com cinco partes.

da fundação desta casa, foi que, pedindo o Revd.º Padre João Ribeiro á Fundadora deste Convento, Dona Izabel de França, sitio neste logar para se fazer hum recolhimento, ella, por se não achar com cabedal para o fazer, como por força e respeito do dito P.º, com quem se confessava, lhe deu o circuito em que hoje se acha o Convento, e o desenganou de que mais nada podia dar. Mas na mesma noite sonhou com a Senhora das Mercês que lhe pedia até a camisa para a obra, pegando-lhe della, com tal viveza e memoria do que na tarde antecedente tinha passado, que, acordando timorata, mas muito socegada, offereceo á Senhora não só os seus limitados bens, mas começou a entender logo em a fazer, com tenção de ser de Religiosas: certificárão todos fóra esta uma visão verdadeira, pelas circumstancias que a dicta Fundadora sentio em si. Succedeo ao depois que, em breves annos, se concluio a fundação: e, mudada a Ermida em Igreja, necessitando-se de hum Painel que désse no altar-mór, mandárão-se as medidas e se achou um á medida como se procurava, que em Lisboa não servio no logar para que tinha sido feito: e esse é o painel que agora lá está.

III

No principio do Recolhimento, o *Doutor Pedro Moreira*, que era Vigario Geral e Governador do Bispado, tomou-lhe aversão, em fórma que não só lhe não concedia licença para ter sacrario, mas obrigava as recolhidas a que fossem, nos dias de preceito, ouvir missa e commungar á Parochia de S. Pedro, o que ellas nunca fizerão, porque conservavão o seu recolhimento; mas, com conselhos de Doutos, commungavão e ouvião missa de madrugada. Aconteceo que foi o dito Doutor desta Ilha para a de Porto-Sancto, a cousas do seu officio: virou-se o barco em que hia, ficando em perigo evidente de vida, e logo lhe occorreo era castigo de Deos, pelo que estava fazendo ás recolhidas de Nossa Senhora das Mercês, com a qual se pegou, promettendo-lhe de mudar de parecer no tracto com suàs filhas: e livre do perigo, por milagre da mesma Senhora, veio a pedir perdão, logo mandou pôr sacrario, acceitou o recolhimento em lugar pio, e dahi por diante foi o mais empenhado na fundação deste Convento.

IV

Estando Dona Izabel fazendo a obra, e levantando-se perseguição do General *Francisco de Mascarenhas* contra ella, recolheo a dita Senhora os officiaes em sua casa, para que não fossem prezos; pagava-lhes como se a estivessem fazendo; e, para que a obra fosse em augmento, trabalhavão de noite escondido, servindo ella e suas moças em lugar de serventes, quando estes faltavão. Exhausta de dinheiro, veio á Igreja recorrer á Senhora, representando-lhe a vontade que tinha de concluil-a, e a miseria em que se achava. Nesta afflição lhe sobreveio hum somno, e, adormecendo, sonhou, ao pé do Altar, que a Senhora lhe dizia fosse ao seu jardim, onde estava huma pedra de moinho, e junto della outra pedra branca, debaixo da qual tiraria dinheiro, quanto bastasse para acabar a obra. Acordando deste sonho, se foi a sua casa, e de lá, ao jardim para confirmar o sonho, onde vio signaes certos delle: sendo noite, depois de todos recolhidos, passou ao jardim; descobrio a pedra; debaixo della achou hum brinco (?) de ouro e tirou dinheiro, quanto poude carregar para sua casa: mas, hindo segunda vez ao jardim, presentio-a o marido, *Gaspar Beringuer de Andrade*, o qual foi vigiar para onde hia; estava ella tirando mais dinheiro, quando elle chegou ao redor; e, querendo continuar, achou carvão. Todo o dinheiro que tirou, e tinha tirado, foi o bastante para a obra, sem sobra ou falta de meio tostão.

V

Tendo as nossas primeiras Religiosas, em quanto erão recolhidas, guardado a primeira regra de N. M., era necessario fazer juizo se, para o futuro, se poderia conservar o Mosteiro de pobreza tão estricta, como manda a tal regra: e huma noite, entre si fizerão consulta, e sentárão em professar a regra de Urbano IV, como as Freiras de Sancta Clara, com rendas em commum; mas não tinhão bem acabado de fazer este concerto, senão quando, de repente, começou a abalar os alicerces, e a tremer todo o pavimento; ellas, com summo temor, cahírão na conta de que a vontade de Deus era se fizesse de pobreza, como o fizerão, e se conserva; e logo cessou o terramoto, ficando ellas confirmadas em que Nossa Senhora das Mercês não queria as suas filhas senão em pobreza (1).

Manuscriptos do sr. Padre Netto, Confessor do Convento das Mercês.

---

(1) Esta lenda da fundação do convento das Mercês, do Funchal, prende, por notaveis coincidencias, com a sedição de 18 de septembro de 1668, da qual já fallámos a pag. 572. O governador D. Francisco de Mascarenhas, a quem a lenda confere o personagem de perseguidor e contrario daquella obra piedosa, era o mesmo que foi deposto nessa sedição, e por hereje. O Doutor Pedro Moreira, do qual a lenda conta ter sido salvo de um naufragio, por milagre da Senhora das Mercês, e que, desde então, passou de ferrenho inimigo do mosteiro a ser o mais empenhado na fundação delle, é aquelle mesmo deão e vigario geral, fautor da sedição, que, durante o supremo perigo do rompimento dos conspiradores, esteve fóra da cidade esperando-lhe os resultados, e que, depois de a ver triumphante, se apressou a vir colher os louros da victoria, e andou percorrendo as ruas, a concitar o povo contra aquelle hereje do governador. Gaspar Beringuer de Andrade, marido de D. Izabel de França, o qual fundou com ella dicto convento, foi um dos mais sanhudos conjurados, e dos notaveis que assaltaram a fortaleza de S. Lourenço, onde seu filho estava preso por maleficios. —Existe o processo original a que o attentado deu causa, e donde se provam os factos referidos.

A estas lendas puderamos junctar outras muitas. Gaspar Fructuoso refere algumas (2). Mas,não são precisas mais, para que se faça ideia de qual a direcção religiosa e moral dada aos povos destas ilhas, desde os tempos immediatos á colonisação dellas.

Não é de mera curiosidade historica o conhecimento destas coisas.

NOTA XXII

As filhas e genros de Zargo.

«Por ser a terra nova e não haver na ilha com quem as filhas de Zargo podessem casar segundo o merecimento de suas pessoas, mandou o dito Capitam Zargo pedir a Sua Alteza homens conformes á sua calidade, para lhes dar suas filhas em casamento: e El-Rey lhe mandou quatro Fidalgos, donde procede a mais illustre e nobre geração da ilha.»—Pag. 166.

A copia que possuimos das *Saudades da Terra*, e pela qual fizemos a presente publicação da parte relativa ao archipelago da Madeira, com quanto no trecho acima alluda a *quatro fidalgos* que vieram do continente, para casarem com as quatro filhas de João Gonçalves Zargo, todavia só *tres* menciona, a saber: —*Beatriz*, e seu marido *Diogo Cabral;*—*Izabel*, e seu marido *Diogo Affonso, o Velho;*—e *Catharina*, e seu marido *Garcia Homem de Sousa*.—A filha e genro de Zargo de que *Gaspar Fructuoso* não falla, eram *Helena*, e seu marido *Martim Mendes de Vasconcellos*, dos quaes tractámos no *Summario historico dos povoadores*, verbo MENDES (pag. 526).

E não ha que duvidar de que esta Helena e seu dicto marido houvessem existido; porque, além de os mencionarem os *nobiliarios* deste archipelago e diversas arvores genealogicas, algumas authenticas, ainda está na igreja do convento de Sancta Clara, do Funchal, á entrada, do lado direito, o sarcophago desse Martim Mendes de Vasconcellos, com inscripção de lettra gothica muito

(1) As Constituições do Bispado do Funchal, parte feitas pelo bispo D. Jeronymo Barreto, em 1578, e parte pelo bispo D. Luiz de Figueiredo de Lemos, em 1597, foram impressas em Lisboa, no anno de 1601. Temol-as presentes. Dispõem miudamente a respeito do ecclesiastico, e do que então era considerado como tal, mas não teem uma só constituição para reprimir, nos limites da sincera e grave religiosidade, as abusões legendarias, tão frequentes nesses tempos.

cala, illegivel por gasta; mas, no pavimento adjacente, se vê uma grande lapide de marmore, e nella o seguinte epitaphio:

```
S.ª DO CAPITÃO GASPAR MENDES DE
UASCONSELLOS Ọ̃. MANDOU FAZER
P.ª SI E SEUS ERDEIROS POR SE TIRAR
A PRIMEIRA CAMPA Ọ̃. AQUI SE POS
COMO DECENDENTE DO PRIMEIRO
MARTIM MENDES DE VASCONSELLOS
QVE AQUI JAZ E PASSOU A ESTA ILHA
A CASAR COM ELENA GLŽ. DA CAMARA
FILHA DE JOÃO GONSALVES ZAR-
CO SEU DESCOBRIDOR DESTA. FOI
FEITA NA ERA DE 1710.
```

Advirta-se que, segundo os já alludidos *nobiliarios* madeirenses, a mais velha das filhas de Zargo foi *Helena*, seguindo-se-lhe as outras: *Izabel, Brites* ou *Beatriz*, e *Catharina*. O nome inteiro do marido de Izabel era *Diogo Affonso de Aguiar.*—Vid. o mencionado *Summario*, verbo AGUIAR, CABRAL, SOUSA.

Esta lacuna inspirou-nos, a principio, suspeitas contra a genuinidade da nossa copia das *Saudades da Terra*. Mas, buscando o logar parallelo na *Historia Insulana*, por *Antonio Cordeiro* (liv. III, cap. x, n.º 74), achámos o seguinte:

«E aqui he de notar, que sendo o Doutor Fructuoso tam erudito, & verdadeyro, que neste seu *liv.* 2.º, *cap.* 30.º no principio, affirma ter visto a historia dos Capitães do Funchal, composta primeyro por Gonçalo Ayres Ferreyra, & depois pelo Conego Hieronymo Leyte, Capellão de S. Magestade, & ter procurado com grande trabalho ouvir, & saber esta historia de outras pessoas dignas de fé, & além das antigas Chronicas do Reyno; & tendo este mesmo Doutor dito que as filhas do Capitão Zargo erão quatro, & que quatro fidalgos pedira a ElRey para casarem com ellas; comtudo nem de quarta filha, nem de tal quarto fidalgo faz aqui menção algũa; nem eu por hora acho com que soltar esta duvida.»

E, pois, certo que Zargo teve as quatro filhas e os quatro genros supra indicados, e que *Gaspar Fructuoso*, por lapso, ou falta de noticia, tendo dicto se-em quatro os genros de Zargo, só tres, e tres filhas lhe enumerou.—A fidelidade da nossa copia acrysolou-se na provação.

NOTA XXIII

Alfandegas.

«*Sancta Cruz*.... nobre villa... onde havia alfandega, e officiaes della.»—Pag. 38.
«Meio tiro de bésta desta porta principal (a dos Vsradouros) está a casa
d'Alfandega.»—Pag. 84.
«No anno do Senhor de 1508, ElRey D. Manoel.... mandou... logo,
á custa da sua Fazenda, fazer huma alfandega (na cidade do Funchal).»—
Pag. 178.

Desde os principios da povoação e cultura da ilha da Madeira, foi a arrecadação dos direitos da *Fazenda real* feita por um *almoxarife* e quatro *homens de el-rey*, estes com o vencimento annual de 2$000 réis cada um.

A infante D. Beatriz, como tutora do duque, depois rei D. Manoel, seu filho, por carta de 15 de março de 1477, deu principio ao estabelecimento das
alfandegas neste archipelago. Nessa carta ordenou ao seu contador Luiz de A-
thouguia que passasse á ilha da Madeira, e no Funchal alugasse casas que servissem de alfandega, com os pezos, medidas, e officiaes precisos para o expediente, assim como tambem mandou aos de Machico fizessem alfandega, na fórma
da do Funchal; que os *almoxarifes e escrivães* dellas vissem tudo o que ahi fosse, e de tudo tivessem livros, sendo o *provedor* juiz privativo das *penas fiscaes*, e demandas contra os rendeiros da alfandega; e que em Camara de Lobos
fossem escolhidos logares onde tivessem despacho as fazendas para os moradores.—Está a referida carta registada no tomo i, fl. 231-238, do Archivo da Camara do Funchal.

Em 1486 foi novamente mandado haver alfandega na parte de Machico:
e, tendo os do Funchal representado que as alfandegas para aqui se transferis-
sem, isso lhes foi indeferido em 1502, como se vê do mencionado tomo i, fl.
287 v.

Temos como fóra de duvida que o *arrendamento* foi o primitivo systema
de arrecadação fiscal adoptado nestas ilhas, e, por conseguinte, no ultramar: do
que nos persuadem não só a supracitada carta de 15 de março de 1477,
que por duas vezes allude a rendeiros fiscaes, uma em relação ao juizo dos seus
feitos, outra para que não opprimam os moradores, mas tambem as positivas
referencias que no primeiro livro das vereações da Camara do Funchal (1471 e
1472) se leem a contractos desta natureza, já quanto aos direitos do assucar, de
que então eram contractadores o genovez Micer Leão, Martim Annes, Alvaro
Esteves, e Fernão Nunes; já quanto ao dizimo das madeiras, de que era ren-

deiro João Garcia; já quanto ao trigo, que Martim Luiz tinha por avença; já quanto ao rendimento do verde, e outros.

Assim, pois, se mantiveram estas estações fiscaes até a reforma feita por D. Manoel.—Este mandou, no anno de 1508, edificar grande *alfandega* na cidade do Funchal, como conta *Gaspar Fructuoso*, e, pelos foraes de 1515, a constituiu principal estação de cobrança dos *direitos reaes* de exportação e importação, assim como tambem mandou fazer casa de alfandega na Capitanía de Machico, e estabelecer postos fiscaes, com a denominação de *calhetas*, nos portos de Camara de Lobos, Ribeira-Brava, Ponta do Sol, Magdalena, e Calheta.—Na vigencia mesma dessa reforma, os direitos da alfandega foram dados de arrendamento, pelo menos nos tres annos de 1516-1518; porque, na carta régia de D. Manoel, de 15 de outubro de 1515, se declara que *os tres annos futuros a Alfandega estaa arrendada*, e se allude *ao pam & binho que os creligos habiam de benceer dos rendeyros*.

A segunda reforma das alfandegas deste archipelago data do reinado de Filippe II. Até 1585, eram admittidos a descarregar neste porto do Funchal os navios da India; mas, desde então, foi isso prohibido, devendo-se proceder contra os transgressores, o que significa que a alfandega desta cidade deixou de ser geral, e passou a local. É o systema monarchico-centralisador applicado ao fisco.

Deste tempo existe registada no Archivo da Camara do Funchal, tomo IV, f.º 4-20 v. a *conta que se tomou do rendimento das Alfandegas das duas Capitanias desta Ilha & da de Porto Sancto desde o anno de 1581 atee o de 1587;* por essa conta se mostra que produziram:

Em 1581	28:925$275 rs.	Em 1585	28:277$791 rs.
Em 1582	26:619$769 »	Em 1586	31:206$013 »
Em 1583	26:013$590 »	Em 1587	16:368$257 »
Em 1584	29:591$155 »		

Ao periodo abrangido por esta conta respeitam os dois seguintes apontamentos, que copiámos do noticioso manuscripto do Sr. Padre Netto.

«Nas casas do Paço de Lisboa, foi celebrado, em 28 de novembro do anno de 1581, com Antonio Rodrigues Mondragão e Martim Mendes de Vasconcellos, Procurador das Camaras destas ilhas da Madeira e Porto-Sancto, o primeiro contrato de todas as rendas Reaes e rendimentos das Alfandegas das mesmas Ilhas por tempo de seis annos, a principiar no primeiro de Janeiro de 1582, pelo preço annual de nove contos de réis, quatrocentas arrobas de assucar branco, e seiscentas de sortes e mascavado, com obrigação de pagarem a redizima aos donatarios e hum por cento sobre a arrematação, e com a condição tambem de pagarem, por conta do preço deste contrato, os ordenados civis, militares, e ecclesiasticos, e o resto em Lisboa, metade no fim de Dezembro de cada anno, e metade no dia de S. João do anno seguinte. L. 7.°, fl. 144.

«Por alvará de Felippe II, de 16 de Abril de 1583, foi facultado aos contratadores das rendas Reaes e seus propostos o poderem trazer armas offensivas e defensivas tanto de dia, como de noite, sem que podessem ser presos por isso, nem pelas rixas provenientes da mesma arrecadação, salvo no caso de morte, ou flagrante delicto, permittindo sómente recurso para o Corregedor dos Feitos da Fazenda da Côrte, por cujo mandado (sendo primeiro apresentado a Sua Magestade) poderião ser presos: ordenando outrosim aos Officiaes da Camara não fação posturas em prejuizo dos mesmos contratadores, durante o tempo de seu contrato. L.° 7.°, fl. 177.»

Daquella *conta* vê-se que o rendimento das alfandegas fóra cobrado pela Fazenda real directamente, nos annos de 1581-1587; destes apontamentos móstra-se que, precisamente nos primeiros seis desses annos, todas as rendas reaes e rendimentos das alfandegas estiveram por arrematação; e naquella conta o rendimento, só das alfandegas, é mais do dobro do preço deste contracto.— Como, pois, explicar esta simultaneidade de dois modos contrarios de cobrança dos mesmos impostos, e com tão disparatados proventos?

Quanto ao apontamento relativo ao *primeiro contracto* de todas as rendas reaes e rendimentos das alfandegas, parece-nos que esse contracto não podia ter sido em 1581, senão em 1481; porque *Martim Mendes de Vasconcellos,* nome que ahi se dá a um dos contractadores, era o de um dos quatro genros de João Gonsalves Zargo, nem hemos noticia de outrem assim chamado; sendo patente que esse Martim poderia viver ainda em 1481, mas não em 1581: e, a ser deste anno o contracto, não lhe caberia, de fórma alguma, o epitheto de *primeiro,* por ter havido outros anteriores da mesma especie; em quanto que, sendo de 1481, possivel era ter sido o *primeiro* que abrangesse todas as rendas reaes, e rendimento das alfandegas: em 1481 bem pudéra ser estipulado pelo preço que o apontamento diz, em 1581, não; porque cá temos na conta registada rendimento muito maior.—Mas contra esta supposição ha que o apontamento menciona *Antonio Rodrigues Mondragão,* tambem como um dos contractadores, e este appellido temol-o por posterior a 1481 nestas ilhas, porque a primeira pessoa, que com elle achámos, para aqui veiu por 1500.

O segundo apontamento não respeita a contractadores de rendimento de alfandegas; porisso, não repugna com a conta acima extractada, a qual só deste rendimento versa.

A casa da alfandega que D. Manoel mandou levantar é a que ainda agora existe no Funchal; boas razões o provam. O local que *Gaspar Fructuoso,* nas *Saudades da Terra,* indica á edificação manuelina, é o mesmo que o do edificio actual; as arcadas e portadas interiores lá teem indelevel o cunho architectonico da epocha; e no topo de uma dessas portadas, está a seguinte inscripção :

> ANO DE
> 1620 A
> SE MVDOV
> ESTA PORTA

Estas palavras bem mostram que a construcção originaria foi muito anterior ao anno de 1620. E, por ultimo, como se vê do tomo vi, fl.* 60, do Archivo da Camara do Funchal, D. João iv mandou, no anno de 1644, que ahi *se fizesse hum reducto que servisse de praya com respeito da distancia que havia de uma a outra fortaleza & se abrisse hũa porta para o embarque & desembarque das fazendas*; e esse reducto e porta foram feitos, e existem juncto á casa da actual alfandega, authenticados pela seguinte inscripção, que se lê gravada sobre a porta exterior, que dá para a rua dos mercadores:

> MANOEL DE SOVSA M.as SENDO G.or E CAPP.tão GERAL DESTA
> ILHA DA M.dra MANDOV FAZER ESTE REDVCTO E PORTAS DEL-
> LE POR ORDEM DE SVA MG.de ANNO DE 1645 SENDO PRO.dor
> ME.¹ V.ª CarDoZo.

É, portanto, fóra de toda a duvida a identidade do edificio antigo e do existente.

Ha, porém, tradição de que a primeira alfandega fóra estabelecida na casa de que fallámos a pag. 460, o que combina com o primeiro diploma apontado nesta nota, pelo qual a infante D. Beatriz mandou tomar casas de aluguel para a estação da alfandega.

Respectivas ás alfandegas de Machico e Porto-Sancto, só temos achado as noticias e diplomas que nesta nota ficam apontados; attinentes, porém, ás do Funchal e Sancta-Cruz, houve muitos diplomas que veem extractados nas *Memorias ..... do Estado Ecclesiastico na Ilha da Madeira*, e no já citado manuscripto do Sr. Padre Netto.—Resumamol-os,

O *provedor da Fazenda Real* era o superintendente dos negocios fiscaes neste archipelago: já existia em 1515, porque o *Foral* a elle se refere (vid. retró, pag. 499, n.º 19), mas o primeiro diploma especial de que temos noticia relativo a este cargo, é o alvará de D. Filippe ii, de 5 de janeiro de 1582, pelo qual foi nomeado para o servir o desembargador João Leitão, com o ordenado annual de 120$000 réis.—O *escrivão da Fazenda Real, dos contos, e execuções reaes*, era seu subordinado immediato, com o vencimento de 14$400 réis, 2 moios de trigo, e 2 pipas de vinho, como consta do alvará de D. Sebastião, de 23 de agosto de 1574, que é o mais antigo documento de que temos nota tocante a este emprego.

O dicto provedor era tambem o *juiz da alfandega do Funchal*. Tinha esta os seguintes empregados:—o *almoxarife*, cuja origem sóbe, como já vimos, a 1477, mas de cujo ordenado nada sabemos;—o *escrivão dos despachos da entrada*, instituido por el-rei D. João III, no alvará de 23 de abril de 1526, com 2$000 réis, 2 moios de trigo, e 2 pipas de vinho annuaes;—o *escrivão dos despachos de sahida*, creado por carta de D. Filippe II, de 2 de agosto de 1594, com o mesmo vencimento do outro;—o *alealdador*, de que se tracta no *Foral* (vid. retró, pag. 498, n.º 19), e que, portanto, já existia em 1515, mas nada temos sabido do seu ordenado;—o *porteiro*, o qual, pela carta de D. Sebastião, de 9 de maio de 1572, tambem o era *dos contos, e do almoxarifado*, vencendo 8$420 réis annuaes;—oito *guardas*, ou *homens de el-rei*, para o serviço fiscal interno e externo, com 12$000 réis por anno, creados pela já citada carta de 15 de março de 1477.—Eram empregados adjunctos a esta alfandega:—o *quintador dos assucares*, instituido, pelo menos, desde 1550, como se collige do alvará de 23 de abril de 1592, com 19$000 réis por anno;—e o *escrivão do quinto do assucar*, com 8$000 réis tambem annuaes.—O logar de *medidor geral*, que ainda existe estipendiado pelo municipio, e só como empregado deste, foi creado mais tarde que os outros, por carta de D. João IV, de 20 de maio de 1642, e fazia então parte do quadro da alfandega.—Havia nesta mais os dois seguintes empregados de fiscalisação maritima:—o *alcaide do mar*, creado antes de 1565, como se vê do alvará de 2 de maio desse anno, com 16$000 réis por anno, e 1$000 réis por mez, para mantimento de um escravo que o acompanhava;—e o *patrão-mór da ribeira e capitão da chalupa*, ao qual, conforme o alvará de 5 de julho de 1599, incumbia fazer a vigia dos contrabandos nessa chalupa, e cuidar do *cabrestante*, que já então havia defronte da alfandega, e dos barcos para a carga e descarga dos navios.

A *alfandega de Sancta-Cruz* tinha:—o *juiz*, creado pelo alvará de D. Sebastião, de 18 de agosto de 1563, vencendo 12$000 réis annuaes;—o *almoxarife*, creado por carta do mesmo rei, de 18 de septembro de 1561, com 2$000 réis, 2 moios de trigo, e 2 pipas de vinho cada anno;—o *feitor*, com 20$000 réis annuaes, desde 1549, tendo até então vencido só 15$000 réis de sua creação;—o *escrivão*, que tambem o era do *almoxarifado, ribeira, e quintos*, creado pelo alvará de 28 de agosto de 1551, com 2$000 réis em dinheiro, 2 moios de trigo, e 2 pipas de vinho;—o *porteiro*, desde antes de 1550, com 12$000 réis, como se mostra do alvará de D. João III, de 9 de abril desse anno;—quatro *guardas*, creados por 1545;—e, para a fiscalisação maritima, o *alcaide do mar*, que fôra creado antes de 1600, e desde então teve o vencimento de 20$000 réis annuaes, conforme o alvará de 22 de março desse anno.

A *alfandega da ilha de Porto-Sancto*, ou antes, mera estancia fiscal, tinha sómente:—o *almoxarife*, com 2$000 réis, 2 moios de trigo, e 2 pipas de vinho, creado antes de 1558, como se evidenceia do alvará de D. Sebastião, de 8 de abril desse anno;—o *escrivão*, com 1 moio de trigo, e 1 pipa de vinho, creado pelo mesmo tempo, o que se induz do alvará de 29 de agosto do dicto anno:—o *alcaide do mar*, que, pela carta do Conselho de Fazenda, de 23 de junho de 1642, se vê ser de instituição muito anterior.

Havia tambem nos portos deste archipelago as *vigias*, isto é, estações militares e simultaneamente fiscaes, que vigiavam o mar, as costas e praias, afim de darem alarme de corsarios ou de quaesquer outros navios inimigos, e evitar contrabandos. As *vigias* eram feitas pelos povos, em pequenas casas fortes, de proposito construidas para resistir ao mar, e evitar surprezas. D. Sebastião deu-lhes regimento em 1567, que está registado no tomo v, fl. 105, do Archivo da Camara do Funchal, e, por alvará de 1569, determinou que ninguem fosse isempto deste serviço.

Quanto aos direitos de importação e exportação, e aos generos que no secolo XVI eram isemptos de os pagar, remettemos o leitor para os foraes das Capitanías do Funchal e Machico, transcriptos nestas notas, pag. 494, 507, e seguintes.

NOTA XXIV

Milicia, fortificações, e contribuições respectivas.

«Sahiram em companhia dos capitaés.... muitos e nobres cavalleiros a servir ElRei á sua custa nos logares de Africa, e nos soccorros que os capitães levavam.»—Pag. 69.

«Está assentada (*a cidade do Funchal*) entre duas frescas ribeiras: a de *Nossa Senhora do Calhão*, a Leste dos muros com esta igreja... fóra delles, e a *ribeira de S. Pedro*, ou *de S. João*, ermidas que estão para o Ponente... no cabo da cidade, ficando a ribeira fora dos muros.»—Pag. 83.

«Adiante logo da Alfandega hum tiro de bésta está a *Fortaleza velha*, que he a principal.»—Pag. 84.

«Depois da morte do Conde João Gonçalves, foi Capitam Mór da Guerra o Desembargador *João Leitão*; depois veyo com este cargo o Conde de Lançarote e senhor de Forteventura D. Agostinho Ferreira....: hido o Conde, ficou por Capitam Mór da Guerra o mesmo João Leitão. E depois... Sua Magestade... confiando deste excellente Capitam Tristam Vaz da Veiga.... o enviou á... ilha por General e Superintendente das cousas da guerra de ambas as Capitanías della, e que servisse de Alcayde Mór da Fortaleza da Cidade do Funchal, de que lhe mandou passar Carta em Lisboa a 19 de Outubro do anno de 1585; com os quaes cargos entrou na Ilha da Madeira a 22 de Novembro desse anno de 1585,»—Pag. 153 e 154.

«... O anno de 87, dia da Ascensão, veyo hum atrevido Cossario... Sabendo isto Tristam Vaz... e mandando vir trinta soldados da Fortaleza, se foi á praya a fazelos embarcar.., e tambem mandou embarcar alguns portuguezes; onde hiriam até duzentos homens... Entendendo isto o Capitam dos soldados *João Daranda*, disse que não haveria de ver o mundo Sua Senhoria, mas que elle hiria.»—Pag. 154 e 155.

«No anno de 1531.... ElRey....mandou á ilha hum Corregedor... Gaspar Vaz... huns dizem que com cem, outros que com trezentos homens soldados da sua guarda.»—Pag. 204.

I

MILICIA.

Os annaes madeirenses não se illustram com factos guerreiros, com quanto seja incontestavel a nobre coragem de tantos de seus filhos, provada nas guerras do continente do reino, da Africa, da Asia, e até da America,—Mas nem porisso á historia militar deste archipelago fallece interesse e importancia no aspecto social e politico.

A milicia dos povos modernos, considerada por esta face, conta tres periodos até agora: o *feudal*, o *monarchico*, e o *nacional*, assumindo o segundo apparencias do terceiro, quando o monarchismo esteve identificado com a nacionalidade.—No *feudal* eram as armas privilegio de poucos, e subjeição de quasi todos: abrangeu os tempos barbaros da guerra, temperados tão sómente, em quanto o foram, pelas virtudes heroico-christãs da cavallaria; caracterisa-o a hoste senhorial, fraccionada pelas rivalidades e orgulhos de cada pendão, e eventual, como a guerra mesma; a batalha, tumultuaria; a lucta, brutal, corpo a corpo; ferro a arma, e de ferro o homem; tactica, a força e o valor individual.— O periodo *monarchico* veiu quando a guerra, no pessoal e nos meios, passou a ser direito de um só, o rei: então, as armas tornaram-se de privilegio de alguns em obrigação de todos, para *serviço* daquelle; logo depois, em profissão mercenaria de aventureiros infrenes e venaes, a *soldo do soberano*; e, por fim, em exercitos permanentes, estipendiados pela *fazenda real*: a esperança da victoria, nobre ao menos nas luctas feudaes, refugiou-se da coragem, no ardil; do braço, na fileira; da espada, no mosquete e no trom de guerra; do golpe cara a cara, na detonação distante; do duello cavalheiroso, na tactica, ou arte do morticinio casual e a montão.—O periodo *nacional* inaugurou-se com as portentosas campanhas da republica franceza, quando a guerra passou a ser um dos direitos dos povos, e o serviço militar tributo patriotico.—Este ultimo periodo é, seguramente, a phase menos hedionda da guerra, mas nem por isso deixa de ser a mais absurda, porque põe em mais repugnante contraste, por immediato, o direito com a força, a expressão até agora mais potente da sociabilidade, a nação, com a synthese suprema dos reagentes della, a guerra. —Porisso, os exercitos e as batalhas serão no futuro, como o algoz e o patibulo, só pavorosas visões do passado.

Quando este archipelago da Madeira foi descoberto e povoado, no crescimento do seculo xv, durava ainda, mas na transição já, o periodo feudal. Cada donatario era, na sua capitanía, o caudilho, o *capitão*; estavam subordinados a este os fidalgos, que delle haviam recebido as terras de sesmaria; e aos fidalgos, ou *senhorios*, os povoadores inferiores, que, na paz, lhes eram colonos, quasi adscripticios, das terras, e, na hoste, obrigados *homens de armas.*— Abundam nas *Saudades da Terra* noticias relativas a expedições guerreiras de donatarios e cavalheiros deste archipelago, que á sua custa foram além mar, com gente de suas terras, e outra a soldo. Na batalha de Alcacer-Quibir ainda estiveram dos mais nobres cavalleiros madeirenses. Primavam em galhardia os de Sancta-Cruz e Machico; em animo, os da Ribeira-Brava e Calheta; rivalisavam em galas e denodo com os de um e outro lado os do Funchal: a Ponta do Sol, porém, onde, no dizer da tradição oral, parece haverem-se aninhado muitos colonos mouriscos, era mais laboriosa de enxada, que fertil em lanças. E, para que fosse cabal, nesta ilha da Madeira, a reproducção dos costumes caracteristicos da edade-media, cá houve, no declinar do seculo xv, o solar acastellado do turbulento Garcia Homem de Sousa, genro de Zargo; solar que elle nas suas terras de Sancto Amaro levantára, para derimir rivalidades de familia e despicar pontos de honra com seus cunhados; cá houve, no anno de 1531, o rapto violento, que Antonio Gonsalves da Camara commetteu na pessoa de sua prima D. Izabel d'Abreu, e a guerra campal que se empenhou entre as familias e parciaes de uma e outro, intervindo alfim a auctoridade do rei; cá houve tambem curiosos typos de pimpões fidalgos, cujas aventuras lubricas, brutaes brinquedos, e crimes impudentes a historia registou, e a tradição ainda não esqueceu (1).—Sob o regimen do feu-

---

(1) Gaspar Fructuoso alguns commemora. Na tradição colhemos os dois seguintes:

Certo senhor do Funchal tinha uma filha namorada de um obscuro estudante: e, alto dia, passando-lhe este pela rua, a rua do Peru, central da cidade, o fidalgo, que de socapa o espreitava com um escravo negro armado de arcabuz, abre instantaneamente a janella, e clama ao negro: «Mata-me aquelle cão».—O escravo dispara; a victima cae fulminada; a multidão, transida, estupa; o cadaver, para mór desaffronta da injuria que o vivo fazia, é atupido no revão da escada da residencia senhorial; e as justiças não ousam conhecer do caso. Talvez nem ellas, nem o delinquente mesmo vissem nisso crime, senão merecida pena.

Eram dois fidalgos, parentes, malavindos: um tinha uma filha, formosa, fransina, e quasi

dalismo, o povo não só era passivo instrumento de trabalho na terra e de mor‑
te na guerra; não só era, como unica força productora, a unica fonte dos
impostos; mas tambem, o peor que tudo isto, era depredado na sua dignidade de
homem, de irmão, de marido, de pae, pelo capricho do senhor que se dignava to‑
mal-o para cumplice de seus desvarios, ou *nobilitar-lhe* o lar infamando-lh'o,
de vontade, ou por força.

No entretanto, o poder real, aqui como no continente do reino, applicando
a sua aspiração de unidade monarchica á milicia, não perdeu lanço util ao intento
de, para *seu serviço*, aguerrir os povos, e habilitar-se a fazer com elles a guerra,
por propria conta.—Começou pelos *agradecimentos*, não só aos donatarios e aos
fidalgos em especial, mas tambem aos povos desta ilha da Madeira, pelos auxilios
prestados a navios de armada, que de Portugal vieram a estes mares contra as
naus de Castella: o primeiro foi dado por carta régia de D. Duarte, em 1433; o
segundo, por outra de D. João II, em 1491. E, no intervallo destes annos, tendo
a Camara do Funchal, á noticia de que um corsario infestava as aguas deste ar‑
chipelago, equipado um navio contra elle, o mesmo D. João II isso lhe agrade‑
ceu, por carta régia, no anno de 1489.—Estes agradecimentos, em que dire‑
ctamente partilhavam os povos da ilha e o municipio do Funchal, eram nada
menos que o reconhecimento authentico da interveniencia delles, tambem directa,
nos negocios da milicia.—Os diplomas estão registados no Archivo da dicta Ca‑
mara, tomo I, fl.ª 12, 38, e 198.

Dos agradecimentos para a *munificencia* é natural e nobre a transição, e tan‑
to mais que foi prompta, a bem dizer simultanea com aquelles; porque, no mes‑
mo anno de 1489, D. João II fez aos povos desta ilha a *mercê* de recebe‑
rem cá o soldo, para irem na armada á guerra, e de virem navios cá buscal-os.
Generosa mercê foi esta, legitimo parto da sagacidade desse principe, o *perfeito*;
pelo adiantamento da paga, obrigava ao serviço, e, pela apresentação de gra‑
tuito transporte, cortava escusas á prestação daquelle.—O diploma lá está re‑
gistado a fl.ª 166 do referido tomo.

Succedeu no throno D. Manoel, e foi muito além dos agradecimentos e
mercês de D. João II. A fortuna, que lhe deu o cognome, lhe cumulou a corôa
real ao mestrado da Ordem de Christo, subordinou o poderio desta áquella, e
estimulou o rei a expedir para estas ilhas a seguinte missiva:

na puberdade: o outro, solteiro, agigantado, herculeo, destemido, cubiçou-a, e pediu-a em casa‑
mento: o pae, talvez annuveado de receios, não a negou, nem a deu; addiou a resposta: o outro,
porém, espinhou-se, e tinha prossa.—Quando o dia seguinte amanheceu, a virgem criança, abertas
as portas do aposento paterno pela venalidade ou pelo ardil, tinha sido roubada: e, como publico
tropheu da facção, tremulava no topo da residencia do raptador o irrefragavel documento de que
o estupro fôra consummado.—A benção matrimonial legitimou isto depois.

Quê tempos, que costumes!

CARTA delRey em a quall notefica todollos da ylha em joerall & cada hū em espeçiall se façam prestes pera com elle passarē em africa.

DOM MANUELL por graça de deos Rey de purtugall dos algarues daquem dallem maar em africa senñor de guinee & da comquista nabegaçam & comercio da tiopia arabia persia & da yndia a quoantos esta nosa carta byrem fazemos sabeer que symtimdo asy por seruiço de deos & noso & acreçentamemto de nosa samta fee & bem de nosos Reygnos esperamos com juda de nosso senñor passar em pessoa em africa deste berāoo que bem a fim anno na quall passajem nos queremos seruir dos grandes & fidalguos caballeyros escudeyros & bassallos de nossos Reygnos & Senhorios & porem asy ho noteficamos a todos em jeerall & a cada bum em espeçiall per esta nosa carta per a quall mandamos que todollos fidalguos caballeyros escudeyros & bassallos de nosos Reygnos & senñorios a quem nos per nosas cartas nom mandamos perçeber que nom teberem ympidimemto de tamta ydade ou de tall doemça per q̄ nom possam yr que posto que lhes nom espriuamos que toda bia se façam prestes pera passarem & yrem com nosco & da maneyra em que milhor poderem & nos aberemos delles por seruydos & poderom yr com as pessoas com que biuem hou a que sam obrigados no comto daquelles que hordenarmos com que nos aja de seruir a pesoa com q̄ assy forem & os outros que nom teuerem esta obrigaçam poderom yr com quaesquer dos gramdes & fidalgos & caualleyros que com nosco ferem a que temos sprito nosas cartas com quaees elles quiserem no comto daquelles com que nos ham de seruir & quall quer dos sobre ditos que com nosco nom for por cada hūa das ditas maneyras & fiquar abemos por bem & mamdamos que perca toda sua fazemda & sera a mealade pera quem o acusar & a outra mealade pera nosa camara, & por que a todos seja notorio mamdamos passar esta carta per nos asynada & que se profique na nosa ylha da madeyra & se trellade nos libros das camaras das pouoações della. Dada em lixboa a xxb dias de março. Pamtaliam dias a fez. Anno de mill & quinhentos. REY,

Arch. da Camara do Fuuchal, tomo 1, fl. 81.

Esta carta desnudou o pensamento monarchico: por ella o poder real directamente avocava ao serviço das armas todos os seus vassallos válidos, e de uma talho rompia com as preeminencias guerreiras dos donatarios e fidalgos, deixando-lhes sómente os encargos.—Porém, João Gonsalves da Camara, que então era o capitão donatario do Funchal, reagiu em defesa dessas preeminencias, suas e da sua classe, não invocando-as, que eram odiosas, mas escudando-as sob a apparencia de respeitosa representação a bem dos interesses e commodos dos povos deste archipelago, e com rasões gratissimas a elles, attrahindo-os dest'arte para si, e alienando-os do rei: percebeu-o D. Manoel, e, talvez por não ter ainda dispostos todos os meios conducentes ao fim a que mirava, dissimulou, e desatou o laço do pedido em favor outorgado, pelo seguinte diploma:

CARTA delRey por que escusou os moradores de hirem pera ficarem em goarda da ylha.

JOHAM gomçaluez amyguo. Nos elRey bos embiamos muyto saudar. Byymos a carta que nos espreuestes & asy as Rezões que os moradores desa ylha teem s. escudeyros & basallos a se nelles nom abeer de emtemder a carta jeerall que bos la embiamos por que todos se fezesem prestes pera nos yrem seruir nesta yda dallem que com ajuda de deos pera o anno que beem esperamos fazer por quoanto huns per sua disposiçam nom seer pera yso & outros por q̃ suas fazemdas som da maneyra que as nom podem desäparar & asy por outras Rezões que mays apomtastes bos pareçia que seria noso seruiço elles asy nom aberem de hyr em casso que pera yso nom mostrasem teer muyto desejo & come queer que a nos asy ho pareçe & sejamos em copheçimento de todo & do estorno que lhes esta cousa pode trazer principallememte aa dita ylha que ficaria desacompanbada & nom asy a recado como compre a noso seruiço abemos por bem que ha dita carta jeerall que laa he senõ emtemda nesa ylha & soomente naquellas pesoas a que em espeçiall sobre ello esprevemos & pera que todos sejam em noticia dello bos emcomemdamos que ho notifiquees na camara per amte todollos ofiçiaes della por tall que saybham o que acerqua dello asy hordenamos & bos asy ho compri. Esprita em lixboa a xj dias de setembro de 1500. Francisco de matos a fez. REY.

Arch. da Camara do Funchal, tomo ɪ, fl. 198.

Deste modo conjurou D. Manoel o artificio do donatario, e tomou para o poder real as sympathias dos povos, deixando, comtudo, plantado o principio de que estas ilhas não eram patrimonio de poucos, mas patria de todos os seus naturaes, a quem *primcipalmente* incumbia não a deixar *desacompanhada* e tel-a *a recado como compre a nosso serviço*, isto é, guardal-a e defendel-a, a bem da monarchia mesma.—E desde então, activou todas essas reformas, depois realisadas, de que já temos tractado em algumas das notas anteriores, e outra de que ainda não fallámos, a da magistratura monarchico-judiciaria (1), que

(1) Nem talvez demos nota alguma deste importantissimo assumpto, por não nos achar·

ão valioso impulso deu á consolidação do poder real; até que, a meio dellas, firmou novamente, pelo diploma infra, as condições por que a milicia devia ser regulada, sob o mando exclusivo desse poder,

CARTA delRey pera que o pouoo se preparasse de armas & cavallos pera o que pudese soceder.

FIDALGUOS caualleyros escudeyros homēs boõs & pouoo da nosa çidade do funchall na ylha da madeyra nos el Rey bos embiamos muyto saudar. Por que temos sabido que nam estáees asy prouidos darmas como combem por noso seruiço & bossas homrras & cada dia se podem ofreçeer cassos pera que bosso seruiço nos seja neçesareo pera o que soomemte nom abasta bossas boas bomtades que abemos por muy çerto que pera yso temdes bos encomemdamos muyto que bos trabalhees de as ditas armas aberdes & dellas, bos aparelhardes asy como requere a calidade de cada hũua pesoa & asy mesmo de cauallos aquelles que ho poderdes teer & de hũua cousa & da outra bos aparelhay asy bem como de bos esperamos creemdo que reçeberemos de bos ē muyto seruiço de asy ho fazerdes & ao capitam fallamos mais largamente açerqua Desto o que de nosa parte bos dira. Sprita em ebora a xıj dias de mayo. O secretario a fez. 1509. REY.

Archivo da Camara do Funchal, tomo ı, fl.ª 198 v.

Chegada a este lance entre o poder real e os donatarios destas ilhas, sobre todos o do Funchal, combatidos elles de tantos elementos contrarios, especialmente os municipios, a magistratura judiciaria, o fisco, e a milicia, em breve a lucta tocou seu termo, pela catastrophe do capitão donatario Simão Gonçalves da Camara, o Magnifico, o qual, em 1528, foi espiar no desterro, apparentemente voluntario, de Matosinhos, não só as suas prodigalidades, mas tambem a sua malograda fuga para Hespanha, tentada em 1516, na qual bem é de presumir fosse de enyolta o projecto de tomar novo soberano, mais benevolo a seus antigos privilegios.—Só depois, é certo, os donatarios do Funchal largaram a governança, e foram os ultimos a perdel-a; mas daqui data a completa subordinação delles ao poder real.

Trazida, por este modo, a milicia ao aprisco da unidade monarchica, não

mos habilitado a tractal-o, e tanto mais o temermos, quanto vamos entrando no estudo delle.— No entretanto, do que Gaspar Fructuoso escreve nas Saudades da Terra se collige o bastante para reconheçer que nestas ilhas tambem, assim como no continente do reino, a magistratura judiciaria foi um dos mais poderosos auxiliares do monarchismo pessoal, não só contra o feudalismo e o clero, mas ainda na repressão das liberdades municipaes, passava ella, comtudo, de povo armado. Com os prós da nova instituição, advieram tambem os precalços. Era mister alistar, regularisar e instruir nas armas esse povo; dal-as aos que por meios proprios não podessem havel-as; emfim, systematizar e precaver de meios estas phalanges bisonhas.

Já desde D. Fernando e D. João i tinha sido iniciada a reforma da milicia do continente do reino; porém nestas ilhas, só achámos os primeiros symptomas della no reinado de D. Duarte, como vimos, em 1433, e os de organisação no anno de 1497, como veremos, não fallando nas contribuições de guerra, que reservamos para a parte iii desta nota.

Neste systema militar, os arsenaes de armas offensivas e defensivas eram de necessidade.—D. João i fez determinar em côrtes o numero de arnezes que os senhores deviam ter prestes, e começou a fazer armarias; os seus successores as continuaram, a ponto que D. Manoel e D. João iii já tiveram importantes arsenaes de armas e de munições, para fornecimento das fortalezas; e o mesmo D. Manoel, e depois D. Sebastião, instituiram, em certos concelhos, officinas de fazer e correger armas e preparar petrechos de guerra.

No archipelago da Madeira similhantemente succedeu.

Do alvará de 2 de Março de 1497, se mostra que, desde antes dessa data, já nesta ilha da Madeira havia *casa das armas*, onde se fazião estas, assim como peças de armadura; e que, por esses tempos, foi lançado a cada pessoa, que tivesse mais de vinte mil réis, o dar *gibonetes;* pois que nesse diploma se manda proceder á execução do dinheiro deste onus, declarando que os gibonetes deviam ser dos que se faziam na casa das armas.—Logo no anno seguinte, veiu ordem do rei para que o povo desta ilha désse quatro centos e vinte corpos de couraças, do custo de mil réis cada um.—As armas, que não eram para vender, nenhum direito pagavam nas alfandegas, como se vê dos Foraes (vid. retró, pag. 494 e 507).—Em 1515 já existiam *bombardeiros*, aos quaes foram então concedidos privilegios; em 1532 foi nomeado para esta ilha um *anadel-mór dos espingardeiros*, e mais tarde foi-lhe dado regimento, e auctorisação de poder nomear espingardeiros nas villas e logares, ou mandar pessoa desse officio que por ahi fosse, á qual se désse aposentadoria; em 1555 foi o soldo de bombardeiro elevado de 8$000 réis, em que até então estava, a 15$000 réis annuaes; em 1566 foram mandadas arrecadar as bombardas que tinham sido dadas para Sancta-Cruz; em 1569 foi conferido o privilegio de espingardeiro a um Manoel Fernandes; em 1572 o posto de *armeiro real* ao flamengo Henrique de Bruxellas, com 4$000 réis annuaes e casa; e em 1575, finalmente, D. Sebastião deu ordenado e casa a outro flamengo, João Darja, em quanto limpasse as armas.—Os diplomas destas providencias todos estão registados em diversas folhas dos tomos i e ii do Archivo da Camara do Funchal.

Isto, porém, ainda estava longe da organisação da milicia. D. Manoel mandára alistar para o serviço das armas todos os homens capazes delle em todos os logares do reino, como diz Manoel Severim de Faria, nas *Noticias de Portugal*, discurso ii.—Mas neste archipelago só achamos esse alistamento mais tarde, no reinado de D. Sebastião, quando foram estabelecidas as *vigias*, de que já fallámos a pag. 601. Deu-lhes o dicto rei regimento em 1567; por dois alvarás de 1569, commetteu a superintendencia dellas ao donatario do Funchal, estatuio que ninguem ficasse isempto, e mandou que os refractarios fossem actuados e remettidos para Lisboa; e só, por uma provisão de 1685, foram escusos das vigias os officiaes de justiça, ficando com obrigação de concorrer á *mostra geral* em cada anno.—Estes diplomas estão registados no alludido archivo, tomo ii, fl.ª 109 e tomo v, fl.ª 105 v.; tomo iii, fl.ª 118, e 135 v.; e vii, fl.ª 172 v.

Foram as *vigias* mais do que preludio dessa milicia, ao diante conhecida pela denominação de *ordenanças*, que, no continente do reino, tres annos depois, o referido rei D. Sebastião creou, pelo regimento de 10 de dezembro de 1570; eram as ordenanças mesmas, com pequena differença; e, porisso, a instituição das *vigias* demarca, a nosso ver, o limite entre o periodo feudal e o monarchico, na historia da milicia madeirense.

Segundo o citado regimento de 10 de dezembro de 1570, eram as ordenanças de tres classes: de cavallaria, de espingardas, e de piques, divididas em companhias agrupadas por *capitanias-móres*, conforme a população das villas, e termos ou concelhos, ficando aggregadas ás companhias mais visinhas as das terras que não podião formar quatro esquadras, e não podendo haver capitania-mór onde não houvesse mais de uma companhia.—Cada capitania-mór tinha um *capitão-mór*, que era o commandante; um *sargento-mór*, seu immediato; e, mais tarde, um *ajudante*. Cada companhia tinha um *capitão* e um *alferes*, sem patente régia, um *sargento*, um *meirinho*, um *escrivão*, e dez *cabos de esquadra*. Os donatarios, ou os alcaides-móres, nas terras que os tinham, eram capitães-móres natos; nas outras terras, eram eleitos em camara, assim como a mais officialidade o era, em todas as terras até que este *privilegio da eleição* ficou, para as que não tinham donatario, reduzido, pelo alvará de 18 de outubro de 1701, a mera informação, sendo o rei, ou os donatarios nas terras delles, quem dava as patentes, mas só aquello podia tiral-as.—Tal foi, em summa, a nova milicia instituida por D. Sebastião.

E é fóra de duvida que este archipelago teve as ordenanças propriamente dictas, nas quaes vieram a fundir-se as vigias.—Para convencer disso, bastam os diplomas que vamos apontar. Quanto ao *sargento mór do Funchal*, dois: um alvará de D. Sebastião, de 15 de septembro de 1575, de augmento de 8$000 réis sobre o soldo de 70$000 réis que aquelle tinha, o que mostra que o posto já ahi existia anteriormente a essa data: e outro, de Filippe ii, de 30 de março de 1598, concedendo-lhe ter um *ajudante*, da approvação do *capitão-mór*. Ao *sargento-mór de Porto-Sancto*, um: o alvará de 25 de maio de 1604, que creou este posto, com o soldo de 50$000 réis annuaes. E ao *sargento-mór de Ma-*

chico, tambem um: o alvará de 10 de dezembro de 1610, que, com o soldo igual ao de Porto-Sancto, proveu o posto em Jeronymo de Ornellas, *pela renuncia* de seu sogro, Vasco Rodrigues; do que se vê que as ordenanças em Machico e Porto-Sancto datam de muito antes.

As ordenanças foram extinctas por Filippe II, a pedido das côrtes de Thomar, até que foram restabelecidas em 1623; mas os referidos diplomas mostram que essa extincção se limitou ao continente do reino, ou, pelo menos, não chegou a este archipelago.

Cumpre notar que *Gaspar Fructuoso*, referindo o caso da invasão dos corcorsarios francezes em 1566, allude (vid. retró, pag. 253 e 254) ao *Capitam Mor das duas Villas de Sancta Cruz e Machico*, e ao *Capitam Mor da cidade do Funchal*. Mas, como é fóra de toda a duvida que nesse anno não havia taes postos, porque as ordenanças, ou ainda mesmo as vigias, foram posteriores, claro tambem fica que isso foi ou inadvertido anachronismo, ou designação empregada, não no sentido restricto, legal e historico dos termos, mas como fórma usual de indicar as pessoas que então superintendião em uma e outra Capitanía.—*Capitam Mor* chama *Fructuoso* ao chefe dos corsarios.

As tropas aventureiras assoldadas, e, depois, as permanentes, que constituiram a milicia typica do periodo monarchico, tambem de sua origem deixaram noticia na historia da Madeira.—De gente tomada eventualmente a soldo pelos donatarios madeirenses para serviço nas guerras de Africa, especialmente por Simão Gonçalves da Camara, em 1516, conta *Gaspar Fructuoso* (vid. retró, pag. 171, 172, 177, 187, 188, 196, 214, &); mas não é disso que se tracta.—Refere tambem este, a pag. 204, que, por occasião e causa do rapto de D. Izabel, em 1531, veiu do reino á ilha da Madeira, mandado por Sua Alteza (D. João III), o *Corregedor Gaspar Vaz, com hum Meirinho . . . e huns dizem que com cem, outros que com trezentos homens soldados de sua guarda:* e, a ser exacto o referido, deve-se marcar daqui, e não da fatal expedição de D. Sebastião á Africa, em 1578, a epocha da admissão da milicia assalariada pelos reis de Portugal, o que nada tem de inverisimil, visto que o primeiro exemplo disso foi dado por Carlos VII, de França, em 1445, e desde Carlos V, na Hespanha, se havia introduzido este systema de exercitos.—Mas o incontestavel é que, durante quasi todo o dominio dos Filippes (1580-1640), as ilhas da Madeira e Porto-Sancto tiveram guarnição ou *presidio hespanhol*, salariada e permanente, aqui trazida para firmar o dominio castelhano, e assegurar a auctoridade e pessoa do *governador geral de guerra*, que, apeados os donatarios de seu poderio, os ficou substituindo em todo este archipelago, sendo Filippe II, portanto, o rei que veiu a consummar o projecto meditado por D. João II, de avocar inteiramente á coróa a governação dellas. Era o dicto presidio composto de quatro companhias, cada uma com seu capitão, e o da primeira commandante do presidio todo, e em sua auctoridade independente do governador portuguez.—Nos manuscriptos que possuimos, e nos *nobiliarios* madeirenses, achámos nota dos seguintes capitães do presidio hespanhol: *D. Antonio de Heredia*, *D. Affonso Gago Barracas*, *D. Francisco de Salamanca Polanco*, e *D. Francisco Soares Sisneiro.* Do primeiro vem larga noticia genealogica no *Nobiliario*, de *Henrique Henriques de Noronha:* era nobre, natural de Avila, e commandante do presidio; falleceu em 1624, deixando descendencia que ainda dura. Quanto ao segundo, ainda agora existe nesta ilha familia de seu appellido. Apparece o nome do terceiro na Pauta dos Provedores da Misericordia do Funchal. O appellido do quarto é ainda hoje o de uma familia madeirense.

Posteriormente ao dominio castelhano, teve a milicia portugueza, até 1809, quatro reformas, ou renovações:—1.ª a de D. João iv. decretada em assento de côrtes por 1644, com duas especies de tropa, a de *soldo*, c a *auxiliar*, ficando toda a mais gente nas *ordenanças*, as quaes eram um como viveiro de recrutas;—2.ª a de D. João v, instituida pelo alvará de 15 de novembro de 1707, a que se deu o nome de *novas ordenanças*;—3.ª a de D. José i, desenvolvida nos regulamentos (1763-1766), chamados do *Conde de Lippe*, por ter sido essa reforma inspirada por este illustre general, então commandante das tropas portuguezas;—e 4.ª, finalmente, a de 1806-1809.

Por todo este periodo, a milicia neste archipelago, comquanto seguisse as alternativas da da metropole, se a de lá ia mal, melhorando só nas occasiões de guerra, a de cá foi sempre a peior.—Em 1815, tinha a milicia nesta ilha da Madeira o seguinte quadro nominal: um batalhão de *artilheria auxiliar*, com brigadeiro, coronel, tenente-coronel, e major; tres regimentos de *milicias*, que eram o da *Calheta*, o da *Cidade*, e o de *S. Vicente*; e quatorze *capitanias móres*, de *ordenanças*, a saber, a do *Funchal*, *Camara de Lobos*, *Campanario*, *Ribeira-Brava*, *Ponta do Sol*, *Magdalena*, *Calheta*, *Porto do Moniz*, *S. Vicente*, *Ponta Delgada*, *Porto da Cruz*, *Machico*, *Sancta-Cruz*, e *Caniço.*—O batalhão de artilheria guardava as fortalezas. O governador e capitão general tinha, além do secretario, o estado maior, composto de um coronel, um tenente-coronel, tres majores, um capitão, e um tenente.

As *ordenanças* e *milicias* foram extinctas, por decreto e carta de lei de 22 de agosto de 1821; pouco depois restabelecidas, por carta de lei de 13 de junho de 1823; e definitivamente acabadas, por decretos de 14 e 20 de julho de 1832, os quaes só tiveram execução no continente do reino e neste archipelago, quando, em 1834, feita a convenção de Evora-monte, o governo de D. Miguel cahiu.

Destas instituições militares só chegaram ás ilhas da Madeira e Porto-Santo, apesar de todo aquelle apparato de organisação, a carictatura e as prepotencias. (1), acabando no enxame de senhores capitães, tenentes, e alferes, cujas

(1). Para exemplo, vejam-se as seguintes ord.ens, extraidas por nós mesmo do livro que

patentes ainda são, nas povoações ruraes, memorias vaidosas e pretextos respeitados de distincções e consideração,

tem por titulo «Livro em que se registão as Portarias e Ordens do Senhor General. Principiou em Janeiro de 1801.»—Este livro é do Archivó Militar da ilha da Madeira.

PORTARIA DE DEPORTAÇÃO.—«Por justos motivos que occorrem, hei per bem do Real Serviço que o primeiro Tenente da 2.ª Companhia d'Artilheria desta Ilha Joaquim José Jacques Mascarenhas o o segundo Tenente da mesma Companhia Silvano Evaristo de Ornellas passem a servir S. A. R. nas tropas de Moçambique, visto a aceitação que delles faz o Ex.ᵐᵒ Governador Capitão General daquelle Estado, que presentemente se acha nesta Ilha. O Sargento-Mór Agostinho José Marques Rosa, Commandante do Corpo de Artilheria, lhes aprompte e entregue as competentes guias, mandando-os pôr a bordo do navio que conduz o mesmo Ex.ᵐᵒ General daquelle Estado.— Palacio da Fortaleza de S. Lourenço, 10 de março de 1801.—Com rubrica do Ex.ᵐᵒ Sr. General.»

ORDEM CONTRA A RELAXAÇÃO DO SERVIÇO.—«Sendo excessivamente escandaloso nos soldados e officiaes a facilidade com que desamparão e deixão seus postos hindo em diligencia e achando-se em differentes acções do serviço, ordemna o Ill.ᵐᵒ e Ex.ᵐᵒ Sr. General deste Estado que, lendo-lhes na hora da parada o artigo de guerra IX..., se lhes estranhe muito seriamente semelhante falta &.»—Sem data.

ORDEM PARA CONFESSAR.—«O Ill.ᵐᵒ e Ex.ᵐᵒ Sr. General deste Estado mandou que se recolhesse preso a esse Quartel o filho de João José Dé, e quer S. Ex.ª que S. Mᶜᵉ. da sua parte lhe intime que ha de confessar quem he o sujeito que o acompanhou com huma faca na desordem que teve com os officiaes da Nação Britannica: e não confessando, que o mesmo Ex.ᵐᵒ Sr. o mandará carregar de ferros, até que diga.—Palacio da Fortaleza de S. Lourenço, 24 de dezembro de 1801.»

ORDEM DE CONVITE PARA JANTAR.—«Que o Sr. Commandante de Artilheria mande apromptar a 2.ª Companhia ámanhã, pelas 3 horas da tarde, e mande postar no Quartel General, commandada pelo Capitão Vellosa, e venha com bandeira, para ahi fazer as continencias a dois Generaes: e que a dicta Companhia venha decente. E o mesmo Ex.ᵐᵒ Sr. convida a V. S.ª a jantar ámanhã, pelas 3 horas da tarde. Deus Guarde a V. S.ª, Palacio do S. Lourenço, 16 de janeiro de 1802. —Ill.ᵐᵒ Sr. Antonio Francisco Miz. Pestana.»

ORDEM DE CASAMENTO.—«Ordemna o Ill.ᵐᵒ e Ex.ᵐᵒ Sr. General deste Estado que o Sargento-Mór, Commandante de Artilheria, mande pôr em liberdade o soldado da 1.ª Companhia, Felix Joaquim, mandando V. S.ª chamal-o á sua presença, e determinar-lhe que dentro de oito dias haja de receber a mulher com quem se acha proclamado e ajustado para casar: e, no caso de assim o não executar, dará V. S.ª parte ao Ajudante de Ordens de semana, para o participar ao mesmo Exm.º Sr.—Quartel General na Quinta da Paz, 14 de agosto de 1802.»

ORDEM A FAVOR DO VIVEIRO.—«Manda S. Ex.ª dar na praça de cima de S. Lourenço huma salva á Procissão do Sr. S. Francisco que se celebra ámanhã... e que disparem sómente aquellas peças que se tem ordemnado, que não prejudiquem a casa nem o viveiro.»

ORDENS DE CALCETA.—«1.ª Por ordem do Ill.ᵐᵒ e Exm.º Sr. General, que viu a parte contra os dois soldados um da 1.ª companhia, e outro da 3.ª, V. S.ª os mande trabalhar na calceta, até segunda ordem do mesmo Exm.ª Sr.—16 de outubro de 1802.—2.ª Ordemna o Ill.ᵐᵒ e Exm.ᵒ General deste Estado... que o paisano Ant enić ão, que se acha no calabouço de S. Lourenço, o mande V. S.ª recolher ao calabouço desse Quartel, trabalhando nas obras de fortificação com huma braga no pé, até segunda ordem do mesmo Exm.º Sr.—Quartel das Ordens da Fortaleza de S. Lourenço, 10 de dezembro de 1802.»

II

FORTIFICAÇÕES.

Quasi todas as fortificações da ilha da Madeira foram levantadas na costa do sul, e poucas na do norte; porque esta de si mesma fica defendida, por ser quasi toda inaccessivel, e ainda, nos pontos de desembarque, tão cortada é de sirtes, e revolta, que, salvo no Porto do Moniz, poucas vezes dá pé aos pacificos e practicos maritimos naturaes da terra. Inimigos não se aventurariam a entrar ali.

O Funchal foi o primeiro logar em que houve ideia de fortificações, em razão da importancia e superioridade do seu porto, e porque todas as mais circumstancias apontaram ahi a futura cidade, capital do archipelago.

Porém, as primeiras tentativas se mallograram.—Tinha a ilha da Madeira cincoenta e seis annos apenas de descoberta, quando, pela primeira vez, foi pedida fortaleza para defensão ou guarda do Funchal. Mas a supplica, dirigida á infante D. Beatriz, como tutora de seu filho D. Diogo, duque de Vizeu e senhor da mesma ilha, nada obteve. São curiosas as razões, a bem dizer domesticas, da negativa da princeza. Diz assim na carta que, em 10 de fevereiro de 1476, dirigiu ao donatario, em resposta á sollicitação:

«.... Ui a carta sobre a fortaleza que bos pareçe neçesaria apoutamdo o logar e disposiçã delle em que bos dizees se poderaa fazeer.... Neste caso porem aguora as cousas que ora são byndas a estas partes que muyto contradizem... & as grandes despesas que tenho feitas.,.. nom dam por ora logar.»

Estas coarctadas parecem mais evasiva, que motivo.

Poucos annos depois, em 1493, é o mesmo Duque, com acquiscencia, senão preceito, do rei, quem toma iniciativa no projecto, pelo seguinte diploma:

CARTA do duque em que mamda que se faça çerqua & muros nesta billa do fũchall,

JUIZES ofeciaaes fidalguos caualleyros escudeyros homẽes boõs & pouoo da minha ylha da madeyra nas partes do fomchall & máchyquo. Eu ho duque bos embio muyto saudar. EllRey meu senñor determinou ora symtimdoo asy por scruiço de deos & seu & bem & homrra de todos bos outros & de bosos desçemdcmtes de se fazer huũa çerqua nesa billa do fumchall a quall por aguora pareçe bem a sua alteza & yso mesmo asy de ser feyta amtre a rybeyra de Sam framçisco & de Samta luçia & que chegue cõ ho mar & que deue ser da gramdeza ao menos tamanha como setuuall & o dito senñor máda que logo de

janeyro que bem por diamte se começe a dita obra & a maneyra que a sua
alteza & a my ao presemte pareçe em que se deue aber ho dinheyro a dar a
seruymtia pera ella bos embio largamemte decrarado em ese quaderno que con
esta bay pera bos todos aberdes comselho sobre ho dito casso pera se per bemtura bos pareçer que em outro mylhor modo o dinheyro & seruymtia se posa
aber mo espreuerdes porque fazēdo se todabia a dita obra çedo & começamdo
se do dito tempo muyto folgarey de ser feyta com a menos oprisam & fadigua
que ser posa & por yso bos emcomēdo muyto que cuydees em ello & pratiquees muy bem como cousa da sustamcia que ella he & logo me embiay boso
pareçer de todo o em que bos asemtardes. Outro sy saberees que ho dito señor quer que se faça caua de redor desta çerqua posto que seja terta de penedia & que nom tenha barbacãa por se escusar mays despessa & muyto pra-
tiquarees tambem & me embiarees a despesa que per orçamemto bos pareçer
q̃ em esta caua se fara fazemdo fumdamemto que seja caua rezoada nam gramde nem muyto pequena. Outro sy per omde este muro pareçe de qua que
deue de yr creo que se am de donyficar cassas & outras bemfeytorias nyso em-
temtderees tambem & bede ho que estas cassas & bemfeytorias poderam baler
pouco mais ou menos & mo espreuerees & yso mesmo a seruymtia que no dito
quaderno bay decrarada que se dee per homões bõos. Aberees comselho & pratica se seria mylhor darse em dinheyro & fazerse toda a obra a dinheyro & posto que por aguora bos outros da Jurdiçam de machyano aqny ajaees de ajudar
& trabalhar nom o deuees daueer por agrauo porque despois que esta çerqua
for acabada, se pareçeer neseçario fazerse a outra os da Jurdicam do fumchall
ajudarom a ysa asy como bos outros aguora auees dajudar. & a reposta de todo me mamday loguo & neste caso estaram com bosco na camara Joham gomçallues capitam & tristam teixeyra o moço que ora tem carreguo de capitã em
absemçia de seu pay. Sprita em torres bedras aos xxj dias de Junho de 1493.
Jurdam Ribeyro a fez, Ho. DUQUE.

Archivo da Camara do Funchal, tomo 1, 2.ª 176.

Este diploma vinha acompanhado do respetivo orçamento, interessante
á historia não só militar, mas economica do paiz. É do theor seguinte:

QUADERNO da maneyra que se ha de fazer a çerqua no
fuchall & da despesa.

PERA se fazer hũa çerqua no fumchall da ylha da madeyra fazemdo fumdamemto que seraa tamanha como a de setuuall a quall pera a dita ylha imda
pareçe pequena leuamdo a toda a dir.º per orçamemto auera mesteer a despesa
seguimte:

ſ o muro de setuaalt he em rroda..............biij° braças

ſ de alto atee o peitorill com os aliçeces..........iiij braças & meia

ſ de amcho hũa braça.....................j braça

ſ o peitorill & ameas todo em roda cellenaraa
quatroçemtas braças ....iiij° braças
que som ao todo.....................iiij^m braças

ſ pera cada braça dalto & de larguo aberaa mesteer de call quatro moyos em que momta
ao todo dezeseys mill & seys çemtos moyos
& comtamdo a trezemtos rr.ª o moyo momta
a dinheyro quatro comtos & seys çemtos &
oytemta mill rr.ª ....iiij côtos b j° lxxx.^m rr.ª

ſ ha mesteer pera cada braça de parede dous
meestres que som ao todo oytoçemtos meestres....biij.° meestres

ſ comtamdo a setemta rr.ª cada meestre momta a
dir.° ....b° lbiij^m rr.ª

ſ ha mesteer cada dous meestres & cada braçada de parede comtamdo dalto & bayxo hũa
por outra sete seruydores que som ao todo
bymte & oyto mill seruydores ....xxbiij.^m seruydores

ſ comtamdo a quoremta rr.ª cada hũ momta a
dinheyro hũ comto de rr.ª & çemto & bym-
te mill rr.ª ....j comto ç xx.^m rr.ª

ſ ha mesteer pera cada braçada de parede quoatro barcadigas de pedra que som ao todo dezeseys mill barcadigas & comtamdo
a duçemtos rreaees as barcadigas postas a
beira dauguoa, momta a dinheyro dous com-
tos & noue çemtos & sesemta mill rreaees....ij comtos jx.° lx^m rr.ª

ſ abera meester de arca pera seer terçada com
a call bymte & sete moyos & comtamdo a
xxx rreaees por moyo posto na obra momta a dinheyro seys çemtos & sesemta myll
rreaees........................bj.° lx^m rr.ª

ſ pera compra demxadas alferces marras mar-
roeës lauamcas picoëes cordas çestos polees
madeyra pera os amdamyos & outras cousas
meudas per orçamemto duçemtos mill rr.ª.....ij° ^m rr.ª

Soma ao todo dez comtos & cemto & cin-
quoemta & oyto mill rr.ª...............x comtos c lbiij.^m rr.ª

Arch. da Camara do Funchal, tomo I, fl.ª 177.

Destes tres diplomas se mostra que, ao tempo, nenhumas fortificações havia na ilha da Madeira. Dos dois ultimos transluz o desejo que o duque, senhor della, tinha de que a çerqua e muros de defeza fossem levantados, e que o rei, se não tomava iniciativa, prestára, pelo menos, assentimento.

Mas este segundo tentame, comquanto mais auspiciado e em caminho de realisação que o primeiro indeferide, tambem gorou.

Adiante veremos as pesadas contribuições em numerario e trabalho que sobre os povos desta ilha eram lançados para a obra. Intimidaram-se elles mais dos taes encargos, que das depradações dos inimigos exteriores; e mandaram á córte *Alvaro Dornellas* e *Nuno Cayado,* como seus procuradores, a representarem não contra a edificação, seguramente, mas contra a *oprissam* dos grandes onus que iam soffrer. E D. João ii fez-lhes mercè do que a dicta çerqua e muros se não fizessem. O diploma desta *perfeita* evolução é o seguinte:

CARTA dellRey em que mamda que nom se façam çerqua & muros que mandou fazer.

JUIZES bereadores fidallgos caualleyros & homées boõs & pouvo da ylha da madeyra & parte do funchall nos ellrrey bos embiamos muyto saudar. Fazemos bos saber como per aluaro Dornellas & nuno cayado bosos procuradores nos foy dito de bosas partes como a çerqua & muros que mandamos fazer em essa billa do funchall trazia gramde oprissam a terra & que fazemdo se rreçeberiees todos muytas perdas & asaz danos & abemdo nos rrespeyto aos seruiços que de bos recebidos temos & ao desejo q̃ sabemos que temdes de nos seruyr a nos apraz por bos fazer merçee que a dita çerqua & muros que se nom façam & bos abemos dello por rreleuados & soomemte queremos por nos pareçer bem & segurança da terra que se façam alguũs balluartes aquelles que neçesarios forem & asy se tapem alguũs portaees homde comprir de se taparem pera booa defemsam & garda da dita ylha da qoall cousa bos emcomendamos muyto que bos asy apraza & teerbollo em muyto seruiço. Sprita em lixboa a jx dias de Janeyro. Joham lopez a fez. Anno de mill iiii° LR iiij (1494). E porque com estes sobre ditos bosos procuradores fallamos mays larga memte como bos diram abemos por escusado mais largo bos spreueer. REY.

Arch. da Cam. do Funchal, tomo i, n.º 48.

Como desta carta se vê, o projecto dos muros de defeza do Funchal inverteu-se no de fazer sómente alguns baluartes e tapar alguns portaes, sem que viesse, como o outro, acompanhado do plano, orçamento, e meios de ir a effeito. Pelo que, vemos tanto nos encargos além impostos, como na mercê aqui concedida, surrateiro ardil do rei, por não querer acastellado o Funchal, em quanto nelle não fossem solidamente firmados todos os elementos da monarchia pessoal a que aspirava.

O duque, senhor da ilha da Madeira, porém, parece que não estava no mesmo pensamento; porque, seis mezes depois da carta supra, tractava, pela sua carta infra, de pór em realidade o que em palavras o rei concedia.

CARTA do Duque em que mamda que pratiquem com bicemte sodree sobre a çerqua & balluartes.

Juizes & oficiaaes fidalguos caualleyros escudeyros & homées boõs da minha ylha da madeyra na parte do fumchall. Eu ho Duque & senñor bos embio muyto saudar. Creo que aluaro Dornellas bos deria quoando de qua foy como sem embarguo delRey meu senñor por bos fazer merçee lhe prazeu de por aguora se com fazer çerqua nesa billa determinaraa de se fazerem algũs balluartes & defensõees asy nella como nas outras partes desa ylha & o dite aluaro Dornellas & nuno cayado asy o praticaram de bosas partes com sua alteza & comyguo que se deuia fazer & aguora ho dito senñor me mandou que logo embiase beer & comçertar ẽ que maneyra as ditas defemsõees se fariam milhor aa quall cousa embio biçemte sodree fidalguo de minha casa com meu regimemto que bos mostraraa no quall mays largua memte berees ho que dito he. Emcommemdo bos muyto que pratiquees com elle & dees aquella hordem que milhor for segumdo a forma do dito Regimēto de guisa que elle torne muyto asinha & com boom comçerto & abiamemto disto a que bay o que de asy fazerdees bos muyto agradeçerey & terey em seruiço. Sprita em setuuall a b iij dias do mecs de julho. Lopo mexia a fez. Anno de mill iiijᶜʟʀɪɪɪj (1494). Ho DUQUE.

Arch. da Cam. do Funchal, tomo ɪ, fl.ᵃ 178.

Apesar dos vehementes desejos que o duque revela nesta carta, os resultados da commissão do fidalgo Vicente Sodré foram nullos.

O archipelago da Madeira só teve fortificações depois que o poder monarchico nelle se consolidou, pelas reformas manoelinas.

As fortificações do Funchal são, começando de leste para oeste: o forte de Loures, a fortaleza de S. Thiago, e o forte de S. Pedro, ou Forte-novo, todos fóra do antigo recinto murado; os muros ou muralhas, que cercavam a cidade por leste, sul, e oeste; o forte de S. Filippe, o reducto de Sancto Antonio da Alfandega, a fortaleza de S. Lourenço, e a bateria das Fontes, que estão na parte que era murada; a oeste da cidade, o forte de Sancta Catharina, ou de S. Lazaro, a bateria da Penha de França, e o forte de S. José da Pontinha; ao noroeste, o castello de S. João, do Pico; e, finalmente, a fortaleza de Nossa Senhora da Conceição, do Ilhéu, no porto, em frente da cidade.

As *fortificações* levantadas na *costa do sul* da ilha são:

A *leste* do Funchal:—em *Machico*, o *forte de S. João Baptista*, no sitio do *Desembarcadouro*, e o *de Nossa Senhora do Amparo*, no extremo do sul da villa, ambos á beira-mar:—em *Sancta-Cruz*, o de *Nossa Senhora da Graça*, ao sul, no calháu da villa; o de *S. Francisco*, a leste; e o de *S. Lazaro*, vulgarmente chamado de *S. Fernando*, a oeste:—no *Porto-Novo*, um *reducto*, a leste, beira-mar, e um *forte*, a oeste, no alto:—e no *Caniço*, o *forte de S. Sebastião*, e o *reducto do Portinho*.

Ao *oeste* do Funchal:—o *forte do Gorgulho*, o *reducto do Callassa*, o *forte da Ponta da Cruz*, o da *Engenhoca*, o *forte e reducto da Praia-formosa*, e o *forte do Arieiro*, todos para defeza da dicta praia:—o *forte da Ribeira dos Soccorridos*, o de *Nossa Senhora da Victoria*, e o *reducto do Pastel*, para defeza da foz da mesma ribeira:—o *forte de S. Sebastião*, sobranceiro, por oeste, á villa de Camara de Lobos, e a *bateria do Canavial*, no fundo da bahia da mesma villa, ambos para defeza della.—A freguezia da *Calheta*, e a do *Paul do Mar*, tiveram cada qual seu forte, sobre o porto.

A *costa do norte* da ilha só conta quatro *fortificações:*—o *forte do Porto do Moniz*; o *reducto da Entrosa*, na freguezia do *Arco de S. Jorge*; e o *forte de S. Jorge*, e o do *Porto da Cruz*, no porto de cada uma das freguezias destas denominações.

A *ilha do Porto-Sancto* teve o *castello* ou *fortaleza do Pico*, a leste, quasi a dois kilometros da villa, e ainda tem o *forte de S. José*, na praia della.

A historia destas fortificações divide-se em *cinco periodos:*—o primeiro começa no reinado de D. Manoel; o segundo, no dominio dos Filippes; o terceiro, no reinado de D. João IV; o quarto, no de D. Pedro II; e o quinto, no de D. Maria I, e vem até o presente.

O PRIMEIRO PERIODO (1495-1580)—abrange os ultimos oitenta e cinco annos das guerras d'Africa, durante as quaes estas ilhas foram infestadas por piratas barbarescos, e corsarios europeus, chegando a ser invadida a cidade do Funchal, em 1566, por uns dois mil francezes, que a saquearam e devastaram. O systema de fortificação adoptado neste periodo resente-se dos meios e artes de guerra da idade-media; era, como então se dizia, para *batalha de mão;* mirava á defeza terrestre. Teve por nucleo o *baluarte*, que depois foi a *fortaleza de S. Lourenço*, e por limites os *muros de circunvallação* da cidade do Funchal; quanto, porém, ao litoral, então se curou de pôr-lhe *vigias*, especialmente na Ponta de S. Lourenço, e de, por obras militares, que os diplomas não dizem quaes fossem, desde Camara de Lobos até áquella cidade, e desde ella até Machico, *impossibilitar* accesso de inimigos, especialmente na *Praia-formosa*, onde os corsarios francezes haviam desembarcado.

A *fortaleza de S. Lourenço* ostenta, no torreão de leste, as armas de Portugal e a sphera emblematica de D. Manoel, o que quasi assegura ter sido começada no reinado deste: tem no pateo interior, sobre a porta da destruida capella do sancto de que tomou o nome, a seguinte inscripção:

$$\boxed{\begin{array}{c} D. \ V. \ \ N. \ D. \\ 1 \ \ 6 \qquad 3 \ \ S \end{array}}$$

allusiva á mesma capella (1); e nenhuma outra inscripção ou signal mais lha achámos, que possa esclarecer-lhe a historia. Respeita-lhe, porém, o diploma infra-transcripto, pelo qual, ainda que D. Manoel lhe houvesse lançado os fundamentos, ao reinado de D. João III pertence a edificação, depois melhorada e augmentada no governo de D. Sebastião, como se vê do segundo diploma abaixo, e no dos Filippes, como attestam a architectura do portico, e as armas de Hespanha, sobre os vestigios das quaes se notam enxeridas as de Portugal. Era a principio um baluarte.—Eis o primeiro diploma:

ALVARA sobre o balluarte pera se fazer.

EU ELREY faço saber a bos symão glz. da camara do meu conselho capitã da minha ylha da madr.ª na parte & jurdiçã do fũchall & veedor de minha faz.ᵈᵃ na dita ylha q̃ eu ouue per meu seruiço q̃ na dita çidade do fumchall se fezese hũ baluarte cõ hũa torre pella neçesidade que diso abia, pera garda & defensã da terra do quall dey careguo ao capitã Joham glz. hoso pai q̃ deos tenha pera o mãdar fazer no lugar q̃ lhe pareçeso q̃ estaria milhor asẽtado tomãdo pera yso emformaçam dofeçiaaes q̃ lho emtemdesẽ & q̃ a dita obra se fezese na custa do remdimemto da imposysam das carnes da dita çidade a q̃all remda da imposisã seja pera obra do dito balluarte & fortaleza atee se de todo acabar & q̃ elle ẽ camara cõ os ofeçiaaes della ordenase dous homẽes abonados & pera isso aptos q̃ fossem a seu cõtemtamemto pera hũ ser reuisor & outro sprivã do remdimemto da dita imposysam & q̃ tudo o q̃ o dito reuisor pagase & despemdese nas ditas obras por seus mãdados ou de seu ouuidor q̃ da dita obra teria cuidado nom

(1) Parece que a inscripção significa: Dᴇᴏ Vᴏᴛᴀ Nᴏsᴛʀᴏ Dᴏᴍɪɴᴏ, 1635, isto é, Votada a Deus Nosso Senhor, no anno de 1635.—É sem duvida memoria da fundação da capella, talvez do mesmo tempo em que a Fortaleza foi reformada pelos Filippes. Em 1590 ainda esta não era denominada de S. Lourenço, porque Gaspar Fructuoso nunca por tal a designa. De 1630 até 1634 esteve servindo de governador geral o bispo D. Jeronymo Fernando. É natural que a fundação da capella, e invocação do padroeiro S. Lourenço, fossem lembrança do prelado-general.

semdo o dito capitã presemte lhe fose leuado ē cõta o q̃ asy faria sem os ofeçiaaes da camara mais ētēderē no remdimemto da ditu imposysã segumdo mais
larga memte era quonteudo em hũ regimemto q̃ lhe pera iso dey. E por quamto
bos me deçestes ora q̃ a dita obra nã era de todo acabada & compria a mea
seruiço acabarse ey por bem q̃ bos tenhaes careguo de a mandar acabar de todo
o neçesario aa custa da dita imposysã das carnes a quall receberaa o reuisor pera iso ordenado cõ ho dito sprivã & pera a dita despesa por bosos mãdados ou
de boso ouuydor nã semdo bos presemte & túdo lhe seraa leuado em quonta &
esto sē os ofeçiaaes da camara da dita çidade mais emtemderē no dito remdimemto dã dita imposysam soomemte bos ou o dito boso ouuydor atee a dita obra ser
acabada asy & da maneyra q̃ o capitã boso pay o ouuera de fazer per bem do
dito regimemto que lhe asy dey. E semdo neçesario ordenarse outro reuisor ou
sprivã por algũ dos que ja forã postos nom poder seruir por algũ impidimem-
to ey por bem q̃ bos cõ os ofeçiaaes em camara o ordéneès semdo pesoa autorisada & a boso cõtemtamemto pera niso seruir. E se hy ouuer algũ dinheyro
da dita imposysam do remdimemto pasado se arecadaraa pera a dita obra & o
fareès ētregar ao dito reuisor & caregar sobre elle ē recepta & bos leuarees esta
minha provisã aa camara da dita çidade como ey por bem q̃ a dita obra se acabe do remdimemto da dita imposysã como tinha mãdado. Porem bos mãdo q̃
tomees muyto euydado de mãdar acabar o dito balluarte & torre cõ toda deligencia como de bos cõfio & este aluara nã pasaraa pela ōbãcelaria sē ēbargo da
Ordenaçã. Ayres fernãdez o fez ē lix.ᵃ a xj ds. de str.º de myll v.º Rij (1542). E
quamto ao remdimemto da dita imposyçã q̃ diz que nã emtemderã nela os ofeçiaaes da dita camara atee a dita obra ser de todo acabada emtemderseaa asy
niso segumdo a forma da carta que espreuy aa dita camara quamdo dey careguo
ao dito capitam boso pai da obra do dito balluarte & torre. REY.

Archivo da Camara do Funchal, tomo ii, fl.º 6.

A fortaleza de S. Lourenço, desde o fim do seculo passado, é denominada *palacio*, por ser a residencia das auctoridades superiores militar e civil do
archipelago; de fortaleza só tem o exterior, para o norte.

Aos *muros de circumvallação da cidade, augmento da fortaleza de S. Lourenço*, e defeza *litoral*, especialmente da *Praia formosa*, respeita o seguinte diploma :

TRELLADO dos Apomtamētos & Regimēto q̃ se ha de
ter nas obras da fortcficaçã q̃ ellRey noso señnor mãda fazer na çidade do fumchall ylha da madeyra.

BISTO & izaminado o parecer q̃ o sr. capitam a sua alteza mãdou por
esprito & asy os das mais pesoas a que sua alteza cometeo & mãdou

per sua prouisam q̃ jumtamẽte cõ elle bisem & praticasem o milhor modo em q̃ se podia & devia de forteficar' a çidade do fumchall ylha da madeyra & asy os mais lugares & pomtos da dita ylha & asy mais bistas as traças & debuxos que do çitio & çidade jumtamẽte cõ seus pareçeres o dito sr. capitã mãdou a sua alteza a sua alteza por bẽ & mamda q̃ a dita çidade se fortefiqüe pera batalha de mãos soo mẽte pella ordem & medidas da traça q̃ pera a dita forteficaçã mãdou fazer & cõforme a estes apomtamẽtos.

Farseam duas parcdes de pedra & call ao lomguo das duas rybeiras s. da rybeira de nossa sr.ª do calhao & rybeira grãde atee çerrar de hũa parte cõ a pena & da outra no arrife ou rocha do piquo do frias as quoaes paredes se fáram ao lomguo das ditas rybeiras da parte de demtro da çidade ficãdolhe as ditas rybeiras da parte de fora seruimdo de cauas pẽteamdo ao lomguo das paredes q̃ se fezerẽ ao lomguo da rybeira grãde tudo o q̃ pareçer neçesario ficãdo à terra que se cortar & pẽtear ẽ escarpa podẽdo ser.

Farseam has ditas paredes a bomtade das boltas dos ditos rios ou rybeiras como na traça bão hordenadas fazẽmdolhe ẽ todos os angros & curuas as estãçyas & traueses neçesarios pera delles cõ a arcabazaria se gardarẽ os llanços das ditas paredes q̃ ficarẽ antre hũs & outros traueses como se mostra pela traça & ao lomguo da rybeira de nosa sr.ª do calhao se hiraa fazemdo & alevãtãdo a dita parede sobre a parede q̃ estaa feita da parte da çidade q̃ se fez para heuitar ho dano q̃ as agoas da dita rybeira cõ as cheas faziã nas casas.

Teram has ditas paredes dallto do andar do chão da parte de dentro da çidade atee o espiguã binte pallmos & começarã no pee hem seis pallmos & m.º de groso & acabaram ẽ çima no lugar homde se ha de começar o dito espiguã q̃ per çima ham de levar em dous pallmos & meo de groso & hirseam recolhemdo & allãborãdo per ambas as faces a cada dez pallmos hũ pallmo & as estãçyas q̃ se fezerem nos traueses se faram de terra soo mẽte a quall se lãçaraa ao lomguo das ditas paredes fazendolhe da parte de dentro da çidade hũas paredinhas de pedra em soço ou de pedra & barro quall milhor pareçer & menos custar pera terẽ mam na terra q̃ ao lomguo das ditas paredes se hiraa lamçamdo & fazemdo ao modo de escada pera sobirẽ per ellas aos taboleyros ou praças de çima ẽ q̃ hos arcabuzeiros ham de estar como se veraa pela traça as quoaes praças ou taboleyros se faram de x x v pallmos cõformamdose cõ a traça & medidas della & cõ os sytios de fora q̃ lhe ficarẽ em oposyto ou padrastos.

Farseaa o amdar das ditas praças ou taboleyros em altura de treze ou x i i i j pallmos dallto & todo o mais q̃ has ditas paredes ham de sobir ficarã ẽ peytoril pera cobrir os homẽes q̃ nos ditos taboleyros esteuerẽ & q̃ posã tirar cõ seus arcabuzes per çima dos ditos peytoris dos traueses das ditas estãçias & taboleyros & auertirseaa sẽpre q̃ fiquẽ cubertos das espaldas pera q̃ de fora nõ sejam bistos dos imigos o q̃ se muyto auertiraa & teraa ẽ todos os lugares & estãçias muyto respeito pera o quall efeito se leuãtarã has ditas paredes nos lugares homde ouuer neçesidade mais q̃ hos ditos xx pallmos tudo o q̃ for neçesario & cõ has ditas paredes se hiraa proçedẽdo pela hordẽ da traça atee cbegar aa praya de hua & outra rybeira como pela dita traça se mostra.

No calhao jumto de nosa senhora abaixo da pomte da parte da çidade se faraa hũa estãçia como bay ordenado na traça pera della se gardar o lĩãço do muro da fortalleza q̃ hora estaa feita & do trauees q̃ a dita fortalleza tẽ da parte do mar jumto ao cubello grãde se gardaraa a dita estãçia q̃ novamẽte se mãda fazer jumto a nosa senhora do calhao como dito he & da dita fortalleza & estãçia se gardaraa toda praya de hũa & outra parte da çidade & se ajudaraa & gardaraa hũa a outra ẽ todo o mais q̃ amtre hũa & outra força fiquar.

A dita estãçia q̃ se ha de fazer de novo se fecharaa cõ hũa porta q̃ se lhe faraa na travesa q̃ bay da praça pera o calhao & aberaa dallto do amdar da praya do calhao ao amdar da praça da dita estãçia binte pallmos & do amdar da praça pera çima se alevãtaram os peytoris da dita estãçia ẽ altura de quoatro pallmos pera per çima delles se poder tirar ao mar & jugar a artelharia por barba hos quoais peytoris teram de groso quoatro pallmos & se allgũa parte fiquar a praça da dita estãçia descuberta & pareçer q̃ hos imigos poderã descobrir a gemte q̃ na dita praça amdar se lhe alevãtarã os ditos peytoris da parte q̃ lhe for neçesario soo mẽte tudo o q̃ ouverẽ mesteer pera se cobrir a dita praça & abẽ do neçesidade de bonbardas pera allgũa parte se lhe faram as neçesarias cõ suas mãtas pera cobrirẽ & gardarẽ aos q̃ cõ a artelharia tirarẽ.

Acresẽtarseaa aa estãçia & praça baixa da fortalleza da parte do mar tudo o q̃ demãdar a linha da defesa acresẽtãdo tãbẽ o travees q̃ estaa jumto ao cubello grãde o q.¹ respõde aa estançia noua como dito he tudo o q̃ se pode acresẽtar cõtra o mar cõtãto q̃ se posa gardar per linha como se veraa pela traça.

Nos cunhais da dita fortalleza se farã os tres balluartes como na traça bam hordenados & as praças dos ditos balluartes se faram ao hollyuell cõ ho amdar do muro & se de allgũa llugar ou de redor se descobrir allgũa das praças dos ditos balluartes se lhes cubriram cõ se lleuãtarẽ os peytoris como dito he & todos os peytoris q̃ se fezerẽ nos ditos balluartes & estançias pera fromtaria do mar se faram baixos pera per çima deles ha artelharia tyrar pela barba & se farã dalltura & grosura atras dita gardãdo porẽ q̃ se nõ descubram as praças por q̃ ẽtam hos levãtarã & lhes faram as bombardeiras neçesaria cõ suas mãtas como dito he.

Todas as paredes q̃ se fezerẽ na fromtaria do mar asy na estãçia q̃ de nouo se ha de fazer como no q̃ se açresẽta na fortalleza & nos balluartes q̃ se lhe fazem de nouo allãborarã a cada cymquo pallmos hũ pallmo & começarã no pee ẽ grosura de sete pallmos & acabarã ẽ çima ẽ grosura de quoatro pallmos q̃ he a grosura dos peytoris.

Do pee do cubelſo grãde atee a estãçia q̃ se ha de fazer no calhao jumto a nosa sr.ª se llãçaraa hũ muro ao llomguo das casas como bay hordenado na tra-

ça deixando ao llomguo das casas hũa rua de arezoada largura pera serniço da
çidade a ql. parede teraa dallto do amdar da praya pera çima qmze pallmos &
começaraa no pee ẽ seis pallmos de groso & yraa alãborãdo a cada cinq.º pallmos hũ pallmo como dito he & pela parte de demtro pẽdera a cada dez pallmos hũ & do amdar da rua pera çima se recolheram & acabarã ẽ grosura de
tres pallmos & yso ficãdo ja liure dos gollpes & impito do mar & no dito muro
se farã duas portas de pedraria pera seruimtia do mar nos llugares ẽ q milhor
pareçer ao capitã & outras tres portas se faram pera seruiço da dita çidade s.
hũa na põte de nosa sr.ª do calhao & outra jumto aas casas de gaspar correa &
a outra a sam paulo & nõ haberaa mais portas,

Todas has ditas paredes q se fezerẽ ao lomguo do mar se farã de ẽxilharia
as façe dellas na alltura q pareçer neçesarea & bastar pera gardar dos guollpes
& impito do mar & o mais da pedraçia pera çima se rebocaraa muyto bẽ de hũ
reboquo asẽtado pera q ho ar do mar as põ guaste nẽ coma tã azinha & ẽ todo
o mais se gardaraa a ordẽ da traça & medidas della a ql. traça bai toda rys-
cada & traçada de traços uermelhos.

Mãda sua allteza q se cortẽ todos os ballcões da fromtaria do mar & asy
has casas ao redor da fortalleza como hay riscado cõ hos traços uermelhos soo
mẽte & q has ditas obras se começẽ lloguo a fazer na estãçia de nosa sr.ª
do calhao corrẽdo cõ ellas pela rybeira açima cõforme a traça atee çerar ẽ a
pena & nõ se llevãtaraa mam della atee nõ ser acabada ẽ sua perfeiçã.

Despois q for acabada a obra da rybeira de nosa sr.ª do calhao cõ a estãçia como dito he se proçederaa pela outra parte ao llomguo da Rybeira grãde
homde acabaram hos balluartes da fortalleza cõ a mais obra da fromtaria do mar
qll pareçer mais neçesario & hũa & outra se faram cõforme a traça & as mẽ-
didas della & as llẽbracas destes apõtamẽtos atras espritos & des q for acabada toda a dita obra na perfeiçã neçesaria ẽtam se deribarã os ballquões & se
derribarã has casas que se ouuerẽ de deribar tirãdo as q fezerẽ ẽpidimẽto pera
se a dita obra fazer por q esas se deribarã lloguo & se pagarã lloguo a seus
donos & o mesmo se faraa dos ballquões se fezerẽ allgũu ẽpidimẽto aa obra ou
ao jugar dartelharia & arcabuzaria.

Mãda sua allteza q se beja por homde se poderaa milhor çerar & atalhar cõ
menos despesa a Pena mais allta fazẽdolhe hũa parede de pedra & call cõ seus
traueses feitos pella ordẽ da mais obra q pera forteficaçã da çidade bay hordenada & o mesmo se beraa no piquo do frias o llugar ẽ q milhor se póde arema-
tar & fechar a parede que bay hordenada & pareçẽdo q se nõ deue fazer pelo
llugar q bay na traça traçado de riscos uermelhos allãçarã per homde milhor pareçer auertimdo sempre q cõ as ditas paredes fique a çidade fechada & estes dous
llugares mais alltos tomados s. a pena e o piquo do frias porq esta he a ẽtençã
de sua allteza & do q milhor pareçer & se asẽtar se faraa traça & se ẽbiaraa a
sua allteza apõtãdo per esprito as rezões per q pareçe q asy se debe de fazer

Avēdo allgūa duuida asy nisto como ē todo o mais ou ē parte allgūa se faraa saber a sua allteza per apomtamētos apōtādo sempre as rezões & decra-racōees neçesarias per q̃ se deue fazer ou mudar cousa allgūa de outra maneyra fora da ordē da traça & llēbrāças destes apōtamētos pera sua alteza tudo ver & ē tudo mādar prouer como for·mais seu seruiço.

Quamto aos portos q̃ bouuer da çidade do fumchall até machiquo & to-dos hos mais da ylha ē q̃ pareçer q̃ hos imigues poderā sayr ou desēbarquar se ēposebillytaram asy & da maneyra q̃ se fez de camara dellobos atee a çidade nō deyxamdo de poer as vigias neçesarias ē todollos lugares de ēportāçia prim-çipall mēte na pomta de sam louremço. Em allmeirim a xiiij dabrill de mill & q̃nētos & setēta & dous. Alluaro pires.

E asy māda sua allteza q̃ se tape o porto per homde hos frāçeses sobiram ·asy & da maneyra que se fez a mais obra q̃ se fez ao redor do mesmo porto.

E outro sy māda sua·allteza q̃ hos ballquões nestes apōtamētos decrarados se deribē lloguo sē ēbarguo de atras decrarar q̃ fiquē·pera derradeiro.

E q̃ das fomtes da fortalleza se recolha a parte q̃ bē pareçer da agua dellas ē hū chafaris q̃ se faraa no terreiro defora da fortalleza como sua allteza tinha mādado per pero da sylua & do restāte da dita aguoa se faram duas bi-quas ou as q̃ bē pareçer pera os nauios fazerē aguoada as quoaes biquas se poram ao lomguo do calhao ou da parte de gaspar correa ou do cubello grāde q̃ estaa da parte do uaradouro ou homde milhor pareçer & ordenarseaa isso lla de maneyra q̃ por muito q̃ a aguoa baa aas ditas biquas biraa ao poço da for-talleza & do poço uiraa aas ditas biquas.

O Alluara presente foi trelladado do propio q̃ tē ho sr. capitā & oūsertado por mym cō ho taballiam habaixo asynado. Franҫisco cardoso espriuā da camara q̃ ho sp. (escrevi) & resey.

Arch. da Camara do Funchal, tomo ii, fl.ᵃ 139.

Destes diplomas se reconhece que a cidade do Funchal tinha um só ba-luarte, quando foi invadida pelos corsarios francezes, o que attenua o terem-na elles tomado quasi sem resistencia. Todas as outras obras militares, mandadas levantar pelo regimento que acabamos de transcrever, foram posteriores a essa invasão. Os muros da cidade, dos quaes ainda hoje ha restos afogados na casa-ria, mostram-se edificados conforme o plano de D. Sebastião.

O segundo periodo (1580-1640)—comprehende o dominio hespanhol. Inaugurou um systema de fortificação mixto de terreste e maritimo, firmado não só nas condições de segurança e vantagem dos defensores das muralhas, mas tambem no alcance e cruzamento dos canhões, para defeza do porto e costa adja-cente.—São obras desses tempos a *fortaleza de S. Thiago*; o *proseguimento* e o *prolongamento dos muros* de circumvallação; o *castello de S. João, do Pico*; e, seguramente, a linha de fortes formada pelo *reducto de Loures*, *forte de S. Fi-*

lippe, e *bateria da Penha de França.* Tambem neste periodo foi levantado o *castello do Pico*, na ilha do Porto-Sancto.

A *fortalleza de S. Thiago* assenta sobre uma ponta de rocha firme, mais entrada nas aguas do porto que as praias adjacentes; pelo que, as vigia e protege para um e outro lado: é, além disso, o fecho da cortina de muralha que até ella se prolonga pelo *Cabo do calháu.* A originaria construcção não tinha a primeira bateria que lá existe: o portico primitivo está a dentro desta, e tem no alto, em lettra do tempo, a era 1614, a testificar o quando da obra.

Para os *muros* applicou Filippe III, por alvará expedido em 1618, valiosos meios pecuniarios; de modo que, em 1637, foram dados por concluidos, como consta do Archivo da Camara do Funchal, tomo III, fl.ª 116 v., e VI, fl.ª 19 v.

O *castello de S. João, do Pico*, é a noroeste da cidade do Funchal, sobranceiro a ella e ao porto, na eminencia do *Pico do Frias.* Este ponto e o da *Pena* já eram indicados no regimento de D. Sebastião como feichos das muralhas, para defeza terreste; mas a edificação filippina foi talvez talhada para defeza maritima tambem. Dois dos manuscriptos que possuimos da historia deste archipelago referem que o *castello do Pico* fôra principiado pelo governador geral D. Francisco Henriques: ora, este tomou posse do governo em 28 de outubro de 1622, e falleceu em 23 de julho de 1624: uma lapide, que está na praça d'armas, commemora o governador geral Luiz de Miranda Henriques Pinto como o edificador do resto da obra; e este, conforme aquelles manuscriptos, entrou no governo em 6 de junho de 1636, e deixou-o em outro igual dia de 1640: é, portanto, claro que o *castello de S. João, do Pico,* foi construido entre 1622 e 1640.—No alto da porta exterior, que fecha o terreno adjacente á fortaleza, lê-se a era 1632. A lapide, já gasta, por estar no piso, diz assim:

```
O G.or LVIS DE MIRÃDA HEMRIQVEZ PInTO
FEZ O TERÇO DO BALVARTE ·S· PAVLo E QVA
SI TODA A CORTINA Q̃ PEGA AO BALVARTE
S. JOAÕ E A SISTERNA CÕ SEUS BOCAES
E CORPO DA GVARDA ROTOS NA ROCHA E O
REBELIM DA PORTA E AS 4 CAZAS DOS ALMA
ZEIS DA P.ra PRAÇA ROTAS NA ROCHA E O ESPIGÃ
DOS OUTROS ALMAZEIS E TERRAPLANO DESTA P.ra PRAÇA.
```

Sabemos de um só diploma relativo a esta fortaleza: é a carta de D. João IV, de 4 de dezembro de 1655, pela qual creou o posto de *tenente* della, a favor de Benedicto Catalão, que por trinta annos fôra do presidio hespanhol.

Do *reducto de Loures, forte de S. Filippe, e bateria de Nossa Senhora da Penha de França*, não temos achado diploma, inscripção, ou nota. Inferimos serem deste periodo, porque condizem com o systema de fortificação delle, e desdizem do systemado periodo antecedente.—O *forte de Loures* é mero auxiliar do de S. Thiago, filho do mesmo plano, ainda que fosse, como dizem, feito a expensas de um particular. O *forte de S. Filippe* está, até certo ponto, no mesmo caso do de Loures, ainda que muito melhor que este, e lá tem o nome do sancto padroeiro lembrando o do fundador provavel. A *bateria da Penha de França* está para a fortaleza de S. Lourenço em relação analoga á daquelles com a de S. Thiago; além disso, a capella da Penha de França foi instituida por Antonio Dantas, em 1622, e havia de ser á beira-mar, juncto da Pontinha, *para uso dos impedidos*, isto é, dos soldados em serviço, o que mostra que já então ali existia estancia ou posto militar. Emfim, esta serie de fortificações á beira-mar accusa um plano unico de defeza maritima; foram producto do mesmo espirito, ainda quando não fossem trabalho do mesmo braço; pertencem de direito, se tambem de facto não pertencessem, a este periodo.

A *fortaleza do Pico*, na ilha do Porto-Sancto, era mais um refugio, que uma praça. A ilha é de accesso facil em diversos pontos, especialmente na extensa praia em frente da villa; era, e é, pouco povoada; não tinha, nem podia ter guarnição bastante a defendel-a; pelo que, continuamente a infestavam piratas barbarescos e corsarios europeus. Para acudir á misera população foi levantada essa fortaleza no cume de um pico, tão asado ao intento, por ingreme e pedregoso, que, só com as pedras em que abunda, se defende: e, porisso, a edificação era mais hospitaleira, que de guerra.—Consideramol-a obra deste periodo, porque o unico diploma a ella relativo, de que saibamos, é o alvará de 17 de maio de 1624, pelo qual Filippe iv proveu no posto de condestavel della Francisco de Sousa, com o vencimento de 24$000 réis e 2 pipas de vinho; e as par *Fructuoso*, tractando em 1590, do *Pico do castello*, da ilha do Porto-Sancto (vid. retró, pag. 48 e 49), não diz que nelle haja *castello*, mas que lheudão este nome, por ser de si mesmo forte e defensavel, como na realidade é ao presente, ali, só ha ruinas; resurgiu a primitiva denominação; e onde era o castello do Pico ficou o Pico do castello.

No tomo iii, fl.ª 19, do Archivo da Camara do Funchal, está registado um alvará de D. Filippe iii, pelo qual, em 1602, fez mercê do cargo de *fortificador* a Jeronymo Jorge, por mais quatro annos. Já havia, pois, o cargo, pelo menos, desde 1598. Seria este o architecto militar das fortificações deste periodo?

O ᴛᴇʀᴄᴇɪʀᴏ ᴘᴇʀɪᴏᴅᴏ (1640-1663)—foi o das campanhas da independencia contra Hespanha, nos reinados de D. João iv e D. Affonso vi. Feita em. Portugal a revolução do primeiro de dezembro de 1640, chegou á ilha da Madeira, em 10 de janeiro de 1641, carta do novo rei participando o successo; e foi logo acclamado, sendo estas ilhas as primeiras que o fizeram.—A dynastia bragantina parece ter tido em menos conta os muros de circumvallação, e attendido mais ao systema de defeza maritima: pelo menos, é esta a inferencia tirada das suas edificações militares, as quaes foram duas, neste periodo: o *reducto da Alfandega*, e a *fortaleza de Nossa Senhora da Conceição, do Ilhéu*.

Do *reducto na Alfandega* já démos, na nota *Alfandegas* (pag. 599), todas as noticias que temos. Comparando-o com a ordem régia, expedida em 1644, para a edificação delle, vê-se que a execução se conformou com o mandado: o reducto, interceptando o lanço de cortina que se alongava desde a fortaleza de S. Lourenço até o forte de S. Filippe, adianta-se-lhe alguns metros para o mar, e abre largo portão sobre a praia, ou calháu, a bem do transito das mercadorias entre o mar e a Alfandega.—Este reducto foi, pois, a primeira excrescencia na cinta de muralhas do Funchal; foi o primeiro golpe no systema de circumvallação, e o primeiro passo intencional no de defeza maritima, firmado no alcance e cruzamento dos canhões.

A *fortaleza de Nossa Senhora da Conceição, do Ilhéu*, que ahi se alteia sobre as aguas do porto do Funchal, firmou ousadamente o novo systema. A historia della compendia-se na seguinte inscripção que tem:

> ESTA FORTALEZA FEZ
> O GOVERNADOR E CAPI
> TAÕ GERAL BERTOLAMEO
> DE VASCONCELOS DA CVNHA DA
> PR.ª PEDRA Do SIMᵗᵒ ANᵒ 1654
> NESTE TEMPO ERA POR
> VEDOR DA FASENDA FRANᶜᵒ DE
> ANDRADE ASISTIA AS DES
> PESAS DA FORTIFICASAÕ
> E AIVDOV Mᵗᵒ ESTA OBRA.

O QUARTO PERIODO (1638-1777)—inclue os reinados de D. Pedro II, D. João V, e D. José I: naquelles dois houve a *guerra da successão* de Hespanha, desde 1700 até 1715, em que Portugal se involveu, e no terceiro, durante o ministerio do Marquez do Pombal, a guerra que, em 1762, tivemos contra Hespanha.—Continuou neste periodo o mesmo systema de defeza maritima do anterior: caracteriza-o o generalisar as fortificações a outros pontos da ilha da Madeira e á ilha de Porto-Sancto. Já desde D. João II se pensava nisto, como vimos; mas só agora se realisou.—Foi *melhorada a fortificação da cidade*, e *reedificada e augmentada a fortaleza de S. Thiago;* e foram construidos, no Funchal, o *forte de S. Pedro*, vulgarmente chamado o *Forte-novo*, e a *bateria das Fontes;* em *Machico*, o *forte de Nossa Senhora do Amparo*, e o de S. *João, do Desembarcadouro;* em *Sancta-Cruz*, o de *Nossa Senhora da Graça*, o de S. *Francisco*, e o de S. *Lazaro;* o do *Porto-novo*, o da *Ribeira Brava*, o da *Calheta*, e o do *Paul do Mar;* todos estes na costa do sul: na costa do norte, o da *Entroza*, na freguezia do *Arco de S. Jorge;* o de S. *Jorge*, no *sitio do Calháu*, da freguezia da mesma invocação; e o do *Porto do Moniz*, que era o melhor nessas costa: e, finalmente, o de S. *José*, na ilha de Porto-Sancto.—Só de alguma destas obras de fortificação temos noticia especial.

João da Costa de Brito, governador geral deste archipelago, desde 1680 até 1684, havia emprehendido, mas não ultimado, algumas obras militares na cidade do Funchal, e, entre ellas, sem duvida, a *melhoria das muralhas;* o seu successor Pedro de Lima Brandão, que governou até 1688, pouco adiantou nellas; porisso, assumindo o governo geral destas ilhas D. Lourenço de Almada, no mesmo anno de 1688, lhe foi então expedida ordem régia para acabar com esses incompletos trabalhos, e fazer os mais precisos para defeza da cidade: e parece que este se desempenhou do encargo; porque, tendo mandado rasgar nas antigas muralhas e architecturar, com a elegancia do tempo e do genero, o *portão dos Varadouros*, que ficou sendo a principal entrada do Funchal, foi posta, em memoria e honra delle, a seguinte inscripsão latina (1), sobre o mesmo portão :

```
PERFECTA  HÆC  VARII  PRÆFECTI
MOENIA  FRUSTRA · PRÆTERITO  CU
PIUNT TEMPORE QUISQUE SUO · SED
DOMINO LAURENTO EA EST SERVATA
VOLUPTAS  DALMADA QUI ISTUD FI
NE  CORONAT  OPUS · ANNO · 1689 ·
```

É de presumir que esta inscripção ali fosse collocada pela Camara, porque tem por baixo as armas della.

Sobre o portão do *forte de S. Pedro* ou *Forte-novo*, está a seguinte inscripção, da qual se mostra que tanto este forte, como os de *Machico*, os de *Sancta Cruz*, e talvez os outros da respectiva capitanía, e o da *Ribeira Brava* foram levantados pelo governador e capitão general Duarte Sodré Pereira, e todas as fortificações desta ilha mandadas reparar, artilhar, e municiar por elle,

(1) TRADUCÇÃO:—Cada um dos antecedentes governadores em balde se esforçou por concluir estas muralhas; ao Senhor Lourenço de Almada estava reservado o prazer do exito da obra. 1689.

accabando-se estes trabalhos no anno de 1707.—Eis a inscripção, mutilada em algumas lettras, que não podemos ler:

```
        NO . . . . . Ã DO GOVERNO
    DEL REI D. P.º 2 MANDOU LEVANTAR
  . . ESTE FORTE DE S. P.º O G.ᵒʳ E CAPP.ᵃᵒ GN.ᵃˡ DᴠARtᵉ
  SOD.ʳᵉ PR.ᵃ E JUNTAM.ᵗᵉ OS DE MACHIQᴜO E S.ᵗᵃ CR
  US E RIBR.ᵃ BR.ᵃ Q̃. SE GUARNECERÃO DA A
  RTELHARIA Q̃ METEV NESTA ILHA Q̃ FOR
  ÃO 54 PESSAS ALEM DE MVNIÇOENS AR
  MAS E OUTROS REPAROS Q̃ FEZ FAZER
  EM TODAS AS FORTEFICAÇOENS DELLA
     E TUDO SE ACABOU NO Ã. DE 1707.
```

Cada um dos dois *fortes de Machico* tem sobre a porta da entrada sua inscripção, ambas accordes com a do *Forte-novo*, salvo quanto á era, que em um é de 1706, e em outro é de 1708. Eil-as:

```
ESTE FORTE DE N. SN.ʳᵃ DO AMPARO
MANDOU FAZER O GE.ᵃˡ DUARTE SODRE
PEREIRA SEM NENHŨA DSEPEZA DA FAZ.ᵈᵃ
REAL E POR SUA ORDEM CORREO COM A
OBRA DELLE FR.ᶜᵒ DIAS FRANCO QUE O NOMEOU
POR CAPP.ᵃᵒ DELLE NO ANNO DE 1706.
```

```
ESTE FORTE DE S. JOAŎ MANDOU FAZER
O G.ᵒʳ CAPP,ᵃᵒ GE.ᵃˡ DUARTE SODRE PEREIRA
A CUJA OBRA ASISTIO O SARGENTO MOR BAR
THOLOMEO TELLES DE MENEZES NO ANNO DE 1708.
```

Isto mesmo se confirma com ligeira variante, e se addita pelo seguinte trecho das *Memorias para a Historia. . .delrey D. João* ɪ, *por Joseph Soares da Silva*, escriptor contemporaneo destes factos, e o livro mesmo publicado em 1730, apenas uns vinte annos depois delles.

«Ha nesta ilha as Fortalezas seguintes: Santiago, S. Pedro, S. Filippe, S. Lourenço, S. João do Pico, Nossa Senhora do Ilheo, Nossa Senhora da Penha de França, e os Reductos de Alfandega, e de Loures, que por todas são nove; além de tinco, ou seis Fortes, dous na praya de Machico, hum na boca da bahia, a que chamaõ o Desembarcadouro, aonde primeiro aportaraõ os Inglezes, outro na Villa de Santa Cruz, e outro na Ribeira Brava, os quaes, como tambem o de S. Pedro, mandou fazer no tempo, que governou esta Ilha, Duarte Sodré Pereira, undecimo Senhor de Aguas Bellas, (que depois governou tambem Mazagaõ, e Pernambuco) e reedificar, ou renovar as Fortalezas do Ilheo, e de Penha de França, e outras Fortificaçoens mais por toda a Ilha, provendo-a de muitas armas, e muniçoens, e de hum grande numero de peças de artelharia, de que hoje se achaõ montadas cento e cincoenta, que estaõ destribuidas por estas Fortalezas.»

. Tomo I, pag. 411.

A *reedificação* e *augmento* da *fortaleza de S. Thiago* foi feita em 1767, como se prova pela inscripção que está sobre a porta principal, no angulo leste-sul do largo da entrada, que ao presente tem, e diz assim:

> ESTA FORTALEZA FOI REDEFICADA E AC
> CRESCENTADA SENDO G.or E CAP.am GEN.al DES
> TA ILHA IOSE CORREA DE SA E P.ª A MES
> MA FORTALEZA MANDOU VIR DE. LONDRES
> CINCOENTA PESSAS DE ART.ª COM TODOS OS
> PREPAROS NO ANNO DE 1767.

O *forte de S. José*, na ilha do *Porto-Santo*, foi mandado fazer pelo Marquez do Pombal, e, em commemoração do nome do rei, ficou tendo por pádroeiro aquelle sancto.

O QUINTO PERIODO da historia das fortificações da ilha da Madeira vem desde o reinado de D. Maria I (1777) até agora.—Resume-se em pouco: *ruinas e abandono*, com as unicas excepções das fortalezas de *S. Lourenço, Ilhéu, S. João do Pico, S. Thiago, forte de S. Pedro, e bateria das Fontes*, na ilha da Madeira, e do forte de *S. José*, na ilha do Porto-Sancto, que se acham em tal qual estado de conservação.—Deste periodo só encontrámos a seguinte inscripção, no interior do forte de S. Pedro:

> FORNO DAS BALAS
> ARDENTES FEITO
> COMO CONSERTO
> NO ANNO
> 1797.

III

CONTRIBUIÇÕES MILITARES.

I.

GENERALIDADES.

A historia tributaria deste archipelago exige, por sua natureza, e especialidade dos dados em que assenta, estudos *sui generis*, minuciosos e detidos, a que não temos tido ensejo. Não nos sentimos senhor do assumpto; e o tal qual conhecimento delle, sufficiente para lhe tomar a importancia, não nos affoita a tractal-o, desde já. Occasião virá, se a vida não faltar a meio da empreza da Historia do Archipelago da Madeira em que lidamos.

'Póde, porém, fazer-se ideia dos encargos tributarios que sobre os povos destas ilhas pesavam nos tempos da *antiga monarchia*, uns para o senhor dellas, outros para os donatarios, os dizimos para o clero, e os direitos para a Fazenda real: basta ler algumas das paginas e dos diplomas contidos neste livro, especialmente os de pag. 451-459, 479-483, 494-504, e 507-510.

Mas, acima do desmesurado dos encargos, avultava a odiosa indole delles. —A historia social do imposto conta identicos periodos aos da milicia: o *feudal*, o *monarchico*, e o *nacional*. No primeiro e segundo, foi o imposto onus exclusivo do povo, da população productora: naquelle, pago directamente á nobreza e ao clero a titulo de *privilegio*, e ao rei a titulo de *direito real*; neste, pago ao rei sómente, e por elle outorgado, como *mercê*, ao nobre e ao padre. Mas, ainda assim, o periodo monarchico foi de progresso sobre o feudal; porque, extremados dos privilegios senhoriaes e clericaes os direitos da coroa, estes eventualmente se accordaram com as necessidades economicas das nações, tenderam a cercear aquelles a bem do poder real, e então o imposto tendeu tambem a um nivel mais equitativo, benefico, e fecundo. Só, porém, no periodo nacional, subordinando-se aos principios de justiça, o imposto aspira, *por bem de todos, á repartição propercional por todos*, passando o rei mesmo a ser, na *lista civil*, estipendiado por meio do tributo.

Rebello da Silva, talento de hoje e na posteridade já, auctorisando-se com a respeitavel e respeitada penna do *Sr. Alexandre Herculano*, bosqueja, com a elegancia e lucidez habituaes, os dois primeiros periodos da historia do imposto em Portugal.—Honremos estas paginas, transcrevendo as palavras do illustre historiador. Diz assim:

«Resta esboçarmos uma noticia abreviada ácerca da indole e importancia das contribuições, e da fórma por que eram administradas as receitas publicas na primeira metade do seculo XVII. A classificação dos impostos, e o modo por que se lançavam e arrecadavam em harmonia com o atrazo das idéas economicas da epocha, reproduziam ainda na maior parte, em sua diversidade multiplice e lesiva, as feições da organisação tributaria da meia idade. D. Diniz, definindo no começo do seculo xiv em que consistiam as immunidades dos territorios coutados, distribuia os encargos dos não isentos em tres categorias, que na realidade os abrangiam a todos n'aquelle periodo. Eram a *Hoste, Fossado* e *Anaduva*, serviço pessoal de peões e cavalleiros para a defeza commum; o *Fóro*, isto é, todos os outros serviços pessoaes e tributos pecuniarios, ou em generos, directos, ou indirectos, impostos sobre a terra como instrumento de producção, é sobre os valores creados pela agricultura, pelas artes fabris e pelo commercio; finalmente a *Peita*, expressão equivalente de *calumnia*, que resumia as numerosas multas penaes applicadas ao fisco, formando uma parte avultada das contribuições municipaes.»

«Estas bases, modificadas e alteradas nos seculos xv e xvi, ainda mais quanto aos accidentes, do que em relação aos elementos capitaes, representavam no seculo xvii um dos aspectos mais valiosos do systema fiscal. Não olvidemos, tambem, que n'aquelle seculo a nobreza e o clero continuavam a desfructar com seus bens as largas mercês e doações da corôa sem concorrerem com o povo para a solução de nenhum encargo. O privilegio traçava entre as classes immunes e o geral da população uma linha divisoria, que as leis e os soberanos não ousavam transpor, mas que procuravam a pouco e pouco ir estreitando e apagando. O imposto, como observa o sr. A. Herculano em referencia á meia idade, era o marco de separação erguido para estremar o homem de trabalho das aristocracias que o exploravam. A vilania resumia-se no imposto, a fidalguia na isenção d'elle, e n'esta parte a indole intima da sociedade pouco se transformára. Havia mais privilegiados, mas não existiam menos privilegios.»

Rebello da Silva, Hist. de Port., tomo v, pag. 449-450.

Tres irrefragaveis documentos confirmam quão amplas eram as isempções tributarias tanto do clero regular, como do clero secular madeirense.—Já em outra nota dissemos que neste archipelago só houve duas ordens religiosas, a Franciscana e a dos Jesuitas. Pois cada uma dellas tinha seu diploma de privilegio: e ambos vem nas *Memorias.....do Estado Ecclesiastico na Ilha da Madeira.* Eis o dos Franciscanos:

PREUILÉGIO gerall comçedido aos relegiosos framciscanos.

DOM AFFOMSO per graça de deos Rey de purtugall & dos algarbes senhor de Cepta &.ᵃ Á quamtos esta nosa carta birem fazemos saber que nos querêdo fazer graça & mercee por esmolla aos frades de s. francisco de nosos regnos temos per bem & tomamolles em nosa garda & emcomēda sob nosa defençom & mamdamos q̃ nenhũ nom seja tam ouzado de quall quer estado ou condiçom que seja que lhe faça mall dapno nē outra semrezom & desaguizado nē lhe tomem nenhũa cousa do seu cōtra suas bomtades. E queremos que sejam escusados de pagarem fimtos talhas tribvtos nē outros nenhũs emcareguos que per nos & polos comçelhos sejam lamçados nem paguē-sizas nem dizimos portagem costumagem de pam nem de binho carne pescados ou outras quaes quer cousas que comprarē pera seus mamtimētos nem de pannos honestos & bureis que comprarē pera seus bestidos & neçesidades nem de cousas que comprarē pera reparaçom de seus mosteyros & cazas delles asy como pedra call area madey-ra pregadura taboado & quaes quer outras cousas que pera ello sejam neçesa-rias nem de bestas com seus aparelhos que pera seruidom comprarem & do pasa & castanhas & cousas que lhe sejam dadas per esmolla & de quaes quer outras cousas que lhe sejam dadas & leixadas que elles posuir nom possam & quaes quer joyas ornamētos que tambē comprarē ou benderē pera hos seruiços duinos asy como bestimētas capas liuros imageēs & quaes quer outras cousas que pera ello pertēcerem. E porē mamdamos a todollos nosos corregedores jui-zes justiças comtadores almoxarifes remdeyros & recebedores & outros quaes quer que esto bouuerem de beer & a que esta nosa carta ou trellado della em prubica forma per autoridade de Justiça for mostrada lha compram & gardem & façam comprir & gardar todo ho em ella comteudo per a guiza que dito he & nom bam cōtra ella em que maneyra seja. E ousamdo algũ cōtra ella mam-damos a quall quer taballião a que for mostrada que hos emprazem & que a 30 dias seguimtes pareçam em nosa corte a dar ha rezom per que nom compriram noso mandato & de como emprazados & do dia daparecer asy nollo embiaram fazer certo per spritura prubica pera tomarmos a ello como nosa mercee for. Dada em a nosa çidade de samtarem a 2 dias dabrill. Alvaro lopes a fez. Anno do naçimemto de nosso senñor Ihu xpō de mill & iiij° lbij (1457) an-nos.—REY.

Memorias...do Est. Eccl. na Ilha da Madeira, pag. 129.

Mas o clero não só tinha destes privilegios, como mercê régia: sustentava e mantinha tambem a sua isempção tributaria, com força muito maior que de mero favor real, e transcendente ainda á de um direito. Fazia disso *ponto de re-ligião. Excommungava* quem por qualquer fórma, directa ou indirecta, o tribu-tasse, e até *interdictava* a cidade, villa, ou logar onde tanto se ousasse, impondo assim duas penas por um só facto, e uma dellas injustissima, o interdicto, que fere todos, innocentes e culpados. E tudo isto para negar á mãe patria o direito ao pão de que ella vive, o tributo!—É grave, é incrivel tanto. Mas é verdade. Attesta-o a constituição v, tit. xvII, das *Constituições do Bispado do Funchal,* transcripta neste livre, nota a pag. 571.

80

Tocadas estas generalidades do assumpto, circumscrevamo-nos à especie subgeita.

As *contribuições militares* começaram desde que o poder real preponderou: rei, soldados, contribuições militares, são factos correlatos. Porisso tambem, em regra, tinham ellas o cunho da generalização no encargo da paga, e o da absorção unipessoal no direito de perceber o imposto; cortavam nos *privilegios,* e ampliavam nos *direitos reaes.*

D. Affonso v, no foral que, em 1452, deu a estas ilhas, isemptou-as das portagens e outros fintos que havia no reino, segundo referem *Gaspar Fructuoso* (vid. retró, pag. 74) e outros escriptores da historia dellas, o que, em falta de melhores dados, aceitamos por verdade.—Até aqui vem, pois, o periodo *feudal* das contribuições neste archipelago; daqui principia a transição para o periodo *monarchico;* e depois, este se segue e perdura até que, em 1821, o imposto foi, pela primeira vez, não dever dos subditos e direito do rei, mas simultaneo dever e direito da nação mesma, principiando então o periodo *nacional.*

As contribuições, destinadas, ou applicadas a dispendios militares, nos tempos da preponderancia monarchica, desde o foral de D. Affonso v, ou melhor, desde o reinado de D. João ii, até o introito das novas instituições tributarias, foram, nestas ilhas, conforme as noticias que até agora temos podido colher, as seguintes:—1.º *contribuições de guerra* propriamente dictas, comprehendendo os *fintos,* o *donativo,* e a *contribuição da decima;* 2.º a *imposição do vinho* por miudo, a *imposição da carne,* o *imposto do vinho em pipas,* o do *tabaco,* e o do *papel sellado.*

II

CONTRIBUIÇÕES DE GUERRA: FINTOS, DONATIVO, E DECIMA.

Logico e judicioso em seus progressos, o poder real, assim como antepos á exigencia do serviço militar os *agradecimentos* por voluntarios serviços, tambem entrou no dominio financeiro do imposto pela porta dos *emprestimos* espontaneos, na apparencia ao menos.—De um dos diplomas infra-indicados consta que D. Affonso v tinha pedido e recebido da ilha da Madeira o emprestimo de duas mil arrobas de assucar, antes de ser imposta, em 1478, a primeira contribuição de guerra. Depois, em 1549, D. Manoel ainda pediu outro emprestimo, em dinheiro, para pagar as dividas de Flandres, mas foi, não espontaneo, como o primeiro, senão forçado, e conforme as posses de cada um.

A primeira contribuição propriamente dicta, lançada nestas ilhas, foi durante o governo de D. Affonso v. Este rei, por carta de 17 de agosto de 1478, communicou para o archipelago da Madeira ter-se determinado em côrtes a contribuição de oitenta milhões (ou contos) para despezas da guerra com Sicilia, devendo pagar os *vassallos* septenta milhões; os *clerigos*, quatro milhões e meio; os *judeus*, quatro milhões e cem mil reaes; a *ilha da Madeira*, um milhão e duzentos mil reaes; e as *outras ilhas*, menos as de Cabo-Verde, duzentos mil reaes.

A aristocracia e o clero madeirenses estremeceram de colera e susto nos pedestaes dos seus privilegios, abalados do ariete monarchico-popular. Aquella carta feria-lhes a preciosa isempção tributaria, dando-lhes duplo golpe no orgulho e nos interesses. Abrigaram-se, pois, á resistencia passiva: calaram-se a princípio, palliaram depois, e conseguiram, por então, conjurar o revez.

São curiosas as duas cartas que desta ilha foram: uma, em resposta á infante D. Beatriz, que, como tutora do duque D. Diogo, seu filho, senhor do archipelago, aconselhára o pagamento, clausulado de se não repetir analogo pedido; a outra, em resposta á segunda missiva do rei que instava pelo imposto.—Na primeira, datada de 24 de agosto de 1479, agradeciam os da governança o cuidado e zelo da princeza; offereciam corpos, e vida, e fazenda para o real serviço; mas escusavam-se á exigida contribuição, a titulo de haverem os povos emprestado ao rei duas mil arrobas de assucar; de terem de mandar procuradores ás côrtes (1); de defender contra castelhanos a ilha, como a 4 daquelle mez succedêra; de levantar fortaleza para defensão da terra; de despender tres milhões para prover-se de trigos; e, finalmente, por não estarem no caso de *judeus peiteiros*, subjeitos a esse pagamento. Na segunda carta, de 6 de junho de 1480, sob fórma de pedido, humilissimo na phrase, mas reagente na intensão, como que perguntavam se «a sua alteza prazeria dar este dinheiro em pagamento dos assucares que emprestados lhe tinham.»

Por carta de 24 de agosto de 1480, ainda a referida infante D. Beatriz determinava que na cidade do Funchal fossem eleitos quatro homens da Camara e dois dos Mistéres para avaliarem as «fazendas», a fim de se proceder ao lançamento desta contribuição. Mas é certo que, pela carta régia de 2 de julho de 1481, ella foi reduzida a seiscentos mil reaes, sob condição de prompto pagamento: e, dez dias depois, a 12 do mesmo mez e anno, o rei mandou por outra carta que estas ilhas nada pagassem do milhão e duzentos mil reaes que lhes havião sido cotados, tomando, para isto, rasões de mero favor e equidade, por traz das quaes, seguramente, estavão acharem-se estas ilhas em poder dos sus magnates, e affastadas do continente, e, despeitados elles, poderem, assim

---

(1) Nos manuscriptos que possuimos da historia deste archipelago refere-se que D. João IV, por decreto de 6 de julho de 1654, deu á cidade do Funchal logar em côrtes. Mas da expressão allusão a que damos esta nota parece que a ilha da Madeira já em 1479 tinha esse privilegio. Essa allusão em diploma, como o de que se tracta, dirigido pelos da governança da cidade do Funchal ao rei, tem, pelas circumstancias e intenção em que foi feita, cunho de verdadeira.

como resistiram aos castelhanos em 4 de agosto de 1479, receberem-nos por bemvindos neste archipelago.—O rei, pois, recuou.

A D. Affonso v succedeu D. João II. Era ainda então senhor das ilhas da Madeira e Porto-Sancto o duque de Vizeu, D. Diogo, o qual foi morto pelo proprio rei, em 23 de agosto de 1484. Sabemos quaes as vistas que D. João II tinha sobre estas ilhas. Porisso, não é de admirar que, cinco dias apenas depois daquelle homicidio, pensasse elle em aproveitar-se, como com effeito se aproveitou, da crise, para, sob a impressão della, trazer á sua immediata dependencia esta colonia, que elle tanto considerava.—Eis a carta que este rei fez então expedir (1):

CARTA delRey dom Joham sobre as treyçoees de purtugall & garda destas ylhas.

DOM JOHAM per graça de deos Rey de purtugall & dos algarues daquem & dalem mar em africa a bos Joham gomçalluez de camara de lobos Capitam da nosa ylha da madeyra da parte do fumchall & aos Juyzes oficiaaes fidalguos Caualleyros escudeyros pouuo & homées bõos dos lugares da dita ylha na dita parte do fumchall muyto embiamos saudar fazemos bos saber nos soubemos muy certo que ho duque que foy de biseu tinha bordenado com alguũs outros q̃ presos sam hũa extrema & muy gramde treyçam q̃ toquaua a nosa propea pesoa em nos querer matar ẽ bymdo nos de nosa bylla dalcarcea do sall & de feyto o quisera poer em obra & ensxucutar mas noso senhor ho remediou damdolhe a morte que per gill Eanes caballeyro de nosa casa que a bos embiamos saberees & lhe mamdamos que bos disese ho que todo aby pasou per que o caso de sua treiçam era tall que mais lugar nem espaço nom deu nem comsimtira porem comfiãdo nos de nos cada hum em seu graao & maneyra como de bos leaees & fiees basallos que conheçemos serdes muy afeiçoados aa comseruaçom de nosa bida & estado homrra proueyto da coroa de nosos Reynos & que has taees cousas tam maas & abominauees bos pareçi dinas de tall & aymda mays aspera pena bos emcomemdamos rogamos & mamdamos que açerqua da defemçom & garda desa ylha tenhaees & ponbees tall ceydado deligemçia & abihamemto que nom reçeba pesoa algũa della dapño nem se faça cousa algũa q̃ seja comtra noso seruiço como de bos todos & de cada hum somos muy certo em ho que allem de fazerdes ho que por deuina lealdade nos sooes obrigados nos bollo gradeçeremos muyto & teremos em sym-

(1) Só agora tivémos conhecimento deste diploma, e, porisso, agora o damos. Basta lê-o, para reconhecer-lhe a importancia historica, não só quanto a estas ilhas, mas ainda mais quanto ao reino.—É D. João II a dar pessoalmente as rasões que teve para matar o duque de Viseu.

gullar & estremado seruiço & por ello sempre de nos reçeberees homrra & merçee & acreçemtamēto como a leaees bassallos & amadores do seruiço do seu Rey & sennor se deue fazer & per esta a bos sobre dito capitam & a todos bos outros seguramos capitania ofiçios benefiçios remdas liberdades framquezas priuilegios & quaees queer outras cousas asy & tam comprida per esta nosa carta patemte bollas abemos por dadas & bos emcomemdamos & rogamos que creaees ho dito gill Eanes & lhe dees comprida memte fee em todo ho que açerqua destas cousas da nosa parte bos diseer por que com elle fallamos larga memte. Dada em a nosa billa de setunall a xxbiij dias do mes dagosto. Johā Aluarez a fez. Anno de mill & iiijᵉ lxxx iiij. Rey. E eu afomso lopez tabaliam prubico por ellRey noso sennor em sua ylha da madeyra que este trellado tirey da propia carta.

Arch. da Cam. do Funchal, fl.ˢ 143 v.

D. João ii, não obstante as solemnes promessas feitas neste diploma, assegurando não só os cargos, liberdades, e franquias, mas até os privilegios, que nestas ilhas havia, cerceou-as regalias de nobreza, tanto na parte tributaria, como no mais.

As segundas contribuições de guerra foram impostas á ilha da Madeira já em tempo deste rei, no anno de 1493, para a malograda construcção da cerqua e muros da villa do Funchal, objecto dos diplomas transcriptos a pag. 613 e 614. Deveriam ellas ser parte em dinheiro ou de *imposição*, e parte em trabalho ou de *serventia*. O *lançamento* dessas contribuições veiu como continuação do orçamento das obras. Transcrevamol-o, por interessante em dados historicos. Diz assim:

Lamçamemto do dinheyro & seruětia pera ho balluarte se fazer.

Da quall despeza se aberaa mesteer em dinheyro çimquo comtos & iiij.ᵃ & treymta & oyto mill rr.ᵃ s. hos quatro comtos & seys çemtos & oytemta mill rr.ᵃ de call que se ha de comprar & bos quinhemtos & çimqueemta & oyto mill rr.ᵃ dos meestres & hos duçemtos mil rr.ᵃ das despezas meudas.

E para a dita despesa parece que se pode em cada hum anno aberem hũ comto & duçemtos & seseta mill rr.ᵃ no modo & maneyra seguimte.

Primeyra memte de todo açuquar que for estimado cada anno na ylha aos lauradores se pagaraa de cada arroba dez reaes a fora ho quoarto do duque seys çemtos mill rr.ᵃ, ... bjᵃ ᵐ rr.ᵃ leuamdo toda a ylha em oytemta mill arrobas que ficam em sesemta mill tiramdo ho quoarto.

Do dito quoarto do Duque q̃ podem ser bymte mill arrobas daçuquar se aberam duçemtos mill rr.ᵃ . . . . ijᵉ ᵐ rr.ᵃ os quaees lhe praz paguar pera esta obra asy como cada hũ do pouço & os capitãees de sua redizima pagaram sua parte.

Todo nauio que aa ylba for & nella descarregar, ou carregar mercadoria que pague por cada tonellada da gramdeça dd nauio poste que muyta ou pouca mercadoria carregue ou descarregue hum bymtem & que esta pagua se nom emtemda mays que hũa bez no anno poste que ho tall nauio lla baa mays bezes & pareçe que pode ysto releuar por annó por orçamemto çem mill rr.ᵃ ... c.ᵃ rr.ᵃ

Toda mercadoriá que aa ylba for ou della sayr asy dos naturaees come destramgeyros se pagaraa hũ por çemto o quall se recadaraa nallfamdegua & nos outros lugares homde queer que os dereytos do duque arrecadarem & das mercadorias de que se dizima nom paguar se arřecadaraa o dizimo per juramemto das partes que as leuarem ou tirarem & pareçe que isto poderaa rreleuar por anno duçemtos & çimquoemta mill rr.ᵃ .... ij.ºl.ᵃ rr.ᵃ

Y todo meestre daçuquar que seja forro paguaraa per sy cada hum hum cruzado & poderaa abeer na ylba destes lxxx meestres que sam treymta & dous mill rr.ᵃ .... xxxii.ᵃ rr.ᵃ

Y toda barca de carreto ou batell de pescar pague cada hũa çem rr.ᵃ & pode hy abeer çimquoemta' que sam çimco mill rr.ᵃ .... b.ᵃ rr.ᵃ

Y todo oficiall da ylba macanico emcabeçado que teuer temda ou bina em casa per sy paguaraa duçemtos rréaes & os outros oficiaees asy macanicos que esteuerem com estes paguaram çem rr.ᵃ & pareçe que podera ysto rreleuar çimquoemta mill rr.ᵃ .... Lᵃ rr.ᵃ

Y toda molber de partido que for achada na ylba paguaraa treçemtos reaees & pode baler por anno seys mill rr.ᵃ .... bj.ᵃ rr.ᵃ

Y todo morador da ylba q̃ nom teuer açuquar nem for oficiall macanico & teuer beẽs paguaraa cadaño de suas nouydades tiramdo ho dizimo dous por çemto a quall cousa se arrecadaraa pellos libros do diaimo & parece que poderaa esto rreleuar bymte & quoatro mill rreaees .... iiij.ᵃ rr.ᵃ

E pera seruemtia desta obra se teraa esta maneyra.

Todo homẽ que na dita ylba biuer ou tratar & esteuer & hy for achado posto que poucos dias na ylba ouuer destar asy bizinhos & moradóres como oficiaes mamçebos de soldada escrauos & toda outra pesoa que de fora hi bier tiramdo mareamtes daraa cadaño hum dia de seruiço pera esta obra & ahi as molheres biuuas darã hum homẽ & seram soomemte deste escusos todollos fidalguos cauualleyros & escudeyros que na dita ylba biuerem ou a ella forem & esteuerem os quaees por suas pessoas nom daram nenhum homẽ de seruiço & daram toda sua gemte & escrauos pera seruirem na dita obra como dito ha. E estes escudeyros se emtemderam em todo homẽ que teuuer mulla ou cauallo em que de comtino amde & yso mesmo as biuuas que foram molheres de semelhamtes pesoas seram escusas de darem ho dito dia de seruyço.

Pera ho facimento deste muro convinraa de se de rribarem muytas casas as quaaes podem baler huũa booa soma de dinheyro que aguera per ho presente se nom pode orçar.

Pera paguamento dos jornaees dos cauoaqueyros & fazimemto da casa que ha de secr a dinheyro q̃ atras esquieçeeo pareçe que abeera mesteer huũa rezoada soma de dinheyro a quall por aguora de ca se nã pode orçar.

Quoamto he as mãos dos meestres que ham de fazer o dito muro posto que pague por cada arroba daçuquar dez rreaees asy como cada hum da ylha a my praz com alguũa merçee que a ellRey meu Señhor pera yso quer fazer Deos paguar & suprir.

Aqui se acaba ho quaderno do que pertemçe açerqua que se ha de fazer no fumchall.

Arch. da Camara do Funchal, tomo ι, fl.ᵃ 178.

Estas contribuições, em moeda e trabalho, eram onerosas, para o povo principalmente. Sem duvida este, já vexado com tantas alcavalas, se doeu das novas, a ponto de mais as temer, certas e imminentes, que aos corsarios, eventuaes e remotos. Talvez, se fôra isto só, a obra da *çerqua e muros* tivera ido por diante, com esses meios. O povo estava affeito a pagar, trabalhar, soffrer, e calar. Mas, acima de tudo isso, no *lançamento* reproduzia-se a novidade da antecedente contribuição, o que importava reforma radical: o imposto nelle creado, de dez reaes por cada arroba de assucar, devia ser pago não só pelos lavradores, mas *tambem pelos capitães* donatarios, do assucar da sua redizima, a exemplo do duque, senhor da ilha, o qual, *por assim lhe aprazer*, dava igual cota de seu quarto do assucar. Os fidalgos, cavalleiros e escudeiros sim ficavam pessoalmente escusos da *serventia*, ou contribuição em trabalho; porém, deviam ter *toda sua gente e escravos*, para *servirem na obra*. Em summa, este lançamento abria segundo exemplo de trazer a nobreza a quinhoar no pagamento do imposto, o que importava nada menos que rasgar-lhe o mais proveitoso dos seus privilegios. E daqui, seguramente, veiu o energico estimulo á já alludida representação contra estas providencias; representação de que foram interpretes, como procuradores dos povos, perante o rei, os *dois fidalgos* Alvaro Dornellas e Nuno Cayado. Eram as isempções feudaes da aristocracia que, receiosas de D. João II, se abrigavam ás allegações do interesse geral, tributando assim involuntaria homenagem ao principio de justiça, que condemnavam.

Já vimos que o rei retrocedeu, e o motivo provavel por quê. Estas contribuições e as obras a que era destinado o producto ficaram sem effeito, pela carta régia de 9 de janeiro de 1494, transcripta a pag. 616.

Nem porisso, comtudo, o poder real abandonou a incetada empreza da reforma tributaria, no sentido de a tornar *geral* e *egualitaria*. Neste systema foram as contribuições dos *gibonetes* e dos *corpos de couraças*, de que fallámos a pag. 591: aquella, por alvará de 2 de março de 1497, devia ser lançada a cada pessoa que tivesse o rendimento de vinte mil réis; esta, por uma ordem régia de 5 de septembro de 1498, tambem não distinguia classes. Foram bem succedidas estas duas contribuições, talvez por serem menos importantes, que as outras; mas nem porisso deixa de ser para D. João II a gloria de firmar nestas ilhas o novo systema tributario.

Houve depois diversas contribuições de guerra, ou fintos, tendentes todos á generalisação e proporção, pelo menos no preceito, e pagos já sem resistencia efficaz, a saber: de *septe. mil cruzados* para a fortificação, lançados no anno de 1557 sobre as fazendas da Capitanía do Funchal; de *cem mil cruzados,* tambem para a fortificação, que foram impostos em 1576; da quantia que precisa fosse para os muros e mais obras militares, lançada em 1617; de *dez mil cruzados cada anno* para a armada da restauração de Pernambuco, desde 1637, em quanto se não desempenhasse a Fazenda real; do *quinto das commendas* das tres Ordens militares, para as despezas da guerra, como foi ordenado em 1664; e de *cinco mil quinhentos e oitenta cruzados,* que a estas ilhas coube pagar dos quinhentos mil cruzados em que todo o reino foi fintado para as praças de guerra, por occasião da paz de 1668. Ainda em 1703 foi determinado que o dinheiro dos fintos se applicasse ás fortificações e compra de polvora e outros petrechos de guerra.

Nos annaes tributarios do archipelago da Madeira é memoravel a era de 1637, em que foi lançada a contribuição para a restauração de Pernambuco, porque tudo induz a que nesse anno, pela primeira vez, o clero madeirense foi obrigado a tomar parte no pagamento do tributo, o que não passou sem «rasões» do bispo, dos padres da Companhia e dos clerigos, quando o governador Luiz de Miranda Henriques Pinto tractou de pôr em execução a ordem régia expedida para esse fim. Quebrou-se então, nesta parte, o encantamento das immunidades clericaes.

Muito similhante a estas contribuições ou fintos era o imposto denominado *o donativo:* aquellas eram sobre o rendimento predial;este, sobre os fructos. O primeiro diploma a elle attinente nestas ilhas é de 1635; ha dois de 1644, e um de 1645, providenciando-lhe a cobrança; mas a carta régia pela qual foi dado superintendente e regulamento ao donativo é de 1652. No anno de 1654 baixou provisão a fim de que «*no vinho e azeite se fizesse imposto para o donativo, accrescentando no almude*». Por carta régia foi, em 1655, ordenado ao governador para que elle, com os officiaes da Camara do Funchal, e das de Machico, Ponta do Sol, e Calheta, juiz dos residios e dos orphãos, e ouvidor, sentassem no modo mais suave de ser pago *o donativo*, visto «não quererem pelo que estava;» e «accordaram estes em que esse imposto ficasse em *uma maquia por cada alqueire de cereal* que fosse moido, *quatro réis por cada canada de vinho* ao miudo, e *duzentos réis por cada pipa* que seu donno vendesse; e, com effeito, assim foi confirmado por alvará régio em 1658, accrescentando-se-lhe depois um *quartel* no seguinte anno, para acudir á restauração de varias praças que os castelhanos tinham tomado.

Porém, nullo foi o resultado dessa reforma; pois que, em 1662, a divida dos contribuintes do *donativo* subia nestas ilhas á avultada somma de 54:745$000 réis, a qual, por provisão desse anno, foi mandada arrecadar, tendo os inglezes, não obstante as criticas circumstancias, sido isemptados deste imposto dois annos antes, naquella memoravel era de 1660, na qual tudo conjura a fazer presumir que o archipelago da Madeira esteve prestes a passar ao dominio britannico, como já mostrámos a pag. 378-387.—Angustiosa situação!

Mas, por isso mesmo, era impossivel parar. Em 1664 baixou carta régia ordenando outro lançamento do donativo: e analogas providencias continuaram em 1676, 1677, 1683, 1688, e 1691, sendo deste anno o ultimo diploma de que achamos nota no Repertorio do Archivo da Camara do Funchal.

O anno de 1688 sobresae na historia da contribuição do donativo. A dynastia de Bragança ampliou então o passo para a igualdade tributaria dado pela philippina em 1637. Esta inaugurou o principio em relação ao clero, aquella nacionalisou-o nessa mesma especialidade. No mencionado anno de 1688, veiu uma provisão régia para que os officiaes da Camara e mais nobreza, com o cabido da sé do Funchal, se ajustassem no que o ecclesiastico havia de pagar do donativo. Esta importante providencia para a repartição do imposto pelo clero tambem está registada no tomo VI, fl. 166, do Archivo da Camara do Funchal. E no tomo VII, fl. 130, se acha o registo de uma ordem régia para o clero pagar mais seis annos.—Deste modo o monarchismo, cuidando trabalhar em proveito proprio, cimentava os elementos da unidade nacional e politica, donde um dia havia de surgir o liberalismo e o progresso moderno. Os principios de justiça social poderam mais que a egoista excommunhão fulminada pelas *Constituições do Bispado*.

A contribuição denominada a *decima* foi decretada por tres annos nas côrtes de 1641, para as despezas da guerra. Era directa e lançada em quota varia, na proporção das urgencias do Estado: conhecendo-se, porém, os inconvenientes desta incerteza, foi a decima, pelo regimento de 10 de abril de 1646, fixada em dez por cento de todos os rendimentos de predios e capitaes, de rendas e mancio ou industria, de ordenados e officios; quota esta que, por vezes, chegou a ser reduzida a quatro e meio por cento: mas, pelo alvará de 26 de septembro de 1762, foi definitivamente taxada em dez por cento, como subsidio militar, e tributo ordinario até nossos dias. Desde o regimento de 9 de maio de 1654, ninguem era isempto della: ministros, tribunaes, universidade, communidades, clero, nobreza e povo, sem excepção de pessoa, ou privilegio algum, todos a deviam pagar.

Que nestas ilhas tambem a *decima* foi lançada, é inconcusso.—No tomo vi, fl.ᵃ 121 v., do Archivo da Camara do Funchal, está registada uma provisão régia, do anno de 1657, para que a mesma Camara conserve em mão dos rendeiros do donativo a *decima* das suas rendas, e os conventos de freiras desta ilha tambem hajam de pagar *decima*, como os de Lisboa, do que depois foi exceptuado o de Nossa Senhora das Mercês. Em 1722 a referida Camara e o povo requereram ao Provedor da Fazenda, José de Sequeira, que se abstivesse de lançar decima, e só cobrasse quatro e meio por cento, fazendo o respectivo lançamento não em sua casa, mas na da Camara, como era estylo; de contrario, aggravariam; o que não foi preciso; perque, por alvará do Conselho da Fazenda, expedido nesse mesmo anno de 1722, foi mandado que procedesse na fórma requerida.—E presumimos que a contribuição da decima deixou de ser lançada nestas ilhas desde que, pelo alvará de 1 de agosto de 1752, os dizimos foram secularisados no que excedia á sustentação do clero, ficando estes substituindo aquella. Até então os dizimos foram nestas ilhas tributo ecclesiastico.

III

As imposições sôbre a carne verde e vinho vendido a retalho, denominadas no reino o *real d'agua*, datam, neste archipelago, dos tempos immediatos á povoação delle. Já em 1466 havia no Funchal açougue do concelho, dado de arrendamento, como consta do tomo I do Archivo da Camara, fl.ᵃ 212. E, por uma provisão de 1485, registada a fl.ᵃ 249 do mesmo tomo, foi permittido *fazeer hũa emposisam sobre ho binho pera sempre pella maneyra & modo que se faz em lixboa pera as despezas do conçelho da ylha por quanto nom tem remda nenhũa pera pagamemto das logeas & sacos que ho dito conçelho daa a hos mercadores que trigo trazem.*

Eram estas imposições exclusivamente municipaes. Em duas provisões, uma de 1489, e outra de 1493, registadas a fl.ᵃ 30 e 52 v. do mencionado tomo, o Duque, senhor destas ilhas, expressamente prohibe á Camara o dispor da renda da imposição que não seja *em nobrecimemto da billa*, e accrescenta que nem elle, nem seus successores *sob pena de bemsam a habiam gastar em outra cousa.*

Não obstante, foram estas imposições, por vezes, applicadas a outras despezas, e mais especialmente o foram ás da fortificação: a imposição da carne, pelo alvará já transcripto a pag. 619, e pelo de D. João III, expedido em 1529; e dois terços da do vinho, por outro alvará, do cardeal rei D. Henrique, em 1568: aquelle diploma **está** registado no tomo ix, fl.ª **207** v., e este no tomo iii, fl.ª 135 v., do Archivo da Camara do Funchal.

Por alvará de D. João iv, conforme o assentado em côrtes, foi, em 1646, sobrecarregada a ilha da Madeira com o *imposto de um cruzado por cada pipa de vinho exportada.*

Igualmente começou, por estes tempos, nestas ilhas o *imposto do papel sellado;* pois que, no Archivo da Camara do Funchal, tomo vi, fl.ª 167 v., está registada uma carta régia, de 21 de fevereiro de 1665, que manda rubricar o papel sellado sobejo de um anno para o outro, afim de correr nesta ilha.

Tambem o *tabaco,* livre até 1642, foi então onerado com fortes direitos, dados de contracto em 1670: e este encargo chegou ao archipelago da Madeira; porque, no tomo vii, fl. 232, do alludido Archivo está o registo de uma provisão do anno de 1698, na qual se diz que no seguinte anno de 1699 havia de começar *nova* administração do tabaco nestas ilhas.

Basta attender á epocha em que estes tres tributos foram estatuidos, para os considerarmos no numero dos applicados á guerra, embora depois tivessem outro destino.

NOTA XXV

Instituições de beneficencia.

«... Ficou esta igreja *(de Christo)* Casa da Misericordia, onde hoje em dia fazem a festa por tal dia *(da visitação de Sancta Isabel)* o provedor e irmãos desta Confraria em Machico.»—Pag. 63.

«A capitoa Constança Rodrigues, por ser mulher sancta e muito devota da bemaventurada *Sancta Catharina,* ali onde primeiro o capitam fez morada quando chegou ao Funchal, mandou fazer uma igreja desta sancta, e a par della fez muitas casas para gasalhado de mulheres de boa vida, pobres mercieiras a quem deixou esmolas para sempre terem cuidado de alimparem e servirem aquella casa, como ainda agora se costuma.»—Pag. 66.

«A *Casa da Misericordia (do Funchal)* he de ricas officinas, e de mais ricas esmolas, e obras de caridade, que nella se fazem pelos provedores e irmãos, curando muitos enfermos, e remediando muitos pobres e necessitados....»—Pag. 88.

«.... Por baixo de toda a cidade,... he... Sancta Catharina e... S. Lazaro...»—Pag. 257.

81.

As instituições de beneficencia neste archipelago constituem dois grupos: —1.º as *antigas*, a saber, a *merceeria de Sancta Catharina*, *confrarias da misericordia e seus hospitaes*, o *Hospital de S. Lazaro* e a *roda dos engeitados*, o *Recolhimento do Bom-Jesus* e o *das Orphãs;*—2.º as *modernas*, que são o *Asylo de Mendicidade e Orphãos*, o *Hospicio da Princeza D. Amelia*, e a *Associação de Beneficencia.*

1

ANTIGAS INSTITUIÇÕES DE BENEFICENCIA.

A *merceeria de Sancta Catharina*, segundo se vê do texto das *Saudades da Terra*, transcripto no rosto desta nota, era como que um hospicio, onde, por esmola, viviam mulheres pobres e de bons costumes, que tinham à seu cargo o aceio da capella da sancta.—Da fundação desta e da merceeria adjuncta nada temos que accrescentar ao que já fica dicto, nestas notas, especialmente a pag. 435-437. Uma e outra teem sido conservadas até o presente. São propriedade do Sr. Conde de Castello Melhor.

As *casas da misericordia* são instituição privativa de Portugal, só em alguns logares de Hespanha adoptada.—O projecto dellas foi concebido pelo veneravel religioso trinitario *Fr. Miguel de Contreras*. A *Confraria da Misericordia de Lisboa* foi a primeira instituida, em 15 de agosto de 1498, em uma das capellas do claustro da sé da mesma cidade, sendo pelo mesmo religioso feito o respectivo compromisso.

O instituto desta confraria era admiravel typo da caridade christã: acudir aos necessitados; casar orphãs; curar enfermos; sustentar e visitar viuvas pobres; patrocinar os peregrinos; enterrar os defuntos; compor os inimisados; sustentar os encarcerados, defendel-os, e livral-os das cadeias; acompanhar até ao patibulo os condemnados; practicar, em fim, todas as obras de caridade e misericordia.—Porisso, a virtuosissima rainha D. Leonor, mulher de D. João II, protegeu com fervor esta sancta instituição; porisso, D. Manoel começou, e D. João III concluiu o magnifico templo, ao presente conhecido pela denominação da *Conceição-velha*, para o qual foi transferida, em 25 de março de 1534, a confraria da Misericordia de Lisboa; porisso, teve muitos e valiosos legados e doações de principes, nobres, e plebeus; porisso, identicas confrarias se erigiram por todo o reino, e até nas colonias.

O grande *Hospital de Todos os Sanctos*, levantado no Rocio, em Lisboa, foi effeito da mesma inspiração e obra da mesma epocha. D. João II lhe deu principio em 15 de maio de 1492; absorveu neste os que anteriormente havia; e, á imitação delle, outros foram construidos no continente e no ultramar.

O archipelago da Madeira não era estranho a este impulso, e até, em parte, o antecedeu.—De uma carta de inquirição, guardada no cartorio do *Residuo Ecclesiastico*, consta que João Gonçalves Zargo doou, em 25 de março de 1454, o chão juncto da igreja de S. Paulo, para um hospital: e, com effeitó, ahi, a expensas do povo, em 1469, foi construida casa para esse fim, e ahi o hospital esteve, até que, passados quinze annos, foi transferido para novo edificio na freguezia de Sancta Maria Maior, em terreno que Alvaro Affonso dèixou no anno de 1483, com a clausula de haver seis camas para enfermos, como se vê do seu testamento, registado no tombo da Casa da Misericordia do Funchal, livro I, fl.ª 47.

Alguns annos depois, o poder real, que tudo ia avocando a si, interveiu tambem nesta instituição.—D. Manoel, havendo obtido do papa Alexandre VI, em 1494, uma bulla permissiva da fundação de novo hospital na ilha da Madeira, fez expedir carta régia, datada de 25 de maio de 1507, na qual, em conformidade com essa bulla, ordenava que, para tal fim, houvesse de ser construido especial edificio no terreno de um Bartholomeu Malheiro, na villa do Funchal, o que daqui lhe fossem enviados o orçamento da obra, e o rol dos donativos e offerecimentos feitos: e já em 1515 estava ella em andamento; porque, em carta régia de 4 de junho desse anno, se mostrava impaciente pela conclusão, e, em alvará de 20 de septembro seguinte, mandou applicar-lhe, assim como á obra da sé e da alfandega, o producto da imposição do vinho, até serem ultimadas. O antigo hospital foi encorporado neste novo, sob a invocação de *Sancta Izabel*, e até cremos que ambos eram no mesmo sitio da freguezia de Sancta Maria Maior, agora chamado *rua do hospital velho*, por quanto—nem *Gaspar Fructuoso* (vid. rétro, pag. 88), nem a tradição apontam outro, e o edificio actual, para onde dahi foi transferido, é mais de um seculo posterior.

Com effeito, a grande casa no terreiro da sé, que ainda agora é o hospital do Funchal, foi começada depois de 1686. O terreno para ella foi aforado em 21 de junho de 1685, como consta dos respectivos titulos, registados no tombo, livro IV, fl.ª 386-388 v. A primeira vistoria para o seu orçamento foi em 3 de abril de 1686, vendo-se do auto della importarem o sitio e a obra principal na quantia de 7:992$590 réis, e serem precisos quarenta mil cruzados para leval-a ao cabo, como consta do alvará de D. Pedro II, de 9 de novembro de 1692, pelo qual fez mercê de cinco mil cruzados para duas das enfermarias: e ainda em 19 de outubro de 1745, foi expedido um mandado do Conselho da Fazenda applicando quatro mil cruzados para a conclusão de uma dellas.

D. Manoel, ao mesmo tempo que curava da referida fundação, promoveu a da Confraria da Misericordia.—Por carta de 27 de julho de 1508, mandou estabelecel-a; por outra, de 30 de agosto de 1511, instituiu-a definitivamente na igreja de Sancta Maria Maior, que então deixára de ser freguezia, e desse anno começa a Pauta dos seus Provedores e Escrivães, ainda agora conservada; e, finalmente, por provisão de 18 de septembro de 1514, poz o Hospital de Sancta Izabel a cargo desta confraria, constituindo-se então de vez a *Casa da Misericordia do Funchal.*

D. João III revogou a concessão que D. Manoel havia feito da igreja de Sancta Maria Maior á alludida confraria: e presumimos que, desde então, esta ficou funccionando na capella dos *Sanctos Reis,* proxima do hospital, a este doada nesse mesmo anno de 1514. Mas, onde quer que fosse, não estava a seu contento; porque, querendo, por 1612, mudar-se, uma carta régia, dirigida á Camara do Funchal, lh'o impediu.

A transferencia, pois, da Confraria e Hospital da Misericordia para a casa em que este estabelecimento de beneficencia ora existe, só foi pelos fins do seculo XVII.—O seu ultimo compromisso, que é reforma do primitivo, e a molde do da Casa da Misericordia de Lisboa, está confirmado por alvará de D. Filippe IV, de 22 de março de 1631.

A exemplo do Funchal, se foram fundando neste archipelago da Madeira confraria e hospital da Misericordia na *Calheta* e em *Sancta-Cruz,* e tão sómente confraria em *Machico* e na *ilha do Porto-Sancto.*—O Hospital da Calheta foi instituido por um *Rodrigo Eannes,* no testamento que fez em 17 de julho de 1505, mas a Confraria da Misericordia foi-o em 1535, sendo confirmado por alvará de 18 de septembro de 1618 o compromisso que tem (vid. rétro, verbo *Giralte,* pag. 523.)—O compromisso da Casa da Misericordia de Sancta-Cruz é uma certidão do antigo do Funchal, datado de 29 de junho de 1625; o da de Machico foi confirmado por alvará de 9 de março do alludido anno de 1618; e o da ilha do Porto-Sancto, por outro de 9 de abril de 1767; mas qualquer destas tres, se dermos credito á tradição local, são muito mais antigas.

O *Hospital de S. Lazaro* remonta a annos pouco posteriores á fundação da Misericordia do Funchal, como se mostra do seguinte diploma:

ACORDO da camara em que mamda que todos os gafos baõ fora da çidade ou a sam lazaro.

Loguo mamdaram por ho procurador chamar ao senñor capitam pera fallarem sobre hos gafos o quall loguo beo & esteueram a pratica & acordaram ho dito capitam & offiçiaaes que todollos que forem doemtes do mall de sam lazaro se baõ aa casa de s. lazaro & asy outras pesoas que teuerem logar em que posam estar que loguo se sayam fora da çidade & estem em elle & esto com as penas que bem pareçer aos offiçiaaes & que hos offiçiaaes a ruem as ruas & todollos que acharem que sam doemtes do dito mall hos faram loguo yr a sam lazaro ou sayr fora da çidade. E que todollos seruydores dos ditos lazaros tragam huãs tabolletas de paao pera serem conheçidos como sam seus seruydores & cada bez que nom as trouxerem paguem quynhemtos rr.ˢ a meatade pera a camara & a outra meatade pera hos allcaydes & seus homẽs. Eu afomsianes que ho espreuy. E quall quer lazaro que despois de posto em ho logar que ha de estar for achado pella çidade que seja azotado pubrica memte por esta çidade.

Arch. da Camara do Funchal, tomo ı, fl.ª 117.

Não tem data este *accordam*, é certo; mas é precedido de um alvará de 22 de fevereiro de 1515, e seguido de outro de 5 de março do mesmo anno; isto mostra ter sido tomado entre estas duas datas; a linguagem delle confirma-lhe esta ancianidade; e no texto se manda que os *doemtes do mall de s. lazaro se baõo aa casa de s. lazaro,* o que bem indica existir esta casa já antes de 1515.

Quanto a *róda de expostos* ou *engeitados,* não temos achado noticia de instituição especial; havia, porém, meios destinados a elles; porque, do Repertorio do Archivo da Camara do Funchal consta que, em 1583, foi representado a D. Pedro ıı *«sobre a applicação do dinheiro para o sustento dos lazaros e engeitados;»* que o mesmo rei poz, nesse anno, a administração de uns e outros a cargo do bispo, e ordenou *«se fossem mandando para a ilha de Maio;»* que, por provisão régia, de 1685, foi essa administração incumbida ao governador geral; e, finalmente, que, por outra provisão régia, de 1693, nisso passou a superintender o *juiz de fóra,* sendo a despeza feita pela Camara do Funchal. Em 1752, um alvará de D. José ı concedeu ás amas dos expostos neste archipelago os mesmos privilegios das de Lisboa.

Os dois *recolhimentos* que temos de mencionar, são ambos na cidade do Funchal:—o do *Bom-Jesus, da Ribeira,* foi fundado para mulheres conversas, em 1666, pelo conego Simão Gonçalves Cidrão; o *das Orphãs* é adjuncto á Casa da Misericordia do Funchal, e pertença desta; foi fundado com esmolas dos mezarios e de outras pessoas pelo governador e capitão general Francisco da Costa Freira, quando era provedor da mesma casa, em 1725, e as orphãs entraram para elle em 1728: deviam estas ser não mais de quatro, com uma regente, uma porteira, e uma só moça de serviço.

Todos estes estabelecimentos de beneficencia ainda existem: os do Funchal, especialmente a Casa da Misericordia e o Hospital de S. Lazaro, em bom pé; os de fóra, mórmente a Misericordia da ilha do Porto-Sancto, a de Machico, e a da Calheta, de nada servem.

II

Instituições de beneficencia modernas.

As *instituições de beneficencia modernas*, neste archipelago, são tres, todas na cidade do Funchal.

A primeira é o *Asylo de Mendicidade e Orphãos:* foi fundado em 1847, pelo *conselheiro o Sr. José Silvestre Ribeiro, governador civil* que então era deste districto.

A segunda, e a mais sumptuosa, é o *Hospicio da Princeza D. Amelia,* fundado em 1856-1859, por *Sua Magestade a Sr.ª D. Amelia, Imperatriz do Brazil e Duqueza de Bragança,* para enfermos de molestia do peito.

A terceira é a *Associação de Beneficencia,* especial á classe artistica: tem por objecto o soccorro mutuo dos associados; mas conta muitos socios mera-mente contribuintes: foi fundada em 1862, e seus estatutos approvados por car-ta régia de 5 de janeiro de 1863.

NOTA XXVI

Assucar.

«O Infante D. Henrique mandou a Cecilia buscar *canas de assucar* para se plantarem na ilha... e com ellas mandou vir mestres para tempera-mento do assucar.... e esta planta multiplicou de maneira na terra, que he o assucar della o melhor que agora se sabe no mundo.»—Pag. 65.

«....O capitam... Simãm Gonçalves da Camara..... mandou a Ro-ma visitar o Papa com hum grande serviço.... muitos mimos e brincos da ilha de conservas, e o Sacro Palacio todo feito de assucar, e os Car-deaes todos feitos de alfenim... de estatura de hum homem.»—Pag. 188 e 189.

I

Esboço historico do assucar em geral.

A historia da cana de assucar e do fabrico e commercio dos seus pro-ductos é interessante em si mesma, e em especial á ilha da Madeira e ao reno-me portuguez; em si mesma, porque esse precioso vegetal e seus artefactos são, immediatamente á cultura industrial dos cereaes, o ramo mais valioso e solido nas transacções do mundo; á ilha da Madeira, porque os destinos della estão ligados, em grande parte, com os reditos do assucar; ao renome portuguez, por que foram o Infante.D. Henrique e, a exemplo delle, os portuguezes, que leva ram ás suas colonias a cana doce, e ensinaram ás extranhas o quanto mais fe cundo este vegetal era que as minas do Peru.—E talvez que a prosperidade da ilha da Madeira dependa, mais do que ao primeiro relance pareça, do estudo historico-commercial do assucar. O passado é uma das chaves do futuro.

Esbocemos, pois, essa historia, em geral: e concluamos pela noticia do assumpto, em especial á ilha da Madeira.

A historia do assucar desdobra-se em quatro periodos:—1.º o *oriental;* que comprehende os tempos em que esta industria, circumscripta á India trans gangetica, escasso producto mandava aos mercados da Europa, até o seculo xiii da nossa era;—2.º o *occidental,* que abrange os dois seculos seguintes até 1425, durante os quaes o cultivo da cana doce e o fabrico do assucar se diffundiram na Asia áquem Ganges, margens do Mar-Vermelho, Egypto, ilhas do Mediterraneo, e litoral asiatico, africano, e europeu deste mar;—3.º o *colonial,* que começa em 1425, quando o Infante D. Henrique mandou plantar na recemdescoberta ilha da Madeira a cana de assucar, e esta se espalhou ás ilhas Canarias, ás de mais ilhas e continente da Africa occidental, e, atravessando o Athlantico, foi enriquecer as Antilhas, o Brazil, e, depois, as outras colonias europeias da America;—e 4.º o *industrial* propriamente dicto, que se inaugurou no seculo presente, pela appli cação do trabalho livre e das machinas a vapor ao fabrico do assucar.

i PERIODO. O ORIENTAL. *Até meado do seculo* xiii.—A cultura e industria saccharinas tiveram origem nas Indias orientaes. *Kurt Sprengel,* medico prus siano (1766-1826?), conta, na *Historia rei herbariœ,* que a cana de assucar espontanea cresce, no estado selvagem, nas regiões transgangeticas, e, porisso, a considera dellas oriunda. Os chins exploraram essa cultura e industria dois mil annos antes que os europeus lhes conhecessem os productos, como é de ha muito sabido; mas *Alexandre de Humboldt* o confirmou, pelo exame das pinturas de umas antigas porcellanas chinezas. A denominação *saccharum,* que *Dioscorido,* nos seus escriptos, foi o primeiro a adoptar, e que o assucar da cana já tinha, accusa remotissima origem, puramente oriental, por ter todos os visos de deri vada da palavra sanscrita *scharkara.*—A cana é pertencente ao genero chamado *saccharum,* da numerosa familia das *gramineas,* tribu das *paniceas:* o seu nome especifico latino é *arundo saccharifera,* ou *saccharum officinale,* de Lineu: os francezes chamam-lhe *canamel,* e nós portuguezes, *cana de assucar,* ou *cana doce.*

Alexandre Magno, pelas suas conquistas e explorações asiaticas (334-329 ant. de J.-Ch.), nas quaes o almirante Nearcho tanto avultou, abriu ás mercado rias do Oriente novo caminho, cujo termo era a cidade por elle fundada no Egypto, a qual, do seu nome, se ficou até agora chamando Alexandria. O gosto dos romanos pelas pedrarias, estofos e especiarias orientaes deu ao commercio das Indias mais actividade e incremento: e a queda do Imperio do Occidente (476 de J.-Ch.) deixou Constantinopla senhora deste commercio, então feito pelo Euphrates e Tigre. Mas os sultões do Egypto (1171-1517 de J.-Ch.) o restabeleceram pelo Mar-Vermelho até o Cairo e Alexandria, e ahi o facultaram, pelos annos de 1239, aos mercadores italianos. · · :

Entre estes se singularizou o veneziano *Marco-Polo* (1250-1323), o qual; com seu pae, em exploração commercial, percorreu a Tartaria, a China occidental, e a peninsula do Ganges: outros lhes foram seguindo o exemplo; e dahi resultou melhor conhecimento dos paizes e suas producções, e mais intimo tracto,

·Neste trafego mercantil com o Oriente, de tardos, difficeis, caros, e perigosos transportes em caravanas, por inhospitos desertos, ou em acanhados balões, por mares e rios infestados de piratas, só convinham aos aventurosos especuladores generos de pouco peso, muito valor, nenhuma ou difficil avaria, e prompta venda. Ora, o assucar, ainda que promettesse subido preço no mercado europeu, ficava, porisso mesmo, limitado ao consummo pharmaceutico; é pesado, volumoso, attreito a deteriorar-se e damnar outros productos, quando exposto á humidade ou calor forte. Não podia, pois, competir com os objectos de luxo, como são as perolas, as pedras preciosas, as cabaias, os perfumes, ou as especiarias asiaticas; e a cana que o produzia menos estimulava a trazel-a, ainda quando não houvesse interesse em calar qual a origem daquelle genero,—Não admira, portanto, que só por occasião das conquistas de Alexandre Magno, e da expedição do almirante Nearcho ás costas do mar Erithreu, no seculo IV antes de J.-Ch., chegassem aos povos occidentaes as primeiras mostras do assucar, e que só desde então o precioso vegetal que o dava começasse a ser celebrado e apetecido.

Depois disto, principiou entre os povos orientaes e os occidentaes o negocio do assucar, trazendo-o aquelles a Masiris, Ormuz, e outros pontos, com a especiaria, e demais mercadorias de além Ganges; mas os recoveiros nada mais diziam do fabrico delle, e talvez nada mais soubessem, senão ser extrahido de certa cana, a qual os habitantes dáquem Ganges debalde buscavam nas especies dos seus paizes, e a julgaram ter na cana *mambu*, assim como os arabes presumiram tel-a no seu *al-hussar*.

Pelo Indostão e Arabia vinha o assucar aos gregos e romanos; mas nem a cana doce ahi era cultivada, nem ahi fabricado o assucar, senão nas ilhas do archipelago indico, e nos reinos de Bengala, Sião, &.—Pelo que, era tal a ignorancia tocante a este desconhecido producto, que uns, como *Strabão* (50 ant. a 37 dep. de J.-Ch.), o julgavam spontaneo mel vegetal; outros, como *Seneca* (3-65 de J.-Ch.), celeste orvalho congelado nas folhas de certa cana; e outros, emfim, como *Plinio* (23-69 de J.-Ch.), succo da mesma, ou de outra especie de cana, reduzido a gomma.

Por muito tempo os gregos e romanos lhe chamaram *sal indico*, á falta de mais adequado nome.—*Theophrasto* (371-286 ant. de J.-Ch.) foi o primeiro auctor, de que ha noticia, que fallou do assucar, como consta de um fragmento conservado por *Phocio* (830-891 dep. de J.-Ch.) no *Myriobiblion:* ahi, tractando do mel, diz que ha *aliud mel quod in arundinibus fit.* (1).—*Erasthotenes* (275-194 ant. de J.-Ch.), em um trecho, transcripto por *Strabão* no livro xv da sua *Geographia*, refere que os antigos cosiam o mel ou assucar de cana; mas em nenhum outro dos fragmentos que delle restam inculca que preparassem essa producto como a industria moderna.—*Varrão* (116-26 ant. de J.-Ch.), em uma passagem copiada no xvii livro das *Origens*, de *Sancto Isidoro* (o qual viveu no seculo vii de J.-Ch. e se finou no anno de 639), menciona duas especies de assucar, o da cana e outro da raizes, dizendo:

Indica non magna nimis arbore crescit arundo:
Illius e lentis premitu radicibus humor,
Dulcia cui nequeant succo contendere mella (2).

Dioscorido, notavel naturalista e medico grego, do principio da era christã, conta que *vocatur et quoddam saccharum, quod mellis genus est in India et felici Arabia concreti; invenitur id in arundinibus concretione sua sali simile, et dentibus subjectum salis modo friatur* (3).—*Lucano* (38-65 de J.-Ch.), quando, no seu poema a *Pharsalia*, tracta dos soldados de Pompeu, allude aos indios, e conta delles que

Quique bibunt tenera dulces ab arundine succos (4),

No que, sem duvida, se referia não á cana de assucar mesma, mas a outra. —*Plinio* (23-79 de J.-Ch.), na sua *Historia Natural*, aponta que o *saccharum et Arabia fert, sed laudatius India; est autem mel in arundinibus collectum, gummi modo, candidum, dentibus fragile, amplissimum nucis avellanæ magnitudine, ad Medicinæ tamtum usum* (5).—*Paulo de Egina*, medico grego do vii seculo da nossa era, diz que *ex sententia Archigenis, est sal indicus colore quidem concretioneque, vulgari sali similis, gustu autem et sapore melleus* (6).

(1) Traducção:—Ha outro mel, que nas canas se forma.

(2) Traducção:—A cana indica topeta com as arvores: a doçura do mel não chega á do sôro expremido das raizes della.

(3) Traducção:—Um certo mel que ha na India e Arabia-Feliz chama-se saccharum: coalha nas canas como um sal, e, mastigado, como o sal se esboroua.

(4) Traducção:—Doces succos da tenra cana bebem.

(5) Traducção:—A Arabia produz o saccharum, mas o da India é melhor: é um mel que se condensa nas canas a modo de gomma, candido, fragil aos dentes, em torrões como avellãs, e só usado na medicina.

(6) Traducção:—Affirma Archigenes que o sal indico é, na côr e consistencia, similhante ao sal, e no sabor, ao mel.

82.

—Sancto Isidoro, finalmente, escreve na supracitada obra e livro: « In Indicis nasci arundines calamique dicuntur, ex quorum radicibus expressum suavissimum succum bibunt (1). »

Todos estes textos, porém, são vagos e obscuros quanto á origem e processo do assucar, e sómente attestam que os antigos tinham tal qual ideia disso e conhecimento do producto em si, quer liquido, quer já chrystalizado, mas não que tivessem visto o vegetal de que era extrahida.

O mesmo podemos dizer dos arabes, até o decimo seculo da nossa era.— O historiador armenio *Moisés Khorenio* (370 de J.-Ch.), na *Descripção de Kerasan*, provincia persa, celebra o perfeito assucar que ahi se manipulàva, e o sabio medico e philosopho arabe. *Abu-Ibn-Sina* (980 de J.-Ch.), conhecido no mundo christão pelo nome de *Avicenna*, menciona tres especies de assucar: o *arundineum*, que era o *sal indico*; o *sacchar-mambu*, ou *tabaxir*, dos persas; e, finalmente, o *zucar-alhasser*, ou *al-hussar*, dos arabes.

Com rasão, pois; sem negar que, pelos tempos de Plinio e Galleno (23-201 de J.-Ch.), a cultura e fabrico do assucar já houvessem transposto as margens do Ganges; sem contrariar os que attribuem ás cruzadas a introducção da cana de assucar na Europa, temos por certo que principalmente á iniciativa scientifica e agricola dos arabes, e á emprehendedora actividade mercantil com que os italianos se aventuraram pelo interior das Indias, do seculo XI para o XIII, se deve a aclimação e cultura da cana de assucar no litoral asiatico e africano do Mar-Vermelho, e litoral asiatico, africano e europeu do Mediterraneo.—Os persas, os egypcios, e os phenicios não deixaram memoria della; os gregos e os romanos, assim como os arabes anteriores ao seculo XI, só por tradição a mencionam: é dentão por diante que á cana de assucar directamente se referem os escriptores christãos e os mahometanos. E, se ella houvera existido anteriormente em algumas das regiões áquem do Ganges, certo não haveria esquecido aos povos que as habitavam o memorar esse vegetal, que tanto prospera nos paizes quentes, tanto ahi se reproduz espontaneo, e tão grato é ao paladar do homem e dos gados.

Aqui fecha o primeiro periodo, longo e fadigado, mas que, ainda assim, não foi mais que o introito ou infancia da industria saccharina. Como diz Plinio, o assucar servia então *ad medicinæ tantum usum;* por pouco e caro, era apenas mera droga de pharmacia. Mas, sob a modesta apparencia de simples condimento medico, que thesouros não reservava elle ao commercio futuro!

II PERIODO. O OCCIDENTAL. *Até o seculo* XV (1425).—Inclue este periodo a diffusão da cultura e industria saccharinas pelos paizes áquem Ganges, pelo li-

(1) TRADUCÇÃO:—É fama terem os indios umas canas de cujas raizes espremem succo suavissimo, que bebem.

toral asiatico o africano do Mar-Vermelho, e pelo asiatico, africano e europeu do Mediterraneo, e suas ilhas.

Aos arabes, aos italianos, e principalmente ao veneziano *Marco-Polo*, pertence toda a gloria deste assignalado progresso; porque foram elles que trouxeram ao centro do commercio desses tempos a planta e o fabrico do assucar.

E, porém, impossivel apontar epochas e determinar factos, em relação a cada uma destes paizes. Do desenvolvimento mesmo desta industria no Indostão, e ainda na Indo-China, o Occidente só teve cabal noticia, depois que, pelo cabo da Boa-Esperança, foi patente á navegação europea o Mar indico.—Sigamos, pois, a ordem chronologica, não dos successos, mas sim das noticias.

As cruzadas foram de 1096 a 1279; e refere o monge *Alberto Aquensis* que os soldados dellas, escasseando vitualhas na Palestina, chupavam o succo da cana de assucar para se alimentarem. Facto assás notavel, por ser o primeiro a attestar a cultura da *arundo saccharifera* nas margens do Mediterraneo e a mostral-a como alimenticia, tendo até então sido considerado o seu producto só como droga medicinal. O jesuita francez *Lafitau*, missionario no Canadá, conjectura, na *Histoire des découvertes et des conquêtes des Portugais dans le Nouveau-Monde* (1733), que até então a cana de assucar era desconhecida da christandade.

Na Sicilia, pelo seculo xii, já se colhia e fazia abundante assucar. O referido *P.º Lafitau* exhibe uma carta de Guilherme ii, rei dessa ilha (1166-1189), carta pela qual doou á celebre Abbadia de S. Bento do Monte Cassino um moinho de expremer cana doce, com todos os seus direitos, trabalhadores e pertenças. Em 1242 era o assucar valioso ramo de commercio na mesma Sicilia, principalmente nos vales de Noto e Mazara: e della se propagou á Calabria, onde por tempos se fabricava assucar chrystalizado. Os mouros, que foram expulsos da Sicilia em 1090, ahi haviam introduzido esta rica industria.

Refere o escriptor arabe *Ebn-el-Ervam* que, desde o seculo xiii, a cultura saccharina florescia em todo o meio-dia da Hespanha, onde a levaram os sarracenos, pelo seculo xi. *Herrera*, o historiador hespanhol, aponta especialmente Granada e Valencia.—Pela era do 1306, abundava ella nas ilhas do Archipelago grego, em Chypre, Candia, e Rhodes, e, principalmente, nas costas da Morea.—Chegou á França nos fins do seculo xiii; lá foi cultivada a cana com vantagem nas regiões meridionaes, e o seu assucar era negociado para o norte, como consta do diplomas de 1333 e 1359.—No fim do seculo xiv, principios do xv, este cultivo e fabrico estavam desenvolvidos em alguns logares do Indostão, Arabia, Syria, Egypto, Nubia, Abissinia, e Barbaria até o norte de Marrocos, havendo seguramente estas regiões sido as primeiras que, depois das Indias orientaes, produziram o assucar, mas a noticia disto só veiu á Europa christã pelos viajantes portuguezes, e outros, especialmente italianos, que exploraram esses paizes.—O celebre veneziano *J. B. Ramusio* fez collecção destas viagens, e as publicou na lingua italiana, em 1550.

Os mercadores ou viajantes, que das Indias orientaes trouxeram a cana doce, não se deram ao estudo do processo ahi seguido no fabrico do assucar, ou porque o reprovassem, ou por negligencia, ou porque lh'o vedassem. O certo é que os cultivadores arabes tentaram novas experiencias, e processo seu menos perfeito que o antigo, inventando as fôrmas conicas para chrystalisar e purificar o assucar. Porém, os venezianos, industriados por Marco-Polo talvez, não só foram os primeiros que na Europa refinaram assucar, mas, imitando o systema de fabrico seguido na China e adoptando as fôrmas dos arabes, a estes se avantajaram, e trouxeram ao mercado tres diversas sortes de assucar, o *macho*, ou superior, branquissimo, duro, similhante ao chrystal, e que é o chamado *assucar candi*; o *fêmea*, menos puro, mais brando e doce que o primeiro; e o *mascavado*, que era o infimo. O *pão* de assucar veneziano foi afamado. Os assucares de procedencia arabe eram, pelo contrario, negros e sorosos.—Desde então, a *refinação de assucar* se constituiu em industria distincta.

Com a maior producção, este genero barateou um tanto; do que proveiu outra industria secundaria, começada neste periodo, a *confeitaria*. O assucar passou então de droga medicinal a ser tambem *genero de luxo*, consummido nos banquetes, saráus, e festas das classes opulentas; em *conservas* de varios fructos, e em *confeitos*.—Do Oriente vieram os rudimentos deste novo emprego do assucar: Bengalla e Calecut faziam e exportavam conservas de limão, gingibre, e outros fructos do paiz.

Dilatava-se, pois, com o cultivo, o mercado do assucar.—Nesta conjunctura da industria saccharina, começa a memoravel epocha dos descobrimentos ultramarinos, e, como por maravilha, surge do mar das trevas esta formosa e feracissima ilha da Madeira, em 1420.

III PERIODO. O COLONIAL. *De 1425 até o seculo* XIX.—Chamamos *colonial* este periodo, porque o facto predominante della foi o passarem a cultura e fabrico do assucar ás colonias europeias da África e America, mantendo-se apenas em poucas das antigas regiões saccharinas como ramo commercial, e salvo a nova industria do *assucar de beterraba*, que, dos fins do seculo passado para os principios do actual, começou em França, e ahi e na Allemanha prospera.—Na parte colonial, contemplemos as *colonias portuguezas* em separado das *colonias extrangeiras*, reservando, como dissemos, para a segunda parte desta nota o que respeita especialmente á ilha da Madeira.

Colonias portuguezas.—Tudo persuade a que foi em 1425, e não, como dizem os escriptores extrangeiros, em 1420, que o Infante D. Henrique mandou plantar a cana de assucar na ilha da Madeira.

Da Madeira propagou-se a cana e o fabrico do assucar, primeiro ás *ilhas*

Canarias, então colonia mais portugueza que hespanhola; depois, ás *ilhas de Cabo-Verde,* descobertas em 1446, e povoadas de 1461 a 1530, sendo a cana ahi provavelmente levada em 1497, pelo donatario da capitania principal dellas Diogo Affonso, contador da ilha da Madeira; depois, ás *ilhas de S. Thomé e Principe;* descobertas em 1471, e povoadas em 1493, e á proxima costa de *Angola e Benguella,* conhecidas de 1485 para 1486; e, finalmente, descoberto o Brazil em 1500, e colonisado de 1532 até 1549, o donatario da Capitania do Espirito-Sancto, Martim Affonso de Sousa, expulsou os aventureiros francezes que occupavam o litoral, mandou buscar a cana doce á ilha da Madeira, segundo vem referido no *Panorama,* vol. I, pag. 146, e a fez plantar na villa de S. Vicente, que fundou, e da qual depois toda a capitania tomou o nome. —«Esta villa de S. Vicente foi a primeira em que se fez assucar na costa do Brazil, e donde as outras capitanias se proveram de cana para plantar», como escreve o *Padre Simão de Vasconcellos,* na *Chronica da Companhia de Jesu do Estado do Brazil,* liv. I, § 63.

Boas razões convencem de que da ilha da Madeira, com effeito, se diffundira a cana de assucar para as demais colonias da Africa e America: foram estas povoadas e cultivadas ao modo e systema della; era ella o emporio onde convergia, na viagem e no retorno, a navegação portugueza do Atlantico; os naturaes della iam a todas as outras colonias nacionaes; nella, o melhor assucar do mundo, e os affamados mestres do seu fabrico. E ninguem vai mendigar o peior no extranho, tendo a mãos cheias o optimo em casa. Nem era isto patriotismo só; mas ambição tambem: esta industria prosperava na Madeira, mais que em parte alguma; e, de força, nas terras que os descobridores e colonos portuguezes iam adquirindo e povoando, os estimulou a tentar igual fortuna, pelo exemplo affiançada no exito. O precedente feliz é sempre seguido pela emitação cobiçosa, e nunca desprezado pelo calculo intelligente. A industria saccharina entrava no gigantesco projecto ultramarino do Infante D. Henrique, e, com elle e por elle, se ramificou da primeira terra descoberta pelos portuguezes.

Em 1522, já a *ilha de S. Thomé* tinha não menos de sessenta engenhos, que fabricavam muito mais de 150:000 arrobas de assucar. Em 1532, as plantações de cana doce alastravam as vargens interiores da *ilha de S. Thiago,* e verdejavam em *Angola.*—Nos fins do seculo XVI, principios de XVII, tinha o Brazil na *Capitania de S. Vicente* seis engenhos de assucar; na de *Paraiba,* um; na *ilha de Itamaratá,* tres; na *Capitania do Ilhéus,* nove, depois reduzidos a tres; em *Porto-Seguro,* um; no *Rio de Janeiro,* tres; na *Bahia,* capital do Estado, trinta e seis; e, em summa, chegaria a cento e vinte a totalidade dos engenhos, dos quaes sahiam não menos de 70:000 caixas de assucar no anno.—O assucar era já então o producto principal do Brazil, e o Brazil a principal colonia portugueza.

No entretanto, foram sobrevindo deploraveis acontecimentos, de ruina para as colonias africanas de Portugal, mas de indirecta vantagem pará o Brazil, especialmente na Indústria do assucar.

A *peste* na Madeira, e as *febres* nas outras colonias africanas devastaram as principaes populações livres que as enriqueceram. Os *corsarios* e expedições de *aventureiros extranhos*, especialmente francezes, inglezes, e hollandezes, tolerados, senão favorecidos, pela inveja dos seus governos, invadiram-nas e saquearam-nas. A *escravatura*, começada no Rio do Ouro em 1441, veiu ás colonias para supprir, pelo trabalho forçado dos escravos, a actividade espontanea e intelligente do colono; mas, a troco, essa iniquidade trouxe a desmoralisação, a incuria, e, em partes, a revolta ou a liga do escravo com o corsario. E a metropole, por effeito da superstição inquisitorial; das riquezas e escravatura coloniaes, que faceis lhe affluiram; da cubiça aventurosa, desprezadora das virtudes, das lettras, e do trabalho honrado e fecundo; a metropole, de mais em mais corrompida, priguiçosa, e ignorante, foi pouco a pouco perdendo tudo, haveres, brios, independencia, até quasi o nome: e, morto o vigor nacional, deixou-se subjugar pelas armas desses reis Filippes, communs dominadores das duas nações peninsulares, os quaes, sem força para manter o seu candente sceptro no continente europeu, não poderam, e menos quizeram, proteger as colonias portuguezas das invasões extrangeiras, nem dar-lhes mão que as levantasse da decadencia em que jaziam. Os esforços que, ainda no Oriente, e depois no Brazil, ennobreceram o nome portuguez, eram meros restos das virtudes passadas, estimulados pelas miserias presentes.—Eis o que o monarchismo jesuitico, absoluto senhor de todas as forças do reino e dos immensos recursos coloniaes, fez de si, da patria, e das colonias.

A *ilha da Madeira*, como em outro logar mais amplamente veremos, escapada por feliz acaso á rapina de corsarios inglezes em 1553, foi invadida e a cidade do Funchal saqueada por corsarios francezes em 1566, chegando depois a tal estado, que, em 1676, uma carta régia *(Arch. da Cam. do Funchal, tomo* VII, *fl.* 24*)* ordenou que fossem transportados para o Brazil trezentos, até quatrocentos, casaes.—As *ilhas de Cabo-Verde* tiveram, desde meados do seculo XVI, seus mares infestados de piratas francezes, inglezes, e hollandezes, que as depredavam, pondo os colonos na necessidade, uns de conchavarem com elles como seus espias e agentes, outros, de abandonarem suas terras e plantações, e emigrarem, ordinariamente para o Brazil. De então data o estabelecimento dos francezes no Senegal: em 1617 já lá tinham uma fortaleza, e em 1667 se apoderaram do ilhéu, depois chamado ilha de Gorée, que os hollandezes occupavam desde 1619.—A *ilha de S. Thomé* soffreu, porém, mais que nenhuma: insultadas suas aguas por piratas desde 1557, foi assaltada e saqueada de francezes, em 1567; em 1574, surgiu-lhe uma rebellião, em que entraram os escravos fugidiços, mas que, felizmente, reprimiu: em 1585, terrivel incendio lhe abrazou boa parte da capital, que, logo depois, devastada, caiu no poder do almirante hollandez Van der Don: em 1595, a insurreição do negro Amador levou a furia e o terror aos confins da colonia; e, por ultimo, em 1641, de novo os hollandezes lhe invadiram a misera cidade. Os proprietarios e moradóres brancos, a cada nova catastrophe, foram-se passando ao Brazil, com o que poderam levar de suas riquezas: e cá ficaram os campos incultos; as plantações, em abandono; os engenhos, desamparados; a cidade, ruinas quasi ermas; e, por fim, o jugo extranho a consummar tão fatal teimosia de infortunio.—*Angola* tambem quinhoou nesta commum desventura das colonias portuguezas da Africa occidental: em 1641, vista a inimiga frota, foi evacuada a cidade de Loanda, da qual os hollandezes se assenhorearam, e para logo os régulos visinhos irromperam com suas devastações nas culturas e mais bens dos colonos brancos fugitivos, não poucos dos quaes, com os haveres salvados, se homisiaram nas terras de Sancta-Cruz.

Estes desastres redundaram, como dissemos, em indirecto proveito do Brazil. Os profugos, especialmente os da ilha de S. Thomé, foram valioso contingente para a colonisação livre do Brazil; levaram-lhe, com não poucos meios pecuniarios, o estimulo insubstituivel do interesse proprio e a aptidão na industria do assucar: e tão poderoso auxiliar foi este, que houve quem nelle suppozesse a origem da cultura da cana doce nessa parte da America. A decadencia das culturas saccharinas nas ilhas d'Africa deu bom preço e amplo mercado ao assucar do Brazil nos principios da exploração, que é o periodo em que as industrias mais precisam desse animador amparo. A escravatura, pelo empobrecimento dessas ilhas, lá lhe acudiu, mais prompta, numerosa, e barata: e, amestrado pelos exemplos das revoltas dos negros em S. Thomé, o Brazil soube, melhor do que as colonias africanas, policiar essa *força viva*, fecundadora dos seus antigos engenhos. E, por ultimo, a invasão extrangeira, que nas referidas ilhas profundou golpe a quasi varar-lhes o coração, nessas terras transatlanticas resvalou pela cutis só em alguns pontos do litoral, sem lhes offender os musculos da opulencia, e creando-lhes convicção da propria robustez, confiança nos seus recursos, e firme esperança nos seus futuros destinos, sem o que nunca poderiam ser nação.—A verdadeira lucta da industria e civilisação brazileira foi contra o gentio do seu sertão.

De par com a decadencia africana, o Brazil engrandeceu-se e enriqueceu do fim do seculo xvi em diante, nos mercados europeus, principalmente pela cultura e fabrico do assucar, com quanto a contrariasse o egoista systema colonial da Europa monarchica.

As demais colonias, em geral, a meio da sua obscura decadencia, tiveram no governo do Marquez do Pombal um feliz, mas curto parenthesis: e só agora, pelo influxo das ideias e meios modernos, começam a surgir para a civilisação.

Colonias extrangeiras.—O frade dominico *Labat*, missionario francez na Martinica por 1693, affirma, na obra *Nouveau Voyage aux îles de l'Amérique* (Paris, 1722), que a cana doce é indigena da America, assim como o é das Indias, e que os portuguezes e hespanhoes, tendo-a achado quando aportaram no paiz, sómente lá levaram a arte do fabrico do assucar, aprendida dos orientaes. Abona elle esta asserção com os seguintes factos, entre outros:—que o inglez *Thomaz Gage*, na relação da sua viagem á Nova-Hespanha em 1628, menciona a cana de assucar entre as provisões que obteve dos caraíbas de Guadelupe;—que *Francisco Ximenes*, no *Tractado das plantas da America*, impresso no Mexico, diz que a cana de assucar nasce naturalmente e cresce muito nas margens do Rio da Prata;—que *João de Lery*, sacerdote calvinista, tendo ido, em 1556, ter com *Villegagnon* ao forte Coligny, por este levantado no Rio de Janeiro, assegura haver achado muitas canas de assucar em diversos logares proximos, onde os portuguezes não tinham ainda penetrado;—que o *Padre Hennepin* e outros viajantes attestam a existencia da cana de assucar nas cercanias da foz do Mississipi;—e, finalmente, que *João de Laet* diz tel-a visto bravia na ilha de S, Vicente.—Esta opinião robusteceu desde que o celebre navegador Cook descobriu a cana de assucar em algumas ilhas do Pacifico.

Não obstante, mantem-se a contraria.—*Mr. Dutrône la Couture*, no *Précis sur la canne* (Paris, 1790), contesta a affirmativa de *Labat*, por insufficiencia de auctoridade nos *obscuros* viajantes a que este se abriga.

Ha, porém, rasões mais fortes para não acceitar por verdade que a cana de assucar seja oriunda tambem da America.—Qual o ponto do Brazil onde ella primeiro foi levada, e o como neste se propagou, bem claro o escreveu o fidedigno *Padre Simão de Vasconcellos*, como já vimos.—Qual o logar da America hespanhola a que ella pela primeira vez chegou, e o como se foi espalhando nessa parte do mundo, adiante summariamente o diremos. E, porque está assim authenticado o *começo* da importação ou aclimação do *saccharum officinale* na America, nada provam os factos *posteriores*, invocados por *Labat*, ou referidos por *Cook*, ainda quando authenticos sejam, e averiguados fossem com individuação e competencia: podia, por diversas causas, taes como fuga de captivos ou escravos, expedições de missionarios, e naufragios, ter passado esse precioso vegetal aos sitios em que se diz apparecido, sem que nelles fosse indigena. A prova incontestavel da naturalidade dos seres organicos está nos fosseis delles; e dos exemplares apontados, nenhum o é. A cana de assucar, se fôra espontanea na America, ahi, em vez de esteril de semente, como é, a daria como nas Indias orientaes; seria ahi vulgar, apreciada dos indigenas, memorada dos escriptores contemporaneos ao descobrimento, e não singular achado de serodios viajantes, forasteiros ao paiz e á epoca.

Estas rasões abastam para firmar como facto que a cana de assucar não é indigena da America.—Mas que o fosse. *Labat* mesmo, suscitando a questão, reconhece terem sido os portuguezes e os hespanhoes que levaram ao Novo-Mundo a industria do assucar; e o inglez *Bryan Edwards,* na *Historia civil e commercial das colonias inglezas nas Indias Occidentaes* (Londres, 1793-1801), tenta conciliar as duas opposias opiniões, dizendo que, embora a cana doce nascesse espontanea em alguns logares da America, os descobridores desta, que necessariamente ignoravam isto, para ahi levaram a planta.—A opinião prevalecente, porém, é aquella: planta, cultura, e fabrico do assucar, tudo ahi foi levado pelos europeus.

Foi o Novo-Mundo descoberto em 1492 por *Christovão Colombo:* tocou elle primeiro na ilha que ficou chamada de *S. Salvador,* e depois nas de *Cuba,* e *S. Domingos* ou *Haiti;* a qual denominou *Hespaniola.* Nesta ilha primeiro que em nenhuma outra possessão hespanhola da America se desenvolveu a cultura da cana de assucar: e uns, como o celebre botanico irlandez *Hans Sloane* (1660-1752), opinam que o introductor della foi o proprio Colombo, por occasião do descobrimento, em 1492; outros, como *Charlevoix,* na *Histoire de l'île de St.-Domingue* (Paris, 1730), que foi o companheiro de Colombo *Pedro de Etiença,* em 1506; e outros, finalmente, que a planta da cana fôra nesses tempos ahi importada do Brazil e Canarias.

Não repugnam estes factos entre si, porque bem podéra que a cana doce houvesse passado ás colonias hespanholas por mais de uma via. Mas temos por certa a primeira opinião, que se firma em fortes razões.—O citado *Sloane,* na *Viagem á ilha da Madeira, Barbada &,* & (Londres, 1705), diz, sob a auctoridade do hespanhol *Pedro Martyr,* liv. III, *Decada* I, escripta ao tempo da segunda viagem de *Colombo* (1493-1495), que já então a cana de assucar crescia e refilhava admiravelmente na ilha de S. Domingos, o que attesta anterior plantação. *Gomara,* na *Historia da America,* conta que, pouco depois do descobrimento, um *Miguel Ballestro* ali deu principio á extracção do succo da mesma cana, e *Gonçalves de Velloza* lá construiu o primeiro moinho, que era movido a agua, para fazer assucar: o referido *Sloane* nota que, em 1518, já havia nessa ilha não menos de vinte e oito engenhos: o mencionado *Charlevoix* conta que os magnificos palacios de Madrid e Toledo foram mandados edificar por Carlos V (1500-1556) só com o producto dos direitos do assucar de S. Domingos: e tudo isto confirma que ahi a exploração saccharina data da primitiva do seu descobrimento.

Além de que, *Christovão Colombo* residiu por annos nesta então villa do Funchal, ilha da Madeira (1), onde casou com Filippa, terceira filha de *Bar-*

(1) Gaspar Fructuoso, nas Saudades da Terra, liv. I, cap. XXII, tracta do descobrimento das Antilhas, e diz de Colombo o seguinte:

«Hum homem de nação italiana, genoes, chamado Christovão Colon, natural de Cogoreo, ou de Nervi a Selça de Genova, de poucas cazas, avisado e pratico na arte da navegação, vindo da sua terra á Ilha da Madeira, se casou nella, vivendo ali de fazer cartas de marear. Aonde, no anno de 1486, veyo aportar huma náo biscainha, ou (segundo outros) andaluza, ou portugueza, havendo,

tholomeu Palestrello, primeiro donatario da ilha de Porto-Sancto: aqui viu, pois, a cultura, fabrico, e commercio do assucar, o melhor do mendo: e, portanto; não só é de certeza moral que a mesma ilha da Madeira lhe suscitasse o pensamento de propagar ás terras que descobrisse a cultura do assucar, mas tambem é provavel que levasse della a planta mesma.—Mais. O appellido *Balestro* é mera variante de *Palestro*, e este é a fórma primitiva de *Palestrello* (depois *Perestrello*), appellido da familia a que pertencia a mulher de Colombo (vid. retró, pag. 446); *Gonçalves* é um dos appellidos de Zargo e seus descendentes (vid. retró, pag. 523); *Velloza*, ou *Avelloza*, é appellido tambem de uma das mais antigas familias madeirenses (vid. retró, pag. 533); em 1452, como veremos, foi concedido a *Diogo de Teyve*, um dos primeiros povoadores da ilha da Madeira, o privilegio de construir nella o primeiro moinho de espremer cana, movido a agua: estamos, portanto, em que não só a cultura do assucar foi levada a Hespaniola, mas ainda em que era madeirense a planta, e madeirenses os praticos *Ballestro* e *Velloza* que lá foram iniciar a industria saccharina.

Firmada esta industria em Hespaniola e no Brazil, gradualmente se ramificou aos outros paizes da America a ella adequados, e depois a alguns pontos da Africa oriental.—Em 1551 estava generalizada nas *Antilhas*. Na primeira metade do seculo xvii propagou-se do Brazil ás colonias *anglo-americanas*, especialmente a *Barbada*, onde o trafico do assucar tinha florescido, por modo que, em 1676, carregava uns quatrocentos navios. Do meado do mesmo seculo em diante, diffundiu-se das Antilhas ás demais *colonias americanas da Hespanha,*

com tormentas e tempos contrarios, descoberto parte das terras, que agora chamamos Indias Occidentaes, ou Novo Mundo. O Piloto, cujo nome se não sabe, nem de que nação era (sómente tem alguns, que era portuguez e carpinteiro), e trez, ou quatro companheiros, que com elle vinham, sem ninguem saber té agora que viagem levaram, se não sómente que andaram pello mar Oceano do Ponente, tendo hum tempo rijo e tormenta grande, a qual os levou perdidos pela perfundeza e largura do espaçoso mar, até os pôr fóra de toda a conversação e noticia, que os experimentados marinheiros e sabios pilotos sabiam, e alcançavam por sciencia e longa experiencia: viram pellos olhos terras nunca vistas, nem ouvidas. Com a mesma tormenta que os levou a vélas, ou com outra contraria, se tornaram para Hespanha, tão perdidos e destroçados, que de muitos marinheiros, que deviam ser, sómente escapou o Piloto, com os trez, ou quatro companheiros. Os quais, chegando á Ilha da Madeira, onde Christovão Colon morava, acaso se agasalharam, e puzeram em sua casa, onde foram bem hospedados: mas não bastou isso para poderem cobrar forças e saude, porque vinham tão perdidos e destroçados, tão pobres e famintos, tão fracos e enfermos, que não poderam escapar com a vida, não tardando em morrer. E não tendo o Piloto, na morte, outra cousa milhor que deixar a seu hospede em paga da boa obra (que ainda que feita a pobre gente, não perde seu premio, antes a quanto mais pobre se faz, mais alcança seu galardão), deu-lhe certos papeis e cartas de marear, e relação mui particular do que naquelle naufragio tinha visto e entendido. Recebeu isto Christovão Colon de mui boa vontade, porque seu principal officio era tratar em cousas do mar, e fazia muito caso de sua arte, e aviso do Piloto e de seus companheiros. Mortos elles, começou Christovão Colon a levantar os pensamentos, e a imaginar que, se por ventura elle descobrisse aquellas novas terras, não era possivel senão que nellas acharia grandes riquezas, e que seria para elle cousa de muita honra e proveitosa.»

Mexico, *Peru*, *Chili;* passou ás *colonias da França, Hollanda, e Dinamarca;* e, por ultimo, ás ilhas *Mauricia* e de *Bourbon*, e outros pontos da Africa oriental.

Em todos estes paizes a industria saccharina se tem mais ou menos mantido e prosperado, barateando o genero de modo que nas ilhas da Africa occidental, Madeira, Canarias, e S. Thomé, cujo assucar tinha, nos tempos anteriores, chegado quasi a abastecer o mercado da Europa, não póde competir, e decahiu de todo, pelo seculo xvii.—Foi então que a barateza e abundancia do assucar deram aso a que a *confeitaria* assumisse maior incremento, e elle mesmo entrou no numero dos generos alimenticios.

Mas esta industria assentava sobre base, além de iniqua, anti-economica,— o trabalho obrigado e gratuito do escravo. Não era commercio, era especulação de raça sobre raça. A tortura moral e physica entravam ali em muito como uns bons tantos por cento de valor. O assucar era a cicuta dos negros.—Pelo que, a rasão, o direito, e a virtude haveriam no futuro de insurgir-se contra isso, quando a vez da consciencia lhes dissesse um dia que aquelle saboroso e nutriente doce vinha amassado com lagrymas e sangue de milhões de infelizes.—E esse dia chegou com o seculo xviii: a philosophia delle deu palavra a essa voz intima, e fórça a essa palavra.

Desde então sobreveiu a crise do assucar, e, quanto mais estudada, mais temerosa. A producção destruia o productor. A iniquidade social da escravatura era tambem um absurdo economico. Mas esta verdade tinha contra si o myopismo obsecado do interesse de muitos; e em quanto a philantropia e a sciencia europeia clamavam contra o nefando trafico dos negros, a industria americana e africana reclamavam contra a abolição delle, como vendo na alforria do escravo a morte de si mesmas.

No entretanto, porém, *Salomão Caus* (1615), *Dyonisio Papin* (1690), *Savery* (1698), *Watt* (1769), *Jonatas Hull* (1737), *Jouffroy* (1778), lord *Stanhope* (1795), e, por ultimo, o americano *Fulton* (1803), além de outros, explorando a força do vapor da agua fervente, força descoberta por *Herão de Alexandria* (120 annos ant. de J.-Ch.), gradualmente inventavam a *machina a vapor:* e a Allemanha elaborava (1747-1799), como producto de sciencia experimental, e a França inaugurava (1812), como producto industrial, o *assucar de beterraba.*—Nestes dois factos estavam os germens da futura solução ao problema colonial da industria saccharina.

IV PERIODO. O INDUSTRIAL. *Seculo* xix.—Acceitou este seculo corajosamente o laborioso encargo desse problema, e resolveu-o, proseguindo gradualmente na abolição da escravatura, empreza já encetada desde o ultimo quartel do seculo xviii, e applicando á industria saccharina os melhoramentos aconselhados pela sciencia, a força das machinas a vapor, e a colloboração do vapor mesmo,

Em 1787 fundou-se na Inglaterra a *Sociedade dos amigos dos negros*, para a abolição do trafico de escravos, e, pouco depois, outra analoga em Paris. A Dinamarca, em 1792, prohibiu, para de 1803 em diante, esse trafico nas suas colonias. Na França, a Convenção Nacional proclamou em 1794 a immediata liberdade dos escravos, mas em 1801 o Consulado restabeleceu a escravidão nas colonias, até que foi extincta em 1848 pelo governo provisorio, e o principio foi inscripto na constituição da nova Republica Franceza. Em Inglaterra, o Parlamento tambem proclamou a alforria dos negros, em 1807, mas a escravidão nas colonias britannicas só foi extincta em 1833. As demais nações maritimas seguiram-lhe o exemplo; de sorte que, em 1857, só se mantinha a escravatura nos estados do sul dos Estados-Unidos da America, no Brazil, nas colonias hespanholas, e em algumas portuguezas: mas ao presente está abolida naquelles; no Brazil e nas colonias de Portugal está decretada a sua extincção gradual; e subsiste unicamente nas hespanholas.

E, por outro lado, a industria do assucar de beterraba na Europa, desde que em 1812 se estabeleceu definitivamente, aperfeiçoou de mais em mais os seus processos, adoptou as machinas a vapor, e conseguiu melhorar, augmentar, e baratear o seu producto em competencia com o assucar colonial, o que, por algum tempo, suscitou conflicto entre as duas industrias; mas, a final, ficou, como devia ser, exemplo e estimulo para os cultivadores e fabricantes de assucar da *arundo saccharifera:* e d'ora avante ambas funccionarão nas mesmas condições economicas,—das outras industrias em geral, pelo trabalho livre e acção mechanica do vapor. O assucar liberta-se, alfim, do torpeço que o collocava no numero dos generos de exploração odiosa, e entra na communhão das leis da geraema industria.

II

NOTICIA HISTORICA DA CULTURA, FABRICO, E COMMERCIO DO ASSUCAR NA ILHA DA MADEIRA.

Saumaise, nas *Exercitationes plinianæ* (1629), *Virey,* na *Histoire naturelle des médicaments* (1820), e *Mr. Basset,* na *Guide Pratique du fabricant de sucre* (1861), opinam existir a *arundo saccharifera* na ilha da Madeira e Canarias, «que eram as ilhas Afortunadas dos antigos, desde muito mais remotas eras que a do descobrimento daquella.»—Invocam, para isso, o seguinte trecho de Plinio: «*In quibusdam ex insulis fortunatis, ferulas surgere ad arboris magnitudinem, candidas, quæ expressæ liquorem fundunt potui jucundum* (1).—*Saumaise* considera que as *ferulas* de que falla Plinio só podiam ser ca-

(1) TRADUCÇÃO:—«Diz-se que em algumas das ilhas Afortunadas ha umas ferulas, tão altas como arvores, que, expremidas, dão succo agradavel de beber.»

nas de assucar.—Mas do texto mesmo de *Plinio* se colhem argumentos em contrario á opinião que o invoca. A ilha da Madeira não entra no numero das que os latinos denominavam *ilhas Afortunadas*, como se vê, por exemplo, da obra de *Mr. d'Avezac, Iles de l'Afrique*, parte ii, Intr., § 1.° A cana de assucar não apparece nella no estado fossil, nem selvagem; não dá semente aqui; só se propaga plantada; o que mostra só poder existir aqui no estado de cultura: e, nesse mesmo, nunca chega a ter a *grandeza de arvore*, nem é *candida*. Nem Plinio affirma, senão refere o que contam das taes ferulas. E, se os latinos, em suas noticias das *ilhas Afortunadas*, não condizem siquer com a exacta situação e numero das ilhas africanas a que se poderiam referir, como ensina o mesmo *Mr. d'Avezac*, mal podem ser acreditados na vaga fama de cousas que meramente relatem, sem as dar por veridicas, como no caso presente.—Para mais, a tradição diz por quem, e quando a cana de assucar veiu no seculo xv á ilha da Madeira; em que logares feitas as primeiras plantações, e até o quanto a segunda produziu: e quando o facto é tão minuciosamente relatado, e além disso, confirmado pela observação local, não tendo contra mais que informação irresponsavel, allusiva a outrem,—não póde elle deixar de ser tido por *verdade historica*.

A ilha da Madeira foi descoberta em 1420, e passou desde logo a ter habitantes, como *Azurara* refere (vid. retró, pag. 333); mas só em 1425 o Infante D. Henrique começou a mandar *povoal-a*, isto é, a constituir nella população incola, policiada, e especialmente agricola, o que se mostra da sua carta de 1460 (vid. retró, pag. 321) combinada com aquella passagem de *Azurara*.— Não foi, pois, em 1420, como quasi todos os escriptores extrangeiros relatam, mas sim em 1425, ou de então em diante, que o Infante D. Henrique remetteu para a ilha da Madeira a planta da cana doce; nunca, porém, depois de 1437, porque, deste anno até o de 1440, interrompeu os seus trabalhos de exploração ultramarina, por absorvido nos graves negocios do estado; e a cultura da cana appareceu tão desenvolvida e florente poucos annos depois, que repelle a supposição de ter principiado de 1440.

O historiador hespanhol *Herrera* pensa que a planta da cana de assucar trazida á ilha da Madeira viera dos campos de *Granada*, ou *Valencia*. Os escriptores portuguezes affirmam, pelo inverso, que viera da Sicilia. E cremos terem sido exactos estes; porque o assucar siciliano era melhor que o daquelles logares de Hespanha, e o Infante não escolheria o peior. Em todo o caso, viesse donde viesse a cana de assucar, a questão é futil.

No dizer do *Manoel Thomaz (Insulana*, liv. v, est. 114 e 115), foram as

> Cannas, que o rico Açuquar com doçura
> Darám. . . . .
> Plantadas . . . a vez primeira
> Em o Campo do Duque celebrado,

Onde despois, com gloria verdadeira,
Será Templo a hum Martyr leuantado.

O *Campo do duque* era o terreno onde na cidade do Funchal são a cadeia
publica e seu largo; a sé, seu adro e terreiro; e o largo de S. Sebastião, no qual
foi levantada a ermida deste sancto, da qual já fallámos (vid. retró, pag. 537,
nota (2)). Varios diplomas se referem a este campo, *signanter*, as cartas do infante D. Fernando, pelas quaes, em 1470, mandou fazer curral do concelho, e
deu o terreno *juncto da igreja grande*, isto é, da sé, para se fazer a casa da
camara *(Arch. da Cam. do Funchal, tomo* I, *fl.* 5 e 58), casa que desde muitos annos serve de prisão.—Cremos exacta a noticia de haver sido feita neste
campo a primeira plantação das canas mandadas pelo Infante D. Henrique, visto ter o mesmo campo sido propriedade privativa dos senhores da ilha da Madeira, como mostra a propria denominação do sitio: *Campo do duque.* Mas, depois deste ensaio no Funchal, trouxeram, segundo conta *Fructuoso* (vid. retró,
pag. 113), planta para Machico, e ahi a cultura prendeu de maneira que produziu treze arrobas de assucar, o qual foi do primeiro vendido na ilha da Madeira, cada arroba por cinco cruzados, não tanto para consummo, quanto por
curiosa amostra do novo e estimado producto.

Depois, foram progredindo tão felizmente a cultura e fabrico do assucar
na ilha da Madeira, que este foi o preferido no commercio, por estimado como
o melhor do mundo, no dizer de nacionaes e extrangeiros (1), e tanto que era
exportado para as praças onde affluiam os assucares do Oriente.

Refere *Rebello da Silva*, na *Historia de Portugal*, tomo IV, pag. 532, que
na ilha da Madeira se fabricavam em 1445 mais de 468 quintaes de assucar.
Julgamos, porém, haver erro typographico no algarismo da era, devendo seguramente ser 1455; não só porque a primeira viagem de *Ca-da-Mosto*, ahi citado, foi em 1455 (2), mas tambem porque *Gomes Eannes de Azurara*, que acabou a *Chronica de Guiné* em 1453, fallando, no cap. LXXXIII, da ilha da Madeira,
diz: «A qual ao tempo da feitura desta estorya estava em razoada povoraçom, ca
avya em ella CL *moradores*, afora outras gentes que hi avya, assy como mercadores, e homeēs e molheres solteiros, e mancebos, e moços e moças, que ja naceroō
na dicta ilha, e esso meesmo clerigos e frades, e outros que vaão e veem por suas
mercadaryas e *cousas que daquella ilha nom podem scusar.*»—Este trecho mostra:—1.° que já mesmo em 1453 a população da Madeira seria pequena para
tamanho movimento agricola e fabril só nos ramos do assucar, além de outros
que tinha;—2.° que o assucar ainda não avultava tanto, que occorresse ao chro-

(1) Vid. retró, pag. 65.—Antonio Cordeiro, Hist. Insulana, liv. III, cap. VI, § 36.
—Mr. Dutrône la Couture, Précis sur la canne, pag. 15.

(2) Visconde de Santarem, Introducção á Chronica de Guiné, pag. XVI e XVII.

nista especial menção delle entre as *cousas daquella ilha,* com quanto em outros dois logares o aponte (cap. v. pag. 30, e cit. cap. LXXXIII, pag. 391).

O mais antigo diploma, relativo á industria saccharina, que ha no Archivo da Camara do Funchal, é de 1452, e delle se evidenceia datarem de então os primordiaes progressos desta industria na Madeira: concedo a construcção do primeiro *engenho de agua* que aqui houve para fazer assucar, vendo-se do theor que, antes desse, não existia aqui outro, com qualquer motor. Até esta epocha o fabrico do assucar, pois, não podia deixar de ser escasso, e de mera labotação domestica.——Reza o diploma assim:

COMTRAUTO que foy feyto emtre ho ymfamte dom Amrrique & Dioguo de teyue sobre ho fazimemto do açuquar.

EU o ymfamte dom Amrrique duque de biseu & senñor de cobilham faço saber a bos Joham gomçalues meu caualleyro & capitam por mi na minha ylha da madeyra & a outro quall quer a que este meu comtrauto for mostrado que eu *comtraytey com Dioguo detteyue meu escudeyro que elle mamde hy fazer hum emgenho daugua* em lugar que nom posa fazer nojo a outrem pera se nelle fazer açuquar com estas condiçoeẽs suso espritas. Ytem que *de todo ho açuquar* que se em elle fezer elle me dee *a terça parte sem lhe eu dar ninhũa cousa.* Ytem com comdiçom que *damdo elle com ho dito seu emgenho & ho meu lagar despacho a todos hos canaueaees que nom fique ninhũa cousa por fazer* que eu nom dee lugar a ninguem que posa fazer outro semelhamte & nom se podem-do todo fazer que eu dee lugar a quem me prouuer que faça outro. Com comdiçom que o meu almoxarifc reçeba delle o meu terço do dito açuquar que me ha de dar asy ho das formas como de panella apurado ao quall por esta presemte mamdo que logo como asy apurado for ho reçeba & rrecade pera mi. E porem bos mamdo q̃ lhe leyxees asy fazer ho dito emgenho onde lhe prouuer & lhe nom ponhaees nello embarguo algum. Feyto em allbufeyra b. dias de Dezembro. Joham de moraees ho fez. Anno do senñor de mill iiij° lij (1452).

Arch. da Camara do Funchal, tomo i, fl.° 132.

O infante, senhor da ilha da Madeira (e era D. Henrique), não se contentava com menos do que *a terça parte de todo o açuquar que se no emgenho fizesse,* isto é, de todo o da ilha, porque o engenho era unico: e ainda assim, clausulava o encargo com a condição de *nenhũa cousa dar!*——Esta desmesurada exigencia revela, sem duvida, preço de venda desmesurado tambem, em relação á despeza da cultura da cana e custeio do fabrico do assucar: mas, poris-so mesmo, ameaçava proxima decadencia naquelle preço, e crise na industria, graduada pelas forças reagentes do baratear do genero e do gravame tributario.

84

Assim succedeu. Não eram passados dez annos, e já a crise a manifestar-se.—O primitivo foral, talvez o dado por D. Affonso v, tambem de 1452, ia além da exigencia do terço; obrigava a dar *metade da cana* que não fosse reduzida a assucar (1). Os povos, seguramente para se eximirem a dar aquelle terço e esta metade, foram construindo prensas manuaes, ou *alçapremas*, e nellas fazendo seu assucar, mediante o não leve imposto mensal de arroba e meia desse genero, por cada alçaprema. Mas, como este onus era menor que os outros, o numero das alçapremas augmentou a ponto, que o infante D. Fernando, senhor desta ilha em 1461, enviou um regimento ao seu almoxarife para que tambem do assucar dellas cobrasse o terço. E, então, os povos, exasperados pelo vexame, e talvez suppondo-o obra do almoxarife, fizeram *parede*, ou *greve* (como hoje se diz), suspendendo o fabrico do assucar, e representaram ao infante que, sendo nos tempos anteriores costume sómente pagar-lhe arroba e meia por cada alçaprema em cada mez, agora o almoxarife delle infante lhes exigia mais o terço do assucar nellas feito; e que isto lhes era impossivel pagar. Essa representação ou carta deu causa ao seguinte curioso diploma, que vivamente retrata a situação critica da industria saccharina pelos tempos de 1462. Eil-o:

CARTA do duque dom fernando sobre hos dereytos do açuquar que se deuem pagar.

CABALLEYROS escudeyros & poboo da minha ylha da madeyra o ynfante dom fernamdo &...By a carta que me embiastes...dezendo que soyees de pagar ao senhor ymfamte meu padre.... de cada huũa alçaprema por mes huũa arroba & meya & que hora manuell afomso meu almoxarife bos demamda ho terço do açuquar que nas ditas alçapremas em bosas casas fazees dizemdo que eu ho tenho asy mamdado no regimemto que lhe dey pera recadar meus dereytos. Pidindome bos por merçee que bos nom mamdase pagar saluo a dita arroba & meya por mes de cada huũa alçaprema allegamdo algũas rasoees per que bos nom uem proueyto de labrardes ho dito açuquar pagamdo delle ho terço & como quer que eu ey por bem feyto o que bos ho dito meu almoxarife em este caso rrequere pois faz ho que lhe tenho mãdado & bos sabees que bos nom demamdam cousa noua ca o dito senhor meu padre o tinha asy mamdado a mi praz por bos fazer merçee de mamdar ao dito meu almoxarife que bos nom costranga por mays que pella dita arroba & meya por mes de cada alçaprema & ysto em quoamto for minha merçee por q̃ eu emtemdo muy preste memte dar ordem como sejam feitos lagares em que todo o açuquar

(1) O regimento para a recadação dos quartos, promulgado de 1489 para 1490, diz: «Y das canas que se carregarem se pague a meatade como he hordenado pello forall pois se nom faz em açuquar.»

desa ylha se faça & eu aber ameatade delle segumdo o foro da terra. Porem pello que me pareçe de bosa carta & por que minha temçom he fazer merçee & fauor a os meus & de minha terra bos quero abisar de como me praz ser seruido dos meus & acatado. Eu quero que todos meus mamdados sejam sem comtradiçom & tardamça compridos & se delles alguũs se symtirem agrauados q̃ muy onesta mente me requeyram o que por seu bem ouuerem sempre mostramdo de todo em todo estarem a minhas determinaçoeẽs ca doutra guisa poderaa ser que das cousas que me requererem nom aberam a resposta que desejarem & serey muy ledo de em tall maneyra me serem requeridas que sempre lhas dee graciosas. Da minha billa de tomar a xxj dias de janeyro. Ruy memdez a fez. 1462. Ho Duque. E ysto bos espreuo por que tamto que ho almoxarife bos fez costramgimemto por ho dito terço segumdo em meu Regimemto leuaua esprito reteuestees de fazer bosos açuquares com mostrança de grande agrauo segumdo per bosa carta by.

Arch. da Cam. do Funchal, tomo i, fl.ª 132 v.

Através da iracunda e ameaçadora redacção desta carta, sobresae a victoria dos productores do assucar. A *greve* levou de vencida a extorsão. O infante D. Fernando cedeu, de má vontade.

Por sua parte, os capitães donatarios, a exemplo dos infantes, queriam tambem quinhoar nos assucares. A carta do Infante D. Henrique, datada de 1 de novembro de 1450, pela qual este deu a Capitania do Funchal a Zargo, diz (vid. retró, pag. 453): «*Esto* (1 marco de prata) *aja tambem....de quall quer engenho que se ahy fezer tiramdo byeyros de ferrerzia & doutros metaees....Outro si me praz que de tudo ho que Eu ouuer de remda na dita parte da ylha que elle aja de dez hum.*»—Nas cartas de provimento aos capitães donatarios de Machico (vid. retró, pag. 456), e de Porto-Sancto (vid. retró, pag .457), leem-se analogas concessões. A pretexto dellas, embora nos referidos titulos nada expressamente fosse determinado em respeito a proventos dos engenhos de assucar para os capitães donatarios, estes parece os foram exigindo. Mas, seguramente por sollicitação dos povos, baixou, em 1468 (*Arch. da Cam. do Funchal, tomo* i, *fl.*ª 214), uma carta do infante D. Fernando para «*os moradores desta ylha nom pagarem aos donatarios della tributo ou dereyto dos emgenhos.*»— Esta providencia redundou em proveito immediato dos assucares madeirenses; mas o principal valor della, á luz da critica historica, é o ser indirecta condemnação do systema egoista que os infantes, senhores destas ilhas, adoptaram em sua pessoal ganancia. Como o leão, não queriam dividir a presa.

A industria saccharina, já desenvolvida nas ilhas Canarias, ia crescendo em producto, e, proporcionalmente, decrescendo em lucro, com quanto muito vantajoso ainda: pelo que, o infante D. Fernando, atemorisado do facto, e cuidando poder conjurar os effeitos da concorrencia pelo monopolio, propôl-o aos povos da Madeira pela seguinte carta:

CARTA do Ymfamte dom fernando sobre ho trauto do açuquar desta ylha por quãto estaa em bayxo preço.

FIDALGOS caballeyros escudeyros & moradores da minha ylha da madey-ra o ymfãte dom fernando bos embyo muyto saudar. Faço bos saber que bemdo eu ho *grande desfallecimemto do proueyto* que amte mi & a bos outros se segueraa polla *grande bayxa que ha no açuquar* & como estaa em preço em todas partes muy bayxo & querẽdo aber algum rremedio & comsiraçom ao cor-regimemto dello por q̃ me pareçe que de se leyxar assy abater se podẽ segui̅ alguãs grandes emcomueniẽtes assy em todos grande memte perderdes em a bemda de bossas nouidades como per que tamto pode abater seu preço que a muytos combiraa leyxar de ho leuar o que seria causa de se diminuir a po-boraçom dessa ylha que ta ora Deos seja louuado estaa em multipricaçom & tam bem per que sendo assy abatido os de cczilia & de meçiua que sam gran-des mercadores homeẽs de muyta fazemda poderiam poor seu rrepayro & fa-zer algum trauto em brujes que de todo se tome a bemda aa ylha & o seu se nom possa desbaratar. Ouue açerqua dello comselho com alguãs pesoas que em ello bem emtemdem & achey que a sua bayxa nom era se nom por ser mer-cadoria que anda muy deuasa & que baae em frandes & outras partes em mão de marineyros & outros homeẽs que ho desbaratam a menos preço do que he rra-zom de baler ho que se nom pode rremediar sem dapno scnom bimdo *todo o açu-quar assy o meu como bosso a huũa mão* & como quer que alguãs maos anos tenha pera bemder o meu & o bosso desembargue a outras pesoas como sempre fiz que bos outros. Por me esta cousa pareçer que muyto se deuia rremediar quiz fa-zer fundamento meter o meu a bamda com ho boso & falley com *estes mercadores da çidade de lixboa que sam pera ello bem abastantes que lhe prouuese de se conçertar cõmigo* & com bosco & tomarem *todo ho açuquar que se em essa ylha fezer pellos preços* & comdiçoẽs que se conçertarem & de razom & a elles aprou-ue de quererem em ello emtender. E perq se a ello desposesem Eu nom quiz nada com elles fazer & soo mente ser todo per bos outros trautado & mando lau duarte amado escudeyro da minha casa com minha procuraçom pera conçer-tando bos outorgue por minha parte por que este feyto me pareçe que sendo bem consirado traz muytos proueytos por que allem dos que se em çima to-quam & outros que hy ha sendo este açuquar algũns annos em mão destes mercadores teram tall mañeyra em seu trauto que ha de leuantar nem benhã com ho seu a frandes & ho preço deste creça de guisa que quoamdo o trauto acabar fique em tall ponto que a todos seja grande proueyto. E por tanto bos emcomemdo que bos jumtees todos & ajaees sobre ello bem boso comselho ten-do rrespeyto a os tempos que am de byr & canto esto he seguramça do proney-to jerall & bemda dos bossos açuquares que fica çerta & queraees em ella teer tall maneyra que bos comçertees nos preços & condiçoẽs que sejam rrasoados

&:justos.de guisa que o contrauto seja firmado ca eu ao bem & proueyto de bos outros som mouido.ao comçerto pallos muytos proueytos & segurança & todo o contreyro no desconçerto. Sprita da minha billa dalcouchete a xiiij de Julho. Alu.º anes a fez. Anno de 1469.—Ho Duque,

Arch. da Camara do Funchal, tomo ı, fl.ª 4.

Que differença entre a rispidez da carta de 1462, e a brandura de esʃ'outras de 1468 e 1469! A *greve* dos productores de assucar tinha sido lição salutar. O infante, agora, não mandava, consultava; não impunha, propunha o monopolio, medida aliás de inquestionavel utilidade sua, mas a que os povos da Madeira, levados pelo instincto do interesse e direito geral, não acquiesceram.—É notavel a resposta que deram. Foi segunda *greve* do bom-senso contra o egoismo, representado, além no imposto descommunal que ao diante secaria sua fonte; aqui, no monopolio. Gentil povo! A Madeira, a meio do exclusivismo economico do seculo xv para o xvı, desfraldou, desassombrada, o estandarte do livre commercio. O diploma dessa resposta, até agora esquecido, se não ignorado, é brasão de que a Flor do Oceano póde ufanar-se. Eil-o:

CARTA dos regedores desta billa do fumchall sobre ho trauto do açuquar ao senñor ymfamte dom fernando.

SENÑOR. Os bosos fidalguos caballeyros escudeyros & pouoo da bosa ylha da madeyra desta parte do fumchall cõ a rreuerença ǭ deuemos beyjando bosas maãos nos ẽcomẽdamos em bosa merçee. Muyto birtuoso senñor a xxb dias de satẽbro nos foy dada hũa carta bosa per duarte amado boso escudeyro açerqua dos açuquares pera todo poer em hũa maão sobre a quall foy junto todo ho pouoo desta parte & despois de lyda & decrarada todos com os geolhos em terra & grande mesura bos teuemos & temos em merçee a booa bontade que aderca dello nos mostraees dando logo todos em rreposta nom seer boso seruiço nem boso proueyto açeptar tall partido per muytas rrasoẽs a todo presente o dito escudeyro & afonsianes espriuam da camara & despois desto os oficiaees fezerom juntar todos os da camara. E duarte amado de presente o dito espriuam & foi perguntado a cada hum per pesoa que disese o que lhe apareçia & todos se affirmarã de nom dando rrasom cada hũ nom seer boso seruiço nem proll da terra & que se nom debia fazer. E sem embarguo de todo os oficiaaees deserom ao dito duarte amado que disese a martimnhaẽes que se queria falar com elle sobre as condiçoeẽs & preços & maneyras que nello abiam de teer & pera de todo aberem final coucrusam ao quall foram juntos tres oficiaaees & ho espriuam da camara & elles ambos bimdo a preço elle dito martimnhaẽs a nos dar pollas cabeças do açuquar a qniñetos rr.ª & o outro que o labrador

lhe dese rrefinado & pello milhor delle de duas cozeduras pagaraa a bij'l rr.'
& pello outro mays somenos das duas os aluidradores lhe darã prêço. E despois sobre esto foram outra bez chamados todos & . . . . . . responderam que lhe
pareçia seer extranho o abatimemto de seos açuquares & nom lhe prazer. . . .
dando loguo ordem de se espreuer.a bosa alteza a força das cousas como nom he
boso seruiço nem boso proueyto.

Primeyra memte senñor por nos fazer sojeyçom de comprar & bemder
com hum soo mercador & por que cada mes & somana abemos nouos mercadores & mercadorias & de muytas partes nolas trazem & nos compram nosos
açuquares sem apartando delles nenhũa cousa segundo os temos em nosas pilleyras boõs & comunaees & somenos & nom deçe de oytocentos atee bj'l rr.' e
mays bayxo dando nos muytas bezes mercadorias em taaes preços que nos sam
bendido a mill & pera ysto nom sam chamados abaliadores nem terceyro segundo seu comitimento saluo o labrador & o que compra sem apartando cabeça nẽ mel.

Senñor. Que sojeyçam nos seria comprarmos & bendermos com hum soo
mercador & em hũa soo casa onde soemos teer tantos que nas rramadas possam por nom acharem casas os quoaees nos fazem fazer tantas bem seytorias
per que a terra se nobreça & que era neçesareo de todo seçarem & as feitas se
perderem & os proueytos que dellas abemos asy dos alugueres como padeyras
estallajes & binhateyros & pescadores & ofiçiaees & os lauradores bemder &
lhe bendem muy bem suas nouidades & fruytos & tambem molheres de boas
peçoas & muytos pobres labram os açuquares bayxos em tamtas maneyras de
conseruas & alfini & confeytos de que am grandes proueytos que dam rremedio
a suas bidas & dam grande nome aa terra nas partes onde bam & dizem bem
seja o que a pouorou em que taees cousas se dam & fazem.

Senñor. Senta bosa senñoria o trabalho que seria a nos pera perdermos de
tantos & de tam boõs homeẽs como nos bem buscar por causa deste açuquar
os quaees dinberno teemos aqui com quinze ou bynte lojeas & com elles teem
nosos desenfadamentos per muytas maneyras asy de falas como de nouas que
lhe espreuẽ que nõ temos aquy outros montes nem caças.

Senñor. Seja bosa merçee em conheçimẽto em como esta rrua dos mercadores q̃ he junto com ho mar estaa pouorada destes mercadores do tranto do açuquar & outros q̃ a este perteçam da quall sayrom ao rrepique dos nauios q̃ aqui
byerom de castella bem seys çentos ou bij.e homeẽs atee que os da terra podessem byr por a ocupaçom das eyras em que eram & casas em que fazem seos
açuquares. . . .

Estos apontamentos nom sam neçesareos (1).

Arch. da Camara do Funchal, tomo ı, fl.ª 1 v.

(1) Assim termina o incompleto registo deste diploma.

Deste diploma se evidenceia: o alvitre do monopolio não atenuava, aggraria a depreciação do assucar, a qual, ainda assim, não intimidava os produtores, nem fazia com que a ilha da Madeira, especialmente a' sua capital, deixasse de manter-se prospera, como o diploma a descreve.

É certo haver grande differença entre o primitivo preço do assucar, cincruzados cada arroba, e o de 1469, que o diploma diz ser entre oitocentos seiscentos e cincoenta rr.'; mas delle, com as demais vantagens que tinham, daram por satisfeitos os povos da Madeira,—O systema centralisador de avotado á metropole abortou, desta vez, quanto ao assucar madeirense.

Mas não ficou inerte. Tão sómente contemporisou, e mudou um pouco de forma.—A cultura da cana doce foi subjeita aos *estimadores dos canaviaes;* o brico do assucar, ao arbitrio de *dois homens* em cada capitanía «que julgassem o damno que nos assucares se fazia, e o modo de executar os malfeitores»; o assucar fabricado, á alvidração dos *estimadores dos assucares,* e decisão dos *caldadores;* isto é, triplice fiscalização, cumulada de vexames e arbitrios, sobre assucar, na cultura, na elaboração, e no producto, para evitar extravio ao imposto; fiscalização que, quando reduzido o direito do senhor da ilha ao *quarto* *producção,* foi regulada por especial regimento, o qual, sem data, está relatado entre dois diplomas, um de 1489, e outro de 1490, no *Archivo da Camara do Funchal, tomo* I, *fl.'* 169.—No principio desse regimento determina-se que «em cada hum año no mez de Janeyro ho spriuam do almoxarifado spreue-se todollos canauiaees da ylha em cada comarca cujos são & despois de lançados a libro seu dono faça delles o q quezer sem licemça de nenhũa pesoa»: mas, logo em seguida, estabelece estações fiscaes, com o nome de alfandegas, na Capita, Ponta do Sol, Ribeira-Brava, Sancta-Cruz, e Machico, e toma outras provindencias, com severas penas, pelas quaes o productor do assucar ficou, desde a pantação, e em sua propria casa, até a exportação do genero, constantemente cativo das pesquizas e peias do exactor.—Em compensação, porém, destas restricções, uma carta do *Duque,* senhor da ilha, expedida de Beja, em 6 de junho de 1489 *(Archivo da Camara do Funchal, tomo* I, *fl.'* 164 v.), permittiu que qualquer mercador comprasse assucar para revender.—E os cultivadores foram-se resignando.

O systema centralisador aventurou então mais um passo. Ainda no referido anno de 1489, ou no principio do seguinte, veiu regimento do mesmo *Duque* prohibindo que dahi por diante os *meles* fossem cosidos e refinados na ilha, como até esse tempo se fazia. Não tendo podido levar, pelo monopolio, o comercio do assucar madeirense para Lisboa, o *Duque* transportava para lá, por este modo, boa parte do producto saccharino desta ilha, com grave prejuizo dos muitos industriaes que nella se davam ao processo da refinação: em favor destes não sómente concedeu moratoria de um anno na execução dessa carta, como se vê dest'outra;

CARTA do duque em que daa espaço a os melles se poderë cozer & refinar hum anno.

EU ho duque... ordeney que daqui em diamte se nom cozesem nem refinasem nenhuns melles & amsy ho tenho mamdado em hum regimemto meu que laa bay. E por que despois foy emformado per Joham fernamdes do arcø & per algũas outras pesoas de laa que defemdemdo logo os ditos melles muytas pesoas que niso tinham emtemdido reçeberiam gramdes perdas oque per bem abemdo por çerto o que me asy diziam que em todo este anno presente de quatroçemtos & nobemta ajam lugar & liçemça pera cozerem & refinarem os ditos melles no quall tempo se despejaram delles & saberam dhy em diamte o que ham de fazeer & passado este dito anno presemte de 90 dhi por diamte nom cozeram nem refinaram mays os ditos melles & hos carregaram como tenho mamdado em meu regimemto sob as penas nelle comtheudas. Feyta em ebora a bymte Dias de Janeyro. Johã Dafomseca a fez. Anno de mill iiijº lR (1490). —Ho DUQUE.

Arch. da Camara do Funchal, tomo ι, fl.° 171.

Trasladamos aqui este diploma, porque não só caracteriza o systema economico-colonial de então, mas authentica uma das causas da decadencia saccharina da Madeira, e talvez demarca o principio das *officinas de refinação de assucar* no continente do reino, especialmente em Lisboa, onde crearam tantas fortunas particulares, com detrimento das colonias e da industria saccharina mesma, para fraccionar-lhe os intimos processos do fabrico e refinação.

No entretanto, a vitalidade desta industria venceu todos os estorvos e de varios.—Como se vê do *lançamento* transcripto a pag. 637, a ilha da Madeira produzia, pelos annos de 1493, umas 80:000 arrobas de assucar, isto é, que quarenta e duas vezes mais do fabricado em 1455.

D. João i, em uma carta régia de inspiração humanitaria, tinha lançado as bases generosas da futura legislação agricola da ilha da Madeira, ousando n suas providencias antepor o homem aos individuos; o bem de todos ao egoismo de cada um. Mas esse germen jazeu infecundo até esta quadra do fim do seculo xv.—De então, datam nesta ilha as *levadas* como instituição publica, e as notaveis *provisões sobre aguas e outros productos naturaes;* provisões pelas quaes D. João ii desenvolveu o pensamento de D. João i, e veiu espargir a amenidade e a fecundação nos campos; as flores e o pão, a alegria e a abundancia nos povoados e nas choupanas; a esperança e o conforto nos abatidos espiritos do morgado e do *vilão,* quando as crises agricolas os teem vindo ameaçar com a miseria. É nestas beneficas provisões ha farto quinhão de gloria para os madeirenses mesmos, porque a iniciativa da sollicitação foi delles. Vimol-os além apostolar a liberdade no commercio. Vel-os-hemos agora pedir a *igualdade* na agricultura. Os documentos que o próvem, e a posteridade que o registe.

CARTA delRey dom Joham pera comfirmaçom & firmidom da merçee das auguas & outras cousas (1).

DOM JOHAM per graça de deos Rey de purtugall & dos algarues &c. A os capitãees da ylha da madeyra ofiçiaaes da camara comtadores juizes & estiças da dita ylha a quẽ esta minha carta de merçee pera confirmaçom & rmidom birem fazemos sabeer q̃ nuno cayado em boso nome como procurar das camaras da dita ylha dos moradores & bisinhos della nos presentou hũa tiçom feyta em boso nome & com ella hũ capitollo de hũa carta de merçee e elRey noso bisauou & senñor que samta gloria aja deo conçedeo & outrogou ra sempre a os nouos poboradores da ylha da madeyra do quall o theor he.

YTEM. Emos por bem & nos praz de doar & fazeer graça & mercee como r esta damos & doamos pera sempre dos sempres a os nouos poboradores da ia ylha da madeyra que per noso mamdado Joham gomçalues Zarquo foy desebuir que as terras lhe sejam soo mẽte dadas forras sem pemsom algũa aaquel s de moor calidade & outros que posanças teberem pera as proueytarem & a de menor que uiuam de seu trabalho & de cortar & talhar madeyras & das iações & se proueytaram em dez annos & soo memte lhe seraa dada terra que zoada memte elles nos ditos dez annos posam proueytar. E todalla que nos os dez annos proueytarem lhe pasaraa & nom a outra que nom proueytarem pidiram de nouo autoridade nosa pera a poderem proueytar. E nas madeypaaos lenhas matos arboredos fomtes tornos & olhos daugua pastos heruas iguos nem folhas ramas heruageẽs bagas boletas landes de arbores prayas & as do mar rios & ribeyras particular algũ nom teraa nem jaa mayſ em temalgũ posa teer nem aquerir dominio nem dereyto per titollo algũ nem per ose imemoriall uso nem costume em contrayro se posa filhar nem introduzir. de todollo que dito he conçedemos o uso a todollos moradores da dita ylha ra que de tedo usem esta merçee que de todas estas cousas faço a os morares & nouos poboradores da dita ylha em razom de a irem poborar & leyxam suas terras & patrias. E per firmidom de todo lhe mamdamos dar esta sa carta pella quall como Rey & senñor da dita ylha & de todollo que nella de todo noso poder rreall & asoluto lhe fazemos esta merçee pera sempre mo de cousa nosa propia em que nom podem ser ofemdidos nosos soçesores a

(1) Não achámos registo desta carta régia, nem da seguinte; porisso, copiámol-as de uma Miscellanea manuscripta, sem rosto, e mutilada, auxiliando-nos das copias que veem na Gaeta dos Tribunaes, n.ᵒˢ 322 e 323, no manuscripto do Sr. Padre Netto, e no periolo madeirense, Revista Judicial, n.º 4. Todas condizem, salvas ligeiras variantes. Tomámos r hase a daquella Miscellanea, porque, com quanto de lettra já deste seculo, mantem a anga orthographia, dande nisto penhor de mais proximamente deduzida dos originarios registos que as outras, ortographadas á moderna.

quem pidimos & rogamos nom bam comtra esta nosa bomtade & tenham & man
tenham a os moradores da dita ylha q̃ gosem & usem de todo esto & asy mam
damos a todallas nosas Justiças pera moor firmidom. E per esta nosa carta re
uogamos anullamos abrogamos & q̃uebramos & emos per reuogado & annullado
todo & quall quer outro dereyto comum ou ley que hy ouuer & emos per bem
& nos praz & mamdamos que na dita ylha nom guoardem nem compram nosas
justiças ho dereyto comum ou outras leys que ao contrayro do que em todo
esto dito he dispozerem & nom pratiquem na dita ylha nem usem nem pollo de
reyto comum julguem nem semtemçeem nem se alegue comtra ho comtheudo
desta nosa carta. E pera todollo que dito he & nesta se comtem em esa ylha ha
reuogamos & tiramos toda força & bigor & damos por nomhũ. E se pera esto
faltar aqui algũa crausula solene & esonçiall de dereyto ou de facto nos a se
primos & emos por suprida & em todo & per todo nos praz & he nosa bomtade
se guoarde & compra como hy he comtheudo & decrarado.

Pidimdo o dito boso procurador em boso nome & de todollos moradores &
bisinhos lhe confirmase todollo comtheudo no dito capitollo da dita carta & bis
to por nos emos por bem & nos praz do comfirmar como per esta comfirma
mos & emos per comfirmado o dito capitollo em que as ditas cousas se comtee
com tall decraraçom que dos freyxos & cedros que pera nos reseruamos no
usaram nem cortaram tirado pera algũa igreja ou casa de camara ou a que
nos dermos a dita autoridade ou leçemça per carta nosa. E no que toca a
fomtes tornos & olhos daugua deferimdo a bosa petiçom sobre o acordo que t
mastees em guisa & maneyra aas terras que se debiam proueytar & conuiest
& açemtastees & acordastees na forma eom que bos temos mamdado & bisto
acordo que bũs & outros tomastees que sem as auguas as terras nom se podi
proueytar per razom que nem em todas naçia augua & soo mente aquellas t
ras proueytariam em que naçesẽ as auguas a quall cousa era comtra o bem c
mum & por que todos iguall memte debem ser fauoreçidos por tãto emos p
bem & nos praz & mãdamos que particular algũ tenha dereyto dominio n
aução nas fomtes olhos & tornos daugua que em suas terras naçerem & ja
mays em tempo algũ posam teer nem aquerir posto que sejam senñores das ter
ras com as quoaes as fomtes lhe nom pasarom & as nom poderam nem au
da per suas terras mudar nem devertir a corrente de modo guisa & maneyr
que tomaram seu caminho & corrente tee darem & se meterem nos rios & ri
beyras & nas quoaes juntas as ditas auguas que das fomtes correrem se tira
ram as lenadas & pera q̃ todos posam proueytar suas terras & que todos po
sam usar as ditas auguas seram repartidas por todos comforme ao proueyta
memto a que lhe for neçesario & o capitam & oficiaaes da Camara e almoxari
fe faram a dita repartiçom. Pidimdo o dito boso procurador bos comfirmase
dita carta per esta minha carta a confirmamos & emos por confirmada & mam
damos que em todo se compra & guoarde como se nella cõtem & nom pasaram

pella chãçellaria. Dada em torres bedras a sete dias de mayo (1). Joham paez a fez. Anno de noso Señor Jhũ xpõ de mill iiijᵉ Rl iij (1493).—REY.

Copiada de uma antiga Miscellanea (2).

CARTA delRey dom Joham pera firmidom da merçee das aguas & outras cousas.

DOM JOHAM per graça de deos Rey de purtugall & dos algarues &c. Fazemos sabeer a bos capitãees da ylha da madeyra ou a bosos locotenētes da hũ em sua jurdiçom prouedor de nosa fazemda corregedor oubidores jeᵃᵉᵉs hũs & outros tanto nosos com dos donalayros juiz de fora ordinayros & todas quaees quer nosas justiças q̃ em deligençias do noso serbiço na dita ylha steuerem que ho duque noso primo senñor da dita ylha & das dos açores & abo uerde condestabre de nosos reygnos nos fez sabeer per sua rrelaçom & rrasontamēto q̃ semdo como forom as terras da dita ylba dadas pera se proueytarē forma da carta que elRey noso bisauou & senñor que samta gloria aja lhe merçee & todallas mays cousas que na dita ylha ouuese a sabeer lenhas mayras matos heruas paçiguos rios ribeyras fomtes olhos & tornos daugua de as ribeyras da dita ylha se formam jaa mays em tēpo algũ pasasem com ʃs las terras que asy lhe foram dadas & as que em suas terras naçesem a pobodor algũ pellas quaees terras seriam todos obrigados a dar pasagē por ellas a bisinhos tirar regos & leuadas dangua pera fazerem suas bem feytorias & que terrados & trastes das leuadas por onde debesem de correr os domnos das ras nom teuesem outrosy jaa mays em tēpo algũ dominio nem propiadade podesem filhar pose nem ainda imemoriall nem balerse da imemoriall das obreditas cousas como mays larga mēte consta de hũa carta nosa de comfirᵃçom & firmidom ca de todas estas & outras cousas figemos merçee a os poboᵈores moradores da dita ylha por ser esto asy da sua primeyra poboraçom quaees ribeyras em ordem a probeytarem a os bisinhos suas propiadades ser hũa cousa muyto justa & probeytosa a o bem comum & proll dos dereyᵃs & remdas de nosa fazemda como tãbem do duque meu primo. ho qua'l como senñor da dita ylha me fez sabeer que algũas pesoas della per poderosas hiam & queriam ir comtra todo esto & comtra a carta & forma dada pelo

(1) Estamos em que «mayo» é erro de copia, devendo, aliás, ser março; porque a carta seguinte, que é de 8 de maio do mesmo anno de 1493, já allude a resistencias de poderosos ao comprimento da carta supra-transcripta.

(2) Nesta Miscellanea se diz ter este diploma sido copiado do livro xiii da Provedoria da Alfandega do Funchal, fl.º 100. Ignoramos onde exista este livro.

dito rey nosso bisauou & senñor & per nos comfirmada querēdo impidir a pasagē
& correr pera de amte as taees leuadas & tirar outras de nouo & os bisinhos se
probeytarem per honde menos dapno fezesem & que todo esto era em perjuizo
de suas remdas & dereytos a que nos como Rey estabamos obrigado acudir & ser
esto hũa cousa tam mall feyta & comtra todo que o dito rey & senñor & nos asy
o quezemos. Por tāto & per outras muytas rrazoēs & causas emos por bem pera
paz & quietaçom de nosos basallos & mamdamos a bos capitāees da dita ylba pro-
bedor de nosa fazemda nella corregedor ouuidores jeraees por nos & pello dito duque noso primo & pellos ditos donatayros Juyz de fora & ordinayros & a todos
& quaaees queer ministros de Justiça que per noso espeçiall mamdado na dita
ylba soys ou pello tempo em de amte forem que bimdo per amte bos algũ morador ou bisinho da dita ylba imploramdo boso ofiçio de juiz que he fazer justiça
aas partes de que nos somos muyto emcarregado & algũ poderoso lhe impidir
& prohibir por sua terra pasase & correse leuada que jaa em algũ tempo fose
& correse & que per algũa causa & acontecimemto negrigencia ou per dapnifica-
çom da leuada deixase de correr bos & os que no oficio bos socederem ouuirees com sua rrazom & queixa loguo sem mays delomgas nem esprito nem figura de Juyzo mamdarees poor a dita leuada no antiguo primeyro estado pasagē & corremte mamdamdo noteficar a ese tall poderoso que asy impidir a dita
leuada ao quall nom ouuirees nem consentirees nem admetirees a allegar razom de dereyto em seu fauor por que de todollo emos por escrudido atee que
com effeyto a dita leuada corra & pase pera de amte mamdamdo com pena de
quinhētos cruzados nom prohiba nem impida por si nem por outrem correr &
pasar a dita leuada na quall pena ho emos loguo por encorrido & seraa aplica-
da meatade pera catiuos & meatade pera a parte & se per bemtura acreçer
em comtumacia o mamdarees prender & emprazarees que o dia certo da partida do primeyro naujo q̃ desa ylba bier a dous meses appareça pesoall memte
nesta nosa corte a dar a rrazom que tebe pera nom obedeçeer ao que bos outros lhe mamdastees em noso nome & pera exemplo seraa pello tall efeyto acusado pella parte a quem tocar ou pela Justiça & subiraa o castigo & pena que
mereçeer. E esta hũs & outros guoardarees & farees guoardar & comprir como
se em ella comtē & seraa lançada & tombada no libro da camara de machiquo
por ir soo per hũa bia da quall se daram os trellados neçesareos que comprir
pera ho fumchall & quoaees queer outras partes hos quoaees trellados emm
por bem & nos praz que tenhā toda força & bigor & lhe seja dada tamta fee
& credito em Juizo & fora delle como a esta propia nosa carta sendo pasados
pollo espriuam da dita billa & mamdados dar pelo Juiz por quem seram os
taees trellados asinados & nelles interponham sua autoridade & decreto ordinay-
ro & judiçiall conçertados com dous espriuaēes. E sabede que esto que aquy
mamdamos he com toda rrazom & justiça por quoanto essa ylba nom foy de
bosos amtepasados nem della teuerom dereyto algũ ou dominio amte de sear

descoberta (1) & ocupada pello senñor Rey noso bisauou que samta gloria aja
ho quall fez mercoe soo memte da terra a os primeyros poboradores com certas
condiçoeẽs & esta de dar passagẽ a regos & leuadas daugua por suas terras a
os biziuhos pera probeytamemto de suas fazemdas he hũa dellas como laa tendes no *libro das terras* que sam & forom dadas de sesmaria pera se probeytarem & que todos pasem de que se nom podem agrauar & asy mamdou ho dito
Rey & senñor noso bisauou & nos bollo mamdamos como Princepe supremo &
asoluto & pidimos & emcomemdamos muyto a os Reys nosos socesores que asy
ho mamdem & façam comprir. Em todo tempo do mumdo este tall dereyto se
poderaa alleguar sem embarguo de nẽhum embarguo por que queremos & nos
praz & he nosa bomtade que esta & seu comprimemto esteja sempre dos sempres em sua força & bigor posta & que nom poderaa baler nem se allegar uso
nem costume nem pose imemoriall em contrayro & pera que em todo tempo do
mundo esta nosa carta esteja em sua força & bigor & se compra & guoarde &
per ella se posa requerer o comprimemto da justiça se faltarem aqui algũas
crausulas solenes nós de noso podeer reall as suprimos & emos por supridas per
quall queer bia modo & maneyra. E daguora pera sempre derogamos & emos
por derogado quebrado cassado & anullado todo & quall queer outro dereyto
que despozer hó contrayro em algũa cousa ou em todo ou em parte comtra ho
comtheudo nesta carta. E outro sy escrudemos & emos por escrudidas & inhabees
quaaees queer pesoas que em juizo quezerem allegar razom per quall queer bia
que seja comtra ho comtheudo nesta nosa carta de firmidom posto q̃ nom tenha as crausulas de que aqui se ouuese de fazer expressa & decravada memçom
se derogaçom o que todos huũs & outros comprirees como dito he. Dada em
torres bedras aos oyto dias de mayo. Joham paaes a fez. Anno de noso senñor
ihu xpõ de mil iiij° Rl jij (1493). E nom pasaraa polla chancellarya.—REY.

Copia tirada de uma antiga Miscellanea (2).

Antes destas salutares providencias, já, sim, havia *levadas e repartição de
aguas* de irrigação; a fl.° 207 do tomo i do Archivo da Camara do Funchal
está registada uma carta do infante D. Fernando, expedida em 1461, determinando que houvesse *dois homens* ajuramentados, incumbidos de repartirem as
aguas, e a fl.° 222 do mesmo tomo se lê um cap. de outra, de 1485, que man-

(1) Esta passagem é mais uma, e poderoso, argumento authentico a favor da opinião de que o
archipelago da Madeira foi descoberto pelos portuguezes, no reinado de D. João i, e não por outrem, nem em outro tempo.

(2) Indica esta Miscellanea que o diploma supra está registado no livro i da Camara de
Machico, e no xiii da Provedoria da Alfandega do Funchal, fl.° 102.—O livro i da Camara de
Machico não existe.

dava *soltar as aguas aos domingos a todos os hereos* (1): mas estas mesmas disposições mostram quão limitada era ainda então a área de terreno regado, que
dois homens bastavam á repartição das aguas, e que, soltas estas aos domingos,
chegavam a *todos* os hereos. Vemos nisto meros ensaios felizes a estimularem ao
mais. Foi depois das supratranscriptas cartas de D. João II que a irrigação e,
com ella, a cultura da cana doce se diffundiram por novos terrenos no litoral
do sul desta ilha, dando rapido incremento ao assucar.

Até os ultimos annos do seculo XV foi a ilha sendo repartida em sesmarias, nas quaes os sesmeiros estabeleceram *fazendas povoadas,* onde habitavam
com suas familias, superintendendo elles proprios nos roteamentos e culturas, a
que procediam por seus escravos, uns negros, outros mouros, e pelo trabalho dos
colonos livres.—Mas, desde o ultimo quartel do mesmo seculo XV e no seculo
XVI, o augmento das culturas, sobre tudo a do assucar, e a facil riqueza que esta
liberalisou á população, mórmente aos sesmeiros, apesar da decrescencia do preço do mesmo assucar, crearam novas ambições, novos habitos, modo de vida
novo, de deploraveis consequencias. A rapida opulencia trouxe á ilha da Madeira resultados analogos aos que no continente do reino deram as riquezas do
Oriente.

O sesmeiro, rico, enfastiou-se da vida campezina, ufanou-se de sua originaria fidalguia, e appeteceu vivenda de mais apparato e bulicio; desprezou, porisso, a terra; vinculou-a, na mira de assegurar-se dos reditos della; contractou-lhe
a cultura com os colonos livres, mediante a dimidia, ou, por partes, o terço dos
fructos, para manter-se em ocioso gaudio; abandonou as suas fazendas; e veio
assentar residencia, luxuosa e desperdiçada, nas povoações, principalmente no
Funchal, Machico, Sancta-Cruz, Calheta, Ponta do Sol e Ribeira-Brava.—Eis a
origem historica desse fatal contracto, a que se deu nome de *colonia; contracto*
leonino, que, por effeito da lesão enorme em que labora, extenuou a força productiva do agricultor, e, combinado com a vinculação da terra, veiu depois em-
pobrecer tambem o ex-sesmeiro, morgado nella.—A principio, a feracidade do
solo e o preço do producto, apesar de já um tanto decahido, davam para tudo,
nessa material igualdade da partilha dos fructos: mas, ao diante, nem a metade
do *colono,* captiva do costeio agricola, lhe chegava para o estricto necessario,
nem a do *senhorio,* depredada pelo colono, lhe abastava para as necessidades
do superfluo: cada qual, a seu modo, em penuria, no meio de producção ex-
plendida.

Entre elles, breve desavindos, sobreveiu logo a especulação e o capital dos

_____

(1) Hereo é, ao presente, nesta ilha da Madeira, o proprietario de qualquer porção de agua
em uma levada; mas, originariamente, era o agricultor ou colono que cultivava terras regadas.
Em sentido analogo a este se usava a palavra hereo no continente do reino, como se póde ver na
Monarchia Lusitana, tomo V, cap. IX, pag. 192.

mercadores extrangeiros, os quaes, despeitados contra a fortuna, que tantas e tão ricas colonias conferira a Portugal e Hespanha, não perderam o ensejo de tomar, pela usura, prompta represalia sobre esta população desvairada. Os *adiantamentos por conta* entregaram-lh'a, submettida pela mingua de uns e desperdicio dos outros. Já se haviam apropriado dos vindouros productos da terra, e iam-se assenhoreando da terra mesma. E, como se esta crise intestina não fosse de si bastante temerosa, a decadencia, lenta mas continua, do preço do assucar, genero ainda então limitado ao consummo na pharmacia e na confeitaria, a recrudesceu. De sorte que, ao constante conflicto entre o colono, que produzia, e o senhorio, que gastava, cumulou-se a imperturbavel e inclemente pressão do capital ou numerario forasteiro, simultaneamente fecundante e destruidor, cubiçado e maldicto por ambos.

Esta peripecia dos factos, pouco a pouco condensada, e surgindo agora, repercutiu-se na opinião, transformando-a.—Já em 1486 a Camara do Funchal, sem tacto para diagnosticar as verdadeiras causas do damno, ou obsecada por ellas, tinha irrompido contra esses ainda havia poucos annos bemquistos e festejados *extrangeiros estantes* na ilha, ordenando-lhes, por uma postura, que até septembro desse anno della se retirassem, ao que o *Duque,* zeloso de suas immunidades e resentido, obstou, por uma carta de 7 de agosto *(Arch. da Camara do Funchal, tomo* I, *fl.' 290).* Aggravando-se, porém, as circumstancias, e não tendo sido acceito o *trauto* ou exclusivo do assucar, proposto pelo *Duque* a esta ilha novamente em carta de 3 de septembro de 1495 *(ib. idem, fl.' 182),* foi por D. Manoel, quando já rei, a mesma Camara consultada em carta datada de 8 de abril de 1496 *(ib. idem, fl.' 182),* para que, com as de mais pessoas da governança, indicasse *quall queer modo & caminho de se poder correger* a depreciação do assucar, ao que ella julgou satisfazer, propondo providencias contraproducentes, as quaes foram reduzidas ao memoravel *regimento de 7 de outubro de 1496 (ib. idem, fl.' 260 v. a 264),* cuja sustancia é a seguinte:—1.° que, sendo o custo de cada uma arroba de assucar *treçemtos trinta & noue reaees,* como se mostrava da conta apresentada, ficasse taxado em 350 reaes o preço de venda de cada arroba do de *uma cosedura & allealdado segundo o regimento,* e em 600 reaes a arroba do de *duas coseduras;* não se podendo pagar por menos, nem sendo permittido carregal-o para fóra da ilha, isto é, para o extrangeiro, em estado de mel;—2.° que, precisando de dinheiros os agricultores *pera fazerem nouas terras de canauiaaees & tirarem auguas de gramdes despessas, desbaratauam os justos preços dos assuquares, em bemdas que damte maão faziam,* redundando todos os lucros em proveito do mercador, que assim comprava o genero, e nelle ganhava meio por meio; pelo que, ficassem prohibidos taes *contrautos,* assim como tambem os de *emprestidos* ou *empenhamentos pera pagar na nouidade, e outros algũs desta callidade,* e bem assim os de venda de bens de raiz, simulados em fraude desse regimento, feitos na ilha ou fóra della, vedando-se aos tabelliães lavrar escripturas delles e aos juizes admittir pleitos para os executar, ainda que confessados fossem, è deixando-se sómente á *discrīçam daquelle que ho dinheiro reçebese ou quall quer outra cousa de ho pagar, se quizese;*—3.º que anteriormente havia na ilha algumas casas de extrangeiros, *hos quaees sempre tinham dinheyro & mamtimemtos com que* os senhorios suppriam *hos labradores;* mas que *hora estes estramgeyros eram* tornados *labradores & tinham gramdes arremdamemtos em que faziam quamtos açuquares queriam & faziam suas carregaçõoes por sy & pollas casas de quem eram feytores* sem trazerem *nenhūa cousa pera a terra;* que, além disso, os extrangeiros residentes na ilha avisavam seus naturaes de qualquer carregamento que *alguū labradores & mercadores do Reygno quizesem* emprehender, e, *cá ou fóra, ma-* logravam a negociação: porisso, foi *posta ley que dahi em de amte estram- geyro alguū nom fose estante na dita ylha nem tomase nem podese teer ar- remdamemto algum per sy nem per seus feytores, posto que eses feytores fo- sem purtuguezes;* que *nom podesem fazeer parçaria de nenhū comtrauto, nem mercadorias com hos naturaees do Reygno & besinhos da ylha, nem forneçeū com dinheyro nem mercadorias nenhūa parçaria, nem arremdamemto, podendo soo memte ser estantes na ylha & em ella teer arremdamemtos & parçarias os naturaaees della & do Reygno, & outros alguus nom;* que aos não *naturaes* apenas permittido lhes ficasse *biir aa dita ylha com suas merçadorias & as bem- deer como milhoor podesem & hy estar quatro meses em cada hum anno en- tre o primeyro dia dabrill atee oytubro meado,* á sua escolha, devendo, acaba-dos que fossem, sair, *sem leyxar feytor, nem logea de mercadoria alguua, salu- se for de mamtimemtos, nom com feytor estramgeyro, se nom purtuguez; e que os nom naturaaees* que quezesem *biir com mamtimemtos em quall queer tempo do anno,* trinta dias unicos poderiam estar na ilha;—4.º, finalmente, que, *pollas: grādes fomes & apresoões de justiça & pouca ballia do açuquar, hos homees desta ylha eram bymdos a muytas gramdes neçesidades, & debiam dibidas por fazerem gramdes despessas nas fazemdas & nobreçimemto desta ylha:* pelo que, elRey lhe fazia merçee que, *da prouicaçom desta ley a quatro annos primeyros siguimtes, por nenhua dibida que feyta fose se nom bemdesem bees de raiz, nem esprauos, nem esprauas, nem bestas, nem outros alguus aparelhos de en- genhos, nem cousas pertemçemtes ao fazeer do açuquar, & soo memte as taaees dibidas se pagasem pollas nouidades dos ditos bees,* sendo metade dellas *pera seu dono, & a outra meatade, ou a meatade da meatade do senñor da nouidade, se elle deese a fazeer seu açuquar de meyas,* pera o *creedor ou creedores em seu justo preço* serem pagos no *principall & custas, & nom nas penas nem dobro, por que nosa temçom & bomtade he que taaees penas & dobro se nom levem, por remediar ho poboo & conseruar a terra & a reeprubica, por tall que mays legeyra memte se torne a rreformar, & asy ho abemos por seruiço de Deos & noso.»*—A contravenção de cada uma destas disposições era, pelo mesmo *re-*

qimento, punida com severas penas de perdiméntos em dobro, perdimento de navios, e degredo perpetuo para fóra desta ilha da Madeira ao extrangeiro que se conservasse nella além dos prasos concedidos.

Este regimento prova em si mesmo ser a industria do assucar ainda tão lucrativa que os proprios extrangeiros passaram de mercadores a lavradores de canaviaes em grande escala, o que quer dizer que o preço desse genero no mercado excedia o custeio delle tanto, que o especulador não queria deixar ao agricultor os proventos. Mais: isto significa que os mercadores extrangeiros, embora pagassem o assucar por preço relativamente baixo, davam por elle ganho bastante a estimulal-os a ser productores, e, portanto, sufficiente a que os povos da Madeira não se houvessem deixado avassallar da tutella monetaria daquelles, e que depois a sacudissem pelos seus proprios recursos, se as causas intestinas su-pra-apontadas lhes não cortassem as forças. A Madeira começou realmente a de-cair desde que o solo, abandonado pelo *senhorio,* que era o elemento intelli-gente, e despojado da dimidia ou da terça do rendimento total, consummidas lon-ge delle pelo mesmo *senhorio,* ficou entregue ao *colono,* que era só força trabalha-dora, e só dispunha dos restantes reditos, captivos de todo o custeio agricola; começou a decair, desde essa fatal scisão, que desmembrou em dois interesses di-vergentes a *terra* e o *trabalho,* até então unidos em um interesse unico, a *agricultura.*

O regimento de 7 de outubro de 1496 exacerbou os males que por elle se queriam debellar: a Madeira precisava capitaes baratos, mercados propicios ao seu assucar; e esse regimento afastava-lhe uns e outros, e restringia-lhe o proprio mercado do Funchal.—Foi, porisso, providencia que por si se malo-grou, abrogada pelo absurdo ingenito da sua mesma concepção. Anno e meio depois, D. Manoel franqueava aos extrangeiros o commercio da ilha da Madeira, como se vé do seguinte diploma:

ALUARA delRey noso señor em que mamda que os es-tramgeyros estem em esta ylha como damtes estauam.

NOS ELREY & primçipe fazemos sabeer a quamtos este noso aluara by-rem que por alguũa comsiraçam que nesto ouuemos semtimdoo asy por noso seruiço & bem da nosa ylha da madeyra Abemos por bem & nos praz que posam estar & trautar nella dasemto & como lhe mays prouuer quaees queer es-tramgeyros que quezerem como queer que atee qui tenhamos mamdado o con-trairo. E porem mamdamos ahos nosos capitães Juyzes Justiças ofiçiaaes & pesoas da dita ylha & a quaees queer outros a que este noso aluara for mos-trado & o conheçimemto delle pertençeer que leyxem ahos ditos estramgeyros es-tar dasemte na dita ylha & trautar nella como sempre fezerom sem lhe neso pôe-, rem duuida nem embarguo algum por que asy he nosa merçee. Feyto em lixboa a xxij dias de março. Joham Dafomseca o fez. Anno de mill iiij° lR bij (1498). E esto em quamto nos bem pareçeer.

Arch. da Camara do Funchal, tomo ı,. fl.° 289 v.

Entretanto, a cultura e fabrico do assucar cresciam sempre. A ilha da Madeira produzia, pelos tempos de 1498, mais de 120:000 arrobas de assucar, isto é, 40:000 sobre a producção de 1493 (50 por cento de augmento). Mas tambem o preço a diminuir sempre. Revellam estes factos offerta abundante, mercado escasso, e preço ainda vantajoso. Augmentado, pois, o consummo, ficava esta industria solida; aqui deviam concentrar-se a acção protectora da auctoridade e o esforço intelligente do commercio. Mas as ideias economicas da epocha miravam meramente ao *quantum* do preço. Porisso, intimidadas com a baixa delle, só curavam de augmental-o: e, não o tendo até então conseguido, tentaram novo systema, mais judicioso que o antecedente, mas vicioso e refractario ainda, por se firmar na elevação do preço do genero pela cohibição da offerta delle.—Este systema foi inaugurado por D. Manoel, na curiosa *ordenança* que elle assignou em Saragoça, a 21 de agosto de 1498 (*ib. idem*, fl.° 70); ordenança que, por extensa, damos em extracto, como fizemos com o antecedente regimento.

«Bemdo nós (diz ahi o rei) como o açuquar desa ylha estaa em tam grande quebra & abatimemto que se pode delle jaa mall tyrar os custos & consideramdo como se neso nom fose dado algũ remedio & prouisam poderia bir em tam gramde quebra que esta nouidade que he hũa das mays proueytosas de nosos Reygnos se poderia perder & bos outros reçeberies muy gramde perda & dapno & desejamdo remediar cousa que tamto toca nom soo memte ao proueyto & bem comum da dita ylha mas ainda de todllos nosos Reygnos como he razom ante que partisimos de purtugall mamdamos praticar algũus do noso comselho com outras pesoas & mercadores que neste negoçio poderiam teer mais çerta ymformaçom & despois de praticado & abida a ymformaçom que pareçeo neçesaria a bisto o pareceer das ditas pesoas que asy neso praticarom & sobre tudo abido comselho pareçeonos que duas cousas sam neçesarias pera ho açuquar teer ballia. A hũa he nom sayr da ylha cada hum anno mays de cemtó & bymte mill arroubas porque nos pareçeo que bem se podiam gastar & em razoada ballia. E a outra he ser determinado o açuquar que a cada *escapulla* (1) aja de

---

(1) Escapula significa «evasiva ou fuga, para evitar alguma cousa»: em phrase marinha antiga, talvez significasse «viagem calculada ou ensejada para escapar aos corsarios e piratas, outr'ora frequentes, e levar a salvo o' carregamento ao porto do seu destino » No diploma supra a expressão «cada escapulla» claramente quer dizer «cada um dos portos ou mercados commerciaes onde o assucar da Madeira havia de ser negociado.»—Em outro diploma adiante (pag. 685 e 688) vem empregada a palavra «escalla.»

por que sabemdo os compradores que as compras nas ditas escapullas ouuesem de fazer & como não ha dir mays aquelle anno que a soma que esteuer detriminada compralloham por tall preço que seja razom por quoamto agoora esperamdo muytas bezes que ajam de bir outros nauios despois leixã de comprar & asy por outras rasões muytos que se poderiam aqui apomtar do proucyto que se segue destas duas cousas se fazerem & pera que ambas se ajam de comprir o que nos pareçe) muyto neçesareo ordenamos que seja desta maneira.»

Vejamol-a.

Para execução da primeira parte deste plano, mandava D. Manoel taxar, pelo termo medio, deduzido dos *livros dos ystimos* dos tres precedentes annos, a quanto de assucar a produzir por cada lavrador, de modo que o total não excedesse as 120:000 arrobas, salvo poucas mais, cujo fabrico, por especial mercê del-rei, fosse concedido a *alguũs que teuesem feytas alguũas despessas & feytas terras nouas.* Isto devia ser reduzido a um cadastro, que a ordenança nomina *quaderno destas ystimaçõees.*—A fim de evitar os abusos contra estas taxas na producção, impunha aos transgressores de notoria malicia a perda de toda a nouidade daquelle anno, e o degredo *que ao rey bem pareçese,* concedendo aos sem malicia conheçida poderem guoardar pera no outro anno seguimlo fazer menos outro tanto & a poder bemder na soma do que lhe fose tayxado por sua ystimaçom: e, além disso, ordenou que nesta ilha da Madeira *nom carregasem (assućar) se nom naaos & nauios nacionaes,* por elle D. Manoel intitulados, sob pena de *perdimento* do genero, e, para o mestre da fabrica, de prisão, até mercê real lhe ser feita.

Quanto á execução da segunda parte, estatue a ordenança nestes termos:

«A cada escapulla que he a segũda cousa que muy neçesaria nos pareçe mamdaremos nomear nao ou naaos pera cada hũa das ditas escapullas em que los que pera ella ouuerem de carregar & embiar seus açuquares ajam de carregar & nom em outras alguũas nas quoaes nom posa yr mays que aquella sama que achamos que em cada hũa das escapullas onde agora o dito açuquar se leua se pode gastar.»

«Combem a sabeer pera *purtugall* sete mill arrobas q̃ abastaram. Sete mill arrobas.»

«Porem pera hos ditos *Reygnos de purtugall & allgarues* teram liberdade de trazer o que mays queserem nõ o carregamdo per maar pera outra alguũa parte & pera os ditos Reygnos poderam trazeer o dito açuquar em qnoaes quer nauios que quezerem com tamto que sejam do Reygno & que no dito Reygno o descarreguem & de hy o poderam lleuar per terra a Castella & lla o bemdeam como lhe melhor bier & quem quer que o por maar carregar pera outra parte emcorreraa na dita pena de perdimemto de nauios & mercadorias a metade pera quem os acusar & a outra metade pera a obra do espritall de todollos Sam-

tos de Lixboa & os meestres seram asy presos atee nosa merçee pera aberem o
castigo que ouuermos por bem.»

«E pera *framdes* coremta mill arrobas & pera esta escapulla do framdes
se tiraraa de frete por tonellada cinco cruzados & meyo & de callças ao meestre
meyo cruzado & mays nom.»

«Pera *ymgraterra* sete mill arrobas & pera esta escapulla tiraraa de frete a
çinco cruzados & meyo por tonellada & meyo cruzado de callças.»

«E pera *Ruam* seys mill arrobas & pera esta escapulla se tiraraa de frete por tonellada a . . . . . »

«E pera a *Rochella* duas mill arrobas & pera esta escapulla se tiraram da
frete por tonellada a . . . , . »

«E pera *bretanha* mill arrobas & pera esta escapulla se tiraram de frete por
tonellada . . . . . »

«E pera *auguas mortas* seys mill arrobas & pera esta escapulla se tiraram
de frete, por tonellada, quatro cruzados & meyo cruzado de callças.»

«E pera *Jenoa* treze mill arrobas & pera esta escapulla se tiraraa de frete
çimco cruzados & meyo por tonellada & meyo cruzado de callças.»

«E pera *portoliorne* seys mill arrobas & pera esta escapulla se tiraraa outro tall frete como o da escapulla de Jenoa.»

«E pera *Roma* duas mill arrobas & pera esta escapulla se tiraraa outro tall
frete como ho da escapulla Jenoa & de portoliorne.»

«E pera *beneça* quinze mill arrobas a sete ducados de camara por tonellada & de callças ao meestre meyo cruzado.»

«E pera *xio* & *costamtinoplle* quinze mill arrobas & pera esta escapulla a
sete ducados de camara por tonellada & meyo ducado ao meestre.»

«E por que pella bemtura poderia abeer alguũ descomçerto amtre hes que
quizesem carregar o tall açuquar por seer limitada cousa çerta a cada hũa escapulla por elles quererem carregar mais soma da limitada a tall escapulla ori
denamos que se tenha aa çerqua dello a maneyra seguimte por que todo se posa
fazer com a mays ygualldade a todos & por que seraa neçesario pera bom con-
çerto nos decraramos loguo a soma dos açuquares que abemos de carregar &
pera sobre esso se fazer a comta çerta o fazemos por esta guysa.»

«Combem a sabeer. Nos carregaremos em cada hum anno coremta mill
arrobas has bymte mill arrobas dellas pera framdes & quimze mill arrobas pera
beneça & duas mill arrobas da escapulla de rroma & tres mill arrobas pera
ymgraterra.»

«E pera as mays que fiquam pera comprimento das ditas çemto & bymte
mill arrobas se teraa esta regra em essa ylha. Se faça rroll de todos aquelles
que em ella quizerem carregar & das somas que cada hum quizer carregar &
pera que escapullas o quall se embiaraa por todo mes de março de cada hum
anno a noso comtador moor de lixboa pera sobre elle se aber de fazer comta

das outras carregas que quizerem fazer os naturaees de noso reygnos & asy estrangeyros..... & o dito rrol seraa feyto em camara com ho capitam Juyzes bercadores & ofiçiaaees & com dous ou tres homẽs de bem da camara & aquella parte que soubeer espreuerase mtaraa per sua mão ho que asy quizer & o asinaraa & pllo que nom souber espreuer o faraa o espriuam da camara & todollos que asy quizerem carregar que no dito rroll se asemtarem juraram aos samtos abamgelhos como ho dito açuquar que asy asẽtarem no dito rroll pera carregar he seu propio & de suas propias laboyras & que nenhum nom tem nyso parte & daraa fee de como asy se fez em ho dito rroll ho dito espriuam da camara por que em esta maneyra abemos por bem que se faça por pasar com mays certidam do que niso queremos & se nam possa fazer emgano allgum.»

«E apos os da dita ylha emtraram hos mercadores nosos naturaaees no tomto nos quaees queremos & nos apraz que caybam bertalomeu froremtim & Jeronimo seruige & amtam emtraram os estramgeyros naquella parte que lhe couber & asy da soma das ditas çemto & bimte mill arrobas como naquello que lhda escapulla he limitado.....»

«E semdo caso que alguũs asinados no dito rroll nom dem a carrega que sobre si nomearem aos naõs que aa dita ylha forem pagaram o frete de bazio 1a nao o que pera aquella escapulla for ordenada sem pera eso ser neçesaria outra espritura de fretamento por quoanto ho dito rroll asynado per elles queremos que balha como propia espritura de fretamento.....»

«Em este mesmo rroll se poram apartados em titulo per sy todollos mercadores de nosos Reygnos que na dita ylha esteuerem & asy estramgeyros estamtes ou que quezerem carregar os ditos açuquares se lhe aber de dar as naos & teer se com elles a maneyra que se ha de teer com os mercadores que em nosos Reygnos esteuerem.»

Conclue esta innovadora ordenança por outras providencias accessorias, de inquestionayel vantagem sobre as anteriores, como vamos referir.

Deixou de ser prohibido o refinar os melles na ilha da Madeira, como fôra determinado de 1489 para 1490; tão sómente a exportação delles ficou restringida a ser para Portugal, e livre a do remel,—Tambem em 1490 se tinha ordenado que *os de fora nom podesem fazer doce de nenhutia casta* (Arch. da Camara do Funchal, tomo ı, fl.ᵃ 35); D. Manoel, porém, resolveu que *quoamto aes confeytos alfeni diagargamte açuquar camdill & toda outra maneyra de conseruas as podesem bemder & tirar pera omde quisesem & lhe milhor biese & as tirasem quaees queer pesoas pera domde lhe aprouuese em quaees queer navios que mays quizesem pagamdo porem os dereytos como sam obrigados.* —O *quarto do assucar* ficou deduzido sómente das referidas 120:000 arrobas, e salvos ainda sioistros fortuitos e diminuição de cultura: o regimento da cobrança delle passou a ser simplificado e mais equitativo.—O minimo da taxa do preço não foi elevado; declarou o rei, pelo contrario, que não faria nisso mudança.—E, finalmente, acudindo, segundo as ideias de então, aos agricultores individados, fel-o sem as violencias de 1496 contra os credores, nem peias á circulação commercial: *Por quamto somos emformado* (dispõe a ordenança) *que hũa das causas do abatimento do açuquar he por que alguũas pesoas que tem neçesidade na dita ylha bemdem seu açuquar a menos preço & se teuessem quem o comprase a dinhyro nam o fariam por esto remediar ordenamos de mandar meter em pregam as ditas escapullas tirado a de framdes a quem as quiser tomar obrigamdo se a comprar o dito açuquar na dita ylha a dinheyro comtado a iij°l rr.° & de hy pera çima & achamdo se quem o queyra fazer faremos arrendar hũa ou duas escapullas ou mays das que se poderem arremdar com menos perjuyzo a quem por ellas mays der allem do preço dos ditos iij°l rr.° a arroba em que se possam gastar tamtas arrobas daçuquar quamtas se poderem comprar por dez ou quinze mill cruzados pouco mays ou menos & delles se compre o açuquar das pesoas que teuerem mays neçesidade por que nom aja causa de por sua neçesidade bemderem o açuquar a menos preço & o abaterem.*

Esta ordenança, pois, com quanto nas disposições capitaes contrária ao intuito que a inspirou, era, no todo, melhoría sobre o odioso regimento de 1496. E, em breve, nessas mesmas disposições a necessidade obrigou D. Manoel a radicaes reformas: por carta de 18 de janeiro de 1499, e por outra de 1503, permittiu maior exportação que a determinada na ordenança; por outra carta de 16 de maio do dicto anno de 1499, aboliu a taxa dos assucares; pelo alvará de 26 de agosto de 1503, acabou com as *escapullas*, facultando que, de 1504 em diante, *carregase quem quizese pera onde lhe prouuese;* pela carta de 21 de janeiro de 1511, concedeu aos mercadores extrangeiros o fazerem carregamentos de assucar desta ilha e abonarem mantimentos a credito; e pelos diplomas já apontados em algumas das antecedentes notas (pag. 510 e 596), creou alfandegas permanentes (1), policiou-as, e regulou, especialmente nos foraes do Funchal e Machico, a fiscalização dos direitos e exportação do assucar.—Todos os mencionados diplomas estão registados no tomo i do Archivo da Camara do Funchal, sendo os mais notaveis os seguintes:

(1) Pela carta régia de 15 de janeiro de 1512 (Arch. da Cam. do Funchal, tomo i, fl. 201) foi o despacho do assucar prohibido em todos os logares excepto na alfandega do Funchal.—Diz assim: «Nos recebemos muyta perda & se furtam & sonegam nosos dereytos por se despacharem em muytos logares apartados & por muytos oficiaaes & nom he rezam que por ello nos percamos nosa fazemda quanto mays que essa ylha reçebe neso pouco prouueyto. Abemos por bem & queremos que daqui em diamte as ditas naaos & nauios nom tomem nenhũa carga daçuquar nem sejam despachados saluo na dita çidade do fumchall pella guisa maneyra & penas com que se sempre fez. Notificamobollo asy & emcomemdamos que asy mesmo o ajaees por bem & bos nom pareça agrauo pois esta mudança como dezemos tamto releua & compre a noso seruiço.»

CARTA delRey polla qual daa liçemça aos da ylha pera carregarem mays que çemto & bymte mill arrobas daçuquar.

...., A nos praz dar logar & liçemça aos da ylha que posto que por noso Regimemto tenhamos mamdado que este anno se nom ajam de carregar mays que çemto & bymte mill arrobas daçuquar & mays dez mill que lhe hora acreçemtamos que som aho todo çemto & trimta mill .s. estas daçuquar de huũa tazedura & allem dellas se ha de carregar ho açuquar refinado que se na dita ylha fezeer carregamdose segumdo noso Regimemto que nom embargamte esto que dito he & em noso Regimemto se comtem nos damos logar como jaa dito he que todollos canauiaees que estam pera se fazerem que se façam & mamdamos a todallas pesoas asy mercadores como outras quaees queer a que for deuido açuquar que sejam obrigados de tomar ho dito açuquar a seus deuidores posto que ho nom posam carregar.... & ho dito açuquar poderam muy bem guardar pera carregar nos nauios bindouros ou o reuemder na dita ylha por que temos dado a eso logar ou o carregar pera estes Reygnos & nelles ho bemderem ou leuarem pera castella......., Aos xbiij dias do mes de janeyro de mill iiije]R ix (1499).

Arch. da Cam. do Funchal, tomo i, fl.ª 204 y.

CARTA delRey dom manuell em que mamda que nom aja preço no açuquar mays que cada hũ bemder o milhor que puder.

NOS ELREY fazemos saber a bos capitaães contador Juyzes ofiçiaaes & moradores da nosa ylha da madeyra que por quoanto nos fomos ora emformados que ho preço de treçemtos & çinquoemta rr.ª que tinhamos posto a cada arroba daçuquar nom era cousa proueytosa a esa ylha & que era milhor comprarse & bemderse ora a homtade de cada hum abemos por bem de desfazer a ordenaçom do dito preço & que daqui em diamte se bemda & compre como cada hum milhor puder como se sempre fez & noteficamobolle asy. Feyto em lixboa aos xbi dias de mayo. Andre fernandez o fez. Anno de mill iiij° LR jx.

Arch. da Camara do Funchal, tomo i, fl.ª 79 v.

ALUARA delRey noso senhor em que alarga as escapullas de leuamte & que carreguem pera ellas.

JUIZES bereadores ofiçiaaes fidalguos caualleyros escudeyros homeẽs boõs & pouoo da nosa ylha da madeyra nos elRey bos embiamos muyto saudar por bosa parte nos foy requerido & pedido por merçee que ouuesemos por bem de alargar as escallas do açuquar & dar logar que cada hum carregase pera omde quesese & como que nesto nos Reçebemos perda por folgarmos de bos fazer neso fauor & merçee a nos praz dello. E porem deuees ser çertos que a hordenança das escallas nom fezemos primçipall memte saluo por nos pareçer que combinha asy abo bem desa ylha & leyxauamos as de poëmte pera bos por seer mays çerta biajem & pareçeer que dalli podesees tirar mays proueyto por que si emtam outra cousa nos pareçera nom se fezera & este alargar das ditas escapullas que bos asy fazemos se emtemderaa com tall comdiçam que pera leuamte nom carregue nimguem saluo des o mes de setembro do anno que bem de quinhemtos & quatro em diamte por que carregamdo mais çedo traria dapno aos trautadores que em este anno compraram açuquar nesa ylha & pera ponemte abemos por bem que daqui em diamte carregue quem quezeer pera omde lhe prouuer sem embarguo de nosas ordenaçoeës & defezas emcontrairo feytas notificamobos asy todo pera dello husardes na maneyra sobre dita asy os da dita ylha como quaees queer outras pesoas. Sprita em lixboa a xx bj dias dagosto. Gaspar Roiz o fez. De 1503. E quoamdo por bem deste aluara se houuer de carregar o dito açuquar pera leuamte ou ponemte seraa em naaos ou nauios do Reygno & em outros alguũs nom.—REY.

Arch. da Cámara do Funchal, tomo I, fl.ª 188 v.

De par com estas providencias a bem da exportação e commercio exterior do assucar, manteve D. Manoel a jurisprudencia, ousadamente christã e fecunda, inaugurada por D. João I, e consummada por D. João II, relativa a aguas e outros productos espontaneos da natureza, e ampliou-a ás pedreiras e barreiros, como mostra o diploma infra:

CARTA delRey comfirmamdo & ampliando as prouisoẽs das auguas & outras cousas aas pedreyras & barreiros

DOM MANUELL por graça de deos Rey de purtugall & dos algarues &c... Fazemos saber a bos capitãaes da nesa ylha da madeyra &c... que elrey noso primo que samta gloria aja aa petiçam dos procuradores da dita ylha comfirmou nom semdo neçesaria outra algũa comfirmaçom ou doaçom das merçees graças & priuilegios que elrey noso bisauoo que samta gloria aja fez a os noues poboradores que forom poborar a dita ylha a saber que bisto as terras della serem todas pera as proueytarem bos de mayor calidade & que possanças teuesem & hos de menor uiuesem do seu trabalho & oficios de trabalhar & cortar madeyras & *outros de suas criaçõees* (1) pera o que deu as madeyras lenhas

_____

(1) Esta licção parece mais exacta do que a que vem no logar parallelo a este, na carta de 7 de maio de 1493, pag. 673, linhas 16 e 17: conservámos, porém, ambas, porque todas as copias que temos á vista as dão como as transcrevemos.

matos pastos & aruoredos por liures & comuũs a todos & que os donos das terras nom teuesem nas sobre ditas cousas dominio alguã nem lhe podese pasar jaa
mays com as ditas terras que lhe forom dadas pera proueytar & nom outras
cousas que a natũreza criase. E por quoamto nom beyo naquelle tempo da dita
merçee em consiraçom pedra para se fazerem casas & pera se taparem scrra-
rem & aualadarem nem outrosy barro pera os oleyros fazerem telha & louças
nem os pedreyros cortarem & talharem camtaria & albenaria das rochas & pedreyras pera com eso ganharem suas bidas & poderem bibeer de seu trabalho
por tanto emos por bem & nos praz que os oleyros posam tirar & cauar barro
na dita ylha em toda & quall quer terra bonde houbeer sufeciemte & posam tirar outro sy barro pera fazerem casas & esto mesmo os pedreyros poderam abrir
pedreyras & tirar camtarias & albenarias pera a outros bemderem por ser bũa
sousa per bomde poderam uiuer & ganhar sua bida & nom ser justo que padeçam
sua comprem a hos donos das terras. E se por bemtura alguũ destes se agrauar he comtra razom justiça & dereyto bisto a consiraçom cem que as da ylha
forom dadas pera as proueitarem a hos de mayor condiçom & posanças & os
de monor que uiuesem de seu trabalho & oficio. E esto mesmo poderam abrir
& tirar pedra pera fornalhas fornos lares & chaminees & pera todollos mays
usos neçesarios & o mesmo fazerem nas rochas costas & prayas do mar & ha-
uendo em quall queer parte da terra de algũa particular da dita ylha pedreiras eu bieyros de bomde se posam tirar pedras pera moemdas & pera se fazeer
& coseer call toda pesoa que lhe neçesaria foor pera sua obra a mandaraa tirar & aquelles nas ditas cousas polos seus oficios o poderam fazer pera bendeer
& abrir igualmente os caminhos pera tirarem na dita ylha as madeiras que sam
libres & comũas a todos os que uiuem das ditas madeyras & aquelles que lhe
neçesarias sam pera seus usos & gastos de suas casas. Asy & do mesmo modo
guisa & maneyra emos por bem & nos praz & o mamdamos como Rey de noso
poder absoluto & realemgo (vid. a carta, a pag. 479, retró) que posam os pedreyros & outros abrir & fazeer caminhos per quaees queer terras de particulares
honde neçesario foor & as ditas pedreyras esteuerem com tall decraraçom que
sejam os ditos caminhos per onde menos perda fezerem ao dono da terra ho que
todo seraa bisto por nosas Justiças & pesoas que bem ho emtemdam. E daquellas que de novo se abrirem pagaram o terrado ao dono da terra por hũa bez soo
mente & todo seraa bisto & abaliado por pesoas que ho entendam porem daquellas pedreiras de que jaa se tirou camtarias & albenarias se nom pagaraa ao dono
da terra cousa algũa nem pollo caminho bisto seer jaa aberto de amtiguo & soo
mente o que se figer de nouo lhe pagaram. E os donos & senhores das terras
nom lhe impidam per modo alguũ biolemto nem per meyos de justiça tirarem as
ditas camtarias & pedras & imploraram semdolhe impidido o ofiçio do julgador
a quem recorreram. E a quaees queer nosas justiças mamdamos nom consentam
ho contrayro amte com penas pecuniayras aplicadas pera noso fisco & acusa-

dor procederam contra os que esto prohibirem ou impidirem nem outrosy aceytaram querella ou denunçiaçom nem outra quall queer auçam crime ou cruel poderam os donos das ditas terras intemtar nem implorar o ofiçio tho. juiz sobre todo que dito he por quoamto nom sam senñores das ditas pedreyras camtarias & albenarias nem nellas tem auçam nem dominio alguũ pera que o posam fazer nem sobre elto seram ouuidos em juizo com razom alguũa & loguo & des hera pera aquelle tempo que foor lha emos por derogada bedada & tolhida per quall queer nome que em juizo seja nomeada por quoamto de todo hos emos por excluidos & inhabees & habemdo ou mouemdose sobre ho que dito he em juizo alguma auçam a damos por nulla de neñhum efeyto bigor ou balia & abrogado por que asy he nosa bomtade & merçee por ser outrosy esto da primeyra pobraçom da dita ylha. E esta como ley se gardaraa & comprirraa na dita ylha & abemde nella alguũa probisom que ho contrayro disponha se nom emtendera nem este caso seraa senteuçiado por qué esto he huũa cousa de que os oficiaes macanicos podem biuer per seu trabalho & resultar em mayor homrra & ao brecimemto. Esta nosa carta ficaraa a cada huũ dos capitães da dita ylha pa irem duas de huũ theor & os trellados se gardaram em juizo & foura delle & asy os trellados pasados per os spriuães da camara ou outro baleram como a propia sem embarguo alguũ que a elles seja posto. E nom pasaraa per nosa chancellaria. Sprita em lixboa aos noue dias de febereyro. Biçemte carneyro a fez. Anno de noso senñor Jhũ xpõ de mill quinhemtos & dous annos:—REY.

Copiada de uma antiga Miscellanea (1).

Esta legislação produziu optimos resultados, especialmente na irrigação das terras. Nesse periodo foram feitas as principaes levadas geraes ou communs da ilha da Madeira, arterias por onde, desde então até agora, apesar de já deturpada a instituição (2), circula abundante o sangue da sua vida agricola, o precioso filtro da sua abastança e constante rejuvenescimento.—Já no anno de 1513 existia a *levada de Sancta Luzia*, suburbios ao norte do Funchal; por um alvará desse anno *(Arch. da Cam. do Funchal, tomo 1, fl.* 116 v,) mandou D. Manoel que de futuro ella não fosse mudada. Por outro, de 26 de septembro de

(1) Não temos até agora achado registo desta carta. Porisso; e pelas rasões que já damos na nota a pag. 673, a copiámos da citada Miscellanea, cotejada com as copias do manuscripto do Sr. Padre Netto, e da Revista Judicial, n.º 5, na qual se lê que esta carta fôra registada no livro II da Camara de Machico, fl.º..., e no XV da Provedoria, fl.º 84.

(2) A administração das levadas foi posta a cargo dos donatarios, e, depois, dos capitães geraes: e estes nomeavam, para esse fim, delegados seus, denominados juizes. As cartas das nomeações destes juizes foram, até 1834, do theor da seguinte:

Dom José Manoel da Camara, &.—Faço saber aos que a presente Carta virem que, havendo-me S. A. R. o Principe Regente Nosso Senhor confiado nas suas regias Instrucções a inspecção suprema da distribuição das aguas destinadas aos canaes de rega ou levadas desta ilha, cuja propriedade

1562 (ib. idem, tombo velho, fl.ᵃ 135), determinou a rainha D. Catharina, regente em nome de D. Sebastião, que as *levadas da Ribeira dos Soccorridos, dos Piornaes, e do Castellejo*, a oeste do Funchal, *se tirassem e limpassem* no devido tempo, á custa dos hereos e senhorios, sendo a despeza adiantada pelo cofre da alfandega, até a quantia de 120$000 réis: e por outro, de 19 de outubro do mesmo anno *(liv. 1.º do registo da Provedoria, fl.ᵃ 185)*, generalisou analoga disposição a todas as demais levadas, «isto se perderem *muytas canas daçucar & deixaram de se prantar, outras por se nom tirarem & limparem as leuadas em tempo*», e commetteu aos donatarios a superintendencia dellas, tanto para *esse fim, como para tirar nouas leuadas, ou mudalas, distribuir* as aguas mediante certo preço, de preferencia aos pessoas que teuesem *canauiaees ou enge-nhos*, e *tomar conhecimento das demandas sobre esso, decidindoas, & dando allçesos & asenso*. E, finalmente, o cardeal D. Henrique, regente em nome do mesmo D. Sebastião, mandou expedir tres alvarás em 1563: um, para que, pela superintendencia do vereador mais velho da Camara do Funchal, os visitadores das ribeiras procedessem regularmente á limpeza e fortificação dellas; outro, para que fossem cumpridas as anteriores provisões da limpeza annual das levadas; e outro, para que, na distribuição das aguas, precedessem os canauiaes, sendo o preço dellas, taxado em cada capitania pelo respectivo capitão donatario, com «hũa pessoa houurada, & conforme a quantidade & o proueyto que fezesem.»—Os dois primeiros alvarás estão registados no Arch. da Cam. do Funchal, tomo velho, fl.ᵃ 117, e tomo II, fl.ᵃ 75; o terceiro consta ter sido lançado no livro III da Provedoria, fl.ᵃ 99.

....

...da sua Real Corôa, ficando o seu uso em applicação commum aos habitantes e colonos que são comprehendidos nos giros estabelecidos na conformidade das Provisões do Senhor Rei Dom João, de 7 de Maio de 1493; do Senhor Rei D. Manoel, de 9 de Fevereiro de 1502; e do Senhor Rei D. José, de 5 de Março de 1770, tendo-se desde então para este fim ordenado havê-rem Juizes que, segundo a praticas louvaveis, se muito exactamente observar, e proporcionalmente repartir as aguas por uma regular e bem entendida distribuição, sem dolo ou extravio, em commúm beneficio da cultura das terras; &c., concorrendo na pessoa de Pedro Antonio da Camara Cardoso Almada Perry as qualidades, &c. Hei por bem do Real serviço e do Publico nomeal-o, como por esta nomeio, Juiz das Levadas da Serra e Caminho do Meio, &c.— 4 de septembro de 1803.

De 1834 em diante passaram as cartas dessas nomeações a ser, com pequenas differenças, como a seguinte:

Luiz da Silva Mousinho d'Albuquerque &c.—Faço saber aos que esta minha Provisão virem que, como, em conformidade das differentes Ordens Regias, expedidas desde muito tempo, aos Governadores que, me tem precedido, a inspecção e distribuição das aguas desta Ilha me estejão confiadas, e bem assim a nomeação de Juizes das respectivas levadas, a cujo cargo se encarregue a repartição das mesmas aguas pelos lavradores e mais pessoas por quem devão repartir-se; e attendendo ás circumstancias que concorrem na pessoa de João Joaquim de Abreo Macedo, para bem desempenhar as obrigações do cargo de Juiz de Levada, por estes respeitos: hei por bem de o nomear em, semilhante emprego da Levada denominada das Cruzes, da freguezia dos Canhas &c.—9 de Agosto de 1834.

Destes diplomas, que copiámos dos respectivos livros de registo, se prova que só de 1834 para cá as levadas começaram a descair em particulares.

O valor, não egoista mas humanitario, não meramente agricola, senão moral e social das levadas publicas nesta ilha, tem sido até agora desconhecido; porém o futuro não poderá esquecel-o, como exemplo tanto mais proficuo, quanto duradouro ha quatro seculos e meio, e prevalecente sempre atravez das catastrophes da natureza e desvarios dos homens.—Adiante veremos a auctorisada homenagem do grande Marquez do Pombal á instituição das levadas publicas na ilha da Madeira.

Desde o fim do seculo xv até o do xvi, o simultaneo influxo das alludidas providencias, umas fomentando a cultura e industria saccharinas, outras desprendendo das maiores peias o commercio, por tal modo augmentou a producção e desenvolveu o negocio do producto, a despeito da vinculação da terra, do contracto de colonía, e da reducção do preço do assucar, o qual, em 1507, era de 315 reaes por arroba, e, em 1511, de 300 reaes, que a ilha da Madeira chegou, por meado do seculo xvi, á sua maxima colheita e trafico, passante de trezentas mil arrobas de assucar; pois que, alguns annos, o quinto do mestrado de Ordem de Christo rendeu mais de sessenta mil, como attestam *João de Barros (Decada I, liv. I, cap. III)* e *Manoel Thomaz (Insulana, liv. v, est. 116)*.

Infelizmente, porém, sobrevieram á Madeira duras calamidades.—A primeira foi o *bicho*, pequena lagarta, que já em 1502 lhe devastava as plantações, e ainda em 1509 não tinha sido extincto, como mostram os dois diplomas infra, nem talvez o foi:

CARTA delRey dom manuell noso senñor sobre o bicho desta ylha.

JUIZ bereadores & ofiçiaaes da nosa çidade do fumchall nos elRey bos embiamos muyto saudar. Fernam rroiz que lla embiamos ao negoçio do bicho nos espreueo ora como tee qui nom tinhees emtemdido no dito caso dizemdo que se nom podia ajumtar tamta çinza quamta pera eso cõpria & por que elle nos apomtou que seria bem fazeerse esta esperiemçia em hum canaueall de çemto ou duzemtas arrobas daçuquar & per hy se podia julgar & beer o proueyto que se podia seguir na quall cousa se fazia pouca despessa & a nos pareçe bem fazeerse asy & bos emcomemdamos & mamdamos que asy ho queraees loguo poeer em obra & ho façaees ho mays em breue & com toda deligemçia que poderdes pera beermos que cousa he esta em que se o dito fernam Rodriguez tamto afirma que seraa proueytosa & sprenheynos loguo ho que neso fazees & ho que bos pareçer. Sprita em almeirim a bj dias de nobembro de 1502. —REY.

Arch. da Camara do Funchal, tomo I, fl. 294 v.

CARTA delRey noso senhor sobre ho bicho que amda nesta ylha.

CAPITAM amiguo Juiz bereadores oficaaes fidalguos cauaileyros & poboo da nosa çidade do fûchall nos elRey bos embiamos muyto saudar. Fernã Rodriguez morador em lixboa beo ora a nos & dise que com a graça de deos elle esperaua dar remedio pera se abeer de matar o bicho que amda nas canas desa ylha de que se segue tamta perda & dapno como bedes pollo quall nos ho embiamos ora laa pera aber de emtemder neso & se a deos aprouuer per ũ meio de tolher que ho dito bicho nom baa abamte & se mate he rezam que ho pór ese fazemos que seja per bos satisfeyto & gallardoado de hum tall benefficio & bos emcomemdamos que o qooraes asy fazeer de maneyra que elle seja comtemte trautamdoo em toda outra cousa & gasalhamdoo como he rezão & de ho asy fazeerdes nos ho reçeberemos em seruiço. Sprita em ebora a xjx dias de junbo. Anno de mill & b°jx (1509).—REY.

Arch. da Cam. do Funchal, tomo I, fl.° 312.

A segunda calamidade foi a *peste* que, por seis annos, de 1532 a 1538, flagellou a população deste archipelago, e de que *Gaspar Fructuoso* conta o bastante, nas *Saudades da Terra (vid. retró, pag.* 55, 194, 216 *e* 221).

A invasão dos corsarios francezes, e o saque a que pozeram a cidade do Funchal, em 1566, depois de haverem incendiado parte da *Villa Balleira*, de Porto-Sancto, foram a terceira calamidade, da qual o mesmo *Fructuoso* dá larga noticia (*vid. retró, pag.* 247-277), e nós em outra nota fallaremos.

A ultima calamidade, neste periodo, foi o pasmoso phenomeno da escandescencia atmospherica, ou *fogo do ceu*, como então se dizia, que, em 1593, queimou a vegetação e até chegou a incendiar casas no Funchal, como conta, na seguinte relação, uma testimunha ocular do estupendo caso.

Fogo espantoso que deçeo do Ceo, cahiu & abrasou a Ilha da Madeira, dia de S.ta Ana, á 26 de Julho de 1593,

Naõ quizera dar conta de taõ desastroso caso, taõ notavel & espantoso, como aconteceu nesta Ilha da Madeira a 26 dias do mez de Julho da era de 1593, dia da gloriosa S.ta Ana; & passou desta maneira. Entre as onze & as doze horas da noite veyo hũ rayo do Ceo, que tinha aparecido na Ilha havia quinze dias, o qual rayo deu em uma das melhores & mais ricas casas que na cidade havia, que herão de Tristaõ Gomes de Castro, & dentro em quatro horas se queimaraõ cento cincoenta & quatro moradas de casas, as melhores & mais principaes de toda a cidade, onde se queimaraõ mais de cinco mil pães de assucar. &

muito infinito fato; & antes de soceder este fogo, ouve vinte & quatro horas de
tão grandissimo fogo de calma do Ceo, ventando muito rijo vento Leste, que não
havia pessoa viva que dentro destas vinte & quatro horas sahise de casa, nem
abrise janela, nem se podia soffrer dentro das casas, nem se podia nestas estar
por ser o ar tão quente, que tudo era cuidarem que peraciaõ, & o vento era tal
que parecia queimava os ossos, cousa que jamais os homens viraõ nestas partes. Neste tempo das vinte & quatro horas se estima a perda que trouxe nas vinhas em duzentos mil cruzados, porque muitas ficaram vendimadas, & ficou
tudo tão abrazado & de tal maneira que, tomadas nas maõs as folhas, se lhes faziaõ como cinzas, cousa de grande admiraçaõ: & ao cabo de pouco tempo sucedeo este fogo, que foi tão forçoso & furioso que naõ houve braço humano q
o podesse aplacar, com grandes receyos de toda a Ilha se abrasar, & para mayor
admiraçaõ chegou o fogo até a fortaleza, onde estavaõ trezentos quintaes de
polvora, & saltando na fortaleza onde nenhũ remedio tinha a cidade & gente della senaõ ficar tudo abrazado & asolado, prouve á Miz.ª devina q com muita presteza se apagou, & com grande medo estivemos toda aquella noyte com
m.tas guardas & artefícios de agua que se fizeraõ para se apagar o fogo, se tor-
nase á fortaleza, de modo que naõ houve q.m deixase de despejar de sua casa
para muito longe do fogo, & p.ª com mais espanto se considerar a ordem &
modo que o fogo teve em abrazar dentro em quatro horas o que abrazou sub-
cava as casas que lhe parecia, porque abrazou algumas que estavaõ meya legoa de outras, deixando o fogo outras que ao deredor & perto estavaõ, que foi
uma das mais temerosas cousas q até aquelle tempo aconteceo. Fica a Ilha de
todo o ponto perdida, & de tal força que para tarde se restaurará. Parece castigo de pecador, & por muita Miz.ª devina que por aqui acabe, & não vá avante, como merecemos.

Copiada de uma Miscellânea manuscripta (2).

Não foram, porém, estas catastrophes que destruiram a florente industria
saccharina da Madeira: sómente a alluiram. Tinha esta em si restauradora seiva,
se golpe mais formidavel que todos aquelles junctos lhe não viera cortar as aba-
tidas forças. Contra a concorrencia do assucar das ilhas Canarias e de S. Thomé luctou ainda, e com vantagem; o seu era o melhor do mundo. Mas a Ameri-

ca fóra descoberta; ás colonias hespanholas, desde 1518, e o Brazil, desde meado desse seculo de quinhentos, começaram a trazer á Europa os seus assucares; e então, aggravada a crise pelo *contracto de colonia*, e pelos *morgados*, principioa a decadencia saccharina da ilha da Madeira.

Annunciou-se pela emigração, gradualmente augmentada, para o Brazil. —«Com effeito,» refere *Fr. Gaspar da Madre de Deus*, *nas* retró citadas *Memorias para a Historia da Capitania de S. Vicente... do Estado do Brazil*, § 64, *«com effeito, vierão muitos casaes do Reino, e das Ilhas, assim da Madeira, como dos Açores, segundo consta do livro dos Registros das Sesmarias.»* E nos §§ 77 e 78 menciona entre as pessoas mais notaveis que se passaram a essa capitania «*Antão Leme, Fidalgo da Madeira.... e... Pedro Leme, natural da cidade do Funchal, filho do dito Antão Leme*», o primeiro dos quaes foi juiz ordinario da Villa capital da mesma capitania em 1544, e o segundo ahi justificou sua nobreza em 1564.—No principio do seculo XVII, já para ahi emigravam da Madeira pessoas de todas as idades a buscar a fortuna que a patria lhes negava, e, como tantos outros, foi, em 1624, aos onze annos de idade, *João Fernandes Vieira*, natural da Ribeira-Brava (segundo é tradição), o qual, por suas preclaras facções e triumphos na guerra contra os hollandezes, no Brazil, delles o libertou, e ficou porisso, cognominado o *Castrioto Lusitano*, por parallelo com o notavel *Jorge Castrioto*, vencedor dos turcos no Epiro, em 1450. A Madeira não deve esquecer tão illustre filho, cujo nome é um dos mais celebrados nos annaes brazileiros.—E em 1676, a decadencia tinha nesse archipelago chegado a ponto, que a emigração para o Brazil, até então mero espediente ou expeculação de particulares, passou a ser promovida como providencia governativa: nesse anno veio carta régia (*Arch. da Cam. do Funchal, tomo* VII, *fl.ª* 24), e em 1747 outra (*ib. idem, tomo* IX, *fl.ª* 92 *v.*), aquella, a fim de que, a expensas do estado, fossem transportados para o Brazil trezentos até quatro centos casaes; e esta, para que o governador geral désse ajuda e favor a essa emigração.

Comtudo, ainda nos fins do seculo XVI, como se bem mostra das *Saudades da Terra*, escriptas por 1590, havia na ilha da Madeira valiosas plantações e engenhos de assucar.—Já, porém, esta presentia no Brazil poderoso competidor: e, porisso, a Camara do Funchal solicitou e obteve em 1598 um alvará (*ib. idem, tomo* III *fl.* 12), para que nenhum navio podesse aqui descarregar assucar dalém, a fim, sem duvida, de por essa exclusão, manter os antigos creditos do seu producto, e melhorar o preço delle. Mas o alvitre não bastou a conjurar a crise, de mais em mais grave, no valor do assucar; o mercado deste genero no Funchal, pouco a pouco, ficou quasi ermo de compradores; esse alvará, por inefficaz, foi em breve derogado; e o assucar do Brazil invadiu, alfim, a Madeira mesma.

Era forçoso contemporisar com elle.—Tentou-se, pois, em 1612, o meio de um contracto entre os moradores da ilha e a Camara do Funchal, para não venderem aos extrangeiros assucar importado do Brazil, senão depois de terem estes feito o terço dos seus carregamentos com assucar da terra; foi este contracto approvado por uma provisão desse anno *(ib. idem, tomo* iii, *fl.ª* 103); mas, contraproducente como a anterior providencia, e menos fiscalisavel que ella, afastava, não amparava o commercio.—Tambem, por um alvará de 1649, *(Arch. da Cam. do Funchal, tomo* vi, *fl.ª* 99 *v.),* foram promettidos premios e emprestimos aos que refizessem os antigos engenhos, já então em ruinas, ou que levantassem outros novos; porém, a industria saccharina na ilha da Madeira ficára ferida de morte, desde que, pelos fins do seculo xvi em diante, o as-sucar americano veiu sortir os mercados europeus por preços com que ella não podia rivalizar. De feito, a concorrencia tornára-se-lhe impossivel, já por-que a America se fecundava pelo quasi gratuito trabalho do escravo, em quan-to a Madeira, na maxima parte, pelo do colono livre; já porque na America, a terra, a cultura, o fabrico, e talvez o capital tambem, constituiam um inte-resse, uma força, uma empreza identica, compacta, e aqui não: a heterogenea dualidade *senhorio* e *colono,* ou *morgado* e *villão,* por tempos adormecida na suas reciprocas invejas á sombra da opulencia a que não déra impulso, acordou destruidora de si propria, logo que, á segure da adversidade, a arvore prote-ctora lascou e cahiu.—A ilha da Madeira poucos engenhos de assucar conser-vava em 1730, como attesta *Soares da Silva,* nas *Memorias para a Historia del-rei D. João o* i, liv. i, cap. lxxix, § 465. Em 1736, 1739, 1741, 1748, 1758, e 1765, solicitou, por mercê, alvarás para importar do Brazil mil caixas de assucar, como se mostrâ do *Archivo da Camara do Funchal,* tomo viii, fl. 213; do *Systema dos Regimentos Reaes,* tomo ii, pag. 113; e do *Repertorio de Fernandes Thomaz,* verbo *Ilhas adjacentes.*—A Madeira ficou, pois, do meado do seculo xviii em diante, reduzida a mera consummidora do assucar ameri-cano, com o qual mantinha a *confeiteria,* que, bem se póde dizer, aqui foi ele-vada, desde o seculo xvi, a verdadeira arte e valiosa industria de exportação, como se mostra de alguns diplomas supra transcriptos ou mencionados, e de di-versos trechos das *Saudades da Terra,* especialmente o segundo dos copiados no rosto da presente nota.

Demarcou o termo deste periodo saccharino na ilha da Madeira o terremo-to, já agora olvidado, que aqui houve em 1748. Achámos as primeiras noticias delle em succintas referencias que lhe fazem alguns diplomas expedidos por reedificação e concertos de templos; menciona-o a *Historia Universal dos Ter-remotos,* por *Jaaquim Joseph Moreira de Mendença,* pag. 109; e, guiados por este livro, alcançámos ver na Bibliotheca Publica de Lisboa um exemplar, tal-vez o unico que existã, da *Relação* de acontecimento, publicada em Lisboa, no mesmo anno de 1748: levados da raridade e importancia della, copiámol-a; e porisso, e para que se não perca, a trasladamos no final desta nota.

Acabou, por então, o assucar na ilha da Madeira. A cana doce, sómente como mera curiosidade, continuou cultivada, fazendo-se della pouco mel, para consummo domestico, até que, invadidos e quasi totalmente destruidos os vinhedos pelo *oidium-tuckery*, de 1846 para 1852, de novo o cultivo e o fabrico do assucar se desenvolveram e prosperaram de 1854 em diante; perduram de par com a industria vinhateira, restaurada, desde alguns annos, dessa devastadora infecção; e asseguram no futuro, ainda que desamparados fiquem dos direitos sobre o assucar extrangeiro que até agora os teem protegido, asseguram solida riqueza ao paiz, sem receio de concurrencias extranhas; porque o *trabalho livre* e as *machinas a vapor* vão collocar os territorios saccharinos em condições equiparadas de producção e fabrico, avantajando-se a Madeira aos outros pela superioridade do producto e contiguidade com o mercado europeu.

A ilha da Madeira tem, actualmente, sepie fabricas a vapor, e dellas, cinco em laboração, e uma a começal-a; nove engenhos movidos a agua; e algum, a força de bois: os engenhos fazem aguardente de cana, que é consummida toda no paiz; e as fabricas manipulam assucar, cuja exportação, que em 1854 foi apenas de 288 kilogrammas, tem gradualmente subido, e no ultimo, o de 1871, foi de 527:883, podendo calcular-se a producção total de assucar no mesmo anno em uns 850:000 kilogrammas.

RELAÇÃO •

LAMENTAVEL, E HORROROSO Terremoto que sentio, na noute do ultimo dia do mez de Março para o primeiro de Abril de 1748, a Ilha da Madeira, extrahida de outra, que veyo do Funchal, escrita a 17 de Abril do mesmo anno.

PARTE I.

Roberto Machim, de Nação Ingleza, descubrio a Ilha da Madeira mais por destino do acaso, que por impulso do engenho, em 1419. Muitos authores a intitulão Rainha das Ilhas, não só pela amenidade do terreno, mas pela bella situação em que está. O seu primeiro descobridor, e sua Anna de Arphet, natural de Bristol, morrèrão no sitio, a que hoje se chama Machico, pela violencia da fome. Esta Ilha foy novamente descuberta por João Gonçalves Zargo, e Tristão Vàz, em dia de São Lourenço. Dista de Lisboa 152 legoas; da linha Equinocial, 32 gràos. Tem de comprido 18 legoas, e de largo 5. Não criou a providencia nesta terra bichos venenosos; mas fertilizou-a de aranhas. Orna-se com 20 mil fontes, e 50 ribeiras. ElRey Dom Manoel, sempre lamentado Monarcha;

a appellidou seu ramilhete; e, para os seus Templos, lhe mandou grandes peças, cujo exemplo segue o nosso piissimo Monarcha D. João v. Abundou a Ilha em engenhos de assucar; mas como as agoas tem levado para o mar muita terra, e esta não pôde sustentar os canaviaes, por isso, em lugar de engenhos se pozerão vinhas, que cada anno não excedem a 17 mil pipas; o que este anno se sente, por experimentar a dita terra os toques da doença, a que os naturaes dão o titulo de gota, ou pedra. Assim como em huns goneros de mantimentos he abundante, tambem em outros sente falta.

Na dita Ilha ha hũa cidade chamada Funchal, a que se deo Foral em 1508, na qual ha tres Freguezias primorosas, soberbas, e fortificadas. Desta cidade he Padroeyro o Apostolo Santiago Menor, o qual agradecido às oraçoens dos moradores, lhes corresponde com prodigios, e maravilhas, suspendendo muitos castigos, principalmente de peste, e fome, apenas se invoca o seu nome; mas entre todos os milagres, o mais especial he o entrar no seu oitavario hum navio carregado de trigo todos os annos, cuja experiencia se tem feito; e sendo ille grande bemfeitor, ou quer a Providencia, ou permite a impossibilidade, que este Santo se venere em huma capella arruinada, fóra dos muros da cidade. Conserva a mesma cidade hum sumptuoso Collegio, o qual possuem os Padres da Companhia: venera-se tambem outro de S. Francisco, em que está a miraculosa Imagem do Senhor Crucificado, com o titulo do Milagre, intitulado assim pelo primeiro, que obrou a 26 de Dezembro de 1482, despregando da cruz o braço direito em signal de outorgar a Elena Gonçalves, filha do primeiro Capitão Donatario desta Capitania, João Gonçalves Zargo, e mulher de Martim Mendes de Vasconcellos, o que de joelhos e com lagrymas lhe pedia, estando a igreja cheya de gente, cujo prodigio authenticou, e publicou D. Fr. Lourenço de Tavora, que naquelle tempo sustentava a Mytra. Outros edificios ecclesiasticos a emmobrecem. Tambem tem outo fortalezas, providas de tudo que se preciza; mas entre estas a mayor he a de São Lourenço, na qual ha hum palacio, em que assistem os Governadores, com patente de Capitaens Generaes. Ao presente he bispo desta Igreja D. Fr. João do Nascimento; que, depois de doutorado nos Sagrados Canones pela Universidade de Coimbra, deixando todas as esperanças de premio, que lhe prometia o engenho, e a virtude, se recolheo ao Claustro de Varatojo, ônde imitando o seu primeiro Fundador, foi obrigado a receber Mytra; e não só governa a Igreja no espiritual, mas tambem no temporal, porque serve de Governador das Armas, o que exercita com tanta prudencia, e acerto, que muitas vezes inclina para a parte da culpa a misericordia do castigo.

Ha nesta cidade hũa Alfandega, a qual fica debaixo das casas, em que assiste o Provedor, e rende de sahida, hum anno por outro, 27 contos de réis de direitos, e de entrada, até 11 contos, por serem livres os mantimentos, por motivo de hum contrato, celebrado por Sua Magestade e o Povo da mesma Ilha. Conserva Juiz de Fóra com predicamento de Corregedor, o qual lugar com sabio acerto governa o Bacharel Miguel de Arriaga Brum da Sylveira, natural da Ilha do Fayal. Cinco são as villas, que tem aquella Ilha: Machico, Santa Cruz, Ponta do Sol, Calheta, e São Vicente; as quatro tem Igrejas collegiadas; a ultima, rural. Além destas, ha mais trinta e tres em toda a Ilha, em que entrão as das Collegiadas dos lugares de São Sebastião de Camara de Lobos e de S. Bento da Ribeira Brava. Pertence a Ilha à Ordem de Christo, e todas as Igrejas são administradas por ordem do nosso vigilante Monarcha, como Grão Mestre, que he, da mesma Ordem Militar. Divide-se a Ilha em duas capitanias, huma com o titulo do Funchal, de que he donatario o Illustrissimo, e Excellentissimo Conde de Castello-Melhor; e da outra, de Machico, o Illustrissimo, e Excellentissimo Marquez de Valença, os quaes nomeão Ouvidores. Este he o theatro em que se representou a fatal ruina, que entro agora a referir.

Pela huma para as duas horas depois da meya noute, em 31 de Março de 1748, se abalou a Ilha a impulsos de hum terremoto de pouca duraçam. Com este tremor acordaram todos os moradores, huns admirados, outros suspensos, e outros duvidosos do que era. Sentiram segundo, e terceiro, e tão forte, que hão de fazer demolir Igrejas, villas, lugares, campos, e casas particulares da cidade, e não padecer senão hum homem decrepito, hum menino, e duas mulheres, não ficou edificio, por mais forte que estivesse, que se não veja offendido. Esta novidade causou tanto horror a todos, que habitão a cidade, que os fez formar differentes juizos. Huns discorrião, que procederia aquelle tremor inopinado da interposição de algum corpo liquido subterraneo. Outros asseveravão, que seria por causa das agoas das fontes e ribeiras, pela introducção que tem de varias vias, e meatos da terra. E finalmente, outros publicavão q̃ causarão este effeito as materias bituminosas, e sulfureas. Mas tudo isto era mais vangloria do entendimento, q̃ acerto do caso; porque contra estes filosoficos fundamentos, que formou o discurso, se oppozerão os mais experientes, narrando que o tal terremoto procedera do elemento do ar, por verem que os campos tinhão algumas bocas; e por isso muitas pessoas fidedignas affirmam virão, para a parte de Leste da mesma Ilha, sahir para o ar huma grande facha de fogo, e que pouco depois observàrão, que se conservou, por espaço de hum quarto de hora, hum grande clarão da cor do mesmo fogo, e se sentio que o ar estava com quentura desusada.

Perturbados com este successo fatalissimo, todos os animos dos moradores procuraram meyos pelos quaes a Divina Clemencia benignamente condescendesse às supplicas. O primeiro, que deo o exemplo, foy o Excellentissimo, e Reverendissimo Prelado, mandando publicar preces na Cathedral (a qual ficou notavelmente arruinada), e concorrendo o Cabido, Senado, Ministros, Nobreza, e Povo, se formou huma devota e solemne Procissão, sendo nella tresladada, pelo Reverendo Conego o Doutor José Caetano Ribeiro da Sylva, para a Cathedral, a imagem do Apostolo Padroeyro da Cidade: e, collocado no altar do Santissimo Sacramento, se continuaram alli as supplicas, com o Senhor exposto até 9 do mez do Abril. Estas rogativas tambem fizeram todas as mais Comunidades Religiosas, e todas as Collegiadas da Cidade; mas os moradores das villas, lugares, e campos usaram, além destes, outros exercicios, tão catholicos, como espirituaes.

Em 1 de Abril, dia em que se deo principio às preces, acabadas as que se fizerão na Sè, foy, perto da noute, o Excellentissimo Prelado para o Convento de Sam Francisco, onde tambem se estavam fazendo, e ahi communicou com o Custodio, e mais Religiosos sobre a disposição de huma Procissão de Penitencia, que se effectuou da meya noute do mesmo dia até às quatro horas da madrugada do dia 2, hindo o mesmo Prelado revestido de Pontifical, conduzindo debaixo do Palio a milagrosa Imagem do Senhor Crucificado, que se applicou no mesmo convento, e já della fizemos menção. Nesta Procissão, em que quasi todos hião descalços, foram o Reverendo Cabido da Sè, o Senado da Camara, os Religiosos do dito convento, e innumeravel povo, todos em seus lugares, e com tão louvavel devoçam, que enterneciam as creaturas mais impenitentes. Tudo pedia o zelo, e a occasião. Sahio do convento a Procissão, e depois de gyrar varias ruas da cidade, entrou nas Igrejas dos Mosteiros de S, Clara, e de N. das Mercès, e em todas as praças publicas fizerão os Religiosos algumas praticas exhortatorias, e doutrinaes; e, recolhida ao mesmo convento, prègou, com a costumada elegancia, o M. R. P. Definidor Fr. Manoel da Estrella; e forão tantas as lagrymas, e os suspiros, que chegou o silencio das vozes a ser o mayor panegyrista da fatalidade.

Na noute do dia 5, achando-se na Igreja Collegiada de S.ta Maria Mayor do Calhão huma devota Imagem do Senhor dos Passos, que a devoção do Provedor da Fazenda, annualmento no tempo da Quaresma, costuma levar da sua casa para a dita collegiada, a fim de correrem dalli com o mesmo Senhor, e todas as sextas feiras, a Via-sacra (erecta pelo Excellentissimo, e Reverendissimo Senhor D. Fr. Lourenço de S.ta Maria, Arcebispo de Goa, quando se achava em Missão neste Bispado, aonde lhe veyo a noticia da eleição), que finalmente na Igreja do Padroeiro, delineou o mesmo Ministro com muitos devotos outra Procissão de Penitencia, e, sahindo da mesma collegiada até o Collegio dos Padres da Companhia, onde principião os Passos, se continuou por todos os mysterios da Paixão até ao Calvario, aonde com grande aceitação orou o R. Conego Antonio de Freitas e Sousa, o qual não só incitou às lagrymas, mas commoveo a muitos para novas penitencias. Em todos os Passos se recitarão, pelos melhores musicos da Ilha, tristes e devotos motetes; e finalizada a Oração, se formou a Procissão, e todos descalços conduzirão a Imagem para o seu costumado domicilio das casas da Alfandega.

Na noute do dia 6 sahio outra Procissão de Penitencia, composta dos Religiosos do Hospicio de N. S. do Carmo, com a Veneravel Imagem do Senhor dos Passos; e em todas as partes publicas hião prègando, e encarecendo o lunor, que devião todos ter da Divina Justiça, e que aquelle castigo fôra por causa das culpas dos habitantes daquella Cidade. Recolheo-se a Procissão, e se findisou o acto com hum sermão, que discretamente fez o M. R. P. M. Fr. Bartholomeu do Pilar, Commissario da Ordem Terceira de N. S. do Carmo, Religioso de tanta authoridade, e sciencia, que ainda os mais encarecidos elogios são diminutos clarins de sua fama. Estes e outros semelhantes erão os exercicios, pelos quaes querião applacar a malignidade do Terremoto, o qual chegou a prostrar as mayores resistencias.

Finalmente, no dia 9 concorreo tanta gente á Cathedral, que sendo esta espaçosa, com tudo, fóra da porta, se vio innumeravel povo. Tambem o Excellentissimo Senhor Bispo, com todo o seu Cabido, Senado, e Ministros, assistio neste acto, em que prègou, a instancias do mesmo Prelado, o P.° Jose de Figueiredo, da Companhia de Jesus, varão em lettras, e virtudes consummado; e tomando por thema as palavras do Cap. 5 da Epistola Canonica de Santiago: *Plorate pro miseriis, quæ advenient vobis*, foy tal o discurso, que chegou a admirar. Tal efficacia fez este sermão em todo o auditorio, que muitos, que havia annos se não aproveitavão do Sacramento da Eucharistia, depostas as culpas, confessados os erros, principiàrão a fazer nova vida. E sendo varios os terremotos que tem antecedentemente experimentado esta Ilha, nenhum tem sido tão forte, violento, e fatal. Desde o primeiro de Abril atè 26 de Mayo, se tem observado em diversos dias alguns leves tremores em toda a terra, como escreve pessoa de authoridade, e se receia sua total ruina, por causa das paredes dos edificios ficarem fóra do seu prumo, e algumas retiradas dos alicerces. Queira a Providencia Divina, que isto seja remedio para as enfermidades da alma; e estas noticias sirvão, mais que para curiosidade, para desengano; porque a experiencia nos està mostrando, em outras partes do mundo, os mesmos terriveis successos, como todos os dias estamos lendo, mais com lagrymas, que com vozes.

PARTE II.

RELAÇÃO DOS TERRIVEIS EFFEITOS QUE CAUSOU O TERREMOTO QUE SENTIO A ILHA DA MADEIRA NA NOUTE DE 31 DE MARÇO DE 1748, COMPENDIADA DE OUTRA, QUE SE ESCREVEO DA CIDADE DO FUNCHAL, A 17 DE MAYO DO MESMO ANNO.

Já à expectação de todos expuz, na primeira parte desta Relação, os principios do Terremoto, não deixando particularidade, que não manifestasse, nem circumstancia, que não expendesse. O author da primeira, que foy Domingos Affonso Barrosa, natural da Provincia de Traz os Montes, e que ha annos occupa na cidade do Funchal os mayores empregos, tambem foy artifice da segunda: e como o seu acerto, e juizo não podia propender para o hyperbole, porisso me animei a compendiar todas as noticias, e resumil-as a mais breve, e laconico estyllo; não porque presumisse emmendal-as, mas só porque a brevidade fizesse menos vehemente o impulso da penna. Muitos edificios, aos quaes ou a humildade negou a excellencia, ou o descuido alienou a noticia, perecèrão aos tremores do mal; do que não dou relação, porque a não remetèrão. E, para que não dilate a curiosidade com pensamentos alheyos de toda a politica, jà principio a narrar.

EFFEITOS DO TERREMOTO SUCCEDIDOS NAS IGREJAS, FORTALEZA,
E CAZAS, FEITAS À CUSTA DA REAL FAZENDA.

A Cathedral.—Esta Igreja, ornada com bella arquitetura, e de tres naves, sentio na Cappela mòr algumas fendas. As faces da nave do meyo se inclinàrão para dentro, tres dedos da parte do cruzeiro; e, da mesma parte, está o primeiro arco da nave, que fica correspondente ao Sul, apartado da parede, em que se firmava, e a dita parede fendida de alto a baixo, o que se vê tambem em muitas partes em roda, sendo maior o effeito no frontespicio, que está inclinado para fòra. A torre está bastantemente arruinada pela parte de Leste; e em todas as officinas deste magnifico Templo se observão fataes, e grandes estragos.

A Collegiada de S.ta Maria Mayor do Calbào.—Na torre, em muitas paredes se divizão varias fendas. O córo, que foy formado sobre tres arcos fortissimos de cantaria, está tão arruinado, por terem estalado as pedras, que se demolirà ao impulso de qualquer vento.

A Collegiada de S. Pedro.—Esta Igreja, e a antecedente forão edificadas por D. Fr. Jorge de Lemos, Bispo do Funchal. Facilmente se reparrà do estrago, por quanto são leves as fendas, ainda que diversas.

A Parochial Igreja de Santa Luzia.—Nesta Igreja fez mayor impressão a ruina, porque lhe abrio dez fendas, despregou-lhe os cantos do frontespicio, apartou-lhe algumas pedras do semalhão, e lhe fez, desde a empena atè à porta principal, huma abertura, que fez apartar della o fecho: a telha, corrida, foi despedaçada, e o arco do cruzeiro, offendido.

A Igreja de N. Senhora do Monte.—Conserva alguns signaes de estrago, mas pequenos, sendo o maior uma fenda atravessada no frontespicio, do qual saltou fòra o cruzeiro, e se fez em pedaços: nesta ruina tambem padecèrão os muros do adro.

A Igreja de Santo Antonio.—No frontespicio tem varias aberturas: a cantaria da porta principal está desconjuntada, e as paredes do corpo da

Igreja, partidas em diversos lugares, como tambem o estão as das officinas: e o que se sente mais he o tecto, que está em grave damno.

A **Igreja de S. Roque.**—Deo de si a cantaria do campanario, e tem algumas fendas, e diversas pedras estão fóra do seu lugar.

A **Igreja de São Martinho.**—A mayor ruina foy nos telhados: e o que está mais offendido, brevemente, e com facil reparo, se concertará.

A **Igreja de São Gonçallo.**—Tanto nas paredes, como no tecto, que em partes se affastou do seu lugar, está com estrago grande.

A **Igreja do Espirito Santo do Caniço.**—Sentio algum damno, mas não he cousa que necessite de grande reparo.

A **Igreja de São Lourenço da Camacha.**—Deve-se-lhe acudir com prompto remedio, quando não, será de grande consequencia; por quanto, a sua ruina excede às antecedentes.

As **Igrejas de Gaula, e da Collegiada da Villa de Santa Cruz.**—Ambas tiveram pouco damno; por quanto a primeira tem só em hum ponto huma fenda, e a outra algumas aberturas pequenas.

A **Igreja da Collegiada da Villa de Machico.**—Além de algumas fendas, tem na parede da porta do Norte huma grande giba para dentro; mas o que motiva mayor susto he o tecto, que está desconjuntado em varias partes, e os telhados notavelmente arruinados.

A **Igreja de S. Sebastião do Caniçal.**—Não tem outro remedio senão nova edificação.

A **Igreja do Porto da Cruz.**—Tem huma grande fenda na sachristia.

A **Igreja de Santa Anna.**—O que só tem são algumas fendas, e forturas nas paredes.

A **Igreja do Arco de S. Jorge.**—Na parede do arco do cruzeiro até aos capiteis delle, se divisa huma grande fenda. Ficou o telhado descomposto, e desfeita muita parte do espigão.

A **Igreja do Bom Jesus da Ponta Delgada.**—A cruz, que estava no frontespicio, quebrando pelo pè, e cahindo ao meyo do adro, se fez em pedaços; e algumas fendas, que tem, não motivão novidade.

A **Igreja do Porto do Moniz.**—Ficou tão arruinada, que carece toda de reedificação.

A **Igreja da Ponta do Pargo, e a da Fajãa da Ovelha,**—São menos offendidas, porque nellas se divisão humas leves fendas.

A Igreja dos Prazeres.—Tem dez aberturas pequenas, e huma grande na casa da sachristia.

A Igreja de S. Amaro do Paul.—Junto ao frontespicio tem huma abertura, pela qual lhe cabe o braço de hum homem; e na Igreja, o que sentio mayor effeito, foy o pulpito, que se desconjuntou todo.

A Igreja do Estreito da Calheta.—Cinco são as fendas, que lhe fez o Terremoto, em huma das quaes, na parte interior, lhe cabem tres dedos.

A Igreja da Collegiada da Villa da Calheta, e de Santa Maria Magdalena.—Tem facil reparo, porque nellas fez menor estrago o tremor.

A Igreja do Arco da Calheta, e a de N. S.ra da Luz dos Canhas.—Existem em tal estado, que ambas se devem fazer de novo, sendo menos sensivel a despeza na segunda, porque ficou de alguma sorte menos arruinada.

A Igreja da Collegiada da Ribeira Brava.—Tem algumas fendas, mas não mui grandes.

A Igreja de S. Braz do Campanario, e a da Santissima Trindade da Atabua.—Inda que tenhão diversas aberturas, he de pouca consideração o reparo.

A Igreja da Serra de Agoa.—Precisa nova fabrica, porque ficou totalmente arruinada.

A Igreja da Collegiada de Camara de Lobos.—Muitas são as fendas, que conserva: desconjuntou-se dos cantos em muitas partes; e na torre estando fortissima, e segura, ficou a cantaria das sineiras tão arruinada, e as paredes tão incapazes, que vendo-a o Provedor da Fazenda com os Mestres das Obras Reaes, ordenou se demolisse, por evitar mayor damno à Igreja, pois estava quasi cahindo sóbre ella.

A Igreja do Estreito de Camara de Lobos.—Sentio mayor perigo. Cahirão no chão às paredes das suas officinas, e tambem as das capellas visinhas; e, para se pór como estava, necessita fazer-se de novo.

A Igreja de Agoa de Pena, a do Fayal, a de S. Jorge, a da Villa de S. Vicente, a do Seixal, e a da Collegiada da Villa da Pónta do Sol.—Todas estas não sentirão damno algum.

O Seminario, que serve de Paço Episcopal.—As casas principaes, em que assistia o Excellentissimo, e Reverendissimo Bispo do Funchal, teem tantas fendas, e tanta ruina, que ficàrão incapazes de habitação; e, por este motivo, se mudou o mesmo Prelado para huma inferior, com discommodo grave, no mesmo Seminario.

O Palacio dos Governadores na Fortaleza de S. Lourenço.
—Alguma ruina sentio, mas he facil o concerto.

As Casas da Alfandega, e Contos.—Sendo fortissimas as suas paredes, descobrem-se nellas trinta e duas fendas, humas de alto a baixo, e outras atravessadas; alguns cantos desunidos, frexaes apartados de seus lugares, e tudo o mais carecendo de prompto remedio, pela causa de não ser ao depois mais violento o estrago.

Estas são todas as ruinas, que causou no continente da Ilha da Madeira o Terremoto, que se experimentou. Sirva este castigo de cautella, para que reformando as nossas vidas, evitemos estes avisos (1).

NOTA XXVII

Vinho.

«Despois que o Infante D. Henrique mandou as canas da Cicilia para se povoarem na ilha, e de Candia mandou trazer bacelos de Malvasia para se plantarem, deo-se tudo bem nella...O vinho malvasia he o melhor que se acha no universo, e se leva para a India, e para muitas partes do mundo. E por estes fructos he a ilha mui celebre por toda a parte.»—Pag. 113.

«Mandaram lançar bando que toda a pessoa que quizesse comprar.... vinho..... podessem hir, ou mandar comprar.... a pipa de vinho a mil reis.»—Pag. 270.

Escaceiam-nos subsidios, especialmente diplomas, para o importante objecto desta nota. Essa falta, porém, não nos exime de colligir o de que temos noticia.

É opinião geral, mórmente dos escriptores extrangeiros, ter sido o Infante D. Henrique quem mandou para a ilha da Madeira os primeiros bacellos do precioso *malvasia*. Mas boas rasões persuadem que foram trazidos por mercadores italianos.

(1) Cada uma das duas partes desta Relação foi impressa em folheto diverso: Lisboa, na officina de Pedro Ferreira, Impressor da Augustissima Rainha N. S. Anno 1748.—Estão na Bibliotheca Publica de Lisboa, colleccionadas em um tomo de miscellanea, quarto portuguez, encadernado, o qual tem na lombada o titulo Obras varias, e no interior a indicação H H, 3, 8.—A parte I tem a marca H, 2, 13; a II, nenhuma.

Temos esta Relação em conta de rara; porque nem o Summario da Bibliotheca lusitana, nem o Diccionario Bibliographico, do Sr. Innocencio Francisco da Silva, L.mencionam. Presumimos, pelo que nesse diccionario vem escripto, artigo José Freire Monterroyo Mascarenhas, que este celebre gazeteiro de Lisboa foi o auctor, ou, pelo menos, o publicador da mesma Relação.

Azurara e *João de Barros* fallam da cana de assucar e de outras sementes e novidades *da terra,* mas não alludem á vinha. Aquelle, referindo-se ao Infante *(Chron. de Guiné,* pag. 30), diz: «*Elle fez povoar no grande mar Occiano
cinquo ilhas, as quaaes ao tempo da composiçom deste livro* (1453)*, estavam em
rezoada povoraçom, speçialmente a ilha da Madeira, e assy desta como das outras, sentirom os nossos regnos muy grandes proveitos, scilicet, de pam, e aço-
quer, e mel, e cera, e madeira, e outras muytas cousas, de que nom tam soomente o nosso regno, mas ainda os estranhos ouverom e ham grandes proveitos.*»—E, se esse principe, sob cujos auspicios foi composta a *Chronica de Guiné*,
houvera, de proposito, mandado buscar varas da tão celebrada vinha, para plantio na ilha da Madeira, *Azurara* não teria calado o facto, ou, pelo menos, não
deixaria de particularisar o *malvasia,* de par com o assucar.

Na Grecia, e adherente por uma ponte á costa oriental da Moreia, está a
pequena ilha de Minoa, e nella, a cidade de *Napoli-di-Malvasia,* nos suburbios da qual eram os originarios vinhedos de que se extrahia o generoso vinho
desde remotos tempos afamado, e conhecido entre os optimos, pela denominação
de *malvasia.* Ainda, pois, que o nome do Infante não recommendasse á pena
de *Azurara* o malvasia, bem se extremára este por si, se em tempo do Infante
estivera introduzido na Madeira; e, sem duvida, não ficava esquecido ou con-
fundido entre as *outras muytas cousas* a que o chronista allude em geral, depois
de especificar não só o assucar e a madeira, mas até o mel e a cera,

É certo que, alguns annos depois de povoada a ilha, nella havia vinho, o
que se evidenceia da provisão de 1485 (pag. 642) (1): nos foraes de 151?
§ 6, já se menciona vinho (pag. 497); talvez então algum fosse exportado, com
sob a auctoridade de *Cadamosto,* conta *Rebello da Silva,* na *Historia de Por-
gal,* (tomo ıv, pag. 532), e os diplomas das congruas do clero, boa parte della
em vinho (pag. 536-566), mostram que a Madeira não pouco produzia no seculo xvı: mas os termos mesmos em que naquella provisão e foraes se tra-
do vinho, nestes promiscuamente com outros productos de baixo preço; a lar-
gueza com que, ao diante, delle se dispunha para os vencimentos ecclesiasticos, em quanto o assucar fôra absolutamente excluido; e até o escasso valor
que o vinho lhes era mettido em verba, cada pipa equivalente a trinta alqueires
de trigo (vid. nota, pag. 535); tudo isto é justamente o que nos induz á opinião
de que os vinhos primitivos da Madeira seriam, não do decantado malvasia, mas
ordinarios, e de outra especie. Naquelles foraes abundam providencias para
fiscalisar o fabrico, transito, e exportação do assucar, mas nenhuma analoga
quanto a vinho, o que bem mostra não ser elle objecto de commercio exterior.

(1) O privilegio conferido á Ordem de S. Francisco em 1457, transcripto nestas notas (pag.
632), tambem se refere a vinho; mas, como esse privilegio era geral, e não restricto á ilha da Madeira, nada prova para o caso.

mas de mero consummo local: se fôra o malvasia, a estima seria muito outra, e os mercadores tel-o-hiam tomado a seu cargo, d'envolta com o assucar, como ou-tro valioso ramo de negocio nas praças extrangeiras.

A mesma indifferença se nota no proprio Infante D. Henrique. Todo o peso dos seus direitos e exigencias senhoriaes recahia exclusivamente sobre o as-sucar, e nem uma só demonstração tocante a vinho; o que, a olhos vistos, re-vela inferior qualidade e pouco valor neste, e, mais que tudo, padrasto desamor naquelle; e nada disto assim fôra, se se tractára do apetecido e raro malvasia, e se o Infante o houvera mandado para a sua ilha.

Além de que, os generosos vinhos da Madeira não se cifram no malvasia; em outros de subida estima: o *sercial*, que é reputado superior; o *boal*, o *bas-tardo*, o afamado *tinta*, o *seco*, todos de vidonhos diversos do malvasia; vido-nhos cuja proveniencia por ninguem tem sido attribuida ao Infante D. Henrique.

Estas considerações levam-nos a crer que de Portugal vieram cepas vulga-res, conjunctamente com as outras sementes e plantas, trazidas pelos primitivos povoadores; que aquellas se propagaram especialmente na ilha do Porto-Sancto e no norte da Madeira, produzindo vinhos ordinarios, na primeira idade da sua colonisação, em quanto na região do sul se desenvolveu a cultura da cana doce e o fabrico do assucar; e que os mercadores italianos, os quaes frequentavam com seus navios e commercio tanto os portos do mediterraneo, como o do Fun-chal, e alguns delles nesta ilha da Madeira se estabeleceram agricultores, fo-ram quem nella introduziu vidonhos não só de Malvasia, mas de Chio, de Can-ia, de Chypre, e de outros pontos do levante, celebres, desde a antiguidade até, pelos seus vinhos, e que a tradição madeirense agrupa sob a designação de malvasia.

Entre o vinho malvasia e a familia *Acciaiuoli*, uma das mais distinctas nesta ilha, ha notavel coincidencia historica. Esta familia é de origem florentina, e deriva o appellido do aço *(acciaio*, em italiano), objecto do commercio que a tornára opulenta. Della descendia *Reniero Acciaiuoli*, ao qual a imperatriz ti-tular de Constantinopla, Maria de Bourbon, conferiu, em 1364, os senhorios de Vostitza e Corintho, de que ella se apossou, assim como do ducado de Athe-nas, com Thebas, Argos, Megara e Sparta, constituindo o principado de Acciai-uoli; que, de mais em mais affrontado dos turcos, foi, a final, destruido em 1456, por Mahomet II. A ilha Minoa, donde são os vinhos de malvasia, se não tomava parte desse principado, era delle limitrophe ou proxima.—Assim, pois, é não só possivel, mas natural, que os Acciaiuolis, vindo, como vieram, estabe-lecer-se na ilha da Madeira (o primeiro de que houvemos noticia foi *Simão Ac-ciaiuoli*, 1515), para cá trouxessem, por curiosidade propria, ou por outro mo-tivo ao presente ignorado, a vinha malvasia.

Paulo Perestrello da Camara, na *Breve Noticia sobre a ilha da Madeira*, pag. 83, adduz, como prova de serem conhecidos em Inglaterra no seculo XV os vinhos da Madeira, o caso da morte do duque de Clarence, em 1478. Mas; com quanto seja certo que esse principe foi achado morto em um tonel de malvasia, na Torre de Londres, onde estava encarcerado, não diz a historia que o vinho fosse da Madeira, e tanto basta para inferir que o nectar homicida era da localidade originaria donde tomára o nome. O caso, pois, é extranho ao assumpto,

Como quer que seja, se o malvasia e outros vidonhos generosos foram aclimados neste archipelago logo depois de povoado, o trafego do assucar pô-los no esquecimento, ou supplantou-os, de modo que os *vinhos da Madeira* só começaram a ser conhecidos pelo meado do seculo xvi, quando o assucar ia em decadencia.

Para a córte de Francisco i, o qual subiu ao throno de França em 1515, e morreu em 1547, foram exportados os primeiros vinhos malvasia e seco da ilha da Madeira, por occasião das guerras em que aquelle soberano envolvêra os seus estados, como refere o citado *Perestrello (ib. idem,* pag. 82): desde então, estes vinhos se tornaram conhecidos, e, pouco a pouco, estimados na Europa.— A Belgica já em 1567 importava vinhos da Madeira, segundo conta *Rebello da Silva,* na *Historia de Portugal* (tomo iv, pag. 606); já em 1590, dizem as *Saudades da Terra* (pag. 113, retró), o malvasia madeirense era afamado como o melhor dos vinhos do universo, e levado para a India e outras muitas partes; e, em 1593, a industria vinhateira tinha nesta ilha augmentado por modo que a perda das uvas nesse anno, por effeito do chamado *fogo do ceo,* foi estimada em duzentos mil cruzados, como consta da relação desse terrivel phenomeno, transcripta a pag. 693.—No Archivo da Camara do Funchal encontrámos dois diplomas do ultimo quartel do seculo xvi, respectivos á uva e seu producto: são duas *sentenças,* uma de 1577, registada no tomo ii, fl.º 155, absolvendo um Balthasar Gonçalves em um processo pelo furto de um cesto de uvas, avaliadas em quarenta réis; e a outra de 1597, registada no tomo iii, fl.º 238 v., resolvendo, a requerimento da dicta Camara, que se não devassasse das pessoas que comprassem vinho á bica do lagar: a primeira mostra o apreço em que então era tida a uva; e, pelo valor ahi dado a um só cesto, póde aproximadamente calcular-se qual a quantidade queimada em 1593 pelo *fogo do ceo:* a segunda sentença prova não só que á data della se negociava em vinho nesta ilha, mas tambem que o mercador queria assegurar-se da genuinidade delle, e a Camara dar largas ao novo ramo de commercio.

Mas nem porisso este prosperou com a rapidez annunciada por tão auspiciosos começos. Na transição do assucar para o vinho, decorrida dos fins do seculo xvi até mais de meado do seculo xvii, a decadencia saccharina pesou sobre a recente industria vinhateira, e algumas das causas que produziram aquella, estacionaram esta, ou, pelo menos, retardaram-lhe os progressos. E' esta a physionomia propria das epochas de crise.—Então a Camara e os moradores do Funchal solicitaram, em 1621, provisão régia para que no Brazil só fossem admittidos vinhos nacionaes, a fim de assegurar mercado aos desta ilha, e, alguns annos depois, em 1643, foi expedida carta de D. João iv ao provedor da fazenda real a fim de que se abastecesse aqui de vinhos para as armadas. Esses dois diplomas, unicos que achámos deste periodo, accusam não só estagnação no commercio dos vinhos madeirenses, mas tambem barateza delles.

Foi depois de 1640, especialmente desde a intima alliança entre Portugal e a Inglaterra, pelo casamento da infante D. Catharina com Carlos ii, em 1660, que os inglezes, eumulados de privilegios e isempções, enamorados do clima da ilha da Madeira e ainda mais dos generosos vinhos della, aqui se estabeleceram em maior numero que dantes, e, pelo commercio desses vinhos, fomentaram a cultura vinicola.

Em 1646 já esta ilha exportava umas duas mil pipas de vinho por anno; pois que, sendo cotisada em córtes com dois mil cruzados annuaes sobre o que até então pagava para as despezas da guerra contra Hespanha, D. João iv, por um alvará desse anno, creou, para pagamento desta verba, o imposto de 400 réis por cada pipa de vinho exportada; imposto de que os mercadores inglezes foram isemptos, por uma provisão régia de 1660, á qual os povos desta ilha infructuosamente se oppozeram com primeiros e segundos embargos, em 1661 e 1662, como tudo se vê dos respectivos registos no *Archivo da Camara do Funchal*, tomo iv, fl.ª 44, 45 e 148, e tomo vi, fl.ª 79.

Pelos annos de 1680, no dizer de *Paulo Perestrello*, citada *Breve Noticia*, pag. 85, havia na cidade do Funchal umas dez casas de commercio inglezas, outras dez de diversos extrangeiros, e seis ou oito portuguezas, que compravam os vinhos já promptos e os exportavam, tomando em retorno artigos de consummo, e alguns mercadores começaram a reduzir os vinhos mais baixos a aguardente, que embarcavam para o Brazil e costa d'Africa, com outros generos havidos por importação, recebendo em troca escravos e oiro.

Neste periodo foram estabelecidos na ilha da Madeira os consulados da Belgica, França, Inglaterra, Hollanda e Hespanha, conforme consta do *Repertorio do Archivo da Camara do Funchal*, titulo *Consules*.

O primeiro *consulado* foi o *belga*, ou dos flamengos: ficou nelle provido *Pedro Jorge*, em 1608: depois, só achámos outro, *Balthasar João*, em 1693.

O *consulado francez* veiu em seguida: foi nomeado para o exercer *Raimundo Biard*, em 1626: seguiram-se-lhe *Jacinto Biard*, em 1662; outro, do mesmo nome, em 1665; e *Francisco Biard*, em 1678.

Veiu em terceiro logar o *consulado inglez*: o primeiro a exercel-o foi *John Carter*, em 1658; succedeu-lhe *Richard Millis*; a este, *John Arls*; e, depois, *William Bolton*, os tres no mesmo anno de 1691.

Seguiu-se, em quarto logar, o *consulado hollandez*, que principiou em 1667, exercido por *João Asuer Vermei*, do qual passou para *Belchior Rodrigues Bedel*, em 1671.

O ultimo dos cinco foi o *consulado hespanhol*, em 1668, exercido por *Bento de Figueiredo*, até que, em 1682, passou a *Antonio de Sousa Torres*, e, em 1686, a *José de Seixas*.

Não achámos, no decurso do seculo xvii, outros consulados na ilha da Madeira.—Estes mostram não só com que nações commerciava ella os seus vinhos, mas tambem indica a gradação do desenvolvimento deste commercio: Flandres, França, Inglaterra, Hollanda, Hespanha. Só mais tarde os vinhos da Madeira foram directamente levados á Allemanha, Russia, e, por ultimo, aos Estados-Unidos da America.—As relações commerciaes desta ilha com a metropole eram talvez as menos importantes.

O meado do seculo xviii foi memoravel para esta ilha, pelas tormentas e abalos terrestres.— «Na noute de 18 de Novembro de 1724 (refere o *P.* *Francisco de S.ta Maria*, no *Anno Historico*, tomo iii, cap. vii) padeceu a Ilha da Madeira uma tormenta, e diluvio tão grande que destruio a Villa de Machico, parte da de Sancta Cruz, e muitos outros lugares e sitios da mesma Ilha, e tambem a cidade do Funchal experimentou grande damno e muitas ruinas, assim nas suas muralhas, como na Povoação, com a enchente da Ribeira do Pinheiro (*é a de Sancta Luzia*) que a divide.»—Na noite de 31 de março de 1748, deu-se o terremoto, cuja *relação* transcrevemos a pag. 697.—No 1.º de novembro de 1755 aqui abalou a terra, por occasião do terremoto que destruiu Lisboa.—Em 26 de junho de 1762, houve outro tremor nesta ilha.—No dia 18 de novembro de 1765 cahiu sobre ella, especialmente sobre a cidade do Funchal, «hum grande temporal de chuva (diz um antigo manuscripto por que nos vamos guiando), que crescerão muito as Ribeiras, que hũa levou a ponte da praça, e o inglez *Moita (?)*, o qual nunca mais appareceo.»—Novo tremor veiu, em 5 de novembro de 1768, rematar esta serie de desastres, os quaes, ainda assim, não impediram os progressos vinhateiros do paiz.

Por 1730, isto é, ao tempo em que *José Soares da Silva* escrevia as *Memorias para a Historia do governo de D. João o i*, o auctor ahi refere (tomo i, pag. 407, § 465) que a Madeira exportava «*todos os annos mais de vinte mil pipas de vinho, além das aguas ardentes.*»

A sabia administração do Marquez do Pombal, abalisado ministro de D. José i (1750-1777), não esqueceu este archipelago.—Para as reformas e melhoramentos que projectára, precisava o Marquez de agentes habeis e extranhos ás localidades, mórmente nos dominios fóra do continente do reino: porisso, creou, por decreto de 2 de agosto de 1766, os cargos de corregedor e juizes de fóra nas ilhas dos Açores, e, logo no seguinte anno de 1767, applicando esse decreto a este archipelago da Madeira, creou tambem para cá um *corregedor*, e proveu neste logar o *Dr. Francisco de Mattos Correia*, e no de *juiz de fóra* o *Dr. Luiz Antonio Tavares*, pessoas de sua confiança, as quaes entraram em exercicio a 15 de outubro do mesmo anno. Estas magistraturas subsistiram até a reforma liberal, aqui realisada em 1834.—Foram *governadores e capitães geraes* deste archipelago, durante aquella administração:—*D. Alvaro José Xavier Botelho*, conde de S. Miguel, nomeado em 1751; *Manoel de Saldanha de Albuquerque*, em 1754; *D. Gaspar Affonso da Costa Brandão*, bispo da diocese, que teve o governo *pro interim*, desde abril de 1758, até 27 de maio de 1759; *José Correia de Sá*, que teve carta patente em 1758 e tomou posse do governo no dia ultimo indicado; e *João Antonio de Sá Pereira*, que governou de 1767 até 1777, anno em que el-rei D. José morreu e o Marquez do Pombal cahiu do poder.

Assim preparado neste archipelago com um pessoal de sua confiança, proseguiu em suas reformas.—Pelo alvará de 19 de septembro de 1761, ficára prohibido transportar escravos para o continente do reino, e havides por libertos e fôrros os que ahi chegassem a entrar: e, em 7 de julho de 1768, foi publicada na cidade do Funchal, por um bando, uma carta do *secretario de estado* ao referido corregedor Mattos, pela qual se mandava applicar a este archipelago a disposição desse alvará (*Arch. da Cam. do Funchal, tomo* xi). Principion então na Madeira a gradual extincção da escravatura. Outro alvará, de 16 de janeiro de 1773, veio consummar o intuito humanitario do de 1768.—A lei de 9 de septembro de 1769, suppressoria dos morgados insignificantes, a de 3 de agosto de 1770, que reformou os subsistentes e cohibiu as futuras instituições vinculares, e, finalmente, o alvará de 23 de maio de 1775, do mesmo objecto e no mesmo proposito, aqui vieram exercer salutar influencia sobre a propriedade, especialmente rural, e abrir aos agricultores, que a exploravam e fecundavam, a esperança de quinhoarem um dia nella.—Caminhando pela senda da libertação agraria, não podia o Marquez deixar de conformar se com a antiga instituição das levadas publicas, ou communs, neste archipelago; e, com effeito, prestou-lhe homenagem, como já dissemos, não de meras palavras, senão restaurando-a e preceituando-a em toda a pureza e rigor primitivos, pela fórma seguinte;

PROVISÃO d'El-Rei D. José, Nosso Senhor, expedida pelo Dezembargo do Paço, para a divisão e repartição das agoas serem feitas na conformidade da Provisão do Senhor Rei D. João o ii.

DOM José, por graça de Deos, Rei de Portugal e dos Algarves, d'aquem d'além mar, em Africa Senhor de Guiné, &c. Faço saber a vós Corregedor da Comarca da Ilha da Madeira, que Leandro Pereira do Couto e Andrade, capitão da infantaria do Porto do Paul dessa Ilha, me representou, por sua petição, que administrando varios vinculos consistentes em bens de raiz, em alguns nasciam varias fontes d'agoa, que juntas com outras de diversas fontes corriam para os moinhos da Fajãa da Ovelha, e nos dias sanctos se aproveitavam desta agoa algumas pessoas vendendo-a, por lhes não ser precisa para regarem suas terras, do que resultava damno ao supplicante, por se não poder utilisar daquella respectiva quantidade de agoa nativa nas suas terras: pedindo-me fosse servido mandar se désse posse ao supplicante das agoas respectivas ás suas fontes. E visto o mais que allegou, e informação que sobre este requerimento me enviastes: Hei por bem, e vos mando que, na conformidade da Provisão do Senhor Rei D. João o II, de 1493, que por copia se vos remette, façaes executar a divisão é repartição das agoas, sem attenção alguma ao nascimento que tiverem em terras particulares, ou a qualquer posse, uso, ou costume em contrario, declarando por abusivas as vendas e aforamentos, que se fazem das que se congregão na levada que se refere, por se deverem repartir pelos moradores á proporção das terras que cultivem; havendo-vos, em beneficio publico, por muito recommendada esta diligencia, e ainda o procedimento contra os que a impedirem com qualquer pretexto: cumpri-o assim, e esta ordem mandareis registar nos livros da camara dessa cidade do Funchal. El-rei, Nosso Senhor, o mandou pelos Ministros abaixo assignados de seu Conselho, e seus Desembargadores do Paço.— *José Anastacio Guerreiro* a fez em Lisboa, a 5 de Março de 1770 annos.—*Antonio Pedro Vergolino* a fez escrever.—*José Ricalde Pereira de Castro—Antonio José de Affonseca Lemos.*

Copiada do **Agricultor Madeirense**, n.º 9, pag. 138.

Mas, das resoluções respectivas a estas ilhas, a mais caracteristica á indole governativa do Marquez do Pombal é o alvará de 13 de outubro de 1770. —O leitor ha de ter notado que tanto nas *Saudades da Terra*, como nestas notas, só se fallou da ilha do Porto-Sancto por occasião de tractar do descobrimento e donatarios della. A rasão disso é que, em verdade, essa bella ilha, digna, aliás, de melhor fortuna, foi sempre esquecida pela metropole, e menosprezada pelo governo local, cifrando-se nisto a sua obscura historia, até que o Marquez do Pombal, por esse alvará, tentou regeneral-a.

Duas eram as principaes causas immediatas do atraso e penuria da ilha do Porto-Sancto, uma nascida da outra: o contracto de colonia, que atrophiava o agricultor, e a ociosidade vaidosa, que empobreceu o proprietario. Já tivemos ensejo de bosquejar essa barbara parceria agricola, de uso neste archipelago. O senhor do solo recebe em quasi todas as colonias metade do total producto, sem encargo de quinhoar na fadiga, nem no despendio, tanto das bemfeitorias permanentes, como das sementes, culturas, e colheitas; salvo a equidade ou favor que queira ou tenha por conveniente fazer, tudo a cargo fica do misero colono: e, como se isso não fôra bastante, accrescia o dever o mesmo colono despejar das terras, logo que o senhorio, pagando-lhe as bemfeitorias, o exigisse, a qualquer tempo do anno, o que desdé a promulgação de novo codigo civil, em 1867, está modificado. Na ilha da Madeira, este onerosissimo contracto mitiga-se, até certo ponto, pela uberdade do solo e opulencia dos productos, assucar ou vinho, especialmente. Mas na ilha do Porto-Sancto não é assim: por escassa de aguas, com quanto productiva, não prodigalisa fructos, como o inexhaurivel torrão da *Flor do Oceano;* e, porisso, os colonos gemiam ali quasi escravos; a preço da sua miseria mesma; e os senhorios, ou proprietarios das terras, se abastados, passavam á ilha da Madeira, ou tambem á córte, onde comiam os rendimentos d'além auferidos; se não abastados, ociosos lá vegetavam na patria insulana, a disputar genealogias e governanças, e talvez em mais minada penuria que os colonos. Nesta conjunctura, e para occorrer a taes males, sobreveiu o citado alvará, assignado por D. José I, e referendado por Martinho de Mello e Castro, mas obra que traz indelevel o cunho do genio do Marquez de Pombal. É do theor seguinte:

ALVARÁ pelo qual Sua Magestade manda dar os meios e modos de estabelecer o Povo, e conservar o dominio da Ilha do Porto Sancto.

EU ELREY faço saber aos que este Alvará virem, que em Representações da Camara da Ilha do Porto Santo, justificadas por exactas informações do Governador, e Capitão General da Ilha da Madeira João Antonio de Sá Pereira; e qualificadas por Consulta, que em treze de Julho proximo precedente subió do Conselho da Minha Real Fazenda; se verificou na Minha Presença, e sendo a mesma Ilha, e Ilheos a ella adjacentes, administrados por hum Donatario, sem meios para a conservar em paz, justiça, e abundancia: E havendo-se os povos della precipitado na maior ociosidade, e energia, por falta de quem delles fomentasse, e proseguisse o trabalho; e á industria para se sustentarem, virem por consequencia de tudo a serem expellidos pelos poderosos, e usurarios; seguindo-se de tudo o referido precipitar-se a mesma Ilha em tal decadencia, e tão extrema necessidade, que para o povo della não padecer o flagélo da fome, tem sido necessario em repetidas occasiões, que pela Provedoria da Ilha da Madeira occorresse a providencia dos Reis Meus Predecessores, e a Minha ao sustento daquelles afflictos Vassallos. E porque este remedio, que soccorre as extremas necessidades presentes, não só não he bastante para precaver as futuras, mas antes as accrescenta, animando os vadios, e preguiçosos com a esperança de serem soccorridos, como até o presente o foram nas urgencias, a que se tem visto reduzidos: Querendo obviar em commum beneficio daquelles moradores a hum mal, que se tem feito tão digno objecto da Minha Real Clemencia; depois de haver mandado compensar por um effeito della ao sobredito Donatario o Dominio, que havia perdido pelas referidas causas: Héi por bem, e mando, que aos ditos respeitos se observe o seguinte:

90

1 Attendendo aos estragos, que tem feito nas terras a cubiça dos Proprietarios dellas, que sam na maior parte moradores na Cidade do Funchal, se deveráõ logo encabeçar as mesmas Terras nos actuaes Lavradores dellas, e suas Familias, para ficarem possuindo o util dominio das mesmas Terras, com a qualidade de Censuárias, ficando perpetuadas nas mesmas Familias, com o encargo de pagarem as melhores os quintos da sua producção; e as da segunda qualidade, os oitavos; sem que estas pensões se possam alterar; e ficando só os referidos Dominios uteis, e alheaveis entre os moradores da sobredita Ilha, sem que se possam vender, ou voluntaria, ou necessariamente, a pessóa de fóra. Os moradores, que sahirem da referida Ilha, não poderáõ possuir nella os referidos bens; mas serão obrigados a vendellos, ou nomeallos em naturaes da Terra, que nella tenham o seu permanente domicilio. E por hum effeito da Minha Real Piedade: Hei por bem perdoar todos os Dizimos, e Direitos aos referidos moradores por tempo de dez annos: Concedendo-lhes outro sim o Privilegio, para que ninguem lhes possa tomar os seus gados, e bestas contra suas vontades, nem possuillos mais, que tão sómente os moradores da sobredita Ilha, tendo estes os Ilheos para pastos communs, e sem que pelo tempo dos ditos dez annos possam ser obrigados a solução alguma.

2 E porque Me foi presente, que na mesma Ilha do Porto Santo tem grassado a mal entendida vaidade, de sorte que todos os sobreditos moradores della cuidam em allegar genealogias para fugirem do trabalho; e obviando ao estrago, que tem causado estes vadios: Sou servido declarallos por inhabeis para preferirem aos cargos de Juizes, Vereadores, Procuradores do Conselho, e mais lugares publicos, e honorificos os Lavradores, inhabilitando os que não fizerem lavouras para os ditos cargos, e quaesquer outros de Justiça, ou Fazenda.

3 Hei outro sim por bem, que o Governador, e Capitão General da Ilha da Madeira, mandando escolher entre os filhos dos referidos vadios, que não fizérem lavoura, aquelles, que parecerem mais aptos: a saber, no numero de seis para o Officio de Çapateiro; outros tantos para o de Alfaiate; dous para o de Oleiro; quatro para o de Carpinteiro; outros quatro para o de Pedreiro; dous para o de Ferreiro; os fará entregar a Mestres dos respectivos Officios, para que os ensinem, remettendo-os, depois de correntes nos mesmos Officios, á dita Ilha para nella exercitarem as suas Artes.

4 Prohibo que Mercador, Vendilhão, ou outro algum traficante possam fazer penhora em gados vacuns, cavallares, ou miudos, e em quaesquer instrumentos de lavoura, e serventia della por quaesquer dividas de fazendas fiadas, ou dinheiros adiantados em interesse; nem tão pouco nos frutos da mesma lavoura, que necessarios forem para as sementes das Terras, e comedorias proporcionadas aos que nellas trabalharem.

5 E attendendo á necessidade de madeiras, que ha naquella Ilha: Sou servido conceder aos moradores della o Privilegio de que possam extrahir da Ilha

da Madeira todas as que necessarias lhes forem para as suas abeguarias, e concertos das suas casas pelos preços ordinarios, estabelecendo-se para elles huma justa tarifa, que fique sempre inalteravel.

... 6 Ordeno, que todos os sobreditos Lavradores sejam obrigados a plantar arvores nas testadas das suas Terras fronteiras ao mar, e ribeiros; com tal declaração, que aquelles, que assim o não houverem executado no termo de tres annos, não poderáõ gozar dos referidos Privilegios.

... 7 E ultimamente hei outro sim por bem ordenar, que o Governador, e Capitão General da referida Ilha da Madeira mande logo separar, e dividir pelo Corregedor da Comarca, com assistencia do Sargento Mór de Infanteria com exercicio de Engenheiro Francisco de Alencour, as Terras, que hão de pagar quinto, e oitavo, para ficarem sempre conhecidas por taes, indo elle Governador, e Capitão General authorizar com a sua presença a execução de tudo o referido e deixar os moradores na pacifica posse de todas as sobreditas propriedades, e privilegios; deixando-os na certeza de que os restituirá contra qualquer violencia, ou infracção, que contra elles seja intentada por quaesquer pessoas de qualquer estado, e condição que sejam.

. E este se cumprirá tão inteiramente, como nelle se contém, sem dúvida, sem embargo algum. Pelo que: Mando á Meza do Desembargo do Paço; ao Inspector Geral do Meu Real Erario; ao Cardeal Regedor da Casa da Supplicação; Conselho de Minha Fazenda; Governador, e Capitão General da Ilha da Madeira; Ministros, Officiaes de Justiça, e mais pessoas della, a quem o conhecimento deste Alvará pertencer, o cumpram, e guardem, e façam cumprir, e guardar tão inteiramente, como nelle se contém; e não obstante quaesquer Regimentos, Leis, Foraes, Ordens, ou estilos contrarios, que todas, e todos hei por derogados para este effeito sómente, ficando aliás sempre em seu vigor; e valerá como Carta passada pela Chancellaria, posto que por ella não ha de passar, e o seu effeito haja de durar mais de hum, e muitos annos, sem embargo das Ordenações em contrario; e se registará aos Livros a que pertencer, mandando-se o original para a Torre do Tombo. Dada no Palacio de Nossa Senhora da Ajuda, aos treze de Outubro de mill setecentos e setenta.—REY.—*Martinho de Mello e Castro.*

Collecção das Leys, Decretos, e Alvarás... delRey... D. José I.

O primeiro paragrapho deste alvará aboliu o antigo contracto de colonia na ilha do Porto-Sancto: e, libertando da exorbitante quota senhorial e do abrupto despejo o lavrador, assegurou-lhe, no presente e no futuro, os legitimos reditos de seu trabalho; abriu-lhe, com a chave da equidade, os thesouros da agricultura.—Desde então, a ilha do Porto-Sancto ficou em condições mais vantajosas que de antes no aspecto agricola; mais e melhor cultivada em cereaes e vinhos; aquelles, bons; e estes, de qualidade intermedia aos optimos e infimos da ilha da Madeira.

«A agricultura (dizem os *Annàes do Porto-Sancto*), tendo jazido nesta ilha por muitos tempos no abandono e desprezo, resuscitou do tumulo e sahiu das trevas, ou do esquecimento, na epocha ditosa em que El-Rei o Senhor D. José primeiro deu a sua carta Régia *(allude-se ao alvará supra)* a favor dos habitantes desta ilha: foi então que a agricultura começou a ter algum incremento, pela plantação das vinhas nas Areas e em grande parte dos terrenos da beira-mar.—Para consummar esta grande empreza, vieram homens da ilha da Madeira, pagos e sustentados á custa do Estado, e o Governo mandou vir bacellos, que eram distribuidos por conta aos lavradores contemplados na divisão des terrenos: o que tudo era inspeccionado, com grande vigilancia e rigor, pelo Governador Manoel da Camara Perestrello de Noronha, já então Inspector da agricultura, na exoneração do Capitão Pedro Tello e Menezes, oriundo da Villa de Sancta-Cruz.

Não foram expedidas para a ilha da Madeira providencias analogas ás do alvará supra transcripto, seguramente porque as circumstancias della eram diversas, e o grande estadista considerou não urgirem medidas excepcionaes e extraordinarias, confiando no effeito lento, mas continuo, das leis já promulgadas, especialmente, as vinculares. E, quanto a vinho, não achamos indicio de protecção, nem de repressão neste archipelago, por parte do governo de D. José I: talvez o Marquez do Pombal entendesse que conviria manter o *statu quo* desta especialidade, em que a Madeira primava, ou adoptasse como systema, para aqui, o fomentar a agricultura em geral pela progressiva libertação da terra e manutenção da communidade das aguas, deixando á iniciativa dos agricultores mesmos a exploração do genero ou generos que mais lhes conviessem.

O governo de D. Maria I (1777-1799) e o da regencia (1799-1816), exercida por seu filho, depois D. João VI, tomaram diverso rumo. Receiaram do futuro deste archipelago, por estar a prosperidade delle pendente das eventualidades de uma unica producção, vinho, e esforçaram-se para, sem prejuizo deste, cimentar outras no paiz.—Foi zeloso interprete desse pensamento, e primeiro apostolo delle, o desembargador, corregedor destas ilhas, *Dr. Antonio Rodrigues Velloso de Oliveira*, como provam as memoraveis *Instrucções*, de 18 de outubro de 1792, que redigiu, e deixou na Camara da Calheta, quando ahi esteve em correição.—«Mostrou a experiencia *(diz o magistrado)* que os meus desejos se realisárão em grande parte: porque, na presente Correição, fui cabalmente informado de que, no inverno passado, se plantárão mais arvores, do que em vinte annos atraz, sendo proporcional a plantação das vinhas, assim como a cultura das searas e das semilhas; e, por fim, acha se quasi acabada a guerra, que os gados, por andarem a monte e sem pastor, faziam de continuo aos lavradores; e estes conhecendo as grandes utilidades que, para o futuro, lhes hão de resultar do seu proprio trabalho, e dos cuidados que tomei a respeito d'elles. —Animado, pois, por tão lisonjeiras esperanças *(continúa)*, passo a estabelecer as regras.....que servirão de Regimento ao Director Geral e seus subalternos, debaixo da immediata inspecção da Camara, a cujo cuidado e vigilancia fica pertencendo vigiar muito particularmente......sobre a condemnação dos lavradores omissos e negligentes, e.....sobre a arrecadação das penas em que forem multados.»—E, com effeito, dessas *Instrucções* se vê que o intelligente corregedor promovêra o plantio de arvores uteis, em logar de silvados, nas beiras dos caminhos; o de castanheiros, nos baldios, de meias terras acima, isto é, nas terras mais altas, proximas da serra; o de laranjeiras, limoeiros, limeiras, cidreiras, e outras arvores fructiferas, protegidas pelos loureiros, vinhaticos, e canas, nos sitios menos abrigados e não muito seccos; o do algodoeiro, nos pontos mais quentes e visinhos do mar; o de amoreiras, juncto ás villas, igrejas, estradas, e mais logares publicos; e o de pinhaes, nos montes e picos escalvados, rochas sobranceiras ao mar, e geralmente nas terras magras e incapazes de outra producção: providenciou a bem das vinhas, ordenando que entre as cepas se não fizessem sementeiras de trigo, cevada, batatas, ou aboboras; e que, para estas culturas, fossem aproveitadas as terras mais altas, visinhas da serra: suscitou tambem o aproveitamento de vegetaes, espontaneos nesta ilha, usados em pharmacia; o entancamento das aguas; as searas de milho, a cuja cultura elle dera principio, e, intermeadas nestas, as de feijão, aboboras, ou semilhas; a creação de gados, prados artificiaes para pasto, bardos de resguardo ás terras cultivadas, &. &.—No sentido destas *Instrucções*, para desenvolvimento do intuito dellas, foi, por carta régia de 20 de julho de 1810, creada a *Junota de melhoramentos da agricultura das Ilhas da Madeira e Porto-Sancto*; e promovida a cultura dos baldios da segunda, repartindo-os em aforamentos; e, pelo alvará de 18 de septembro de 1811, foi essa mesma carta mandada applicar, em tudo, aos baldios da ilha da Madeira, «sem prejuizo do importante e precioso *artigo da plantação das vinhas*», e tomadas outras providencias conducentes áquelle fim.

No comenos destes melhoramentos, sobreveiu a fatal alluvião de 9 de outubro de 1803, cujas torrentes, além de outras grandes ruinas, arrastaram e destruiram muitas culturas e terrenos, por estarem desamparados dos antigos arvoredos, que, pouco a pouco, haviam sido cortados. Foi calamidade geral, mas de maior monta para a agricultura. E a fim de reparar os estragos e prevenir, quanto possivel, os de futuro, veiu o brigadeiro *Oudinot*, o qual deu um plano das obras e providencias que para isso considerou necessarias; encanou e muralhou as tres ribeiras da cidade do Funchal; e propoz, como especiaes medidas preventivas, o plantio e conservação de arvoredos na serra; plantas aquaticas, canas, e arbustos, ao longo das margens das ribeiras e regatos; absoluta prohibição de rotar terras de grande declive; estas reservadas só para mattas; e severa cohibição de incendios nellas: a carta régia de 14 de maio de 1804 approvou estas propostas.—No fim da nota damos daquella alluvião a *noticia* que, pouco depois, foi publicada em Lisboa.

Frustrados foram, porém, todos os meios então empregados para promover a arborisação das serras, ou outras culturas, além da vinha. Esta, por mais rendosa, prevalecia a todas; era, como dizem as alludidas *Instrucções* de 1792, a «*dominante, e aquella a que o povo se entregava com mais cuidado.*»

As guerras entre França e Inglaterra, a da independencia dos Estados-Unidos da America, e, depois, as assombrosas campanhas da mesma França contra a Europa, e especialmente contra a Inglaterra (1754-1761, 1775-1783, e 1793-1815), e, por outro lado, não menos, a posse em que, duas vezes, os inglezes estiveram desta ilha da Madeira, occupando-a com tropas (1801-1802, e 1807-1814), deram tal azo ao commercio dos vinhos della, e tanto consolidaram o gosto e predilecção por elles, que, desde 1792 até 1821, todos se vendiam carissimos, chegando a exportar, por anno, termo médio, umas 20:000 pipas, a preço de 250$000 até 400$000 réis, cada uma. Em 1813, exportou 22:000 pipas; em 1814, 14:000; em 1815, 15:000; em 1816, 12:000; em 1818, 18:000 pipas.

Foi esse o periodo da opulencia vinhateira.—Porém, os vermes, fautores da decadencia, ruiam no amago da prosperidade: e, colhidos os pomos dessa dourada safra, o tronco ferido e os ramos eivados foram produzindo fructos peccos, —O principal inimigo dos vinhos da Madeira foi a adulteração ou falsificação delles, feita não só no extrangeiro, mas até na ilha mesma: aqui, temperando-es com aguardentes baixas e lotando-os com os da costa do norte, ou com os das ilhas dos Açores; e fóra, contrafazendo-os de outros diversos vinhos. Para combater estas fraudes, providenciou-se, pelo decreto de 22 de dezembro de 1800, ordenando e policiando as marcas das vasilhas, e, pelo de 22 de julho de 1801, prohibindo a admissão de vinho dos Açores na ilha da Madeira. Por analogo motivo, a Juncta da Fazenda vedou que os vinhos do continente do reino aqui tivessem entrada. Mas a falsificação, mórmente no extrangeiro, continuou em grande ponto, e o descredito e concurrencia, que trazia aos genuinos vinhos da Madeira, muito os prejudicaram na estima, valor, e consumo que hi nham.—Ao mesmo tempo, outros vinhos, taes como o do Porto, o de Xerez, e da Sicilia, os de França, e o do Cabo da Boa-Esperança desde 1815, affluiram ao mercado inglez, tornando-se alguns delles predilectos do paladar dos opulentos: de modo que, pacificada a Europa nesse anno de 1815, e á proporção que a agricultura se desenvolveu, a geração então nova se foi habituando a esses outros vinhos, em detrimento dos da Madeira, especialmente de 1825 em diante, como mostra o interessante mappa dos vinhos importados de diversos paizes para consummo na Inglaterra, desde 1784 até 1842, inserto no artigo *Wine*, do *Dictionary... of commerce...*, by *J. R. Mc Culloch*. Esse mappa não menciona, quanto ao anno de 1784, importação alguma de vinho da Madeira; no periodo de 1786 a 1794, indica 196:140 galões; no de 1805 a 1814, 354:050; no de 1815 a 1820, 353:940; no anno de 1821, 400:476; no de

1825, 372:524; e, depois, em gradual diminuição, chega a 1842, anno em que a Inglaterra só importou 65:509 galões. *Quantum mutatus ab illo!*—Aos convergentes golpes da fraude, da concurrencia, e da moda, foi, portanto, declinando o commercio dos vinhos da Madeira nas praças britannicas.

Mas, em compensação, com quanto não completa, estes vinhos, na decada de 1830 a 1840, se foram de mais em mais acreditando nos mercados das cidades Hanseaticas, Russia, Hollanda, e outros pontos da Europa, e nos Estados-Unidos da America. Estes importavam umas 4:200 pipas annualmente; o imperio moscovita, 2:000; os outros paizes, cerca de 3:000. Porisso, a exportação do vinho desta ilha, que em 1830 estava reduzida a 5:994 pipas, progressivamente augmentou, chegando em 1840 a 9:782, no preço de 30 a 44 libras esterlinas por pipa. A producção, nessa mesma decada de 1830-1840, foi, em vinhos da costa do sul, isto é, generosas, de 8:787 pipas, e em vinhos da costa do norte, isto é, fracos, 13:220.—De 1840 até que o *oidium-tuckery* quasi aniquilou os vinhedos em 1852, melhornó muito a exportação dos vinhos da Madeira: em 1849, foi de 14:445 pipas; em 1850, 13:875; e em 1851, 12:356: no anno de 1852, foram exportadas 5:676 pipas sómente, já por effeito daquella molestia.

Este importante negocio, porém, era, desde remota data, quasi exclusivo dos mercadores inglezes; e, ao passo que creou para elles grossas fortunas, os proprietarios das terras e os agricultores vinhateiros empobreceram. Antigas e recentes causas originaram este phenomeno economico.

Feita a revolução do 1.º de dezembro de 1640, Portugal, para que se mantivesse na guerra da independencia contra Hespanha, teve de captar os bons officios da França, e especialmente da Inglaterra, e só os obteve a preço de penosos holocaustos, como já tivemos occasião de notar a pag. 378. Um dos favores concedidos aos subditos britannicos foi o permittir-se-lhes, em 1654, a entrada das suas mercadorias, mediante pequeno direito. Em 1658 já havia na ilha da Madeira um consul inglez. De 1660 a 1662 já os mercadores inglezes aqui gozavam de especial isempção tributaria na exportação do vinho. Em 1680 já aqui tinham poderosas casas de commercio, que sortiam dos generos de primeira necessidade a população em geral, e de todos os generos, inclusive os de luxo, a classe agricola, e a proprietaria, a qual, infelizmente, salvas honrosas excepções, se havia habituado á ociosidade e dissipação.—Daqui data a preponderancia ingleza na ilha da Madeira.

E' certo que D. Pedro II prohibiu em 1684 o despacho de pannos de lã estrangeiros, para assim favorecer as fabricas nacionaes, e com essa providencia muito decahiu o commercio inglez; mas a liga em que entrou contra Filippe V, e mal pensados interesses politicos deram occasião, em 1703, ao *tractado de Methuwen*, por virtude do qual os lanificios inglezes foram novamente admittidos, com a clausula de que os vinhos portuguezes pagariam em Inglaterra a terça parte menos dos direitos que os vinhos de França: e, com quanto isto désse, no continente de reino, grande incremento á industria vinhateira, tambem trouxe em breve, pela abundancia mesma, a depreciação do vinho, e, para a ilha da Madeira, mais apertada vassallagem ao mercantilismo britannico. Sobreveiu o *tractado* de 19 de fevereiro de 1810, negociado no Rio de Janeiro, pelo qual a Inglaterra, aproveitando como opportunidade a crise da guerra peninsular, obteve ampla admissão de todos os seus productos em Portugal, com direitos ainda mais modicos que os estipulados em 1654: e então o predominio dos negociantes inglezes, de mais a mais fortalecido pela invasão e occupação desta ilha por tropas britannicas, se enraizou, forte e decisivamente, na Madeira.—Os extraordinarios preços a que os vinhos desta ilha foram subindo desde o fim do seculo passado, e o que sustentaram no primeiro quartel do presente, não deixavam sentir esse jugo; davam para tudo; a Madeira nadava em oiro: mas, logo que os vinhos decahiram, os proprietarios territoriaes, habituados a largas despezas, que os meios de que dispunham já não comportavam, recorreram ao expediente das anticipações, havendo desses negociantes, á costa das futuras colheitas, quanto precisavam, generos alimenticios; fato, calçado, mobilias, dinheiro, tudo; e aquelles poucos que não estavam nestas circumstancias, e os colonos agricultores vendiam aos mesmos negociantes seus vinhos, a prestações mensaes: de sorte que, uns, pelos adiantamentos que obtinham, outros, pelas mezadas que haviam de embolsar, e uns e outros, porque essas casas commerciaes britannicas eram os quasi unicos compradores dos vinhos, e arbitros supremos do preço delles; todos lhes ficaram na mais completa subjeição; o vinho, reduzido ao infimo valor; os proprietarios e os agricultores, affrontados de penuria; e o negociante inglez auferindo no extrangeiro todos os lucros, ainda avantajados, do negocio dos vinhos da Madeira. Á deploravel tyrannia deste humilhante monopolio se eximiam sómente duas ou tres casas portuguezas, que de propria conta expertavam os vinhos de suas terras e outros comprados, tendo estas casas, por vezes, patriotica e generosamente, mantido os preços, para que não descessem ao infimo, que o mercador britannico pretendia impor. Assim mesmo a Madeira chegou a miseranda decadencia; e o vinho, unico producto a que se dedicava, era ao mesmo tempo o seu recurso e a sua desgraça, o seu thesouro e a sua pobreza.

Pelos tempos de 1840 existiam no Funchal (refere *Paulo Perestrello*, na citada *Breve Noticia*, pág. 90) umas trinta casas de negocio, quasi todas inglezas, muitas das quaes respeitaveis em cabedal e em gyro, porém, apenas meia duzia de estabelecimentos portuguezes que podessem com ellas competir: e alguns desses mesmos já se haviam visto na borda do abysmo; pois a ambição britannica, que sabe prestar mutuos auxilios aos seus nacionaes na hora de infortunio e em que brilha a união e nacionalidade, empregava todos os rodeios para desacreditar e arruinar o estabelecimento não inglez que lhe podesse fazer sombra, e não entrasse na sua communhão de ideas e interesses.»

As principaes casas portuguezas que nessa quadra negociavam em vinhos eram (segundo o mesmo *Perestrello*): a do morgado *João da Camara de Carvalhal*, depois *conde de Carvalhal*, de muitos e grandes haveres e rendimentos, a qual exportava seus vinhos e os que comprava a seus caseiros; a casa de commercio de *João de Oliveira, barão*, e depois, *conde do Tojal;* a de *J. A. G. Rego;* em menor ponto, as de *Araujo-Irmãos, J. M. Bernes, R. Leal, Monteiro & Comp.ª, Faustino A. Ornellas, e A. Pestana.* Havia tambem umas tres até cinco casas de fortuna territorial, com rendimento de dez contos de réis por anno; umas cinco, de seis a oito contos de réis; e seis até dez, de cinco contos de réis seguros.—E das casas commerciaes inglezas, avultavam nessa mesma epocha de 1840: *Blackburns & Comp.ª, Blandy, Burnett & Houghton, Gordon Duff & Comp.ª, Leacock Harris & Comp.ª, Lewis & Comp.ª, J. H. March & Comp.ª, Murdock Shortrige & Comp.ª, Phelps Page & Comp.ª, Rutherford & Grant, Newton Gordon & Comp.ª, J. W. & T. Selby, Thomas Dunn, e J. Taylor.*

«Como a grande maioria do commercio dos vinhos *(continúa aquelle escriptor)* era então feita por estes extrangeiros, igual porção de influencia e de monopolio deviam exercer no manejo de os obter e pagar. Antes do nefando tractado de 1810, era inhibido aos inglezes comprar vinhos em mosto; porém, sendo-lhes isto facultado, tornaram-se os arbitros deste genero, e os verdadeiros senhorios das terras.»

«Nessa epocha (1810) valia este artigo cinco ou seis vezes mais do que hoje (1840), e os incautos proprietarios, nadando no ouro e na abundancia, não só esgotavam o actual, mas contrahiam novos creditos, que o negociante com gosto plantava, muitas vezes com usura, na esperança de lhes ter presa a novidade. Veiu a idade de ferro, e conheceram o seu erro: uns carregados de dividas, limitaram-se a viver do tenue que lhes quizesse dar o *seu mercador*, a quem hypothecaram o seu rendimento, e outros que ficaram exhauridos, sem dever, mas tambem sem capital, foram-se desfazendo de alguma reserva que lhes restava, e, por fim, entregaram-se nas mãos de quem lhes fosse supprindo suas familias.»

«O luxo, facil de introduzir, porém custoso de desarraigar, chegára ao auge nesta ilha, com o augmento de sua riqueza: e, não obstante a decadencia desta, foi sempre mantendo-se, só em proveito dos inglezes que o ministraram, recebendo os vinhos, já por diminuto valor.»

«E assim, pois, que elles se habilitaram.... a fornecer á maior parte dos proprietarios não só todos os objectos necessarios para cobrir a nudez, mas tambem a grande parte do alimento, por preços carregados, e pelo systema de conta, cujos *itens*, de anno a anno, ajustam com seus freguezes, ou, por outra, seus escravos, de quem recebem o vinho á bica, deixando-lhes apenas, para o uso de algumas semanas, a baixa droga, chamada *vinho de escolha.*»

Tal era e estado·da ilha da Madeira em 1840, descripto por *Paulo Perez trello da Camara,* abi· nascido de uma das principaes familias della: tal era, pouc mais ou menos, a penosa situação em que a mesma ilha estava, quando, p 1846, lhe sobreveiu o flagello da fome (1), e, de 1846 a 1852, o *oidium-tuckez* lhe matou os vinhedos. Muitos de seus filhos, villões e não villões, fugiram en espavoridos, emigrando para o ·Brazil, e principalmente para as Indias Occide taes, em demanda do pão que na patria não podiam obter.

Esta crise medonha regenerou a ilha da Madeira.—O mercador inglez, e tincto o vinho, liquidou como poude, e retirou-se; das antigas casas britannic só ficaram as de *Newton Gordon & Comp.*, *J. W. & T. Selby, Blandy,* e *R terford & Grant,* sendo as duas ultimas mantidas principalmente pelo valio negocio do *carvão de pedra.* Assim, a Madeira ficou libertada desses seus domin dores capitalistas.—O *villão,* aguilhoado da necessidade, devotou-se ás terras q colonisava, explorando-as, não com uma exclusiva cultura, como até então f a vinha, mas com diversas: a da cana de assucar, que em breve lhe deu ma e mais prompto dinheiro que o vinho nos ultimos tempos; e as dos cereaes, e legumes, da batata doce e da não doce, do inhame, e das hortaliças, que em b ve lhe trouxeram ao lar a fartura e a alegria, por annos tão arredias.—O propri tario, o morgado, aquelle que não sossobrou (muitos se affundiram), amestra pela adversidade, curou mais do rendimento, regulou melhor o despendio, e, r ceioso das angustias com que o atormentaram os abusos da antiga opulenci soccorreu-se ás previsões da economia.—Não poucos dos·villões emigrados te regressado á patria trazendo importantes capitaes, e com elles, por effeito do creto de quatro de abril de 1832, e, principalmente, das ultimas leis de 18 e 1863, que desvincularam a terra, tornaram-se agricultores proprietarios.— finalmente, debellado o *oidium-tuckery* pelo enxofre, ahi se debroçam nas roch

(1) Nesta epoca, uma commissão, composta dos Snr.* George Stoddart, John Howard Mar George Hasche, e Richard Davies, promoveu subscripções no extrangeiro, o producto das quae o seguinte: de Hamburgo, 555$520 réis, em dinheiro; da Russia, 873$600 réis, em dinheiro; Estados-Unidos da America, 19:660$780 réis, em mantimentos, e 3:215$490 réis, em dinheiro; Inglaterra e Irlanda, 48$000 réis, em mantimentos, e 10:073$080 réis, em dinheiro.—Na ca britannica desta ilha, depois de um sermão sobre a caridade pelo Rev. T. K. Brown, foram offertados 464$000 réis, em dinheiro.—Tambem aquella commissão sollicitou de inglezes, me nos, e allemães nesta·ilha uma subscripção, a qual, incluindo as offerendas individuaes dos dos quatro membros. produziu 2:536$600 réis, em dinheiro.—O total destes donativos, co hendendo 54$554 réis de premio sobre os soberanos importados, subiu a 37:482$324 réis.

 Tanto antes·como depois disto, a caridade dos extrangeiros, especialmente inglezes, tem sempre generosa com os pobres desta ilha, por muitos modos, já fundando e sustentando esco já estabelecendo hospitaes provisorios, já brindando estabelecimentos de caridade, já servind commissões de beneficencia, já pagando a facultativos e dando remedios para doentes, já manda fazer fontes, e poiaes de descanço nas estradas publicas: e até aquelle Sr. John Howard March, em quanto protestante, reedificou a igreja parochial, catholica, da freguezia de Sancto Antonio da Serra.

 Deviamos, para não cahir no labeo de injustos ou de ingratos, registar aqui tão benemerit acções.

e se alastram nas encostas, viçosos e fecundos, de par com a cana: doce, com as cereaes e outras culturas; os afamados vidonhos da Madeira, forros da opressão mercantil do extrangeiro, cubiçados e largamente pagos por elle.

Chega a primavera, e crystallizam-se os assucares na fabrica fumegante; em o verão, e amontoa-se o cereal na eira, e vergam as arvores com fructos, pullulam as verduras no horto, as flores no terreiro; succede o outono, e os dourados cachos se espremem no gemente lagar.

A ilha da Madeira, em bem o digamos, está, ao presente, livre, abundante, rica, e feliz.

<hr>

RELAÇÃO

DOS ESTRAGOS CAUSADOS PELA TEMPESTADE QUE HOUVE NA NOITE DO DIA
9 DE OUTUBRO DE 1803 NA ILHA DA MADEIRA (1).

A Cidade do Funchal, edificada em huma planicie, que se termina em huma vasta enseada, ou bahia, que forma o mar, e que serve de porto á Capital, he dividida por tres caudalosas ribeiras, em plano muito inclinado, cheias de pedras enormes, que, no tempo das enchentes, se despegão com a terra das altas, e perpendiculares montanhas, que as cercão desde as suas origens até os arrabaldes da Cidade. A sua communicação interior se faz por meio de pontes de segmentos circulares, formados de pedrarias, e alvenaria. Huma cadeia de altas serranias, de mais de duas mil toezas de elevação, divide a Ilha em toda a sua longitude na direcção de Leste a Oeste, formando em toda a sua latitude talvez todos os climas, desde a Siberia até o Pará, por effeito de hum declive progressivo, desde os seus cumes até os arrebaldes da Cidade, onde principia o meio segmento circular, em que se acha edificada a infeliz Capital da Madeira.

Huma chuva tranquilla, e por intervallos, precedeo, por espaço de doze dias, à fatal epoca de 9 de Outubro, dia em que a atmosfera, cheia de vapores electricos, annunciava aos tranquillos Insulanos, até então felizes, huma chuva ordinaria, resultante da posição do vento, que soprava da parte S. O., e realizada por intervallos, mais ou menos abundante, desde as 2 até ás 6 horas da tarde. Pelas 7 horas a atmosfera, incendiada pelo fogo electrico, apenas deixara ouvir ao longe o estampido confuso dos trovões, interceptado pelo movi-

_____

(1) Esta Relação é em duas paginas e meia, de lettra miuda, sem numeração. Copiamol-a d'*Miscellanea* apontada na nota (1), a pag. 706. Foi dada ao prelo em Lisboa, Imprensa Regia, anno 1804, por ordem superior.

mento dos grandes calháos, que então rolavão com medonho estronde nas tres ribeiras, e que nas enchentes ordinarias poderião servir de magestoso espectaculo ao filosofo observador. Continuando as chuvas até ás 8 e meia com mais actividade, senti então na casa da minha residencia, huma das melhores da Cidade pela sua situação local, os effeitos de huma proxima, horrivel, e medonha tempestade. Os alicerces do edificio soffrião fortes concussões: a materia electrica, fulminando, esclarecia, sem cessar, a vasta circumferencia das montanhas, fazendo ver as torrentes, que, impellidas por hum vento impetuoso, formárão nas altas serranias da Ilha a immensa quantidade de agua que causou a triste e infeliz catastrofe observada no dia 10.

Cinco pontes de cantaria e alvenaria desapparecêrão; e o resto se acha ameaçado da ultima ruina. Altas e fortes muralhas, feitas de pedra e cal pelas margens oriental e occidental das tres ribeiras para segurança da Cidade, forão demolidas, ou sepultadas: seus antigos alveos, augmentados do quintuplo das suas respectivas e antigas larguras, excedem ao nivel do pavimento da Cidade por serranias de pedras enormes, e entulho, que ameação o resto da mais funesta sorte. Ruas inteiras desapparecêrão, com os seus habitantes; e outras, innundadas de agua e lama, deixárão os proprietarios, e inquilinos reduzidos á ultima indigencia. Huma grande parte da Freguezia de Sancta Maria Maior, assim como a sua Igreja, a mais antiga da Cidade, não existe, com huma grande parte dos seus infelizes moradores; e o resto disperso cá e lá, innundado, e abandonado, offerece aos olhos do homem sensivel hum objecto de dor, de ruina, e de consternação. As ruas chamadas Direita, Tanoeiros, Valverde, Sancta Maria, Hospital Velho, e outras forão ao mar, com huma incrivel multidão de seus habitadores, levando comsigo em todos os generos de viveres, e fazendas hum cabedal incalculavel: immensas propriedades ruraes, estufas cheias de vinhos velhos, armazens, e graneis cheios de milho e trigo, lojas com farinhas e outros diversos generos, e quintas, casas de lavradores, choupanas, gados, lagares, e muitos outros estabelecimentos, que existião nas margens das ribeiras, e mesmo em distancias consideraveis, ou nos suburbios da Cidade, tudo foi ao mar, com huma grande parte dos seus habitantes. A Villa de Sancta Cruz, tres legoas a Léste da Capital, foi aterrada e innundada, com a morte de muitas pessoas, e ruina de alguns edificios. A Villa de Machico, cinco legoas a Leste do Funchal, desappareceo, com huma grande parte dos seus infelizes habitadores. No Lugar da Ribeira Brava, tres legoas a Oeste da Cidade, forão ao mar algumas propriedades ruraes, choupanas, e familias. A Freguezia do Campanario, duas legoas a Oeste, soffreo perdas immensas pelas propriedades ruraes, que forão ao mar, com a morte de alguns colonos. Todos os vinhos, que se achavão nos armazens das Villas, margens das ribeiras, e portos maritimos, desapparecêrão. E finalmente todos os sitios da Ilha soffrêrão mais ou menos perdas tão consideraveis, que os seculos futuros jamais poderão recuperar.

Tal foi a sorte funesta de huma colonia tão antiga, tão florescente, e tão poderosa, que devia a gloria de ser huma das primeiras Ilhas do Oceano Atlantico aos seus generosos vinhos, e ao commercio, que circulava na sua Praça com sommas immensas, e nos seus habitantes com hum luxo mais que asiatico; onde as frotas e esquadras de Inglaterra fazião a sua escala, deixando nella as producções da arte, da industria, e do commercio; e em cuja Capital, finalmente, se tinha prodigalizado a prata para a sua reedificação, tanto civil, como militar.

Funchal, 17 de Outubro de 1803.

NOTA XXVIII

A peste na Madeira. S. Thiago Menor, padroeiro da cidade do Funchal.

«No anno de 1521, quando El-Rey D. Manoel faleceo, havia no Funchal grande mortandade de peste, de que Deos nos livre; e porque havia annos que ella andava na cidade, o Capitam Simão Gonçalves e a Camara elegeram por sortes por Padroeiro da mesma cidade ao Apostolo Santiago Menor, no cabo da qual lhe fizeram huma boa casa, onde foram em procissão. E porque, sem embargo disso, a peste não cessava, no anno do Senhor de 1538 inspirou Deos em todos, como em hum coração a vontade, que não houvesse Guardas Mores, nem Menores; e na mesma procissão, que se fez por seu dia o primeiro de Mayo, lançaram pregão que todos os feridos deste mal, e os sãos fossem juntamente misturados a sua casa, onde lhe offereceram no altar as varas dos Guardas, as quaes hoje ahi estão por memoria; e quando tornaram, vieram os feridos todos sãos: e daquelle dia até hoje, pelos merecimentos do Bemaventurado Santiago, não houve mais peste na Ilha da Madeira, bemdito seja o Senhor! Pelo que, se faz em lembrança desta mercê muita festa a este Sancto por seu dia, como que fora do Corpo de Deos.»—Pag. 194.

«Ainda neste anno (1538) e principio delle ficava a peste na cidade do Funchal.»—Pag. 221.

A eleição do sancto padroeiro e procissão votivas são factos caracteristicos da epoca; definem o estado dos espiritos então; porisso, e para esclarecimento e prova dellas, abaixo transcrevemos outra relação do acontecido, e o auto do voto e do modo como S. Thiago Menor foi tomado por padroeiro da cidade do Funchal.—Entre o texto das *Saudades da Terra* e o desta *relação* ha pequenas divergencias, que o do *auto* até certo ponto explica; nem merecem maior averiguação. Ainda agora corda 1 de maio é solemne na cidade do Funchal, e se faz a procissão, etc.

I.

RELAÇÃO DO CASO.

Em 1523, aos 17 de Março, por occasião da peste na Ilha da Madeira, na Cidade do Funchal, ajuntárão-se o Bispo, o Clero, e Povo na Igreja da Sé, tendo precedido um dia de jejum, e propozeram tomar Padroeiro, e solemne juramento de honrarem com particular devoção o que lhes sabisse: e com effeito, mettendo a lote os doze Apostolos, S. João Baptista, Nossa Senhora, e Christo, sahie-lhes S. Thiago Menor, ao qual dedicaram huma igreja, em que venerão o Sancto com grande devoção. E logo reconhecêrão a protecção do Sancto nesta occasião; porém, mais longamente a conhecêrão no anno de 1538, quando então grassava huma peste terrivel: na occasião da procissão, o Guarda Mór da Saude, que então era homem de grande representação, no meio da Ermida do Sancto disse em alta voz: «Senhor, até aqui guardei esta Cidade como pude; não posso mais, «aqui tendes a vara, sêde vós o Guarda da Saude.» E largou immediatamente a vara, e se deo por desobrigado de guardar a Cidade: e desde este momento, todos os feridos melhorárão, e não se deo mais caso algum de peste. Do que vem o costume da Camara, logo que entra na igreja do Soccorro, largar as varas nos degraus do Altar-mór.

Padre Manoel Fernandes,—Alma instruida, tomo I, pag. 332.

II

AUTO DO VOTO.

ANNO do nacimemto de noso senñor Jhū xpõ de mill & quinhētos & bymte & tres em o sabado bymte & quoatro dias do mees de janeyro em a ylha da madeyra & see da Çidade do fumchall em o coro della parecerom o senõr capp.ᵃᵐ Simam glz. da camara bereadores ofiçiaaes da camara çidadões & misteeres & outro muyto poouo & asy o senñor deam & cabido com todalla Crelesia & amte elles foy represemtado que aos onze dias do mees de junho de mill & quinhētos & bymte & hũu semdo esta Çidade posta em muyta tempestade & tribulaçam de pesta & fome & outros muytos trabalhos se acordou em Camara pellos ofiçiaaes della que emtam eram Pero joham correa bereador & Biçemte glz. & Pero aluarez juizes & o bacharell joham de sousa prouedor & misteeres de tomarem hũu roll dos samtos a saber o nome de Jhū noso senñor & da uirgem nosa Senñora Sam joham bautista & os doze apostollos cada hũu per seu nome os lamçarom em hũu barrete & tirada sorte por hũu nimino per nome joham de edade de sete annos & pomdose todos primeyra memte em jiolhos & orarçom prometendo de fazeer hũa casa aa homrra daquelle samto que sabise &

per sorte sahio o bem auemturado apostollo samtyago menor aa honrra do quall loguo no dito dia se festejou polla çidade & aos bymte & hũu dias de julho lhe começarom a sua casa himdo a çidade e o dito cabido em proçisom solẽne descalçados & o Meestre schola gonçallo martim com o retabulo da imagem do bem auemturado apostollo & deo a primeyra enchadada no cunhall da capella da bamda do abamgelho a quall casa se edificou em hũa terra que antonio spindola leo para a dita casa & per que a dita calamidade tornou a picar algũu tamto da dita peste acordaromse elles sobreditos a sabeer elle senñor capitam & ofiçiaaes da camara mesteeres çidadões poouo deam & cabido & determinarom de loguo fazer & acabar a dita casa & de hoje por diamte o tomarom por seu protetor & defensor per amte noso Senñor Jhũ xpõ per que elle fose interçesor ao eterno Dees polos trabalhos deste poouo que a elle se emcomemdaua & o notarom asy elle o senñor capitam com os ofiçiaaes da camara & ministros & senñor deam & cabido a sabeer o dito senñor capitam em seu nome da dita çidade & dos que delle deçenderem & os ofiçiaaes da camara em nome dos da dita çidade & o senñor deam e cabido em nome de toda a crelesia da dita See & çidade pera sempre em cada hũu anno dos do mumdo uenerarem & festejarem a festa do dito glorioso samto apostollo que he o primeyro dia de mayo ao quall faram proçisom solẽne a quall sahiraa da see da dita çidade solẽne mente & iram aa dita casa do bem auemturado samto omde lhe faram besperas solẽnes & asy outro tamto se faraa o oytauo dia com misa solẽne & proçisom as quaaes proçisões se faram como a propia do senñor *corpus christi* & aos ditos çidadões mays aproube de mamdar pintar o dito samto na camara na bamdeyra & sello da çidade asy como se traz sam Biçemte na bamdeyra da çidade de lixboa. & os sobreditos uotarom esto. nas maos do dito deam pera todo comprirem per si & per seus suçesores & em testemunho & fee da uerdade dello asynarom aqui. Eu antonio dalmeyda notario prubico que ora sou da camara em ausemçia dafomseannes ho spreui. E outrosy lhe aproube de tomarem per seus protetores os bem auemturados S. Sebastiam & S. Roque & lhe fazeer a dita Solẽnidade. O capitam da ylba. O deam Lopo dazeuedo de sousa. Basco fernandez taueyra arcidiaconus. Pero fernandez. Pero eannes. Amador lopez. Fernam martins. Aluaro lopez. Biçemtius gonçalues. Francisco fernandez. Francisco bieyra. Amador afomso. Joham correa. Biçemte gonçalues. Francisco martins bieyra. Francisco fernandez. Fernam ayres billanqua. Joham alues. Hieronymo gonçalles. Joham martins bieyra da matta. Joham de moura bacharell.

Copiado de uma antiga Miscellanea (1).

(1) Esta Miscellanea, a mesma de que já copiámos outros diplomas, é manuscripta. O auto supra tambem se lé no manuscripto do Sr. Padre Netto. Em nenhuma das copias se declara donde foi extrahido. Consta-nos que o original está nos livros do cartorie do Cabido da Sé do Funchal, mas de balde lá o buscámos.

NOTA XXIX

Os corsarios.

«*Francisco Gonçalves da Camara*....he homem muito ardiloso em todos seus exercicios de guerra... e mui esforçado cavalleiro, como mostrou na entrada dos francezes na Cidade do Funchal, onde, servindo de Capitam geral....ferio mui honrosamente o capitam francez Visconde de Pompador....; e por tal lhe deo El-Rey o habito com certa tença, e que não pagasse por outo annos quinta e dizima de sua fazenda.»—Pag. 193.

«Aos 3 dias de Outubro do anno de 1566, vespera do Serafico S. Francisco, aportaram a esta Ilha da Madeira tres poderosos galiões de França, em que vinham por todos mil soldados arcabuzeiros, fora outra gente do mar, com tenção de saquear a cidade do Funchal....: e....foram deitar anchora na Pray fermosa... Vinha por Capitam Mor destes cossarios Monseur de Moluco, gascão de nação, e.... elles eram levantados e lutheranos.»—Pag. 247.

«...*Gaspar Caldeira*, africano natural de Tanger,...por ser guia destes cossarios, foi morto por Justiça, em Lisboa.»—Pag. 257.

O saque dado na cidade do Funchal por corsarios francezes em 1566 tambem está referido na *Insulana*, de *Manoel Thomaz* (liv. vii, est. 112-146); na *Historia Insulana*, de *Antonio Cordeiro* (liv. iii, cap. xvi, § 88 e seguintes); na *Chronica de D. Sebastião*, attribuida a *D. Manoel de Menezes* (cap. cxxiv); e nas *Memorias para a Historia delRey D. Sebastião*, por *Diogo Barbosa Machado* (tomo ii, pag. 639 e seguintes): provavelmente tambem dá noticia disso o *P.* *José Pereira Bayão*, no *Portugal cuidadoso e lastimado*, obra em que parece refundira aquella chronica.—Todos estes livros, excepto o ultimo, consultámos: contam o evento como *Gaspar Fructuoso*, com pequenas e accessorias variantes: estamos até em que todos tiveram por fonte as *Saudades da Terra*.

Os auctores extrangeiros referem-no por mui diverso modo, como se vê do seguinte artigo:

«Montluc (*Pedro Beltran de*), *hijo de Blas de Montluc, mariscal de Francia, vivia reynando Carlos ix rey de Francia en el xvi siglo, de cuja camara fué gentilhombre. Zeloso de la gloria de su pays, formó el projecto de construyr una plaza en el sitio que hallara mas conveniente y comodo á los reynos de Mozambique, Melinda, ó Manicongo, á fin de que de retirada serviera á los Franceses, que hicieran el comercio de Africa y de las Indias Orientales. Para esto tenia armado tres grandes navios y algunas barcas, que aquipó com 1200 hombres de guerra; pero por un temporal arrojado sobre las costas de Madera, endonde queriendo desembarcar sus gentes á hacer ayua, á canonazos les re-*

vieron los Portugueses, saliendo ademas sobre ellos para destrozarlos. Pero Mont-luc, indignado de que assi violavan el derecho de las gentes, y la alianza entre las coronas de Francia y Portugal, echados en tierra 800 hombres, partió en derechura á ellos, mientras su hermano Fabian *los cortaria por las espaldas, y assi los mató á todos. Con el mismo passo marchó azia la ciudad que se llama como la isla, y puestos en bateria sus cañones, la forzó y la saqueó; mas por ata-car la grande iglesia, en que se estava todavia defendiendo alguna parte de la guarnicion, lo hirieron en un muslo, y en pocos dias murió de aquella herida, año de* 1568. *Assi quedó informe esta empresa.*—Mézeray, en el regnado de Carlos ix.

Diccionario Historico de Moréri, 1753.

Moréri (Luiz) era francez, e auctor do primeiro *Diccionario Historico* que appareceu em França (1673), de cuja traducção hespanhola transcrevemos o artigo supra.—*Mézeray* (François-Eudes de), ahi citado por Moréri, era tambem francez, e auctor de uma *Historia de França*, desde Pharamond até 1598, impressa em Pariz, 1643, 1646 e 1651. É, pois, de manifesta origem franceza a versão dada nesse artigo. E o inventor della, na impossibilidade de justificar o facto, toma o pessimo dos expedientes; calumnía.—A desmentil-a, basta a ingenua narrativa das *Saudades da Terra*. Mas, para que o leitor cabalmen-te conheça as causas e circumstancias da invasão e saque da cidade do Fun-chal pelos corsarios francezes, transcrevamos o que *Rebello da Silva*, auctori-sando-se, quanto a esses corsarios, com os *Commentaires, de Blaise de Mont-luc*, pae do chefe delles, e contemplando o assumpto *ab alto*, em toda a sua vastidão e verdade historica, diz e julga deste e de outros attentados analo-gos, commettidos contra as inoffensivas colonias e commercio de Portugal no xvi seculo.

Ciume das outras potencias. Os corsarios francezes. Colonisação
do Brazil. Occupação de Villegagnon. Serviços de
Mem de Sá. Montluc na Madeira.

As relações de Portugal com os outros paizes confirmam....os inconveni-entes da politica mercantil, que a nossa côrte abraçou, principalmente desde o co-meço do xvi seculo. A inveja das riquezas, que nos suppunham, e o ciume com que fechavamos a entrada das possessões e do commercio aos estrangeiros, de-viam espertar n'ellos, como de feito espertaram, a emulação e a cubiça, levan-do armadores intrepidos a tentarem expedições furtivas e de pouco lucro, em que mais vezes encontraram a morte e a ruina, do que a realisação das esperan-ças. Em 1522 já os normandos apparelhavam pequenas frotas para o descobrimentò de novas terras, ou para a povoação das costas do Brazil. Ao mesmo tempo os corsarios francezes infamavam as aguas de Portugal e dos Açores com :saltos e roubos, tomando as caravelas da Mina e os galeões da India quasi na foz do Tejo. Francisco i e seus successores, apparentando simulado respeito pelos tratados, mandavam em alvarás e cartas aos almirantes, prebostes e bailios que punissem os corsarios, e restituissem as fazendas roubadas; mas logo depois os attentados repetiam-se, e ás queixas e ameaças respondiam outra vez severidades inuteis, que nunca passavam da letra morta dos diplomas. Acontecia, pouco mais ou menos, o mesmo com a Inglaterra. A maior contenda entre a corôa de Portugal e as duas principaes nações maritimas n'aquelle periodo principiára, como vimos em outra parte, nos governos de D. João ii e de D. Manoel. No de D. João iii avivou-se mais, obrigando-o a renovar com frequencia as instancias em virtude dos insultos repetidos da marinha franceza e britannica com as guerras travadas entre Carlos v e Francisco i. Os corsarios, coalhando os mares, investiram os vasos hespanhoes até debaixo das baterias, que protegiam as nossas praias. As instrucções passadas em 1522 a D. João da Silveira provam que, a despeito da armada da guarda costa, a nossa neutralidade foi violada em muitas occasiões. Em 1530 a córte de Lisboa calculava em 500:000 cruzados o valor das fazendas roubadas, e em 300:000 o dos navios apresados. Os aventureiros infestavam os portos do Brazil e de Guiné, interrompiam a navegação, e interceptavam o commercio da Asia. Tocaram por fim os abusos tal extremo, que o pacifico D. João iii em 1531 declarou á França que do resultado da missão de Lourenço Garcez, enviado para compor o conflicto, dependia a conservação da alliança. Francisco i mostrou acceder então na apparencia ao accordo proposto, creando a commissão de Bayonna e Fonterrabia, e expedindo ordens terminantes ao almirantado contra João Angó e os navios que tinha apparelhado para a viagem de Guiné e da costa da Malagueta.

Mas as providencias, talvez pouco sinceras, do gabinete francez, não atalharam as hostilidades da sua marinha. Em diversos portos continuaram a armar-se clandestinamente embarcações, muitas d'ellas governadas por pilotos portuguezes, com destino para as possessões de Guiné e do Brazil. A nossa córte, por meio de cruzeiros vigilantes nos mares que senhoreava, e especialmente nas aguas do Mediterraneo, castigava estas offensas. Os capitães mores apresavam, ou mettiam a pique os vasos, que se recolhiam da America. Instado pelos commerciantes, o governo francez pediu que a feitoria de Flandres abrisse mercado especial em Rohão, para os subtrahir ás despezas do monopolio da especiaria concentrado nos Paizes Baixos. Parece que o tratado de 14 de julho de 1536, regulando as relações mercantis das duas corôas, deveria ter posto termo ao conflicto, mas nem ao menos o attenuou; e o reconhecimento dos direitos de Portugal á navegação e ao trato exclusivo de suas conquistas foi para os armadores como que um acto nullo. Veneza, nossa alliada na Europa, e nossa inimiga implacavel na India, aonde não descançava de nos suscitar obstaculos e resistencias unida com os mahometanos, sorrindo-se das exterioridades diplomaticas do gabinete francez, animava de certo, com mão occulta e por ciume natural, a guerra surda, que ardia em plena paz, entre as duas nações. Succedendo Henrique ii no throno, não se mostrou mais diligente em reparar os aggravos representados por D. João iii. Em 1548 o conselho de el-rei discutiu a urgencia de acudir á defeza das capitanias do Brazil devassadas pelos francezes, e decidiu instar pela nomeação de novas «commissões de presas» em Paris e Lisboa. Mas em vão reiterava o gabinete do Louvre as antigas comminações; o amor do lucro e a sêde de vingança estimulavam os piratas, e as dissidencias civis e religiosas, enfraquecendo o poder real em França, quebravam a auctoridade de suas ordens, particularmente nos portos do canal, aonde predominava a influencia dos huguenotes.

O Brazil, colonia por muitos annos quasi esquecida, principiava a ser attendido, embora os maiores cuidados sempre convergissem para a India. Em 1542, o conde da Castanheira observava a el-rei, que, desde 1530, custára a Terra de Santa Cruz grossas quantias ao thesouro para desarreigar os francezes. De feito, os atrevidos navegadores da Bretanha e Normandia, experimentados nas viagens de Guiné e da Malagueta, tinham em 1508 atado relações com alguns pontos da costa brazileira, e em 1516 os navios de Dieppe e Honfleur concorriam tão poderosos, que D. Manoel se víra forçado a negociar com João Angó e João Affonso. A viagem de Hugo Roger em 1526, e o armamento de dez navios em França destinados á mesma carreira, abriram os olhos da nossa côrte ácerca da vaidade das representações diplomaticas. Mas a armada de guarda costa, capitaneada por Christovão Jacques, por fraca (era apenas composta de uma nau e de cinco caravelas), apesar de combater e de apresar tres vélas mercantes de Bretanha, recolheu-se sem resultado maior do que trezentos prisioneiros francezes, e a noticia do estado florescente em que ficavam as possessões portuguezas da Madeira, dos Açores e de S. Thomé. Começou então a prevalecer a idéa da fundação de uma colonia nas regiões americanas descobertas por Cabral, e Martim Affonso de Sousa, que então contava trinta annos, e que seu parentesco com o conde de Castanheira recommendára, foi escolhido para reger a frota de duas naus, um galeão, e duas caravelas, enviada ao Brazil para expulsar os estrangeiros, e lançar as bases da nova povoação. Seguiram-o quatrecentas pessoas com familias inteiras. A empreza saíu feliz. Martim Affonso derrotou os contrarios, e povoou a ilha de S. Vicente. D. João iii, receioso do desenvolvimento dado ao seu commercio pelos francezes, resolveu em 1532 adoptar o plano de dividir aquelle vasto territorio em capitanias-doadas a pessoas que podessem cultival-as e defendel-as com os colonos europeus. Não trataremos de descrever agora os seus progressos, e só nos cumpre observar que o remedio não correspondeu ás esperanças, porque os navios dos armadores normandos e bretões ainda frequentaram depois em maior numero aquella costa, e o audacioso Nicolau Durand de Villegagnon, partindo com duas naus do Havre em 1555, veio desembarcar nas praias do Rio de Janeiro, aonde levantou a villa Colligny. Coube a Mem de Sá, irmão do poeta Francisco de Sá de Miranda (na menoridade de D. Sebastião), a gloria de render os francezes, e de affirmar o dominio effectivo da coróa portugueza em quasi todas as capitanias, lutando sem repouso.

A necessidade constrangeu D. João III a applicar meios mais energicos. Uma convenção com o imperador Carlos V associou, em 1522, a armada hespanhola á portugueza na vigilancia do estreito 'de Gibraltar, e, mandando guarnecer a costa de Africa desde Arguim até Guiné, e povoar.... o litoral do Brazil, ordenou expressamente a todos os seus capitães que apresassem, ou afundissem, os navios francezes encontrados nos mares dos senhorios da coróa. Não correu menos inquieto n'esta parte o reinado de D. Sebastião. Prorogado por cinco annos o accordo das duas córtes sobre as tomadias, nem por isso as invasões diminuiram, e, apenas Carlos IX subiu ao throno por morte de seu irmão, constou logo que em seus portos se estavam armando oito naus, para sairem a saquear os navios que voltassem da America. Villegagnon devia commandal-os, e divulgava que o seu intento era assolar a Mina, e indemnisar-se dos 400;000 escudos que perdéra no Brazil. A expedição não se verificou, mas nem por isso desistiram as companhias de armadores do proposito de navegarem nos dominios coloniaes de Portugal, crescendo sua ousadia a ponto do corsario Montluc, com novecentos homens, saltar nas praias da Madeira em outubro de 1566, guiado por *Gaspar Caldeira*, natural de Tanger, e moço da camara do cardeal D. Henrique.

Os francezes apoderaram-se da cidade do Funchal com estrago dos habitantes, porém morto Montluc no combate, recolheram-se os companheiros a bordo ao cabo de quatorze dias, carregados de despojos. O corsario partíra de Bordeaux em tres naus com mil e duzentos aventureiros. O seu fim era investir a Guiné e Moçambique. Por mais activa que fosse a vigilancia dos portuguezes, e por mais rigorosos edictos que os reis de França promulgassem contra os aventureiros, a corrente da opinião e dos interesses, mais forte do que as leis, galgava por cima de tudo, as hostilidades continuavam, e os roubos repetiam-se. As pequenas frotas dos armadores de Dieppe, de Bordeaux e da Normandia, seguiam-se no descobrimento das terras orientaes, e na povoação e trato das costas do Brazil, disputando a Portugal os exclusivos, guardados com tanto cuima, e contestando-lhe o imperio dos mares, que só consentíra em repartir com a monarchia hespanhola, pela famosa convenção da linha mental.

Rebello da Silva,—Hist. de Portugal, tomo IV, pag. 584-590.

A luz brilhante effundida destas paginas põe tudo a claro.—A vinda dos corsarios a este archipelago da Madeira e o saque por elles dado á cidade do Funchal não foram effeito de odio religioso; tão pouco acaso de mar; nem eventualidade provocada por aggressões dos habitantes; deriva de causa mais geral e transcendente. Invasões similhantes soffreram todas as outras possessões portuguezas, algumas por mais de uma vez, como mencionámos a pag. 656, sendo uns dos corsarios francezes; outros, inglezes; outros, hollandezes. A ilha do Porto-Sancto foi por diversas vezes victima de attentados taes, e a da Madeira ameaçada delles, como das *Saudades da Terra* consta. O verdadeiro motor destas depredações e de outras analogas, frequentemente commettidas, até no alto mar contra os navios portuguezes, que recolhião carregados aos portos do reino, era a inveja governamental e o embate de interesses dos estados maritimos da Europa, que, afóra a Hespanha, desherdados de colonias pela fortuna, assim, indirectamente, se desforravam sobre este pequeno Portugal, opulento em descobrimentos. As crenças eram extranhas a esta pirataria sem crenças. A audacia dos aventureiros não ousára, nem podéra tanto, se tanta não fóra a culposa tolerancia dos seus governos. Tudo persuade que o chefe dos corsarios francezes invasores da ilha da Madeira, *Pedro Beltrão de Montluc* (e não *Moluco*, como dizem as *Saudades da Terra)*, era catholico; porque, além de filho do *Marechal Braz de Montluc*, o qual figurou pelo lado catholico nas guerras religiosas da França, era elle mesmo gentil-homem da camara de Carlos IX, aquelle rei perseguidor dos protestantes, que ordenou a horrivel matança destes na noite de S. Bartholomeu (24 de agosto de 1572). Nem os fautores dos francezes, como se vê do artigo de *Moréri*, defendem o facto pondo-o á conta dos *huguenotes*, más sim em responsabilidade aos portuguezes, e representando-o como represalia de aggressões selvagens contra os galeões da França, que, desmantelados do temporal, quizessem pacificamente fazer aguada, o que, aliás, é manifestamente falso, como se mostra da narração do caso, feita por *Gaspar Fructuoso.* Aquelle Francisco Gonçalves da Camara, a cujo cargo estava o governo da ilha da Madeira, ao revez de aggredir, nem sequer soube defendel-a dos aggressores: apenas houve, á entrada da cidade do Funchal, e á porta da fortaleza de S. Lourenço, conflictos de desesperada defeza, e alguns preclaros rasgos de valor individual, que resgataram o bom nome madeirense, mas que em si mesmos ficaram attestando terem sido não os portuguezes, senão os francezes, que contra um povo amigo, inoffensivo, e desarmado, violaram os mais sagrados principios do direito das gentes.

Além das perdas de enormes valores e de muitas vidas que o Funchal soffreu, a invasão dos corsarios francezes sortiu tres resultados: *premios* para o pusillamine capitam *Francisco Gonçalves da Camara*, o qual, no momento do perigo, foi refugiar-se entre as mulheres; inqualificavel *ingratidão* para o insigne artista *Gaspar Borges*, aquelle que desencravou a artilheria, pondo-a em estado de servir no caso de segunda e esperada investida; e o cruel *supplicio* de *Gaspar Caldeira*, o cumplice dos corsarios, que os trouxe a esta ilha, e nella os encaminhou.—Que reflexões não suscita a confrontação destes resultados!

As *Saudades da Terra* só dizem deste Caldeira que, por ter sido o guia dos corsarios, foi morto por justiça, em Lisboa.—Archivemos, pois, aqui o capitulo da supra citada chronica, onde vem a minuciosa noticia desse terrivel episodio, e outros esclarecimentos que confirmam ter sido então a côrte de França severa só em palavras contra os corsarios que lhe manchavam a bandeira.

DO ESTRAGO QUE GASPAR CALDEIRA, PORTUGUEZ, VEYO FAZER COM FRANCEZES NA ILHA DA MADEIRA, E DA ARMADA QUE FOI CONTRA ELLES.

Governando o Cardeal Infante o Reyno de Portugal, achou, que os Reys passados tinhaõ ordenado, e prohibido aos homens que hiaõ à Mina, que naõ pudessem trazer ouro por sua conta, pela qual razaõ lhe tomavaõ por sua ordem todo o que traziaõ, do que aggravados muitos homens do mar, doutos, e entendidos na Arte da Nautica, se foraõ de Portugal, huns para França, e outros para varias partes do Norte: entre os quaes foy hum Gaspar Caldeira, homem de grande experiencia, e Mestre da Marinhagem; este muito sentido, e agastado pelo que lhe foi tomado, se foy para França com animo de tomar vingança, como fez nos pobres innocentes, que lhe naõ tinhaõ culpa. Sabendo o Cardeal da retirada destes Marinheiros, mandou publicar Editaes, para que dentro de certo tempo determinado voltassem para este Reyno, promettendo de lho perdoar se obedecessem. Ao que alguns obedeceraõ, porèm o Caldeira naõ quiz, o qual ficando là, se concertou com alguns Francezes, e Arrochelezes, para que o acompanhassem a fazer hum roubo, e vingança de pouco custo, e muito proveito; e segurando-se disso, os induzio a aparelhar algumas naos de Armada, e os trouxe à Ilha da Madeira com a dita Armada, que para esse effeito fizeraõ, e a investiraõ aos 3 do mez de Outubro do anno de 1566 com sete naos, que comsigo traziaõ, e a saqueáraõ, e roubáraõ, matando perto de duzentas pessoas da Ilha, na qual estiveraõ quinze dias, estando toda a gente della pela serra fugida, e escondida, em quanto ahi estiveraõ os Francezes.

Foy avaliado o saco que levaraõ, e a perda que fizeraõ em milhaõ e meyo de ouro. Levaraõ da Fortaleza toda a artelharia meuda, e a grossa ficou quebrada, e encravada. Forçaraõ muitas mulheres, e quebraraõ muitas Imagens de Santos; porque a mayor parte dos que alli vinhaõ, eraõ hereges Luteranos. Chegando a Lisboa aviso deste successo, e de como estavaõ na Ilha estes ladroens descançados, se ordenou a toda a pressa huma Armada para ir contra elles, e se fez com a mayor furia, e presteza que se tinha visto em outra alguma occasião; e foy por Capitaõ mór della Sebastiaõ de Sá, filho de Joaõ Rodrigues de Sá, Alcaide mór da Cidade do Porto; (que depois foy Camareiro mór do Cardeal, sendo Rey) constava esta Armada de dezoito velas, a saber, cinco galeoens, e huma naõ, que o singular Varaõ Jorge da Silva armou à sua custa, e foy por Capitaõ della, com o que manifestou muita parte do seu valor, zelo da Fé, e piedade Christãa, da qual neste tempo resplandeciaõ muitas outras obras; e o mesmo fizeraõ neste acontecimento os mais Fidalgos da Corte; os quaes em geral, e em particular mostraraõ a constancia, e fogo do nome, e peito Portuguez, e de suas nobrezas, e lealdades. Hia mais hũa nao de Aventureiros, homens, que naõ eraõ obrigados, e o faziaõ movidos só de zelo Christaõ, e de grangear fama, honra e nome; outra de Francisco Henriques; outra de Pedro Pessoa; outra de Manoel Castanho; outra de Jordaõ Tavares; outra nao Mercante que estava de partida para S. Thomé, e levava os soldados do Capitaõ Francisco Disouro; e quatro caravellas, e huma delRey, e hum pataixo da Cidade, com que o filho do Capitaõ mór. tinha partido a diante, com as quaes se acharaõ na Ilha vinte e duas velas da Armada; porèm quando chegaraõ a ella, já os ladroens Francezes se tinhaõ retirado, e os naõ puderaõ topar; pelo que se voltou a nossa Armada para o Reyno. Esta Armada se aparelhou em menos de oito dias, presteza nunca tal vista, embarcandose todos nella com taõ desatinado impeto, que se atropelavaõ huns aos outros, e naõ havia podellos reprimir, nem ter maõ nelles; embarcandose tantos, que já não cabiaõ dentro nas embarcaçoens,

Vendo o Cardeal frustrada a diligencia, que se fez para castigar estes tyrannos, tratou de haver ás maõs o Caldeira, principal autor de taõ grande maldade; escreveo logo a França ao Embaixador de Portugal, dandolhe conta do que o dito Gaspar Caldeira tinha obraõ neste Reyno, e Ilha da Madeira, mandandolhe, que em todos os modos fizesse muito pelo haver ás maõs. Chegado o aviso ao Embaixador, ficou muito sentido de o naõ saber mais cedo; porque havia poucos dias que o dito Caldeira alli tinha estado. Porèm na mesma casa do Embaixador se agasalhava hum Marinheiro Portuguez, que naõ acudira aos Editos, e era muito amigo do dito Caldeira, com o qual se concertou o Embaixador, prometendolhe da parte delRey de Portugal perdaõ, e mais ainda hum bom premio se o espiasse, e dèsse à prizaõ, o qual com effeito prometteo de o entregar, e assim o fez, vindolhe no alcance até huma Fortaleza de Biscaya, que chamaõ Fonte-Rabia, onde o levou enganado, e dentro nella o prenderaõ; o que sabido em Portugal, foy logo mandado trazer a Lisboa com muitas guardas, e segurança, sendo causa sua prizaõ de se fazerem outras muitas.

E já quando este delinquente chegou a Lisboa tinha ElRey D. Sebastiaõ tomado o governo do Reyno, havendo poucos dias, que o Cardeal seu tio lho tinha entregado. . . . . ; e trazendo-o, desembarcou na Ribeira em 16 de Fevereiro do anno de 1568, onde correo todo o Povo da Cidade para o ver, e todos o queriaõ matar com grande paixaõ contra elle pela grande maldade que fez, se a Justiça o naõ defendesse, e dahi o levaraõ à casa da Relaçaõ, onde lhe foraõ feitas perguntas, e depois o meteraõ na Cadeia publica do Limoeiro, onde não esteve mais q̃ dous dias, nos quaes se sentenciou, e condenou a arrastar, e enforcar, e sahio da Cadeia em 18 do dito mez pelas sete horas da manhãa. A gente era infinita pelas janellas, e pelas ruas estava tanta, q̃ se naõ podia romper, fazendo a Justiça o caminho ás pancadas para o levarem; e foy do Limoeiro aos Cubertos, e dahi á Ribeira, onde lhe cortaraõ as maõs ao pé do Pelourinho, e quando ahi chegou eraõ jà duas horas da tarde; daqui foy levado ao caes da pedra, e ahi enforcado, e esquartejado; a cabeça se pregou na forca, e os quartos foraõ postos pelas mais publicas portas da Cidade, onde estiveraõ tres dias, e depois tirados, e sepultados pelos servos da Santa Casa da Misericordia.

Este homem morreo muy contrito, e arrependido do grande mal, e peccado que tinha feito contra Deos, contra ElRey, e sua Patria, e naturaes, pedindo muitos perdões a Deos, e à gente, fazendo exclamaçoens taõ internecidas, que concorrendo todos a vello com duro coraçaõ, e animo raivoso, por causa de sua grande tyrannia, e insolencia que usou, choraraõ ao depois com pena, e lastima delle, pedindo a Deos lhe perdoasse, e rezando-lhe por sua alma.

Tambem se prenderaõ no Reyno de Castella dois pilotos, que andavaõ fugidos, hum chamado Antaõ Luiz, e outro o Conheiras, e foraõ trazidos a esta Cidade, e sentenceados morreraõ enforcados no mesmo caes da pedra.

Mandou logo tambem fazer queixa destes insultos a ElRey de França por Joaõ Pereira Dantas, pedindolhe satisfaçaõ, e castigo; mas elle se houve com taes termos na sua proposta áquelle Rey, usando de exclamaçoens, e palavras como de quem pedia misericordia, como de inferior, sendo de hum Principe Soberano, e poderoso em todas as quatro partes do Mundo, que pedia huma satisfaçaõ amigavel, por naõ quebrar a paz, que havia entre ambos, por huma culpa, que bem se entendia naõ fora delRey, e quando naõ se dèsse por obrigado a castigar Vassallos taõ mal procedidos, tinha poder para tomar vingança; e ainda que ElRey de França, e a Rainha sua mãy mostraraõ muito sentimento, e mandaraõ passar ordens para que os culpados fossem prezos, e castigados, e a este Reyno veyo hum Gentilhomem de sua Camera para o desculpar, e ajustar a composiçaõ; o Conselho de Portugal se desgostou, e ElRey se deu por mal servido de Joaõ Pereira, ao mesmo tempo que a elle parecia tinha obrado maravilhas. E como os Reys ambos eraõ moços, tempo em q̃ os Vassallos tomaõ liberdades, e as leys saõ mal guardadas, foyse metendo tempo em meyo, e dissimulando de sorte, que a satisfaçaõ de taõ grandes insultos foy esquecendo, e nunca teve bom effeito.

D. Manoel de Menezes,—Chron. de D. Sebastião, 1 parte, cap. CXXIV.

NOTA XXX

Os Jesuitas na Madeira.

«Na companhia de João Gonçalves de Camara, quando foi a este socorro, no seu navio e aa sua meza levou hum Padre da Companhia, chamado Francisco Varca, com hum companheiro castelhano de muita veneração e doctrina, enviado pela Provincia de Portugal, que por serviço de Deos hia prégar aa ilha, e consolar a gente.... E este Padre foi o primeiro que desta Sancta Religião foi aa ilha por cuja devoção se moveo o povo a pedir a El-Rei que houvesse delles hum collegio para a doctrina de seus filhos. E na era de 1570, na Quaresma, foram seis destes Religiosos, o Reytor dos quaes se chamava *Manoel de Sequeira*, e o Prefecto *Pedro Quaresma*, e outro Padre *Belchior de Oliveira*, com outros tres Irmãos, a quem Sua Alteza deo de renda cada anno seiscentos mil reis; com a qual renda e outras esmolas, que se lhe ajuntaram, no anno de 1578 acabou de fazer o collegio outro Reytor, que a este sucedeo, por nome *Pedro Rodrigues*,... no qual fundou hum magnifico templo.—Pag. 293 e 294.

Os Jesuitas, neste archipelago, só avultaram pelos importantes haveres com que se enriqueceram. No mais, em bem e em mal, aqui, foram miniatura de si proprios.—Não obstante, e talvez por isso mesmo, não poderiamos omittir neste livro a historia delles nestas ilhas. Esbocemol-a.

I

ESTABELECIMENTO E DOTAÇÃO.

A Ordem dos *Jesuitas*, chamados os padres da *Companhia de Jesus*, foi fundada em 1534, pelo hespanhol *Ignacio Loyola*, e approvada por bulla de Paulo III, em 1540. No mesmo anno, a solicitações de D. João III, vieram para Portugal dois desses Padres, Simão Rodrigues de Azevedo, e Francisco de Xavier, aquelle que, ao diante, pela sua heroicidade evangelica no Oriente, foi cognominado o *apostolo das Indias*, e que o mundo catholico venera por sancto. —Vinte e seis annos depois, em 1566, desembarcaram no Funchal os primeiros jesuitas que vieram á ilha da Madeira, como conta *Gaspar Fructuoso*.

A primeira residencia dos padres da Companhia de Jesus na cidade do Funchal foi na albergaria adjuncta á igreja de S. Bartholomeu, fundada por Gonçallo Annes de Vellosa, para clerigos pobres (vid. retró, pag. 85 e 545). Mas o definitivo estabelecimento e dotação dos Jesuitas neste archipelago datam de seguintes diplomas.

CARTA de dotação, fundação, e sustentação do Collegio dos Padres da Companhia de Jesus da Cidade do Funchal.

DOM SEBASTIÃO, por Graça de Deos, Rey de Portugal, e dos Algarves, d'aquem e d'alem Mar, em Africa Senhor de Guiné, e da Conquista, Navegação, e Commercio da Ethiopia, Arabia, Persia, e da India, &c.ª, como Governador, e perpetuo Administrador, que sou, da Ordem, e Mestrado da Cavallaria de Nosso Senhor Jesus Christo: Faço saber aos que esta minha Carta de Dotação, e Doação virem, que Eu mandei ajuntar os Deputados da Mesa da Conciencia, e Ordens, e outros Letrados, para tratarem particularmente das obrigações, que tenho nas Ilhas, e mais Terras, cujos rendimentos, e Direitos me pertencem, como Governador, e perpetuo Administrador, que sou, da dita Ordem e Mestrado; e do modo com que se deve cumprir, como convem, ao descargo de minha conciencia. E por elles, entre outras muitas cousas, que tocão ao espiritual de todas as Ilhas, em que provêrão, no que toca em particular ao Bispado do Funchal da Ilha da Madeira, tendo respeito á obrigação, que pelas Bulas Apostolicas tenho de mandar nelle edificar Mosteiros, e Casas de Religiosos, que com Doutrina, e exemplo ajudem as almas, e assim á grande necessidade, que disso ha, para reformação dos costumes, e mais veneração do Culto Divino, principalmente em tempos tão calamitosos, e em Ilhas aonde ha tanto concurso de estrangeiros; e visto outro sim como a Renda Ecclesiastica da dita Ilha está primeiro obrigada a esta, e outras similhantes dispezas; e por este, e outros similhantes fundamentos do Serviço de N. Senhor: foi determinado pelos Deputados, e mais Pessoas, que com elles se ajuntárão no despacho da Mesa da Conciencia, e Ordens, que se devia logo fundar, e edificar na Cidade do Funchal hum Collegio de Padres da Companhia de Jesus, com dote de 600$ réis de renda cada hum anno, pagos em frutos, á custa da minha Fazenda, que houverão por bastante, para se poder sustentar competentemente o numero de Religiosos, que possão cumprir com as cousas acima conteudas. Pelo que, conformando-me com as ditas determinações, e confiando do Geral, que hora he, da dita Companhia, e ao diante for, e mais Padres della, e do modo, e ordem que tem no seu governo, e do zelo, e vigilancia com que procurão a salvação das almas, a instrucção da gente, e a pureza da Santa Fé Catholica, assim com sua Doutrina, de que geralmente recebe muito fruto, e o receberá, com ajuda de N. Senhor, a dita Ilha da Madeira, como com as mais occupações, em que se exercitão, conforme a seu Instituto, e Constituições: Hei por bem, e me praz, que na dita Cidade do Funchal da Ilha da Madeira se faça erigir hum Collegio da dita Companhia: e para sua sustentação, e dote do dito Collegio, lhe assigno 600$ réis de renda cada hum anno, pagos em frutos dos de melhor qualidade, e de que o Reytor, e Padres do dito Collegio sejão mais contentes; os quaes lhes hão vir o Védor da minha Fazenda, ou o Provedor della na dita Ilha da Madeira, pelo commum preço da Terra, em quanto, com a informação do Bispo da dita Cidade do Funchal, e do Védor de minha Fazenda em ella, feita com o Reytor do Collegio, não ordeno o modo em que lhes hão de ficar applicados: a qual informação o Bispo, e Védor de minha Fazenda me enviaráõ em particular. sobre a qualidade, e quantidade de frutos, que se devem ao diante dar ao Collegio, e dos preços em que lhes devem ficar, fazendo-se massa do preço porque hora valem com o de 4, ou 5 annos atraz, e tendo respeito ao crecimento, e baixa, que póde succeder. Os quaes 600$ réis de renda, que lhes assim signo, são para dotação do dito Collegio, e sustentação dos Padres da Companhia, que nelle rezidirem estudando, e lendo Latim, e Casos de Conciencia, exercitando-se nos mais ministerios, que a dita Companhia tem por seu Instituto, e Constituições: e não se poderáõ applicar, nem trespassar para outra parte alguma. Mas acontecendo em tempo algum, que os Padres da Companhia, que no dito Collegio estiverem, não sigão, nem fação o que por suas Constituições costumão fazer; ou se diminua o numero das pessoas, e Ministros em tal conta, que não possão accudir ás ditas occupações; ou os Reys meus Successores avisarém ao Geral da dita Companhia, q̃ os dê, e faça em tudo executar, e comprir as obras, e exercicios, que os da dita Companhia costumão, e tem por suas Constituições, e para ajudar os proximos, e que mande residir na dita Ilha tantos Religiosos da Companhia, quantos se nella possão sustentar com a dita renda, e não provendo o Geral, como delle se espera: Eu, e os Reys, que depois de mim forem, faremos da dita renda o q̃ nos parecer mais serviço de N. Senhor. E por tanto, mando ao dito Védor de minha Fazenda, e Provedor della na Ilha da Madeira faça ahi cada hum anno pagar aos ditos Padres os ditos 600$ réis em quaesquer frutos, da melhor qualidade, e natureza, que elles escolherem, e em que melhor possão ser pagos todos juntamente ao tempo da novidade, do rendimento do Almoxarifado do Funchal, ao preço que commummente valerem ao tal tempo na Terra. O qual pagamento, e especie, á dita maneira, farão os Almoxarifes futuros do dito Almoxarifado, do primeiro dia de Janeiro, que passou deste anno de 1569, em diante, em que Hei por bem, que comecem a pagar os ditos 600$ réis de renda cada anno, para ajuda da obra do dito Collegio. E assim, mando ao dito Almoxarife, ou Recebedor, que hora he, do dito Almoxarifado do Funchal, que do dito 1.º dia de Janeiro deste presente anno em diante, dê, e pague aos Padres da Companhia em quaesquer frutos, que elles para este pagamento escolherem, tanta quantidade, que valha os 600$ réis de renda cada anno, que será declarada em uma certidão, que o Védor da Fazenda, ou Provedor della, para isso cada hum anno passará, em q̃ declarará os frutos, que assim lhes ha de pagar, e preço, e quantidade delles, e o que nisso montar o tal pagamento, que se fará juntamente no tempo da novidade, como dito he, por esta só Carta geral, sem mais outra Provisão minha, nem dos Védores da miñha Fazenda, supposto q̃ por minhas Provisões tenha mandado, que se não faça na dita Ilha pagamento algum em frutos, e sem embargo dellas, e de quaesquer outras Provisões, e Regimentos em contrario; por quanto, por esta ser huma das primeiras; e principaes obrigações, que tenho no dito Bispado do Funchal, o Hei assim por bem. E pelo treslado desta Carta, que será registada no Livro dos Registos do Almoxarifado pelo Escrivão delle, e Contos, e do Reitor, e Padres do dito Collegio, mando, que lhes sejão levados em conta os frutos, que elles assim pagarem, e, conforme a dita Certidão, valerem os ditos 600$ réis de renda cada anno. O que o dito Almoxarife assim comprirá sem duvida, nem embargo algum, que seja posto, sob as penas declaradas na Carta, que passei em favor do Prelado, e Pessoas Ecclesiasticas do dito Bispado, sobre o pagamento de seus Ordenados: as quaes penas executaráõ nelle, pela maneira, que se na dita Carta contem, e conforme a ella, quando nellas incorrer. E por firmidão de tudo, lhes mandei dar esta minha Carta por Mim assignada, e scellada com o Scello pendente da dita Ordem. Dada na Villa d'Alcobaça, aos 20 dias do mez d'Agosto.—REY.—Simão Borralho a fez. Anno do Nacimento de N. Sr. Jesus Christo de 1569. Eu Duarte Dias, a fiz escrever.—Os ditos 600$ réis haverão os ditos Padres da Companhia, conforme a esta Carta, do 1.º de Janeiro do anno, que vem, de 1570, em diante, posto que nella diga, que os hajão de Janeiro, que passou, deste anno presente de 1569.—Apostilla.—A qual dotação, e doação dos ditos 600$ réis de renda em cada hum anno lhes faço deste dia para todo sempre, pela maneira, que se contem nesta Carta; e assim mando, que se cumpra, e guarde esta Apostilla, como nella he conteudo, posto que não passe pela Chancellaria, sem embargo de ordem em contrario: e o pagamento delles fará o Almoxarife, que hora he, e pelo tempo for do Almoxarifado, e Alfandega do Funchal, como na dita Carta he declarado. Simão Borralho a fiz, na Cidade de Evora, a 7 de Janeiro de 1570. E do conteudo nesta Apostilla fará o Escrivão da Chancelaria da Ordem declaração no Registo desta Carta. E posto que diga, que a Apostilla não passe pela Chancelaria, por ella passará. Eu Duarte Dias a fiz escrever.

Memorias... do Est. Eccl. na Ilha da Madeira, pag. 103-111 (1).

ALVARÁ do Senhor Cardeal e Rey D. Henrique sobre a forma do pagamento da dotação do Collegio dos Padres da Companhia de Jesus da Cidade do Funchal.

EU EL-REY, como Governador, e perpetuo Administrador, que sou, da Ordem, e Mestrado da Cavallaria de N. Senhor Jesus Christo, &c.ª: Faço sa-

(1) Sómente nessas Memorias achámos éste e os dois seguintes diplomas; de lá, pois, os copiámos litteralmente, e com a mesma orthographia que lá teem.

ber aos que este Alvará virem, que o Sr. Rey meu Sobrinho, que Deos tem, como Governador da dita Ordem, houve por bem, e mandou, que na Cidade do Funchal da Ilha da Madeira se fizesse, e erigisse bem Collegio dos Padres da Companhia de Jesus, para sustento do qual lhes dotou 600$ réis de renda cada hum anno, para todo sempre, pagos em frutos, pela maneira declarada na Carta de dote, q̃ lhes mandou passar: e despois de passada a dita Carta, por hum seu Alvará de 26 de Outubro de 1576, houve por bem, e mandou ao Provedor da sua Fazenda da Ilha da Madeira, que com o Bispo do Funchal, e Reytor do Collegio da Companhia, que na dita Cidade está fundado, da Invocação de S. João Evangelista, vissem as palavras da dita Carta de doação, e se informassem dos frutos, em que os Padres havião de haver os ditos 600$ réis de dote em cada hum anno; e que para isso se devião separar, e apartar, fazendo-se massa dos preços, que valião, os annos declarados na dita Carta, e tendo respeito ao crecimento, ou baixa, que nelles poderia succeder, como nella se continha: e despois de tudo bem visto, e examinado, e os lugares, ou postos, em que os havião de haver, que serião os mais accommodados, que podesse ser, a seu prazimento, enviassem disso informação, com todas as rasões em que se fundassem; sobre o que, no caso que lhes parecesse; e em tal modo, que se podesse bem entender, para lhe dar despacho. A qual diligencia o Provedor Pedro de Castilho fez, com D. Jeronymo Barreto, Bispo do Funchal, do meu Conselho, em autos, que sobre isso se fizerão, com huma sua Carta de informação, e parecer, assignada por ambos, que enviárão ao Conselho de minha Fazenda, e forão vistos nelle, e ouvido sobre isso o meu Presidente, do que me foi dada relação. E visto tudo por mim; e as causas, e respeitos por que o Sr. Rey, meu Sobrinho, mandou fazer, e erigir novamente na Ilha da Madeira o dito Collegio da Companhia de Jesus, e o dotou de 600$ réis de renda em cada hum anno; e como para mais quietação dos Padres, que nelle rezidem, pareceo que se lhes devião de dar em frutos, e rendas separadas; porque tendo certo o remedio temporal, se possão melhor occupar nas obras espirituaes, e de seu ministerio, que exercitão: Hayendo a tudo respeito, e por folgar de lhes fazer mercê, tenho por bem, e me praz, que o dito Collegio de S. João Evangelista, da Companhia de Jesus da Cidade do Funchal, e Reytor, e Padres delle tenhão, e hajão, por tempo de 5 annos sómente, que começarão do 1.º de Janeiro do anno que vem de 1580 em diante, em que haverão 5 novidades perfeitas, e acabadas, os Dizimos das miunças, e verduras da Ribeira Brava da dita Ilha da Madeira, assim, e da maneira que a mim pertencem, e costumão andar de arrendamento, e atégora se arrendavão para a minha Fazenda; e isto em quantia de 350$ réis em cada hum anno, que lhes serão abatidos, e descontados dos 600$ réis de renda cada anno, que tinhão, e havião de seu dote, pela Carta nella trasladada: e não haverão por ella pagamento de mais, que de 250$ réis sómente em cada hum anno dos ditos 5 annos; que por hora Hei por bem, que hajão os Dizimos das miunças, e verduras da Ribeira Brava nos ditos 350$ réis, assim, e da maneira que elles tinhão, e havião os 600$ réis de seu dote, e com as declarações conteudas na dita Carta, e segundo a forma della; posto que, pela diligencia, que se fez, e testemunhas, que o Provedor da minha Fazenda na dita Ilha da Madeira sobre isso tirou, e perguntou, consta que valem mais do que se fez a massa, conforme a dita Carta, por andarem os ditos Dizimos arrendados em menos quantia da dos 350$ réis; e a informação, que o Bispo, e o dito Provedor á cerca disso enviárão, e o mais que se houve em minha Fazenda, e as dispezas, que os ditos Padres hão de fazer no recolhimento dos ditos Dizimos, os quaes haverão da maneira que dito he, e só tirada a redizima do Capitão, que elles serão obrigados a pagar; e assim pagarão mais as ordinarias, que se atégora pagavão na dita renda ás pessoas, que as tem por Cartas, ou Provisões dos Reys meus antecessores, e conforme a ellas, assim, e da maneira, que as atégora houverão. Notifico-o assim ao dito Provedor de minha Fazenda, e aos mais Officiaes della na dita Ilha da Madeira, e a quaesquer outros Officiaes, e Justiças, a que este meu Alvará for mostrado, e o conhecimento delle pertencer, e lhes mando, q̃ por tempo dos ditos 5 annos deixem o Reytor, e Padres do Collegio de S. João Evangelista da Companhia de Jesus da dita Cidade do Funchal, ou seu bastante Procurador, arrendar, arrecadar, e possuir por si, ou por quem lhes aprouver, os ditos Dizimos, e Rendas, assim, e da maneira, que a mim pertencem, e se atégora arrendavão, e arrecadavão por minha Fazenda, e melhor, se elles com direito tudo melhor puderem assim ter, haver, arrecadar, e arrendar; e lhes cumpram, e fação inteiramente cumprir, e guardar este meu Alvará como se nelle contém, sem duvida, nem embargo algum, que lhe a isso seja posto, porque assim he minha vontade, e Mercé; e tudo isto com declaração, que pagarão dos ditos Dizimos, e Rendas das miunças, e verduras, a Redizima ao Capitão, e assim mais as ordinarias, que se nellas atégora pagarão, como atraz fica declarado. E antes de começar a cobrar os ditos Dizimos, e Direitos, fará o dito Provedor trazer perante si a propria Carta dos 600$ réis do dote do dito Collegio, neste trasladado, e fará nella verba de como o Reytor, e Padres do Collegio hão de haver por este Alvará os ditos Dizimos das miunças, e verduras do Lugar da Ribeira Brava em quantia de 350$ réis em cada anno, por tempo dos 5 annos, como dito he; e por tanto, do dia em que elles começarem a receber, e arrecadar, que será do 1.º de Janeiro do anno de 1580 em diante, como dito he, não hão de haver pagamento pela Carta do dote, de mais que de 250$ réis cada anno, com que sómente por ella ficão. E outras taes verbas porá em todos os registos da dita Carta, que estiverem nos Livros dos Registos dos Contos, e Almoxarifado da Cidade do Funchal; e de como ficão postas, passará certidão nas costas desta. E outra tal verba porá Antonio de Abreu, Escrivão da Chancelaria da Ordem, no registo da mesma Carta de dote, de que outro sim passará sua certidão nas costas deste Alvará, que o dito Provedor fará registar pelo Official que pertencer, no Livro do registo dos Contos, e Almoxarifado da dita Cidade, para a todo o tempo se saber em que maneira lhes tenho concedido este pagamento, no modo que dito he: e de como fica registado, passará sua certidão nas costas deste, que por firmidão de tudo lhes mandei dar, O qual valerá, e terá força, e vigor, como se fosse Carta feita em meu Nome, e scellada de meu Scello pendente, sem embargo da Ordenação do Reyno L.º 2.º, tit. 20, que diz, que as cousas, que houverem de durar mais de hum anno, passem por Cartas, e passando por Alvarás, não valhão.—*REY.*—*Balthazar de Souza* o fez, em Lisboa, aos 10 de Agosto, de 1579.—*Bartholomeu Froes* o fez escrever.

Memorias... do Est. Eccl. na Ilha da Madeira, pag. 114-121.

CARTA de Sua Magestade tambem sobre a forma do pagamento da dotação do Collegio dos Padres da Companhia de Jesus.

DOM FILIPPE, por Graça de Deos, Rey de Portugal, e dos Algarves, d'aquem e d'alem Mar, em Africa Senhor de Guiné, e da Ethiopia, Arabia, Persia, e da India, &c.º, como Governador, e perpetuo Administrador, que sou, da Ordem, e Mestrado da Cavallaria de N. Senhor Jesus Christo: Faço saber aos que esta minha Carta virem, que o Senhor Rey D. Sebastião, meu Primo, que Santa Gloria haja, ao tempo que houve por bem, e mandou, que na Cidade do Funchal da Ilha da Madeira se fundasse, e erigisse hum Collegio dos Padres da Companhia de Jesus, lhes dotou 600$ réis de renda cada anno, para sua sustentação, pagos em frutos da renda da dita Ilha; e em parte do pagamento della, lhes nomeou o Sr. Rey D. Henrique, que Santa Gloria haja, os frutos da Ribeira Brava, em quantia de 350$ réis cada anno; e que dos 250$ réis, para cumprimento do dito dote, haverião pagamento pela maneira declarada na Carta de doação, que lhes delle foi passada, que foi feita na Villa de Alcobaça a 20 de Agosto de 1569: E havendo eu hora respeito ao que me constou de huma Consulta, que me foi enviada, de Conselho de minha Fazenda, com a Carta de 26 de Abril de 1608, que tratava da pertenção, que os ditos Padres da Companhia de Jesus tinhão sobre as rendas da Ribeira Brava lhes ficarem nos 350$ réis, que nas rendas della lhes forão nomeados; e ao que mais me constou das informações, que ultimamente se houverão, do que poderião importar as rendas da dita Ribeira Brava: Hei por bem, e me praz, por todos os ditos respeitos, de os deixar livremente ao Collegio, que os ditos Padres da Companhia tem na dita Ilha, em satisfação dos 600$ réis, que para sua sustentação lhes forão dotados pela dita Carta, ao tempo que por ella se fundou o dito Collegio. Das quaes rendas da Ribeira Brava lhes dou assim cargo livremente; com declaração, que não haverão mais as 150 arrobas d'açuear branco, e mascavado, que havião cada anno da minha Fazenda, que ficaráõ livres para ella, para que os ditos Padres da Companhia de Jesus d'aqui em diante tenhão, e hajão para si, as rendas da dita Ribeira Brava na conta dos 600$ réis, que lhes forão dotados, assim, e da maneira, que atégora os arrecadárão, pelos 350$ réis, que nelles lhes forão nomeados pela Provisão, que para isso lhes foi passada, cujo traslado he o seguinte:

(Seguia-se o alvará que já fica a pag. 740-743, depois continúa:)

E portanto, mando ao Provedor da minha Fazenda da Cidade do Funchal da Ilha da Madeira, que ao Reytor, e Religiosos do Collegio de S. João Evangelista da Companhia de Jesus da dita Ilha, meta de posse dos Dizimos, e renda da Ribeira Brava della, e lhes deixe haver, arrendar, arrecadar, e possuir, por si, e por quem lhes parecer, assim, e da maneira, que a mim pertencem, e como se sempre arrecadárão para a minha Fazenda pelos Officiaes della, e melhor, se elles melhor e com Direito os poderem arrecadar, e possuir; por quanto, pelos ditos respeitos, hei por bem, e me praz de lhes largar livremente os Dizimos, e Rendas da dita Ribeira Brava, para que elle Reytor, e Religiosos do dito Collegio os hajão cada anno, em satisfação dos 600$ réis, que para sua sustentação lhes forão dotados pela Carta do Sr. Rey D. Sebastião, meu Primo, que Santa Gloria haja, nesta minha incorporada, pela maneira, que nella he declarado, para que elles os hajão, e arrecadem por si, ou por quem quizerem, e ordenarem, como atégora se arrecadárão, em quantidade de 350$ réis, que na dita renda lhes forão nomeados, em parte dos 600$ réis do seu dote, pela Provisão do Sr. Rey D. Henrique, meu Tio, outro sim incorporada nesta Carta. Os quaes Dizimos, e Rendas da Ribeira Brava, o Reytor, e Religiosos do dito Collegio, assim começarão a arrecadar, e haver por esta Carta, do 1.º dia de Janeiro do anno, que vem, de 1610, em diante; porque até o dito tempo hão de haver os Dizimos, e Rendas da dita Ribeira Brava, por pagamento dos ditos 350$ réis, que nelles forão nomeados, e assim os 250$ réis, que por virtude da dita Provisão se lhes pagavão cada anno, para cumprimento dos 600$ réis, que lhes forão dotados para sua sustentação, como acima he declarado; e isto com declaração, que dos Dizimos, e Rendas da dita Ribeira Brava, que elle Reytor, e Religiosos do dito Collegio hão de haver cada anno, serão obrigados a pagar a Redizima ao Capitão da dita Ilha, e mais as ordinarias, que atégora se pagárão na dita renda ás pessoas, que as nella tem por Cartas, ou Provisões minhas, e dos Sr.ª Reys meus antecessores, que estão na Gloria, e conforme a ellas. E assim mando ao Almoxarife do Almoxarifado, e Alfandega da dita Ilha da Madeira, e mais Officiaes da minha Fazenda, e de Justiça em ella, a q.ᵐ esta minha Carta for mostrada, e o conhecimento della com direito pertencer, que do dito dia 1 de Janeiro, que vem, de 1610, em diante, deixem ao dito Reytor, e Religiosos do dito Collegio haver, e arrecadar cada anno, por si, ou por seu Procurador, os Dizimos, e Rendas da dita Ribeira Brava, e lhe cumprão, e guardem, e fação inteiramente cumprir, e guardar esta minha Carta, como se nella contem, sem duvida, nem embargo algum, que a isso seja posto; porque assim o Hei por bem, e he minha Mercê; constando-lhes primeiro, por certidão do dito Provedor de minha Fazenda nas costas desta, de como nos Livros dos Contos, e Almoxarifado da dita Ilha, nos registos da dita Carta, e Provisão nesta incorporada, ficão postas verbas, que do dito 1.º de Janeiro, que vem, em diante, não hão mais de haver o dito Reitor, e Padres pagamento algum dos ditos 600$ réis de dote, nem dos 250$ réis, que havião em parte delle, com 150 arrobas de açucar, que por elles havião cada anno, pela dita Carta, e Provisão; por quanto, em satisfação delles, lhes fiz Mercê dos ditos Dizimos, e Rendas da Ribeira Brava por esta minha Carta, como nella he declarado. E outra tal verba porá o Escrivão da Chancellaria da Ordem de N. Sr. Jesus Christo no registo da Carta dos 600$ réis de dote, e no registo da Provisão dos 350$ réis, nesta Carta incorporada, de que passará sua certidão nas costas della, que por firmidão de tudo mandei dar ao dito Reitor, e Religiosos do dito Collegio, por mim assignada, e scellada do Scello pendente da dita Ordem. Dada na Cidade de Lisboa, a 17 de Setembro. Anno do nacimento de N. Senhor Jesus Christo de 1609. —*REY*.—*Pedro de Oliveira* a fez. Eu *Ruy Dias de Menezes*, a fiz escrever.

Memorias...do Est. Eccl. na Ilha da Madeira, pag. 111-125.

De balde temos buscado na igreja e edificio do collegio dos Jesuitas do Funchal inscripção commemorativa de quando construidos: tão sómente achámos sobre a porta exterior do *pateo das aulas*, pertença do mesmo collegio, e onde ao presente está o Lyceu Nacional, a era 1619, tendo a meio as armas reaes portuguezas.

A abobada da capella-mór tem visos de risco architectcnico ainda manoelino. O cruzeiro, corpo do templo, e a obra da entalhadura das capellas são no gosto bastardo da renascença.

Na fachada da igreja ha quatro nichos, e nelles as imagens, em pedra, de Sancto Ignacio de Loyola, canonisado em 1621; de S. Francisco Xavier, canonisado em 1622; de S. Francisco de Borja, canonisado em 1678, e de S. Estanislao, canonisado depois. Nas capellas das Cem Mil Virgens, S. Miguel, e Sancto Antonio, que são no corpo do templo, estão as inscripções sepulchraes dos fundadores dellas, com as eras de 1645, 1681, e 1719.

Tudo isto mostra que, com quanto a fundação do collegio e templo dos Jesuitas no Funchal date de 1570, contando-a do primeiro diploma inserto nesta nota, e o segundo em 1579 declare estarem já fundados, a obra proseguiu no seculo XVII, e só veiu a concluir-se no XVIII.

II

HAVERES E PROVENTOS.

Do interstício do estabelecimento dos Jesuitas na ilha da Madeira até a sua expulsão em 1759, fallecem-nos documentos; mas deste desfecho temol-os preciosos. São quatro inventarios originaes de alguns dos bens sequestrados a esses padres e que elles possuíam nos suburbios da cidade do Funchal; uma conta, original tambem, das rendas publicas, ou impostos, que percebiam, e dos rendimentos dos bens rusticos que tinham nesta ilha da Madeira; e, finalmente, uma certidão, extrahida, em 18 de março de 1764, dos autos summarios da entrega que de alguns dos rendimentos e titulos de bens de raiz e capitaes a juros dos mesmos padres fez o ouvidor Antonio Simião Lobo de Mattos ao juiz de fóra corregedor Luiz Antonio de Sousa Tavares e Abreu.—O inventario ou catalogo da livraria existe na bibliotheca do seminario desta cidade do Funchal.—Faltam-nos os inventarios do collegio e sua igreja; dos outros bens de raiz, sitos na mesma cidade; dos capitaes mutuados a juros; e a escripturação deste negocio e do de vinhos.

Com quanto só tenhamos aquellas avulsas peças do processo da extincção dos Jesuitas na ilha da Madeira, são bastantes a mostrar quaes os importantes haveres e negocios da Companhia de Jesus, aqui: a extensão, porém, dellas não nos permitte transcrever na integra senão a conta; das outras só daremos os precisos extractos.

Os dictos inventarios foram todos feitos no mesmo dia, 29 de maio de 1759.—Delles se vê que, além do grande collegio e templo de S. João Evangelista na cidade do Funchal, tinham os padres Jesuitas *mais tres casas de residencia*, ou *hospicios, mobilados, e um aposento*. As casas, ou hospicios eram: uma, na Quinta do Pico do Cardo; outra, na Quinta do Pico do Frias; e outra, nó Caniço, juncto á capella de Nossa Senhora do Soccorro. O aposento era na Fazenda da Ribeira da Fundôa, onde havia a ermida de Nossa Senhora do Rosario: ainda vive quem se lembre de ter lá visto cascata, passeios, &c.ª.

Tinham tambem os Jesuitas outros predios urbanos, de não pouco valor, sem que possamos indicar quaes eram, porque a unica noticia que disso achámos é a menção dos *autos de arremataçoens que se fizeram dos alugueres das casas pertencentes ao mesmo Collegio e suas Capellas, e termos de obrigaçoens dos mesmos alugueres pellos annos que se seguiram,* exarada no auto de entrega, datado de 10 de março de 1764.

Porém, as principaes fontes da riqueza desses padres eram as rendas ou impostos publicos, e os muitos e bons predios rusticos que desfructavam, como demonstra o seguinte documento:

CONTA DO TRIÉNNIO DE 1759-1761 DAS RENDAS OU IMPOSTOS PUBLICOS E RENDIMENTOS DOS BENS RUSTICOS SEQUESTRADOS AOS JESUITAS EM 1759.

RENDAS DO COLLEGIO.

Renda grande de pão, e vinho da freguezia do Campanario:

1759. . . . . . . .2:545$000		
1760. . . . . . . .1:300$000		
1761. . . . . . . .2:205$000	6:050$000

Renda do pescado, e miunças da freguezia do Campanario:

1759. . . . . . . 23$000		
1760. . . . . . . 22$000		
1761. . . . . . . 145$500	190$500

Renda grande de pão, e vinho da Ribeira Brava:

1759. . . . . . . .2:100$000		
1760. . . . . . . .1:510$000		
1761. . . . . . . .2:516$000	6:126$000

Renda do pescado, verduras, e miunças da Ribeira Brava:

1759. . . . . . . 101$700		
1760. . . . . . . 100$500		
1761. . . . . . . 189$000	391$200

Renda de pão, e vinho da freguezia da Atabúa:

1759. . . . . . . .1:305$000		
1760. . . . . . . 535$000		
1761. . . . . . . .1:100$000	2:940$000

Renda das miunças, e verduras da Atabúa:

1759. . . . . . . 43$000		
1760. . . . . . . 32$400		
1761. . . . . . . 63$000	138$400

Renda do pescado da freguezia da Atabúa:

1759. . . . . . . 40$000		
1760. . . . . . . 61$000		
1761. . . . . . . 50$000	151$000

Renda de pão, e vinho da Serra de Agoa:

1759. . . . . . . 188$000		
1760. . . . . . . 150$000		
1761. . . . . . . 350$000	688$000

Renda das verduras, e miunças da Serra de Agoa:

1759. . . . . . . 110$500		
1760. . . . . . . 80$050		
1761. . . . . . . 146$000	336$550

Producto das rendas do Collegio, R.ᵃ 17:011$650

FAZENDAS DO COLLEGIO.

A Quinta Grande: . . . . . . 1759. . . . . . . .2:300$000
                             1760. . . . . $
                             1761. . . . . $ 2:300$000

A Fazenda do Bom Successo: . 1759. . . . .   70$000
                             1760. . . . .   76$000
                             1761. . . . .   60$000   206$000

O bocadinho da Fazenda do Campanario:
                             1759. . . . .   4$500
                             1760. . . . . $
                             1761. . . . . $ 4$500

Quinta do Pico do Cardo: . , 1759. . . . . 260$000
                             1760. . . . . $
                             1761. . . . . $ 260$000

A Fazenda da Magdalena : . . 1759. . . . .   25$000
                             1760. . . . .   35$000
                             1761. . . . .   21$100   81$100

Quinta do Pico do Frias: . , . 1759. . . . . 228$000
                             1760. . . . . $
                             1761. . . . . $ 228$000

Fazenda da Fundôa, abaixo do moinho:
                             1759. . . . . 163$350
                             1760. . . . . 210$100
                             1761. . . . . 220$000   593$450

                  Rendimento das fazendas do Collegio,   R.' 3:673$050

FAZENDAS DA IGREJA.

A Fazenda da Ribeira de João Gomes, caseiro João de Oliveira:
                             1759. . . . .   71$000
                             1760. . . . .   85$000
                             1761. . . . .   61$500   217$500

Fazendas de Garachico: . , , , 1759. . . . . 252$000
                             1760. . . . . 350$100
                             1761. . . . . 386$000   988$100

                  Rendimento das fezendas da Igreja,   R.' 1:205$600

FAZENDAS DA CAPELLA MÓR.

A Fazenda dos Piornaes, caseiro Antonio Rodrigues:

1759. . . . . . , . .	50$000	
1760.	80$100	
1761.	79$000	209$100

A Fazenda das Amoreiras, caseiro José de Faria:

1759. . . , , , . .	11$350	
1760.	23$000	
1761. . . . . . . ,	11$500	45$850

A fazenda que faz Paulina da Sylva:

1759.	90$000	
1760.	200$000	
1761. . . , ...	80$000	370$000

As fazendas das Amoreiras, caseiros Antonio de Faria, e a veuv. do Morte:

1759. . . . , , . .	70$000	
1760.	220$500	
1761.	147$000	437$500

As fazendas da Banda d'Alem: . 1759. . . . . 201$000
1760. . . . . . , . . 150$000
1761. . . . . . , . . 159$000 — 510$000

A Fazenda do Boqueirão da Atabúa:

1759, ... ,	18$250	
1760. . . , ...	26$000	
1761. . . , ...	15$000	59$250

Rendimento das fazendas da Capella Mór, R.ª 1:631$700

Ditos do Collegio, Igreja, e Capella Mór, junctos, R.ª 6:510$350

FAZENDAS DA CAPELLA DE N. Sr.ª DO SOCCORRO.

As fazendas do Caniço, e Camacha:

1759.	300$000	
1760.	310$200	
1761.	319$200	929$400

A Fazenda da Pedra Mol: . . . 1759. . . . . 23$000
1760. . . . . 20$800
1761. . . . . 40$000 — 83$800

1:013$200

Transporte, 1:013$200

Os Castanheiros que faz o Per.ᵃ, do Monte:

1759.	3$500	
1760.	5$100	
1761.	4$450	13$050

A Latada que faz o Vigario do Caniço:

1759.	10$000	
1760.	$	
1761.	$	10$000

Rendimento das fazendas da Capella de N. Sr.ᵃ do Soccorro, R.ᵃ 1:036$250

FAZENDAS DA CAPELLA DE SANTO ANTONIO.

A Fazenda da Agoa de Alto, na Fundôa:

1759.	93$000	
1760.	100$100	
1761.	129$000	322$100

A Fazenda da Ribeira de João Gomes, caseiro Dyonizio de Freytas:

1759.	155$000	
1760.	220$000	
1761.	211$000	586$000

A Fazenda na freguezia de Santo Antonio que faz Agostinho Rodrigues:

1759.	26$000	
1760.	26$000	
1761.	38$000	90$000

A Fazenda que faz Eduardo Manoel, dos Ilheos:

1759.	20$600	
1760.	34$600	
1761.	16$000	71$200

O bocado de Fazenda na Magdalena, caseiro o Bijáo:

1759.	13$000	
1760.	10$200	
1761.	9$100	32$300

Rendimento das fazendas da Capella de Santo Antonio, R.ᵃ 1:101$600

FAZENDAS DA CAPELLA DE S. MIGUEL.

Fazendas da Ribeira da Caixa: . 1759. . . . . 155$000

1760.	200$000	
1761.	286$000	641$000

Transporte, 641$000

A fazenda do Monte, caseira Maria Quiteria;
1759.	11$700	
1760.	26$100	
1761.	12$000	49$800

Rendimento das fazendas da Capella de S. Miguel, R.ᵃ 690$800

FAZENDAS DA CAPELLA DE S. FRANCISCO XAVIER.

A Fazenda das Amendoeiras;	1759.	50$000	
	1760.	45$000	
	1761.	45$000	140$000
O bocado de fazenda na Ribeira Secca;			
	1759.	5$200	
	1760.	5$500	
	1761.	2$800	13$500
A Quinta dos Remedios. . . ,	1759.	40$000	
	1760,	70$100	
	1761.	153$500	263$600

Rendimento das fazendas da Capella de S. Francisco Xavier, R.ᵃ 417$100

FAZENDA DA CAPPELLA DAS CEM MIL VIRGENS.

Hũa Fazenda na Corujeira. . .	1759.	18$000	
	1760.	25$500	
	1761.	18$550	62$050

SOMMA TOTAL DESTA CONTA, R.ᵃ 26:829$800

Desta conta, respectiva ao triennio (1759-1761) immediato ao sequestro, se vê que os Jesuitas estavam tambem no goso dos *impostos publicos* de não menos de *quatro freguezias* desta ilha:—na freguezia do *Campanario*, tinham a renda grande de pão (isto é, trigo) e vinho, a do pescado, e a das miunças;—na freguezia da *Ribeira-Brava*, igualmente a renda grande do pão e vinho, a do pescado, a das verduras, e a das miunças;—na freguezia da *Atabúa*, a mesma renda grande de pão e vinho, a do pescado, a das verduras, e a das miunças;

—e na freguezia da *Serra d'Agua*, do mesmo modo a renda grande do pão e vinho, a das verduras, e a das miunças.—*Miunças* eram as miudezas e generos que, por miudo, o § 7.° do Foral mandava dizimar (vid. retró, pag. 497).
—O producto destas rendas, no mencionado triennio de 1759-1761, foi, como mostra a somma á margem da conta, 17:011$650 réis, o que corresponde a 5:670$550 réis annuaes.

Mostra a mesma conta que os Jesuitas possuiam mais nesta ilha da Madeira, a titulo de fazendas do dicto collegio, fazendas da igreja, e fazendas da capella-mór, os seguintes predios rusticos:—a *Quinta-Grande*, a qual, com effeito, tamanha era, que constitue ao presente uma freguezia sobre si; a *Fazenda do Bom-Successo;* a *Quinta do Pico do Cardo;* a *Fazenda da Magdalena;* a *Quinta do Frias;* a *Fazenda da Fundôa;* a *Fazenda da Ribeira de João Gomes;* as *fazendas do Garachico;* a *Fazenda dos Piornaes;* as *fazendas das Amoreiras;* as da *Banda d'Além;* a *Fazenda do Boqueirão,* na freguezia da Atabúa; e duas sem denominações especiaes.—A somma dos rendimentos, que destes predios foram dados na conta, é de 6:510$350 réis. Mas faltam nella os rendimentos das Quinta-Grande e das Quintas do Pico do Cardo e do Frias nos dois ultimos annos do triennio (1760 e 1761), os quaes, regulados pelos do primeiro anno, montam naquella a 4:600$000 réis, e nestas a 976$000 réis. Porisso, a somma total dos reditos destes bens, no dicto triennio, sobe a 12:086$350 réis, ou 4:028$783 réis annuaes.

E ainda aqui não fica só o ramo predios.—A titulo de bens das capellas lateraes da igreja, a saber, a de Nossa Senhora do Soccorro, a de Sancto Antonio, a de S. Miguel, a de S. Francisco Xavier, e a das Cem Mil Virgens, desfructavam aquelles padres, conforme reza a conta, est'outros bens:—as *fazendas* das freguezias *do Caniço* e *Camacha;* a *Fazenda da Pedra-mol;* a *Fazenda da Agua d'Alto,* na Fundôa; a *Fazenda da Ribeira de João Gomes;* as *fazendas da Ribeira da Caixa;* a *Fazenda do Monte;* a *Fazenda das Amendoeiras;* a *Quinta dos Remedios;* a *Fazenda da Curujeira;* e, finalmente, *mais seis predios rusticos,* que não tinham denominações especiaes, devendo notar-se que quasi todas as denominações por que na conta vem indicados os predios correspondem, nó presente, não a uma só propriedade, mas a grandes sitios, dos melhores desta ilha, cada um dos quaes está retalhado em muitas e boas fazendas.

Os rendimentos apontados pela mencionada conta, no referido triennio, aos bens da capella de Nossa Senhora do Soccorro sommam 1:036$250 réis; aos da de Sancto Antonio, 1:101$600 réis; aos da de S. Miguel, 690$800 réis; aos da de S. Francisco Xavier, 417$100 réis; e aos da das Cem Mil Virgens, 62$050 réis, perfazendo todos 3:307$800 réis.—Devem, porém, accrescer 20$000 réis, do rendimento provavel da ultima fazenda da capella de Nossa Senhora do Soccorro nos annos de 1760 e 1761, não postos na conta. Foi, pois, no mencionado triennio, o total rendimento dos predios rusticos das capellas laleraes da igreja do collegio 3:327$800 réis, ou 1:109$266 réis annuaes.

A somma geral, pois, das rendas publicas, e rendimentos de predios rusticos, no triennio de 1759-1761, mencionados na conta supra, é de 26:829$800 réis: mas, accrescentando-se as verbas nella não incluidas, já acima indicadas, no valor de 5:596$000 réis, eleva-se o total dessas rendas e rendimentos a 32:425$800 réis, nos tres annos.

Eis o que fica demonstrado pela insuspeita conta.

Porém, outros mais proventos a Companhia de Jesus tinha na ilha da Madeira.—Ao bom collegio de S. João, que na cidade do Funchal habitavam; ás suas casas de residencia e aposento campestres, em que se recreiavam; aos varios predios urbanos, que davam de locação; ás rendas, ou impostos publicos que desfructavam; e aos vastos e fecundos predios rusticos, que, nos melhores sitios, possuiam, junctavam os Padres dessa Companhia *capitaes, que mutuávam a juro, e vinhos, que negociavam*, o que inferimos do já citado auto de entrega, lavrado em 10 de março de 1764.

Tocante a capitaes a juro, e seus vencimentos, diz-se nesse auto que ao juiz de fóra corregedor o ouvidor (1) *«fez entrega das chaves, e do Archipo e Livraria (2) do referido Collegio, e de hum baul de duas fechaduras com sua chave dentro, do qual tambem lhe entregou varios papeis, escripturas, obrigações, e clarezas, pertencentes ás Capellas do mesmo Collegio, tudo com separação do que c... huma das Capellas pertence, e com os seus titulos para mayor clareza, e Livros da Economia das mesmas Capellas e Collegio, declarados nos indicados autos de sequestro a folhas outenta e outo.... E mais lhe fez entrega de hum quaderno, que o dicto Ministro com bastante trabalho seu mandou lavrar, para, pellos dias do mez e anno, servir de memoria e lembrança dos tempos em que se pagão os juros vencidos ao Collegio e suas Capellas, para por elle serem avisados os devedores para pagarem aos tempos devidos, como sam obrigados; entregando-lhe tambem algumas obrigações das pessoas que nellas se declaram, e sam devedores ao Collegio e Capellas delle.»*—E, ainda que nem no alludido auto de entrega, nem em qualquer outro dos que possuimos, se especifique o quanto desses capitaes a juros, é claro serem muitos, taes e tantos, que só o canhenho, ou caderno *delles, deu «bastante trabalho,»* e que era preciso tel-os *«pelos dias do mez e anno,»* para não esquecerem, e, *«aos tempos devidos,»* serem exigidos dos devedores. Só grande, variado, e diuturno movimento neste ramo podia exigir esse promptuario, de fadigosa elaboração.

---

(1) Até 1767 um só magistrado exercia as funcções de juiz de fóra e corregedor. Desde então, foi creado este cargo, em separado daquelle.

(2) O catalogo della, feito então, existe na bibliotheca do Seminario do Funchal. Poucas obras de algum merecimento inscreve.

Quanto á commercio de vinhos pelos Jesuitas, o citado auto só menéiou que *foi mais entregue o quaderno, pello qual se demonstra que parava na mão de Diogo Smate, homem de negocio, de Nação britannica, o resto de quarenta e outo pipas de vinho, e quatro de malvasia, que os dictos Padres lhe tinham vendido, no anno de mil setecentos cincoenta e outo, cujo resto herão dous contos quatrocentos noventa trez mil quatrocentos e sessenta réis,* como o dito mercador declarou. • —Mas é evidente que, gozando elles as rendas grandes do vinho de quatro freguezias, e possuindo vastos predios rusticos, todos na zona vinhateira, e dos melhores, haviam de vender ou exportar valiosas partidas de vinhos. O *malvasia* das suas fazendas na freguezia do Campanario, conhecida ao presente pela denominação *Fajã dos Padres*, sempre teve singular estima no commercio.

E, se á estes grandes *rendimentos certos*, *deduzidos de fontes permanentes*, juntarmos os *proventos eventuaes* de promessas, legados, &c.ª, &ć.ª, seguramente não seremos exagerados calculando os reditos desses Padres, nesta ilha da Madeira, ao tempo em que foram expulsos, em vinte contos de réis annuaes, além das rezes de diversas especies, cereaes, legumes, hortaliças, lenhas, &c., que de suas fazendas gastavam.

Ora, na primeira folha dos alludidos autos de sequestro, vem a relação dos Jesuitas que, a esse tempo (1759), existiam nesta ilha. Eram *onze padres:* —José Cordeiro, V. R.ºr, Joaquim da Cunha Miranda, Jeronymo da Gama, Pedro Theodor, Ricardo Borhi, Manoel de Aguiar, José Salgueiro, Antonio de Carvalho, Antonio do Valla, José Marques, e Filippe de Araujo. *Dois irmãos*: José Leite, M.e da Pr.ª, e Filippe Semedo, M.e da Seg.ª. E *seis irmãos coadjutores*: Antonio Xavier, Manoel de Mesquita, Manoel Rodrigues, Pedro dos Sanctos, Antonio de Andrade, e Antonio de Meyrelles. *Dezenove*, ao todo.—Correspondia, pois, a cada um delles mais de um conto de réis de rendimento annual.—Não é, porisso, de admirar que tivessem, como da mesma folha infra dos dictos autos consta, só no collegio da cidade, *treze moços e tres escravos*; isto é, quasi tantos servos quantos amos. E dos servos, *dois eram forneiros*, e *dois, cosinheiros*, o que mostra não ser pequena a uzaria. Para a porta dos pobres tinham só um rapaz.

Os Jesuitas foram expulsos de Portugal e seus dominios pela lei de 3 de septembro de 1759: contando, pois, o definitivo estabelecimento delles neste archipelago desde a carta régia de 20 de agosto de 1569 e apostilla de 7 de janeiro de 1570, estiveram esses padres na ilha da Madeira uns cento oitenta e nove annos.—A sua dotação, como vimos, foi de 600$000 réis annuaes, o que, em 1570, muito era: mas, pouco a pouco os Jesuitas foram constantemente subindo em haveres e rendimentos ao ponto de opulencia e regalo que já mostrámos. Orçamos, portanto, e sem demasia, ividade a deze contos de réis os reditos annuaes á Companhia de Jesus nestas ilhas, por cada um daquelles cento oitenta e nove annos, o que se eleva á somma de uns 2:150:000$000 réis, no decurso de todo esse periodo.

Quanto estas riquezas contrastam com aquelle voto estatuido pelo fundador da Ordem dos Jesuitas, e por virtude do qual D. João III «*pasmava de ver a grande disposiçam e perfeiçam da pobreza da Companhia*», como, na Chronica da mesma Companhia, parte II, liv. IV, cap. XIV, § 7.º, refere, extasiado, o P.º *Balthazar Telles!*—E remata elle o §, dizendo que essa *pobreza* era para que, *como diz Christo,....dessemos gratis o ꝗ gratis recebemos; pera que com melhor vontade nos demandassem aquelles, que com maior obrigaçam buscamos: & pera que com mais liberdade, & edificaçam dos proximos, podessemos exercitar nossos ministerios; tendo por preço de nossos trabalhos, o bem, & o proveito de suas almas, que nem pòde ser maior, nem nós o queremos melhor; & antam nos damos por mais satisfeitos de nossos empregos, quando nos vemos mais empregados no serviço das almas, escolhendo por premio o trabalho, & por satisfaçam propria o proveito alheio.*»

Eis as palavras. Já conhecemos os factos.—Comparem-se, e ajuize-se.

III

FINS, MEIOS, E RESULTADOS.

A Companhia de Jesus tinha por *fins*, conforme suas constituições:—1.º a instrucção dos fieis catholicos na doutrina e virtudes christãs;—2.º a conversão dos herejes e infieis.—Os principaes *meios*, para obter estes fins, deviam ser a predica; o confessionario, os exercicios espirituaes, e a instrucção e educação da mocidade.—Em harmonia com isto, a carta de 20 de agosto de 1569 fundou e dotou o collegio dos Jesuitas na cidade do Funchal, como vimos (pag. 738), afim de occorrer «*á grande necessidade que disso havia, para reformação dos costumes, e mais veneração do Culto Divino, principalmente em tempos tão calamitosos, e em ilhas onde havia tanto concurso de estrangeiros;....á salvação das almas; á instrucção da gente; e á pureza da Sancta Fé Catholica, assim com a sua Doutrina,....como com as mais occupações....conforme a seu Instituto, e Constituições.*»—E a dotação era para sustento «*dos Padres da Companhia; que no collegio residissem estudando, e lendo Latim e Casos de Consciencia, e exercitando-se nos mais ministerios que a dicta Companhia tinha por seu Instituto, e Constituições.*»

Taes os *fins* para que estes padres aqui foram mandados, e os *meios* que deviam empregar. Em uns e outros se cifrava a sua missão.

Cumpriram-na? Prestaram, conforme seu instituto, serviços nesta ilha que compensassem o despendio daquelles cinco milhões de cruzados que auferiram? —Examinemos.

Em geral.—Instituição alguma tem sido julgada tão contradictoriamente como a Companhia de Jesus: no voto de uns, os Jesuitas foram sanctos; no de outros, foram demonios. Por nós, acreditamos na sinceridade das crenças, ideias, e systema do seu instituidor; e dos seus missionarios; respeitamos os seus heroes e os seus sabios; e não podemos convencer-nos de que tantos milhares de homens, e entre elles muitos illustres por virtudes e lettras, se associassem e cooperassem, sciente e voluntariamente, para o mal. Affirmar isso seria calumniar não os Jesuitas só, mas a natureza humana. A Ordem de Jesus foi a concepção catholica unica ao nivel do capital acontecimento do seculo xvi, o protestantismo: foi a disciplina da intelligencia, na lucta das intelligencias; foi o absolutismo nos espiritos, a disputar palmo a palmo a liberdade dos espiritos.—Os Jesuitas foram, na esphera ecclesiastica, nem mais nem menos, o prototypo dos conservadores; foram a aberração de uma ideia, que em si mesma tem certa porção de verdade, de justiça, de nobreza; mas não os obreiros de um calculado attentado social. Isto no curto e glorioso periodo ascendente da Ordem.—Depois (era inevitavel), o celebrado preceito «perinde ac cadaver», que, na peleja, fora a unidade de acção, o todos por um e um por todos, passou, consolidada a instituição, a ser, para os chefes, estimulo de ambições e arma de predominio pessoal; para os subditos, commoda theoria de materialismo religioso; e a Ordem, em logar de theologos, sabios, e missionarios, passou a ter intrigantes, sophistas, e negociantes. Porisso, nesta quadra de predominio ostensivo, e de decadencia real, acharam-se os Jesuitas de rosto, não tanto com o protestantismo, já eivado tambem, quanto com os jansenistas, os philosophos do seculo xviii, e o poder politico, no centro do catholicismo mesmo: e ficaram alfim derrotados.—A reacção contra a Companhia de Jesus foi quasi geral. A Inglaterra tinha-a banido em 1581 e 1601; a Russia expulsou-a em 1717; Portugal, em 1759; França, em 1762; Hespanha, em 1767; e o papa Clemente xiv extinguiu-a pela bulla Dominus ac Redemptor, em 23 de julho de 1773.

O seculo xviii, representado na esphera religiosa pelos jansenistas, e na esphera scientifica e social pelos encyclopedistas, cumprio o seu dever, e estava no seu direito: o Papado e os monarchas absolutos, porém, foram meros instrumentos do espirito desse seculo, e contradictorios comsigo mesmos; porque a Companhia de Jesus, constituida e mantida pelos principios communs a ella, a esses monarchas, e ao Papado, a saber, crença passiva e cega obediencia hierarchica, com elles faria causa tambem commum, no conflicto desses canones ultra-auctoritarios contra os principios da liberdade moderna. Porisso, o papa e os reis por graça de Deos arripiaram caminho; Pio vii restabeleceu a Companhia de Jesus em 1814; e quanto mais a liberdade politica e social progride e se vae consolidando, tanto mais tambem aquelles tres poderes, o Papado, o monarchismo e os Jesuitas, animados das mesmas ideias, se identificam no mesmo interesse.

Nesta ilha, porém, esses padres foram pallido reflexo da Companhia de Jeras.—Os séus mesmos panegyristas apontam apenas sepie jesuitas madeirenses como illustres, uns em lettras, outros em virtudes, no decurso daquelles cento oitenta e nove annos que essa Ordem existiu na Madeira, a saber: *Luiz Gonçalves da Camara, Sebastião de Moraes, Luiz de Moraes, Antonio de Moraes o cégo, Valeriano Mendes, João Nunes, e Manoel Alvares* (1). Mas, verdadeiramente notado em lettras foi só este Padre Manoel Alvares (1526-1583), natural do logar da Ribeira-Brava, e auctor da obra *De Institutione Grammatica libri tres*, impressa em Lisboa, por João Barreira, em 1572; obra celebrada, por muitos annos de uso no ensino em Portugal e no extrangeiro, e depois varias vezes reimpressa.—Quanto a escholas, os Jesuitas sómente tiveram nestas ilhas as *aulas do pateo*, onde ao presente está o *Lyceu Nacional*, nas quaes eram ensinadas as poucas disciplinas de que as *Saudades da Terra* dão noticia (vid. retró, pag. 204), sem que avultasse nellas professor, ou alumno algum, de que achassemos memoria, e tão mal policiadas, que foi mister, pelas provisões régias de 1577 e 1725 (*Arch. da Cam. do Funchal*, tomo iu, fl. 162, e tomo viii, fl. 28), auctorisar os padres da Companhia de Jesus a mandar prender os estudantes de suas escholas, devendo, para a prisão destes, quaesquer meirinhos obedecer a esses padres, e a prisão ser mantida sem admissão de embargos por motivo algum, faculdade essa que as escholas seculares nunca até agora tiveram, nem precisaram ter. O referido Manoel Alvares professou o instituto dos Jesuitas em Coimbra, 1544, e só vinte e oito annos depois deu a mencionada grammatica. Luiz Gonçalves da Camara fez os estudos em Paris; Sebastião de Moraes, na Italia; Antonio de Moraes, João Nunes, Valeriano Mendes, em Coimbra: Luiz de Moraes, ignora-se onde. As aulas do Funchal foram obscuras, ou nullas.— Tambem não achámos commemorados oradores Jesuitas nesta ilha. Ao contrário; com quanto, pelo seu instituto e carta de dotação, tivessem a obrigação da predica, vê-se das *Memorias....do Estado Ecclesiastico na Ilha da Madeira*, que esse trabalho ficou quasi todo a cargo dos frades franciscanos e dos parochos. A sé do Funchal teve de principio um só prégador, por alvará de 18 de fevereiro de 1557, e passou a ter dois, pelo alvará de 15 de novembro de 1591, sendo este pulpito dado aos franciscanos: o primeiro nelle provido foi Fr. Aleixo, apresentado pelo bispo D. Jorge de Lemos (*Memorias*, pag. 79). Houve neste archipelago nove collegiadas, cada uma com um prégador, mas sómente a da Ponta do Sol e a da Calheta tiveram prégadores jesuitas (*Mem.*, pag. 238 e 254); eram franciscanos os da collegiada de Machico (*Mem.*, pag. 302), de

---

(1) Temos em nosso poder o manuscripto authographo de um jesuita, que tem por objecto o esboço biographico dos jesuitas madeirenses, e não aponta mais que estes septe. Diogo Barbosa Machado, na sua Bibliotheca, só menciona, além de Manoel Alvares, os Padres Luiz Gonçalves da Camara, Sebastião de Moraes, e Luiz de Moraes, todos, salvo o primeiro, auctores de escriptos insignificantes, ao presente esquecidos, cuja noticia se póde ver na mesma Bibliotheca.

Sancta-Cruz (*Mem.*, pag. 336), de Camara de Lobos (*Mem.*, pag. 208), e de Porto-Sancto (*Mem.*, pag. 405): eram prégadores os parochos das respectivas parochias na collegiada de Sancta Maria Maior (*Mem.*, pag. 156), na de S. Pedro (*Mem.*, pag. 169), e na da Ribeira-Brava (*Mem.*, pag. 225).—Infieis a converter não os havia no archipelago.—De terem os Jesuitas convertido bereje algum não ha noticia. Pelo inverso succedeu talvez: nas citadas *Memorias...do Estado Ecclesiastico* encontrámos as seguintes indicações: 1.ª «Provisão do Desembargo do Paço, de 24 de Setembro de 1718, para se notificarem os Capitaés dos Navios, e Consules respectivos, para não levarem Religioso algum, sem expressa licença de seus Prelados, sob pena pecuniaria, e de prisão (pag. 145). 2.ª «Provisão do dito Desembargo, de 21 de outubro de 1729....para que, sendo notificados quaesquer Capitaés de Navios, e Consules respectivos, para não levarem Religioso algum, sem licença expressa do seu Prelado, na forma da Provisão de 24 de Setembro de 1718, e faltarem ao cumprimento della, paguem 100$000 réis de condemnação para os captivos, e um mez de cadeia (pag. 145 e 146).» E estás providencias mostram que, bem longe de esses padres trazerem ao gremio da igreja alguns herejes extrangeiros, nem podiam impedir que dos religiosos mesmos alguns fugissem para os paizes desses extrangeiros, de cujo contacto se mostra tão receiosa a supra transcripta carta da dotação dos Jesuitas.— De não terem os Jesuitas sido uteis no confessionario e em exercicios espirituaes neste archipelago dão prova as abusões e credulidades superstidosas em que deixaram cahir estes povos, do que não faltam exemplos tanto nas *Saudades da Terra*, como nestas *notas*.—O Padre Luiz Gonçalves da Camara, do qual as mesmas *Saudades da Terra* tão lisongeiramente fallam (*vid retró*, pag. 211 e 212), foi mestre e confessor de D. Sebastião, e quem mais concorreu para que este fogoso rei se incendesse naquelle arrebatado enthusiasmo religioso que o impelliu á morte nos areaes d'Africa, e que deixou Portugal nas mãos de Hespanha: esse theologo-politico foi um dos principaes, senão o principal autor da ruina da patria.

Se a isto junctarmos a opulencia e o mercantilismo em que os reis achar o sequestro de 1759, teremos o bosquejo historico dos Jesuitas no archipelago da Madeira.

Contemplando de dentro do seu proprio instituto os Jesuitas na Madeira, é, pois, patente que não cumpriram a missão que sobre si tomaram; locupletaram-se na quasi inercia, com as riquezas que as crenças das gerações passadas só queriam e cuidavam dar á virtude e á sciencia prestadias; e, salvos esses sete nomes, um dos quaes está perpetuamente vinculado á maior catastrophe da nacionalidade portugueza, serão os Jesuitas sepultados no olvido da historia, sem bençãos, nem saudades.

Eis o que os Jesuitas foram, e o que fizeram nesta ilha da Madeira durante quasi dois seculos.

NOTA XXXI

Tristão Vaz da Veiga.

«Nesta Fortaleza (de S. Gião da Barra de Lisboa) esteve até D. Antonio, Prior do Crato, se levantar em Santarem; o qual, vindo a Lisboa, e apertou com muitas cartas e recados por pessoas graves, estando ja recebido por Rey, que lhe entregasse a dita Fortaleza, o que não fez por muitos dias... E tornando D. Antonio de Setuhal a Lisboa, o tornou a apertar que lhe désse a Fortaleza. E vendo elle que este estava recebido por Rey em Lisboa, e que não tinha na Fortaleza mais que sessenta homens, a maior parte dos quaes tinham suas mulheres e filhos nos logares de redor e desejando de se entregar, havendo naquelle tempo com toda a inteireza e singeleza de ânimo defendido aquella Fortaleza pelos Governadores que lha entregaram, e vendo tambem que não tinha munições, nem mantimentos para se defender, escreveo a D. Antonio huma carta em que lhe entregou a dita Fortaleza, da qual lhe não fez menagem, nem juramento... Andando o tempo, veyo o Duque de Alva a cercalo, e depois de o bater tres dias, teve medo de por humas mulheres, que fingiam hir ver huma filha e genro que na Fortaleza tinham, lhe mandou huma sentença, dada em Castromarim, pela mayor parte dos Governadores a quem elle tinha feito a menagem da Fortaleza, na qual julgavam o Reyno por El-Rey Phelippe Nosso Senhor, e lhe mandavam entregala ao Duque, desobrigandoo da menagem e juramento que tinha feito. Vendo isto, lha entregou com consentimento de todos os que nella estavam.»—Pag. 151 e 152.

«A 25 de Fevereiro do anno de 1582, El-Rey D. Felippe Nosso Senhor, havendo respeito aos muitos e grandes serviços que este valeroso Capitam Tristam Vaz da Veiga, Fidalgo de sua Casa e Conselho, tinha feito nas partes da India e no cerco de Maleca sendo capitam della, e ao modo com que procedeo no tempo das alterações do Reyno, e na entrega da Fortaleza de S. Gião, em que estava por capitam, lhe fez mercê da Capitania de Machico, da Ilha de Madeira... E depois, vendo Sua Magestade quanto cumpria a seu serviço e defensão da Ilha da Madeira haver nella pessoa que entendesse nas cousas de guerra, e a posesse em ordem, a qual convém que nella haja para este effeito de sua defensão, e confiando deste excellente Capitam Tristão Vaz da Veiga que o serviria nisto como delle esperava, o enviou a dita ilha por general e Superintendente das cousas da guerra de ambas as Capitanias della... debaixo de cujo só nome, quanto mais presença, amparo e sombra, podem dormir sem sobresalto, quietos e seguros, seus ditosos moradores.»—Pag. 153 e 154.

«Oh! tres, e quatro, e cem mil vezes bem aventurados aquelles que, neste tempo de tanta angustia do Reyno, intempestivamente morreram.»—Pag. 405.

O *Dr. Gaspar Fructuoso* escreveu as *Saudades da Terra* em 1590; portanto, sob a pressão do dominio hespanhol. Elle mesmo, em diversas passagens da obra, timido revela, a travez de transparentes desfarces, dor pela sugeição da patria, e aversão aos dominadores.

Só esta coacção póde atenuar o lisonjeiro artificio e servís encomios com que explica e engrandece o proceder de Tristão Vaz da Veiga.

Este Veiga, bem longe de merecer honrada menção nos annaes portuguezes, é um daquelles homens que a historia condemna por traidor á patria, sempre prompto á abraçar a causa do vencedor, e a abandonar a do vencido; hontem, pelos governadores do reino; hoje, por D. Antonio, Prior do Crato; ámanhã, por Filippe II, de Hespanha. [1]

Para que, pois, se forme de Tristão Vaz da Veiga juizo exacto, transcrevamos o que um illustre historiador diz delle:

MELINDROSA E TIMORATA CONSCIENCIA.

.... Tristão Vaz da Veiga, designado pela sua conhecida opposição a Castella, recebeu *(dos governadores do reino)* as chaves da Torre de S. Julião, augmentadas as forças de presidio.

Apesar do terror que infundiam os esquadrões em marcha de D. Filippe, e da pouca segurança e firmeza que offereciam as esperanças de D. Antonio, desamparado, ou hostilisado pelos nobres, e só applaudido pelos bandos populares, varias terras e povoações importantes, situadas nas margens do Tejo, e outras mais distantes, responderam favoravelmente ás suas cartas, reconhecendo-o, e proclamando-o. A sublevação de Setubal não lhe foi menos proveitosa que a de Santarem. Cascaes tomou a sua voz, assim que a mulher de D. Antonio de Castro se retirou, assustada com a nova da quéda dos governadores; e a fortaleza de S. Julião tambem não insistiu na recusa de lhe entregar as chaves.

A' importancia d'esta praça, levantada como padrasto á entrada da Barra de Lisboa, tinha desde logo attrahido os cuidados do pretensor: mas o governador, Tristão Vaz da Veiga, repellíra até então todas as propostas, redarguindo, que, ligado pelo seu juramento, só a renderia a quem a auctoridade legitima dos cinco fidalgos eleitos pelo cardeal ordenasse; pois da mão delles a recebéra, e na mão d'elles se obrigára, em virtude de preito e menagem, a conserva-la fiel e obediente.

Abrandaram-se, porém, os escrupulos d'esta melindrosa e timorata consciencia; assim que, senhor de Setubal, o principe lhe communicou por escripto a fugida dos governadores, e lhe tentou a cobiça com a promessa de quatro mil ducados de renda. Prevalecendo-se da ausencia forçada de D. João Mascarealhas e dos seus collegas, e invocando-a como fundamento da annuencia, o capitão aceitou o preço offerecido, declarou-se em favor do filho de Violante Gomes *(D. Antonio, prior do Crato)*, e protestou sepultar-se debaixo dos muros derrocados pelas balas, para não faltar á lealdade que afiançava.

Foi grande a alegria causada por esta adhesão na pequena córte do prior de Crato. S. Julião assegurava-lhe a posse da bóca do Tejo, e defendia a cidade dos assaltos e estragos da esquadra do marquez de Sancta-Cruz.

O duque de Alva, entretanto, não se apressava muito. Só a 8 de agosto é que, marchando de vagar, elle deu mostra de si e do exercito á praça de S. Julião, governada, como dissemos, por Tristão Vaz da Veiga, aquelle mesmo capitão, que a entregára a D. Antonio em virtude de um pacto nada desinteressado.

Quinhentos homens formavam a guarnição, bem provida de armas e petrechos, e o reducto erguido no sitio chamado da Cabeça Secca, aonde hoje campeia a torre do Bugio, cooperava para o bom exito da resistencia, acabando de fechar a entrada da barra aos inimigos.

Parte da infanteria hespanhola occupou Oeiras, aonde o duque estabeleceu o seu quartel general. Os terços castelhanos, os de Napoles e Sicilia, e os lombardos com a coronelia de Prospero Colona apoderaram-se de uma collina a setecentos passos do castello e do rio. O terço de D. Rodrigo Çapata, com as bandeiras de D. Gabriel Niño e de Luiz Henriques, e os italianos do prior da Hungria e de Carlos Spinelo, e parte da infanteria allemã do conde Jeronymo de Lodron guarneceram os outeiros proximos de Oeiras, que olham para Lisboa, com o fim de interceptarem o caminho a D. Antonio, se imaginasse interromper o cerco, e de sustentarem os trabalhos dos gastadores e engenheiros na direcção das baterias e aproxes.

As galés, fundeadas a distancia de tiro de canhão da praça, que jogava trinta bócas de fogo montadas nos quatro pequenos baluartes de que então se compunha a sua fortificação, tinham sido chamadas para coadjuvar as operações.

Do acampamento castelhano descobria-se grande parte do rio, não só até Belem, porém mais longe quasi até Lisboa.

Começaram n'essa noite mesma as obras do sitio, abrindo os de fóra trincheiras desde a collina situada a setecentos passos da praça, e fronteira ao baluarte da esquerda, e acudindo os de dentro a reparar os parapeitos e cortinas, cravando estacadas, e revestindo-as de fachinas e cestos de terra, aonde as balas quebravam amortecidas.

Não nos deteremos com as particularidades de um sitio, que terminou, como os outros, por um acto de venalidade.

S. Julião, abastecida de meios de defeza, e podendo demorar o inimigo, preferiu deshonrar-se, entregando-se cobardemente. Não foram as peças plantadas defronte d'ella, que a intimidaram; os pelouros não derrocaram os muros e parapeitos de modo que as brechas a desarmassem; rendeu-se no fim de poucos dias áquelle mesmo invencivel inimigo, que ainda não batêra quasi a uma só porta de cidade, villa, ou castello nosso, que a não fizesse logo abrir de par em par pela corrupção!

Principiaram as confidencias secretas entre os castelhanos e o alcaide por intervenção de certas mulheres de soldados, introduzidas na fortaleza sob pretexto de visitarem os maridos.

Uma d'ellas deu a Tristão Vaz o recado do duque de Alva. Era em termos concisos a proposta de uma perfidia galardoada com premio exorbitante, e a lembrança do tragico fim de D. Diogo de Menezes em Cascaes. Para que havia de perecer uma guarnição numerosa inutilmente, quando todos podiam salvar-se, e serem recebidos de braços abertos pelo general e suas tropas?

O capitão tudo escutou sem se agastar, e respondeu, que nada lhe tinham mandado dizer até então, mas que, se queriam d'elle alguma cousa, lh'o fizessem constar claramente. Uma carta do orgulhoso chefe da familia dos Toledos, carta em que as promessas mais largas corrigiam as ameaças directas, encetou a negociação. «Prézo mais a honra, do que a vida e as riquezas, replicou Tristão Vaz da Veiga; entretanto, estou prompto a ouvir o que sua excellencia propozer. Não desejo a effusão inutil do sangue catholico, mas devo obedecer ás leis da honra. Preciso saber o que o duque quer communicar-me; envie-me a sua resalva, suspenda o fogo, e irei ao acampamento!»

Estas condições foram aceitas; e o governador da fortaleza, em pleno dia, veiu ao quartel do inimigo. Tratou em nome de seu pae o prior mór D. Fernando. A conferencia correu larga; e quando terminou, a consciencia melindrosa de Tristão Vaz estava esclarecida. O direito e a justiça de Filippe II tornaram-se para elle tão manifestos, que todas as suas hesitações desappareceram. Não foi excessivo o preço. O rei catholico não pagou mais ao alcaide, do que lhe daria D. Antonio, se continuasse a servi-lo com fidelidade. O cartaz, que obrou o milagre, promettia-lhe sómente a villa de Machico e tres mil cruzados de renda; na realidade o serviço não valia menos!

A artilheria dos castelhanos, nos dias que durou o cerco, apenas havia morto vinte homens e ferido trinta, e as fortificações estavam ainda longe do estado de ruina, que auctorisa um militar brioso a annuir ás propostas de capitulação.

Poucas horas depois de ajustado e concluido o contrato pessoal do governador, a guarnição depoz as armas e retirou-se, por entre alas de cavallaria inimiga, sem caixas nem bandeiras, em numero de quatrocentos e cincoenta soldados. Nas suas costas entraram logo quinhentos arcabuzeiros do terço de D. Gabriel Niño para tomarem posse da praça: e no dia seguinte, sessenta galés fundeadas entre Cascaes e a torre, levando no meio as capitanias de Napoles, Sicilia e Hespanha, metteram as proas á barra, e franquearam-a no meio do e-

rondo das salvas de bordo e dos baluartes da fortaleza, que applaudiam a vista
lo seu estandarte e a facilidade da victoria.

Os defensores do reducto da Cabeça Secca, vendo as galés de voga arran-
ada, e conhecendo pelas suas manobras, que S. Julião se tinha rendido, de-
amparáram á pressa os parapeitos inuteis, e embarcados em chalupas recolhe-
am-se a Belem, unindo-se á armada de D. Antonio. Pedro Barba, capitão do pre-
idio, fóra, tambem tentado pelos emissarios do duque; porém, mais honrado que
Tristão Vaz, recusou-se com inteireza. É provavel que o castigasse o patibulo,
e a fugida o não poupasse á colera do vencedor.

A quéda da torre abriu a entrada do Tejo aos navios de Filippe II, e ap-
proximou a hora de uma batalha decisiva.

Rebello da Silva, Hist. de Portugal, tomo II, pag. 185, 443, 444, e 516-520.

NOTA XXXII

Instrucção publica e litteratura.

«... *Berthofameu Palestrello*, primeiro capitam do Porto-Sancto..., foi casado com *Beatriz Furtada de Mendoça*, da qual houve... *Hizeua Palestrella*, que foi casada com Pedro Correia, senhor da Ilha Graciosa.»—Pag. 51.

«... Ainda antes que na cidade entrasse, está a igreja de Nossa Senhora do Calháo... junto da *ribeira de João Gomes*.»—Pag. 89.

«Este *(primeiro)* capitam de Machico, Tristam, foi tão estremado por
seu esforço... que communmente lhe chamavam *Tristam*, sem mais sobrenome, por honra de sua cavallaria....El-Rey lhe escrevia e os Infantes, e
sempre o nomeavam por *Tristam da Ilha*... Foi casado com *Branca Teixeira*... e della houve...: *Tristam Teixeira*, que se disse *das Damas*, e
herdou a casa; e *Henrique Teixeira*, que foi casado com *Beatriz Vaz Ferreira*... Houve este... de sua mulher os filhos seguintes:... *Maria Teixeira*, que foi casada com *João de Abreu*...O quarto e ultimo filho do capitam Tristam se chamou *Lançarote Teixeira*.»—Pag. 113-115.

«*Tristam Teixeira das Damas*, primeiro do nome, e segundo capitam
de Machico..., chamou-se *das Damas*, porque foi muito cortezão, grande
dizedor, e fazia muitos motes ás damas, e era muito eloquente no fallar.»
—Pag. 116.

«... Mandou o... capitam Zargo pedir a Sua Alteza homens conformes á
sua calidade, para lhes dar suas filhas em casamento: e El-Rey lhe mandou
quatro Fidalgos, donde procedeo a mais illustre e nobre geração da ilha. A
primeira, que de *Beatriz Gonçalves da Camara* havia nóme, foi casada com
Diogo Cabral,... de quem houve... *Joanna Cabral*, mulher de *Duarte de
Brito*;... e outra, casada com *Ruy de Sousa*, o *Velho*; e outra, casada com
Ruy Gomes de Gram, Guarda Mór da Excellente Senhora.»—Pag. 166.

«Os Padres da Companhia...no collegio ensinão Theologia Moral aos clerigos, e Latim e Rhetorica aos leigos.»—Pag. 294.

«...De *Gonçallo Ayres Ferreira*...,dizem que fez o *Descobrimento da Ilha da Madeira*,...escripto...em tres folhas de papel: e o Reverendo Conigo, não menos docto que curioso, *Hyeronimo Dias Leite*, Capellão de Sua Magestade, depois o recopilou, e acrecentou, e lustrou com seu grave e polido estylo, escripto em onze folhas de papel.»—Pag. 304,

A historia litteraria do archipelago da Madeira é ramificação da de Portugal; segue analogo trilho; não é pobre de auctores; repercute significativamente o estado moral e social; interessa e instrue. Omittir, pois, nestas notas o esboço della seria imperdoavel falta. O estar, como está, por escrever, é rasão que mais obriga a pormos aqui o pouco que sabemos della, e titulo ao agradecimento, e escudo contra censuras.—Mãos á obra.

Divide-se em cinco periodos, conforme as phases que a instrucção publica e a litteratura tomaram.

PERIODO I. ARISTOCRATICO. 1420-1566. — Comprehende a quadra do predominio dos donatarios, os quaes neste archipelago mantiveram de facto, ainda mesmo atravez das reformas de D. João II e de D. Manoel, a preponderancia aristocratica, maxime em quanto a fidalguia local, pouco numerosa e intima por parentesco, junctava á influencia das tradições, ao senhorio da terra, e ao espirito de classe, o laço de familia. Os donatarios eram quasi reis; os golpes, vibrados pelo monarchismo, chegavam cá embotados pelo tempo e pela distancia. —Porisso, neste archipelago perduraram, muito mais que no continente, as ideias, os costumes, o gosto, o aspecto social e moral da idade-média, de par com os habitos e superstições maritimas, e morosamente modificados pela acção do poder *real*, que só no decurso do seculo XVI aqui supplantou de todo os donatarios.

Instrucção publica.—D. João I e seus filhos, seguindo o movimento da Europa, deram em Portugal, especialmente entre os moços fidalgos e gente da. côrte e seu serviço, impulso á diffusão das sciencias e das lettras, para o que muito concorreu a illustrada rainha D. Filippa, mulher desse rei cavalleiro.—D. João I reforma a Universidade. D. Duarte, seu successor, e o infante D. Pedro fomentam, pelo exemplo e favor, a instrucção scientifica e litteraria. O grande Infante D. Henrique, dedicado aos estudos cosmographicos e nauticos, funda a estação e eschola naval de Sagres. E em quanto, pelo seguir dos tempos, reduzida a fidalguia portugueza a mero satellite do monarchismo, os poetas palacianos fervilhavam nos celebrados *serões do paço* com seus motetes de galanteio ás damas e chasques aos namorados, outras pessoas nobres tambem, de espirito mais varonil e emprehendedor, se aventuravam aos mares pouca dantes navegados em busca de novas terras e novos caminhos atlanticos.

No reinado de D. Manoel a instrucção da nobreza era considerada tão importante, que os moços fidalgos não podiam tomar moradia sem apresentar attestados de seus professores. Mas tudo isto era privilegio de poucos. No reino a instrucção não era publica, senão excepcional. Havia a Universidade em estado florente; ao lado della, estudos de *humanidades:* porém a eschola primaria não existia, e o ensino e estudo da lingua patria estavam circumscriptos a curiosidade particular. A primeira *grammatica da lingoagem portuguesa* foi a do *P.* *Fernão de Oliveira,* impressa em janeiro de 1536: a primeira *cartinha para aprender a ler* foi a de *João de Barros,* publicada em 1539: a segunda *grammatica da lingua portugueza* foi a do mesmo *João de Barros,* dada ao prelo em 1540: e tão pouco consummo tiveram estas obras, que só as duas de *Barros* foram reimpressas, e uma só vez, em 1785, não como livros de ensino, mas como meras raridades bibliographicas.—Nesses tempos só o clero e até certo ponto a fidalguia se davam a estudos: o povo jazia em completa ignorancia.

Nestas ilhas, era analogo o estado da instrucção. De principio só a tinham aquelles que no reino ou em outros logares da Europa a houveram adquirido. Depois, alguns fidalgos foram á côrte educar-se; outros, ao extrangeiro, como se rê do testamento de Nuno Fernandes Cardoso, feito em 1511, no qual destinou meios para as despezas de um de seus filhos, que estava a estudos na Rochela; e raros teriam ensejo de instruir-se nestas ilhas. Escholas nenhumas aqui havia. O unico facto relativo a instrucção que achámos para registar neste periodo foi o da creação da dignidade de *mestre-eschola* na sé do Funchal, por carta de D. Manoel, expedida em 6 de dezembro de 1514, e bulla de Leão x, do mesmo anno.

Litteratura.—Vasada neste molde, tomou feições analogas á do continente de Portugal a litteratura madeirense.—Porisso tambem, neste periodo, aqui se acclimaram:—na *poesia,* 1.º o *romance narrativo* dos tempos cavalheirosos até D. João I; e 2.º a *poesia palaciana,* galanteadora e arguta, á imitação da *dos serões do paço,* inaugurada no segundo quartel do seculo xv:—e na *prosa,* 1.º as *lendas* atlanticas, e as religiosas; 2.º as *relações historico-maritimas;* e 3.º os *nobiliarios.*

Romance narrativo.—A licção das novellas cavalheirescas, o gosto, a moda, ou melhor, todas estas causas junctas, faziam que tanto a fidalguia do reino, como a madeirense, fossem affeiçoadas a nomes não só de heroes e damas dessas novellas, como observa o sr. *Theophilo Braga,* na obra *Poetas Palacianos,* cap. I, mas até de paizes em que se figuravam succedidas.—*Tristão de Léonois, Lancelot do Lago,* e *Yseult* são desses personagens; *Gaula* é a patria do protagonista de uma dellas; *Amadis de Gaula* é o titulo da celebre novella attribuida ao nosso *Vasco de Lobeira,* contemporaneo de D. João I. E nestas ilhas abundaram, nos principios deste periodo, ós *Tristões,* desde *Tristão Vaz,* ou simplesmente *Tristão, Tristão da Ilha,* primeiro capitão donatario de Machico, assim designado, não por inferioridade em referencia a Zargo, mas ao revez, por uma especie de celebridade poetica do nome, «*em honra de sua singular cavallaria e nobreza*,» como escreve *Fructuoso (pag.* 113, *retró)*, copiado por *Antonio Cordeiro*, na *Historia Insulana*, liv. III, cap. IX, § 54: houve tambem nestas ilhas mais de um fidalgo chamado *Lançarote (vid. retró, pag.* 115), manifesta corrupção de *Lancelot:* Bartholomeu Perestrello, primeiro donatario da ilha de Porto-Sancto, poz a sua segunda filha o nome de *Yseu*, ou *Hiseua*, (1) tambem clara viciação de *Yseult:* e, finalmente, *Gaula* é denominação de então dada aos vastos terrenos a oeste da villa de Sancta-Cruz, que formam, desde 1558, a freguezia de Gaula *(vid. retró, pag.* 563).—Além disso, os costumes madeirenses no seculo XV, e ainda no decurso do XVI, conservaram o typo medieval, como já dissemos, do que são seguras provas a *coutada* e *faustosas caçadas* de João Teixeira; a *casa acastellada* de Garcia Homem de Sousa, para fazer-se forte contra seus cunhados; as *cavalgatas, jogos de canas*, e *escaramuças apparatosas* de Lançarote Teixeira; as *aventuras* de Marcos de Braga e Antonio do Carvalhal; os *despiques* entre Pedro Ribeiro e Domingos de Braga; a barbara *vingança* de Tristão Vaz contra Tristão Barradas; a tragica *morte* de D. Aldonça Delgada; o *amor sensual* de Antonio Gonçalves da Camara por sua prima D. Isabel; os *bandos* que se levantaram por parte de um e outra; o *casamento*, o *convenio*, e o *banquete* com que esta *questão de familia* rematou; e outros *successos* mais, de que fazem menção as *Saudades da Terra* e estas notas.—Em analogia com tal gosto e costumes publicos e privados, não podia deixar de implantar-se nestas ilhas, como, de feito, se implantou, o *romance narrativo*, facto este que foi a primeira manifestação litteraria do gremio madeirense.

Os monumentos deste genero poetico passaram á tradição popular. Pouco ha que começámos a explorar esta mina, mas logo á flor do solo se nos deparou veio promettedor (2). De uma só pessoa, mulher analphabeta, da freguezia do Porto da Cruz, obtivemos por dictação de memoria, além de outros, os tres seguintes romances, que, por specimen, agora archivamos sem correcções, para lhes conservar, quanto em nós seja, o typo e sabor proprios.

(1) Por estas duas fórmas o achamos nos manuscriptos madeirenses. Já no Cancioneiro de D. Diniz (apud F. Wolf, Studien &: Zur Geschichte der portugiesischen Literatur in Mittelalter, pag. 706) se lê:

Qual mayor posse'e o muy namorado
Tristão, sey ben que non amou Iseu,
Quant'eu vos amo, esto certo sey eu.

(2) Abundam d'estes romances na tradição dos camponezes madeirenses, espécialmente na villa de Machico, segundo nos informam. Lidamos em colleccional-os, para dal-os ao prelo em tomo separado, ou conjunctamente com as lendas d'estas ilhas.

I

DONA GALDINA.

Era um rei: tinha tres filhas,
Mais lindas que a prata fina;
Namorou-se da mais velha,
Que se chamava Galdina.

—«Bem poderás tu, Galdina,
Sel-a minha namorada:
Dorme uma noite comigo,
Tu serás mui bem pagada.

—«Não permitta Deus do Ceo,
Nem-na Virgem consagrada,
Sendo eu a vossa filha,
Sel-a vossa namorada.»

Quando El-Rei tal ouviu,
Foi numa terre fechada:
Dava-lhe pedras por pão,
Por bebida agua salgada.

No cabo de septe annos,
Galdina solta deixavam.
Fôra por ahi Galdina
Aonde suas irmãs 'stavam:

—«Ricas irmãs da minha vida,
A quem eu tanto amava,
Dae-me uma gotinha d'agua;
Que quero expedir minh'alma.»

—«Vae-te por ahi Galdina,
Galdina desgraciada;
Se nosso pae tal soubera,
Septe vidas nos tirava.»

Caminha por hi Galdina
Aonde sua mãe estava:
—«Rica mãe da minha vida,
A quem eu tanto amava,
Dae-me uma gotinha d'agua;
Que quero expedir minh'alma.»

—«Vae-te por ahi Galdina,
Galdina desgraciada;
Por amor de ti, Galdina,
Sept' annos de mal casada!»

Fôra por ahi Galdina
Aonde seu pae estava:
—«Rico pae da minha vida,
A quem eu tanto amava,
Dae-me uma gotinha d'agua;
Que quero expedir minh'alma.»

—«Correi, vassallos, correi,
A buscar agua a Galdina,
Em garrafinhas de ouro,
Em copos de crystal fina.»

Cavalleiros não chegavam,
Já Galdina morta estava,
Toda cercada de luzes,
Que Deus do Ceo lhe mandava;
Uma fonte á cabeceira,
E a Virgem lh'a minava.

II

DONA EURIVES.

Andava dona Eurives
Cá e lá, em triste andar,
Chorando-las suas penas,
Que devia de chorar.

Pergunta-lhe a sogra:

—«O que tendes, dona Eurives,
Que vos não seja de grado?»

Falla ella:

—«Por Deus vos peço, á vós sogra,
Por Deus vos peço, rogado,
Que, em vosso filho vindo,
Nada lhe seja contado:
Que eu vou-me além, ao castello,
Carpir aquelle finado.»

A falsa de sua sogra
Por ver o filho vingado,
Tudo que a nora lhe disse,
Tudo lhe fôra contado.
Puxou elle suas esporas,
Tinha o cavallo sellado...

E foi-se ao castello, e disse:

—«Deus vos salve, a vós guardas
Deste castello guardado:
Dizei-me que gente é essa
Que carpe nesse finado?»

Respondem elles:

—«São senhoras e donzellas,
Cousa de grande estado:

Uma carpe marido,
Outras carpem cunhado,
E tambem a dona Eurives
Carpe-lo seu bemamado.»

Falla o marido:

—«Digam-me a essa senhora
Que seu amor é pagado.
Entre duas facas finas
Seu pescoço degolado,
Mettido entre dois pratos,
A seu pae será mandado.»

Ouviu ella, e disse:

—«Matae-me, já que a meu pae
Eu fallar-lhe não sabia:
Que este é que era o meu amor;
Que eu a vós não vos queria.»

«De septe filhos que eu tive
Quatro são de vós, senhor:
Os vossos vestem brilhante;
Os outros... triste rigor.»

«Digam todos que aqui estão,
Digam todos, toda gente,
Se ha peior cousa no mundo
Do que casar malcontente.
Ora adeus, que eu vou-me embora,
Com meu amor....pera sempre!»

Abraçou-se com o morto, morreu, e foi
a enterrar com elle.

A DO JARDIM DO SEU RECREIO.

Passeava uma princeza,
Tão linda, tão engraçada,
Mais linda que a flor bella:
O seu nome era Lisarda.

Seus desvellos e cuidados
Eram no jardim das flores;
Que ella até li não sabia
Que cousa eram amores.

Uma tarde, por acaso,
Um principe á caça andava:
Lá nos altos sobranceiros
A par do jardim estava.

Lisarda lhe põe os olhos,
Tão simples, tão innocente;
Porém com setta d'amor
Seu peito ferido sente.

E diz:
—«O amor não tem alteza;
Eu vou arriscar quem sou;
Vou arriscar minha fama;
D'amor fallar-lhe já vou.»

Responde-lhe a sua dama:
—«Socegue vossa excellencia.
Advirta que não convem
Arriscar a sua fama
Por amor d'um quererbem.»

A donzella:
—«Dizes bem, querida dama.
Desfarçada entre as mais flores,
Sabe-me d'aquelle homem,
Se por mim morre de amores.»

A dama:
—«Isso á minha conta fica.
Elle já, com gram lesteza,
Os passos para nós guia.
Recolha-se vossa alteza.»

Vem o principe, e diz:
—«Aqui dentro neste monte,
E dentro neste jardim,
Uma flor, que não me engana,
Me parece um jasmim.»

A dama:
—«Essa flor que vós dizeis
Mui venera a vossa alteza:
É deste jardim senhora,
E deste reino princeza.»

«Ella vos manda dizer
Que, se algum bem lhe quereis,
Lá por noite, á sua porta,
Uma só falla lhe deis.»

Responde elle:
—«Esta joia, dama minha,
De alviçara vos offereço;
Que eu hei de vir a gosar
Uma flor que mal conheço.»

Diz a dama:
—«Adeus, senhor D. João.
Haja segredo e cautela;
Que eu lhe prometto ser sua
Essa rica flor tão bella.»

Elle:
—«Ora adeus, querida dama.
Dize-me ao meu serafim,
Que eu á noite lá serei
A porta do seu jardim.»

Vae a dama, e falla á princeza:
—«Agora, minha senhora,
Póde ficar mais segura;
Que logo a feliz pessoa
O seu amor lhe aventura.»

Diz a princeza:

—«Esta tarde, dama minha,
Minhas joias ajunctar;
Porque eu á noite pertendo
C'o principe me ausentar.»

«Chega, chega, noite escura,
Dos amantes desejada,
Para que eu feliz alcance
Uma prenda, prenda amada!»

———❦———

Chega o principe:

—«Vós estaes hi, querida d'alma,
Minha affeição adorada?»

Responde ella:

—«Eu cá estou, lindos meus olhos,
Prenda minha, prenda amada.»

Diz elle:

—«Dae-me cá os vossos braços,
Que nelles me quero ver,
Para ver se apago o fogo
Que em meu peito sinto arder.»

Responde ella:

—«Aqui tendel-os meus braços;
Junctamente o coração;
Tambem me póde receber
Por mulher a vossa mão.»

«Vamos embora d'aqui,
Antes que eu seja sentida;
Que logo toda pessoa
Ignore minha fugida.»

Diz elle:

—«Montai-vos aqui, senhora,
Nas ancas deste cavallo;
Que áqui his bem segura,
Sem soffrer nenhum abalo.»

———❦———

Ella a carpir:

—«Mal a fortuna me leva;
Mal a fortuna me guia;
Não sei se me furta um rei,
Se homem de baixa valia.»

Falla elle:

—«Callai-vos, minha senhora;
Não choreis, minha alegria;
Que tambem creio que em França
Mais claras aguas havia.»

«Tenho janellas e paços,
Cousas de grande valia.
Tenho vinte e quatro damas,
Para vossa companhia.
Tudo isto tenho prompto
Para vossa senhoria.»

Ella:

—«Adeus, janellas de vidros;
Adeus, palacios reaes;
Janellas de donde eu via
Os venturosos christaes.»

«Or'adeus, pae da minh'alma,
Qu'eu me vou p'r'a terr'alheia;
A vossa casa, vasia,
Sempre para mim foi cheia.»

«Or'adeus, mãe da minha alma;
Adeus, mãe da minha vida,
Que hoje se ausenta de ti
A tua filha tão querida.»

«Se alguem mais quizer saber
Parte da minha fugida,
Pergunt' em dia dos amores,
Qu'eu delles me vou bem frida.»

Cupido vae pela serra,
Vae chorando, que tem dores;
Vae dizendo: *Viva, viva!*
Morra quem não tem amores!

Poesia palaciana:—A consolidação do poder monarchico, e outras mais causas que não ha aqui logar a expor, reduziram a nobreza á condição de serviçal dos paços reaes, e, com ella, a poesia a mero passatempo de cortezãos. Em volta da realeza se agrupava, como conta o já citado Sr. Theophilo Braga na alludida obra, numeroso sequito de aulicos, que matavam os ocios palacianos contorcendo a poesia a decifrar as intrigas da fidalguia, a apodar as modas italianas e francezas, a imitar as argucias erudictas da renascença, ou a galantear as damas e chasquear os namorados, com o gosto exageradamente lyrico, sensual, escholastico e artificioso dos trovadores de Hespanha: e aquelles mesmos poetas fidalgos, que viviam longe da córte, iam nas pisadas dos que concorriam aos serões poeticos do paço.

O *Cancioneiro Geral*, de *Garcia de Resende*, impresso em Lisboa, 1516, é o unico repositorio onde estão colleccionadas producções desses poetas palacianos portuguezes: e entre ellas, lá avultam as de um grupo de madeirenses, do qual o mesmo Sr. *Theophilo Braga* dá curiosa noticia, interessante e nova ao assumpto desta nota, e que, porisso, com a devida venia, transcrevemos.

CYCLO POETICO DA ILHA DA MADEIRA.

O nome de Manoel de Noronha, *filho do Capitão da Ilha da Madeira*, como diz a rubrica do *Cancioneiro*, aviva-nos a ideia da eschola poetica da Madeira, que floresceu em tempo de Dom Duarte. Os principaes poetas d'esta eschola foram *Tristão Teixeira, João Gonçalves, Pero Corrêa e Manoel de Noronha*, que todos figuram no *Cancioneiro Geral*.

O lyrismo do cyclo poetico da Ilha da Madeira é provocado pela influencia da poesia aragoneza, conhecida em Portugal pelo casamento e relações politicas de el-rei Dom Duarte. Esta eschola prevaleceu até á regencia do Infante Dom Pedro, que seguiu o partido de Alvaro de Luna, Condestavel de João II de Castella, contra os Infantes de Aragão. Na eschola da Madeira ainda se encontra a impressão das tradições inglezas na formosa lenda de Machico. O primeiro poeta do *Cancioneiro*, anterior á influencia castelhana, é *Tristão Teixeira;* uma rubrica de Resende presta-nos o meio de reconhecer a personalidade d'este poeta; as suas unicas tres canções que se acham recolhidas, trazem a seguinte indicação: «De Tristão Teixeira, *Capitão de Machico.*» Tristão Teixeira era fidalgo da Casa do Infante Dom Henrique, e um dos aventureiros que realizaram as expedições maritimas começadas no principio do seculo xv. O Infante Dom Henrique deu-lhe um navio para ir á descoberta da Ilha da Madeira, em 1419, acompanhando Bartholomeu Perestrello e João Gonçalves Zarco. Sua mulher chamava-se Branca Teixeira, da Casa de Villa Real. Teve uma filha, Maria Teixeira, casada com o poeta *João de Abreu;* outra, chamada Guiomar Teixeira, casou com Bartholomeu Perestrello, filho do celebre navegador e de sua segunda mulher Isabel Moniz; e mais Lancerote Teixeira, e outro Tristão Teixeira, que frequentou o paço, sendo este ultimo muito afamado entre as damas, tendo casado com Dona Guiomar de Lordelo, dama da. *Excellente Senhora.* Este segundo *Capitão de Machico* deveria ser considerado o poeta do *Cancioneiro*, se Tristão Teixeira, seu pae, não tivesse morrido com outenta annos de edade, e portanto em condições de assistir á elaboração poetica do seu tempo. As coplas de Tristão Teixeira têm um artificio e subjectivismo proprios da tradição provençal da eschola aragoneza:

> Folguo muito de vos vêr,
> pesa-me quando vos vejo;
> como póde aquisto ser?
> que ver-vos é meu desejo,

> Isto não sei o que faz,
> nem d'onde tal mal me vam,
> sei bem que vos quero bem,
> com quanto dano me traz;
> mas isto é para descrer,
> ter, senhora, tão gram pejo,
> morrer muito por vos vêr
> pesa-me quando vos vejo.

No *Cancioneiro de Resende* encontram-se poesias de *João Gonçalves*, com a rubrica «*Capitão da Ilha*»; mas por este epitheto se deve entender o segundo Capitão donatario do Funchal João Gonçalves da Camara, filho de João Gonçalves Zarco, descobridor da Ilha da Madeira, e de Constança Rodrigues de Almeida. Uma neta de Zarco casou com o poeta *Duarte de Brito*, outra casou com o poeta *Ruy de Sousa*, e outra casou com o poeta *Ruy Gomes da Grã.* Em umas trovas, feitas contra Dom Francisco de Biveiro, «que andava negociando em dar uma mula e touca, tabardo e sombreiro a uma dama, que lh'os pedira, e era recado falso», escreveu *João Gonçalves, Capitão da Ilha:*

> Se se soffrer em verão
> eu vos tenho enculcada
> envençam,
> que vem cosida e talhada.

> Loba aberta alaranjada,
> qu'aqui fez um bom senhor,
> com que irá mui bem betada
> e mais vestida de côr.

A estes versos respondeu D. Francisco de Biveiro, com outros que trazem a rubrica: «*A João Gonçalves, filho do Capitão*,» o que prova referirem-se ao filho de Zarco. Em outros versos contra Jorge de Oliveira, rendeiro da chancellaria, apodando-o por ter levado doze mil reis ao poeta Jorge de Mello por um padrão de despacho, apparece assignado «*João Gonçalves, Capitão*». É quanto d'elle resta no *Cancioneiro*, e é de crêr se perdessem muitas poesias suas.

D'este João Gonçalves escreve Cordeiro: «João Gonçalves da Camara, chamado o da Porrinha, por costumar trazer um pau na mão; filho mais velho do insigne Zarco, succedeu ao pae na capitania e governo do Funchal, e foi tam grande cavalleiro, e em armas tam conhecido, especialmente em Arzilla, e em Ceuta, de Africa, que casou com Dona Maria de Noronha, filha de João Henriques, que era filho de Dom Diogo Henriques, Conde de Gijon, e filho natural de El-rei de Castella, Dom Henrique, e da dita bisneta d'este rei houve os filhos seguintes; etc.» O quarto filho d'este segundo capitão do Funchal foi um dos poetas do *Cancioneiro* que mais apodaram os outros poetas palacianos. No *Cancioneiro* encontram-se os rifões que lhe fez o celebre poeta castelhano Dom Antonio de Vallasco, «*a umas çeroylas de chamalote que fez* Manoel de Noronha, *filho do Capitão da Ilha da Madeira*.» Entre os apodistas encontra-se o nome de João Fogaça, sogro de seu irmão Pedro Gonçalves da Camara, que casára com Dona Joana de Sá. A eschola de Aragão influenciára na Madeira desde o tempo d'el-rei Dom Duarte; nos apodos de todos os poetas allude-se a essa côrte frequentemente; diz Vallasco:

> Pues mira quanto es mas sano
> el veludo en *Aragon*,
> que los chamylotes son.

O Camareiro Mór tambem escreve:

> Antes quero nam ser sano
> em *Aragam*,
> que fazer tal envençam.

> Sr. Theophilo Braga.—Poetas palacianos, cap. II.

Estas investigações do *Sr. Theophilo Braga* são em geral confirmadas pelas *Saudades da Terra*, pelos nobiliarios madeirenses, e pelos outros manuscriptos historicos deste archipelago, a que por mais de uma vez nos temos referido; ha, porém, nellas algumas inexactidões, que convem rectificar.

Estamos em que o grupo dos poetas madeirenses deste periodo não constitue cyclo distincto, e apenas ramo do cyclo continental, porque não tem typo proprio; a indole e a fórma das producções desses poetas são communs com as dos demais poetas palacianos da mesma eschola, colligidas no *Cancioneiro Geral*. Mas, nem porisso, aquelle muito notavel grupo deixa de ser titulo bastante a que a ilha da Madeira tenhá quinhão honroso na historia ante-classica da litteratura nacional, quinhão que o *Sr. Theophilo Braga* lhe reivindicou.

O poeta «*Tristão Teixeira, Capitão de Machico*» de que reza a rubrica do *Cancioneiro Geral*, não podia ser o primeiro donatario dessa capitania, mas sim *Tristão Teixeira das Damas*, segundo donatario, e filho desse.—O appellido *Teixeira* era de *Branca Teixeira*, mulher do primeiro; foi usado por seus filhos e mais descendentes, mas não pelo marido, que se chamava *Tristão Vaz*; e communmente o indicavam, até nos diplomas da donataría, por *Tristão*, ou *Tristão da Ilha* (vid. retró, pag. 456); nunca, porém, por *Tristão Teixeira*, o que seria preterir as praxes da avoenga (vid. retró, nota IX, pag. 444).—É certo que *Antonio Cordeiro*, na *Historia Insulana*, designa o primeiro donatario de Machico por *Tristão Vaz Teixeira*, mas é isso manifesto lapso; pois que o mesmo Cordeiro, no liv. III, cap. IX, § 54, refere o bastante a mostrar a exacção de que deixamos dicto.—E tambem certo que *José Soares da Silva*, nas *Memorias para a Historia... de D. João* I, tomo I, pag. 465, aponta uma carta de D. Manoel, de 8 de março de 1501, e diz vir nella indicado *Tristão Vaz* com o appellido *Teixeira*, mas ha nisto inexactidão tambem; porque, além do já ponderado, o mesmo *Soares da Silva* dá nessa passagem *Tristão Vaz* por fallecido em 1470; e, portanto, esse diploma respeita ao segundo donatario *Tristão Teixeira das Damas*: ou, se allude ao primeiro, houve lapso no redactor da carta; e facil era, visto que, á data della, já os capitães de Machico se appellidavam *Teixeiras*.—Por outro lado, *Garcia de Resende* nasceu cerca de 1470, isto é, pelo tempo da morte de *Tristão Vaz*; só, pois, o segundo capitão de Machico foi seu contemporaneo: e a rubrica «*De Tristão Teixeira, Capitão de Machico*», posta no *Cancioneiro* ás poesias desse Tristão, na fórma absoluta em que está, refere um contemporaneo do mesmo *Resende*.—E por ultimo, as *Saudades da Terra* (vid. retró, pag. 116) attestam que *Tristão Teixeira das Damas* «foi muito cortezão e grande dizedor, que fazia muitos motes ás damas», isto é, que fôra *poeta palaciano*; por *poeta* o nomeiam os nobiliarios madeirenses; e de *Tristão Vaz* nada se diz que o suspeite dado á poesia.— A circumstancia da longa vida deste, que ainda assim não passou de 1470, não invalida a efficacia positiva das rasões expostas.—É força, pois, concluir que *Garcia de Resende* se referia ao segundo donatario *Tristão Teixeira das Damas*, e que éste foi o auctor das poesias que no *Cancioneiro Geral* trazem aquella rubrica: e, quando o não fôra, inscripto deve-ra ser no catalogo dos poetas madeirenses.

Manoel de Noronha, que o *Sr. Theophilo Braga* dá por terceiro capitão da ilha da Madeira, não o podia ter sido. Esta ilha foi, desde descoberta, dividida em duas capitanías, a do Funchal e a de Machico; capitão *da Ilha*, não havia; só desde os Filippes em diante houve um capitão mór ou geral, unico governador de todo o archipelago (vid. retró, pag. 306). A designação «*Capitão da Ilha*», usada desde D. Manoel, era uma especie de antenomasia conferida ao donatario do Funchal, em rasão da capitania, deste sobrepujar tanto a de Machico, como a de ilha de Porto-Sancto, até que a final as absorveu. O terceiro capitão donatario do Funchal foi *Simão Gonçalves da Camara, o Magnifico.* Aquelle *Manoel de Noronha* era seu irmão germano, e quarto filho do segundo capitão do Funchal, *João Gonçalves da Camara;* e por «filho do Capitão da Ilha da Madeira» o menciona a rubrica do *Cancioneiro Geral.*—(Vid. retró, pag. 170 e 171, e *Hist. Insul.,* liv, III, cap. XI, § 77.

Este *Manoel de Noronha* teve muitas filhas; mas nenhumas, nem netas, que houvessem casado com poetas da parte, pelo menos comprehendidos no *Cancioneiro Geral,* Teve D. *Maria,* havida de sua primeira mulher D, Beatriz de Menezes; D. *Anna,* D. *Jouana,* D. *Cecilia,* D, *Elvira,* D. *Bartholeza,* D. *Constança,* e D. *Antonia,* nascidas de sua segunda mulher D. Maria de Athayde (vid. retró, pag. 170). Teve mais do dicto primeiro matrimonio, conforme os nobiliarios madeirenses, D. *Anna,* e D. *Francisca.* Mas de tantas filhas, estas duas morreram solteiras; as seis antecedentes foram freiras, no dizer dos mesmos, nobiliarios; e só casaram as duas mencionadas em primeiro logar, D. Maria com D. *Simão de Castelbranco,* e D. Anna com *Pedro Affonso de Aguiar* (vid. retró, pag 170), nenhum dos quaes tem poesias no *Cancioneiro,* nem o Sr, *Braga* os menciona como poetas.

D. *Filippa de Noronha,* mulher de *Henrique Henriques,* e D. *Mecia de Noronha,* mulher de D. *Martinho de Castello Branco,* ou *Castelbranco,* eram filhas, não de *Manoel de Noronha,* mas do dicto segundo capitão do Funchal; e, consequentemente, as filhas dessa D. *Mecia,* que casaram com os poetas *João Rodrigues de Sá* e D. *Luiz da Silveira,* netas eram deste mesmo segundo capitão, e não de *Manoel de Noronha.* (Vid. retró, pag. 173, e *Hist. Insul.,* liv. III, cap. XI, § 78).

Bartholomeu Perestrello, pae de *Iseu* ou *Hiseu Perestrelle,* foi primeiro donatario da ilha do Porto-Sancto, e não da da Madeira. *Pedro Correia,* genro deste Bartholomeu, comprou a capitania que fôra do sogro, e não qualquer das duas da ilha da Madeira (vid. retró, pag. 41-44 e 51, e *Hist. Insul.,* liv. III, cap. III, §§ 12, 13 e 14, e cap. X, § 70).

Outras pequenas rectificações poderiamos apontar, mas limitamo-nos a estas, por mais importantes, com quanto pouco influam nos factos litterarios, objecto especial desta nota, e em nada prejudiquem a verdade historica de ter a ilha da Madeira tido, desde descoberta e povoada, brilhante pleiade de poetas, nem offusquem a gloria e gratidão devidas ao Sr. *Theophilo Braga,* por ter sido o primeiro a memoral-os.

Conta a ilha da Madeira, neste periodo, oito poetas palacianos. As poesias delles, colligidas no *Cancioneiro Geral* são;—treze, de *João Gomes,* de todos o mais fecundo, e, porisso talvez, o unico nos nobiliarios madeirenses cognominado o *trovador.* (vid. retró, pag. 523, verbo GOMES); quatro, de *Ruy de*

Sousa; tres, de *João Gonçalves da Camara*, segundo donatario do Funchal; tres, de *João de Abreu*; duas, de *Manoel de Noronha*; duas, de *Duarte de Brito*; uma, de *Ruy Gomes*; e uma, de *Tristão Teixeira das Damas*, segundo donatario de Machico: vinte e nove producções ao todo. Outras muitas os poetas madeirenses comporiam, mas só as impressas no *Cancioneiro* se conservam.

Lendas.—Firmada na tradição pagã e medival, e instigada pela estupenda realidade dos descobrimentos maritimos da epoca, renasceu então a lenda atlantica na vaga fórma da *Ilha encoberta*, ao diante idealisada por Camões na Ilha dos Amores, e nacionalisada pelos sebastianistas como mysteriosa residencia do rei desejado. A *Ilha encoberta* é ainda agora uma das superstições dos rusticos deste archipelago. —Mas, a lenda romantico-atlantica por excellencia, e drama phantasioso da epopeia oceanica, é a lenda madeirense de *Machim e Arfet*, mytho sublime dessa quadra heroica das pavorosas explorações do *mar de trevas*.—Sem ter tido realidade positiva ou historica, como alguns pensam, é certo que o caso de *Machim e Arfet* consubstancia, em toda a verdade psychica, a fusão do espirito erotico-aventuroso da idade-media com as tragedias dos descobrimentos ultramarinos.

Abundam nestas ilhas as *lendas religiosas*, como já em outras notas dissemos; mas sobresae a todas a do formoso idyllio do apparecimento de *Nossa Senhora do Monte*, que data dos tempos primitivos do descobrimento da Madeira: é filha ingenua de meiga e campesina crença, sobre a qual ainda não pesava a lugubre religiosidade da inquisição, nem dos jesuitas.

Estas lendas, especialmente a de Machim e as religiosas, combinam com o romance narrativo por tal modo, que as consideramos contemporaneas delle.

Relações historico-maritimas.—De par com a poesia palaciana e as lendas, desenvolveu-se nesta ilha a *prosa historica*, nas *relações do descobrimento do archipelago* e nos *nobiliarios madeirenses*; as primeiras, no genero *chronica*; e os segundos, ramificação dos *livros de linhagens*.

Tractemos dessas *relações.—Gonçalle Ayres* (vid. retró, pag. 165, 303, 304 e 363) e o muito duvidoso *Francisco Alcoforado* (vid. retró, pag. 352-366) são apontados como auctores das duas mais antigas. Gaspar *Fructuoso* allude a uma escriptura daquelle descobrimento possuida pelos Camaras, mas não indica de quem seja obra (vid. retró, pag. 20, 345 e 362). *Azurara, Galvão,* e *Barros* tambem se referem, mais ou menos, a *noticias,* que consultaram, para escreverem deste archipelago (vid, retró, pag. 330, 337, 345 e 374). *Manoel Thomaz*, na Advertencia do seu poema *Insulana*, declara ter seguido as «*Relações dos primeiros descobridores*». Ainda agora existem diversas copias manuscriptas, mais ou menos adulteradas, duas das quaes possuimos, da historia do descobrimento e premitivos tempos do governo dos donatarios destas ilhas: e todas, tanto nos factos, como na fórma de narral-os, accusam commum origem. Basta considerar as anecdotas e incidentes pessoaes, por vezes mjnimos, referidos nas Saudades da Terra, para se reconhecer que o manuscripto de Jeronymo Dias Leite, do qual Fructuoso extrahiu o que do descobrimento destas ilhas escreveu (vid. retró, pag. 85 e 306), era o transumpto, embora paraphrastico e phantasiado, das primitivas narrações do caso. E o Tractado das Novas Ilhas, inedito hoje perdido, e obra de Francisco de Sousa, natural do Funchal, foi o ultimo escripto do genero neste periodo.

Nobiliarios.— Existem alguns nobiliarios madeirenses, todos manuscriptos. Os' mais acreditados são os dois já por vezes citados nestas notas: um, que está no nome de Henrique Henriques de Noronha, e o outro, no de João Agostinho Pereira de Agrella da Camara. O primeiro é especial a familia Noronha e sua parentella; o segundo abrange quasi todas as antigas familias madeirenses: nenhum delles, porém, é obra inteiramente nova, senão reproducção tambem dos velhos livros das linhagens da fidalguia insulana, o que se evidenceia já porque só se occupam de familias aborigenes, já porque minuciam especialidades relativamente remotas, que só contemporaneos destas podiam conhecer. Está na natureza dos nobiliarios, quando a historia o não mostrasse, que compilações taes não podem ser obra de um homem, ou ainda de uma geração, senão repositorios amontoados pela elaboração contínua de successivas gerações.—Os nobiliarios devem, pois, ser havidos por originarias composições deste primeiro periodo, embora posteriormente accrescentadas.

PERIODO. II. MONARCHICO-CLERICAL. 1566-1706.—Abrange este periodo o definitivo predominio do poder real nestas ilhas, e a preponderancia que nellas teve o clero, especialmente os Jesuitas, desde que vieram para este archipelago em 1566 e se aqui estabeleceram em 1570, até que no reinado de D. João V, começou a sentir-se em Portugal a influencia do seculo de Luiz XIV, e o elemento secular com a burguezia a elevar-se.

Instrucção publica.—A instrucção da mocidade foi nestes cento e quarenta annos clerical, quasi exclusivamente jesuitica.

A carta régia de 20 de septembro de 1566 mandou fundar o seminario da diocese do Funchal, em conformidade do Concilio de Trento, sessão XXIII, de refor., cap. XVIII, com um reitor, doze collegiaes, o preciso pessoal de serviço, a dotação de 300$000 réis por anno para o custeio e mais 45$000 réis para ordenados dos mestres de grammatica e canto.—Por alvará de 18 de fevereiro do seguinte anno foi, com effeito, creado o logar de mestre de grammatica, e nelle provido Antonio Dias, com 20$000 réis annuaes; mas, ou a cadeira era no seminario, ou ficou extincta, quando começaram as aulas dos jesuitas, porque não apparece mais noticia della.—Dos Jesuitas já largamente tractámos em outra nota. As aulas destes padres eram originariamente de latim e casos de consciencia, como se vê do diploma retró, a pag. 738-740; mas em 1590 eram de latim e rhetorica para seculares e ecclesiasticos, e de theologia moral só para os ultimos, como dizem as Saudades da Terra (pag. 294, retró).

—Em alvará de 26 de janeiro de 1580 estatuiu-se que o prégador da ilha de Porto-Sancto ahi leccionasse casos de consciencia aos beneficiados, desde o primeiro de outubro até a septuagesima,—A instrucção popular começou então, mas restricta ao ensino da doutrina christã, posto a cargo dos ecclesiasticos: nas *Memorias*... do *Estado Ecclesiastico na Ilha da Madeira* veem apontados diplomas, expedidos de 1572 até 1577, que isso ordenavam para quasi todas as freguezias da ilha; e nas *Constituições do bispado do Funchal*, promulgadas em 4 de maio de 1579 pelo bispo D. Jeronymo Barreto, a const. v: do tit. xii, pr., dispõe o seguinte:

«Conformandonos com a determinação dos sanctos Canones, & proucndo à muita necessidade que muitos tem de serẽ doutrinados nos artigos de nossa sancta Fee, & preceitos diuinos, & outras cousas que pera sqa saluação deuem saber: Ordenamos & mandamos, que em cada hũa das igrejas parrochiaes desta cidade, & assi das igrejas das villas & lugares onde ha beneficiados se ensine a doutrina Christaã, que se conthem na *Cartilha nouamente impressa*, todos os dias, assi da somana, como domingos & festas, antes da vespora. E nos outros lugares se ensinarà aos domingos & dias sanctos de goarda à hora q parecer, dentro das igrejas. E os vigairos & curas serão muy diligentes em com pellcr a seus fregueses que aprendam a dita doutrina não a sabẽdo, & mandẽ a ella seus filhos, & familiares, escrauos, & escrauas, que a não souberem. E os que não cumprirem esta constituição, sejam certos que nas visitações se ha de proceder contra elles, conforme a sua negligencia.»

Começou tambem então a instrucção primaria, como se vé do § 1.º dessa mesma const., o qual diz:

«E mandamos aos *mestres que ensinam moços a ler & escreuer* neste nosso bispado, que lhes ensinem a doutrina Christaã q se conthẽ na dita cartilha, & lhes encommendamos muito que não ensinem aos ditos moços por liuros deshonestos, senão por papeis & liuros de boa doutrina de que se possam aproueitar pera seus bõs custumes: O que assi cumprirão, sobpena de quinhentos reis pera a fabrica da igreja, em cuja freguezia ensinarem, & quem os accusar.»

Neste periodo principiou, pois, no archipelago da Madeira, a instrucção publica: a de theologia ehumanidades, incumbida ao clero, especialmente aos Jesuitas; a popular, meramente religiosa, aos parochos, aos beneficiados e aos mestres particulares; e a primaria, a estes mesmos mestres, superintendidos pelo prelado diocesano; ficando, portanto, toda, directa ou indirectamente, clerical. Ensino secular, como instituição distincta, não o havia.

Litteratura.—Os escriptores madeirenses deste periodo podem ser agrupados em tres categorias: *ordens religiosas*, *clerigos*, e *seculares*.

Ordens religiosas.—Os auctores desta primeira categoria foram: dois *franciscanos*, quatro *jesuitas*, tres *carmelitas*, um *benedictino*, e um *arrabido*; ao todo, onze.

Franciscanos.—1.º *Affonso da Costa,* ou *da Ilha,* o qual escreveu o *Thesouro de Virtudes;*—2.º *Gregorio Baptista,* do Funchal, fallecido depois de 1640, que compoz *Sermões,* dois tomos de *Annotações aos Evangelhes,* e a obra *Completas da Vida de Christo.*

Jesuitas.—1.º *Luiz Gonçalves da Camara,* do Funchal, finado em 1575, o qual compoz *Diario das Acções de Sancto Ignacio de Loyola,* e *Practica a El-Rey D. Joam* o III, sobre o *Collegio de Coimbra,* obras que andam impressas na *Chronica da Companhia,* e na *Imagem do Noviciado de Coimbra;*—2.º *Sebastião de Moraes,* provincial da sua ordem, e depois bispo do Japão, nascido no Funchal em 1534, e fallecido em viagem para o seu bispado em 1588, o qual escreveu em italiano o folheto *Vita e morte della serenissima Maria di Portogallo;*—3.º *Manoel Alvares,* da Ribeira-Brava, finado em 1583, auctor da obra *De Institutione Grammatica Libri tres,* impressa em Lisboa no anno de 1572, e adoptada nas aulas nacionaes e extrangeiras dos Jesuitas, mas proscripta do ensino em Portugal, por effeito das graves censuras que lhe irrogaram *Luiz Antonio Verney,* no *Verdadeiro Metodo de Estudar,* e, segundo nos informa pessoa fidedigna, o *Padre Antonio Pereira de Figueiredo,* no prefacio do *Novo Metodo da Grammatica Latina,* e na *Defensa* deste;—e 4.º *Luiz de Moraes,* fallecido em 1622, o qual só escreveu a *Prégaçam da Beatificação de S. Francisco Xavier.*

Carmelitas.—1.º *Antonio da Visitação,* do Funchal, finado em 1606, deixando *Orações* e *Poemas,* elegantissimos, no dizer de *Barbosa,* que não foram impressos;—2.º *João Pinto du Victoria,* do Funchal, provincial da sua ordem, e auctor da *Vida del V. Fr. Juan Sans,* e da *Gerarchia Carmelitana,* publicadas em Valencia, aquella em 1612, e esta em 1626;—e 3.º *Francisco de Sancta Thereza,* do Funchal, que deixou, manuscripto, o *Alphabetum Theologicum.*

O *benedictino* foi *Remigio da Assumpção,* no seculo *João de Freitas,* da villa de Sancta-Cruz, geral do mosteiro de Alcobaça e deputado da inquisição de Coimbra, o qual morreu em 1654: compoz as obras *Commentarium in Regulam S. Benedicti, Commentarium in Psalmis,* ambas em latim, e *Afforismos espirituaes,* em portuguez, mas nenhuma dellas foi impressa.

O *arrabido* foi *Damião das Chagas,* natural do Funchal, e fallecido em 1600, que deixou, manuscripto, um *Tractado espiritual.*

Das supracitadas obras dos auctores monasticos só temos presente a *Grammatica,* do Padre Manoel Alvares; quasi todas ficaram manuscriptas, e são hoje perdidas; mas bastam os titulos dellas para se reconhecer que na quasi totalidade eram mysticas, e estereis aos progressos do espirito humano.

Clerigos.—O clero secular, menos segregado do contacto social que o regular, avantajou-se muito a este; conta dois historiadores, um historiador e poeta, um poeta epico, um orador sagrado, e um auctor de musica; ao todo, seis, a saber:

1.º—*Jeronymo Dias Leite*, do Funchal, meio conego da sé da mesma cidade em 1572 (1), e conego em 1590, o qual refundiu e accrescentou a *Relação do descobrimento da Ilha da Madeira*, de Gonçallo Ayres, obra essa a
que deu o titulo de *Historia e informação dos Illustres Capitães da Ilha da
Madeira*, e que ou foi litteralmente reproduzida nas *Saudades da Terra*, ou, pelo
menos, serviu a *Gaspar Fructuoso* de base para o que nestas escreveu da historia
do archipelago da Madeira, como em parte consta, e em parte se infere das mesmas *Saudades* (vid. retró, pag. 20 e 304).—*José Carlos Pinto de Sousa*, na
Bibliotheca Historica, § 87, erradamente dá este escriptor por vivo em 1732,
e por auctor do poema *Insulana*, que é obra de *Manoel Thomaz*, como na mesma *Bibliotheca*, § 276, diz.

2.º—O *Padre Manoel Constantino*, do Funchal, lente de philosophia na
universidade de Roma, e finado em 1614, o qual escreveu em latim a historia
deste archipelago, sob o titulo *Insulæ Materiæ* &, impressa em Roma no anno de
1599, além de outras obras, tambem em latim. É esta a noticia que dá *Barbosa*, na *Bibliotheca Lusitana. D. Francisco Manoel de Mello*, no introito da *Epanaphora* iii, sem indicar o titulo da obra, nem o logar, nem o anno da impressão, o que mostra que não a viu, designa o auctor pelo nome de *Manoel
Clemente*, no que, attentas aquellas omissões, não merece credito: diz mais que
o livro fôra dedicado «á Sanctidade de Clemente vii», mas nisto ha manifesto
erro, talvez typographico, porque á data da publicação delle o papa era Clemente viii: e, finalmente, accrescenta que o auctor de que tractamos era doutor,
e tinha sido prégador de tres pontifices em Roma, contra o que nada nos
consta.

3.º—*Antonio Velloso de Lyra*, de Villa Nova da Calheta, doutor em theologia pela universidade de Salamanca, conego da sé, e governador do bispado do
Funchal, nascido em 1616, e finado em 1691, do qual ficou o manuscripto *As
Antiguidades da Ilha da Madeira*, em prosa, e o *Espelho de Lusitanos*, em
verso, dado ao prelo em Lisboa, 1643, além de outras obras.

4.º—*Manoel Thomaz*. Desto já démos noticia, assim como do seu po-

(1) Eis o capitulo da respectiva posse, cuja copia, extrahida do Archivo do Cabido da sé do
Funchal, nos foi obsequiosamente ministrada pelo sr. D. Ayres de Ornellas e Vasconcellos, a-
ctual bispo desta diocese:

Em os vinte e seis dias do mez de Agosto de 1572 annos sendo proído Hieronymo Dias de
meio conego jurou em cabido que se fez no mesmo dia que foi o primeiro despois de tomar a
posse do ditto beneficio o quall jurou de guardar segredo nas cousas que se tractassem em o ditto
cabido o quall juramento tomou perante todos os capitulares que no ditto cabido estavão presentes do que assinou este capitulo conforme ao regimento do Snr. Bispo e eu Gaspar Gomes conego escrivão do cabido esto fiz.
          Gaspar Gomes.
     O Arc.º Domingos de Cairos.
                              Hier.mo Dias Leite.

ma epico a *Insulana* (vid. retió, pag. 397-406). Com quanto nascido em Guimarães (1585), a sua longa residencia no Funchal, desde a mocidade até a morte, e esse poema o tornam madeirense adoptivo. Bons fundamentos temos para o considerar conego ou dignitario da sé do Funchal, e cremos que, tendo-se envolvido nas dissensões de que ao diante proveiu a sedição ecclesiastica de 18 de septembro de 1668 (vid. retró, pag. 572 e 593 (1)), foi porisso assassinado em 10 de abril de 1665, por um filho de um ferrador, segundo diz *Barbosa.*

5.º—*Francisco de Castro,* do Funchal, mestre em artes, doutor em theologia pela universidade de Evora, vigario da igreja collegiada de S. Pedro, e fallecido em Cabo-Verde no anno de 1665, o qual foi orador sagrado, e delle restam dois *Sermões,* impressos na Rochela, 1656.

6.º—*Francisco de Valhadolid,* nascido no Funchal, e aqui fallecido em 1700, compositor de *solfas de igreja.* Destas circumstancias inferimos que fóra clerigo, e na sé mestre ou cantor da capella, ahi fundada pelo bispo D. Jorge de Lemos cerca de 1558, e da qual o conego e distincto cantor *Gaspar Coelho,* da Ribeira-Brava, esteve, antes de 1590, muitos annos por mestre (vid. retró, pag. 94 e 223).

S e c u l a r e s.—Achámos noticia de cinco seculares, escriptores neste periodo, sendo tres delles historiadores, um, jurista; e um, poeta.

1.º—*Simão Nunes Cardoso,* que seguramente era da familia dos Cardosos de Gaula, Capitania de Machico, visto não haver outros desse appellido; vivia em 1566, poisque escreveu a *Relação do saco que os francezes fizeram na Ilha da Madeira,* succedido nesse anno. Esta relação nunca foi impressa; mas, provavelmente, della copiou *Jeronymo Dias Leite* a narrativa do caso para a sua *Historia da Madeira,* e desta passaria para os cap. XLIV-XLVI das *Saudades da Terra* (vid. pag. 247 281, retró), ao que nos persuade o não haver noticia de outra relação desse caso, e o serem as que veem nas *Saudades* manifestamente inspiradas pela rivalidade entre a Capitania do Machico e a do Funchal, e em desabono desta.

2.º—O *Doutor Daniel da Costa,* de quem *Gaspar Fructuoso* diz que era «Medico de Sua Magestade, pessoa nobre, de grandes lettras e virtudes, residente na cidade do Funchal», e que «com alto estylo compoz hum capitulo da illustre progenie de D. Luiz de Figueiredo de Lemos, VII bispo do Funchal, para mayor clareza da fidalguia, vida, virtudes, e costumes do mesmo Senhor» (vid. pag. 242, retró).» *Barbosa* refere que este escripto de *Daniel da Costa* se intitula *Contraponto ou vida de VII bispo de Funchal,* e que anda no livro III da *Historia das Ilhas,* havendo nisto equivoco, porque é no livro II, cap. XLII das *Saudades da Terra* (communmente chamadas *Historia das Ilhas*) que vem a biographia desse prelado, como se vê a pag. 229-242, retró, parecendo das palavras de *Fructuoso* que este ahi não traslada, mas sómente cita a obra do mesmo *Daniel da Costa;* e talvez seja isto o que *Barbosa* diga ou queira dizer, o que não podemos agora verificar, porque o citamos pelo *Summario da Bibliotheca Lusitana.*

3.º—*Belchior de Teive,* do Funchal, lente da universidade de Coimbra, do conselho de Filippe III, e, portanto, vivo ainda em 1621, o qual escreveu a *Genealogia da Casa de Lerna.*

4.º—O *Doutor Antonio da Gama Pereira,* do Funchal, lente da universidade de Coimbra, desembargador do paço, o notavel legista, o qual compoz diversas obras de jurisprudencia, todas em latim, cujos titulos veem referidos na *Bibliotheca Lusitana:* falleceu em 1595.

5.º—*Balthasar Dias,* contemporaneo de D. Sebastião, cego, e poeta, que compoz varios *autos dramaticos,* á similhança dos de *Gil Vicente,* uns sacros, outros profanos, cujos titulos constam da *Bibliotheca, de Barbosa,* e do *Diccionario,* do sr. *Innocencio F. da Silva;* a *Historia da Imperatriz Porcina,* a *Tragedia do Marquez de Mantua,* o *Conselho para bem casar,* e *Trovas de arte mayor á morte de D. João de Castro.* Todas estas obras foram impressas pela primeira vez no primeiro quartel do seculo XVII, o que mostra que o auctor falleceu depois. *Balthasar Dias* foi de muita nomeada, e ainda hoje as suas obras são leitura predilecta do povo.

Esta succinta resenha dos escriptores deste periodo demonstra a infecundidade da instrucção clerical e jesuitica. Quanto menos subjeito o espirito ao jugo da falsa sciencia theocratica, tanto mais o horisonte delle se dilata e esclarece. Porisso, o clero secular, em condições de ensino analogas ás do clero regular, a este se avantaja; e os escriptores não ecclesiasticos, em condições muito desvantajosas comparadas ás daquelles, e inferiores em numero, não lh'o são na valia das producções scientificas e litterarias.

PÉRIODO III. MONARCHICO-SECULAR. 1706-1820.—Neste periodo, a instrucção publica e a cultura litteraria foram sendo gradualmente secularisadas e diffundidas. Abundam, porisso, escriptores seculares e do clero secular, o que principalmente devemos á influencia das ideias, litteratura, e instituições litterarias da França desde Luiz XIV, que foram os predilectos modelos seguidos em Portugal, mórmente do reinado de D. João V até meado do presente seculo.

Instrucção publica.—Os principaes fautores da secularisação da instrucção publica foram a instituição de muitas academias litterarias e scientificas, especialmente a *Academia Real de Historia* e a *Arcadia Ulyssiponense;* o estabelecimento de theatros em Lisboa; a reacção anti-jesuitica, a administração do Marquez de Pombal, e as providencias subsequentes:—as *academias* (1),

____

(1) O grande numero dellas, os titulos futeis de muitas, e a futilidade dos trabalhos de quasi todas as academias de então foram causa de que ficassem tidas em nenhuma conta pelo geral dos criticos. Mas ha nisto semrasão. Se as academias não fossem assim, não teriam sido tantas; e, se não fossem assim e tantas, não dariam ao espirito publico o benefico impulso que o impelliu a futuros progressos.

agromiando e estimulando, pela emulação e publicidade das discussões, as forças intellectuaes e litterarias do paiz;—os theatros, e depois os botequins publicos (1), como auxiliares das academias;—a reacção anti-jesuitica, tirando á Companhia de Jesus o quasi exclusivo do ensino da mocidade, em proveito das outras ordens religiosas, especialmente dos padres da Congregação do Oratorio, e do clero secular;—e, finalmente, a administração do Marquez de Pombal, durante a qual foram proscriptos os Jesuitas, e, de par com a instrucção ecclesiastica, creado um completo systema de instrucção publica secular, e seguido de outras provisões supplementares nos reinados de D. Maria ı e D. João vı, até que foi consummado pela revolução liberal.

A instrucção publica no archipelago da Madeira seguiu analogo tramite.

A reforma dos estudos ecclesiasticos foi principiada no reino pelas provisões de D. João v, datadas de 25 de janeiro de 1725 e de 3 de septembro de 1747, as quaes collocaram, de par com as escholas jesuiticas, as oratorianas:—nesta ilha, onde não havia padres da Congregação do Oratorio, foi o seminario do Funchal reformado, e desde então mantido em primeira eschola ecclesiastica do archipelago, dando-lhe D. João v, por carta rágia de 28 de janeiro de 1745, a pensão annual de 155$000 réis, sobre a de 345$000 réis que D. Sebastião lhe concedêra, e o bispo D. Fr. João do Nascimento lhe fez os estatutos de 12 de dezembro de 1746, conforme os quaes, só podiam ser admittidos alumnos que soubessem ler e escrever portuguez e principios de grammatica latina, sendo preferidos os nobres, e os das villas; os exames eram no fim de cada anno lectivo, antes das ferias, e, quando no fim destas os alumnos voltavam, deviam fazer novo exame, para se conhecer do seu adiantamento durante ellas.

Teve neste periodo a cidade do Funchal suas academias tambem: uma, instructiva, intitulada Assembleia dos Unicos do Funchal; outra, poetica, denominada Arcadia Funchalense. A primeira existia em 1746, como se prova do autographo, que possuimos, da « Oração Academica, que recitou Francisco João de Vasconcellos Bettencourt em 15 de mayo de 1746, dia em que tomou posse do lugar em que o constituhiram, de Academico na Assemblea dos Unicos do Funchal.» A segunda foi fundada antes de 1794, como se vê do epicedio á morte de Valisio Alceo, socio da Arcadia Funchalense, epicedio que está a pag. 80 da Collecção poetica de Francisco Manoel de Oliveira, o qual então era professor publico de philosophia racional e moral nesta cidade. Nenhuns outros vestigios temos achado destas duas academias.

(1) Foram celebrados os tres botequins, o do Marrare, o do Nicola, e o do Marcos Filippo, mandados estabelecer em Lisboa pelo Marquez de Pombal. O primeiro foi, ainda em nossos tempos, logar de reunião de litteratos; o segundo era o predilecto de Bocage e dos seus amigos; e o terceiro, talvez pelo local, foi o de menor nomeada, mas em compensação é dos tres o unico existente.

Não faltou ao Funchal seu theatro, e bom, ainda hoje lembrado pela denominação de «theatro grande», o qual foi edificado proximo da fortaleza ou palacio de S. Lourenço, cerca de 1770; poisque nesse anno o alferes de auxiliares José Nicolau Teixeira foi nomeado ministro e regedor delle, em portaria do governador Diogo Pereira Forjaz Coutinho, a qual está registada no Archivo da Camara do Funchal, tomo xii, fl. 281 v. Vem a fl. 282 v. do mesmo livro um requerimento que, em 1786, uns comicos dirigiram «á Camara para lhes dar licença de fazerem comedias nesta cidade.» E na supracitada Collecção poetica, do professor Oliveira, ha duas referencias a este theatro, uma na nota a pag. 21, e outra na rubrica a pag. 53.—Este theatro ardeu na noite de uma quinta-feira maior, antes que as tropas inglezas viessem á ilha da Madeira em 1801, porque, estando já então em pardieiro, serviu de deposito de viveres dessas tropas: foi depois reedificado a expensas dos proprietarios e negociantes, coadjuvando-os o governo sómente com a concessão de uma loteria annual, cujo premio grande era de tres contos de réis: e, tendo a familia real e a córte fugido para o Brazil em 1808, grande parte da companhia de canto e baile, que trabalhava no theatro de S. Carlos, de Lisboa, veiu para esta ilha da Madeira, escripturada por tres annos, sendo empresa dos abastados proprietarios Henrique Correia de Vilhena, e Nuno de Freitas da Silva, que tiveram prejuizo de mais de oitenta contos de réis, fallindo porisso o primeiro, e soffrendo demandas e execuções o segundo. Tinha este theatro, depois de reedificado, noventa camarotes, formando quatro ordens, trezentos assentos de plateia, e cem de varanda (1). Foi pelo governador D. Alvaro mandado destruir em 1832.

Expulsos os Jesuitas de Portugal e seus dominios, como vimos na nota xxx, pag. 737-758, e extinctas, portanto, as escholas delles, tractou o Marquez de Pombal da organisação dos estudos, desde a universidade de Coimbra até as escholas primarias, ficando de então para sempre secularisada a instrucção publica.—O quadro desta reforma vem lucidamente desenvolvido na Historia da Instrucção Popular, pelo sr. D. Antonio da Costa.—Aqui só apontaremos as providencias especiaes ao archipelago da Madeira.

Por carta de Commissão do director geral dos estudos do reino, registada no Archivo da Camara do Funchal, tomo x, fl. 126, foi, em 1760, nomeado director dos estudos nestas ilhas o conego Pedro Pereira. Pela lei de 6 de novembro de 1772 foram nellas creadas as seguintes escholas publicas: seis, de instrucção primaria; tres aulas de latim; uma, de grego; outra, de rhetorica; e outra, de philosophia racional e moral. A aula de grego cremos que não chegou a ser provida, porque nenhum registo disso temos achado. Duas de instrucção primaria, duas de latim, e a de rhetorica e a de philosophia foram estabe-

(1) Devemos estas noticias ao sr. Agostinho Antonio Martins, funchalense versado em conhecimentos musicos, que ainda conheceu alguns dos cantores e bailarinos da companhia.

lecidas na cidade do Funchal; uma de latim, e outra de instrucção primaria, em Machico; e uma de instrucção primaria, em cada uma das villas de Sancta-Cruz, Ponta do Sol, e Calheta. Por 1793, foi creada outra na freguezia do Campanaria. Do provimento de todas estas escholas e aulas ha muitos registos até 1804, tanto no Archivo da Camara do Funchal, como nos livros da capitania geral do archipelago, que se guardam na secretaria do governo civil: ha nestes tambem registos de algumas provisões para o ensino particular de ler, escrever, contar, e cathecismo.—A cabo deste movimento reformador, nota-se um facto caracteristico, pelo qual se mostra que a instrucção publica na ilha da Madeira despia a apparencia taciturna, que lhe vinha do ensino jesuitico e fradesco, e tomava aspecto mais ridente e festivo: Nossa Senhora da Luz foi tomada então no Funchal por padroeira dos estudos, e não só a mocidade das escholas lhe fazia uma festa annual, mas até havia, por essa occasião, outeiro, onde concorriam os poetas madeirenses. O professor *F. M. de Oliveira*, tem, na sua citada *Collecção poetica*, a pag. 8, uma ode «*para rompimento de hum outeiro, celebrado em louvor da Senhora da Luz, protectora dos estudos no Funchal*», e, a pag. 101 e 102, dois sonetos, feitos para outro analogo outeiro, em honra da mesma Senhora. —Os annos que decorreram do principio deste seculo até 1820 foram de estacionamento, senão de decadencia, para a instrucção em geral, na ilha da Madeira, comquanto, duas novas aulas se instituissem: a de *geometria*, para militares, em 1804, como consta do livro das ordens do dia desse anno existente no archivo militar, e a *Aula Medico-cirurgica*, estabelecida pelo regimento de 19 de outubro de 1819, no hospital de Sancta Isabel, do Funchal.

Litteratura.—Neste periodo, escaceiam os escriptores ecclesiasticos; o latinismo e a fórma classica, o gosto gongorico e a prosa escholastica e auctoritaria, modificam-se pela licção dos modelos da litteratura franceza do seculo de Luiz xiv; retemperam-se pelo influxo da liberdade dos espiritos, que começa a raiar, e pelo estimulo da discussão e diffusão dos conhecimentos, mormente desde a fundação da *Academia Real das Sciencias* em 1779; e constitue-se definitivamente a eschola litteraria, a que, na falta de mais adequado nome, se dá o de *classico-franceza*.—Os escriptores madeirenses deste periodo seguiram gradualmente a mesma róta: posta de parte a distincção, agora sem valor litterario, das classes a que pertencessem, formam dois grupos: *prosadores, e poetas.*

Prosadores.—Sabemos dos doze seguintes:

1.º—*Troilo de Vasconcellos da Cunha*, que foi notavel na poesia; porisso, adiante daremos delle mais ampla noticia, quando tractarmos dos poetas. Tem logar, comtudo, entre os prosadores, porque deu, sob o titulo de *Justino Lusitano*, a traducção do classico *Justino*, acreditada por fiel e elegante, a qual foi impressa em Lisboa, 1726.

2.º—*Henrique Henriques de Noronha*, natural de Camara de Lobos.— *D. Antonio Caetano de Sousa*, na *Hist. Genealogica da Casa Real*, tomo ii, liv. iii, pag. 108, escreve: «Nas *Memorias* que mandou da *Ilha da Madeira* á Academia Real *Henrique Henriques* de *Noronha*, natural da dita ilha, e um dos Academicos supranumerarios, cujos estudos na Historia, e na Genealogia, são dignos de toda a estimação, &». O mesmo D. *Antonio Caetano de Sousa*, no *Apparato* áquella Historia, vol. I, pag. CLVI, n.º 190, tractando deste escriptor e das suas obras, diz: «Foi Academico supranumerario da Academia Real, e escreveu um tomo das *Familias da Ilha da Madeira*, de que tenho copia, o qual é formado de documentos extrahidos dos cartorios, porque com curiosidade os examinava; e sendo mui dado á Historia, e Genealogia, trabalhou muito n'esta parte com exacção e cuidado; e as *Memorias* que mandou, pertencentes á mesma Ilha, mostram bem qual era a sua applicação, privando-nos a sua morte, que foi em 26 de Abril de 1730, de um excellente investigador de antiguidades.»—*Diogo Barbosa Machado*, na *Bibliotheca Lusitana*, tomo II, pag. 452, menciona-o com os mesmos encomios.—*O Sr. João Carlos Feo Cardoso de Castello Branco e Torres*, no Attestado Genealogico da familia *Sant'Anna* da ilha da Madeira, impresso em Lisboa, 1857, refere a pag. 6: «Um livro (sobre a genealogia das familias da mencionada ilha) existe em meu poder, escripto no anno de 1717, com o titulo: *Non plus ultra da Nobreza, Fidalgos da Ilha da Madeira*, &c., por *Henrique Henriques de Noronha*, o qual foi exactamento copiado do proprio original, que conserva seu quarto neto, e meu excellente amigo, o sr. Visconde de Torre-Bella; e tambem outra obra sobre o mesmo assumpto, em tres volumes, escripta debaixo do titulo de *Familias*, existente na casa do Sr. Conde do Carvalhal, &c.»—O sr. *Innocencio Francisco da Silva*, no *Diccionario Bibliographico*, tomo III, pag. 184, dá, sob a auctoridade da *Revista Universal Lisbonense*, tomo III, 1.ª serie, pag. 141, a seguinte noticia das supramudidas *Memorias:* «*Memorias seculares e ecclesiasticas para a composição da Historia da diocese do Funchal na ilha da Madeira, distribuidas na fórma do systema da Academia Real de Historia Portugueza*. Manuscripto in folio de 225 folhas, e contendo mais um *Appendice* de 34 folhas. Este manuscripto autographo, que se diz ser uma obra completa da *Historia Madeirense*, foi ha annos comprado em Lisboa a *peso*, por pessoa que o conserva em seu poder.»—Na bibliotheca da Camara Municipal do Funchal ha uma copia, em tres tomos, do *Nobiliario*, ou *Livro das Familias da Ilha da Madeira*, por *Henrique Henriques de Noronha*, tão citado nestas notas, copia secundaria ou terciaria do autographo que, com effeito, a casa do Sr. Conde do Carvalhal possuia, e ainda hoje possue.—Cremos, porém, que as obras genealogicas, attribuidas ao referido escriptor, se reduzem a uma unica, o alludido *Nobiliario*, e que, ainda assim, este não é obra originaria delle, mas recopilação, como os outros nobiliarios madeirenses, de antigos livros de linhagens gradualmente augmentados, á proporção que as gerações se vão succedendo. Este que corre com o nome de *Henrique Henriques de Noronha* não é o mais completo, como já em outro logar dissemos.—Suppozemos que a

Memorias sobre a creação e augmento do Estado Ecclesiastico na Ilha da Madei-ra, a que tantas vezes nos temos referido, fossem as quasi perdidas *Memorias*, escriptas por *Henrique Henriques de Noronha* (vid. retró, pag. 349): estamos, porém, agora, convencidos do contrario, porque em parte alguma daquellas se tracta da era da morte do Infante D. Henrique; e o mencionado *D. Antonio Caétano de Sousa*, ventilando, em seguida ao primeiro trecho acima transcripto, este ponto, cita e discute o que se lê disso nas *Memorias de Henrique Henriques.*— Eis o que podemos dizer deste, que a fama celebra como o mais notavel historiador madeirense.

3.º—*Nicolau Francisco Xavier da Silva*, natural da ilha da Madeira. Era doutor em canones pela universidade de Coimbra, academico da Academia Real de Historia, e diligente e entendido bibliophilo, cuja livraria foi comprada por el-rei D. José, para servir de nucleo á bibliotheca real, em substituição da antiga, que ardeu por occasião do terramoto de 1755. Falleceu em 17 de agosto de 1754, e escreveu o *Puro e affectuoso sacrificio*, &c. (Lisboa, 1724), e a *Oração de agradecimento á Academia Real*, oração que vem na *Collecção* da mesma academia.

4.º—*Francisco João de Vasconcellos Bettencourt*, academico da *Assembleia dos Unicos do Funchal*, de cujo discurso de recepção, recitado nessa assembleia em 15 de maio de 1746, temos o curioso autographo, como já dissemos.— Para exemplo de que os academicos madeirenses de então não desdiziam dos do continente, aqui transcrevemos o ultimo paragrapho, a *chave de ouro*, desse discurso; diz assim:

«Athe aqui, nobillissimos Academicos, chegou a minha insufficiencia, sendo o meu agradecimento taõ curto à vista de taõ maximas honras, quais saõ as que hoje recebo nas vossas illustres sociedades; mas, se a minha insufficiencia naõ póde gratificar os rialces, que me permetís, concedendome o glorioso timbre de vosso collega, supram esta falta as vossas scientes prudencias; pois já que fostes tão benignos que quizestes encubrir com vossas luzes as sombras da minha ignorancia, naõ será desacerto se desimulardes os abortos da minha infeliz idea; pois tanto mais se rialção as vossas benignidades, quanto de mim são menos merecidos estes venturosos sequitos: porém, se athé aqui me dominarão os eclipses da ignorancia, já desde agora tenho a certesa de que nas vossas presenças terão lustre os mal limados periodos da minha encapacidade; porque, como diz Seneca: *A companhia dos sabios, não tanto com o ouvir, mas ainda com o ver, costuma de ordinario aproveitar.*»

5.º—O medico funchalense cujo nome ignoramos, auctor da obra que tem o frontespicio seguinte: *Carta critica sobre o metodo curativo dos Medicos Funchalenses.* MDCCLXI.—E livro de 310 paginas de oitavo, na ultima das quaes vem a data «*Madeira*, 7 de setembro de 1775», e fecha com a assignatura por iniciaes «*I. F. D. S.*»—Esta obra é curiosa e até util, não só á historia medica deste archipelago, mas tambem ao estudo dos costumes da epocha. A orthographia phonica e a aggressiva dicção desta carta denunciam ser producção de algum affoito innovador da eschola de *Luiz Antonio Verney.*

6.º—*Antonio José de Jesus Lamedo,* porteiro e guarda-livros da Camara da cidade do Funchal: foi o laborioso auctor do *Indice Alphabetico dos tombos* da mesma Camara, em dois tomos de folio grande, cujo autographo se conserva no archivo della. Esta obra contém a summa de todos os diplomas registados nos livros do municipio até 1794; é fundamental para o estudo da historia do archipelago da Madeira. Presumimos ter o auctor della fallecido, ou, pelo menos, cahido impossibilitado naquelle anno de 1794, poisque são de outra lettra os subsequentes additamentos que já se leem.

7.º e 8.º—São deste periodo os auctores dos dois manuscriptos de historia madeirense, sem titulos e anonymos, que possuimos, e a que diversas vezes temos alludido nestas notas. Ha, no tocante ao descobrimento destas ilhas e gorerno dos donatarios dellas, tal conformidade entre estes dois manuscriptos, as *Saudades da Terra,* e outro manuscripto annonymo, que tambem possuimos, e já mencionámos a pag. 349, intitulado *Historia do descobrimento da Ilha da Madeira, e da decendencia nobelissima de seus valerosos Capitães,* que cremos ser esta a obra do conego *Jeronymo Dias Leite,* acima indicada (pag. 780) com o titulo pelo qual a designa *Gaspar Fructuoso,* e ser ella a fonte commum, tanto das *Saudades,* como dess'outros dois manuscriptos, no que daquelles descobrimento e governo contam. Nos mesmos dois manuscriptos é identico o que referem desde 1582 até meado do seculo x v i i i; e daqui tambem se mostra serem, nesta parte, transumpto de outra obra, ou copia um do outro. Só diversificam no que relatam de então em diante, terminando um em novembro de 1803, e outro, em 25 de abril de 1808.

9.º—Pertence a este periodo o desconhecido auctor das *Memorias sobre a creação e augmento do Estado Ecclesiastico na Ilha da Madeira.* A noticia mais recente dada nestas memorias vem a pag. 91 dellas: é de 7 de janeiro de 1808. Isto mais nos confirma de que estavamos em erro quando as attribuimos a *Henrique Henriques de Noronha.*

10.º—*João Pedro de Freitas Drummond,* bacharel formado em direito canonico pela universidade de Coimbra, e habil advogado na cidade do Funchal, onde falleceu depois de 1822.—O Sr. *Innocencio F. da Silva* menciona como obra deste escriptor uma memoria intitulada *Noticias mineralogicas da Ilha de Madeira,* que sahiu no *Investigador Portuguez.* Na bibliotheca da Camara Municipal do Funchal existe o autographo, de que possuimos copia, dos *Apontamentos historicos e geographicos sobre a Ilha da Madeira,* e em poder do Sr. Dr. Gregorio Perestrello da Camara pára um *Nobiliario* madeirense, que são obras do mesmo auctor: escreveu mais uma *memoria,* como veremos.

11.º—*João Antonio Monteiro,* doutor em philosophia e lente de metalurgia na universidade de Coimbra, socio da Academia Real das Sciencias de Lisboa, e natural da cidade do Funchal, havendo nascido a 31 de julho de 1769, e vindo a fallecer no anno de 1834 em Paris, onde fôra para fins scientificos, a expensas do estado. Escreveu em francez diversas memorias da sciencia que professava, cujos titulos veem mencionados no respectivo artigo do *Dicc. Bibliographico*, do Sr. *Innocencio F. da Silva.*

12.º—*Nicolau Caetano de Bettencourt Pitta*, doutor em medicina pela universidade de Edimburgo, membro extraordinario da Real Sociedade Medica, presidente da Real Sociedade Physica da mesma cidade, e medico na ilha da Madeira, como elle mesmo declara no frontespicio da sua obra, escripta em inglez, *Account of the Island of Madeira*, a qual publicou em Londres, 1812. É ella não uma historia completa desta ilha, como alguns suppõem, mas apenas um folheto em 8.º, de 124 pag., com alguns espaços e laudas em branco, que, não obstante, contém muitas noticias uteis.—Tornou-se o *Dr. Pitta* notavel liberal nos acontecimentos de 1820 a 1823, pelo que, em sentença de 24 de outubro do mesmo anno de 1823, proferida pela alçada que veiu a esta ilha da Madeira, foi condemnado a quatro annos de degredo para a ilha Terceira, á qual, com effeito, passou, vindo a morrer na cidade de Angra em 20 de maio de 1857.

Poetas.—Não escaceiam em numero nem no merecimento neste periodo. Temos noticia de oito.

1.º—*Troilo de Vasconcellos da Cunha,* que nasceu na cidade do Funchal em 1654, quando seu pae, Bartholomeu de Vasconcellos da Cunha, estava por governador da ilha da Madeira: era fidalgo da casa real e secretario da juncta dos tres estados do reino, vindo a fallecer em Lisboa, a 4 de agosto de 1729. Escreveu o poema sacro, intitulado *Espelho Invisvel,* em dez cantos de oitava-rima, o qual publicou em Lisboa, 1714, além de outras composições poeticas. *Troilo de Vasconcellos* foi o mais distincto discipulo madeirense da eschola gongorica, de talento inventivo e dicção geralmente correcta, pelo que foi membro conspicuo de muitas academias, e poeta afamado, conforme diz *José Maria da Costa e Silva,* no *Ensaio Biographico-critico sobre os melhores poetas portuguezes,* tomo x, pag. 200-231.

2.º— *Francisco de Vasconcellos Coutinho,* bacharel formado em canones: nasceu no declinar do seculo xvii, pois que fez sonetos á morte de D. Pedro ii, succedida em 1706, e um elogio dramatico em honra do governador e capitão general da ilha da Madeira João de Saldanha da Gama, quando o governo deste findou em 1718: falleceu depois de 1729, por quanto, neste anno publicou as duas seguintes obras, *Feudo do Parnaso,* dedicado a D. João v, e *Hecatombe metrico,* consagrado á Virgem, poemeto religioso em cem sonetos, producções estas impressas em Lisboa, 1729: compoz mais oito sonetos á morte de D. Pedro ii, um a D. João v, e quatro a diversos personagens; *Effeitos de hum arrepen-*

dimento, em tercetos; e o já alludido elogio, intitulado *Residencia do Governador e Capitão General da Ilha da Madeira João de Saldanha da Gama, representada pelas Freiras de Sancta Clara* (1), *na sua despedida*; obras estas que foram publicadas com a segunda edição do *Feudo do Parnaso* e *Hecatombe metrico*, em um só volume (Lisboa, 1773); e, anteriormente a todas as referidas, outras poesias suas foram colligidas na *Fenix Renascida*, tomo i, pag. 1-32, e tomo ii, pag. 220-251 (Lisboa, 1716 e 1717).—Este poeta foi não menos celebrado que o antecedente.

3.°—O já mencionado *Nicolau Francisco Xavier da Silva*, o qual, além de bibliophilo e prosador, tambem escreveu *Poesias á acclamação do Senhor Rey D. José* i.

4.°—*Francisço Manoel de Oliveira*, professor de philosophia na cidade do Funchal, provido pela resolução régia de 10 de novembro de 1774, registada no liv. xii, fl. 35 v., do Archivo da Camara da mesma cidade: em 1801 ainda vivia jubilado. Publicou em 1793 uma «*Escolha de poesias orientaes*», e conjunctamente outras suas; em 1794, uma «*Collecção poetica*» de producções só suas, «para servir de continuação» áquellas; e depois, outras, cujos titulos veem notados no *Dicc. Bibliographico*, do *Sr. Innocencio F. da Silva*. De talento mediocre, foi, comtudo, como das suas poesias se infere e a tradicção attesta, o festejado poeta das salas da aristocracia madeirense; deu as primeiras amostras do genero orientalista, até então desconhecido na poesia nacional; e das suas obras se colhem alguns dados para a historia litteraria da Madeira.

5.°—*Luiz Antonio Jardim*, bacharel formado em leis pela universidade de Coimbra, e advogado, da cidade do Funchal, nascido na segunda metade do seculo xviii, e finado de 1822 em diante: nesse anno foi elle eleito por esta ilha deputado substituto ás côrtes ordinarias, e publicou no Funchal e imprensa do Patriota Funchalense, uma *Collecção poetica*, em um tomo de 8.° com 122 pag., e, sob o titulo de *Parabens poetico-politicos*, uma oitava, dezoito sonetos, e uma ode, em um folheto de 29 pag., tambem em 8.°.

5.°—*Francisco de Paula Medina e Vasconcellos*, nascido na cidade do Funchal em 1769: desde a mocidade sectario das ideias dos philosophos do seculo xviii, isso lhe originou, por 1790, o ser preso anno e meio em Coimbra,

(1) São interlocutores a Côrte, a Ilha, a Saudade, a Religião, a Justiça, e a Fama.—Como viriam caracterisadas as jovens freiras, especialmente as que representavam a Côrte e a Ilha? Em que logar do convento teria sido dado o espectaculo? Donde assistiriam a elle o governador, e os mancebos, officiaes do seu estado maior?—O facto não deve passar desapercebido, porque é caracteristico á epoca, e responde aos piedosos censores dos dissolutos costumes de agora. Elles, tão esconjurados de verem actualmente nos theatros as comicas figurando de freiras, o que dirão, sabendo que nos graves tempos passados se faria do côro, palco, e da freira, comica?

A fim de contas, nada para extranhar é isto. Em quanto as madres de Odivellas se revoltavam, e levavam em communidade o senhor D. João v, o piedoso, á cela da sua freira favorita, não era muito que as freiras de outros mosteiros ostentassem na scena a sua belleza e elegancia.

e, depois, obrigado a sair da cidade, e expulso para sempre da universidade: e, em 1823, sendo tabellião de notas no Funchal, foi processado por liberal e condemnado em oito annos de degredo para as ilhas de Cabo-Verde pela alçada, então mandada á Madeira, vindo a fallecer na ilha de S. Thiago em 1824. Medina foi um dos mais notaveis poetas madeirenses da eschola francesa. Escreveu e publicou dois poemas epicos, a *Zargueida* (Lisboa, 1806), e a *Georgeida* (Londres, 1819), além de outro, *Prazeres de Lysia*, que não chegou a ser impresso: porém, o seu maior merecimento foi como poeta lyrico, revelado em muitas producções deste genero que deu ao prelo, e veem mencionadas no respectivo artigo do *Dicc. Bibliographico*, do Sr. *Innocencio F. da Silva*.

7.º—*Francisco Alvares de Nobrega*, por antenomasia o *Camões-pequeno*: nasceu na villa de Machico, em 30 de novembro de 1772; estudou no seminario ecclesiastico do Funchal; e passou a Lisboa, onde, por effeito da perseguição que lhe moveu D. José da Costa Torres, bispo que fôra do Funchal e então de Elvas, foi preso por maçon, e encerrado na cadeia do Limoeiro; mas, ao cabo de algum tempo, obteve a liberdade, pela intervenção do novo bispo do Funchal D. Luiz Rodrigues Villares, alma pia, verdadeiro contraste do seu antecessor. Antagonista do fanatismo então dominante, foi este poeta perseguido e preso pela Inquisição, nos carceres da qual penou, e, ultimamente, segunda vez nos do Limoeiro, donde conseguiu soltura, por meio de um memorial em quinze sonetos, com que soube tocar a alma do rei. Reduzido á penuria, e contagiado de elephantiase, com firmeza estoica se rodeou dos estimados livros; pez á cabeceira os seus escriptos; amortalhou-se em um lençol que cozeu até os hombros; e suicidou-se com laudano, aos trinta e quatro annos de idade, isto é, em 1806, achando-se hospedado na calçada de S. João Nepomuceno, em casa do livreiro Manoel José Moreira Pinto Baptista, seu amigo e bemfeitor.—Das muitas producções deste insigne poeta lyrico da eschola bocageana só restam as por elle impressas em 1801 e 1804, e reimpressas por seu sobrinho Januario Justiniano de Nobrega, no Funchal, 1850. As outras, que *Alvares de Nobrega* conservava ineditas, foram, no dia seguinte ao da sua morte, apprehendidas pelos familiares do *sancto officio*, e arremessadas ás fogueiras inquisitoriaes, porque muitas eram brados de execração contra ellas.

8.º—*Manoel Caetano Pimenta de Aguiar*, o qual foi o até agora unico poeta tragico madeirense. Das tragedias que compoz publicou só dez, de 1815 até 1820, cujos titulos veem referidos no *Dicc. Bibliographico*, do Sr. *Innocencio F. da Silva*. Imitador dos tragicos francezes, mas original na concepção e de dicção nobre e energica, projectou, talvez, crear um theatro nacional; obstavam-lhe, porém, os defeitos de estylo, os vicios do dialogo, e a diffusão discursiva que eivam as suas producções dramaticas, ficando essa gloria reservada para *Almeida Garrett*, o maior dos poetas modernos portuguezes: mas ainda assim, trabalhou diligente para que a litteratura nacional, rica em outros generos, deixasse de ser tão pobre, como então era no dramatico. É este o juizo que delle fórma *Mr. Ferdinand Denis* no *Résumé de l'Histoire Litteraire du Portugal,* cap. xxxiii.—Depois de 1820 entregou-se este poeta á politica, e foi um dos deputados pela ilha da Madeira ás côrtes ordinarias de 1822, vindo a fallecer por 1831.

Do esboço biographico dos tres ultimos poetas deste periodo se vê que somos chegados á tormentosa epoca da gestão das instituições liberaes em Portugal.

PERIODO IV. INTERMONARCHICO-LIBERAL. 1820-1834.—Os quatorze annos decorridos desde a revolução de 24 de agosto de 1820 até as reformas liberaes, encetadas pelo governo da regencia estabelecido na ilha Terceira, foram de conflicto, e a final de guerra, entre o systema da antiga monarchia e o da monarchia constitucional. Neste periodo, a instrucção publica e as lettras vacilaram em internitencias de liberdade e repressão.

Instrucção publica.—A revolução portugueza de 1820 foi, no aspecto instructivo e litterario, o progressivo effeito da reforma pombalina e das ideias liberaes ramificadas da França á Hespanha e Portugal. O congresso constituinte, pela resolução de 28 de junho de 1821, garantiu a instrucção primaria a todos os cidadãos; correlatamente, pela carta de lei de 30 do mesmo mez e anno, foi declarado livre a qualquer cidadão o ensinar e abrir escholas de instrucção primaria; pela de 12 de julho seguinte, em conformidade com os principios estabelecidos nas bazes da constituição, foi estatuida e regulada a liberdade de imprensa; pela resolução régia de 29 de maio de 1821, e decretos de 1 de outubro desse anno e de 6 de agosto de 1822, foram elevados os vencimentos e concedidas jubilações e isempções dos encargos municipaes aos professores publicos de instrucção primaria, afim de convidar a este magisterio sugeitos habeis e bastantes em numero a derramar pelo paiz a instrucção rudimental; e, finalmente, passando das disposições escriptas aos factos, tendo a reacção em onze annos; de 1809 a 1820, creado sómente vinte e uma cadeiras de ensino primario, o governo da revolução de 1820, em quatorze mezes, creou cincoenta e nove. «A revolução de 20», como diz o *Sr. D. Antonio da Costa,* na *Historia da Instrucção popular,* pag. 150, «viveu pouco, mas quanto não fez ella! Na questão do ensino primario, por meio de quatro principios, adiantou um seculo. O que é a liberdade e a independencia! O marquez de Pombal, num anno, fundou a instrucção nacional; a reacção, em quarenta annos, estagnou-a. A revolução liberal em 30 mezes, regenerou-a nas suas bases; a reacção, como todos os poderes mesquinhos, fez da instrucção primaria o reinado fatal das instrucções. A revolução, rindo-se de todo este aranzel dos governos acanhados, estabeleceu desde logo, com traços admiraveis, os factos, e poz em obra os principios.»

A reacção absolutista de 1823, porém, veiu esterilisar esta fecunda semente:

aboliu, pelo decreto de 10 de dezembro de 1823, a liberdade de ensino; acabou com a liberdade de imprensa e restabeleceu a censura prévia, pelos decretos de 12 de junho de 1823 e 6 de março de 1824; e revogou de um traço, pela lei de 25 de junho de 1824, todas as leis da revolução de 20, inclusive as da instrucção publica. Em consequencia destas disposições, as escholas particulares fecharam; muitos professores das publicas, denunciados e perseguidos como liberaes, abandonaram-nas; e a penna do escriptor e a imprensa, intimidadas e opprimidas pela censura prévia, jazeram inertes.—A instituição instructiva desta quadra foi a dos cursos de cirurgia em escholas regulares no hospital de S. José de Lisboa, e no da Misericordia do Porto, por alvará de 25 de junho de 1825.

No entanto, foi outorgada a carta constitucional em 29 de abril, e acclamada em 11 de julho de 1826, a qual ficou sendo o codigo fundamental portuguez até D. Miguel se declarar rei em 30 de junho de 1828.—Com ella surgiu, ainda que coarctado, o systema de instrucção publica da revolução liberal.

«A instrucção primaria gratuita, refere o mesmo *Sr. D. Antonio da Costa* na sua dicta obra, pag. 154, foi garantida a todos os cidadãos. O novo periodo innovou alguns principios, devidos á regencia da senhora infanta D. Isabel. Coube-lhe a honra de ter saido do seu governo o primeiro decreto que regulou a instrucção liberal. O governo de 1826 não resgatou a liberdade do ensino; mas renovou a jubilação, creou a aposentação, e trabalhava por melhorar a instrucção primaria.»

Mas foi luz momentanea; porque o governo de D. Miguel, do mesmo golpe com que derribou a carta constitucional, tambem apagou esse lume sagrado da instrucção publica, pondo-nos em trevas mais densas que as da reacção de 1823.

A sua primeira providencia revelou desde logo o proposito de resuscitar a antiga preponderancia clerical sobre todos os graus do ensino da mocidade: por decreto de 7 de agosto de 1828, foi o bispo de Vizeu, D. Francisco Alexandre Lobo, nomeado reformador geral dos estudos do reino, commissão na qual foi substituido, em 27 de agosto de 1831, pelo monge de S. Bernardo, Fr. Fortunato de S. Boaventura. Um e outro tinham vasta instrucção; mas, além do espirito de classe, eram ferrenhos absolutistas.

Logo depois, a juncta da directoría geral dos estudos propoz, em 27 de fevereiro de 1829, a pretexto da economia de trinta contos de reis, que ficassem reduzidas a seiscentas cadeiras de instrucção primaria as novecentas trinta e nove que existiam, além das da comarca de Coimbra e das vinte e cinco do sexo feminino: o governo de então não só se conformou com essa proposta, mandando, em 20 de março, que as escholas fossem só seiscentas, mas, requintando no alvitre, determinou por iniciativa sua, em 30 de julho, que não houvesse mais de quinhentas e cincoenta: e, com effeito, em execução deste preceito, já

100

em 1832 estavam extinctas cento noventa e nove dessas escholas, e outras muitas vagas ou abandonadas dos professores, em razão das perseguições politicas aos suspeitos e do atrazo dos vencimentos.

Deste modo o absolutismo, em quanto buscava firmar-se pelos flagicios, carceres e cadafalsos, preparava tambem a restauração do predominio clerical, senão jesuitico, no ensino publico.

As alternativas desta longa crise repercutiram-se neste archipelago. Em 28 de janeiro de 1821 foram proclamados na cidade do Funchal os principios liberaes da revolução do Porto de 24 de agosto de 1820: e desde logo, a Madeira seguiu os destinos da metropole, passando com esta a gosar da liberdade de ensino, e até a promover e consummar, pelos seus mesmos esforços, a instituição da importante *Sociedade Funchalense dos Amigos das Sciencias e Artes*, á similhança da Academia Real das Sciencias de Lisboa, embora em menor ponto que esta. Tal sociedade, quando começava em flor, foi destruida pela reacção de 1823, e nem lembrada já é; mas, porisso mesmo, devemos memoral-a, archivando aqui o que sabemos della.

O *Patriota Funchalense*, n.º 120, de 28 de agosto de 1822, na exposição que faz do modo como nesta cidade do Funchal foi solemnisado nesse anno o anniversario da alludida revolução de 24 do mesmo mez de agosto de 1820, escreve:

«Ainda que naõ foi naquelle mesmo dia 24, mas no antecedente, que teve lugar a sessaõ publica da Sociedade Litteraria dos Amigos das Sciencias, e Artes; com tudo, como aquella reuniaõ se fez no dia antecedente, na conformidade de seus Estatutos, em attençaõ ao anniversario da nossa Regeneraçaõ, devemos referil-a como pertencente á mencionada solemnidade. No dia 23, ás dez horas da manhãa, se reuniraõ no Palacio do Governo todos os Socios na grande salla, a que concorrêraõ muitos expectadores: e, guardadas todas as formalidades da etiqueta, o seu digno Presidente, o Dr. J. P. de Freitas Drummond, abrio a Sessaõ com hum excellente Discurso; o seu Secretario, Francisco Ferreira de Abreu, lêo o Epitome dos trabalhos; e estas Peças foraõ apreciadas por todas as pessoas alli presentes. Lêraõ-se excellentes obras poeticas de alguns dos Socios, e quatro interessantes Memorias, entre as quaes damos hum grande apreço á que recitou o nosso Presidente, por ser huma perfeita Estatistica da Madeira, e sobre a qual se póde fazer huma appreciavel Historia da nossa Patria.

«He deste modo que os Madeirenses testemunhaõ a sua firme adhesaõ á causa da Naçaõ, mostrando sua sensibilidade por tudo o que lhes recorda as mais interessantes Epochas da sua feliz Regeneraçaõ.»

O *epitome* a que allude esta noticia contém a historia da fundação e trabalhos da *Sociedade Funchalense*. É o seguinte:

Ex.ᵐᵒ e Ill.ᵐᵒˢ Senhores.

«Competindo-me, como Secretario interino da Sociedade Funchalense dos Amigos das Sciencias, e Artes, apresentar, em cada Sessaõ publica, o Epitome dos seus trabalhos: permitti que eu vol-os exponha da maneira a mais succinta; naõ só porque seja este o meu dever, mas para naõ fatigar a vossa benevola attençaõ.»

«Cumpria celebrar, no presente anno, o primeiro anniversario do dia 28 de Janeiro de 1821: dia, que todos nós temos gravado nos corações, a par dos celestes dias de 24 de Agosto, e 15 de Setembro do anno antecedente. Foi celebrado com effeito do modo, que todos sentimos, todos gosámos, e todos applaudimos, sem em nada nos desviarmos do espirito daquelles gloriosos dias, que lhe tinhaõ dado origem. Lançou-se a pedra fundamental a hum monumento (1), que deveria excitar em nós, e recordar a nossos netos, os sagrados Direitos, que, sem o menor dissabor, haviamos reivendicado naquelle dia eternamente plausivel.»

«Mas a pedra he muda: naõ he de sua condicção transmittir sentimentos. Mil louvores sejaõ dados ao digno, ou dignos Compatriotas, que, consultando o espirito humano, primeiro concebêraõ o projecto de lançar naquelle dia as bases a hum monumento mais sólido: um monumento intellectual. O tempo dissolve a materia bruta; mas aperfeiçoa progressivamente a intelligencia, naõ só no individuo, mas nas gerações successivas. Poupai-me a demonstraçaõ desta verdade, que se acha consignada na organisaçaõ do Homem; nas paginas da Historia; e de que estais plenamente convencidos.»

«Prévia noticia convoca a este mesmo recinto muitos Cidadaõs, entre cujos dótes avulta o patriotismo. O Excellentissimo Sr. D. Rodrigo Antonio de Mello, entaõ nosso Governador, os acolhe propicio. Hum dos nossos mais abalisados Socios, hoje nosso digno Presidente, recita um Discurso analogo ao objecto da Instituiçaõ, o qual só teve o defeito, que o Orador de Roma, na sua avidez, notava no Orador da Grecia. Daõ-se simultaneos applausos á existencia, e perduraçaõ de huma Sociedade Litteraria nesta Provincia, cujas balisas fossem a propagaçaõ das Luzes, a perfeiçaõ da moral, e o impulso á sua prosperidade, para que assim nossos vindouros melhor sentissem, e mais contentes abençoassem a memoria daquelle dia.»

«Desde entaõ até hoje tem ella tido 26 Sessões, todas verdadeiramente pro-

(1) O monumento aqui alludido. era para memoria do dia 28 de janeiro de 1821, emque foram nesta ilha da Madeira proclamados os principios politicos da revoluçaõ de 1820. A primeira pedra foi lançada, com grande solemnidade e pompa, no largo em frente da sé, no dia 28 de janeiro de 1822. A obra não passou dos alicerces, e estes mesmos foram demolidos, quando teve logar a reacção politica de 1823.—Vid. O Patriota Funchalense, n.ᵒˢ 61 e 62.

paratorias. Na primeira em que o nosso distincto Socio, o Sr. Dr. Antonio Joaquim da Costa, leo hum Discurso, sobre a origem e utilidade das associaçoes litterarias, cujo merito se acha marcado pelo apreço, que delle fez a illustre Sociedade Patriotica, ha pouco erecta na Côrte, inserindo-o no seu luminoso jornal: na primeira, disse, se nomeáraõ hum numero de Socios Effectivos, que simbolizassem o numero do nosso memoravel dia; e d'entre elles huma Commissaõ, que redigisse o projecto dos seus Estatutos, e participasse aos Eleitos a respectiva nomeaçaõ. Deixai-me occultar que alguns se recusáraõ a acceital-a; talvez mais pelo temor dos silvos da detracçaõ, do que pela avareza de suas luzes taõ authenticadas. ›

‹ Discutíraõ-se os Estatutos nas Sessões subsequentes, que arranjámos em 28 artigos; hum dos quaes he que os elevassemos á Authoridade competente, naõ só para os approvar, mas para desvanecer qualquer ciume envesgado. Estavamos aqui: eis chega, para governar esta Provincia, o Excellentissimo Sr. Antonio Manoel de Noronha, cujo nome he o unico elogio, que me cabe tributar-lhe: conhece nossas puras intençoes; interessa-se por nós; officia a nosso favor; leva ao conhecimento de S. Magestade, o Senhor Dom Joaõ Sexto, o nosso requerimento, e Estatutos; pede ao mesmo tempo a concessaõ de local, no Palacio do Governo, para as Sessões, e Livraria da Sociedade; convocaõ-se os Ministros; lavra-se o despacho favoravel, e honroso; e S. Excellencia nos felicita com elle; tudo no breve espaço de 29 dias, que decorrêraõ desde 4 de maio até 2 de Junho. ›

‹ No entanto huma Commissaõ redige o Regulamento interno da Sociedade e o plano da sua Bibliotheca, que foraõ discutidos em varias Sessões; e hoje se achaõ approvados, e coherentes com os mesmos Estatutos. ›

‹ Sempre com o intuito de nenhuma reserva, e de toda a publicidade, elegemos para nossos Socios Honorarios, e Correspondentes as Authoridades mais conspicuas desta Provincia; os Varões mais distinctos por suas luzes, e moralidade; até ousando convidar nossos actuaes Ministros d'Estado; varios Deputados em Côrtes; e alguns sabios nossos, e estrangeiros, para todos nos coadjuvarem com sua protecção, sua concorrencia, e suas luzes. ›

‹ A Bibliotheca, que, (a fazer justiça a nossos Compatriotas,) ainda está no seu começo, já hoje consta de 628 volumes procedidos das joias de naõ todos os Socios Effectivos, e da liberalidade de dois Socios Honorarios, os Illustrissimos Srs. Dr. Gregorio Francisco Perestrello da Camara, e José Gomes de Andrade, desejosos de promover este Estabelecimento, que consagrámos ao uso do benemerito Publico. Hum digno estrangeiro da nobre Naçaõ Britannica, já crédor do reconhecimento desta Provincia por seus varios monumentos de caridade, o Sr. Roberto Page (1), se dignou brindar-nos com 37 volumes de Litteratura

(1) Daqui se vé, ou, pelo menos, com toda a probabilidade se induz, que em 1822 não ha-

selecta, só tendo em vista o continuar a ser-lhe util, e naõ excitar a notoria ge-
nerosidade de nossos Compatriotas: elle acceitou os nossos agradecimentos, ornando a Lista de nossos Socios Correspondentes.»

«Finalmente, temos a approvação do nosso Liberal Ministerio; a egide do
nosso benevolo Governador; a cooperação de Socios Nacionaes, e estrangeiros:
temos Estatutos, e regulamentos para nos dirigirmos fieis, constantes, e unidos;
livros de muitas artes, e sciencias; Diarios Nacionaes, e alguns de fóra; o patriotismo naõ nos abandona: eis o resumo de nossos trabalhos, o que bem considerado não he de pouco momento, visto que em quatro seculos se não tem
aqui realizado o Estabelecimento de huma Livraria pública, cuja estabilidade
naõ é contestavel.»

«O edificio existe formado; a officina aparelhada; a sementeira está feita:
cumpre d'hora ávante gozarmos do seu abrigo; zelar o seu producto; e naõ
perder a sua colheita. Naõ seja porém exorbitante, Illustres Concidadaõs, a vossa
expectação a nosso respeito. A Sociedade Funchalense naõ he huma Grega, nem
Luza Athenas; naõ he hum Instituto Nacional; naõ he de suas forças determinar
a variação da agulha, a quadratura do circulo; calcular os orbes celestes; nem
escrutinar os arcanos da natureza na immensa escala dos seres. Nessa Filosofia
naõ he transcendente, nem de utilidade remota: são escassos nossos meios tanto
moraes, como fisicos: amados Consocios, naõ fallo de vós, eu fallo de mim.

«Deixemos, sim, aos genios priviligiados essas sciencias de alto luxo: enu-
merem elles, a seu prazer, quantos peixes nutre o mar; quantos insectos e
flores contém o nosso Globo; e quantos mundos vagueiaõ no Firmamento. As
precisoens da nossa Patria saõ mais urgentes; remedial-as he de utilidade mais
proxima; e ainda que nosso terreno, e nosso clima, aptos a resumir as produc-

---

¹na noticia das explorações de Roberto P a g e relativas á cruz de R o b e r t o M a c h i m, a que
allude um dos rotulos da mesma cruz como feitas em 1814 (vid. retró, pag. 417). Uma sociedade litteraria e madeirense, em sessão publica e solemne, onde foi lida uma memoria historica da ilha da Madeira, e onde a mesma sociedade, pelo intermedio do seu secretario, agrade-
cendo um valioso obsequio a esse Roberto Page, commemorava que este era credor do reconhecimento desta provincia por seus v a r i o s m o n u m e n t o s d e c a r i d a d e, não teria deixado
de mencionar taes explorações. E note-se que o Dr. J. D. de Freitas Drummond, presidente da sociedade, e auctor dessa memoria então lida, é um dos escriptores que teem por historico o caso de
Machim (vid. retró, pag. 350 e 351); e, portanto, claro está que o silencio do e p i t o m e no tocante á cruz de Machim não póde ser tido por falta de acquiescencia a esta opinião. Note-se mais que
a especialidade da assembleia e o motivo por que ahi se fallou de Roberto Page obrigavam a lembrar aquellas explorações historicas, de que nada se disse: e, pelo contrario, as palavras do e p i t o-
me exaltam o mesmo Page só por seus varios monumentos de caridade, como sendo estes os
unicos titulos a recomendal-o. Note-se, por ultimo, que a S o c i e d a d e F u n c h a l e n s e dos
A m i g o s d a s S c i e n c i a s e A r t e s era composta de todos os madeirenses em 1822 notaveis
por talentos e saber. Seria, pois, moralmente possivel que ella ignorasse, ou que, não ignorando,
calasse esse achado archeologico, que o rotulo da cruz de Machim diz feito em 1814?

Tudo isto nos parece corroborar muito o que deixamos escripto a pag. 419.

ções de todas as Zonas, naõ sejaõ ingratos a nenhuma das Musas, tenhamos sómente, e sempre em vista aperfeiçoar a soa moral, e pôr em acçaõ os seus fecundos, e naõ exhaustos meios de cultura, industria e commercio. Seja em fim, como he, nosso timbre Estudo: Zelo: Constancia.—*Francisco Ferreira de Abreu.*»

«*Lido na primeira Sessaõ pública da Sociedade Funchalense, em huma das Salas do Palacio do Governo, perante S. Excellencia o Sr. Governador, e numerosa Assembléa de Cidadaõs, aos 23 de Agosto de 1822.*»

Copiado do **Patriota Funchalense**, n.º 123, de 7 de septembro de 1822.

Possuimos os *Estatutos e Regulamentos da Sociedade Funchalense dos Amigos das Sciencias e Artes* (é este exactamente o titulo que ahi se lhe dá), impressos na typographia do *Patriota*, anno de 1822: delles se vê que eram *vinte e oito* os socios effectivos, e *vinte e quatro* os socios honorarios, numeros estes que symbolisavam o dia 24 de agosto de 1820, em que a revolução rebentára no Porto, e o dia 28 de janeiro de 1821, em que ella foi secundada na ilha da Madeira. Por este modo, no periodo primitivo da liberdade portugueza, o civismo se abraçava com o culto da sciencia.—Mas, porisso mesmo, o absolutismo politico, nas suas restaurações de 1823 e 1828, fulminou com os mesmos golpes as instituições liberaes e as litterarias. Duas alçadas vieram á ilha da Madeira, a primeira em 1823, e a segunda em 1828; e ambas processaram os mais illustres e talentosos madeirenses, ecclesiasticos e seculares; encarceraram uns, degradaram outros, forçaram os restantes a emigrar, ou, pelo menos, a homisiar-se; e até, a alçada do Porto condemnou dois dos mais notaveis delles, o *Sr. Dr. José Ferreira Pestana* a assistir ás barbaras execuções dos liberaes suppliciados na *praça nova*, sendo depois degredado perpetuamente para Angola; e o bacharel *José Maria Martiniano da Fonseca* a morrer enforcado na mesma praça, sendo-lhe depois decepada a cabeça, e, em alto poste, dada por espectaculo ás multidões horrorisadas!—As lettras fugiram espavoridas.

Neste periodo foi instituida a *eschola lancasteriana*, na cidade do Funchal, e pelo governador D. Manoel de Portugal e Castro supprimida uma das antigas escholas de primeiras lettras, applicando o respectivo ordenado para a *aula de francez e inglez*, que, em substituição dessa, creou, o que consta do periodico *O Defensor da Liberdade*, n.ºs 19 e 29.—Nisto se cifram as providencias de ensino publico tomadas para este archipelago naquelles attribulados quatorze annos de 1820 a 1834.

Felizmente, porém, tremulava invencivel nas ilhas dos Açores o pendão da liberdade, e lá mesmo, nos annos de 1831 e 1832, e entre as incertezas e perigos da guerra, o governo da regencia lançava, impavido e intemerato, as bases da regeneração politica do pais, sem esquecer as da instrucção publica.

Litteratura.—As vicissitudes e luctas politicas deste periodo, ás quaes todos os outros phenomenos da vida social mais ou menos se subordinaram, reflectindo-se na actividade moral e intellectual da nação, occasionaram, crearam, e desenvolveram, tanto no continente do reino, como na Madeira, tres generos litterarios, até então desconhecidos em terras portuguezas, o *jornalismo* e o *pamphleto políticos,* e a *eloquencia parlamentar,* por modo que estes, especialmente o primeiro, attrahindo a si o talento da quasi totalidade dos escriptores, prevaleceram aos outros generos litterarios.—Distinguiremos, pois, neste periodo tres grupos litterarios: *generos diversos, jornalismo e pamphletos políticos, e eloquencia parlamentar.*

Generos diversos,—Agrupam-se aqui alguns dos escriptores do periodo anterior e neste sobreviventes, cujos nomes não repetimos agora, por brevidade, e accrescem os quatro seguintes:

1.º—*Joaquim José Ferreira de Freitas,* que nasceu nesta ilha da Madeira por 1781. Foi frade franciscano capucho, mas, abandonando o estado monastico, passou a França; veiu a Portugal com o exercito de Massena em 1810; com o mesmo á França regressou; e, por ultimo, residiu em Inglaterra, onde, a troco de seus mercenarios escriptos, adquiriu do marechal Beresford, do duque de Palmella, e até de D. Pedro quando imperador do Brazil, grossas quantias: mas, de vida folgazã e desregrada, morreu pobre, em Londres, pelos annos de 1831. Foi redactor do periodico *O Padre Amaro, ou sovella política,* impresso em Londres, assim como todas as outras obras suas, cujos titulos e mais ampla noticia de sua pessoa se podem ver no *Dicc. bibliographico,* do *Sr. Innocencio,* artigo *Joaquim Ferreira de Freitas.*

2.º—*João Agostinho Pereira de Agrella e Camara,* nascido na cidade do Funchal em maio de 1777, e finado na mesma cidade em fevereiro de 1835: era socio effectivo da *Sociedade Funchalense dos Amigos das Sciencias e Artes;* já em 1822 tinha o logar de escrivão da Camara do Funchal; em 1828 foi processado e preso para Lisboa, onde esteve na fragata Dom Pedro um anno, e na cadeia do Limoeiro outro anno, sendo a final condemnado em 1830 a não voltar a esta ilha da Madeira por mais um anno; mas, receioso de novas perseguições, só regressou á patria depois de triumphante o partido liberal em 1834. E, não obstante as suas ideias livres e o que por ellas soffreu, seguindo sempre a sua vocação, se dedicou exclusivamente aos estudos litterarios e historicos, e em especial aos genealogicos, chegando a colleccionar a melhor livraria que em seu tempo houve na ilha da Madeira, e deixando, escripto de seu punho, um *Nobiliario madeirense,* em quatro tomos de folio, que é tido pelo mais completo e exacto, e existe em poder do Sr. Pedro Agostinho Pereira de Agrella e Camara, a quem devemos estas noticias, filho primogenito do auctor.

3.º—*José Manoel da Veiga,* licenciado em canones, o qual nasceu na cidade do Funchal por 1801, e morreu de apoplexia a 26 de septembro de 1859, na sua quinta da Arruda, ou em Lisboa, ónde foi por muitos annos habilissimo advogado, havendo escripto e publicado as obras: *Medéa* (1), *ensaio tragico* (Coimbra, 1821); *Memoria sobre o celibato clerical* (Coimbra, 1822); *Projecto de Codigo Criminal* (Lisboa, 1836); e diversos allegados forenses, cujos titulos veem indicados no *Dicc. Bibliographico*, do *Sr. Innocencio F. da Silva*.

4.º—*José Julião de França e Vasconcellos*, bacharel em direito, nascido na freguezia da Boaventura em 1776, e finado na cidade do Funchal em 1859. Deixou manuscripto um *Nobiliario madeirense*, que não vimos, mas existe em poder de seus herdeiros.

Jornalismo e pamphletos.—Teve a ilha da Madeira neste periodo nove periodicos e quatro typographias, e tambem alguns pamphletos.—Os periodicos foram:

1.º—*O Patriota Funchalense.*—Feita a revolução no Funchal, em 28 de janeiro de 1821, o *Dr. Nicolau Caetano de Bettencourt Pitta* projectou o estabelecimento de uma typographia e a publicação de um periodico; foi aquella mandada vir de Lisboa com o typographo Alexandre Gervasio Ferreira; e no dia 2 de julho do mesmo anno, dia escolhido por ser considerado o do descobrimento da ilha, sahiu o n.º 1 do *Patriota Funchalense*, de que era redactor o referido *Dr. Pitta*.

Foram a primeira imprensa e o primeiro periodico que na Madeira houve. —«Depois do dilatado periodo de quatro seculos (diz elle na introducção), que esta formosa ilha parecia condemnada pelo genio do servilismo a não escutar mais que a voz da vil lisonja e baixa condescendencia... raia em seu Oriente esse astro luminoso, que dessipando as trevas da escuridão, nos deixa ver a candida verdade...: fixando esta epocha ao mesmo tempo a do glorioso anniversario da sua descuberta admiravel. Sim, senhores, apenas o grito da liberdade se deixou escutar dos habitantes desta ilha, e nossa causa se fez commum com a dos nossos irmãos do Continente; desde logo, animado do mais subido amor da Patria, projectei o grande estabelecimento de huma Imprensa, e bem que meus limitados conhecimentos litterarios me apoquentavam, cedi á utilidade publica, e ousei encarregar-me de ser o Redactor desta folha.»—Acabou *O Patriota Funchalense* em 16 de agosto de 1823, tendo chegado ao n.º 214, a dois por semana.

2.º—*O Prégador Imparcial da Verdade, da Justiça e da Lei*, redigido pelo bacharel em theologia, o padre *João Chrysostomo Spinola de Macedo*, e editado pelo referido typographo Ferreira, terminando com o n.º 34, o primeiro datado de 17 de fevereiro, e o ultimo a 27 de dezembro de 1823. Era semanal.

(1) Da familia de Manoel Caetano Pimenta de Aguiar sabemos que elle se queixava de que Veiga se désse por auctor desta Medea, a qual elle Aguiar dizia ser sua.

3.º—A *Atalaia da liberdade*, redigido pelo acrimonioso morgado *Diogo Dias de Ornellas e Vasconcellos:* desta folha só seis numeros nos consta haverem sahido, o primeiro em 24 de abril, e o sexto em 29 de maio de 1823. Era semanal.

4.º—*O Regedor*, publicado na imprensa do *Patriota Funchalense*, pelo typographo Ignacio dos Sanctos de Abreu. Deu nove numeros: o 1.º em 27 de abril de 1823, e o 9.º em 15 de junho do mesmo anno. Reappareceu em janeiro de 1828, mas só com quatro numeros, e acabou. Sahia aos domingos.

5.º—*O Funchalense Liberal.* Com a queda das instituições liberaes no anno de 1823, ficou amordaçada a imprensa, até que, menos captiva, por effeito da promulgação da carta constitucional em 1826, o jornalismo recomeçou. O *Funchalense Liberal* foi a primeira folha politica que, depois deste acontecimento, houve na ilha da Madeira: o n.º 1 sahiu em 3 de fevereiro de 1827, e o n.º 17 e ultimo, em 26 de maio seguinte. Publicava-se aos sabbados.

6.º—*A Flor. do Oceano*, em 1828, do qual foram redactores o juiz de fóra Dr. *Manoel Ferreira de Seabra da Motta e Silva*, o então escrivão do judicial *Servulo Drummond de Menezes*, o advogado *João Bettencourt*, e outros. Era semanal, e impresso em uma typographia que estava no palacio de S. Lourenço.

7.º—*O Defensor da liberdade*, publicado na typographia do já dicto Abreu, e redigido pelo professor de linguas *Alexandre Luiz da Cunha*. Sahiram noventa e seis numeros, dois por semana: o primeiro, em 2 de junho de 1827, e o ultimo, em 26 de abril de 1828.

8.º—*O Regedor Filho*, que veiu substituir *O Regedor*, mas só publicou vinto e quatro numeros, dois por semana: o n.º 1, em 14 de fevereiro de 1828, e o n.º 24, em 24 de maio seguinte.—Promettia-se neste ultimo numero que continuaria com o titulo *O Periodico da Madeira;* mas não temos noticia de que esta nova folha chegasse a apparecer, nem é provavel; pois que, regressado D. Miguel a Portugal em 22 de fevereiro do mesmo anno de 1828, assumiu o poder a 26; dissolveu as côrtes em 13 de março, ficando o seu governo em dictadura; de 25 de abril em diante, fez-se rei de facto, declarando-se por tal em 30 de junho; e, finalmente, de 22 para 23 de agosto, entraram nesta ilha da Madeira as suas tropas.

Estes e outros infaustos acontecimentos politicos, acompanhados do systema de terror adoptado pelo governo de então, impozeram geral silencio, e emudeceram a imprensa liberal em todas as terras portuguezas, excepto nas ilhas dos Açores. Durante o sanguinario despotismo de D. Miguel, as publicações periodicas, que faziam gemer os prelos nacionaes, tinham por modelos *A Tripa virada* e *A Besta Esfolada*, com que a penna viperina do *Padre José Agostinho de Macedo*, em termos tão rasteiros e furibundos como os rotulos das suas folhas, insultava os liberaes opprimidos, e concitava os cegos odios dos oppressores.—A ilha da Madeira teve nessa quadra nefasta um periodico unico, o unico abertamente não liberal que tem tido, intitulado *O Realista,* pelos annos de 1828 a 1829.

Nas folhas liberaes acima mencionadas collaboraram, ou publicaram accidentalmente artigos, quasi todos os talentos madeirenses existentes ao tempo, e memorados neste artigo como escriptores, ou como deputados ás côrtes.

As typographias que neste periodo houve na ilha da Madeira eram todas na cidade do Funchal, a saber: a da empreza do *Patriota Funchalense,* que foi a primeira, e de que já démos noticia; a do typographo Ignacio dos Sanctos de Abreu, na rua dos Ferreiros, n.° 7; a do governo, estabelecida no pavimento terreo do palacio de S. Lourenço; e a do professor e jornalista *Alexandre Luiz da Cunha,* na rua do Pinheiro n.° 1. Não temos achado indicação de outras.

Em quanto os escriptores liberaes ventilavam as questões occorrentes nos periodicos legalmente publicados na ilha, os solapados inimigos das novas instituições preferiam recorrer a pamphletos ou folhetos diffamatorios, impressos no extrangeiro, ou em Lisboa. É rarissimo encontrar alguma destas publicações; uma apenas possuimos, intitulada *O Tramista descoberto! Conversa do Conego Francisco B—r—o, da cidade do Funchal, com o seu moço Simão Caraça, ouvida pelo Padre João Vicente de O—v—a* (Londres, 1822).

Eloquencia.—Os deputados eleitos pela ilha da Madeira ás côrtes geraes e extraordinarias do 1821 foram *Mauricio José de Castello Branco Manoel, Francisco João Moniz,* e o *Dr. João Antonio Rodrigues Garcez,* medico no Funchal; mas, como este logo fallecesse, foi á camara em seu logar o deputado substituto *Dr. João José de Freitas Aragão,* madeirense estabelecido como advogado em Lisboa.— Os eleitos ás côrtes ordinarias de 1822 foram *João Francisco de Oliveira,* o *Vigario João Manoel de Freitas Branco,* e o poeta *Manoel Caetano Pimenta de Aguiar.*—E, por ultimo, os eleitos ás côrtes de 1826 foram o *Dr. Lourenço José Moniz,* sabio medico do Funchal; o presbytero, ao diante conego, *Gregorio Naziazeno Medina e Vasconcellos;* e o *Dr. Caetano Alberto Soares.* Tres dentre todos foram os mais conhecidos por seus trabalhos parlamentares: *Castello Branco,* orador de opiniões abertamente liberaes; o *Dr. Aragão,* dado a assúmptos economicos; e o *Dr. Lourenço José Moniz. O Vigario Freitas Branco* foi notavel como jornalista, e de verdadeiras virtudes civicas.

O vigario da freguezia de Sancta Anna, e depois conego, *Jeronymo Alvares da Silva Pinheiro* foi, então distincto prégador, de ideias liberaes.

PERIODO V. MONARCHICO-LIBERAL. 1834-1872.—A liberdade portugueza, ensaiada por vezes, e até 1834 em lucta com o monarchismo absoluto, triumphou, e firmou-se então.—Dahi por diante, sob a fórma monarchico-representativa, a sua missão tem sido reformar e edificar: e, com quanto o quadro não esteja perfeito nem completo, as sombras não lhe dão a negrura que enlucta a memoria do precedente despotismo, e são largamente compensadas pela brilhante luz dos principios em si, e pela irradiação desta nos resultados, os quaes, se não satisfazem as esperanças, abastam para não as desmentir. A instrucção publica e a litteratura em Portugal assumiram, pois, desde a consolidação das instituições liberaes, caracteres mui diversos dos que até entãootinham; menos contrariadas no externo, ostentam maior movimento, mais vasta e complicada elaboração no interno; de modo que a historia de uma e outra, ainda circumscripta ao que interessa a este archipelago da Madeira, é assumpto que não obedece aos limites de uma nota. Constrangidos, portanto, a sermos não só cõncisos, mas quasi omissos, enviamos o leitor, no que respeita a estes dois ramos em Portugal, para as duas notaveis obras do *Sr. D. Antonio da Costa, A Instrucção Nacional*, e a *Historia da Instrucção Popular*, e para as tambem notaveis *Memorias de Litteratura contemporanea*, de *A. P. Lopes de Mendonça*.

Instrucção publica.—Este periodo tem sido, a bem dizer, de continuas modificações neste ponto. Avultam logo a reforma promulgada em 1832 pelo governo da regencia, nas ilhas dos Açores, que foi o introito das futuras; a decretada em 1835; e, em 1836 e 1837, a da revolução de septembro, sendo todas derivadas dos principios liberaes, e do convencimento da necessidade de derramar e dilatar a instrucção: a primeira destas reformas foi absorvida na segunda, a segunda na terceira, e dellas surtiram a diffusão da *instrucção primaria*; os progressos da secundaria, por meio da creação dos *lyceus nacionaes*; e o desenvolvimento da superior e da especial, pela ampliação do quadro dos estudos universitarios, creação das *escholas medico-cirurgicas*, da Eschola do Exercito e da Eschola Polythechnica em Lisboa, da Academia Polytechnica do Porto, dos conservatorios da arte dramatica, das academias de bellas-artes em Lisboa e Porto, e outras escholas, não esquecendo até os estudos ecclesiasticos, nos *seminarios episcopaes*. A estas reformas seguiram-se a de 1844, mais centralisadora e governamental que aquellas; a de 1851 a 1863, de maior animo financeiro que as anteriores na dotação da instrucção publica, e que lhe augmentou a área com o Instituto industrial, o Instituto agricola, e a reconstituição da Academia Real das Sciencias, sendo nesta conjunctura erigido o Curso Superior de Lettras, pela munificencia de D. Pedro v. Veiu depois a reforma encetada em 1870 pelo *Sr. D. Antonio da Costa*, quando ministro da instrucção publica; porém, com quanto justamente applaudida por todos os partidos, foi ao nascer proscripta, sem chegar a dar fructos; succederam-lhe as reformas promulgadas no governo do Sr. Bispo de Vizeu, as quaes miravam, não aos progressos do ensino, mas a economias financeiras, e, finalmente, as ulteriores até agora. Atravez, porém, destas vicissitudes na organisação da instrucção publica, é indubitavel que, em geral, tem esta progredido: confirmam-no os quadros dos estudos superiores augmentados; os novos ramos de estudos creados; e, mais que tudo, a instituição das escholas normaes, a liberdade de ensino, e 2:300 escholas officiaes de instrucção primaria, as quaes, ainda que estão muito áquem das precisas, e regidas por professores quasi todos inhabeis e todos mal pagos, comparadas com as 550 a que o governo de D. Miguel mandou reduzir as 991 que existiam ao tempo em que esse principe tomou o leme do estado, attestam notavel melhoria da instrucção nacional.

A ilha da Madeira tem nesta parte quinhoado não tanto quanto poderia, mas o sufficiente a ser este periodo considerado como o mais fecundo para a instrucção da sua mocidade. Ao incetar a epocha liberal, em 1834, tinha este archipelago o Seminario Ecclesiastico, as aulas creadas pelo marquez de Pombal, a Medico-Cirurgica, uma eschola lancasteriana, e uma aula de inglez e francez, instituida em substituição de uma das primarias; quasi todas em decadencia, algumas em abandono. E, desde 1837 até hoje, foram successivamente creadas as seguintes escholas: o *Lyceu Nacional*, por virtude dos decretos de 12 e 17 de novembro de 1836, vindo a ser a primeira sessão do seu conselho em 12 de septembro de 1837; a *Eschola Medico-cirurgica do Funchal*, por virtude do decreto de 29 de dezembro de 1836, a qual começou a funccionar no anno lectivo de 1838 a 1839; e, na *instrucção primaria*, 36 escholas mantidas pelo estado, sendo 27 do sexo masculino, e 9 do feminino; mais 18, mantidas pelas camaras municipaes, sendo 10 do sexo masculino, uma destas nocturna, e 8 do feminino; e, finalmente, 48 particulares, 15 dellas do sexo masculino, e 33 do feminino, ao todo; 102 escholas primarias. Além disso, a 23 de fevereiro de 1837, foi instaurado, em conformidade com o artigo 34.º do decreto de 15 de novembro de 1836, o *Conselho Provincial de Instrucção Publica* nesta ilha da Madeira. Tambem, por accordão de 7 de maio de 1841 (1), a Camara do Funchal constituiu a sua *bibliotheca*, que ao presente conta uns seis mil e oitocentos volumes, e é a unica aberta ao publico, havendo outras duas: a do Seminario Ecclesiastico, cujo nucleo foi a dos Jesuitas, e a da Eschola Medico-cirurgica, especiaes a esses estabelecimentos, e muito inferiores á municipal. Neste mesmo periodo foram creados, por associações particulares, dois clubs recreativos, com gabinete de leitura: um intitulado *União*, que principiou em 10 de março de 1836, e está, desde muitos annos, em uma boa casa á Praça da Constituição (2); o outro denominado *Funchalense*, que data de 1838, estabeleci-

(1) «Em virtude desse accordam (diz o Relatorio dos principaes actos administrativos da Camara Municipal do Funchal no biennio de 1841 e 1842 (Funchal, 1842)), tomou-se uma medida que salvou de sua total ruina parte da livraria dos extinctos Franciscanos, e enriqueceu de algumas obras, preciosas por sua raridade, a estante de uma especie de bibliotheca publica, que esta camara aqui achára no estado de embrião completamente estacionario. Em seguida, pediu-se aos extrangeiros, aqui estabelecidos, a offerta de alguns volumes; consignou-se no orçamento annual uma pequena verba para livros; e, com o emprego destes meios, a Camara pôde levar a bibliotheca do Concelho ao pé em que a védes hoje, contendo para cima de 1:200 volumes.»

(2) Esta praça denomina-se assim desde 28 de janeiro de 1821, em memoria de nella tr sido proclamada, nesse dia, a constituição, isto é, os principios liberaes da revolução de 1820.

do ao Carmo, mas, desde muitos annos tambem, no 'palacio da rua do Perú. A *Associação Commercial*, fundada em 1837, teve, por longos tempos, um gabinete de leitura, á entrada da cidade. Em 21 de novembro de 1849 foi constituida a *Sociedade Agricola*, e, em 1855, reinstaurada sobre outras bases. E, ultimamente, foi fundado o *Gremio Recreativo dos Artistas*, onde ha principio de uma bibliotheca.

A instrucção publica na Madeira deve muito a dois distinctos filhos desta, os professores Marcelliano Ribeiro de Mendonça, já fallecido, e o Sr. Francisco de Andrade, ao presente impossibilitado.

Litteratura.—A litteratura nesta epocha tem passado por graduaes modificações. Nos primeiros annos ficou oscillante, porque os restos da eschola classico-franceza e do gosto arcadico-bocageano, que tinham estado sedentarios no paiz, se acharam em conflicto com a eschola romantica, importada de França, Inglaterra e Allemanha pelos liberaes quando voltaram da emigração, e especialmente por *Garrett*, e *Alexandre Herculano*. Prevaleceu até a segunda decada o ultra-romantismo, inspirado pelos escriptores francezes, o qual foi além do que os apostolos portuguezes desejavam. Caracterisa a segunda e terceira decadas um certo philosophismo religioso e nacional, retemperado de eclectismo romantico-classico, como fautores do qual concorreram em triumvirato litterario *Garett*, *Herculano*, e *Castilho*. Estas segunda e terceira decadas foram abundantes em publicações litterarias. Alfim, chegou o realismo analytico e estylista da actualidade. No entretanto, o jornalismo politico e o parlamentarismo, impellidos por interesses e paixões mais palpitantes e fogosas, affirmaram-se brilhantemente; o primeiro, pelas pennas de *Rodrigo da Fonseca Magalhães*, *Antonio Rodrigues Sampaio*, e *Rebello da Silva*; e o segundo, pelas vozes desse mesmo *Magalhães*, *Garrett*, *Passos Manoel*, e *José Estevão*. Os escriptores e oradores deste periodo teem explorado todos os generos, e de cada um destes deixam obras mais ou menos notaveis.

Este impulso communicou-se á ilha da Madeira; mas, com-quanto nella não escaceiem talentos, foi pelo ensino ministrado por aquelles dois professores, Marcelliano, e Andrade, e na intelligencia e actividade do primeiro, como homem de lettras e commissario dos estudos, que ella se mostrou ao nivel da indole litteraria e civilisadora da epocha. A memoria de Marcelliano tem direito a um monumento. Se aqui lhe não singularisassemos honrosamente o nome, faltariamos ao dever e á mais nobre prerogativa de escriptor. Duas palavras, ainda que emanadas de penna obscura, mas esculpidas nos typos e perpetuadas no livro, podem ser consoladora homenagem ao genio que transitou mal apreciado a via dolorosa da existencia.

Diversos generos de presa e poesia teem sido cultivados pelos madeirenses neste periodo, mas a imprensa periodica os attrahiu a si, de modo que quasi todos os amadores das lettras teem dado seu contingente para o jornalismo politico ou litterario, e este ficou o genero predominante. Alguns oradores tambem tem havido. Porisso, dividiremos o presente artigo em tres grupos: *generos diversos*, *jornalismo e pamphletos*, e *eloquencia*. Só fallaremos dos escriptores fallecidos.

Generos diversos.—Treze auctores, mais ou menos notaveis, aqui commemoramos. Outros mais houve que, por tambem terem escripto ainda no periodo antecedente, ahi já ficam apontados.

1.º—*Francisco Ferreira de Abreu*, nascido no Funchal no ultimo quartel do seculo xviii: foi secretario da Sociedade Funchalense dos Amigos das Sciencias e Artes; era juiz dos orphãos em 1828; e, preso então, foi condemnado pela alçada, em sentença de 3 de agosto de 1830, a que não voltasse a esta ilha da Madeira pelo tempo de tres annos: depois de 1834, foi escrivão do juizo de direito da comarca occidental do Funchal, e veiu a morrer em Cabo-Verde no anno de 1842. O *epitome* historico da mencionada sociedade, transcripto nesta nota, pag. 795-798, é obra delle, e mostra-o escriptor culto. Traduziu e publicou o *Compendio elementar de economia politica de Adolfo Blanqui* (Lisboa, 1834), e traduziu, e sua familia publicou (Lisboa, 1872), o *Discurso sobre as Revoluções da superficie do Globo, pelo Barão G. Cuvier*.

2.º—*Manoel de Sant'Anna e Vasconcellos*, nascido no Funchal em 1798, onde foi administrador do Concelho, e falleceu em 23 de fevereiro de 1851. Compoz algumas obras, mas só publicou duas: 1.ª o folheto intitulado *Clamor aos madeirenses* (Lisboa, 1835), cujo assumpto são os males que á ilha da Madeira resultavam dos tributos impostos pela lei de 23 de junho de 1834: 2.ª a *Revista Historica do proselitismo anti-catholico exercido na ilha da Madeira pelo Dr. Roberto Reid Kalley, medico escocez, desde 1838 até hoje* (Funchal, 1845). No frontespicio não está o nome do auctor, mas no fim, pag. 79, elle declara-se, e assigna por extenso. Esta obra é interessante, porque contem a historia, embora resumida e apaixonada, da propaganda do Dr. Kalley na ilha da Madeira.

3.º—*Arsenio Pompilio Pompeo de Carpo*, nascido na cidade do Funchal em 1792: aqui exerceu o officio de pedreiro e foi actor, até que a alçada, vinda á ilha da Madeira em 1823, o condemnou por liberal em cinco annos de degredo para Angola, onde foi cumprir sentença. Das partes que representou no theatro tomou os ostentosos appellidos que usava. Era homem sagaz e aventuroso; porisso, chegou a ser não só opulento negociante na cidade de S. Paulo de Loanda, mas vulto preponderante nessa possessão ultramarina, commendador da Ordem de Christo, e coronel. Vindo em 1846, por graves accusações, preso para o castello de S. Jorge de Lisboa, conseguiu livrar-se. Falleceu alguns annos depois, havendo escripto e publicado, sob o titulo *Dedo de Pigmeu* (Lisboa, 1853), uma collecção de poesias intimas, além de alguns *pamphletos* de suas questões pessoaes.

4.º—*Justino Antonio de Freitas*, da cidade do Funchal, onde nasceu em 17 de septembro de 1804: era doutor em direito pela universidade de Coimbra, e lente nella; foi vogal do Conselho Geral de Instrucção Publica, socio do Instituto de Coimbra, e deputado ás córtes em varias legislaturas. Desde que passou a lente, não voltou mais a habitar na patria. Publicou em Coimbra as suas seguintes obras: *Manual dos Juizes Eleitos e seus Escrivães, Manual do rendeiro, e Instituições de direito administrativo portuguez.* Falleceu por 1859.

6.º—*Marcelliano Ribeiro de Mendonça*, nascido no Funchal em 18 de abril de 1805: era de talento lucido, de exposisão methodica e viva, de estylo ornado e expressivo; claro, correcto o puro; mestre no manejo da lingua: junctava a estes dotes profundo amor pelas lettras; zelo religioso pela instrucção da mocidade, previdencia, affinco, e actividade nas suas funcções publicas, revelando-se espirito fadado a mais preclaros destinos, a mais ampla esphera de acção que aquella em que viveu; e, porisso talvez, era ostentoso no exercicio de cargos e nimiamente auctoritario de sua pessoa. Foi professor de latim antes de creado o lyceu nacional do Funchal: e, desde a instituição deste, passou a professor da cadeira de ideologia, grammatica geral, e logica; depois, elevado á de philosophia racional e moral e de direito natural, disciplinas que ensinou com proficiencia; regeu, por muitos annos, a cadeira de oratoria, poetica, e litteratura; foi reitor do mesmo lyceu; foi commissario dos estudos nestas ilhas, havido no conceito do mais habil de todos; e seus relatorios são tidos por modelos do genero, um dos quaes vem transcripto no *Instituto*, de Coimbra, tomo VI. Era discursador fluente, brilhante, e sympathico nas *prelecções* diarias; fez notaveis *orações de sapiencia* em algumas sessões de abertura dos annos lectivos do lyceu, e tres *leituras publicas* sobre o *bello*. Foi bom poeta, e destro jornalista, tendo collaborado especialmente no *Archivista, Ordem,* e *Flor do Oceano.* São delle as seguintes obras: *Principios de Grammatica geral applicados á lingua latina* (Funchal, 1835); *A Philosophia em Coimbra e no Funchal,* escripto publicado em parte na folha *O Estudo,* e todo impresso em folheto (Funchal, 1852); contendo severa analyse aos *Elementos de Philosophia racional,* do *Dr. João Antonio de Sousa Doria; Methodo parallelo de leitura e escripta,* publicado no *Instituto,* de Coimbra, tomo VII; e publicou em varios periodicos outros escriptos e poesias, algumas destas reimpressas na collecção intitulada *As Flores da Madeira* (Funchal, 1871 e 1872). Deixou diversos manuscriptos, sendo mais notaveis os *Elementos de Philosophia racional e moral,* de que usava na regencia da sua cadeira, os *Elementos de Poetica,* e o romance historico, *Gaspar Borges,* do qual só publicou pequena parte.—Foi cavalleiro da Ordem de Nossa Senhora da Conceição, vereador e presidente da Camara Municipal do Funchal, vogal do Conselho de Districto, e procurador á Juncta Geral. Um traço ultimo: Marcelliano Ribeiro de Mendonça só cursou os estudos que nesta ilha havia; era de ideias liberaes; homisiou-se durante o governo de D. Miguel; e esses annos de forçada reclusão foram-lhe tirocinio litterario: foi o mestre de si mesmo, e o primeiro escriptor madeirense do seu tempo. Falleceu na cidade do Funchal, aos sessenta e um annos de idade, a 5 de agosto de 1866.

6.º—*Servulo Drummond de Menezes*, que nasceu na cidade do Funchal em 23 de dezembro de 1802, e aqui morreu em 13 de janeiro de 1867. Foi de prespicaz talento; e, porisso, tendo começado a sua vida publica como escrivão do judicial, foi depois distincto advogado, vereador e presidente da Camara Municipal do Funchal, vogal do Conselho do Districto, e procurador á Junta Geral do mesmo, tendo sido eleito para estes cargos diversas vezes, e secretario geral do governo civil: era tambem cavalleiro da Ordem de Nossa Senhora da Conceição. Foi um dos redactores do periodico *A Flor do Oceano*, publicado em 1828, como acima dissemos; collaborou, depois de 1834, em outros periodicos, especialmente na *Ordem*; são da sua penna e da do então governador civil, o Sr. José Silvestre Ribeiro, os dois primeiros tomos da obra *Uma Epocha Administrativa da Madeira* (Funchal, 1849 e 1850), além de muitas peças de direito administrativo e de direito civil, umas ineditas, outras impressas avulso.

7.º—*Antonio Gil Gomes*, que nasceu na freguezia do Arco de S. Jorge, em 1805: cursou estudos secundarios nesta ilha da Madeira; emigrou por liberal em 1828, para o Brazil; exerceu, por alguns annos, o professorado no Rio de Janeiro; e regressou á patria depois de 1834, onde collaborou, sempre gratuitamente, em quasi todos os periodicos do seu tempo, sendo de sua predilecção os assumptos economicos e a politica extrangeira: a ultima folha em que escreveu foi *O Direito*, anterior á actual deste titulo. Publicou: *Regras elementares sobre a pontuação* (Rio de Janeiro, 1831); *Refutação das observações da Commissão permanente da Pauta Geral das Alfandegas em Lisboa, feitas acerca das reformas e alterações propostas á ditta Pauta pela Commissão especial da ilha da Madeira, por um agricultor madeirense* (Funchal, 1840); e *Compilação dos principios de Philosophia racional* (Funchal, 1844).—Neste livro escreveu elle, a pag. 28, o seguinte:

«Deos. O conhecimento do Soberano Auctor do Universo, principio, e causa efficiente, e final de todas as cousas,—é o primeiro de todos os conhecimentos, e o mais importante ao homem:—todos os pensamentos sublimes, os grandes sentimentos nascem da idéa de um Deos... O respeito, e temor de Deos é util á sociedade, e á segurança publica. Este temor, no homem justo, e virtuoso, é um temor pacifico, entre a esperança, e amor; é um remedio que eleva o coração do homem religioso contra os máles da vida, contra todos os perigos da terra, e o torna maior que todo aquillo, que os homens exaltão, e admirão. Diz o *sabio* Auctor da Origem das Leis:—q̃ a idéa de Deos é anterior a toda a Sociedade, e a toda a Legislação; o que ella mesma é o principio de uma, e de outra.»

«A existencia do Ente Supremo é uma das primeiras verdades, de que
toda a creatura intelligente, e que faz o uso da sua razão, se sente apoderada.
É deste sentimento íntimo, que veio a idéa natural de recorrer em todas as occasiões a este Ente Omnipotente, e de o invocar nos perigos urgentes, procurando attrahir a sua protecção por actos externos de submissão, e respeito.
Logo, a idéa de Deos é anterior ao estabelecimento das sociedades, e independente de toda a *convenção* humana. Consequencias boas, ou más, deduzidas
deste Principio, demonstrão, que este Principio é geralmente recebido, que reu-
nio todos os votos, e operou uma convicção geral. Quaesquer que sejão as
idéas, que se tenhão feito da *Divindade*, convém-se sempre em que ella existe,
e que se não póde recusar esta crença, sem insultar todas as luzes da razão.
Fazem-se idéas falsas da Divindade (diz *Cicero*), mas não se deixa de confessar a sua existencia. Esta idéa tão vasta, e brilhante, é fundada sobre todas as
luzes da razão, sobre os sentimentos mais naturaes do coração humano, sobre
o testemunho dos mesmos sentidos, que nos instruem da belleza, da ordem, e
das maravilhas sem numero, que nos offerece o universo.»

Antonio Gil Gomes era homem de severa pontualidade. Nos ultimos annos
de vida cahiu em tão profunda misanthropia, que tinha visos de transtorno mental: assim falleceu, e pobre, em 3 de julho de 1868 (1).

(1) A este infeliz homem foi negada sepultura no recinto do cemiterio publico do Funchal, e
jaz em um logar do horto do guarda do mesmo cemiterio, contiguo ao chiqueiro dos porcos!
Factos analogos, e até de menor respeito pelos restos humanos, se tem dado nesta ilha. O Sr.
João Bettencourt Baptista nos contou que, sendo administrador do concelho de Machico, teve de
empregar a força da sua auctoridade para que fosse dada sepultura no cemiterio publico
a um cadaver suspeito. O fallecido philantropo John March, que nesta ilha foi consul dos Estados-Unidos, com quanto protestante, reedificou a egreja catholica da freguezia de Sancto Antonio da
Serra, em 1857: annos depois, um feitor que elle ahi tinha, morreu, e foi sepultado á beira de um
caminho publico, por suspeito de protestante.
Na Revista Historica, por Manoel de Sanct'Anna e Vasconcellos (vid.
retro, pag. 806), lê-se a pag. 72:
«Já os cadaveres de alguns infelices apostatas portuguezes, a quem a nossa Igreja negou sepultura em sagrado, jazem sepultados, quaes os animaes irracionaes, nos caminhos e nas encruzilhadas publicas.»
E mais adiante, pag. 92, accrescenta:
«No primeiro dia do mez de Janeiro de 1845 falleceu o apostata João Gonsalves, da
freguezia de S. Pedro, desta Cidade do Funchal, que foi sepultado na estrada
publica, no sitio das Maravilhas (*) da mesma Parochia.»
«Este acontecimento torna-se mui notavel; não só por terem escandalosamente conseguido
suas filhas fazerem arrenegar um octogenario da Religião de seus pays, nos derradeiros in-
stantes de sua vida; mas por ser publico que, na noite seguinte, se dirigiu o propagandista com alguns de seus agentes ao logar onde se achava sepultado o miseravel ancião, para alli practicar as ce-

(*) É á entrada da cidade do Funchal, pelo lado do oeste.—Ainda hoje, lá jazem os restos
do misero.

8.ª—*Justino Antonio de Freitas*, da cidade do Funchal, onde nasceu em

rimonias do protestantismo; o que, a ser fundadoem verdade, é um grave insulto ao Governo da Rainha, e áReligião do Estado.»

Ha menos annos, foi exhumado do cemiterio publico um cadaver já putrido, por denuncia feita á auctoridade ecclesiastica de que não havia indicios de qual fosse a religião do finado.

Sepultar nos caminhos publicos os cadaveres dos havidos por não catholicos é practica nos campos desta ilha.

Ultimamente, nesta cidade mesma, por motivos de escrupulos religiosos, um subdito portuguez, natural do Funchal, e aqui residente, honrado e respeitado negociante desta praça, foi sepultado em um cemiterio extrangeiro.—Esta serie de factos, que importam pena infamante, imposta sem sentença, por quem não tem competencia, e imposta não sómente a cadaveres, mas tambem á liberdade de consciencia, levou o auctor destas notas, que é um dos tres procuradores pela cidade do Funchal á Juncta Geral deste Districto, a fazer na mesma Juncta a seguinte proposta:

SENHORES.

Diz o artigo 1.º da carta de lei de 27 de abril de 1837:—«Em todas as povoações serão estabelecidos cemiterios publicos para nelles se enterrarem os mortos.»

Não são, pois, os cemiterios só para os cadaveres de individuos de uma certa religião, senão para os de todas. Não são especiaes, mas publicos. A lei mandou-os estabelecer para os mortos, sem distincção de crenças.

E seria absurda, além de odiosa, essa distincção. Se em vida estamos em contacto, por vezes em estreitas relações moraes, intellectuaes, e de interesses, individuos de varias religiões, chegando até a contrahir matrimonio, esposos cada um de diversa crença, é contrasenso separar na morte aquelles que conjunctos viveram, ou intimos tractaram; é absurdo não permittir que repouse sob a mesma lousa o par que legitimamente se abraçou no mesmo thalamo.

Lei que tal distincção fizesse passava de odiosa a barbara.

Concedamos á morte—o que não negamos ás lettras, á amisade, ao commercio, e ao amor. A cruz sacrosancta de Jesus não podem ser mais acceitos os sorrisos, os osculos, e as affeições dos vivos, do que as lagrimas, a dôr, e a pura saudade pelos finados. A cruz é o refugio dos infelizes em todas as escallas da desventura. Não a neguemos ao cadaver. No mysterio daquelle nada, que foi um homem, só a alma que o animou e Deus podem profundar.

Entre os seres humanos ainda vivos, e os restos mortaes do ser humano que acabou, ha um dever e um direito unico, ultimo, e supremo:—o da sepultura decente.

A ilha da Madeira, pela gratidão que a prende a tantos milhares de pessoas de crenças diversas da catholica apostolica romana, está mais que nenhuma outra terra portugueza vinculada ao doloroso, mas augusto, dever de franquear aos correligionarios dos seus generosos bemfeitores os umbraes dos recintos destinados ao repouso eterno de seus filhos.

Ora, infelizmente, teem-se dado nesta ilha exemplos de ser negada, por motivos religiosos, sepultura a cadaveres, em cemiterios publicos.

E' certo que, para cohibir abusos similhantes succedidos em outros logares, o Governo de Sua Magestade mandou, por Portaria do Ministerio do Reino de 13 de maio deste anno, que nos cemiterios publicos fossem sepultados todos os cadaveres humanos, fazendo-se dentro do mesmo recinto uma divisão ou logar separado para os não catholicos.

Mas, com o devido respeito,—essa separação é odiosa.

Sanctificada a sepultura de cada cadaver pelo sacerdote da religião que o vivo seguira, ficam respeitadas todas as crenças, sem escrupulos para nenhuma dellas, e com grande vantagem para a nossa; porque dá prova de tolerancia, sem quebra da fé religiosa.

Proponho, portanto,—que esta Juncta Geral consulte ao Governo de Sua Magestade para que, ampliando a lettra da supra alludida Portaria pelo espirito ou pensamento civilisador que a

17 de septembro de 1804: era doutor em direito pela Universidade de Coimbra, e lente nella; vogal do Conselho Geral de Instrucção Publica, socio do Instituto de Coimbra, e foi deputado ás côrtes em varias legislaturas. Desde que passou á Universidade, não voltou a habitar na patria.—Publicou em Coimbra as suas seguintes obras: *Manual dos Juizes Eleitos e seus Escrivães* (1841), *Manual do rendeiro* (1854), e *Instituições de direito administrativo portuguez* (1857). Falleceu em Lisboa, em 1865 ou 1866.

9.º—*Paulo Perestrello da Camara*, que nasceu na cidade do Funchal em 1813, e morreu na do Rio de Janeiro em 4 de fevereiro de 1854. Escreveu as seguintes obras: *Descripção geral de Lisboa em 1839, &c.* (Lisboa, 1839); *Breve noticia sobre a Ilha da Madeira, ou memoria sobre a sua geographia, historia, geologia, topographia, agricultura, commercio, &c., &c.* (Lisboa, 1841); *Guia dos viajantes em Lisboa e suas visinhanças* (Lisboa, 1845); *Novo tractado de Arithmetica commercial, &c.* (Rio de Janeiro, 1846); *Collecção de proverbios, adagios, rifões, anexins, sentenças moraes, e idiotismos da lingua portugueza* (Rio de Janeiro, 1848); *Diccionario geographico, historico, politico e litterario do reino de Portugal e seus dominios, &c., &c.*, tomo i e ii (Rio de Janeiro, 1850); *Nova descripção de Lisboa, dos seus arredores, e de Cintra, Pena e Mafra, &c.* (Lisboa, 1853), e parece que ainda outras obras, confor-

dictou, providenceie a fim de que, de ora em diante, os mortos sejam sepultados nos cemiterios publicos, sem distincção alguma official relativa a crenças religiosas, mas sendo permittido, para cada sepultura, o livre exercicio das cerimonias e demonstrações de cada culto e religião.

Salla das sessões da Juncta Geral do Districto do Funchal, em 7 de março de 1872.

O Procurador pelo Funchal, Alvaro Rodrigues de Azevedo.

Esta proposta foi approvada, votando contra ella os Sr.ª João Bettencourt Baptista, Joaquim José Catanho. João Baptista Leal, Antonio Gonçalves de Almeida Junior, e Luiz Soares de Sousa Henriques, e a favor, o dr. Juvenal Honorio de Ornellas, Severiano Alberto de Freitas Ferraz, Henrique José Maria Camacho, e Roque Caetano de Araujo, o qual, como presidente da Juncta, desempatou pelo seu voto de qualidade.

O sr. Roque Caetano de Araujo, irmão do negociante cujo cadaver foi sepultado em um cemiterioextrangeiro, e o auctor da proposta, Alvaro Rodrigues de Azevedo, tinham sido do numero dos eleitos pela Juncta para vogaes do Conselho de Districto; mas o Governo de Sua Magestade houve por bem, no decreto da nomeação do mesmo Conselho, nomear os immediatos excluindo aquelles. Attribuiu-se a exclusão desses dois nomes á influencia e empenho do Sr. Agostinho de Ornellas e Vasconcellos, actual deputado ás côrtes pelo circulo da Ponta do Sol, da ilha da Madeira, o que temos por não exacto; porque não consideramos o Sr. Agostinho de Ornellas capaz de tal procedimento, e de mais a mais contra duas pessoas que tanto concorreram para que a sua candidatura triumphasse. Isso seria um inqualificavel abuso da sua qualidade de deputado, além da ingratidão.

Dizem-nos que o Sr. Agostinho de Ornellas assim procederia em consequencia de considerar a proposta á Juncta como de accinte ao Sr. bispo, então do Gerasa, e, ao presente, do Funchal, seu irmão. Mas nem o auctor da proposta teve nella em vista senão os principios que professa, nem presume possivel que um deputado da nação recorresse a tal meio para qualquer questão de familia.

Fiquem estes factos aqui archivados, como apontamento para a historia moderna deste archipelago.

me se lê no *Dicc. Bibliographico*, do *Sr. Innocencio F. da Silva.—Paulo Perestrello da Camara* escreveu não pouco, mas com precipitação e talvez de memoria; porisso, nas suas obras a fórma é descurada, e frequentes as inexactidões.

10.°—*Antonio da Luz Pitta*, da villa da Ponta do Sol, onde nasceu a 2 de septembro do anno de 1802. Era bacharel em lettras e sciencias pela Academia de Montpellier, doutor em medicina pela Faculdade da mesma cidade, doutor em cirurgia pela Faculdade de Paris, membro titular da antiga Sociedade de Historia Natural, do Circulo Medico, e da Sociedade Cirurgica de Emulação de Montpellier, membro fundador da Sociedade das Sciencias Medicas de Lisboa, professor da segunda cadeira da Eschola Medico-Cirurgica do Funchal, director e presidente do conselho desta eschola, commendador da Ordem de Christo, e cavalleiro da de Nossa Senhora da Conceição. Foi presidente da Camara Municipal do Funchal, vogal do Conselho de Districto, procurador á Junta Geral, deputado ás côrtes em 1852, e de 1853 até 1857, e exerceu outros cargos, cuja noticia, assim como a das obras que escreveu, podem ser lidas no citado *Dicc. Bibliographico*; porisso, destas só apontaremos as principaes, a saber: *Propositions sur la vaccine* (Montpellier, 1830); *Des avantages de la réunion immédiate, par la suture après les opérations* (Paris, 1831); *Observação da amputação do collo do utero* (Lisboa, 1848); *Note sur une modification du stéthoscope* (Paris, 1859). Falleceu na cidade do Funchal, em 23 de fevereiro de 1870.

11.°—*Antonio Alves da Silva*, nascido no Funchal a 13 de septembro de 1822. Era bacharel em medicina pela Universidade de Coimbra, doutor na mesma faculdade pela Universidade de Paris, socio do Instituto de Coimbra, e socio correspondente da Academia Real das Sciencias de Lisboa. Foi em 11 de março de 1850 nomeado ajudante demonstrador da Eschola Medico-cirurgica do Funchal, e nesta cidade veiu residir, e falleceu em 19 de janeiro de 1854. Escreveu o artigo *O Medico*, inserto no n.° 8 da *Revista Academica*, de Coimbra, e a these inaugural *La fièvre typhoïde est une maladie inflammatoire dans la première période, septiémique dans la seconde* (Paris, 1848). Fez no Funchal duas leituras publicas, uma sobre *hygiene*, e a outra sobre a *missão physico-moral do medico*, notabilissimas ambas, tanto pelo modo como tractou os assumptos, como pela linguagem.

12.°—*Servulo de Paula Medina e Vasconcellos*, natural do Funchal, onde nasceu, por 1822. Foi empregado civil para as ilhas de Cabo-Verde com o governador D. José Miguel de Noronha, em 1845, e lá falleceu por 1854. Escreveu o drama em 4 actos e 7 quadros, *Amor e Patria* (Funchal, 1845), representado pela primeira vez no theatro da sociedade *Concordia*, a 10 de agosto de 1844; por 1851 foi, em Cabo-Verde, redactor do *Boletim Official*, e neste publicou o romance *Um filho chorado*,

13.°—*Januario Justiniano de Nobrega*, nascido no Funchal, em 1824. Era sobrinho do poeta Francisco Alvares de Nobrega, cujas obras reimprimiu (vid. retró, pag. 791). Foi escrivão da administração do concelho. Collaborou nos mesmos periodicos que o Dr. Antonio da Luz Pitta, assim como no *Funchalense* e *Campo Neutro*, e nelles, no *Estudo*, e em outros publicou muitas poesias. Tinha prompta a collecção das ineditas e não ineditas para as dar ao prelo, mas destruiu-as poucos dias antes de finar-se. Escreveu uma obra historico-estatistica do archipelago da Madeira, de cujo borrão possuimos fragmentos, dados por sua familia, a qual nos affirma que o authographo em limpo está no poder do Sr. José Silvestre Ribeiro. Sahiu posthuma a sua seguinte obra: *Visita de Sua Magestade a Imperatriz do Brazil, viuva, Duqueza de Bragança, á ilha da Madeira, e fundação do Hospicio da Serenissima Princesa D. Maria Amelia* (Madeira, 1867). Era dotado de não vulgar talento e veia poetica, a ponto de que, sem mais estudos que instrucção primaria, foi dos melhores jornalistas do seu tempo, e estimado poeta. Nos ultimos tempos da vida, toldou-se-lhe a lucidez natural do espirito: e, suspeito de suicida, morreu de quéda de uma rocha á beira-mar, em 28 de julho de 1866.

Jornalismo e pamphletos.—Neste periodo tem havido nesta cidade do Funchal cincoenta e tres periodicos politicos, e doze litterarios, incluindo nestes dois forenses.

Tractemos dos *periodicos politicos* em primeiro logar.

Restaurado na Madeira o governo constitucional em 5 de junho de 1834, o primeiro periodico foi *A Flor do Oceano*, titulo de que já tinha havido outro: este segundo sahia da typographia do sr. Thaddeu de Sousa Drummond, na rua da Queimada de Baixo, n.° 2, aos domingos: o primeiro n.°, como se infere dos outros, devia ter apparecido em meado de novembro de 1834; e continuou esta folha, pelo menos, até fins de 1840, sendo o ultimo n.° que vimos de 22 de outubro desse anno.—Seguiu-se *A Chronica*, publicada aos sabbados na typographia nacional, começando em 3 de março de 1838, e parece que acabando no n.° de 12 de dezembro de 1840.—De então até 1846, vieram a publico: *O Defensor*, aos sabbados, que deu trezentos oitenta e seis numeros, o primeiro em 4 de janeiro de 1840, e o ultimo em 18 de maio de 1847, terminando em consequencia de seu redactor Alexandre Luiz da Cunha, e proprietario da imprensa onde se imprimia, rua da Alfandega, n.° 18, se retirar para os Estados-Unidos da America;—*O Imparcial*, ás terças, ao diante ás quartas, depois ás sextas-feiras, e por fim aos sabbados, typographia do seu editor o sr. Bernardo Francisco Lobato Machado, rua de Sancta Maria Maior, n.° 26, e depois rua do Cypreste, n.° 2, sahindo o n.° 1 em 14 de abril de 1840, e o n.° 302, o ultimo, em 20 de junho de 1846;—e houve tambem então o *Tribunal Secreto*, publicação clandestina e irregular, de qual temos doze numeros, todos do anno de 1844.

De 1846 em diante os dois partidos liberaes nestas ilhas constituiram-se distinctos, com mais energia que de antes; e, porisso, de então data o maior desenvolvimento jornalistico. Nesse anno de 1846, memoravel na politica pela *revolução do Minho*, surgem *O Ecco da Revolução* e *O Independente*. O primeiro succedeu ao *Imparcial*, e era publicado na mesma officina e com o mesmo editor, aos sabbados: deu o n.º 1 em 27 de junho de 1846, e o n.º 31, ultimo, em 30 de janeiro de 1847. O segundo periodico sahia ás quintas-feiras, de uma typographia propria, no becco do Forno, n.º 4, sendo seu editor João Antonio de Macedo, do logar da Ribeira-Brava: publicou trinta e seis numeros, o primeiro em 20 de agosto de 1846, e o ultimo em 15 de maio do seguinte anno, com um *supplemento* ao mesmo numero datado de 22 desse mesmo mez.

No anno de 1847, chegada ao Funchal a noticia da acção de Torres-Vedras, succedida em 22 de dezembro de 1846, foi o Ecco da Revolução substituido pelo *Madeirense*, na mesma officina e editor o mesmo, sahindo oitenta e septe numeros, o primeiro em 30 de janeiro de 1847, e o ultimo em 30 de janeiro de 1849.—Na noite de 29 de abril desse anno de 1847, foi feito nesta cidade do Funchal *o pronunciamento* a favor dos principios proclamados pela Juncta do Porto, e creada uma juncta, que governou este archipelago até julho seguinte. Esta Juncta Governativa da Madeira foi sustentada na imprensa pelos já indicados periodicos, O Independente e O Madeirense: e, além disso, teve duas publicações suas, o *Boletim Official*, e o *Funchalense*.—Desde 2 de maio até 27 de junho de 1847 sahiram da typographia nacional desta cidade vinte e cinco impressos avulsos, uns com o titulo de *Boletim Official*, outros sem elle, nos quaes foram publicadas as peças officiaes dessa juncta, e actos da Juncta do Porto, e, na parte não official, noticias, quasi todas relativas á guerra civil que então se pelejava no continente do reino.—*O Funchalense* começou quando essa lucta estava já finda, e publicou-se no ultimo mez que a Juncta da Madeira se manteve; deu só tres numeros, em 2, 9, e 21 de julho de 1847, cada qual com um *supplemento*, impressos na typographia nacional, sendo editor o mesmo José Antonio de Macedo, que o tinha sido do Independente.

É de admirar que a nova situação politica não creasse nesta ilha um periodico, desde que a Juncta Governativa se dissolveu. Mas o primeiro que achámos, posterior a estes acontecimentos, foi *O Correio da Madeira*, publicado na officina de Alexandre Luiz da Cunha, o qual era editor e proprietario desta folha, até que deu essa officina de arrendamento a Severiano Gomes de Gouveia em 3 de novembro de 1850, passando o mesmo Gouveia desde então a proprietario e editor dessa folha, a qual se publicava aos sabbados, tendo sahido com o n.º 1 em 3 de fevereiro de 1849, e terminando no n.º 132, em 9 de agosto de 1851.—Em 26 de janeiro de 1850 appareceu o n.º 1 do *Amigo do Povo*, do qual era editor o Sr. Bernardo Francisco Lobato Machado, que o imprimia na sua typographia da rua do Cypreste, n.º 4, sahindo a folha, de começo, aos sabbados, e depois, em diversos dias da semana: o n.º 178, e ultimo, é de 27 de abril de 1854.—Seguiu-se *O Archivista*, folha semi-official, que sahia da imprensa do governo no palacio de S. Lourenço, tendo por editor José Antonio Braga Nunes: publicou cincoenta e seis numeros, o primeiro em 7 de dezembro. de 1850, e o ultimo em 27 de dezembro de 1851, mas só discutiu assumptos politicos desde o n.º 30 inclusivé em diante, datado de 28 de junho, depois que a lei de 3 de agosto de 1850, repressiva da liberdade de imprensa (vulgo, *lei das rolhas*), foi derogada pelo decreto de 22 de maio de 1851.

Este decreto e esta data mostram que tinha chegado a nova phase politica denominada a *regeneração*, a qual reanimou o jornalismo, e se repereutiu nesta ilha da Madeira. Em 28 de agosto desse anno de 1851 sahiu *O Progressista*, que déu cento quarenta e dois numeros, o ultimo em 15 de maio de 1854, tendo sido editor o mesmo Severiano Gomes de Gouvea, proprietario do Correio da Madeira: a typographia onde impresso até o n.º 103, denominada do Progressista, na rua da Mouraria, n.º 1, era a mesma de Alexandre Luiz da Cunha; vendida porém, passou esta folha para a do Amigo do Povo, na rua do Cypreste, n.º 4.

O anno de 1852 teve dois novos periodicos: *A Ordem*, e *O Baratissim.*— *A Ordem* era continuação do Archivista, como se diz no n.º 1: teve duas series: a primeira, de duzentos trinta e cinco numeros, sendo editor o mesmo do Archivista; e a segunda, de cento noventa e oito, com o Sr. Theophilo Dias Vianna por editor, desde a morte do outro: o n.º 1 sahiu em 5 de janeiro desse anno de 1852, e o ultimo em 1 de septembro de 1860; publicava-se aos sabbados; e imprimia-se na typographia que fôra do Archivista, da qual era proprietario o Dr. Antonio da Luz Pitta (vid. retró, pag. 809), estabelecida, de principio, em uma casa na praça da Constituição, e depois, na rua do Aljube, n.º 8.—*O Baratissimo* sahia aos sabbados, da typographia de Luiz Vianna Junior, rua Nova de S. Pedro, n.º 31, sem editor responsavel, a titulo de não ser folha politica; mas, porisso, deixou de continuar a ser publicado, acabando no n.º 13: o n.º 1 é de 17 de julho, e o ultimo de 9 de outubro do referido anno de 1852.

Fundaram-se dois periodicos no anno de 1854: *O Semanário Official* e *O Clamor Publico.* Sahia aquelle da typographia nacional no palacio do S. Lourenço, aos sabbados, sendo seu director Januario Justiniano do Nobrega (vid. retró, pag. 810,) e era destinado á publicação «dos actos mais salientes e interessantes não só da administração local, como do corpo legislativo e governo da metrópole, em relação ás necessidades do Districto do Funchal», como diz o programma desta folha no n.º 1: publicou duzentos quarenta e cinco numeros, o primeiro em 6 de maio de 1854, e o ultimo em 15 de fevereiro de 1860. — *O Clamor Publico* era semanal e impresso na typographia do Snr. Bernardo Francisco Lobato Machado, rua do Cypreste, n.º 4: dos primeiros cinco numeros foi editor Severiano Gomes de Gouvea, e do n.º 6 em diante o mesmo Sr. Bernardo: o n.º 1 é datado de 27 de maio de 1854, e o n.º 170, e ultimo, de 20 de janeiro de 1858: nos primeiros seis mezes foi esta folha propriedade dos Srs. Antonio Correia Heredia, Antonio Gonçalves de Freitas, e Luiz de Freitas Branco, a cujo cargo estava a redacção; mas, de 27 de novembro de 1854 em diante, o proprietario da typographia e editor responsavel ficou tambem sendo o redactor.

No anno de 1855 veiu a publico *A Discussão*: o n.º 1, em 8 de fevereiro, e o n.º 77, e ultimo, em 28 de agosto de 1856: sahia ás quintas-feiras, da typographia na rua dos Aranhas, n.º 22; editor o Sr. Antonio Correia Heredia, e redactores este e o Sr. Antonio Gonçalves de Freitas, accrescendo, do n.º 50 em diante, o Sr. João de Sanct'Anna e Vasconcellos Junior, e Alvaro Rodrigues de Azevedo.—Em 31 de outubro de 1856, appareceo *O Meteoro*, que, em analogia com o titulo, deu segundo n.º em 14 de novembro, e terminou por um *Ao Publico*: era seu editor, o sr. Thomaz Rabello, e imprimiu-se na rua dos Aranhas, n.º 22.

O anno de 1857 produziu *A Madeira* e *O Direito*.—*A Madeira* publicava-se na typographia da rua dos Aranhas n.º 22, ás quintas-feiras; deu o n.º 1 em 2 de abril, e acabou no n.º 43, em 30 de janeiro de 1858, tendo os cinco primeiros sido redigidos pelo Sr. João de Sancta'Anna e Vasconcellos Junior e Alvaro Rodrigues de Azevedo, e do n.º 6 em diante só pelo primeiro,—*O Direito* sahia ás quartas-feiras, da mesma typographia, rua dos Aranhas, n.º 22; editor o Sr. Wenceslau Frederico de Quintal e Silva, e redactor o Sr. Pedro Maria Gonçalves de Freitas: o n.º 1 é de 21 de outubro de 1857, durando esta folha até outubro de 1859.

Foram creados em 1858 os periodicos *A Verdade*, *A Justiça*, e *A Reforma*.—O primeiro, redigido pelo Sr. João Augusto de Ornellas, e publicado na typographia da rua dos Aranhas, n.º 22, deu o n.º 1 em 20 de fevereiro, e acabou no n.º 15, em 29 de maio desse anno.—O segundo, editado, redigido e administrado pelo Sr. Lobato Machado, de cuja officina typographica sahia, de principio, aos sabbados, e depois ás quartas-feiras, publicou cento sessenta e seis numeros, o primeiro em 27 de março de 1858, e o ultimo em 20 de junho de 1861.—O terceiro, do qual era editor e redactor o Sr. João Escorcio Drummond da Camara, sahia, de começo, ás quintas-feiras, e ao diante ás terças-feiras, da typographia da rua dos Aranhas, n.º 22, tendo o n.º 1 a data de 14 de outubro de 1858: suspendeu em janeiro de 1860, e reappareceu desde abril de 1861, publicando em 16 de junho desse anno o n.º 80, ultimo que vimos.

Vieram em 1859 *O Funchalense*, e *O Direito*, segundos periodicos destes titulos.—*O Funchalense*, ao domingo, impresso em typographia propria da empresa, rua dos Pintos, n.º 12, editor o sr. João Antonio de Almada, e redactor o Sr. Sebastião F. Rodrigues Leal; o n.º 1 é de 17 de abril, e ainda durava em 13 de junho de 1861, data do n.º 103, ultimo que vimos.—*O Direito*, fundado pelo Sr. João Augusto de Ornellas, seu editor e redactor, publicou o n.º 1 em 2 de novembro de 1859, na sua typographia, então na rua da Queimada de Baixo, n.º 18, e continúa até o presente, sempre semanal.

Em 1860 appareceram *A Voz do Povo*, e *A Flor do Oceano*.—*A Voz do Povo*, na typographia da rua da Queimada de Baixo, n.º 18, depois em typographia propria, editor, e seu segundo redactor, o Sr. José Marciano da Silveira, publicou o n.º 1 em 17 de maio de 1860, e subsiste ainda, ás quintas feiras.—*A Flor do Oceano*, terceiro periodico deste titulo, veiu substituir A Ordem; com o mesmo editor, se publicou semanal, desde o n.º 1.º, em 1 de septembro de 1860, até acabar, no fim de agosto de 1867.

A lucta politica do *partido progressista historico* com o *regenerador* trouxe novo impulso ao jornalismo. No anno de 1861 fundaram-se *O Campo Neutro* e *A Lei*.—*O Campo Neutro* publicava-se aos sabbados, na typographia que fóra do Funchalense, e que ficou chamada do Campo Neutro, rua dos Pintos, n.º 17: sahiram dezoito numeros, o n.º 1 em 14 de septembro de 1861, e o n.º 18 em 13 de janeiro de 1862.—*A Lei* publicava-se ás quintas feiras, na typographia do Sr. Lobato Machado, rua de João Tavira, n.º 31, editor Alexandre Gomes de Gouveia, tendo sahido o n.º 1 em 11 de julho, e o n.º 27, talvez ultimo, em 25 de janeiro de 1862.

Em 1862, *O Boletim Official*, *O Noticioso*, *A Patria*, e *A Imprensa*.—*O Boletim* deu o n.º 1 no dia 1.º de março, e acabou no n.º 69, de 21 de novembro de 1863, um por semana: com quanto no fim de cada numero venha a indicação «*Funchal, Imprensa Nacional*», a verdade é que essa folha era impressa na mesma typographia donde sahiram O Funchalense, e depois o Campo Neutro, com a unica differença de que, no tempo do Funchalense, a officina estava na rua dos Pintos, n.º 13, e, no das outras duas folhas, tinha sido mudada para a casa n.º 17 da mesma rua.—*O Noticioso* era semanal, impresso na typographia da Flor do Oceano, sem editor, e collaborado por diversas pessoas, principalmente pelo Sr. Augusto Cesar de Freitas: deu o n.º 1 em 22 de outubro de 1862, suspendeu por algum tempo, e terminou no n.º 152, de 22 de janeiro de 1866.— Da *Patria* sahiram treze numeros, ás quartas-feiras, o primeiro em 2 de abril, o ultimo em 2 de julho de 1862; e da *Imprensa*, que veiu substituir aquella, publicaram-se trinta e sete numeros, o n.º 1 em 24 de julho, e o n.º 37 em 29 de novembro de 1863. Daquella e desta até o n.º 19 inclusive foi redactor o Sr. Alipio A. Ferreira, e deste numero em diante só se declara o editor, o Sr. Alexandre Gomes de Gouveia. Uma e outra se imprimiam na typographia do Sr. Lobato Machado, na rua de João Tavira até o n.º 31 da Imprensa, e na rua da Rochinha de Baixo desde o n.º 32 até o fim da publicação.

Em 1864 vieram a publico *O Districto do Funchal*, *O Raio da Madeira*, e *A Tribuna*.—O primeiro era a folha official, ou semi-official do tempo, publicada semanalmente pelo Sr. João de Nobrega Soares, na typographia do governo, que por contracto lhe havia sido concedida: dos numeros que temos visto inferimos que *O Districto do Funchal* começou em maio desse anno, e certo é que se manteve pelo menos até 5 de agosto de 1865, porque é deste dia o n.º 66, ultimo que vimos.—*O Raio da Madeira*, editado pelo Sr. José Marciano da Silveira, na sua typographia, rua dos Mercadores, n.º 18, sahia semanalmente, sendo o n.º 1 datado de 9 de septembro de 1864, e o n.º 67, que julgamos ser o ultimo, de 14 de dezembro de 1865.—*A Tribuna*, semanal tambem, editor o Sr. Antonio Constantino Nunes, typographia na rua do Capitão n.º 1, não passou de doze numeros, o primeiro publicado em 24 de septembro de 1864, e o ultimo em 21 de dezembro seguinte.

No anno de 1865 appareceu um só novo periodico, *O Paiz*, editor e redactor o Sr. Augusto Cesar de Freitas, e publicado ás quintas-feiras, na typographia da *Flor do Oceano:* delle sahiram quarenta e um numeros, o n.º 1 em 5 de janeiro de 1865, e o ultimo em 30 de julho de 1866, tendo havido uma interrupção.

O anno de 1866 não foi escasso; viu nascer *A Gazeta da Madeira, A Sentinella, O Official da Ronda,* e *O Commercio do Funchal.—A Gazeta* succedeu ao Districto do Funchal; redactor e typographia os mesmos, semanal tambem; sahiu o n.º 1 no dia 1.º de fevereiro, e o ultimo que vimos foi o n.º 66, de 6 de julho de 1867.—*A Sentinella* era redigida pelo seu editor e Sr. Manoel Joaquim de Sousa, e publicada ás quintas-feiras, na typographia da Flor do Oceano: o n.º 1 é de 8 de fevereiro, e o n.º 24, e ultimo, de 19 de julho do anno de 1866.—*O Official da Ronda* foi creado para contrapor-se á Sentinella: sahiu, pelo mesmo tempo, da typographia do Sr. João Augusto de Ornellas, mas poucos numeros deu.—*O Commercio do Funchal*, semanario politico, commercial e litterario, era redigido pelo Sr. conego Abel Martins Ferreira, editor A. C. Coutinho Gorjão: publicou só treze numeros, todos na typographia do Sr. Manoel Marques dos Sanctos Carregal, rua do Conselheiro: o n.º 1, em 15 de novembro de 1866, e o ultimo, em 9 de fevereiro de 1867: acabou, por não ter officina em que ser impresso.

Em 1867 sahiram a publico *O Correio do Funchal* e *A Razão.—O Correio do Funchal* ás quartas-feiras, da typographia do Sr. José Marciano da Silveira, rua dos Mercadores, n.º 117: publicou o n.º 1 em 5 de junho, e o n.º 25, e ultimo, em 10 de janeiro de 1868.—*A Rasão*, fundada para substituir A Flor do Oceano, com o mesmo editor e na mesma typographia, publicou o n.º 1 em 11 de septembro de 1867, e continúa até agora, aos sabbados.

Sobrevem no anno de 1868 a *revolução de janeiro*, no Porto, da qual nasce a situação politica cognominada *reformista;* e novos periodicos a acompanham na Madeira: veem a campo, contra ella, *A Fusão* e *A Imprensa Livre;* a favor, *O Popular.—*Dos anteriores, O Direito e A Rasão declararam-se pelos principios desta p .itica; A Voz do Povo pugnava pela contraria.—*A Fusão* surgio no dia 2¼ e janeiro: era impressa na já alludida typographia da rua dos Mercadores, n. 117, e findou no n.º 24, por meado de julho de 1868, ficando substituida pela *Imprensa Livre.*—Esta sahia aos sabbados, impressa em uma typographia da empreza, na rua da Sé, n.º 27, depois mudada para a rua do Capitão, n.º 36, e publicou noventa e um numeros, o primeiro em 29 de agosto de 1868; o ultimo, em 24 de dezembro de 1870.—*O Popular,* publicação gratis até o n.º 11, impresso na antiga typographia do Funchalense, rua dos Pintos, n.º 35, teve por editor responsavel A. C. C. Gorjão, e acabou no n.º 29, de 12 de septembro de 1868.

Finalmente, em 1870, veiu á luz *A Liberdade;* em 1871, *A Regeneração;* e em 1872, *A Madeira Liberal,* e *A Lampada.*—*A Liberdade* teve cinco numeros apenas, publicados ás quintas-feiras, na typographia do seu redactor e proprietario o Sr. Dr. João da Camara Leme, rua da Carreira, n.º 91: o n.º 1 é de 18 de março, e o n.º 5, de 22 de abril de 1870.—*A Regeneração* foi impressa na typographia onde a Imprensa Livre, redactor o Sr. Henrique Felix de Freitas Valle: só publicou doze numeros, quatro por mez, o n.º 1 em 4 de janeiro, e o n.º 12 em 6 de abril de 1871.—*A Madeira Liberal,* editada pelo Sr. Eduardo Soares, publica-se semanalmente em uma typographia da sua empreza, no largo do Pelourinho, n.º 21, e tem dado até agora dezeseis numeros, o n.º 1 em 24 de julho, e o n.º 16 em 23 do corrente mez de novembro de 1872.— *A Lampada,* editor o Sr. Vicente João da Silva, só tem publicado o n.º 1, com data de 21 deste mesmo mez de novembro, na typographia estabelecida na rua da Carreira, n.º 91.

De todos estes periodicos politicos os que actualmente existem, além dos dois ultimos, são O Direito, A Voz do Povo, e a Razão.

Publicações litterarias periodicas, incluindo duas *juridicas,* teem sido as doze seguintes:

O Beija-flor.—Era redigido por Servulo de Paula Medina e Vasconcellos, e publicado na typographia do Defensor, rua das Pretas, n.º 12: principiou em 7 de abril de 1842, e findou no n.º 26, de 29 de septembro de 1842.

O Agricultor Madeirense, publicação mensal da Sociedade Agricola Madeirense.—Teve por editor José Antonio Braga Nunes; foi impresso até o n.º 5 na typographia nacional, no palacio de S. Lourenço, e, desde o n.º 6 em diante, na typographia do Archivista: o n.º 1 é datado de 26 de março de 1851, e o n.º 9, e ultimo que temos visto, de 29 de dezembro do mesmo anno.

O Estudo, jornal litterario, publicado na Madeira.—Era redigido por uma sociedade de mancebos estudiosos, e deu dois volumes: o primeiro, com vinte e quatro numeros, desde n.º 1, sahido em 12 de julho de 1851, até o n.º 24, em 26 de junho de 1852; e o segundo volume, só com doze numeros, o n.º 1, em 14 de julho de 1852, e o 12, em 10 de junho de 1853.

A Revista Semanal, periodico litterario e de conhecimentos uteis.—O seu redactor principal e proprietario, o Sr. João de Nobrega Soares, publicou-a na typographia do Funchalense, depois denominada do Campo Neutro, rua dos Pintos, n.º 17: forma um volume de 416 paginas, composto de cincoenta e dois numeros, o primeiro, de 2 de junho de 1861, e o ultimo, de 10 de junho de 1862.

A Aurora do Domingo (Litteratura— Poesia — Variedades — Photographias).—Foi publicada na typographia da rua Queimada, n.º 22, sahindo doze numeros sómente, o n.º 1 em 5 de janeiro, e o ultimo em 30 de março de 1862.

O Archivo Litterario, publicação semanal.—Era redactor principal della o Sr. João de Nobrega Soares, e imprimiu-se na imprensa nacional, sahindo o n.º 1 em 15 de abril, e o n.º 24, ultimo, em 2 de novembro de 1863.

O Recreio, periodico litterario, publicação quinzenal dos alumnos do Lyceu do Funchal.—Publicou vinte e cinco numeros, o primeiro em 1 de maio de 1863, e o ultimo em 13 de julho de 1864. Os n.º 1 a 8 e o 25 foram impressos na typographia da Flor do Oceano, á ponte do Cidrão, n.º 3, e os n.º 8 a 24, na do Sr. João Augusto de Ornellas, rua das Pretas, n.º 14.

O Crepusculo, folha dos alumnos do Lyceu, periodico quinzenal.—Deu sómente doze numeros, impressos na typographia do Noticioso, que é a mesma da Flor do Oceano, á ponte do Cidrão, n.º 3: o primeiro numero, em 15 de fevereiro de 1865, e o duodecimo, em 31 de julho de 1865.

A Revista Judicial.—Della foi editor o Sr. Julio Augusto Pereira: o n.º 1 sahiu em 27 de julho de 1865, terminando com o n.º 283, em 24 de fevereiro de 1870. Era semanal. De principio imprimiu-se na typographia do Districto do Funchal, travessa das Hortas, n.º 11; e depois na intitulada typographia da mesma Revista, rua da Mouraria, n.º 2, ao diante transferida para a praça da Constituição, n.º 25, desde que, por compra, passou a ser do auctor destas notas.

A Aurora Litteraria, publicação quinzenal dos alumnos do Lyceu Nacional.—O n.º 1 sahiu no dia 1.º de fevereiro, e o n.º 6, e ultimo, em 1 de maio de 1868, todos impressos na typographia da Revista Judicial, á praça da Constituição, n.º 25.

A Revista Juridica, publicação semanal.—Na frente deste periodico vinham indicados como redactores principaes os Sr.ª bacbareis M. J. Vieira, J. L. Monteiro, e J. A. Almada Junior, advogados nos auditorios desta cidade; editor o Sr. Miguel M. O. e Vasconcellos. O n.º 1 é datado de 19 de outubro de 1870, e o n.º 42, e ultimo, de 28 de novembro de 1871. Começou a sahir na typographia á ponte do Cidrão, n.º 3, depois passou para a da Voz do Povo, na rua nova da Conceição, n.º 17.

A Onda, jornal de instrucção e recreio.—Foi redigido pelo Sr. João de Nobrega Soares, e impresso na typographia á ponte do Cidrão, n.º 3: só doze numeros sahiram, o primeiro em 12 de septembro, e o ultimo em 15 de dezembro de 1871.

Os *pamphletos* deste periodo podem ser classificados em cinco grupos, pelos assumptos, a saber: questão da progaganda protestante do *Dr. Kalley,* administração do districto pelo *Sr. José Silvestre Ribeiro,* abolição dos *morgados, contracto de colonia,* e *questão ecclesiastica.* Mas, para manter o proposito de não tractar especialmente de escriptores ainda vivos, fallaremos só do primeiro, segundo, e quinto grupos.

Em abril de 1843 sahiu da typographia do *Defensor,* folha parcial do *Dr. Kalley,* o pamphleto propagandista *Uma Exposição de factos;* em outubro do mesmo anno sahiu outro da mesma typographia, intitulado *Aos Madeirenses,* em resposta a uma pastoral do prelado da diocese, de 26 de septembro; redarguiu a esse pamphleto a commissão ecclesiastica encarregada de rever as biblias espalhadas pelo missionario protestante, e logo appareceu novo pamphleto de *resposta;* por ultimo, publicou *Manoel de Sanct'Anna e Vasconcellos,* em 1845, a *Revista Historica,* de que já fallámos (pag. 806), não nos constando de outras publicações do assumpto, além de artigos nos periodicos do tempo.

Sobre a *administração do Sr. José Silvestre Ribeiro,* como governador civil do districto do Funchal, temos o folheto encomiastico, intitulado *Brevissima Resenha de alguns dos serviços,* & (Funchal, 1851), o qual, com a *Epocha Administrativa,* mencionada no artigo *Servulo Drummond de Menezes* (pag. 808), com as collecções de documentos indicados no preambulo da mesma *Epocha,* e com os periodicos de então, constituem os elementos para a historia dessa interessante quadra.

A *questão ecclesiastica,* pallido reflexo dessas antigas contendas capitulares dos cabidos das cathedraes, que o nosso *Antonio Diniz* immortalisou pelo ridiculo, no poema heroe-comico *O Hyssope,* andou accesa nesta cidade do Funchal pelos annos de 1856 a 1859. E, se não teve um cantor, teve um pamphletario, ardente e incansavel, o conego *Vicente Nery da Silva,* sacerdote austero, mas de genio violento, phrase muitas vezes descomposta, aggressiva sempret nascido no fim do seculo passado, era em 1828 vigario da freguezia de S. Gonçallo; foi preso, remettido para Lisboa, e processado como liberal pela alçada de 1828; mas, protrahido o seu processo, não chegou a ter sentença: no anno de 1834, foi despachado para a secretaria dos negocios da justiça; depois, elevado a conego da sé do Funchal; e aqui falleceu, em 3 de abril de 1860. Escreveu pamphletos politico-ecclesiasticos, dos quaes temos presentes treze, sendo os mais notaveis os seguintes: *Justificação do Conego Nery... sobre o sermão que fez na sé em quinta feira sancta* (Funchal, 1859); *Apontamentos para a historia contemporanea do Bispado do Funchal,* 1.ª, 2.ª, 3.ª, 4.ª, e 5.ª *epochas da elevação do Sr. Conego Sá,* em seis diversas publicações, impressas no Funchal, 1859; e, por ultimo, *Os Espectros de Catania, cidade episcopal da Sicilia, ou as visões que apparecérão no seculo 17 ao seu vigario capitular. Por um crente nos Espectros* (Funchal, 1859).

Eloquencia.—Em 1834 havia nesta cidade no Funchal a *Sociedade Patriotica Madeirense*, como vemos de um folheto desse anno, contendo uma *moção feita na mesma sociedade, por um de seus membros:* certo ahi houve discussões; porém não achámos della outra noticia.—No parlamento notavam-se os deputados *Dr. Lourenço José Moniz*, que chegou a ser presidente da camara; o *Dr. Justino Antonio de Freitas*, e *Antonio Aluisio Gervis de Athouguia*, depois *Visconde de A. thouguia.*—No pulpito, distinguiram-se o conego *José Francisco de Sequeira*, natural do Funchal, aqui fallecido aos 64 annos de idade, em 2 de maio de 1866; o conego honorario *Francisco João de Freitas Ferraz*, que aos trinta e cinco annos falleceu em Lisboa, no mez de julho de 1858; e, menos considerado, mas tambem estimado como prégador, o conego *Vicente Nery da Silva*.—No discurso academico, o *Dr. Antonio Alves da Silva*, pelas suas *leituras publicas*, e *Marcelliano Ribeiro de Mendonça*, como já fica dito a pag. 807, cumprindo aqui accrescentar, por ter esquecido no logar proprio, que este fôra secretario geral do governo civil do districto, e que, por iniciativa sua, foi fundada nesta cidade do Funchal a *Associação de Conferencias*, cujos estatutos foram approvados por decreto de 9 de maio de 1855. Esta associação era composta dos professores publicos e particulares da capital do Districto, e tinha por fim promover o desenvolvimento dos principios de instrucção popular, pela discussão e escolha dos melhores methodos de leitura e escripta: algumas sessões interessantes teve; *Marcelliano* ahi discorreu largamente, mostrando muitos conhecimentos de pedagogia; mas, apesar dos esforços delle, não foi por diante esta associação.

Sem, pois, completar a galeria dos escriptores e oradores madeirenses deste periodo com a valiosa noticia dos que actualmente (1872) vivem, á frente dos quaes avultam o *Sr. José Antonio Monteiro Teixeira*, como distincto poeta, e o *Sr. Jayme Constantino Moniz*, como orador laureado e professor do Curso Superior de Lettras, basta comparar esta epocha, a liberal, com as anteriores, para, a olhos vistos, reconhecer a inferioridade destas.—Accusem, muito embora, erros aos estadistas da liberdade. Isso póde deprimir pessoas. Mas a seiva das ideias é tão potente e fecunda, que, apesar desses erros, só ramifica, e prospera;—e, porque delles se não vence, tem nesses torpeços a contraprova do que vale. Entre as nuvens das contrariedades, crises, e erros dos homens, o iris do progresso resplandece no firmamento social, como seguro penhor dos futuros destinos da humanidade.

NOTA XXXIII

Auctoridades superiores do archipelago da Madeira.

«Depois que foi julgado Portugal ser do Catholico Rey Phelippe Nosso Senhor, e teve a posse d'elle, mandou este áa Ilha da Madeira por Capitam Mor e Governador della o *Desembargador João Leytão*, que tambem tinha cargo da Fazenda d'El-Rey e da Judicatura, e morava na Fortaleza, donde sahio, ficando com todos os cargos dantes, excepto a Capitania Mor de Guerra, depois que, de mandado do mesmo Rey Phelippe, chegou aa Ilha por Capitam della e da do Porto-Sancto D. *Agostinho Herrera*, Conde de Lançarote e Senhor de Forteventura... na era de 1582.»—Pag. 306.

Desde que Filippe II deu o governo total deste archipelago ao Desembargador *João Leitão*, como se diz no trecho das *Saudades* a que referimos esta nota, ficaram de facto, se não de direito tambem, extinctas as capitanías do Funchal, Machico, e Porto-Sancto, e toda a superintendencia deste archipelago da Madeira a cargo de uma unica auctoridade, de nomeação régia.—Filippe II con summava, deste modo, a realisação do pensamento de D. João II: o monarchis mo puro triumphou.

De então em diante, o aspecto da historia destas ilhas tornou-se muito diverso do que até ahi fôra. Á crise fiscal e industrial do assucar, aos morgados, e á preponderancia clerical, associou-se a centralisação cesariana, a suffocarem a iniciativa local. O archipelago da Madeira teria cahido na extrema ruina, se não foram a especialidade e a crescente estima e procura dos seus preciosos vinhos. Em todo o longo periodo monarchista de 1581 até 1834, as ilhas da Madeira e Porto-Sancto só na administração do Marquez de Pombal e governo de D. Maria I obtiveram da metropole providencias fomentadoras da sua prosperidade, ou, pelo menos, demonstrativas de attenção e zelo.

Se nos não faltar vida e ensejo, em outro livro escreveremos a historia madeirense não só desse lamentoso periodo de 1581 a 1834, mas tambem desde então até o presente: para isso, já nestas notas archivámos alguns subsidios, e outros mais possuimos. E no em tanto, aqui relacionamos as auctoridades superiores, quer militares, quer civis, deste archipelago, desde esse anno de 1581 até agora, para o que nos servimos dos manuscriptos a que temos alludido; da *Estatisca Historico-geographica das Ilhas da Madeira e Porto-Sancto*, por *Joaquim Pedro Cardoso Casado Giraldes* (Paris, sem data); da compilação intitulada *Uma Epoca Administrativa da Madeira e Porto-Santo*, vol. II, pag. 141 e seguintes; e de alguns dados officiaes, por nós colhidos nos archivos publicos.

RELAÇÃO DOS GOVERNADORES GERAES, CAPITÃES GENERAES, E OUTRAS AUCTORIDADES
SUPERIORES, MILITARES, OU CIVIS, DO ARCHIPELAGO DA MADEIRA, DE 1581 ATÉ 1872.

I.—GOVERNADORES GERAES.

1581-1640.

NOMES.	NOMEAÇÕES.	POSSES (1).
O Desembargador João Leitão	 1581	. . . .
D. Agostinho Herrera	12 de nov. de 1582	 1582
O Desembargador João Leitão	. . . .	 1584
Tristão Vaz da Veiga	19 de outub. de 1585	22 de nov. de 1585
Antonio Pereira de Barredo	30 de dez. de 1590	21 de agosto de 1591
Diogo de Azambuja e Mello	23 de maio de 1594	20 de janeiro de 1595
Christovão Falcão de Sousa	20 de abril de 1600	 1600
João Fogaça d'Eça	14 de agosto de 1603	 1604
D. Manoel Pereira Coutinho	22 de nov. de 1609	 1610
D. Fr. Lourenço de Tavora, bispo	Interinidade	4 de julho de 1614
Jorge da Camara, o Poeta	18 de janeiro de 1614	17 de dez. de 1614
Pedro da Silva, o Mole	30 de maio de 1618	6 de julho de 1618
D. Francisco Henriques	20 de julho de 1622	28 de outub. de 1622
D. Jeronymo Fernando, bispo (2)	3 de agosto de 1624	23 de junho de 1624
Fernão de Saldanha	10 de janeiro de 1625	11 de abril de 1625
D. Jeronymo Fernando, bispo	Interinidade	28 de sept. de 1626
D. Francisco de Sousa	18 de janeiro de 1627	1 de maio de 1628
D. Jeronymo Fernando, bispo	Interinidade	3 de agosto de 1630
D. João de Menezes	. . . .	. de janeiro de 1634
Luiz de Miranda Henriques Pinto (3)	18 de nov. de 1635	6 de junho de 1636

Observações.—(1) A data de cada posse é tambem a do fim do governo
antecedente.—(2) Entrou na posse do governo, interinamente, por morte do antecessor, em 23 de junho de 1624, e teve confirmação régia em 3 de agosto do mesmo anno.—(3) Acabou este governo em 6 de junho de 1640.
Os cinco primeiros governos foram no reinado de D. Filippe II de Hespanha e
I de Portugal; os oito immediatos, no de D. Filippe II; e os ultimos sept, no de Filippe III.

11.—CAPITÃES GENERAES.

1640-1834.

NOMES.	NOMEAÇÕES.	POSSES OU ENTRADAS.
Luiz de Miranda H. Pinto, o Moço (1)	22 de maio de 1640	6 de jun. de 1640
Nuno Pereira Freire	9 de agosto de 1641	20 de mar. de 1642
Manoel de Sousa Mascarenhas	27 de fev. de 1645	11 de abril de 1645
Manoel Lobo da Silva	21 de outub. de 1647	.. de maio de 1648
Bartholomeu de Vasconcellos	23 de agosto de 1651	16 de out. de 1651
Pedro da Silva da Cunha	16 de janeiro de 1655	22 de abril de 1655
Diogo de Mendonça Furtado	17 de dez. de 1659	2 de dez. de 1660
D. Francisco de Mascarenhas	31 de julho de 1665	28 de nov. da 1665
Ayres de Ornellas e Vasconcellos (2)	18 de sept. de 1668	18 de sept. de 1668
Ayres de Saldanha Sousa de Menezes	9 de nov. de 1668	10 de abril de 1669
João de Saldanha de Albuquerque	.. de julho de 1672	20 de out. de 1672
Alexandre de Moura e Albuquerque	21 de abril de 1676	9 de jun. de 1676
João da Costa de Brito	2 de fev. de 1680	10 de abril de 1680
Pedro de Lima Brandão	29 de maio de 1683	18 de abril de 1684
D. Lourenço de Almada	4 de agosto de 1687	13 de abril de 1688
D. Rodrigo da Costa	2 de dez. de 1689	20 de out. de 1690
Pantaleão de Sá e Mello	1 de março de 1694	22 de julho de 1694
D. Antonio Jorge de Mello	13 de março de 1698	27 de abril de 1698
João da Costa de Athaide e Azevedo (3)	1 de março de 1701	12 de jun. de 1701
Duarte Sodré Pereira	15 de nov. de 1703	20 de abril de 1704
D. Pedro Alvares da Cunha	30 de março de 1711	1 de out. de 1712
João de Saldanha da Gama	4 de maio de 1715	27 de jun. de 1715
Jorge Martins de Sousa e Menezes	1 de junho de 1718	5 de out. de 1718
Francisco da Costa Freire	6 de junho de 1724	27 de julho de 1724
D. Filippe de Alarcão Mascarenhas	13 de agosto de 1727	27 de sept. de 1727
João de Abreu Castello-Branco	7 de agosto de 1733	21 de abril de 1734
Francisco Pedro de Menezes Gorjão	18 de maio de 1737	16 de julho de 1737
D. Fr. João do Nascimento, bispo	5 de maio de 1747	26 de maio de 1747
D. Alvaro J.° X. Botelho de Tavora (4)	21 de julho de 1751	27 de agos. de 1751
Manoel de Saldanha e Albuquerque	6 de março de 1754	16 de maio de 1754
D. Gaspar Aff. da Costa Brandão, bispo	23 de janeiro de 1758	.. de abril de 1758
José Correia de Sá	17 de maio de 1758	27 de maio de 1759
João Antonio de Sá Pereira (5)	 1766	9 de dez. de 1767
D. Gaspar Aff. da Costa Brandão, bispo Antonio Botelho Guedes, corregedor Francisco F. de Sá Cabral, sarg.-mór	12 de maio de 1777	10 de jun. de 1777

104

Nomes	Nomeações.	Posses ou entradas.
João Gonçalves da Camara Coutinho	19 de agosto de 1777	15 de sep. de 1777
D. Diogo Pereira Forjaz Coutinho (6)	28 de sept. de 1781	15 de nov. de 1781
Antonio Correia Bett. Vasconcellos, deão		
Joaquim José de Moraes, corregedor — (7) Interinidade — 27 de mar. de 1798		
Luiz V. Carvalhal Esmeraldo, coronel		
D. José Manoel da Camara	8 de maio de 1800	4 de dez. de 1800
Ascenso de Sequeira Freire	15 de outu. de 1803	8 de dez. de 1803
Pedro Fagundes d'Antas e Menezes	4 de março de 1807	5 de agost. de 1807
Luiz Beltrão de Gouveia e Almeida	13 de fev. de 1813	10 de agost. de 1813
D. Fr. Joaq.ᵐ de M. Athaide, vig. ap.		
Man.el C. d'Alm. Albuquerque, correg. (8) Interinidade		1 de julho de 1814
Ant. Alberto d'And. Perdigão, coronel		
Florencio José Correia de Mello	12 de outu. de 1814	22 de abril de 1815
Sebastião Xavier Botelho	15 de junho de 1818	15 de maio de 1819
D. Rodrigo Antonio de Mello	.. de junho de 1821	2 de julho de 1821
Antonio Manoel de Noronha	22 de março de 1822	22 de abril de 1822
D. Manoel de Portugal e Castro	.. de julho de 1823	28 de agost. de 1823
José Lucio de Travassos Valdez	.. de março de 1827	29 de abril de 1827
José Maria Monteiro	15 de junho de 1828	24 de agost. de 1828
D. Alvaro da Costa de Sousa de Macedo	30 de março de 1830	20 de abril de 1830
H. P. Bertrand, cap. de mar e guerra		
Eloy Nery da Silva, provisor do bispado (9) Interinidade		13 de julho de 1834
Fr.co Manoel Roiz Nogueira, corregedor		

Observações.—(1) Por carta patente desta data, assignada pela então vi-ce-rainha de Portugal, Margarida de Saboia, duqueza de Mantua, foi o primeiro capi-tão general do archipelago da Madeira.—(2) Foi nomeado pela sedição que nesta data depoz o capitão general D. Francisco de Mascarenhas: vid. pag. 572 e 593, nota (1). —(3) Morreu na ilha, a 8 de março de 1704; o successor já lhe estava nomeado antes do obito, mas, só veiu e tomou posse em 20 de abril seguinte; houve, portan-to, um governo interino entre estas duas datas: não achámos, porém, noticia delle.— (4) Era conde de S. Miguel: deste governo passou ao de uma capitanía do Brazil.—(5) Este, mandado para cá pelo Marquez de Pombal, foi, nos actos do seu governo energico e reformador, o Pombal madeirense. A queda do grande ministro, pelo fallecimento de D. José 1, em 24 de fevereiro de 1777, arrastou o capitão general Sá Pereira, o qual, por capitulos que delle então deram, embarcou, a 10 de junho desse anno, para Lisboa a dar rasão de si: e, mais feliz que o estadista seu modelo, tal se justificou, que seus bons serviços foram reconhecidos, e com o titulo de barão de Alverca premiados.—(6) Falleceu em 30 de março de 1798, mas tres dias antes havia entregado sua auctoridade ao governo interino, conforme o alvará de 12 de dezembro de 1770.—(7) Neste governo interino entrou, em substituição do corregedor, que se ausentára, o juiz de fóra José Filippe Ferreira; depois sahiu este, e entrou o novo corregedor José Maria Cardoso Soeiro, por ser de cargo mais graduado; em substituição do coronel Luiz Vicente de Carvalhal Esmeraldo, que falleceu, foi admittido o coronel Anastacio Henrique Pereira; e, chegado o bispo D. Luiz Rodrigues Villares, entrou este, e sahiu o deão (8).—Por morte do coronel Perdigão, fez parte do governo interino o coronel de artilheria Antonio Rodrigues de Sá.—(8) Acabou este governo em 6 de agosto de 1834.

N. B.—Não indicamos em que reinados tiveram logar estes e os seguintes governos, porque é circumstancia facil de verificar.

<hr />

III.—Auctoridades administrativas.

1834-1872.

Nomes.	Cargos (1)	Nomeações.	Posses ou entradas.
Luiz da Silva Mousinho de Albuquerque	Pref. (2)	30 junho 1834	6 agos. 1834
Conde do Carvalhal da Lombada	G. C.	13 sept. 1835	30 sept. 1835
João Agostinho Gervis d'Athoguia	S. G.	Interinidade	6 fev. 1836
Antonio de Gamboa e Liz	G.C.-A.G.	7 dez. 1835	14 maio 1836
Barão de Lordello	A. G.	28 abril 1838	13 sept. 1838
Diogo da Silva Castelbranco	S. G.	Interinidade	21 agos. 1840
Ayres de Ornellas e Vasconcellos	A. G. int.	22 dez. 1840	2 jan. 1841
Domingos Olavo Correia de Azevedo	A. G.	26 mar. 1841	2 abril 1841
Valentim de Freitas Leal	G. C. int.	1 junho 1846	14 junho 1846
José Silvestre Ribeiro	G. C.	5 sept. 1846	7 out. 1846
Luiz de Ornellas e Vasconcellos	Pres.		
Francisco Correia Heredia	V.-Pres.		
Diogo Berenguer de França Netto	Vogal	(3) 29 abr. 1847	30 abril 1847
Luiz Agostinho de Figueiroa	»		
José Julio Rodrigues	»		
Antonio Correia Heredia	Secr.		
José Silvestre Ribeiro	G. C.	reinstaurado	26 julho 1847
Servulo Drummond de Menezes	S. G.	Interinidade	17 junho 1848
José Silvestre Ribeiro	G. C.	continuando	24 julho 1849

Nomes.	Cargos	Nomeações	Posses ou entras.	
Visconde de Fornos de Algodres	G. C.	13 nov. 1852	28 dez.	1852
João Silverio A. da Guerra Quaresma	S. G.	Interinidade	4 jan.	1854
José Gerardo Ferreira Passos (4)	G. C.	14 junho 1854	25 junho	1854
Antonio Rogerio Gromicho Couceiro (4)	»	12 abril 1856	1 junho	1856
Augusto de Carvalhal Esmeraldo	1.º Offi.	Interinidade	3 sept.	1857
Dr. José Maria Baldy	G. C.	9 mar. 1858	26 abril	1858
Conde do Farrobo, Joaquim	G. C.	1 fev. 1860	29 fev.	1860
Dr. Juvenal Honorio de Ornellas	C: de Dist.	Interinidade	9 out.	1861
Antonio Correia Heredia	S. G.	Interinidade	18 out.	1861
Antonio Lopes Barbosa d'Albuquerque	S. G.	Interinidade	13 jan.	1862
João de S.ᵗᵃ Anna e Vasconcellos Senior	G. C. int.	8 jan. 1862	18 jan.	1862
Januario Correia d'Almeida	»	15 jan. 1862	19 jan.	1862
Antonio Lopes Barbosa d'Albuquerque	S. G.	Interinidade	18 agos.	1862
Jacinto Antonio Perdigão	»	Interinidade	17 jan.	1863
Jacinto Antonio Perdigão	G. C.	1 julho 1863	17 julho	1863
Ant. J. de Sancta Martha V. Mesquita e Mello, depois Visconde de Andaluz	S. G.	Interinidade	30 jan.	1868
D. João Frederico da Camara Leme	G. C.	25 jan. 1868	10 fev.	1868
Visconde de Andaluz	S. G.	Interinidade	18 sept.	1868
Marquez de Cezimbra	G. C.	9 sept. 1868	17 out.	1858
João Themudo de Oliveira Mendonça	S. G.	Interinidade	8 sept.	1869
Visconde de Andaluz	G. C.	4 sept. 1869	18 sept.	1869
Affonso de Castro	»	14 maio 1870	19 maio	1870
D. João Frederico da Camara Leme (5)	»	21 maio 1870	27 maio	1870

Observações.—(1) Significação das abbreviaturas que vão nesta columa: —Pref., *Prefeito.*—G. C., *Governador Civil,*—S. G., *Secretario Geral.*—A. G., *Administrador Geral.*—Pres., *Presidente.*—V.-Pres., *Vice-presidente.*—Secr., *Secretario.*—1.º Offi., *Primeiro Official.*—C. de Dist., *Conselheiro de Districto.*—As lettras *int.,*, *interino.*—(2) Foi tambem cumulativamente governador militar da Madeira e Porto-Sancto.—(3) Juncta Governativa do Districto da Madeira, constituida pelo pronunciamento desta data. Luiz de Ornellas e Vasconcellos deixou a presidencia em maio, e ficou sendo presidente o Sr. Francisco Correia Heredia.—(4) Estes dois foram governadores civis e commandantes militares.—(5) Ainda hoje, 15 de dezembro de 1872, é o governador civil.

IV—AUCTORIDADES MILITARES.

1834-1872.

NOMES	CARGOS (1)	NOMEAÇÕES.	POSSES OU ENTRADAS.
Luiz da Silva Mousinho de Albuquerque	G. M.	30 junho 1834	6 agos. 1834
José Teixeira Rebello, ten. coronel	»	Interinidade	8 nov. 1835
Antonio de Padua da Costa, coronel	»	Interinidade	14 maio 1836
O mesmo	C. D.	14 dez. 1836	30 jan. 1837
José Teixeira Rebello, coronel	»	Interinidade	12 sept. 1838
Barão de Lordello	»	7 maio 1838	25 out. 1838
José Teixeira Rebello, coronel	»	Interinidade	30 nov. 1840
D. José Miguel de Noronha, coronel	»	Interinidade	6 mar. 1841
José Teixeira Rebello, coronel	»	Interinidade	9 junho 1845
Manoel José Julio Guerra	»	29 abril 1847	29 abril 1847
José Teixeira Rebello, coronel	»	Interinidade	26 julho 1847
Ant. de Padua da Costa, mar. de campo	C. D.-C. M.	5 agost. 1847	23 sept. 1847
José Teixeira Rebello, coronel	C. M.	Interinidade	5 sept. 1852
José Ventura da Cunha, major	» int.	10 jan. 1853	3 fev. 1853
José Teixeira Rebello, coronel	» int.	12 fev. 1853	18 fev. 1853
José Antonio de Sequeira, coronel	»	20 sept. 1853	15 nov. 1853
José G. Ferreira Passos, brigadeiro grad.	»	14 junho 1854	26 junho 1854
Ant. Rogerio Gromicho Couceiro, idem	»	12 abril 1856	1 junho 1856
Roberto Joaquim Coibem, ten. coronel	»	Interinidade	3 sept. 1856
Dr. José Maria Baldy, brigadeiro	»	9 março 1858	26 abril 1858
José Herc. Ferreira de Horta, coronel	»	1 junho 1859	9 agos. 1859
D. Luiz de Mascarenhas, major	»	30 jan. 1861	25 fev. 1861
José Julio do Amaral, brigadeiro	C. D.	18 fev. 1861	31 mar. 1861
Jacinto Augusto Camacho, coronel	» int.	25 sept. 1868	18 out. 1868
O mesmo	C. S. D. int.	12 nov. 1868	18 nov. 1868
José Teixeira Rebello Junior, ten. coronel	»	Interinidade	19 julho 1869
José Ribeiro de Mesquita, coronel	»	10 julho 1869	18 agos. 1869
Ant. Augusto Macedo e Couto, coronel (2)	»	23 sept. 1870	18 out. 1870

Observações.— (1) Abreviaturas:—G. M., *Governador Militar*.—C. D. *Commandante da Divisão*.—C. M., *Commandante Militar*.—C. S. D., *Commandante da Subdivisão*.—Int., *interino*.— (2) Ainda agora, dezembro de 1872, continúa o mesmo.

RECTIFICAÇÕES E ADDITAMENTOS.

I.—Doação...ao Infante D. Fernando (pag. 11, lin. 28-30).—Esta doação não foi sómente das ilhas de Cabo-Verde e das dos Açores, como diz o texto; foi tambem de archipelago da Madeira, o que se vê do theor do respectivo diploma infra, agora obtido directamente da Torre do Tombo, por obsequio do Sr. Henrique Venancio de Ornellas, que lá o copiou.

Ao YFFAMTE dom fernamdo doaçam das ylhas da madeyra & do porto samto & deserta & da ylha de sam luiz & outras nomeadas.

DOM AFFOMSO &c. a quamtos esta carta birem fazemos saber que comsyramdo nos aas muytas birtudes do yffamte dom fernamdo meu muyto presado & amado irmaão & aos simgullares serbiços que com muyta leaîldade nos sempre fez & ao diamto esperamos delle rreçeber & de sy esguardamos ao gramde amor & simgullar afeyçam que a elle teemos aas rrezoões que nos movem ao muyto amor & lhe fazermos muytas merçees & o aqrecemtarmos segumdo rrequere a gramdeza de sseu estado nos obrigua a gramde dibyda que com elle teemos da nossa livre bomtade çerta çiencia poder absoluto assem nollo elle pedindo nem outrem por elle teemos por bem & fazemoslho merçee das ylhas ·S· da ylha da madeyra & da ylha do porto samto & da ylha deserta & da ylha de sam luiz e da ylha de sam dyniz & da ylha de sam jorge & da ylha de sam tomaz & da ylha de samta eyria & da ylha de jhũ xptõ & da ylha graçiosa & da ylha de sam miguell & da ylha de samta maria & da ylha de sam jacobo & fellipe & da ylha de las mayas & da ylha de sam xptõuam & da ylha lana todallas rremdas dereitos & jurdiçoões que a nos ora em ellas perţemçe & de dereito debemos daber assy como as de nos abia o yffamte dom amrrique meu tyo que deos aja. & queremos que o dito yffamte meu yrmaão em sua bida & depoys delle huũ sseu filho mayor barom ajam as ditas ylhas ·S· a da madeyra & a do porto samto & a deserta & a de sam luiz & a de sam diniz & a de sam jorge & a de sam tomaz & a de samta eyria & de jhũ xptõ & a da graçiosa & a de sam miguell & a de samta maria & a de sam jacobo & fellippe & de las mayas & de sam xptõuam & a lana em suas bidas como dito he assy & tam compridamẽte como as nos podemos dar & as tinha & abia o dito yffamte meu tyo que deos aja com todos sseus dereitos & jurdiçoões & assy como lhe eram outorguadas per nossas doaçoões as quaaes nos praz serem per nos & nossos soçessores compridas & guardadas ao dito yffamte meu yrmaão & ao dito sseu filho depoys delle como dito he. & prometeemos per nossa fee reall & mandamos a todos nossos herdeyros & soçessores que depoys de nos quamdo a deos aprouber beerem a seer Rex destes regnos que leixem aber libremēte as ditas ylhas ao dito yffamte meu muyto presado & amado irmaão em sua bida & depoys delle ao dito sseu filho como per nos em esta carta lhe ssam outorguadas ssem lhe poerem em ello dubyda alguũa por q̃ he nossa merçee ssem embarguo de quaaes q̃r lex grossas openioões de doutores e outras nossas ordenaçoões que diguam que as taaes consas debem sser sempre da corõa de nossos rregnos & nam dadas a alguũas pessoas as quaaes todas per esta carta abemos por anulladas & assaz de nenhuũ ballor, & queremos que esta sse cumpra & guarde como em ella he outorguado. Dada em a nossa çidade debora trez dias do mez de dezembro. jorge machado a fez. anno de nosso señor Jhũ xptõ de mill & iiij° & sasemta,

　　　Archivo da Torre do Tombo, Liv. iii dos Misticos, fl. 58 v.

II.—Tristam Vaz. Madeira *(pag. 16, lin. 25, e pag. 19, lin. 34:—pag. 19, lin. 31 e 32, e pag. 41, lin. 19 e 20).*—Na pag. 16 diz-se que Tristão Vaz era «de menos idade» que Zargo; e na 19, «ser mais velho».—Tambem nesta pag. 19 se conta que o nome da ilha da *Madeira* foi posto pelo Infante D. Henrique, e na pag. 41, que por Zargo.—*Gaspar Fructuoso* nisto não tanto incorre em contradição sua, quanto refere versões diversas. O que daqui se póde inferir é não haver certeza nestes ponctos.

III.—João Gonçalves Zargo *(pag. 23, lin. 5, e pag. 432, lin. 5 e seguintes).*—Tocante á genealogia deste celebre navegador e ao que della se diz nas passagens supracitadas, obsequiou-nos o mencionado Sr. Ornellas com a seguinte rectificação e additamento:

«De balde tenho procurado na Bibliotheca publica de Lisboa o manuscripto em 24 tomos de folio, *Genealogias das familias de Portugal, comparadas com documentos,* por *José Freire de Monterroyo Mascarenhas,* que na nota vii, a paginas 432, vem apontado sobre a genealogia de *João Gonçalves Zargo.* Esta obra, da qual tambem falla o *Sr. Innocencio Francisco da Silva,* no *Diccionario Bibliographico,* asseveraram-me que não existe nesta Bibliotheca. O que só encontrei a respeito de *Zargo ou Zarco* foi n'um manuscripto em 6 tomos de folio, copiado de varios autores, e que tem por titulo:—*Nobiliario ou Collecção de Titulos de diversas familias.* Neste, a paginas 173 e seguintes, vi um trabalho genealogico, por *José Freire Monterroyo Mascarenhas,* que fielmente copiei, e diz assim:

FAMILIA DE ZARCO: SUA ANTIGUIDADE, ORIGEM DE SEU APPELLIDO, E CONTINUAÇÃO DA SUA GENEALOGIA ATÉ O PRESENTE, POR JOSÉ FREIRE MONTERROYO MASCARENHAS.

§ 1.º

A *Familia de Zarco* he quasi tão antiga como o reino, porque desde o duodecimo seculo se achão memorias d'ella nos seus archivos. Ainda que sabemos que ha hum logar na provincia do Alemtejo, juncto á Villa de Viana, com o nome de Zarco, sempre nos pareceu que não tomou d'elle o seu appellido, e que este procederia não de solar, mas de alcunha; porque esta palavra «*Zarco*», assim na lingua castelhana, como na portugueza, significa o homem que tem os olhos esverdeados; o que *Antonio de Nebrixa*, no seu *Diccionario*, explica na lingua latina com o vocabulo *glaucus*, e o mesmo diz *Jeronymo Cardoso*, no seu *Vocabulario*, e *Ambrosio Calepino*, no seu *Diccionario;* e assim foi dado por alcunha a huma pessoa, da qual passou por cognome aos seus descendentes.

Escreve *Lousada*, no *Cartapacio* 3.º das suas *Annotações* da Torre do Tombo, pagina 148, que os Zarcos antigos, que existião neste reino, tinhão huma capella em Matosinhos, de que elle tinha huma escriptura, que promettia transcrever, e o não fez. O mais antigo que conhecemos he:

I.—*Gonçallo Zarco*, que vivia no reinado do primeiro rei d'este reino. Não sabemos que tivessem Brazão d'Armas, mas hoje usão outras de familias differentes, de quem tambem procedem. Não temos documentos que verifiquem os principios d'esta genealogia; mas, por algumas circumstancias, entendemos se poder tecer desta maneira:

§ 2.º

I.—*Gonçallo Zarco*, que viveo em Lisboa, no reinado do rei D. Affonso Henriques: tinha fazenda em Thomar. Consta a sua existencia, na Torre do Tombo, Livro 12.º da Estremadura, fl. 118, de huma venda que D. Gomes Sacerdote fez a Pedro Dias e a sua mulher D. Loba, de duas courelas de vinha, sitas em Thomar, que do poente confinavão com a fazenda de Gonçallo Zarco. Faz memoria d'elle o chronista *Frei Francisco Brandão*, no tomo v, livro 17.º, capitulo 11 da *Monarchia Lusitana*, na pagina 176, col. 2.ª Não se sabe com quem foi casado; mas, pelo appellido patronimico, e tempo, parecem filhos seus:

II.—*Estevão Gonçalves Zarco*, que segue.

III.—*Maria Gliz Zarco*, que deixou huma vinha no Lumiar á Sé de Lisboa, com obrigação de hum anniversario (no dia 2 de janeiro, em que veiu a fallecer). Faz della menção *Gaspar Alves Lousada*, no seu *Cartapacio* 3.ª, plan. 204, allegando o livro da kalenda da mesma Sé, que declara haver sido copiado de dois manuscriptos antigos: e falla tambem nella o chronista *Brandão*, no lugar acima allegado.

II.—*Estevão Gliz. Zarco*, filho d'este Gonçallo Zarco: segundo parece, vi-
na em Lisboa, durante os reinados dos reis D. Sancho I e D. Affonso II. Casou
não.......se teve: I

IV.—*Pedro Esteves Zarco*, que segue.

E se teve mais, o não sabemos.

IV.—*Pedro Esteves Zarco*, filho d'este Estevão Gliz. Zarco: viveo tambem
a cidade de Lisbóa, nos reinados de ElRei D. Sancho II e D. Affonso III. Ca-
ou com......, e teve:

V.—*Affonso Zarco*, que segue.

VI.—*Estevão. Pires Zarco*, § 3.º

VII.—*Fr. Francisco Zarco*, que foi religioso da Ordem de São Domingos, e era superior do seu Mosteiro de Lisbóa, em 22 de agosto de 1317,
reinando ElRei D. Diniz. Foi testemunha de um instrumento, que está
no cartorio da capella do Arcebispo D. Gonçallo Pereira, na Sé de Braga, como diz *Lousada*, no seu *Curtapacio* 3.º, da *Nobreza de Portugal*.

V.—*Affonso Zarco*, filho d'este Pedro Esteves Zarco: foi Cavalleiro da Ordem de Santhiago, e era um dos treze eleitores, quando, no anno de 1311, foi
eleito para Mestre da mesma Ordem D. Garcia Pires, commendador de Cavallaria, sendo Affonso Zarco commendador de Ourique: o que tambem consta do livro dos Mestrados. fl. 188: e o chronista Brandão o refere no tomo V, livro XVI,
capitulo XVI, pag. 141, col. 2.ª

§ 3.º

VI.—*Estevão Pires Zarco*, filho de Pedro Esteves Zarco(§ 2.º), applicou-
se ás lettras, foi Ministro e Procurador da Fazenda, que no reinado de ElRei D.
Diniz, em que viveo, se dizia «*Vogado na casa de ElRei*», e com esse titulo assigna, no ultimo de janeiro de 1323, uma escriptura de doação, feita em Santarem por Fernando Sanches, irmão do dito Rei, a D. João Affonso, seu irmão,
que o Rei confirmou a 16 de fevereiro do dito anno, que corresponde á era
de 1361: assignou tambem no anno de 1327 a renovação das pazes, que fez o Rei
D. Affonso IV com D. Affonso XI de Castella, intitulando-se Juiz em casa de El-
Rei; que suppomos corresponderá a *Ouvidor do Paço*, ou *Juiz da Corôa*. Tudo
refere o chronista Brandão, no tomo V da *Monarchia Lusitana*, no logar acima
referido, e se vê na Torre do Tombo, no livro do Registro da Chancellaria de
ElRei D. Diniz, livro III, fl. 147.....E teve:

I.—*Gonçallo Esteves Zarco*, que segue.

II.—*Rodrigo Esteves Zarco*.

105

I.—*Gonçallo Esteves Zarco*, filho deste Estevão Pires Zarco: viveo nos reinados dos Reis D. Affonso IV, D. Pedro I, e D. Fernando: foi casado com D. Brites, filha de João Affonso, de Santarem, Vedor da casa de ElRei D. João I, e filho de Affonso Guilherme, como dizemos, de Santarem; foi Cavalleiro da casa de ElRei D. João I, e se acha no livro de suas matriculas com este foro e com a moradia de 1950 libras....Teve:

    III.—*João Gonçalves Zarco*, que segue.
    IV.—*Fernão Gonçalves Zarco*, que foi contador da Fazenda do Infante D. Fernando, o Sancto, e não sabemos se teve geração.
    V.—*Fernão Gliz. Zarco*,

    III.—*João Gliz. Zarco*, filho deste Gonçallo Esteves Zarco, começou de muito rapaz a servir o Infante D. Henrique, a quem deu seu pae a ElRei D. João I, que o havia creado no Paço desde menino, como escreve *Manoel Thomaz*, na sua *Insulana:* servio os Reis D. João I e D. Duarte em Ceuta e Tangere, onde fez grandes feitos contra os infieis, como confessa o Rei D. Affonso V na sua mercê que lhe fez de lhe dar armas novas: diz *Manoel Thomaz*.
Como era homem destemido e amigo da honra, se offereceo ao mesmo Infante para os seus descobrimentos, e, no anno de 1418, sabio com uma embarcação a descobrir, e achou a Ilha do Porto Sancto: e, no anno de 1420, a Ilha da Madeira. O mesmo Infante dando-lhe o titulo de Cavalleiro da sua casa, titulo que corresponde ao de Fidalgo de sua casa, foro que então não havia; lhe fez mercê de parte da Ilha da Madeira, 14 leguas da banda do sul e 3 da banda do norte, com todos os moinhos, e fornos de pão, no 1.º de outubro de 1455, o que o Rei D. Affonso V lhe confirmou a 25 de novembro de 1455, como consta a fl.ª 210 do livro de sua Chancelleria (1): no anno de 1460 lhe concedeo por armas: *em campo negro, uma montanha verde, e sobre ella um castello de prata, entre dous lobos de oyro*, para usar dellas e seus descendentes, com o appellido *de Camara*, por carta passada em 4 de julho do dito anno a qual se acha registada no livro de Armaria, que está na Torre do Tombo. E porque na carta se póde reparar dizer ElRei, que o ajunta, une e aggrega ao conto e corpo de todos os outros homens nobres, se deve advertir que he para dar mais força á mercê, que lhe faz; e são palavras usadas em quasi todos os Brazões; pois vemos que *D. Antonio de Lima*, no seu *Nobiliario*, escreve que elle era um cavalleiro muito honrado, creado do Infante D. Henrique e sobrinho de João Affonso de Santarem, Vedor da casa de ElRei D. João I, e que foi Cavalleiro da casa do Infante D. Fernando, pae de ElRei D. Manoel, e do mesmo Rey, e do seu conselho. *D. Luiz Lobo*, no seu *Nobiliario*, segue o mesmo; e *João de Barros*,

(1) Quanto ás eras, ha differenças entre esta indicação e as cartas já transcriptas nestas notas pag. 454-456. Essas cartas foram por nós fielmente copiadas do tombo da Camara do Funchal.

na *Decada* 1 diz: «*Allegando Gomes Annes de Azurara, o chronista mór, que Tristão Vaz Teixeira não era homem de tanta qualidade, como João Gliz. Zarco; e que o mesmo chronista o nomia muitas vezes só por Tristão, como pessoa menos principal....* (1).

Os authores duvidão da terra do seu nascimento: uns querem que fosse natural de Thomar, por a familia dos Zarcos ter alli fazenda, como diz o chronista Brandão; outros, que de Lisboa; e alguns, que de Matosinhos, ou do Porto: onde *Lousada* diz, que os Zarcos antigos tinham uma capella. Foi casado com Constança Rodrigues, de cuja patria e nascimento tambem não ha certeza: uns dizem que era da familia dos Almeidas; outros, que era irmã de João Rodrigues de Sá, o General das Galés: porém ha mais rasões para que se duvide, e antes se podia entender que ella fosse da familia antiga dos Camaras, que houve n'este reino; pois no anno de 1469 falleceo no Porto João Gliz. da Camara, que era Procurador do Numero, d'aquella cidade, e deo o Rei D. Affonso v aquelle officio, por sua morte, a Alvaro de Bouro, em 11 de setembro do dito anno: e este não era descendente de João Gliz. Zarco, de quem aqui tratamos. Não ha fundamento para que se diga que o appellido de *Camara* o tomaram seus descendentes, por causa da camara de lobos marinhos, que *João Gonçalves Zarco* achou naquella Ilha; pois isto não era acção digna de se perpetuar em memoria, e ficar em appellido; como mais largamente diremos em titulo de Camaras, onde damos a noticia de toda a sua descendencia, e só fazemos aqui memoria que he para credito da familia dos Zarcos, de que elle foi fructo, e não *Zarco*, por ser torto ou vesgo de um olho, como alguns escreveram: o que se vê pela carta de Doação, que o Infante D. Henrique lhe fez, da maior parte da Madeira, onde diz: «*Faço saber que eu dou cargo a João Gliz. Zarco, cavalleiro da minha casa, da minha ilha da Madeira*»: pois não he verosimil, nem era decente que, ao mesmo tempo que lhe fazia uma mercê, o tratasse com tanta desattenção, chamando-lhe torto: o que não vemos hoje chamar aos que teem semilhante defeito.

IV.—ENXOUVIOS *(pag. 23, lin. 17).—Enxouvia* é a denominação com que *Damião de Goes*, na *Chronica de D. Manoel*, II parte, cap. XXVII, e parte IV, cap. XL, dá a um dos districtos interiores da Barbaria: e, consequentemente, designa pela palavra *Enxouvios* os naturaes, e ainda os chefes militares desse districto, como se vê na III parte, cap. LI, onde diz: «Entre os reis de Fez, & de Mequinez foi assentado, q̃ o de Mequinez cõ a sua gente, & com os alcaides del rei de Fez viesse cercar Azamor, pera o que o de Mequinez ajũtou toda a gente q̃ pode, assi dos seus como dos Arabes, & Enxouuios.»

_____

(1) As palavras textuaes de B a r r o s (Dec. 1, liv. 1, cap. III) são:—«Gomezeanes de Zurara, que foi Chronista destes Reynos..., sempre nomea a T r i s t ã o V a z por T r i s t ã o, como «pessoa menos principal.»

V.—A NADO (pag. 39, lin. 22).—A Ribeira dos Soccorridos não póde ser passada a nado; porque de verão não tem agua bastante; e, quando cheia, nas invernias, é tão impetuosa e traz tantas e tamanhas pedras, que ninguem ousaria affrontar-lhe a corrente, e, se o emprehendêra, lá ficaria morto. Na estação a que o texto se refere, poderia ser vadeada essa ribeira.—Estará, pois, no autographo a palavra, vado (vado, á latina); por nado?

_____

VI.—ZARGO . . . D. JOÃO . . . O I . . . O FEZ FIDALGO DA SUA CASA, . DANDO-LHE BRAZÃO D'ARMAS (pag. 41, lin. 27-32).—Isto não é exacto, nem o brazão, que ahi em seguida se descreve, é identico ao que originariamente foi dado a Zargo. Este foi elevado á nobreza e teve brazão de armas pela carta de D. Affonso, infra transcripta, a qual foi ultimamente copiada na Torre do Tombo pelo já dicto Sr. Ornellas.

A JOHAM gomçallu
de camara de lobos, carta
das armas que lhe foram dadas em synall de nobreza.

DOM AFFONSO pella graça de deos Rey de portuguall & do algarve & señor de çepta & dalcaçer em africa. A quamtos esta carta birem faze-mos saber q comsyramdo nos como a justiça he luz a huũ těpo de todallas birtudes de cujo sscio procede aquella parte q. chamam estibuitiva a quall amtre todolles homeẽs mays pertençe aos Rex por cuja rrezam os amtiguos sabedores disserom que nom era justiça huũa soo singular birtude poys em ella sse aoreçentauam to-das domde sse segue que a liberaleza & bemfeytoria assy he neçessaria ao prin-cepe que ssem ella claro nem justo pode ser chamado & sse de todos espera rreçeber serbiço com rrezam debe ser liberall & graçioso de sseus benefiçios dam-do a seus subditos benefiçios honrrosos & praziveis aqreçětamentos aos sseus fiees serbidores. & por tamto he milhor o seu prinçipado quamto de milhores sojeytos ha aqreçentado. & abendo nos çerta sabedoria dos muytos leaaes serbiços que jo-ham Gomçallues de Camara de lobos (1) caballeyro creado dō yffante dom amrri-que meu muyto presado e amado tyo ha feytos em tempo de nosso aboo & pa-dre progenitores nossos que deos aja assy em a dita çidade de çepta como em tamger homde sse elle ouve muy gramdeměte em os feytos das armas comtra os imfieis. & ysso meesmo fazemdo nos amte muytos serbiços per outras muytas ma-meyras. & de quaaes cousas comsyradas per nos queremdo lhe fazer mérçee em rremuneraçom de sseus boõs serbiços lhe damos insineas de nobreza & appellido

_____

(1) Deste diploma fica fóra de duvida donde os Camaras da Madeira derivam o seu ap-pellido, o qual de principio era Camara de Lobos, sem duvida para se distinguir do mais antigo appellido Camara, que havia no reino.

:S· huã escudo preto & ao pee huũa momtanha berde sobre a quall estaã firmada & situada huũa torre de prata amtre doos lobos d'ouro de quãaes armas & apellido nos damos & ensinuamos & allebatamos a bos sobredito joham gliz. de camara de lobos & a bossos lidimos herdeyros os quaaes de bos deçemiderem. & per esta presente bos hmimos & ajumtamos & agregamos ao comto & aa companha de todolhos outros nobres homees. & per este hordenamelo mamdamos & estabellecembos a todos nossos herdeyros que de nos lidimamete decemderem que daqui em diamte possaaes husar de todallas homras & prerogativas de que todollos nobres husam & possam husar assy de costume como do dereyto. & por mayor firmeza & corroboraçom & por bigor desta presente letera bos outorgamos as dictas armas & possaaes husar dellas assy em quall qr feyto & jogo d'armas cómo em aas de batalha ssem bos a esto ser posto nenhuũ embargo. Dada em a nossa billa de samtarem quatro dias do mez de julho. pedrafonso beedor de nossa fazenda das cousas que pertemçem a todellos feytos do mar ouçiano a fez per nosso mamdado. anno do naçimemto de nosso senor Jhũ xptõ de mill iiij° & sasemta.

Arch. da Torre do Tombo, Liv. III dos Misticos, fl. 56 v., e Liv. das Armas, fl. 17.

VII.—Nossa Senhora do Rosario (pag. 96, lin. 29).—Ha equivoco nesta indicação, assim como na do orago da freguezia do Jardim do Mar (pag. 96, lin. 30). Corrijam-se pelo que dizemos a pag. 549, 553, e 556.

VIII.—D. Joanna de Sá. D. Joanna Deça (pag. 96. lin. 2; pag. 170, lin. 20; pag. 197, lin. 18).—É a mesma pessoa, a qual foi casada com Pedro Gonçalves da Camara, filho do segundo donatario do Funchal, como se diz a pag. 170, e não com Gonçallo Fernandes. Este Gonçallo não era irmão de João Fernandes, mas sim o personagem legendario de que se falla a pag. 522, verbo Fernandes. Antonio Gonçalves da Camara era filho daquella D. Joanna e de seu dicto marido, e não era primo de Izabel nem de Agueda de Abreu. Tudo isto se mostra dos nobiliarios madcirenses. Rectifique-se, portanto, o texto nesta conformidade.

IX.—D. Diogo Pinheiro (pag. 184, lin. 24).—O Sr. Alexandre Herculano, na obra Da Origem e Estabelecimento da Inquisição em Portugal (tomo I, liv. III, pag. 224), diz deste bispo o seguinte: «É preciso tambem confessar que ás vezes surgiam no seio do proprio clero espiritos mais desafogados, animos verdadeiramente apostolicos, que ousavam protestar altamente contra ás orgias da hypocrisia e do fanatismo. Foram dos mais notaveis o bispo do Algarve D. Fernando Coutinho, e D. Diogo Pinheiro, bispo do Funchal, anciãos que haviam servido o seu paiz em cargos eminentes nos reinados de D. João II e D. Manuel, e que nos conselhos daquelles monarchas haviam sempre sustentado ácêrca dos hebreus os verdadeiros princípios da tolerancia evangelica, princípios accordes com os da san politica. Os processos por crime de judaismo, que cahiam apparentemente debaixo da sua jurisdicção, ou que lhes mandavam julgar, terminavam-nos, por via de regra, pela soltura dos réus. Conhecendo a fundo a historia da conversão dos judeus, que tinham presenciado, estavam profundamente convencidos de que tal conversão não passára de uma brutal violencia. Para elles o facto do baptismo imposto á força não tinha validade alguma, e os conversos haviam ficado tão judeus como eram d'antes. Assim, suppondo-os fóra do alcance da sua jurisdicção espiritual, davam-lhes a liberdade. » —E abona o distincto historiador as suas palavras com a seguinte passagem, escripta pelo referido bispo do Algarve: «*Qua de causa episcopus funchalensis et doctor «Joannes Petrus et ego illos qui ad manus nostras veniebant, propter similes «causas hæreseos, dimitti mandamus.*» —EPISC. SILVIENS. *Sentent, I, in Symmicto Lusit.*, vol. 31, fol. 79.

X.—VISCONDE DE POMPADOR. MONSEUR DE MOLUCO. CORSARIOS *(pag.* 193, *lin.* 31; *pag.* 248, *lin.* 5; *pag.* 249, *lin.* 22; *pag.* 728 *e seguintes).*—Não nos parece exacto que o capitão dos corsarios, invasores do Funchal em 1566, tivesse o titulo de *visconde de Pompadour.* Esse capitão era Pedro Beltrão de Montluc, para prova do que basta a auctoridade, não contestada, do historiador francez *Méseray,* quasi contemporaneo do caso. Adiante damos noticia do pae deste Pedro de Montluc; era personagem notavel, mas titular, não. O castello de Montluc, donde procede o appellido, era na antiga provincia da Guyenna, a oeste da França, em quanto que Arnac-Pompadour, solar dos deste titulo, é no Limosino, centro da mesma França. Pompadour era um antigo marquezado, que Luiz XV deu á celebre M.ᵐᵉ d'Étioles, e não viscondado.—Estes os motivos que nos levam para aquelle parecer.

Estamos convencidos de que esses corsarios não eram huguenotes, lutheranos, ou protestantes, mas catholicos romanos.—As razões apontadas a pag. 733, corroboram-se com as seguintes.

Braz de Montluc, bem longe de ser huguenote, foi um dos accerrimos inimigos delles. No reinado do celebre Carlos IX de França, destroçou-os diversas vezes, pelo que foi nomeado tenente general da antiga provincia da Guyenna: tantas victimas immolou para extinguir a heresia, que ficou alcunhado o *Carniceiro realista (le Boucher royaliste):* e tão afferrado era ás suas crenças, que, na obra a que deu o titulo de *Commentarios,* historiou as suas crueis proezas. Os filhos delle, Pedro e Fabião de Montluc, não eram mais humanos, como bem mostraram nesta ilha da Madeira, nem menos orthodoxos que o pae; porque, se fossem huguenotes, o façanhudo Carlos ix não teria tomado o mais velho, Pedro, para gentilhomem de sua camara; nem este rei, nem Braz de Montluc lhes teriam dado meios e favor para essa *expedição patriotica*, celebrada por *Mézeray*, e muito menos continuariam ao sobrevivente Fabião e aos corsarios, seus companheiros, a mesma protecção desde que elles saquearam o Funchal em 1566; protecção tal e tanta, que Portugal, apesar das suas reiteradas instancias, não pode obter da côrte de França reparação condigna, e sómente conseguiu, por diligencias proprias, haver ás mãos, o miseravel Gaspar Caldeira, que expiou com o seu horrivel supplicio esse crime de tantos, á impunidade dos quaes, pelo menos, não foi extranho aquelle rei algoz dos huguenotes, o que se evidencia do capitulo da insuspeita *Chronica de D. Sebastião*, transcripto por nós a pag. 734-736.

É, pois, manifesto: os corsarios que invadiram o Funchal não eram huguenotes ou protestantes, mas catholicos ao molde de Carlos ix, o heroe da matança no dia de S. Bartholomeu, de 1572.—O Funchal teve, em 3 de outubro de 1566, o seu *Saint Barthélemy*, por mãos de maus catholicos francezes contra pacificos catholicos portuguezes: nem mais, nem menos.

Firmado este poncto historico, saibamos como foi diffundida a *noticia* de serem huguenotes ou lutheranos os taes corsarios. É curiosa e caracteristica a anecdota.—Estavam nesta ilha da Madeira, ao tempo da invasão, dois frades dominicos: *Fr. Martinho Tamaya* e outro, «bons lettrados» ambos, Tamaya fugiu para as bandas de Sancta-Cruz: e, ao segundo ou terceiro dia, safou-se para o reino «em o navio do aviso da entrada dos *lutheranos* no Funchal». O outro, cujo nome *glorioso* a historia calou, «prégava na Calheta e na Ponta do Sol», donde não sahiu navio de aviso; por lá se ficou, até que os francezes se retiraram; voltou depois á cidade, subiu ao pulpito da egreja do mosteiro de S. Francisco, apinhada de povo afflicto; e, com denodada consciencia, o bom do dominico «provou como os peccados da cidade do Funchal foram os que haviam trazido os *lutheranos* a ella».—Tudo isto assim vem contado por *Gaspar Fructuoso* (vid. retró, pag. 277 e 278).

A errada opinião, pois, de que os corsarios eram lutheranos ou huguenotes começou nessa falsidade, propalada, cá e no reino, pelos dois dominicos.

E foi cabal o effeito; porque os crimes, então commettidos pelos orthodoxos corsarios francezes, transmutaram-se entre estes povos, por obra desses dois frades inquisidores, em fogueiras de odios, ainda hoje fumegantes, contra os herejes piratas.

Com este adubo, ficou bem preparado o terreno aos Jesuitas, que, no co-menos, chegaram á ilha da Madeira, na armada de tardio soccorro.

Felizmente, para honra da humanidade, os frades franciscanos não procederam assim. Não pregoaram calumnias depois do perigo; e algums delles luctaram e morreram na occasião como heroes.

É deste modo que a historia, commemorando o bem e o mal, faz justiça a todos.

XI.— D. Martinho de Portugal (pag. 221, lin. 4; 323, lin. 35; e 569, lin. 42 e seguintes).—O Sr. Alexandre Herculano, na citada obra Da Origem e Estabelecimento da Inquisição em Portugal (tomo I, pag. 216, 219 e 269, e tomo II, liv. IV, passim, e liv. V, pag. 145-149), tracta largamente deste unico arcebispo do Funchal, como embaixador de Portugal em Roma (1525-1527), como nuncio do papa e legado a latere em Lisboa (1528), e como segunda vez embaixador em Roma, especialmente incumbido de promover o definitivo estabelecimento da inquisição em Portugal (1532-1535). Ahi refere que D. Martinho de Portugal foi por D. João III nomeado arcebispo do Funchal, não em 1538, como se diz em duas das passagens a que damos a presente rectificação, mas sim em 1532, e que foi confirmado, não por Paulo III, em bulla de 8 de julho de 1539, como tambem em algumas dessas passagens se diz, mas sim por bulla de Clemente VII, em 10 de fevereiro de 1533, a qual está na Torre do Tombo, maço 13 das bullas, n.º 8.—Por outro lado, não podemos duvidar da existencia da bulla de Paulo III, de 8 de julho de 1539, a qual é a prova 122 do livro IV da Historia Genealogica da Casa Real; como dissemos a pag. 569, e ao tempo em que essa historia foi escripta, na Torre do Tombo se achava, casa da Coróa, armario 20, maço 18, segundo o auctor declara.—Sentimos não ter presentes essas duas bullas. Mas, confrontando os apontados esclarecimentos, estamos em que ambas as bullas foram passadas, a primeira a 10 de fevereiro de 1533, elevando o arcebispado o até então bispado do Funchal, que se estendia ás Indias, e confirmando nelle, como arcebispo, a D. Martinho de Portugal; e a segunda, a de 8 de julho de 1539, decompondo essa immensa diocese nas de Angra, Cabo-Verde, S. Thomé, Goa, e Funchal, ficando esta metropolitana das quatro novas.—Desta maneira, pois, devem ser rectificadas as passagens a que neste artigo nos referimos.

Na mesma obra Da Origem da Inquisição é o arcebispo D. Martinho considerado homem de pessimo caracter, e a pag. 265 do tomo I se diz que os instrumentos judiciaes, apresentados pelos christãos-novos em Roma pelos annos de 1544, provam que nas ilhas dos Açores e Madeira se repetiam os insultos e as accusações de judaismo, em cujo abono appareciam facilmente testimunhas que depois se provava serem falsas.

XII.—Curral (pag. 260, lin. 12).—O segundo donatario, João Gonçalves da Camara, deu, com esta simples denominação de Curral, como uma só propriedade, o territorio ainda agora chamado o Curral das Freiras, e que constitue uma freguezia (vid. retró, pag. 556) a suas duas filhas D. Elvira de S. Paulo e

D. Joanna de Jesus, quande entraram freiras para o convento de Sancta Clara do Funchal (vid. retró, pag. 174), o que se prova do livro velho dos fóros do mesmo convento.

XIII.—1503 *(pag. 308, lin. 15).*—Esta era vem escripta na copia, que possuimos, das *Saudades da Terra*; mas, pelo que lemos na *Hist. de Portugal*, de *Rebello da Silva*, tomo IV, pag. 594, estamos em que a era do acontecimento foi 1553.

XIV.—SEBASTIÃO CIAMPI *(pag. 346, lin. 6).*—A opinião de que as navegações portuguezas, anteriores ao seculo XV, não influiram no descobrimento do archipelago da Madeira, abona-se com a auctorisada penna do *Visconde de Santarem*. Escreve este:

· «As tentativas feitas pelos maritimos Portuguezes, para passarem além do cabo, começárão antes do seculo XV°. Já no tempo d'el-Rei D. Affonso IV os navegantes Portuguezes tinham passado além do cabo de *Não*, isto é, antes de 1336. Os documentos publicados pelo professor *Ciampi* em 1827, e por elle descobertos nos mss. de *Boccaccio*, na Bibliotheca Magliabechiana de Florença, e a carta d'el-Rei D. Affonso IV ao papa Clemente VI, attestão aquelle facto *(vid.* a excellente e erudita Memoria do Sr. J. J. da Costa de Macedo, impressa no tomo VI das Mem. da Academia R. das sciencias de Lisboa, e os additamentos publicados em 1835).»

«Quanto porém ás tentativas feitas no tempo do Infante pelos navios que elle enviou áquellas paragens a fim de passarem além do cabo Bojador, se se admitte a conta dos 12 annos que o A. indica, e esta se combina com a data de 1433, que elle fixa á passagem effeituada por Gil Eannes, resulta que as ditas tentativas só tiverão principio em 1421, e assim que *Azurara* não admittio que a expedição de 1418 segundo uns, ou de 1419 segundo outros, e que fôra commandada por João Gonçalves Zarco, tivesse por objecto principal a passagem do dito cabo. Mas pela leitura de Barros se vê que João Gonçalves Zarco e Tristão Váz forão com o destino de dobrar o cabo, mas que um temporal os levára á ilha que descobrírão, e a que derão o nome de *Porto-Santo. (Vid.* Decad. I, cap. 2, e D. Franc. Manoel, Epanaph., pag. 313.)»

Nota á Chronica de Guiné, pag. 54.

XV.—CARTAS GEOGRAPHICAS *(pag. 347, lin. 17 e 18).*—Não são cartas geographicas, mas sim *maritimas*, o que muito importa ao caso; porque eram pára uso dos navegantes, e mais provavel se torna que estes, depois de descoberto pelos portuguezes o archipelago da Madeira, nessas cartas marcassem, com a denominação que os mesmos portuguezes deram, as ilhas que o formam.

Analoga hypothese suscita o *Visconde de Santarem*, relativamente ás denominações das ilhas dos Açores, dizendo:

«Na carta de *Parma* do xiv° seculo se vêm marcadas estas ilhas, e na carta *catalan* da Bibliotheca Real de Pariz se encontrão as seguintes ilhas no archipelago dos Açores, denominadas com os nomes em italiano:»

«*Insula de Corvimarini* (ilha do Corvo),—*Le Conigi*,—*San Zorzo* (S. Jorge),—*Li Colombi*,—*Insula de Brazil*,—*Insule de Sante* (Maria?).»

«No Atlas inedito da Bibliotheca *Pinelli*, cuja data se tem fixado entre os annos de 1380 a 1400, se vêm marcadas as ditas ilhas com os nomes seguintes:»

«*Caprana*,—*I. di Brasil*,—*Li Colombi*,—*I. de la Ventura*,—*Sã Zorzi*,— *Li Combi*,—*I. di Corvimarini*.»

«Na carta de *Valsequa* de 1439 acima citada se vêm marcadas estas ilhas que o cosmografo indicou, sendo 8 em numero, e 3 pequenas. Os nomes são os seguintes:»

«*Ilha de Sperta*,—*Guatrilla*,—*Ylla de l'Inferno*,—*Ylla de Frydols*,—*Ylla de Osels* (Uccello),—*Ylla de*...—*Ylla de Corp-Marinos*,—*Conigi*.»

«É para notar que os nomes d'estas ilhas na carta do cosmografo malhorquino, sendo todavia a mais moderna, estão todos alterados, em quanto na carta catalan, feita pelos seus compatriotas 64 annos antes, se lêm os seguintes nomes, dados pelos descobridores portuguezes: *Ilha do Corvo, de S. Jorge e de Santa Maria*, do mesmo modo que se encontrão nas cartas italianas do xiv° seculo.»

«Limitamo-nos a indicar estas interessantes particularidades ao leitor, não sendo uma nota o logar opportuno para discutir este importante ponto da historia geographica dos descobrimentos e da cartografia; tanto mais que seria necessario mostrar se as ditas ilhas, com os nomes dados pelos Portuguezes nos principios do seculo xv°, podião já existir, 40 ou 50 annos antes, nas cartas da ultima metade do seculo xiv°, com os mesmos nomes, ou se as ditas ilhas são ou não uma addição posterior á epoca das ditas cartas.»

Nota a pag. 390 e 391 da Chronica de Guiné.

O academico *J. J. da Costa de Macedo*, porém, não só suscita, mas até sustenta que o archipelago do Madeira, nas *cartas maritimas* de seculo xiv, é accrescentamento posterior.

Escreve elle nos *Additamentos* á i parte da *Memoria sobre as verdadeiras epochas em que principiaram as nossas navegações e descobrimentos no Oceano Atlantico:*

«Noméa-se nas cartas extractadas por Boccaccio só a Canaria, porque nella he que os Portuguezes tomárão os homens que trouxerão e a quem perguntárão o nome da sua terra, como ja fica observado, e das outras Ilhas não trouxeram quem lho podesse dizer.»

«Não vejo como possa daqui seguir-se que nas Canarias se comprehendam tambem as Ilhas da Madeira. Se o Snr. Ciampi se funda no Portulano da Bibliotheca de Medicis, feito em 1351, que ja traz o grupo das Ilhas da Madeira com o nome de=lo legname=advertirei de passagem, porque reservo para outro lugar tratar mais largamente deste objecto, que os Portulanos antigos não forão feitos para se guardarem nas Livrarias, servião para o uso da navegação; que naquelles tempos não havia ainda chapas gravadas para se moltiplicarem as cartas, nem lithographia; e por consequencia nas cartas maritimas de que usavão os Pilotos e os Capitães dos Navios, e que passavão de huns para outros,ião-se marcando, do modo que se podia, as terras que de novo se descobrião; e por isso n'hum Portulano Catalão curiosissimo, que vi na Bibliotheca Real de Paris, feito em 1346, vem ja huma das ilhas dos Açores com o nome de Brazil, porém a simples inspecção ocular basta para fazer conhecer que esta terra foi marcada no Mappa muito tempo depois de feito; porque sendo elle colorido, como era costume, tem as cores apagadas no que primitivamente se tinha feito, e mui vivas nas terras que se foram ajuntando. Isto mesmo he o que ainda hoje acontece, quando algum navegante encontra hum baixo desconhecido etc., que o marca na sua carta. O mesmo nome de=lo legname=dado á Ilha da Madeira, prova o que acabo de dizer, porque he traducção Italiana de=Madeira=nome que os Portuguezes derão a esta Ilha quando a descobrirão.»

Hist. e Mem. da Acad. Real das Sciencias de Lisboa, tom. xi, parte ii, pag. 214 e 215.

Ao voto destes dois sabios nacionaes, accrescem novos fundamentos, favoraveis a esta opinião que sustentamos.

Christovam Colombo. genovez, deu-se na ilha da Madeira á industria de fazer cartas de marear (vid. retró, pag. 659, nota). E no Portulano genovez que vem distinctamente marcado o archipelago da Madeira, com as denominações das ilhas em italiano (vid. retró, pag. 345). O porto do Funchal foi, até depois de 1515, frequentadissimo por navegantes de todas as nações maritimas da Europa, especialmente italianos, hespanhoes e flamengos. E', pois, probabilidade, rastejante pela certeza, que o addiccionamento do archipelago da Madeira em cartas maritimas do seculo xiv fosse feito aqui mesmo, na officina cartographica de Colombo.

Outra consideração.—Nessas cartas maritimas vem marcado o grupo das ilhas Selvagens como parte do archipelago da Madeira (vid. retró, pag. 345, lin. 26). Mas esse grupo, geographicamente considerado, pertence ao archipelago de Canarias. E, portanto, é claro que a inserção do archipelago da Madeira, comprehendendo o grupo das Selvagens, feita nas alludidas cartas, resultou, não dos descobrimentos mesmos; mas de *factos políticos posteriores*; *posteriores* até ás doações deste archipélago, porque nestas não vem mencionadas as Selvagens (vid. retró, pag. 451-459, e 830).

Em conclusão: bem ponderados os factos e ajustadas as ideias, as cartas maritimas do seculo xiv, onde apparece o archipelago da Madeira com o grupo das Selvagens, se não corroboram, pelo menos não contrariam a verdade historica do descobrimento delle por Zargo e Tristão Vaz.

XVI.—Não se sabe *(pag. 362, lin. 5).*—O que litteralmente diz a *Epanaphora* iii, de Mello, é:— «*Entre as pessoas, que o Infante D. Henrique occupára nestes descobrimentos, foi principal (pelo menos não se sabe de outro mayor) hum nobre Cavalleiro de sua casa, que disseram João Gonçalves Zarca.*»

XVII.—Tristão Teixeira, Capitão de Machico *(pag. 445, lin. 17-19, e 774, lin. 3).*—Além de *Antonio Cordeiro* e de *José Soares da Silva*, tambem *Damião de Goes* e *Antonio Galvão* deram ao primeiro capitão donatario de Machico o nome de *Tristão Vaz Teixeira* (vid. retró, pag. 338, lin. 23, e pag. 375, lin. 34).—Temos isto por manifesto equivoco, derivado das mesmas causas apontadas em referencia áquelles dois primeiros escriptores. Todos quatro foram posteriores á adopção do appellido materno *Teixeira* pelos descendentes de *Tristão Vaz*, de que se falla nas *Saudades* (vid. retró, pag. 113 e 114), e confundiram este com esses descendentes. Porque, que Tristão Vaz não tomou o appellido de *Teixeira*, nem por elle era designado, provam-no: 1.º a carta de doação da capitania de Machico, que lhe não menciona esse appellido; 2.º a *Chronica de Guiné*, por *Gomes Eannes de Azurara*, unico escriptor contemporaneo de Tristão Vaz, e que ahi só *Tristão*, e *Tristão da Ilha* lhe chama; 3.º o testamento deste, citado por *Fructuoso*, onde tambem não apparece o appellido *Teixeira*; e 4.º, finalmente, as praxes da avoenga, contra as quaes seria o facto do marido adoptar o appellido da familia da mulher.

Mas, fossem todas estas razões inefficazes; prevalecesse o dicto de *Goes, Galvão, Cordeiro*, e *Soares da Silva* ao de *Fructuoso*, ao testimunho de *Azurara*, á authentica prova resultante da carta de doação, e ás ideias e costumes da epocha; chamasse-se *Tristão Vaz Teixeira* o primeiro donatario de Machico; porisso mesmo, a rubrica do *Cancioneiro de Resende* «*Tristão Teixeira, Capitão de Machico*» não alludiria áquelle. Falta-lhe o *Vaz*, appellido que todas as auctoridades, favoraveis ao de *Teixeira*, antepõem a este. Nenhuma dellas tracta por *Tristão Teixeira* o primeiro donatario de Machico. Esta, não apposição, mas substituição de appellido só apparece nos descendentes de *Tristão Vaz*, como se vê nas *Saudades da Terra*, na *Historia Insulana*, e nos *Nobiliarios* madeirenses.

Portanto, e pelo mais que dicto fica nos logares a que damos este additamento, estamos convencidos de que *Tristão Vaz*, primeiro donatario de Machico, não tomou o appellido *Teixeira*, e de que o poeta a que se refere a rubrica do *Cancioneiro* de *Resende* fóra *Tristão Teixeira*, *das Damas*, segundo donatario.

XVIII.—VILLA BALEIRA (*pag. 459, lin. 25*).—A léste de Sagres, no Algarve, juncto ao mar, ha uma pequena povoação chamada *Baleira*. É, pois, possivel, e até provavel, que os maritimos algarvios, vindos com Zargo quando este descobriu a ilha do Porto-Sancto, esse nome dessem ao logar della onde depois foi fundada a villa, a que chamam *Villa Baleira*.

XIX.—EM 1452 D. AFFONSO V DEU FORAL Á VILLA DO FUNCHAL. O PRIMITIVO FORAL, TALVEZ O DADO POR D. AFFONSO V, . . . DE 1452 (*pag. 485, lin. 4; pag. 666, lin. 2*).—Este foral não foi o primitivo. O Infante D. Henrique, nas duas cartas transcriptas a pag. 454 e 457 destas notas, refere-se ao foral por elle conferido á ilha da Madeira. Tambem no foral do Funchal e no de Machico, a pag. 494 e 508 destas notas, se menciona o «*foral do Infante D. Henrique*», que sem duvida era o mesmo a que as duas dictas cartas alludem.

XX.—PASMA-SE DIANTE DESTAS REDES TRIBUTARIAS (*pag. 497, nota*)!—A historia tributaria dos antigos tempos madeirenses era assumpto para uma nota especial. Não a fizemos, por demandar estudos demorados, a que não tinhamos ensejo. Supprindo aqui essa falta pelo modo que nos é possivel, remetemos o leitor para os logares destas notas onde se tracta da materia, indicados pelo indice alphabetico nos artigos: *Agricultura, Assucar, Commendas, Commercio, Confeitaria, Contribuições, Décimas, Direitos, Direitos reaes, Dizimos, Donatarios, Estado ecclesiastico, Finta, Foral, Fornos, Henrique (Infante D.), Imposição, Impostos, Industria, Infante, Inglezes, Jesuitas, Lançamentos, Madeiras, Moinhos, Nobreza, Ordem de Christo, Ordem de S. Francisco, Poder real, Povo, Serras d'agua*, &.

XXI—SUMMARIO HISTORICO DOS POVOADORES NACIONAES E EXTRANGEIROS E DOS APPELLIDOS DE FAMILIAS DO ARCHIPELAGO DA MADEIRA (*pag. 512-533*).—As rectificações e additamentos que aqui damos formam um todo com o *Summario historico*, e completam-no: as referencias são, pois, communs.—Unicamente o Sr. *José Bettencourt da Camara*, illustrado mancebo, muito dado ao estudo genealogico das familias madeirenses, nos obsequiou com alguns esclarecimentos sobre o assumpto, os quaes muito agradecemos. São do Sr. Camara os artigos precedidos de uma comma.

A

ACCIAIUOLI.—Vid. *Achioli.*—707.

«ACRE (por apherese, CRE).—Vem de *Guilherme Acre,* que demorou na ilha de Porto-Sancto, pelos annos de 1490.

AFFONSECA.—Vid. *Vieira.*—383, 548 e 558.

AFFONSO.—552, 645, 655, 727.

AGRELLA.—513.

«ALBUQUERQUE.—D. Sebastiana de Albuquerque foi casada não com *João,* mas com *Jacinto de Freitas.*

ALCOFORADO.—Vid. *Pinto.*—352.

«ALDROMAR.—Deve ser *Aldramar.*

«ALMADA.—O primeiro deste appellido que veiu á Madeira foi *Pedro Alvares de Almada,* de Guimarães, filho de Alvaro de Almada, e sobrinho do celebre conde de Abranches: em recompensa de bons serviços, o rei de Inglaterra lhe deu armas e o fez cavalleiro da jarreteira, em 1501. Residiu na villa de Sancta-Cruz, em cuja Camara foi um dos primeiros officiaes, e alli fundou a igreja de Nossa Senhora da Graça, a qual ha muitos annos não existe.

«ALVARENGA.—Vem de *André Gonçalves d'Alvarenga,* natural de Beire, que com sua familia veiu estabelecer-se no Funchal, por 1500.—545, 562.

ALVARES.—477, 726.

«ALVIM. — Começa no licenceado *Manoel Carrilho de Mello e Alvim,* que chegou a esta ilha por 1500.

«AMIL.—*João Fernandes Amil* e o bacharel do mesmo nome a quem o *Summario* allude são uma unica pessoa: esse bacharel foi o primeiro Amil que veiu á Madeira.

ANNES ou EANNES.—645.

«ARAGÃO.—Ha dois ramos de Aragão na Madeira: um descende de *Henrique de Aragão,* que por 1480 fez assento no Funchal; o outro vem de *D. Affonso de Aragão,* cavalleiro napolitano, cujo verdadeiro nome se ignora, è que, ou fugitivo, ou peregrino, a esta ilha chegou por 1470. Residiu na Calheta, no sitio que delle ficou chamado a *Volta do Cavalleiro;* passou ao archipelago dos Açores; e lá morreu, havendo disposto que na sepultura lhe pozessem por epitaphio: «*Aqui jaz o attribulado napolitano*». Veiu casado, ou casou na Madeira com *Thereza de Lyra:* seu filho, Lopo Dias de Lyra Varella, armado cavalleiro em Africa, foi moço fidalgo da casa real em 1515, e cavalleiro professo na Ordem de Christo.

«ARANHA.—Deriva-se de *Braz Dias Aranha,* que habitou no Funchal pelos annos de 1600.

«ARAUJO.—Ha mais um ramo que procede de *Affonso Ennes de Araujo.*

ARJA.—Vid. *Darja.*

«ARVELLOS.—Os primeiros de que temos noticia são *Diogo Arvellos,* que por 1490 veiu para Machico, e *Pedro Gonçalves de Arvellos,* que em 1569 estava juiz em Sancta-Cruz. Ambos eram tidos por nobres.—558.

AZEREDO.—O artigo do *Summario* sob a epigraphe de *Azevedo* é do appellido *Azeredo:* por falta de clareza no manuscripto donde extrahido, tomámos o r por z.—O filho de *Manoel Faria de Azeredo* abandonou este appellido, e ficou-se chamando Manoel de Faria e Almeida.

AZEVEDO.—*Pedro Gonçalves de A-* zevedo foi pae de João Annes do Couto Cardoso, e avô do fundador do morgado e primeira igreja do Paul do Mar, Francisco do Couto Cardoso.—513, 554, 727.

B

BARRACA, ou BARRACAS.—611.

«BARRETO.—Nesta ilha procede de D. Ignez de Menezes, filha de *Gonçallo Nunes Barreto*, alcaide-mór de Faro.—Vid. *Moniz.*

BERNES.—721.

«BOGALHO.—Vem de *Pedro Bogalho*, da cidade da Guarda, que se estabeleceu neste archipelago pelos annos de 1500.

«BORRALHO.—*Diogo Borralho* vivia no Funchal em 1530.

«BOTELHO.—Pelos annos de 1500 havia na ilha da Madeira o cavalleiro *Jorge Gonçalves Botelho,*

BRANDÃO.—547.

BRAZÃO.—546,

«BRITO.—Ha duvidas na filiação dos irmãos Pedro e João Mendes de Brito. Alguns lhes dão por pae *Mendo de Brito e Oliveira,*

«BUARCOS (ou BARCOS, por corrupção).—Começou em *Antonio de Buarcos*, um dos povoadores da ilha do Porto-Sancto.

C

«GABRAL.—Ha mais dois ramos: um, que principiou em *Diogo Cabral*, sobrinho do mencionado no *Summario;* e o outro que se deriva do bacharel *João d'Evora.*

CAMACHO.—É de origem hespanhola, e parece vir de *D. Fernando Camacho*, que serviu nesta ilha no presidio hespanhol, segundo informação oral que obtivemos. Na freguezia do Caniço, onde habitavam povoadores primitivos da Madeira, ainda abunda este appellido. A denominação *Camacha*, da freguezia assim chamada, e que se desmembrou da do Caniço em 1679, faz presumir que ahi tivesse existido algum antigo sesmeiro de appellido Camacho.

CAMARA.—Vid. *Zargo.*—495.

CANHA.—551, 552.

«CARDOSO.—Ha mais dois ramos: um, que provém de *João Nunes Cardoso*, irmão primogenito de *Nuno Fernandes Cardoso*, e senhor de Gafanhão, que instituiu os morgados da Bemposta, de Sancta-Cruz, e Agua de Pena; e o outro vem de *Joanne*, ou *João Annes de*

Couto Cardoso.—Vid. Azevedo, Couto. —599.

«Carreiro.—Deriva-se de Pedro Gonçalves Carreiro, da ilha de S. Miguel, que casou na ilha da Madeira.

Carrilho.—Vid. Alvim.

«Castel-branco.—Os antigos deste appellido teem origem em D. Isabel, filha natural de D. Gonçallo de Castelbranco, e mulher de Diogo Affonso de Aguiar.

«Cavalleiro.—Alguns dos que tomaram este appellido descendem de Pedro Affonso Cavalleiro, morador de Camara de Lobos.

«Cayado.—Gião ou Julião Cayado, commendador, natural de Extremoz, assentou morada em Sancta-Cruz, no anno de 1460.

Cerveira.—548.

Cidão.—647.

«Correia.—Ha outro ramo, provindo de Martim Correia, de Sancta-Cruz.

«Costa.—Nuno da Costa foi um dos primeiros povoadores de Machico, e um dos procuradores desta villa e da de Sancta-Cruz perante el-rey, para a celebração do Foral de Machico, no anno de 1515.—508.

«Coutinho.—Procede de Luiz Fernandes de Mattos Coutinho.—Vid. Mattos.—547.

«Cré.—Vid. Acre.

D

Dá My.—É corrupção do appellido Amil, originada do plural Dámis. —Vid. no 4.º verso da 3.ª oitava, a pag. 513.

Dantas.—Vid. Antas.—548.

«Darja.—Deriva de Simão Darja, ou, talvez melhor, Darias.

De la Tuellière.—Vid. Tuellière. Dias.—549, 557, 629.

«Diniz.—Deste appellido achámos o capitão Fernão Nunes Diniz, Gonçallo Diniz, e outros, todos do seculo xvi.

Doria.—477.

E

Eannes.—Vid. Annes.—646.

«Escudeiro.—Vem de João Affonso Escudeiro, um dos mais nobres povoadores de Sancta-Cruz, instituidor do morgado da Bemposta, em 1512.

Espinola.—Os Espinolas ou Spinolas eram uma nobre e rica familia de Genova, que muito se empenhou nas contendas politicas da sua republica, nos seculos xiv e xv. E', pois, provavel que Antonio e Leonardo Espinola viessem para esta ilha da Madeira, não em 1530, como diz o Summario, mas antes, e profugos á patria. Os epithetos de Ader-

nos e *de la Rosa*, que distinguem os dois ramos deste appellido, trazem muito provavelmente origem dos districtos donde fossem residentes: *Aderno* é na Sicilia, e *Rosa* é uma das montanhas dos Alpes, para a parte da Suissa. Ha tambem o romance *de la Rose*, do francez Guilherme de Lorris, obra do seculo xiii, e celebrada na Europa neolatina. Os epithetos dos Espinolas seriam cognomes de guerra, ou cognomes poeticos, do tempo?—Em todo o caso, a fórma «*de la Rosa*» bem mostra não serem esses epithetos de origem portugueza; porisso, escrevemos o primeiro delles como o lemos em manuscriptos madeirenses, *Adernos*, e não *Adornos*, conforme alguns incorrectamente escrevem.

F

«Figueira.—*Alvaro Figueira* foi um dos primeiros povoadores da Madeira: teve sesmaria em Camara de Lobos.
«Figueiredo.—Procedeu de *Pedro Lopes de Figueiredo*, cavalleiro de Christo, que residia em Machico e Sancta-Cruz, pelos annos de 1500.—710.
«Fonseca.—*Alvaro da Fonseca* vivia no Funchal em 1560.
Franco.—557, 629.
Freitas.—508.
Furtado.—542.

G

Garcez.—545, 559.
«Garro.—*Affonso Garro* foi um dos primitivos povoadores do Funchal.—551.
«Gavião.—*João Gavião*, da casa d'el-rei, vindo para a ilha da Madeira, naufragou na de Porto-Sancto, e passou a residir no Caniço, onde falleceu com testamento, em 1555.
«Gayas.—*Braz Gonçalves de Gay-* as, da casa d'el-rei, habitava em Machico no ultimo quartel do seculo xv.
«Goes.—Os da Madeira procedem de *Brites de Goes*, mulher de Lançarote Teixeira, filho do segundo donatario de Machico.
«Gramacho.—Foi tronco deste appellido na Madeira *Ruy Gramacho*, nobre, um dos primitivos povoadores de Sancta-Cruz.

H

Heredia.—Vem de *D. Antonio de Heredia*, capitão da primeira companhia do presidio hespanhol, e depois governador do mesmo presidio, de 1582 em diante. Era da antiga familia deste appellido em Hespanha, e foi sargento-mór nas ilhas Canarias.—611.
«Homem.—Ha mais dois ramos: um deriva de *Ruy Fernandes Homem*, filho natural de Fernão Homem, e sobrinho de Garcia Homem de Sousa; outro vem de *Francisco Homem de El-Rey*, que vivia na Calheta, no principio do seculo xvi.—554.

L

LATUELLIÈRE.—Vid. *Tuellière*.

LEAL.—550, 721.

LEME.—547, 695.

«LINHARES.—Começou em *Maria Antonia de Linhares*, mulher de Pedro da Maya, por 1600.—552.

LISBOA.—549.

«LOBO.—Este appellido enlaçou-se com o de Mattos, nesta ilha da Madeira, pelos fins do seculo xvi. Em 1600 havia no Funchal um mercador chamado *Antonio Lobo de Mattos*.

«LORDELO.—*João Fernandes de Lordelo* foi um dos primeiros povoadores de Machico. Houve tambem *Lopo de Lordelo*, cavalleiro, residente em Sancta-Cruz, por 1480.

LORI ou LORY (olim, LORRIS).—E' appellido de origem, não italiana, mas franceza. *Lorris* é antiquissima villa da França, juncto do Loire. Em 1680 havia no Funchal um mercador *Bartholomeu André Lori*.

«LYRA.—Vem de *Thereza de Lyra*, mulher de D. Affonso de Aragão, pelos fins do seculo xv: foi este appellido adoptado por seu filho *Lopo Dias de Lyra* Varella. Vid. *Aragão*.

M

«MACIEL.—Dimana de *Gonçallo Annes Maciel*, de Vianna do Castello. Manoel Luiz Maciel e seu filho João Gonçalves da Camara justificaram, no seculo xvii, serem descendentes delle, e tiraram brasão da sua nobreza.—548.

«MAGALHÃES.—*João de Magalhães*, natural de Ponte de Lima, vivia na ilha da Madeira, pelo meado do seculo xvi.

MALHEIRO.—645.

MARTINS.—Vid. *Moniz*.—547,727.

MATTA.—727.

MATTOS.—Começa em *Luiz Fernandes de Mattos Coutinho*, que passou á ilha da Madeira cerca de 1580, e teve grande casa de commercio no Funchal. Foi filho do cavalleiro Antonio Vaz de Mattos, que acompanhou Affonso de Albuquerque na India, e neto de Pedro Vasques de Mattos, da varonia dessa antiga e nobre familia, a qual se conta descendente dos reis de Leão.—547, 710.

«MAYA.—Além dos Mayas Madureiras, ha outro ramo madeirense, derivado de *Pedro da Maya*, que veiu pelos annos de 1600, e viveu na Calheta.

MELIM.—E' a fórma portogeza de Lomelini ou Lomelino, mas ao presente constitue diverso appellido em familias de ramo decadente, senão inteiramente extranhas aos Lomelinos.

«MESQUITA.—Não era *Pedro Fernandes de Mesquita*, mas *Pedro Ferreira de Mesquita*, esse de que o *Summario* reza. Houve mais um *Antonio de Mesquita*, natural de Malhorca.

MIALHEIRO.—545.

MONDRAGÃO.—597.

«MORENO.—No seculo xvi vivia em Sancta-Cruz *André Moreno*. Ha ahi um sitio aínda denominado o *Moreno*.

Moura.—*João de Moura Rolim* fundou a capella do Senhor, na primitiva igreja de Sancta Maria Maior, e lá tinha sua campa, com este epitaphio: *Sepultura de João de Moura Rolim Fundador desta capella do SS.*^{mo}.—727.

N

Nobrega.—547.

Noronha.—*D. Maria de Noronha*, que os manuscriptos madeirenses dão como segunda mulher de João Gonçalves da Camara, segundo donatario da capitania do Funchal, parece que foi a unica mulher com quem foi casado, se dermos fé ao que diz Fructuoso (vid. retró, pag. 170).—Ha na Madeira terceiro ramo, descendente de *D. Luiza Agostinha de Noronha*, filha de Manoel Freire de Noronha.

O

Oliva.—545.

«Ossuna.—Teve principio em *João de Ossuna Teixeira*, que vivia na Calheta, por 1550. E' appellido extincto.

P

«Peixoto.—O primeiro de que temos noticia foi *Manoel Fernandes Peixoto*, que residia em Sancta-Cruz, por 1600.

«Perada.—Começa em *João Rodrigues Perada*, cavalleiro da Ordem de Christo, e um dos primeiros povoadores da ilha da Madeira.

Perestrello.—445, 660.

Polanco.—611.

«Portocarreiro.—Vem de *Rodrigo Affonso Portocarreiro*, primo do descobridor Tristão Vaz, e um dos primitivos povoadores madeirenses.

Q

«Quintal.—.Já por 1500 havia em Machico *Pedro do Quintal*, de Beja, que foi o tronco deste appellido na Madeira.—548.

R

«Rego.—Ha diversos ramos: uns veem de *João do Rego*, fidalgo algarvio; outros, de *Gaspar do Rego;* e outros, de *Vasco Fernandes do Rego*. Os dois ultimos foram dos primeiros povoadores do Caniço.—550, 721.

Rocha.—Começa em *João Ennes Rocha*, escudeiro fidalgo, e almoxarife

107•

no Funchal em 1568.
Rolim.—Vid. *Moura*.
Ruas (olim, Ruaz).—*Rua, da Rua* é corrupção.—*Pedro Ruas*, pessoa no-

bre, passou de Portugal á ilha de Porto-Sancto, em 1490: delle aqui procedeu a familia deste appellido, ao presente quasi extincta.—545.

S

Salamanca.—611.
Salviati.—Além de terras em Camara de Lobos, teve *João Salviati* na Calheta importante sesmaria, cujo sitio ficou chamado *os Florenças*.
Sanct'Anna.—O mais antigo que com este appellido achamos no *Attestado Genealogico* da familia *Sanct'Anna* (Lisboa, 1857), é *Manoel de Sanct'-Anna e Vasconcellos*, que existiu na segunda metade do seculo xviii.—Esta familia descende dos *Moniz de Bettencourt*.
Seixas.—549, 710.
Silva.—*Gonçallo Diniz da Silva*

fundou a ermida das Almas pobres, na freguezia de Sancta Maria Maior, poucos annos depois de ter sido fundada a de S. Paulo, na parte oeste do Funchal: foi, pois, dos primeiros povoadores.
Sisneiro.—611.
Soares.—*Manoel Soares* vivia no Funchal pelo fim do seculo xvi: fundou na igreja de S. Pedro, em 1596, a capella da Senhora da Boa Morte.
«Sousa.—Ha outro ramo, que começa em *Antão Álvares de Sousa*, cavalleiro nobre, que fez assento em Sancta-Cruz, pelos tempos de 1480.—726, 727.

T

Tavares.—Antes de Vasco Tavares, já *Isabel Fernandes Tavares*, viuva de *Henrique Bettencourt* (vid. *Bettencourt)* havia instituido o morgado com a capella de Nossa Senhora da Apresentação, na freguezia da Ribeira-Brava.—Depois de 1580, *Bernardo Tavares de Sousa*, filho do senhor do solar dos Tavares, Simão Tavares de Sousa, fugindo á perseguição de Filippe ii, por ter seguido o partido do Prior do Crato, passou a esta ilha da Madeira, e nella deixou descendencia.—710.
Taveira.—Vem do corregedor *Diogo Taveira*, cuja filha foi casada com

Garcia Perestrello, primogenito do terceiro capitão donatario da ilha do Porto-Sancto, e delle teve descendencia.—52.
«Telles.—Os Telles de Menezes veem de *Vasco Martins Moniz de Menezes* (vid. *Moniz.)* Outros veem por bastardia dos condes de Villa Pouca.—629.
Tello.—É appellido antigo na ilha de Porto-Sancto.
Torres.—710.
«Travassos.—Procede de *Maria Travassos*, mulher de João de Magalhães, os quaes viviam no Funchal pelos annos de 1565.

TUELLIÈRE.—Procede de *Nicolau José Sabois de la Tuellière*, de nobre familia parisiense, cuja filha, D. Jacinta de

la Tuellière, casou na ilha da Madeira, em 10 de agosto de 1796, com Pedro de Sanct'Anna e Vasconcellos.

U

USUSDIMARE.—*Antonio Ususdimare*, nobre genovez, foi um dos descobridores das ilhas de Cabo-Verde, em

1446. Residiu em Lisboa. *Usadamor* é corrupção. Vid. a *Chronica de Guiné*, pag. 449, nota.

V

VALENTE.—548.

VARELLA.—Vid. *Aragão*.

VASCONCELLOS.—Ha mais dois ramos: um, que começa em *Gaspar Mendes de Vasconcellos*, casado com uma filha de Tristão Vaz, e que foi dos primeiros povoadores; outro, em *Fernão Tavares de Vasconcellos*, natural de Freixo de Numão, o qual assentou residencia em Sancta-Cruz, pelos annos de 1540. —595, 597.

VAZ.—445, 549.

VELLOSA (olim, AVELLOSA).—494, 545, 660.

VIANNA.—Vem de *Affonso de Vianna*, o qual, por 1500, se estabeleceu no Caniço.

VIEIRA.—Além dos *Vieiras do*

Canto, ha outros ramos: o de *Pedro Vieira*, um dos primeiros povoadores destas ilhas, o qual viveu na ilha de Porto-Sancto; o de *Manoel Vieira Toscano*, no Funchal, em 1625; e o de *Manoel Vieira de Affonseca*, natural da ilha Terceira, que foi escrivão serventuario da Camara do Funchal.—381, 383, 558, 599, 695, 727.

VILLANOVA.—727.

VIVEIROS.—Deriva-se de *Bartholomeu Vieira de Viveiros*, que foi um dos primeiros povoadores da ilha de Porto-Sancto.

VIZOVI.—Assim se escreve aportuguezado ao uso antigo, e assim está nos manuscriptos madeirenses; mas deve ser escripto: *Willonghby*.

Z

ZARCO, ou ZARGO.—Do diploma do brazão de armas concedido por D. Affonso v a João Gonçalves Zargo em 4 de julho de 1460, se vê que o appellido dado a este e seus descendentes foi, não meramente *da Camara*, mas sim *de Ca-*

mara de Lobos; e, portanto, appellido novo, de pura origem madeirense, e diverso do dos Camaras, que já havia em Portugal.—836 e 837. Quanto ao appellido *Zargo*, vid. retró, pag. 432-441, e 831-835.

XXII.—CAPELLAS. Na *freguezia de Sancta Maria Maior (pag.* 539, *lin.* 9), accresce a das *Almas Pobres,* fundada por Gonçallo Diniz da Silva, cerca de 1470.

Na *freguezia da Ponta do Sol (pag.* 543, *lin.* 8-10), o fundador da capella de *Nossa Senhora do Livramento* foi *Diogo Ferreira de Mesquita,* e o da de *Nossa Senhora dos Milagres* foi *Pedro Ferreira de Mesquita.*

Na *freguezia de S. Pedro, do Funchal (pag.* 548, *lin.* 31), accresce a de *Nossa Senhora da Boa-Morte,* fundada na egreja parochial, em 1596, por *Manoel Soares.*

Na *freguezia de Sancta-Cruz (pag.* 558, *lin.* 22), ha dentro da egreja parochial, além dos altares, mais tres capellas, que são: a *capella-mór,* a qual o rei concedeu a *João de Freitas,* por seus serviços, e especialmente por ter dado o terreno para o templo, e curado da edificação delle; a *capella de S. Thiago,* hoje do Sanctissimo, fundada por *João de Moraes;* e a das *Almas,* pertencente aos *Pereiras,* oriundos da ilha de Porto-Sancto: e fóra da igreja, além das referidas na nota, houve as seguintes, vinculadas: a de *S. Lazaro,* feita no principio do seculo XVI, e pertencente ao morgado da Bemposta; a de *Nossa Senhora da Conceição,* por Bartholomeu Tello Moniz de Menezes, cerca de 1600; a de *Nossa Senhora da Graça,* nos annos de 1520, por Pedro Alvares de Almada; e as de *S. José* e *S. Sebastião,* cujas instituições ignoramos. Uma, de *Sancto Amaro,* foi edificada pelo povo, e outra, de *S. Pedro,* foi feita a expensas publicas. A de *S. Pedro,* vinculada, que a nota menciona, antiquissima, foi mandada fazer pelo primeiro João Escorcio Drummond, proxima á ribeira da Boaventura: destruiu-a a alluvião de 1803. Das capellas apontadas na nota e nestes addittamentos só existem as da igreja matriz, a de *Nossa Senhora dos Remedios,* a de *Sancto Amaro,* e uma de *S. Pedro.*

XXIII.—RELAÇÃO DOS BISPOS *(pag.* 576, *lin.* 22).—*D. João Moniz da Silva,* o decimo-quarto desta relação, foi o unico que não acceitou a mitra, e, por isso tambem, não podia ter sido confirmado por papa algum. Tenham-se, pois, como eliminados o nome de *Alexandre* VIII e a era de 1689, que veem diante do nome de *D. João Moniz da Silva,* e refira-se a este a observação «*Não acceitou a mitra*», que ficou em frente do nome de *D. Fr. José de Sancta Maria.*

D. Patricio Xavier de Moura, ultimo da relação, falleceu em Lisboa no dia 19 de septembro do corrente anno de 1872. E' actual bispo o *Sr. D. Ayres de Ornellas e Vasconcellos,* confirmado como coadjutor e successor daquelle, por Pio IX, em 14 de março de 1871.

XXIV.— 26 DE DEZEMBRO... DE 1482 *(pag.* 585, *lin.* 3 e 4).—Para mais confirmar que não ha erro de copia na indicação desta data como sendo a do *milagre do Senhor Jesus*, note-se que a *Relação do terramoto de* 1748, impressa em Lisboa nesse anno, e transcripta nestas notas a pag. 697-705, referindo o prodigio *(pag. 698, lin. 21)* o dá por succedido naquelle dia 26 *de dezembro de* 1482. Daqui se mostra que já em 1748 o *instrumento* do milagre estava, pelo menos nessa parte essencial, tal qual agora (1872) o achámos nas *Memorias do Estado Ecclesiastico na Ilha da Madeira.*

XXV.—Úm batalhão de artilheria auxiliar *(pag. 611, lin. 22)*. Não é exacta esta indicação. Em 1815, havia um batalhão de *artilheria de primeira linha*, com seis companhias, e um corpo de *artilheria auxiliar*, ou de segunda linha, dividido em destacamentos de guarnição a cada uma das fortificações da cortina da cidade do Funchal, como vem referido na *Estatistica Historico-Geographica das Ilhas da Madeira*, por *Casado Giraldes.*

XXVI.—Portão dos Varadouros.—*(pag. 628, lin. 20).*—Havia mais cinco portões nas muralhas da cidade do Funchal: o de Nossa Senhora do Calháu, a léste; o da rua do Sabão, a sul, para o lado do mar, assim como o dos Varadouros é; e os de S. Lazaro, S. Paulo, e do Pico, a oeste. De todos estes só existem o dos Varadouros e o de S. Lazaro (vulgo, da rua dos Aranhas). O do Pico e o de S. Paulo foram destruidos ha poucos annos. Mas ainda de todos os demolidos ha tradição.

XXVII.—Quinto periodo da historia das fortificações.—*(pag. 630, lin. 24).*—Neste periodo foi edificado, no sitio da Achada, freguezia de S. Pedro, sobranceiro á ribeira de Sancta Luzia, o *paiol militar*, sobre cuja porta estão as armas reaes, e, por baixo dellas, a era 1825, que foi a da edificação.— Tambem foi levantado, em 1830, o *reducto do Pico de S. João*, que domina o ponto de noroeste, fronteiro ao castello de S. João do Pico: este reducto está quasi totalmente destruido.

XXVIII.—Administração do Marquez do Pombal *(pag. 710, lin. 32).* —Durante o governo dos donatarios houve corregedores e juizes de fóra nesta ilha da Madeira, como se vê a pag. 55, 58-60, 117, 118 e 201. Em 1748, estava aqui um juiz de fóra com predicamento de corregedor, como se diz na ultima linha da pag. 698. Mas só de 1767 em diante teve a Madeira um corregedor e um juiz de fóra permanentes. O nome todo do magistrado que então ficou exercendo o segundo cargo era *Luiz Antonio Tavares de Abreu (Dr.)*. No mesmo anno de 1767 veiu o governador e capitão general *João Antonio de Sá Pereira*, o reformador por excellencia.

XXIX.—SEPTE JESUITAS MADEIRENSES *(pag. 757, lin. 1)*.—A pag. 701, lin. 12, destas notas aponta-se mais um, o *Padre José de Figueiredo*, que vivia em 1748.

XXX.—POR ACCORDÃO DE 7 DE MAIO DE 1841, A CAMARA DO FUNCHAL CONSTITUE SUA BIBLIOTHECA *(pag. 804, lin. 21 e 22)*.—É, porém, certo que o embrião dessa bibliotheca, a que allude o trecho transcripto na nota (1) da mesma pag. 804, foi estabelecido aos 12 de janeiro de 1838, sendo presidente Servulo Drummond de Menezes, e vereadores Jacinto da Camara Leme, João Coelho de Meirelles, Joaquim Rodrigues Bello, Fidelio de Freitas Branco, Joaquim Monteiro, e Alexandre José de Couto: começou com cento noventa e tres volumes da *Encyclopedia Methodica*, comprada aos herdeiros do conde do Carvalhal. Refere isto o mesmo *Servulo Drummond de Menezes*, na *Epocha Administrativa*, tomo II, pag. 139 e 140.

FIM DAS NOTAS.

GLOSSARIO

DE

PALAVRAS, PHRASES E ORTHOGRAPHIA

OBSOLETAS, OU ANTIQUADAS,

QUE SE ENCONTRAM NO TEXTO E NOTAS.

ABBREVIATURAS.—*Adj.*, adjectivo.—*Adv.*, adverbio.—*Advers.*, adversativa.—*Art.*, artigo.—*Conclus.*, conclusiva.—*Conj.*, conjuncção.—*Fem.*, feminino.—*Loc. adv.*, locução adverbial.—*Masc.*, masculino.—*Plur.*, plural.—*Sing.*, singular.—*V.*, verbo.—*Vid.*, vide.

ADVERTENCIA.—Este succinto *glossario* foi feito, não no intuito erudito, mas no de facilitar ao geral dos leitores, especialmente extrangeiros, a intelligencia de alguns pontos do texto das *Saudades da Terra*, e a dos *diplomas e trechos de escriptos antigos*, que veem nas notas.—Para aquelle, carecemos de conhecimentos adequados; para este, guiámo-nos pela necessidade que nós mesmos tivemos de esclarecer-nos.

Não mencionámos todas as palavras e phrases do texto ou das notas que em qualquer aspecto discrepem do uso hodierno; isso seria muito longo trabalho. Diligenciámos, porém, não faltar com nenhuma daquellas que mais precisam de elucidação. E, quanto ás omittidas, que o diccionario da lingua não dê na fórma antiga, poderão ser facilmente reduzidas á orthographia actual, e assim buscadas nesse diccionario.

Para esta reducção attenda o leitor ás seguintes considerações geraes:

I.—*Lettras dobradas.*—Os antigos dobravam as *vogaes* fortes, v. g. aar, see, vii, noo, cruu. Os modernos não as dobram, accentuam-nas, e não sempre, mas sómente quando a falta do accento produz equivocação: v. g. ar, sé, vi, nó, cru.—Dobravam algumas vezes os antigos as *consoantes* no principio e fim de palavras, v. g.: rrey, sinall: mas desde seculos que este vicio está banido da lingua.—Algumas vezes a meio das palavras tambem, sem regra, os antigos repetiam consoantes que os contemporaneos não repetem, e, outras vezes, não duplicavam consoantes que os modernos duplicam.

II.—*Troca, augmento, diminuição e transposição de lettras.*—De todas estas variantes se acham frequentes exemplos nos manuscriptos o ainda nos impressos antigos. Escrever minuscula, em logar de maiuscula, a lettra inicial de nomes proprios, e, vice versa, empregar maiusculas em outras palavras fóra do rosto da phrase, é vulgar na velha orthographia.

III.—*Abreviaturas.*—Os antigos, para poupar espaço e trabalho, recorriam a ellas frequentemente. O *til*, que já em si é abbreviatura do *m* ou do *n*, é tambem, quando fóra deste caso, signal de omissão de quaesquer outras lettras. O *ponto*, dian-

108

te de palavra a que se não deva seguir ponto final, indica estar por breve essa palavra. As abbreviaturas eram, em regra, empregadas nos nomes proprios, nos appellidos, nos tratamentos, e em algumas palavras e phrases que, por serem de uso commum, eram muito conhecidas. Ainda hoje usamos de abbreviaturas, com quanto em menos profusão que os antigos.

v.—*Ligações de palavras.* Provieram estas da mesma causa que as abbreviaturas. As mais frequentes são: ligação do artigo, pronome, preposição, ou adverbio com o nome que lhes está immediato; e ligação do pronome *o, a, os, as,* ou das encliticas *me, te, se, lhe,* com o verbo immediatamente anterior.

A

AAS,—esquadrão, alla.
AAZO,—aso, ensejo.
ABAMGELHO,—evangelho.
ABASTAMÇA,—abundancia, certeza, authenticidade.
ABASTANTE,—bastante.
ABASTOSO, A,—abundante.
ABER,—haver.
ABSOLUÇAM,—absolvição.
ACCRECENTAR, ACRECENTAR, AQREÇEMTAR,—accrescentar.
AÇERQUA, ASERQUA,—ácerca (adv.)
ACERTAR,—acontecer.
ACQUIRIR,—adquirir.
AÇUCAR,—assucar.
ADUAR, ES,—povoação erratica de mouros.
AFIRMAR,—firmar.
AFRIQUA,—Africa.
AGIOLHAR,—ajoelhar.
AGOA, AGUOA, AUGUA,—agua. *Auguas corredias,* aguas correntes.
AGRAVARSE,—queixar-se.
AGRAUO,—aggravo, motivo de queixa, queixa.
AGUISADAMEMTE,—de modo conveniente.
AGUISADO, A,—conveniente.
AGUORA,—agora.
AHO, AHOS,—ao, aos.
AJA,—haja (do v. *haver).*

AL,—Alguma cousa, outra cousa.
ALABARAR, ALLABOBAR,—queimar, consumir, perecer.
ALBENARIA,—alvenaria.
ALÇAPREMA,—apparelho de expremer.
ALEALDAR, ALIALDAR,—verificar os generos que vão ser exportados.
ALGO,—alguma cousa.
ALGŪ, A,—algum, alguma.
ALIÇECE,—alicerce.
ALLEBANTAR,—alevantar, levantar, elevar.
ALQUAIDE,—alcaide.
ALROTAR,—escarnecer.
ALUARA,—alvará.
ALUARO,—Alvaro.
ALUORAÇADO, ALUOROÇADO, A,—alvoroçado, alvoroçada.
AM,—hão (do v. *haver).*
AMCHO,—largo, em largura.
AMIGUO,—amigo.
AMINISTRAÇOM,—administração.
AMRIQUE, AMRRIQUE, ANRIQUE,—Henrique.
AMSY, ASSI, ASSY,—assim.
ANGROS,—angulos.
ANTE,—antes, diante.
APRESAM,—oppressão.
APROBEYTAR,—aproveitar.
AQRECENTAR,—accrescentar.
ARECADAR,—arrecadar.

Areygado, a,—arraigado, arraigada.
Arraezes,—arraes (no plural).
Arribeira,—a ribeira.
Arrife,—arrecife, recife, rocha alcantilada.
Aruoredo,—arvoredo.
Asellar, assellar,—sellar.
Asentar,—assentar.
Asinado, asynado, a,—assignado, assignada.
Asinha,—depressa, cêdo.
Asoluto, a,—absoluto, absolvido.
Asnal, aes,—asinino, asininos.

Ataa,—até.
Atalhar,—impedir, obstar, fortificar.
Atiguo,—antigo.
Aualadar,—avaladar, cercar de fosso ou de valado.
Auante,—ávante.
Auçam, auçom,—acção.
Audax,—audaz.
Auertir,—advertir, affastar.
Avemola,—Havemol-a (do v. haver).
Aver,—haver (v.).
Avya,—havia (do v. haver).
Azotado,—açoitado.

B

Balão,—embarcação asiatica.
Ballor,—valor.
Bão,—vão (do v. ir).
Barcadiga,—barcada, carga de uma barca.
Barcha,—barca.
Barinel,—v. Varinel.
Basallo ou bassalo,—vassallo.
Bautista,—baptista.
Bay,—vae (do v. ir).
Bedada,—vedada, prohibida.
Bedras,—Vedras. Torres-Vedras (villa de Portugal).
Bemfettoria,—bemfeitoria, acção beneficente, beneficencia.
Bemtura,—ventura, acaso. Pela bemtura, por acaso.
Beneça,—Veneza.
Beo,—veiu (do v. vir).
Beráoo,—verão.
Berbo a berbo,—verbo a verbo, palavra por palavra.

Besinho,—visinho.
Bespera,—vespera.
Betar,—matizar, combinar cores.
Bier,—vier (do v. vir).
Bisauou,—bisavô.
Biseu,—Viseu (cidade de Portugal).
Biuer,—viver.
Bizinhaça,—visinhança, direitos privativos dos visinhos ou moradores de um logar.
Bizitança,—visitação, visita, acção de visitar.
Bizitar,—visitar.
Bolo,—vol-o.
Bomtade,—vontade.
Booz,—voz.
Bosco,—vosco.
Boso, ou bosso, a,—vosso, vossa.
Bruges,—Bruges (cidade).
Buicão,—negrume, nuvens espessas.
Burel,—panno de lã grosso.
Byais,—vejaes (do v. ver).

C

C,—cem, cento, centos: v. g. iiijᶜ, quatrocentos.

Ca,—porque.
Cabeça,—o logar capital ou principal.

CABEDAL, AES,—certo direito real imposto por cabeça, ou aquillo que está subjeito a esse direito, v. g. *rio cabedal*, isto é, rio onde se pagava esse direito, para poder transitar nelle.

CABO,—fim, extremo.

CADANNO, ou CADAÑO,—cada anno, anno por anno.

CALIDADE,—qualidade.

CALLETA,—Calheta.

CAMANHO, A,—tamanho, tanto, a.

CANAES, CANAUIAAEES,—plantações de cana de assucar.

CÁTIDADE, CÁTYDADE,—quantidade.

CAPITOLLO, ou CAPITOLO,—capitulo.

CAPTYUOS, ou CATYUOS,—captivos.

CARENA,—querena, lado, bordo.

CARRADA,—cerrada, fechada.

CARREGO, ou CARREGUO,—cargo, incumbencia.

CARRETAR,—acarretar.

CASAR,—contrahir matrimonio, congraçar pessoas desavindas.

CASIONADO, A,—disposto, predisposto, resoluto para qualquer eventualidade.

CASSA,—casa.

CAUA,—cava, fosso.

CAUOUQUEIRO,—cabouqueiro.

CEITA, CEPTA, CEYTA,—Ceuta (cidade de Africa).

CENTEO,—centeio.

CERAR,—cerrar, fechar.

CERTIDOM,—certidão, certeza, segurança.

CEZILIA,—Sicilia.

CHAMILOTE, ou CHAMYLOTE,—certo tecido de seda, ou de lã de camello.

CHEAS,—cheias, inundações.

CIMQUOËTA,—cincoenta.

CINQUO,—cinco.

CLAUSOLA, CRAUSULA,—clausula.

COBILHAM,—Covilhã (villa de Portugal).

COMARCANO,—comarcão.

CONÇIEMCIA,—consciencia.

COME,—como (adv.).

COMEDIA,—comedia, comedoria: era certa pensão que os povos de cada localidade pagavam ao rei, ao bispo, ou ao donatario, quando qualquer destes ahi ia.

COMESAR,—começar.

COMETER,—accommetter.

COMITRE,—o intendente dos forçados das galés, o encarregado da policia delles.

COMPRE, COMPRIR,—cumpre, cumprir.

COMPRIDA MENTE,—(loc. adv.) compridamente, completamente.

COMSIRANDO,—considerando.

COMTRAUTO,—contracto.

CONTRAYTAR,—contractar.

COMUNALL,—commum, vulgar, geral.

COMYGO,—comigo.

CÖCELHO,—concelho, municipio.

CONDAPNAR,—condemnar.

CONIGO,—conego.

CONSIRAR,—considerar.

CÖTADOR,—contador, antigo movel de madeira.

CONTIIA,—quantia.

CONTRAIRO,—contrário.

CONUEM,—convem.

CONVINIIAVEL,—conveniente.

CORREGER,—corrigir, emendar, concertar.

CORREGIMENTO,—paramentos, aprestos, concerto, preparo.

COUDILHO,—caudilho.

CRELEZIA,—clerezia.

CREO,—creio.

CRIAÇOM,—criação. *De criaçom*, desde a infancia.

CURUAS,—curvas.

CUSTUME,—costume.

CUUILÃA, CUVILHAM,—v. *Cobilham*.

D

Daber,—de haver.
Dabril,—de abril.
Daçoutes,—de açoutes.
Daçuquar,—de assucar.
Dagosto,—de agosto.
Daguora,—de agora.
Dajudar,—de ajudar.
Dalcunha,—de alcunha.
Dalmotaçaria,—de almotaçaria.
Daltura,—de altura.
Damnar,—prejudicar, destruir.
Danojada,—de anojada, de enjoada.
Dante, — aquelle que dá, ou está dando.
Dapno,—damno.
Daquem,—de áquem.
Darecadaçam,—de arrecadação.
Darmada,—de armada.
Dasemto,— de assento, permanentemente.
Dasseceguo,—de socego, em descanço, fóra de serviço activo.
Data,—concessão.
Dauer,—de haver.
Decemder,—descender.
Decerco, descerco,—levantamento do cerco.
Deçestes,—dissestes.
Decraraçom,—declaração.
Decrarar,—declarar.
Dees,—desde.
Defender,—impedir, prohibir, vedar.
Dello,—de ello. Vid. Ello.
Dellobos,—de lobos.
Demxada,—de enxada.
Dentrada,—de entrada.
Denyficar,—damnificar.

Dereyto,—direito.
Deriban,—derribar.
Deroguar,—derogar.
Des,—desde.
Desa,—de essa.
Desbaratar, — dissipar, vender por baixo preço, vender de prompto.
Desembarcação,—desembarque.
Desemos,—déssemos (do v. dar).
Des y,—desde ahi, desse logar.
Deserom,—disseram.
Despessa,—despeza.
Desto,—de isto.
Destudantes,—de estudantes.
Deteyve,—de Teive (appellido).
Deuasar,—devassar, alargar, depreciar.
Dauer,—de haver.
Deuees,—deveis.
Devasamẽte,—devassamente, abusivamente.
Devudo, a,—devido, devida.
Dey,—deem.
Dezees,—dizeis.
Dhy,—de ahi, desde então.
Dibyda,—divida.
Diligẽcya,—diligencia.
Dinberno,—de inverno.
Dioguo,—Diogo.
Dir,—de ir.
Dir.º,—dinheiro.
Dofeciaaees,—de officiaes.
Doutro, a,—de outro, de outra.
Dr.º,—dinheiro.
Dto., a.,—dicto, dicta.
Duquado,—ducado.
Duuida,—duvida.

E

Ello,—elle, isso.
Embargante (nom),—não obstante.

Emcabeçado,—matriculado, havido por mestre, cabeça de fôro &.

Emcomuenïète,—inconveniente.
Emcontrairo,—em contrario.
Emnouaçom,—innovação.
Emtemderseaa,—entender-se-ha.
Enalheado, a,—alheado, alheada.
Encaminar,—encaminhar.
Encarrego,—encargo.
Enouar,—innovar.
Enqueredor,—inquiridor.
Ensxucutar,—executar.
Envençam,—invenção.
Eposebillytar,—impossibilitar.
Eqiualente,—equivalente.
Erdade,—predio rustico.
Escapulla,—vid. nota (1), pag. 682.
Escruder,—excluir.
Esguardar, exgoardar,—ver ou examinar com attenção, considerar attentamente, esperar, estar em cautela.

Espiguão,—espigão.
Espital,—hospital.
Esprauo, a,—escravo, escrava.
Espreuer, espriver,—escrever.
Espritall,—hospital.
Esso,—isso.
Estante,—residente, estabelecido.
Estribuitiva, (aliás, estribuitiva),—distributiva.
Esto,—isto.
Estoria,—historia.
Estorno,—transtorno, impedimento.
Estouuera,—estivera (do v. estar).
Estromento,—instrumento.
Êxilharia,—silharia, cantaria, officio de lavrar ou facear pedra para edificações, as pedras assim lavradas.
Expreso, a,—expresso, expressa.
Ey,—hei (do v. haver).

F

Façades,—façaes (do v. fazer).
Fadigua,—fadiga.
F.ªl,—Funchal.
Falcão,—peça de artilheria.
Farseam,—far-se-hão.
Fermidam, firmidão,—firmeza, efficacia, segurança.
Ferrageal, aes,—ferragial, terra semeada de forragem, ou que é costume semear disso.
Fezer,—fizer (do v. fazer).
Filhar,—tomar por força, haver ás mãos, adquirir por contracto.
Fiouar,—ficar.

Firmidoee,—v. Fermidam.
F.º, f.ª,—filho, filha.
Foe,—foi (do v. ir.)
Foguo,—fogo.
Fora do matrimonio,—não de matrimonio, adulterino.
Fragoeiro,—fragueiro, fragateiro, calafate, constructor de naos e fragatas.
Framdes,—Flandres.
Franqueeas,—franquias.
Freiguezia,—freguezia, parochia.
Froremtim,—florentino, de Florença.
Fusta,—embarcação de cabotagem.

G

Gança,—ganho, lucro.
Ganta,—antiga medida de septe alqueires.

Gardar, goardar,—guardar.
Gastuo,—gasto, despendio, consumo.
Genoez,—genovez.

Geolho,—joelho.
Girão,—cercadura, barra,
Glz., Glz.,—Gonçalves.
Gomçaluez,—Gonçalves,
Gora,—agora.
Gouua,—gouva. Vid. *gouuir*.
Gouuernar, guobernar,—governar.
Gouuir,—gosar, possuir.

Gozalla,—gosal-a, ou gosar a.
Grandeça,—grandeza.
Gualliote,—galiote, marinheiro da armada real.
Guaste,—gaste (do v. *gastar*).
Guisa,—modo, maneira.
Guollpe,—golpe.
Guyouhos,—guiou-os (do v, *guiar*).

H

Ha, has,—a, as, (art. fem.).
Haas,—a as, ás (prep. e art. fem.).
Habamgelho, hauãgelho, hauangelho,
—evangelho.
Haber,—haver (v.).
Hacima,—acima (adv.).
Hacoymar,—açoimar, mulctar com coima.
Haçuquar,—assucar.
Hacusar,—accusar.
Hagoa,—agua.
Hallē,—além.
Haproveitar,—aproveitar.
Haquontecer,—acontecer.
Harredar,—arredar.
Haruore,—arvore.
Hasy,—assim.
Hatraz,—atraz.
Haudiēças,—audiencias.
Herdade,—predio rustiço.
Herua,—herva.
Heu,—eu (pron.).
Heuttar,—evitar.
Hi, hy,—ahi.

Ho, hos,—o, os (art. masc.).
Hofeciaes,—officiaes.
Holhar,—olhar.
Hollyuell,—nivel, instrumento de nivelar.
Homde, honde,—onde.
Homrra,—honra.
Hoquo, houco, a,—occo, occa.
Hora,—agora.
Hordem,—ordem,
Hordenaçom,—ordenação. *Hordenações* (Ordenações), codigo das antigas leis do reino de Portugal.
Hordenar,—ordenar.
Hoste,—exercito posto em campo contra o inimigo.
Hou,—ou (conj.).
Houtro, a,—outro, outra,
Houvir,—ouvir.
Hu,—onde.
Huũ hūa,—um, uma.
Hunir,—unir.
Husar,—usar.
Hyeronimo,—Jeronymo.

I

Iesv, Ihū,—Jesus.
Iffamte, Imfante,—infante, filho não primogenito do rei.

Imiguo,—inimigo.
Impresa,—empreza.
Ingres, Ingrez,—inglez.

INHABEL,—inhabil.
INQUISIÇÃO,—inquirição, investigação.

INSINEA,—insignia.

J

JEERALL, JERALL,—geral.
JENOA,—Genova.
JHŪ,—Jesus.
JIOLHO,—joelho. *Em jiolhos*, de joelhos.

JOUVER,—jazer, estar, ser sito ou situado em.
JOYEL,—joia, objecto precioso.
JUGAR,—jogar.

L

LAA,—lá (adv. de *logar*).
LABRAR,—lavrar, fazer qualquer lavor. *Lavrar os açuquares*, fazer delles productos de confeitaria.
LANA (ILHA),—talvez *llana*, isto é, plana.—Será a *ilha Rasa*, ou *ilhéu Raso*, no archipelago de Cabo-Verde?
LAUAMCA,—alavanca.
LEIXAR, LEYXAR,—deixar.
LETERA,—lettra, carta.
LEUAREES,—levareis.
LHE,—a elle, a ella; a elles, a ellas.

LIBERALEZA,—liberalidade.
LIDEMO, LIDIMO, A,—legitimo, legitima.
LIMPEZA,—pureza, perfeição, bom proceder. *Limpeza de sangue*, pura raça christã.
LIMPO,—puro, perfeito, bom, são.
LIURAMÉTO,—livramento.
LIX.', LIXBOA,—Lisboa.
LLEUAR,—levar.
LLOGUO, LÓGUO,—logo.
LOIS,—Luiz.
LOQUOTENÈTE,—logartenente.
LUX,—luz.

M

MAIS,—mas.
MANCEBIA,—ajuntamento licencioso de mancebos, o estar em ajuntamentos meretricios, o logar ou bairro habitado pelas meretrizes.
MANCHIL,—especie de cutello.
MANCHUA,—pequeno barco asiatico.
MANR.',—maneira.
MANTEVER,—mantiver(do v. *manter*).
MARAVILHA,—cousa admiravel, caso raro, acaso extraordinario.
MARINHA,—praia, beira-mar.
MARLOTA,—vestido mourisco.
MEATADE,—metade.

MEÇINA,—Messina (cidade).
MEIO IRMÃO,—irmão consanguineo, ou uterino.
MENDIGANTE,—mendicante.
MENHÃA.—manhã.
MENTE,—é o ablativo do singular da palavra latina *mens, mentis*, que, precedido de um adjectivo na forma feminina, constitue as locuções adverbiaes, ou adverbios terminados em *mente;* adverbios que os antigos escreviam separando os termos: v. g. *honesta mente*.
MEO,—meio.

Meor,—melhor.
Mercadaria, mercadarta,—mercadoria, mercancia.
Mesteiral, aaes,—official mechanico.
Mester,—mister.
Mixia,—Mexia (appellido).
Moor,—mór, maior, o superior no cargo.

Moto,—mote, conceito, maxima.
Moueis,—moveis, objectos de mobilia.
Mouido, a,—movido, movida.
Mt.º,—muito.
Multiplicaçom,—multiplicação.
Muy, muyto a,—muito, muita.
Muzgo,—musgo.

N

Nabegaçam, nauegaçom,—navegação.
Nacer,—nascer.
Nacimento,—nascimento.
Nallfandegua,—na alfandega.
Nauio,—navio.
Neçesario, a,—necessario, necessaria.
Negrigencia,—negligencia.
Neguoçeação,—negociação.
Nello,—nisso, em isso.
Nhũ, a,—nenhum, nenhuma.
Nobemta,—noventa.

Nobidade, nouidade,—novidade.
Nobrecer,—ennobrecer.
Nobrecimento,—ennobrecimento.
Nomina,—nomeação, indicação, designação nominal.
Nolo,—nol-o.
Noso, a,—nosso, nossa.
Notairo,—notario.
Notefecar,—notificar.
Nuuẽ,—nuvem.
Nova,—noticia, novidade.

O

Obsequias,—exequias.
Ofeciaaees, ofeciaes, ofiçiaees,—officiaes.
Ofrecer,—offerecer.
Olanda,—Hollanda.
Omẽ,—homem.

Onesto, a,—honesto, honesta.
Oprisam,—oppressão.
Ouber, Ouuer,—houver (do v. *haver*).
Outorouar,—outorgar.
Ouuydor,—ouvidor, magistrado com attribuições judiciarias.

P

P.ª,—pessoa, para (prep.).
Pacigo, pacigoo, paciguo,—pastagem, campo de pastagem.
Padre,—pae.
Peitar,—impor tributo, subornar por dinheiro.
Pesoisem,—possuissem do v. (*possuir*).

Pesotam,—possuiam (do v. *possuir*).
Pẽtear,—pentear, escalvar o terreno.
Petintal,—calafate.
Pia,—egua, cavallo malhado pequeno.
Poboo, pouoo,—povo.
Poboraçom,—povoação, população, logar povoado.

109

Poborar, pouorar, povorar,—povoar, plantar, semear.

Pobricar,—publicar.

Poemos,—pomos (do v. *poer*, pôr).

Poer,—pôr (v., do latim *ponere*).

Porem,—porisso, pelo que (conj. conclu.), mas (conj. advers.).

Portoliorne,—porto de Liorne, na Italia.

Posyuel,—possivel.

Pouoo,—povo.

Pouorar,—vid. *Poborar.*

Pouquo,—pouco,

Poya,—pão ou bolo que se pagava ao senhorio dos fornos: *forno de poya*, forno em que se pagava esse tributo.

Prantar,—plantar.

Pratiquar,—practicar, conferenciar, accordar em opiniões.

Precurador,—procurador, mandatario por titulo authentico.

Preste mente, — prestesmente, com presteza.

Pr.°,—primeiro.

Probiçom, probisom,—prohibição.

Procisom,—procissão.

Proll,—favor, lucro, proveito.

Propeo, propio, a,—proprio, propria.

Propiedade,—propriedade.

Prouber, prouuer,—aprouver.

Proueytar,—aproveitar.

Prouicaçom,—publicação.

Prubico, pruvico, pubrico, a,—publico, publica.

Q

Q.,— que, qual: —*qall*, qual; —*qr.*, quer; —*qser*, queser, quizer.

Qmze,—quinze.

Qt.°,—quanto.

Qua,—ca, aqui (adv.),

Quaderno,—caderno.

Quelle,—aquelle.

Quéstauam,—que estavam.

Quije,—quiz (do v. *querer*).

Quitar,—abater, perdoar, conceder, haver-se por pago, despensar, tirar.

Quoall, ais,—qual, quaes.

Quoamdo,—quando.

Quoato, quoanto,—quanto.

Quoatro,—quatro.

Quonta,—conta.

Quonteudo,—conteudo.

Quoremta,—quarenta.

R

R,—quadragesimo, quarenta.

Razoado, a,—rasoavel, conveniente, apropriado, apropriada.

Recadar, rrecadar,—arrecadar.

Recepta,—receita.

Recompensação,—recompensa.

Referta,—porfia, disputa.

Regimento,—instrucções,regulamento.

Regno, reygno,—reino.

Reguos,—regos.

Reix, rex, reyx,—reis.

Relação,—noticia, summario.

Repairo, repayro,—reparo, duvida.

Resalbar,—resalvar.

Resar,—ler.

Ressio,—rocio, praça, descampado.

Responder, — dar resposta, render, produzir.

Revison,—revisor.
Revel,—rebelde, rebellado.
Reyna,—rainha.
Riquo, a,—rico, rica.
Roiz.,—Rodrigues (appellido).

Rreall,—real, de rei.
Rrepayrar, — reparar, duvidar, pôr em melhor estado.
Rreuerença,—reverencia.
Rribar,—derribar.

S

Sabedoria,—conhecimento.
Saltouas,—saltou-as (do v. *saltar*).
Saluar,—salvar.
Saluo,—salvo, excepto (adv.).
Satêbro,—septembro.
Saybham,—saibam (do v. *saber*).
Sazooẽs,—estações, ensejos.
Scudeiro,—escudeiro.
Scusar,—escusar, prescindir, desculpar.
See,—sé.
Seguenaa,—seguirá (do v. *seguir*).
Sello do chumbo,—sello em chapa de chumbo.
Sembrante,—semblante.
Senhos, as,—(do latim, *singulos*) um, uma de cada cousa ou especie.
Senior, senñor, señor, sinior,—senhor.
Seo,—seu.
Serra d'agua,—engenho de serrar madeira, movido a agua.—Vid. *Agoa*.
Seruiço,—serviço.
Seruir,—servir.
Serutmtia,—serventia, trabalho braçal.
Setuall,—*Setubal*, antiga villa, agora cidade de Portugal.
Seuta,—Ceuta (cidade da Africa).
Sguardar,—vid. *Esguardar*.
Si,—se (conj.).
Siencia,—sciencia.
Signado, a,—assignado, assignada.
Siguir,—seguir.

Simtra,—Cintra (villa de Portugal).
Sinall,—signal.
Sincoenta.—cincoenta.
SJũ,—Jesus.
Socairo,—amarra da popa. *Ao socairo*, pela rê, ao abrigo, atraz do navio.
Sobrello,—sobre isso, relativamente a isso.
Soçeson, sobçesor, subseson,—successor.
Soço (pedra em),—pedra secca, não argamassada.
Soemos,—costumamos (do v. *soer*).
Sogeiçom, sogeyçam,—subjeição.
Soldo a linra,—á risca, até o ultimo real, real a real.
Soo mente,—sómente.
Sooes,—sois (do v. *ser*).
Sopricar,—supplicar.
Sorgir,—surgir.
Sospender,—suspender.
Soyees,—sohieis (do v. *soer*, costumar, ter por cóstume).
Sp.,—escrevi (do v. *sprever*, escrever).
Specyaaes,—especiaes (pl. de especial).
Spirituall, sprituall,—espiritual.
Spreuer,—escrever.
Sprito, a,—escripto, escripta.
Spriuam, spriuã,—escrivão.
Sse,—se (apposto aos preteritos absolutos), v. g. *acertousse*, por acertou-se.

Stragar,—estragar.
Suso,—acima. .

Sy..—sim.

T

Ta,—tua (pronome), até (adv.). *Ta ora*, até agora.
Taaees,—taes (pl. de *tal*).
Taixaçom,—taxação, o facto de pôr preço ás cousas, o emolumento que porisso o taxador recebia, o tributo ou emolumento que por isso se pagava.
Talha,—contribuição, collecta por cabeça, tributo por capitação.
Tavoado,—tabuado, madeira reduzida a tábuas.
Té, tee,—até.
Teequi,—até aqui.
Teerbollo,—ter-vol-o.
Tenax,—tenaz (adj.).
Terça Nabal,—tercena, armazem, ou estação naval, arsenal.
Teran,—tirar.
Teuer,—tiver (do v. *ter*).
Thé,—até.
Tiopia,—Ethiopia.
Tirar,—atirar, disparar.
Titollo,—titulo.

Todelo, todollo, todalla,—todo, toda.
Todoslos, todaslas, todos os, todas as.
Toruado, a,—turvado, turvada.
Touuer,—tiver (do v. *ter*).
Tpõ,—tempo.
Transauçam,—transacção.
Traspor.—transpor.
Trastes das levadas,—os aqueductos dellas.
Tratate,—o negociante em pequeno ponto.
Traues,—travez.
Trauese,—travesse (do v. *travessar*).
Tratador,—tractador, mercador adventicio.
Trauto,—tracto, negocio, commercio.
Treladar,—trasladar.
Trelado,—traslado, copia fiel, ou authentica.
Treyçam,—traição.
Trocandoselhes,—trocando-se-lhes.
Tronquo,—tronco.

U

Unde,—onde, no que.

Uiuer,—viver.

V

Varinel,—navio pequeno.
Velox,—veloz.
Veo,—veiu (do v. *vir*).
Vigairo,—vigario.
Vintaneiros.—olheiros, vigias policiaes, talvez chamados assim, por

serem incorporados aos vinte, ou por ser um por cada vinte habitantes.
Virotão,—arma de arremesso.
Volo,—vol-o.
Vox,—voz.

X

Xpo., Xpō., Xpto.,—Christo.

Xismaria,—sesmaria.

Y

Y,—ahi (adv.), e (conj.).
Ylha,—ilha.
Ymfamte,—infante.
Ymgraterra,—Inglaterra.
Ymleiçom,—eleição.
Ympidimento,—impedimento.
Ymposiçom,—imposição.

Ymsinia,—insignia.
Ymteyra mente,—inteiramente. Vid. Mente.
Ystimaçom,—estimação, avaliação.
Ystimo,—avaliação feita, ou realisada; o valor estimado. *Livro dos ystimos*, livro do registo delles.

Z

Zabra,—pequena embarcação.

INDICES

II.

INDICE DOS DIPLOMAS E DOCUMENTOS.

ABREVIATURAS.=C., *carta.*=C. R., *carta régia.*=Jan., *janeiro;*=fev., *fevereiro;* =sept., *septembro;*=out., *outubro;*=nov., *novembro;*=dez., *dezembro.*=Ord. Aff., *Ordenações Affonsinas.*=Regm., *regimento.*=V., *vide.*
Os algarismos designam as paginas.

A

AGRICULTURA.—C. R. de 7 de maio de 1493, regulando, em confirmação de outra de D. João i, a acquisição da propriedade territorial, e córte de madeiras, a criação de gados e o uso dos pastos, arvoredos, fructos, aguas de rega, costas do mar e praias: 673.—C. R. de 8 do mesmo mez e anno, tambem sobre aguas de rega: 675.—C. R. de 9 de fev. de 1502, a respeito de aguas e pastos, confirmando as anteriores provisões, e ampliando-as ás pedreiras e barreiros: 688.—Provisão régia de 5 de março de 1770, confirmando e regulando as anteriores, sobre o uso das aguas: 711.—Alv. de 13 de out. de 1770, providenciando a bem da ilha de Porto-Sancto: 713.—V. *Assucar, Foraes, Ilha da Madeira, Juizes de levadas, Regimentos, Sesmarias.*

AGUAS.—V. *Agricultura.*

ALFANDEGA.—Lapides e inscripções que ha na do Funchal: 599.—V. *Despachos.*

ARVOREDOS. — V. *Agricultura, Regimentos.*

ASSUCAR.—Contracto de 5 de dez. de 1452, para o estabelecimento de um engenho de moer cana doce, movido a agua: 665.—C. de 21 de jan. de 1462, sobre os direitos do assucar: 666.—C. de 14 de julho de 1469, sobre a baixa do preço do mesmo: 668.—C. dos Regedores do Funchal, sem data, em resposta á antecedente: 669.—C. de 20 de jan. de 1490, facultando por um anno a cosedura e refinação do mel na Madeira: 672.—Regm. de 7 de out. de 1496 *(extracto),* estabelecendo um systema de providencias proteccionistas e odiosas: 679.—Alv. de 22 de março de 1498, permittindo que os mercadores extrangeiros residissem na ilha da Madeira: 681.—Ordenança régia de 21 de agosto de 1498 *(extracto),* adoptando novo systema de providencias, egualmente proteccionistas: 682.—C. R. de 18 de jan. de 1499, modificando este: 687.— C. R. de 16 de maio de 1499, abolindo a taxa do preço: 687.—Alv. de 26 de agosto de 1503, concedendo a illimitada exportação: 687.—C. R. de 6 de nov. de 1502, e outra, de 19 de junho de 1509, relativas ao bicho da cana doce: 692, 693.

B

BARREIROS.—V. *Agricultura.*
BARTHOLOMEU PERESTRELLO.—V. *Porto-Sancto.*

BICHO DA CANA DOCE.—V. *Assucar.*
BISPADO.—V. *Funchal (diocese).*

C

CAPITÃES GENERAES.—V. *Ordens*.

CASTELLO DE S. JOÃO DO PICO.—Lapide e inscripção: 625.—V. *Governo militar*.

CEMITERIOS.—Proposta á Juncta Geral do Districto do Funchal para que nos publicos sejam sepultados os mortos, sem distincção alguma official relativa a cremações religiosas: 810.

COLLEGIO DOS JESUITAS.—V. *Ordens religiosas*.

CONVENTO DE S. FRANCISCO.—V. *Ordens religiosas*.

D

DESERTAS (*Ilhas*).—V. *Henrique (D.)*.

DESPACHOS.—C. R. de 15 de jan. de 1512 (*extracto*), permittindo-os nesta ilha só pela alfandega do Funchal: 686 (1).

E

EPITAPHIOS.—De Anna de Arfet e Roberto Machim, em Machico: 420.—V. *Lapides*.

EXTRANGEIROS (*Mercadores*).—Odiosas providencias contra elles.—V. *Assucar, Regimentos*.

F

FERNANDO (*Infante D.*).—C. R. de 3 de dez. de 1460, pela qual D. Affonso v lhe doou as ilhas da Madeira, Porto-Sancto, Deserta, e outras: 830.

FORAES.—V. *Funchal, Machico*.

FORTALEZAS, FORTES, FORTIFICAÇÕES.—V. *Castello, Governo militar, Ilhéu, Lapides*.

FRANCISCANOS.—V. *Ordens religiosas*.

FUNCHAL.—1.º *Capitania:* C. de 1 de nov. de 1450, instituindo-a a favor de Zargo: 453.—C. R. de 25 de nov. de 1451, confirmando a antecedente: 452-455.—C. R. de 16 de agosto de 1461, confirmando as duas anteriores: 451-456.—Foral de 6 de agosto de 1515: 494.—2.º *Municipio:* Alv. de 16 de agosto de 1502, respectivo a uns apontamentos da Ponta do Sol e Calheta, relativos ao Funchal: 488.—Alv. de 17 de agosto de 1508, para que as eleições subam á confirmação régia: 491.—Accordo da Camara a respeito da casa ou hospital dos lazaros (sem data:—1515?): 646.—Auto de 24 de jan. de 1523, pelo qual a Camara tomou por padroeiro da cidade S. Thiago-Menor: 726. —3.º *Cidade:* C. R. de 21 de agosto de 1508, elevando a villa do Funchal a cidade: 490. Notificação régia desta mercê: 491.—4.º *Diocese:* Bulla de 12 de junho de 1514, instituindo-a: 568.—Suas Constituições (*extracto*): 570 (1).—V. *Alfandegas, Assucar, Governo militar, Lapides, e Ordens religiosas*.

G

GADOS.—V. *Agricultura.*

GOVERNO MILITAR.—C. R. de 25 de março de 1500, mandando aprestar para a guerra de Africa: 605.—C. R. de 11 de sept. de 1500, escusando deste serviço os povos da Madeira: 606.—C. R. de 12 de maio de 1509, prevenindo-os para qualquer guerra: 607.—C. de 21 de junho de 1493, para que se faça cerca e muros de defeza do Funchal: 613.—Caderno do orçamento da obra: 614.—Lançamento em dinheiro e trabalho para ella:

637.—C. R. de 9 de jan. de 1494, para que se não faça, mas só alguns baluartes e defensões: 616.—C. de 8 de julho de 1494, para que se tracte disto: 617.—Alv. de 11 de sept. de 1542, para se acabar o baluarte e fortaleza da cidade do Funchal: 619.—Apontamentos e regimento, sem data, para estas obras, e para a dos muros da mesma cidade: 620.—V. *Alfandegas, Castello, Funchal, Ilha da Madeira, Ilhéu, Inglezes, Lapides, Ordem de Christo, Ordens.*

H

HENRIQUE *(Infante D.).*—C. R. de 26 de sept. de 1433, pela qual D. Duarte lhe doou estas ilhas: 452.—C. R. de 11 de março de 1449, pela qual D. Affonso v. lhe confirmou a antecedente: 452.—V. *Funchal, Machico, Porto-Sancto.*

I

ÍLHA DA MADEIRA.—C. de 18 de nov. de 1660, para que se dê posse della á infante D. Catharina: 381.—C. R. de 1 de nov. de 1656, doando o senhorio della á dicta infante: 381.—C. R. de 27 de abril de 1497, tornando a mesma ilha realenga: 479.—Ord. Aff., liv. II, tit. XXIV, *Dos direitos reaes:* 480.—C. R. de 28 de agosto de 1484, em que D. João II participa a conjuração e morte do Duque de Vizeu, e adverte os povos para que se mantenham leaes e fieis vassallos, e defendam

e guardem esta ilha: 636.—Relação do espantoso *fogo do céo* que a abrazou a 26 de julho de 1593: 693.—Relação do terramoto que nella houve na noute de 31 de março para 1 de abril de 1748: 697.—Relação da tempestade que a devastou na noute de 9 de out. de 1803: 723.

ILHÉU *(Fortaleza do).*—Inscripção que nella ha: 627.

INGLEZES.—Proclamação do general Beresford, quando elles se apoderaram da Madeira em 1807: 418 (1).

J

JESUITAS.—V. *Ordens religiosas.*

JUIZES DE LEVADAS.—Cartas de sua nomeação em 1803 e 1804: 690 (2).—V. *Agricultura.*

L

M

O

P

PEDREIRAS.—V. *Agricultura.*

PONTA DO SOL.—C. R. de 2 de dez. de 1501, elevando este logar a villa e municipio: 486.

PORTO-SANCTO.—*Capitania:* C. de 1 de nov. de 1446, instituindo-a a favor de Bartholomeu Perestrello: 457.—V. *Agricultura.*

R

REGIMENTOS.—O novo das madeiras nestas ilhas, dado em 27 de agosto de 1562: 463.—O de 7 de out. de 1496 (*extracto*), contra os mercadores extrangeiros: 679.—Revogado este pelo Alv. de 22 de março de 1498: 681.

S

SANCTA-CRUZ.—C. R. de 26 de junho de 1515, elevando este logar a villa e municipio: 505.

SESMARIAS.— Ord. Aff., liv. IV, tit. LXXXI, *Das Sesmarias:* 472.—C. de 24 de abril de 1503, concedendo terrenos por esta fórma: 477.

SOCIEDADE FUNCHALENSE DOS AMIGOS DAS SCIENCIAS E ARTES.—Epitome da fundação: 795-798.

T

TERRAMOTO.—V. *Ilha da Madeira.*

TRISTÃO VAZ.—V. *Machico.*

V

VINHAS.—Narrativa de sua devastação pelo *fogo do céo*, em 1593: v. *Agricultura, Ilha da Madeira.*

VILLAS.—V. *Municipios.*

Z

ZARGO (*João Gonçalves*).—Ord. Aff., liv. I, tit. LIIII, *Do Almirante*, §§ 2, 5, 9, 10, 18, e 20, e tit. LV., *Do Capitam Moor do Mar*, §§ 1-7: 438 e 439.—C. do Infante, doando a Capitania do Funchal a Zargo, e cartas régias de confirmação daquella: v. *Funchal.*—Arvore da genealogia de Zargo: 832-835.—C. R. de 4 de julho de 1460, das armas e nobreza que lhe foram dadas: 836.

II.

INDICE DAS PESSOAS E COUSAS NOTAVEIS.

A

690, 691. Bom effeito dellas: 692.—Calamidades: o bicho da cana do assucar, a peste, os corsarios, e o fogo do céo: 692-694.—Causas da decadencia, do seculo xvi em diante: descobrimentos novos, morgados, e contracto de colonia: 695.—Terramoto de 1748; fim da cultura do assucar: 696. Resuscita em 1854; seu estado presente: 697.—Culturas do trigo e vinha; fabrico do vinho e sua historia: v. *Trigo, Vinho.*—V. ı Ind., artigos *Agricultura, Assucar.*

Na ilha de Porto-Sancto.—Em geral: 18, 51. Sementes e animaes vindos do reino: 17, 43. Aguas, gados: 45, 46, 49. Vinha: 46. Cereaes: 48, 49. Arvores: 50. —V. *Ilha do Porto-Sancto.*

AGUA DE PENA.—Freguezia, população e capellas: 561, 563.

AGUAS.—Na ilha da Madeira: 37-39. Na de Porto-Sancto: 45-49.—V. ı Ind., artigos *Agricultura, Aguas.*

ALCAIDE-MÓR.—O da fortaleza do Funchal,—em que tempo foi creado este cargo: 353, 356.

ALCOFORADO (*Francisco*).—*Relação do descobrimento da ilha da Madeira*, a elle attribuida; analyse desta Relação: 352-366.

ALDONÇA DELGADA.—Sua morte tragica: 52.

ALFANDEGAS.— Sua historia (annos de 1477-1587): 596-601.—A do Funchal: 95, 178, 596-598. Seu reducto: 599.— A de Machico: 596, 597.—A de Porto-Sancto: 597, 601.—A de Sancta-Cruz: 38, 600.—Além dellas, havia postos fiscaes, ou calhetas: 597.—Em 1489 havia-as para o assucar, estabelecidas em Machico, Sancta-Cruz, Ribeira-Brava, Ponta do Sol, e Calheta: 601.—De 1512 em diante, só existiu a do Funchal: 686 (1). Deixou esta de ser geral, desde 1585: 597.—V. *Cabrestante.*

ALLUVIÃO.—A de 1803 na Madeira: 723.

ALVARO DE MIRANDA.—Sua morte heroica: 249, 257.

AMBROSIO (*D.*).—Bispo que em visita veiu á Madeira: 221.

ANGUSTIAS (*Nossa Senhora das*).—Sua capella: 548.

ANIMAES.—Os da ilha do Porto-Sancto: 43, 46, 50. Os da Madeira: 67, 99, 107, 114.

ANJOS (*Nossa Senhora dos*).—Ermida e sitio deste nome: 95, 552.

ANNA DE ARFET.—V. *Machim.*

ANTILIA OU ILHA DAS SEPTE CIDADES.— Noticia desta ilha fabulosa: 341, 342.

A. A. TEIXEIRA DE VASCONCELLOS.—O que escreve do caso de Machim: 414.

ANTONIO CAETANO DE SOUSA.—Historiador que tracta destas ilhas: 338, 339.

ANTONIO DO CARVALHAL.—Em que foi notavel: 100, 250, 264, 306.

ANTONIO GALVÃO.— Historiador que tracta destas ilhas: 18, 24, 43, 372-375.

ANTONIO GONÇALVES DA CAMARA.— Quem era; seu casamento singular: 96, 197-201, 837 (vııı).

ANTONIO DA SILVEIRA.—Foi donatario de Machico, por mercê de D. João.ııı, e vendeu esta capitania ao conde de Vimioso: 119.

APPELLIDOS.—Os de familias madeirenses: v. o. *Summario alphabetico*, a pag. 513-533, 845-853.

ARCADIA FUNCHALENSE.—Noticia desta sociedade: 783.

ARCEBISPO DO FUNCHAL.—V. *Martinho de Portugal* (*D.*).

ARCEDIAGO.—O da sé do Funchal: 573, 574.

ARCHIPELAGO DA MADEIRA.—Que ilhas o formam: 15-20, 41, 72, 307, 321. Tradições, lendas, e noticias a elle relativas: 340-348.—V. *Descobrimento.*

BARTHOLOMEU PALESTRELLO, OU PERES-TRELLO.—Foi o primeiro capitão donatario da ilha do Porto-Sancto: 17, 18, 51, 445-447. Algúns o dão por descobridor da mesma ilha: 351, 446.—Segundo e terceiro capitães donatarios do Porto-Sancto, ambos deste mesmo nome, 52.

BERNARDINO (*Convento de S.*).—V. *Ordem de S. Francisco.*

BIBLIOGRAPHIA.—Obras que tractam do archipelago da Madeira: 18, 20, 24, 25, 43, 165, 303, 304, 321, 330, 332, 337, 340-348, 352, 363, 364, 372, 397, 414, 420, 428, 430, 432, 434, 441, 504, 570, 577, 589 (1), 594 (1), 728, 765, 771, 776, 777.

BIBLIOTHECAS.—A da Camara do Funchal; a da Eschola Medico-cirurgica; a do Seminario: 804: 856.

BISPADO DO FUNCHAL..—V. *Bispos, Diocese, Estado ecclesiastico, Governo ecclesiastico.*

BISPO DE TANGER.—Tenta de balde annexar á sua diocese o archipelago da Madeira: 73, 183.

BISPOS E ARCEBISPO DO FUNCHAL.—D. Diogo Pinheiro; D. Martinho de Portugal, arcebispo; D. Jorge de Lemos; D. Fernando de Tavora; D. Jeronymo Barretto; D. Luiz de Figueiredo de Lemos: v. *cada um destes nomes.*—Seus títulos: 223, 569, 570. Sua lucta com o poder secular: 570-573. Sua congrua, até o seculo XVII: 573. Relação de todos, até o presente: 576, 854.—V. *Constituições, Diocese, Estado ecclesiastico, Governo ecclesiastico, Ordem de Christo, Poder real.*

BOA-VENTURA.—Ribeira, freguezia e população: 79, 565.

BOM-JESUS.—Noticia deste recolhimento: 647.

BRANCA TEIXEIRA.—Foi mulher de Tristão Vaz: 445, 844 (XVII).—V. *Machico, Tristão Vaz.*

BRANDÃO (*Fr. Francisco*).—Historiador que tracta do descobrimento destas ilhas: 338, 339.

BRAZIL.—V. *Assucar, Commercio, Emigração.*

BUGIO (*ilhéu do*).—V. *Desertas.*

C

CABIDO.—Seu pessoal e vencimentos: 573-575.

CABO-GIRÃO.—Onde é: 40.

CABRESTANTE.—O da antiga alfandega do Funchal: 600.

CADEIA.—A publica do Funchal: 485, 664.

CALAMIDADES.—Quaes tem havido na ilha da Madeira: 192, 216, 543 (1), 693, 697, 710, 717, 719, 722, 723, 726.

CALHETA.—Porto e villa: 68, 69, 96, e 488. Freguezia, população e capellas: 540, 544.—V. *Alfandegas, Fortificações.*

CALHETAS.—O que eram, e onde: 597.

CAMACHA.—Freguezia, população e capellas: 555.

CAMARA ECCLESIASTICA.—Seu pessoal e vencimentos: 573.

CAMARA DE LOBOS.—Porto, e aldeia: 19, 39, 42, 93.—Freguezia, população e capellas: 539.—V. *Alfandegas, Fortificações.*

CAMARAS.—A do Funchal: 194, 196, 237, e v. *Funchal, Governo municipal.*—A de Machico: 114.—V. *Calheta, Machico, Ponta do Sol, Sancta-Cruz.*

CAMINHOS.—São perigosos na Madeira: 115.

CATHEDRAL.—V. *Conegos, Dignidades, Estado ecclesiastico, Sé.*

CESTOS DE VERGA.—São de industria antiga na Madeira: 106.

CHANTRE.—O da sé; seu vencimento: 184, 573, 574.

CLERO.—Seus vencimentos: 574 e 575. —V. *Bispos, Cabido, Conegos, Dignidades, Estado ecclesiastico, Governo ecclesiastico, Sé, e os artigos respectivos a cada freguezia.*

CLIMA.—E' excellente o da ilha da Madeira: 75. O de Porto-Sancto: 49, 50.

CLUBS.—Quaes os do Funchal: 804, 805.

COLLEGIO.—O dos Jesuitas de Funchal: 294, 745, e v. *Jesuitas.*

COLOMBO.—Esteve no Porto-Sancto e na Madeira: 460, 659 (1), 843.

COLONISAÇÃO.—Systema da primitiva: 471-478, 673, e seguintes.—V. *Poder real; População, Povo, Povoação.*

COLONIA E COLONOS.—Destes eram uns escravos, outros livres: 43, 58, 95, 96, 603, 678.—V. *Contracto de colonia, Escravos, Fazendas povoadas, Heréos, Povo.*

COLONIAS.—Noticia das da Africa occidental até o seculo XVII; pessimo systema colonial; decadencia de Portugal e dellas: 654-657.—V. *Corsarios.*

COMMANDANTES MILITARES.— Relação delles: 829.

COMMENDAS.—As da Ordem de Christo nestas ilhas: 325, 329, 497 (2), 523 (1), e v. *Dizimos.*

COMMERCIO E NAVEGAÇÃO.—De principio, vinha do reino um navio cada anno: 19, 65. Depois, communicações todos os mezes: 64.—Grande negocio de assucar por mercadores, uns forasteiros, outros da terra: v. *Alfandegas, Assucar, Confeitaria, Direitos, Foraes, Mercadores, Refinação.* —Valiosa exportação de madeiras; repressão della: 65, e v. *Madeiras.*—Pastel; seu

fabrico e exportação: 72, 107. Cestos de verga: 106. Sumagre: 107. E' a Madeira frequentada de muitos navios nacionaes e extrangeiros, uns que se destinam a diversos portos, outros com carga para esta ilha ou a carregar nella: 76. Alguns delles vão tomar carga á costa do norte, 76; alguns ao porto de Machico, 77; alguns ao Porto-Novo, 79.—Pelos muitos navios e trafego, parecia o Funchal outra Lisboa; sua alfandega era mais prospera e de melhores officinas que a da côrte; e o corpo commercial tinha rua privativa: 83, 84, 185.—Importação e negocio de cereaes, por grosso e miudo, em logeas e graneis na rua do Sabão: 85, 111.—Favor á navegação nacional, pelo meado do seculo XV: 501, 511.—Favor aos navios desta ilha; quantos eram elles no fim do seculo XVI: 299.—Commercio dos vinhos da Madeira; generos de importação; preponderancia dos mercadores extrangeiros, e seu systema de negociar: v. *Extrangeiros, Mercadores, Vinho.*—Negocio por miudo nos campos: 203.

COMPANHIA DE JESUS.—V. *Jesuitas.*

CONDES.—Os de Villa-Nova da Calheta; os do Vimioso: v. *Capitães donatarios.*

CONEGOS.—Os da sé do Funchal; seus vencimentos: 573 e 574.

CONFEITARIA.—Era industria importante no Funchal; historia desta industria: 189, 496 n.º 5, 654, 661, 670, 685, 696.

CONGRUAS.—V. *Bispos, Camara ecclesiastica, Conegos, Dignidades, Freguezias, Governo ecclesiastico, Sé.*

CONSTANÇA RODRIGUES DE ALMEIDA, ou DE SÁ.—Era mulher de João Gonçalves Zargo: 43, 64, 166, 437.

CONSTITUIÇÃO.—Monumento no Funchal commemorativo della: 795 (1). Praça deste nome: 804 (2).

CONSTITUIÇÕES DO BISPADO: 221, 227,

B

(xvi).—V. *Azurara, Bibliographia, Desertas, João de Barros, Major.*

DESEMBARCADOURO.—Sitio memoravel no porto de Machico: 19, 34, 35.

DESERTAS (*ilhas*).—Origem do nome, e succinta noticia dellas: 72, 307-310. Este nome confirma ter sido feito pelos portuguezes o descobrimento do archipelago da Madeira; 345-348, 577.—V. *Cartas maritimas.*

DIABO.—Anedotas em que figura: 55, 56, 80, 185.

DIGNIDADES.—As da sé: 573, 574.

DINHEIRO.—Só o rei o podia mandar cunhar nestas ilhas; 321. Seu valor em 1558, 1572 e 1581: 535 (1).

DIOCESE.—A do Funchal, noticia dos seus prelados até D. Luiz de Figueiredo de Lemos: 183-185, 221-242, 323, 324, 567-572, e v. *Ordem de Christo.*—Pessoal do governo ecclesiastico e da sé: 573-575.—Relação dos prelados: 576, 854 (xxiii).—V. *Estado ecclesiastico, Governo ecclesiastico, Poder real.*

DIOGO DE BARROS.—Rasgo de valentia: 208.

DIOGO PERESTRELLO.—Foi o quinto capitão donatario de Porto-Sancto: 53.

DIOGO PINHEIRO (*D.*).—Bispo, seu caracter e governo: 184, 185, 837.

DIOGO SOARES.—Quarto capitão donatario de Porto-Sancto: 53.

DIOGO TEIXEIRA.—Foi o quarto e ultimo capitão donatario de Machico, descendente de Tristão Vaz: 117 e 118.

DIREITOS.—A quaes estava sugeito este archipelago; em que consistiam: 178, 299, 325, 478. 480-483.—V. *Contribuições, Donatarios.*

DIVERTIMENTOS PUBLICOS.—Caça, 114; comedias, 99; corridas, 87; jogos de canas e lucta, 202, 298; romarias, 198; theatro, 784; 812 n.° 12; correr touros; 108, 186, 298.

DIZIMO, DIZIMOS.—Eram da Ordem de Christo, e como passaram á coróa: 322-328.—Pagava-se do pescado, miunças, trigo, cevada, milho, centeio, gados, vinho, linho e moendas de pão: 329, 497 n.° 6,—E das serras de agua, e madeiras cortadas nas serras: 453, 458.—E de tudo que se vendia: 457, 458, 497.—O do assucar ficou incluido no quinto, mas ampliado ao mel, remel, e conservas: 496, n.os 1, 2-5.—Pagava-se do assucar e de todos os mais generos que sahissem pela alfandega; com que excepção; 497 n.° 8.—Quaes dos generos importados o pagavam: 497 n.° 9, e 498 n.° 16,—Pagava-se dos aforamentos: 497 n.° 13.—E de que lenhas; 498 n.° 15.—Onde eram pagos os das novidades da terra: 501.—Os do Funchal não chegavam em 1626 para as congruas das dignidades, conegos, e mais pessoal da sé: 574, 575.

DOAÇÕES.—As destas ilhas; 11, 18, 447-459, 830, e v. no I. Ind. *Fernando, Funchal, Henrique, Machico, Ordem de Christo, Porto-Sancto, Zargo.*

DONATARIOS.—Só elles podiam ter moinhos de pão, e fornos publicos de o coser, assim como vender sal até certo preço; tinham de cada serra d'agua, ou de qualquer outro engenho, um marco de prata, e a redizima de tudo o que o senhor da ilha havia de renda, segundo o foral; qual a jurisdição civel e crime, e quaes os direitos e privilegios delles: 453-458, 504, 539 (1).—V. *Capitães donatarios, Direitos, Doações, Governo militar, Governo municipal, Poder real.*

DONATIVO.—Que contribuição era; sua historia: 640 e 641.

DUARTE NUNES DE LEÃO.—Como refere este historiador o descobrimento do archipelago da Madeira: 330, 339.

DUQUE DE CLARENCE.—Afoga-se em um tonel de malvasia: 708.

E

F

ra-Brava, da Calheta, do Paul do Mar, da Entrosa, do calhau de S. Jorge, do Porto do Moniz, e de S. José, este na ilha do Porto-Sancto: 618, 628, 630. Portões dos muros do Funchal, paiol militar, e reducto do Pico de S. João: 855 (xxvi e xxvii).

FRANCISCANOS.—Eram-nó os primeiros frades que vieram a estas ilhas: 43.—Heroismo de alguns, quando os corsarios invadiram a cidade do Funchal: 247, 249, 260.—V. *Ordem de S. Francisco.*

FRANCISCO ALCOFORADO.—V. *Alcoforado.*

FRANCISCO BRANDÃO *(Fr.).*—Historiador que tracta destas ilhas: 338, 339.

FRANCISCO GONÇALVES DA CAMARA.—Governa a Capitania do Funchal pelo sobrinho, Simão Gonçalves da Camara: 245, 248. Sua negligencia e covardia: 248, 253, 255-267, e v. *Corsarios.* Foi, comtudo, premiado: 250.

FRANCISCO MANOEL DE MELLO *(D.).*—Sua *Epanaphora do descobrimento da ilha da Madeira;* considerações attinentes á obra e ao auctor: 376-397, 844 (xvi). V. *Alcoforado.*

FRANCISCO DE PORTUGAL *(D.).*—Septimo capitão donatario de Machico: 120.

FREGUEZIAS E CURATOS.—Seu sitio, origem, clero, população e capellas.—Na *ilha do Porto-Sancto:* v. *Ilha do Porto-Sancto.*

Na *ilha da Madeira, Capitania do Funchal.*—Primeira igreja e freguezia: 64, 537. Sancta Maria Maior: 64, 83, 89, 223, 224, 537-539, 543, 544. Camara de Lobos: 19, 39, 40, 42, 93, 539. Calheta: 68, 69, 96, 488, 540, 544. Caniço: 79, 80, 540, 555. Ribeira-Brava: 67, 68, 94, 541, 555. Ponta do Sol: 68, 95. 542, 543, 544. Canhas: 95, 543, 544, 551. Magdalena do Mar: 71, 95, 543, 544, 552. Sé: 86, 178, 183, 184, 224, 543-555, 573, e v. *Diocese, Estado ecclesiastico.* S. Gonçallo: 543, 545. Nos-

sa Senhora do Monte: 250, 543, 545. Sancto Antonio, juncto ao Funchal: 543, 546. S. Pedro, do Funchal: 83, 88, 89, 223, 224, 543, 547. S. Roque, juncto ao Funchal: 543, 548. S. Martinho: 543, 549. Estreito de Camara de Lobos: 93, 544, 549. Campanario: 94, 544· 550. Atabúa: 95, 544, 551. Fajã da Ovelha: 544, 552, 555. Ponta do Pargo: 69, 97, 544, 553. Estreito da Calheta: 93, 544, 553, 555. Arco da Calheta: 68, 69, 95, 96, 544, 554. Camacha, Sancta Luzia, Serra d'Agua, Paul do Mar, Nossa Senhora dos Prazeres: 71, 96, 555. Jardim do Mar, Curral das Freiras, Quinta Grande: 96, 260, 556, 837 (vii).

Capitania de Machico.—Sua originaria freguezia e capellanias subalternas: 556. Freguezia de Machico: 556, 561, 565, e v. *Machico.* Sancta-Cruz: 556, 557, 561, e v. *Sancta-Cruz.* Porto do Moniz: 556, 558, 561, 564. Ponta do Pargo: 69, 70, 97, 544, 553. S. Vicente: 103, 556, 559. S. Jorge: 100, 556, 559, 561, 565. Nossa Senhora da Piedade, do Fayal: 99, 556, 560, 561, 565, 566. Ponta Delgada: 100, 556, 561, 565. Sanct'Anna: 100, 561, 562. Seixal: 103, 561, 562. Gaula: 79, 561, 563, 766. Agua de Pena: 561, 563. Caniçal: 77, 561, 564. Porto da Cruz: 99, 561, 564. Sancto Antonio da Serra, Arco de S. Jorge, e Boa-ventura: 565. Ribeira da Janella, curatos das Achadas da Cruz, e de S. Roque, do Fayal: 565, 566.—Ruinas que nas igrejas da ilha fez o terramoto de 1748: 702-704.

FUNCHAL.—1.° *Sitio:* sua descripção; origem do nome: 39, 64, 72.—2.° *Capitania:* foi constituida pelo Infante D. Henrique em favor de Zargo; doação e limites: 19, 453, e v. *Capitanias, Doações, Zargo.* Quando acabou: 306, 823. V. *Capitães donatarios, Poder real, &.*—3.° *Villa e municipio:* seu começo; primeira casa e pri-

G

destas ilhas, e as destes aos capitães donatarios: 13, 18, 19, 20, 52, 65, e v. *Doações*, e, no I. Ind., *Funchal, Ilha da Madeira, Machico, Porto-Sancto, Zargo.* —2.º As *Definições e Estatutos da Ordem de Christo:* 12, 13, 15, 175, 325-329, e v., no I. Ind., *Ordem de Christo.* —3.º Os *foraes:* v. *Foral,* e, no I. Ind., *Funchal, Machico.*—4.º As *cartas, alvarás, provisões, e regimentos* especiaes: 51, 71, 72, 74, e v., no I. Ind., *Agricultura, Assucar, Despachos, Funchal, Governo militar, Ilha da Madeira, Machico, Ordens religiosas, Ponta do Sol, Porto-Sancto, Regimentos, Sesmarias.*—5.º As *Ordenações* e mais *leis geraes* de Portugal: v., no I. Ind., *Governo militar, Ilha da Madeira, Sesmarias*, e neste v. *Côrtes, Escravos, Governo judicial, Governo militar, Governo municipal, Impostos, Milicia, Morgados.*—6.º As *bullas, breves e rescriptos pontificios*, e as *constituições do bispado:* v. *Constituições do bispado, Estado ecclesiastico, Governo ecclesiastico, Papa.*—7.º As *posturas e os accordãos municipaes:* v. *Governo municipal.*—8.º As *resoluções e sentenças dos magistrados e tribunaes judiciarios:* 51, 52, 53, 55, 56, 59, 60, 61, 116-122, 171, 187, 199, 205, e v. *Governo judicial.*— Historia da governação deste archipelago em geral. Os capitães donatarios. Na Capitania do Funchal: v. *Capitães donatarios do Funchal.* Na Capitania de Machico: v. *Capitães donatarios de Machico.* Na Capitania do Porto-Sancto: v. *Capitães donatarios do Porto-Sancto.* Acaba o governo dos capitães donatarios: 153, 306, 823.—O dos governadores geraes: 823, 824.—O dos capitães generaes: 825-827.—O das auctoridades civis e militares, desde 1834: 827-829.

, GOVERNO ADMINISTRATIVO E CIVIL.—Incumbia aos donatarios, ás camaras, aos corregedores, e aos ouvidores, com manifesta supremacia das auctoridades da Capitania do Funchal sobre as de Machico e Porto-Sancto, e gradual preponderancia do poder real: 20, 43, 52, 55, 59, 67, 69, 71, 116-122, 153, 178, 205, 217, 295, 447-459, 463-483, 484-512, 643-648, 669, 673-681, 688-691, 711-717, 725-727. V. *Governação.*

GOVERNO ECCLESIASTICO.—Jurisdicção e poder da Ordem de Christo: 322-329.— Instituição da diocese do Funchal; rasão politica dessa instituição: 567-569.—Suas modificações e motivos destas: 569, 570. Exorbitancias clericaes; constituições do Bispado; lucta com o elemento municipal: 570-573. Pessoal do governo da diocese e da sè: 573-576.—V. *Bispos, Diocese, Estado ecclesiastico, Freguezias, Governo municipal, Poder real.*

GOVERNO JUDICIAL.—Jurisdicção dos donatarios; seus ouvidores: 71, 72, 116-122, 167, 169, 171, 205, 217, 321, 452, 453, 455, 456, 458.—Magistrados judiciaes de nomeação régia; sua jurisdicção e officiaes: 52, 55, 57, 58, 59, 108, 109, 116-122, 187, 199, 295, 698, 710, 855.—Extradição dos criminosos fugidos de uma para outra capitania: 454, 457.—A magistratura é efficaz auxiliar do monarchismo: 606 (1), 610.

GOVERNO MILITAR.—No periodo feudal, estava a cargo dos donatarios: 49, 53, 67, 69, 73, 167, 169, 171, 172, 173, 177-179, 183, 184, 187-189, 191, 201, 205, 208, 214, 217, 218, 602-604.— No periodo monarchico, passou gradualmente para delegados immediatos do poder real: 153-157, 196, 299, 306, 604-643.

GOVERNO MUNICIPAL.—Na capital de cada uma das tres capitanias foi instituido um municipio, com seu foral, e cabeça do

H

Machim: 397, 398, 414-416, 420, 421, 424, 428, 429.

Huguenotes.—V. Corsarios.

Humboldt (Alexandre de).—Sua opinião da origem do assucar: 649.

Hyeronimo Barreto (D.).—Bispo do Funchal; seu governo: 225-228, 576.

Hyeronimo Dias Leite.—Sua obra da historia destas ilhas: 20, 303, 304, 363, 422, 780.

Igrejas.—V. Conventos, Freguezias, Ordens religiosas, Sé.

Ilha da Madeira.—Origem do nome: 18, 19, 41, 75, 831. Elogio della: 41, 75. Situação geographica, dimensões e descripção: 37-40, 65-69, 75-81, 82-89, 91-97, 99-107, 111, 374.—V. no i. Ind. Ilha da Madeira, e neste, Animaes, Arvores, Calamidades, Clima, Descobrimento, Desembarcadouro.

Ilha do Porto-Sancto.—Origem do nome: 17, 18, 29, 31, 334. Estado primitivo della: 19. Descripção; clima, vegetação, animaes, culturas, e industria: 15, 19, 43-50. Fidalguia, familias mais illustres, e commendas: 50, 329, e v. Summario. Capitães donatarios: 17, 51-53, 445-447. E' infestada por corsarios: 49, 53. Estava prospera em 1532: 55, 56. Caso dos chamados prophetas: 55-61. Carta da capitania: 457-459. Noticia da villa, freguezia, igrejas, e população: 46, 48, 459, 460, 536, 537, 845. Parece esquecida pela metropole: 493. Alfandega: 597, 599, 601. Sargento-mór: 610. Extrema decadencia; providencias do Marquez do Pombal a bem dos povos desta ilha; quintos e oitavos: 712-716.—V. Agricultura, Aguas, Animaes, Appellidos, Archipelago, Arvores, Bartholomeu Perestrello, Capitães donatarios, Capitanias, Colombo, Crimes, Descobrimento, Estado ecclesiastico, Fernão Nunes, Fontes, Fortificações, Garcia Perestrello, Governo, Ilhéus, Instrucção publica.

Ilhas Desertas.—V. Desertas.

Ilhas fabulosas.—Lendas, tradições e noticias: 340-344.

Ilhas Selvagens.—Noticia dellas: 309, 310. Veem marcadas em cartas maritimas do seculo xiv: 345. Nada sabemos do seu descobrimento: 432. Offerecem plausivel argumento contra a genuinidade dessas cartas: 843.

Ilhéu-chão.—309, e v. Desertas.

Ilhéus.—Os dois do Porto do Funchal: 39, 361. Os da ilha do Porto-Sancto: 44, 45, 47.

Importação.—A principio, animaes domesticos, ferro, aço, e gado: 65. Em 1469, mercadorias de muitas partes: 670. Em 1495, mantimentos, 680. Em 1515, generos de consummo: 498 (1). Em 1612, assucar do Brazil: 695, 696. De 1654 em diante, os inglezes importam tudo, a troco de vinho: 719-722. Em 1680, generos de consummo, especialmente: 709.

Imposição.—Era por esta denominação designada a da carne e vinho; suas applicações: 157, 619, 620, 642.

Impostos.—A dizima da louça de madeira no Porto-Sancto: 50. Havia um almoxarife: 59. Manda o Infante D. Henrique se lhe pague dizima de tudo, menos do pão: 72. Dizima das fazendas: 194. V. Contribuições.

India.—Para lá se exportava vinho da Madeira: 113. Para lá foram madeirenses servir: 181. Abrangia-a o primitivo bispado do Funchal: v. Diocese. Desde 1585

J

João de Barros.—Como refere o descobrimento destas ilhas: 15, 17, 334-338. —V. *Azurara, Major.*

João Damores.—29, 399, 442-444, e v. *Machim.*

João Diniz.—V. *Fontes.*

João Fernandes Vieira *(o Castrioto Lusitano).*—Noticia deste heroe madeirense: 695.

João Gonçalves da Camara.—Segundo donatario do Funchal; noticia do seu governo e familia: 169-175.—O quarto donatario, do mesmo nome: 194, 205-216.—O sexto donatario, do mesmo nome, e segundo conde de Villa Nova da Calheta: 301-306.

João Gonçalves Zargo.—V. *Zargo.*

João Leitão.—Desembargador; teve todos os poderes neste archipelago: 306, 823, 824.

João Lobo (D.).—Bispo de annel; seu governo nesta diocese: 183, 576.

João de Morales.—V. *João Damores.*

Jorge de Lemos (D.).—Bispo; seu governo: 223, 224, 576.

Jorge (S.).—Sitio, producções, freguezia, população e capellas: 100, 556, 559, 561, 565.

Jornalismo.—Na ilha da Madeira: v. *Periodicos.*

Juiz de Fóra.—Já aqui o havia no tempo dos donatarios: 117, 204, 675. E depois: 699, 746, 753, 855.—V. *Governo judicial.*

L

Lançamentos.—637-639, 672.

Lazaros.—V. *Instituições de beneficencia.*

Lei geral.—Qual parece ter sido a primeira applicada nestas ilhas: 634.

Lendas.—*Atlanticas:* a da grande ilha Atlantida: 340. A das ilhas de S. Brandão: 341. A da Antilia ou Ilha das Septe Cidades, e a da Ilba Encoberta: 342.—*As madeirenses:* a de Roberto Machim: v. *Descobrimento, Machim.* A do Senhor Jesus dos Milagres, no Funchal: 580-585, 854. A do beato Fr. Pedro da Guarda: 585-590. A de Nossa Senhora das Mercês: 591-594. Apontam-se outras: 580 (1).— As constituições do bispado não cohibem as abusões legendarias: 594 (1).

Levadas.—A do Caniçal para Machico: 78. Modo de as construir: 78, 92. A da Ribeira dos Soccorridos: 92-94. Outra da mesma ribeira, na Torrinha: 93. Extensão das levadas: 106. A de Sancta Luzia; a dos Piornaes; e a do Castellejo, no se-

culo xvi; e como foi então regulada a administração dellas: 690, 691. Provisões régias relativas a aguas e levadas; não eram de propriedade particular; construcção e limpeza destas; aproveitamento e distribuição de suas aguas: v. *Agricultura, Aguas, Heróes, Poder real;* e, no i. Ind., *Agricultura, Juizes de levadas.*

Litteratura.—Esboço da sua historia no archipelago da Madeira: 763-822. —V. *Oradores, Pamphletos, Periodicos, Poetas, Prosadores.*

Lobos marinhos.—39, 42, 93.

Logar de Baixo.—543 e nota (1).

Lojas.—As de mercadores extrangeiros no Funchal, em 1496: 680.

Lombadas.—A do Esmeraldo: 65, 68. A da Caldeira, ou do Cabo Gyrão: 93. A do Arco: 95, 96. A de Gonçallo Fernandes: 96.

Lourenço (S.).—V. *Fortificações, Palacio, Pontas.*

Luiz de Figueiredo de Lemos (D.).—

Bispo, seu governo; regimentos e estatutos que fez para a justiça ecclesiastica: 239-242, 576.

LUIZ GONÇALVES DA CAMARA.—Filho

do quarto donatario do Funchal, e notavel jesuita: 211-213, 757, 779.

LYCEU.—O nacional do Funchal; quando fundado: 804.

M

MACHICO.—1.º *Sitio:* origem do nome: 18, 63, 424-428. Aspecto primitivo: 19, 34, 77. Ahi desembarcaram os descobridores, e tomaram posse da ilha: 35, 63.—2.º *Capitania:* doação della a Tristão Vaz: 19, 20, e v. *Doações,* e, no I. Ind., *Machico.* Seus limites: 69, 456. Ideia geral della; lá se fez o primeiro assucar da ilha; quaes as suas villas e produções: 113. Donatarios, até Tristão Vaz da Veiga: 113-122, 154. Qual em 1590 o rendimento para o donatario: 160.—3.º *Villa e municipio:* 63, 64, 77, 70, 485, 504. Suas armas: 505. Separação do de Sancta-Cruz; rivalidade entre os dois: 504-507. Commum foral de ambos: 507-510. Freguezias, população e capellas: 550-566. Alfandegas: 596, 597, 671.—4.º *Freguezia:* população, igreja, casa da misericordia e capellas: 63, 77, 556, 561, 565.—V. *Capitanias, Capitães donatarios, Commercio, Fortificações, Freguezias, Poder real, População, Villas.*

MACHIM.—Lenda dos seus amores com Anna de Arfet e morte de ambos na ilha da Madeira; contesta-se a verdade desta lenda: 18, 19, 25-28, 35, 339, 345-429, 438-444, 796 (1), 844 (XVI), e v. *Descobrimento, Major, Valentim Fernandes.*

MADEIRAS.—Foram importante ramo de industria e commercio nesta ilha; regimento dellas: 65, 463-471. V. *Arvores, Fogo, Serras d'agua.*

MAGDALENA.—*A do Mar:* fazenda e igreja deste titulo, no sul da ilha: 71. Sua freguezia, população e capellas: 95, 543,

544, 552.—Sitio desta denominação, ao oeste; suas producções: 103.

MAGISTRATURA.—Foi efficaz auxiliar do monarchismo: 606 (1), 610.—V. *Corregedor, Governo judicial, Juiz de Fóra, Ouvidores, Poder real.*

MAJOR *(Sr. Richard Henry).*—E' o abalizado auctor da obra *The Life of Prince Henry of Portugal;* argúe João de Barros; aprecia-se a arguição: 335-338. Sua opinião do descobrimento deste archipelago por genovezes no seculo XIV; rasões a isto contrarias: 345-348, 841 (XIV, XV). Opina a favor do caso de Machim; rasões oppostas: v. *Alcoforado, Azurara, Descobrimento, Machim, Valentim Fernandes.*

MALVASIA.—Quem trouxe, e donde, para este archipelago os primeiros bacellos desta vinha: 113, 705-707.

MANOEL THOMAZ.—Noticia e considerações a respeito delle e de seu poema *Insulana:* 397-406, 780.

MARCOS DE BRAGA.—Elle e seus filhos, insignes valentões: 107-111.

MARTINHO *(S.).*—Freguezia, população e capellas: 543, 549.

MARTINHO DE PORTUGAL *(D.).*—Arcebispo da Madeira; noticia de sua pessoa e governo: 221, 222, 569-573, 576, 840 (XI).

MERCADORES.—Noticia dos forasteiros no Funchal: 65, 78, 83, 84, 85, 95, 96, 670, 678-682, 709, 719, 720, 721, 722, 754.

MERCADOS.—A quaes era levado o assucar da ilha: 668, 683, 684.

N

Palacio.—O de S. Lourenço; desde quando é residencia dos governadores: 620, e v. *Fortificações*.

Palheiro do Ferreiro.—Onde é: 264.

Pamphletos.—Noticia dos publicados na Madeira: 802, 821.

Papa.—Recebe o presente e embaixada do donatario Simão Gonçalves da Camara: 189, 190. Abate a Ordem de Christo, e erige o bispado: 567, 570.

Pastel.—V. *Industria*.

Paul do Mar.—Sitio, freguezia, população e capellas: 71, 96, 555.

Pt de Pau (O).—Quem era: 297, 298.

Pedro (S.).—E' freguezia do Funchal; origem, população e capellas: 223, 224, 547, 548, 854 (xxii).

Pedro Beltrão de Montluc.—Capitão dos corsarios francezes que saquearam o Funchal: v. *Montluc*.

Pedro da Guarda (Fr.).—V. *Lendas*, *Ordem de S. Francisco*.

Penteado (O).—Pirata portuguez; desembarca na Deserta: 308, 841 (xiii).

Periodicos.—Publicam-se na ilha da Madeira. Quaes os *politicos*, de 1821 a 1828: 800-802. E de 1834 a 1872: 813-819.—Os *juridicos* e os *litterarios*: 819, 820.

Peste.—Quando a houve na Madeira; que voto se fez por causa della: 55, 194, 216, 221, 538, 698, 725-727.

Physico.—Qual o primeiro que veiu á Madeira: 238.

Piornaes.—A levada e sitio deste nome: 690, 691.

Poder judiciario.—V. *Governo judicial*.

Poder real.—1.º Quanto aos *donatarios*: supremacia do rei no governo temporal destas ilhas: 11-13, 20, 63, 313, 314, 321, 325, 441, 451. As doações e transmissões das capitanias dependem de confirmação régia: 12, 18, 20, 51, 52, 217,

219. Os donatarios são processados e julgados nos tribunaes da côrte: 52, 116. Começa o rei a mandar para a Madeira corregedor com alçada em toda ella, e juiz de fóra: 117, 118. Os ouvidores, nomeados pelos donatarios, são submettidos pela magistratura de nomeação régia: 119, 120. Torna-se directa ou immediata a acção do poder real; é a ilha da Madeira feita realenga: 12, 13, 478-483, 636, 637. D. João iii dá a Capitania de Machico a Antonio da Silveira, e este vende-a ao condé do Vimioso: 119. Filippe ii dóa-a a Tristão Vaz da Veiga; nomeia-o capitão-mór da guerra em todo o archipelago, e depois governador geral; fica este cargo em substituição dos capitães donatarios: 153, 154, 823, 824. Aos governadores geraes seguem-se os capitães generaes até 1834: 825-827. Desde então até o presente, quaes teem sido as auctoridades superiores administrativas: 827, 828. Quaes as militares: 829.—2.º Quanto á *Ordem de Christo*: o poder real, de accordo com o papa, supplanta-a tambem: 567, 568, e v. *Estado ecclesiastico*, *Ordem de Christo*.—3.º Quanto ao *territorio*: mantem-se na propriedade deste pela instituição das sesmarias, e pelas provisões agrarias e regimentos das madeiras, peculiares a estas ilhas: 463, 471-478, 672-678, 688, 690, 711-715, e v. *Regimento das madeiras*, *Sesmarias*. Sobreveem os morgados; seu mau effeito economico e politico: v. *Morgados*.—4.º Quanto aos *municipios*: vae-os creando sob sua dependencia, confere-lhes foraes, e eleva especialmente o do Funchal: 474-510. V., no i. Ind.,*Funchal, Machico, Municipios, Ponta do Sol, Sancta-Cruz;* e neste, v. os mesmos artigos, e *Calheta, Foral, Villas*.—5.º Quanto ao *clero:* depois de haver abatido, por intervenção delle, a Ordem de Christo, tracta de submettel-o debilitando-o; e divide a diocese em quatro, tor-

PORTUGAL.—Decadencia delle e das colonias no fim do seculo XVI: 656.

POSTURAS.—Contra fogo: v. *Fogo*. Relativas a gado: 454, 457, 459, 469.

Povo.—Homens das fazendas, constructores de levadas, levadeiros, e outros trabalhadores: 91, 92. Creadores de gado: 99, 100. Caso de um mulato captivo: 107. Multiplicação de gente até 1526: 185. Figuram os officiaes mechanicos: 202. É mencionado o povo: 175, 195, 216. Favorecem-no o ser a ilha da Madeira elevada a realenga, os municipios, e os foraes: 478-483.—Só elle pagava tributos, nisso consistia a *villania;* o clero e a nobreza só ao diante contribuiram para os impostos: 494, 496, 500, 501, 502, 509, 575, 631, 643.—A aristocracia territorial e os lavradores; só aos povoadores de *maior calidade* ou aos de *maiores possanças* foram concedidas terras; os outros viviam do trabalho braçal e officios; cultivavam de parceria, como *colonos*, as terras dos *senhorios;* e os captivos mouros ou indios, e os escravos negros nem familia podiam constituir: 159, 463, 511, 512, 539 (1), 602-611, 631-643, 653, 673, 678, 688-690.—Abusões legendarias com que era transviada a ingenuidade das suas crenças: 580-594.—Emigração para o Brazil: 695. —Abolição gradual da escravidão e dos morgados; providencias a bem dos povos

da ilha do Porto-Sancto: 711-716.—V. *Agricultura, Contribuições, Industria*.

POVOADORES.—Summario historico dos destas ilhas: 513-533, 845-853.

PRAÇA.—A da Constituição, origem do nome: 804 (2).

PRAIA-FORMOSA.—Origem do nome, e noticia do sitio: 39, 89, e v. *Corsarios*.

PRAZERES *(Nossa Senhora dos)*.—Freguezia: 555.

PREÇOS.—Os do trigo, vinho e outros generos, e de salarios: 501, 535, 614, 645. O do assucar no seculo XV: 669-671, 679. E no seculo XVI: 692.

PRESIDIO HESPANHOL.—Quando veiu para a Madeira, e como se compunha: 237, 610, 611.

PRIVILEGIOS.—V. os artigos respectivos ás *pessoas* ou *classes* que os tinham, e aos *objectos* em que eram concedidos.

PROCISSÃO.—A do dia 1 de maio, no Funchal: 194, v. *Peste*.

PROCURADORES.—Os da ilha da Madeira ás antigas côrtes: 635 (1).

PROPHETAS.—Caso singular de um homem e uma mulher que por taes se inculcaram na ilha do Porto-Sancto; origem de serem chamados *prophetas* os naturaes dessa ilha: 55-61.

PROSADORES.—Quaes os madeirenses: 776, 779-782, 785-789, 799, 800, 806-813.

Q

QUADRUPEDES.—V. *Animaes*.

QUEBRADAS.—Na ilha da Madeira; sinistros que occasionam: 514 (no artigo *Allemão*). Qual a maior de que ha noticia: v. *Logar de Baixo*.

QUEIMADA.—Onde é este sitio: 55.

QUEIXAS.—Baldadas eram as da Ordem de Christo para que lhe fossem mantidos os privilegios: 328.

QUINTA-GRANDE.—Noticia desta freguezia; era um dos melhores predios dos Jesuitas: 556, 748.

QUINTO.—O dos assucares: 178. V. *Assucar, Contribuições, Foral, Henrique, Impostos, Industria*.

QUINTOS E OITAVOS.—Na ilha do Porto-Sancto; o que são, e desde quando estabelecidos: 712-715.

R

S

SANCTA-CATHARINA.—Noticia da igreja e mercearia desta invocação: 64, 66, 844. Quem as fundou: v. *Constança.*

SANCTA-CRUZ.—Sitio, origem do nome, freguezia, população, villa e capellas: 37, 78, 103, 557, 854 *(xxii).* Municipio: 504, 507. Origem da rivalidade deste com o de Machico; foral commum a ambos: 507-510. —V. *Alfandegas, Fortificações, Instituções de beneficencia.*

SANCTA LUZIA.—Freguezia, producções e população: 83, 555.—V. *Leradas.*

SANCTA MARIA MAIOR.—Freguezia, população e capellas: 64, 83, 89, 175, 537-539, 543, 544, 854 (xxii).

SANCTO ANTONIO.—Freguezia suburbana do Funchal; sua população e capellas: 543, 546.

SANCTO ANTONIO DA SERRA (ou *o Sancto da Serra).*—Freguezia, população e capellas: 565.

S. BARTHOLOMEU.—V. *Bartholomeu (S.), Hospicios, Jesuitas.*

S. BERNARDINO.—Convento desta invocação: 93, 579, e v. *Lendas, Ordem de S. Francisco.*

S. GONÇALLO.—V. *Gonçallo (S.).*

S. JORGE.—V. *Jorge (S.).*

S. LAZARO.—83, 257, e v. *Instituições de beneficencia.*

S. MARTINHO.—V. *Martinho (S.).*

S. PAULO.—V. *Instituições de beneficencia.*

S. PEDRO.—V. *Pedro (S.).*

S. ROQUE.—V. *Roque (S.).*

S. SEBASTIÃO.—Ermida celebrada: 537 e nota (2), 664.

S. THIAGO MENOR.—V. *Peste, Procissão.*

S. VICENTE.—Freguezia, producções, população e capellas: 103, 556, 559.

SÉ DO FUNCHAL.—Descripção do templo e sua edificação; cabido e mais pessoal della; freguezia, e vencimentos; para pagamento destes vieram a não chegar os dizimos do Funchal: 86, 178, 543, 544, 555, 567, 573-575.

SEIXAL.—Descripção do sitio; freguezia, producções, população e capellas: 103, 561, 562.

SELVAGENS.—V. *Ilhas Selvagens.*

SEMINARIO.—O ecclesiastico do Funchal: 777, 783.

SENHOR DOS MILAGRES.—Lenda madeirense: 580-585, 698, 854.

SENHORIO.—O do archipelago; por quem e a quem dado: 9, 11. Seus direitos e rendas, e como encorporados na coroa real: 12, 13, 452-458, 494, 496, 497, 501, 508-510, 665-667.

SERRAS D'AGUA.—O que eram e que imposto pagavam: 65, 453-458. Ha uma freguezia com este nome; sua população e capellas: 555.

SESMARIAS.—Manda o Infante D. Henrique concedel-as nestas ilhas; o que são *sesmarias;* historia, legislação e resultado dellas; copia de uma carta de sesmaria: 71, 167, 454, 457, 458, 471-478, 511, 678, 679.—V. *Agricultura, Contracto de colonia, Fazendas povoadas, Heréos, Nobreza, Poder real, Povo, Villania.*

SIMÃO GONÇALVES DA CAMARA *(O Magnifico).*—Terceiro capitão donatario do Funchal; rasão do cognome; ideia do seu governo; sua pompa na côrte, onde vae a convite do rei: 177. Seus serviços, ostentação e bisarria nas guerras d'Africa: 177-179, 183, 184, 188, 196. Distincções pessoaes com que o rei o tracta: 177, 179, 188, 196.—Meios indirectos pelos quaes o poder real reduz o poder dos donatarios: v., no I. Ind., *Ilha da Madeira,* e nesto *Côrtes, Foral, Funchal, Governação, Governo, Poder real.*—Embarca, com toda sua casa, para Castella; arriba ao Algarve; vae ao soccorro de Arzilla; de la passa a Sevilha; e regressa, chamado por D. Manoel: 187, 188, Embaixada e valioso presente ao papa, que este acceita: 189, 190. O' donatario vencido pelo poder real, retira-se para Matosinhos, e lá morre: 194-196, 607.

SIMÃO GONÇALVES DA CAMARA.—Quinto capitão donatario do Funchal, e primeiro conde de Villa Nova da Calheta; sua biographia e governo: 217-245, 295-301. Retira-se para Lisboa; fica por elle governando, seu tio *Francisco Gonçalves da Camara*: 245.—V. *Este nome*.

SOCIEDADES.—A Funchalense dos Ami-

gos das Sciencias e das Artes; sua historia: 794-798. A Patriotica Madeirense: 822. V. *Arcadia, Assembleias, Associação, Clubs*.

SOLDADOS.—Na ilha da Madeira: 155, 201, 214, 237, e v. *Gente de soldo, Milicia, Presidio*.

SUMAGRE.—Para cortumes: 107.

SUMMARIO.—O dos povoadores deste archipelago (pelos appellidos, em ordem alphabetica): 514-533, 845-853.

T

TABACO.—Seu imposto: 643.

TABELLIÃES E INQUIRIDORES.—No Funchal, em 1579: 295.

TABÚA.—V. *Atabúa*.

TEMPLOS.—V. *Cathedral, Freguezias, Jesuitas, Ordem de S. Francisco, Peste*.

TERRAMOTO.—Noticia do que houve na Madeira, em 1748: 697-705.

TERRAS.—As do archipelago da Madeira; repartição dellas: 67, 71, e v. *Sesmarias*. Quaes toma Zargo para seus filhos e filhas: 67, 68, 69, 83. Lavrança ou cultura dellas: 70. Quem e quando podia vendel-as: 454, 457, 459, 477, e v. *Agricultura, Contracto de colonia, Fazendas povoadas, Nobreza, Povo*. Como e desde quando passaram a ser propriedade particular nestas ilhas: 675.

THEATROS.—Os do Funchal: 784, 812 n.° 12.

TOUROS *(Corridas de)*.—No Funchal: 86, 108, 298.

TRIBUTOS.—Quaes os deste archipelago: 631-643, 845.—V. *Contribuições, Direitos, Dizimos, Doações, Foral, Impostos, Vinho*.

TRIGO.—Seu preço no tempo de Zargo. 72. Sitios mais cultivados delle e de outros cereaes: 68, 83, 94-97. Seu va-

lor no seculo XVI: 535 (1). Sua producção no seculo XVII: 574.—V. *Vinho*.

TRISTÃO.—Motivo da frequencia deste nome no seculo XV: 765, 766.

TRISTÃO BARRADAS.—Desaffronta cruel que delle tira Tristão Vaz: 116.

TRISTÃO TEIXEIRA.—Segundo capitão donatario de Machico; é cognominado *das Damas*, porquê; noticia do seu governo: 116, 117. Foi um dos poetas madeirenses: 771-774, 844.—Seu filho, do mesmo nome, é o terceiro capitão donatario de Machico: 117.

TRISTÃO VAZ.—Companheiro de Zargo, toma com elle parte no descobrimento deste archipelago; suas pessoaes circumstancias; sua mulher e filhos; é o primeiro donatario da Capitania de Machico; seu governo; suas armas ou brazão; seus filhos são dados a poetar, montear e cavalgar; toma cruel vingança de Tristão Barradas, e em pena é degradado alguns annos na Ilha do Principe; volta ao governo da sua capitania, e morre em Silves: 16, 18, 19, 20, 43, 52, 63, 67, 69, 113-116, 444, 445, 766, 771-774, 831, 844.

TRISTÃO VAZ DA VEIGA.—Ultimo capitão donatario de Machico; sua biographia e governo: 122-163, 757-763.

U

Urzella.—Como se colhe, e onde é produzida: 92, 308.

Usura.—A dos mercadores extrangeiros; effeitos della: v. *Agricultura, Com-*mercio, *Inglezes, Mercadores, Vinho.*

Uvas.—Seu valor em 1577: 708. São destruidas em 1593: 694, e v. *Vinhas, Vinho.*

V

Valentim Fernandes.—A *Descripção das Ilhas do Atlantico* que lhe é attribuida; juizo a respeito de uma e outro, em referencia á questão do descobrimento do archipelago da Madeira (·): 366-372, e v. *Descobrimento, Machim, Major.*

(·) Agora recebemos, enviada por incognito offerente, a Memoria do Sr. Dr. Schmeller, alludida a pag. 366-370 deste livro. Cordealmente agradecemos o obsequio.—E passamos a dar aqui, á falta de melhor logar, noticia, forçadamente succinta, de tão interess inte Memoria.—Tem 73 pag. de 4.°, e intitula-se:

«Ueber Valentim Fernandez Alemã und seine Sammlung von Nachrichten über die Entdeckun-
«gen und Besitzungen der Portugiesen in Afrika und Asien bis zum Jahre 1508 enthalten in einer
«portugiesischen Handschrift der königl. Hof-und Staats-Bibliothek zu München. Mittheilung des
«Bibliothekars Dn. Schmeller in der Sitzung der I. Klasse am 8. März 1845.»

Em portuguez:

«Valentim Fernandes Allemão e a sua Collecção de Relações dos descobrimentos e possessões
«dos portuguezes na Africa e Asia até o anno de 1508, constantes de um codice manuscripto por-
«tuguez dessa epocha, existente na Real e Nacional Bibliotheca de Munich. Memoria pelo Biblio-
«thecario o Dr. Schmeller, apresentada em sessão da I Classe a 8 de março de 1845.»

Esta Memoria dá noticias do Dr. Conrado Peutinger, ao qual o codice perteneeu; de Valentim Fernandes Allemão, que o colligiu; e das obras que o formam. O que díz daquelles é quasi o mesmo, menos circumstanciado quanto ao segundo, que já fica exarado nestas notas, pag. 366-372. No tocante, porém, ás obras, vae muito além do que podémos colher da do Sr. Major; pois que este limita-se a dar o rol dellas, e contrahidissima exposição comparativa do modo como na septima vem contado o caso de Machim (vid. retró, pag. 366, 367, 369, 370).

Formam essa Collecção as oito obras mencionadas a pag. 370 deste livro. Porém as mais importantes para a questão do descobrimento do archipelago da Madeira, são a primeira, que, como o Sr. Dr. Schmeller verificou, é a Chronica do Descobrimento de Guiné, por Gomes Eannes de Azurara, copiada por Valentim Fernandes, conforme este mesmo declara; e a segunda, que é em latim, por Diogo Gomes de Cintra, navegador contemporaneo do Infante D. Henrique, na ultima parte da qual, intitulada «De insulis primo inventis in mari oceano occidentis», se-lê a seguinte noticia desse descobrimento:

«Tempore Infantis D. Henrici quaedam caravela cum tormento vidit insulam parvam, quae
«est juxta insulam de Madeyra, quae vocatur nunc Porto sancto, non populatam....
«Et reversa est illa caravela nuntians Infanti terram inventam....Post modicum tempus

Z

« misit D. Infans unam caravelam ad visitandum et respiciendum insulam inventam de Porto sancto, in qua ivit pro piloto Alfonso Fernandez de Ulixbona, et intraverunt in illam. Et ultra transiverunt recte ad insulam, quae nunc vocatur de Madeyra. Et ibi erat alia insula prope, quae nunc vocatur Deserta.»

Compare o leitor com esta versão a referida na dicta Chronica de Azurara, transcripta a pag. 331-333 destas notas, e o mais que dizemos a pag. 347 e 348, e convencer-se-ha de que Diogo Gomes, embora não aponte quem o capitão ou capitães das caravelas exploradoras, confirma a narrativa daquelle, e ambos excluem a possibilidade historica do caso de Machim.—O Sr. Major, com tudo, só menciona, mas não se occupa desses dois manuscriptos.

O septimo inedito relata o caso de Machim, mas com inverisimilhanças e incongruencias taes, que, pelo avesso da opinião do Sr. Major, o Sr. Dr. Schmeller não hesita em qualificar isso de mero conto romantico e producção propria do auctor da obra (Eigen ist ihm aber die romanhafte Erzählung von einem englischen Edelmann (cavalleiro) Machyn).— E' este o manuscripto em que o Sr. Major firma a sua argumentação a favor desse caso.

Recommendamos a leitura da Memoria do Sr. Dr. Schmeller; fazemos votos para que o governo de Portugal obtenha copia dos manuscriptos da Collecção de Valentim Fernandes Allemão, e os mande publicar. Mas, do pouco que nesta nota archivamos já se evidencia, que a demonstração da veracidade do caso de Machim, deduzida do septimo desses manuscriptos, é insubsistente, por deixar intacta a prova contraria, constante dos outros dois manuscriptos correlatos: e dissolver-se-hia pelo mero attrito com elles.—A Collecção de Valentim Fernandes enfileira nos documentos confirmativos da precedencia e gloria portugueza no descobrimento do archipelago da Madeira.

e mostra-se qual dellas deve ser tida por verdade historica: 16-20, 25-35, 329-444, 697, 776, 796 nota (1) e 905 nota (•).—Explora a ilha da Madeira até Camara de Lobos; em que logar dorme a primeira noite: 37-40.—Regressa a Lisboa; honras e premios que lá lhe conferem o rei e o Infante D. Henrique; é-lhe dada a Capitania do Funchal; e volta ao archipelago com Bartholomeu Perestrello e Tristão Vaz: 40-42, 83, 447-459, 836 (vi).—Com quem foi casado: 43, 44, 166, 434-437. Primeira casa que mandou edificar para si: 64. Segunda, com igreja para jazigo de sua familia: 65. Explora a ilha da Madeira desde Camara de Lobos até a Ponta de Tristão, e demarca as duas capitanias: 67-70.—Funda a villa do Funchal e outras povoações na sua capitania; reparte a terra em sesmarias; descobre a ilha Deserta; e promove o estabelecimento regular do clero: 67, 71-73, 471-478.—Solicita e obtem do rei quatro fidalgos para maridos de suas filhas: 123, 124, 166, 167, 594 e 595.—Quadro de governo de Zargo; sua morte: 167, 441.

III.

INDICE GERAL

NOTAS.

ERRATA.

Pag.	Lin.	Erros.	Emendas.	Pag.	Lin.	Erros.	Emendas.
8	29	xvii	xvi	451	28	314	325
12	33	causa	cousa	456	33	ouner	ouuer
30	5	estudo	estade	464	14	despais	despois
48	4	Póio	Pico	464	23	hofçciais	hofeçiais
61	22	Proto-Sancto	Porto-Sancto	464	27	acontado	acoutado
74	9	1472	1452	467	18	hofeçias	hofeçiais
87	5	Donellas	Dornellas	472	11	precario	percario
121	2	QUINTO	OUTAVO	478	7	falta em alguns exemplares a citação	Ordenações Affonsinas, Liv. iv, Tit. xxvi, § 2.ª
141	32	bahoens	baloens				
183	10	Dignidade	Dignidades				
221	15	bemaventudo	bem-aventu-rado	480	17	Durte	Duarte
223	26	mni	mui	493	18	precario	percario
339	21	323	321	494	37	largameute	largamente
341	1	Isles	Iles	497	16	dá dita	aa dita
341	19	Raga	Raga	497	23	natureas	naturaes
350	14	Henri	Henry	497	36	Quão	Que
358	31	da ilha	a ilha	514	27, 1ª	Alvaro	Alvares
359	26	produziria	reproduziria	514	28, 1ª	bue	que
365	34	Magry	Margry	115	7, 1ª	cidade	villa
366	16	Infant D. (ali-ter)	Prince	517	6, 1ª	Caniço	Caniçal
				527	1, 2ª	Caniço	Caniçal
367	22	21 de	21 die	532	24	UZADAMOR	USUSDIMARE
372	31	vinculados,	vinculados	541	21	Senhora da Ma-dre	Senhora Ma-dre
373	16	1425-1517	1445-1517?				
373	28	xiv	xvi	545	31	Barros	Barreto
374	13	1516	1553	548	23	Beringuer	Bettencourt
376	5	Maçaellos	Maçuellos	572	19	relevantou	levantou
377	33	diuturúidade	diuturnidade	580	36	colhimento	Recolhi-mento
385	3	á nova	a nova				
391	26	proxulas	proluxas	585	7	26 dias DO ANNO SOBREDITO	26 dias do mez de De-zembros do ANNO SOBRE-pito.
415	3	vedistinctas rsões	distinctas versões				
415	16	incluindo	incluido				
418	8	Cliton	Clinton				
420	5	valem;	valem,	597	33	Procurador	Procurado-res
420	24	erit	erit				
431	22	refere	referem	615	30	arca	area (isto é, areia)
437	21	Eodrigues	Rodrigues				
437	22	antiquissima	antiquissima	627	29	1638	1683
440	28	duvida se	duvidarse	637	16	cerceou-as	cerceou as

PAG.	LIN.	ERROS.	EMENDAS.	PAG.	LIN.	ERROS.	EMENDAS.
639	40	591	608	728	13	Pray	Praya
659	35	Beatriz (em alguns exemplares)	Filippa.	738	12	dita e Ordem	dita Ordem
				755	38	Fxaminemos	Examinemos
				766	32	Stndien	Studien
666	3	terço;	terço,	768	6, 2.ª	bemamado	bem-amado
668	13	meçiua	meçina	776	6	medival	medieval
678	32	costeio	custeio	802	34	Pinheiro foi,	Pinheiro, foi
685	4	espreuerase mtaraa	espreuer asemtaraa	807	8	6.º	5.º
				835	29	com que	que
719	15	melhoruo	melhorou	836	19	estibuitiva	estribuitiva
719	40	*Methewen*	*Methuen*				

N. B.—Não se apontam outros erros de menor monta, nem algumas variantes orthographicas, por serem de facil emenda e não prejudicarem o sentido

---

Vende-se o manuscripto das *Saudades da Terra*, do *Dr. Gaspar Fructuos* em dois tomos de folio e quasi duas mil paginas cada um, assim como outr inedictos de historia deste archipelago da Madeira, citados nas notas.—Que quizer compral-os, póde dirigir-se por carta para *A. R. Azevedo, ilha da M deira, Funchal.*

Ingram Content Group UK Ltd.
Milton Keynes UK
UKHW020044090623
423139UK00005BA/176